货币、金融体系与经济

（第六版）

Money, the Financial System, and the Economy

(Sixth Edition)

[美] R·格伦·哈伯德／著

R. Glenn Hubbard

曲昭光 赖溟溟 等／译

曲昭光 赖溟溟／校

梁晶工作室

LIANGJING PUBLISHING HOUSE

中国人民大学出版社

·北京·

金融学译丛

《金融学译丛》推荐委员会名单

（按姓氏笔画排名）

《金融学译丛》总序

金融学的核心问题是研究资本和资产的配置效率。在市场经济中，这种配置主要是通过金融市场来进行的。广义的金融市场包括证券市场、货币市场、各种形式的银行、储蓄机构、投资基金、养老基金、保险市场等等。市场的参与者包括个人、企业、政府和各种金融机构，他们在资本市场中的交易形成了资本和资产的供求关系，并决定其价格。而价格又指导着资本和资产的供求及其最终配置。资本作为经济活动和经济发展中的关键因素，其配置效率从根本上决定着一个经济的发展过程和前景。因此，一个国家或经济的金融市场的发达程度明确地标志着它的经济发展水平。

中国正处在创建和发展自己的金融市场的关键时期。在谋求经济健康而快速发展的过程中，如何充分地吸引资本、促进投资，进而达到最有效的资本资产配置，无疑是成功的关键。因此，建立一个有效的、现代化的金融体系是我们的当务之急。中国经济进一步开放和国际金融市场全球化的大趋势更增加了这个任务的紧迫性。在这一点上，现代金融理论及其在西方的应用是我们亟须了解和掌握的。

《金融学译丛》旨在把西方金融学的理论和实践方面最新、最权威和最有代表性的著作介绍给大家。我们希望这个系列能够涉及金融的各个主要领域，理论和实践并重，专业和一般兼顾。在我们所选择的书目中，既有反映最高学术水平的专著，也有西方著名商学院视作经典的教材，还有华尔街通用的金融手册。内容包括金融和证券、资产定价、投资、公司财务、风险管理和国际金融等等。但愿我们这个系列能为读者打开现代金融学知识、理论和技术宝库之窗，使它们成为发展中国金融市场的有力工具。

《金融学译丛》推荐委员会

2000年10月

序　言

本书初衷

1979 年我在大学本科时学过“货币银行学”，当时课程强调现实世界的话题：为什么通货膨胀如此之高（那时候就是这样）？它究竟是怎么产生的？为什么股票或债券市场繁荣令时事评论员兴奋不已？同时，股票和债券的价格首先是由什么决定的？银行用我们的存款去做什么？其他国家发生的经济事件怎样影响美国的金融市场和利率？学生们和我一样，期望在这门课上学到这些问题的简单答案。然而，在 1979 年，这些问题的答案并不简单，在 21 世纪初期甚至变得更为复杂。今天的学生们面临更大的挑战，他们需要去理解美国金融市场、金融机构和联邦储备体系的组织架构如何面对国内和全球的变化。

我给本科生和研究生讲授了多年的“货币银行学”课程，我对现有的教材深感失望，这些教材只是简单地强调了金融体系当前的组织架构，而不能给予学生一个逻辑框架，以此来理解新的监管规则和事件。我曾经是一名政策制定者，这样的经历更加深了我的失望。让我更加不满的是这些教材反映金融体系新发展的方式。它们在一个学期满满的课程内容中简单地塞进更多的主题。即使学完了全部材料，学生仍然缺乏工具来预测各种变化对金融体系产生的影响。

另辟佳径

我写这本教材的目的是向学生给出金融体系组织的基本经济解释，并揭示金融体系和经济之间的相互联系。通过学习这些内容，学生们就会掌握解释事件的范式，而不再是罗列一系列很快就会过时的事实。我想超越传统的方法，用新方法教授他们如何把在教室里学到的理论应用于现实世界的实践中去。为了达到这个目标，我在本教材中建立了三个优势：(1) 一个为理解、评估和预测而搭建的框架；(2) 一个现代的经济分析方法；(3) 全书处处融合了国际材料。

新颖的框架：理解、评估、预测 本书所有的讨论都是在这样的框架下展开的，该框架有三个层次：第一，学生要学会理解经济分析。“理解”指将概念和事实组织起来所需的经济直觉取得了发展。第二，运用经济分析方法来评估当前的发展和财经新闻，让学生挑战自我，去使用金融数据，去深入地思考当前事件的解释。第三，使用经济分析工具和原理来预测未来事件，即运用经济分析方法来预测经济和金融体系的变化将会产生的影响。

这样就为学生提供了一个思考问题的方法，学生们可用这一方法认真思考金融市场和金融机构以及货币机构与货币政策的发展，他们可以运用原理对当前的事件进行阐释，并得出合乎逻辑的结果。例如，在第 2、3 和 4 篇中，我们考察了金融市场和金融机构在经济中的作用，我们提出金融体系需要并提供风险分担、流动性和信息服务，并反复运用这些概念来解释一些主题。例如，不同的金融安排是怎样把借款者与储蓄者连接起来的（第 3 章、第 12 章和第 13 章）；它们怎样应对监管的变化（第 15 章）；它们在不同的国家为何有所不同（第 16 章）；其功能发挥怎样影响宏观经济（第 27 章）。

现代的方法 我将最新的研究成果用学生能理解的方式融入教材并贯穿全书。采用货币政策、金融机构和通货膨胀的最新研究成果构建一个一般模型来解释货币政策怎样影响经济（第 26 章）。将信贷压缩的检验与金融机构在经济中的作用结合进一个简单的宏观模型中（第 27 章）。先阐述有效市场（第 10 章），从而为金融市场信息问题的讨论（第 11 章、第 12 章、第 13 章和第 27 章）奠定基础。

国际的视野 当今的学生对国际金融体系的运行和各国金融体系的差别有着浓厚的兴趣。针对这个问题，本书加入了国际应用的内容。例如，金融体系的国际比较和中央银行决策的国际约束与美国发生的事件一并进行讨论（第 22 章）。独立可选章节有：汇率（第 8 章）、国际银行业（第 16 章）以及国际货币和金融体系（第 22 章），其前后位置合理有序排列，但教师可以很方便地省略这些章节或者集中放在后面来讲授。

第六版的新变化

我对修订第六版的内容确立了三个目标。

第一个目标是，把金融市场、金融机构以及国际货币与金融体系的最新发展与教材的分析性基础结合起来。比如，2001 年 9 月 11 日发生恐怖分子袭击后的股票市场暴跌、公司会计丑闻事件、金融创新的事例（如恐怖主义风险保险）和为有效信息披露而进行的公司治理改革（2002 年《萨班斯-奥克斯利法案》（Sarbans-Oxley Act of 2002）以及随后要求对其改革的呼声）等等。此外，1999 年，在《格雷姆-里奇-比利雷金融服务现代化法案》（the Gramm-Leach-Bliley Financial Services Modernization Act of 1999）通过之后，美国金融机构监管发生了重大变化，这使得我们有机会不断地运用金融机构提供风险分担、流动性和信息服务的思想，以及有机会理解目前金融机构业务界限模糊的原因。再则，最近的《巴塞尔协议Ⅱ》中的资本金要求和风险管理的方法引起了新的关注。在对期货、期权和互换的分析中，现在强调衍生品在风险管理中的作用。20 世纪 90 年代末发生了亚洲金融危机，21 世纪初期发生了阿根廷金融危机，由此引发了关于国际货币基金组织改革的讨论，这使得我们可以在这些背景下强调银行监管和金融监管经济学，阐述货币危机、货币政策和经济绩效。日本的银行和金融危机及其随后的恢复，给学生们提供了一个机会，让他们将 20 世纪 80 年代和 90 年代美国储蓄和贷款协会危机的教训与当前的金融发展结合起来。对冲基金的兴起提供了一个窗口，让学生们了解金融机构的经济学分析以及新兴金融机构的良好前景。联邦储备体系贴现政策的改变，也使我改变了描述联邦基金市场和短期利率决定的方式。我以欧元和欧洲中央银行的早期经历为例来揭示汇率的决定、中央银行的组织、货币政策工具和货币政策效能。美国的生产力在20世纪90年代后期的提高、在2001年的衰退以及伊拉克战争，都是阐述经济体产出增长和通货膨胀决定因素非常有用的事例。最后，采用本书的经济工具讨论了许多创新事件，包括网上银行、新的期货市场、日本的金融机构改革、新的公司治理改革、美国政府预算赤字的后果以及对通货紧缩和通货膨胀的担忧等。

第二，在前五版中，采用风险分担、流动性和信息的分析框架将分散的主题连结在一起，在第六版中，扩大了这一框架的应用。我认为这个分析框架是成功的，因为它有助于学生理解金融机构和市场提供什么样的服务，以及为什么提供这样的服务和怎样提供这样的服务。在第六版中，应用这一框架来分析金融市场和金融机构的发展、金融监管和根据经济学原理构建的宏观经济模型。

第三，我想通过案例和专栏来使学生保持对金融体系的动态认识。为了达到这个目的，所有的“理论联系实际”专栏都得到更新，囊括了过去几年发生的重大金融事件，对这些事件进行的分析加深了对该章节理论的理解。同样，也更新了“新闻解读”专栏，在这一专栏中，学生们可以观察报告的金融数据呈现哪些模式。每一章都举例描述了金融市场、金融机构、金融监管和公共政策的新发展，这些例子的引用不带任何偏见。

本书内容的修订反映了发生的经济事件，吸收了我的学生和其他学生的反馈、以前版本使用者的建议以及评论者的意见。

第六版可以进行灵活调整，可适用于两年制和四年制大学的本科生教学，也可适用于经济学、金融学和公共政策专业的研究生课程。《教师资源手册》* 描述了使用本书进行教学的几个可选择的路径。一些示例的课程次序包括如下：

一般货币银行学课程：第1～7章、第10～15章、第17章、第19章、第22章、第27章

一般有关国际问题的课程：第1～8章、第10～17章、第19～23章、第27章

金融市场和金融机构课程：第1～15章、第8～9章（可选）、第16章

货币机构和货币政策课程：第1～3章、第13章、第14章，第17～21章、第22章（可选）

货币经济学课程：第13～15章、第17～21章、第22章（可选）、第23～28章

---

* 中国人民大学出版社未购买《教师资源手册》的版权。——出版者注

教学使用：每章的构成

本书的特点是帮助学生学着用经济学家的眼光来看待金融体系和经济。我尽可能地把学生置于一个政策制定者的地位上。此外，全书都使用现实的情形，以便让学生理解经济分析方法在解释现实事件上的有用性。

每章开篇 每章开篇都告诉学生该章内容与现实世界的关联和应用。然后对该章研究的问题进行概述。每章开篇语都可以启发学生思考每一章的主题是如何展开的。

测试点拨（Checkpoints） 通过将每章讲述的经济分析方法应用于现实世界场景，来检验学生的理解力。比如有这样的问题：为什么周期性行业的一些企业并不依靠债务融资（第 239 页）以及怎样从美联储的行动中分析出其政策目标（第 463 页）？这些检测有助于学生准备回答章后的习题。

延伸思考（Consider this） 从当前事件或研究成果中提取出这些论题，以此对每章的经济分析方法进行案例分析。包括对“摇滚明星债券”这项金融创新的讨论（第 44 页），2001 年“9·11”事件对股价的影响（第 214 页），存款保险的全球扩张所引出的权衡（第 379 页），货币局制度能否获得成功以及阿根廷的具体案例（第 530 页），减税能否刺激总需求（第 591 页），经济活动对利率的敏感性使得欧洲中央银行难以开展工作（第 620 页）等。

博闻广识（Other times，other places…） 这个专栏将每章的经济分析方法扩展到历史事件或者其他国家的发展上。例如，亚洲金融危机影响欧洲债券市场的方式（第 142 页），俄罗斯和日本的金融监管与金融危机之间的联系（第 358 页），货币政策的实施怎样应对政治压力（第 493 页），政策制定者从第一次海湾战争中得到的教训在制定 2003 年伊拉克战争计划中所起的作用（第 566 页）。

新闻解读（Using the news） 这个专栏从《华尔街日报》和其他报刊摘取了最新数据。学生们不仅学习了如何阅读和解释这些信息，而且还要学会怎样运用这些数据来预测金融体系和经济发生的变化。

案例研究（Case studies） 在许多案例中，详细地描述了当前的事件，扩展了该章讲述的理论，进而得出结论。在这次修订中增加了这个篇幅较长的专栏，内容都来自近来发生的事件，包括纳斯达克市场交易的技术类股票价格暴涨暴跌的泡沫化趋势（第 220 页），亚洲金融危机（第 529 页）以及美国对通货膨胀目标的争论（第 497 页）。

理论联系实际（Moving from theory to practice） 根据我的经验，学生们对将其所掌握的经济工具应用于分析新闻报道的事件和政策发展尤其感兴趣。为了帮助学生学习如何批判性地阅读有关金融体系和经济的新闻，我在每章的最后加入一个应用专栏。其内容是一篇实际的新闻文章（选自《华尔街日报》或其他出版物）加上一段运用本章经济原理对该文章的观点所进行的评价。文章涉及国内和国际的情况，包括为什么美国居民的储蓄率如此之低（第 50～51 页），收益率曲线能否预测经济衰退（第 152～153 页），中国越来越大的银行业问题（第 360～361 页），美联储主席伯南克与市场沟通所用的经济工具（第 474～475 页），美国通货膨胀的风险（第 608～609 页）以及欧洲中央银行如何认识利率变化（第 630～631 页）。

网页链接 每章页边的“网页推荐”提示学生登录网站，获取补充课本材料的信息或数据。每一条提示都简要地描述了学生在网站上要寻找的材料。

总结图表 这些辅助图表使得金融体系和经济中发生变化的因果关系更加简明易懂。通过频繁地使用小的分析图表来直观地表示这些因果关系。

流程图 由于许多学生习惯于直观地学习，所以本书使用了很多流程图来说明影响事件、金融机构和金融市场的基本经济因素。例如，在第 3 章，我引入了一个简单的流程图来展示风险分担、流动性和信息提供对储蓄者和借款者的重要性。这个简单的流程图经过修改后被重复展示，以使学生能娴熟于心并能据此进行预测。

分析图示 为了帮助学生理解金融体系和经济中发生的事件背后的基本原理和决定因素，我使用了分析图表。

本章总结 总结有助于测验复习，总结中给出了关键术语和概念，以及对该章要点的概括。

章末练习 每章均包括三种类型的练习题。复习题（review questions）是检验学生对概念和事件的记忆；分析题（analytical problems）是让学生有机会将该章的经济分析方法应用于具体案例和事件；数据题（data questions）要求学生到图书馆从指定的资料来源中收集数据，并用这些数据来对经济方面的争论话题进行评价。基于互联网的数据题将学生引入网络在线资源。我已经提供了数量众多的问题，以使教师在安排作业时具有最大的灵活性。此外，每章的复习题和分析题都突出了将该章讲授的经济分析方法用于分析当前的事件。

内容组织

本书贯穿理论分析并涵盖现代事件、机构和数据，能使学生更均衡地理解货币、金融体系和经济三者之间的互动关系。在每一篇，先建立经济模型，然后再进行应用和分析，以此帮助学生理解、评价和预测金融事件。尽管全书广泛使用了相关的经济模型，但是教师可以方便地使用单个部分和独立章节，完全不必按照章节顺序来教学。

第 1 篇：导论（第 1～3 章）。这是本书的导论部分，包括使用经济学分析方法来研究货币、金融市场和金融机构以及整体经济的原因（第 1 章）；金融体系中货币发挥的作用（第 2 章）；金融体系在匹配储蓄者和借款者以及提供风险分担、流动性和信息时，其不同组成部分所发挥的作用（第 3 章）。

第 2 篇：利率（第 4～7 章）。在第 2 篇中，焦点转到利率的决定上。学生们能观察到，美国和全球成千上万个单个放款者和借款者的决策怎样决定我们在报纸上看到的市场利率。（在后面的第 5 篇中再揭示，联邦储备体系的决策怎样影响利率。）第 4 章阐释什么是利率，利率是怎样度量的，学生们在何处可以获得利率的信息，以便作出财务决策。第 5 章考察储蓄者怎样比较利率和资产收益率，以便在资产组合中配置其储蓄。第 6 章和第 7 章是关键的分析性章节。第 6 章研究在美国和国际资本市场上，资金贷出和借入的决策怎样决定债券价格和市场利率。第 7 章则把分析范围扩大到包含每个营业日所报出的数百个利率。这一章考察风险、流动性、信息成本、税收和期限的不同怎样影响利率。

第 3 篇：金融市场（第 8～11 章）。第 2 篇讨论的是利率和债券市场，而这一篇则把分析拓展到更广泛的金融市场。第 8 章考察外汇市场，重点是汇率的决定以及汇率和利率之间的变动关系。第 9 章考察了衍生品市场（期货、期权和互换市场）的运行、衍生品市场提供的服务和市场价格波动的原因。第 10 章和第 11 章考察了金融市场如何评价和传递信息。第 10 章从理论上分析了为什么说对储蓄者和借款者而言，股票、债券、外汇和衍生工具的价格包含了资产基本价值的信息，也考察了来自金融市场的证据是否支持这一理论。第 11 章考察了信息不对称对金融市场施加的成本，并观察了金融市场是如何对信息问题进行回应的。

第 4 篇：金融机构（第 12～16 章）。第 4 篇继续运用风险分担、流动性和信息的概念，来解释金融机构和金融工具为何和怎样发展的。第 12 章解释了风险分担、流动性和信息的提供促进了不同类型金融机构的发展。第 13 章考察了银行类金融机构的业务活动，在章末分析了银行怎样利用其交易成本和信息成本优势来进入新的业务领域。第 14 章分析了美国银行业（和其他国家银行业）的发展和当前的组织，概述了支持和反对金融监管的经济观点。第 15 章采用一个危机、监管、金融创新和监管回应的模型来考察金融监管。对于当前金融监管的争论，本章也给出了一个最新的描述。第 16 章集中讨论了银行在国际交易中提供的风险分担、流动性和信息服务，并介绍了欧洲市场和全球趋势。

第 5 篇：货币供给过程和货币政策（第 17～22 章）。这一篇讨论金融体系与宏观经济之间的联系。首先讨论货币供给过程，重点阐述基础货币和货币乘数在决定联邦储备体系、银行和非银行公众中的作用（第 17 章）。接下来是一个可选章节，讨论基础货币变化的决定因素（第 18 章）。第 19 章描述了联邦储备体系的组织，并与其他国家的中央银行进行了比较。第 20 章介绍了货币政策工具，并对准备金市场进行了简单的图形分析，以使学生能加强理解。第 21 章讨论了货币政策的执行和中央银行的最新发展，如通货膨胀目标制。第 22 章是可选章节，采用第 8 章介绍的汇率决定模型来分析在开放经济下货币政策执行的约束因素，并采用这个模型来分析在 20 世纪 90 年代和 21 世纪初动摇国际金融体系的货币危机。

第 6 篇：金融体系与宏观经济（第 23～28 章）。最后一篇研究货币政策对宏观经济的影响。第 23 章基于资产组合配置的决定因素解释了货币需求，讨论了货币量的度量。为便于教师使用 *IS*－*LM* 模型，第 24 章介绍了一个使用充分就业产出曲线模型的新发展，以及本书前面建立的借贷模型、资产组合配置模型和货币需求模型的综合。为使教师能够使用总需求—总供给模型，第 25 章直观地推导了 *AD*（总需求）曲线，介绍了总供给的现代发展，以及短期和长期的 *AS*（总供给）曲线。第 26 章采用竞争分析和经验证据法，对货币政策的短期经济效应进行了简要分析。第 27 章扩展分析了金融机构在宏观经济模型中的作用，包括对信贷压缩在多大程度上加剧了 1990—1991 年美国经济衰退和 20 世纪 90 年代到 21 世纪初期日本经济下滑的争论。第 28 章用 *AD*－*AS* 模型分析了短期和长期通货膨胀的决定因素。

辅助材料*

第六版附带有一系列辅助材料。

* 中国人民大学出版社并未购买这些辅助材料的版权。——出版者注

学习指南已由得克萨斯大学圣安东尼奥校区的朱莉·达尔基斯特进行了更新和扩展。该指南与教材高度协调，包含每章概览、关键概念的总结、练习题、分析题、写作题和习题答案。还包括两个期中和期末试题，以便学生测试他们对材料和综合词汇的理解。

在线教师手册由罗林斯学院的比尔·西耶弗里德进行了全面更新和修订，成为了一个新版本。该手册包括各章概述、教材章末问题和全书疑难问题的在线解答、推荐的课外阅读材料目录以及课堂上使用的文章和讨论的问题。

在线测试题库也由比尔·西耶弗里德完全修订成为一个新版本。该题库提供了2 300多道多项选择题以及85段文章和简答题。所有这些试题也可以从**在线计算机化测试题库**中得到，该题库会由在Windows和Macintosh系统中运行的试题生成软件（TestGen with Quizmaster）产生。这个易于操作的测试软件是一个非常有价值的备考工具，它允许教师评阅、编辑和添加问题。

在线幻灯片演示文稿也用正文中每个带有数字的图示和表格进行了全面更新和增强，还包括了详细的讲解文字，有助于课堂演示。

此外，学生可以在**教材伙伴网站**（companion web site）上得到一套综合的学习工具，网址是：**www.aw-bc.com/hubbard**。其中包括词汇抽认卡、自评测验题、每章目标（总结了每章的学习目的）、网络链接（包含本书相关数据）和经济新闻链接（指导学生浏览关于当前经济新闻和消息的网站）。

通过**教师资源中心**（**www.aw-bc.com/irc**），本书所有教师资源的电子文档都可以在线下载。或者获取教师资源光盘，该光盘可以从艾迪生·威斯利出版公司（Addison-Wesley）的代表那里获得。

致 谢

在我为本书准备材料的几年间，我从我在西北大学和哥伦比亚大学的学生反馈中得到了很多东西。此外，我也从下列评论者和核心小组成员那里收到了重要的实质性建议，在此谨对他们表达我诚挚的谢意。

Douglas Agbetsiafa
Indiana University at South Bend

Ehsan Ahmed
James Madison University

Mohammed Akacem
Metropoitan State College of Denver

Stefania Albanesi
Columbia University

Robert W. Boatler
Texas Christian University

Frank J. Bonello
University of Notre Dame

Michael Brandl
University of Texas at Austin

Nancy Burnett
University of Wisconsin, Obhkosh

Hugh Courtney
McKinsey and Company

Dean Croushore
Federal Reserve Bank of Philadelphia

Steven Cunningham
University of Connecticut

Julie Dahlquist
University of Texas at Sa Antonio

Christine Amsler
Michigan State University

David Aschauer
Bates College

John W. Bay

Teresa Beckham
Rhodes College

Willie Belton
Georgia Institute of Technology

Ben Bernanke

Tibor Besedes
Rutgers University

Maharukh Bhiladwalla
Rutgers University

Maureen Burton
California Polytechnic State University

Charles Calomiris
Columbia University

Tina A. Carter
Florida State University

Dong Cho
Wichita State University

Steven Cobb
Wichita State University

Doug Copeland
Johnson County Community College

Edward Day
University of Central Florida

Robert Defuba
Villanova University

Don Dutkowsky
Syracuse University

Stephanie Ellis

Mary English
Depauw University

Gerald Epstein
University of Massachusetts, Amberst

Martin D. Evans
Georgetown University

Marjorie Flavin
University of California, San Diego

Garry Fleming
Roanoke College

William F. Ford
Middle Tennessee Sttate University

Peter Frevert
Kansas University

Edward N. Gamber
Lafayette College

Karen Johnson
Baylor University

Fred Joutz
George Washington University

Magda Kandil
University of Wisconsin at Milwaukee

Kanjanee Kanwanpornsiri
Chulalongkorn University

Jules Kaplan
University of Colorado, Boulder

Michael Marlow
California Polytechnic State University

V. T. Mathews

Stephen McCafferty
Ohio State University

Hal McClure

Ball State University

Neil Garston
California State University, Los Angeles

Mark Gertler
New York University

Joshua A. Gotkin
ERS Group

Harry Greenbaum
South Dakota State University

Owen Gregory
Univerrsity of Illinois at Chicago

David R. Hakes
University of Northern Iowa

Bassam Harik
Western Michigan University

John T. Harvey
Texas Christian University

The late Thomas Havrilesky
Duke University

Robert Herren
North Dakota State University

Anil Kashyap
University of Chicago

Thomas Kopp
Siena College

Faik Koray
Louisiana State University

John Krieg
Western Washington University

Viju C. Kulkarni
San Diego State University

Patricia Kuzyk
Washington State University

John Lapp
North Carolina State University

Chris Lawrey
Williams Baptist College

Charles Leathers
University of Alabama

Sung Lee

Robert D. Ley
Bemidji State University

W. Douglas McMillin
Louisiana State University, Baton Rouge

B. Starr McMullen
Oregon State University

Ron McNamara

Paul A. Meyer
University of Maryland

Steve Miller
University of Connectictu as Storrs

Frank Mixon
University of Southern Mississippi

Masoud Moghaddam
Saint Cloud State University

Leonce Ndikumana
University of Massachusetts

John Meri
University of Maryland

Nick Noble
Miami University

Melissa J. Hieger

Ferdaus Hossain

Ing-Wei Huang
Assumption University of Thailand

Regina Hughes
University of Texas, Austin

Nancy Jianakoplos
Colorado State University

Ron Liggettt
University of Texas,
Walter Rogers

Steven Russell
Indiana University-Prdue University at Indianapolis

Robert S. Rycroft
University of Mary Washington

Ira Saltz
Pennsylvania University, Fayette

Eugene Sarver

Richard Schiming
Mankato State University

Calvin Siebert
Arlington

Richard MacDonald
Saint Cloud State University

David Macpherson
Florida State University

Bernard Malamud
University of Nevada, Las Vegas

Anthony O'Brien
Lehigh University

Rowena Pecchenino
Michigan State
University of Iowa

Neil T. Skaggs
Illinois State University

Frank Steindl
Oklahoma State University

Fred Thum
AAC Engineered Systems

Robert Tokle
Idaho State University

Steven Tomlinson
University of Texas at Austin

Richard J. Torz
St. Joseph's College
University

Chung Pham

Michael J. Pisani
Central Michigan University

Dean Popp
San Diego State University

Prosper Raynold
Miami University

Michael Redfearn
University of North Texas

Amina Tyabji
National University of Singapore

Paul Wachtel
New York University

Quingbin Wang
University of Albany

John Wassom
Bowling Green Community College of Western Kentucky University

Christopher Westley
Jacksonville State University

Eugene White
Rutgers University

此外，对于能和编写本书附录的同事一起工作，我也感到非常荣幸。他们是：罗林斯学院的 Bill Seyfried、佛罗里达州立大学的 David Macpherson、得克萨斯大学圣安东尼奥校区的 Jolie Dahlquist。我也要感激得克萨斯大学奥斯汀校区的 Michael Brandl，他协助我更新了新版中的许多专栏、图示和图表。

本书的出版是团队精诚合作的结果，同时我也有幸与艾迪生·威斯利出版公司这么多优秀专家合作。总编辑 Denise Clinton、发展部主任 Kay Ueno、经济编辑 Adrienne D'Ambrosio 在每一个阶段都贡献具有挑战性和有价值的投入。在他们的努力下，本书有了很大程度的提高。我也要感谢高级生产监督 Meredith Gertz、附录协调员 Heather McNally、媒体制作者 Bethany Tidd 以及高级营销经理 Roxanne Hoch，感谢他们为本书投入的辛劳和热情。

传统上，致谢的最后是感谢家人的支持。我要感谢我的妻子 Constance，她给了我感情的支持、忍耐、想法并花费了无数时间评阅书稿。她经常提醒我，编写和修订本书的初衷是把我的研究、教学和政府服务中的体会综合起来，这也使我相信教程会进一步提高。我们的儿子 Raph 和 Will 已经能迈步前行了，我仅希望本书能使他们满意。

R·格伦·哈伯德

于纽约州纽约市

作者简介

R·格伦·哈伯德（R. Glenn Hubbard） 现任哥伦比亚大学商学院院长，他是商学院拉塞尔·L·卡森经济和金融学教授，也是经济学系经济学教授。他在中央佛罗里达大学（University of Central Florida，UCF）获得文学学士和理学学士学位，在哈佛大学获得经济学硕士和博士学位。在哈佛大学期间，他荣获美国国家科学基金会和斯隆基金会奖学金。在2001—2003年间，他担任乔治·W·布什总统经济顾问委员会主席，也担任经济合作与发展组织（OECD）经济政策委员会主席。在乔治·H·W·布什政府担任过美国财政部助理部长帮办。

哈伯德发表了多篇论文，涉及金融经济学、公共财政、宏观经济学、产业组织、能源经济学和公共政策等领域，刊载这些论文的期刊包括：《美国经济评论》（*American Economic Review*）、《经济学和统计学年刊》（*Annales d'Economie et de Statistique*）、《布鲁金斯经济活动论文》（*Brookings Papers on Economic Activity*）、《欧洲经济评论》（*European Economic Review*）、《国际金融》（*International Finance*）、《国际税收与公共财政》（*International Tax and Public Finance*）、《银行与金融杂志》（*Journal of Banking and Finance*）、《商业杂志》（*Journal of Business*）、《金融学杂志》（*Journal of Finance*）、《金融经济学杂志》

(*Journal of Financial Economics*)、《产业经济学杂志》(*Journal of Industrial Economics*)、《法与经济学杂志》(*Journal of Law and Economics*)、《货币、信用与银行业杂志》(*Journal of Money, Credit, and Banking*)、《政策建模杂志》(*Journal of Policy Modeling*)、《政治经济学杂志》(*Journal of Political Economy*)、《公共经济学杂志》(*Journal of Public Economics*)、《管理科学》(*Management Science*)、《国家税收杂志》(*National Tax Journal*)、《经济学季刊》(*Quarterly Journal of Economics*)、《兰德经济学期刊》(*Rand Journal of Economics*)和《经济学与统计学评论》(*Review of Economics and Statistics*)等。他还担任过多家官方机构的研究顾问。

他曾经是哈佛大学约翰·F·肯尼迪政府学院和哈佛商学院的客座教授,也曾是芝加哥大学商学院的约翰·M·奥林客座教授,还曾是美国国家经济研究局的约翰·M·奥林研究员,他一直是国家经济研究局的研究助理。他也在美国企业研究所做过访问学者。他目前是ADP、黑石封闭式基金、杜克房地产公司、KKR财务公司、大都会人寿保险公司和里普伍德控股公司的董事。

此外,哈伯德还获得过美国国家经济研究局、美国科学基金会、美国能源部、布莱德雷基金会和财政研究所的研究资助。

现在,哈伯德和他的妻子康斯坦斯以及他们的儿子拉夫和威尔居住在纽约市。

简要目录

第 1 篇　导论 ………………………………………………………… 1
第 1 章　货币和金融体系概述 ………………………………………… 3
第 2 章　货币和支付系统 ……………………………………………… 16
第 3 章　金融体系概述 ………………………………………………… 39
第 2 篇　利率 ………………………………………………………… 73
第 4 章　普通股的价值 ………………………………………………… 75
第 5 章　资产组合配置理论 …………………………………………… 106
第 6 章　市场利率的决定 ……………………………………………… 128
第 7 章　利率的风险结构和期限结构 ………………………………… 160
第 3 篇　金融市场 …………………………………………………… 193
第 8 章　外汇市场和汇率 ……………………………………………… 195
第 9 章　衍生证券和衍生证券市场 …………………………………… 229
第 10 章　信息与金融市场效率 ……………………………………… 258
第 11 章　降低交易成本与信息成本 ………………………………… 283
第 4 篇　金融机构 …………………………………………………… 307
第 12 章　金融机构的功能 …………………………………………… 309
第 13 章　银行业务 …………………………………………………… 347

第 14 章　银行产业 …… 382
第 15 章　银行业监管：危机与应对措施 …… 420
第 16 章　国际经济中的银行业 …… 453
第 5 篇　货币供给过程和货币政策 …… 477
第 17 章　货币供给过程 …… 479
第 18 章　基础货币的变动 …… 515
第 19 章　中央银行的组织 …… 537
第 20 章　货币政策工具 …… 560
第 21 章　货币政策的实施 …… 588
第 22 章　国际金融体系和货币政策 …… 621
第 6 篇　金融体系和宏观经济 …… 657
第 23 章　货币需求 …… 659
第 24 章　联结金融体系与经济：*IS-LM-FE* 模型 …… 681
第 25 章　总需求和总供给 …… 717
第 26 章　货币和产出的短期关系 …… 746
第 27 章　信息问题和货币政策传递渠道 …… 772
第 28 章　通货膨胀：原因和后果 …… 798

词汇表 …… 836
索引 …… 862
译后记 …… 921

目　录

第 1 篇　导论 …… 1

第 1 章　货币和金融体系概述 …… 3

开始 …… 4

金融体系与经济 …… 5

博闻广识　金融体系中唯一不变的就是变化 …… 6

金融市场 …… 7

金融机构 …… 8

延伸思考　金融体系真正全球化了吗？ …… 9

货币 …… 9

作为工具的经济分析方法 …… 10

形成经济分析方法 …… 11

应用经济分析方法 …… 12

关键术语和概念 …… 12

总结 …… 13

复习题 …… 13

分析题 …… 14

数据题 …… 14

第 2 章　货币和支付系统 …… 16
以货币满足交易需求 …… 17
物物交换 …… 17
政府分配 …… 18
货币 …… 18
什么物品可以充当货币？ …… 22
博闻广识　欧元是成功的吗？ …… 22
支付系统 …… 23
实物货币 …… 23
信用货币 …… 23
延伸思考　什么是货币？询问一位出租车司机！ …… 24
支票 …… 25
电子资金和电子货币 …… 25
货币供给的度量 …… 27
货币总量的度量 …… 28
选择货币总量指标 …… 29
新闻解读　找到货币的最新信息 …… 31
关键术语和概念 …… 31
总结 …… 32
复习题 …… 33
分析题 …… 33
数据题 …… 35
理论联系实际　信用卡承诺
（《经济学家》，2006 年 5 月 6 日） …… 36
附录 …… 38
第 3 章　金融体系概述 …… 39
金融体系的功能 …… 40
金融体系提供的主要服务 …… 42
风险分担 …… 43
流动性 …… 43
信息 …… 44
金融体系中的金融市场 …… 45
匹配储蓄者和借款者：债务和股权 …… 45
提供风险分担、流动性和信息服务 …… 47
金融体系中的金融中介机构 …… 49
匹配储蓄者和借款者 …… 49
提供风险分担、流动性和信息服务 …… 50
案例研究　居民把他们的储蓄存到什么地方？ …… 51

金融体系中的竞争和变化 …… 52
金融创新 …… 53
金融一体化和全球化中的变化 …… 53
延伸思考　金融创新：住房抵押贷款还是摇滚明星债券？ …… 54
金融监管 …… 55
提供信息 …… 55
博闻广识　国际债券和股票市场的增长 …… 56
维护金融稳定 …… 57
推进其他政策目标 …… 57
监管的效应 …… 58
关键术语和概念 …… 59
总结 …… 60
复习题 …… 61
分析题 …… 62
数据题 …… 62
理论联系实际　美国的储蓄
（《外交事务》，2006 年 5 月、6 月号） …… 64
附录 …… 66

第 2 篇　利率 …… 73
第 4 章　普通股的价值 …… 75
债务工具的比较 …… 76
偿付时间 …… 76
延伸思考　它们是否能够分离？创造新的金融工具 …… 78
现值 …… 79
用到期收益率作为衡量标准 …… 83
债券的收益率与价格 …… 87
为什么价格和面值有差异？ …… 87
债券收益率和价格是如何联系的？ …… 89
延伸思考　谁会购买非凡 50 年债券？ …… 89
新闻解读　更新债券价格和收益率的信息 …… 91
计算总回报率 …… 94
真实利率与名义利率 …… 95
博闻广识　原理脱轨：通货膨胀与长期债券价格 …… 95
关键术语和概念 …… 99
总结 …… 99
复习题 …… 100
分析题 …… 100

数据题 …………………………………………………………………………… 102
理论联系实际　咖啡经济学
（《华盛顿邮报》，2005 年 6 月 18 日） ……………………………… 104
第 5 章　资产组合配置理论 …………………………………………………… 106
资产组合选择的决定因素 …………………………………………………… 107
财富 ………………………………………………………………………… 108
资产的预期回报率 …………………………………………………………… 109
资产回报的风险 ……………………………………………………………… 110
案例研究　你的资产组合能承受多大的风险？ ………………………… 111
资产的流动性 ……………………………………………………………… 113
获取信息的成本 …………………………………………………………… 113
多样化的优点 ………………………………………………………………… 114
总结：解释资产组合配置 …………………………………………………… 117
案例研究　金融市场风险升水建模 ……………………………………… 119
博闻广识　投资者能够很好地进行（全球性）多样化吗？ ………… 120
关键术语和概念 ……………………………………………………………… 121
总结 …………………………………………………………………………… 121
复习题 ………………………………………………………………………… 121
分析题 ………………………………………………………………………… 122
数据题 ………………………………………………………………………… 124
理论联系实际　阴云笼罩（《经济学家》，2006 年 6 月 1 日） ……… 126
第 6 章　市场利率的决定 ……………………………………………………… 128
债券市场的供给和需求与可贷资金 ……………………………………… 129
需求曲线 …………………………………………………………………… 130
供给曲线 …………………………………………………………………… 131
市场均衡 …………………………………………………………………… 132
解释均衡利率的变动 ………………………………………………………… 134
债券需求的变动 …………………………………………………………… 135
延伸思考　储蓄来自哪里？ ………………………………………………… 138
债券供给的变动 …………………………………………………………… 140
博闻广识　战争时期利率会上升吗？ …………………………………… 145
用模型解释利率的变化 …………………………………………………… 145
回到债券市场的选票 ……………………………………………………… 148
国际资本市场和利率 ………………………………………………………… 148
小型开放经济 ……………………………………………………………… 149
大型开放经济 ……………………………………………………………… 151
关键术语和概念 ……………………………………………………………… 152
总结 …………………………………………………………………………… 153

复习题 …… 154
分析题 …… 154
数据题 …… 156
理论联系实际　日本通货膨胀联结型债券
（《亚洲华尔街日报》，2005 年 3 月 23 日） …… 158
第 7 章　利率的风险结构和期限结构 …… 160
利率的风险结构 …… 161
违约风险 …… 161
新闻解读　用债券收益率评估风险 …… 163
流动性 …… 168
信息成本 …… 169
税收 …… 171
用利率风险结构进行预测 …… 173
延伸思考　消费税会消除市政债券的吸引力吗？ …… 173
利率的期限结构 …… 174
新闻解读　如何看懂收益率曲线？ …… 175
博闻广识　亚洲危机对欧洲债券有影响吗？ …… 176
市场分割理论 …… 176
预期理论 …… 177
习惯偏好理论 …… 181
用期限结构进行预测 …… 183
延伸思考　财政部能够改变收益率曲线的形状吗？ …… 184
关键术语和概念 …… 185
总结 …… 185
复习题 …… 186
分析题 …… 187
数据题 …… 189
理论联系实际　投资者重估债券的预测能力
（《金融时报》，2006 年 2 月 9 日） …… 191

第 3 篇　金融市场 …… 193
第 8 章　外汇市场和汇率 …… 195
汇率和贸易 …… 196
名义汇率与实际汇率 …… 197
外汇市场 …… 199
长期汇率的决定 …… 200
供给与需求 …… 200
经济基本因素与长期汇率趋势 …… 200

新闻解读　解读汇率 …… 202
一价定律及购买力平价理论 …… 204
购买力平价理论是否符合现实？ …… 205
短期汇率的决定 …… 206
比较本国资产和外国资产的预期收益率 …… 208
外汇市场均衡 …… 210
利率平价 …… 212
汇率波动 …… 213
本国真实利率的变动 …… 214
本国预期通货膨胀的变化 …… 215
案例研究　你是否应该指望国际投资？ …… 216
外国利率的变动 …… 218
预期未来汇率的变动 …… 219
外汇市场的货币升水 …… 220
博闻广识　20 世纪 80 年代的利率和汇率 …… 221
刚刚起步的重要货币：欧元 …… 222
关键术语和概念 …… 223
总结 …… 223
复习题 …… 224
分析题 …… 225
数据题 …… 226
理论联系实际　巨无霸货币
（《经济学家》，2006 年 5 月 27 日） …… 227
第 9 章　衍生证券和衍生证券市场 …… 229
远期交易与衍生工具 …… 230
期货 …… 231
期货定价 …… 232
新闻解读　解读金融期货行情表 …… 233
使用期货来管理风险 …… 234
期权 …… 237
新闻解读　解读期权行情表 …… 239
期权定价 …… 240
博闻广识　期货交易、指数套利以及 1987 年股市崩盘 …… 241
使用期权来管理风险 …… 242
互换 …… 243
利率互换 …… 243
货币互换 …… 245
信用衍生品 …… 245

衍生工具市场对金融体系的好处 …… 246
标准化与流动性 …… 246
案例研究　希特伦受到了惩罚——奥兰治县的惨痛教训 …… 247
案例研究　巴林银行巨亏——女王的银行破产了 …… 248
匿名交易与信息 …… 249
关键术语和概念 …… 250
总结 …… 251
复习题 …… 251
分析题 …… 252
数据题 …… 254
理论联系实际　对住房进行套期保值
（《经济学家》，2006 年 4 月 22 日） …… 255
第 10 章　信息与金融市场效率 …… 258
理性预期 …… 259
有效市场假说 …… 261
资产预期价格的决定 …… 262
价格波动 …… 263
延伸思考　“9・11”事件怎样影响美国股票价格？ …… 265
投资策略 …… 265
博闻广识　美国内战与黄金市场 …… 267
金融市场的实际效率 …… 268
定价异常 …… 269
均值回归 …… 270
过度波动 …… 270
市场有效性和 1987 年股票市场崩盘 …… 271
案例研究　是什么上升了？ …… 272
价值投资与有效市场 …… 275
金融市场无效率的成本 …… 275
价格过度波动的成本 …… 276
信息成本 …… 277
关键术语和概念 …… 277
总结 …… 277
复习题 …… 278
分析题 …… 279
数据题 …… 280
理论联系实际　寻找金蛋（《经济学家》，2005 年 1 月 1 日） …… 281
第 11 章　降低交易成本与信息成本 …… 283
匹配储蓄者和借款者面临的障碍 …… 284

交易成本 …… 284
信息不对称和信息成本 …… 285
逆向选择 …… 286
金融市场中的"次品"问题 …… 286
降低信息成本 …… 287
道德风险 …… 289
案例研究　改善信息披露的最新监管变化 …… 290
股权融资中的道德风险 …… 291
延伸思考　股票市场信号会受逆向选择问题的影响吗？ …… 293
债务融资中的道德风险 …… 293
延伸思考　物价下降会提高信息成本吗？ …… 295
信息成本与金融中介机构 …… 296
金融中介机构与逆向选择 …… 296
金融中介机构与道德风险 …… 297
博闻广识　投资者保护与经济增长 …… 299
关键术语和概念 …… 299
总结 …… 300
复习题 …… 300
分析题 …… 301
数据题 …… 302
理论联系实际　《萨班斯-奥克斯利法案》的审理（《经济学家》，2006 年 4 月 22 日） …… 303
第 4 篇　金融机构 …… 307
第 12 章　金融机构的功能 …… 309
证券市场机构 …… 311
信息：投资银行 …… 312
流动性和风险分担：二级市场 …… 314
新闻解读　新发行的铭牌 …… 315
投资机构 …… 318
互助基金 …… 318
金融公司 …… 320
契约储蓄机构：保险公司 …… 321
保险管理原理 …… 322
延伸思考　投资者会抵制专业自保公司吗？ …… 324
人寿保险公司 …… 324
财产和意外伤害保险公司 …… 325
保险公司监管和最新趋势 …… 327

契约储蓄机构：养老基金 …… 327
养老基金资产的所有权 …… 329
养老基金计划的筹资 …… 329
私人养老基金计划的监管 …… 330
公共养老基金计划 …… 330
最新趋势 …… 331
存款类机构 …… 332
商业银行 …… 332
储蓄机构 …… 333
信用社 …… 333
政府金融机构 …… 335
直接参与：联邦信贷机构 …… 335
间接参与：贷款担保 …… 336
最新趋势 …… 336
案例研究　对冲基金是何种金融机构？ …… 337
案例研究　风险投资基金是何种金融机构？ …… 338
金融机构：界限模糊 …… 339
关键术语和概念 …… 340
总结 …… 341
复习题 …… 341
分析题 …… 342
数据题 …… 343
理论联系实际　交易大厅的未来
（《金融时报》，2006 年 3 月 7 日） …… 345
第 13 章　银行业务 …… 347
银行如何赚取利润？ …… 348
银行的负债 …… 349
银行的资产 …… 351
银行的净值 …… 352
银行的破产 …… 353
银行利润的决定 …… 353
延伸思考　银行怎样处理贷款损失？ …… 355
银行与储蓄者之间的关系 …… 355
管理道德风险 …… 356
管理流动性风险 …… 358
银行和借款者之间的关系 …… 361
管理信用风险 …… 361
延伸思考　信用—风险分析何时是一种“歧视”？ …… 364

管理利率风险 …… 365
扩展银行业务范围 …… 368
机会和金融创新 …… 369
表外业务 …… 369
延伸思考　给银行衍生品的评价：它是多余的信用形式吗？ …… 372
关键术语和概念 …… 373
总结 …… 374
复习题 …… 375
分析题 …… 375
数据题 …… 377
理论联系实际　印度的微型贷款
（《华尔街日报》，2006 年 5 月 15 日） …… 378
附录 …… 380
第 14 章　银行产业 …… 382
美国现代银行业的起源 …… 383
谁来监管银行？ …… 384
注册和检查 …… 384
博闻广识　自由银行业时期的教训 …… 385
监管商业银行 …… 386
监管储蓄机构 …… 387
监管信用社 …… 387
为什么要对银行业进行监管？ …… 389
银行挤兑 …… 389
银行挤兑的成本 …… 390
银行业的政府干预 …… 391
最后贷款人 …… 392
联邦存款保险 …… 393
限制银行业竞争 …… 398
延伸思考　银行合并对企业有利吗？ …… 401
银行业务范围的限制 …… 401
其他国家的银行业 …… 406
日本银行业 …… 406
德国银行业 …… 408
欧洲银行业一体化 …… 409
中国银行业 …… 410
案例分析　银行业是一个日趋衰落的产业吗？ …… 410
关键术语和概念 …… 413
总结 …… 413

复习题 …… 414
分析题 …… 415
数据题 …… 416
理论联系实际　重新思考《社区再投资法案》
(《经济学家》，2005 年 3 月 5 日) …… 417
第 15 章　银行业监管：危机与应对措施 …… 420
监管模式 …… 421
最后贷款人 …… 421
大萧条 …… 422
延伸思考　最后贷款人如何来保护支付体系？ …… 423
近年来的成功履职 …… 424
结语 …… 425
反竞争性银行监管 …… 425
1966 年的信贷压缩 …… 427
银行的反应 …… 427
监管的反应 …… 429
结语 …… 430
20 世纪 80 年代美国存款保险危机 …… 431
危机的开始：储蓄和贷款协会经营状况恶化 …… 431
金融体系的反应 …… 432
监管反应：拯救储蓄和贷款协会 …… 434
危机扩大：商业银行 …… 436
监管改革的选择 …… 437
监管改革当前面临的问题 …… 441
结语 …… 442
银行业监管对其他金融机构监管的教训 …… 443
保险监管 …… 443
养老基金监管 …… 444
博闻广识　危机与反应的循环：俄罗斯和日本 …… 445
关键术语和概念 …… 446
总结 …… 446
复习题 …… 447
分析题 …… 448
数据题 …… 449
理论联系实际　中国越来越大的银行业问题
(《经济学家》，2006 年 5 月 20 日) …… 451
第 16 章　国际经济中的银行业 …… 453
国际银行的组织 …… 454

美国银行的海外组织形式 …… 455
外资银行在美国的组织 …… 456
全球银行业的领军者 …… 457
延伸思考　为何关闭国际商业信贷银行需要这么长的时间？ …… 458
管理汇率风险 …… 459
国际银行提供的服务 …… 459
降低交易成本 …… 460
提供信息服务 …… 461
欧洲市场的兴起 …… 463
欧洲市场的客户 …… 465
欧洲市场的贷款 …… 465
国际银行业的金融监管 …… 466
资本金要求 …… 467
博闻广识　主权国家违约吗？ …… 467
存款保险 …… 468
中央银行干预 …… 469
国际协调 …… 469
延伸思考　存款保险的全球扩展是好事吗？ …… 470
关键术语和概念 …… 470
总结 …… 471
复习题 …… 471
分析题 …… 472
数据题 …… 472
理论联系实际　伊斯兰银行业的新语言
（《金融时报》，2004 年 10 月 20 日） …… 474

第 5 篇　货币供给过程和货币政策 …… 477
第 17 章　货币供给过程 …… 479
联储和基础货币 …… 480
联储的负债 …… 481
联储的资产 …… 482
联储如何改变基础货币？ …… 482
公开市场操作与贴现贷款的比较 …… 486
简单存款乘数 …… 487
倍数存款扩张 …… 488
延伸思考　倍数存款扩张的起源 …… 492
倍数存款收缩 …… 493
货币乘数和非银行公众的决策 …… 494

资产组合选择的决定因素 …… 495
结语 …… 496
银行行为：超额准备金和贴现贷款 …… 497
超额准备金 …… 498
贴现贷款 …… 499
推导货币乘数和货币供给 …… 500
博闻广识 20世纪30年代初期的货币乘数和货币供给 …… 503
案例研究 运用货币供给方程式来预测货币增长 …… 504
关键术语和概念 …… 506
总结 …… 507
复习题 …… 508
分析题 …… 508
数据题 …… 511
理论联系实际 联储和基础货币：减轻通货膨胀压力
（《华盛顿邮报》，2006年6月30日） …… 512
附录 …… 514
第18章 基础货币的变动 …… 515
联邦储备体系的资产负债表 …… 516
联储的资产 …… 516
联储的负债 …… 517
基础货币的决定 …… 518
基础货币的变动 …… 519
基础货币增加的决定因素 …… 520
新闻解读 联储数据和基础货币的变动 …… 521
基础货币减少的决定因素 …… 524
结语 …… 525
联邦预算赤字和基础货币 …… 526
其他策略 …… 527
博闻广识 债务处理：《财政部—联邦储备体系协议》 …… 528
政府预算约束与基础货币 …… 530
关键术语和概念 …… 530
总结 …… 531
复习题 …… 531
分析题 …… 532
数据题 …… 533
理论联系实际 流动性与基础货币
（《彭博新闻》，2006年11月24日） …… 535

第 19 章　中央银行的组织 …… 537
联邦储备体系的权势分享 …… 538
联邦储备体系的创建 …… 538
联邦储备银行 …… 539
成员银行 …… 541
理事会 …… 542
联邦公开市场委员会 …… 542
联储储备体系内部的权势与职权 …… 543
联储的运作方式 …… 545
处理外部压力 …… 545
财政部—联储发生冲突的事例 …… 546
激励联邦储备体系的因素 …… 547
延伸思考　选择联储主席的重要性 …… 547
联储的独立性 …… 549
博闻广识　日本财政部和中央银行在独立性问题上的冲突 …… 550
美国以外中央银行的独立性 …… 551
关键术语和概念 …… 553
总结 …… 553
复习题 …… 554
分析题 …… 555
数据题 …… 556
理论联系实际　伯南克领导下的联储与市场进行沟通
（《金融时报》，2006 年 7 月 3 日） …… 558
第 20 章　货币政策工具 …… 560
公开市场操作 …… 561
公开市场操作的施行 …… 561
公开市场操作与其他政策工具的比较 …… 563
延伸思考　公开市场交易部一天的工作 …… 563
联储观察和联邦公开市场委员会指令 …… 565
延伸思考　如何解读联邦公开市场委员会的声明？ …… 565
其他国家的公开市场操作 …… 566
贴现政策 …… 567
运用贴现窗口 …… 567
贴现政策的优点 …… 568
贴现政策作为货币政策工具的缺点 …… 569
其他国家的贴现政策 …… 569
准备金要求 …… 570
准备金要求的变动 …… 570

检查与合规 …… 571
对准备金要求的批评 …… 571
博闻广识　设定准备金要求的早期失误 …… 572
其他国家的准备金要求 …… 574
联储观察：分析政策工具 …… 575
联邦基金市场 …… 575
公开市场操作 …… 576
贴现率的变动 …… 577
准备金要求的变动 …… 578
影响基础货币的其他因素 …… 579
联邦基金利率和货币政策 …… 579
结语 …… 580
关键术语和概念 …… 581
总结 …… 581
复习题 …… 582
分析题 …… 583
数据题 …… 584
理论联系实际　联储提高利率
（《华尔街日报》，2006 年 5 月 11 日） …… 585
第 21 章　货币政策的实施 …… 588
货币政策最终目标 …… 589
物价稳定 …… 589
充分就业 …… 590
经济增长 …… 590
金融市场和金融机构稳定 …… 591
利率稳定 …… 591
外汇市场稳定 …… 591
实现货币政策最终目标面临的问题 …… 592
使用中间目标实现最终目标 …… 593
货币总量和利率作为中间目标 …… 594
选择中介目标 …… 597
选择操作目标 …… 599
货币政策记录 …… 599
对中间目标的早期关注：1951—1970 年 …… 600
以货币总量作为中间目标的尝试：1970—1979 年 …… 601
不再强调利率：1979—1982 年 …… 603
1982 年以后的政策：回归利率 …… 604
日益增加的国际因素：20 世纪 80—90 年代 …… 605

博闻广识　货币政策的实施会受制于政治压力吗？ …… 605
明确目标并加以沟通：21 世纪 …… 606
结语 …… 607
重新评价联储的定标政策 …… 607
其他中介目标 …… 607
泰勒规则 …… 608
定标制的未来 …… 609
案例研究　通货膨胀定标是一个好主意吗？ …… 611
货币政策实施的国际比较 …… 612
关键术语和概念 …… 615
总结 …… 615
复习题 …… 616
分析题 …… 616
数据题 …… 617
理论联系实际　致毁的杂草
（《经济学家》，2006 年 5 月 6 日） …… 619
第 22 章　国际金融体系和货币政策 …… 621
外汇干预与货币供给 …… 622
外汇干预与汇率 …… 624
非冲销性干预 …… 624
冲销性干预 …… 626
资本管制 …… 627
近来的干预 …… 627
国际收支 …… 628
案例研究　冲销性干预影响汇率吗？ …… 629
新闻解读　美国的国际收支 …… 630
经常账户 …… 630
金融账户 …… 631
官方结算 …… 632
账户间的关系 …… 633
汇率制度和国际金融体系 …… 633
固定汇率与金本位 …… 634
采用固定汇率制度：布雷顿森林体系 …… 636
延伸思考　国际货币基金组织和世界银行过时了吗？ …… 637
后布雷顿森林体系的中央银行干预 …… 642
欧洲的固定汇率 …… 644
博闻广识　投机性攻击：20 世纪 90 年代的模式 …… 645
案例研究　墨西哥金融危机 …… 647

案例研究　亚洲金融危机 …… 648
固定汇率制度在长期内会成功吗？ …… 649
延伸思考　回到货币局制度 …… 649
关键术语和概念 …… 650
总结 …… 651
复习题 …… 652
分析题 …… 653
数据题 …… 654
理论联系实际　欧元困境（《经济学家》，2006 年 4 月 29 日） …… 655

第 6 篇　金融体系和宏观经济 …… 657
第 23 章　货币需求 …… 659
交易动机 …… 660
真实货币余额 …… 660
货币流通速度与对真实货币余额的需求 …… 661
延伸思考　20 世纪 90 年代初期货币供给增长放缓：流通速度是肇事者吗？ …… 662
货币流通速度与时而变 …… 663
资产组合配置动机 …… 667
持有货币的动机：凯恩斯流动性偏好理论 …… 668
广义的资产组合因素：弗里德曼的货币需求模型 …… 670
比较两个模型：凯恩斯和弗里德曼 …… 670
解释货币需求 …… 671
货币需求函数 …… 672
度量货币需求 …… 673
博闻广识　迷失货币的情形 …… 674
关键术语和概念 …… 674
总结 …… 675
复习题 …… 675
分析题 …… 676
数据题 …… 678
理论联系实际　伊辛联系（《经济学家》，2006 年 3 月 26 日） …… 679
第 24 章　联结金融体系与经济：*IS-LM-FE* 模型 …… 681
商品市场和资本市场模型：假设条件 …… 682
IS 曲线 …… 683
储蓄、投资和总需求 …… 683
国民储蓄的决定因素 …… 684
国民投资的决定因素 …… 685

建立 *IS* 曲线 …… 686
开放经济的 *IS* 曲线 …… 687
延伸思考　储蓄是跨国流动的吗？ …… 689
IS 曲线的移动 …… 690
决定产出：充分就业线 …… 691
博闻广识　第一次海湾战争和“信心” …… 693
LM 曲线 …… 694
资产市场均衡 …… 694
建立 *LM* 曲线 …… 695
LM 曲线的移动 …… 698
金融体系与经济：*IS-LM-FE* 模型 …… 701
利用模型来解释经济的均衡 …… 701
恢复均衡：价格水平调整 …… 703
长期中的货币、产出和价格 …… 705
关键术语和概念 …… 706
总结 …… 706
复习题 …… 707
分析题 …… 707
数据题 …… 710
理论联系实际　储蓄过剩还是流动性过剩？
（《经济学家》，2005 年 8 月 13 日） …… 711
附录 …… 714
第 25 章　总需求和总供给 …… 717
总需求曲线 …… 718
推导总需求曲线 …… 718
总需求曲线的移动 …… 720
延伸思考　减税会刺激总需求吗？ …… 721
总供给曲线 …… 722
短期总供给曲线 …… 723
长期总供给曲线 …… 728
短期总供给曲线的移动 …… 728
博闻广识　波兰的休克疗法和总供给 …… 731
总需求和总供给的均衡 …… 732
短期均衡 …… 732
长期均衡 …… 733
延伸思考　总需求的变化会影响长期产出吗？ …… 734
真实经济周期观点 …… 735
美国的经济波动 …… 736

对总需求的冲击：1964—1969 年 …… 736
供给冲击：1973—1975 年和 1995—2005 年 …… 737
信贷压缩与总需求，1990—1991 年 …… 738
投资与 2001 年的衰退 …… 739
投资激发了通货膨胀吗？ …… 739
关键术语和概念 …… 739
总结 …… 740
复习题 …… 740
分析题 …… 741
数据题 …… 743
理论联系实际　伯南克警告发生通货膨胀的风险仍然很大（《华尔街日报》，2006 年 11 月 29 日） …… 744
第 26 章　货币和产出的短期关系 …… 746
追溯货币和产出的短期变化 …… 747
真实经济周期模型 …… 748
货币和产出：新古典学派模型 …… 750
货币和产出：新凯恩斯学派模型 …… 752
延伸思考　在欧洲可否“一刀切”？ …… 754
案例研究　根据新凯恩斯学派的观点，货币如何影响总需求？ …… 755
公共政策能够稳定经济波动吗？ …… 755
真实经济周期和新古典学派的观点 …… 756
新凯恩斯学派的观点 …… 757
博闻广识　三重野康与日本稳定化政策的争论 …… 759
对 20 世纪 80 年代以来政策事件的阐释 …… 760
20 世纪 80 年代初期政策变化的影响 …… 760
20 世纪 90 年代初期政策变化的影响 …… 762
21 世纪头 10 年的经验和结语 …… 763
关键术语和概念 …… 764
总结 …… 764
复习题 …… 765
分析题 …… 766
数据题 …… 768
理论联系实际　双银行记（《经济学家》，2007 年 1 月 11 日） …… 770
第 27 章　信息问题和货币政策传递渠道 …… 772
信息问题的宏观经济成本 …… 773
放款中的信息问题：金融中介机构的作用 …… 774
放款中的信息问题：净值的作用 …… 774
银行放款减少的后果 …… 775

借款者净值下降的后果 …… 776
金融恐慌 …… 777
信用控制和信贷压缩 …… 778
博闻广识　全球银行业危机和大萧条 …… 779
货币政策传递渠道的扩展 …… 780
货币传递渠道：货币政策和利率 …… 781
银行放款传递渠道：货币政策和银行 …… 782
货币传递渠道和银行传递渠道的预言 …… 782
资产负债表传递渠道：货币政策和净值 …… 785
银行放款传递渠道和资产负债表传递渠道的有效性 …… 787
延伸思考　1990—1991年间的经济衰退中存在信贷压缩吗？ …… 789
公共政策的含义 …… 791
关键术语和概念 …… 792
总结 …… 792
复习题 …… 793
分析题 …… 794
数据题 …… 795
理论联系实际　完美定价（《经济学家》，2006年7月1日） …… 796
第28章　通货膨胀：原因和后果 …… 798
对价格水平变化的解释 …… 799
价格水平变化的原因 …… 800
价格水平波动的原因 …… 800
价格水平的持续变化：通货膨胀 …… 803
通货膨胀的成本 …… 805
预期到的通货膨胀 …… 805
未预期到的通货膨胀 …… 807
通货膨胀的不确定性 …… 807
通货膨胀和货币政策 …… 808
成本推动型通货膨胀 …… 809
需求拉动型通货膨胀 …… 810
降低通货膨胀的成本 …… 812
新古典学派反通货膨胀策略：
“速冻火鸡”式降低通货膨胀 …… 812
新凯恩斯学派反通货膨胀策略：渐进式降低通货膨胀 …… 813
中央银行的可信性 …… 815
建立可信性的策略 …… 815
博闻广识　美国和日本中央银行的可信性 …… 816
延伸思考　可信性可以增强中央银行的灵活性吗？ …… 819

规则与相机抉择 …… 820
价格控制与可信性 …… 821
关键术语和概念 …… 821
总结 …… 822
复习题 …… 823
分析题 …… 824
数据题 …… 826
理论联系实际　通货膨胀之国
（《华尔街日报》，2006年5月23日） …… 827
附录 …… 829

词汇表 …… 836
索引 …… 862
译后记 …… 921

第1篇 导　论

第 1 篇提供研究货币和金融体系所必需的背景知识。在本书中，我们用经济分析方法来解释金融体系当今的发展，并预测未来的发展。第 1 篇共用三章的篇幅将经济分析方法引入本书主题的讨论中。第 1 章描述了使用经济分析方法来研究货币、金融市场和金融机构以及经济的好处；第 2 章揭示了为什么现代经济中使用货币以及货币如何影响你的决策，并指出便于取得货币量度量指标的信息来源；第 3 章概述了金融体系的不同组成部分在连接储蓄者和借款者以及提供风险分担、流动性和信息服务中所扮演的角色。理解这些服务将有助于你了解金融体系是怎样发展演进的，及其在未来会发生怎样的变化。

第 1 章　货币和金融体系概述

2 2001 年 9 月 11 日发生了恐怖主义袭击，这一悲惨事件把悲痛带给了美国和全世界。因为要对曼哈顿的损毁进行初步的估价和修复，纽约的金融市场关闭了好几天。当联邦储备体系把现金运到纽约并借给金融市场参与者以维持业务运行的时候，金融市场和金融机构以及储蓄者和投资者都做好了出现最坏情况的准备。市场将在何时重新开业？股票价格、利率和美元币值将会作出怎样的反应？“信贷压缩”将会抑制美国的借贷吗？保险公司和资本市场将怎样应对恐怖主义风险？乔治·W·布什总统和他的顾问——联邦储备体系主席艾伦·格林斯潘以及商界和金融界的领导者们力图解读悲剧发生后的经济走向。

新闻媒体密切关注金融体系发生的事件，如股票和债券价格变动、银行的健康程度、联邦储备体系主席说了什么或是没说什么。这反映出货币和金融体系对美国经济和世界其他国家经济的影响。经济绩效和单个企业财富的变化都会引起金融市场作出相应的反应，金融市场的变化决定了储蓄者和借款者的收益，由此也决定了个人获得财富和发达的能力。我们使用经济分析的工具，来分析过去观察到的变化，并用这些信息来预测金融体系未来的变化。无论你是消费者、储蓄者、借款者还是企业经理，理解金融体系中金融市场和金融机构的运行能帮助你解释当前的事件、预测未来的发展以及作出具有充分依据的决策。你也将学会运用一些经济思想、原理和模型来理解复杂的有时甚至是难懂的新闻报道和统计数据。

我们从介绍金融体系和货币在经济中扮演的角色开始我们的学习。同时，我们也描述用来分析金融体系行为的经济工具。

开　始

网页推荐：
http://www.federalreserve.gov/releases
http://quote.yahoo.com/ml?u
提供金融市场上价格和回报率的数字。

在这一章中，我们介绍对经济学家、商人、政策制定者和个人的金融决策有重要影响的五个主题。第一，我们简单地介绍在美国或者世界各国，金融体系和经济是怎样发生联系的。第二，我们检验金融市场在金融体系中所扮演的角色。金融市场是指买卖债券、股票、外汇和其他金融工具的市场。第三，我们考虑金融机构比如银行或保险公司的功能，它们是储蓄者和借款者的中介。第四，我们判别货币影响经济变量的途径。这些经济变量，比如经济活动、价格和利率会影响我们的日常生活。
3 第五，我们将引入经济分析方法，这个分析方法提供了阐释当前信息和决策的路线图，也能帮助你预测未来事件以及这些事件对你自己决策的影响。我们重点讨论的是分析信息和作出决策的工具，而不仅仅是阐述货币、金融体系和经济的机制。特别是，我们将帮助你掌握一些分析工具，而这些分析工具是回答以下问题并将答案用于作出你的决策所必需的。

- 为什么你要关注货币？货币供应量的变化是导致经济周期变化的原因吗？
- 金融体系的功能是什么？
- 利率是如何被决定的？
- 为什么会存在银行和其他金融机构？它们是怎样影响你的财务决策的？
- 是否应该对金融市场和金融机构实行监管？在金融监管中，谁会受益，谁会受损？
- 是什么引起了通货膨胀？
- 生活在经济全球化年代，作为一个储蓄者或者借款者，你还有必要知道美国以外有关金融发展的什么事情？

金融体系与经济

网页推荐：
http://www.gpoaccess.gov/indicators/index.html
经济顾问委员会的出版物《经济指标》提供了关于金融市场和经济的信息。

20世纪80年代末至90年代初发生在东欧和苏联的剧变甚至让地缘政治专家为之一惊。此前，政府决定人们应该有多少储蓄，生产多少商品，支付工人多少工资；而现在，政府的突然垮台使其经济陷入真空状态。例如，个人应该怎样用其储蓄进行投资？消费者应该怎样借款来购买新车和住房？谁来决定应该为哪家企业提供资金以及提供多少？

那些东欧国家致力于建立**金融体系**（financial system），它是一个由金融市场和金融机构组成的网络，把储蓄者和借款者联系起来。而在美国和其他工业化国家的经济中，金融体系早已把储蓄者和借款者联系起来了。思考一下金融体系对你有哪些作用。有些时候你可能是一个储蓄者。你可能想用你的一部分收入来购买新车，或者作为养老基金，或者支付孩子们的教育费用。通过金融体系，你可以开设银行账户、购买共同基金或者股票来进行储蓄。在有些时候，你可能入不敷出，成为借款者。你为了买房子、开设公司或购买新车而借款，而不是等到攒够钱了才来购置它们。大部分个人借款者是从金融机构（金融体系的主要组成部分）借入贷款。如果没有金融体系的话，你会因为手头的资金得不到充分利用而苦恼，你的采购也会因为必须支付现金而受限。

在一个经济体中，潜在储蓄者和借款者的三个部门是居民、企业和政府。金融体系把储蓄者的资金转移给借款者，并向储蓄者支付一定的利息。金融体系是通过创造**金融工具**（financial instruments）来实现资金转移的。金融工具是储蓄者的资产，是借款者的负债（对其具有求偿
4 权）。大家所比较熟悉的一个金融工具是汽车贷款，对你而言，它是一项负债，因为你欠银行的钱；对银行而言，它是一项资产，因为银行有权在未来回收你偿还的资金。

作为个人储蓄者，你自己也能找到潜在的借款者，但这个过程可能非常烦琐且代价昂贵。例如，假设你打算借款给某人购买汽车。你怎样才能知道这个人在哪里？你会去登广告说你愿意借款给某人10 000美元用来购买汽车吗？你怎么能确定借款者一定能偿还你的贷款，或者如果你急需资金，你能要求对方马上偿还资金吗？相反地，你只需把资金存进银行，这件事情就变得简便易行了，因为银行会代替你作出决策，把资金贷放给那些值得贷放的购车者。

资金能以多种方式在储蓄者和借款者之间转移。一个选择是政府把资金分配给经济中的各个部门，但是东欧和前苏联过去的经历证明这种方法并不可取。在美国和其他工业化国家，金融体系的私有网络通常将

资金在储蓄者和借款者之间进行转移。

储蓄者和借款者都使用金融体系，他们都能从中得到回报：借款者能生产性地使用储蓄者的资金，直到储蓄者自己也需要资金，借款者也乐于向储蓄者支付利息。此外，金融体系还提供三个关键的**金融服务**（financial services）：风险分担、流动性和信息服务。

风险是资产投资收益的不确定性程度。绝大多数人不会用存款去赌博，而是寻求整体上相对稳定的资产收益。当他们借款时，他们也希望借款成本是可预测的。金融体系可为储蓄者和借款者提供减少其不确定性暴露的途径，进而提供**风险分担**（risk sharing）。

其次，大部分人关心其资产如何能便利地转换成现金。**流动性**（liquidity）是将资产转换为现金的便利程度指标。如果你用全部积蓄来购买亚利桑那州的一块土地，而当维修汽车或者支付学费需要资金时，你会发现要快速地出售土地是多么地不容易，因为土地不是流动性资产。人们通过金融体系能把储蓄转换为像支票账户、股票或者债券这样的流动性资产。

最后，金融体系能够收集和传播有关借款者情况的**信息**（information），这样，个人储蓄者不必去寻找有前景的借款者。通过这种方式，金融体系能够降低匹配储蓄者和借款者的信息成本，进而有效地配置资金。

这三项关键服务的提供有助于解释金融体系是怎样发展起来的，以及未来将会发生怎样的变化。金融体系的变化可能会影响你储蓄或者借贷的机会，甚至会影响你的职业选择。

对于美国和其他国家的经济来说，金融体系都是一个相对较小的部门，但却是重要的就业和收入来源。截止到2006年，美国金融体系创造了超过1/5的经济增加值（即GDP，国内生产总值）。与美国相似，其他主要国家大都经历了金融服务部门就业和增加值贡献率提高的过程，尽管金融部门的重要性在各国不尽相同。另外，金融服务部门的从业者收入相对比较高，一般要远远高于全国的平均水平，也高于批发和零售贸易、制造业、农业、采矿业、建筑业以及政府部门的平均水平。研究生和商学院的学生都极力寻求金融市场和金融机构的新职位。

5 金融体系匹配储蓄者和借款者并提供风险分担、流动性和信息服务的渠道有两个，即金融市场和金融机构。在本章中，我们简要地描述这两个渠道的运作，在正文中你将了解到更多的信息。

博闻广识

金融体系中唯一不变的就是变化

金融中介机构业务活动的变化步伐在20世纪80年代、90年代和21

世纪初期加快了。1979年，当时我还是货币银行学专业的本科生，小额储蓄者只能开设支票账户（不支付利息）和存折储蓄账户（受监管规则的限制，只能支付较低的利率）。高收益的国库券和公司债券只适合于富有储蓄者的大额投资。然而与之相对照，到21世纪初期，金融中介机构能向小额储蓄者提供一系列具有市场收益率的金融产品，包括货币市场共同基金和有息支票账户。这些新产品是银行间以及银行与其他金融中介机构间竞争进而开展金融创新的结果。

1979年，政府严格监管银行和其他金融中介机构的业务活动领域。不过，金融中介机构竞争性创新的步伐使得人们要求对监管进行重大改革。理解了金融中介机构所提供的风险分担、流动性和信息服务，就有助于理解金融中介机构需要什么类型的监管，以及预计金融中介机构会怎样应对新的监管。由于金融体系变化的步伐如此之快，为了分析新的金融产品、获得金融服务业的职位以及了解投资机会，这些理解提供了评价金融中介机构发展的一个方法。

金融市场

2001—2003年，高端复杂金融世界里发生的事件就像惊险小说中的故事一样。混乱似乎主宰了国际金融市场。阿根廷在2001年末对其巨额未清偿的公共债务违约，使得世界各地的放款者为之苦恼不已。2002年和2003年，美元贬值和美国准备对伊拉克进行武装干涉使得美国金融市场动荡不安。由于担心日本、欧元区甚至美国出现通货紧缩（即价格下降），引起债券市场的动荡。20世纪80年代、90年代和21世纪初期，美国金融市场波动无常。在金融市场上，债券利率、股票价格和美元汇率剧烈波动。为了理解国内和全球金融市场上的这种过山车行为（the roller-coaster behavior），你需要理解金融市场在经济中所扮演的角色，以及金融市场的变动能向储蓄者和借款者传达什么信息。

金融市场，比如股票和债券市场，是资金从储蓄者转移给借款者的平台。储蓄者可以购买股票和债券，企业借款者通过发行股票和债券来获得资金。此外，金融市场已经超越了任何单个国家的国界。其实，**国际资本市场**（international capital market）即跨越国界的借贷市场在过去20年间迅速成长。除了帮助企业和政府在世界范围内筹集资金外，金融市场还通过金融资产的价格来传达重要的信息。在第2篇和第3篇中，我们将阐述利率、股票价格和汇率怎样被决定，并且它们怎样影响个人和企业管理者的决策。作为个人，你是应该购买美国国债，还是应该投资于一家新企业呢？作为管理者，你的公司应该建造新的工厂吗？

金融机构

6 每天，人们把资金贷放给许多借款者，包括美国政府、IBM公司、当地硬件商店或者他们不认识的邻居。他们与这些借款者的联系并不是直接地通过金融市场，而是间接地通过金融机构来进行的，这些金融机构就充当了中介。**金融中介**（financial intermediaries）是从储蓄者那里借入并汇集资金再贷放给借款者的金融机构，例如，商业银行、信用社、储蓄和贷款协会、互助储蓄银行、共同基金、金融公司、保险公司以及养老基金。当你把资金存入储蓄账户后，银行可能把它贷放给当地的企业。同样地，当你向养老基金计划缴纳年金时，年金经理人会将你的退休金储蓄投资于索尼公司股票、美国国债或者其他金融工具。

金融机构危机曾经是美国最大的新闻，尤其是20世纪80年代和90年代的存款保险危机，与近来日本银行业的危机极其相似。美国纳税人为这次危机最终支付的成本估计高达1 500亿美元；日本的成本估计会更高。美国的危机引起银行监管的改革，而其效果则成为政治争论的焦点。一些监管改革措施促发了美国银行业史无前例的合并浪潮，巨无霸银行的合并占据了报刊头条。同时也引起了另一个争论，即其他类型的金融机构特别是养老基金是否也会遭受危机？而解决它们的危机将要花费更多的税收资金。

网页推荐：
http://www.federalreserve.gov/releases/Z1/
"Z1资金流量表"(Z1, Flow of Funds)提供了比较美国金融市场和金融机构在企业部门融资中相对重要性的信息。

为什么要研究金融机构作为储蓄者与借款者之间中介的角色呢？毕竟，你每天听到和看到的大多是债券市场和股票市场信息。尽管如此，股票市场和债券市场并不是企业最重要的融资渠道。图1—1显示，20世纪70年代、80年代、90年代和21世纪初期，新股票发行仅约占企业外部融资（即企业盈利之外筹集的资金）总额的2%。发行债券募集的资金占企业外部融资的比重高一些，但也只占30%左右。借款者筹集的大部分资金（约2/3）主要来自银行和其他金融机构的贷款。居民也是通过金融机构筹集到其所需的大部分资金。金融机构充当储蓄者与借款者之间中介的角色，这一点不仅在美国，在其他工业化国家也是如此。

7 在你学习了第4篇后，你就会明白金融机构为何在金融体系中扮演如此重要的角色。我们在本书中强调银行的业务活动是由于两个原因：(1) 它们是最大的金融中介机构，(2) 它们发放贷款的对象包括经济中的许多部门，如居民和中小企业。特别是，我们描述银行业务发生了什么样的变化，政府为何和怎样监管银行，以及为什么银行业在20世纪80年代和90年代遭受危机并进行转型。我们用经济分析可以解释银行和其他金融机构怎样为储蓄者和借款者提供风险分担、流动性和信息服务。我们也分析银行和其他金融机构如何和为何相互展开竞争，而竞争又会给金融体系、储蓄者和借款者以及经济带来什么样的结果。

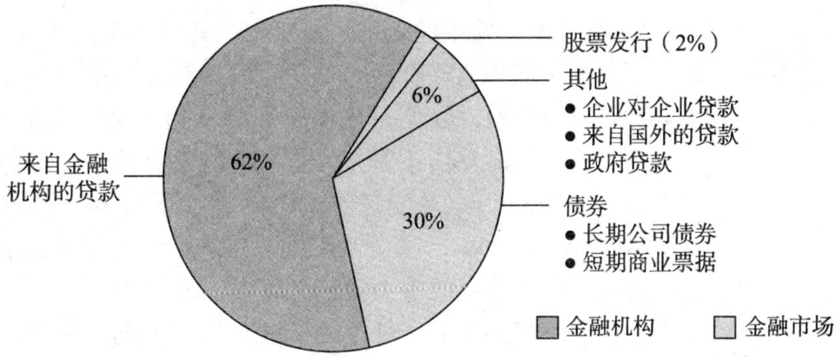

图 1—1 非金融性企业的资金来源：金融市场与金融机构

非金融性企业募集的外部资金大部分来自金融机构（主要是银行）的贷款，通过在金融市场发行股票和债券筹集的资金占比相对较小。数据是 1970—2005 年的平均数。

资料来源：联邦储备体系理事会，各期资金流量表。

延伸思考

金融体系真正全球化了吗?

尽管某些借贷类型的国际资本市场已经存在了几百年，但分析人士指出，20 世纪 80 年代和 90 年代，在美国、欧洲、日本和新兴市场经济体中，分隔各国金融市场的边界大规模瓦解。这些变化意味着你的储蓄账户的资金可能会被投放到德国用于开办一家新企业。这些也意味着你的就业前景不仅受美国发生事件的影响，也同样受日本股票市场变动或德国中央银行行动的影响。

人们十分关注走向全球化的三个趋势。第一，企业全球化：到 2006 年，全球投资于约 35 000 家跨国公司的股票达数万亿美元；第二，金融市场全球化：在 20 世纪 80 年代，全世界股票和债券的跨境交易以每年 28％的速度增长；第三，借贷全球化：在 20 世纪 80 年代、90 年代和 21 世纪初期，国际银行放款额的增长超过 20 倍。通过阅读本书，你会发现这些发展变化的原因，以及这些趋势对居民、企业、政府和美国的银行与金融市场意味着什么。

货　币

在 2005—2006 年期间，联邦储备体系成了关注焦点。一些时事评论

网页推荐：
http://
www.federal-
reserve.gov
提供美国货币供应量的数据。

员指责美联储提高利率，使得贷款购房、购车和企业投资品的成本上升，而关注通货膨胀前景的人们则支持美联储。许多变量会引起货币供应量（也是本书主要主题之一）的变化，其中包括利率和通货膨胀。

为了理解这些事件、美联储的行动及其结果以及货币供应量的变化对经济的影响，我们首先需要理解一些定义。**货币**（money）是在支付商品或劳务以及偿还债务时人们普遍愿意接受的任何物品。**货币供应量**（money supply）是经济体中全部的货币数量。**联邦储备体系**（Federal Reserve System）（常被称为“联储”）收集各种货币供应量衡量指标的数据，它是美国的中央银行。

在新闻媒体上，货币的话题是居前位的。其中，货币供应量的变化往往被高调报道，原因是货币供应量的变化是与经济变量（包括商品和劳务的产出）的当前和未来变化相关联的。而这些变化会对你的日常生活产生影响，影响你为商品和劳务支付的价格，决定你的储蓄利率或偿还借款的利率。

作为个人或企业管理者，我们需要对经济变量作出预测。正是因为货币供应量的变化与许多经济变量息息相关，许多私人部门的分析人士
8 高度重视预测货币供应量的变化。而重视预测货币供应量的还不仅仅只是他们，政府政策制定者和美联储也试图去管理货币供应量。**货币政策**（monetary policy）是指对货币供应量及其与物价、利率和其他经济变量之间的联系进行管理。在第5篇中，我们论述了联邦储备体系、银行、企业以及消费者共同决定货币供应量，尽管如此，美联储对于货币供应量的决定还是最具有影响力的。我们给你一个美联储的基本观察工具，你就能预测货币供应量的变化，以及这一变化对经济变量的影响。不论你是一个投资者、商人还是对当前事件感兴趣的学生，都会关注这些经济变量的变化。

在第6篇，我们主要讨论**货币理论**（monetary theory），货币理论揭示了货币供应量的变化与经济活动和物价变动之间的关系。在本书货币理论的讨论中，我们也考察金融中介机构（尤其是银行）健康状况的变化对经济活动的影响。例如，许多分析人士认为，20世纪90年代早期，正是由于银行借贷剧减加深了美国经济的衰退；在1998年亚洲金融危机和2001年经济衰退期间，也出现了对信贷压缩的恐惧。

作为工具的经济分析方法

当你研究金融体系和货币以及考察经济变量之间的关系时，需要采用某种工具将你的思想组织起来，我们采用经济分析方法作为工具。经

济分析方法能让你（1）解释当今的发展或事件，（2）预测未来的发展或事件。

形成经济分析方法

下面的例子将展示经济分析方法如何帮助你形成一个解释和预测的框架。假设你想要解释为什么你所在学院或大学的毕业生选择一系列各种类型的工作。也就是说，你想要了解是什么因素影响他们选择职业，如律师、医生、商业、工程或者教师。你也知道收入并不是解释职业选择的唯一因素。一些人选择职业还可能是因为基于学校的几年学习，想拥有进入一个行业的资格；实现自身价值的机会；其他非金钱方面的因素等。尽管现实世界的决策是复杂的，但是一个基于关键假设的简单模型能判断出个人选择的原因。你可以通过测试，也就是通过将预测数据与真实数据进行比较，来检验你的关于收入如何影响职业选择的假说。为了建立一个简单的模型，你需要关注几个关键的因素。例如，你可以在理论上设定毕业生所选择的职业能够提供最高的收入，也就是说，如果律师的收入随其他领域工资的增加而增加，你所在学校的大部分毕业生将进入律师行业。

为了开始你的考察，你必须收集数据。在你所在大学的校友办公室，你可以得到毕业生进入不同行业的比例以及各行业的平均工资。你可以把你的理论（在给定的年份里高收入能吸引高比例的毕业生）与真实数据进行比较。如果这些数据与你的理论相符，你的理论就是合理的。

如果数据符合你的理论，你就找到了一个方法来解释现代职业选择的问题，并可预测不同职业收入的相对变化会引起职业选择发生怎样的
9 变化。如果从校友办公室获得的数据不支持你的理论，你就要对理论进行修正。收入可能的确会影响职业选择，但是不能解释多半部分的实际选择。为了进行更深入的调查，你必须考虑是否作出其他假设条件，让理论变得更为复杂或更为简化。

你的理论对于你要解决的问题有多大程度的有用性？这三个标准可以让你对其有用性进行评估：（1）你的假设条件合理吗？（2）理论产生的预测结果是否能用实际数据来验证？（3）预测结果是否真正地被数据证实？对一个成功的理论来说，上面三个问题的答案都应该是“是”。这是否意味着可能有一个成功的理论适合回答所有的问题呢？并非如此。你和其他分析人士在假设条件以及理论能否经得起检验的评估上可能有区别。经济学家会采用最佳理论观点来解释一个特殊问题或者预测一个特别事件，你会发现这些观点有时候也有不同。

应用经济分析方法

网页推荐：
http://www.ft.com
当你阅读财经新闻时，使用经济分析方法。

形成理论并对其进行检验是我们在本书用来研究货币、金融市场和金融机构的经济分析方法。经济分析并不意味着连篇的数学公式。通常，它只意味着一项研究的组织：首先确定你要解释什么（问题），你认为它可以怎样加以解释（理论）以及你的解释与实际信息、事件和数据是否相符（检验）。现在让我们用三个实例来看一看如何应用本书后面提出的经济分析方法。

1. 在货币、金融市场和金融机构课程中研究债券市场，其理由是可以理解利率是如何被决定的。在第 2 篇中，决定利率的经济分析主要集中于债券市场上储蓄者和借款者的决策。这个理论确定了决定债券需求和供给的因素，可以用来解释利率。然后，我们分析这些因素的信息，就可以解释一系列现象，比如，为什么 20 世纪 80 年代初期的利率高于 2006 年？或 10 年期的通用汽车公司债券利率为什么高于 10 年期美国国债的利率？这个分析也可以用于预测，例如，日本决定花费数百亿美元来重建高速公路、桥梁和学校，将会对美国的利率产生什么影响？

2. 在本章前面，我们提到金融体系是由金融市场和金融机构构成的，它把储蓄者和借款者联系起来并提供金融服务。在第 3 章中，更详细的则是在第 4 篇里，我们发展一个理论来解释金融市场和金融机构的业务活动。这个理论包含两个思想：（1）储蓄者和借款者对风险分担、流动性和信息服务的要求；（2）不同的金融市场和金融机构提供这些服务的成本不同。我们通过观察金融市场和金融机构实际的业务活动来证实这个理论。经济分析方法的使用有助于预测金融市场和金融机构如何应对美国不断变化的条件，也有助于解释为什么不同国家的金融体系有不同的组织方式。

3. 我们提到过，货币供应量增长率的变动通常与产出增长率、通货膨胀和利率的变动有关。在第 6 篇中，我们将简要地评估关于它们之间关系的理论，以确定这些理论的预测结果是否与美国和其他国家的实际
10 经济事件相符。有了这样一个合理的理论，如果要预测货币供应量、经济产出、通货膨胀和利率的变化，你还需要收集有关的信息。

关键术语和概念

金融机构　　金融体系　　金融工具

国际资本市场	金融中介	货币理论
金融市场	货币	联邦储备体系（联储）
货币供给	货币政策	金融服务
信息服务	流动性	风险分担

总　结

1. 金融体系把储蓄者和借款者联系起来，实现资金从储蓄者向借款者的转移，并给予储蓄者对借款者未来收入的求偿权。金融体系也提供让储蓄者和借款者受益的三项重要服务：风险分担、流动性和信息。

2. 金融市场连接储蓄者和借款者。并且在金融市场上，金融资产的价格影响企业和个人的财务和支出决策，同时也影响美国和全球经济的效率。

3. 金融中介是从储蓄者手里借款再将其贷放给借款者，并在这个过程中提供风险分担、流动性和信息服务的金融机构。主要的金融中介机构是：商业银行、信用社、储贷协会、互助存款银行、共同基金、金融公司、保险公司和养老基金等。由银行和其他金融中介机构推动的竞争性创新改变了这些金融机构的业务运作方式。

4. 货币是在支付商品或劳务以及偿还债务时人们普遍愿意接受的任何物品。在美国，货币供应量的度量和发行是由联邦储备体系负责的。居民、企业和政府对货币供应量的变动非常感兴趣，这是因为货币供应量的变动与很多重要的经济变量的变化相关联，这些变量包括经济产出、价格水平、通货膨胀和利率。

复习题

1. 一个中央计划机构能比其他众多的金融机构更有效地配置储蓄者和借款者的资金吗？请解释。

2. 为什么金融工具与借据一样？解释为什么金融工具对储蓄者来说是资产，而对借款者来说是负债。

3. 金融机构提供的三个主要的服务是什么？简要描述一下。

4. 谁决定货币供应量？谁决定货币政策？

5. 为什么货币理论很重要？为什么联邦储备体系的政策制定者应该掌握货币理论？为什么你应该掌握货币理论？

分析题

11 6. 为什么大多数人想降低持有金融资产的风险呢？假设你拥有一项金融资产，一半时间的收益率是5%，而另一半时间的收益率是15%。那你是更愿意持有此项资产呢，还是更愿意持有另一项收益率一直是10%的资产呢？说明你的理由。

7. 为什么你愿意通过当地银行将资金贷给个人或企业，而不是直接将资金贷给这些企业和个人呢？

8. 假设政府禁止银行向支票账户存款支付利息。你会怎样处理支票账户中的资金？银行又会怎样做呢？

9. 假设货币政策引起美国经济衰退（经济下滑）。那么德国或者法国的经济会受到什么样的影响？

10. 如果新的监管规则不允许银行向企业提供以前那么多的贷款，你认为经济会发生什么现象？企业会有什么样的反应？

数据题

11. 在《华尔街日报》（*Wall Street Journal*）中找出今天的3个月期美国国库券利率。你认为这个利率可能是1年期利率，还是5年期利率？现在阅读最新发行的《总统经济报告》（*Economic Report of the President*），并找出刊载过去几十年3个月期国库券利率的表格。标记出在哪些年份利率高，哪些年份利率低。现在你对此前的预测结果满意吗？

12. 登录美联储网站（http：//www.federalreserve.gov/releases/h6/hist/），找到月度历史存量数据表，并计算从2003年9月到2006年9月间*M*1和*M*2的货币供应量增加的百分比。将你的计算结果与同期联邦基金利率的变化（可在下面这个网页上找到这些数据：http：//www.federalreserve.gov/releases/h15/data/m/fedfund.txt）进行比较，货币供应量和利率这两个变量之间有何关联呢？解释这些变量的变化是如何反映那个时期的货币政策的。再把1993年9月—1995年9月间的数据进行比较。你能对那个时期的货币政策作出一些假设吗？

13. 《经济指标》（*Economic Indicators*）由总统经济顾问委员会发

行，它提供金融市场和经济的信息。可登录 http：//www.gpoaccess.gov/indicators/browse.html，查看最新一期的月刊。列出的哪些数据属于国民产出、收入和支出？查看真实国内生产总值的数据，在过去 10 年里这一数据是怎样变化的？

第 2 章　货币和支付系统

12 当你听到“货币”这个词的时候，你会不会幻想出这些场景：银行金库中堆放到屋顶的现金，从老虎机中像瀑布般吐出来的硬币，或者给彩票中奖者开出的 100 万美元支票？现金和支票都是货币，但是对于一个经济学家来说，货币的概念包含更多的内涵。无论你是一个守财奴，还是一个购物狂，或者是介于这两者之间，毫无疑问，你都熟悉货币以及货币的用途。但是要研究货币，你就必须明白货币是什么，它能做什么和怎样对它进行量度。这些就是本章的主要内容。

试想一下，如果美国的各个州都有自己的货币，那么人们购买或出售商品和劳务会是多么烦琐和费事？然而更糟糕的是，如果人们没有在“什么是货币”的问题上达成一致的话，又会出现什么情况呢？现在再试想一下，如果旅游者从英国经法国去德国再到意大利（这些国家使用不同的货币），如果这些国家使用统一货币的话，这样的旅行将会更轻松一些。欧洲国家一直在为实现这样的货币统一而努力，因为许多经济学家都认为货币统一带来的好处是非常显著的。货币统一会消除在商品和金融交易中兑换货币的成本，并统一欧洲市场。1999 年 1 月，欧元作为统一货币登上了历史舞台，尽管初期历难数载，但后来逐渐对美元走强。

这个例子展示了本章中我们揭示的货币用途之一：便利双方间交易

和改善经济体中居民福利的工具。为了考察货币对经济的影响，我们应该准确地知道货币是什么。因此，在描述了货币及其功能之后，我们转向经济体中货币总量的量度指标——货币供给。货币供给的变化一般与居民或企业所关注的利率、通货膨胀及产出等经济变量的变动密切相关。

以货币满足交易需求

货币是所有现代经济体不可或缺的组成部分。为什么呢？一部分原因是货币可以使得经济运行更有效率，进而提高人们的生活水准。想要了解其中的道理，我们就要考察一下如果没有货币的话，生活会是什么样子。

在处于初级发展阶段的经济体中，大部分人是自给自足的。人们自种口粮，自建住房，自制衣服和工具。这样的社会不会很繁荣，因为个人要做所有的事情，有些事情做得很好，而有些事情则做得很差。

在更发达的经济体中，个人依靠**专业化分工**（specialization）来生产他们相对最具生产能力的商品和服务。然后人们用他们所生产的商品或服务交换或者交易其所需要的东西。如果家具制造者与造船者进行交易，与双方不进行交换相比，他们就能生产出更多更好的家具和船只。此外，通过鼓励生产和提高商品质量（这样能增加收入），经济体中专业化分工
13 和交易的发展还会提高居民的生活水平。为了获得专业化分工的好处，经济体必须提供个人进行商品交换的方式。这样，每个人就能获得他所需要的或想要消费的物品。我们下面来考察社会为满足交易的需求而提供的三个可选择的方式：物物交换、政府分配和使用货币。

物物交换

个人可通过直接与他人交易其产品来开展商品和服务交换，这种交换被称为**物物交换**（barter）。例如，家具制造者可以用椅子交换小麦。家具制造者和种植者可以达成这样的协议：8 把椅子的价格是 3 蒲式耳小麦。在物物交换体制下，每一个潜在的交易都需要根据两种商品来确定一个价格。

尽管在物物交换的经济中个人可以实现专业化分工，并且生活会好于没有专业化分工的经济，但是这种体制有几个缺点。首先，需要花费精力寻找交易对手，这是一种**交易成本**（transactions cost）即贸易或交换成本。第二个缺点是每一个商品都有许多价格。家具制造者可以用 8 把椅子换 3 蒲式耳小麦，用 10 把椅子换 1 艘船，或者用 1 张桌子换 1 辆

马车。这个问题类似于查看这样一个收据：一些物品的计量单位是用盎司，一些是用磅，一些是用克，一些是用升等等。事倍功半！此外，价格经常不一致。一个家具店可能标价一种椅子值 100 支笔，另一种椅子值 500 个鸡蛋，还有一种椅子值 20 张电影票。不言而喻，为了根据掌握的信息来决定买哪个是最划算的，你不得不绞尽脑汁。一个物物交换的经济中，100 种商品将有4 950个价格；10 000 种商品将有 49 995 000 个价格。[1]

第三个缺点来源于缺乏标准：一把椅子和一袋小麦在质量和规模上有巨大的差异。第四个缺点是每个人必须恰恰拥有另一个人想要的商品，交易才能发生，经济学家称这种情况为“需求的双重巧合”（double coincidence of wants）。假设造船者需要从制酒者处买酒，而制酒者却不需要船，那么交易会发生吗？制酒者可能会以比造船者提供的价格更低的价格接受船只，并试图用船只同其他人再进行交换。制酒者愿意这样做完全取决于其他交易者愿意以他们的物品来交换船只。最后，可以想象，如果商品是易腐烂的，那么实现其贮藏价值是很困难的。比如，西红柿只有在新鲜的时候才具有交换价值。

政府分配

另一个选择是避开自愿交易，采用**政府分配**（government allocation）来配给商品和服务。在这种体制下，中央当局把每个生产者的各种专业化产品集中起来并按照某些计划进行分配。尽管这个体制看起来要比物物交换更为简单，但是在一个日益变化的经济中，这被证明是无效的（即使中央当局能让每个人起初都感到满意）。商品和服务生产成本的变化或消费者评估商品和服务价值的变化并不能反映在分配给每个人
14 的商品和服务的数量上。忽略市场力量，就会降低对生产的激励并使得消费者对分配给他们的商品和服务不满。在 20 世纪 80 年代末和 90 年代初，东欧和苏联经济体制的崩溃证明政府分配商品和服务并不能成功地代替市场体制。

货　币

人们怎样才能从专业化分工中受益，并且避免物物交换的高交易成

[1] 这些计算是基于下面的公式，它告诉我们在有 N 种商品时需要多少种价格，也就是 N 种商品的价格数目：价格数目$=N(N-1)/2$。

本和政府分配的不合理配置呢？人们可以使用货币。货币使得人们不再要求“需求的双重巧合”。货币有四个主要功能，使之成为最有效的交易工具：

1. 它充当交易媒介。
2. 它是计价单位。
3. 它是价值贮藏手段。
4. 它提供延期支付的标准。

图 2—1 表明，货币的使用使得人们更易于相互开展交易。

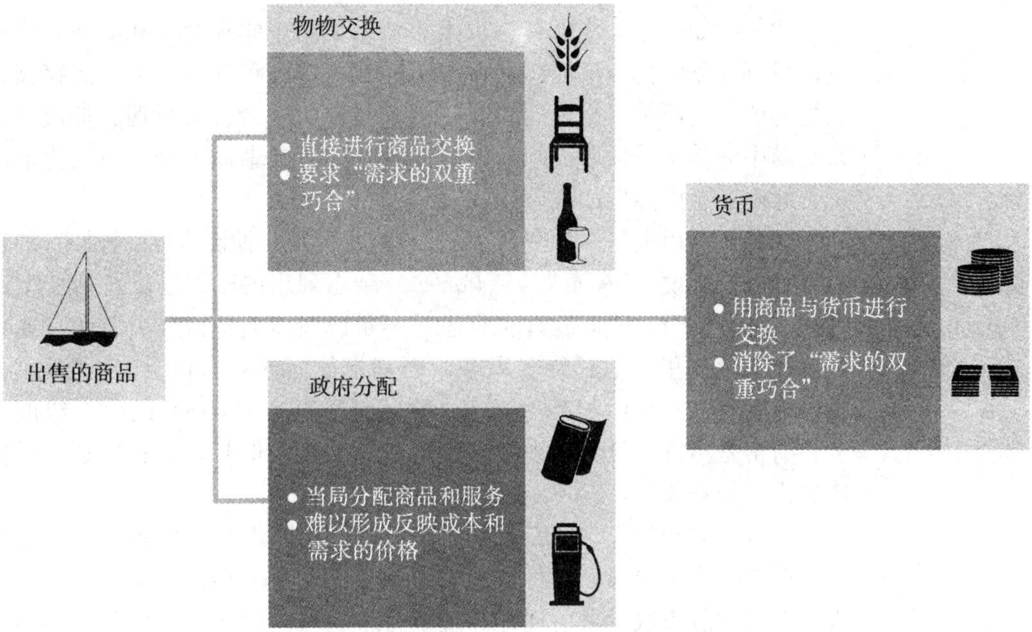

图 2—1　交换方式

社会已经采取三种方式来获得专业化分工的好处：物物交换、政府分配和使用货币。货币被接受为交易媒介，促进了交易的开展。

交易媒介　货币指的是在商品和劳务支付或者清偿债务时被普遍接受的任何物品，也称为**交易媒介**（medium of exchange）。例如，现金（如纸币和硬币）就是货币的一种。你在汉堡王（美国一家快餐连锁公司）和必胜客快餐店能买多少食物通常受限于你口袋中的现金数量。然
15 而，对于更多的采购而言，现金只是可接受货币中非常小的一部分。例如，你可以开立支票在当地的书店购买图书。

回到我们以前的例子，家具制造者不需要小麦，而种植者也不需要椅子。他们可以把其各自的产品交换成货币。假设由于其他交易者并不想以其物品交换船只，而造船者更看重黄金。如果家具制造者以黄金而不是以椅子来支付，造船者可能会与家具制造者达成一笔好买卖。同样，如果一个商品，比如说黄金，被大多数交易者在出售其专业化产品时所

接受，那么，所有的交易就会顺利进行。因此，当某个商品被公认为交易媒介时，社会就会更加繁荣。

计价单位　使用某一商品作为交易媒介还有另一个好处：在交易中不再需要报出那么多个不同的价格。替代方法是报出一种商品对众多其他商品的价格，每种商品只有一个以交易媒介来表示的价格。货币的这一功能给予了交易者一个计价单位，也就是在一个经济体中以货币来量度价值的方式。当一个经济体使用某一商品（如黄金）作为货币时，每一种商品（如小麦、椅子和船只）都有一个以黄金来表示的价格。

价值贮藏　货币使得价值易于储存，产生了**价值贮藏**（store of value）功能：如果今天你没有将积攒的美元都用来购买商品和服务，你就可以持有余下的货币供以后使用。实际上，渔民和种植者不再储存其易腐烂的产品，而是以货币的形式持有其财富，就会改善境遇。货币在未来交易中的被接受性取决于其新鲜度随着时间流逝而下降，但其价值不随着时间流逝而降低的性质。

因此，货币也是一种**资产**（asset），或者是一种价值可以被持有的物品。我们经常说，《福布斯》（*Forbes*）杂志列出的美国富豪排行榜上的人拥有许多货币。我们的真实意思并不是说在他们的口袋里装有（或在其寓所或游艇里藏有）许多现金，而是指他们拥有有价资产，如股票、债券或者房产。货币与其他资产一样，是**财富**（wealth）的一个组成部分，财富是指资产价值减去负债价值的余数和。但是，只有当某一项资产充当了交易媒介，它才能被称为货币。

尽管财富和收入（一段时间内的所得流量）都是价值的重要量度指标，但是在本书中并没有将这些术语与货币交替使用。也就是说，一个人所拥有的货币数量是由现金和现金替代物（比如支票账户存款和旅行支票）的存量来表示，而不是由财富存量、月薪或年薪、收入流量来表示。

货币不是唯一具有贮藏价值的物品。任何资产——比如通用汽车公司的股票、长期国债、不动产或雷诺阿的画——都可以作为价值贮藏物。的确，相对于持有货币而言，金融资产提供了一个重要的好处，因为它们通常支付更高的利率或提供更高的价值上涨预期。相对于货币而言，其他资产（如一处房子）也有优势，因为它们能提供服务（如用作睡觉的地方）。

那么，为什么你还要持有令人心烦的货币呢？答案要归结为流动性，或者说，一项既定的资产可以转换成交易媒介的便利性。当货币作为交易媒介时，它是最具流动性的资产。当你把资产转换成货币时，你要承担交易成本。比如，当你为了买一辆车而出售债券或股票的时候，你必
16 须付给经纪商一笔佣金。如果你急于筹集到一大笔未预计的医疗费而仓促地卖掉房子，你就要付给房地产代理商一笔佣金，还可能为了迅速地

将房子换成货币而不得不接受一个较低的价格。为了避免这些交易成本，尽管其他资产作为价值储藏的手段能带来更高的收益，人们还是愿意以货币的形式来持有一部分财富。

网页推荐：
http://www.gpoaccess.gov/indicators/index.html
经济顾问委员会的出版物《经济指标》，提供了关于价格平减指数和通货膨胀的信息。

延期支付的标准 货币由于能在信用交易中充当延期支付的标准，因而也有用处。通过提供交易媒介和计量单位，货币能促进在一个既定时点上的交换活动。通过提供价值贮藏和延期支付标准，货币能促进一段时期内的交易活动。因此，一个家具制造者可能愿意现在将椅子出售给造船者，以便未来换取货币。

货币作为可靠的价值贮藏和延期支付标准，它有多么重要呢？人们关注他们的美元能买到多少食物、衣服以及其他商品和服务。货币的价值取决于其**购买力**（purchasing power），即货币被用于购买到商品和服务的能力。货币购买力的下降就是众所周知的**通货膨胀**（inflation），这是指价格提高使得一定数量的货币买到更少商品和服务的情况。相反的情况则是，货币价值升高，表明价格下降，被称为**通货紧缩**（deflation）。

你可能听到过亲友们惊呼："美元不如以前那样值钱了。"他们实际上是指美元的价值已经下降了，也就是说，一定数量的美元能买到的商品和服务要比以前更少一些。

美元的价值究竟缩水了多少呢？我们来考察一些 2006 年初，1 美元所能买到的真实商品和服务。买到同样数量的商品和服务，在 1980 年需要 48 美分，在 1970 年需要 24 美分，在 1960 年需要 19 美分，在 1950 年需要 16 美分，在 1940 年只需要 8 美分。在 1940 年用不到 10 美分就能买到今天价值 1 美元的商品和服务！很明显，自 1940 年以来美国经济经历了一个显著的通货膨胀过程。

货币购买力的变化影响货币作为价值贮藏和延期支付标准的用途，进而影响个人持有货币的意愿。1989 年，新当选的阿根廷总统卡洛斯·梅内姆需要面对每年 12 000%的通货膨胀率。很高的通货膨胀率（比如月通胀率超过 50%）被称为恶性通货膨胀。在如此之高的通货膨胀下，居民和企业都拒绝持有官方货币。他们代之以物物交换和使用美元。这个例子支持了我们对什么样的物品可以充当货币的分析：货币若要被接受为交易媒介，就要求居民和企业必须相信它具有价值，并且能被普遍接受。在阿根廷，货币购买力的迅速降低削弱了这种信心。政策制定者必须高度重视并维持官方货币的购买力。

货币的价值取决于货币所购买商品和服务的数量。通过使用**物价指数**（price index），即反映一组商品和服务价格相对于其基年价格发生变动的概括性统计数据，你能看到在整个期间内货币价值发生了怎样的变动。在本章的附录中，概述了一些常用的物价指数。

现在我们理解了什么是货币，接下来我们将考察货币是怎样用来了结交易的。

什么物品可以充当货币?

有了交易媒介能促进交易更容易地进行，进而使得经济更顺畅地运
17 行。接下来一个合乎逻辑的问题是：什么物品可以充当货币？也就是说，哪种资产可以充当交易媒介？你在前面已经了解到，一项资产要充当货币，最起码的条件是，它必须在支付时能被普遍接受。但是，在实践中，它还需要更多的条件。

什么条件使得某种商品适合于充当交易媒介呢？有 5 个标准：

1. 它必须被大多数交易商接受（也就是说，使用）。

2. 它应该具有标准化的质量，这样任何两件物品都是完全相同的。

3. 它应该经久耐用，这样其价值不会因破损而降低。

4. 它应该是价高量轻，这样在大额交易中也可以使用，且便于运输。

5. 因为不同的商品有不同的价值，所以交易媒介物应该可分割。

美国联邦储备券（Federal Reserve Notes）就满足上面所有的标准。

是什么决定美元钞票充当交易媒介的普遍接受性呢？本质上，它是通过自我实现预期来获得的：只要你相信其他人能够接受你在进行支付时使用某种物品，你就可以把这种物品作为货币。我们整个社会都愿意将联邦储备体系发行的绿色纸钞用作货币，这就使得联储钞票成为可接受的交易媒介。这种可接受性并非货币所独有。你的个人电脑键盘的字母排列与其他电脑键盘是一样的，这是由于制造商达成了一个标准的设计布局。你学说英语是因为英语可能是你周围大多数人所说的语言。

博闻广识

欧元是成功的吗?

1999 年 1 月 1 日，欧元生效，进入世界主要货币的行列。2006 年下半年，1 欧元价值为 1.29 美元（起初为 1.18 美元）。在 2002 年初，欧元开始以纸币和硬币形式流通。它取代了下列国家的货币：奥地利、比利时、芬兰、法国、德国、爱尔兰、意大利、卢森堡、荷兰、葡萄牙和西班牙。

欧洲能从欧元的使用中受益吗？一方面，新的货币降低了货币汇兑的交易成本，并且单一货币可能会促进欧盟内部的竞争。另一方面，单一货币的使用可能会使得欧盟一些地区繁荣起来，另一些地区则衰落下去。在美国，50 个州都使用美元，一个地区的经济下滑可以通过财政转移（即用其他地方征收的税收收入来补贴经济下滑地区）来弥补，而欧

盟则缺乏这样重要的弥补机制。当经济学家各抒已见的时候，许多欧洲人支持欧元反映了这样一个政治利益，即单一货币能使欧洲在国际事务中扮演一个更为重要的政治角色。

支付系统

网页推荐：
http://www.federalreserve.gov/paymentssys.htm
讨论支付系统。

货币便利了经济交易。执行这种交易的机制就是众所周知的**支付系统**（payments system）。支付系统经历了从贵金属到纸币、再从支票到电子资金转移服务的演变。**限定货币**（definitive money）是一种无须再转换成更基本的交易媒介（如黄金、白银或联储钞票）的货币。在某一时期某一时点运用限定货币通过信用方式进行商品和服务的交易，是最简单的一种支付系统。

实物货币

18 在更早的时期，交易者将诸如金银的贵金属作为交易媒介。这些实物商品是交易得以开展的主要工具，也是众所周知的实物货币（commodity money）。实物货币满足作为交易媒介物的所有标准，但它有一个显著的问题：除了其他因素外，其价值与其纯度相关。于是，有些人可能将非纯金属与贵金属熔合在一起来欺骗对方。因此，除非交易双方互相完全信任，否则的话，就要在每一次交易时检查金属的重量和纯度。一些有威望的商人解决了这个问题，他们对金属进行分析并在金属上打上标明其重量和纯度的记号，在这个过程中，他们收取一笔手续费。这些商人就是现代银行家的前身。那些没有打上记号的（未被证明的）实物货币只有在打折扣的情况下才被接受。没过多久，统治者对这一过程产生了兴趣。如果能从铸造具有公认纯度和重量的实物货币中获利，君主为什么不这么做呢？对于需为发动战争和建设宫殿而筹款的国王和公爵来说，这个机会简直难以抗拒。

信用货币

一个经济体如果单纯依靠贵金属，就会给其支付系统带来麻烦。如果你必须运送金块来为交易进行清算会怎么样呢？这样做不但困难和成本高昂，而且还得冒被抢劫的风险。为了解决这个问题，私人机构或者政府开始将限定货币储存起来并签发纸质凭证来代表限定货币。在现代经济中，纸币通常由**中央银行**（central bank）发行；在金融体系中，中央银行是一个管理交易媒介的特殊政府机构或准政府机构。如果仔细看一看美元钞票，你会发现它实际上是联邦储备券，它是由美国中央银行——美国联邦储备体系发行的。联邦储备货币是美国的**法定货币**（legal tender）；即联邦政府规定其在清偿债务时必须被接受，要求在纳税时必须使用美元计值的现金或支票。尽管如此，如果不被普遍接受，美元现钞也不会成为一个上佳的交易媒介，也不可能充当货币。

现代的美国支付系统是一个**信用货币**（fiat money）系统。在这个系
19 统中，由中央银行或政府机构掌管的货币为限定货币，不必由中央银行兑换成黄金或者其他实物货币。意思就是，不要求联邦储备体系将你的美元钞票换成黄金或白银（或甚至是铝罐）。你和其他每一个人都同意接受联储钞票作为货币。在美国，联邦储备体系发行美元钞票并保管银行和联邦政府的存款。银行可以使用这些存款来结清银行间的交易。在美国，联邦储备体系拥有发行货币的垄断权。尽管根据在私有银行的账户签发的支票在商品和服务的支付中可替代联邦储备券，但是私有银行并不能发行自己的银行券。

截至 2006 年 8 月，流通中的联邦储备券总值约为 7 930 亿美元。如何才能避免联储随心所欲地发行过多的货币呢？大体上说，没有。在第 5 篇中，我们将讨论联储发行了多少货币。但现在，我们假设联邦储备体系发行了“适量”的美元。

延伸思考

什么是货币？询问一位出租车司机！

几年前，俄罗斯的出租车司机给我上了关于货币的一课。在 1989 年 8 月，我和几位美国经济学家一起到莫斯科和列宁格勒（现在的圣彼得堡），同苏联经济学家们讨论美苏两国面临的经济问题。

在莫斯科，乘出租车往来于会议和宴会对我们来说是一个磨难。东道主已经给了我们一些卢布（ruble，当时苏联的货币），但是，俄罗斯的商人和出租车司机都不愿意接受卢布。令人迷惑的是，一系列收费总是用美元、德国马克或日元来报价，并且不同出租车之间的价格各异。

有天晚上，我在酒店将我的困惑告诉我妻子的时候，她说她没有遇到任何这样的困难。她使用万宝路香烟来付费！当第二天我也使用她的万宝路香烟（其他品牌的香烟都不行）付费时，我发现我的交易问题迎刃而解了。当所有的出租车司机都可以容易地将所有主要货币转换成万宝路等价物的时候，香烟就充当了交易媒介，也成为了计量单位。

万宝路取代官方货币（卢布）充当了交易媒介。万宝路拥有标准化的质量，易于识别，且在不使用时能保持其价值，的确是一种合乎逻辑的货币。

支　票

在进行大宗商品交易或金融交易时，纸币的运输也是成本高昂的。试想拎着满满一手提箱的现钞去买汽车的场景！在支付系统中，另一个重要的创新是使用限定货币的替代物：支票。**支票**（check）是见票付款的支付承诺，是根据存放在金融机构的货币而签发的。它们可以签发任何金额，比现金或者贵金属更难用于进行诈骗。因此，支票成为了一个交易结算的便利方式。使用支票的另一个好处是：由于多方之间的许多支付可以相互抵消，交易者可以避免支付来回运输现金的成本。旅行支票具有相似的作用：它们是从金融机构购买的一叠票据，能用来进行交易结算。

使用支票来进行交易结算要比使用现金多几个步骤。假设你的室友欠你 50 美元。如果她给你 50 美元的现金，那么交易结算也就到此为止。但是，假设她签给你一张 50 美元的支票。首先，你要将支票交到你的开户银行。接下来，你的开户银行必须把该支票送到你室友的开户银行请求付款，你室友的开户银行必须从你室友的账户上托收该款项。这个过程大致需要花费几个工作日。在美国，每年为处理流量庞大的支票需要花费数十亿美元。

支票和限定货币的其他替代物在流动性上大大低于现金，并且使用支票也会有一些成本。在一项交易中，支票转换的成本影响售货方接受支票而不是限定货币的意愿。如果你对每张接受的支票换成现金要花费 10 美元，毫无疑问，你将更愿意接受现金。另一个成本是信息成本：售货方需要花费时间和精力去核实支票签发人（购货方）的账户中是否存有足够金额的限定货币来付得起支票的额度，接受支票比接受现金更加需要信任售货方。

电子资金和电子货币

电子通信技术的突破提高了支付系统的效率，减少了支票清算的时间和支付中票据流转的成本。现在，交易结算和清算可以在**电子资金划
20 转系统**（electronic funds transfer systems）中完成，它是计算机化的支付清算装置。重要的样例包括供零售终端（point-of-sale）转账使用的借

记卡（debit card）和自动柜员机（automated teller machine（ATM））。

借记卡可以像支票一样使用：超市和零售商店的收银机（cash register）和银行的计算机相连接，所以当顾客使用借记卡购买食品杂货或者其他产品时，顾客的开户银行马上将相应的金额增存到商店账户上，同时从顾客账户上扣减相应的金额。这一系统因为有银行的计算机掌管交易，解决了买方和卖方之间由于使用支票所产生的信任问题。你不要认为这样的电子交易仅仅是未来的一个缩影，金融机构间绝大多数交易的美元价值都是电子化处理的。

20 年前，你不得不在银行营业时在出纳柜台前排队办理存款、取款和支付。今天，你可以在你最方便的时候在 ATM 上办理相同的交易。此外，ATM 已连接到网络（例如 Cirrus）上，这样，你可以从远离你开户银行的地方提取现金。因此，美国的旅游者可以在巴黎取款购买膳食和纪念品。除了 ATM 之外，汉华银行（Chemical Bank）（后来合并到大通银行（Chase））和波士顿第一国民银行（the First National Bank of Boston）在 1995 年引入了一种电子支票，它可以广泛地应用于互联网上计算机用户之间的支付。

电子资金划转的边界已经扩展，包括了**电子货币**（electronic money）（或 e-money），它是电子化地储存在卡或电脑上顾客账户的货币。最简单的电子货币是银行借记卡（前面已提到过），它使得顾客得以从其开户银行账户上将购买商品和服务所支付的资金划转到商家的开户银行账户上。这样的卡类似于信用卡，需要在读卡机上使用。

储值卡（stored-value card）具有借记卡的物理特点，但包含一定数量的数字现金。它也被称为智能卡，其金额可以预先设定，也可以随意增加。储值卡在欧洲、加拿大、智利、澳大利亚、新加坡和中国等国家常见。储值卡最近的一些发展是为个人之间提供了电子货币划转功能。在美国，储值卡相对而言才刚刚起步。

网页推荐：
http://en.wikipedia.org/wiki/Electronic_money
讨论电子现金的作用。

最后，电子现金（或称为 e-cash）是用来在互联网上购买商品和服务的数字现金。顾客从网上银行获得电子现金，当采购完成后，电子现金被划转到商家的电脑中。电子支票或网上银行使得消费者可以采用电子支票经由互联网支付账单。相对于纸质支票来讲，电子支票明显地降低了交易成本。

电子货币的发展令人兴奋不已，使得一些时事评论员开始讨论“无现金社会”。事实上，无现金社会是不可能的。首先，电子支付系统的基础设施建设成本高昂。其次，许多居民和企业担心在电脑黑客肆虐的电子系统中，其隐私保护的问题。尽管在支付系统中票据的流转可能会萎缩，但它不可能消失。

概括来说，支付系统的效率对于一国经济来说是十分重要的，它会随着交易结算成本的降低而提高。假设银行体系崩溃，所有的商业交易和金融交易都不得不以现金来进行。你将不得不携带大量的现金来支付你的花销，为保护现金安全，还将发生额外的费用。任何银行信用都不
21 存在，这将严重损害金融体系在匹配储蓄者和借款者中发挥的作用。因此，支付系统的瓦解会增加交易和信用的成本。例如，许多经济学家指责20世纪30年代严重的大萧条造成了银行体系的崩溃。一国经济中支付系统高效地发挥作用是公共政策重点关注的问题。政府往往监管交易媒介，并建立防护设施来保护支付系统。

测试点拨

你认为会有这么一天吗？所有的现金和支票都成为历史，所有的支付都由电子化来完成。你认为可以从中获得什么样的好处？什么因素将会阻碍其完全成为现实？

20世纪90年代初，分析家预测在20世纪最后10年里，借记卡的使用将会迅速普及，占据消费者购物的相当比例。这些电子交易比支票具有更低廉的成本，比现金更能给消费者带来方便。但无现金的社会是不可能实现的。现金仍会用于小额购物中。此外，某些法律问题还没有得到解决，例如，如果有人发现了你的私密账户进入密码并且非法从你的账户中转走了资金，你是否承担法律责任？最后，有些人对使用现金而不留姓名这一点更为看重。从事非法交易（比如毒品交易或偷逃税收）的人不可能是借记卡的用户。

货币供给的度量

居民、企业和政策制定者都对货币的度量倍感兴趣，其原因正如我们在第1章所描述的那样，货币数量的变化是与利率、价格以及经济活动的变化密切相关的。为了理解货币作为一个经济变量的作用，我们需要对其进行度量。

货币（商品和服务的交易媒介以及债务结算的工具）的定义取决于其他人是否在现在和未来使用交易媒介的信念。这个定义对于度量一国经济中的货币提供了指导。按照字面来解释，这个定义认为，货币应该只包括那些明显发挥交易媒介功能的资产：通货、支票账户存款和旅行支票。这些资产可以很容易地用来购买商品和服务，因此也可以很容易地充当交易媒介。

对于度量现实世界中的货币供给来说，这个严格的解释就太狭义了。

还有很多其他资产可以作为交易媒介，但是它们并不具有像支票账户存款或者现金那样的流动性。例如，你不必支付较大的交易成本就可以将你在一家银行的储蓄账户转换成现金。同样，如果你在一家经纪公司拥有一个账户，那么你就可以依据经纪公司为你保管的有价证券的价值而签发支票。尽管这些替代资产有一些限制且会发生一些交易成本，但这些资产作为交易媒介的组成部分似乎也是合理的。

经济学家基于包括货币在内的各种资产的差异，建立起货币供给的几种不同定义。货币的定义由窄到宽，表示不同资产对限定货币的可替代性。这里的可替代性指的就是流动性，也就是一项资产转换为限定货币所花费的成本。因此，最狭义的货币度量就是限定货币本身。一个广义的货币度量则包括能够容易转换成现金的其他资产，如你的支票账户
22 和储蓄账户。在美国，联储已经定义了几种货币的度量口径，这是联储评估货币供给对价格和经济活动产生影响的工作内容之一。

联储对适宜的货币定义已经开展了多项研究。在过去的 20 年间，由于金融市场和金融机构的创新产生了传统交易媒介的全新替代物，使这些工作变得越来越困难了。在 20 世纪 80 年代，为适应金融创新带来的变化，联储调整了货币的定义。

货币总量的度量

网页推荐： http://www.federalreserve.gov/releases/h6/Current/ 给出了美国货币总量的数据。

联储负责调节美国的货币数量，为此建立了三个货币的定义，这里的货币包括了比通货更宽泛的资产。图 2—2 用图阐释了这三个定义，我们称作**货币总量**（monetary aggregates）。我们来看一看目前这三个定义是如何运作的。

***M*1 总量**　最狭窄的货币总量指标是 ***M*1**。如图 2—2 所示，*M*1 衡量的是充当传统交易媒介的货币。*M*1 包括通货、旅行支票和支票账户存款。在 20 世纪 80 年代早期，支票账户存款是不用付利息的，因此它是限定货币最近似的替代物。从那时起，在 20 世纪 70 年代、80 年代以及 90 年代，银行业的金融创新和政府管制的放松，创造了多种公认为是支票存款最近似替代物的银行账户。这些新账户包括在储蓄机构和信用社
23 的支票账户，以及商业银行的付息支票账户。*M*1 的度量目前包括了这些可签发支票的其他存款、不付息的支票账户存款、旅行支票以及通货。

***M*2 总量**　如图 2—2 所示，*M*2 是第二个货币度量指标，它比 *M*1 的构成要稍宽一些。除了包括 *M*1 的构成资产外，它还包括短期投资账户。这些账户可以转换成限定货币，但不如 *M*1 中的构成资产那么容易。起初，*M*2 主要由小额定期存款（100 000 美元以下）和储蓄存款构成。目前，它还包括一些能供签发支票的资产，如在银行开立的货币市场存款

账户以及非机构货币市场互助基金份额。

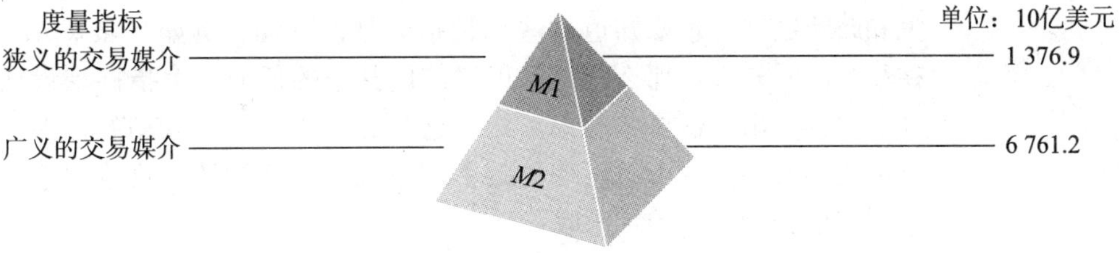

构成

M1	M2
流通中的货币（通货）+ • 旅行支票 • 活期存款 • 其他可签发支票的存款	M1+ • 小额定期存款 • 储蓄存款 • 货币市场储蓄账户 • 非机构货币市场基金份额 • 隔夜回购协议 • 隔夜欧洲美元

图 2—2　货币总量的度量，2006 年 2 月

货币总量提供了度量不同货币定义的指标。每一种度量指标都是在前一个度量指标内容的基础上再加上其他资产。

资料来源：*Federal Reserve Bulletin*；*Monthly Economic Indicators*.

广义货币总量　直到 2006 年，联储才报告广义货币总量(称作 *M*3)的数据，*M*3 是在 *M*2 的基础上加上流动性更低的资产，如大额定期存款(100 000 美元及其以上)、机构货币市场互助基金余额、定期回购协议和欧洲美元。

除货币总量外，联储还报告充当价值贮藏手段的债务信息。尤其是，联储报告本国非金融部门未清偿的信贷市场债务。我们将在第 3 章中介绍不同债务工具之间的区别。

选择货币总量指标

哪一个指标是正确的货币度量指标？答案取决于货币度量的目的。直到 20 世纪 80 年代，*M*1 才被公认为货币度量指标。在 20 世纪 80 年代，*M*1 作为货币度量指标的角色受到了 *M*2 的挑战，因为在 *M*2 中包括
24 了简单支票账户的新替代物。自 20 世纪 80 年代以来，经济学家和政策制定者对将 *M*2 作为货币供给的度量指标展开了普遍讨论，尽管那个时期金融体系的发展使得货币的定义更加复杂化。联储也试验过使用货币总量各构成部分按比例组成混合的货币度量指标。例如，如果持有货币市场互助基金份额是出于交易和投资的双重目的，那么，其中一部分就

可以放到 $M1$ 中，另一部分则放在 $M2$ 中。

由于联储的货币总量指标是意图度量潜在的真实货币存量，经济学家和政策制定者想要知道这些总量指标是否联动。例如，如果 $M1$、$M2$ 往往是同时升降，那么联储就可以使用其中的任何一个指标来设法影响经济中的产出、价格和利率。如果这些货币指标并非联动的，那么这些指标就会反映出货币总量变动的不同意义。这样的话，政策制定者就很难制定出一个合适的货币政策。

如图 2—3 所示，它证明了各货币总量指标在长期内大致上是联动的。然而，在某些时期，各货币总量指标的变动有一些明显的区别。例如，在 20 世纪 70 年代和 80 年代中期，$M1$ 的增长率是上升的，而 $M2$
25 的增长率实际上是下降的。因此，在一定期间内，不同的货币总量指标会反映出货币供给变动的不同情况。

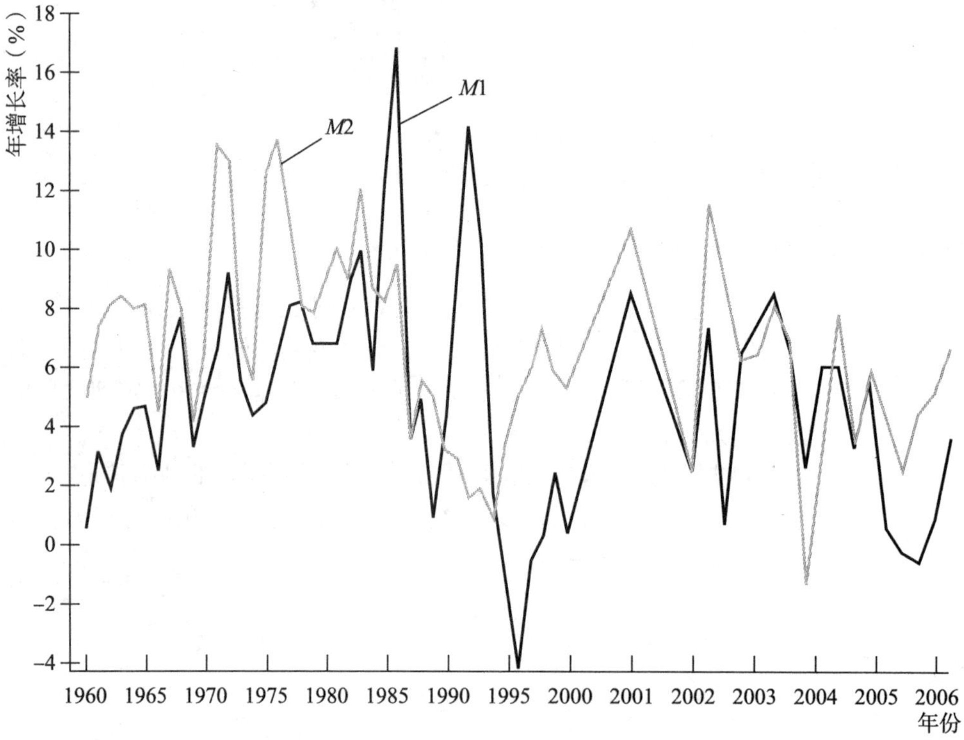

图 2—3　$M1$ 和 $M2$ 的增长率，1960—2006 年

各货币总量指标在长期内大致上是联动的。然而，在某些时期，其增长率会有分歧。

资料来源：*Federal Reserve Statistical Release H. 6*（*508*），http：//www. federalreserve. gov/releases/h6/.

那么，联储和私人预测者怎样决定使用哪一个货币总量指标呢？如前所述，联储继续试验采用混合的货币总量指标，其中不同的资产具有不同程度的流动性。此外，联储经济学家、学院派经济学家和私人预测者对于哪一个货币总量指标与经济变量（如经济的产出总量、价格水平和利率）的变动具有最密切的联系展开研究。在第 6 篇，我们将更详细地考察这些实证分析。

新闻解读

找到货币的最新信息

为了搞清楚货币供给以多快的速度增长，可以查阅在线版的《华尔街日报》，该报发布 $M1$ 和 $M2$ 的数据。本例给出了 2006 年 7 月 14 日刊载的概括信息。sa 栏表示经过了季节性调整。季节性调整在数据中消除了货币供给的季节性波动（比如，暑假或圣诞节购物期间货币持有量增加）。

在这一周结束的 2006 年 7 月 3 日，$M1$ 的平均值为 14 293 亿美元。这是 $M1$ 所有构成部分的精确统计吗？不是。它是基于联储的初步估算得出的。随着联储接收到更多更好的信息，它会调整其初步的估算值。对货币存量估算值的调整幅度可能会非常大，因此，初步的估算并不能作为货币供给短期变化的可靠依据。但是，预测者发现在较长时期（比如一年）内，初步的和调整的货币供给序列在长期增长率上大致相当。

货币总量
（日均10亿美元）

	截止于下列日期的一周内	
	7月3日	6月26日
货币供给（$M1$）sa	1 400.7	1 371.6
货币供给（$M1$）nsa	1 429.3	1 414.0
货币供给（$M2$）sa	6 863.2	6 843.5
货币供给（$M2$）nsa	6 846.8	6 798.2
	截止于下列日期的四周内	
	7月3日	6月5日
货币供给（$M1$）sa	1 371.0	1 393.1
货币供给（$M1$）nsa	1 386.1	1 395.5
货币供给（$M2$）sa	6 836.5	6 801.3
货币供给（$M2$）nsa	6 832.0	6 786.3
	一个月内	
	6月	5月
货币供给（$M1$）sa	1 368.8	1 394.0
货币供给（$M2$）sa	6 825.8	6 796.6

nsa——未经季节性调整；sa——经过季节性调整。

资料来源：*The Wall Street Journal,* July 14,2006,Page C4.Republished by permission of Dow Jones, Inc.via Copyright Clearance Center, Inc.© 2006 Dow Jones and Company, Inc. All Rights Reserved Worldwide.

关键术语和概念

资产　　交易媒介　　购买力

实物交换	货币总量（$M1$、$M2$、$M3$）	专业化分工
中央银行	货币	延期支付标准
限定货币	支付系统	价值贮藏
通货紧缩	支票	交易成本
电子货币	商品货币	计价单位
政府分配	电子资金转账系统	财富
通货膨胀	信用货币	法定货币
价格指数		

总　结

1. 专业化分工提高了经济效率：个人生产那些其所擅长生产的物品。由于专业化分工，人们就有了剩余并且需要采用某些方式来交换他们生产的产品。三种可行的方式是基于物物交换、政府分配和货币。物物交换的问题在于不能容易地将买方和卖方高度个性化的需求进行匹配。政府分配则由于资源错配而经常失效。货币则能很好地便利交易，有效地配置资源，并且不再需要对每一个买方和卖方进行匹配。

2. 货币作为一个交易媒介，是普遍接受的支付手段。由于人们相信某一具体物品能够被相互接受，这一物品就成为交易媒介。

3. 货币提供了一个记账单位，因此所有的价格都可以用货币来表示。货币也能降低一定时期内的交易成本。货币作为价值贮藏手段，可以让人们在今天持有货币而在未来进行购物。货币作为延期支付标准，使得信用交易成为可能。

4. 限定货币是无须再兑换成更基本的法定交易媒介的货币。在实物货币体系中，商品（如黄金）是限定货币。在信用货币体系中，由政府或中央银行发行的纸币和硬币是限定货币。

5. 支付系统是由经济中执行交易的各种方式构成的。随着时间的推移，支付系统也由简单方式（纸币是主要的支付方式）向复杂方式（通过电脑和电子货币进行的自动支付清算）转变。

6. 金融资产根据其流动性高低被分别计入不同的货币总量指标中，所谓流动性就是金融资产转换成限定货币的容易程度。联邦储备体系是美国的中央银行，它定义不同的货币总量并且收集相关数据。这些总量指标包括两种：旨在反映货币作为交易媒介的总量指标（$M1$ 和 $M2$），以及旨在反映其作为短期价值储藏手段的总量指标（$M2$）。

复习题

28 1. 什么使得美元钞票成为货币？什么使得个人支票成为货币？哪些因素会影响你接受美元或者支票作为货币的意愿？如果这些因素发生变化，会影响你的意愿吗？

2. 专业化分工是怎样提高一个经济体中人们的生活水平的？

3. 一个物物交换体系的成本是什么？

4. 货币的四个主要功能是什么？分别对每一个功能加以描述。

5. 什么是实物货币？它与信用货币有什么不同？

6. 货币体系是怎样影响信用体系发展的？如果法定货币不是公认的交易媒介，那么信贷合同还能用货币来表示吗？为什么能或为什么不能？

7. 什么是支付系统？如果支付系统的效率降低，会给经济带来什么样的代价？

8. 高且不断加速的通货膨胀怎样改变货币的价值？它是怎样改变货币作为交易媒介的用途的？

9. 只有货币才具有价值贮藏的功能吗？如果不是的话，举出一些具有价值贮藏功能的其他实例。货币是否必须具有价值贮藏功能才能充当交易媒介？为什么是或者为什么不是？

10. 通货膨胀会对货币的哪些职能产生不利影响？

11. 货币供给具有多个定义的目的是什么？为什么联储不直接选定一个最好的货币供给的定义，而放弃其他的定义呢？

12. 为什么信用卡不包括在货币供给的任何一个定义中呢？

分析题

13. 美国在 19 世纪末期经历了一次持续的通货紧缩。它对货币的用途产生了怎样的影响？

14. 从个人角度来看，为什么一张 20 美元的联储钞票要比 20 美元的金币更适合作为货币？从政府角度来看又是怎样的呢？

15. 当存放在银行的货币可得到利息时，人们为何还要随身携带货币呢？

16. 假设你的开户银行降低其 NOW 账户（一个支付利息的支票账户）的最低余额要求，你从 NOW 账户中取出 500 美元存进支付利率略高的存折储蓄账户（一种储蓄存款账户），则会对 $M1$ 和 $M2$ 产生什么样的总体影响？

17. 如果你的收入每年增长 10%，你会生活得更好吗？为什么？

18. 假设有一个原始经济使用一种罕见的石头作为货币。还假设由于意外毁坏或者用作武器使得石头的数量减少。那么随着时间的推移，石头的价值会发生怎样的变化？如果某人发现了大量的新石头，会带来怎样的结果？

19. 我们来考察一个叫作弗里德梅尼亚的国家，其货币是金冠，每一金冠含 1 克黄金。弗里德梅尼亚皇家造币厂可以自由地用原料黄金制作金冠。一天，新国王命令造币厂在全部新制金冠中只放进 0.9 克黄金，并且命令新金冠与旧金冠一对一同等交易。你认为用金冠作为交易媒介会发生什么情况？如果你居住在弗里德梅尼亚，拥有一些老金冠和新金冠，你将首先使用哪一种金冠？

20. 在 20 世纪 80 年代，德国的广义价格指数的上升幅度低于意大利。与意大利的货币价值相比，德国的货币价值会发生怎样的变化？假设德国和意大利可以自由贸易，当德国人购买意大利商品时，其货币购买力会发生什么样的变化？当意大利人购买德国商品时，其货币又会发生什么样的变化？

21. 定义“流动性”。将下列资产按照流动性从高到低排列：货币市场互助基金、存折储蓄账户、公司股票、美元现钞、房屋、黄金、支票账户。

29 22. 将下列资产按其归属分别归类于货币总量（$M1$ 或 $M2$）：货币市场存款账户、旅行支票、隔夜回购协议、美国储蓄债券、通货、小额定期存款、支票账户。

第 23 题和第 24 题与附录有关。

23. 在 2005 年，消费者物价指数（CPI）的数值是 195.3，其基期是 1982—1984 年（也就是说，以 1982—1984 年的 CPI 为 100）。现在假设 2005 年变为基期（也就是说，以 2005 年的新 CPI 为 100），那么 1982—1984 年的新 CPI 是多少？

24. 如果 2000 年的物价指数为 100，2005 年的物价指数为 112，而 2000 年的名义国内生产总值（GDP）是 98 200 亿美元，2005 年* 的名义 GDP 是 124 800 亿美元，那么按照 2000 年美元价值计算，2005 年的真实 GDP 是多少？

---

* 原书为 2003 年，疑为印刷错误，现更改为 2005 年。——译者注

数据题

第 25～28 题与附录有关。

25. 在最近一期的《总统经济报告》（*Economic Report of President*）中，(a) 找出 1995 年和 2005 年的名义 GDP（一国经济在一年中生产的全部最终产品和服务的价值）；(b) 找出 1995 年和 2005 年国民生产总值隐含价格平减指数；(c) 计算这两年的真实 GDP；(d) 找出这十年间真实 GDP 的变化百分比。

26. 在最近一期的《总统经济报告》中找出消费者物价指数。找出 1960 年、1970 年、1980 年、1990 年和 2000 年的该指数值。计算 20 世纪 60 年代、70 年代、80 年代和 90 年代的通货膨胀率。

27. 按照第 26 题的要求找出 GDP 隐含价格平减指数和生产者物价指数。怎样比较通货膨胀率?

28. 在最近一期《联邦储备公报》（*Federal Reserve Bulletin*）中找到 *M*1 和 *M*2 的最新数值，再在《总统经济报告》中找到最新的美国人口数据。用货币总量数字除以人口数就得到了人均持有货币量。对你来说，这个数值合理吗? 解释一下为什么这个数值如此之大?

29. 经济顾问委员会发行的《经济指标》（*Economic Indicators*）在 http：//www. gpoaccess. gov/indicators/browse. html 网页上提供了物价平减指数和物价膨胀的信息。找到最近发表的报告，并比较过去十年间消费者物价指数和生产者物价指数的变化。这个时期的通货膨胀率是上升的还是下降的? 消费者物价指数和生产者物价指数中，哪一个变量更具波动性?

30. 近些年，技术的发展大大增加了电子资金划转的规模。考察一下其对美国支付系统的影响。登录联储支付系统的网站（http：//www. federalreserve. gov/paymentsys. htm），找出联邦连线资金服务系统（Fedwire Funds Service）过去十年间的年度统计数据。在列出的年份中发生的资金划转规模增加了多少? 计算 2005 年、1998 年和 1994 年的资金转移量与资金划转值的比率。讨论在这段期间内该比率发生变动的可能原因（除了电子技术的发展外）。

31. 联储定期公布货币总量的数据。在《联邦储备统计公报》中找出最近的货币存量指标，网址是 http：//www. federalreserve. gov/releases/h6/current/。计算、比较和讨论在过去两年里 *M*1 和 *M*2 变化的百分率。

32. 也许互联网上最流行的 CPI 计算器是由明尼阿波利斯联邦储备银行管理的。登录其网站 http：//woodrow. mpls. frb. fed. us/research/data/us/calc/，比较从你出生那年到今天的美元购买力。

理论联系实际

《经济学家》，2006 年 5 月 6 日

信用卡承诺

26 对于数百万没有银行账户的美国人来说，预付卡又称储值卡可能是次优的选择。人们可以往预付卡里存钱，并把它作为借记卡来使用，但是没有银行账户。随着近几年信用卡的增长逐步放缓，预付市场繁荣起来。普罗斯集团（PELORUS Group）是一家研究咨询公司，它估算预付卡的美元价值总量在去年达到了 1 260 亿美元，到 2010 年最高将达到的 4 700 亿美元。

预付卡有两种类型，单一功能卡（例如电话卡或者盖普礼品卡）只能在发行者那里使用。与没有银行账户的人关系更为密切的是多功能卡，它几乎可以在任何能够接受信用卡的地方使用。这些卡越来越多地提供了以前只能由银行账户提供的服务。它们可以存储得自雇主或政府的电子存款，从提款机上提取现金、转账和支付账单。

网付公司（NetSpend）是飞速发展的预付市场中的营销商和处理商
a 之一，甚至为预付卡增加了一个特色，即允许客户把货币集中到一个有息的“储蓄账户”中。网付公司自称其预付卡已经可以在便利店、加油站等超过一万家商家使用，其“分支机构”网络比任何一家银行的网络都大。便利店全天 24 小时营业，而且即使在最贫穷的地区也能发现它们。

支持者们认为所有这些仅仅是个开头。他们希望在不久的将来，预付卡能够具有类似信用的功能，例如透支保护或者以直接存入的薪金作
b 为抵押发放预付贷款。这就可以帮助那些没有银行账户的消费者建立信用记录，开辟获得贷款和其他金融产品的途径。事实上，信用评级公司正在用人们的预付卡产生的记录来进行试验。

c 对此持更加怀疑态度的大有人在。许多预付卡的费用结构不透明，这使得它们比简单的银行账户更昂贵……对其监管仍然是模糊不清的。一些预付卡不享有大部分银行账户均享有的联邦存款保险。还有一些卡即便被偷了，持卡人的资金也得不到保护，而这对于不安定的地区来说是一个很大的缺点。

新闻分析

27 电子货币或预付卡在帮助美国那些没有银行账户的人群方面可能发挥着重要的作用。联储估计有 1 000 万的美国人没有银行账户，因此他

们被称为“没有银行账户的人”。对于这部分人群，获得诸如储蓄账户、学生贷款或者汽车贷款等基本金融服务几乎是不可能的。对于这些人群或者其他居民而言，电子现金被证明是货币的一个重要组成部分。

a. 对于联储所称的“没有银行账户的人”而言，预付卡被证明是给他们提供金融服务的重要工具。在美国许多经济不发达的地区，几乎没有金融中介机构。由于这些地区缺少金融中介机构，居民存储货币可能都是困难的。因此，这些居民会发现，存款以备将来之需以及建立信用记录都是困难的。多功能预付卡为这些没有银行账户的人提供了储蓄账户，大大地降低了建设银行办公楼的需要。

b. 为了获得一个支票账户和一笔银行贷款，通常要求一个人拥有某些类型的信用记录。对于没有银行账户的人而言，信用记录的缺乏使得他们无法获得这些重要的金融服务。

对于没有银行账户的人而言，缺乏信用记录成为了一个“先有鸡还是先有蛋”的问题。信用记录的缺乏使没有银行账户的人不能获得贷款，但是他们不能获得贷款，又如何能拥有信用记录呢？一个人使用多功能预付卡就可以证明他有能力恰当地处理金融资源。

c. 但是，关于电子现金是否有能力成为代替现金的“货币”的问题仍然存在。这些预付卡有多昂贵？这些预付卡的购买者是否了解他们为了享有预付卡带来的方便所要支付的费用呢？如果一个预付卡的发行者陷入破产的境地，那么会发生什么情况呢？这些预付卡的持有者能够要回他们的货币吗？需要多长时间呢？尽管存在这些问题，许多经济学家仍相信在未来几年里，电子货币将会发挥日益重要的作用。

更进一步的思考……

许多大学都有某些形式的预付卡，它们可以在校园附近使用。除了大学生和没有银行账户的人之外，还有哪些“目标”人群可能会愿意使用预付卡呢？对于这些不同的人群而言，使用预付卡的优势和劣势是什么呢？

资料来源：节选自“Plastic Promise,” *The Economist*，May 6，2006，p. 77，© 2006，The Economist Newspaper。

附　录

计算物价指数

30 物价指数是用选定的构成市场篮子商品在 t 年的价格 P，除以市场篮子商品在基年（0 年）的价格（再乘以 100 以转化成百分率）：

$$物价指数\ PI_t=\frac{P_1}{P_0}\times 100$$

例如，如果价格在 0 年和 t 年之间上涨了 20%，那么物价指数将是 1.20×100=120。

在美国，最受普遍关注的物价指数如下：

GDP 平减指数：国内生产总值（GDP，一国经济中生产的全部商品和服务的最终价值）中包括的全部产品和服务的价格指数。

生产者物价指数（PPJ）：厂商在批发市场为购买原材料、中间产品和最终产品所支付的价格指数。

消费者物价指数（CPI）：城市消费者购买市场篮子商品的价格指数（用来衡量生活成本）。

第 3 章　金融体系概述

31　在整个 2003 年和 2004 年总统选举期间，许多投资者和商业人士指责金融体系运行不佳。投资者由于会计丑闻而关注金融资产的价值，商人们担心信贷的可得性，政治家和经济学家开始密切关注美国金融体系如何才能把有好创意的借款者和有资金出借的储蓄者有效地联系在一起。

尽管你也许没有到华盛顿来表达你对金融体系的看法，但是金融体系的运行状况会影响到你的个人福祉。在你一生中的某些时候，你会成为一个储蓄者，因为此时你要为了孩子的教育或者自己退休而存款。在另外一些时候，你会成为借款者。你可能借款来买住房或者汽车，或者建造一家工厂来生产你发明的产品。金融体系为把资金从储蓄者处融通给借款者提供了渠道，使他们可以实现各自的目标。当金融体系有效运行的时候，它就可以使经济运行更加健康：借款者获得资金来消费和投资；储蓄者通过获得额外的资金而得到回报，如果不借出资金的话，这笔额外的资金则无法获得。

金融体系可以做什么呢？它是怎样实现其目标的？这一章中，我们将通过介绍竞技场（即金融市场）和一些主要竞技者（即金融机构）来回答这些问题。为了完整地回答这个问题，我们需要更多的章节，在第 2、3 和 4 篇，我们将继续讨论金融市场和金融机构。这一章将阐述学习金融体系所需要的基本规则和背景。

金融体系的功能

你可能会认为，你与农民、发明家或者联邦政府没有多少共同之处。但是，你的确有。在某些时候，你需要的资金可能多于你手头拥有的资金；你可能想上研究生院，推迟进入职场；农民需要资金用于春耕；发明家可能需要筹措资金来成立一个高科技公司；联邦政府可能会产生预算赤字，即政府支出超过了税收。他们都是入不敷出，也许会愿意支付一定的费用来获得所需的资金。

同时，另一部分人群的支出少于收入。你的父母可能会将资金储蓄起来用于退休生活或者你的教育。一个企业从政府合约中获得一大笔收入，可能会决定并不立刻花掉全部资金。甚至联邦政府当前的税收会超过当前的支出。他们都会产生资金盈余，愿意将储蓄借给别人使用，只要他们能够因此得到一定的补偿即可。

32 个人和组织的收入与支出不匹配为这一交易的开展提供了机会。现在，发明家可能使用你父母的储蓄来开办一家企业。他可以通过投资于一家新企业来获得利润，改善其经济状况。你的父母可以通过获得发明家“租用”其资金而支付给他们的回报，改善其经济状况。如果他们把储蓄存放在壁橱中的鞋盒子里，他们就不会得到这笔额外的收入。

并非所有的金融交易都涉及对一个新项目或者一个新企业的投资。假设你有一个不错的工作，并且决定买房。问题只有一个：你的年收入是 30 000 美元，而购房的开销是 100 000 美元。你可以先租一套公寓，然后慢慢地攒钱，直到攒下足够的资金再去买房。尽管你和你的家人很想尽早拥有一套住房，但是这个过程可能需要经历多年的时间。作为替代方案，某人可以借给你资金让你现在就能购房。就像你因享受提前拥有住房的好处而使自己的境遇改善一样，借给你资金的人也能改善境遇，你支付给出借人的利息会成为他的额外收入，而他如果不借出资金的话，他也就不会获得这笔收入。

网页推荐：
http://www.nyse.com
http://www.reuters.com/
http://finance.yahoo.com/?
提供了美国和海外金融市场的信息和报价。

现在你能够开始理解一个经济体中金融体系所提供的功能了。金融体系把资金从收入大于支出的一方，转移到想要购买耐用品或者有生产性投资机会的一方。这个匹配过程增大了一个经济体生产商品和服务的能力。此外，它还允许居民和企业按照其需要和意愿进行分期付款购买，使得他们的境遇变得更好。因此，一个平稳发挥功能的金融体系能够提高经济体的效率和人们的经济福利。

金融体系（financial system）提供了将资金从有储蓄的个人和组织转移

到想要借用资金的个人和组织的渠道。**储蓄者**（savers）（或借出者）是资金的供给方，他们提供资金给借款者，并获得在未来得到更多资金偿还的承诺。**借款者**（borrowers）是资金的需求方，将资金用来购买耐用品、住房或者建厂和购买设备，并根据未来较高收入的预期承诺偿还所借资金。对借款者来说，这些承诺是金融负债，也就是说，既是资金来源，也是借款者要用未来收入支付的求偿权。相反，对储蓄者来说，这些承诺（或者说借据）是金融**资产**（liabilities），也就是说，既是资金运用，也是对借款者未来收入的求偿权。例如，你的汽车贷款是银行的一项资产（资金运用），也是你的一项负债（资金来源）。如果你购买了住房，抵押贷款就是你的负债，同时是放款人的资产。如果你的叔叔用他的退休账户购买了国债，那么，这些债券就是他的资产，同时也是美国政府的负债。

图 3—1 展示了金融体系将资金从储蓄者转移到借款者的融通渠道，以及借款者将资金偿还给储蓄者的渠道，既包括直接渠道，也包括间接渠道。储蓄者和借款者可能是国内外的居民、企业和政府。**金融市场**（financial markets），诸如股票市场或债券市场，直接将对个人借款者的求偿权发行给储蓄者。**金融机构**（financial institutions）或者**金融中介**（financial intermediaries），诸如银行、共同基金和保险公司，通过持有资产组合并将对该资产组合的求偿权发行给储蓄者，充当中间人的角色。在本章的后面，我们将讨论这些活动的参与方以及他们的角色。但是，首先应考察促使借款者和储蓄者使用金融体系的金融服务。

33

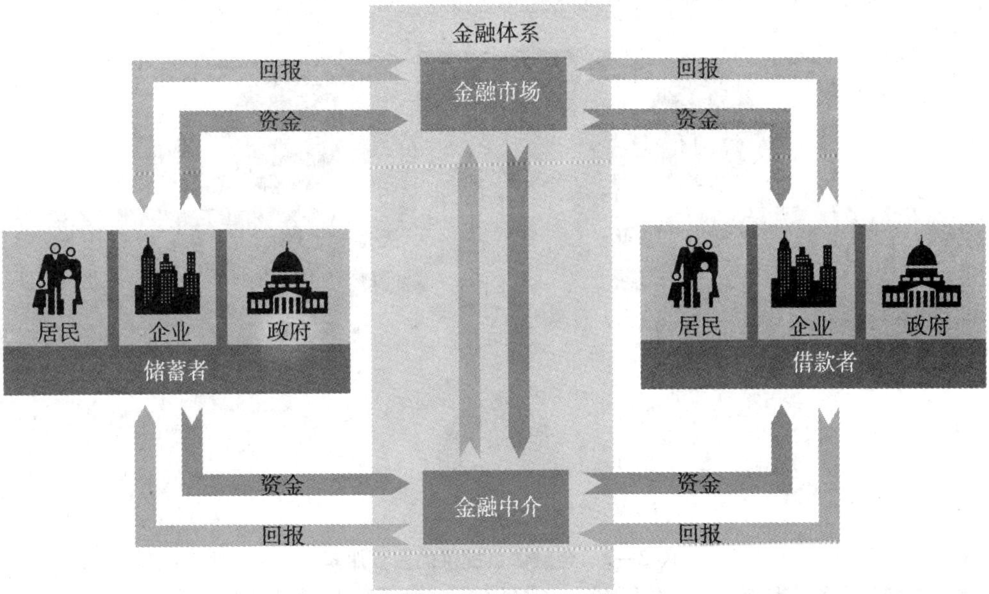

图 3—1　通过金融体系转移资金

金融体系把资金从储蓄者转移给借款者。借款者通过金融体系再把资金偿还给储蓄者。储蓄者和借款者包括国内和国外的居民、企业和政府。

测试点拨

作为一个储蓄者，你会持有哪种求偿权？

你可能持有对众多借款者的求偿权。你的支票账户是对银行的求偿权。如果你持有储蓄债券，你就持有对美国政府的求偿权。如果持有富达（Fidelity）、美林（Merrill Lynch）或其他同行公司的货币市场账户（money market accounts），那么你就拥有对这些经纪公司资产组合的求偿权。如果你的姨妈给你留下了一笔迪士尼（Disney）的债券，那么你就拥有对迪士尼公司的求偿权。

金融体系提供的主要服务

金融体系除了匹配资产盈余方和资产需求方外，还为储蓄者和借款者提供三项主要的服务，这些服务是：风险分担、流动性和信息。图3—2是由图3—1修改而来，它强调了这些服务。金融市场和金融中介以不同的方式形成对储蓄者和借款者更具吸引力的各种金融资产和金融负债，并由此来提供这些服务。储蓄者和借款者的许多金融决策是由这
34 些服务的可得性左右的。

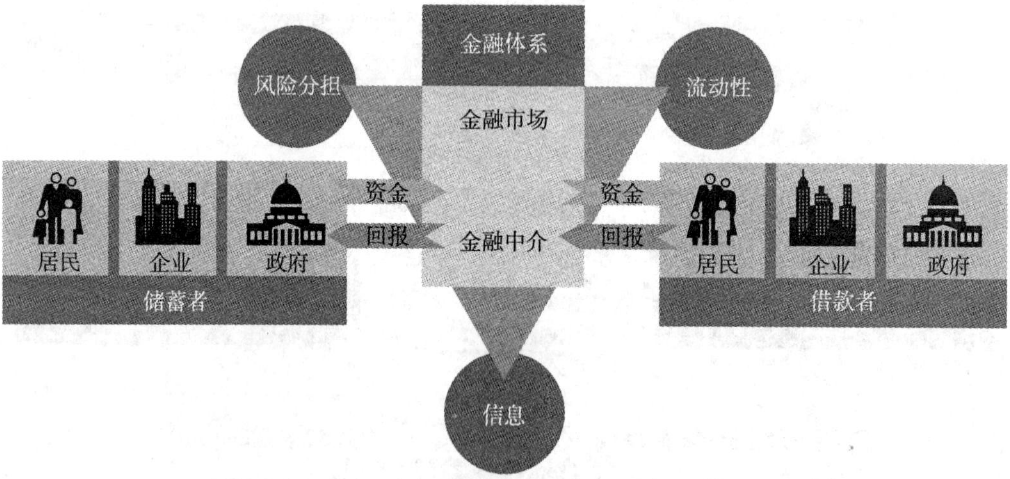

图3—2　金融体系提供的主要服务

金融体系提供风险分担、流动性和信息服务。这些服务受到储蓄者和借款者的重视。

风险分担

你的姐夫要你将你全部的积蓄投资于其新公司的股票。你知道这是一个有风险的建议。如果经济繁荣，其产品（黑暗中发光的耳环）的销售会使你变得富有。但是如果经济不景气，这些耳环也许不再是畅销的产品。你愿意投资于企业，但是你不认为你应该将全部的积蓄都用在这样一个投资项目上。是你太谨慎了吗？

也许不是。利用金融体系来匹配储蓄者和借款者的一个优势就是可以分担风险。风险是金融资产价值相对于你的预期价值发生变化的可能性。例如，你用 1 000 美元买了一张 Okayco 公司的债券，在一年的时间里，这张债券可能会值 900 美元或者 1 100 美元，这取决于利率的波动和 Okayco 公司的前景。大多数的个人储蓄者不是赌徒，他们寻求稳定的资产收益，而非高低不定的收益。事实上，个人投资者偏好于其所持一组资产集合的稳定回报。一组资产集合称为一个**资产组合**（portfolio）。例如，你可能持有一些美国储蓄债券、一些股份和一只共同基金的一些份额。尽管一项资产或者某些资产的业绩良好，而其他一些资产的表现不佳，但是总的回报率趋于平均化。这种把财富分解为多种资产的做法就是我们熟知的**多样化**（diversification）。只要单项资产的回报不是同向变动，那么一个资产组合的价值剧烈波动的风险就会减少。金融体系就是通过使储蓄者可以持有多种资产的方式来提供**风险分担**（risk sharing）。

我们将在第 5 章中证明多样化的优势，并描述金融体系通过哪些途径能够使得个人转移风险。金融市场能创造金融工具，把风险从不喜欢收益或支付的不确定性的储蓄者或借款者那里，转移给愿意承担风险的储蓄者或投资者。对于你在你姐夫公司进行的投资，如果他或其他投资
35 者能对你的回报进行担保的话，那么你可能愿意接受一个较低的投资回报。你就将你作为储蓄者承担的部分风险转移给了借款者，但是这个转移需要付出成本：较低的回报。

金融体系提供风险分担的能力使得储蓄者更愿意去购买借款者的借据（IOU），反过来，这个意愿也增强了借款者在金融体系中筹措资金的能力。

流动性

金融体系提供给储蓄者和借款者的第二项服务是**流动性**（liquidity），它是一项资产可以兑换成货币以购买其他资产或者交换商品和服务的容

易程度。储蓄者将金融资产的流动性视为一种好处。当他们需要以资产进行消费或投资的时候，他们就想要容易地进行兑换。一般而言，一项资产越具有流动性，那么它转换成其他资产就越容易。你可以很容易地用口袋里的美元钞票交换汉堡包，因为美元是高流动性资产。你也可以在很短的时间内将支票兑换成现金来买衣服。但是，出售你的汽车就需要较长的时间，因为个人财产不太具有流动性。个人投资者持有对一个工厂的金融求偿权（如股票或债券），通常比拥有工厂的机器更具有流动性。理由是，为购买其他资产或商品而出售这些求偿权，要比出售专业化机器更容易些。持有流动性资产可以让个人或企业对新的投资机会或者突发事件作出快速反应。金融体系创造的金融资产（如股票、债券或支票账户）比汽车、机器或房地产等更具流动性。

金融市场和金融中介提供了一个使金融资产更具有流动性的交易系统。除了创造金融资产外，金融体系还提供了增加金融资产流动性的交易系统。例如，在美国，投资者可以随时出售他们所持有的政府债券、股票或大公司债券，使这些资产更具流动性。在过去的20年里，金融体系已经使除股票和债券之外的其他许多资产具有流动性。例如，在30年前，金融中介机构不得不持有抵押贷款和贷给企业的贷款，直到这些贷款被偿还。现在，这些金融中介机构可以将贷款出售给其他投资者，并购买由其他金融中介机构发放的贷款。结果，抵押贷款和其他贷款已经成为储蓄者更愿意持有的资产。对于具有较强流动性的资产，储蓄者愿意接受其较低的收益，这就降低了非知名企业的借款成本。金融体系效率的一个衡量指标就是它在多大程度上能把非流动性资产转换成储蓄者愿意持有的流动性资产。

信　息

金融体系提供的第三项服务就是收集和交流**信息**（information），这些信息是关于借款者的真实情况和对金融资产回报的预期。金融体系首要的信息功能就是收集信息。它包括发现有希望的借款者和了解其贷款的用途。乔存了一笔钱用于供女儿上大学，而他的邻居想借用这笔钱，并保证在他女儿上大学时偿还。乔是否该借出这笔积蓄呢？为了作出明智的决策，乔需要了解有关这笔借贷更多的信息。邻居用这笔钱去做什么？乔有多大的可能性可以及时收回贷款以支付第一笔学费？对储蓄者来说，他们当然想
36 在借出资金之前了解所有的信息，而获取这些信息要花费成本和时间。通过金融体系的运作，乔可能会了解到更多有关借款者的信息，如果他试图根据自己掌握的信息进行投资的话，他不会得到这样多的信息。

在大部分交易中存在的另一个问题是**信息不对称**（asymmetric information)。这意味着借款者拥有其投资机会或活动的信息，而这些信息不透露给放款人或债权人，从而具有信息优势。有些时候，不得不构造金融安排以使借款者不能利用信息不对称的优势而侵占借出者的利益。法斯特·埃迪想要寻求一笔10 000美元的贷款，他声称将用这笔贷款开一家台球馆，但实际上他是计划将这笔资金用于欧洲豪华游。很明显，法斯特·埃迪比潜在借出者拥有更多关于贷款资金实际用途的信息。金融体系中的某些组成部分专门进行信息收集和监督，也有专门的金融安排来解决信息非对称问题。

金融体系发挥的第二个信息作用是信息的交流。如果你看到报纸的头条新闻报道一家制药公司发现了一种癌症治疗药物，你怎样判断这一发现对公司财务状况的影响？金融市场会把信息融合于股票、债券和其他金融资产的价格之中，进而对公司财务状况产生影响。在这个例子中，对制药公司未来高盈利的预期将推高该公司发行的股票和债券价格。

储蓄者和借款者通过观察资产回报来获得金融体系提供信息的好处。只要金融市场参与者信息充分，信息就会反映在资产回报率和价格中。信息既传递给储蓄者，也传递给借款者。例如，如果制药公司的股票价格上涨，公司可能决定卖出更多的股份，并将收益投入新的研究项目中。将可得的信息反映在资产价格中是金融市场功能完善的显著特征。

金融体系中的金融市场

金融市场直接把储蓄者和借款者连接起来。当你以100美元购买Boonco公司的股票时，你就对Boomco公司直接投资了100美元，为其成长提供了资金。这种金融形式就是所谓的**直接金融**（direct finance），单个储蓄者持有由单个借款者直接发行的金融求偿权。这些直接金融安排发生在整个金融市场上，在这个市场上投资者把其储蓄资金直接借给借款者。为了分析金融市场的作用，我们集中讨论金融体系的两个主要任务：(1) 匹配储蓄者和借款者，(2) 提供风险分担、流动性和信息服务。

匹配储蓄者和借款者：债务和股权

初级市场（primary markets）是将借款者新发行的求偿权直接出售给最初购买者的市场。企业利用初级市场为创建新企业筹集资金，政府则利用初级市场融资来弥补预算赤字。在初级市场上，借款者筹集资金可以采用两种方式——借款或者出售股份，其结果形成了对借款者未来

收入的不同类型的求偿权。第一类也是最常使用的求偿权是**债务**
37 (debt)，它要求借款者偿还所借资金金额即**本金**（principal），再加上租借资金的费用即利息。[1] 另一类求偿权是**股权**（equity），它是对一个企业利润和资产份额的所有权形式的求偿权。

债务工具是一次性全部或者在一个固定期间内周期性偿还本金和利息的承诺。债务工具到期前这一时间长度被称为它的**到期日**（maturity）或者期限。到期日可以是短期（30 天或隔夜）或者是长期（10 年或更长）。**短期债务**（short-term debt）工具的到期日小于 1 年，**中期债务**（intermediate-term debt）工具的到期日在 1～10 年之间，**长期债务**（long-term debt）工具的到期日为 10 年或者更长的时间。债务工具包括助学贷款、政府债券、公司债券和金融机构发放的贷款。

债务工具对借款者具有一定的优势。假设你为学习商科而贷了一笔助学贷款，毕业之后你去了华尔街，找到了一个年薪 50 000 美元的职位。尽管事实上你找到了一份好工作，但是这也并不意味着你必须偿还比协定贷款金额更多的金额。一般来说，在一个债务合约中，即使借款者的境遇格外地好，放贷人也不能获得超过承诺的本息金额之外的款项。但是，放贷人则可能收回比承诺的金额更少的款项。例如，如果你没有找到工作并因此而不能偿还贷款，放贷人就不能全额收回贷款。放贷人面临着借款者**违约**（default）或者说不能偿还全部或部分欠款的风险。

第二个筹集资金的手段是股权，它允许借款者对放贷者灵活地支付回报。一个很好的例子就是普通股票，公司股票持有人只能得到公司支付所有费用后的利润部分，这些费用包括偿还债权人的本金和利息。例如，如果你拥有 Bigco 公司 100 股股票，而该公司发行了 100 万股股票，那么你只拥有该公司盈利和资产的 1/10 000 的权利。一般地，股东会得到公司周期性（通常一季度一次）支付的报酬（也即**分红**（dividends））。如果公司经营得格外好，那么股东的分红也就会更多，而债权人只能获得对其承诺的报酬。但是，如果公司的盈利较差，在偿还了债权人之后也许就所剩无几了。如果你购买了 Oopsco 公司的股票，而该公司经营亏损，那么你必须要弥补公司的亏损吗？不必。公司股东的亏损只限于他们投入企业的资金数额。公司也有充分的理由发行一种兼具股权和债务的特殊工具。在第 11 章中，我们将考察利用股权或债务来为企业筹措资金的相对优点，并且使用经济学直觉来解释利用债务或股权进行融资的新发展。

尽管你每晚都能在晚间新闻听到股票市场波动的消息，但是实际上在金融体系中以债务工具进行的融资所占的比重更大。在 2006 年年末，债务工具

[1] 应付利息的计算可以采用协议比率方式，你的银行账户和助学贷款就是采用这种方式；或者采用指数化比率方式，即将其与一些经济指标如通货膨胀率或者其他公布的利率联系起来，许多由银行提供的商业贷款尤其是国际贷款采用这种方式。

的价值是 41.7 万亿美元，相比而言，股权工具的价值只有 19 万亿美元。

提供风险分担、流动性和信息服务

风险分担、流动性和信息服务是由**二级市场**（secondary markets）提供的，二级市场是已发行的求偿权由一个投资者出售给另一个投资者的市场。例如，假设你开办了一家叫作 Hitechco 的软件公司，在经历了几年迅
38 速成长后现在需要新资本进行扩张。如果你要出售 Hitechco 公司的股份，你要回到筹集资金的初级市场。一旦 Hitechco 的股票售出，投资者就可以在二级市场上进行交易。值得注意的是，作为 Hitechco 公司的所有者，当你的公司股票在二级市场进行交易时，你不会得到任何新的资金。

有关金融市场所发生事件的新闻大多关注二级市场，而不是初级市场。大部分初级市场交易是将新的债务或股权工具出售给初始购买者，并且是在闭门进行的。最受关注的二级市场（如纽约、美国和东京股票交易所）是已发行的股权工具进行交易的市场。更大数额的二级市场交易发生于债券市场，美国政府债券和公司债务工具都在这个市场上进行交易。对全球外汇交易来说，二级市场也是重要的。不管所交易的金融工具属于何种类型，在二级市场上，都是工具的买方把资金付给卖方。交易工具的初始出售者（如公司或政府机构）不会获得任何收益。初始发行者只会在初级市场上获得发售这些工具的收益。

如果一种金融工具的初始发行者只在初级市场上从投资者处筹措资金，为什么二级市场还如此重要呢？答案是它提供了风险分担、流动性和信息服务。平稳运行的二级市场可使投资者持有包括股票、债券和其他资产在内的分散化投资组合，易于降低投资者的风险暴露。二级市场也提高了股票、债券、外汇和其他金融工具的流动性，使得投资者方便地出售这些工具，得到现金。正因为具有流动性，投资者就更愿意持有金融工具，因而，发行公司或者政府机构在初级市场上出售证券也变得更为容易了。最后，二级市场通过金融工具的定价把信息传递给储蓄者和借款者。当你的 Hitechco 公司股票价格上涨时，你变得更加富有，这也表示你可以花更多的钱来满足你的愿望。同样，Hitechco 公司的经理们也可以从二级市场价格来获得市场对他们的业绩如何评价的信息。例如，Hitechco 公司股价大幅度上升，这反映了市场看好公司的投资前景和管理水平，公司可能决定发行新的债券或者股票进行扩张。因此，二级市场价格是公司考虑发行新债券或者股票的重要信息来源。所以，我们将讨论主要集中于二级市场。

不存在一个单独的“二级市场”。事实上，我们可以根据以下几点来对二级市场进行分类：（1）所交易求偿权的期限水平特征；（2）交易开

网页推荐：
http://www.federalreserve.gov
给出了货币市场和资本市场的利率数据。

展的方式；(3) 交割的时间。

期限：货币市场和资本市场 期限大于一年的债务工具在资本市场进行交易，没有固定期限的股权也在资本市场进行交易。期限在一年以内的短期工具在货币市场进行交易。这些金融工具来自何方？借款者寻求投资于住房或企业的长期投资资金，在资本市场上发行长期金融工具。当政府或著名公司需要资金补充存货或满足短期资金需要时，他们发行
39 货币市场工具。(在本章附录中描述了货币市场和资本市场的主要工具。)

网页推荐：
http://www.nyse.com
http://www.nasdaq.com
提供美国的股票交易信息。

投资者如何决定该购买哪一种工具呢？货币市场和资本市场的金融工具有三个差别，这源于其风险、流动性和信息的不同。首先，短期工具的价格波动幅度相对比较小，与长期金融工具相比，其投资风险较小。结果，金融机构和公司通常把短期多余资金投放于货币市场。而一些金融机构（如养老基金和保险公司）愿意持有资本市场长期且有价格波动风险的资产。第二，货币市场工具一般比资本市场工具更具流动性，因为货币市场工具的交易量比较大，买卖成本也比较低。居民和企业可以相对较低的成本将其资金进行短期投资。最后，货币市场工具的信息成本较低，这是因为借款者的知名度高且资金贷出的期限相对较短。

交易场所：拍卖市场和场外交易市场 二级金融市场也可以按照资产交易方式进行分类。第一种类型是**拍卖市场**（auction markets），即众多的交易商按照个体买者或卖者的指令进行竞争性出价并由此确定交易价格的市场。最常见的拍卖市场是**交易所**（exchanges），或称买方和卖方的集中交易场所，包括纽约和美国证券交易所、东京证券交易所、伦敦证券交易所和其他交易所。

二级市场的另一种类型是**场外交易市场**（over-the-counter (OTC)），这种市场没有一个集中交易场所，例如纳斯达克（NASDAQ）市场。场外的交易商通过电脑化交易系统与愿意接受其所报价格的任何人进行股票和债券的买卖。密切的电子化联系保持了场外交易市场的竞争性。对于购买苹果电脑公司的股份而言，你在一个交易商处支付的价格不可能明显高于在另一个交易商处支付的价格。

大型公司的股权在交易所交易，著名公司的债券也在交易所交易。小型公司和不知名公司的股份一般在场外市场进行交易，美国政府债券也在场外市场进行交易。在债务或股权市场中，政府债券市场的交易额是最大的。其他主要的场外市场包括外汇交易市场、联邦基金和市场大额可转让存单市场。

网页推荐：
http://www.cbot.com
描述美国市场的期货信息。

交割：现货市场和衍生品市场 最后，金融市场可以按照交易的求偿权是直接的还是衍生的来划分。**现货市场**（cash markets）是实际发生的求偿权买卖立即进行交割（即买方向卖方支付货币并换回资产）的市场，如股票市场和债券市场。此外，在**衍生品市场**（derivative markets），交易是现在达成但在以后的某一日期进行交割。例如，一个投资者可以同意在距

今1年以后从一家债券交易商以一个预定价格购买财政部债券。为什么有人会这么做呢？其理由是，居民和企业可以利用衍生品市场减少其对现货市场价格波动风险的暴露（有时甚至是对未来价格波动下赌注）。

衍生求偿权包括金融期货和金融期权，其价值是由（作为衍生源的）基础资产（如股票、债券或外汇）决定的。**金融期货**（financial futures）要求以起初确定的价格购买一种金融工具并在未来某个指定日期进行交割。顾名思义，金融合约的**期权**（options）赋予交易者在将来指定时间内以指定的价格购买或者出售某一特定金融资产（如股票、债券或者外
40 币单位）的权利（或者选择权）。

测试点拨

如果你通过交易商从某人处购买了Growthco公司100股股票，运用金融市场的分类法，你将如何描述这一交易的特征？

债务还是股权：股票份额是股权；初级市场还是二级市场：股票是已经发行的，所以该交易发生在二级市场；货币市场还是资本市场：股权没有固定期限，所以该交易是在资本市场进行的；拍卖市场还是场外交易市场：交易是通过交易商进行的而不是通过交易所进行的，所以该交易是在场外交易市场进行的；现货市场还是衍生品市场：你将货币支付给交易商并立即获得股票，所以该交易发生在现货市场。

金融体系中的金融中介机构

金融体系也通过金融中介机构间接地将资金从储蓄者手中传送给借款者。这些金融机构从储蓄者手中汇集资金，并将其投资于借款者的债务求偿权或股权求偿权，由此促进金融交易的开展。这种间接的金融形式就是**金融中介**（financial intermediation）。同金融市场一样，金融中介有两个任务：（1）匹配储蓄者和借款者，（2）提供风险分担、流动性和信息服务。

匹配储蓄者和借款者

当你在你的支票账户中存入资金时，银行可能会把这笔资金（和其他储蓄者的资金一起）借给简氏快餐店开办一家新店。在这个中介交易中，你的支票账户是你的资产，也是银行的负债，这笔贷款则成为简氏

快餐店的负债和银行的资产。并非是你直接持有贷放给简氏快餐店的贷款且将其作为资产，而是银行充当了你和简氏快餐店的中间人。金融中介机构（如银行、保险公司、养老基金和共同基金）也代表储蓄者进行股票和债券投资。

金融中介机构汇集众多小储蓄者的资金，并将其贷给许多个体借款者。金融中介机构支付利息给储蓄者来换取对储蓄者资金的使用，把资金贷给借款者并向借款者收取更高的贷款利息率而获利。例如，一家银行支付给你的存款利息率是5%，而其把这些资金贷给当地企业的利息率是8%。

提供风险分担、流动性和信息服务

中介方式给金融交易增加了一层额外的复杂性和成本。为什么储蓄者不直接与借款者进行交易以节省金融中介的成本呢？主要的理由同样是三个：风险分担、流动性和信息。首先，作为一个储蓄者，你想要分担风险。如果你拥有5 000美元现金，你可以借给你的邻居。但是，你怎么知道邻居会偿还这笔贷款？如果你把5 000美元存入银行，银行可以通过各种贷款和投资来运用你的资金。因为银行拥有大量的存款并将
41 其贷给众多的借款者或进行投资，它们能实现资产多样化，并以比你直接持有这些贷款和投资更低的成本对你提供风险分担服务。其次，银行存款和其他中介机构求偿权具有流动性。因此，如果你的汽车抛锚了，你可以方便地取出你银行账户中的资金来维修汽车。（你的邻居可能不会提前偿还贷款或者不愿意这样做。）最后，金融中介机构提供信息服务，
42 这对于储蓄者来说是很重要的，因为他们可能没有时间或没有财力和物力独自开展投资研究。你可能很容易地获得关于美国财政部债券或大公司（如埃克森美孚公司）所发行债券可能回报率的信息。但是，要获得关于个人或小中型公司可能的财务前景的信息就相对困难一些。

而你的当地银行则是一个信息库。它通过观察借款者支票账户的交易情况来监督其收入和支出，进而收集借款者的信息。借款者填写详细的贷款申请表，银行信贷人员审查每个借款者的财务状况如何。因为银行代表你和众多储蓄者收集和处理信息，如果你试图收集众多借款者的信息的话，银行收集信息的成本要低于你自己收集信息的成本。金融中介机构从放贷中获得收益来补偿在信息上的投入。

在金融体系中，金融中介机构是最大的组成部分。在美国和其他大部分国家里，金融中介在储蓄者和借款者之间转移的资金比金融市场多一些。许多经济学家认为，金融中介在降低信息成本方面的优势对此模式给予了解释，在全球层面是如此，在国家层面也是如此。即使在美国，其金融市场高度发达，企业通过金融中介筹集的外部资金要比直接从金

融市场筹集的资金多得多。

案例研究

居民把他们的储蓄存到什么地方？

美联储发布美国经济各部门年度和季度资产与负债数据。通过考察联储有关居民持有金融资产的数据，可以为发现直接金融和间接金融的发展趋势提供线索。

下表提供了金融市场资产和金融中介机构资产的持有情况。数据显示了金融中介机构对于储蓄者的重要性。大约一半的居民金融资产是通过金融中介机构持有的。特别值得注意的是，共同基金和养老基金占比的增加使得间接金融的金融资产占比从1978年的46.3%提高到了2006年的58.6%。

这些数据来自联储的出版物《资金流量账户、金融资产和负债》(*Flow of Funds Accounts*，*Financial Assets and Liabilities*)，可以在图书馆找到。

居民持有经选择的金融资产情况

（不同年份）

单位：10亿美元

	1978年	1985年	2006年
金融市场的金融资产			
美国政府证券	148.6	447.5	1 155.5
州和地方政府证券	94.0	305.0	860.1
公司债券	57.0	18.9	854.2
抵押贷款	76.0	127.4	176.8
商业票据	31.4	128.7	169.3
公司股权	663.9	1 700.0	5 684.5
非公司性企业的股权	1 398.9	2 040.6	6 786.3
其他资产	68.0	132.5	535.8
小计	2 537.8	4 900.6	16 222.5
直接金融占比	53.7%	50.8%	41.4%
金融中介机构的金融资产			
银行存款	1 280.1	2 306.7	5 294.6
货币市场共同基金份额	9.4	211.1	956.7
共同基金股份	41.1	206.9	4 537.4

续前表

	1978年	1985年	2006年
人寿保险准备金	196.0	256.7	1 096.8
养老基金准备金	661.5	1 794.5	11 108.6
小计	2 188.1	4 775.9	22 994.1
间接金融占比	46.3%	49.2%	58.6%
金融资产总额	4 725.9	9 676.5	39 216.6

测试点拨

为什么你也许愿意购买IBM发行的债券，但你却选择通过一家银行把资金借给当地的一家计算机商店？

你的选择是由于信息成本的差异。IBM的信息是随时可得的，但你要调查计算机商店的信誉就需要付出显著的成本。银行代表许多小储蓄者收集信息，降低了对计算机商店贷款的成本，也减少了你投资亏损的可能性。

金融体系中的竞争和变化

假设你已经出售了你的汽车，并且已下决心不再买新车。你会怎样处理你卖车所得的资金？你有多种选择，这取决于你投资多少。你可以在金融市场上购买债务或股权求偿权，也可以把资金存入一家金融机构。与其他行业一样，金融市场和金融中介机构会为争夺你的资金而竞争，更常见的是为争夺金融体系中的市场份额而展开竞争。其竞争工具就是他们为储蓄者和借款者提供的风险分担、流动性和信息服务。

例如，共同基金和银行给储蓄者提供了以更低成本持有分散化资产组合的机会，而储蓄者独自安排资产组合（一种风险分担的服务）的成本要高得多；共同基金提供的资产是货币市场工具或资本市场工具，而银行提供的资产是银行发起和监督的贷款。银行和共同基金争夺储蓄者的资金，而这只是储蓄者拥有的众多选择中的两种。

43 借款者也可以从一系列金融安排中进行选择。一家公司可以通过货币市场或金融中介机构（如银行）来寻求短期融资。一家公司可以通过资本市场或金融中介机构（如人寿保险公司）筹集长期资金。

金融创新

虽然在金融市场和金融机构之间存在竞争，但是储蓄者和借款者如何在金融市场和金融机构之间作出选择呢？他们会根据最适合他们需要的风险分担、流动性和信息特点来作出决策。例如，注重低风险的储蓄者可能会来到金融市场，由市场将其与低风险借款者（如美国政府和知名企业）相匹配。希望持有分散化投资组合且自己不能做研究的储蓄者可能选择金融中介机构（如银行），金融中介机构在降低信息成本以及积累借款者大量信息上具有专长。然而，金融市场和金融中介机构所提供的服务类型是随时间推移而变化的。

提供风险分担、流动性或信息服务的成本发生了变化，或者对这些服务的需求发生了变化，这些都鼓励金融市场和金融中介机构去变革它们的运作并提供新型的金融资产和负债。金融体系的这些改进被称为**金融创新**（financial innovation）。金融创新对人人有利。确实，能生存下来并繁荣发展的金融市场和金融机构是那些能把低运营成本与高需求（满足居民和企业对风险分担、流动性与信息服务的需求）结合起来的。金融服务的成本和需求的变化也改变了金融体系中金融市场和金融中介机构之间的竞争性平衡。

金融一体化和全球化中的变化

现在，美国金融体系与世界其他国家的金融体系之间的联系已经变得日益紧密了。你的支票账户中的资金可供在你的家乡发放一笔汽车贷款，可贷出在芝加哥购买一台新钻床、在首尔建设一个新炼铁厂，或贷给巴西政府。金融体系将美国的储蓄者和借款者与世界各地的储蓄者和借款者联结在一起，促进了全球经济的发展。

一体化　金融一体化（financial integration）是指金融市场以某种方式在地理上联结在一起。度量金融体系效率的一个指标是金融一体化程度，在 19 世纪早期，美国金融市场在地理上是分隔的。由于收集和交换信息的成本很高，东部资金很大程度上只能运用于东部；同样，西部或南部的资金只能运用于西部或南部。于是，美国不同地方对借款者征收的利率往往也不同，这使得西部高质量投资项目的融资成本高于东部。结果，储蓄者将过多的资金投入到波士顿的大厦和银茶具上，而加利福尼亚潜在可获利的矿业和工业企业却缺乏资金。

随着信息交流变得越来越容易，美国金融市场也变得更加一体化。现在，借款者可以在全国性市场上通过证券筹集资金。

延伸思考

金融创新：住房抵押贷款还是摇滚明星债券?

44 对我们大多数人来说，我们将做的最大交易就是融资购买住房。30 年前，住房抵押贷款大多是由当地存款与贷款机构和抵押贷款银行发放和持有的。结果，住房金融往往是一种区域性业务，对放贷者而言，难以将住房抵押贷款分散发放于不同的地理区域。但是，在 20 世纪 80 年代早期，这种状况发生了改变。联邦政府的信贷机构开发了二级市场，增加了住房抵押贷款对投资者的合意性，进而提高了其流动性。把不同原始放贷人发放的住房抵押贷款汇集打包，并将对贷款包的求偿权出售给储蓄者，这个过程被称为证券化。这些求偿权可在二级市场上进行交易。你可以低于 20 年前你父母那时的成本从放贷人处借得资金来购买住房。

证券化在不断发展，现在不仅局限于抵押贷款，还包括其他现金流，如商业贷款和消费者信用卡贷款。到 21 世纪早期，出现了更多的奇异证券化，包括如大卫·鲍伊（David Bowie）和洛·史都华（Rod Stewart）等摇滚明星的版税收益权。成败难料！一些分析家对摇滚明星证券化表示担忧，因为它省去了资产汇集过程，增加了道德风险。（当摇滚明星们提前得到支付，他们还会努力工作吗?）在 2003 年，一些分析家提出把伊拉克石油收入证券化的想法，以此来筹集资金重建被战争摧毁的伊拉克经济。

全球化 近几十年间，一个重要的发展是金融市场的全球一体化。就像资本在美国各地区间更具流动性一样，自从 20 世纪 70 年代以来，资本在国家间的流动也变得更为重要。纽约的花旗集团可以方便地在伦敦筹集资金，就像其在布鲁克林筹集资金一样容易；它可以将资金贷放给澳大利亚昆士兰的产业开发项目，就像贷放给纽约皇后区的产业开发项目一样。金融市场全球化提高了金融体系把储蓄者的资金融通给最具价值借款者的能力，无论这些借款者身处何地。

在第二次世界大战以来绝大部分时期里，美国金融市场主宰了世界其他国家的金融市场。在 20 世纪 80 年代和 90 年代，这种支配地位从实质上发生了动摇，原因有二：首先，战后日本和欧洲经济快速增长，增加了可供借给外国金融市场的储蓄资金；第二，在过去的 10 年间，很多国家放松了阻止本国居民输出其储蓄资金和外国居民输入资金的监管，这就使得储蓄者可以将其资金转移给世界各地的借款者。在 20 世纪 90 年代早期，资本市场资金以每年数万亿美元的规模在国际间流动。事实上，目前外汇市场日交易量达数万亿美元。

金融市场的全球化产生了两个效应：第一，跨境资本流动的便易性有助于那些具有生产性机会的国家克服其现有资源的不足而实现经济增长。例如，在 20 世纪 80 年代、90 年代和 21 世纪初，美国经济快速增长，但是其国内储蓄不能满足投资的资金需求，国外资金填补了美国投资与储蓄间的缺口。第二，世界各国金融日益一体化，减少了把储蓄者的资金配置给最具价值的使用者所花费的成本，而不管这些使用者身居何处。这正是人们认为金融体系应该做的事情。

测试点拨

请你考虑一下，为什么许多经济学家建议，东欧新兴的市场经济应该先发展金融中介机构然后是金融市场？

在这些国家中为储蓄者提供风险分担和流动性服务时，金融中介机构能减少贷款的信息成本。在公司的信息为公众所熟悉后，金融市场就变得更加重要了。

金融监管

45 世界各国政府都对金融市场和金融机构实施监管。实施监管的原因有三：首先，政府要确保金融体系所有参与者都能获得信息，确保金融市场和金融中介机构向储蓄者和借款者提供准确和及时的信息。没有这些信息，参与者难以作出明智的金融决策。其次，政府监管金融体系以维护金融稳定。股票市场崩盘、银行倒闭以及其他金融危机都会削弱金融体系对经济资源的配置效率。最后，政府通过与金融体系的互动来推行经济政策。例如，美联储的行动会影响银行系统，进而推行货币政策。随着时间的推移，政府的监管发生了变化，引起金融市场和金融中介机构提供的服务和工具也发生了变化。

提供信息

很多产品——从超市的鱼到百货商店的服装——的质量是相对容易

衡量的，而鉴定其他产品和服务——从汽车到法律服务——的质量更成问题，而更困难的则是对金融市场上交易的债务和股权工具进行评估。小投资者不太容易判断一个企业发行的债券或股票是否为安全投资。投资者可以付费请金融分析师或者会计师事务所来估评发行债券和股票的企业，但是收集这种信息的成本可能难以承受。由于存在对这种服务的需求，可以创办私有企业来收集有关金融工具质量的信息（穆迪投资者服务公司（Moody's Investors Service）和标准普尔公司（Standard & Poor's）就是典型代表），这些企业通过向个体投资者出售信息来获利。

46 但是，私人企业并不总是能收集到可靠的信息。因此，联邦政府介入金融市场，要求金融工具的发行人披露它们的财务状况信息，并对不遵守此规定的发行人给予惩罚。在美国，对金融市场进行监管的联邦机构主要是证券交易委员会（Securities and Exchange Commission，SEC），它是根据1933年的《证券法》（Securities Act）而设立的，以回应投资者关注的1929年股票市场崩盘和20世纪20年代证券交易商的欺诈行为。证券交易委员会规定，发行债券和股票的公司必须披露其收入、销售、资产和债务信息，它也限制持有公司大量股票的经理人或拥有保密信息的其他人进行交易（这种交易被称为内幕交易）。这些监管规定确保证券交易商传达信息并保护投资者免受欺诈。2002年《萨班斯-奥克斯利法案》（Sarbanes-Oxley Act）加强了证券交易委员会的权力，可将向公众投资者提供误导性会计信息的管理者移送检察官。在衍生品市场上，商品期货交易委员会（Commodities Futures Trading Commission，CFTC）保护期货交易参与者免受欺诈。

博闻广识

国际债券和股票市场的增长

20世纪60年代之前，“国际债券市场”一词指的是外国债券，即在另一国出售且以该国货币标价的债券。自20世纪60年代以来，一种被称为“欧洲债券”的新式金融工具迅速成长起来。与外国债券不同，欧洲债券是以其出售地所在国以外的货币（通常是美元）标价的。目前，在国际债券市场上约85%的新发行债券是欧洲债券，且欧洲债券市场上新发行债券的价值超过美国公司债券市场新发行债券的价值。作为历史上的外国借贷中心，伦敦仍然占据欧洲借贷中心的地位，但预计在新世纪里将受到来自其他欧洲国家和日本的竞争。

在20世纪80年代中期，一个新的市场得到长足发展，它就是欧洲股权市场，即出售给外国投资者的新股发行市场。相对于国内股权发行市场而言，这个市场迅速成长起来。现在跨境股权交易规模显著。以惊人速度增加的跨境股权交易提高了金融体系将储蓄者的资金与最具价值的使用者进行匹配的能力。但是，它将储蓄者暴露于 30 年前他们还不熟悉的风险中。例如，日本股票市场的暴跌可能会影响日本的银行偿付其世界各地债权人的能力。

在未来 10 年里，全球股票和债券交易可能会变得更加重要。尽管债券仍会占据金融市场资本流动的大部分，但是数万亿美元的股权流动日益增加，原因有二：首先，在 20 世纪 90 年代，股权被认为是获利丰厚的投资（尽管在 2001—2003 年间其获利减少，但此后又得到恢复）。其次，由于许多国家转而实行私人养老基金计划，可用于股权投资的资金逐渐增多。纽约、伦敦、东京和其他城市的金融市场在国际间一体化，不断地促进金融体系真正地全球化。

维护金融稳定

金融体系的监管大多注重金融体系的稳定，其含义是指金融市场和金融中介机构在面临经济动荡时有能力提供三项关键的服务（风险分担、流动性和信息）。例如，如果股票市场不能有效地运行，那么股票的流动性就会降低，个人持有股票的意愿就会消失。公司就难以筹集到资本，也就不能进行投资和提供就业岗位。金融体系提供三项关键服务的能力降低，必将提高将资金从储蓄者转移给借款者所需的成本。事实上，许多经济学家把 20 世纪 30 年代经济大萧条的严重性同银行体系提供金融服务能力的丧失联系起来。金融体系组成部分的突然崩溃会导致经济活动的急剧减少，这些影响深刻的事例促使政府采取新的监管措施。确实，大萧条持续期间之长和影响之深推动了当今美国金融监管的发展。

由于大部分金融资产的持有者是金融中介机构如银行、养老基金或保险公司，所以政策制定者关注这些金融中介机构的财务健康状况。联邦政府针对这一问题实施了四种类型的监管：信息披露、防止欺诈、限制竞争和保护投资者资金安全。我们将在本书第 4 篇对这些监管措施进行分析。

推进其他政策目标

金融监管也可以用于推进其他公共政策目标，这些目标与金融体系的效率无关。这些目标包括控制货币供应量和鼓励诸如住房所有权之类的特定活动。

控制货币供应量 因为银行影响货币供应量的变化，而货币供应量的变化会影响经济变量，从而对人们的日常生活产生影响。因此，政策制定者实施一些规定，加强对货币数量的控制。例如，美联储要求银行以现金或在联储开立账户的方式持有规定比例的银行存款，这样联储就对货币供应量具有了一定的控制能力。

47 **鼓励特定活动** 许多监管规则是为了提高住房所有权，这是一个带有政治性的大众目标。联邦政府提高住房所有权的一个途径是，允许将住房抵押贷款的利息在联邦所得税应税收入中扣除，而纳税人的汽车贷款利息或信用卡债务利息则不享受这样的待遇。此外，国会建立了政府资助的大型金融中介机构发放住房抵押贷款，使得更多借款者有机会得到贷款。而在1980年以前，国会限制储贷协会和互助储蓄银行发放抵押贷款，这些限制的目的是使更多资金可以用于抵押贷款。实际上，这使得这些金融机构承受了某些类型的风险。在20世纪80年代，监管者弱化了这些监管。许多经济学家和政策制定者发出这样的疑问：旨在指导将储蓄为发放住房抵押贷款提供资金的监管是否提高了金融体系的效率？

联邦政府也对信贷市场进行干预，以对农业、助学以及其他有益于经济的活动发放补贴性贷款。针对每一方面的干预，政府都建立了特殊金融中介机构，并对某些类型的贷款提供担保。

监管的效应

金融监管影响了金融市场和金融机构提供风险分担、流动性和信息服务的能力。对在市场交易的某些金融工具的限制措施影响了流动性。限制金融机构持有某些类型资产的能力或在不同地理位置开展业务的能力，影响了风险分担和多样化的潜在可能性。政策制定者应该考虑监管对金融体系提供风险分担机会、流动性和信息的能力所产生的影响。对国内市场这些金融活动施加严格的限制为国际竞争提供了机会。表3—1概括了目前美国金融机构和金融市场的监管情况以及对其主要服务的影响。

其他工业化国家如日本、加拿大、英国和西欧国家的金融监管大体上与美国类似。监管者力促金融信息披露，增强了金融市场提供风险分担、流动性和信息服务的能力。通过对银行和其他金融机构发放业务许可和进行检查，提高了金融中介机构的活力。

尽管各国金融监管大体上相似，但在金融市场投资者保护和银行监管方面还是存在明显的差异。一些工业化国家（如法国）对债权人求偿权和外国股权投资者的保护较弱，这使得其供股票和债券发行与交易的证券市场对企业融资的重要性不及英国和美国那样高。在银行业监管方面，美国在历史上引人注目，原因在于它限制银行设立分支机构和持有某些类型的资产。尽管美国在1994年取消了对设立分支机构的限制，但是美国的银行仍然没有能力像德国的银行所允许的那样大规模地直接持有企业股份。

表 3—1　　美国金融机构和金融市场的监管

48

监管机构	金融监管对金融体系主要服务的影响		
	风险分担	流动性	信息
证券交易委员会（Securities and Exchange Commission，SEC）	—	监督在有组织的交易所进行的交易	对信息披露和金融市场进行管理
商品期货交易委员会（Commodities Futures Trading Commission，CFTC）	—	制定期货市场交易规则	—
财政部货币监理署（Office of the Comptroller of the Currency，OCC）	对在联邦注册的商业机构（如银行）持有的资产实施限制	—	对在联邦注册的银行进行注册和检查
联邦存款保险公司（Federal Deposit Insurance Corporation，FDIC）	对银行存款人提供保险	提高银行存款的流动性	检查投保的银行
联邦储备体系（Federal Reserve System，FRS）	对加入联储的金融机构资产实施限制	提高银行存款的流动性	检查加入联储体系的商业银行
各州银行和保险委员会	对银行持有的资产实施限制；对银行设立分支机构施加限制	—	对在州注册的银行和保险公司进行注册和检查
节俭机构监督署（Office of Thrift Supervision，OTS）	对储贷协会持有的资产实施限制	—	检查储贷协会
国家信用社管理局（National Credit Union Administration，NCUA）	对信用社持有的资产实施限制	—	对在联邦注册的信用社进行注册和检查

关键术语和概念

资产　　衍生品市场　　中介机构

信息不对称	直接金融	负债
拍卖市场	多样化	流动性
借款者	红利	货币市场
资本市场	股权	期权
现货市场	交易所	场外交易（OTC）市场
债务	金融期货	资产组合
违约	金融创新	初级市场
利息	金融机构	风险分担
中期债务	金融一体化	储蓄者
长期债务	金融中介	二级市场
期限、到期日	金融市场	本金
金融体系	短期债务	信息

总　结

49 1. 金融交易和金融体系发展的一个基本动机是：个人、企业和政府有时需要储蓄而有时又需要借款。金融体系将储蓄者的资金转移给借款者，并给予储蓄者持有对借款者未来收入的求偿权。

2. 金融体系提供三项主要服务：风险分担、流动性及信息。这些服务使得金融求偿权对储蓄者更具吸引力，并能降低借款者的融资成本。对这些服务的需求差异和提供这些服务的成本差异，可以部分地解释美国金融体系的变化，以及金融体系在国际间的不同。

3. 金融体系将储蓄者和借款者联结起来，其渠道有二：通过金融市场的直接金融，个人储蓄者持有个人借款者发行的求偿权；通过金融中介机构的间接金融，储蓄者持有对金融中介机构的求偿权，该求偿权是以金融中介机构的资产组合为支持的，而该资产组合又是对借款者的求偿权。

4. 债务和股权的金融市场包括初级市场和二级市场，前者是新债务的发行市场，后者是未偿还求偿权的交易市场。在二级市场上，一些求偿权的期限小于一年（货币市场），而其他求偿权的期限则大于一年（资本市场）；一些求偿权采用拍卖方式进行交易，而另一些求偿权则是在场外市场进行交易；一些求偿权在现货市场交易，而另一些求偿权在期货市场交易。

5. 金融中介机构充当储蓄者和借款者的中间人。这些机构从储蓄者手中得到资金，然后对借款者发放贷款或者购买借款者发行的金融工具。在这个过程中，金融中介机构提供风险分担、流动性和信息服务，而这尤其有利于小额储蓄者和小额借款者。

6. 金融体系的变化被称为金融创新。对风险分担、流动性和信息服务的需求变化和提供成本的变化，引起了金融市场和金融中介机构运营方式的改变。

7. 度量金融体系效率的一个重要指标是金融一体化程度，金融一体化是指金融市场以某种方式在地理上联结在一起。多年来，美国金融市场已经变得更加一体化，目前金融体系正日益在全球范围内一体化。

8. 各国金融体系存在差异和发生变化的另一个原因是政府监管。政府监管金融市场的原因有三：(1) 保证信息的提供；(2) 维护金融体系的稳定；(3) 推进其他政策目标。

复习题

1. 居民为什么要储蓄？企业为什么要借款？为什么金融体系所提供的风险分担、流动性和信息服务被储蓄者和借款者所看重？

2. 解释金融资产为什么从储蓄者的角度看是资金运用，而从借款者的角度看是资金来源？

3. 为什么货币市场资产一般要比资本市场资产更具流动性？资本市场资产相对较差的流动性会对银行体系产生什么样的结果？

4. 金融监管在什么样的情况下能提高金融体系的效率？

5. 金融市场一体化的含义是什么？国内金融市场以及国际间金融市场日益一体化对储蓄者的回报率有何影响？又会对借款者的借款成本有何影响？

6. 如果金融市场通过金融工具的价格传达了关于金融工具所有可得的信息，那么储蓄者和借款者可以获得什么好处？

在第 7～12 题中，将描述的金融交易按照其归属进行归类：(1) 依赖金融市场还是金融中介机构；(2) 发生在初级市场还是在二级市场上；(3) 在货币市场还是在资本市场上进行。

7. 一家银行对一居民提供 30 年抵押贷款。

8. 银行将抵押贷款出售给政府资助的金融中介机构。

9. ABC 公司通过将其股份出售给 10 位私人投资者而开张营业。

10. 琼·罗宾逊将其持有的 ABC 公司股票转让给其他人。

52 11. 在每周政府的拍卖中，DEF 货币市场共同基金购买了 100 000 美元 3 个月期国库券。

12. DEF 基金从第一银行（First Bank）手中购买了 100 000 美元 3 个月期国库券。

分析题

13. 投资者有时容易忽略的金融资产属性是资产的税收待遇。假设你是一个投资者，在下列三种资产中进行选择，这三种资产除了其回报率和利息税率不同之外其他都相同。那么哪一种资产的税后收益率最高？

A. 利率是10%，利息税率是40%。

B. 利率是8%，利息税率是25%。

C. 利率是6.5%，利息免税。

14. 假设在上题中资产A的利率改为11%，那么你的答案是否要改变？

15. 什么是“内幕交易”？分析证券市场内幕交易合法化的后果。

16. 在正文中提到，由于金融一体化和全球化，“你的支票账户中的资金可供在你的家乡发放一笔汽车贷款，可贷出在芝加哥购买一台新钻床、在首尔建设一个新炼铁厂，或贷给巴西政府。”从美国经济的角度看，美国的储蓄被贷给外国企业或政府的可能性是一个好的发展还是一个坏的发展？

17. 为什么人们要分担风险？毕竟，致富的唯一途径就是承担风险。

18. 银行和其他金融中介机构喜欢高利率吗？为什么喜欢？为什么不喜欢？

19. 从传统意义上来讲，德国和日本的金融市场在企业融资方面发挥的作用不及美国和英国的金融市场，而金融机构在长期资金融通方面发挥更重要的作用。当企业筹措工厂和设备投资所需的资金时，什么因素决定企业更主要依赖金融市场还是金融中介机构进行融资？

20. 你还没有学到金融监管对储蓄者和借款者的激励效应。你认为确保储蓄者免受其对金融机构求偿权价值波动的影响，必然会使金融体系更有效率吗？为什么会？为什么不会？

数据题

21. 在最新的《华尔街日报》中，找出在货币市场和资本市场交易的金融工具、在拍卖市场和场外市场交易的金融工具、在现货市场和衍生品市场交易的金融工具。比较这些不同资产的收益率，你能解释这些不同的收益率吗？

22. 储蓄者和借款者见面的最常见场所之一是股票交易所。纽约证券交易所（http：//www. nyse. com）则是最著名的金融中介机构。登录其网站，查找 2005 年程式交易统计数据，并将其与 2000 年的数据进行比较。哪一组数据的平均值较高？假定你了解这两年商业周期的状况，对它们之间的差异进行解释。

23. 有 300 年历史的芝加哥交易所主要从事期货和期权市场交易。登录其网站（http：//www. cbot. com），找出最新的玉米期货数据（在“农产品期货”标题下）。基于显示的信息，在未来的两年内，期货市场预期玉米价格将向哪个方向变化？这些预期价格会随着农业生产周期的变化而发生波动吗？请解释原因。

理论联系实际

《外交事务》，2006 年 5 月、6 月号

美国的储蓄

50 美国的居民储蓄率在十多年里一直下降，最近已经变成了负值。虽然公司储蓄率是上升的。但这一下降戏剧性地减少了总的国民储蓄率，在 2003 年和 2004 年，居民、企业和政府总的净储蓄率居然为至少近 50 年里的最低水平。

居民储蓄的下降没有什么值得奇怪的。股票和住房价格的上升使得
a 许多美国人更加富有。尽管 2000 年股票市场下跌，但是在过去的 10 年里，股票平均价格上涨了 1 倍多。仅在过去的一年里，住房价格上涨超过了 12%，在不到 5 年的时间里，居民拥有的房地产总价值上涨超过了 50%，增加了 6 万多亿美元。2000—2005 年初，居民部门总的净价值增加了近 7 万亿美元。

为什么储蓄下降对经济的影响如此显著呢？居民储蓄之所以重要，
b 是因为这些储蓄传统上被用于为企业的设备、软件和建筑物投资提供资金，而这种投资提高了生产率、经济增长率和未来的生活水平。

尽管股票和房地产价格上涨使得居民财富增加，这看起来好像是对居民的“储蓄”，但是它不能腾出资源来增加企业资本投资。因此，低储蓄率迫使美国越来越依靠来自世界其他国家的资金，为国内企业投资提供资金。这种国际资本流入支撑了目前美国四分之三以上的净投资。

c 可以稳妥预期的是，美国居民储蓄率将开始上升。只是还不清楚什么时候开始上升，但是居民储蓄率不可能无期限地以零或者负值的水平持续下去。由于过去 10 年中促使消费快速增长和降低储蓄的因素未来将不再持续存在，因此，储蓄率将开始上升。在未来 10 年里，股票价格不可能再次翻倍，住房价格也不可能再以两位数的速度上升。

最重要的是，抵押贷款利率已经不再下降了，这就会结束负储蓄的情况。当住房所有者通过为其抵押贷款进行再融资安排，同时减少其抵押贷款的每月还款金额，直接抽出大量现金时，负储蓄的情况就结束了。这表明储蓄率将会相对较快地上升。

即将到来的居民储蓄的增加最终将有利于美国经济。它将使美国减少对世界其他国家资本的依赖性。但是美国储蓄率的提高也会给世界其他国家带来挑战，因为这意味着世界其他国家对美国的出口减少，从美国的进口增加。

为了做好准备以应对美国储蓄率不可避免的上升，那些国家应该开始规划其刺激产出和就业的方法。在过去的 10 年里，不只是美国出现了

资产价格上涨导致储蓄急剧下降的情况，这一事实只是增加了这些规划的紧迫性，因为那些国家的储蓄率也有可能上升，也会带来类似的结果。

新闻分析

51 美国居民储蓄不仅会对美国金融市场产生重大影响，而且对全球经济也会产生显著影响。居民净储蓄是居民税后收入（包括工资、薪金、额外收益、利息和红利收入）与商品和服务消费支出之差。对诸如401（k)和个人退休金账户（IRA）等退休金账户的缴款也被看做居民储蓄。用来支付抵押贷款和其他贷款的现金也被包括在居民储蓄之内。借款或引致的债务要从储蓄中剔除，除非借入的资金被用来购买金融资产或转换成其他形式的储蓄。

a. 从第二次世界大战结束到20世纪90年代中期，美国居民净储蓄平均为税后收入的7%左右。在2004年，美国居民净储蓄率只有1.7%；2005年，美国居民净储蓄率为−1%。随着过去10年里股票价格和住房价格的上涨，美国人感到“更加富有”，其当期收入的储蓄减少。这种情况就是通常所说的“财富效应”。近来，金融市场和金融机构在风险共担、流动性和信息服务方面的改善刺激了居民和企业增加支出。

b. 美国的居民储蓄通过美国的金融体系流向美国的企业，也通过美国的金融市场和金融机构流向其他实体机构。但是，因为美国居民储蓄较少，所以美国企业进行长期资本投资所能借入的本国资金来源较少。因此，随着美国居民储蓄减少，美国企业借入资金用于长期资本投资的国内来源相应减少。这样，随着美国居民储蓄的减少，可贷资金池的规模日益缩减。这种情况意味着美国公司不得不开始寻求借入美国之外的资金。

c. 当前的情况不会无限期地持续下去。随着住房价格和股票价格增长率的确有可能回落甚至下降，“财富效应”可能会消失。这样，美国人将不得不需要更多地储蓄来为退休和大额支出做准备。美国金融体系提供风险共担、流动性和信息服务的有效性降低了消费者和企业的支出成本。但是，为了更多地储蓄，美国人最终将不得不减少支出。

更进一步的思考……

美国净储蓄率即将提高会对美国经济其他部门产生怎样的影响？哪些部门会获益？哪些部门将受到损害？美国居民净储蓄的变化会对你产生怎样的影响？

资料来源：节选自 Feldstein Martin，“U. S. Savings and the Global Economy,” *Foreign Affairs*，May/June 2006，© Council on Foreign Relations，Inc. 。

附　录

金融工具

53 金融工具是金融市场把储蓄者的资金转移给借款者并给储蓄者提供收益的工具。在这个附录中，我们将比较金融体系中交易的主要工具或证券。为了方便起见，我们分别分析货币市场工具和资本市场工具。（回忆一下，货币市场求偿权的期限是1年以下，而资本市场求偿权的期限是1年以上。）在美国金融市场上，货币市场资产和资本市场资产交易十分活跃。在此，我们将描述运用最广泛的金融工具的发行人及特点，在本书第2篇和第3篇再进行详细的讨论。

货币市场工具

货币市场资产期限较短，没有为其收益率变动提供更多的时间。因此，对有着短期盈余资金的居民和企业来说，投资于这些工具是安全的。但是，在作出投资决策时，储蓄者仍需考虑违约的可能性，即在到期时借款者不能全额偿还本金和利息的可能性。

美国国库券（U. S. Treasury bills）　美国国库券是美国政府的短期债务。它们也是最具流动性的货币市场工具，这是因为其交易量最大。美国联邦政府可以通过征税和发行货币来偿还借款，因而几乎没有违约风险。[1] 期限小于1年的政府证券被称为国库券（Treasury bills，T-bills）。尽管个人可以持有国库券，但是国库券最大的持有者是商业银行，其次是其他金融机构、企业和外国投资者。

商业票据（commercial paper）　商业票据提供给储蓄者一个具有流动性的短期投资工具，也是企业的一个资金来源。高品质的著名企业和金融机构使用商业票据来筹集资金，因为这些借款者被认为具有最高的信誉，违约风险很小，但利率要高于国库券。在过去的20年里，商业票据市场增长的部分原因是由于许多公司（弃用银行贷款）转向了直接金融。

〔1〕从技术上讲，在美国，联邦储备体系发行货币。

银行承兑汇票（bankers' acceptances） 银行承兑汇票是为了便利国际贸易而在互不相识的双方之间建立信用的工具。它类似于支票，承诺将金额支付给指定的收款人。它由企业（通常为进口商）发行，并在指定日期支付款项。银行在汇票上标注"承兑"，保证对收款人（通常为出口商或其代理银行）进行支付。发行企业被要求在银行存入足够支付汇票的资金，即便不是这样，银行仍然有义务兑现汇票。银行良好的声誉才可能使进口商从海外出口商处购买货物，尽管海外出口商不了解进口商是否能够付款。近些年里，银行承兑汇票一般可以在二级市场上转售，被其他银行、居民和企业持有。

54 **回购协议**（repurchase agreements） 回购协议也被称为 repos 或者 RPs，是大型公司用来进行现金管理的工具。它们是很短期的贷款，期限一般小于两周，在许多情况下，银行向企业发放隔夜贷款。例如，如果一家大公司（如 IBM）拥有闲置资金，它就会向银行购买国库券，该银行同意在第二天早晨以更高的价格将这些国库券买回，高出的价格反映了累积的利息。国库券充当了担保品，即如果借款者违约，放款人则收到国库券。自 1969 年回购协议面世以来，它已经成为银行的一个重要资金来源。

联邦基金（Federal funds） 联邦基金是代表其存款银行与联邦储备体系（美国中央银行）之间隔夜贷款的工具。银行业监管要求银行将其存款的一定比例作为准备金存入美联储。如果一家银行的准备金临时性不足，它就可以从准备金高于规定水平的其他银行借入资金。联邦基金市场反映了商业银行的信用需求，因此，货币市场分析人士密切观察联邦资金利率（对隔夜贷款收取的利率）。当该利率升高时，银行需要额外的资金；当该利率降低时，银行的信用需求较低。

欧洲美元（Eurodollars） 欧洲美元是存放在美国银行海外分支机构或者美国境外（不一定在欧洲）国家银行的美元。该存款仍以美元计值，而非兑换成其他国家的货币。美国的银行可以借入这些资金。在国外筹集欧洲美元已经成为美国银行一个重要的资金来源。

可转让银行存单（negotiable bank certificates of deposit） 存单（CD）是银行出售给存款人带有固定期限的工具，在到期时支付本金和利息。例如，在整个假期，你挣了 1 000 美元，用它来购买一张 6 个月期限的年利率为 5%的存单。6 个月之后，你的这笔投资就价值 1 025 美元。在 1961 年以前，存单是不具有流动性的，因为它不可以转让，即在到期之前不可以出售给其他人。在 1961 年，花旗银行创造了可转让存单，即一种大面额（超过 100 000 美元，而现在一般超过 1 000 000 美元）的存单，可以在二级市场上再次出售。可转让存单目前已经成为银行重要的资金来源，一般主要由共同基金和非金融类公司持有。

结语 图 3—A1 给出了在 1970 年、1980 年和 2006 年主要货币市场工具未清偿数额。这些金融工具的利率信息刊登在每个工作日的《华尔街日报》上。值得注意的事，商业票据和可转让存单增长特别迅速。在第 4 篇，我们将指出这一增长反映出银行业在过去几十年间发生的重要变化。

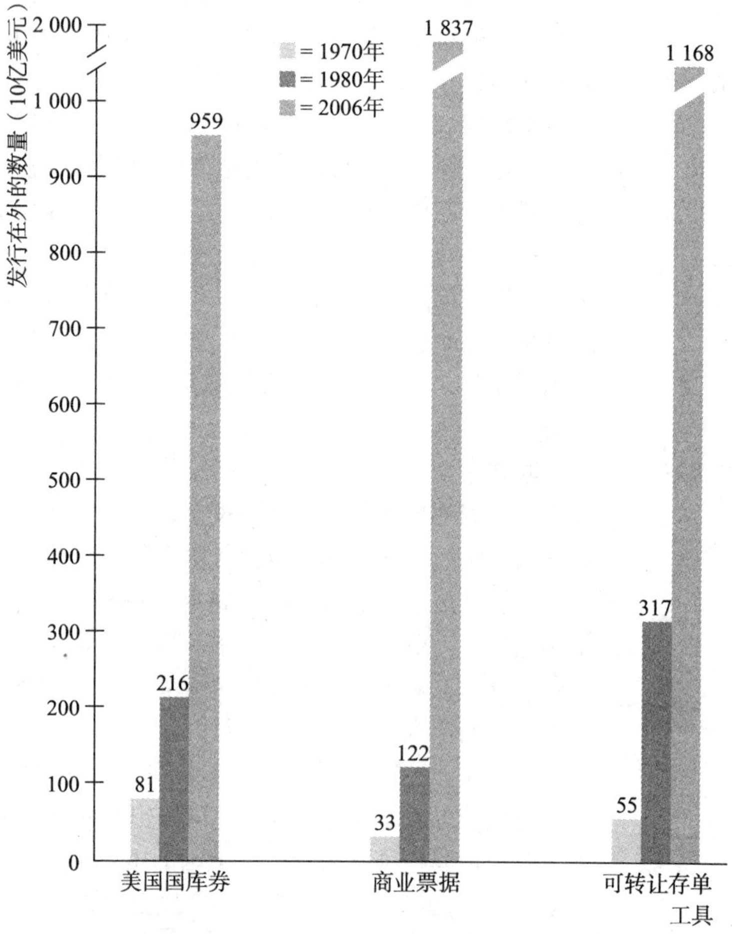

图 3—A1 美国货币市场工具

美国国库券、商业票据和可转让存单是主要的货币市场工具。自 1980 年以来，相对于可转让存单而言，商业票据增长较快。

资本市场工具

由于资本市场工具较货币市场工具的期限要长，其回报率面临更大的波动。由于这个原因，借款者寻求使用长期资金，而有着长远投资意愿的储蓄者进行长期投资。除了美国政府的债务外，所有资本市场工具都具有违约风险。

美国财政部证券（U. S. Treasury securities） 联邦政府发行中期和长期财政部证券以弥补预算赤字。它们被广泛地进行交易，因而具有流动性。自 1997 年以来，这些工具包括通胀指数票据和债券。这些政府证券由国内银行、居民、国外投资者以及美联储持有。

美国政府机构证券（U. S. government agency securities） 美国政府机构证券是由联邦政府机构或者政府资助机构发行的中期或长期债券。例如，农业信贷体系（Farm Credit System）发行债券筹集支持农业活动的资金；政府国民抵押协会（GNMA）发行债券筹集发放住房抵押贷款的资金。此类证券许多是由美国政府正式担保的（由美国政府的“充分信任和信用”做保证）；其他一些证券则是隐含担保，所以违约风险仍然较低。

州政府和地方政府债券（state and local government bonds） 州政府和地方政府债券（通常被称为市政债券）是由市政府和州政府发行的中期或长期债券。政府机构使用借入的资金建设学校、道路或
56 其他大型基础工程。这些债券免缴联邦所得税（而且一般也免缴发行所在州的州所得税），通常由高税率等级的居民、商业银行和人寿保险公司持有。尽管一般认为这些工具是安全的，但是也有一定的违约风险。例如，在 20 世纪 30 年代许多州政府和地方政府对其债券违约；在 1994 年，加利福尼亚州奥兰治县的违约给市政债券市场带来了冲击。2005 年发生卡特里娜飓风之后，人们增加了对路易斯安那州出现违约的担忧。

股票（stocks） 股票是由股份公司发行的股权求偿权，是资本市场资产中最大的类别。但是，在美国以及其他许多国家，新股发行并不是非金融类企业的主要资金来源。从第二次世界大战结束到 1980 年，新股发行约占筹资总额的 5%。在 20 世纪 80 年代末期，由于美国企业用举债得到的资金买回股票，新股发行占比甚至出现很大的负值（例如，在 1988 年为 −30%）。这种趋势在 20 世纪 90 年代初期得以逆转，但在 20 世纪 90 年代末期和 21 世纪初期，股票回购又有所增加。

公司债券（corporate bonds） 公司债券是资质好的大公司为筹集新厂建设或设备购置资金而发行的中期和长期债务工具。一般情况下，公司债券每年支付两次利息，并在到期时偿还所借本金。但是，公司债券也有很多变种，例如可转换债券允许持有人将债券转换成公司股权（特定数量的股票）。通过运用这些变种债券，如果公司经营状况优良的话，

可通过给予债券购买人额外的收益而降低借款成本。公司债券的流动性不像政府证券那样高，这是由于公司债券不像政府证券那样广泛地交易。公司债券的违约风险大于政府债券，但是通常其价格波动不像公司股票那样大。

在美国，尽管公司债券市场要小于股票市场，但它也是一个重要的资金来源，因为企业并不频繁地发行新股。通过金融市场筹集的资金大多数采取公司债券的方式。公司债券的投资者比较多元化，包括居民、人寿保险公司和养老基金。

抵押贷款（mortgages） 抵押贷款是贷给居民或企业以购买住房或者土地，并以基础资产（住房、工厂或土地）作为抵押品的贷款（通常是长期的）。在美国，抵押贷款市场是最大的债务市场。住房抵押贷款是其中最大的组成部分，是由储蓄机构和商业银行发放的，贷给工业和农业借款者的抵押贷款是由人寿保险公司和商业银行发放的。自第二次世界大战以来，为鼓励自有住房，联邦政府通过建立一个具有流动性的全国抵押贷款二级市场，刺激了抵押贷款市场的发展。三个政府资助机构——联邦国民抵押贷款协会（Federal National Mortgage Association，FNMA）*、政府国民抵押贷款协会（Government National Mortgage Association，GNMA）和联邦住房抵押贷款公司（Federal Home Loan Mortgage Corporation，FHLMC）** ——通过抵押贷款资产证券化，在债券市场上借入资金，为抵押贷款融资提供资金。

商业银行贷款（commercial bank loans） 商业银行贷款包括银行和金融公司对企业和消费者发放的贷款。商业银行贷款的二级市场远不及其他资本市场工具二级市场那样发达，所以这些贷款的流动性要低于抵押贷款。在第 13 章中，我们将阐述银行业和金融市场的最新发展正在怎样提高这些贷款的流动性。

结语 图 3—A2 概括了 1970 年、1980 年和 2006 年主要资本市场工具未清偿的数额。值得注意的是，美国政府和政府机构证券急剧增长。这一增长反映出在 20 世纪 80 年代和 90 年代初期弥补美国巨额联邦财政赤字的借款需要，以及联邦信贷机构在资本市场的主导地位日益增长。

---

* 即房利美，成立于 1938 年。——译者注

** 即房贷美，成立于 1970 年。2008 年 9 月 7 日，与房利美一道因深陷财务困境而被美国政府接管。——译者注

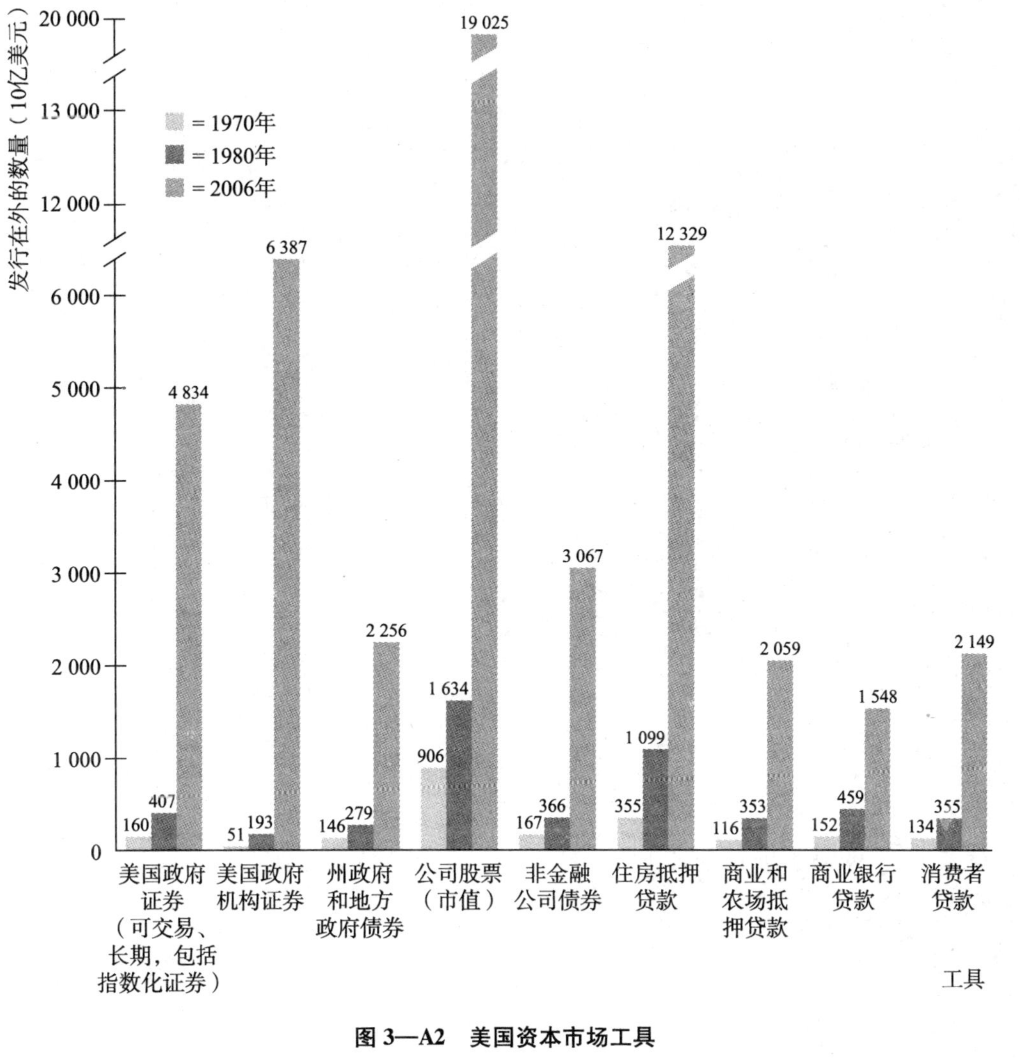

图 3—A2　美国资本市场工具

主要的资本市场工具包括公司股票、住房抵押贷款和美国政府证券。自 1970 年以来，美国政府证券所代表的资本市场工具已发行的份额已经翻番。

第2篇
利　率

在第 2 篇中，我们将关注利率是如何决定的。为了分析这个问题，我们需要研究美国和世界范围内成千上万放款者和借款者的决策方式，这些方式决定了市场利率，也就是我们在报纸上看到的利率。（在后面的第 5 篇中，我们将揭示美联储的决策是如何影响利率的。）首先在第 4 章里，我们将解释什么是利率，它们是如何度量的，从哪里可以获得利率的相关信息，以使你在作出财务决策时拥有更充分的信息。在第 5 章中，我们将考察储蓄者怎样比较利率和资产回报率，以将其储蓄在资产组合中进行配置。

第6章和第7章是关键的分析章节。在第6章中，我们将研究借贷决策怎样决定了美国和国际资本市场的债券价格和市场利率。在第 7 章，我们将围绕《华尔街日报》每日财经报道的几百种利率进行扩展分析。我们将会看到风险、流动性、信息成本、税收和期限等是如何影响利率的。

第 4 章　普通股的价值

60 新闻媒体每天都报道利率，具有道理。利率是借款者获得贷款的成本，也是放款者进行投资的回报。利率会影响到个人的决策：是将钱花掉，还是储蓄起来以购买住房或供退休后养老。利率也会影响企业主的决策：是新建工厂和购买新设备来扩大生产，还是选择购买国债。2006 年，货币市场基金的利率约为 5%，这对储蓄者来说是个好消息，因为近来如 2004 年，这一利率只有约 1%。因此，许多个人储蓄者都在通过投资于诸如长期国债和公司债券来寻求更高的利率。储蓄者必须对其储蓄的利率和其投资的收益率进行评估，以选择最合算的金融工具。

然而，投资者所要面对的决策是复杂的，因为存在多种选择，但是投资者可以采用一些常规技术来比较不同证券的价值。在本章中，我们将具体考察债务工具收益率的决定。你将了解利率和各种投资收益率的度量，以及具有不同偿还方式的投资的价值比较。本章也为第 5～7 章深入研究利率提供背景知识，在第 5～7 章中，你将了解利率是如何决定的，以及储蓄者是如何配置其财富的。

债务工具的比较

网页推荐：
http://quote.yahoo.com/m1?u
http://www.federalreserve.gov/releases
关于美国利率的最新数据。

当你把储蓄投入金融市场或存入金融机构时，金融体系会将这些资金传送给借款者。这些资金对你（存款者）而言是资产，而对借款者而言则是负债，或称为对其未来收益的求偿权。如果你将储蓄存入银行，银行会付给你利息，借款者因间接使用了你的资金而付给银行利息。同样地，如果你购买了国债，美国政府会因使用了你的资金而付给你利息。

正如第 3 章中所介绍的那样，债务工具（也称为**信用市场工具**(credit market instruments)），是由银行、政府和公司发行的。尽管这些债务工具可能在偿付时间、借款者对放款者做出的担保以及贷款协议中限制性约定等方面各不相同，但它们都是借款凭证（IOUs），即借款者向放款者支付利息和偿还本金的保证。由于放款者和借款者有着不同的需求，债务工具可以采用不同的形式。在本节中，我们将债务工具分成四种通用的类别，即简式贷款、贴现债券、附息债券和定期偿还贷款，进而对债务工具进行比较。首先，我们考察这些债务工具在偿付时间上的差异；然后，我们再描述投资者比较债务工具价值时所使用的技术。

偿付时间

我们使用债券类工具来确定债券发行人对放款人进行偿付的时间差
61 异。发行简式贷款和贴现债券的借款者仅在一次性偿付中支付利息；相反，附息债券和定期偿还贷款的发行者需多次向投资者支付利息和本金。另外，除了分析每一种债券类型外，我们还将偿付呈现在时间轴上，这样更易于衡量资金的流入和流出。

简式贷款 **简式贷款**（simple loan）是指借款者从放款者得到一笔被称为本金的资金，且同意在指定的日期（到期日）向放款者偿还本金，并加上一笔额外数额的、被称为利息的资金（作为使用资金的费用）。例如，假设太阳银行贷给尼尔森的幼儿园一笔期限为一年、利率为 10%的 10 000 美元简式贷款。我们可以通过时间轴来说明这笔交易，显示放款者（存款者）的收益情况，或者借款者偿付利息和本金的情况。1 年后，尼尔森将偿还的本金加上利息为 10 000 美元＋0.10×10 000 美元，即

11 000 美元。在时间轴上，放款者的交易情况如下：[1]

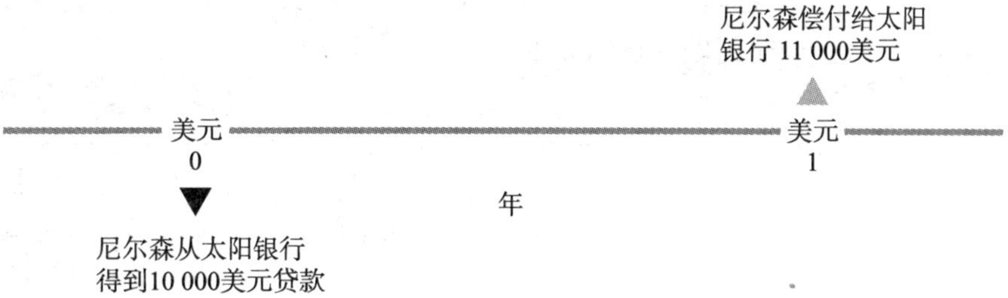

我们可以用一个等式更一般性地来表述这个交易，该等式可用来计算在简式贷款条件下，利率为 i 时，偿付给放款者包括本金（P）和利息在内的总偿付额：

$$\text{总偿还额}=\underset{\text{本金}}{P}+\underset{\text{利息}}{iP}=P(1+i)$$

最常见的简式贷款是银行发放的短期商业贷款。

贴现债券　借款者也可以一次性偿还**贴现债券**（discount bond）。在这种情况下，借款者在贷款到期日偿还给放款者全部金额的贷款，该金额被称为面值，但是在最初取得贷款时，借款者得到的贷款金额要少于其面值。假设尼尔森幼儿园发行了 1 年期面值为 10 000 美元的贴现债券，得到的金额为 9 091 美元，1 年后它要偿还 10 000 美元。因而，尼尔森幼儿园的贴现债券在时间轴上可表示为：

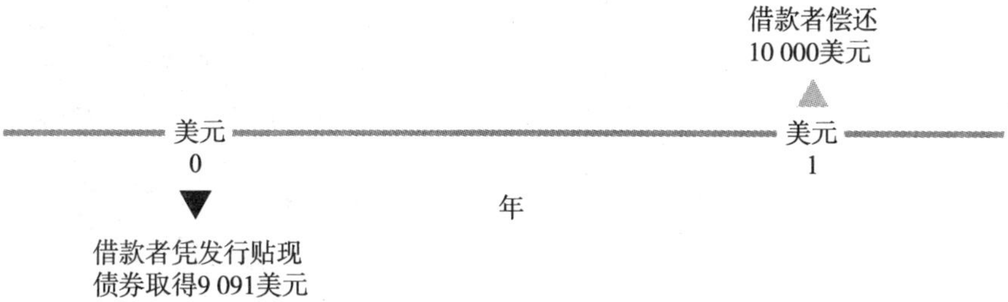

62 放款者 1 年间得到的利息为 10 000 美元－9 091 美元＝909 美元，隐含利率为 909/9 091＝10％。最常见的贴现债券是美国的储蓄债券、美国国库券和零息票债券。

附息债券　发行**附息债券**（coupon bond）的借款者需定期地（例如每半年或每年）多次支付利息，且在到期日时偿还贷款的面值。附息债券会标明到期日、面值、发行者（政府机构或私营公司）和息票率。息票率等于每年支付的利息除以面值。例如，如果庞德工业公司（Pond Industries）发行一种面值为 10 000 美元的 20 年期附息债券，并承诺息

〔1〕 尽管我们是从储蓄者的角度来说明偿付情况，但是我们在本章中提出的利率概念对于储蓄者和借款者的决策都是非常重要的。

票率为10%。那么，它将在20年间每年支付1 000美元，在第20年年底时，最终偿还10 000美元（面值）。庞德工业公司附息债券的支付在时间轴上显示如下：

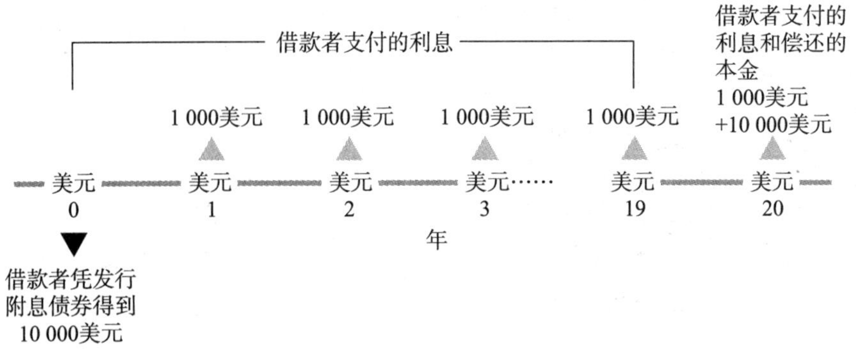

美国长期国债、中期国债和比较知名公司发行的长期公司债券都是附息债券典型的例子。

定期偿还贷款 在**定期偿还贷款**（fixed-payment loan）中，借款者定期（每月、每季度或每年）向放款者进行偿付。偿付既包括利息，也包括本金。因此，到期时，就不用一次性集中偿付本金了。常见的定期偿还贷款有住房抵押贷款、学生贷款（student loans）和分期付款贷款（例如汽车贷款）。例如，要偿还利率为9%的10年期10 000美元学生贷款，那么每月偿还额约为127美元。从放款者的角度看，该款项的偿还在时间轴上显示如下：

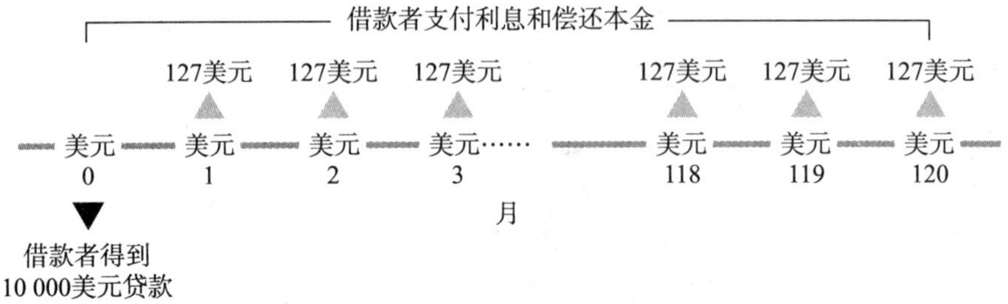

尽管大多数信用市场工具都可归入这四种类型，但是储蓄者和借款者不断变化的需求激发了新工具的产生，这些新工具往往兼具多种类型工具的特点。

延伸思考

它们是否能够分离？创造新的金融工具

63 在20世纪70年代末和20世纪80年代初，美国财政部只发行两种金融工具：国库券和长期国债。前者是贴现债券，后者是附息债券。然而，此时利率开始明显地波动，投资者不能够预测利率将会上升还是下降。投资者关心的是，如果利率在附息债券存续期内下降，使得他们不得不将所得到的利息进行再投资的话，其利率要低于起初的息票率。因而，投资者需要长期贴现债券，如果他们将这种债券持有至到期的话，他们能够知道确定的收益。

为了获得利润，金融市场对投资者的这种需求作出了反应。1982年，美林证券公司创造了一种新金融工具，被称为国债投资成长收据（Treasury investment growth receipt，TIGR），其运作方式与国库券（贴现债券）类似。美林公司以9%的息票率购买了100万美元的20年期国债。美林公司将每年从财政部得到90 000美元，这将持续20年，然后在20年后得到面值100万美元。然而，美林公司并没有持有这些债券，而是向投资者出售90 000美元的1年期TIGR债券，这一债券由100万美元的20年期国债作为全额抵押。投资者获得这些利息支付的权利就是国债的“本息分离”（strips）。

财政部很快就意识到长期国债的潜在利润，1984年，推出了美林创新的自有版本，即所谓的STRIPS（证券登记利息和本金分离交易），这种新的金融工具允许投资者登记和交易每笔利息和面值的所有权。因此，个人投资者可以从政府那里有效地获得长期贴现债券或者附息债券，以增加其投资的选择范围。

现　值

现在，我们转到另外一个重要任务，即对简式贷款、贴现债券、附息债券和定期偿还贷款的收益进行比较。这种比较并不容易，因为每一种工具对放款者（存款者）的偿付在时间和数量上都是不同的。解决这个问题就要引入一个概念，即**现值**（present value），它是一个度量值，可用来比较不同金融工具的利率。

利用现值，我们能够回答诸如此类的问题：投资10 000美元而每年得到800美元利息的30年期国债是否好于投资9 500美元而得到10 000美元的6个月期国债？你为购买新房子筹措资金，是选择15年期以9%的利率进行抵押贷款融资合算，还是先以8%的利率借入5年期贷款然后再融资更合算呢？存款者怎样才能决定哪一种债务工具可以提供最好的收益？

问题在于：不同时期支付的美元并不具有相同的单位。例如，假设你的一个朋友给你1美元，他说你可以现在拥有它，也可以在1年后拥有它。你会如何选择？大部分人可能会选择现在拥有它。将来得到的1美元要比现在得到的1美元价值低。由于信用市场工具是在不同的时间支付不同的金额，我们需要一种方法来比较不同时间所支付金额的价值。

毫无疑问，我们已经有了不同数量比较的解决方法。有三项物品，其重量分别为1磅、8盎司和1/4吨，为了计算三项物品的总重量，你要把它们转换成一个共同计量单位。如果你都用磅来表示，那么你就可以将其加总，即，1磅$+\frac{1}{2}$磅$+500$磅$=501\frac{1}{2}$磅。就像你不能将不同重量单位简单加总计算一样，你也不能将在不同时间所支付的金额简单加总计算。为了找到一个度量不同时间资金价值的共同单位，我们必须将每次支付的金额都转换成今天的美元来得出每次支付金额的现值。这样，我们才能够对每一次的支付进行比较。

64 我们来看现值是如何计算的。假设你在一场比赛中赢得了6 500美元，你可能想将这笔奖金储蓄起来，以便最终能够买一辆汽车。你把钱存到银行，银行提供的年利率为5%。一年后，你将有6 825美元，即你的原有资金6 500美元加上利息325美元。其时间轴显示如下：

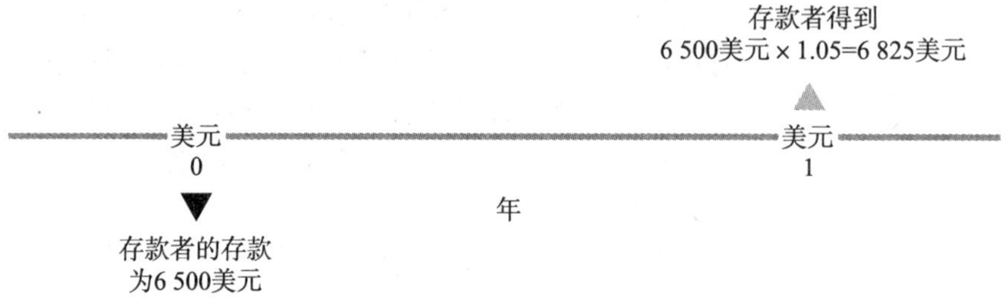

如果你想要并且能够把钱存在银行超过1年，那么情况会怎样呢？如果利率保持5%不变，你将本金和积累的利息滚存，那么在每一个时期，你累积的存款资金都能够赚到5%的利息。这个利滚利的过程（也称有本生利）就是我们熟知的**复利**（compounding）。第2年到期后，你将拥有6 825美元×1.05=7 166美元。第5年到期后，你将拥有6 500美元×$(1.05)^5$，约为8 300美元。第n年末，你将拥有6 500美元×$(1.05)^n$。其时间轴显示如下：

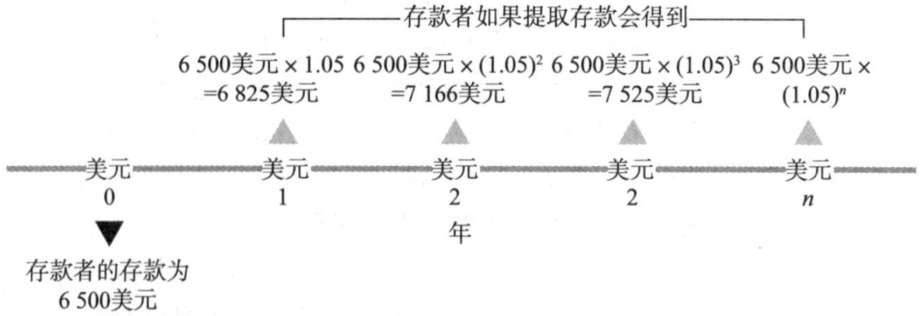

考察时间轴上利息的支付可以帮助我们解释存款者和借款者利用债务工具的价值。下一步就是提出一个用来比较不同金融工具的一般过程。

让我们回到存款买车的例子中来，今天你存入了 6 500 美元。在 5% 的利率下，5 年后你可以买得起一辆价值 8 300 美元的汽车。对于存款者来说，如果 5%是通行利率的话，那么今天的 6 500 美元就与 5 年后的 8 300美元有着相同的现值。这就是说，在 5%的年利率下，今天得到 6 500美元和 5 年后得到 8 300 美元是无差别的。

现在，我们给出一个一般表达式，它可以求出未来 n 年后收入 1 美元的现值。如果我们假设在这 n 年里，利率不变，一直为 i，其现值就是：

$$\text{未来 1 美元的现值}=\frac{1\text{ 美元}}{(1+i)^n} \tag{4.1}$$

方程（4.1）表示未来 1 美元的价值小于现在 1 美元的价值，因为分母大于 1。换句话说，你现在投资 1 美元，可赚到利率为 i 的利息。

65 运用现值表达式，就可以将整个时期内的利息支付进行加总，我们就可以在今天对这些支付进行评判。假设玛丽·拉基赢得了 200 万美元的彩票，奖金采用分期付款的方式支付，每年支付 100 000 美元，连续支付 20 年。如果当前的利率为 10%，并且将在未来 20 年间保持不变。那么玛丽·拉基并不会像她认为的那样富有。今年她收入 100 000 美元的现值为 100 000 美元，但是第 2 年支付金额的现值只是 100 000 美元/1.10，即 90 909 美元。因此，在整个 20 年间所支付的资金总额折合现值为 936 492 美元，不到彩票奖金宣称价值的一半。（尽管我们不会为玛丽·拉基而流泪。）

我们用现值作为度量工具来评估存款者从不同信用市场工具中所得到的回报，这些工具的利息支付时间模式不同。由于每一次支付的金额都有不同的现值，存款者不能将其简单加总来决定哪一种金融工具是最好的投资工具。他们必须计算出每一次支付金额的现值，然后将现值加总：这些单次支付金额现值的总和等于从持有这一金融工具中所得现金流的现值。

为了演示我们如何用现值等式来评判两种不同的债务性证券，假设利率为 10%，你可以用 600 美元选择购买贴现债券，5 年后你将得到 1 000美元；或者选择发放定期偿还贷款，每年支付给你 150 美元，连续支付 5 年。你到底应该选择哪一种投资工具呢？为了回答这个问题，你需要计算这两种金融工具支付金额的现值。贴现债券支付金额的现值为：

$$\text{贴现债券的现值}=\frac{1\,000\text{ 美元}}{(1.10)^5}=620.92\text{ 美元}$$

而定期偿还贷款支付金额的现值为：

$$\begin{aligned}\text{定期偿还贷款的现值}&=\frac{150}{1.10}+\frac{150}{(1.10)^2}+\frac{150}{(1.10)^3}+\frac{150}{(1.10)^4}+\frac{150}{(1.10)^5}\\&=568.62\text{ 美元}\end{aligned}$$

由于从贴现债券中所得支付金额的现值大于 600 美元，而从定期偿还贷款中所得支付金额的现值小于 600 美元，你应该愿意以 600 美元的出价购买贴现债券。

图 4—1 从放款者的角度总结了简式贷款、贴现债券、附息债券和定期偿还贷款等四种主要信用市场工具的支付时间表。每一种工具都有相同的现值：以 10%的利率投资 5 年，其现值为 1 000 美元。值得注意的是，尽管四种金融工具具有相同的现值，但是其支付的时间模式明显不

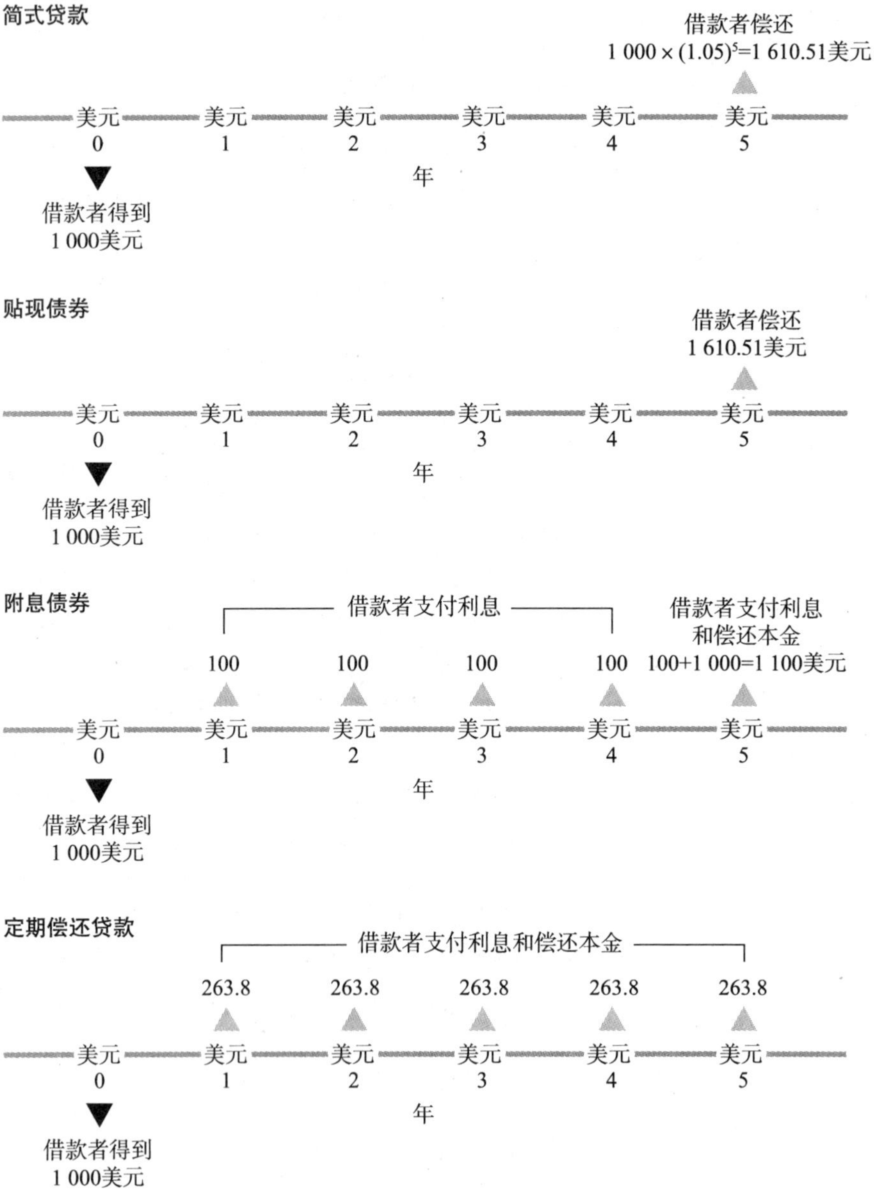

图 4—1 信用市场工具偿还的时间轴

四种主要信用市场工具（以放款者的角度看）有着相同的现值但偿还时间模式不同。

同。例如，在简式贷款或贴现债券中，直到第 5 年到期后才得到一次性支付。然而，对附息债券和定期偿还贷款来说，放款者每年都会得到支付金额。运用现值公式，放款者就可以比较不同信用市场工具收益的现值，虽然在任一给定时期内其收益是不可比的。

测试点拨

66 **假设《商业周刊》（*Business Week*）杂志给你一个选择：一是花费 50 美元订阅两年杂志，或是第 1 年订阅费为 30 美元，第 2 年订阅费也为 30 美元。你应该选择哪一个？**

为使这两种方式的支付可比，要将它们折算成现值。在 5%的利率下，两年分别订阅的花费现值为 30 美元＋(30 美元/1.05)＝ 58.57 美元，而两年一次订阅的花费现值为 50 美元，后者更合算。

用到期收益率作为衡量标准

在前面债务工具现值决定的讨论中，我们假设利率是给定的。但实际上，我们往往知道债务工具现在的价格和未来的支付计划，但是我们并不总是能知道利率。更为典型的情况是，存款者面临诸如此类的问题：哪一项投资更好呢，是为获得 10 220 美元而购买息票率为 8%的 10 000 美元附息债券，还是用 9 600 美元购买面值 10 000 美元的 6 个月期国库券？存款者如何评判金融市场上哪一种交易更好？答案就是，用现值的计算来求出利率。我们不再问这样的问题："在当前的利率下，今天多少支付金额能使
67 我取得与未来一系列支付等同的财务地位？"而是问："如果我今天为了将来得到一系列偿付而支出了金额 P，那么多高的利率能使我投资 P 而在将来得到等额的一系列偿付？"例如，我们不是计算 30 年期国债所得偿付的现值，而是计算投资 30 年期债券所支出的资金取得相同的现值所需要的利率。

使金融资产收益的现值与其当前价格相等的利率被称为**到期收益率**（yield to maturity）。到期收益率来自现值经济上敏感的概念，它是金融市场上最常用的利率衡量指标。通过计算不同投资方案的到期收益率，存款者可以比较任何类型的信用市场工具。例如，你能够比较 30 年期国债与 20 年期定期偿还贷款的到期收益率，以此来决定哪一种投资工具能够给你带来最大的收益。下面，我们分别计算四种信用市场工具的到期收益率。

简式贷款　计算简式贷款的到期收益率简单直接。我们要求出使放款者现在拥有的贷款金额与到期日时所得的最终支付的金额之间没有差异的利率。再回到尼尔森幼儿园得到 10 000 美元贷款的例子，这笔贷

款要求 1 年后偿付本金 10 000 美元和利息 1 000 美元。其到期收益率的计算如下：

$$今天的价值=未来偿付额的现值$$

$$10\ 000=\frac{10\ 000+1\ 000}{1+i}$$

从上式中，我们可以计算出 i：

$$i=\frac{11\ 000-10\ 000}{10\ 000}=0.10 \text{ 或 } 10\%$$

请注意，这个 10%的到期收益率等于贷款的单利率。从这个例子中，我们可以对简式贷款到期收益率下一个一般性结论：简式贷款的到期收益率等于标明的利率。

贴现债券 贴现债券到期收益率的计算与简式贷款到期收益率的计算类似。我们来计算一个期间贴现债券的到期收益率，这一期间可能是 1 季度或 1 年。到期收益率是使当前购买价格与未来偿付现值相等的利率。我们用与计算上面简式贷款到期收益率同样的方法来计算尼尔森幼儿园发行的面值 10 000 美元贴现债券的到期收益率。如果尼尔森幼儿园今天收到 9 200 美元，我们就可以通过设定未来偿付的现值等于当前价值来计算到期收益率，即 9 200=10 000/（1+i）。从中求出 i，得到

$$i=\frac{10\ 000-9\ 200}{9\ 200}=0.087 \text{ 或 } 8.7\%$$

从这个例子中，我们可以写出价格为 D、面值为 F 的一个期间贴现债券到期收益率计算的一般等式，其到期收益率 i 是：

$$i=\frac{F-D}{D} \tag{4.2}$$

68 **附息债券** 附息债券有许多偿付时期，因为到期收益率是使得所有债券偿付金额的现值与当前价格相等，我们需要对每一次偿付金额的现值写出一个表达式，计算出每一个数值，然后将其加总。例如，假设 Growthco 公司发行一种 10 年期、面值为 10 000 美元的附息债券，每年支付的息票金额为 1 000 美元。第 2 年收到的 1 000 美元的现值是多少？如果 i 是到期收益率，则

$$1\text{ 年后 }1\ 000\text{ 美元偿付的现值}=\frac{1\ 000}{1+i}\text{美元}$$

依此类推，第 2 年息票偿付金额的现值应该是：

$$2\text{ 年后 }1\ 000\text{ 美元偿付的现值}=\frac{1\ 000\text{ 美元}/(1+i)}{1+i}$$

$$=\frac{1\ 000}{(1+i)^2}\text{美元}$$

最后一年偿付额中包括息票金额 1 000 美元和附息债券面值 10 000 美元，所以其现值就是 11 000 美元/ $(1+i)^{10}$。因此，附息债券的现值就是上述 10 笔未来息票偿付金额的现值和最后债券面值现值的总和。

$$\text{附息债券偿付的现值}=\frac{1\ 000\ \text{美元}}{1+i}+\frac{1\ 000\ \text{美元}}{(1+i)^2}+\cdots+\frac{1\ 000\ \text{美元}}{(1+i)^{10}}+\frac{10\ 000\ \text{美元}}{(1+i)^{10}}$$

要计算到期收益率，我们就要求出能使这一现值与债券当前价格相等的利率。一般来说，这一计算是复杂的，需要用公布的现值表或是可编程计算器来求出到期收益率。[1] 通常情况下，对附息债券而言，其息票支付额为 C、面值为 F 以及距到期日的期数为 n。[2]

$$\text{附息债券的价格}=\frac{C}{1+i}+\frac{C}{(1+i)^2}+\cdots+\frac{C}{(1+i)^n}+\frac{F}{(1+i)^n} \quad (4.3)$$

在方程式（4.3）中，由于息票支付额 C、面值 F 和期数 n 是已知变量，
69 我们可以计算出到期收益率 i。例如，我们可以运用方程式（4.3）计算出 10 年期、息票率为 10%、当前销售价格为 955 美元、面值为 1 000 美元的附息债券的到期收益率。通过可编程计算器或公布的债券表，我们计算出到期收益率大约为 10.75%。请注意，如果债券销售价格为 1 000 美元，到期收益率将等于息票率，即 10%。总之，如果 i 是附息债券的到期收益率，附息债券的当前价格就等于附息债券偿付额以贴现率 i 贴现的现值。

定期偿还贷款 定期偿还贷款到期收益率的计算与附息债券到期收益率的计算方法比较接近。我们还记得，定期偿还贷款需要定期偿付利息和本金，但是在到期日时不再偿付面值。举一个 20 年期商业抵押贷款的例子，其每年偿付金额为 12 731 美元，如果贷款的当前价值为 100 000 美元，通过解出这个方程中的利率，就可以计算出其到期收益率。

$$\text{当前价值}=\text{偿付金额的现值}$$

$$100\ 000=\frac{12\ 731\ \text{美元}}{1+i}+\frac{12\ 731\ \text{美元}}{(1+i)^2}+\cdots+\frac{12\ 731\ \text{美元}}{(1+i)^{20}}$$

---

[1] 通过代数变换，我们可以简化表达式

$$\text{附息债券的价格}=\frac{C}{1+i}\left[\frac{(1+i)^{-n}-1}{(1+i)^{-1}-1}\right]+\frac{F}{(1+i)^n}=\frac{C}{i}[1-(1+i)^{-n}]\frac{F}{(1+i)^n}$$

使用公布的现值表或大部分可编程计算器，在已知 C、F、n 和当前价格的情况下，就可以计算出到期收益率。

[2] 无限期附息债券的情况。永久债券或者英国统一公债的计算公式更为简单。要注意，当 n 趋向于无穷大时，最终偿付额（面值）的现值就趋近于零；由于该偿付在遥远的未来才能得到，所以对今天没有任何价值。例如，如果 $i=10\%$、$n=100$ 年，那么 100 年后得到 1 000 美元偿付额的现值等于 1 000 美元/ $(1+i)^{100}$，不足 1 便士。因此，债券的价格就来自息票支付额的现值：支付额的现值＝永久债券的价格＝C/i。

用计算器解上面的方程式可以求出 i，$i=11.2\%$。一般而言，对于定期偿付额为 FP、利率为 i 以及距到期日期数为 n 的定期偿还贷款，其

$$\text{贷款价值}=\frac{FP}{1+i}+\frac{FP}{(1+i)^2}+\cdots+\frac{FP}{(1+i)^n}\text{〔1〕} \tag{4.4}$$

银行家们运用计算机程序、可编程计算器或者公布的现值表来计算抵押贷款申请人在不同的利率和距到期日期数条件下可选择的抵押贷款偿还方案。概括地说，如果 i 是定期偿还贷款的到期收益率，当前的贷款数额就等于以贴现率 i 贴现的贷款偿还额的现值。

结语 现值的概念使我们能够解释为什么今天的 1 美元比未来的 1 美元更有价值。今天的 1 美元可以投资以赚取利息，因此，n 年后收入 1 美元的价值为 1 美元/ $(1+i)^n$，低于今天的 1 美元。为了得到债务工具偿付额的现值，我们要计算未来每一笔偿付额的现值，然后将其加总。这样，投资者就可以采用到期收益率来比较不同金融工具的收益，所谓到期收益率就是使金融工具的当前价值与未来偿付金额的总现值相等的利率。

测试点拨

70 **测试你计算到期收益率的技能，写出求解以下到期收益率的公式。**

(a) 一笔 500 000 美元的简式贷款，四年后偿付 700 000 美元；

(b) 一笔贴现债券，借款者最初得到 9 000 美元，1 年后，他必须向放款人偿付 10 000 美元；

(c) 一笔面值为 10 000 美元的公司债券，每年支付 1 000 美元的息票，5 年后到期；

(d) 一笔用于学费的 2 500 美元学生贷款，期限为 25 年，从今年毕业后的第 2 年起，每年需要偿还 315 美元。

答案：

(a) $500\,000=700\,000/(1+i)^4$

(b) $i=(10\,000-9\,000)/9\,000$

(c) $10\,000=1\,000/(1+i)+1\,000/(1+i)^2+1\,000/(1+i)^3+1\,000/(1+i)^4+11\,000/(1+i)^5$

(d) $2\,500=315/(1+i)^2+315/(1+i)^3+\cdots+315/(1+i)^{26}$

〔1〕 这个表达式可以简化为，贷款价值$=\frac{FP}{i}[1-(1+i)^{-n}]$。

债券的收益率与价格

现值公式告诉我们一项投资的未来现金流现在的价值是多少。谨慎的投资者不会将对某一债券投资的金额超过其现值，这个现值是放款者愿意为该投资所支付的价格。因此，债务工具的价格就等于其现值。

到目前为止，我们所说的债券都是原始发行债券（original-issue bonds）——由借款者发行的债券，这些借款者通过销售债券而获得资金。许多投资者将其债券持有至到期，直接从借款者那里得到利息和本金的偿付——但是也有另一些投资者可能在到期日之前就将债券卖掉，债券价格除了受债券未来现金流影响之外，还受其他许多因素的影响。特别是，市场利率随时间的变化而变化，这些变化影响投资者手中持有债券的价值。

假设你正持有一笔 20 年期、息票率为 5%的 Bigco 公司债券，市场利率在这几年里上升到 7%。那么你的债券价格会发生怎样的变化呢？假设你预期在接下来的几年中利率将下降。现在是购买 30 年期长期国债还是购买 3 个月期国库券的好时机呢？在这一节中，我们将证明到期收益率与信用市场工具价格之间的联系。我们也会揭示当前收益率和未来预期收益率的变化引起金融工具价格的变化，及其所产生的影响。例如，对储蓄的价值或者抵押贷款成本所产生的影响。我们用附息债券来讨论价格和收益率之间的关系，但是我们得出的结论适用于所有债务工具。

债券价格为什么会不断地变化？带着这个问题，我们开始对收益率与价格之间的关系展开更详细的讨论。

为什么价格和面值有差异？

乔·罗马诺购买了 20 年期面值为 1 000 美元的债券，其到期收益率为 5%。但是乔发现，5 年后他必须卖掉债券以满足一笔意外的支出。在乔持有债券的这 5 年期间，市场利率上升到 10%。这一变化将对他出售
71 债券的价格产生什么样的影响？没有人会出 1 000 美元购买他的债券，因为其到期收益率只有 5%。投资者可能会购买能提供 10%收益率的新债券。为了与现在具有更高市场利率的工具竞争，乔必须降低其债券的要价。只有某一购买者对该债券的未来偿付现金流支付了更低的价格，该投资者的收益率才会达到 5%以上。实际上，乔必须不断降低其债券的价格，直到使其债券的收益率达到 10%为止，这样才能够与市场利率竞争。因此，

当市场利率变化时，债券的市场价格可能就不等于面值。[1]

债券价格随市场利率的变化而变化，我们怎样才能使用到期收益率来度量初始利率和债券价格的变化呢？首先，我们以两项和的形式来表示附息债券或定期偿还贷款的到期收益率，第一项是**当期收益率**（current yield），它等于支付的利息 C 除以债券的当前价格 P：

$$当期收益率=\frac{C}{P} \tag{4.5}$$

如面值为 1 000 美元的附息债券，每年支付的利息为 100 美元，当前价格为 750 美元。尽管息票率为 100 美元/1 000 美元，即 10%，但当期收益率为

$$\frac{C}{P}=\frac{100}{750}，即 13.3\%$$

你是否可以用该债券 13.3%的当期收益率与其他债券的当期收益率进行比较，来决定你如何进行投资？仔细想想，答案是否定的。不要忘记，用来比较金融工具收益的利率是到期收益率。当期收益率只是到期收益率其中的一个组成项。另外一项用于度量在你持有债券至到期情况下，你将获得的未来现金流。例如，如果你将债券持有至到期，你预期将收到 1 000 美元，实现资本利得 250 美元，因为你是以 750 美元购买的债券。（但如果债券的价格高于 1 000 美元，你仍预期在到期时只收到 1 000美元，这将出现资本损失。）

从上面的分析中，我们能够对债券的到期收益率、当期收益率和息票率之间的关系得出三个结论：

1. 如果债券的当前价格 P 等于面值 F，那么将债券持有至到期既不存在资本利得，也不产生资本损失。因此，到期收益率 i 等于当期收益率 C/P，也等于息票率 C/F。

2. 如果当前价格小于面值，即 $P<F$，投资者将债券持有至到期将获得资本利得。因此，到期收益率 i 大于当期收益率 C/P；相应地，也大于息票率 C/F。

3. 如果当前价格大于面值，即 $P>F$，投资者将债券持有至到期将遭受资本损失。因此，到期收益率 i 小于当期收益率 C/P；相应地，也小于息票率 C/F。

对于任何附息债券而言，这些关系都成立，而且都直接得自到期收益率的定义。如果一笔 10 年期、面值为 1 000 美元的债券，其息票率为
72 10%，销售价格为 1 000 美元。如果你持有该债券 10 年，那么你将得到

[1] 正如我们在第 7 章指出的那样，债券的价格也可能会随借款者偿还贷款的能力变化而变化。在这里，我们只关注利率变化所引起的债券价格变化。

10%的利率，其到期收益率等于当期收益率以及息票率，也就是10%。如果同样的债券售价为900美元，持有至到期将产生资本利得，所以到期收益率（11.75%）要大于当前收益率（100美元/900=11.1%）和息票率（100美元/1 000=10%）。最后，如果该债券售价为1 100美元，持有至到期将遭受资本损失，所以到期收益率（用可编程计算器计算，为8.48%）小于当期收益率（100美元/1 100=9.09%）和息票率（100美元/1 000=10%）。

上述三个关系显示，到期收益率与当期收益率和息票率之间的相互关系，取决于债券的价格是大于、小于还是等于其面值。我们能够用这些结论去解释债券收益率和价格之间的关系。

债券收益率和价格是如何联系的?

债券的价格与到期收益率之间呈反向关系，因此，当债券价格下降时，到期收益率上升，因为投资者对等量的未来收入现金流付出更少的金额。相反，当债券价格上升时，到期收益率下降。到期收益率与当前价格之间的反向关系尤为重要，其理由可以解释如下：以较高的利率贴现未来偿付额必然会减低偿付额的现值，进而使债券的价值或价格下降；较低的到期收益率会提高未来偿付额的现值，进而提高债券的价格。

此外，债券的期限越长，到期收益率的具体变化引起的潜在价格变化也就越大。我们来阐述为什么会出现这样的情况。假设有一笔面值为10 000美元的债券，其初始到期收益率和当期收益率都是10%。由于投资机会激增，资金需求旺盛，人们预计该债券的到期收益率1年后会达到15%。那么，该债券的价格会发生怎样的变化呢？由于到期收益率提高，该债券的价格会大幅度下降。如图4—2所示，对于还有1年到期的债券，由于当前价格等于面值，所以其价格不受影响。对于还有5年到期的债券，通过公式（4.3），我们可以计算该债券的价格下降了1 298
73 美元，因为未来利息支付额的价值已经降低了。对于还有20年到期的债券，其当期的资本损失就更大了，因为债券的利息支付都发生在将来，用公式（4.3），我们计算出债券的价格下降了2 817美元。

延伸思考

谁会购买非凡50年债券?

1992年4月，田纳西河谷管理局（Tennessee Valley Authority，TVA），一家准政府机构和单位，发行了50年期10亿美元债券，以发行价计算，其到期收益率为8.5%。该债券的利率比30年期国债利率大约高 0.5%。机构投资者例如养老基金和保险公司热衷于长期投资，以便与其长期负债相匹配。TVA 的债券对它们很有诱惑力，以至对该债券的需求超过了供给，这种现象就称为超额认购（oversubscription）。为什么投资者愿意购买这种“非凡 50 年”债券呢？

我们的分析正确地指出，长期资产价格对利率变化的敏感性要高于短期资产价格。投资 50 年期的附息债券，并不是出于信心十足，因为遭受资本损失的可能性是很大的。例如，到期收益率提高 2 个百分点，可能会导致债券价格下降 19%；而到期收益率下降 2 个百分点，将使得债券价格上升 26%。就 TVA 发行的 50 年期债券而言（前 20 年不付利息，后 30 年付利息），面值 1 000 美元的债券销售价格为 160 美元，初始的到期收益率为 8.5%。因此，到期收益率每提高 2 个百分点，将使得债券价格下降大约 47%。而到期收益率每降低 2 个百分点，将使得债券价格提高 78%。当然，到期收益率的降低带来的潜在资本利得也是很大的。这也许解释了为什么该债券的发行会出现超额认购。

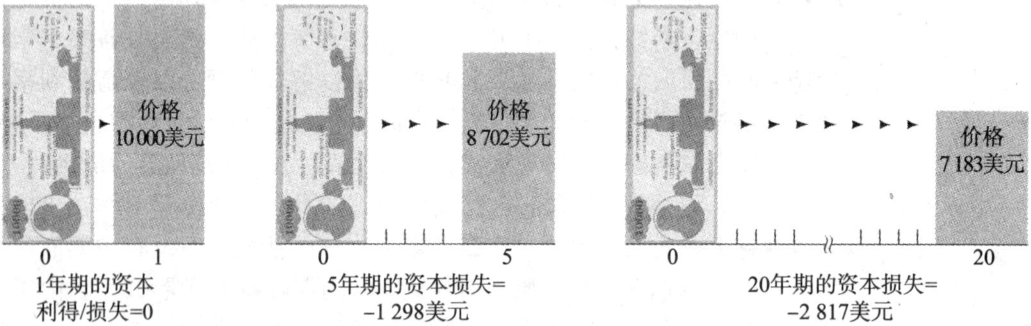

图 4—2　债券价格对利率变动的敏感性

债券的价格与到期收益是呈反向关系的。如果债券到期收益率预期 1 年后从 10%上升到 15%，债券价格会发生什么样的变化呢？到期收益率的变化对长期债券价格的影响要比对短期债券价格的影响大得多。

因此，当到期收益率发生变化时，投资者将面临债券价格变化的风险。例如，尽管美国国债并无本息偿付上的违约风险，但是这些债券仍然存在风险，即到期收益率的变化可能会影响债券的价值。

信用市场工具的价格对到期收益率的波动会呈现出不同的敏感性，取决于其各自距到期日的时间。前面推导出来的现值表达式显示，短期债务工具的现值相对而言不受利率升降的影响。随着距到期日时间的延长，其价格对到期收益率的变化会变得越来越敏感。

从前面的讨论可以看出，投资者可以通过只持有短期债务工具来减少市场利率波动对其带来的风险。如果是这样，那为什么还会有人想要持有长期债券呢？要说明这个问题，我们考虑中年妇女苏珊娜面临的选择。苏珊娜计划在 30 年后退休。一方面，如果她持有 30 年期且到期收益率为5%的贴现债券，她知道她的收益要到她退休后才会实现；另一方面，如果她购买一系列1年期的贴现债券，她实现的收益将由未来30年间一系列1年的收益所构成。其平均值可能大于也可能小于她持有30年期债券所得到的5%的到期收益率。在选择购买一系列1年期贴现债券的策略下，苏珊娜将会面临再投资风险（reinvestment risk），即当未来利率不可知时，周期性再投资所伴随的风险。苏珊娜应该怎么做呢？金融规划师们建议存款者要根据其时间期限、可能的资金需要以及风险态度而定。[1]

总之，债券的期限越长，由到期收益率变化而引起的价格变化也就越大。只有在债券持有期与距到期日期数相同的情况下，到期收益率变化对债券价格的变化不产生影响。

新闻解读

更新债券价格和收益率的信息

74 每天，《华尔街日报》都会列出债券价格和收益率的在线信息。我们用几个例子来说明你如何选取你所需要的信息来比较收益率。类别为中期国债和长期国债、国库券以及在纽约证券交易所挂牌的公司债券。

面板1

面板1包括美国中期国债和长期国债的数据。这些债务工具是具有不同期限的附息债券。中期国债的期限从发行日算起一般不到10年，长期国债的期限从发行日算起一般都大于10年。前两列的数据分别显示的是息票率和到期时间。例如，国债A，息票率为3.125%，对于面值为1 000美元的国债而言，每年要支付31.25美元，其到期日为2008年9月。一些债券有两个到期日。在本例中，财政部可以选择在到期前的某个时间还清债券。这种可赎回债券给美国财政部提供了更为灵活的融资选择。然而，它们也给投资者带来风险，因为如果市场利率下降到息票率以下，财政部可能会提前赎回债券。

后面3列是债券的价格。所有的价格都是以每100美元票面价值报出，冒号后面的数字代表1美元的三十二之一。例如，国债A，第一个价格为95：30，表示“95又30/32,”对于面值为1 000美元的债券而言，其实际价格为95.94美元。卖价（bid price）是指，如果你要卖出债券，你从政府证券交易商那里得到的价格；买价（asked price）是指，你要买入债券而支付给证券交易商的价格。买价和卖价之间的价差（即买

[1] 如果投资者的实际持有期限超过了到期期限，投资者也面临再投资风险。原因就是短期债券偿付的资金都必须以未来（不确定的）利率进行再投资。在这个例子中，与基期情况相比，如果利率上升，投资者将获利（她将投资收益以比预期更高的利率进行再投资）；如果利率降低，投资者将遭受损失（她将投资收益以比预期更低的利率进行再投资）。

卖价差（bid-asked spread））则是交易商的利润区间。政府证券市场的买卖价差是比较小的，这说明该市场交易成本较低，是一个具有流动性和竞争性的市场。“变化”列显示的是，与前一交易日相比，卖价的涨跌情况。对国债 A 来讲，与前一交易日相比，其卖价上升了 3/32nds。

最后一列是到期收益率，其计算采用我们前面讨论的附息债券方法和买价。《华尔街日报》列出买价，是因为读者更有兴趣观察购买者（投资者）的收益率。因而，你可以从这个表格中的信息得出三个利率数据：前面已提及的到期收益率、息票率和当期收益率（等于息票率除以价格，对国债 A 而言，为 3.125/95.94，即 3.26%）。请注意，国债 A 的当期收益率远低于其到期收益率 5.10%。这说明，对于短期金融工具来说，
75 当期收益率不是到期收益率的良好替代指标，因为它忽略了预期资本利得或损失对到期收益率的影响。

《华尔街日报》也刊载这样一些证券的价格和收益率，包括通货膨胀指数化的财政部证券；美国政府机构发行的证券（例如，政府全国抵押贷款协会（GNMA）发行的证券，该机构借入资金收购抵押贷款）；州和地方政府以及国际信用机构发行的证券。联邦机构债券、通货膨胀指数化的财政部证券、州与地方政府债券以及国际机构债券等的价格和收益率显示方式与国债的方式相同。

面板 2

面板 2 显示的是美国国库券收益率的信息。回忆一下，国库券是贴现债券，这与中期国债和长期国债不同，后两者是附息债券。因此，它们只能通过其各自的到期日（第 1 列）来进行区分。第 2 列显示距到期日的天数。在国库券市场上，收益率是以贴现的方式报出的。* 对于想把国库券卖给交易商的投资者来说，卖出收益率就是贴现收益率；对于想从交易商购买国库券的投资者来说，买入收益率也是贴现收益率。交易商的收益区间就是买入收益率和卖出收益率的差额。最后一列显示到期收益率（根据买价计算）。

请注意，短期国库券的到期收益率小于长期国债的到期收益率。你应该将所有的钱都投资于长期国债来获得更高的收益率吗？可能不会。记住，利率的提高会导致二级（转售）市场债券价格的降低。在这种情况下，如果你想在到期日前卖掉债券，你将可能会损失部分本金。当然，如果利率下跌，债券价格将会上升。你可以根据你对利率涨跌的猜测，决定将部分储蓄投资于短期国库券，而将另外一部分储蓄投资于长期国债。

面板 3

面板 3 显示了交易最活跃的公司债券的报价（在《华尔街日报》的“Money and Investing”（货币与投资）栏目里）。第 1 列是发行债券的公司名称。例如，塔吉特公司（Target），是一家大型零售商。第 2 列显示

长期国债、中期国债和国库券 2006年7月13日

说明性注释：

100万美元及其以上交易的代表性柜台交易行情表。
截至下午中盘的长期国债、中期国债和国库券报价。
资料来源：贝尔斯登公司。

面板1：长期国债与中期国债

长期国债和中期国债

	息票率	到期日 月/年	卖价	买价	变化	到期收益率
	4.125	Aug 08n	98:05	98:06	3	5.05
债券A	3.125	Sep 08n	95:30	95:31	3	5.10
	3.125	Oct 08n	95:26	95:27	3	5.10
	3.375	Nov 08n	96:07	96:08	3	5.10
	4.750	Nov 08n	99:06	99:07	3	5.10
	4.375	Nov 08n	98:13	98:14	3	5.09
	3.375	Dec 08n	96:04	96:05	3	5.08

面板2：国库券

国库券

到期日	距到期日天数	卖价	买价	变化	到期收益率
Jul 20 '06	6	4.46	4.45	−0.03	4.52
Jul 27 '06	13	4.61	4.60	−0.08	4.67
Aug 03 '06	20	4.73	4.72	−0.05	4.80
Aug 10 '06	27	4.79	4.78	−0.03	4.86
Aug 17 '06	34	4.75	4.74	−0.03	4.83
Aug 24 '06	41	4.75	4.74	−0.03	4.83

公司债券

面板3：纽约证券交易所挂牌债券

	公司	息票率	到期日	最新价	最新收益率	估计价差	财政部证券	估计交易量（千美元）
	TITIM	7.200	Jul 18, 2036	100.037	7.197	203	30	124,400
债券B	TGT	5.875	Jul 15, 2016	100.224	5.845	77	10	100,300
	LEH	5.000	Jan 14, 2011	97.029	5.760	72	5	98,300
	GS	5.350	Jan 15, 2016	94.676	6.097	100	10	87,945
	TSN	8.250	Oct 01, 2011	106.442	6.757	169	5	87,500
	TFONV	4.750	Jan 27, 2010	95.960	4.950	101	5	85,578
	TEVA	6.150	Feb 01, 2036	88.857	7.052	188	30	81,575
	UNH	5.800	Mar 15, 2036	91.089	6.479	130	30	80,000

资料来源：*The Wall Street Journal*,July14,2006,P.C4.

的是息票率，如 5.875%，是债券 B 的息票率。第 3 列是到期日，如 2016 年 7 月 15 日。接下来的两列显示的是最新交易价格（100.22 美元）和到期收益率（5.845%），后面两列显示的是具有可比期限的财政部证券收益率的差额，如塔吉特公司债券的收益率高于 10 年期国债 77 个基点。请注意，公司债券的收益率都高于政府债券的收益率。最后一列是债券的交易量。

* 债券的面值为 F 且购买价格为 D，其按照贴现方式计算的收益率为 $(F-D)/F\times(360/\text{距到期日的天数})$。本章末尾的数据题第 28 题就是比较按照贴现方式计算的收益率与到期收益率。

计算总回报率

到期收益率并不是投资者感兴趣的度量债券收益率的唯一指标。在任何给定的持有期间（债券持有的时间长度），投资者可能收到与起初预期不同的**资本利得率**（rate of capital gain）或损失率。因此，**总回报率**（total rate of return）可能与到期收益率不同，总回报率是当期收益率与实际资本利得或损失之和。

假设斯威福蒂·里奇购买了面值为 1 000 美元的 Goodnewsco 公司债券，其息票率为 8%，价格为 1 000 美元。1 年后，他以 1 100 美元的价格卖出债券。斯威福蒂的这项投资收益如何呢？总回报率 R 为

$$R=\frac{80\text{ 美元}}{1\ 000\text{ 美元}}+\frac{1\ 100\text{ 美元}-1\ 000\text{ 美元}}{1\ 000\text{ 美元}}\text{，即 }18\%$$

76 第 1 项反映了斯威福蒂的当期收益：1 000 美元的投资给他带来 80 美元的利息收入，或者说是 8%的利息回报率；第 2 项是斯威福蒂的资本利得，斯威福蒂在 Goodnewsco 公司债券的资本利得为 100 美元，或者说，他 1 000 美元投资的额外回报率为 10%。因此，他的总回报率为 8%+10%=18%。

斯威福蒂的哥哥内弗·B·里奇同时购买了面值 1 000 美元的 Badnewsco 公司债券，其息票率为 8%，价格为 1 000 美元。1 年后，他以 900 美元的价格卖出债券。这种情况下，总回报率实际上是负的：

$$R=\frac{80\text{ 美元}}{1\ 000\text{ 美元}}+\frac{900\text{ 美元}-1\ 000\text{ 美元}}{1\ 000\text{ 美元}}\text{，即 }-2\%$$

虽然内弗与斯威福蒂赚得的利息一样，但是他的资本损失为 100 美元，即其额外的回报率为 −10%。因此，内弗的投资出现亏损。

我们能够扩展这些附息债券的例子，写出总回报率的一般公式。从 t 到 $t+1$ 期间持有附息债券的总回报率 R 等于当期收益率加上实际资本利得或损失率。计算初始的当期收益率，可将息票支付额 C 除以 t 期的债券的价格 P_t。因此，初始的当期收益率等于 C/P_t。计算价格变化率，可将 $t+1$ 期的价格 P_{t+1} 减去 t 期的价格 P_t，然后除以 P_t。因此，价格变化率或资本利得率等于 $(P_{t+1}-P_t)/P_t$。如果这个表达式的值为正，投资者获得资本利得；如果该值为负，投资者出现资本损失。总回报率公式为：

总回报率＝初始的当期收益率＋资本利得率

$$R=\frac{C}{P_t}+\frac{P_{t+1}-P_t}{P_t} \tag{4.6}$$

总回报率可能与当期收益率有很大的差距，如图 4—2 所示。的确，即使当期收益率为正，如果债券出现足够大的资本损失，结果也会出现负的总回报率，就像内弗先生惊愕地发现其投资亏损一样。因此，投资者关心债券持有期间的总回报率，而不仅仅是关心当期收益率。

要理解为什么利率变化所导致的资本利得或损失会比利息回报更大，我们需要回忆债券收益率的提高会导致价格的降低（和资本损失），而债券收益率的下降会导致价格的提高（和资本利得）。因此，如果你持有长期债券，得知债券收益率大幅度提高，你不要为得到了更多的利息回报而激动不已，你的投资可能已经亏损了。

真实利率与名义利率

在本章的开头以及为评估特定债务工具收益率所做的全部利率计算中，我们都用**名义利率**（nominal interest rates）和名义收益率来表示计算结果。也就是说，我们所用的利率和收益率都没有经过购买力变化的调整，而通货膨胀会降低任何投资回报的购买力。例如，假设你购买了 1 000 美元债券，该债券每年给你支付 50 美元利息，共计 20 年。如果这一期间美元购买力下降，你将因为通货膨胀而损失部分利息收入。如果通货膨胀率为每年 5%，那么1 000美元本金的购买力每年都会下降 50 美元，这就抵消了你的利息收入。

博闻广识

原理脱轨：通货膨胀与长期债券价格

77 长期名义债券的持有者担心许多事情。首先，担心借款者是否能够全额赎回本金；其次，通货膨胀高于债券发行时所预期的水平，就会侵蚀债券的价值。较高的通货膨胀会提高名义利率，降低债券的价格，这对债券持有者来说是个坏消息。1993 年，长期债券持有者抢购沃特·迪士尼公司发行的息票率为 7.55%的 100 年期债券，这些购买者把赌注压在米老鼠和通货膨胀这两者的稳定性上。

这是一个合理的赌注吗？历史的经验告诉我们要谨慎。1995 年 7 月，由 ATSF 铁路公司于 1881 年发行的债券被赎回。偿还的资金与 1895 年铁路重组期间发行的息票收益率为 4%的 100 年期债券有关。从一定程度上说，1995 年该债券的持有者终于松了一口气，这是因为铁路经历了大起大落的历史。在军人巴特·马斯特森的帮助下，在西南部建立了重要的铁路线路之后，该公司在 19 世纪 90 年代渡过了艰难时期。

此后，在 20 世纪初又发展起来。在经历了 20 世纪 30 年代大萧条时期的磨难之后，该公司又重振雄风。

祸兮福之所倚。美国的通货膨胀对只有 4%初始息票收益率的债券产生了相当大的影响。尽管债券持有者得到了面值，但是以 1881 年的价格水平来衡量，每 1 000 美元支付额的价值不到 70 美元。尤其是对于期限很长的债券而言，通货膨胀让债券持有者坐上了失控的列车。因此，债券市场对通货膨胀倍加关注就可以理解了。

今天，投资者可以通过购买长期的通货膨胀指数化的财政部证券，来抵御通货膨胀。

因为通货膨胀降低了利息收入的购买力，所以，利率和收益率都需要据此作出调整，存款者和借款者的投资决策都要根据经购买力变化调整后的利率和收益率来作出。这种经调整的利率就是**真实利率**（real interest rate）。由于放款者和借款者不知道在其债券到期时实际的真实利率将是多少，他们必须根据他们当时预期的真实利率来作出储蓄或投资决策。放款者和借款者都事先知道名义利率，他们通过对通货膨胀的判断来估计预期的真实利率。**预期的真实利率**（expected real interest rate）r 等于名义利率 i 减去预期的通货膨胀率 π^e，即

$$r=i-\pi^e \tag{4.7}$$

预期的通货膨胀发生变化会影响真实利率以及放款者和借款者的决策吗？通常不会。例如，假设三态汽车服务公司（Tristate Automotive Services Company）以当前 5%的真实利率从联合金融服务公司（Amalgamated Financial Services）借入 1 年期 1 000 万美元。现在假设诸如三态汽车服务公司之类的借款者和诸如联合金融服务公司之类的放款者预期下一年商品和服务的价格将上涨 5%；也就是说，预期通货膨胀率为 5%。作为贷款的回报，联合金融服务公司预期可以获得 10 000 000 美元×0.05=500 000 美元。然而，因为预期通货膨胀率为 5%，1 000 万美元本金的购买力预期将减少 500 000 美元。因而，三态汽车服务公司将获利，因为经购买力变化的调整，它贷得款项的价值高于它预期偿还贷款的价值。联合金融服务公司在购买力上的损失就是三态汽车服务公司的获利。三态汽车服务公司和联合金融服务公司两家公司可达成名义利率为 10%的协议，确保预期真实利率为 5%，这将提供一笔额外的回报来补偿预期的本金价值下降。

一位著名经济学家欧文·费雪（Irving Fisher）在许多年前就提出利率与预期通货膨胀之间的关系。**费雪假说**（Fisher hypothesis）是指，名
78 义利率的升降与预期通货膨胀率的升降是一一对应的。实际数据是否证实了费雪假说呢？当预期通货膨胀率上升时，名义利率的确上升了。但

是，经验估计通常不支持二者一对一的变动关系。造成这种差别的原因是，基本的费雪假说忽略了税收和量化预期通货膨胀率的困难性。尽管如此，名义利率能够反映预期通货膨胀率的变化情况却是不争的事实。

费雪假说并没有隐含实际的真实利率（名义利率减实际通货膨胀率）不受实际通货膨胀率变化的影响。正如前面的例子所示，如果通货膨胀率为10%，而不是5%，则1 000万美元本金的购买力将下降100万美元，而不是50万美元。三态汽车服务公司（借款者）将获利，联合金融服务公司（放款者）将受损，因为根据协议，预期的实际收益率为5%。如果实际通货膨胀率小于5%，则这一转移或再分配将反过来：放款者获利，借款者受损。

名义利率并不总是真实利率的良好指示器。[1] 例如，你怎样才能知道10%的名义利率是高还是低？如果预期通货膨胀率为2%，则预期真实利率为10%－2%＝8%，高于美国的标准利率（真实利率一般为2%～3%）。但如果预期通货膨胀率为10%，则预期真实利率为10%－10%＝0，低于美国的标准利率。图4—3显示，尽管20世纪70年代3个月期国库券的名义利率高于60年代，但是真实利率却更低（有时还为负的）。因此，尽管名义利率显示放款者的投资回报高，借款者的资金成本高。但是，真实利率却显示存款者的投资回报低，放款者的资金成本低。因为放款者和借款者利用预期真实利率来决定如何将其财富配置在不同的资产上，低的真实利率会刺激企业和居民增加支出。

真实收益率（real rate of return）反映投资者用投资金融工具所赚的收入能够购买的额外商品和服务的数量。假设你的国债在过去5年期间总回报率（包括资本利得）为40%。然而，如果同期通货膨胀率为22%，那么考虑购买力的下降，你的真实收益率将是40%－22%＝18%。就像名义利率经商品和服务购买力调整等于真实利率一样，名义收益率经预期通货膨胀率调整就等于真实收益率。

79 自1997年1月以来，可以观察到美国的真实利率了。在那时，美国财政部开始发行指数化债券，其本金和利息的偿付额都是经价格水平变化调整的。继澳大利亚、加拿大、瑞典和英国等引入指数化债券后，美国推出了财政部通货膨胀保值证券（Treasury inflation protection securi-

〔1〕 对于应税投资，相应的利率是真实税后利率。如果t是投资者的边际税率，ti是缴纳的税金，预期通货膨胀率为π^e，那么名义收益率i与真实税后利率的关系是：

真实税后利率＝税后名义收益率－预期通货膨胀率

$$i-ti-\pi^e=(1-t)i-\pi^e$$

真实税后利率可能很低，甚至为负。1981年，6个月期存单的名义收益率年平均为15.8%，而在1986年则为6.5%。但是，使用实际通货膨胀率π来计算1981年高收入投资者的真实税后收益率（ATY），

$$ATY=(1-t)i-\pi=(1-0.59)\times 15.8\%-8.9\%\text{，即}-2.4\%$$

而在1986年，其$ATY=(1-0.45)\times 6.5\%-1.1\%$，即+2.5%。

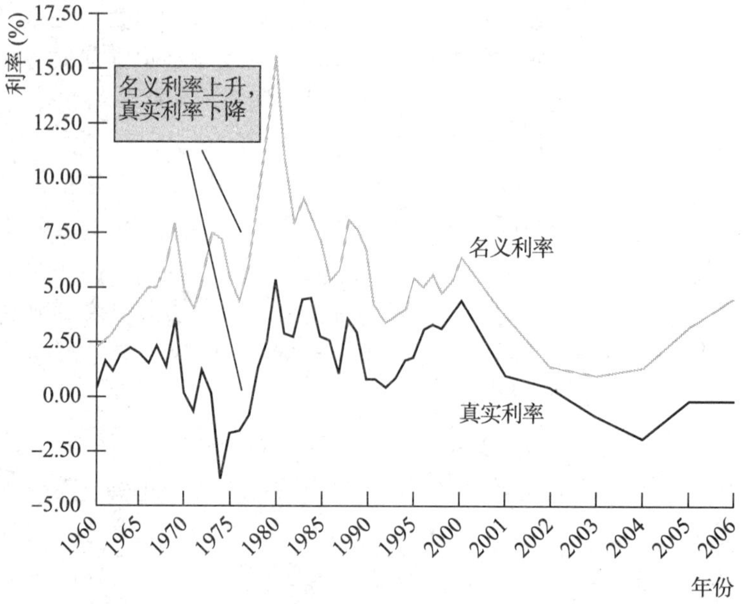

图 4—3　1960—2005 年间，真实利率与名义利率（3 个月期国库券）

只要预期通货膨胀率为正，名义利率就高于真实利率。但真实利率和名义利率并不总是一起变动的。

资料来源：U. S. Department of the Treasury，Office of Economic Policy，"Monitoring the Economy，Economic Data Tables."

ties，TIPS）。TIPS 允许存款者、投资者和政策制定者对真实利率和预期通货膨胀率进行实时度量。例如，2006 年 8 月 4 日，10 年期国债的收益率约为 4.9%，而 10 年期 TIPS 的收益率约为 2.4%，隐含的真实利率为 2.4%（即 TIPS 的收益率），预期通货膨胀率为 2.5%。

测试点拨

在 20 世纪 60 年代末期和 70 年代初期，当时预期通货膨胀率和名义利率较低，储蓄贷款机构沿袭传统方式发放固定名义利率的长期（20 或 30 年以上）住房抵押贷款。大部分专家认为，20 世纪 80 年代末期储蓄贷款机构危机的一个重要原因是，20 世纪 70 年代末和 80 年代初出现了未预期的通货膨胀。为什么未预期的通货膨胀会使抵押放款机构不堪重负呢？

在 20 世纪 70 年代末期，未预期的通货膨胀汹涌而至，降低了储蓄贷款机构抵押贷款的实际价值。因此，对于很多机构而言，其持有的长期抵押贷款（资产）的现值低于其对存款者短期负债的现值，这使得这些机构失去了偿付能力。

关键术语和概念

82

复利
信用市场工具
附息债券
贴现债券
定期偿还贷款
简式贷款
当期收益率
预期真实利率
费雪假说
指数化债券
名义利率
现值
资本利得率
真实利率
真实收益率
总回报率
到期收益率

总　结

1. 信用市场工具可以分成四个大类：简式贷款、贴现债券、附息债券和定期偿还贷款。信用市场工具之间，借款者给放款者支付利息的时机大不相同。简式贷款和贴现债券都是一次性偿付本金和利息；附息债券和定期偿还贷款则是多次偿付利息和本金。

2. 为比较期限各异资产的回报率，我们要计算每一资产预期偿付额的现值。我们推导出现值公式，已知债券的当前价格和债券偿付时间表，就能够计算出债务工具的利率。这个利率被称为到期收益率。到期收益率是使资产的当前价值与其偿付额的现值相等的利率。

3. 债券或贷款价格的波动源自到期收益率的波动。如果到期收益率上升，则债券或贷款的价格下降；如果到期收益率下降，则债券或贷款的价格上升。信用市场工具的期限越长，其到期收益率的变化所引起的价格变化也就越大。

4. 在一定期间内持有金融工具的总回报率是当期收益率和资本利得（或损失）之和。当存在资本利得时，当期收益率会低估总回报率；当存在资本损失时，当期收益率会高估总回报率。

5. 与借款和贷款决策相关的利率是预期真实利率。预期真实利率是名义利率减去预期通货膨胀率。因此，对任何预期真实利率而言，预期通货膨胀率的上升都会提高名义利率（费雪假说）。预期通货膨胀率的下降会降低名义利率。未预期的通货膨胀或通货紧缩会引起资源在借款者和放款者之间进行再分配。

复习题

1. 贴现债券和简式贷款有什么不同？

2. 附息债券和定期偿还贷款的主要区别是什么？

3. 什么是资产的到期收益率？它是怎么得来的？

4. 有这样一个债券，今年的偿付额为 1 000 美元、初始利率为 5%、当前价格为 18 000 美元，它的当期收益率是多少？

5. 什么是资产的总回报率？它如何计算？

6. 定义预期真实利率。如何将其与实际的真实利率相比较？

7. 什么是费雪假说？它有效吗？解释其原因。

8. 讨论影响所有信用市场工具收益率的因素，以及影响特定工具或几个工具收益率的因素。你预计是美国国债之间的收益率差异大，还是私人公司债券之间的收益率差异大？为什么？

分析题

9. 假设你是一位棒球投手的经纪人，纽约扬基队给该投手提供了一份合同：3 000 000 美元记名的奖金（立即支付）、第 1 年薪水 6 000 000 美元（1 年后支付）、第 2 年薪水 7 000 000 美元（2 年后支付）、第 3 年
83 薪水 8 000 000 美元（3 年后支付）。假设旧金山巨人队给该投手提供一份合同：记名奖金 6 000 000 美元，第 1 年薪水 5 500 000 美元，第 2 年薪水6 000 000美元，第 3 年薪水 6 000 000 美元。如果你认为相关的贴现率为 10%，你会建议投手接受哪个合同？如果你认为相关贴现率为 5%，你的建议会有改变吗？

10. 1 年后支付 340 美元、2 年后支付 5 340 美元，且利率固定为 6.8%的债券现值是多少？

11. 如果利率为 8%，2 年后支付 1 000 美元的现值是多少？

12. 如果利率为 10%，在三个支付中，（1）1 年后的 75 美元，（2）2 年后的 85 美元，（3）3 年后的 90 美元，你更愿意得到哪一个？

13. 如果利率为 20%，你如何回答第 12 题的问题？

14. 为面值为 1 000 美元的附息债券支付 1 100 美元是否合理？请简要解释其原因。

15. 假设市场利率为 7%，你刚买了 4 年期息票率为 7%的 10 000 美

元附息债券。你购买债券后，市场利率立即下降到5%。你的债券价值会发生什么变化？

16. 假设作为允许道路通过农场的补偿，乔治·佩阔德每年会得到小镇给付的135美元。小镇曾承诺永久性地对他和农场未来的主人给付这笔款项。然而，现在，小镇提出一次性给他1 125美元，他接受了一次性补偿，放弃了每年收入135美元补偿额的权利。要达成这一交易，乔治和小镇所用的隐含利率是多少？

17. 假设你正考虑订阅《今日经济分析》（*Economic Analysis Today*）杂志。订阅条件是：60美元订阅1年，或115美元订阅2年。你计划至少订阅该杂志2年，广告说2年一次订阅比2年连续分年订阅能节省5美元。如果利率为10%，你应该选择订阅1年还是订阅2年的方式？

18. 英国政府销售永久性支付利息的统一公债。假设你想购买每年支付100英镑且当前利率为5%的统一公债。你愿意支付多少钱来购买此债券？假设你购买了此债券，利率突然上涨到未预计的10%。现在该统一公债价值多少？

19. 假设你在1998年12月31日以每股55美元购买了100股克鲁拉公司股票。克鲁拉公司在1999年每股支付股息2美元，且在1999年12月31日股票价格为60美元。你在1999年得到的总回报率是多少？

20. 假设你正考虑购买具有如下未来支付条件的附息债券：第1年支付600美元，第2年支付600美元，第3年支付600美元，第4年偿付600美元和10 000美元。

a. 如果市场利率为6%，该债券现在的价值是多少？其当期收益率是多少？

b. 假设你刚购买了该债券，市场利率在可预见的未来突然下降到5%，该债券现在的价值是多少？其当期收益率是多少？

c. 假设一年之后，你收到了第1笔600美元息票额，而市场利率仍然为5%，其他投资者愿意出多少钱购买你的债券？对于该债券，你的总回报率是多少？如果另一个投资者1年前以b中计算出来的价格购买了该债券，该投资者的总回报率是多少？

d. 假设2年过去了，你收到了前2年的息票额，每年600美元。现在假设市场利率突然上升到10%，其他投资者愿意出多少钱购买你的债券？下一年该债券的当期收益率是多少？假设另一个投资者以c中计算出来的价格购买了该债券，该投资者过去这几年的总回报率是多少？

21. 从投资者的角度看，虽然1929年股票价格下降的幅度很大，但20世纪70年代中期股票市场的下跌实际上比1929年股市崩盘的后果更加严重。请问，怎么可能会有这种结果呢？

22. 假设你购买了一项名义利率为7%的资产。你预期通货膨胀率将为 3%，而实际的通货膨胀率为 5%。请计算预期的真实利率和实际的真实利率。

23. 为什么实际的真实利率与预期的真实利率有差异？如果你正考虑是发放一笔 1 年后清偿的贷款，还是发放一笔 10 年后清偿的贷款，这种可能的差异是你最关心的问题吗？

84 24. 在一次家庭聚会上，你姐夫告诉你怀尔德基金的投资者很幸运。怀尔德基金是他管理的债券基金。其资产组合的当期收益率为 20%。同时，其竞争者安全基金的当期收益率为 10%，你应该加入怀尔德基金投资者的行列吗？为什么？

25. 在中区市，两家金融机构向社区居民发行 3 个月期票据借入资金。第一家金融机构将这笔资金投资于短期公司信用市场工具，第二家用这笔资金向当地买房者发放 30 年期固定利率抵押贷款。如果利率总水平大幅度上升，请描述这对两家金融机构净值（资产价值减负债价值）可能产生的影响。

数据题

26. 如果你的图书馆或教授那里有伊博森协会（Ibbotson Associates）发行的关于股票、债券和通货膨胀的年鉴，你能够查到不同资产的总回报率。请找出普通股票、短期国库券和长期国债过去 30 年的总回报率数据。哪一种资产的回报率最高？哪一种最低？你认为什么样的资产属性产生了这种模式？

27. 在伊博森协会发行的关于股票、债券和通货膨胀的年鉴中，查询去年每个月不同资产（国库券、国债和股票）的总回报率。如果你每个月都能在这些不同资产之间调整资产组合，你将怎么做？通过调整资产组合，与你全年保持原有资产相比，你的总回报率将是多少？假设每次的调整要支付 0.5%资产额的交易成本，你还会经常调整吗？如果减去交易成本，你的总回报率将是多少？

28. 作为计算机化以前的一种延续，美国国库券交易商经常报出一个收益率指标，被称为“基于贴现的收益率”（yield on a discount basis）。它在以下两个方面不同于到期收益率。首先，这个回报率是除以面值而不是购买价格；其次，1 年的天数（用来计算期限不到 1 年的国库券年收益率）以 360 天计算，而不是 365 天。也就是说，面值为 F、购买价格为 D 的债券，基于贴现的收益率为：

$$\left(\frac{F-D}{F}\right)\times\frac{360}{\text{到期天数}}$$

本章中贴现债券的收益率为：

$$\left(\frac{F-D}{F}\right)\times\frac{365}{\text{到期天数}}$$

查询《华尔街日报》，选择一种 90 天到期的国库券，计算基于贴现的收益率和到期收益率。基于贴现的收益率是小于还是大于到期收益率？为什么？你预期这两种收益率指标会一起变动吗？请解释理由。

29. 美联储追踪过许多不同种类的利率，这些利率都是可贷资金市场的利率。登录其统计和历史数据网站：http：//www. federalreservc. gov/releases/，点击历史数据，选择利率。比较从 1985 年到现在挂牌交易的 1 个月 CD 存单的周利率。在此期间，利率是如何变化的？利率变化和这个期间商业周期的变化有什么联系？也将最近 1 年期的利率与同期 6 个月 CD 存单的利率进行比较，这些利率有什么不同？为什么？

30. 费雪假说表明利率与预期通货膨胀之间存在正向关系。因此，利率和实际通货膨胀的关联程度将反映出投资者和储蓄者在多大程度上正确地预测了通货膨胀率。登录 BankRate. com 网站的利率趋势图（http://www. bankrate. com/brm/default. asp），查看 15 年期固定抵押贷款的利率在前 1 年的变化情况。登录 SmartMoney. com 网站上价格指数绘图的链接（http：//www. smartmoney. com/economywatch/index. cfm? story=priceindexes），将这一变化与消费价格指数在这一时期的变化进行比较，你能够看出它们之间的联系吗？尝试利用 BankRate. com 网站上列出的其他利率进行同样的比较。你对金融市场在这一期间内是否很好地预期了通货膨胀率有何结论？根据正文中对费雪假说的讨论，什么因素可以解释你所比较数据的差异？

理论联系实际

《华盛顿邮报》，2005 年 6 月 18 日

咖啡经济学

80 在西雅图大学法学院街对面的一家星巴克店里，克里斯汀·戴恩仓促地准备着律师资格考试，她用彩笔做着标记……享用她称作的“我最惬意的拿铁咖啡”。喝拿铁咖啡的习惯让她每天支出近 3 美元。

“能用借来的钱每天喝拿铁咖啡吗？简直是疯了。”法学院职业服务部的主任埃里卡·利姆这样说。

为了量化这种疯狂程度，利姆向大家分发咖啡消费图表。她也指导学生登录她帮助建立的一个网站。即“不买贵咖啡和节约计算器”

a (www.hughchou.org/calc/coffee.cgi)。网站上显示，如果你（在家）冲咖啡而不再买拿铁咖啡，你可以节省下 55 341 美元。

在法学院对面的星巴克里，戴恩听到这些显得很惊讶，但却无动于衷。她说：“我猜想我从没做过这个计算”……正是这些谎言触痛了那些

b 想要以财力的理由来抑制我们消费拿铁咖啡的人。正如利姆所承认的那样，“没有人会注意到这些。”

“根据我这些年在大学里的经历，我认为，多喝些好咖啡将有助于顺利度过大学时光，并且也有助于偿还那些学生贷款。”西雅图地区第二大精品咖啡零售商特利（Tully）咖啡的首席财务官克里斯托弗·高尔文说。

专门给大学生提供贷款的非营利团体并不赞同这种说法。他们并不

c 是反对拿铁咖啡或是卡布其诺咖啡，而是反对学生因买这些东西而背上几千美元的债务。

根据最新发布的联邦数据，42%的大学生靠借款上学。在诸如法学院和商学院之类的专业学院，78%的学生依靠借款上学。便捷集团（Access Group）放款者教育服务部门的主任杰弗里·汉森说：“需要摆正的问题是：‘他们真的需要每天去星巴克喝咖啡吗？’”便捷集团是设在特拉华的一个组织，是全美第三大为研究生提供学生贷款的机构。

在西雅图大学法学院，利姆承认，劝说学生别再借钱购买高价咖啡并无效果。然而，她不会放弃。她说，喝拿铁咖啡带来债务的后果令人担忧……在职业生涯的道路上经不住诱惑而出现偏差，就会让你付出很多而满意度却很低。

新闻分析

81 复利的威力在金融市场之外也发挥着作用。理解复利和利率会对日

常决策有新的启发。

我们每天要作出成千上万个经济决策。每次我们购买一件商品或一项服务，我们就在作出一项经济和财务决策。这些经济决策中的许多决策看起来并不重要。但是，如果我们把这些采购支出的“机会成本”和放弃的应得利息考虑进来，那么，其重要性就显露出来了：这些采购的真实机会成本实在是令人难以置信。

你还记得以前你在经济学课程中学过，机会成本是某些特定资源投入某一用途后所放弃的在其他用途中所能获得的价值。理解机会成本的另一种方法是你购买某种东西而放弃购买的东西。

a. 精品咖啡与自制咖啡之间的价差是每杯 2.8 美元。除了这额外的 2.8 美元显性成本外，如果一个人在家自制咖啡的话，这 2.8 美元还能够为其带来利息收入。如果我们假定一个人每个工作日购买一杯精品咖啡，持续 30 年，并假定其储蓄收益率为 6%，那么他放弃的或者说失去的利息加上购买咖啡的花费一共是 55 341 美元！

但是，这 55 341 美元的成本还只是假定这个购买者以 3 美元现金的方式购买精品咖啡，如果这个购买者是用信用卡购买的咖啡而且这只是每月需偿还的最小支付额，那么其真正的成本会更高。

b. 许多人似乎茫然地面对他们正在作的短期和长期的权衡。一杯 3 美元精品咖啡的支出看起来无关紧要。如果该价格以年价格来表示的话，每个工作日一杯，年价格为 720 美元，可能人们的反应就不同了，这一点是比较普遍的。在一个较长期间里，利息可能会是总成本或机会成本中一个非常显著的组成部分。例如，在住房融资或再融资中，抵押贷款利率升降的一个微小变化，可能会在抵押贷款存续期内产生一个很大的变化。

c. 当学生们通过学生贷款借钱消费时，几乎没有限制来让学生们把握什么是“教育支出”。如果学生们用学生贷款资金去购买精品咖啡，这是资本这一社会稀缺资源的有效配置吗？换个角度来说，你能将买咖啡喝的这个习惯定性为预借资金（外加支付利息）买咖啡吗？

更进一步的思考……

你每天都会买哪些“小东西”或“无关紧要的东西”？有没有比这些零碎采购更便宜的选择呢？假定你每天能节约 10 美元，把这些资金投资于 10 年期美国国债，其每年支付 5%的利息，那么 10 年后你储蓄账户中的余额是多少呢？

资料来源：节选自 Harden，Blaine，“Javanomics 101：Today's Coffee is Tomorrow's Debt，” *The Washington Post*，June 18，2005，p. A1. © 2005 The Washington Post Company。

第 5 章　资产组合配置理论

85　如果你翻开《华尔街日报》，你会看到金融服务公司关于债券或股票发行以及金融资产上市的广告。这些金融资产范围广泛，从财富 500 强公司的普通股股票，到为杠杆收购融资的垃圾债券，到一系列庞大的共同基金。每一种资产都为储蓄者提供潜在的未来收益以及以利息或资本利得的形式提供推迟消费的回报。储蓄者在这些金融资产中应该如何选择以决定其资金的投资方向？

个人的储蓄动机有几个原因：为在一段时期内熨平消费、为购买耐用商品、为退休积累预防性（或紧急性）资金以及为留下遗赠。为了满足这些需求，储蓄者关心储蓄的预期回报，他们也关心储蓄如何能够便利地转换成安全、稳定的收入来源，以保障将来的支出。

在本章中，我们探讨资产组合配置，以理解储蓄者如何决定将他们的财富配置到不同的资产上。资产组合配置理论描述了为什么储蓄者选择此种资产而非其他资产的行为，但这并不是储蓄者必须作出的唯一选择。假设你发现一种完美的金融资产——金视野公司（Golden Horizons）发行的债券。你应该将所有的储蓄都投资于该债券吗？答案是否定的。本章的第二个主题说明了为什么投资于一组资产或称资产组合（portfolio）会减少投资者的风险。他们作出的资产配置决策将影响整个资产组合的绩效。本章的第三个主题是描述为什么投资于资产组合会减少投资者的风险。我们在随后的章节中对利率的决定、金融机构的行为、金融市场和金融机构创新等内容所进行的分析都是建立在本章讨论的一些概念之上的。

资产组合选择的决定因素

网页推荐：
http://www.federalreserve.gov/releases/z1
《资金流量》杂志(*Flow of Funds*)描述居民资产组合的配置情况。

金融体系给储蓄者提供一系列资产供其选择。这些资产具有价值贮藏功能，也就是说，当储蓄者需要资金购买商品和服务时，可以卖出资产。储蓄者平均持有金融资产的种类显示在图 5—1 中。2006 年，美国居民将其金融资产的 1.9%以可开立支票存款的形式持有，16.8%为银行储蓄存款和定期存款，14.3%为股权类共同基金，18.0%为直接持有的股票，3.3%为人寿保险，以及 35.1%的养老金。二三十年前，情况则不同。在 1970 年，居民以较大比例持有银行支票和储蓄账户以及人寿保险金，以较小比例持有共同基金和养老金。五六十年前，如在 1950 年，居民持有的金融资产绝大多数是银行存款、政府证券和股票，而共同基金和养老金都不是居民财富的主要储藏形式。

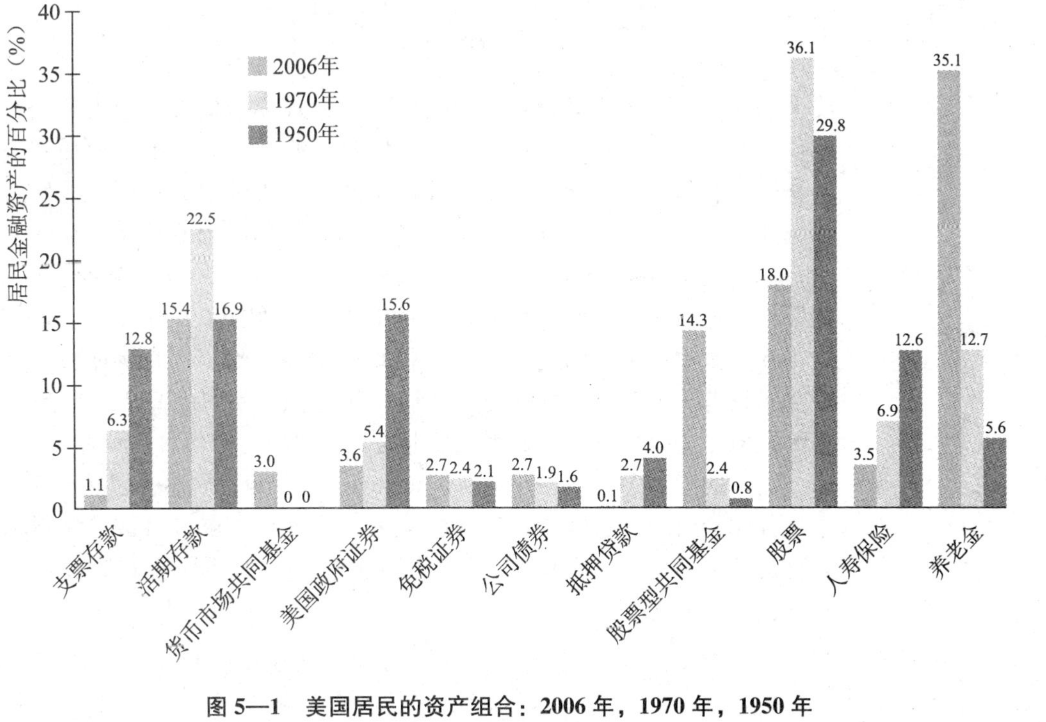

图 5—1 美国居民的资产组合：2006 年，1970 年，1950 年

资料来源：Board of Governors of the Federal Reserve System, *Flow of Funds Accounts*, June 8, 2006, p. 61, Table L. 10; Historical date from Hubbard, 5th ed.

86 图5—1显示了两类数据。第一类数据是储蓄者将其资产分配于不同的金融资产，第二类是这些资产配置比例随时间的推移而产生的变化。本节我们主要关注个人储蓄者的资产配置决策：哪些资产应该包含在资产组合（或资产集合）之中？每一种资产在资产组合中的比例应该多大？在本章的后面，我们将分析资产配置随着时间的推移产生变化的原因。

下面我们开始。你将如何投资1 000美元？你可能会选择投资于股票、债券、货币市场基金或实物资产（例如商品、不动产、黄金、机器设备或油画），或者选择持有现金。哪些因素会影响你的选择呢？

资产组合配置理论（theory of portfolio allocation）寻求回答资产组合选择的有关问题，预言储蓄者如何在可选择的投资之间分配其储蓄资金。根据这个理论，储蓄者在作出投资到什么资产和每种资产投资多少的决策时要评估五项标准。这些资产组合选择的决定因素是：

- 储蓄者的财富或用于投资的总储蓄存量；
- 一种投资资产相对于其他资产的预期回报率；
- 一种资产相对于其他资产的风险等级；
- 一种资产相对于其他资产的流动性；
- 一种资产相对于其他资产的信息获取成本。

财　富

87 当人们变得更富裕时，他们的资产组合规模会增大，因为他们会分配更多的储蓄资金来购买资产。当人们更富裕时，他们不会增加其资产组合中所有资产的数量，而是会选择增加其购买的部分资产。他们会选择哪些资产呢？要回答这个问题，考虑如果你的总财富为1 000美元的话，你会购买的资产组合，你可能会持有10%即100美元现金。然而，如果你的总财富是100万美元，你可能不会持有100 000美元现金。现金将在财富中占更小的比重，你会相对地增加其他资产，例如股票。尽管对于只有1 000美元财富的人来说，持有多种不同的高质量股票是困难的，但是如果你有100万美元的财富，就可以持有多种股票。

需求的财富弹性（wealth elasticity of demand）描述的是财富变动一个百分比会引起所选资产需求量变动多大比率。需求的财富弹性不取决于财富的实际价值，而是等于你所需资产数量增加的百分比除以你总财富增加的百分比，即

$$\text{一项资产需求的财富弹性}=\frac{\text{资产需求量变化的百分比}}{\text{财富变动的百分比}}$$

让我们用这个定义来计算当你的财富从1 000美元增加到100万美元时，现金需求的财富弹性。如果你的财富为1 000美元，你可能会持

有 10%的现金，即 100 美元的现金；当财富达到 100 万美元（正合适），你可能持有 0.1%的现金，即 1 000 美元现金。你的现金需求财富弹性为 0.01，小于 1。因此，财富的增加使得持有现金的比率下降。然而，股票和其他资产的需求财富弹性大于 1，因此，财富的增加使得持有股票和其他资产的比率增加。

必需资产（necessity asset）是指其需求的财富弹性小于 1 的资产。储蓄者为了进行日常交易需要必需资产，例如现金或支票账户存款。而奢侈资产（luxury asset）是指其需求的财富弹性大于 1 的资产。奢侈资产包括哪些呢？它们是诸如股票之类的资产，持有它们是为了投资而不是为了便利交易。储蓄者也必须考虑拥有奢侈资产所付出的高额固定成本，例如，100 万美元房产的不动产税收和保险费用；获得资产所需的高额交易成本，例如股票经纪人或交易商的费用。相对于财富较多的储蓄者而言，这些成本占财富较少储蓄者投资额的更大比例。因此，购买诸如名画之类的资产只适合于大富豪。

总之，当财富增加时，储蓄者会增加持有奢侈资产，而减少必需资产。

资产的预期回报率

是什么因素决定储蓄者（不论贫富）在不同的资产中进行选择并配置其财富呢？假定在两种其他方面类似的资产中进行选择，储蓄者会选择具有更高预期回报的资产。预期回报正确的度量指标是预期真实回报率。

储蓄者必须评估通货膨胀对回报的影响，因为货币价值的变化会影响回报的真实价值。当我们在第 4 章研究债券回报率时，我们遇到了将
88 名义回报转换成真实回报的问题。从储蓄者的角度来看，预期真实回报等于名义回报减去预期通货膨胀。储蓄者用真实回报作为其投资收益的度量指标，因为这些回报是经购买力变化调整的。

由于储蓄者不仅关心为现在和未来支出融资的预期回报，而且也关心他们税后保有的金额，即他们会比较预期真实税后回报。在美国，不同储蓄回报的税收差异巨大。私人公司债券和银行存款的利息以及公司股票的股息要被联邦、州和地方当局征税（尽管股息的税率要低于利息的税率）。美国财政证券的利息要征收联邦所得税，但不征收州和地方所得税。州和地方政府的债券（称为市政债券）通常免征所有税收，常常被称为免税债券（tax-exempt bonds）。所有这些差别都会影响储蓄者的资产组合决策。

当不同的资产相类似，即所有其他的因素都保持不变，一项资产相

对于其他资产的预期回报增加，将使储蓄者更愿意持有该项资产。资产组合的其他三个决定因素——风险、流动性和信息成本——是我们用来比较两种资产的属性的。

测试点拨

在美国，市政债券的利息是免税的。你是否应该将你的储蓄从应税资产都转换成市政债券，以享受税收优惠待遇呢？

不一定。当投资者作出投资决策时，他会比较预期税后回报率。假设一应税债券的利率为10%，如果投资者面对30%的税率，其税后回报率等于利率为7%的免税债券回报率，即10%－0.3×10%＝7%。如果免税债券的利率较高（如8%），则免税债券预期回报率就会超过应税债券回报率。投资者将增加对免税债券的需求，推高免税债券的价格，降低其回报率（债券价格与收益率成反比）。若税率为15%，投资者将更偏好于应税债券，因为他们能够得到10%－0.15×10%＝8.5%的预期税后回报率，这要大于免税债券7%的预期回报率。应税率高的投资者要比应税率低的投资者更多地投资于免税债券。

资产回报的风险

在进行投资决策时，储蓄者不仅要会评估回报的大小，还要评估预期回报率的波动性（上涨和下跌）。因为居民在很大程度上是用其资产平滑消费支出的，他们希望正好在需要资金的时候避免资产贬值。

下面来说明预期回报波动性对预期回报率的影响。假设你有1 000美元要投资于股票，正在比较Solid公司和Rollercoaster公司的股票。Solid公司股票的回报率一直为10%（具有确定性），而Rollercoaster公司股票的回报率一半时间为20%，另一半时间为0。我们对其可能的收益用加权平均方法计算出Rollercoaster公司股票的预期回报率：

$$\frac{1}{2}\times 0.20+\frac{1}{2}\times 0=0.10\text{，即 }10\%$$

89 Solid公司的预期回报率同样也为10%。在这两种股票之间，你怎么选择呢？

答案在于两个投资的风险等级或者说波动性。尽管Solid公司和Rollercoaster公司具有相同的预期回报率，但是Rollercoaster公司的投资者获得10%回报的可能性肯定小于Solid公司的对等投资者。Rollercoaster公司回报率的潜在波动性越大，意味着其投资风险越大。投资者的风险态度决定了投资者会购买哪一种资产。大多数人是**风险规避型储蓄者**（risk-averse savers），他们寻求其储蓄回报率波动性最小化，偏好投资的安全性。一个风险规避型储蓄者甚至可能会接受 Solid 公司更低的回报率，因为他们追求稳定性。**风险中立型储蓄者**（risk-neutral savers）只根据预期回报率来选择资产，不在意回报的波动性。少数人是**风险喜好型储蓄者**（risk-loving savers），实际上他们更愿意持有高风险资产来博取回报率最大化。

金融市场预期回报率的经验证据证实了大多数投资者的风险规避行为。例如，从 1926 年到 2005 年，美国大公司普通股的年真实回报率（经通货膨胀调整）平均为 10.4%，而长期政府债券的年真实回报率平均只为 2.5%。[1] 为什么投资者不选择回报率更高的股票投资而接受回报率如此低的政府债券呢？主要原因是政府债券具有更低的风险。股票提供更高的潜在收益以补偿储蓄者投资股票所承担的高风险。然而，许多经济学家认为，股票与国债收益率的差距所隐含的股权溢价（equity premium）太大，不能仅仅用风险态度来解释。

因为储蓄者一般都是风险规避型的，相对于其他资产而言，一项资产的风险增加会导致其需求量下降。

测试点拨

银行发行的存单（CDs）对提前支取要收取罚金。例如，如果你投资 1 000美元购买 1 年期利率为 5%的 CD，如果你在到期前支取，你得到的利息会减少。投资者为什么愿意接受利率更低（如 3.25%）而对提前支取没有罚金的储蓄账户呢？

投资者通常愿意牺牲部分预期回报，以使其能够将资产迅速地转换为现金，满足其未预料的或紧急的支出。

案例研究

你的资产组合能承受多大的风险？

90 尽管所有的投资都有风险，但是当你建立起自己的资产组合时，你可以逐步地理解和管理风险。理财规划师会鼓励他们的客户去评估其财务状况和承担风险的意愿，以决定一项投资是否恰当。

〔1〕 根据 Roger C. Ibbotson and Rex A. Sinquefield，*Stocks，Bonds，and Inflation*：*2006 Yearbook*，Chicago：Ibbotson Associates，2006 计算。

在评估回报波动性时，理财规划师建议你决定将你的投资目标拓展到多远。

时间跨度越长，你就越关注股票投资的成长潜力。1926—2005 年间，股票的 1 年收益率分布在－43%～54%之间，而 20 年的收益率分布在 3%～18%之间。对于大多数人而言，重要的储蓄目的是为了退休养老，退休储蓄成为其财富的重要组成部分。如果你离退休还有很多年，你可以从风险更大的投资（例如普通股）中得到更有利的长期收益，而不必太关心其收益率的短期波动。等到你快要退休时，你应该采取更为保守的策略，要减少会对你的储蓄造成实质性损失的风险。下面列出了两种典型的财务计划，它们在时间跨度和储蓄目的上不同，分别适合于年轻储蓄者和年老储蓄者。

年轻储蓄者	年老储蓄者
特征：	特征：
年龄不足 50 岁，希望在一段相对较长的时期内增加资产净值。	接近退休年龄，其资产组合能够或接近满足退休养老的需要。
目标：	目标：
通过获得长期高回报来积累资金。	保持现有资金，赚取略高于通货膨胀率的收益。
资产组合计划：	资产组合计划：
根据最大预期真实收益率来选择资产组合，只需有限关注其波动性。	选择安全资产，以减少风险，并获得接近于零的预期真实收益率。

最后，在评估回报波动性时，你必须考虑到通货膨胀和税收的影响。你的投资回报（通常）是要纳税的，你的真实回报是要剔除通货膨胀的。考虑到这些因素，在前面提到的期间内，与普通股股票相比，名义上"安全"的政府债券带给你更低的平均年收益率以及更低的平均年收益率波动性。*

通过了解影响投资的风险类型，将有助于你减少对市场波动的情绪反应，作出更充分的投资决策。

* 根据 Roger C. Ibbotson and Rex A. Sinquefield，*Stocks，Bonds，and Inflation：2006 Yearbook* Chicago：Ibbotson Associates，2006 计算。

资产的流动性

流动性高的资产有助于投资者在一定时期内熨平消费支出或在有紧急需求时提取现金。例如，为了应付未预料的医疗费用，你以金融资产的形式保留一些储蓄，如果你需要钱来做手术，那么你希望能够快速地出售这些资产。

很明显，现金是最具流动性的资产。许多可交易证券，例如美国政府债券或 IBM 的股票都是颇具流动性的资产，因为用很小的交易成本就能很容易地为其找到买家。不动产、硬币和油画等资产具有相对较低的流动性，因为售出它们需要花费较高的交易成本。例如，投资者想出售房子，可能需要等上几个月甚至几年，才能找到愿意全额支付要价的买主。

普通投资者更偏好选择流动性相对较高的资产。当为资产组合选择资产时，投资者必须要对流动性资产通常具有的高流动性和低回报率作出权衡。

获取信息的成本

投资者寻求低风险的资产，尽管想这样做，却又不想花费时间和资源去评估发行者的信誉或监督借款人的行为。对于像现金或政府证券之类的资产，其信息能够以低成本随时提供给公众。例如，如果你想购买
91 政府债券，你可以在《华尔街日报》上轻易地找到其价格和收益率。与此类似，投资者花费不多就能收集到大公司股票和债券的有关信息，因为金融分析师公布这些资产的信息。

然而，如果一家新公司发行金融工具，投资者在作出投资决策前必须花时间和资源去收集和分析这家公司的信息。因此，投资者更偏好持有信息成本低的资产。一种资产的信息成本增加会提高该资产的必要收益率（required rate of return）；信息成本的降低会减低必要收益率。金融体系的专家收集和分析金融资产发行者的信息，并且将这些信息有价出售。在其他条件不变的情况下，一项资产相对于其他资产的信息成本高，会降低该资产的需求量。

表 5—1 总结了资产组合选择的主要决定因素。表中第 2 列所列影响效应的基本假设是：所有其他因素保持不变。我们已对每个因素进行了讨论，你可以思考这些因素如何影响你的财务决策。就像我们将在第 4 篇中讨论的那样，这些因素也影响企业和金融中介机构的资产组合决策。

表 5—1　　资产配置的决定因素

……增加或升高	引起资产组合中该资产数量的……	原因……
财富	增加	储蓄者有更多的储蓄储量可供配置
该项资产相对于其他资产的预期收益率	增加	储蓄者从持有的资产中获得更多的收益
风险（收益的变动性）	减少	储蓄者通常是风险规避型的
流动性（资产变现的便利程度）	增加	资产能以较低成本转换成现金，以满足消费支出
信息成本	减少	投资者必须花费资源收集和分析有关金融资产及其收益的数据

多样化的优点

虽然储蓄者选择购买了在投资期内预期会增值的资产，但并非所有的资产都能如愿增值。从我们对储蓄者资产选择行为的分析来看，你可能预测一位储蓄者可以对错综复杂的可选资产进行分类整理，并找出一项可能增值的资产，成为储蓄者投资的"最佳"选择。但我们讨论的资产组合选择理论中隐含的意义是，储蓄者决定纳入资产组合中的每一种资产都是重要的。如果储蓄者能够找到完美的投资资产，那么，我们为什么还假定储蓄者会持有多种资产呢？答案是现实世界充满了不确定性。尽管储蓄者进行了所有的分析和谨慎的决策，也不能确保资产的表现能像预期的那样好。为了弥补无法找到一种完美资产的不足，个体储蓄者
92 一般都持有多种资产，包括金融工具、不动产和耐用品。即使是金融资产，例如股票，投资者通常也会持有多家公司发行的股票。将储蓄资金配置于许多不同的资产被称为**多样化**（diversification）。

在现实世界中，各种资产的收益并不完全一致运动，因为它们的风险不完全相关。也就是说，资产并不会同时地全部变好或变差。因此，多样化资产组合比单一资产构成的资产组合在收益上更加稳定。多样化允许投资者有效地将风险分散在小股资产上，减少潜在的损失。对多样

化好处的研究使得三位经济学家获得诺贝尔经济学奖：耶鲁大学的詹姆斯·托宾（James Tobin）、纽约城市大学巴鲁学院的哈里·马柯维茨（Harry Markowitz）和斯坦福大学的威廉·夏普（William Sharpe）。

多样化是如何减少资产组合风险的？让我们用一个例子来回答这个问题。假设你想用 1 000 美元投资于股票，并正在选择两种股票：Boomco 公司的股票和 Bustco 公司的股票，它们的收益变化与经济周期的变化完全相反。假设 Boomco 公司一半时间运行良好，另一半时间运行较差。当经济向好时，Boomco 公司生意兴隆，其股票收益率达到 20%，你的收益为 200 美元。但是当经济疲弱时，Boomco 公司的产品滞销。此时其股票收益率为 0，你也一无所得。因此，将 1 000 美元投资于 Boomco 公司股票，你的预期收益为

$$\frac{1}{2}\times 200\text{ 美元}+\frac{1}{2}\times 0\text{ 美元}=100\text{ 美元}$$

如果你只投资 Boomco 公司的股票，你能够获得 10%（=100/1 000）的预期收益率。

假设 Bustco 公司的收益走势与 Boomco 公司正好相反。当经济疲弱时，Bustco 股票的收益率较高（20%），你的收益为 200 美元。当经济向好时，你一无所获（0）。与 Boomco 公司股票一样，Bustco 股票的预期收益率为

$$\frac{1}{2}\times 0\text{ 美元}+\frac{1}{2}\times 200\text{ 美元}=100\text{ 美元}$$

如果你只投资 Bustco 股票，你能够获得 10%的预期收益率。当然，如果你只投资 Boomco 股票或 Bustco 股票，你将存在风险，因为你的收益将随经济周期的变化而变化。

现在考虑如果你将等额资金投资于 Boomco 和 Bustco 公司股票，会出现什么情况？在经济向好时，Boomco 公司股票的收益率为 20%，Bustco 公司股票的收益率为 0。因此，在经济向好时，你的总回报率为

$$\begin{aligned}&\frac{1}{2}\times\text{Boomco 公司股票收益率}+\frac{1}{2}\times\text{Bustco 公司股票收益率}\\&=10\%\end{aligned}$$

即，

$$500\text{ 美元}\times 0.20+500\text{ 美元}\times 0=100\text{ 美元}$$

依此类推，经济疲弱时，你的收益率为

$$\begin{aligned}&\frac{1}{2}\times\text{Boomco 公司股票收益率}+\frac{1}{2}\times\text{Bustco 公司股票收益率}\\&=10\%\end{aligned}$$

93 即，

500 美元×0＋500 美元×0.20＝100 美元

通过这种策略，你获得的预期收益率（10%），与你在经济向好情况下只购买其中一家公司股票所获得的预期收益率是一样的。然而，通过限制波动性的一个来源即经济绩效的影响，你能够减少风险对你的资产组合收益率的影响。通过持有多种资产来分散风险的策略可以保证收入的相对稳定。

储蓄者无法完全消除风险，因为资产有一些共有的风险，被称为**市场风险**（market risk）或**系统性风险**（systematic risk）。例如，经济条件的整体波动会导致股票收益集体上升或下跌。资产也具有自身独特的风险，被称为**异质性风险**（idiosyncratic risk）或**非系统性风险**（unsystematic risk）。例如，新发现、罢工或诉讼等因素会影响公司利润和股票价值，进而对单个股票的价格产生影响。多样化能够消除异质性风险，但是不能消除系统性风险。[1]

只要资产收益不是完全同步地变动，多样化就会减少资产组合收益的风险。资产收益越不完全同步变动，储蓄者就能通过多样化减少资产组合的风险而获得越大的好处。由于储蓄者一般是风险规避型的，所以他们的资产组合包含了众多不同的资产。

图 5—2 显示了一项研究结果，该研究确定了纽约股票交易所交易的股票组合多样化能消除多大的风险。它表明了等权重资产组合与不同股票数量（随机选取）资产组合的平均年波动率之间的关系。尽管单个股票的平均年波动率（以标准差来度量）为 49%，但是持有两种股票就减少了大约四分之一的波动率，大致为 37%。[2] 持有八种股票能使平均年波动率降低一半，不到 25%。资产数量增加到 20 能使年平均波动率进一
94 步下降，约为 21.7%。持有纽约股票交易所全部上市股票的资产组合，能使年平均波动率下降到 19.2%。余下的波动率可以归因于固有的市场风险，不能通过增加持有股票来消除；也就是说，这个风险是非分散化的。在某些（不太可能的）情况下，收益是完全正相关的，增加持有额外的资产也不能减少资产组合的波动率。

为度量系统性风险，金融经济学家计算一个被称为**贝塔**（beta）的变量，该变量度量一种股票的预期收益率相对于包含全部股票在内的市场资产组合价值变化的反应程度。例如，如果市场资产组合价值上升 1%，引起某一资产价值增加 0.5%，那么该资产的贝塔值为 0.5。如果市场资产组合价值上升 1%，引起某一资产价值增加 1.5%，则该资产的贝塔值等于 1.5。

---

〔1〕 的确，如果资产回报是独立的（完全不相关），增加资产组合中资产的种类能够消除全部的风险。

〔2〕 资产组合收益率的变化幅度是预期收益率的方差，标准差是此变化幅度变量的平方根。

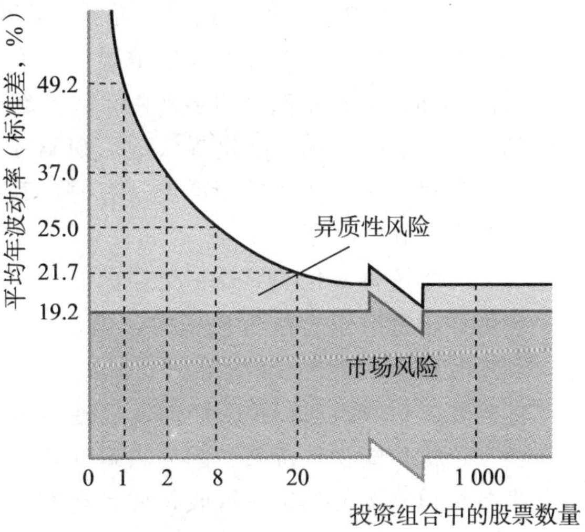

图 5—2　通过股票资产组合多样化减少的风险

在资产组合中增加持有纽约股票交易所上市股票只数能减少资产组合收益率的波动性，虽然多样化能减少个体风险，但某些特定的风险是无法消除的。

资料来源：基于 Meir Statman，"How Many Stocks Make a Diversified Portfolio?" *Journal of Financial and Quantitative Analysis*，22：353－364，1980 中的计算。

市场资产组合没有任何异质性风险，只有系统性风险。因此，当一项资产有很高的贝塔值时，其收益率存在很高的系统性风险。系统性风险由贝塔值来衡量，贝塔值为 1.5 意味着其系统性风险是 0.5 贝塔值的 3 倍。由于系统性风险不能通过多样化来消除，因此，在其他因素相同的情况下，投资者不愿意持有高贝塔值的资产。因此，贝塔值较高的资产必须有较高的预期收益率，以补偿投资者较高的投资风险。

储蓄者多样化的能力会受到成本的限制，包括可选资产信息的获取成本和买卖资产的交易成本。多样化另外一个潜在的限制是持有资产的法律限制，某些资产只能由个人储蓄者持有，还有某些资产只能以特定金融中介机构的名义持有。例如，个人投资者在投资衍生金融工具时面临限制，要根据其净资产和金融成熟度来核准；禁止商业银行把储户资金投资于公司证券。

总结：解释资产组合配置

在本章的开头，我们观察了居民现在和过去的资产配置模式。我们能够运用资产组合选择的影响因素和多样化原理来解释资产组合的构成如何随时间的推移而发生变化。

图 5—1 中的一种模式是，储蓄者配置的资产随着时间的推移而不同，有一些资产被投资者普遍地增加持有，而其他一些资产持有则下降了。例如，可开立支票的存款在储蓄者资产组合中所占的比例急剧下降，其中一个原因是第二次世界大战后财富才增加。支票账户是一种必需资产，当美国居民在战后变得更富有时，其支票账户余额相对于其他资产的持有量就下降了。

产生这种变化的另外一个原因是，不同资产的税收待遇不同。当储蓄者作出资产组合配置决策时，他们会比较可供选择资产的预期收益。预期收益会因为税收待遇的不同而不同。当居民直接购买股票或债券时，他需要支付收益所得税。而储蓄者通过人寿保险准备金进行间接投资就会享受优惠的税收待遇，因为人寿保险准备金滋生的收益免税。养老金准备金也有类似的优惠税收，并且还有其他的优惠：居民用税前收入缴
96 纳养老金，缴纳金的收益不用支付个人所得税。自 1950 年以来，随着养老金计划适用度的扩展，居民通过养老金计划持有更多的资产，以享有更高的税后收益。同一时期，直接持有美国政府债券、公司债券和股票的相对重要性下降了。

1950 年，美国居民持有的股票共同基金占其金融资产的 0.8%。1970 年，这个数字增大了 3 倍，达到 2.4%。到 2006 年，增大了 6 倍多，达到 14.3%。其原因是共同基金为小额投资者减少了风险和信息成本，增加了其持有股票的流动性。

共同基金帮助储蓄者减少总体风险暴露的一个方法是促进多样化，而多样化的障碍是买卖金融资产的资本。一方面，直接买卖的交易成本对小额投资者来说可能会显得比较高。例如，购买少量 GM 股票所付的经纪人佣金是很高的。另一方面，共同基金的投资者从金融市场购买的是已实现多样化的资产组合份额，因为共同基金有巨额的资金（个人储蓄者的资金集合）可供投资，它提供了较低的交易成本。因此，共同基金能够提供多样化的股票资产组合。除了股票外，共同基金提供各种可能资产组合的多样化，包括政府债券或公司债券，以及货币市场工具如国库券或商业票据。

共同基金除了为储蓄者提供一种共担风险的途径外，还通过低交易成本以及在某些情况下具有的笔迹核对（check-writing）特点来维持流动性。共同基金还通过节约组合资产的研究和信息收集成本，为储蓄者减少信息成本。

为什么共同基金提供这些促进其快速成长的服务呢？基金获得利润，
97 基金经理人也会分一份，因为投资者愿意牺牲部分投资预期收益来获得这些利润。虽然多样化是有价值的投资目标，但要小心别投资于太多相似的基金。当你购买共同基金时，你已经通过投资于一组证券进行多样化了。如果投资太多相似的基金，你可能要在费用和登记上付出额外的成本。

总之，我们通过运用资产组合选择理论和多样化原理，解释了储蓄者在不同资产间配置其资金方式的变化趋势。当人们的财富增多时，投资者更可能用奢侈资产代替必需资产。对于寻求高预期收益的储蓄者而言，能降低风险和信息成本且增加流动性的投资成为更流行的工具。各种资产的税收变化或税收差异也使得投资者偏好某些资产而冷落另一些资产。

案例研究

金融市场风险升水建模

95 在其他因素都相同的情况下，一项资产收益风险的增加会降低投资者持有该资产的意愿。这一有用的定性陈述激发了人们致力于建立风险升水模型。下面，我们考察其中的两项发展：资本资产定价模型（capital asset pricing model，CAPM）和套利定价理论（arbitrage pricing theory，APT）。

CAPM模型是由斯坦福大学的威廉·夏普和哈佛大学已故的约翰·林特尔（John Lintner）在20世纪60年代开发出来的。其切入点是，对于一个完全多样化的股票资产组合而言，一项单个资产（例如埃克森美孚股票）的风险反映了其系统性风险的大小。这个大小通过贝塔值来度量。贝塔值越大，系统性风险也就越大，因而投资者所要求的预期收益率就越高，这样他们才愿意持有此项资产。在CAPM模型中，资产j的预期收益率为R_j^e，它取决于无风险利率R_f和市场资产组合的预期收益率R_m^e，具体的表达式为：

$$\underbrace{R_j^e}_{\text{资产}j\text{的预期收益率}} = \underbrace{R_f}_{\text{无风险利率}} + \underbrace{\underbrace{\beta_j}_{\text{资产}j\text{的贝塔值}} \times \underbrace{(R_m^e - R_f)}_{\text{市场资产组合的风险升水}}}_{\text{资产}j\text{的风险升水}}$$

换句话说，资产的预期收益率由两部分组成：无风险利率和资产的风险升水。风险升水用来补偿投资者承担证券不能产生预期收益的风险。在CAPM中，风险升水等于市场资产组合的风险升水乘以贝塔值。例如，假设一项资产的贝塔值为1.0，则其风险升水等于$1.0\times(R_m^e-R_f)$，即市场资产组合的风险升水。如果资产的贝塔值为1.5，则其风险升水是市场资产组合收益率的1.5倍，在本例中，如果市场资产组合的预期收益率为8%，无风险利率为2%，那么市场资产组合的风险升水是6%，单个资产的风险升水为1.5×6%，即9%。

CAPM模型的简化性主要体现在它假设市场风险只有一个来源，即市场资产组合的系统性风险。然而，在经济生活中系统性风险可能有多个来源，例如总体通货膨胀或总产出。根据耶鲁大学斯蒂芬·罗斯（Stephen Ross）提出的套利定价理论（APT），每一种影响因素都有一个相应的贝塔值。通过估计预期收益率对这些影响因素变化的敏感度可以求出贝塔值。为了解 APT 是如何改进 CAPM 的，我们可以用每个影响因素变化对应的预期收益率 R^e_{FAC} 代替市场资产组合的预期收益率 R^e_m。因此，根据套利定价理论，得出下式：

$$\underbrace{R_j^e}_{\text{资产}j\text{的预期收益率}} = \underbrace{R_f}_{\text{无风险利率}} + \underbrace{\underbrace{\beta_{j1}\times(R^e_{FAC1}-R_f)}_{\text{因素1对风险升水的贡献}} + \underbrace{\beta_{j2}\times(R^e_{FAC2}-R_f)}_{\text{因素2对风险升水的贡献}} + \cdots + \underbrace{\beta_{jN}\times(R^e_{FACN}-R_f)}_{\text{因素}N\text{对风险升水的贡献}}}_{\text{资产}j\text{的风险升水}}$$

根据 APT 理论，资产对每个因素的敏感度增大会增加风险升水。

尽管 CAPM 和 APT 有许多扩展，但它们仍然被金融市场从业人员使用。尽管每个理论都对风险升水的计算提供了技术解释，但其中心思想是一致的：系统性风险的增加会提高资产的风险升水和投资者持有该资产的必要收益率。

博闻广识

投资者能够很好地进行（全球性）多样化吗？

在本国股票市场上，投资者可以通过多样化来减少其风险暴露，即持有其收益率不同升同降的多种股票。投资者甚至可以更进一步在国际市场上运用多样化原理：由于不同国家市场的证券不总是完全一致运动的，投资者持有不同国家的股票，就可以改善其资产组合的多样化。达特茅斯学院的肯尼斯·弗伦奇（Kenneth French）和麻省理工学院的詹姆斯·波特巴（James Poterba）曾经指出，美国、日本、英国、法国、德国和加拿大的股票收益率并不是一致运动的，这意味着投资者可以通过持有由多个国家股票构成的资产组合来显著地降低风险。* 尽管人们早就知道全球性多样化的好处，但是大多数储蓄者仍然将其绝大部分财富配置于本国资产。弗伦奇和波特巴对美国、日本、英国、德国和法国世界 5 个最大股票市场的研究表明，本国股票的 90%由本国投资者持有。德国例外，其 80%的本国股票由本国居民持有。

为什么投资者会放弃其资产组合更加全球性多样化的潜在巨大收益呢？一个可能的解释是制度壁垒（institutional barriers）。例如，政府限制到国外投资的相关规定。尽管这种理论似乎在 20 世纪 70 年代也许还行得通，当时这种管制还是普遍存在的，但当今工业化国家普遍取消了资本管制。另外一个理论认为，本国和外国市场存在不同的交易成本，以及投资者寻求最低的交易成本。然而，由于在一些流动性很高的市场，例如纽约股票市场上，交易成本是比较低的，这种解释也不太符合大多数投资者一直在本国投资的事实。最有可能的解释是信息成本：投资者直接投资外国股票需要承担额外的“风险”，因为他们对外国的公司和市场了解不多。因此，他们选择风险更小的本国投资。国别共同基金为投资者投资更多外国股票提供了途径，且越来越受欢迎，它们也许有助于克服全球性多样化的这一壁垒。

*参见 Kenneth R. French and James M. Poterba，“Investor Diversification and International Equity Markets,” *American Economic Review*，81：222-226，1991。

关键术语和概念

贝塔	市场（系统性）风险
资产组合配置理论	资产组合选择的决定因素
风险规避型储蓄者	需求的财富弹性
多样化	风险喜好型储蓄者
异质性（非系统性）风险	风险中立型储蓄者

总　结

1. 资产组合配置理论有助于预测储蓄者是如何选择持有的资产来进行投资的。储蓄者将其储蓄配置到一项特定资产上是由以下因素决定的：(1) 财富（财富越多，选择的奢侈资产要多于必需资产）；(2) 一项资产相对于其他资产的预期收益；(3) 一项资产相对于其他资产的收益风险；(4) 一项资产相对于其他资产的流动性；(5) 一项资产相对于其他资产的信息收集成本。

2. 只要各种资产的收益不是完全一致运动，多样化（持有多种资产）就能够减少资产组合收益的风险。资产收益运动越不一致，多样化就越能够减少风险。风险规避型储蓄者更看重这种风险的减少，他们不仅关心储蓄（资产组合）的预期收益率，而且关心收益的波动性。

复习题

1. 对一项特定资产的需求的 5 个关键决定因素是什么？

2. 必需资产和奢侈资产之间的区别是什么？分别举出几个例子。

3. 风险规避、风险中立和风险喜好的区别是什么？哪种类型的储蓄者更可能只持有股票和股票期权？哪种类型的储蓄者可能持有的债券和现金要多于股票？

4. 美国公民大部分都在美国股票市场进行投资；日本公民大部分在日本股票市场投资。如果多样化有好处，为什么他们还这么做？

5. 谚语说："不要把所有的鸡蛋放在一个篮子里"，这是哪个投资原理的例子？它的意思是什么？

100 6. 如果股票收益率和债券收益率的差别所隐含的风险升水过大，不能只用风险因素来解释，那它该如何解释呢？

7. 小额投资者持有股票共同基金与持有单个股票相比有什么好处？

8. 尽管股票市场在 20 世纪 90 年代繁荣兴旺，但是居民金融资产中直接投资股票的份额在 1970—1998 年间下降了 10%左右，你认为发生这种情况的原因是什么？

9. 市场风险和异质性风险之间的区别是什么？哪一种风险可以通过多样化来降低？

10. 为什么不是所有的风险规避型投资者都持有充分多样化的资产组合？

11. 你能预测纽约股票交易所交易的单个股票收益率的波动性会比由该交易所交易的全部股票构成的资产组合收益率的波动性更大还是更小吗？为什么？

分析题

12. 假设你的 IBM 股票需求的财富弹性是 2，你拥有 1 000 股 IBM 股票，你的总财富是 100 万美元。你从工作中得到奖金 100 000 美元，你将再购买多少 IBM 的股票？

13. 假设你是一名投资者，有 3 种资产可供选择，它们除了收益率和税率不一样外，其他完全相同。哪一种资产的税后收益率最高？

资产 1：利率 10%，利息税为 40%；

资产 2：利率 8%，利息税为 25%；

资产 3：利率 6.5%，没有利息税。

14. 假设 13 题中资产 1 的收益率为 11%，你的答案会改变吗？如果是，变化是什么？

15. 美国 30 年期政府债券出售时通常会附一个赎回条款：25 年后，政府可以支付最后一笔利息并偿还本金来赎回债券。1985 年，当政府取消赎回条款时，政府发现它可以对该债券支付与以前不同的利率。请问这个利率是高还是低？为什么？什么时候政府可能赎回已发行的可赎回债券？

16. 假设你已投资 1 000 美元购买了 AW 公司股票。一半时间你的收益率为 20%，另一半时间为 0。假设你研究了 AG 公司股票的收益率，在 AW 股票收益率为 20%的期间内，AG 股票收益率一半时间为 20%，一半时间为 0；同样，在 AW 股票收益率为 0 的期间内，AG 股票收益率一半时间为 20%，一半时间为 0。你是卖出 500 美元的 AW 股票转投 AG 股票更好呢，还是将在 AW 股票的投资仍都维持不动更好呢？

17. 在 20 世纪 80 年代中期，出现了一种新的技术，可将政府附息债券的支付分成两个部分：一部分是由债券的息票利息支付所构成，另一部分是由债券本金的偿还所构成。对投资者而言，将债券的这两部分分开出售比整个出售能得到更多价值。为什么？

18. 假设你正打算投资一个股票组合，从下列股票中进行选择：Badrisk 公司股票，好年景有 30%的收益率，差年景则有 50%的损失率；Worserisk 公司股票，好年景有 30%的收益率，差年景有 75%的损失率；Norisk 公司股票，所有时期都保持 10%的收益率；Worserisk 公司股票，好年景有 20%的收益率，差年景有 5%的损失率。

a. 如果你是一个不折不扣的风险规避型储蓄者，你的目标就是将风险最小化，你会购买哪种（些）股票？

b. 如果你是风险中立型储蓄者，且好年景和差年景各占一半时间，你会购买哪种（些）股票？

c. 如果你还算是一个风险规避型储蓄者，你的资产组合中曾经有过 Badrisk 公司股票和 Worserisk 公司股票吗？为什么？

d. 如果你决定构成一个这样的资产组合：1/3 的 Badrisk 公司股票、1/3 的 Norisk 公司股票以及 1/3 的 Worserisk 公司股票，在好年景期间你的收益率是多少？在差年景期间你的收益率又是多少呢？如果好年景和差年景各占一半，整个期间你的平均收益率是多少？如果好年景期间占 80%，差年景期间占 20%，整个期间你的平均收益率为多少？

101 19. 假设你想持有一个股票资产组合为期一年。你有 1 000 美元可投资股票，你的选择是：Topgunner 公司股票，好年景期间收益率为 20%，差年景期间收益率为 −10%；Lowrunner 公司股票，好年景期间收益率为 35%，差年景期间为 −15%。

a. 如果你只购买 Topgunner 股票，在好年景期间你的收益率是多少？在差年景期间呢？如果你只购买 Lowrunner 公司股票，在好年景期间你的收益率是多少？在差年景期间呢？如果你对 Topgunner 股票和 Lowrunner 股票各投一半资金，好年景期间你的收益率是多少？在差年景期间呢？

b. 现在假设，对于你买的每一种股票，你必须支付 50 美元的交易成本。交易成本减少了题 a 中你的收益。你的资产组合会发生什么变化？

20. 你是一家投资俱乐部的会员，该俱乐部持有一家男装公司的股票。请解释支持还是反对购买下列股票的理由：

a. 女装公司的股票；

b. 化学制品公司的股票。

哪一种投资更可能减少该俱乐部资产组合的总体风险？为什么？

21. 用资产组合选择理论阐述，你为什么更愿意或不愿意购买 IBM 的股票，如果你

a. 中彩票赢得 100 万美元；

b. 预期股票价格波动性将变得更大；

c. 预期 IBM 股票价格在下一年会上涨；

d. 得知一个新措施会增加债券市场的流动性。

22. 用资产组合选择理论阐述，你为什么更愿意或不愿购买公司债券，如果你

a. 预期债券利率会上升；

b. 预期下个月出售你的住房会有较大的资本损失；

c. 得知出售债券的交易成本会增加；

d. 预期未来的通货膨胀会显著增高。

数据题

23. 你可以通过《华尔街日报》上的广告获得很多关于共同基金的信息。这些广告邀请你写信给基金管理人获得一份募集说明书，内容包括基金资产组合、管理策略和费用的信息。在互联网上或者在图书馆可以找到一只专门投资股票的基金的募集说明书，查看该基金持有股票的名单。该基金的多样化如何？请解释你的理由。

24. 美联储定期公布美国居民和企业的资产和负债概览。到图书馆找到最近一份“美国经济资产负债表”，计算最近年份外国公司股票持有数占全部公司股票持有数的比例。用资产组合配置理论解释，为什么美国居民持有这么小比例的外国公司股票？

25. 美联储的资金流量账户报告提供了每季度居民资产组合配置决策的信息。每期的表 100 都会按年分析最近 8 年的信息。你可以登录这个网址在最近发布的报告中看到这张表，http://www.federalreserve.gov/releases/z1/current/data.htm。在这个时期内，居民在各种不同投资工具之间的配置是如何变化的？这些变化与这一期间商业周期的变化有关系吗？

26. 共同基金的信息无所不在。流行的网站是晨星公司（Morningstar）的网站。登录 http：//www.morningstar.com/Cover/Funds.html？topnav＝funds，查看“Family Fund Data Pages”（系列基金数据页），点击列出基金的界面。查看每种基金的分析部分，然后根据风险和收益来评估资产组合配置的等级。关心财富最大化的投资者会更偏好哪一种基金？其预期收益率为多少？风险等级呢？请解释。

理论联系实际

《经济学家》，2006 年 6 月 1 日

阴云笼罩

“信心状态对于从事实务的人们来说至关重要，他们总是对此给予最密切和最急切的关注”，约翰·梅纳德·凯恩斯写道。但是大多数学者型经济学家都避免谈论此问题。这并不是因为他们怀疑它的重要性——大多数的人类冒险大致上都可归因于“动物精神和盲目乐观”，这种情绪波动从来就是很难解释或度量的。“投资者的情绪只能打开他们的胃口和对天气的反应”，凯恩斯写道。

事实上，得克萨斯大学奥斯汀校区的一位经济学家保罗·泰罗克（Paul Tetlock）认为，他的同行可以从新闻媒体的天气预报员那里学到很多东西。泰罗克密切关注《华尔街日报》每日专栏“与市场同行”中的措辞。每天早上，这个专栏都会报道前一天的股市情况，尤其是道琼斯工业平均指数和标准普尔 500 指数。

泰罗克先生的研究要在金融杂志上发表，他运用计算机阅读了从 1984 年 1 月 1 日到 1999 年 9 月 17 日之间 3 700 多期该专栏的文章，并用计算机算出了落入《哈佛词典》（*Harvard Dictionary*）77 个“心理—社会”分类的单词数量。在市场低迷的第二天，该专栏就充满了那种负面词汇……本应如此，毕竟新闻记者的职责就是如实地报道事件。但是，泰罗克先生认
a 为，“与市场同行”栏目也可以走在市场前头。他发现，在其他情况不变的条件下，该专栏如果特别悲观，充斥着“疲软”和“负面”的词汇，会使得下一个交易日道琼斯工业平均指数下降 0.081%。可能听起来不是很多，但是从 1984 年到 1999 年该指数的平均日收益率只有 0.054%。

这表明当时一个报纸专栏可以对股票价格产生明显的影响，这怎么
b 可能呢？这并不是因为它披露了对经济运行的新见解或上市公司的前景。既然它主要报道有关市场波动的消息，那么该专栏传递的这些新闻本身几乎已经反映在股票价格之中了。

泰罗克认为，财经媒体不是对投资而是对投资者更有洞察力，它可以在信息完全反映在股票价格中之前报道有关“信心状态”的新闻。当市场滋生一种情绪之时，媒体也可能会帮助加强这一情绪。投资者在早上边喝咖啡边读一个令人沮丧的专栏，其对投资者的影响也许与阴暗的天气或消化不良带来的影响大致相同。

c 财经媒体的影响力是短暂的，不论其内容是什么，笼罩股票市场的阴云很快就会散去。泰罗克先生发现，实际上，损害在 5 天内就会反转。价格反弹，头脑冷静的套利者从胆小的投资者手中买入股票而获得了合理的收益。

新闻分析

99 财经媒体每天都充斥着前一天金融市场交易的故事，这种讨论经常集中于股票市场价格的变动。但是股票市场价格总水平每天的变动真正能告诉你什么呢？为什么股票价格日复一日地变动呢？

2006 年 5 月 11 日，世界各地的股票持有者重新评估了其资产组合配置，从有较大风险的资产，如股票，转向有较小风险的资产，如美国国债。为什么投资者对风险和资产组合配置的态度在这样短的时间内会发生转变呢？

a. 保罗·泰罗克的研究认为，财经媒体除了报道新闻外，还通过改变市场参与者对风险的感知进而在创造新闻方面发挥作用。这个研究领域被称为“行为金融”，它是用心理学来解释资产组合配置和金融市场价格的变动情况。

当交易者在财经媒体中看到（在本例中是关于证券的）“负面”消息时，他们自觉或不自觉地就会相信风险会增加，股票价格将进一步下降。带着这种在开市前就已形成的看法，交易者将会在价格进一步下跌前卖出他们的股票。

b. 资产组合配置的关键决定因素是预期收益。以股票为例，其收益来自支付的股息和资本利得（股票价格上升），有关特定一家公司未来收益的新信息能够影响该公司股票当前价格的变动。财经媒体并不总是报道交易者还不知道的全新信息。

c. 非理性行为或者说“动物精神”可能会引起股票市场价格每天大幅度波动，而这种非理性行为可能很快就被逆转，老练的投资者会重新安排他们的资产组合，以平衡对预期收益和风险的评估。如果恐慌性抛售使股价低于真实的市场价值，其他投资者将入市，以相对低的价格买入这些股票。当交易者过度自信和市场价格被拉升太高时，则发生相反的情况。在具有高流动性和低信息成本的市场，这种纠正是很容易做到的。

更进一步的思考……

不管是来自新闻报道还是内在感觉，很多金融分析师观察到，欧洲投资者（如法国或德国投资者）与美国投资者的风险态度不同，尤其是欧洲投资者多是风险规避型的。如果欧洲投资者不喜欢风险，那么（收益有时变动很大的）股票就不像债券那样受欢迎。那么，居民不愿意持有股票为何使得新兴欧洲公司的风险投资基金业发展不起来呢？

资料来源：节选自“In a Sentimental Mood,” *The Economist*，June 1，2006. © The Economist Newspaper。

第 6 章　市场利率的决定

102

网页推荐：
http://www.federalreserve.gov/releases
给出了美国利率的数据。

2000年美国总统大选，乔治・W・布什与艾尔・戈尔展开争夺，主要焦点是如何处理美国的财政预算盈余——几十年没有出现过的情况。实际上，人们期待财政预算盈余已经很长一段时间了。早在1994年，《华盛顿邮报》(*Washington Post*）专栏作家鲍勃・伍德沃德（Bob Woodward）在其名为《议程》（*The Agenda*）的畅销书中记录了1993年间美国财政预算规划。[1] 其中引人关注且可能令人惊异的是财政预算规划者对债券市场的重视（特别是美国财政部发行的长期债券市场）。总统政治顾问和经济顾问之间就削减财政赤字的一揽子计划展开无休止的争论，这不禁使得一位政治顾问发出疑问："债券市场有多少选票?"对债券市场"选票"的关注无疑是很实际的。削减赤字的预算会使得债券价格上升，进而使居民、企业和政府自身付息的利率下降。在本章中，我们分析贷款和借款决策如何产生金融体系中资金的需求和供给。我们将分析贷款和借款的决策是怎样影响利率决定的。在第4章的分析中，我们知道利率和债券价格是负相关的；因而，通过解释债券价格的运动可以让

〔1〕 Bob Woodward, *The Agenda*: *Inside the Clinton White House*, New York: Simon&Schuster, 1994, 引自第130页。

我们解释利率的运动。如你在初级经济学课程中学到的其他市场一样，债券价格与利率之间的均衡也是由供给和需求决定的。

联邦预算赤字变化只是引起市场利率提高和下降的因素之一。在本章中，我们也描述了影响市场利率波动的其他原因。首先，我们从考察市场利率的决定因素开始。

债券市场的供给和需求与可贷资金[1]

债券市场的利率是由债券的供给和需求决定的。为考察利率是如何决定的，我们就要尤其注重分析债券购买者和出售者的行为。我们将我们的考察限定在市场上债券的数量和这些债券的价格，假定其他条件不变。一旦我们观察到基本关系，我们将引入一些“其他因素”，并观察它们是如何改变我们对债券市场的运作作出的基本预言的。

我们可以用两种方式来观察债券的购买者（需求者）和出售者（供应者）。首先，我们可以将债券作为“商品”来观察。在这种情况下，放款者购买债券，而借款者出售债券。放款者对债券所付的金额就是债券
103 的“价格”。其次，我们可将资金的使用作为“商品”来观察。在这种情况下，借款者是购买者，因为借款者购买了资金的使用权并且对资金的使用付费以及承诺偿还。出售者就是资金的供应者。资金交换的“价格”就是利率。下表概括了债券市场的这两种观察方式。

	债券是商品	资金的使用是商品
购买者	放款者购买债券	借款者筹集资金
出售者	借款者发行债券	放款者供应资金
价格	债券价格	利率

考察债券市场的利率是如何决定的，第一步是观察数量如何随价格变动而变动。在债券是商品的情况下，债券的数量将随债券价格变动而变动。在可贷资金是商品的情况下，可贷资金的数量将随利率变动而变动。我们的分析又一次说明了我们在第 4 章中所论证的债券价格与利率之间的关系。

〔1〕 特别感谢得克萨斯大学奥斯汀校区的史蒂文·汤姆林森（Steven Tomlinson），他建议将债券市场和可贷资金一并阐述。

需求曲线

我们要建立的第一个关系是债券价格与放款者债券需求数量之间的关系。假设我们研究1年期贴现债券的需求，该债券到期时将付给持有者10 000美元。如果债券的价格为8 000美元（图6—1(a) 中的 A 点)，放款者以此价购买的债券将比价格为9 500美元时多一些（B 点)。债券价格与需求数量之间的关系形成了图6—1(a) 中的需求曲线。需求曲线向下倾斜是因为当债券价格下降时，放款者比在债券价格较高时更愿意并能够购买更多的债券。

在图6—1(a) 中，在其他变量保持不变的条件下，需求曲线刻画了债券需求量（横轴）与债券价格（纵轴）之间的关系。其他变量发生变化将使得需求曲线发生移动，这一点我们将在本章的后面进行讨论。

要构建债券市场的需求曲线，我们把交换的商品看做可贷资金，而不是债券。我们需要找到售价为8 000美元和9 500美元的贴现债券利率。持有1年期债券的预期收益率就是其到期收益率。在本例中，到期收益率 i 的计算公式是 i=(面值一贴现价格）/贴现价格。面值是已知的，即10 000美元，如果贴现价格是8 000美元，那么该利率 i 等于

$$(10\,000-8\,000)/8\,000=25\%$$

如果贴现价格是9 500美元，那么该利率等于

$$(10\,000-9\,500)/9\,500=5.3\%$$

下面我们来进行解释。图6—1(b) 的横轴，我们度量**可贷资金**(loanable funds)，L，放款者和借款者换手的资金数量。在纵轴上，我们度量价格。贷款如同一项“承诺”，度量贷款价格要比度量证券价格更加微妙。在本例中，放款者关心的是他们能赚到的利息，即其资金的租金。当债券价格为8 000美元时，利率为25%（A 点)；当价格为9 500
104 美元时，利率为5.3%（B 点)。债券的需求等于可贷资金的供给。当利率从5.3%上升到25%，在其他变量不变的条件下，放款者愿意并能够向借款者增加资金供给的数量。如图6—1所示，可贷资金的供给曲线 L^s 向上倾斜：在其他变量不变的条件下，利率上升将使放款者愿意并能够供给更多的资金。

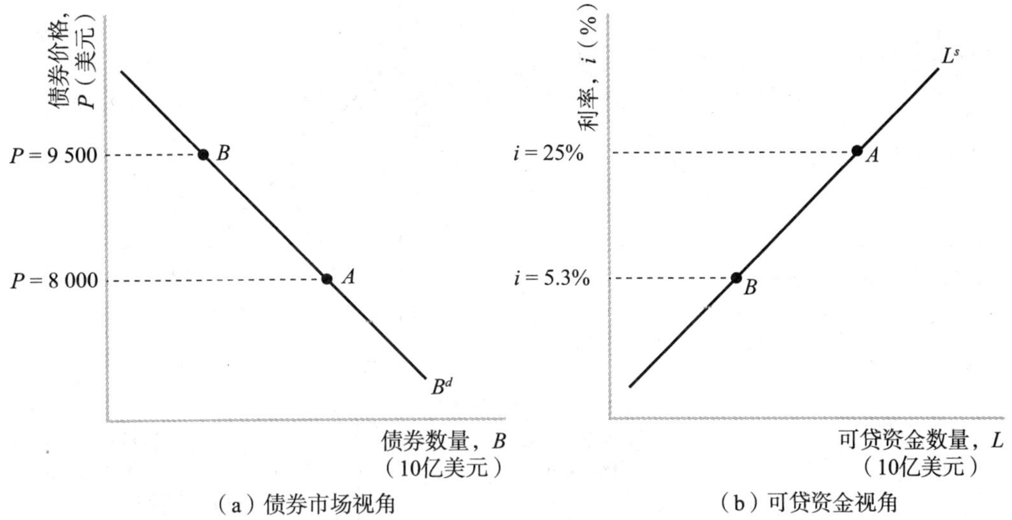

图 6—1　放款者的债券需求

如图（a）所示：

债券需求曲线 B^d 表明，在其他因素不变的条件下，放款者债券需求量与债券价格之间是负相关关系。

如图（b）所示：

可贷资金供给曲线 L^s 表明，在其他因素不变的条件下，放款者可贷资金供给量与利率之间是正相关关系。

供给曲线

债券供给曲线表明，在其他变量不变的条件下，借款者供给的债券数量怎样随债券价格的变化而变化。图 6—2(a) 显示借款者在不同价格下愿意供给的债券数量。再回到 1 年期面值为 10 000 美元的贴现债券。当债券价格为 9 500 美元（*C* 点）时，借款者比在价格为 8 000 美元（*D* 点）时更愿意并能够供给更多的债券（有偿还承诺）。债券供给曲线 B^s 是向上倾斜的。

为把债券市场看做可贷资金的需求，我们要分析借款者对放款者可贷资金的需求行为，图 6—2(b) 对此进行了分析。当利率较低时，借款者比利率较高时需求更多的资金。当债券价格为 9 500 美元，贴现债券的利率为 5.3%（*C* 点）；当价格为 8 000 美元，利率为 25%（*D* 点）。当利率从 5.3%上升到 25%，借款者愿意并能够在市场上借入更少的可贷资金，因此，可贷资金的需求曲线 L^d 是向下倾斜的。

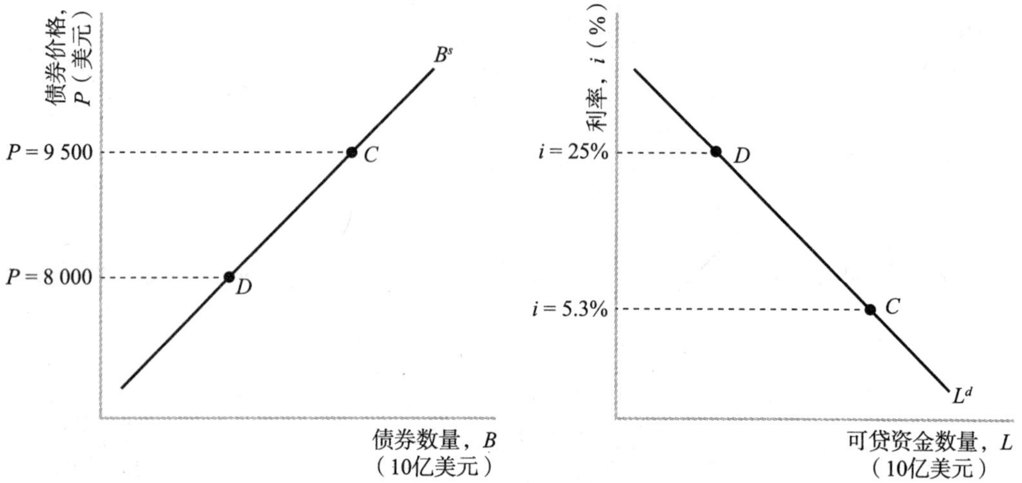

（a）债券市场视角

（b）可贷资金视角

图 6—2 借款者的债券供给

如图（a）所示：

债券供给曲线 B^s 表明，在其他因素不变的条件下，借款者债券供给量与债券价格之间是正相关关系。

如图（b）所示：

可贷资金需求曲线 L^d 表明，在其他因素不变的条件下，借款者可贷资金需求量与利率之间是负相关关系。

市场均衡

105 现在，我们通过将得到的需求曲线和供给曲线结合起来，就有足够的信息来决定债券市场和可贷资金市场的市场利率。我们用 10 000 美元贴现债券的例子来观察当前的债券价格和数量是多少，并观察市场利率将是多少。要分析该例子，我们将图 6—1 和图 6—2 的需求曲线和供给曲线结合起来，生成市场图 6—3。

哪个是当前的债券价格和利率？债券的均衡价格 P^* 由债券需求曲线 B^d 和债券供给曲线 B^s 的交点决定，如图 6—3(a) 中的 E 点所示。我们所说的均衡是指什么呢？基本上看，处于均衡时，债券价格和债券数量往往会保持不变，放款者和借款者都没有动机去改变其买或卖的决策。

为理解其原因，我们来考察市场处于不均衡状态时会出现什么情况。我们从两个方面来考察处于非均衡的市场，我们首先分析债券价格和数量，然后分析可贷资金。

假设图 6—3(a) 中债券价格为 $P_1=9\ 500$ 美元，高于均衡价格$P^*=9\ 091$ 美元。在这种情况下，借款者的债券供给数量多于放款者的债券需求数量，于是就出现了债券的超额供给。放款者能以当前价格购买到他们想要的全部债券，但是一些借款人借不到资金，因而，他们有动机降低债券的价格以使放款者愿意购买他们的债券。当债券价格下降时，会发生两种情况。首先，由于放款者现在能够赚取更多收益，一些此前不
106 愿放款的人现在愿意放款了；其次，由于借款成本上升，一些此前愿意借款的人现在不愿意借款了。债券价格一直下降到消除了债券超额供给时为止。在价格为 $P^*=9\ 091$ 美元即 E 点处重新恢复了均衡，在这一点，债券需求和债券供给的数量相等。

然而，假设图 6—3(a) 的债券价格是 $P_2=8\ 000$ 美元，小于 P^*。在这种情况下，放款者对债券的需求数量就超过了借款者愿意供给债券的数量，于是出现了债券的超额需求。借款者能以当前价格卖出他们全部的债券，但是一些放款者却不能以当前价格买到债券。因而，他们有动机提高从借款者手中购买债券的价格。当债券价格提高时，会发生两种情况。首先，由于借款成本降低了，那些此前不愿意借款的人现在愿意借款了；其次，由于放款者预期收益的下降，一些此前愿意放款的人现在不愿意放款了。债券价格一直提高到 $P^*=9\ 091$ 美元时为止，此时消除了债券的超额需求，在 E 点达到了均衡。金融体系具有回复到均衡状态的功能。

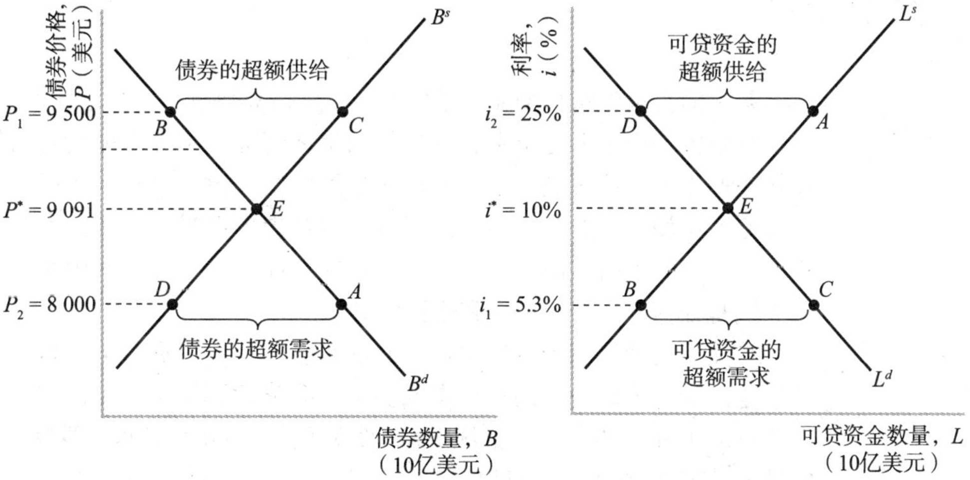

图 6—3　债券市场和可贷资金市场的均衡

如图 (a) 所示：

在均衡债券价格 P^* 处，放款者的债券需求量等于借款者的债券供给量。在任何高于 P^* 的价格下，债券存在超额供给；在任何低于 P^* 的价格下，债券存在超额需求。债券购买者和出售者的行为会将债券价格推向 P^*。

如图 (b) 所示：

在均衡利率 i^* 处，放款者的可贷资金供给量等于借款者的可贷资金需求量。在任何低于 i^* 的利率下，可贷资金存在超额需求；在任何高于 i^* 的利率下，可贷资金存在超额供给。放款者和借款者的行为将利率推向 i^*。

我们也可以看到，可贷资金市场具有同样的趋向均衡的方式，如图6—3(b) 所示。当利率为 5.3%时，借款者需求资金的数量大于放款者愿意提供资金的数量，他们必须提高利率才能获得更多资金。当利率提高时，放款者会愿意增加可贷资金的供给，而借款者会削减他们计划的
107 投资支出。利率一直提高到消除了可贷资金超额需求时为止，此时利率 $i^*=10\%$，在 E 点恢复均衡。

债券的需求曲线也代表放款者愿意供给可贷资金的数量，因而，P_2 处的债券超额需求对应着利率 $i_2=25\%$的可贷资金超额供给。在此利率水平下，放款者愿意提供的资金多于借款者愿意借入的资金，放款者必须降低利率，使得利率既能被他们所接受，又能吸引更多的借款者。当利率下降时，借款者愿意增加借入资金，同时放款者也减少了资金供给。利率一直下降到 $i^*=10\%$才能消除可贷资金的超额供给，即在 E 点恢复均衡。

总之，买者和卖者的行为推动债券市场走向均衡债券价格和均衡利率。

解释均衡利率的变动

基本的需求供给模型显示了债券市场上债券数量与价格之间的关系，以及可贷资金市场上可贷资金数量与利率之间的关系。为了找到均衡利率，我们作了一些假设。具体来说，除了价格和数量以外，我们的分析中忽略了市场上所有其他因素的影响。但在现实世界中，其他因素影响市场上的债券价格并改变市场利率。现在，我们来描述这些因素，并说明它们是如何改变均衡利率和债券价格的。

在简化的债券市场模型中，我们仅对价格和数量进行了分析。价格或数量的变化体现为沿同一需求或供给曲线移动到不同位置。例如，在图 6—1(a) 中，当债券价格从 9 500 美元下降到 8 000 美元，即沿需求曲线从 B 点移动到 A 点，可以看出这会增加放款者的债券需求数量。当我们引入“其他因素”进行分析时，整条需求或供给曲线将会向左或向右移动，图 6—4 和图 6—5 图示了这种移动。

在债券市场或可贷资金市场上，增加债券或可贷资金需求的因素会使需求曲线向右移动，减少其需求的因素会使需求曲线向左移动。同理，增加债券或可贷资金供给的因素会使供给曲线右移，而减少其供给的因素会使供给曲线左移。我们首先描述在每一价格水平上改变需求量的因素，然后再分析在每一价格水平上改变供给量的因素。

债券需求的变动

储蓄者在资产组合配置理论（第 5 章）中用来选择投资的标准也同样是影响债券需求曲线移动的因素。这些因素包括财富、预期收益率和预期通货膨胀率、风险、流动性和信息成本。作为放款者，储蓄者会将债券和其他投资工具进行比较，如果债券优于其他投资工具，储蓄者将购买债券，而不是其他投资工具，这就会使需求曲线向右移动。如果其他投资工具的收益比债券的收益高，那么投资者将选择其他投资工具，这就会使需求曲线向左移动。我们逐一描述这些因素及其对债券需求和利率的影响。

108 **财富** 假设投资者将决定购买多少证券。投资者的财富越多，他就会将其更多的财富投资于包括债券在内的金融资产。在图 6—4(a) 中，债券市场起初是在 E_0 点处于均衡的，债券初始的均衡价格为 P_0。当投资者财富增加时，在给定的每一个价格水平上，投资者愿意并能够购买更多的债券。也就是说，在每一个债券价格水平上，债券的需求数量都增加了。因此，债券需求曲线 B^d 向右移动，从 B_0^d 右移到 B_1^d。请注意，债券需求曲线的右移使得均衡债券价格提高，$P_1>P_0$。再回到 E_0 点，如果总财富（经济体中储蓄存量）下降，会出现什么情况呢？由于储蓄下降，使债券的需求曲线向左移动，从 B_0^d 左移至 B_2^d。在新的均衡点 E_2 处，债券的新价格 P_2 低于 P_0。

在可贷资金市场上，我们可以发现同样的效应。在图 6—4(b) 中，可贷资金市场起初是在 E_0 点处于均衡，均衡利率为 i_0。随着放款者财富的增加，在任一利率水平下，放款者都愿意发放贷款。于是，可贷资金的供给曲线向右移动，从 L_0^s 右移至 L_1^s。在新的均衡点 E_1 处，利率从 i_0 降低至 i_1。请注意，利率越低（图 6—4(b)），意味着债券价格越高（图 6—4(a)）。再回到 E_0 点，总财富的减少会使得放款者在任一利率水平下供给资金的能力降低，使可贷资金供给曲线从 L_0^s 左移至 L_2^s。在新的均衡点 E_2 处，利率从 i_0 上升至 i_2。

我们可以概括我们的发现：在所有其他因素不变的条件下，随着总财富的增加，债券的需求也增加，债券需求曲线向右移动，提高了债券价格并降低了利率；在所有他因素不变的条件下，随着财富的减少，债券的需求减少，债券需求曲线向左移动，降低了债券价格并提高了利率。

预期收益率和预期通货膨胀率 如果债券的预期收益率上升，债券会成为更具吸引力的投资工具。但是预期收益率的上升不是债券需求变化的唯一原因，债券的需求也会受其他资产预期收益率的影响。例如，如果投资者对企业前景持乐观态度，股票的预期资本利得提高，进而提高股票的预期收益率。在此情况下，如果债券的预期收益率不变，较高的股票预期收益率意味着债券的预期收益率要低于股票的预期收益率，从而减少对债券的需求。图 6—4(a) 中，债券需求曲线向左移动就反映了这种情况。在新的均衡点上，债券的价格降低。因而，债券的预期收益率比股票的预期收益率低会降低债券的价格。

从可贷资金市场的视角看，我们可以用同样的例子来进行分析。如图 6—4(b) 所示，贷款吸引力的降低会使放款者在任一利率水平下降低提供可贷资金的意愿。可贷资金供给曲线向左移动。在新的均衡点上，利率会提高，以诱使放款者贷出资金。

总之，其他资产的预期收益率提高，会减少债券的需求，使债券需求曲线向左移动，债券价格降低，利率提高。而其他资产的预期收益率降低，会增加债券的需求，使债券需求曲线向右移动，债券价格上升，利率降低。

作为投资工具，其他金融资产并不是债券的唯一替代品。实物资产，例如房屋、汽车、耐用电器或者商品也是持有财富的方式，这些真实资
109 产往往能对预期通货膨胀提供保值作用。预期通货膨胀率上升会提高实物资产未来的预期价格，这意味着持有这些资产可以获得名义资本利得和更高的预期收益。如果债券的预期收益不变，实物资产的预期收益提高将使得债券的预期收益相对低于实物资产的预期收益，债券的需求降低。如图 6—4(a) 所示，债券的需求曲线向左移动，债券的价格降低。

在可贷资金市场上，预期通货膨胀率的上升将使放款者在任一利率水平上减少供给资金的意愿，因为他们的购买力降低了。可贷资金供给曲线向左移动，利率上升，以补偿放款者因通货膨胀所受的损失。

总之，预期通货膨胀率上升将减少债券的需求，使债券的需求曲线向左移动，债券价格降低，利率上升。预期通货膨胀率降低将增加债券的需求，使债券的需求曲线向右移动，债券价格上升，利率下降。

风险 风险从两个方面对债券需求产生影响。首先，在所有其他因素不变的条件下，投资债券的风险增加会减少债券的需求。（要记住，大多数投资者是风险规避型的，因此资产收益率波动性增大会减少持有该
110 资产的吸引力。）在图 6—4(a) 中，债券需求曲线向左移动，债券价格降低。其次，其他资产例如股票的风险增大，使得债券相对更具吸引力，会增加对债券的需求。在这种情况下，债券需求曲线向右移动，债券价格上升。从可贷资金市场的视角看，在所有其他因素不变的条件下，任何降低债券风险的变化，都会增加放款者在任一利率水平上供给资金的意愿，使可贷资金供给曲线向右移动，利率降低。在所有其他因素不变的条件下，任何增加债券风险的变化，都会降低放款者在任一利率水平上供给资金的意愿，使可贷资金供给曲线向左移动，利率上升，以补偿放款者承担的额外风险。

总之，相对于其他资产而言，债券的风险增加导致债券需求降低，使债券需求曲线向左移动，债券价格降低，利率上升。相对于其他资产而言，债券的风险降低导致债券需求增加，使债券需求曲线向右移动，债券价格上升，利率降低。

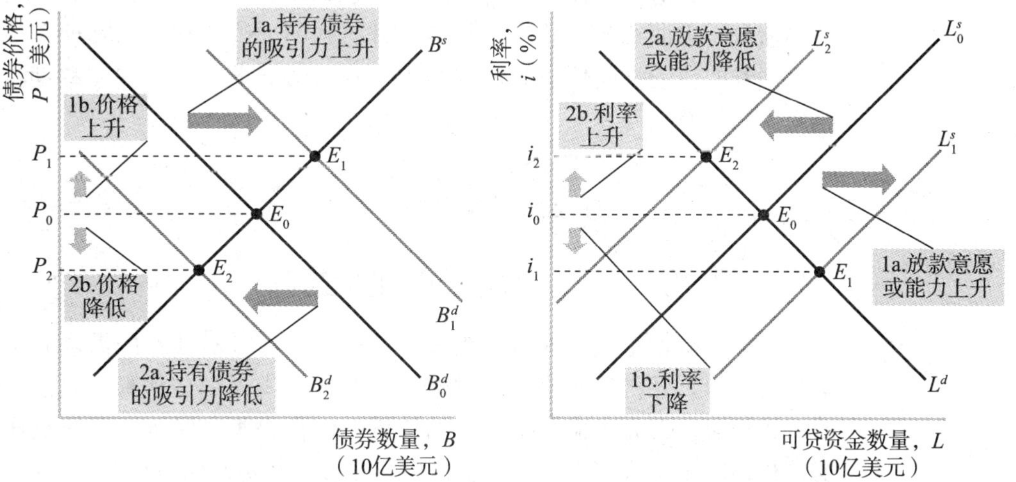

（a）债券市场视角　　（b）可贷资金视角

图 6—4　债券需求的变动

如图（a）所示：

1. 从初始均衡点 E_0，随着持有债券的吸引力上升，在任一债券价格水平上债券的需求量也上升。债券需求曲线从 B_0^d 右移至 B_1^d。在新均衡点 E_1 处，债券价格从 P_0 上升到 P_1。

2. 从初始均衡点 E_0，随着持有债券的吸引力降低，在任一债券价格水平上债券的需求量也降低。债券需求曲线从 B_0^d 左移至 B_2^d。在新均衡点 E_2 处，债券价格从 P_0 下降到 P_2。

如图（b）所示：

1. 从初始均衡点 E_0，在任一利率水平上，放款者的放款意愿都增加，使可贷资金供给曲线从 L_0^s 右移至 L_1^s，在新均衡点 E_1 处，利率从 i_0 下降到 i_1。

2. 从初始均衡点 E_0，在任一利率水平上，放款者的放款意愿都降低，使可贷资金供给曲线从 L_0^s 左移至 L_2^s，在新均衡点 E_2 处，利率从 i_0 上升到 i_2。

流动性　投资者会评估资产的流动性，因为更大的流动性意味着将资产转变成现金（比如用于购买新车或度假）或者投资于其他资产的成本更低。因此，如果债券市场的流动性增加，人们将更愿意在任一债券
111 价格水平上持有债券，增加债券的需求，债券需求曲线向右移动，债券价格上升。其他资产市场流动性的变化也会影响债券的需求。例如，许多国家的政府放松了对股票交易经纪人佣金的管制，股票的交易成本降低，增加了股票市场的流动性，在其他所有因素不变的条件下，使得持有股票比持有债券更具有吸引力。在这种情况下，持有债券的吸引力下降，使得债券需求曲线向左移动，价格降低。从可贷资金市场的视角来看，在其他所有因素不变的条件下，任何提高可贷资金市场流动性的变

化，都会增加放款者在任一利率水平上放贷的意愿，可贷资金供给曲线向右移动，利率降低。任何降低可贷资金市场流动性的变化，都会降低放款者在任一利率水平上放贷的意愿，可贷资金供给曲线向左移动，利率上升，以补偿放款者的流动性损失。

总之，相对于其他资产而言，债券的流动性增加引起债券需求上升，使得债券需求曲线向右移动，价格上升，利率下降；相对于其他资产而言，债券的流动性降低引起债券需求下降，债券需求曲线向左移动，价格降低，利率上升。

延伸思考

储蓄来自哪里?

财富（储蓄存量）的增加或减少会影响储蓄者对债券的需求和可贷资金的供给。经济扩张或紧缩对财富的变化提供了部分解释。要深入分析，我们必须首先考虑聚集财富的决策：储蓄决策。经济学家重点研究财富积累的三个决定性因素：生命周期考虑、预防性储蓄和遗产储蓄。

生命周期考虑。对于大多数人来说，在其生命期内每一时点上收入和消费不会完全精确地匹配。正如你预期的那样，学生和退休人员通常不可能储蓄太多，我们大多数人是在中年期间进行储蓄。财富的积累或提用将有助于居民在一定时期内熨平其消费支出。假设你认为随着你经历的增长，你的收入会上升；而退休后收入会显著降低。当你年轻且没钱时，你会借钱；当你到中年且经济状况改善时，你会偿还借款并为退休后进行储蓄；在退休后，你依靠储蓄和养老基金生活。财富的积累、人口和经济增长都要考虑生命周期这个重要因素。年轻储蓄者相对于年老提取储蓄者的人数增加或者收入增加都会增加储蓄。

预防性储蓄。另外一个决定居民总财富的因素是预防性储蓄存量，它用于应对意外事件，例如突然的医疗支出或失业。由于没有人能够预测这些意外事件何时会发生，许多人将留出部分资金作为预防性措施。一些经济学家认为，作为预防性储蓄而持有的财富是总财富中相当大的一部分。

遗产储蓄。为遗产而积累的财富是私人总财富的另一组成部分。不是所有的人都专为满足其自身未来的支出而进行储蓄。许多人省吃俭用地储蓄就是为了将其作为遗产留给他们的子女和其他后人，留遗产就是将大量金额写在遗嘱里。遗产的接受者继承了故人的储蓄并将其用于满足未来的支出。此外，许多人会在生前将财富转让给子女或其他后人（例如资助他们预付购房定金）。

财富的变化受储蓄决定因素变化的影响，又会影响经济体中证券价格和利率。

信息成本 信息成本是指投资者评估资产必须付出的成本，该成本高低会影响他们购买资产的意愿。例如，由于诸如标准普尔之类的公司发布债券评级，降低了投资者的信息成本，使得债券比那些信息成本较高的资产更具吸引力。结果，债券需求曲线向右移动，债券价格上升。在可贷资金市场上，信息成本降低会增加放款者在任一利率水平上放款的意愿，可贷资金供给曲线向右移动，利率降低。

总之，相对于其他资产而言，债券的信息成本上升，导致债券需求下降，债券需求曲线向左移动，价格降低，利率上升；债券的信息成本降低，导致债券需求上升，债券需求曲线向右移动，价格上升，利率降低。

结语 表 6—1 总结了债券需求曲线移动的各种原因。要记住，债券需求是与可贷资金供给相对应的。因此，如表 6—1 所示，使债券需求曲线向右移动（提高债券价格）的因素会使可贷资金供给曲线向右移动（降低利率）；使债券需求曲线向左移动（降低债券价格）的因素会使可贷资金供给曲线向左移动（提高利率）。

测试点拨

在晨报上，你看到国会通过了取消持有股票的资本利得税的议案，你预期债券价格和收益率会发生什么变化？

取消资本利得税会降低债券相对于股票的预期收益率，债券需求曲线
112 线向左移动。如果其他因素保持不变，债券价格降低，债券收益率上升。

表 6—1 **使得债券需求曲线移动的因素**

在所有其他因素不变的条件下，此因素增加时……	引起债券或可贷资金均衡数量……	原因……	效应图：债券	效应图：可贷资金
财富	增加	更多资金用于购买债券	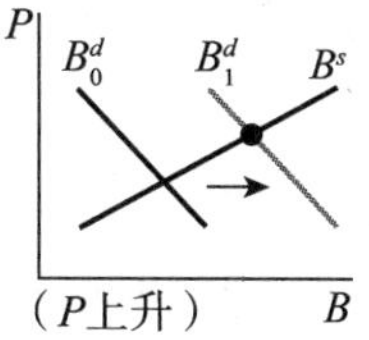	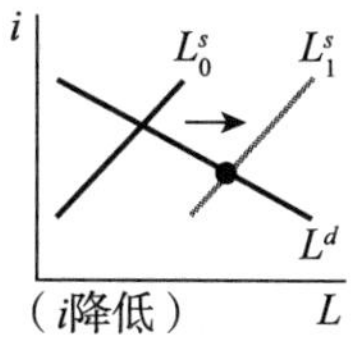
债券预期收益率、预期利率	上升	持有债券相对更具吸引力	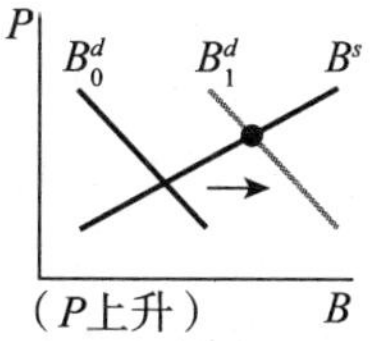	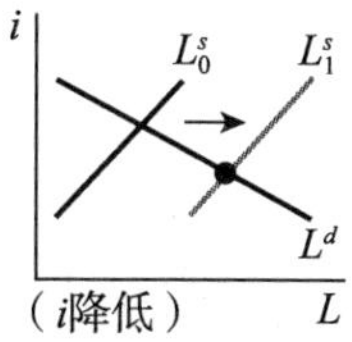

续前表

在所有其他因素不变的条件下，此因素增加时……	引起债券或可贷资金均衡数量……	原因……	效应图：债券	效应图：可贷资金
预期通货膨胀率	下降	持有债券相对缺乏吸引力	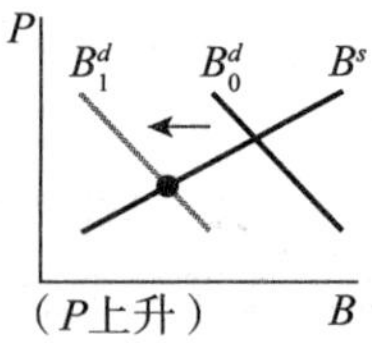	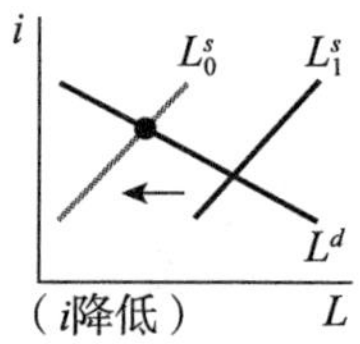
其他资产的预期收益率	下降	持有债券相对缺乏吸引力	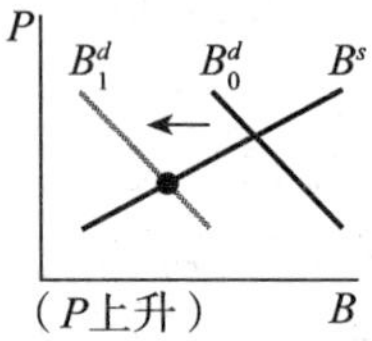	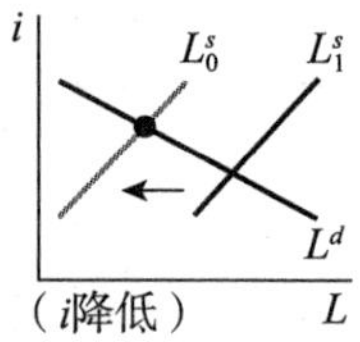
相对于其他资产，债券的风险	下降	持有债券相对缺乏吸引力	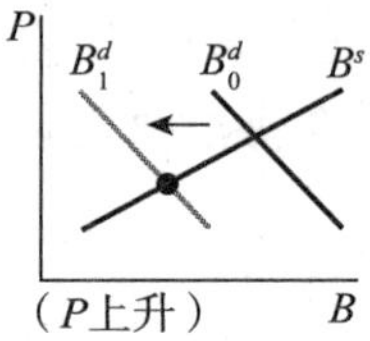	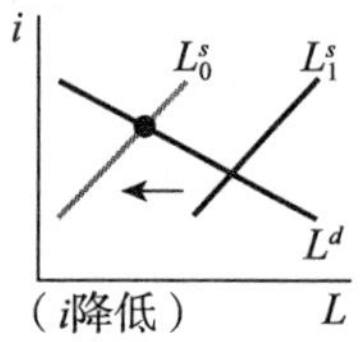
相对于其他资产，债券的流动性	增长	持有债券相对更具吸引力	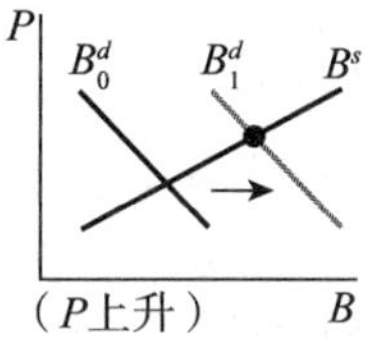	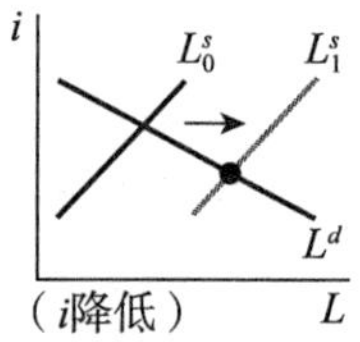
相对于其他资产，债券的信息成本	减少	持有债券相对缺乏吸引力	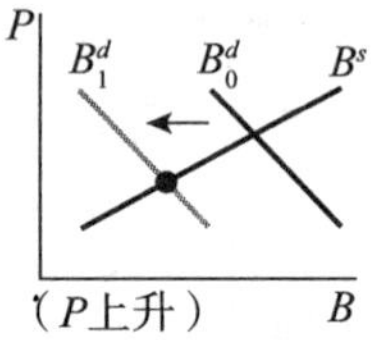	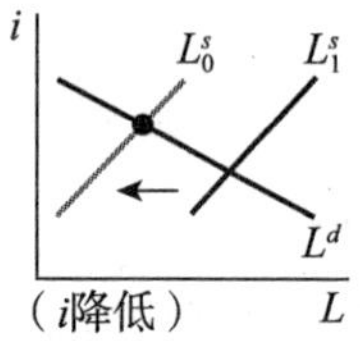

债券供给的变动

113 债券供给曲线的移动是由于在任一给定的价格或利率水平上借款者发行债券的意愿和能力发生变化。解释债券供给变动的 4 个最主要因素是：

1. 资本的预期盈利能力；
2. 企业税收；
3. 预期通货膨胀率；
4. 政府借款。

资本的预期盈利能力 大部分企业借款（发行债券）为购买资本资产而进行融资，资本资产例如工厂和设备，可在多年使用期内生产商品和提供服务。企业在计划其资本资产投资需要时，会对其当前及未来的盈利能力进行预测。未来的盈利能力取决于企业创新性产品和服务的生产、采用新技术带来的运营改善以及未来的需求情况。预期盈利能力的提高将使企业借入更多资金满足对工厂和设备投资所需，也就是说，在任一债券价格水平下供给更多的债券。例如，当一家制药公司决定是否投资开发一种新药时，该公司将考虑该药可能的未来需求。而且，在经济扩张时期，预期盈利能力会提高，企业更愿意并能够在任何债券价格水平上供给更多的债券。根据图 6—5(a) 的债券市场分析图，预期盈利能力的提高使债券供给曲线向右移动，从 B_0^s 右移至 B_1^s，债券价格从 P_0 下降到 P_1。在图 6—5(b) 的可贷资金分析图中，预期盈利能力的提高，使借款者用于投资的资金需求提高，可贷资金需求曲线向右移动，从 L_0^d 右移至 L_1^d，利率从 i_0 上升到 i_1。

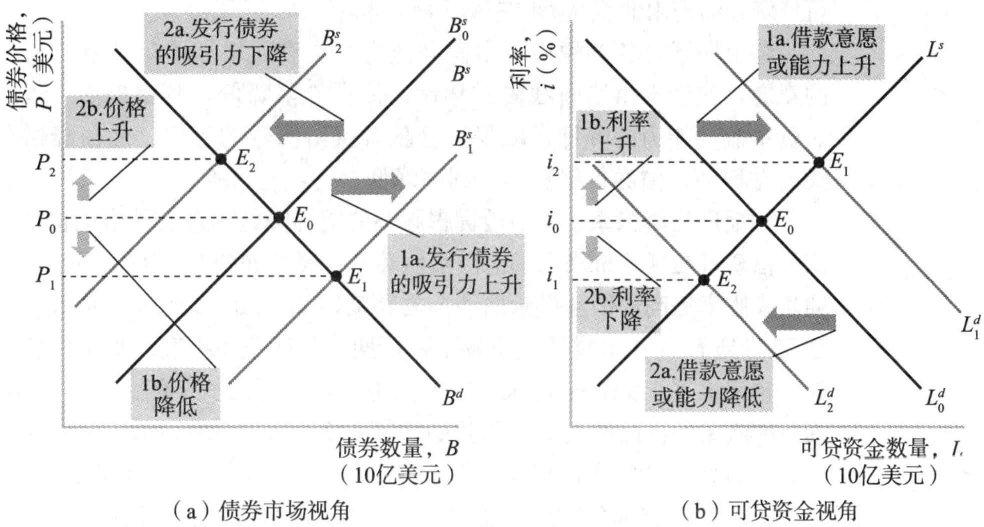

图 6—5 债券供给曲线的移动

如图（a）所示：

1. 从初始均衡点 E_0，由于发行债券的吸引力上升，在任何债券价格水平下借款者的债券供给量上升。债券供给曲线从 B_0^s 右移至 B_1^s，在新均衡点 E_1 处，债券价格从 P_0 下降到 P_1。

2. 从初始均衡点 E_0，由于发行债券的吸引力降低，在任何债券价格水平下借款者的债券供给量降低。债券供给曲线从 B_0^s 左移至 B_2^s，在新均衡点 E_2，债券价格从 P_0 上升到 P_2。

如图（b）所示：

1. 从初始均衡点 E_0，由于在任何债券利率水平下借款意愿的增加使可贷资金需求量增加，可贷资金需求曲线从 L_0^d 右移至 L_1^d，在新均衡点 E_1，利率从 i_0 上升到 i_1。

2. 从初始均衡点 E_0，由于在任何债券利率水平下借款意愿的降低使可贷资金需求量降低，可贷资金需求曲线从 L_0^d 左移至 L_2^d，在新均衡点 E_2，利率从 i_0 降低到 i_2。

总之，预期盈利能力的提高，将增强借款者供应债券的意愿，债券供给曲线向右移动，债券价格降低，利率提高。预期盈利能力的减少，降低了借款者供应债券的意愿，债券供给曲线向左移动，债券价格提高，利率降低。

企业税收 企业税收也影响预期未来的盈利能力，因为人们只关注企业的税后利润。因此，投资激励（如对投资机遇给予特别税收补贴）提高了投资的盈利能力，进而增加了企业在任何给定的价格水平下供给债券的意愿。如图 6—5(a) 所示，税收降低使债券供给曲线从 B_0^s 右移至 B_1^s，债券价格从 P_0 下降到 P_1。如图 6—5(b) 所示，在可贷资金市场上，税收降低使企业增加在任何利率水平下对可贷资金的需求，需求曲线从 L_0^d 右移至 L_1^d，利率从 i_0 上升到 i_1。因此，在所有其他因素不变的条件下，投资激励措施使债券价格降低，利率上升。相反地，对新投资利润的高额税负会减少企业供给债券的意愿。如图 6—5(a) 所示，对公司盈利征收高额税收使债券供给曲线从 B_0^s 左移至 B_2^s，债券价格从 P_0 提高到 P_2。在可贷资金市场上，高额公司税负减少企业借款进行投资的意愿。如图 6—5(b) 所示，可贷资金的需求曲线从 L_0^d 左移至 L_2^d，利率从 i_0 下降到 i_2。

综上所述，预期税后资本盈利能力的提高，增加了借款者供给债券的意愿，使债券供给曲线向右移动，债券价格降低，利率提高。预期税后资本盈利能力的降低，减少了借款者供给债券的意愿，使债券供给曲线向左移动，债券价格提高，利率降低。

预期通货膨胀率 预期通货膨胀率的提高降低了现有债券的价值，提高了借款者在任一价格水平上供给债券的意愿。如图 6—5(a) 所示，预期通货膨胀率提高使债券供给曲线向右移动，从 B_0^s 右移至 B_1^s，债券价格从 P_0 下降到 P_1。在可贷资金市场上，预期通货膨胀率提高增加了借款者在任一利率水平上的资金需求。这是因为，对于任何给定的名义利率水平，通货膨胀率的提高都会减少借款的实际成本。[1] 因此，如图 6—5(b) 所示，可贷资金的需求曲线从 L_0^d 向右移动至 L_1^d，利率从 i_0 上升到 i_1。

总之，预期通货膨胀率提高，增加了借款者供给债券的意愿，使债
115 券供给曲线向右移动，债券价格降低，利率上升；预期通货膨胀率下降，降低了借款者供给债券的意愿，债券供给曲线向左移动，债券价格提高。

测试点拨

假设你看到乐观的商业氛围正使得借款者的资金需求大大增加，你认为你祖母的债券在价值上将会发生什么变化？

预期盈利能力的提高使债券供给曲线向右移动。如果所有其他因素保持不变，债券价格降低，利率上升。

---

〔1〕 企业借款的实际成本是预期真实利率，即名义利率减预期通货膨胀率。

政府借款 迄今为止，我们都强调债券价格和利率受到居民和企业决策的影响，而忽视了政府的影响。其实，政府的决策也能影响经济体的债券价格和利率。例如，许多经济学家认为，20世纪80年代到90年代初，美国政府连续巨额的预算赤字导致利率比其应有水平有所提高。

什么是政府部门呢？它不仅包括联邦政府，也包括州和地方政府。与居民和企业一样，政府部门也可能是一个净放款者或净借款者。在一些时期，税收收入超过当期支出，所以政府部门有盈余，它就是资金净供给者；而在另外一些时期，政府部门有赤字，即支出超过税收收入，它是资金净借款者。在任何一种情况下，政府必须像居民一样考虑其一定期间内的收入和支出。从长期来看，政府部门的累计支出不能超过累计的税收收入，尽管在任何一个给定的年份，它可能是盈余或赤字。

从1970年到1997年，国内政府部门是净借款者。在21世纪初期，疲软的经济形势和联邦军费及安全支出的激增，使得政府预算在2001年又变成了赤字，而且预算赤字持续了若干年。政府净放款或净借款怎样影响债券价格和利率呢？我们假设政府的储蓄决策是由税收和支出的公共政策决定的，而对利率变动并不敏感。然后，我们来看政府债务变化对债券供给曲线的影响。

假设联邦政府增加购买军备并且不增加税收，也就是说，政府通过借款来购买军备。政府借款使债券供给曲线向右移动。如果居民不因政府增加借款而改变他们的储蓄，则居民财富不变，债券需求曲线就不移动。因此，在所有其他因素不变的条件下，债券总数量增加，债券价格降低。债券价格降低意味着政府借款增加会提高利率。

当政府借款是为了以支付未来税收来还清政府债务，居民也会增加其储蓄。在这种情况下，债券需求曲线向右移动，同时债券供给曲线也向右移动。此时，利率并未因政府借款增加而升高。然而，经济学家的研究表明，居民当期储蓄的增加数量低于政府储蓄的减少量。在所有其他因素不变的条件下，政府借款增加可能会使得利率适度地提高。

116 因此，在所有其他因素不变的条件下，政府借款增加使债券供给曲线向右移动，债券价格降低，利率提高；政府借款减少使债券供给曲线向左移动，债券价格提高，利率降低。

小结 表6—2总结了影响债券供给曲线移动的因素。要记住，使得债券供给曲线移动的原因也是使得可贷资金需求曲线移动的原因。因此，如表6—2所示，使得债券供给曲线向右移动（在所有其他因素不变的条件下，降低债券价格）的原因，也使得可贷资金需求曲线向右移动（在所有其他因素不变的条件下，提高利率）；使得债券供给曲线向左移动（在所有其他因素不变的条件下，提高债券价格）的因素，也使得可贷资金需求曲线向左移动（在所有其他因素不变的条件下，降低利率）。

表 6—2　　使得债券供给曲线移动的因素

在所有其他因素不变的条件下，此因素增加……	引起债券或可贷资金均衡数量……	原因……	效应图：债券	效应图：可贷资金
预期盈利能力率	提高	企业为盈利性投资借款融资	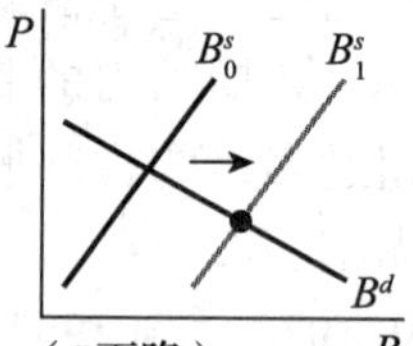（P下降）	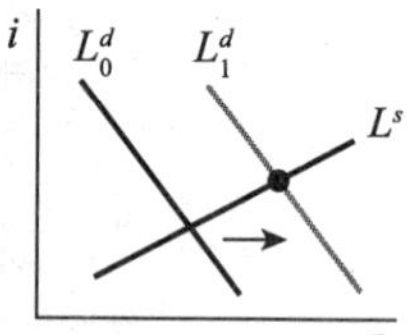（i上升）
企业税收	减少	税收减少了投资的盈利能力	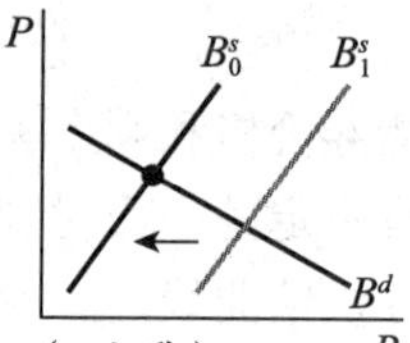（P上升）	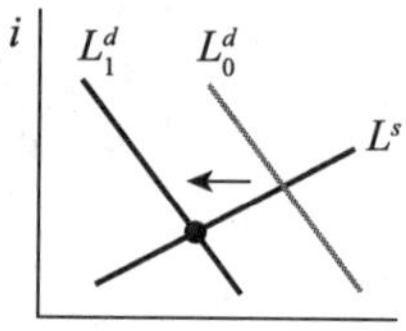（i下降）
投资的税收补贴	增加	补贴降低了投资成本，因此增加了投资的盈利能力	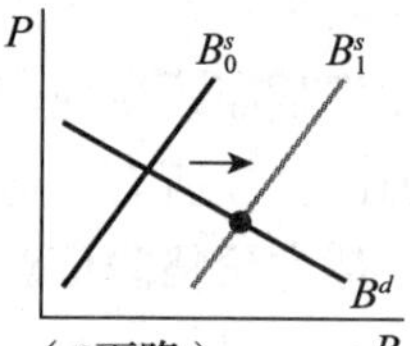（P下降）	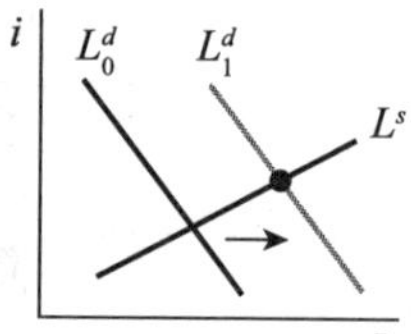（i上升）
预期通货膨胀率	提高	在任何给定的债券价格或利率水平下，借款的实际成本降低	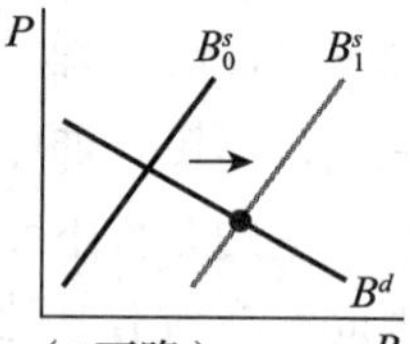（P下降）	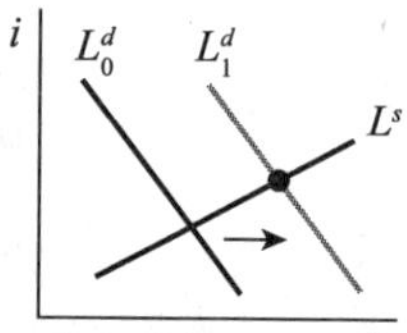（i上升）
政府借款	增加	在任何给定的利率水平下，债券供给增加	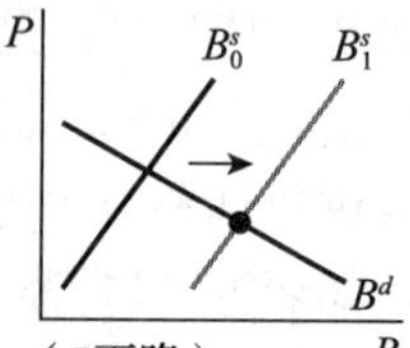（P下降）	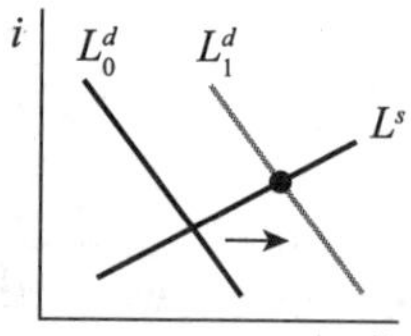（i上升）

博闻广识

战争时期利率会上升吗?

战争时期，政府常常变成临时的借款者，购买军备设备以及士兵的报酬、住宿和运输等支出增加。这些增加的支出是临时性的，政府通常不会足额增加当期税收来满足战争需要。相反，它们一般会在战争时期借款，以未来的税收来筹措部分资金。

战争会对利率造成什么影响呢？在债券供给和需求曲线图上，我们注意到，政府购买支出临时性增加（税收保持不变）会降低债券价格。在所有其他因素不变的情况下，此时，利率将上升。因此，我们的分析认为，军费增加提高利率，挤出了（减少）一些私人借款。

由于英国在1730—1913年间发生了大小数次战争，所以英国的数据对分析战争对私人借贷和利率的影响特别有用。哈佛大学的罗伯特·巴罗（Robert Barro）用英国这一期间的数据分析了战争时期真实利率的变动。* 他发现，这一期间的大部分时间里，基本不存在通货膨胀，这使得名义利率的变动可以较好地近似反映实际利率的变动。那一时期的平均利率为3.5%，而在美国南北战争期间（18世纪70年代末期到80年代早期），英国长期名义利率上升到5.5%，在拿破仑战争时期（19世纪初期），利率上升到6%。巴罗的分析显示，战争期间真实利率上升。用巴罗的发现来解释美国战争时期的情况是比较困难的，因为美国与英国的历史经历不同，美国政府施行价格管制和利率的直接管制。然而，在诸如朝鲜战争和第二次世界大战这样重大的冲突期间，私人投资相对于GDP显著下降，而政府支出相对于GDP却显著上升。战争时期私人投资的下降显示，战争时期利率上升。这个结论与图6—5(b)中的图示是一致的。

在图6—5(a)中，债券供给曲线从B_0^s右移至B_1^s，债券价格从P_0下降到P_1。从可贷资金市场的视角来看，政府借款的增加提高了在任一利率水平上资金的总需求，在图6—5(b)中，可贷资金需求曲线从L_0^d右移至L_1^d，利率从i_0上升到i_1。

* Robert J. Barro, "The Neoclassical Approach to Fiscal Policy." In Robert J. Barro (ed.), *Modern Business Cycle Theory*. Cambridge, MA: Harvard University Press, 1989.

用模型解释利率的变化

利率发生变化是因为债券或可贷资金的需求或供给发生了变化。在本节中，我们分析两个例子：(1) 商业周期或者说经济活动周期性波动期间的利率变化；(2) 利率因通货膨胀变化而发生的变化。实践中，债券需
117 求和供给的变化很多时候是同时发生的，分析家们尽力解释其原因。为跟踪债券市场的发展，你可以参考每天《华尔街日报》的债券信息在线。

为什么利率在经济衰退期间下降？ 我们可以用债券市场或可贷资金图来解释商业周期中利率的变化情况。在经济低迷的初期，居民和企业预期经济活动将在一段时期内比平常下滑。如图 6—6(a) 所示，居民
118 财富下降使债券的需求曲线向左移动，从 B_0^d 左移至 B_1^d。同时，企业预计资本的盈利能力将在一段时期内下降，减少企业借款以进行资本投资的意愿，因此，债券的供给曲线向左移动，从 B_0^s 左移至 B_1^s。债券的均衡价格从 P_0 上升到 P_1。在可贷资金市场上，财富降低减少了放款者在任一利率水平上供给资金的能力，可贷资金的供给曲线向左移动，从 L_0^s 左移至 L_1^s，如图 6—6(b) 所示。预期盈利能力的降低减少了借款者在任一利率水平上对资金的需求，可贷资金的需求曲线向左移动，从 L_0^d 左移至 L_1^d。均衡利率从 i_0 上升到 i_1。

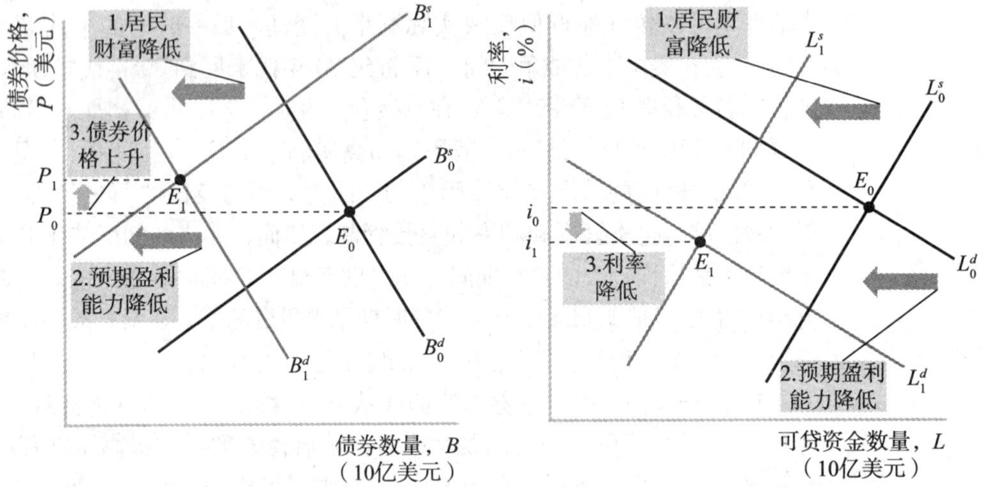

（a）债券市场视角　　（b）可贷资金市场视角

图 6—6　经济低迷时期利率的变化

如图 (a) 所示：

1. 在初始均衡点 E_0，经济低迷减少了居民财富，降低了在任一债券价格水平上债券的需求，债券需求曲线向左移动，从 B_0^d 左移至 B_1^d。

2. 预期盈利能力的降低减少了放款者在任一债券价格水平上的债券供给，债券供给曲线向左移动，从 B_0^s 左移至 B_1^s。

3. 在新的均衡点 E_1，债券价格从 P_0 提高到 P_1。

如图 (b) 所示：

1. 在初始均衡点 E_0，经济低迷减少了财富，降低了在任一利率水平上可贷资金的供给，可贷资金供给曲线从 L_0^s 左移至 L_1^s。

2. 预期盈利能力的降低减少了借款者在任一利率水平上可贷资金的需求，可贷资金需求曲线从 L_0^d 左移至 L_1^d。

3. 在新均衡点 E_1，利率从 i_0 降低至 i_1。

请注意，在所有其他因素不变的情况下，债券需求曲线向左移动，债券价格降低，利率提高；而债券供给曲线向左移动，债券价格提高，利率降低。美国的数据证据显示，利率通常在经济上升期提高，在经济低迷时下降。这说明债券供给变化是主要原因，如图 6—6 所示。

预期通货膨胀率和利率 利率预测者对预期通货膨胀率的任何迹象都十分重视。大部分经济学家把 20 世纪 80 年代和 90 年代短期名义利率
119 的降低归因于美联储反通货膨胀的政策。下面我们分析为什么他们会这样认为。当我们在第 4 章讨论真实利率与名义利率之间的关系时，我们考察了费雪假说，即名义利率的升降与预期通货膨胀率变动是一一对应的。这里我们要注意，短期利率对费雪假说提供了广泛的支持。

我们可以用债券市场分析图（图 6—7(a)）或可贷资金市场分析图（图 6—7(b)）来分析费雪假说的逻辑。假设预期通货膨胀率为 2%，债券（或可贷资金）市场在 E_0 点处实现均衡，现在假设市场参与者将其预期的通货膨胀率修正为 6%。

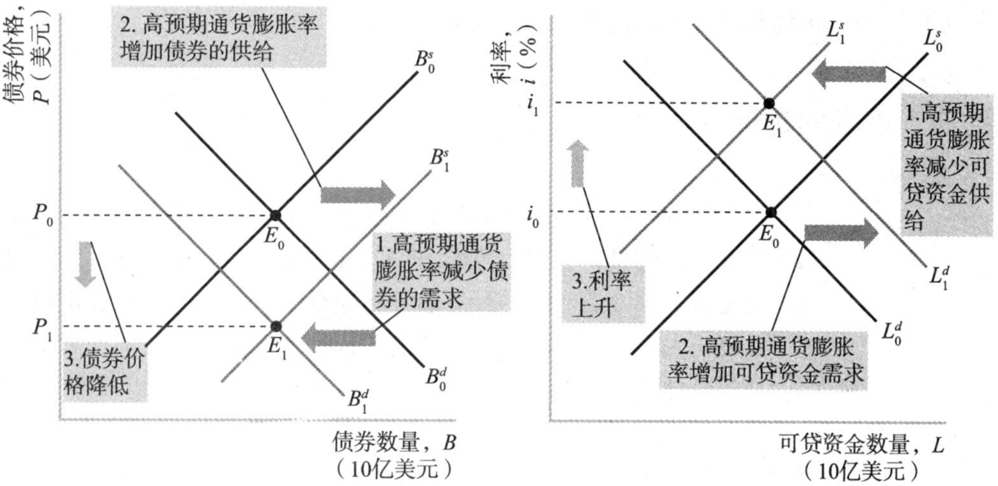

（a）债券市场视角　　（b）可贷资金视角

图 6—7 预期通货膨胀率与利率

如图（a）所示：

1. 在初始均衡点 E_0，预期通货膨胀率的提高减少了放款者的预期实际收益率，降低了放款者持有债券的意愿，债券需求曲线从 B_0^d 左移至 B_1^d。

2. 预期通货膨胀率的提高增加了借款者在任一价格水平上发行债券的意愿，债券供给曲线从 B_0^s 右移至 B_1^s。

3. 在新的均衡点 E_1，债券价格从 P_0 降低至 P_1。

如图（b）所示：

1. 在初始均衡点 E_0，预期通货膨胀率的提高减少了放款者在任一利率水平上的预期实际收益率，可贷资金供给曲线从 L_0^s 左移至 L_1^s。

2. 预期通货膨胀率的提高增加了借款者在任一利率水平上可贷资金需求的意愿，可贷资金需求曲线从 L_0^d 右移至 L_1^d。

3. 在新均衡点 E_1，利率从 i_0 提高至 i_1。

放款者现在意识到，在任何给定的债券价格（或相关利率）水平上，放款的预期真实收益率下降。因此，他们减少其持有债券的意愿。预期收益率降低使得债券需求曲线向左移动，在图 6—7(a) 中从 B_0^d 左移至 B_1^d。在可贷资金图（图 6—7(b)）中，可贷资金供给曲线向左移动。

借款者对预期通货膨胀率的认识是不同的。对于他们而言，在任何给定的债券价格（或利率）下，借款的实际成本下降。因此，在任何给
120 定的债券价格下，债券供给数量增加，在图 6—7(a) 中，债券供给曲线向右移动，从 B_0^s 右移至 B_1^s。在可贷资金图（图 6—7(b)）中，可贷资金的需求曲线向右移动。

由于预期通货膨胀率上升，债券（可贷资金）的需求曲线和供给曲线都发生移动。新的均衡点位于 E_1，预期通货膨胀率提高，降低债券价格，提高名义利率。在图中，债券或可贷资金数量没有变化，而名义利率相应提高的幅度即为预期通货膨胀率。一般来说，当名义利率随着预期通货膨胀率的上升而上升时，它们之间的确切联系取决于需求曲线和供给曲线移动的相对大小。这个关系是反向的，在 21 世纪初期，日本的市场利率极低，反映了预期的通货紧缩。

回到债券市场的选票

现在回到本章开头描述的联邦预算评议上，关于债券市场的“选票”问题到底争论的是什么呢？克林顿总统的许多经济顾问建议，在今后几年内能降低联邦政府赤字的预算政策将减少政府借款。在债券市场图中，这一变化使得债券供给曲线向左移动，提高债券价格（并降低利率）。对该计划的批评认为，增加税收可能会降低投资需求，进而降低债券供给。债券供给曲线的这一移动会提高债券价格并降低利率，但这与私人经济活动水平降低相关，这不是一个好消息。

网页推荐：
http://www.federalreserve.gov/releases (Z1, *Flow of Funds*)
http://www.bis.org
给出了美国和欧洲关于储蓄和投资资金流的信息。

1993 年债券收益率的确下降了。30 年期国债利率从 1 月份的 7.4% 下降到 10 月份的 6%。到 1994 年 11 月，长期债券的收益率上升到大约 8%。即使有后见之明的优势，经济学家和债券市场分析家们对这种情况也没有得出一致的解释。可能的原因除了包括前面提到的两个外，还包括预期通货膨胀的变化。不过有一件事情是清楚的：“债券市场”如果没有选票，也是有影响力的。

国际资本市场和利率

对外部门也影响国内借款者可得资金的数量和市场利率。迄今为止，

我们已经分析了封闭经济下的债券市场或可贷资金市场，**封闭经济**（closed economy）是指既不从外国借入资金，也不向外国借出资金的一种经济，这种情景在当今经济全球化时代是不存在的。图 6—8 显示了国际借贷的资金流。如果美国的预期收益率高于其他国家，外国居民、企业和政府可能想将资金贷给美国借款者。同理，如果美国之外的机会更多，可贷资金将会从美国市场流向国外。从 20 世纪 80 年代开始，美国就成为一个外国资金的净借款者，美国企业和政府的借款形成了外国资金的净流入。

为考察国际资本的流动性，我们用可贷资金图来分析。为使问题简化，我们假设“利率”就是预期真实利率 r，即名义利率减去预期通货膨胀率。采用这种方法，我们就可以忽略各国通货膨胀率的差别。

121

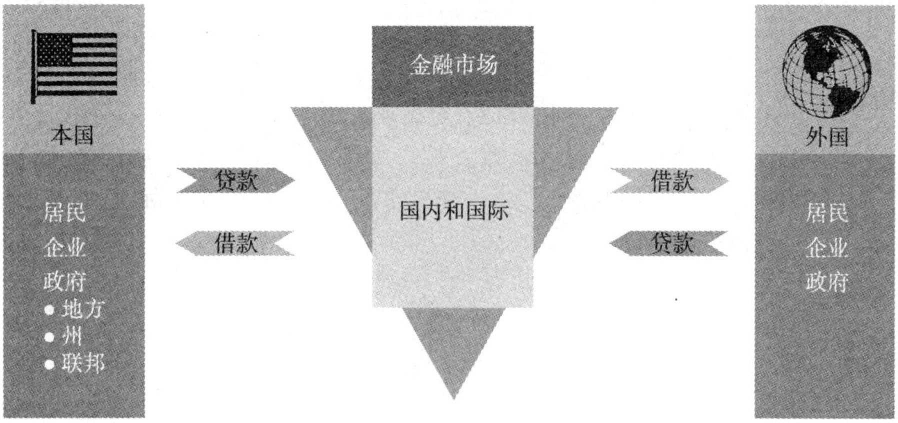

图 6—8　开放经济中的资金流

在开放经济中，国内储蓄者能够将资金贷放给国内或国外借款者，外国储蓄者也一样。

在**开放经济**（open economy）中，资本具有国际流动性。借贷在国际资本市场上进行，这个市场是居民、企业和政府开展跨国界借贷的资本市场。**世界真实利率**（world real interest rate）r_w 是指由国际资本市场决定的利率。在开放经济中，可贷资金供给可由国内或外国的工程项目使用。在小型开放经济（例如荷兰和比利时）下，可贷资金供给或需求的决策对世界真实利率没有什么影响。然而，在大型开放经济（例如德国和美国）下，放款者和借款者的行为变化都会对世界真实利率产生影响。下面，我们考察每一种情况下利率的决定。

小型开放经济

对于封闭经济而言，均衡利率是可贷资金需求与供给相等时所形成的利率，它是由可贷资金供给曲线和需求曲线的交点决定的。在小型开放经济下，可贷资金供给数量太少而不能对世界真实利率产生影响。因此，小型开放经济采用的利率是给定的，即其本国真实利率等于国际资本市场上的真实利率。例如，如果摩纳哥采取税收政策以增加本国财富的积累，那么其可贷资金数量的任何增加对世界储蓄和世界利率的影响都是微不足道的。

对于小型开放经济而言，本国真实利率必须等于世界真实利率 r_w，否则本国投资者会将他们的资金投向国外。假设世界真实利率为 4%，而摩纳哥国内真实利率为 3%，摩纳哥的一位放款者不会接受国内资本市场低于 $r_w=4\%$ 的利率，因为该放款者可以很容易地购买外国债券。但是如果摩纳哥国内的真实利率为 5%，国内借款者将不愿意支付超过
122 $r_w=4\%$ 的利率，因为他们可以在国际资本市场上以 4% 的利率筹措资金。[1]

由于小型开放经济采用给定的世界利率，我们可以用可贷资金图来决定可贷资金水平和可贷资金的国际借贷水平。图 6—9 给出了小型开放经济可贷资金供给和需求曲线。如果世界真实利率为 3%，那么国内可贷资金的供给与需求数量是相等的（E 点），即在国际资本市场，该国既不借款也不放款。

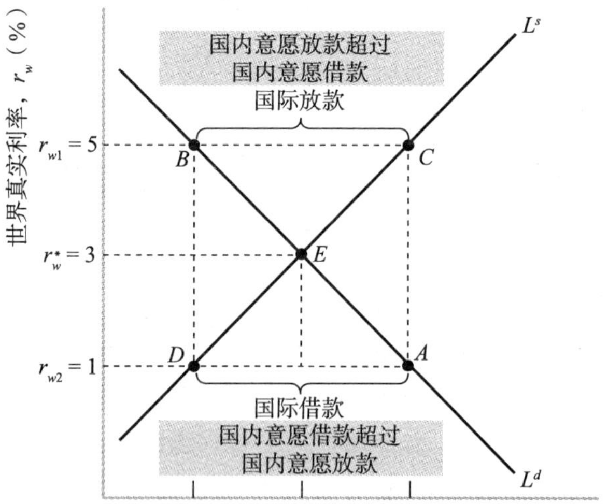

图 6—9　小型开放经济下真实利率的决定

小型开放经济的国内真实利率就是世界真实利率 r_w。

假设世界真实利率为 5%，在这种情况下，可贷资金的国内供给数量（C）超过了国内需求数量（B）（如图 6—9 所示）。由于该国是小国，

[1] 这里我们假设该国对国际借贷没有设置壁垒。在第 22 章，我们将讨论这些壁垒。

该国能够在国际资本市场以当前 5%的利率贷出想要贷出的资金数量。因此，这些在本国市场贷不出去的资金可在国际资本市场上贷出，因为在国际资本市场上存在有借款意愿的借款者。

假设世界真实利率为 1%，国内可贷资金需求数量（A）超过了国内可贷资金供给数量（D）（如图 6—9 所示）。作为小型开放经济，该国能够以 1%的利率在国际资本市场借到所需的资金，因此，它可从国际资本市场上借入资金，而该市场的外国放款者愿意进行放款。小型开放经济的真实利率就是国际资本市场的真实利率。如果在某一利率上，国内资金供给数量超过需求数量，那么该国就会将部分可贷资金投向国外。如果在某一利率上，国内可贷资金需求数量超过供给数量，那么该国就会向国外借款，以满足其国内的部分资金需求。

大型开放经济

123 许多国家（例如美国、日本和德国）可贷资金供给和需求曲线的移动会显著地影响国际资本市场的利率。这些金融强国就是大型开放经济，即其经济规模很大，足以影响世界利率。

在大型开放经济的情况下，我们不能假设国内真实利率等于国际资本市场的真实利率。在封闭经济体下，均衡利率为可贷资金供给与需求相等时的利率。推而广之，如果我们假设世界由两大开放经济体——美国经济体和世界其他经济体组成，国际资本市场的真实利率是美国愿意向国际放款和世界其他经济体愿意向国际借款两者相等所决定的利率。

图 6—10 显示了大型开放经济下利率的决定过程。图中给出了标有美国和世界其他经济体的两大经济体可贷资金图示。如果世界真实利率为 3%，美国国内可贷资金供给和需求数量是相等的（在图 6—10(a) 中为$L^{s*}=L^{d*}$）。但是，在此利率下，世界其他经济体可贷资金的需求数量 L_1^d 超过其供给数量 L_1^s，为 1 000 亿美元，即外国借款者想从国际资本市场借入 1 000 亿美元。如果国内放款者能够得到更高的真实利率，他们将愿意放款给外国借款者。只要国内提供的可贷资金能够在国内或国外进行投资，那么外国借款者将愿意支付给美国放款者超过 3%的真实利率。

124 图 6—10 显示了世界其他经济体的资金需求会将国际资本市场真实利率推高到 4%。在真实利率为 4%时，美国国内的资金供给数量 L_1^s 超过其国内的资金需求数量 L_1^d，超出额为 500 亿美元。与之类似，当真实利率为 4%时，世界其他经济体的资金需求数量（见图 6—10(b)）L_2^d 超过其资金供给数量 L_2^s，超出额为 500 亿美元。在真实利率为 4%的水平时，美国的国际意愿放款等于世界其他经济体的国际意愿借款。因此，当美国和世界其他经济体的真实利率都为4%时，国际资本市场是均衡的。均衡的世界真实利率使得大型开放经济体的国际贷款和世界其他经济体的国际借款相等。使得国际借款意愿相对于国际放款意愿增加的因素都会提高世界真实利率，使得国际贷款意愿相对于国际借款意愿增加的因素都会降低世界真实利率。

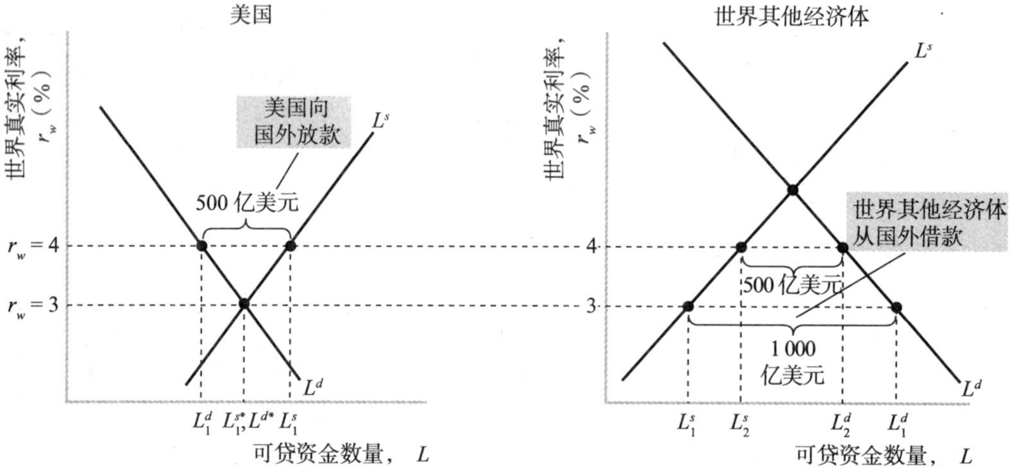

图 6—10　大型开放经济下真实利率的决定

大型开放经济下储蓄和投资的变化会影响世界真实利率。世界真实利率 r_w 的调整使得国际意愿借款等于国际意愿放款。在世界真实利率为4%时，国内的国际意愿放款等于世界其他经济体的国际意愿借款。

测试点拨

最近的经济研究发现，与20世纪70年代、80年代和90年代相比，近10年日本居民向国外放款有较大幅度的减少。如果真是这样，这一发现对美国住房抵押贷款和企业贷款的真实利率会有什么影响？

日本和美国都是大型开放经济体，所以其国内借贷的变化都会影响世界真实利率。日本放款额的预计减少会减少国际意愿放款额，对世界真实利率产生上升的压力。世界真实利率上升将增加住房抵押贷款和企业贷款的成本。

关键术语和概念

债券市场　　开放经济　　世界真实利率

封闭经济　　大型开放经济　　可贷资金

小型开放经济

总　结

1. 为理解债券价格和利率是如何决定的，我们必须考察债券或可贷资金需求和供给的决定因素。债券市场或可贷资金市场的分析告诉我们，均衡的债券价格和均衡利率是由需求曲线和供给曲线的交点决定的。债券价格和利率的变化可由影响需求曲线和供给曲线移动的因素来解释。

2. 在所有其他经济变量保持不变的条件下，债券需求曲线将放款者持有债券的意愿与债券价格联系起来。需求曲线因下列因素的变化而移动：财富、债券相对于其他资产的预期收益率、债券相对于其他资产的风险、债券相对于其他资产的流动性以及债券相对于其他资产的信息成本。债券需求的决策也可代表可贷资金供给的决策。在所有其他因素保持不变的条件下，使得持有债券吸引力增加的因素使需求曲线向右移动，债券价格提高，利率降低。在所有其他因素保持不变的条件下，使得持有债券吸引力减少的因素使需求曲线向左移动，债券价格降低，利率提高。

125 3. 在所有其他因素保持不变的条件下，债券供给曲线将借款者提供债券的意愿与债券价格联系起来。供给曲线因下列因素的变化而移动：预期的资本盈利能力、预期通货膨胀率和政府借款。债券供给的决策也可代表可贷资金需求的决策。在所有其他因素保持不变的条件下，使得借款吸引力增加的因素使供给曲线向右移动，债券价格降低，利率提高。在所有其他因素保持不变的条件下，使得借款吸引力减少的因素使需求曲线向左移动，债券价格提高，利率降低。

4. 如果资本不具有国际流动性，均衡的真实利率就处在一国可贷资金需求曲线和供给曲线的交点处。

5. 如果资本具有国际流动性（开放经济），经济体中的意愿贷款可被国内借款或向国外放款吸收。小型开放经济接受给定的国际资本市场真实利率，因为小国的借贷数量不大，不足以对国际资本市场产生影响。而大型开放经济的借贷能够影响国际资本市场的真实利率（世界真实利率）。使得意愿贷款增加或意愿借款减少的因素都会降低世界真实利率，使得意愿贷款减少或意愿借款增加的因素都会提高世界真实利率。

复习题

1. 解释下列每一个变化发生的原因：

a. 债券需求曲线向左移动；

b. 债券供给曲线向右移动；

c. 可贷资金需求曲线向左移动；

d. 可贷资金供给曲线向右移动。

2. 讨论债券超额供给与可贷资金超额需求之间的关系。讨论债券市场如何从存在债券超额供给调整到均衡；讨论可贷资金市场如何从存在可贷资金超额需求调整到均衡。

3. 如果你查看实际数据，你预期会发现所有小型开放经济的真实利率都是相同的吗？请简要解释。

4. 为什么在债券市场图中债券供给曲线是向上倾斜的曲线，而债券需求曲线是向下倾斜的曲线？

5. 在什么类型的经济中，在均衡时国内放款不等于国内借款？这是如何发生的？

6. 在所有其他因素保持不变的条件下，居民财富的变化如何影响债券价格？

7. 小型开放经济和大型开放经济有什么不同？

分析题

8. 当预期通货膨胀率上升，可贷资金供求和均衡利率都有可能发生许多变化。这是因为税收体系扰乱了储蓄和投资决策，就像财务结构的某些方面（例如银行用来审查贷款的标准）扰乱了储蓄和投资决策一样。结果是预期通货膨胀率的变化可使可贷资金的需求和供给曲线向左或向右移动。画出可贷资金图来说明以下每一种情况：

a. 在封闭经济中，可贷资金供给曲线向左移动，需求曲线向右移动，使得可贷资金的均衡数量没有发生改变。

b. 在封闭经济中，可贷资金的供给曲线向左移动，均衡真实利率下降。

c. 在小型开放经济中，起初没有国外借贷，可贷资金供给曲线向左移动，需求曲线向右移动，现在该经济体是否有国外借贷？

d. 在小型开放经济中，起初没有国外借贷，可贷资金供给和需求曲线都向左移动，该国仍然没有国外借贷。

128 9. 当经济刚刚从衰退中复苏时，人们获得更高的收入，由于他们预期能获得更高的利润，因此他们增加债券的需求，企业投资增加，债券供给增多。在债券市场图中债券的需求和供给曲线都向右移动，其对债券价格的影响是不确定的。数据显示，当美国经济开始从衰退中复苏时，利率通常会上升。画出封闭经济和大型开放经济下符合这种情况的债券市场图。这个结论对小型开放经济是可行的吗？为什么？

10. 在封闭经济体中，下面每一种情况如何影响利率？

a. 自然灾害摧毁了加利福尼亚州的桥梁和道路，导致重建基础设施的投资支出增加。

b. 未来的企业税收预期会提高。

c. 每天晚上播放受欢迎的电视剧，持续了 1 个月，使得人们都待在家里看电视，消费支出比平常明显减少。

d. 政府计划对储蓄征收一项新的税收，税基为每年 12 月 31 日的储蓄余额。

11. 对于小型开放经济，再回答第 10 题的问题。

12. 对于大型开放经济，再回答第 10 题的问题。

13. 下列事件如何影响美国的总财富？

a. 在蒙大拿州发现一个大油田，其原油储备是中东的 10 倍。

b. 由于生产率的提高，经济增长速度是预期的两倍，因此失业率显著下降。

c. 东欧的重建计划需要 1 万亿美元，这使得世界真实利率提高。

14. 美国联邦政府开始出现预算盈余，用可贷资金方法说明美国预算盈余对世界真实利率的影响。

15. 下列事件如何影响美国的可贷资金需求？

a. 美国各城市应对社会问题的支出负担过重，于是增加企业税收。

b. 公司提高了电脑化程度，可以显著减少存货及其相关成本。

c. 对住房抵押贷款利息支付的税收减免将被取消。

16. 假设在大型开放经济中，初始时国内可贷资金供给数量等于国内可贷资金需求数量，后来企业税收的变化抑制了投资。说明这种变化如何影响可贷资金的数量和世界真实利率？该经济体现在是否进行国际借贷？

17. 有两个国家除在提供社会保险方面有明显差别外，其他方面都相同。一国提供老年人退休养老金、失业保险和重大疾病保险；另一国没有提供社会保险。你预计一下两国居民的平均财富水平会有什么差别？为什么？

18. 整个 20 世纪 80 年代，美国政府都有预算赤字（支出多于当期税收)，必须进行大规模的政府借款。用可贷资金图说明政府借款对利率和企业借款的影响。如果居民认为赤字会以不远的将来更高的税收来偿还，所以预期会有更高的税率，于是增加他们的储蓄。那会发生什么情况?

19. 大多数经济学家认为股票市场繁荣是预期未来有商业盈利机会的信号。分析这种繁荣对债券供给和利率可能有什么影响? 你要作出什么假设条件?

20. 假设两个国家有着完全分离的金融体系，即资金不在两国之间流动。一国是刚刚起步的发展中国家，本国资金有限，财富积累不多;另一国是发达国家，财富规模庞大但缺少新的投资机会。利用可贷资金图描述两国预期真实利率的差别。如果资金能够在两国间自由流动，两国的储蓄收益率会发生什么变化? 是否有更多的可盈利投资项目可以得到融资并开工建设? 为什么?

21. 在20世纪70年代的一些年份里，美国许多债务工具的真实利率是负的，即实际的通货膨胀率超过了名义利率。放款者在这些年里愿意接受负的真实收益率吗? 为什么?

数据题

129 22. 要想了解美国国际借贷规模，可以从图书馆找到最新一期《总统经济报告》，查阅美国国际交易表，找到经常账户余额。扣除几项差额和一项较大的统计误差之后，该余额应该等于美国投资与储蓄之间的差额。在20世纪80年代中期，经常账户余额发生了什么情况? 你认为该如何解释这种情况?

23. 在图书馆找到最新一期《总统经济报告》，画出图形来对20世纪90年代每一年的纽约证券交易所综合指数与个人储蓄占个人收入的比率进行比较。你怎样解释这两个数列之间的关系?

24. 美国达拉斯联邦储备银行编制了多种类型的利率数据。你可以登录它的网站 http://www.dallasfed.org/data/findata.html#stats，查阅1年期中期国债的利率。在20世纪90年代末股票市场繁荣期间，许多投资者卖出债券，投资股票。这会对国债的需求曲线、国债价格及其利率产生什么样的影响? 在繁荣期过后的股票价格下降期间，许多投资者把股票变成了债券。怎样用数据来反映这一变化?

25. 国家债务如此巨大，以至很难彻底搞清这些债务的数字。登录公共债务管理局在线的网站 http://www.publicdebt.treas.gov/opd/opdpdodt.htm，查阅最新的债务数字。在列出年份的期间里，国家债务是否曾减少？如果是这样，在所有其他因素不变的情况下，这会对债券供给产生什么影响？

26. 美国国际借贷数额可以从国际清算银行网站 www.bis.org 上查阅到。从中可以发现美国和欧洲之间储蓄和投资流动的什么信息？（提示：查阅最新一期年报的综述。）

理论联系实际

《亚洲华尔街日报》，2005 年 3 月 23 日

日本通货膨胀联结型债券

126 通货膨胀联结型债券于通货紧缩时期面世？这听上去很奇怪，日本政府正努力使外国机构投资者可于 4 月 1 日起购买该债券，此种证券正引起被通货膨胀困扰的人们的关注。

a “日本正从通货紧缩中摆脱”，Tomoya Masano 说，他是 Pimco 公司的资产组合经理人，而该公司是世界上通货膨胀联结型债券的最大投资机构之一。有一些征兆表明，日本多年的通货紧缩正日益消退，一些重要价格指数的降幅日益缩小。在某些领域，如自然资源和房地产领域，其价格已经快速上涨。

b 因而，债券投资者已经看出来，整个经济中通货膨胀最终会重新回来。通货膨胀指数化债券将使投资者对于投资低收益的日本债券所获得的微薄收益进行保值，以防物价普遍上涨带来的潜在损失。

当然，通货膨胀联结型债券不会立即使政府债券市场对国外投资者具有吸引力。但是，日本政府正希望吸引养老基金和共同基金投资于全球通货膨胀联结型债券，该债券在美国和欧洲受到高度欢迎。根据巴克莱资本（Barclays Capital）的数据，截至 2004 年，已发行的全球通货膨胀联结型债券的市值已经超过 6 000 亿美元。

c 对日本通货膨胀联结型债券投资的最大机会可能在于，未来两三年中预期日本消费税的增加。

通过这类债券的性质，联结型债券能够告诉投资者市场怎样看待一国未来几个月或几年的通货膨胀，有助于指导他们作出投资决策。例如，普通政府债券收益率为 1.4%，通货膨胀联结型债券当期收益率约为 0.6%，其差幅是日本市场预期的年度通货膨胀水平。

Aberdeen 资产管理公司资产组合经理人德里克·富尔顿（Derek Fulton）说：“它是一个有用的工具，不仅给我们提供了一个投资的工具，而且又能在一定程度上作为衡量日本市场预期通货膨胀的工具。”

新闻分析

127 在所有其他因素不变的情况下，预期通货膨胀率的上升，会使得债券价格下降和债券收益提高。不幸的是，预期通货膨胀低估了实际的通货膨胀水平。当出现这种不一致时，正如过去 30 年间大经济体都经历过的那样，债券持有者因债券真实收益率低于其预期收益率而遭受损失。

作为债券持有者应对未预期通货膨胀的一种保值方式，政府发行了通货膨胀联结型债券或称通货膨胀指数化债券（美国通货膨胀保值国债即 TIPS 就是一个例子）。当实际的通货膨胀率上升时，这类债券的面值增加，以补偿持有者因其利息的真实价值降低而造成的损失。

a. 自 1989 年日本房地产泡沫破裂起，直到这篇文章发表后，日本经济始终遭受通货紧缩，即价格水平下降的困扰。通货紧缩的压力与通货膨胀的压力一样，会给经济和金融市场带来危险。当经济出现通货紧缩时，企业因为担心未来销售价格不会高到足以补偿当前的成本以及企业真实债务负担的增加，不愿意承担风险，投资下降。

在 2005 年，日本经济终于开始从通货紧缩中恢复景气。当日本经济扩张时，上升的价格开始使许多日本投资者担忧通货膨胀。

b. 日本经济增长和财富创造疲弱，在所有其他因素不变的情况下，降低了对日本债券的需求，提高了债券的价格，降低了债券的收益。此外，日本较低的预期通货膨胀率（实际上是预期通货紧缩）进一步压低了债券收益率。因此，在 2005 年 3 月，日本 10 年期政府债券收益率是 1.4%，与之相比，美国 10 年期政府债券收益率是 4.5%。如果投资者预期通货膨胀，在所有其他因素不变的情况下，对日本政府债券的需求将下降。另一方面，通货膨胀指数化债券能够保护投资者的收益免受通货膨胀变化的影响。

c. 当税收增加时，企业将提高价格从而将一部分税收转嫁给消费者。因此，消费税率的提高将引起消费者价格的提高。这种税收能导致价格水平的一次性上升，引起通货膨胀和非通货膨胀指数化债券持有者的资本损失。

更进一步的思考……

如果常规美国政府债券的当期收益与通货膨胀指数化美国政府债券（TIPS）收益之间的差幅增大，你认为会对美国未来利率有何影响？并解释你的逻辑。

资料来源：Hayashi，Yuka，“Japan Inflation-Linked Bonds Lure Interest as Deflation Ebbs,” *The Asian Wall street Journal*，March 23，2005，pp. M1，M3.

第 7 章　利率的风险结构和期限结构

130 在任何一个工作日，《华尔街日报》都在线报道不同金融工具的利率。下面是 2006 年 8 月 7 日某债券收益率的例样：

债券	到期时间	收益率
长期国债	2013 年 8 月	4.90%
北美迈朗电力公司	2013 年 12 月	5.23%
美国雅培公司	2011 年 5 月	4.96%
国库券	2006 年 11 月	5.08%

网页推荐：
http://www.gpoaccess.gov/indicators/index.html
经济顾问委员会的出版物《经济指标》提供了各种美国利率的历史数据。

在第 6 章，我们考察了债券市场上的利率决定方式，假定存在一个利率适合于所有交易债券。现在我们看到存在多个"市场"利率。这是否意味着我们的分析有误呢？不一定。我们所作的假设使我们能建立起对市场利率的整体认识。当投资者进入债券市场购买某一证券时，他们感兴趣的是其收益。债券的利率是由许多变量决定的，其中的许多变量大体上可以同样地用来决定单个债券的利率。

在本章中，我们在第 6 章分析的基础上进一步，考察单个债券的品质如何决定了必须报给投资者的利率。在本章的第一节，我们考察利率的风险结构。利率的风险结构解释具有相同到期日的不同债券之间收益率的差异。在第二节，我们分析利率的期限结构。我们比较具有相同风险、流动性和信息成本等特征的债券，观察其收益率怎样随其距到期日的时间不同而不同。投资者运用这两种分析就可以预测单个证券的未来走势和市场利率，当我们研究债券的差异时，我们会分析这个过程。

利率的风险结构

如果本章开头所列的债券具有相似的到期日（除国库券外，其他的确是相似的），我们就可以将利率（也称作收益率）的不同归因于违约风险、流动性、信息成本和税收的差异。**利率的风险结构**（risk structure of interest rates）概括了这些决定因素对某一给定到期日收益率的影响。在本节，我们描述每一项决定因素怎样对信用市场工具利率产生影响，并分析当储蓄者对每一项决定因素改变看法时，利率会怎样变化。我们也描述了财经媒体报告的利率变化是如何让投资者预测金融和经济走势的。

违约风险

借款者按贷款合约足额偿还本金和利息的能力有所不同。例如，投资者认为 O. K. Used Cars 公司的承诺不像 IBM 公司的承诺那样能够得
131 到履行。因此，O. K. Used Cars 公司和其他私人公司足额偿还债务的能力具有不确定性，必须给予投资者或放贷者更高的收益率，以补偿后者购买债券或提供贷款所承担的风险。这种风险被称为**违约风险**（default risk），即受信者不能够履行偿还本金和利息承诺的风险。

违约风险的度量 要度量证券的违约风险，我们需要一个标准。美国国债一定会履行其承诺，因为它们是**无违约风险工具**（default-risk-free instruments）。我们假定它们是零风险的，因为美国政府担保所有的本金和利息都将在规定的时间偿付。政府能够为这些债务进行担保。我们度量证券的违约风险是将其与无违约风险国债进行比较。[1]

债券的**违约风险升水**（default risk premium）是指该债券收益率与可比较无违约风险性证券收益率的差额，它度量的是违约风险。违约风

〔1〕虽然如此，国债价格也能随着市场利率的提高或降低而波动。例如，市场利率的提高提升了国债的收益率，降低了其价格。

险升水是储蓄者持有风险性证券所要求的一个额外收益。例如，如果国债收益率为 8%，对于信用记录中等的 Worry Free 公司发行的公司债券，你想要一个更高的利率，比如说为 12%，那么 Worry Free 公司债券的违约风险升水就是 12%−8%=4%。

风险升水由两部分组成。首先，对于只关心预期收益率而不关心收益率波动性的风险中性储蓄者而言，有违约风险性证券的利率必须大于无违约风险性证券的利率。更高的利率用来补偿储蓄者因债券发行者违约带来的损失，这些违约包括发行者在利息支付、本金偿还或本金利息两者偿付上的违约。违约风险升水使得有违约风险性证券的预期收益率等于无违约风险性证券的确定收益率。其次，由于储蓄者通常是风险规避型的，他们不仅关心预期收益率，而且还关心收益率的波动。他们因承担违约风险，要求得到一个包含风险升水的收益率。

要度量一个债券或贷款合约违约风险升水的大小，放款者会试图评估借款者的信誉（还款能力）。获得借款者信誉信息的成本是很高的。因此，投资者常常聘用专业分析师来收集和监测这些信息。对公司债务工具而言，诸如标准普尔公司和穆迪投资者服务公司之类的私人公司定期发布和更新其评级结果（见表 7—1）。**债券评级**（bond rating）是评级公司对债券发行者的净值、现金流和前景等因素决定的偿付能力进行评估所得出的一份概要性独立统计报告。较高等级的债券（例如标准普尔公司评定的 AAA 等级债券）因为具有较小的风险，其收益率要低于那些等级较低的风险性债券（例如标准普尔公司评定的 C 等级债券），这两者收益率之间的差异就是因其各自风险结构不同所产生的。借款者和放款者都关心信誉评级。对于借款者而言，信誉评级影响其风险升水，进而影响其资金成本。对于储蓄者而言，信誉评级可作为违约风险信息的一个来源。

表 7—1　　解读穆迪和标准普尔的评级表

133

	穆迪	标准普尔	意义
投资级别债券	Aaa	AAA	债券的质量最好，违约风险最小，发行者是稳定和可靠的。
	Aa	AA	债券在各方面质量良好，其长期违约风险略微高一点。
	A	A	债券在许多方面符合投资属性。
	Baa	BBB	债券具有中等质量，债券目前表现良好，但未来不稳定。
非投资级别债券	Ba	BB	债券具有投机性，偿付安全性中等，保障不佳。
	B	B	不合意的投资，小额长期偿付有保证。
	Caa	CCC	低劣的债券，发行者可能违约或正处在违约的边缘。
	Ca	CC	高度投机性债券，经常违约。
	C	C	最低等级的债券，根据投资标准没有投资前景。
	—	D	违约。

续前表

	穆迪	标准普尔	意义
商业票据	P1	A1	高质量的发行，违约风险最小。
	P2	A2	较低质量的商业票据。
	P3	A3	最低投资级质量的商业票据。
未评级			

资料来源：Reprinted with the permission of Simon & Schuster from *The Wall Street Journal Guide to Understanding Money and Markets*，by Richard Saul Wurman，Alan Siegel，and Kenneth M. Morris. Copyright © 1989 by Access Press Ltd.，and Siegel & Gale，Inc.

违约风险和违约风险升水的变化 违约风险变化是如何影响某一特定金融工具，例如通用电气(GE) 公司的债券利率的?当投资者获得借款
132 者信誉等级的新信息时，违约风险升水会波动。换句话说，市场对违约风险感知的变化会引起收益率的变化。

我们可以用第 6 章中的债券市场图来分析高违约风险和低违约风险性证券价格（和预期利率）的决定。图 7—1(a) 显示了低违约风险资产的市场价格决定，图 7—1(b) 显示了高违约风险资产的市场价格决定。在这两个图中，债券供给的意愿随着债券价格的上升而上升。需求曲线表示放款者基于与其他类型投资工具所获收益率比较而购买债券的意愿。债券的需求数量随着价格的上升而下降。在图 7—1（以及后面其他图示）中，我们来分析债券市场和债券价格。请记住，债券价格与其收益率是负相关的，所以债券价格上升会使得收益率下降，价格下降会使得收益率上升，这种关系可以解释图 7—1 中的变化。该图显示了债券价格的变化。一旦我们看到债券价格上升或下降，我们就可以用这一价格变化来预测债券收益率的变化。通过图 7—1，我们证明了违约风险升水的这一变化。

如果放款者预计收益率变动的其他原因（流动性、信息成本和税收差异）不变，则风险性证券的收益率要大于安全性证券的收益率，风险性证券的价格要小于安全性证券的价格。如图 7—1 所示，安全性证券的初始价格 $P_{\text{安全}0}$ 大于风险性证券的初始价格 $P_{\text{风险}0}$。从定价信息来看，我们能够看出这些债券的收益率差异。风险性证券的初始利率 $i_{\text{风险}0}$ 大于安全性证券的初始利率 $i_{\text{安全}0}$，风险升水为 $i_{\text{风险}0}-i_{\text{安全}0}$，补偿放款者因持有风险性证券而承担的违约风险。

新闻解读

用债券收益率评估风险

我们可以利用下面附带的数据来计算家得宝（Home Depot）和雷曼

兄弟（Lehman Brothers Holdings）债券的违约风险升水。家得宝债券在2016年到期，息票率为5.40%，收益率为5.883%。而雷曼兄弟债券也在2016年到期，息票率为5.50%，收益率为6.003%。在同一天，2016年到期的长期国债的到期收益率大约为5.125%。

因此，家得宝债券的风险升水为5.883%－5.125%＝0.758%，雷曼兄弟债券的风险升水为6.003%－5.125%＝0.878%。由于债券有着相似的税收、流动性和信息成本等特征，而且都是长期债券，所以，风险升水的差异反映了投资者的认识：雷曼兄弟公司比家得宝公司更可能拖欠利息和本金。投资者运用这些报价作为债券市场参与者估计不同债券风险的指引。

公司债券

2006年7月13日，星期四

40家最活跃的固定息票公司债券

公司	息票率	到期日	最新价格	最新收益率	估计利差*	基准国债	估计交易量（千美元）
TEVA	6.150	2036-02-01	88.857	7.052	188	30	81 575
UNH	5.800	2036-03-15	91.089	6.479	130	30	80 000
MER	6.050	2016-05-16	99.734	6.085	102	10	78 641
USA CS	5.250	2011-03-02	97.881	5.777	73	5	77 860
JPM	4.750	2015-03-01	92.165	5.923	84	10	75 906
HD	5.400	2016-03-01	94.485	5.883	84	10	73 689
DCX	4.050	2008-06-04	96.704	5.928	79	2	70 460
GS	5.000	2011-01-15	96.929	5.786	75	5	70 384
UBS	6.243	2016-03-15	99.929	6.653	158	10	65 500
GNP	7.875	2013-04-01	108.745	6.255	119	10	61 210
GS	6.450	2036-05-01	96.413	6.729	155	30	57 055
GS	4.500	2010-06-15	95.779	5.719	68	5	54 119
ABT	5.600	2011-05-15	99.582	5.690	65	5	54 090
EQ	7.995	2036-06-01	99.852	8.006	282	30	52 903
T	6.800	2036-05-15	99.331	6.852	167	30	52 002

续前表

公司	息票率	到期日	最新价格	最新收益率	估计利差*	基准国债	估计交易量（千美元）
AMPX	7.518	2016-06-01	100.900	7.449	238	10	50 500
AIG	4.625	2008-06-02	98.210	5.642	53	2	50 500
VLO	7.000	2032-04-15	110.130	6.670	150	30	50 500
IP	5.500	2014-01-15	95.227	6.309	122	10	47 854
LEH	5.500	2016-04-04	96.327	6.003	93	10	46 050
HSBC	4.125	2009-11-16	95.510	5.621	58	3	41 837
LEH	5.750	2013-05-17	99.069	5.916	85	10	41 435
FDC	4.700	2006-11-01	99.708	5.680	n. a.	n. a.	40 500
TWX	7.700	2032-05-01	106.999	7.103	191	30	38 870
KMP	7.125	2012-03-15	103.643	6.346	131	5	38 500

资料来源：*The Wall Street Journal*，July 14，2006，p. C4.

现在假设市场参与者认为风险性证券的违约可能性增加了，因为预期的经济衰退降低了高风险公司的利润。因此，放款者愿意出更低的价格购买高风险性证券（即他们要求更高的预期收益率），以补偿其承担的额外违约风险。当投资者减少投向该证券的资金时，图 7—1(b) 中的需求曲线向左移动。需求曲线向左移动降低了风险性证券的价格（提高了风险性债券的收益率）。

当投资者意识到风险性证券的违约风险增加时，他们会将资金转投至低风险证券，这一转移被称为弃险投良（flight to quality）。请注意，在图 7—1(a) 中，安全性证券的需求曲线向右移动，是因为风险性证券的违约风险增大了。运用资产组合配置理论，我们能够预测高风险性证券的风险增加将提高安全性债券的需求。在这种情况下，安全性债券的价格提高，而风险性债券的价格降低，即违约风险升水扩
134 大了。高违约风险债券的收益率具有更大的违约风险升水。预期违约风险的增加减少了放款者购买高风险债券的意愿，而提高了其购买安全性债券的意愿。

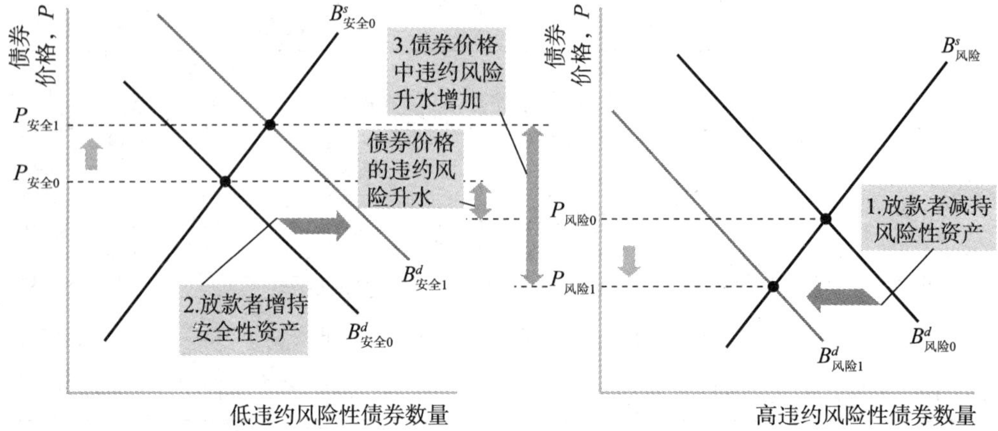

（a）低违约风险市场　　（b）高违约风险市场

图 7—1　收益率中违约风险升水的决定

初始的违约风险升水可以通过比较安全性资产价格 $P_{安全}$ 和风险性资产价格 $P_{风险}$ 相关联的收益率得到。因为安全性资产价格大于风险性资产价格，我们可以推断风险性资产的收益率 $i_{风险}$ 大于安全性资产的收益率 $i_{安全}$，以补偿储蓄者承担的风险。

1. 初始的违约风险升水是 $i_{风险0}-i_{安全0}$，其中 $i_{风险}$ 和 $i_{安全}$ 分别是 $P_{风险}$ 和 $P_{安全}$ 的收益率。当放款者调高高违约风险资产的预期违约风险时，B^d 曲线向左移动（从 $B^d_{风险0}$ 移至 $B^d_{风险1}$）。

2. 高违约风险资产违约风险增加导致投资者将资金转移至更低风险的资产上，使得低违约风险资产的 B^d 曲线向右移动（从 $B^d_{安全0}$ 移至 $B^d_{安全1}$），提高了低违约风险债券的价格，降低了低违约风险债券的收益率。

3. 由于低违约风险和高违约风险债券的价格差距增大，高违约风险债券收益率和低违约风险债券收益率的风险升水上升至 $i_{风险1}-i_{安全1}$。

现实中，违约风险的变化是如何使得投资者减持一种资产而增持另一种资产的呢？图 7—2 强调了美国金融市场的这两种情况。图中显示，尽管长期利率通常是联动的（就像短期利率那样），但是这都发生于风险升水波动的情况下。在 20 世纪 80 年代初期，当经济衰退导致大家关注公司的偿付能力时，投资者重新配置其资金，减持高风险的长期公司债券，增持更安全的政府债券。请注意，中等质量（Baa）债券收益率戏剧般的提高是和 20 世纪 80 年代初期长期国债的收益率相关联的。1974—1975 年的经济衰退，使投资者更加关注短期市场的违约风险。请注意，存在一定违约风险的商业票据利率相对于无违约风险的国库券利率有显著提高。这些情况反映了市场对违约风险增加的感知，提高了无违约风险资产替代工具的必要收益率。在 1998 年 8 月，当全球投资者对亚洲金融危机惊慌失措时，风险升水上升，抬高了国债价格。在 2001 年 9 月，恐怖袭击也使得投资者弃险投良。

另外一次弃险投良事件发生在 1929—1931 年间。在经济大萧条时期，经济衰退的预期恶化，储蓄者将减持风险性公司证券，增持政府债
135 券，实际上使收益率接近于零。Baa 等级债券与长期政府债券利率的差

幅显著扩大，从 1929 年的 2 个百分点扩大到 1931 年的 6 个百分点。违约风险升水的另外一次变化发生在 20 世纪 70 年代初期的商业票据市场。1970 年，佩恩中央铁路公司（Penn Central Railroad）的违约提高了公司商业票据的预期风险。在 20 世纪 80 年代初期的市政债券市场中，华盛顿州公共电力系统债券的违约提高了市政债券市场的预期投资风险。

测试点拨

Hitechco 公司是一家相对年轻的科技公司，它已发行 1 000 万美元债券。你在《华尔街日报》上注意到，该公司在与一家电子集团公司的专利纠纷中得到 3 000 万美元的和解金。你预测这笔和解金会对 Hitechco 公司债券的收益率和价格有什么影响?

该和解金的消息减少了 Hitechco 公司任何类型债务的违约风险，Hitechco 公司债券的违约风险升水将降低，使得债券的收益率降低，而债券价格提高。

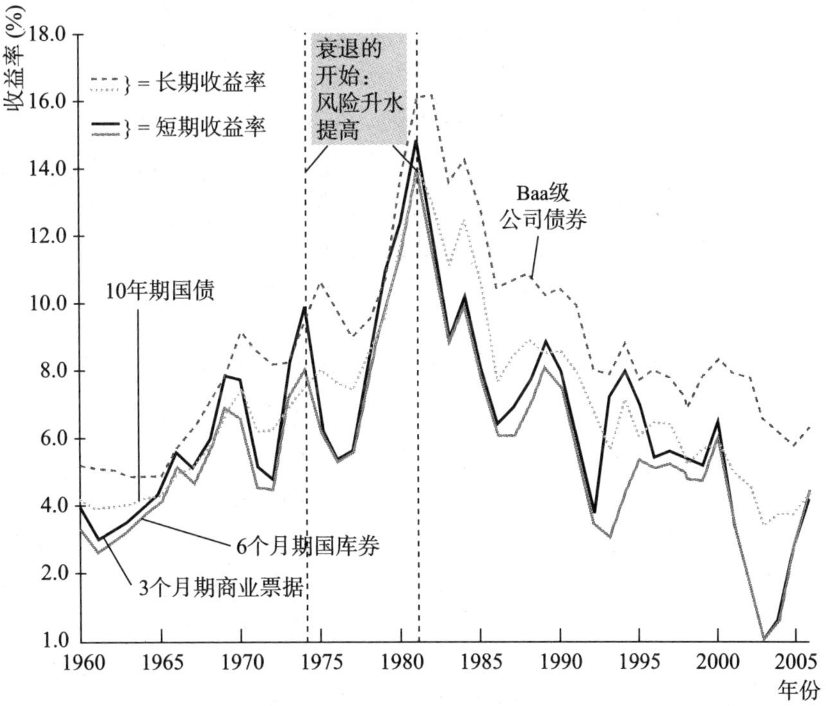

图 7—2　美国长期和短期收益率：1960—2006 年

在 1974—1975 年和 20 世纪 80 年代初期，投资者关心公司的偿付能力，投资者减持公司债券，增持安全的政府债券。

资料来源：Council of Economic Advisers，*Economic Report of the President*，various issues；1997 年后，商业票据数据为 3 个月期商业票据的。

流动性

流动性的差异是利率差异的另外一个原因。由于投资者关心流动性，在所有其他因素不变的条件下，他们对更具流动性的投资愿意接受较低
136 的利率，而对缺乏流动性（无流动性）的投资则不然。因此，缺乏流动性的资产必须支付更高的收益率以补偿储蓄者在流动性上的牺牲。一项投资的总和风险升水中，既包括违约风险升水，还包括流动性升水。

流动性升水 金融工具的交易方式影响其流动性。与违约风险一样，我们可以用美国国债来比较不同金融工具的流动性。国债市场流动性极强，而要匹配公司债券的买家和卖家则更为困难。因此，公司债券市场比政府债券市场的流动性要小得多，所以，投资者要求在公司债券的收益率上加上一个额外的升水。

流动性变化与流动性升水 金融工具流动性的变化如何影响其收益率呢？资产组合配置理论告诉我们，对于任何给定的收益率，投资者都更愿意持有高流动性资产（例如政府债券），而不愿意持有低流动性资产。因此，如果公司债券市场流动性降低，低流动性资产与高流动性资产的收益率差幅将扩大。

图 7—3 说明了流动性变化对债券价格的影响。图 7—3(a) 显示高流动性市场（例如美国国债市场）上债券价格的决定，图 7—3(b) 显示低流动性市场（例如公司债券市场）上债券价格的决定。由于我们重点分析流动性变化对风险升水的影响，为简化起见，我们假设两个市场的初始价格是相等的，$P_{\text{低流动}0}=P_{\text{高流动}0}$。因此，两个市场的初始收益率也是相等的，即 $i_{\text{低流动}0}=i_{\text{高流动}0}$。

假设低流动性资产的流动性降低，储蓄者将要求得到更高的预期收益率以补偿其流动性损失。也就是说，在低流动性市场上，债券的需求降低，需求曲线向左移动，在图 7—3(b) 中为从 $B^d_{\text{低流动}0}$ 左移至 $B^d_{\text{低流动}1}$。在低流动性市场上，需求曲线左移降低了债券价格，提高了收益率。当放款者重新配置其资金，将资金投向高流动性市场时，图 7—3(a) 中的需求曲线向右移动，从 $B^d_{\text{高流动}0}$ 右移至 $B^d_{\text{高流动}1}$。因此，在高流动性市场上，债券价格提高（从 $P_{\text{高流动}0}$ 提高到 $P_{\text{高流动}1}$），利率降低；而在低流动性市场上，债券价格降低（从 $P_{\text{低流动}0}$ 降低到 $P_{\text{低流动}1}$），利率提高。由于价格差（$P_{\text{高流动}1}-P_{\text{低流动}1}$）扩大，风险升水中的流动性部分，即 $i_{\text{低流动}1}-i_{\text{高流动}1}$ 增大。放款者更不愿意持有低流动性资产并对低流动性资产的持有要求更高的收益率，而借款者用该资产进行融资将付出更高的融资成本。资产流动性的增加减少了其必要收益率，资产流动性的降低提高了其必要收益率。

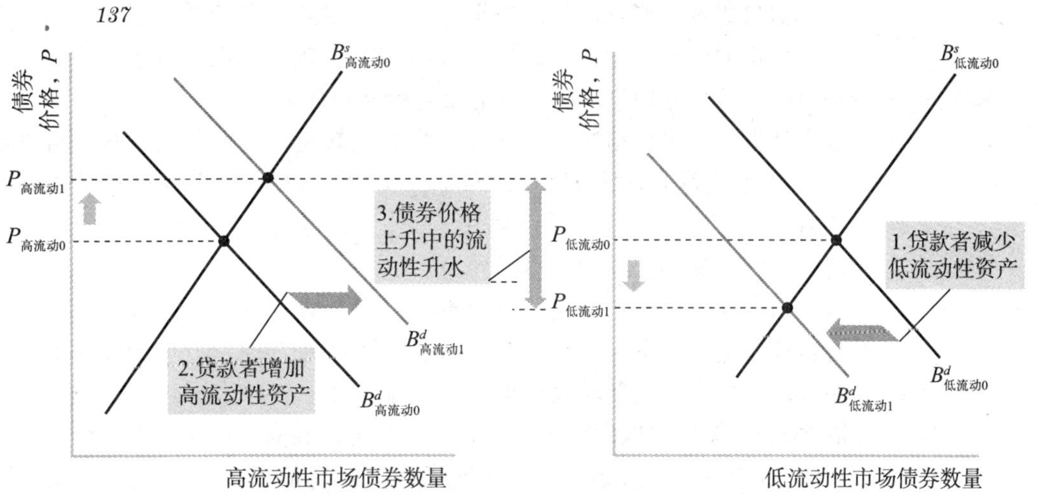

（a）高流动性市场　　　　（b）低流动性市场

图 7—3　流动性降低对风险升水的影响

放款者重视流动性。因此，与高流动性市场相比，低流动性市场上债券价格更低，要求的收益率更高。

1. 资产流动性降低，放款者对该资产的需求减少，使得需求曲线从 $B^d_{\text{低流动0}}$ 左移至 $B^d_{\text{低流动1}}$。
2. 放款者将重新配置其资金，从低流动性市场转投至高流动性市场，使得需求曲线从 $B^d_{\text{高流动0}}$ 右移至 $B^d_{\text{高流动1}}$。
3. 体现在债券价格差变化中的流动性升水（即缺乏流动性资产的收益率差）等于 $i_{\text{低流动1}}-i_{\text{低流动0}}$。

信息成本

影响利率风险结构的第三个因素是获取信息的成本。投资者投入资源（时间和金钱）获取资产信息的活动会减少该金融资产的预期收益率。使用这些资源的成本包含在放款者收取的借款成本之中，就像劳务成本包含在毛衣价格之中一样。如果两项资产有着相同的违约风险和流动性，投资者更愿意持有较低信息成本的资产。

信息成本的度量　政府债券，例如国库券和长期国债有着最低的信息成本，因为所有投资者都知道其本金和利息的偿还（按名义值）具有确定性。评级机构降低了收集数据的信息成本，并且可以监测知名的借款者，但是对不知名的借款者发放贷款，这些成本就会更高。例如，如果你想开办一个销售定制 T 恤衫的公司，于是到当地银行申请贷款，银行将根据你的收入和你的企业获得成功的几率来估计你的偿还能力。收集这些信息会增加成本，或是直接体现在对你的贷款收取较高的利率上，或是通过对你的行为施加限制来间接地体现，这些限制将由银行写进贷款合同之中。具有高利率的金融工具因其信息成本高，也往往具有相对较低的流动性。原因是，没有随时可得的信息，在金融市场上交易这些金融工具是困难的。

信息成本的变化与风险升水　图 7—4 说明了信息成本的增加对金融工具价格的影响作用，由此也可推出其对金融工具风险升水的影响。图 7—4(a) 显示低信息成本债券的市场价格决定，图 7—4(b) 显示高信息成本债券的市场价格决定。同样，为简化起见，我们假设两种债券的价格初始是相等的，即 $P_{\text{高信息}0}=P_{\text{低信息}0}$，所以其收益率也是相等的，即 $i_{\text{高信息}0}=i_{\text{高信息}1}$。（当然，在实践中是 $i_{\text{高信息}0}>i_{\text{低信息}0}$，这个差异反映了放款者收集两种债券信息的成本差异。）

当高信息成本市场上信息成本提高时，放款者不愿意以当前给定的价格和收益率将资金投到这个市场上，使得图 7—4(b) 中的需求曲线向左移动。当资金重新转投到低信息成本市场时，该金融工具市场的需求曲线向右移动，如图 7—4(a) 所示。因此，低信息成本市场的价格提高
138 （从 $P_{\text{低信息}0}$ 提高到 $P_{\text{低信息}1}$），利率降低；而高信息成本市场的价格降低（从 $P_{\text{高信息}0}$ 降低到 $P_{\text{高信息}1}$），利率提高。随着价格差（$P_{\text{低信息}1}-P_{\text{高信息}1}$）扩大，风险升水中的信息成本部分增大，即 $i_{\text{高信息}1}-i_{\text{低信息}1}$。信息成本的增加提高了金融工具的必要收益率，信息成本的下降降低了金融工具的必要收益率。

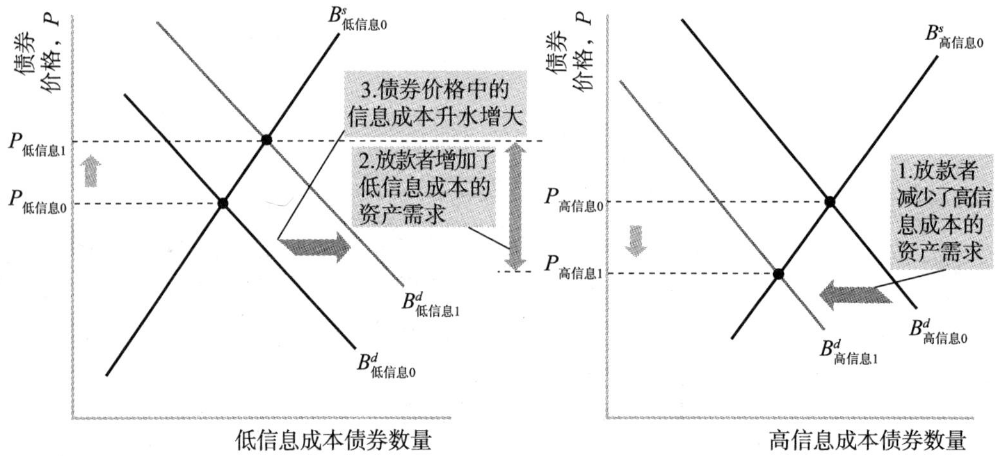

（a）低信息成本市场　　　　（b）高信息成本市场

图 7—4　信息成本增加对风险升水的影响

高信息成本市场信息成本的增加使得债券价格下降，利率上升；高信息成本放款和低信息成本放款之间的利率差也增大。

1. 在初始高信息成本市场上，信息成本的增加使得放款者降低对该资产的需求，使该资产的需求曲线向左移动，从 $B^d_{\text{高信息}0}$ 左移到 $B^d_{\text{高信息}1}$，债券价格下降，收益率升高。

2. 放款者重新配置其资金，转投至低信息成本市场，使得低信息成本的资产需求曲线从 $B^d_{\text{低信息}0}$ 右移至 $B^d_{\text{低信息}1}$，债券价格升高，收益率降低。

3. 债券价格差与必要收益率差是匹配的，$i_{\text{高信息}1}$ 与 $i_{\text{低信息}1}$ 之差就是信息成本升水。

税　收

另外一个导致信用市场工具利率差异的原因是税收。如果所有工具的收益都缴纳一样的税收，风险结构的差异就可以用违约风险、流动性和信息成本等因素来解释。然而，对收益的税收不同，也会引起信用市场工具收益率的不同。

税收差异的度量　当储蓄者估计一项债券投资的收益时，他们首先决定其利息支付是否纳税，税收如何降低其收益。例如，由州和地方政
139 府发行的市政债券利息是免征联邦、州和地方所得税的。由于这一免税待遇，许多投资者都愿意接受利率比其他债券（包括一些具有较低违约风险的债券）低的市政债券，因为市政债券的税后收益率更高。为了说明这个问题，假设你正在比较息票率为 9%的 1 000 美元面值长期国债和利率为 7.5%的 1 000 美元面值市政债券的收益率。长期国债（9%）的税前收益率大于市政债券的税前收益率（7.5%），如果你的边际所得税率为 30%，每 1 美元的利息收入中将有 30 美分通过税收缴给政府。1 000 美元国债每年应税利息为 90 美元，税后利息收入为 90×(1－0.3)＝63 美元，而 1 000 美元面值市政债券的每年税后利息收入为 75 美元。因此，你可能更愿意持有市政债券。

除了决定利息是否纳税外，投资者还必须比较投资收益的不同税率。美国法律规定，利息和资本利得的税收待遇是不一样的。利息收入与工资和薪水所得按相同的税率纳税，资本利得按较低的法定税率纳税，其有效税率也比利息的有效税率低，因为资本利得是在其实现时（资产被出售时）才纳税的，而不是随其产生而纳税的。也就是说，其税收是递延的。例如，如果你持有了 20 年 Boomco 公司股票，在你卖出该股票而实现资本利得之前的 20 年间，你不需要对此纳税，直到你卖出这些股票才被征税。递延税收的好处是在资本利得实现时所付税收的现值要小于随资本利得滋生而渐进付税的现值。有时（包括当前），资本利得都享受更低的显性税率，还享有隐性递延税收的好处。

最后，美国政府证券的利息免除州税和地方税，这使得这些债券比那些征税的公司证券有优惠的税收待遇。由于商业票据收益是需要纳税的，商业票据与国库券收益之间风险升水的一部分是由其税收待遇的不同引起的。如果违约风险、流动性和信息成本等属性保持不变，某种债券收益的税收待遇变化将影响其税前收益率。然而，投资者作出其资产组合配置决策时，会比较税后预期收益率。

免税与收益率差异　图 7—5 描述了市政债券免税对美国政府债券和市政债券收益率的影响。为简化起见，假设两种债券的税收待遇是一样

的，其价格相等（$P_{\text{免税0}}=P_{\text{征税0}}$），则收益率也相等（$i_{\text{免税0}}=i_{\text{征税0}}$）。如果市政债券的收益免税，美国政府债券对投资者的吸引力就下降了，因为其收益是纳税的。因而，图 7—5(b) 中征税债券的需求曲线向左移动。同时，放款者增加了对市政债券的需求，图 7—5(a) 中免税债券的需求曲线向右移动。因此，免税债券价格提高（从 $P_{\text{免税0}}$ 提高到 $P_{\text{免税1}}$），收益率下降；而纳税债券的价格降低（从 $P_{\text{征税0}}$ 下降到 $P_{\text{征税1}}$），收益率提高。随着新均衡价格之间差距扩大，收益率之差中的税收部分，即 $i_{\text{免税1}}-i_{\text{征税1}}$ 增大。由于其收益率不同，放款者在持有美国政府债券还是持有免税市政证券之间是无差别的。

表 7—2 总结了利率风险结构的决定因素。

表 7—2　　利率的风险结构

140

资产的下列属性增加……	引起其收益率……	原因……
违约风险	提高	储蓄者承担的额外风险必须得到补偿
流动性	降低	储蓄者将资产转化成现金的成本更低
信息成本	提高	储蓄者必须花费更多的资源来评估资产
税负	提高	储蓄者关心税后收益，必须对税负进行补偿

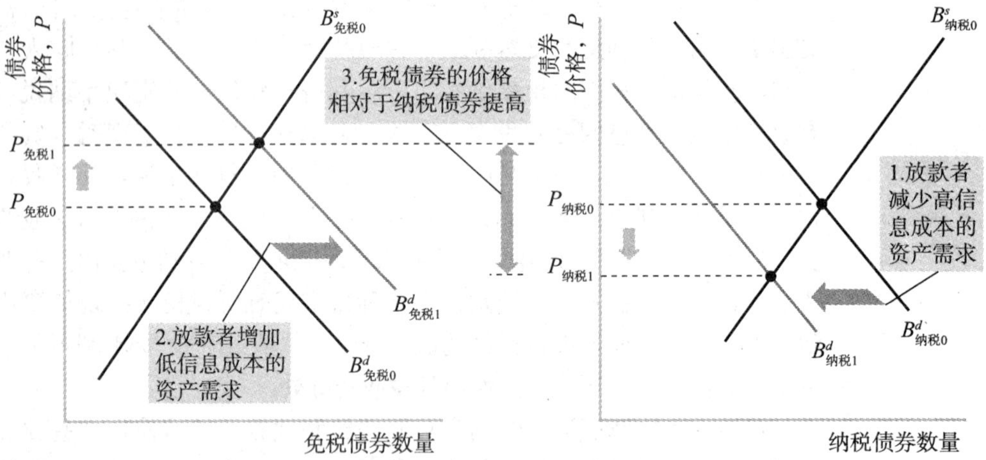

(a) 免税债券市场　　(b) 纳税债券市场

图 7—5　收益税收待遇不同的影响

如果所有其他因素保持不变，债券税负降低会提高其价格，降低其收益率。

1. 如果市政债券是免税的，放款者会减少持有纳税的美国政府债券，纳税债券需求曲线向左移动，从 $B^d_{\text{征税0}}$ 左移到 $B^d_{\text{征税1}}$，纳税债券价格降低。

2. 放款者增加免税债券的需求，所以免税债券需求曲线从 $B^d_{\text{免税0}}$ 右移到 $B^d_{\text{免税1}}$，免税债券价格提高。

3. 债券价格差与必要收益率差是匹配的，$i_{\text{征税1}}$ 与 $i_{\text{免税1}}$ 之差就是收益率之差的税收部分。

测试点拨

假设国会通过且总统签署了一部对公司债券交易征税的法律，以减少联邦政府预算赤字。那么公司债券和长期国债之间的收益率之差会发生什么变化？

相对于长期国债市场，交易税收提高了公司债券市场的交易成本，降低了公司债券的流动性。公司债券收益率中的流动性升水提高。

用利率风险结构进行预测

141 许多企业和政府的分析师用金融数据预测或预言经济变量，例如经济总产出或价格的变化。商人用这些预测结果作出投资、生产和雇佣决策，政府官员用这些预测结果来预计未来的税收收入和政府支出，以及指导政策的决定。

许多商业预测模型将利率风险结构包括进去，以预测经济活动的未来趋势。当你思考这些时，这一应用是明智的：风险升水反映具有相同期限的公司债券和政府债券收益率的差异。它们也估计不同类型债券必要收益率的基本风险结构，即违约风险、流动性、信息成本和税收。

例如，风险升水的提高可能反映了市场参与者感知到，由于预期未来利润下降，偿还债务处于困难期。分析师们成功地运用某些类型证券风险升水的提高来预测经济衰退（此时违约的可能性增加），包括 Baa 等级债券和长期国债的收益率差，或商业票据和国库券的收益率差。国家经济研究局（National Bureau of Economic Research，NBER）是一个独立的研究机构，有责任判定美国是否发生经济衰退。它运用风险升水构造了未来经济活动的领先指标，来预测经济衰退何时开始或结束。私人预测机构广泛运用这些指标来为金融和商业客户提供咨询。

延伸思考

网页推荐：
http://quote. yahoo. com. ml? u
http：//www. federalreserve. gov/releases
提供关于国债收益率的数据。
http：//stockcharts. com/Charts/YieldCurve. html
说明收益率曲线。

消费税会消除市政债券的吸引力吗？

在 1994 年末与 1995 年，整个华盛顿都在谈论税收改革。众议院多数党领导人迪克·阿米（Dick Armey）介绍了统一税收，其内容是将工资和薪水所得统一征税，以取代现行对其分别征收所得税的做法。参议员萨姆·纳恩（Sam Nunn）和彼得·多梅尼西（Pete Domenici）提出一项计划，允许个人对储蓄资金而不是消费支出进行无限的扣除。这些计划和其他许多大修小改的计划都反映了一个共同的主题：它们是对消费征税，而不是对收入征税。它们对投资收益（利息）和资本利得（股息）免除税收。

当这些计划开始被认真讨论时，金融市场参与者开始考虑税收改革对不同类型债券价格和收益率的影响。在存在所得税的条件下，市政债券的利息收入可免收联邦、州和地方税。因此，市政债券的收益率低于那些可比纳税债券的收益率。如果所有利息收入都免税，那么市政债券将失去其税收优惠。现有高收益率纳税债券价格将上升，其收益率将下降，而市政债券价格将下降，其收益率将上升。

1995 年和 1996 年初期，尽管分析师提醒市政债券购买者考虑这一前景，但投资者对市政债券的需求仍强劲不减。发生了什么呢？一种可能是投资者不相信这些税收改革计划会通过。

在 2003 年，当国会通过乔治·布什总统提出的关于削减对股票投资者股息收入征收联邦所得税的议案时，市政债券投资者的担心再次出现了。这一变化会相对提高股票的吸引力，因而在一定程度上提高了市政债券的必要收益率。

利率的期限结构

现在我们来考察违约风险、流动性、信息成本和税收都相同，但到期日不同的工具收益率的差异。具有不同到期日的债券收益率差异被称
142 为**利率的期限结构**（term structure of interest rates）。由于美国政府债券的风险结构因素最易于保持不变，期限结构通常针对这些债券的收益率来确定。

为获得投资者对未来信用市场环境的预期，市场分析师常常将不同的无违约风险工具的到期收益率作为期限的函数来研究。这种关系的图形就是**收益率曲线**（yield curve）。原则上，收益率曲线有三种形状，它们可能是向上倾斜、水平和向下倾斜的。向上倾斜的收益率曲线说明长期收益率高于短期收益率，水平的收益率曲线说明短期和长期债券有着相同的收益率，如果短期收益率高于长期收益率，则收益率曲线是向下倾斜的。《华尔街日报》刊载的收益率曲线对储蓄者和借款者来说都是有价值的信息。

自第二次世界大战以来，美国国债收益率曲线具有典型的形状和位置。首先，如果不是“新闻解读”中的那种收益率曲线，收益率曲线的形状通常是向上倾斜的，说明长期收益率通常高于短期收益率。其次，

不同期限的无违约风险工具的收益率通常会一起变化，同升或同降。因而，收益率曲线通常是向上或向下移动，而不是改变其形状。理解其形状模式和位置有助于你运用收益率曲线来预测经济变量如利率和通货膨胀率的变化。

经济学家有三个先进的理论来解释收益率曲线的表现：市场分割理论、预期理论和习惯偏好理论。我们如何评价这三个理论呢？有两个标准可用。一是逻辑的一致性。理论能否提供一个内在一致的金融市场模型来解释现实世界的事件？二是预测能力。理论如何很好地解释关于收益率曲线的实际数据？

新闻解读

如何看懂收益率曲线?

每天《华尔街日报》在线版都会刊登美国国债的收益率曲线。横轴的数字表示到期日，其范围从 3 个月（国库券）到 30 年（国债）；纵轴的数字表示前一交易结束时的到期收益率。

比较当期和 1 个月前的收益率曲线，我们看到，不足 6 个月期的国库券收益率的一般水平略微上升。此外，到期收益率几乎没有什么变化。

国债收益率曲线
当前国库券、中期国债和长期国债的到期收益率

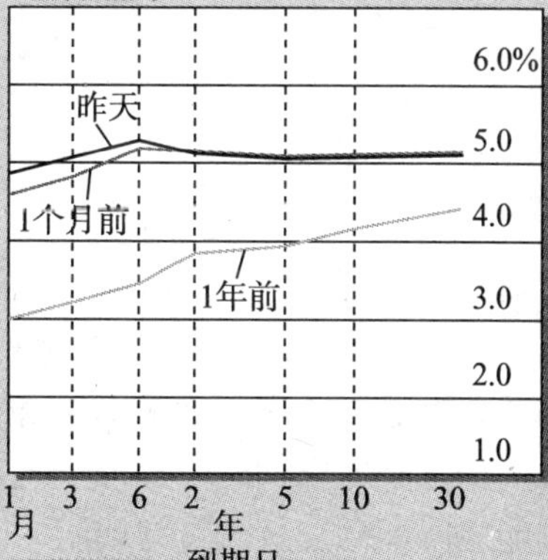

资料来源：*The Wall Street Journal*, July 14,2006,p.C2.

比较当期和 1 年前收益率曲线，我们看到，收益率的一般水平上升了。不足 1 年期的收益率比更长期限的收益率更高。

给定相对水平型的收益率曲线，你应该投资短期国库券还是长期国债呢？当我们讨论利率的期限结构时，我们将回答这个问题。

博闻广识

亚洲危机对欧洲债券有影响吗?

公司债券市场的正常功能是给投资者提供关于公司债券风险升水的信息。在1994年之前，欧洲公司很少发行和交易风险性债券。当这些债券在20世纪90年代末期变得越来越流行时，许多欧洲公司获得了进入公开债券市场的权利，经常使其资本成本相对于银行贷款或发行新证券降低。欧洲“非投资等级”债券逆流而上是因为两个原因：即将到来的欧洲货币联盟和债券市场交投活跃带来的低交易成本。

从1997年末开始，亚洲金融危机降低了全世界投资者的风险承受能力。1998年8月，当俄罗斯无力偿还其国内债券时，投资者抛售了风险性公司甚至欧洲和美国公司的债券，争先恐后地购买美国国债。如图7—1所示，欧洲非投资等级债券需求的减少，降低了债券价格，提高了债券收益率和欧洲公司的借款成本。

1998年末和1999年初，欧洲债券基金开始流行，高收益率开始吸引投资者。一些观察家注意到，要从欧洲公司债券收益率的风险结构中得到违约风险、流动性和信息成本差异的精确信息仍然是困难的。投资者正在等待欧洲在会计标准和评级机构的评级活动方面更进一步地协调。亚洲危机或许结束了，乐观主义者预测在新世纪的前10年中，欧洲非投资等级债券市场将比美国非投资等级债券市场有更快的成长。

市场分割理论

市场分割理论（segmented market theory）认为，每一种金融工具
143 （从3个月期国库券到2年期票据以及30年期债券）的收益率，都是在一个单独市场上由该市场的需求和供给决定的。这一理论的假设是：借款者的借款有特定期间，放款者也会记住其特定的持有期间。例如，个人可能想匹配到期日和持有期间，因为他们是为退休或孩子教育而储蓄。他们这样做就能确切地知道他们的名义收益率是多少。或者，借款者可能会牢记一个特定期间，因为他们知道企业投资项目将在20年间还清，企业需要将其债务偿还与其预期收益相匹配。在市场分割理论下，借款者和放款者都不愿意从一个市场转移到另外一个市场，因而，具有不同期限的债券是不可替代的。

根据市场分割理论，每个市场的收益率只反映该市场的需求和供给。收益率曲线是由某一特定类型证券的市场供给和需求行为决定的，它代表着许多小的需求和供给决策。向上倾斜的收益率曲线意味着短期债券

的需求高于长期债券的需求。正如我们在第 4 章所指出的，这一需求对短期债券价格施加上升的压力，对收益率施加下降的压力；水平的收益率曲线意味着不同市场的需求和供给是相等的；向下倾斜的收益率曲线意味着长期债券的需求高于短期债券的需求。

该理论是否通过了收益率曲线形状解释的第一项检验呢？由于从美国二战后时期的数据来看，向上倾斜的收益率曲线占主流，市场分割理论认为投资者通常更愿意持有短期债券，而不愿意持有长期债券。因而，只要投资者偏好短期债券，该理论就能够解释向上倾斜的收益率曲线。

144 该理论是否能通过收益率曲线数据解释第二项检验呢？正如我们刚才提到的那样，在市场分割理论下，随着债券期限的延长，债券的需求一般会下降。在均衡时，长期债券的收益率大于短期债券的收益率，收益率曲线向上倾斜。当然，对不同期限债券的偏好有时也会发生变化。有时，投资者变得更愿意持有长期债券。当他们这么做的时候，长期债券的均衡收益率下降，使得收益率曲线变平或向下倾斜。

然而，市场分割理论不能解释不同债券的收益率联动的现象，因为该理论认为只有特定市场的需求和供给才决定收益率，收益率曲线只有在特定市场都同时发生相同的变化时才联动。[1] 因此，该理论不能解释为什么投资者为了满足特定持有期限的偏好，而压低其他市场潜在的高收益率。

预期理论

与市场分割理论相反，**预期理论**（expectations theory）认为，投资者将具有相同违约风险、流动性、信息成本和税收的所有期限资产都看做完全可替代的。根据该理论，长期债券利率等于相同投资期间内所有短期债券利率的平均值。此外，该理论认为，收益率曲线的形状取决于短期利率预期的未来走势。

下面我们用一个例子来说明如何通过当前长期利率推断未来短期利率的预期。假设 1 年期债券的利率为 6%，2 年期债券的利率为 7%，3 年期债券的利率为 8%，4 年期债券的利率为 9%。图 7—6（a）显示了这一向上倾斜的收益率曲线。简化的预期理论告诉我们，如何通过该收益率曲线推断未来短期利率（不可观察到的）预期。2 年期的利率（7%）是当前 1

145 年期利率（6%）和预期未来 1 年期利率的平均值[2]，即

---

〔1〕 从技术上讲，市场分割理论能够解释收益率曲线向上和向下的变动，但条件是：债券市场的进出变动是针对所有期限债券的，而这种情况的发生必定是偶然的。

〔2〕 这个算术平均值只是更精确答案的近似值，精确值是当前利率和预期未来利率的几何平均数。

$$\frac{6\%+\text{提前 1 年的预期未来 1 年期债券利率}}{2}=7\%$$

预期未来 1 年期债券的利率就等于 2×7%－6%＝8%。

与之类似，通过观察 3 年期债券利率，你可以推测距今 2 期的预期未来 1 年期债券利率。该利率应该等于当前 1 年期债券利率（6%）、提前 1 年的预期未来 1 年期债券的利率（刚刚计算出的 8%）和提前 2 年的预期未来 1 年期债券利率的平均值，即

$$\frac{6\%+8\%+\text{提前 2 年的预期未来 1 年期债券利率}}{3}=8\%$$

提前 2 年的预期未来 1 年期债券利率为 10%。最后，你能推测出提前 3 年的预期未来 1 年期债券利率为 12%。[1] 在预期理论下，当短期利率预期上升时，收益率曲线向上倾斜。

图 7—6(b) 显示了一条水平的收益率曲线。在这种情况下，1 年期、2 年期、3 年期和 4 年期债券的收益率都是 6%。因此，在预期理论下，你能够推测其后 3 年的 1 年期债券利率都将保持 6%的水平不变。在预期理论下，当短期利率预期不变时，收益率曲线是水平的。

图 7—6(c) 显示了一条向下倾斜的收益率曲线。在这种情况下，1 年期债券利率为 6%，2 年期债券利率为 5.5%，3 年期债券利率为 5%，4 年期债券利率为 4.5%。那么，你能推测出距今 1 年后、2 年后、3 年后的预期未来 1 年期债券利率吗？2 年期债券利率是当前 1 年期债券利率（6%）和预期未来 1 年期债券利率的平均值，即

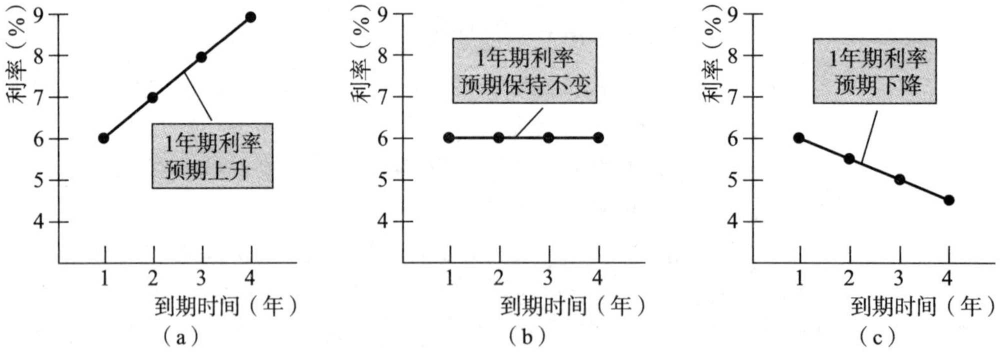

图 7—6　运用收益率曲线预测利率：预期理论

在预期理论下，收益率曲线的形状说明，相对于现在的水平，未来短期利率预期将（a）上升、（b）保持不变或（c）下降。

---

〔1〕 这里 $\frac{6\%+8\%+10\%+\text{提前 3 年的预期未来 1 年期债券利率}}{4}=9\%$，所以，提前 3 年的预期未来 1 年期债券利率为 12%。

$$\frac{6\%+\text{提前 1 年的预期未来 1 年期债券利率}}{2}=5.5\%$$

1 年后的 1 年期债券利率预期为 5%。2 年后的 1 年期债券利率预期可以从下式得出：

$$\text{3 年期债券利率}=\frac{6\%+5\%+\text{提前 2 年的预期未来 1 年期债券利率}}{3}=5\%$$

因此，你能推测 2 年后的 1 年期利率为 4%。用同样的方法，你能得出 3 年后的预期 1 年期利率：

$$\text{4 年期债券利率}=\frac{6\%+5\%+4\%+\text{提前 3 年的预期未来 1 年期债券利率}}{4}=4.5\%$$

146 3 年后的 1 年期利率为 3%。在预期理论下，当短期利率预期下降时，收益率曲线向下倾斜。

从这些例子我们可以归纳出，预期理论的完全可替代性假设意味着，对于给定持有期间的预期收益率必须等于不同期限债券的收益率。否则，投资者将改变其对不同期限债券的相对需求，以获取最高的收益率。另外，完全可替代性假设意味着长期债券的收益率将等于同期内所有期限债券的预期短期收益率的平均值。为什么呢？比如给定一个持有期限为 10 年，如果所有债券都是完全可替代的，通过持有 1 种 10 年期债券、5 种 2 年期票据、40 种 3 个月期国库券等债券，投资者应该会获得相同的预期收益率。在预期理论下，如果长期收益率高于短期利率，投资者将会预期短期利率在 10 年内将提高。

让我们更进一步认清预期理论对不同期限的债券收益率之间关系的预测能力。假设你正在考虑进行 2 年期投资的两种策略，i 是债券利率：

一次购买并持有策略	滚动购买持有策略
购买 2 年期债券，并持有至到期。当前利率为 i_{2t}，其中 t 代表到期时间。	购买 1 年期债券并持有至到期，当前利率为 i_{1t}。1 年期债券到期后的（$t+1$），再购买 1 年期债券并持有至到期。该债券的精确利率是未知的。现在，我们预测其利率为 $i^e_{1,t+1}$，其中 e 代表预期。

2 年后，每一个投资策略下 1 美元投资的预期回报是多少呢？如果你采用一次购买并持有策略，1 美元投资经过 1 年后则为（$1+i_{2t}$）美元，2 年后则为（$1+i_{2t}$）×（$1+i_{2t}$）美元。在滚动购买持有策略下，1 美元投资经过 1 年后则为（$1+i_{1t}$）美元，而第 2 年你预期 1 年期债券能赚得

$i^e_{1,t+1}$，因此初始的 1 美元将变为（$1+i_{1t}$）×（$1+i^e_{1,t+1}$）美元。

在预期理论下，这两种债券都是完全可替代的。因而，在 2 年持有期间，它们的预期净收益必定是相等的：

$$(1+i_{2t})\times(1+i_{2t})-1=(1+i_{1t})\times(1+i^e_{1,t+1})-1$$

简化得，

$$2i_{2t}+i^2_{2t}=i_{1t}+i^e_{1,t+1}+i_{1t}(i^e_{1,t+1})$$

由于两个利率的乘积非常小，我们可以忽略它。（比如，如果 $i=0.08$，那么 $i^2=0.006\,4$，则 i^2_{2t} 和 i_{1t}（$i^e_{1,t+1}$）两项可以忽略。）经过近似，一个 2 年期债券的收益率为 2 种 1 年期债券预期收益率的平均值：

$$i_{2t}=\frac{i_{1t}+i^e_{1,t+1}}{2} \tag{7.1}$$

更一般地，对于 n 年期债券，预期理论更精确的表达式为：

$$i_{n,t}=\frac{i_{1t}+i^e_{1,t+1}+\cdots+i^e_{1i,t+n-1}}{n}$$

147 n 年期债券收益率等于同期内所有期限债券的预期短期收益率的平均值。

与市场分割理论不同，预期理论基于不同期限债券是完全可替代的假设，将收益率曲线的形状归因于市场预期。水平的收益率曲线意味着市场参与者预期未来短期利率应该与当前短期利率相同，使得当前短期利率与长期利率（预期未来短期利率的平均值）相等。向下倾斜的收益率曲线意味着投资者认为短期利率在未来将下降，低于当前的利率水平。最后，向上倾斜的收益率曲线反映了未来短期利率将上升的预期，因而当前的长期利率会提高。

这一理论如何成功地解释了收益率曲线的实际形状？与市场分割理论刚好相反，预期理论对不同期限债券的利率一起变化给出了逻辑一致性的解释。自二战结束以来，美国利率的变化是持久稳固的，即短期利率的上升（或下降）往往能持续多个期间。当前短期利率的上升会提高预期未来短期利率和当期长期利率。因此，预期理论能够解释短期利率和长期利率的联动。

然而，预期理论不能很好地解释收益率曲线向上倾斜的一般形状。如果我们严格地用该理论进行解释，向上倾斜的收益率曲线将意味着短期利率预期会永远上升。收益率曲线的这种形状与实际经验不完全一致，因而值得怀疑。毫无疑问，该理论为解释投资者决策和利率联动提供了一个符合逻辑的基础。

测试点拨

用预期理论回答下列问题。研读《华尔街日报》，你会发现收益率曲线向

上倾斜：10 年期长期国债的收益率大于 3 年期中期国债的收益率，而 3 年期中期国债的收益率又大于 6 个月期国库券的收益率。由于所有国债都具有相同的违约风险、流动性、信息成本和税收待遇，你应该将你的资金全部投资于 20 年期长期国债吗？

不。在预期理论下，长期债券利率就是预期未来短期利率的平均值。持有长期国债而忽视中期或短期国债，你不会获得更高的预期收益。

习惯偏好理论

市场分割理论和预期理论都不能对收益率曲线提供一个完全的解释。从本质上说，它们的缺点都来自其各自极端的假设条件。在市场分割理论下，投资者将不同期限的债券视为完全不可替代的；而在预期理论下，投资者则将不同期限的债券视为完全可替代的。第三种理论是习惯偏好理论，它寻求中间立场，因此能够解释收益率曲线的形状。

习惯偏好理论（preferred habitat theory）认为，投资者不仅关心预期收益率，而且关心到期时间，他们将不同期限的债券视为可替代的，但又不是完全可替代的。具体来说，投资者更偏好短期债券而不是长期
148 债券，这与市场分割理论类似。换句话说，投资者存在期限偏好，称为习惯偏好，但是他们也可能被诱使去购买其他证券。因此，如果短期债券能够提供与长期债券相同的收益率，投资者不会购买长期债券。反之，投资者就要求一个额外的收益，即**期限升水**（term premium），以此对他们投资于非偏好期限的债券进行补偿。下面这个例子有助于说明这一点。

假设 1 年期债券的当期收益率为 6%，但是下一年预期收益率为 8%。投资者是否会乐意购买收益率为 7%的 2 年期债券呢？2 年期债券提供的收益率与 2 个 1 年期债券收益率的平均值相等。但是，由于投资者偏好于购买 1 年期债券，他们必然会要求给予一个更高的收益率，比如 7.5%，才会促使他们购买非偏好的 2 年期债券。如果 2 年期债券只提供 7%的收益率，他们将选择 1 年期债券。使 2 年期债券具有竞争力所必需的额外 0.5%的收益就是期限升水。

下面我们对此例进行归纳，并与预期理论和习惯偏好理论的预测能力进行比较。假设 i 表示收益率，n 表示距到期日的期间数，η（习惯偏好）表示对特定期限的期限升水。在习惯偏好理论下，n 年期债券的利率（近似地）等于存续期内 1 年期债券预期未来收益率的平均值，再加上该期限的期限升水。通常，习惯偏好理论认为，n 年期债券的收益率为：

$$i_{n,t}=\frac{i_{1t}+i^{e}_{1,t+1}+\cdots+i^{e}_{1,t+n-1}}{n}+\eta_{n,t} \tag{7.2}$$

在预期理论下，资产是完全可替代的，没有习惯偏好，所以 η 总是等于 0。在习惯偏好理论下，期限升水 $\eta_{n,t}$ 不是一个常量。自二战以来美国金融市场的数据显示，平均而言，长期债券存在正的期限升水。因为投资者更偏好短期债券而不是长期债券，当期限增加时，$\eta_{n,t}$ 也增加。因此，习惯偏好理论认为收益率曲线向上倾斜是内在的，这里没有考虑短期利率的预期走势，而这是使预期理论的阐述更加严格的一个重要改进。因此，收益率曲线的形状不仅取决于短期利率的预期走势，而且还取决于每个期限的期限升水幅度。

在习惯偏好理论下，水平的收益率曲线反映了未来短期利率轻微下降的预期，因为收益率曲线具有向上倾斜的内在特征。向上倾斜的收益率曲线反映了未来短期利率预期上升，但上升幅度要小于在预期理论下上升的幅度。向下倾斜的收益率曲线反映了未来短期利率预期下降，但下降幅度要大于在预期理论下下降的幅度。与预期理论相比，习惯偏好理论的收益率曲线形状提供了关于未来短期利率的市场预期信息。习惯偏好理论具有逻辑一致性，不仅解释了收益率曲线形状通常为向上倾斜的理由，而且还解释了不同期限债券收益率联动的原因。

表 7—3 概括了市场分割理论、预期理论和习惯偏好理论。

表 7—3　　期限结构理论

149

理论	假设……	认为……	评价……
市场分割理论	不同期限的债券不可替代，相对于长期债券，投资者更偏好短期债券。	不同期限债券的收益率由各自单独市场决定。	解释了收益率曲线的形状，但没有解释为什么短期和长期利率联动。
预期理论	不同期限的债券是完全可替代的。	n 年期债券的收益率等于 n 年期内所有 1 年期债券收益率的平均值。	解释了短期和长期利率联动的原因，但没有解释收益率曲线通常向上倾斜的理由。
习惯偏好理论	不同期限的债券是可替代的，但非完全可替代。	n 年期债券的收益率等于 n 年期内所有 1 年期债券收益率的平均值加上期限升水。	不仅解释了收益率曲线的形状，而且解释了为什么短期和长期利率联动。

用期限结构进行预测

投资者、商人和政策制定者也利用利率期限结构所包含的信息来进行预测。在预期理论和习惯偏好理论下，收益率曲线的形状提供了关于市场参与者对未来短期名义利率预期的信息。另外，如果预期真实利率的波动小，收益率曲线就提供了未来通货膨胀率预期的信息。假设你想要金融市场 5 年内通货膨胀率的最佳预测值，如果真实利率预期保持不变，你就可以解释向上倾斜的收益率曲线意味着通货膨胀率预期会上升。实际上，美联储和许多金融市场参与者也利用收益率曲线来预测未来的通货膨胀。经济学家和市场参与者也依靠收益率曲线的形状来获取经济衰退可能性的信息。当短期利率高于长期利率时，收益率曲线将“反转”。（请记住，收益率曲线一般是向上倾斜的。）杜克大学的坎贝尔·哈维（Campbell Harvey）发现，从 20 世纪 50 年代中期开始，反转的收益率曲线（具体而言，3 个月期国库券收益率高于 10 年期长期国债的收益率）一般情况下要在 4～5 个季度后预测出经济衰退。更一般地，里士满联邦储备银行的迈克尔·多特赛（Michael Dotsey）得出结论：收益率曲线的形状是经济活动有用的领先指标。[1]

图 7—7 显示了三种收益率曲线：一种是向下倾斜的，一种是轻微向上倾斜的，另外一种是显著向上倾斜的。如果我们运用习惯偏好理论，这三种收益率曲线（分别代表 1989—1991 年间的 3 个时点）告诉了我们金融市场预期和经济运行的信息。

151 最上面的收益率曲线显示了 1989 年春季期限结构的特点。由于人们认为美联储将实行降低通货膨胀率的政策，这导致市场参与者预期未来短期利率将低于当期短期利率。期限结构中的习惯偏好理论认为，长期利率相对于短期利率应该下降。这种情况下，收益率曲线实际上是从正常向上倾斜的形状反转。

中间那条收益率曲线向上倾斜显示了习惯偏好理论下正常收益率曲线的特点。它代表正处于经济衰退中的 1990 年秋季利率期限结构的特点。然而，投资者预期，随着经济活动在未来的增长，对信贷的需求会增加，使得利率上升。换句话说，投资者预期未来短期利率将升高到目前水平之上。

最下面的收益率曲线代表了 1991 年初的利率期限结构，当时美联储

---

〔1〕 Campbell R. Harvey, “The Real Term Structure and Consumption Growth,” *Journal of Financial Economics*, 22 (1988). Michael Dotsey, “The Predictive Content of the Interest Rate Term Spread for Future Economic Growth,” Federal Reserve Bank of Richmond, *Economic Quarterly* 84 (Summer 1998): 31－52.

继续降低短期利率。然而，对通货膨胀和政府预算赤字的关心，使得预期未来短期利率升高，也使当期长期利率提高。按照习惯偏好理论的观点，通货膨胀的担心被加到正常向上倾斜的收益率曲线中。

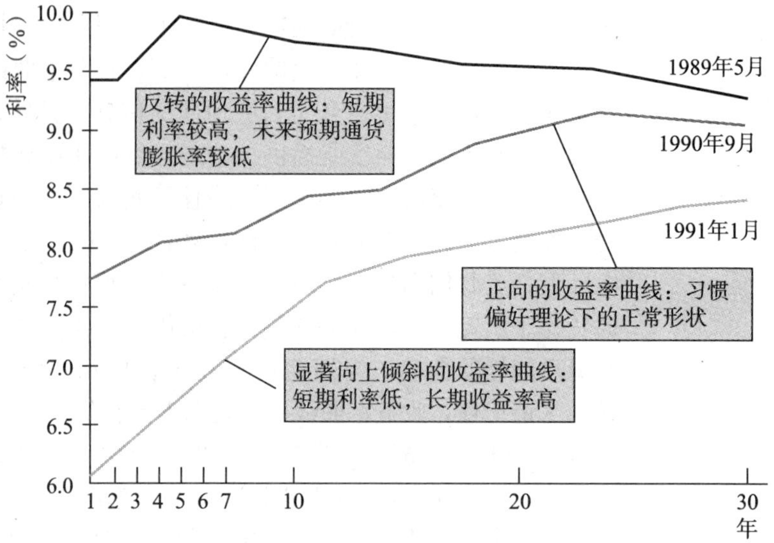

图 7—7　收益率曲线的解读

期限结构理论模型（例如习惯偏好理论）有助于分析师将《华尔街日报》的数据用作预测工具。理解收益率曲线的形状，使得你阅读的《华尔街日报》的数据更有意义。

延伸思考

财政部能够改变收益率曲线的形状吗?

150 2000 年 1 月，美国财政部宣布其计划通过缩减销售长期国债特别是 30 年期国债，来减少美国已发行国债的平均期限。1993 年 5 月，财政部也有过类似的宣布，要比预期更大幅度地减少长期债券的发行，同时增加短期债券的发行。2000 年的情况有些不同，当时联邦预算盈余允许财政部回收部分债券，多年来都没出现过这种情况。

财政部宣布后，美国中期和长期国债特别是 30 年期国债的市场收益率在 2000 年 1 月中旬到 2 月下旬期间显著下降。一些市场参与者认为收益率的变化反映了供给和需求。长期工具例如养老基金的投资者通过购买长期国债来为未来债务保值。投资者增加购买国债达到预期未来供给会降低的程度时，长期债券的价格预期会上升，收益率会下降。

这一事件反映了期限结构的习惯偏好理论。该理论认为，投资者更偏好短期债券。因此，投资者偏好与不同期限国债供给之间的相互作用决定了期限升水，以吸引投资者。如果投资者对短期债券的偏好保持不变，30 年期国债供给数量的降低将提高其价格，并降低其收益率。

另外，长期债券收益率下降，且低于短期债券的收益率，这反映了经济活动降低和通货膨胀的预期，正如许多预测家当时预测的那样。无疑，这样一个事件反映了期限结构的预期理论观点。在该理论下，投资者将长期和短期债券视为完全可替代的。因此，相对较低的长期债券利率反映了市场参与者对未来短期利率较低的预期（就像在经济衰退和通货膨胀预期较低下出现的情况那样）。

哪个故事是正确的呢？我们可以用普通国债和通货膨胀保值国债（TIPS）的收益率差来观察通货膨胀预期，考察市场收益率下降的原因。在1月末和2月初，30年期普通国债和TIPS的收益率差显著缩小，而5年期和10年期国债的收益率差没有缩小。这种分歧说明，2000年1—2月的国债价格行为并不是由预期通货膨胀的变化决定的。然而，当收益率包含未来经济活动和通货膨胀的市场预期时，就像预期理论所指出的那样，市场需求和供给因素也能在短期影响收益率，正如习惯偏好理论所指出的那样。

关键术语和概念

利率的风险结构	利率的期限结构	债券评级
预期理论	违约风险	习惯偏好理论
无违约风险性债券	市场分割理论	违约风险升水
期限升水	市政债券	收益率曲线

总　结

1. 对不同债券利率的差异进行分类有两种方法。利率的风险结构揭示距到期日时间相同但违约风险、流动性、信息成本和税收等不同的金融工具收益率存在差异的原因。利率的期限结构揭示违约风险、流动性、信息成本和税收等相同但期限不同的金融工具收益率存在差异的原因。

2. 违约风险升水是储蓄者持有相同期限的风险性工具而不持有无违约风险工具所要求的额外回报。虽然相同期限的金融工具收益率差异的主要成因是违约风险，但流动性、信息成本和税收等差异也是重要的成因。美国政府债券充当计算风险升水的比照基准，因为它们是无违约风险的，而且是在具有极高流动性的市场上交易的，信息成本低。信用市场工具收益的税收差异也影响其风险升水。

3. 由于政府债券在违约风险、流动性、信息成本和税收等方面最易于保持不变，所以期限结构通常就是指政府债券收益率的期限结构。将无违约风险债券的到期收益率作为期限的函数，其图形就是收益率曲线。

4. 美国国债收益率曲线有两种典型形状。第一，收益率曲线通常是向上倾斜的，因为长期债券收益率通常高于短期债券收益率。第二，不同期限债券的收益率常常联动。

5. 经济学家用三个理论来解释收益率曲线的两个特征。这些理论的区别就在于其重点强调的是预期收益率还是期限。在市场分割理论下，借款者和放款者只偏好一个特定期限。在其他条件不变的情况下，只要投资者偏好短期工具，该理论就能够解释向上倾斜的收益率曲线，但它不能解释利率联动的情况。在预期理论下，借款者和放款者只关心获利最高的预期收益率，不同期限的债券是完全可替代的。预期理论隐含着长期债券的利率等于预期未来短期利率的平均值。该理论能够解释利率
154 联动，只要短期利率在多期内持续上升（或下降）。然而，向上倾斜的收益率曲线预示短期利率曾经上升，这引起了对该理论简化形式的怀疑。第三个理论是前两种理论的综合，它是基于投资者既关心期限又关心预期收益的假设。该理论就是众所周知的习惯偏好理论，它认为长期债券利率等于同期内预期未来短期债券利率的平均值加上期限升水。期限升水受特定期限债券需求和供给的影响。当投资者偏好短期工具（所有其他因素保持不变）时，收益率曲线向上倾斜，即使短期利率预期不会上升。

6. 利率风险结构和期限结构包含了未来经济变量预期的重要信息，因此，它们可以用来进行经济预测。由于风险升水反映了对违约风险的预期，它们是未来经济活动水平和企业债务偿付能力的优良指标。在预期理论和习惯偏好理论下，期限结构将未来短期利率预期包含进当前长期利率中。如果真实利率预期长期保持不变，那么，期限结构可能包含未来通货膨胀率预期的信息。

复习题

1. 收益率曲线显示了债券市场利率之间的关系，这些债券很多方面都相同，除了哪一方面不同？

2. 什么是利率的期限结构？

3. 根据利率期限结构中的预期理论，当短期利率预期在未来下降时，长期利率会发生什么变化？

4. 根据预期理论，收益率曲线何时向上倾斜？根据市场分割理论呢？根据习惯偏好理论呢？

5. 根据习惯偏好理论，为什么收益率曲线通常轻微向上倾斜？

6. 分析师们用什么理论来考察不同期限债券的需求和供给，以预示利率期限结构？

7. 为什么美国国债利率通常低于公司债券利率？

8. 影响债券利率的因素有哪些？

9. 是纳税债券还是免税债券的税前利率更高？

10. 如果公司债券的风险升水上升，其利率是否一定上升？在回答这个问题时，要确定“风险升水”的定义。

11. 在1990年开始出现经济衰退时，低信用等级公司债券的利率相对于国债的利率上升。为什么会出现这种情况？这种现象如何称呼？

12. 你预计6个月期国库券收益率是高于还是低于可比期限的商业票据收益率呢？为什么？

13. 描述10年期通用汽车公司债券和10年期美国国债之间差异的影响因素。在解释10年期垃圾债券和10年期美国国债之间的差异时，你还会考虑其他什么因素？

14. 假设新发行的公司债券和商业票据的风险升水提高。解释这种变化如何影响你对不远的将来经济低迷可能性的猜测。

15. 在20世纪70年代末期，迈克尔·米尔肯让许多投资者相信，垃圾债券的收益率超过了对其高违约风险的应补偿程度。你认为这些债券的流动性最终会发生什么问题？

16. 为什么信息成本高的信用市场工具常常缺乏流动性？

分析题

155 17. 假设预期1年期债券利率发生如下变化：目前为3%，距今1年为5%，距今2年为7%。根据预期理论，2年期债券和3年期债券的当前利率是多少？

18. 假设投资者想进行3年的投资，以获得最高的可能回报。投资者有三种选择：(a) 3年滚动购买1年期债券，第1年利率为8%，第2年为11%，第3年为7%；(b) 购买当前利率为10%的2年期债券，然后在债券到期时用所得资金购买利率为7%的1年期债券；(c) 购买利率为8.5%的3年期债券。假设利率为年复利且没有交易成本，投资者该选择哪一方案进行投资？

19. 假设2007年1月1日，你用1 000美元在债券市场进行投资。

你可以购买利率为4%的1年期债券、利率为5%的2年期债券、利率为5.5%的3年期债券或利率为6%的4年期债券。你预期1年期债券利率在未来会发生这样的变化：在2008年1月1日会变为6.5%，2009年1月1日为7%，2010年1月1日为9%。你想将你的投资一直持有到2011年1月1日。到2011年，下面哪一个投资选择会给你最高的预期回报？(a) 现在购买4年期债券；(b) 现在购买3年期债券并在2010年购买1年期债券；(c) 现在购买2年期债券，在2009年购买1年期债券，在2010年再购买1年期债券；(d) 现在购买1年期债券，然后分别在2008年、2009年和2010年购买1年期债券。

20. 如果每次购买债券的交易成本为10美元，再回答第19题的问题。换句话说，如果你现在有1 000美元，你每次只能购买990美元的债券，10美元要用来付交易成本。你会选择哪一个方案？

21. 在1981年6月，收益率曲线向下倾斜；1984年6月，收益率曲线向上倾斜。根据预期理论，对这些曲线的形状进行解释。

22. 假设短期利率在经济低迷时下降，在经济扩张时上升。（根据预期理论）你预测下列情形下收益率曲线的形状：(a) 经济处于顶峰状态并且开始出现衰退；(b) 经济处于由顶峰向谷底变化的中途；(c) 经济处于谷底并开始出现扩张；(d) 经济处于由谷底向顶峰变化的中途。

23. 1999年春季，还不能确定日本经济是出现扩张还是跌入更深的经济衰退。如果日本经济开始扩张，通货膨胀可能会上升；如果跌入更深的经济衰退，政府借款可能会增加。《华尔街日报》引用一位分析师的话说："无论哪一种情况，收益率曲线都是陡峭的。"请解释他的理由。

24. 假设2008年总统竞选的获胜者是提出"向富人征重税"(soak the rich) 的候选人。竞选成功后，他说服国会提高联邦个人所得税的最高边际税率，从35%提高到65%。用图形描绘税率的这一变化对市政债券市场的影响，用另外一个图形描绘这一变化对美国国债市场的影响。

25. 假设收益率保持不变，投资者对持有联邦政府债券还是州和地方政府债券没有差别（即他们认为这两种债券有相同的违约风险和流动性）。假设州政府发行永久性债券（统一公债），利息为75美元，联邦政府也发行永久性债券，利息为75美元。如果州和联邦政府永久性债券的税后收益率都为8%，那么其税前收益率分别是多少？（假设本问题涉及的联邦所得税率为39.6%。）

26. 假设你的边际联邦所得税率为40%。将收益率为8%的1年期市政债券持有至到期，其税后收益率是多少？将收益率为10%的1年期公司债券持有至到期，其税后收益率是多少？如果两种债券有相同的违约风险和流动性，你更愿意持有哪一种债券？

27. 如果查看利率数据，你会看到20世纪80年代美国政府债券和市政债券利率差比以前缩小，你认为为什么会出现这种情况？

28. 当经济活动水平上升或下降时，垃圾债券的收益率会发生什么变化？

156 29. 你正在考虑投资于佛瑞德的精致家具厂，这是一家处于扩张期的企业，发展前景良好。你根据可靠的信息对其财务状况进行分析，结果表明该公司是健康的。你确认这一投资的风险小于其他投资，其收益要好于平均水平。在你决定对佛瑞德的公司进行投资时，还有哪些其他因素对你的决策是重要的？

30. 资产税率的某些方面可能会使得到期收益率成为不精确的收益度量指标。假设前几年发行的 Bob 债券还有 1 年到期，其到期收益率为 7%，当前收益率为 3%，预期资本利得为 4%。假设 Betty 债券是新发行的债券，1 年后到期，到期收益率与当前收益率相等，均为 8%。如果利息收入的边际税率为 33%，但是资本利得的税率为 0，你该选择哪一种债券？为什么？

31. 联邦储备体系持有大量的美国政府债券，当收益率曲线急剧向上倾斜时，通过购买长期债券来替代短期债券，美联储能够赚取更高的收益率。是不是这样？

32. 在什么样的条件下，你能从收益率曲线推断出未来通货膨胀率的预期（根据期限结构中的预期理论）？这些条件更适合于短期还是长期？

33. 运用预期理论，解释在当前短期利率低于长期利率时，一家企业借入了 2 年期借款，它为什么不通过短期借款（和再融资）来代替这一长期借款以节省资金（2 年期间内）呢？

数据题

34. 查看今天或本周的《华尔街日报》，找到收益率曲线栏目（一般在 C 板块）。比较 1 年前、2 年前和 3 年前同一日的收益率曲线数据。收益率曲线如何进行比较？你能够运用利率期限结构解释收益率曲线为什么会不断变化吗？

35. 经济顾问委员会的出版物《经济指标》提供了各种美国利率的历史数据。登录 http://www.gpoaccess.gov/indicators/browse.html，浏览最新一期的《经济指标》，查看最新的利率和债券收益率数据。短期利率是否低于长期利率？为什么？30 年期国债利率和住房抵押贷款（也是 30 年期）利率是否存在差别？如果有差别，为什么会出现这种情况？

36. 向上倾斜的收益率曲线表明长期收益率高于短期收益率。比较 5 年期中期国债和最近年份的 13 周国库券的收益率信息。（找到这些信息的最佳网站是雅虎财经，网址是 http：//quote. yahoo. com/m1？ u. 。）在其他条件保持不变的情况下，此期间的收益率曲线是否向上倾斜？解释原因。

37. StockCharts. com 网站描绘了一个“动态收益率曲线”，该曲线显示最近几年基于每日数据的收益率曲线的变化。登录 http：//stock-Charts. com/charts/yieldcurve. html，查看该曲线。在哪些月份里，收益率曲线是向上倾斜、水平或向下倾斜的？2001 年 9 月 11 日后的几个月里，短期收益率曲线发生了什么变化？假定在此期间许多投资者逃离股票市场，请解释你的答案。

理论联系实际

《金融时报》，2006 年 2 月 9 日

投资者重估债券的预测能力

152 一旦 30 年期债券回落，收益率曲线的反转几乎可以肯定要结束了。这听上去像是仅对债券市场技术分析师而言的一段不光彩过程，但是它的重要性几乎不低于学术性：它意味着债券市场开始对经济衰退下赌注……

a 3 个月期和 10 年期债券收益率曲线反转都发生于近来 6 次经济衰退之前。自从 20 世纪 70 年代以来，仅有一次错误信号……经济衰退滞后于收益率曲线反转达四至五个季度。

然而，其他经济学家认为债券市场可以被忽视。他们认为债券收益
b 率曲线可以这样来解释：随着发达国家养老金的成长，对长期投资需求增加，或各国中央银行最终使投资者相信它们能控制通货膨胀，市场心理发生了一次性长期转变。

"有一个笑话说，收益率曲线已经预测了近来 7 次经济衰退中的 12 次"，米尔顿·艾兹拉提（Milton Ezrati）说，他是美国一家基金管理公司——诺德·安博特公司（Lord, Abbett）的经济学家。"除了经济衰退的前景外，温和的通货膨胀展望和其他可以使收益率曲线平直的确切压力，可以长期用来解释收益率曲线的形状。"但是艾兹拉提和其他有共同逻辑的人仍然不得不解释，为什么投资者准备接受如此低的收益率来为债务负担沉重的美国政府提供资金。

即使当时的美联储主席艾伦·格林斯潘也宣称去年处境艰难。他说，尽管联储不断地提高短期利率，较低的长期债券收益率仍顽固地拒绝上升，这是一个难题。

除了机构投资者对长期债券的需求外，另一个解释是，资本市场全球化（资金几乎不受限制地在全球流动）提高了国债作为高流动性工具的需求。

"没有一个公司或经济学家能够完全理解 21 世纪初期金融的这种相互影响"，比尔·格罗斯（Bill Gross）说，他是世界最大的债券管理公司——太平洋投资管理公司（Pimco）的常务董事。

外国投资者现在持有 55%的美国政府债务，其中的一半被官方机构
c 持有，最主要的是亚洲的中央银行。它们大宗买入美国国债，使其储备达到创历史纪录的水平。

摩根士丹利（Morgan Stanley）的全球货币研究主管斯蒂芬·珍（Stephen Jen）说，对美国债券需求的奇怪行为可以在"美元区"的大背景下加以理解，该"美元区"是由将本国货币与美元挂钩的亚洲经济体组成的。

"联邦基金利率是联储为美国经济设定的基准利率，而美国长期债券利率是为整个事实上的美元区而设定的基准利率。"

新闻分析

153 在2006年2月，美国财政部做了过去5年一直没有做的事情，即发行了新的30年期国债。伴随着30年期新国债的发行，金融市场出现了一条从3个月期到30年期的收益率曲线。债券市场参与者、政府政策制定者和商业人士密切关注收益率曲线的变动，把它作为当前和未来预期真实经济活动以及预期通货膨胀的指标。

a. 根据预期理论，反转或向下倾斜的收益率曲线显示，债券市场参与者认为未来的利率将低于当前的利率，也就是说，当收益率曲线反转时，债券市场认为当期短期利率相对于未来短期利率是"高"的。

为什么相对较高的当期利率使收益率曲线的观察者们认为经济将走向衰退呢？在所有其他条件保持不变的情况下，如果人们预期经济活动在未来走低，那么债券的需求将下降，债券收益也将下降。

b. 还有一种替代性解释。根据市场分割理论，当所有其他条件保持不变时，如果对长期债券的需求（特别是来自养老金对其的需求）增加，将使得收益率曲线反转。也就是说，如果养老金和其他机构投资者仅对购买长期债券感兴趣而对购买短期债券不感兴趣，那么，长期债券的需求增加，长期债券的收益率相对于短期债券的收益率将下降。

c. 如果亚洲各国中央银行也购买更多的长期债券，它们这种习惯偏好将进一步增加对长期债券的需求。当所有其他条件保持不变时，长期债券需求的增加将提高长期债券的价格，降低其收益率。在图形上，这就使得水平的收益率曲线变成向下倾斜或反转的收益率曲线。

在这些替代性的案例中，长期债券相对于短期债券的需求增加将使得收益率曲线反转，但是这些解释并不能必然地预示经济将走向衰退。

更进一步的思考……

机构投资者和亚洲的中央银行不大可能对美国的长期国债有无尽的需求，如果这两方重要参与者中有一方或两方都改变了它们的行为，那么美国国债的收益率曲线如何变化呢？这些变化又将会对其他市场产生怎样的影响呢？

资料来源：Hughes，Jennifer，"A World Turned Inside Out：Why Investors are Re-evaluating the Predictive Power of Bonds，" *Financial Times*，February 9，2006，p. 13.

第3篇 金融市场

在第 2 篇中，我们研究了利率和债券市场。在第 8 章到第 11 章中，我们将扩展我们的分析，进入更广泛的金融市场。在第 8 章，我们考察外汇市场。你将了解汇率是如何决定的，以及汇率与利率的变动是怎样关联的。在第 9 章，我们考察衍生品市场的运作，了解衍生品市场所提供的服务，研究衍生品市场价格为什么波动。第 10 章和第 11 章考察金融市场是如何评估并传播信息的。在第 10 章，我们将进行理论阐述，解释为什么股票、债券、外汇和衍生工具的价格会为储蓄者和借款者提供资产基本价值的信息。我们还检验这种理论是否得到金融市场证据的支持。在第 11 章中，我们将考察信息不对称对金融市场施加的成本，并观察金融市场是如何应对这一信息问题的。

有两个主题将第 3 篇的分析联结在一起。其一，为了理解市场如何运作、价格如何决定以及价格的含义是什么，我们会关注单个投资者的决策以及他们的这些决策汇集起来会以何种方式产生市场结果。其二，我们会重点强调市场价格是如何总结市场参与者间的相互作用，并把有关当期和未来收益的信息传递给储蓄者和借款者的。

第 8 章　外汇市场和汇率

158 1997 年 9 月，全球金融体系动荡不安。货币危机从泰国传到了印度尼西亚，随后波及整个亚洲金融市场。日本受本国金融危机困扰，只能对此袖手旁观。俄罗斯也是麻烦重重，货币危机与国内经济疲软交织在一起，迫使其对本国债券违约。美国的商界领袖们为亚洲经济疲软对美国出口所造成的影响以及虚夸的美国经济扩张烦恼不已。美国国债需求激增使得美国的利率在 1998 年达到了 30 年来的最低值。为什么外国货币危机和利率波动会影响到美国呢？一旦我们了解了全球金融市场上交易是如何开展的，就可以回答这个问题了。

虽然美国使用美元作为其货币，但无论在日本还是在英国，美元既不是计价单位也不是交易媒介（日本使用日元，英国使用英镑）。大多数国家都有其本国的货币。因此，我们要购买其他国家的商品、实物资产或金融资产，首先必须要兑换货币。当一家美国企业购买外国商品时，它必须要将美元兑换成外国货币。当一位美国投资者购买外国资产时，也要进行同样的交易。这位投资者存在美国银行的美元必须转换成以外币表示的银行存款。汇率决定了一种货币以另一种货币表示的价值，它影响国际交易的价格。

在这一章中我们将集中关注汇率。具体来说，我们会描述个人、企网页推荐：
http://www.newyorkfed.org/education/addpub/usfxm
提供有关外汇市场的入门知识。

业和投资者如何与其他国家的个人或机构开展交易。我们除了要解释汇率是如何决定的之外，还要了解汇率怎样以及为何会随着时间的推移而变动。汇率既有长期趋势也有短期波动。理解这些变动会使你明白为什么美国的利率变动会引起国际金融市场的动荡，而这也大体上体现出全球经济中利率和汇率之间的联系。

汇率和贸易

网页推荐：
http://www.gpoaccess.gov/indicators/index.html
经济顾问委员会的出版物《经济指标》提供了有关贸易和汇率的数据。

在21世纪，商品、服务和金融资产市场都是全球性的。例如2006年，美国消费者、企业和政府所购买的商品和服务中有17%是由外国厂商提供的，美国总产出的11%出口到外国。而在1965年，上述两个比例都只有5%。当一国的个人、企业或政府想与另一国进行贸易或资金借贷时，必须把本国货币兑换成另一国的货币才能完成交易。**名义汇率**（nominal exchange rate）是指一国货币以另一国货币表示的价格，例如，美元兑日元，英镑兑欧元。名义汇率通常被称为**汇率**（exchange rate）。也就是说，当某人说到“汇率”时，他指的是名义汇率。

159 购买外国商品与购买本国商品有什么不同？美国消费者和投资者关心外国商品、服务或资产的美元价格，该价格包括两个部分：（1）以外国货币表示的价格，（2）购买一定数量的外国货币所需的美元数额。当一位美国居民购买日本相机或债券时，决定美元价格的两个部分就是相机或债券的日元价格以及美元和日元之间的汇率。如果日本相机的价格为25 000日元，且1日元等于0.01美元，那么它的美元价格就是250美元。如果美国消费者对日本相机的需求增加，就必须兑换更多的日元来购买相机。正如我们将要看到的，这种行为会提高日元对美元的价值。

由于汇率变动，上述简单的计算会变得复杂。由于一国货币价值相对于他国货币价值发生变动，汇率也随之变化。此时，外国商品的价格对于本国消费者和投资者来说也会发生变动。一国货币相对于他国货币的价值增加被称为**升值**（appreciation）；一国货币相对于他国货币的价值降低被称为**贬值**（depreciation）。[1] 为了弄清楚货币的价值和汇率变动的效应，不妨考虑当1日元从0.01美元升值到0.012美元时，日本相机的价格将会是多少。现在相机的美元价格将是300美元。日元升值使得日本商品相对于可比的非日本商品变得更加昂贵。如果日元相对于美元贬值，情况将会相反。如果1日元价值从0.01美元贬值到0.008美

〔1〕当使用术语“升值”和“贬值”时，我们把汇率当作是浮动汇率，即其完全是由市场力量决定的。在第22章，我们会讨论政府或中央银行试图将汇率固定的努力。

元，则日本相机的美元价格会从 250 美元下降到 200 美元。这样，日本商品在外国市场上就变得更有吸引力了，而美元价值的升高使得美国商品在日本的吸引力下降。当本国货币升值时，本国商品的国外价格就会上升，在本国销售的外国商品价格就会下降。当本国货币贬值时，本国商品的国外价格就会下降，在本国销售的外国商品价格就会上升。

一国货币价值的变化会影响国内的制造商和工人。当美元大幅度升值时，美国商品在外国就会变得更加昂贵，美国的出口就会下降。对于在全球市场上参与竞争的企业（这将包括当今的许多公司）来说，这意味着其产品需求下降和工人失业。但是，美元升值却使美国的消费者获益，因为外国产品变得更加便宜了。

名义汇率与实际汇率

正如在日本相机一例中所显示的那样，名义汇率是以外币表示的本币价格。然而，名义汇率却不能测度货币的购买力，即**实际汇率**（real exchange rate）。例如，现在假设 1 美元可以兑换 120 日元。120 日元似乎数目不小，但在东京一个汉堡包也要卖到 262 日元，而在时髦的室外咖啡屋，一杯意大利特浓咖啡（espresso）就要卖到 500 日元。换句话说，日元的购买力要比美元的购买力小得多。

让我们来看一看为什么会这样。实际汇率和名义汇率是不同的概念，但我们可以用一种简单的关系来对两者进行比较。假设在美国俄亥俄州
160 哥伦布市一个巨无霸（Big Mac）汉堡包的售价是 2.71 美元，而在东京售价为 262 日元。如果在外汇市场上 1 美元可以兑换 120 日元，通过比较汉堡包的美元成本，我们就可以得到实际汇率，即日元对美元的相对购买力。令：

EX＝美元兑外币的名义汇率（本例中为 1 美元所兑换的日元数）
P_f＝商品在外国市场的外币价格（巨无霸在东京的日元价格）
P＝本国商品的本币价格（巨无霸在俄亥俄州哥伦布市的美元价格）
EX_r＝实际汇率（本国消费者用一个单位的本国商品交换到的可比商品的数量）

实际汇率 EX_r 可由下式得到：

$$\text{实际汇率}=\frac{\text{名义汇率}\times\text{国内价格}}{\text{外国价格}}$$

$$EX_r=\frac{EX\times P}{P_f} \tag{8.1}$$

为了求出以美元表示的汉堡包成本，可代入数值并求解公式（8.1）：

$$EX_r = \frac{(120\ 日元/美元) \times (2.71\ 美元/美国巨无霸汉堡包)}{262\ 日元/日本巨无霸汉堡包}$$
$$= 1.24\ 日本巨无霸汉堡包/美国巨无霸汉堡包$$

因此，在上例名义汇率下，2.71 美元可以在美国买 1 个汉堡包，在日本买 1.24 个汉堡包。如果我们用购买力来测算一个巨无霸汉堡包的价值，实际汇率就是 1 个美国巨无霸汉堡包等于 1.24 个日本巨无霸汉堡包。就购买力来说，俄亥俄州哥伦布市的巨无霸汉堡包要比东京的巨无霸汉堡包更贵一些。

当然，在现实生活中，不同国家生产不同的产品。因此，通常情况下，实际汇率不能由某单一商品来决定，而是通过价格指数来计算得出，即通过将一国一揽子商品价格与另一国相似的一揽子商品价格进行比较来得出。消费者物价指数和国内生产总值价格平减指数是价格指数的两个例子。正如我们可以说名义汇率升值或贬值一样，我们也可以把升值和贬值的概念运用到实际汇率上。当一国货币的实际汇率上升（其货币升值）时，该国用单位本国商品可换得更多单位的外国商品；当一国货币的实际汇率下降（其货币贬值）时，该国用单位本国商品交易可换得更少单位的外国商品。

名义汇率和实际汇率之间的关系还取决于两国的通货膨胀率。我们知道，实际汇率 EX_r 是由公式（8.1）得到的。公式（8.1）中分子的变动比率减去分母的变动比率就可以得到实际汇率变动比率 $\Delta EX_r/EX_r$：

实际汇率变动比率(%)＝名义汇率变动比率(%)
＋国内价格变动比率(%)
－外国价格变动比率(%)

161 即

$$\frac{\Delta EX_r}{EX_r} = \frac{\Delta EX}{EX} + \frac{\Delta P}{P} - \frac{\Delta P_f}{P_f} \tag{8.2}$$

国内价格变动比率 $\Delta P/P$ 就是国内通货膨胀率 π。同样，外国价格变动比率就是外国通货膨胀率 πf。相应地，我们可以把公式（8.2）改写为

$$\frac{\Delta EX}{EX} = \frac{\Delta EX_r}{EX_r} + (\pi_f - \pi) \tag{8.3}$$

公式（8.3）说明名义汇率变动比率包含两个部分：实际汇率变动比率，以及外国与本国通货膨胀率之差。名义汇率上升可分别归因于这两个因素，即实际汇率上升或外国通货膨胀高于本国通货膨胀，或是两者的共同作用。同理，名义汇率下降可能是由于实际汇率下降和本国通货膨胀高于外国通货膨胀的共同作用。

测试点拨

毕卡和蒙卡是两个不同国家的两家公司。这两个国家的货币分别为克朗和罗约。毕卡公司生产圆珠笔，每支售价为 2 克朗。蒙卡公司生产高品质的钢笔，每支售价为 10 罗约。两家公司间的实际汇率为 1 支钢笔等于 10 支圆珠笔。名义汇率是多少？

实际汇率为每支钢笔等于 10 支圆珠笔，所以根据公式（8.1），20 个克朗（10 支圆珠笔的成本）等于 10 个罗约（1 支钢笔的成本），即 1 罗约=2 克朗。

外汇市场

从单个消费者或投资者的角度来看，在将一国货币兑换成另一国货币时要用到汇率。当你出国时，视你要出访的国家，你必须把美元兑换成日元、欧元、英镑或其他货币。如果美元升值，你就可以兑换到更多的他国货币来品尝一顿更贵的美餐或是带回更多的纪念品。同样，如果要购买外国资产，你也必须把美元兑换成相应的币种。因此，如果美元升值，你就可以买到更多数量的以日元、欧元或其他货币计价的资产。

市场力量决定了消费者和投资者普遍使用的汇率。国际货币在世界各地的**外汇市场**（foreign-exchange markets）进行交易。外汇市场是一个场外市场，也就是说，与许多国内股票和债券市场不同，外汇市场没有一个单独的物理地点让交易商聚集于此来交易外汇。计算机网络把各国商业银行的交易员联系在一起。大多数外汇交易发生在纽约、伦敦和东京，外汇交易市场的次级中心包括香港、新加坡和苏黎世。正如本国的利率水平是由本国债务市场上买者和卖者的交易所决定的一样，外汇
162 市场的交易决定了国际货币之间兑换的比率，即汇率，而汇率又影响获得外国金融资产或商品和服务的成本。

全世界外汇市场每天的交易量达数万亿美元，是世界上最大的金融市场之一。外汇市场的主要参与者是进出口商、银行、资产组合经理人以及各国的中央银行。他们 24 小时不停地交易诸如美元（\$）、欧元（€）、英镑（£）和日元（¥）等货币。交易最繁忙的时间是在早上（美国东部时间），此时伦敦和纽约市场都开市交易，但是外汇交易每时每刻都在某地进行。纽约的一位交易商可能会在半夜起床来调整其外汇头寸，以应对海外所发生的事件。

网页推荐：
http://www.reuters.com/financeCurrencies.jhtml
提供最新的汇率和货币转换的信息。

在外汇市场上可进行两种类型的货币交易。在**即期市场交易**（spot

market transactions）中，货币或银行存款会立即得到兑换（结算期为2天）。即期汇率（或现货汇率）类似于你的经纪人给你报出的通用汽车公司股票价格，该价格是你现在购买一股通用汽车股票的价格。**在远期交易**（forward transactions）中，货币或银行存款将在预先确定的未来某一天进行交易。也就是说，投资者在今天的一份合约中规定了货币的数量和汇率。在未来某一特定日期将会进行实际的交易，其所用的汇率被称为远期汇率。

长期汇率的决定

我们首先来考察长期汇率是如何决定的，然后再应用这种方法来理解短期汇率的决定。

供给与需求

长期来看，汇率由不同国家诸如价格水平或生产率水平等基本经济因素决定。给定这些经济变量的值，我们可以认为对某种货币（例如美元）的供给与需求取决于这种货币相对于他国货币的价格，即汇率。

美元的需求代表本国居民和外国居民因购买美国商品和金融资产所产生的需求。汇率越低，对美元的需求数额就越大。例如，如果英镑兑美元的汇率从1美元＝0.64英镑下降到1美元＝0.56英镑，则将英镑兑换成美元来购买美国商品或金融资产就更便宜，因此，美元的需求就会增加。

美元供给是指美国或外国个人、金融机构所提供的美元，这些个人和金融机构持有美元并想购买非美元计值的商品或资产。美元供给者在外汇市场上用美元兑换英镑或其他国家货币。随着汇率上升（即美元相对于英镑升值），美元供给就会增加，这是因为在较高的汇率水平上，外汇市场上供给的美元折合成他国货币的价格较高。

长期来看，均衡汇率是使美元的供给与需求均衡的汇率。长期汇率的改变是外汇市场上交易商对经济基本因素的变化作出的反应。

经济基本因素与长期汇率趋势

163 图8—1描述了英镑对美元汇率的长期趋势。四个重要因素可以解释外汇市场上货币供给与需求的长期趋势，即价格水平差异、生产率差异、消费者偏好以及贸易壁垒。

价格水平差异 当英国的物价水平相对于美国的物价水平上升时，与美国的商品和金融资产相比，英国的商品和金融资产变得更为昂贵。如果英国的物价水平比美国的物价水平上升得更快，即英国的通货膨胀水平高于美国，作为价值储藏手段，英镑的使用就会小于美元。英国较高的物价水平增加了英镑的供给，使得均衡汇率下降。在所有其他条件相同的情况下，一国物价水平相对于他国物价水平上升会使得本国货币贬值。如图 8—1 所示，20 世纪 70 年代末期，英国物价上升速度大大快于美国物价上升速度，使得英镑对美元贬值。

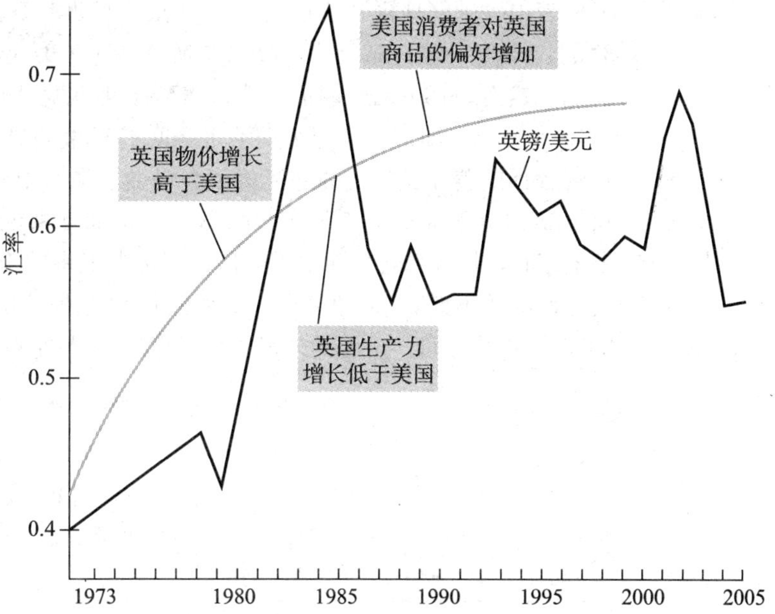

图 8—1 1973—2005 年间英镑兑美元的汇率

在 1973—1985 年间，随着美元兑英镑升值，汇率展现出向上的趋势（除了 20 世纪 70 年代末期以外）。在 1985—1992 年间，随着美元贬值，这一趋势颠倒过来。1993 年以来，美元兑英镑的汇率轻微下降。

资料来源：英国的 CPI：国家统计网：www. statistics. gov. uk. 版权资料的转载得到 HMSO（http：//www. statistics. gov. uk/cci/nugget. asp？ id＝19）控制器的允许。

美国的 CPI：美国劳工部劳工统计局，http://data. bls. gov/cpi/.

美元兑英镑的汇率：圣路易斯联邦储备银行 FRED 数据库：http：//research. stlouisfed. org/fred2/series/EXUSUK/downloaddata？ &cid＝15

生产率差异 生产率增长度量在既定投入水平下一国产出的增加。当一国生产率增长较高时，该国公司生产的产品与外国竞争者相比更为便宜。因此，该国国内产品价格就比外国可比产品价格更低，对本国商
164 品和货币的需求就会增加。但是如果一国生产率增长低于他国，本国产品的售价就会更高，在所有其他条件相同的情况下，该国货币就会贬值。

本国生产率相对于他国生产率提高会引起对本国货币更高的需求，从而使得实际汇率和名义汇率提高。在整个 20 世纪 70 年代以及 20 世纪 80 年代的大部分时间里，美国生产率增长要高于英国，为英镑与美元的长期汇率提供了进一步向上的压力。

新闻解读

解读汇率

每天，《华尔街日报》都在线刊登主要币种的即期汇率和远期汇率。汇率表中一国（地区）货币的第一项表示即期汇率。例如，2006 年 8 月 31 日，日本一栏，100 日元可以兑换 0.851 9 美元，即 1 美元＝117.38 日元。然而，180 天远期汇率为 0.873 1 美元兑 100 日元，即 1 美元＝114.53 日元。即期汇率与远期汇率之间的轻微差异之所以存在，是因为投资者预期美元兑日元的外汇价值会轻微下降 2.4％左右，即从 1 美元兑 117.38 日元下降到 1 美元兑 114.53 日元。通常来说，当远期汇率高于即期汇率时，投资者会预期本币贬值；当远期汇率低于即期汇率时，投资者会预期本币升值。在 1985 年，1 美元可以兑换 238.47 日元，即 1985—2006 年 8 月之间，美元的外汇价值下降了 50％左右。

汇率

纽约（道琼斯）——纽约外汇中间价，低于银行间 100 万美元及以上数额交易使用的汇率。汇率由路透社和其他来源报出，截至东部时间下午 4 时。对于零售交易，适用 1 美元兑换更少单位外币的汇率。

国家（地区）	美元等价		1 美元兑换外币	
	周四	周五	周四	周五
阿根廷（比索）	0.323 0	0.323 0	3.096 0	3.096 0
澳大利亚（元）	0.763 6	0.763 3	1.309 6	1.310 1
巴林（第纳尔）	2.652 6	2.652 6	0.377 0	0.377 0
巴西（雷亚尔）	0.466 4	0.467 9	2.144 1	2.137 2
加拿大（元）	0.904 6	0.901 5	1.105 5	1.109 3
1 个月远期	0.905 4	0.902 2	1.104 5	1.108 4
3 个月远期	0.907 1	0.903 9	1.102 4	1.106 3
6 个月远期	0.909 6	0.906 5	1.099 4	1.103 1
智利（比索）	0.001 848	0.0018 58	541.13	538.21
中国内地（人民币元）	0.125 7	0.125 6	7.954 9	7.958 7

续前表

国家（地区）	美元等价		1美元兑换外币	
	周四	周五	周四	周五
哥伦比亚（比索）	0.000 417 2	0.000 417 0	2 396.9	2 398.1
捷克共和国（克朗）				
商业汇率	0.043 5	0.045 44	22.051	22.007
丹麦（克朗）	0.171 8	0.172 1	5.820 7	5.810 6
厄瓜多尔（美元）	1.000 0	1.000 0	1.000 0	1.000 0
埃及（镑）	0.174 2	0.174 2	5.738 9	5.740 5
中国香港（港元）	0.128 6	0.128 6	7.777 7	7.777 7
匈牙利（福林）	0.004 626	0.004 666	216.17	214.32
印度（卢比）	0.021 53	0.021 56	46.447	46.382
印度尼西亚（盾）	0.001 097	0.000 109 7	9 115.8	9 115.8
以色列（新谢克尔）	0.229 0	0.228 8	4.366 8	4.370 6
日本（日元）	0.008 519	0.008 542	117.38	117.07
1个月远期	0.008 554	0.008 578	116.90	116.58
3个月远期	0.008 626	0.008 649	115.93	115.62
6个月远期	0.008 732 1	0.008 756	114.53	114.21
约旦（第纳尔）	1.411 2	1.411 4	0.708 6	0.708 5
科威特（第纳尔）	3.457 6	3.457 8	0.289 2	0.289 2
黎巴嫩（镑）	0.000 663 1	0.000 663 1	1 508.1	1 508.1
马来西亚（林吉特)-b	0.271 7	0.271 7	3.680 5	3.680 5
马耳他（里拉）	2.984 4	2.989 8	0.335 1	0.334 5
墨西哥（比索）	0.091 64	0.091 89	10.912	10.833
新西兰（元）	0.655 1	0.647 5	1.526 5	1.544 4
挪威（克朗）	0.158 2	0.158 4	6.321 1	6.313 1
巴基斯坦（卢比）	0.016 56	0.165 6	60.386	60.386

资料来源：*The Wall Street Journal*，August 31，2006.

http：//online. wsj. com/page/mdc/2 _ 0500 – forextab – 12. html

对国内或国外产品的偏好　如果美国消费者需要英国生产的产品（汽车、相机或其他产品），他们就需要英镑来购买这些商品，英镑就会升值，美元就会贬值。相反，如果英国消费者需求美国生产的产品（衣服、CD或其他产品），他们就会买入美元，从而增加美元需求，并使得美元升值。因此，实际汇率会依据个人或企业对本国或外国商品偏好的
165 变动而变化。除非通货膨胀发生变化，名义汇率也发生相应的变动。我们可以在假设所有其他条件不变的条件下来对这一关系进行归纳。从长期来看，对一国出口需求的增加会使得该国货币升值，而一国对他国进口需求的增加会导致该国货币贬值。例如，在20世纪80年代中期，许多美国消费者都认为某些英国产品比美国产品质量好，这种消费偏好的变动增加了对英镑的需求，并使得20世纪80年代后5年期间美元对英镑贬值。

贸易壁垒 世界各国并不总是没有市场干预而允许商品自由贸易。贸易壁垒的一种常见形式就是**配额**（quotas），即限制可以进入本国的外国商品数量。贸易壁垒的另一种形式是**关税**（tariffs），即对从他国买入的商品征税。例如，假设美国对英国的皮革制品征收关税。那么，美国消费者就会发现英国皮革制品会比美国皮革制品更为昂贵。由于贸易壁垒的存在，对成本敏感的美国消费者就会增加对美国产皮革制品的需求。因此，对美元的需求（购买美国皮革制品）就会高于没有关税的情况。所以，在所有其他条件相同的情况下，即使外汇市场中美元价格较高，因为关税的存在，美国皮革制品的销路仍会很好。贸易壁垒会增加对本币的需求，长期来看，会使实施贸易壁垒的国家汇率升高。

正如我们将要看到的，经济学家们利用长期汇率决定因素的信息提出了汇率水平决定理论。

一价定律及购买力平价理论

我们对长期汇率的分析要从**一价定律**（law of one price）开始。一价定律是指如果两个国家生产相同的产品，无论哪一国生产这种产品，套利机会将促使这种产品的价格在两国间相等。[1] 假设在美国每码布料的售价为10美元，而在英国同样布料每码售价为5英镑。一价定律表明，美元与英镑之间的汇率应该为5英镑/10美元，即0.5英镑兑1美元。为什么呢？如果汇率为0.25英镑兑1美元，美国布料就会比英国布料便宜。英国消费者就会兑换美元来购买廉价的美国布料。（在英国，美国布料的售价将为10×0.25＝2.50英镑，这比英国厂商的要价5英镑要

〔1〕 然而，有一个重要的条件：商品是可以交易的，并且允许价格差异反映运输成本。在早前巨无霸汉堡包的例子中，很难在东京和哥伦布两个城市之间交易巨无霸汉堡包。

便宜。在美国，英国布料的价格将为 5/0.25＝20 美元/码，这比美国布料每码 10 美元的售价要高许多。因此，没有人会购买英国布料。）对美元的需求将抬高美元的价格，汇率最终将回到 0.5 英镑兑 1 美元的水平上。但是，如果汇率是 0.75 英镑兑 1 美元，英国布料就会比美国布料便宜，美国布料的需求就会减少。人们为购买英国布料就会增加对英镑的需求，这又会抬高英镑的价格，直到汇率回复到 0.5 英镑兑 1 美元的水平上。

当我们比较同一种商品的国际价格时，一价定律成立。而当我们拓展这一概念把它应用到一组商品上时，就变成了汇率决定的购买力平价理论。
166 **购买力平价**（purchasing power parity，PPP）理论假设实际汇率不变，两国通货膨胀率的差异引起两国间名义汇率的变动。我们可以重新调整公式（8.1）中的各项来说明这种关系：

$$EX=EX_r\left(\frac{P_f}{P}\right)$$

由于一价定律成立，EX_r 不变，名义汇率 EX 的增减反映了两国间相对物价水平的变动。

在美国和英国布料的例子中，由于 EX_r 不变，因此，英国物价水平相对美国物价水平预期上升 5%，这应该会使美元升值 5%：

$$\frac{\Delta EX}{EX}=\frac{\Delta EX_r}{EX_r}+(\pi_f-\pi)=0+0.05\text{，即 }5\%$$

当英国的预期通货膨胀率超过美国的预期通货膨胀率，且实际汇率不变，美元就会升值。根据购买力平价理论，美元的购买力相对于英镑的购买力就会增加。

一般来说，汇率决定的购买力平价理论认为，当预期一国物价水平相对他国物价水平下降时，本国货币相对于他国货币就会升值。在前面的例子中，美元相对英镑升值 5%。相反，当预期一国物价水平相对于他国上升时，本国货币就会贬值，就如上例中的英镑一样。

购买力平价理论是否符合现实?

一般来说，尽管购买力平价理论能够正确地预测汇率变动的长期趋势，但是经济学家们发现现实的汇率变动不仅仅反映了物价水平的差异。也就是说，汇率变动并不完全符合购买力平价理论。购买力平价理论存在这一缺欠的部分原因是所交易商品的特征。有些商品（例如石油、钢铁以及小麦）无论其产地在哪里都有相当大的一致性，而大多数其他产品却是千差万别的，即不完全相同。例如，柯达和尼康公司都生产照相机，但是其产品的特点是有差异的，所以其价格也各不相同。对于差异性产品，一价定律不成立。

购买力平价理论的另一个问题是，并不是所有的商品和服务都可以在国际市场上交易。在柏林修鞋可能会比在纽约修鞋便宜，但是没有多少纽约居民会为修鞋而飞到柏林去。同样，诸如照看孩子或理发等服务，以及在餐馆就餐或住房等都是不可在国际间交易的。因此，对于不可交易的商品和服务，其价格在各国间存在显著差异，而且没有完全体现在汇率上。

最后，购买力平价理论的基本假设是实际汇率不变，这一点也并不合理。正如我们在前面看到的那样，如果存在对本国或外国商品偏好的转变或者贸易壁垒，实际汇率就会发生变化。如果通货膨胀率不变，这些因素也可以解释名义汇率的变动。

测试点拨

167 **假设美国消费者长期遵循“购买美国货”的采购策略，请预测这对名义汇率和美元价值的影响。**

如果其他决定名义汇率的因素保持不变，对本国产品偏好的增加会使名义汇率提高，本币升值。

短期汇率的决定

再回到图 8—1，请注意，如果我们观察的区间很小，就会发现利率存在明显的波动性。事实上，在一天之内汇率可能波动几个百分点。因此，在我们对购买力平价理论以及本国和外国商品需求变动的分析中，肯定没有考虑到影响名义汇率的其他因素。

图 8—2 表明，在 20 世纪 80 年代初期，美元相对主要货币整体上是显著升值的。美元的强劲势头使美国旅游者从中获益，他们纷纷飞过大西洋到欧洲去旅行。美元的强劲还使美国投资者能够购买更多的外国资
168 产。从 20 世纪 80 年代末期至 90 年代初期，美元相对其他主要货币贬值，其他国家的大量游客又来到美国旅游。为了弄清楚为什么名义汇率在短期内发生波动，我们首先需要考察国际货币市场上汇率是如何决定的。

除了国际间商品交易外，还可在国际金融市场上交易金融资产。由于国际金融市场是由复杂的通信系统联系在一起的且 24 小时不停地进行交易，所以，金融资产的投资者可以快速地进行交易，并且几乎可以瞬

时调整他们对货币价值的看法。金融资产的交易者们可以随着其对货币价值或外国资产回报等预期的改变而调整其资产头寸。

在这一节中，我们将重点考察在某一时点（短期内）形成某一特定汇率值的因素。我们会说明本国和外国金融资产买卖者以及外汇市场交易商的行为是如何决定短期汇率均衡值的。在下一节中，我们会探讨引起短期汇率均衡值随时间变动的原因。

在短期，我们可以把汇率表示为以一国货币表示的金融资产价格与以另一国货币表示的相似金融资产价格之比。具体来说，名义汇率为以外币计值的外国金融资产（外国银行存款或政府债券）表示的以本币计值的本国金融资产（银行存款或国库券）的价格。例如，如果美元和日元之间的汇率为 120 日元兑 1 美元，那么 100 美元的美国银行存款就等于 12 000 日元。把汇率表示为一国资产价格与他国资产价格之比，我们就可以用资产组合选择的决定因素（在第 5 章已作过介绍）来说明短期汇率是如何决定的。

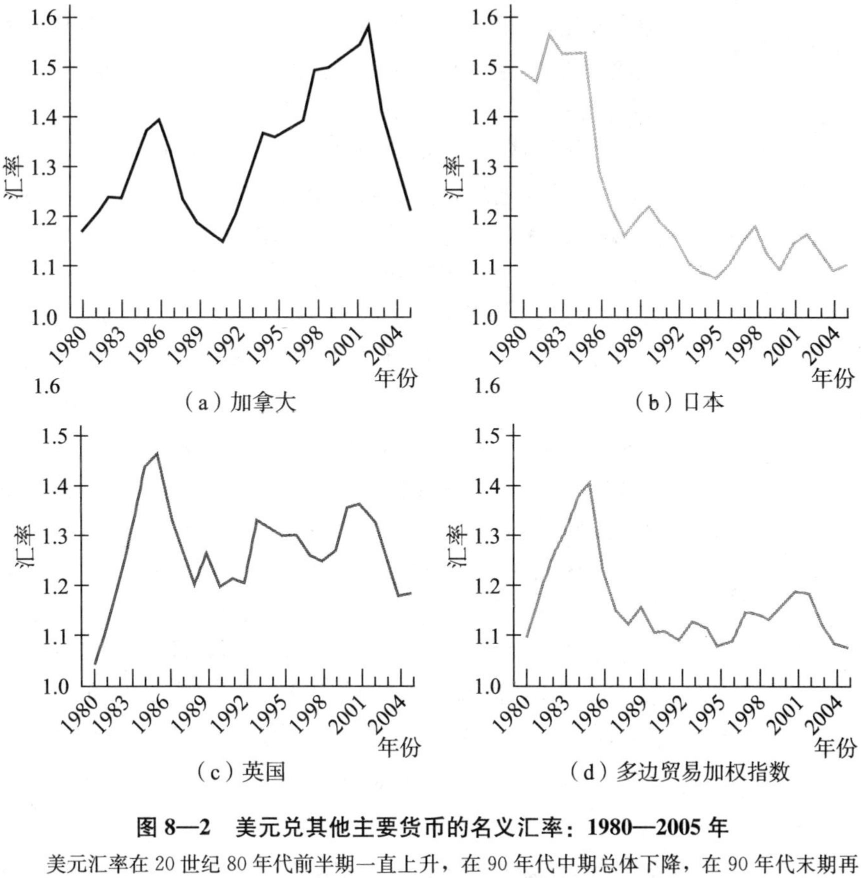

图 8—2　美元兑其他主要货币的名义汇率：1980—2005 年

美元汇率在 20 世纪 80 年代前半期一直上升，在 90 年代中期总体下降，在 90 年代末期再度上升。在 21 世纪初期，美元走势强劲，之后对其他主要货币开始疲软。

资料来源：Federal Reserve Bank of St. Louis FRED dataset.

比较本国资产和外国资产的预期收益率

首先，我们用一个例证来说明汇率变动是如何影响你对不同国家金融工具的利率水平进行比较的。假设你投资了 1 000 美元，期限为 1 年。你的投资选择为美国国库券或是日本政府债券。美国国库券以美元来偿付利息和本金，名义利率为每年 5%。日本政府债券以日元来偿付利息和本金，名义利率也为每年 5%。

如果以上两种投资工具的风险、流动性以及信息特征都相似[1]，你会购买哪一种债券呢？资产组合配置理论告诉我们，如果两种工具以同一货币计价，那么你就应该投资于具有较高回报率的资产上。然而，由于这两种资产的计价货币不同，所以你还要估计在预计投资期内美元与日元之间的汇率是否会发生变动。

汇率变动会怎样影响你的投资决策呢？你需要以美元为标准测算两种资产的回报率。也就是说，用美元来表示两种资产的预期回报。如果你把 1 000 美元投资在美国国库券上，你将得到 50 美元的利息收入，所以你的投资 1 年后价值为 1 050 美元。

对于投资日本债券来说，你首先要把 1 000 美元兑换成日元；1 年后，你必须把从日本银行获得的本金和利息收入兑换成美元，才能与投
169 资美国国库券进行比较。假设当期的名义汇率为 1 美元兑 100 日元，并且你预期在下一年汇率将升值 5%。那么，预期的未来汇率 EX^e 为 100 日元×1.05/1 美元=105 日元/1 美元。当你以当前的汇率把 1 000 美元兑换成日元，你会得到 100 000 日元用于投资。在获得 5%的利息收入后，你的投资 1 年后价值为 105 000 日元。你预期那时的汇率为 1 美元兑 105 日元，所以该投资的预期美元价值为 105 000 日元/105=1 000 美元。因此，即使日本政府债券支付与美国国库券相同的初始利率，其预期回报还是比较低的，是 0 美元而不是 50 美元。[2]

根据上例，我们可以得出一个一般性公式，投资者可以利用它来比较 1 美元投资于本国或外国资产的总回报率。令 i 和 i_f 分别代表本国和外国证券的利率。投资 1 美元于本国证券上，1 年后的收益为 $(1+i)$ 美元。令 EX 等于 1 美元的外国货币单位数，即 1 美元可以购买 EX 单位的外国证券。1 年后，投资收益为 $EX(1+i_f)$ 个外国货币单位，再把它兑换回美元，1 年后的总预期收益为 $EX(1+i_f)/EX^e$，其中 EX^e 是预期

---

〔1〕回忆一下，资产组合配置理论告诉我们，投资者应该比较其风险、流动性和信息等特征相同资产的预期回报率。例如把美国国债与某高风险日本企业债券进行比较是不合适的。

〔2〕这一结论类似于给定资本利得和资本损失概率情况下的本国资产当期收益率与总回报率之间的差异，而这一点我们已经在第 4 章讨论过了。

的未来汇率。

再回到 1 年期日本政府债券的例子上，我们得到：

$$1\text{ 美元投资 1 年后的价值}=\frac{EX(1+i_f)}{EX^e}$$

$$=\frac{(100\text{ 日元}/1\text{ 美元})\times 1.05}{105\text{ 日元}/1\text{ 美元}}=1.00\text{ 美元}$$

或 1 000 美元投资的收益为 1 000 美元，这与我们之前的计算结果一样。

我们可以将上述表达式进行简化，把它近似地分为两个部分，即利率和预期汇率变动：

$$1\text{ 美元投资 1 年后的价值}\cong 1+i_f-\frac{\Delta EX^e}{EX}$$

利息　预期汇率变动

其中，$\Delta EX^e/EX$ 代表 1 年期内预期的汇率变动比率。在我们的例子中，$\Delta EX^e/EX=5\%$，所以，

1 美元日本政府债券投资的 1 年后价值

$$=1+0.05-(0.05)=1.00\text{ 美元}$$

即为我们此前计算所得的零收益。投资者在本国投资与外国投资之间作出抉择时，既要考虑利率因素，也要考虑投资期间汇率的预期变动因素。决策过程可以遵循下述推理过程：每投资 1 美元在美国国库券上，你将收回 1 美元，再加上 5 美分的利息，即

$$1\text{ 美元}\xrightarrow{\text{获得}}i\xrightarrow{\text{产生收益}}(1+i)$$

利息

170 投资 1 美元在日本债券上，步骤要多一些。首先，要把 1 美元兑换成 100 日元。100 日元获得 5%的年利息。到年底，还必须按照当时的汇率（你预期当时的汇率为 1 美元=105 日元）把本金和利息兑换成美元。因此，

$$1\text{ 美元}\xrightarrow{\text{兑换成外国货币}}EX\xrightarrow{\text{获得}}i_f\xrightarrow{\text{产生收益}}EX(1+i_f)$$

利息

当你按照预期的未来汇率把 $EX(1+i_f)$ 兑换成本国货币时，

$$EX(1+i_f)\xrightarrow{\text{兑换}}\frac{EX(1+i_f)}{EX^e}\xrightarrow{\text{产生的收益约为}}1+i_f-\frac{\Delta EX^e}{EX}$$

这样，你就可以以美元来比较这两种投资选择了：

本国资产收益	外国资产收益
$1+i$	$1+i_f-\frac{\Delta EX^e}{EX}$

正如本例所示的那样，如果投资美国国库券的回报 $1+i$ 大于投资日本政府债券的回报 $1+i_f-\frac{\Delta EX^e}{EX}$，你就会选择投资美国国库券。但是，如果投资日本政府债券的回报 $1+i_f-\frac{\Delta EX^e}{EX}$ 大于投资美国国库券的回报 $1+i$，你就会选择投资日本政府债券。如果投资于两种资产的回报相等，即如果 $i=i_f-\frac{\Delta EX^e}{EX}$，表明投资于任何一种债券都将是无差别的。这一结论类似于投资者要在本国市场的短期和长期债务工具之间作出选择。在那种情况下，投资者如果买进长期债券，就要考虑当期利率和预期的未来利率。

外汇市场均衡

高度的国际资本流动性是当今全球经济的一个重要特征。也就是说，投资者可以轻易地在国际市场间转移资金。因此，投资者可以在世界各地的许多金融市场上购买以多种货币计价（具有相似风险、流动性和信息特征）的金融资产。

投资者买入日本资产而非美国资产从而获得较高的预期收益率，这种情况能持续很长时间吗？答案是不能。假设美国和日本的资产具有相同的风险、流动性和信息特征。根据资产组合配置理论，投资者应该对美国资产和日本资产无差别。换句话说，这两种资产的预期收益率应该相等。

现实中，外汇市场交易商的套利机会保证了这一结论的成立。如果日本资产比美国资产具有更高的预期收益率，那么全世界的交易商都会认识到这一点并通过卖出美国国库券、买入日本政府债券而获利（因为这两种资产是相似的，投资者和交易商没有理由不这么做。）这种买卖交
171 易的行为会对预期回报产生什么样的影响呢？随着投资者和交易商卖出以美元计价的资产（美国国库券）并买入以日元计价的资产（日本政府债券），就会增加对日元的需求。这种对日元较高的需求会抬高日元对美元的价值，直到投资者认为持有美国资产与持有日本资产无差别时为止。

国际资本流动性对于不同国际投资策略的预期回报之间的关系有何意义呢？我们看一下市场力量是如何使本国资产与外国资产的预期回报相等的。我们利用图示来说明对美国或日本投资举例的流程，并揭示在一般情况下，短期汇率是如何决定的。

图 8—3 比较了具有相同特征的美国债券和日本债券的预期回报。Y 轴表示当前的汇率，即 1 美元可以兑换多少日元。X 轴表示以美元表示的投资美国或日本资产的预期收益率。对于美国资产来说，预期收益率 R 等于美国的利率 i。以美元表示的投资外国资产的预期收益率为 R_f，

它等于 $i_f - \Delta EX^e/EX$。因此，对于投资日本资产来说，其预期收益率 R_f 等于日本的利率 i_f 减去美元的预期升值。

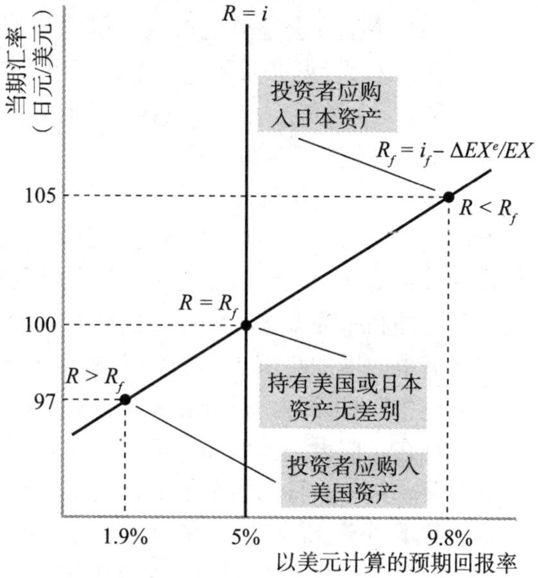

图 8—3　金融市场上汇率的决定

在短期内，金融市场决定汇率水平。在均衡汇率 $EX^* = 100$ 时，投资者投资本国资产的预期收益率 R 等于投资外国资产的预期收益率 R_f。

美元预期收益率 R 相对当期日元兑美元汇率的图形就是一条垂直直线，因为无论汇率是多少，以美元表示的美国资产回报（以美元支付）都是一样的。图中假设美国的利率为 5%。

要画出外国资产回报率 R_f 相对汇率的图形，我们就必须首先标明预期未来日元兑美元的汇率。为此，我们要计算美元的预期升值率，它是 R_f 的一个重要组成部分。只要当前的日元兑美元汇率超过预期未来汇率水平时，投资者就会认为美元过于强劲，它最终只能兑换较少的日元。也就是说，投资者预期美元贬值。因此，对于一个给定的预期汇率，R_f 相对于当前汇率的图形是向上倾斜的；随着日元兑美元汇率的提高，美元的预期升值率会下降，从而抬高 R_f。

172 例如，假设预期未来日元兑美元的汇率为 1 美元兑 100 日元且日本国内的利率为 5%。如果当前的汇率也是 1 美元兑 100 日元，那么美元预期就不会升值，R_f 等于日本的利率 5%。如果当前的汇率为 1 美元兑 105 日元且预期未来汇率为 1 美元兑 100 日元，美元就会预期贬值。即投资者预计 1 美元在未来只能兑换 100 日元，而非现在 1 美元能兑换到 105 日元。美元贬值 4.8%（从 1 美元兑 105 美元到 1 美元兑 100 日元）这一预期会使 R_f 增加到 9.8%（5%的利率减去美元的预期升值率－4.8%）。此外，如果日元/美元汇率下降到 97 日元，预期美元就会升值 3.1%（从 1 美元兑 97 日元升到1美元兑100日元），而R_f则会下降到1.9%（5%的利率减去预期升值率3.1%）。如果我们把这些点画在图上并且将这三个汇率与预期收益率的结合点连接起来，我们就会得到向上倾斜的R_f曲线，如图8—3所示。

哪一个汇率会是外汇市场上的均衡汇率呢？就是使R等于R_f的汇率。在R和R_f两条线的交点上，汇率为1美元兑100日元，在这一汇率下，R和R_f都等于5%。在其他任何当前汇率水平上，预期美元的升值或贬值都会使得R_f偏离R。

是什么力量保证均衡的当前汇率为1美元兑100日元呢？例如，假设即期汇率为1美元兑97日元，因此，美元预期升值3.1%。以美元表示的日本资产预期收益率为1.9%（5%的利率减去预期升值率3.1%）。由于美国利率为5%，交易商们就会卖出日本资产，买入美国资产。对美元需求的增加会对当前的汇率施加向上的压力。只有当当前汇率为1美元兑100日元时，投资者才又会对持有日本资产或美国资产无差别。

现在，假设当前的即期汇率为1美元兑105日元且预期汇率会下降到1美元兑100日元的水平上，因此，预期美元会贬值4.8%。以美元表示的日本资产预期收益率为9.8%（5%的利率减去美元预期升值率−4.8%）。这样，由于美国利率只有5%，投资者就会卖出美国资产，买进日本资产。对日元需求的增加会对当前的汇率施加向下的压力。只有当当前汇率为1美元兑100日元时，投资者才又会对持有日本资产或美国资产无差别。

利率平价

我们刚刚讨论的汇率市场均衡被称为**名义利率平价条件**（nominal interest rate parity condition）：当本国资产和外国资产具有相同的风险、流动性和信息特征时，它们的名义回报（以同一货币度量）也必须相等。因此，美国资产和日本资产名义利率的任何差别都反映了货币的预期升值或贬值。当本国利率水平比外国利率高时，本国货币预期贬值。当本国利率低于外国利率时，本国货币预期升值。利用本国和外国预期收益率的表达式，我们可以得到如下关系：

本国资产的预期收益率＝外国资产的预期收益率

即

$$i=i_f-\frac{\Delta EX^e}{EX} \tag{8.4}$$

173 名义利率平价条件并不意味着世界各国的名义利率都相同。它只是说明，本国和外国可比资产的预期名义回报率是相等的。如果本国和外国资产是完全可替代的，只有在本国和外国资产的预期收益率相等时，国际投资者才愿意持有这两种资产。此外，如果我们令 R 代表以美元表示的本国资产预期收益率（它等于 i），令 R_f 代表以美元表示的外国资产预期收益率（它等于 $i_f-\Delta EX^e/EX$），则名义利率平价条件意味着

$$R=R_f \tag{8.5}$$

我们还可以用预期本国真实利率 r、预期外国真实利率 r_f 以及当前实际汇率 EX_r 和预期实际汇率 EX_r^e 来表示利率平价条件。**真实利率平价条件**（real interest rate parity condition）表明，以同一揽子商品衡量的预期真实利率是相等的，即

本国投资预期总真实回报率＝外国投资预期总真实回报率

即

$$1+r=(1+r_f)\times\left(\frac{EX_r}{EX_r^e}\right) \tag{8.6}$$

本国真实利率 r 和外国真实利率 r_f 并非一定要相等才符合真实利率平价。公式（8.6）要求两个真实利率在以同样一揽子商品度量时才相等。[1]

测试点拨

假设当前的欧元兑美元汇率为 1.0 欧元兑 1 美元且投资者预期美元在明年会升值到 1.1 欧元兑 1 美元。如果当期美国年名义利率为 7%，那么对于具有相似风险、流动性和信息特征的以欧元表示的某种金融工具而言，其利率应该为多少才能维持名义利率平价呢？

名义利率平价条件表明，美国的利率减去欧元的预期升值就等于欧元的利率。欧元预期贬值 10%。(1.1－1.0)/1.0，而美国的利率为 7%，所以，欧元的利率应为 7%－(－10%)，即 17%。

汇率波动

到目前为止，我们已经对决定某一时点上汇率水平的因素进行了解释。但我们观察到汇率在短期内是波动的，对此我们还没有作出解释，而这正是本节的目标。汇率波动会给居民、企业和政策制定者带来麻烦。

〔1〕如果只有一种商品，$EX_r=EX_r^e=1$ 且 $r=r_f$。这与我们在第 6 章对借贷和利率决定的分析中所讨论的世界真实利率相符。

例如，20 世纪 80 年代初期，美元强劲的走势减少了对美国出口的需求，损害了美国出口商和工人们的利益。

174 我们使用汇率以及本国和外国资产回报率的图示（见图 8—4）来说明汇率在短期内波动的原因。

本国真实利率的变动

本国债券的预期收益率取决于债券的利率 i，债券的利率是预期真实利率与预期通货膨胀率之和。正如图 8—4(a) 所示，如果保持预期通货膨胀率不变，本国真实利率的增加会提高本国资产的预期收益率，使 R 曲线从 R_0 右移到 R_1。由于本国资产回报率较高，投资者为买入本国资产增加对美元的需求，使得汇率从 EX_0 增加到 EX_1。与之相反，如图 8—4(b) 所示，本国真实利率下降使得本国资产的预期真实回报率从 R_0 向左移动到 R_1，本国资产收益率的降低，会使投资者增加对外国资产的需求，并因此增加对外国货币的需求。对外国货币较高的需求会对当前的汇率施加向下的压力，使其从 EX_0 下降到 EX_1。总之，如果所有其他条件保持不变，本国真实利率的增加会使得本国货币升值；本国真实利率的下降会使得本国货币贬值。

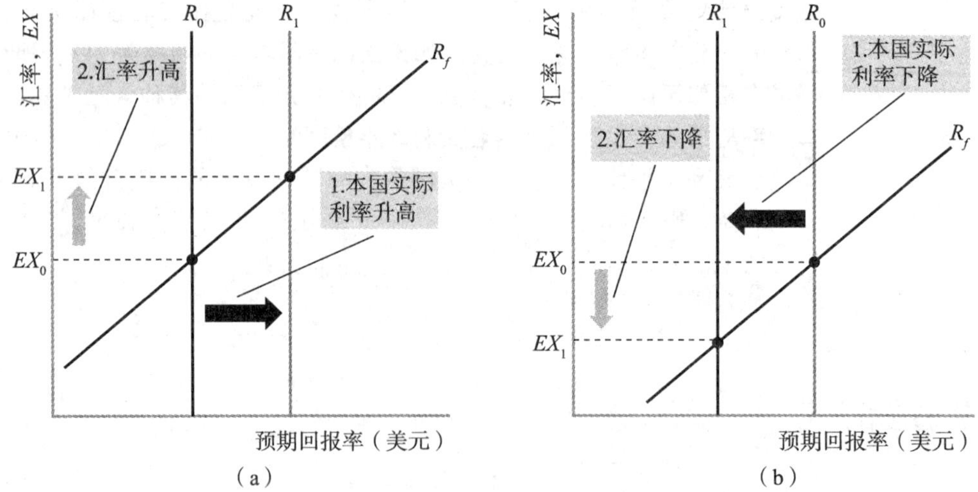

图 8—4　本国真实利率变动对汇率的影响

如图（a）所示：

1. 本国真实利率的增加会使 R 线右移，从 R_0 右移至 R_1；
2. 本币从 EX_0 升值到 EX_1，汇率升高。

如图（b）所示：

1. 本国真实利率的降低会使 R 线左移，从 R_0 左移至 R_1；
2. 本币从 EX_0 贬值到 EX_1，汇率下降。

本国预期通货膨胀的变化

对于任何真实利率，预期通货膨胀率的变化也可以引起本国名义利率的变动。在图 8—4 的图示分析中，我们假设外国资产的预期收益率 R_f 不变，本国真实利率变动会对当前的汇率产生影响。然而，当本国预期通货膨胀率变化时，汇率的预期变动可能会受到影响。为什么呢？本国预期通货膨胀率的提高削弱了本币的购买力，使其贬值，或者说，与其他货币相比其价值降低。与之相反，本国预期通货膨胀率的降低会提高本币的购买力，使得本币升值。

176 图 8—5 表明，本国利率由预期通货膨胀的提高而升高时，会产生两种效应。其一，较高的本国名义利率会使预期收益率从 R_0 右移到 R_1。由于美国资产回报率相对于外国资产回报率更具吸引力，投资者会增加对美元的需求，当前的美元汇率会升高。其二，预期通货膨胀的提高会降低本币的升值预期，因此，外国资产的预期收益率从 R_{f0} 右移到 R_{f1}，外国资产对投资者更具吸引力。因此，对美元的需求下降，当期的美元汇率降低。上述两种效应使当前的汇率向相反方向变动。

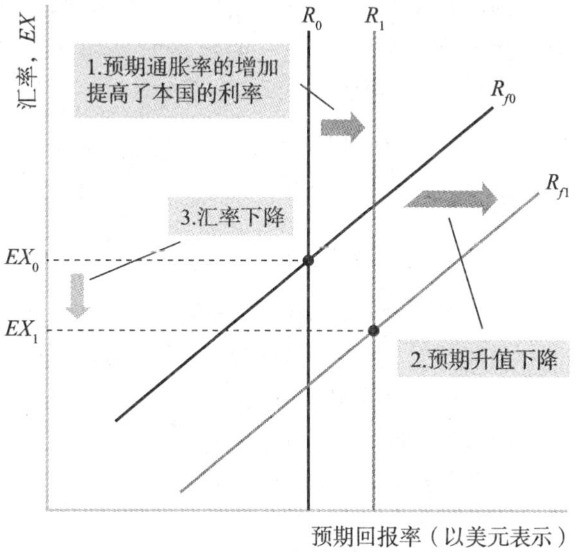

图 8—5　本国预期通货膨胀的提高对汇率的影响

1. 在本国真实利率保持不变的情况下，预期通货膨胀的提高会使本国名义利率从 R_0 上升到 R_1。

2. 同时，本国较高的预期通货膨胀会降低本币升值的预期。R_f 线从 R_{f0} 右移到 R_{f1}。

3. 大多数的经验研究表明，第二种效应占据支配地位，因此当前的汇率从 EX_0 下降到 EX_1。

哪一种效应会占据支配地位呢？大多数分析表明，本币升值预期下降效应要大于由预期通货膨胀率提高引起的本国利率提高效应。因此，对于任一水平的当前汇率，本国资产预期收益率的提高不及外国资产预期收益率的提高。[1] 如图 8—5 所示，R_0 右移到 R_1 的幅度小于 R_{f0} 右移到 R_{f1} 的幅度，这使得汇率从 EX_0 下降到 EX_1。总之，本国预期通货膨胀的提高使得本国利率提高，进而使得本币贬值；本国预期通货膨胀的下降使得本国利率下降，进而使得本币升值。

案例研究

你是否应该指望国际投资？

175 《华尔街日报》在线刊登了有关国家政府债券的收益率信息。第一个表是国际债券的数据，它表明以本币表示的收益率在各国间差异很大。你应该把你的储蓄投资于外国债券以便从利率差异中获益吗？让我们看一看。

尽管在该表中没有显示，其时间是 2006 年 8 月 31 日，2011 年到期的美国国债以美元表示的收益率为 4.70%。2011 年到期的日本债券以日元表示的收益率为 1.11%，而 2011 年到期的英国债券以英镑表示的收益率为 4.71%。如果国际投资者和交易商对投资日本和英国债券无差别，那么他们一定是预期日元将对英镑升值。利用公式（8.4），我们可以得到：

1.11%=4.71%－日元的预期升值

或

英镑兑日元汇率的预期升值=4.71%－1.11%=3.6%

把这两只外国债券与美国债券进行比较，我们发现投资者和交易商预期日元相对美元升值，而美元兑英镑的汇率保持相对不变。

第二个表显示，在一定期间内，国际债券的本币总回报率和美元总回报率之间具有显著的差异。观察一下“3 个月”一栏，它代表了以本币和美元表示的总回报率。例如，2006 年 5—8 月间，持有日本债券以日元表示的总回报率为 1.49%，而相应的以美元表示的总回报率为－2.98%。两者的差异表明在投资期末，日元的支付额可以买入更少的美元，说明美元相对日元升值。

---

〔1〕 这一效应是资产市场汇率决定模型的一个特征。例如，参见 Rudiger Dornbusch，“Expectations and Exchange Rate Dynamics,” *Journal of Political Economy*，84：1061－1076，1976。

国际间政府债券

息票	到期日 月/年	价格	变化	收益率（%）*
日本（东京时间下午 3 点）				
1.50%	09/08	101.80	0.07	0.61
1.40%	09/11	101.38	0.22	1.11
2.00%	06/16	103.30	0.30	1.61
2.50%	06/36	102.01	−0.27	2.39
英国（伦敦时间下午 5 点）				
5.00%	03/08	100.20	−0.01	4.87
4.25%	03/11	98.15	0.06	4.71
4.00%	09/16	95.89	2.35	4.51
4.25%				

* 等于半年复利到期收益率。

国际债券总收益率

（比率，根据 J. P. 摩根政府债券指数计算，1987 年 12 月 31 日=100）

	当地货币表示				美元表示				
	指数价值	1 天	1 个月	3 个月	自 12 月 31 日以来	指数价值	1 天	1 个月	3 个月
日本	222.81	+0.18	+1.72	+1.49	−0.01	229.96	−0.03	−2.98	+0.62
英国	491.34	+0.31	+1.07	+1.82	+0.53	495.55	+0.11	+2.97	+0.35
德国	319.85	+0.21	+1.16	+1.96	−0.28	328.40	−0.04	+1.47	+1.61

资料来源：*The Wall Street Journal*，August 31，2006. http：//online. wsj. com/page/mdc/2_500-bondyield-10. html © 2006 Dow Jones and Company.

总之，如果你正在考虑把部分储蓄投资于以外币表示的资产上，那么一定要考虑汇率变动的影响。

外国利率的变动

2002 年，当欧元区短期真实利率相对于美国短期真实利率上升时，美国国内旅游业团体就预期美元兑欧元的价值会相对下降，从而提高在欧洲度假的成本。的确，美元兑欧元的汇率真的降低了。美国旅游业怎么会预计到会发生这种情况呢？

177 为了回答这一问题，我们要对一般情况进行研究。外国资产的预期收益率取决于外国的利率和汇率的预期变动两个因素。如图 8—6(a) 所示，外国真实利率的提高会使外国资产的预期收益率从 R_{f0} 右移到 R_{f1}。这是因为，在任一汇率水平上，外国资产的回报率都提高了。因此，当前的汇率就会下降。而由于外国资产的回报率上升，投资者或交易商就会买入更多的外币来购买外国资产。由于投资外国资产可以获得较高的预期收益率，外国资产相对于本国资产的需求就会增加，从而增加对外币的需求，减少对本币的需求，因此，本币贬值。

相反，如图 8—6(b) 所示，如果外国真实利率下降，那么，外国资产的预期收益率就会下降。外国资产的预期收益率 R_{f0} 左移到 R_{f1}，汇率升高，使得本币升值。此时，投资者和交易商就会买入更多的本币来购买本国资产，这是因为本国资产的预期收益率提高了。

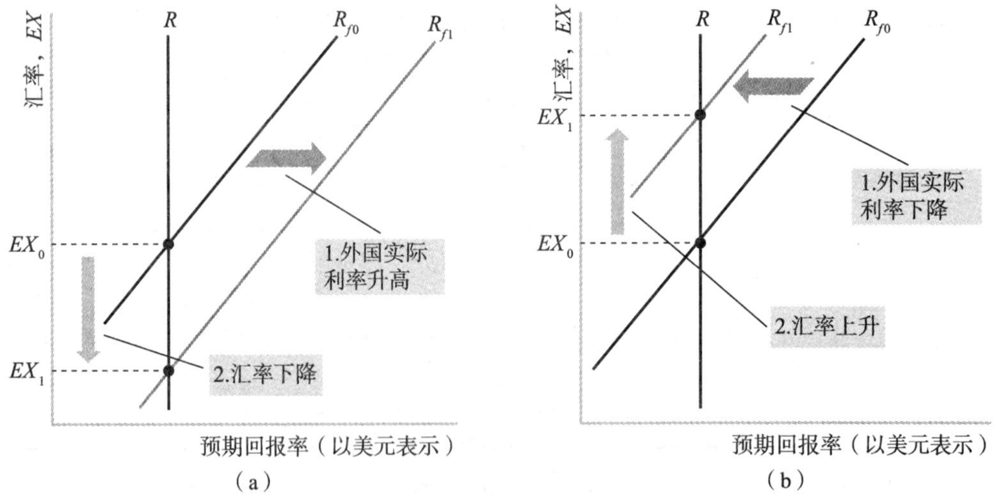

图 8—6　外国利率变动对汇率的影响

如图（a）所示：
1. 外国真实利率提高会使 R_f 右移，从 R_{f0} 右移到 R_{f1}。
2. 汇率下降，本币贬值。
如图（b）所示：
1. 外国真实利率下降会使 R_f 左移，从 R_{f0} 左移到 R_{f1}。
2. 汇率升高，本币升值。

总之，外国真实利率的提高会使本币贬值；外国真实利率的降低会使本币升值。

预期未来汇率的变动

正如我们在利率平价条件分析中所看到的那样，预期本币升值或贬值也会影响外国资产的预期收益率。当前的汇率变动解释了外国资产回
178 报率 R_f 的变动。预期未来汇率的变动也可以解释 R_f 的变动。让我们追踪市场力量来考察其作用过程。如果预期未来汇率升高，本币升值预期也会提高。投资者对本币的需求增加；在所有其他条件相同的情况下，汇率升高，如图 8—7(a) 所示。外国资产的预期收益率会因此降低，使得外国资产的预期收益率从 R_{f0} 左移到 R_{f1}，汇率上升。

相反，如图 8—7(b) 所示，如果预期未来汇率下降，对美元升值的预期也会下降，使得外国资产的预期收益率从 R_{f0} 右移到 R_{f1}。此时，在图 8—7(b) 中，由于投资者可以用外币兑换到更多的本币，所以他们认为投资于外国资产会得到更高的预期收益率。由于外国资产具有更高的预期收益率，R_f 曲线向右移动，汇率下降。例如，在 1992 年 9 月，由于国际投资者和外汇交易商普遍认为英镑的汇率马上就会下降，结果使得英镑当前的汇率下降。英国政府被迫放弃稳定英镑对欧洲其他国家货币价值的努力。

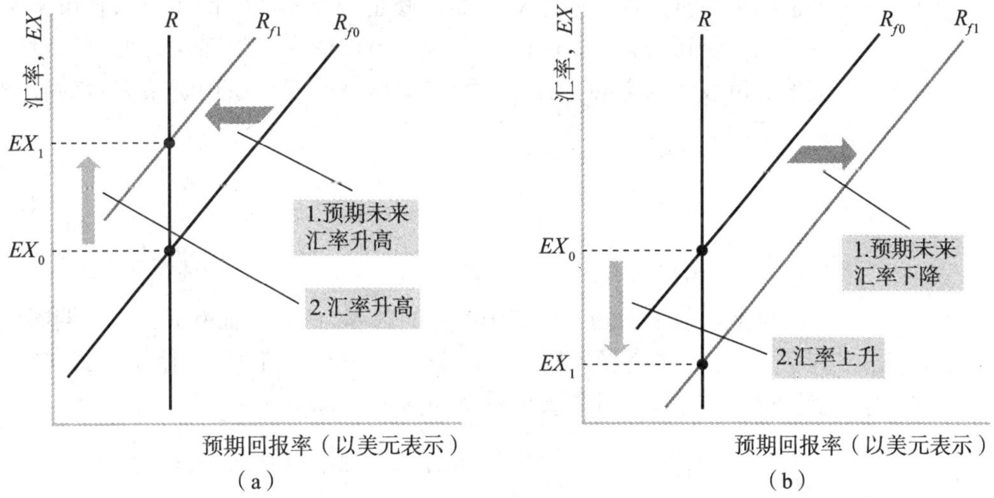

图 8—7　汇率预期的变动对汇率的影响

如图（a）所示：

1. 预期未来汇率升高会降低外国资产的预期收益率，使得 R_f 从 R_{f0} 左移到 R_{f1}。
2. 当前的汇率升高。

如图（b）所示：

1. 预期未来汇率下降会提高外国资产的预期收益率，使得 R_f 从 R_{f0} 右移到 R_{f1}。
2. 当前的汇率下降。

预期未来汇率的提高或下降既反映了汇率基本决定因素中(包括物价水平差异、生产率增长差异、对本国或外国商品偏好的变化以及各国贸易壁垒的差异)一个或多个因素发生了变化，也反映了预期未来利率的变动。

179 使得预期未来汇率提高的因素会使外国资产的预期收益率向左移动并引起本币升值；使得预期未来汇率下降的因素会使外国资产的预期收益率向右移动并引起本币贬值。

外汇市场的货币升水

公式（8.4）中名义利率平价条件是基于本国投资与外国投资是完全可替代这个假设条件上的。这个假设类似于第 7 章利率期限结构的预期理论中的概念：如果我们使违约风险、流动性、信息成本和税收等都保持不变，那么不同期限的资产就是完全可替代的。也就是说，你会对是持有长期国债还是持有 3 个月期国库券无差别。我们在讨论利率的期限结构时曾经指出，习惯偏好允许资产的不完全可替代，因此收益率的差异部分地反映了期限升水。例如，投资者会要求一个较高的回报率以使得他们持有长期债券。

我们可把本国资产和外国资产间具有不完全可替代性这一条件引入名义利率平价条件之中来对它加以修正。为此，我们要引入货币升水这一概念。**货币升水**（currency premium）是一个数字，它表明相对于以其他货币表示的金融工具，投资者集体偏好于以一国货币表示的金融工具。即，

$$i=i_f-\frac{\Delta EX^e}{EX}-h_{f,d} \tag{8.7}$$

式中，$h_{f,d}$为货币升水。

例如，假设美国 1 年期国库券的利率为 8%，而欧元区 1 年期国债的利率为 5%，投资者预期 1 年内美元对欧元贬值 4%。使用公式（8.7），就会得到 1 年期欧元对美元的货币升水，为

$$8\%=5\%-(-4\%)-h_{f,d}\text{，即 } h_{f,d}=1\%$$

也就是说，相对于美国国库券，投资者要求欧元区债券利率提高 1%，这样才会使得这两种金融工具的吸引力相同。

假设所有其他条件保持不变，如果 $h_{f,d}$ 为正值，根据修正的名义利率平价条件（公式（8.7）），投资者会偏好本币资产。换句话说，即使外国债券的预期收益率与本国债券相等，投资者也不会购买外国债券。他们必须得到外国债券的额外报酬（即货币升水），才会摆脱犹豫而投资于

外国债券。货币升水的幅度取决于投资者对货币风险的厌恶程度、市场的流动性差异、对国外投资机会信息的缺乏程度以及投资者认为一国比另一国更稳定、更安全的信念。后三个因素会导致货币风险，投资者因此偏好持有本国资产而非外国资产。

货币风险升水的变动既可使投资获得巨大的利润，也可以使其遭受重大的损失。例如，1998 年 9 月，新兴市场国家的货币升水猛然增高，美国一家规模庞大的对冲基金——长期资本管理公司（Long-Term Capital Management）因此蒙受了巨大的损失，不得不寻求外部的救援。

博闻广识

20 世纪 80 年代的利率和汇率

180 我们对汇率和利率之间关系的分析表明，美国真实利率相对于其他国家真实利率的变动可以影响汇率水平。下图显示的是真实利率和汇率指数，该指数是由美联储计算的贸易加权汇率。正如你在图中所看到的那样，在 20 世纪 80 年代初期，真实利率和汇率都在升高。两者都在 1985 年达到了最高点，在接下来的 3 年里下降，1989 年又开始略微上升。

什么事件引起了上述波动呢？真实利率的提高反映了国际借贷的变化。在 20 世纪 80 年代初期，美国股价上涨、里根政府支持企业政策以及投资税收削减等，使得美国成为投资的理想之地。此外，许多国际投资者对 70 年代不发达国家在国际资本市场的过度借款忧心忡忡，他们想把资金从这些国家转移出来。与此同时，美国巨额预算赤字增加了政府

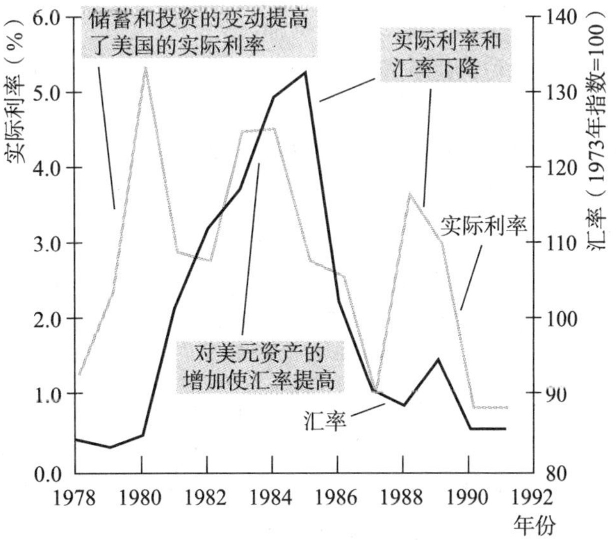

借款。这些因素综合起来，提高了美国的真实利率水平，增加了对美国资产的需求，提高了汇率。因此，在 20 世纪 80 年代初期，美国的真实利率水平超过了外国的真实利率水平。公式（8.4）的利率平价条件意味着美元将升值，而美元也确实升值了。

在 20 世纪 80 年代后半期，美国的真实利率水平总体上低于前半期的水平，也没有显著地高于其他工业化国家的真实利率（部分原因是对外投资需求增加）。随着这些因素的变化，美元资产的需求相对于其他货币资产的需求下降。利用利率平价条件，我们可以预计汇率下降，而随后美元也确实下降了。

国际资本市场发生的这些事件告诉我们：第一，理解借款和放款的基本决定因素变动，这对于解释世界各国真实利率的变动很重要。第二，利率和汇率的变动密切相关，应该合并起来考察。

刚刚起步的重要货币：欧元

1999 年初，欧洲货币联盟推出欧元，它是奥地利、比利时、芬兰、法国、德国、爱尔兰、意大利、卢森堡、荷兰、葡萄牙和西班牙的共同货币。英镑仍是独立的货币。从 1999 年 1 月 4 日开始，上述 11 个国家之间的汇率固定了，并且其各自对欧元的汇率也固定了（2007 年 4 月，1 欧元等于 1.35 美元）。色彩斑斓的新欧元钞票与硬币于 2002 年面世。

新欧元区是一个规模巨大的市场，区内生产总值接近美国的国内生产总值。欧元的面世使游客的旅行变得更为简单，不必每入一国边境就要兑换货币和支付交易费用。在金融市场上，美元仍是最重要的外汇交易货币，但许多分析师认为，欧元作为最广泛交易的货币具有挑战美元地位的巨大潜力。

181 欧元面世以来，其价格波动很大。1991 年 12 月，欧共体领导人在荷兰马斯特里赫特召开会议，设计欧洲单一货币方案。自那时起，该方案几经周折。1999 年 1 月 1 日，欧元正式启动，初始汇率为 1 欧元兑 1.18 美元。尽管欧洲各国中央银行都希望欧元一面世就可以成为一种替代美元的强势货币，但实际上欧元价值却一路下跌。2000 年初已跌至 1 欧元兑 1 美元，下跌了 15%，而到了 2001 年夏又跌至 1 欧元兑 0.84 美元的水平。从 2002 年到 2007 年，欧元总体上开始反弹。

我们可以使用汇率的经济分析来说明为什么欧元对美元的汇率会有这么大的波动。原则上说，相对真实利率（美国对欧洲）和相对预期通货膨胀水平（美国对欧洲）是导致上述汇率波动的罪魁祸首。最主要的原因是美国与欧洲各国真实利率的差异。在欧元面世时，欧洲各国经济正从经济衰退中缓慢复苏，真实利率和名义利率下降。相反，美国经济持续繁荣，使得美国的真实利率和名义利率都超过了欧洲相应的利率。因此，根据公式（8.4），美国的利率相对高于欧洲，使得欧元预期贬值和实际贬值。2002年，随着欧元区短期利率超过了美国短期利率水平，欧元开始对美元升值。

关键术语和概念

升值	外汇市场	购买力平价（PPP）理论
货币升水	远期交易	配额
贬值	即期交易市场	真实利率平价条件
欧元	国际资本流动	关税
汇率	一价定律	名义汇率
名义利率平价条件	实际汇率	

总　结

1. 汇率（或更准确地说是名义汇率）是一种货币用另外一种货币表示的价格。实际汇率是一国一揽子商品价格相对另一国同样一揽子商品价格之比。名义汇率的变化反映了实际汇率、国内通货膨胀以及外国通货膨胀的变化。

2. 长期来看，两国间的汇率水平反映了两国相对物价水平（购买力平价）、相对生产率水平、对本国或外国商品的偏好以及贸易壁垒。

3. 短期来看，由于投资者和交易商会比较本国资产和外国资产的预期收益率，所以金融市场决定了名义汇率。

4. 资产组合配置理论表明，如果本国和外国资产具有相似的违约风险、流动性和信息成本，那么它们的预期收益率应该相等。名义利率平价条件表明，本国名义利率等于外国名义利率减去本币的预期升值。因此，任何会使本国或外国利率发生变动的因素都会引起汇率的变动。当本国和外国资产不完全可替代时，本国资产的预期收益率等于外国资产的预期收益率减去货币升水，该货币升水反映了风险、流动性以及信息成本。

复习题

184 1. 什么条件的含义是本国名义利率等于外国名义利率减去汇率的预期变动？

2. 什么是名义汇率与实际汇率之间的差异？

3. 为什么日元贬值对日本企业来说是个好消息，而对日本消费者来说却是坏消息？

4. 如果美元相对于欧元和英镑升值而相对于日元和加元贬值，那么下述汇率是升还是降？（a）欧元/美元；（b）美元/英镑；（c）日元/美元；（d）美元/加元。

5. 假设美国市场上德国宝马汽车的价格从每辆 31 000 美元升至33 000美元，日本尼康照相机的价格从每台 110 美元下降到 105 美元，英国鞋子的价格从每双 205 美元下降到 180 美元，法国巧克力的价格从每盒 35 美元升至 40 美元，那么上述哪种货币相对于美元升值，哪种货币相对于美元贬值？

6. 英国通货膨胀率为 3%，日本为 1%，美国为 5%。英镑/美元的实际汇率提高 2%，日元/美元的实际汇率下降 3%。美元对英镑和日元的名义汇率变动比率分别为多少？

7. 如果一头奶牛在美国值 500 美元，在日本值 150 000 日元，在法国值 550 欧元，且一价定律成立，那么欧元/美元以及日元/美元的汇率是多少？

8. 如果英国和美国的通货膨胀率都为 3%，根据购买力平价理论，美元对英镑会升值还是贬值？购买力平价理论的重要假设是什么？

9. 美国产品在东欧一直很受欢迎，但由于贸易壁垒，这些国家对美国商品进口数量很少。随着东欧经济的开放，美元价值将发生何种变化？

10. 过去 10 年里，欧洲各国的公共政策一直关注投资和有效生产。如果上述欧洲各国的计划是成功的（相对于其他国家来说），那么欧元汇率将会发生何种变化？

11. 假设在美投资的真实回报率相对于在其他国家投资的真实回报率提高，那么预期美元价值将会发生何种变化？

12. 假设由于政治不确定性的存在，市场会对巴拿马的资产要求货币升水。假设如果宪法改革为巴拿马的政治稳定提供了保障，那么美国和巴拿马两国间的利差将会发生何种变化？

13. 欧洲共同货币的名称是什么？欧洲的哪一个大国没有加入欧洲共同货币？你能想出一国不愿放弃其本币的理由吗？

分析题

14. 假设英镑/日元的汇率上升而美元/日元的汇率下降。日本从英国和美国输入的进口商品价格将会发生何种变化？

15. 如果美元/英镑的汇率上升而日元/美元的汇率下降，那么这两种外币的哪一种（如果有的话）会对美元升值？哪一种货币（如果有的话）会对美元贬值？

16. 如果2美元能买到1英镑，而2.2欧元能买到1英镑，那么购买1英镑需要多少欧元？

17. 1999年春，一位投资者在一家在线杂志的金融咨询栏目写下这样一段话："报纸上说日本的利率已低于1%，而美国国库券的利率几乎达到5%。为什么不是所有人都在日本借入资金然后将其在美国投资呢？这似乎应该是肯定的呀。"这是肯定的吗？

18. 当1998年秋季美联储降低利率时，有些分析师认为，这会使诸如巴西这样想与美国保持固定汇率的国家更加容易地实现其目的。请解释他们的理由。

19. 如果本国利率为6%，外国利率为4%，本币预期贬值1%，你
185 会在哪里投资（本国还是外国）？

20. 如果美国资产的预期真实回报率提高，而外国资产的真实回报率保持不变，美国汇率将发生什么变化？

21. 假设美国的真实利率要比日本的真实利率高很多，且两国间的汇率固定以避免两国货币的预期升值或贬值。投资将会流入哪个国家，流出哪个国家？

22. 如果1美元可以购买1欧元，1英镑可以购买1.5欧元，1英镑可以购买2美元，你能交易这些货币来获取利润吗？如果可以的话，假设汇率保持上述水平不变，你可以获得多少利润？

23. 如果1张光盘（CD）在美国的售价为16美元，在英国为6英镑，在日本为3 500日元，并且汇率为2美元兑1英镑、200日元兑1美元。那么用CD表示的实际汇率是多少？

24. 假设你是一位美国投资者，正考虑在美国、加拿大或墨西哥投资。在美国，你可以获取7%的名义回报率，在加拿大为8%，在墨西哥为15%。你应该在墨西哥投资吗？为什么？

25. 假设当前的汇率为250日元/1美元，且日本的利率为6%，美国的利率为7%。根据名义利率平价理论，预期的未来汇率是多少？

26. 如果当前的汇率为1.5欧元/1英镑，并预计明年会下降到1.35

欧元/1 英镑，且英国当前的名义利率为 12%。根据名义利率平价条件，欧元区的利率应该是多少（假设在风险、流动性和信息特征方面没有差别）?

27. 比较利率期限结构的预期理论与名义利率平价条件的假设前提。然后比较利率期限结构的习惯偏好理论和外汇市场货币升水的假设条件。外汇市场的市场分割模型与国际资本流动性相符吗？为什么?

28. 大多数经济学家都认为，在 20 世纪 80 年代初期，在美国投资的吸引力相对于在其他国家投资的吸引力提高了。使用第 6 章的债券市场表，说明这一变化对美国真实利率的影响。运用真实利率平价条件来预计，真实有效汇率指数会发生什么变化?

29. 假设日本债券比英国债券的名义利率低，且它们具有相似的违约风险、流动性和信息成本。描述在何种情况下，组合投资者会更偏好投资于日本债券?

数据题

30. 在图书馆查阅最新一期的《联邦储备公报》，找到汇率表。你会发现最近几年多种外币对美元的平均汇率。所列币种中，有多少货币对美元升值？有多少货币对美元贬值？你还会发现美元对主要工业化国家货币加权平均汇率指数。根据这一指数，在过去 2 年里，美元升值了还是贬值了?

31. 在纽约联邦储备银行网站（http：//www. newyorkfed. org/markets/quar _ reports. html）找到最新一期的外汇季报。在最近一个季度里，美元价值相对欧元、日元和加元发生了怎样的变化？美元价值相对联储的主要货币指数又发生了怎样的变化？你认为，除了货币政策外，还有哪些因素影响美元价值相对上述货币发生的变动?

32. 假设你想进行即期市场交易，将 1 000 美元兑换为澳大利亚元。你可以兑换到多少澳元？你可以登录路透社外汇网站（http：//www. reuters. com/financeCurrencies. jhtml）去找出答案。

理论联系实际

《经济学家》，2006 年 5 月 27 日

巨无霸货币

《经济学家》的巨无霸指数是基于一个最古老的国际经济学概念：购买力平价理论（PPP）……巨无霸购买力平价是汇率，该汇率能使美国和世界其他地方购买汉堡包的花费相同。因此，一个巨无霸在中国花费
a 10.5 元，在美国四个城市的平均花费是 3.10 美元。为了使这两种价格相等，所需汇率为 3.39 人民币/美元，而市场汇率为 8.03 人民币/美元，换句话说，人民币相对于美元低估了 58%。

与此相反，应用相同的方法来衡量，欧元和英镑相对于美元分别高估了 22%和 18%。

这一指数绝不是想成为货币运动的准确预测器，而仅仅用作判断货币是否处于其长期“正确”水平的指引。

尽管我们不断地对巨无霸指数的可靠性提出警告，但一些美国政客
b 还是喜欢随意引用巨无霸指数作为其依据。最明显的是，他们据此要求人民币大幅度升值，以减少美国巨大的贸易逆差。但是，巨无霸在中国售价便宜并不能真正地证明人民币汇率远低于其合理的市场价值。购买力平价是一个长期概念，它预示着汇率的最终走向，但它并不是当前能使可贸易商品价格相等的市场均衡汇率。一个汉堡包是由可贸易商品和不可贸易商品投入而制成的产品。

不发达国家的平均价格低于发达国家是很自然的事情。尽管可贸易商品价格应当大体相等，但是其不可贸易的服务价格会因工资较低而较低。因而，购买力平价是将人均 GDP 转换成美元而非市场汇率的更合理方法，因为价格低意味着货币将升值。这就是为什么每个不发达国家都有高于现行市场汇率的隐含购买力平价汇率，使得它们似乎都被低估了。理论和价格都显示，随着这些国家变得越来越富裕以及其生产率不断提
c 高，它们的实际汇率将升值。但这并不意味着这些货币需要在当前大幅度升值。香港 UBS 的首席经济学家乔纳森·安德森（Jonathan Anderson）认为人民币现在仅比其合理市场价值低了 10%～15%。

经济学家不吃巨无霸是不明智的，但吃特大号套餐同样也是一个错误。

新闻分析

183 2006 年春天，人们对美国经济前景的关注与日俱增，一些人担心美

国经常账户逆差的扩大将导致美元在外汇市场上急剧贬值，另一些人则特别关注美国从中国的高额进口，人们更多地谈论外汇市场上美元的合适水平或合理价值。

1986年《经济学家》的一位编辑建立了一个并不严谨的指标来衡量外汇市场上货币价值是否“正确”。她运用购买力平价概念，创造了一个衡量货币高估还是低估的指数。

购买力平价理论表明，长期来看，名义汇率应该走向能够使一揽子相同商品和服务的价格相等的水平。如果假定实际汇率保持不变，与一揽子相同商品和服务价格低的国家相比，一国一揽子相同商品和服务价格高，其市场汇率下降。

《经济学家》的编辑用麦当劳的巨无霸三明治代替一揽子相同的商品和服务。“购买力平价汇率”是以当地货币表示的巨无霸三明治价格除以巨无霸三明治在美国的平均价格。将这种购买力平价汇率与市场汇率或名义汇率进行比较，以考察某一货币是“高估”还是“低估”。

a. 购买力平价等式是：

$$EX=EX_r(P_f/P)$$

购买力平价假定实际汇率即 EX_r 保持不变。由于 P_f 代表巨无霸在中国的价格（即10.5元人民币），P 代表巨无霸在美国的价格（即3.10美元），两者相除就可得到10.5人民币/3.10美元＝3.39。按购买力平价，汇率应该是3.39人民币/美元，而实际的汇率是8.03人民币/美元，人民币低估了58%，即（8.03－3.39）/8.03＝58%。

b. 如果人民币相对于美元显著低估，美国消费者将花费相对更少的美元来购买中国制造的产品和服务。反过来说，中国的商品和服务在美国市场上将以低于美国可比类似商品和服务的价格销售。

美国的消费者将很自然地用相对低价的中国商品和服务来替代相对昂贵的美国商品和服务。这将使得美国的进口增加，如果进口大于出口，美国的经常账户逆差将扩大。

c. 研究显示，一个国家的财富与生产率是正相关的。也就是说，当财富增加时，资源的生产率也将增加。随着一国生产率的增长，卖者将得自生产率增长部分的储蓄以更低的市场价格转移给买者，随着国内市场价格相对于外国价格下降，名义汇率将上升。

更进一步的思考……

假设购买力平价关系显示欧元相对于美元高估，那么，这一因素是如何影响你投资于现有欧元债券所要求的预期收益率的呢？

资料来源：节选自 *The Economist*，May 27，2006，p. 74. Copyright 2006，The Economist Newspaper. Reprinted with permission。

第 9 章　衍生证券和衍生证券市场

186 许多财经报纸和杂志上充斥着利用衍生工具不良后果的报道，对衍生工具的不当使用是导致 2001 年 11 月臭名昭著的安然公司破产的部分原因，大量资产负债表外资产组合也使得一个管理 1 000 亿美元的对冲基金——长期资产管理公司在 1998 年底倒闭。就在几年前，人们还把加利福尼亚一个繁荣郡县的破产以及英国投资公司（资历比美国投资公司更老）的失败归咎于衍生产品。与此同时，许多经济学家和市场参与者却对衍生品赞不绝口，认为它是供投资者管理和转移风险的金融工具。投资者应该相信哪一种说法呢？衍生品是为投资者提供了一种挥资赌博的方式，还是可以被用来降低风险？在这一章，随着你对衍生证券有了更多的了解，你就会明白衍生证券市场为投资者提供了风险分担、流动性以及信息服务。

我们在这一章要介绍的衍生证券包括期货合约、期权合约和互换，它们的价值衍生于其基础资产。这些基础资产可能是商品（例如五花肉和石油），也可能是金融资产（例如股票和债券）。为了理解投资者为什么要把衍生证券加入其投资组合之中，我们会介绍衍生证券会使交易双方受益的情况、每种衍生证券的契约与益处以及投资者用于买卖衍生证券的策略。期货和期权更为流行的一个原因是存在有组织的交易所供其开展交易。这些衍生证券市场产生了流动性和信息，并为交易的清算或结算提供了通用的安排。而在互换的交易中，中介机构有助于履行这一角色。

远期交易与衍生工具

前面章节中介绍的金融市场可以通过交易诸如股票和债券等金融工具而将借贷双方匹配起来。越来越多的经济交易活动是在借贷工具不进行实际交易的金融市场上进行的。也就是说，这些交易发生在**衍生证券市场**（derivative markets）。在该市场上，市场参与者买卖其经济价值衍生于基础资产的证券。这种证券（主要是期货和期权合约）被称为**衍生工具**（derivative instruments）。衍生证券为借款者、放款者以及交易商（其他类型证券不存在）提供了便利。

许多放款者希望锁定借出资金的收益率，许多借款者希望锁定所借资金的利息成本，从而规避借贷期间其波动的风险。也就是说，他们希望现在就对未来将要进行的交易达成规定其收益或成本的协议。比如说，一家公司的财务经理希望预先知道为未来资本项目筹措资金的利息成本是多少。

187 与即期交易及时结算不同，远期交易使借贷双方能在现在进行交易并在未来结算。从历史经验来看，远期交易主要在农产品和其他商品市场上发生，主要目的是为了解决价格波动的问题。因为这种价格波动会使商品的销售方遭受巨大的风险，而商品的销售收入却是这些人的唯一收入来源。

考虑下面这位农民面临的情况：他在春季种下小麦，但要到秋季庄稼收获时才能获得收入。他预期的收入为 10 000 美元。但是，假设在种植和收获期间，小麦只能卖到 7 500 美元，那么这位农民就会损失 2 500 美元的预期收入。同样，假设一位磨坊主需要用小麦来生产面粉。如果小麦价格是波动的，磨坊主就会面临原料价格不确定的问题。因此，这位磨坊主可能会同意在小麦种植时，就为还未收获的小麦支付 10 000 美元。通过这样一种远期交易，农民减少了发生损失的风险，而磨坊主也降低了价格波动的风险。一般来说，买方和卖方通过预先就价格达成协议，就可以使用远期交易来减少与价格波动有关的风险。但是如果在达成协议到清算之间这段时间里价格发生了变动，会发生什么情况呢？在远期交易期间价格的波动会给合约方带来资本利得或资本损失，这一点与市场利率变动会影响到一定期间内放款者的资产价值和借款者的负债价值一样。

尽管远期交易可以分担风险，但却存在流动性和信息成本的问题。由于远期合约通常包含针对特定买方与买方进行交易的特定条款，所以很难说服其他交易者买入该远期合约并接受同样的条款（即成为交易对手）。因此，远期合约的流动性较差。此外，远期合约还有违约风险，即买方或卖方没能力或不愿意履行合约义务的可能性。因此，远期合约的买方或卖方在分析潜在交易对手的信誉时会付出信息成本。而衍生品市场的产生和发展减少了流动性和信息成本的问题。为了说明衍生品市场是如何实现这些功能的，我们首先回顾衍生品市场两类工具即期货和期权的发展历程。

期　货

期货合约产生于农作物和矿产品市场，它在保持远期交易风险分担特征的同时，提高了流动性并降低了信息成本。期货合约是在协议规定的未来时期以当前的协议价格交割商品或金融工具的协议。现在，交易的大部分期货是金融期货而非商品期货。也就是说，其基础资产不再是农作物或矿物，而是金融资产。例如，你可以买入一份期货合约，规定6个月后可以以今天的协议价格买入国库券。在1981年时，农作物和矿产等商品期货占期货交易总额的70%；而在2005年左右，这一比例还不到三分之一。因此，在描述期货合约及其风险分担作用时，我们使用金融期货为例。

期货合约规定了买卖双方有关基础资产的权利与义务。买卖双方具有对称的权利。期货合约的买方处于**多头头寸**（long position），即在规
188 定的未来某个日期要承担买入基础金融工具（例如国库券）的权利和义务。期货合约的卖方处于**空头头寸**（short position），即在规定的未来某个日期要承担交割基础金融工具的权利和义务。但是与远期合约不同，期货的买卖双方并不相互交易，而是与期货交易所的清算所进行交易，因此买卖双方并不担心对方的信誉。只要清算所具有良好的财务信用，买卖双方就不用担心违约风险。

怎么保证清算所有良好的财务信用呢？期货的买方或卖方被要求在其经纪公司的保证金账户中存入初始存款（即保证金要求）。在每个交易日结束时，期货价值的净变化都会反映在保证金账户中，盈利则增加保证金，亏损则减少保证金。这个过程叫做盯市。由于保证金和盯市制度限制了交易损失风险的暴露，因而几乎没有交易者违约。

在美国市场上交易的主要金融期货合约包括利率期货（欧洲美元，国库券，短期、中期和长期国债，以及市政债券指数），股票指数期货（标准普尔500，纽约证券交易所综合指数，以及价值线指数（Value Line indexes））和货币期货（诸如美元、日元、欧元、英镑以及澳元）。

金融期货的交易是全球性的，其交易具有显著的竞争性。尽管纽约、伦敦、巴黎、东京、悉尼以及新加坡的期货交易发展迅速、极具竞争力，但传统的期货交易还是由芝加哥期货市场占据主导地位。电脑和通信技术的迅猛发展加强了各个交易所之间的交易联系。

金融期货合约受商品期货交易委员会（Commodity Futures Trading Commission，CFTC）批准的交易规则监管。商品期货交易委员会对潜在的价格操纵和交易行为进行监督。1981 年以来，全美期货协会作为一个自律性组织，补充了商品期货交易委员会的监管职能。

期货定价

网页推荐： http://www.cbot.com；http://www.euronext.com 提供有关美国和世界其他地区期货市场的信息。

期货合约中规定了诸如商品或金融资产的数量、合约的期限或交割地点等条款，但并没有规定期货的价格。**期货价格**（futures price）是由期货市场决定，并反映交易者对现货价格的预期，**现货价格**（spot price）是交割日基础资产的价格。现货价格和期货价格是由市场供求决定的。如果市场参与者预期下一年农作物会大丰收，他们可能会认为农产品价格将下降。这种情况下，期货价格可能就会低于当前的现货价格。时间越临近交割日，期货价格就越接近现货价格，在交割日两者最终相等。为什么会这样呢？在交割日，投资者和交易者都不愿意为基础资产支付超过或低于其当前市场价值（即现货价格）的价格，这种无风险的盈利机会被称为套利。

假设你在 3 月份购买了 100 万美元的 3 个月期美国国库券（T-bills）期货合约，该合约在 6 月份交割。美国国库券是贴现债券，因此，期货价格（比如是 98 万美元）代表你今天为在 6 月份交割的国库券所支付的价格，它低于国库券的面值。

98 万美元的期货价格表明预期未来 3 个月的利率为 2%多一点，折成年利率为 8.42%。如果国库券的当期年利率为 10.4%，100 万美元国库券的当前现货价格（也就是立即交割价格）就是 975 610 美元。当然，
189 你并不知道 3 个月期国库券在 6 月份的实际现货价格是多少，它取决于那时的市场利率。如果那时的利率正好也是 10.4%，你就会因处于多头头寸而赔钱，而卖方会因为其空头头寸而赚钱。

在期货市场任一交易日中，买方或卖方总会由于其头寸地位而获利。由于买方和买方都是通过交易所进行匿名交易，交易所强制要求对交易方的损益进行每日结算[1]，以获得来自交易方的担保。这种头寸每日结

〔1〕 在远期合约中，当期价格与预期价格之间的变动并不要求买卖双方进行资金上的转移。远期交易会在协定日期以协定价格结清。

算制度被称为买卖双方账户的**逐日盯市**（marking to market），即对买卖双方的账户价值以当日市场价格来进行衡量。如果你的 100 万美元 3 个月期国库券合约的价格从 975 610 美元上升到 985 610 美元，那么你的多头头寸价值就会增加 10 000 美元。相应地，空头方就会损失 10 000 美元。在这个例子中，交易所会从空头方收取 10 000 美元并转入你的账户。最终，合约以现金结清。（即使是在商品期货中也很少发生实物交割的情况，合约大多以现金结清。）

新闻解读

解读金融期货行情表

《华尔街日报》每个交易日都在线报道期货合约的信息。下表为美国国债利率期货的例子。报价上方的文字表示在芝加哥交易所（Chicago Board of Trade，CBOT）交易的国债期货，合约规模为 10 万美元，单个报价代表 100 美元面值的百分点，分数值代表 1 个百分点的 1/32。

最左边一栏表示合约交割的月份（从 2006 年 9 月到 12 月）。接下来的四栏表示前一个交易日的价格信息：开盘价（open）、当日最高价（high）和最低价（low）以及结算价或收盘价（settle）。变动（chg）一栏表示与前一个交易日收盘价相比，期货合约价格的变动情况。2006 年 9 月交割的期货合约以 110 $\frac{10}{32}$的价格收盘，与前一个交易日相比有所上升。价格的计算是基于期限为 15 年、息票率为 8%的国债。请注意，2006 年 9 月交割的期货合约价格为 110 $\frac{1}{32}$，高于面值 100。因此，到期收益率要低于 8%的息票率。接下来的两栏告诉你到目前为止期货合约的最高价和最低价。最后一栏是未平仓合约数（open interest），报告未清偿的合约数量：2006 年 9 月交割的期货合约未清偿数量为 420 048 份合约。

利率期货

收盘价 → 结算价

	开盘价	最高价	最低价	结算价	变化	合约期内最高价	合约期内最低价	开盘价 未平仓合约数
长期国债（CBT）——100美元；变动点为1个百分点的1/32								
9月	110-07	110-17	110-03	110-10	4	115-16	105-03	420,048
12月	110-09	110-30	110-15	110-23	5	115-01	104-27	408,655
中期国债（CBT）——100美元；变动点为1个百分点的1/32								
9月	106-315	107-075	106-285	107-040	5.0	109-280	104-010	1,111,288
12月	107-000	107-075	106-290	107-045	5.0	109-070	103-310	1,208,395

资料来源：*The Wall Street Journal*, August 31, 2006.

你可以免费得到这些报价的信息。利率期货合约能使你了解市场参与者对未来利率水平的预期。注意，其在 2006 年 12 月的期货价格要低于 9 月，意味着期货市场的投资者预期长期国债利率要下降。

尽管这里没有列出，但你可以自己找到中期国债、国库券和外币的利率期货报价。《华尔街日报》金融期货版也提供诸如标准普尔 500（即 S&P500）之类的股票指数期货报价。投资者利用股票指数期货来预期股票市场大盘的变动。

使用期货来管理风险

190

网页推荐：
http://www.cbot.com/cbot/docs/69978.pdf
提供一个国债期货的在线教程。

期货合约给期货市场交易者们提供了风险分担和获得利润的机会。期货合约赋予买方或卖方以确定的价格买入或卖出某种资产（例如国债）的权利，减少了买卖双方的风险暴露。使用期货合约来减少风险的做法被称为**套期保值**（hedging）。与套期保值者相反，期货市场另一部分交易者可能是**投机者**（speculators）。他们通过预期价格变动来牟取利润。投机者在期货市场中也扮演着重要角色：通过对预期的价格变动下注，充当套期保值者头寸的对手方，为套期保值者提供市场流动性。

在金融期货市场上做多或做空的套期保值者包括放款者、借款者、供应商和关心利率波动风险的客户以及那些有外汇风险暴露的企业和金融服务机构。套期保值者参与金融期货市场可获得三个方面的好处。首先，他们可以在今天锁定未来价格以分散价格波动风险；其次，他们可以进入具有流动性的市场；再次，由于引入有组织的交易所，他们的信息成本得以降低。与此同时，衍生品市场还为买卖双方提供了获利的机会，他们既可通过投机行为从交易者对商品或金融资产未来价格的看法不一致中获利，也可以从价格的预期变动中获利。

金融市场利率的波动可以改变长期固定利率金融工具的价值。随着 20 世纪 80 年代利率水平波动的加剧，储蓄者和借款者双方都亟须对其投资进行套期保值，这促进了衍生品市场的快速扩张。这一扩张势头在 20 世纪 90 年代和新世纪仍在继续。

如何进行套期保值呢？假设佳时金融服务公司想对烟囱工业公司发放一笔 2 年期金额为 1 000 万美元的贷款。在分析了烟囱公司的信誉后，佳时公司决定对其贷款收取年 10%的利息。佳时公司第 1 年可以以 8%的利率获得资金，在第 2 年需要到金融市场上进行融资。在第 1 年，2 个百分点的利差可为佳时公司带来不错的利润。但佳时公司担心第 2 年市场利率会上升，从而提高其融资成本，降低（甚至完全抵消）其贷款的利润。

佳时公司对第 2 年可能的利率上升带来的损失进行套期保值，其风险管理方法之一就是卖出国库券期货合约。具体来说，第 2 年伊始，它可以达成卖出 10 份 1 年期 100 万美元国库券的期货合约。佳时公司对国库券的要价会反映出预期第 2 年的利率水平。

为了考察这一策略，我们假设从第 2 年开始，市场预期 1 年期 100 万美元国库券的利率水平为 8%，而 1 年期 100 万美元期货合约的价格为 926 000 美元（四舍五入到最接近的 1 000 美元）。也就是说，佳时公司将支付 926 000 美元并从其期货头寸中收到 100 万美元，或者说，1 年到期的收益率为 8%。因此，佳时公司会承诺在第 2 年伊始卖出每份价值 926 000 美元共计 10 份的期货合约。

谁会买入这一合约呢？或许某位坚信国库券价格会上涨到 930 000 美元的投机者会这么做。他想锁定佳时公司国库券期货合约每份 926 000 美元的价格，因为他预期很快就能以 930 000 美元卖出。这样，投机者的自利行为给市场增加了流动性，使得放款者可以对利率风险进行套期保值。

现在假设利率上升到 12%，即比预期 8%的利率提高 4 个百分点，比佳时公司对烟囱公司要求的利率高 2 个百分点。另一方面，佳时公司
191 遭受了损失，因为它对烟囱公司第 2 年的贷款亏了钱。1 000 万美元的贷款带来 10%也就是 100 万美元的收益，然而现在资金的成本变为 12%，即 120 万美元。因此，佳时公司不仅没有取得 20 万美元的利润（100 万美元与预期 80 万美元资金成本之差），反而在第 2 年遭受了 20 万美元的损失。这样，从总体上看，利率的上升使得佳时公司的收益减少了 40 万美元（从 20 万美元的盈利变为 20 万美元的损失）。

另一方面，未预期到的利率上升降低了国库券的成本，从而使佳时公司获益。在 1 年期利率为 12%的情况下，100 万美元国库券的市场价格为 1 000 000/1.12，即 893 000 美元（四舍五入到最接近的 1 000 美元）。这样，为履行期货合约，佳时公司将以 8 930 000(＝10×893 000 美元）的价格买入价值 1 000 万美元的国库券，并以协定的期货价格 960 000 美元（＝10×926 000 美元）卖给投机者。因此，佳时公司获得 330 000 美元的利润。[1]

总的来看，如果利率上升到 12%，佳时公司在贷款上会损失 40 万美元，而在期货合约上将获利 33 万美元，则净损失为 7 万美元：－400 000 美元＋330 000 美元＝－70 000 美元。如果佳时公司没有卖出期货合约，它就会整整损失 40 万美元。可见，期货市场的存在使得佳时公司可以降低潜在损失。表 9—1 总结了佳时公司使用期货合约对风险进行套期保值所取得的收益。

---

〔1〕 投机者因遭受了损失而十分懊悔，他必须以 926 000 美元的价格买入国库券，而国库券的市场价格仅为 893 000 美元。

表 9—1　　佳时金融服务公司使用期货合约管理风险

	无期货保值时的盈利情况	有期货保值时的盈利情况
第 1 年（市场预期第 2 年的利率为 8%）	利息收入（10 000 000 美元×10%）—融资成本（10 000 000 美元×8%）＝第 1 年的利润（20 万美元）	第 1 年末，佳时以 9 260 000 美元的价格卖出 10 份 100 万美元的国库券期货合约。佳时必须在第 2 年将其买回
第 2 年（市场利率从 8%升高到 12%）	利息收入（10 000 000 美元×10%）—融资成本（10 000 000 美元×12%）＝第 2 年的利润（—20 万美元）。相对其预期收益，佳时公司损失了 40 万美元（20—（—20）万美元）	佳时公司以 8 930 000 美元买回期货合约 佳时公司从其期货头寸上获利 33 万美元（＝9 260 000—8 930 000） 在有期货合约套期保值的情况下，佳时公司损失了 7 万美元而不是 40 万美元

当然，运用金融期货合约可进行双向的套期保值。如果利率下降，由于融资成本降低，佳时公司将会从贷款中获益，而由于国库券价格的上升，它又会在期货合约上遭受损失。因此，通过限制潜在的收益和损失，期货市场可以使投资者控制未预期到的利率变动所带来的风险。

预期到的价格变动　在上述例子中，使用期货进行套期保值可以获得成功的原因是国库券收益率的变动是未预期到的。如果市场参与者已经预期到了利率的变动，那么对未来利率较高的预期就有可能被包含在国库券期货的初始价格中。也就是说，每份期货合约的价格就将是893 000美元（＝1 000 000 美元/1.12），而不是 926 000 美元（＝1 000 000 美元/1.08）。期货套期保值对防范未预期到的基础资产价格变动最为有效。

192 **套期保值成本：交易成本与基差风险**　套期保值的其他成本包括交易成本与基差风险。期货市场并非免费提供套期保值服务；期货合约的买卖双方都要对合约支付交易成本。这种成本可能不会太高，尤其对大宗交易而言更是如此。佳时公司的例子简化了大多数套期保值都会面临的情况，即被保值工具的利率（资金成本）与期货市场实际交易的工具（国库券）利率两者之间的差额是固定不变的。在上例中我们假设两者都上升 4 个百分点。然而，这两个利率之间并不一定存在一对一变动的相关关系。这种不完全相关关系被称为**基差风险**（basis risk）。如果佳时公司的资金成本与国库券收益并不完全一致地变动（即不是一对一地变动），它可能会因其贷款和期货头寸而遭受重大的净损失。例如，假设国库券的利率只上升了 2 个百分点，即上升到 10%，其市场价格就会变为 909 000 美元（四舍五入到最接近的 1 000 美元），或者是 1 000 万美元国库券的价格为 9 090 000 美元。佳时公司将会买入国库券并以 9 260 000 美元的协定价格卖出，获利 170 000 美元。然而，在减去第 2 年的贷款损失 40 万美元以后，佳时公司的利润将会下降 23 万美元。这一损失可比当国库券利率与佳时公司资金成本一对一地变动时 7 万美元的损失多得多。

表 9—2 总结了期货市场上买方和卖方的行为。

表 9—2　期货市场上的买方和卖方

	期货合约的买方	期货合约的卖方
责任	在结算日购买基础资产	在结算日交割基础资产
套期保值的目的	资产的买方需要防范资产价格上升的风险	资产的拥有者需要防范资产价格下降的风险
投机的目的	市场参与者认为基础资产价格将上升	市场参与者认为基础资产价格将下降

测试点拨

假设没有基差风险，如果在第 2 年利率下降到 6%，那么佳时公司的利润会发生怎样的变化？

佳时公司从贷款上不只获得 200 000 美元的利润，而是净赚 400 000 美元（100 万美元的收入减去 60 万美元的融资成本）。然而，佳时公司将在期货合约上遭受损失。利率为 6%时，1 年期 100 万美元的国库券价格为 943 000 美元（=1 000 000 美元/1.06）。因此，佳时公司必须支付 9 430 000 美元才能得到 1 000 万美元的国库券，但却只能以 9 260 000 美元的价格卖出，损失 170 000 美元。两相抵消之后，佳时公司获利 3 万美元（贷款 20 万美元的利润减去期货 17 万美元的损失）。如果它没有卖出期货合约的话，它本可以获利 20 万美元。

期　权

网页推荐：
http://biz.yahoo.com/opt/
提供期权市场的报价和相关信息。

第二类衍生工具是**期权合约**（options contract），它赋予持有者在预定时间以预定价格买入或卖出某一资产的权利。例如，你可能购买了期权，你就有权在未来 6 个月内以每股 50 美元的价格买入 100 股 Boomco

公司的股票。

193 与期货合约的权利与义务相对称不同，期权合约的买卖双方具有不对称的权利。期权的卖方只有义务，而期权的买方只有权利。期权代表有权利买入或卖出某种基础资产（例如股票或股票组合）。如果投资者买入**看涨期权**（call option），他就有权利买入基础资产，而看涨期权的卖方有义务卖出相应的基础资产。投资者还可以购买**看跌期权**（put option），即有权利卖出基础资产，而看跌期权的卖方有义务买入相应的基础资产。基础资产买卖的价格被称为**执行价格**（exercise price）或**行权价格**（strike price）。看涨期权或看跌期权的存续时间由**到期日**（expiration date）决定，到期日是期权合约终结的日期。基本上说，提供看涨期权或看跌期权的一方是为另一方出让权利。这种以指定的价格买入或卖出基础资产的权利具有潜在的价值，不会被免费出让。因而，期权的卖方会收取一定的费用，这一费用被称为**期权费**（option premium）。[1]

几十年来，单只股票的期权一直都在柜台市场和交易所进行交易。20世纪70年代以来，交易商利用在芝加哥期权交易所、纽约股票交易所和美国股票交易所交易的期权合约降低了证券收益波动的风险。此外，诸如国债期货、欧洲美元利率期货和外币期货等期货的期权也逐渐流行起来。在美国交易的主要期权合约包括单只股票的期权、股票指数期权（如S&P500指数期权或纽约股票交易所综合指数期权）、股票指数期货期权（如S&P500指数期货期权或纽约股票交易所综合指数期货期权）、利率期货期权（欧洲美元利率期货期权、美国中长期国债利率期货期权以及市政债券指数期货期权）、货币期权以及货币期货期权（日元、瑞士法郎、加元、英镑、墨西哥比索以及巴西雷亚尔等货币的期权或这些货币期货的期权）。

期权合约和期货合约之间有一个值得注意的区别。当你买进期货合约时，资金会随着逐日盯市而发生变化。在购买期权合约的情况下，期权合约的资金只有在执行时才会发生变化。

表9—3总结了看涨期权和看跌期权的主要特征。

基础资产为证券的期权（即股票、股票指数、债券和票据）以及在股票交易所交易的外币期权由证券交易委员会（SEC）监管，而期货期权以及在商品市场交易的外币期权由商品期货交易委员会（CFTC）监管。

[1] 在本节的讨论中，我们介绍的是美式期权，美式期权可以在到期日前的任何时间执行。而欧式期权只可以在到期日当天执行。

表 9—3 **看涨期权和看跌期权的主要特征**

	看涨期权	看跌期权
买方	在到期日或到期日之前以执行价格购买基础资产的权利	在到期日或到期日之前以执行价格卖出基础资产的权利
卖方	在到期日或到期日之前以执行价格卖出基础资产的义务	在到期日或到期日之前以执行价格购买基础资产的义务
买入目的	市场参与者希望投注于基础资产价格会上升	市场参与者希望投注于基础资产价格会下降
卖出目的	市场参与者希望投注于基础资产价格不会上升	市场参与者希望投注于基础资产价格不会下降

新闻解读

解读期权行情表

194 《华尔街日报》刊载的期权合约有关数据与期货报价行情表有相同之处。然而，根据其基础资产是直接求偿权（例如债券或股票）还是期货合约（例如股票指数期货合约），个别期权的报价存在一些差异。

下表显示的期权报价信息是在芝加哥期货交易所交易的中长期国债期货（此前曾讨论过）期权的报价情况。基础期货合约的规模是 10 万美元，但其价格是以 100 美元面值的百分点报出的，分数值是以 1 个百分点的 1/64 报出的。

看涨长期国债期权的未平仓合约数为 361 439 份合约，前一个交易日的交易量为 12 462 份合约。看跌长期国债期权的未平仓合约数为 434 052份合约，前一个交易日的交易量为 5 589 份合约。由于看涨期权和看跌期权是两种不同的期权合约，因此，这两种期权的未平仓合约数不必相同。

第 1 栏表示执行价格，它从第 1 行的 75 变动到最后 1 行的 79。接下来的 3 栏分别表示在 2006 年 10 月、12 月和 2007 年 3 月到期的看涨期权收盘价格（settle）。2006 年 12 月到期的执行价格为 75 的看涨期权收盘价格为 $36\frac{4}{64}$。10 万美元国债合约的每一百分点价值 1 000 美元，所以，这些看涨期权的价值为 $36\frac{4}{64}\times 1\,000$ 美元＝36 062.50 美元。某些合约

(例如 10 月到期、执行价格为 75 的看涨期权）并没有给出价格，这是因为在那一天没有进行该合约的交易。最后 3 栏分别给出了 2006 年 10 月、12 月和 2007 年 3 月到期的看跌期权收盘价格。

和期货报价一样，期权报价也会使你了解有关的预期。请注意，3 月份到期的看涨期权合约执行价格为 78，低于 12 月份到期的看涨期权合约执行价格。这表明交易者和投资者预期有权以 78 的执行价格买入国债期货的看涨期权在 3 月份价值降低。这样，投资者预期债券价格下降，收益率升高。

尽管在此表中没有显示出来，但是单只股票期权的行情表包含了有关期权收盘价格（期权费）和单只股票收盘价格的信息。诸如交易量和未平仓合约数等数量统计数据通常不报出。

期货期权价格

执行价 看涨期权——收盘价 看跌期权——收盘价 **星期四，2006年8月31日**

选定合约的收盘价或清算价格。交易量和未平仓合约数是指所有合约月份的总量。

利率

美国长期国债（CBOT）

10万美元；点和1个百分点的1/64

月份下的数字是期权价格或期权费

价格	看涨期权 10月	看涨期权 12月	看涨期权 3月	看跌期权 10月	看跌期权 12月	看跌期权 3月
75	...	36-04	...	...	0-01	...
76	35-04	35-04	...	0-01	0-01	...
77	34-04	34-04	...	0-01	0-01	...
78	33-04	33-04	32-58	0-01	0-01	0-01
79	32-04	32-04	31-58	0-01	0-01	0-01

交易量：看涨期权 12 462；看跌期权5 589

未平仓合约数：看涨期权 361 439；看跌期权434 052

资料来源：*The Wall Street Journal,* August 31,2006.©2006 Dow Jones and Company,Inc.All rights reserved.

http://online.wjs.com/page/mdc/2_0500-futopt_interestrate-11.html

期权定价

由于期权的权利与义务并不对称，所以期权费与期货价格不同。期权费的大小反映了期权被执行的可能性，这就像汽车保险费反映了交通事故风险一样。有交通事故史的司机需要支付较高的保险费，与之相同，任何增加期权被执行可能性的因素都会增加期权费。

195 有四个因素影响看涨期权和看跌期权的期权费。

第一，基础资产价格波动性越大，期权费越高。这是因为基础资产价格高于执行价格的可能性越大，期权合约的价值就越大。

第二，就像你在《华尔街日报》上看到的报价一样，期权越接近到期日，期权费就越接近其内在价值。**内在价值**（intrinsic value）是期权如果立即执行所实际得到的价值，等于其基础资产的当前价格与执行价格之差。例如，假设你正在考虑投资于看涨期权以便在 6 月份以每股 60 美元的价格买入联合工具公司的普通股股票。当前的股票价格为$62\frac{1}{8}$美元，期权费为 $4\frac{1}{2}$美元。期权费的一部分$\left(4\frac{1}{2}\text{美元中的 }2\frac{1}{8}\text{美元}\right)$等于 $2\frac{1}{8}$美元的内在价值，该内在价值就是你立即执行期权将会获得的每股 $2\frac{1}{8}$美元的收益$\left(\text{即以每股 60 美元买入并以 }62\frac{1}{8}\text{美元卖出}\right)$。这一部分被称为溢价（in the money）。当看跌期权基础资产的市场价格低于执行价格时，该看跌期权为溢价。如果股票价格和执行价格相同，则该期权为平价（at the money）。如果执行价格比市场价格高，则该期权为蚀价（out of the money）。

第三，看涨期权的买家实际上是以信用来购买基础资产，这一事实也有助于确定期权费。买家现在支付期权费，但直到执行期权时才支付执行价格。距离到期日时间越长，看涨期权所赋权利的价值越高，期权费也就越高。对于看跌期权也是如此，距离到期日越远，期权费越高。

第四，无风险利率会影响期权费。较高的利率会降低执行价格的现值，增加看涨期权的价值，降低看跌期权的价值。

市场参与者试图利用数学模型估计这些影响，不仅要定量而且要尽可能地精确。事实上，华尔街的公司们一直都在聘请数学家、物理学家、工程师和经济学家（即“火箭科学家”）来开发更为复杂的衍生品定价模型。这些人才中就包括 3 位期权定价的开拓者：已故的费希尔·布莱克（Fischer Black）、哈佛大学的罗伯特·默顿（Robert Merton）以及斯坦福大学的迈伦·斯科尔斯（Myron Scholes）。对期权定价理论模型的经验检验证明了这些模型的有用性。改善模型，追求更高精度（和利润）一直以来都是学术界和金融从业人员积极研究的一个课题。

博闻广识

期货交易、指数套利以及 1987 年股市崩盘

196 某些市场分析师指责一种被称为指数套利（index arbitrage）的交易形式，认为它是 1987 年 10 月 19 日股市崩盘的罪魁祸首。指数套利是指同时交易股票指数期货和基础股票，以利用价格差异从中获利。如果投资者以略低于或略高于股票指数期货的价格（扣除交易成本后）买入 S&P500 指数股票的资产组合，这种价格差异就会扩大。例如，假设 1 年后交割的股票指数期货售价为 110 万美元，而相应的股票售价为 100 万美元，1 年期国债工具的利率为 8.5%。假设你现在购入股票，同时卖出股票指数期货。在期货合约到期时，你卖出股票以了结你的期货头寸。

从股票上你收到了110万美元，无论股票价格在此期间如何波动，你都会获得10万美元的利润，或者说，你100万美元投资的收益率为10%。这一收益率要高于无违约风险的国债投资工具收益率$\left(8\frac{1}{2}\%\right)$。用计算机对价格差异进行实时监测推动了指数套利的发展。

这种交易活动可消除各市场间的价格差异，有助于市场效率的提高。那么，为什么人们会为此产生争议呢？原因在于指数套利交易会产生大量的交易，尤其是在指数期货到期日更是如此。1987年10月19日，纽约证券交易所出现大量的卖单，就是S&P500指数套利交易的结果，有人指责这加重了股票价格的波动。然而，几乎没有正式的证据来支持这种指责。事实上，总统特派小组受命对股票市场崩盘的原因进行评估，并没有太多地指责指数套利交易。10年之后，指数套利交易大约占纽约股票交易所总交易量的4%。

使用期权来管理风险

网页推荐：
http://biz.yahoo.com/opt/education.html
提供了有关使用期权的在线教程。

与使用期货一样，套期保值者（例如公司、银行或个人）还可以使用期权来降低商品或股票价格、利率以及外币汇率的不利变动带来的风险。使用期权进行套期保值的效果取决于基差风险，即期权的基础资产价值变动与套期保值资产价值变动的同步程度。与期货合约不同的是，套期保值者使用期权保值可以在基础资产价格发生有利变动的情况下从其头寸中获利。

期权合约与其说像期货合约，不如说更像保险（保费与期权费是同一个词）。使用期货进行套期保值时，如果市场利率升高，套期保值者可以在任何时间卖出国库券期货，减少潜在的净损失。然而，如果利率下降，套期保值者无法获得额外的净盈利（投机者是交易的对手方）。使用期权套期保值时，套期保值者可以买入国库券看跌期权，以防范利率上升的风险。同时，当市场利率下降时，仍能获取额外的收益。在前面佳时公司的例子中，佳时公司可以买入1 000万美元国库券看跌期权。然而，期权买方的收益必须要与期权费进行比较后才能看出。如果期权费很高，使用期权的交易成本就有可能高于使用期货的交易成本。因此，选择使用期权还是期货，就是在期权较高的使用成本与其提供的额外保险收益之间进行权衡。期权的买方承担的风险要比期货的买方更小，因为其最大的损失就是期权费。期权的卖方承担了基础资产价格不利变动的风险。[1]

---

〔1〕在传统的抵补期权中，卖方持有基础资产；而在裸露期权中，卖方并不持有基础资产。

互　换

尽管期权和期货合约的标准化提高了合约的流动性，但是通常情况下很难对其进行定制，以满足市场参与者的需求。这一问题刺激了互换合约（即互换）的发展。**互换**（swap）是两方或多方（即交易方）在未来时期交换现金流的协议。例如，A 公司同意今后五年每年把本金 1 000 万美元的固定利率利息支付给 B 银行。反过来，B 银行每年支付相同本金的浮动利率利息给 A 公司。现金流通常与基础金融工具（通常为债务工具或外币）的价值相关。因此，互换通常分为利率互换（interest rate swap）和货币互换（currency swap）。互换服务业（swap facilitator）正在兴起，它们的工作就是寻找并撮合互换合约的潜在交易方。最新的互换创新还包括“信用衍生品”，这是一种可把信用风险与利率风险分离的互换。

197 互换市场发展迅猛，20 世纪 80 年代初时还不为人所知，而到 2006 年时互换合约价值（即名义本金）已超过了 70 万亿美元。互换市场的迅猛发展可部分归因于互换合约的灵活性，它与交易所交易的衍生品不同，可以按客户要求进行定制，以满足各交易方的需要。此外，与交易所交易相比，互换交易更具私密性，而且还几乎不受政府的管制。然而，与在交易所交易的工具不同的是，互换合约的交易方必须确信其交易对手的信誉。这使得大公司和金融机构积极参与互换市场，因为它们的信誉可以评估。事实上，这些公司与金融机构主导了互换市场。

在本节中，我们会对利率互换和货币互换的执行加以说明，并介绍信用衍生品的最新发展。我们还会在第 13 章和第 16 章分别讨论利率互换和货币互换的其他用途。（现有也可使用更复杂的互换，包括期权互换和远期互换。）

利率互换

在基本（或常规）**利率互换**（interest rate swap）中，一方以一系列利息支付来交换另一方的一系列利息支付（以同一种货币表示）。一方的初始头寸是浮动利率负债，另一方的初始头寸是固定利率负债。第一方可通过与第二方进行互换降低其对利率风险的暴露。第二方在互换后因预期会得到收益而承担风险，对利率风险的暴露增加。

下面我们考察一个常规互换的例子。该互换合约期限为 5 年，本金额为 1 000 万美元，按年付息。这里的本金额被称为名义本金额，这是因为该本金额只是用作计算的基础，并不是在交易方之间能够转移的金额。Bigco 公司同意支付 10%的固定利率利息给 Bankco 公司。反过来，Bankco 公司支付浮动利率利息给 Bigco 公司，该浮动利率水平为 3%加上伦敦银行间同业拆借利率（London Interbank Offered Rate，LIBOR）。伦敦银行间同业拆借利率是大型国际银行相互放款所使用的利率。图 9—1 总结了互换交易中双方的支付。

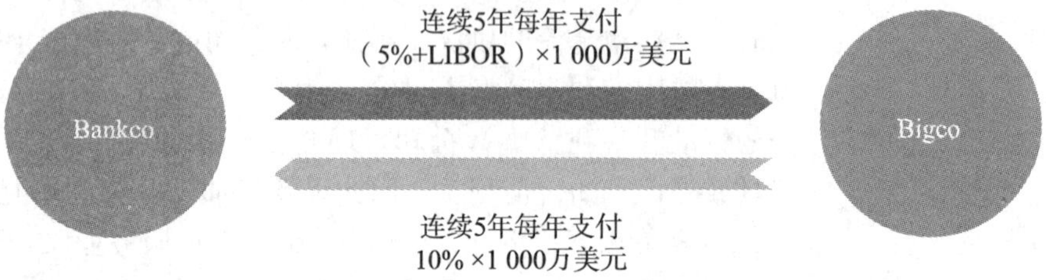

图 9—1　互换交易中双方的支付情况

在互换交易中，交易双方按照交易的名义本金额支付固定利率和浮动利率的利息。当名义本金为 1 000 万美元时，Bigco 公司同意连续 5 年每年支付给 Bankco 公司 100 万美元（=10%×1 000 万美元）的固定利息，反过来，Bankco 公司同意连续 5 年每年支付给 Bigco 公司（3%+LIBOR）×1 000 万美元的浮动利息。

当进行第 1 笔支付时，如果 LIBOR 是 8%，则 Bigco 公司必须向 Bankco 公司支付 100 万美元（=10%×1 000 万）；Bankco 公司则应向 Bigco 公司支付 110 万美元（=(8+3)%×1 000 万美元)。对双方支付轧差后，Bankco 公司向 Bigco 公司支付 10 万美元。一般来说，只对净支付额进行交换。

198 为什么公司和金融机构要参与利率互换交易呢？其中的一个原因是，把利率风险转移给更愿意承担它的交易方。另一个原因是，一方可能比另一方更容易进入长期固定利率资本市场。例如，在 1982 年的一笔互换交易中，交易双方分别为学生贷款推广协会（Student Loan Marketing Association，Sallie Mae）和 ITT 金融公司。学生贷款推广协会的一个资产组合几乎全部由浮动利率资产组成，而 ITT 金融公司的一个资产组合几乎全部由固定利率资产组成。互换前，学生贷款推广协会利用其身份在中期固定利率债务市场借入资金，而 ITT 金融公司利用商业票据借入资金。互换后，学生贷款推广协会向 ITT 金融公司支付浮动利率利息，而 ITT 公司向学生贷款推广协会支付固定利率利息。互换使得交易双方都能更好地与其各自的资产相匹配。

互换作为一种对冲机制为金融机构提供了一个优势：因为互换合约可以达成很长时期的，甚至可以长达 20 年。比起其期限很少超过一年的金融期权和期货，互换可以提供更长期的套期保值。互换也有缺点：其流动性类似远期合约，没有期货和期权的流动性好，而且也像远期合约一样，具有违约风险。因此，实践中，大型商业银行和投资银行充当互换的中介，收集交易双方的信誉信息并将它们撮合起来。

货币互换

在利率互换交易中，交易双方相互支付固定利率和浮动利率债务。而在**货币互换**（currency swap）中，交易双方交换以不同国家货币表示的本金额。例如，尚品公司想用欧元兑换美元。而大钢公司正好持有美元并愿意用美元兑换欧元。

基本（或常规）的货币互换包含三步。第一步，交易双方互换两种货币的本金额。（请注意货币互换与利率互换的不同之处，利率互换中交易双方使用同一货币而且只交换净利息额）；第二步，交易双方互换整个协议期内周期性支付的利息额；第三步，在互换协议结束后双方再次互换本金额。

例如，假设欧元兑美元的当前汇率为 1 比 1，即 1 欧元=1 美元。互换之初，尚品公司持有 1 000 万欧元并想把它兑换成美元。反过来，大钢公司想把 1 000 万美元支付给尚品公司。假设双方互换，期限为 5 年，交易双方互相支付年利息。美国的利率为 8%，法国的利率为 10%。因此，大钢公司将收到 1 000 万欧元本金，以 10%的利率水平付息，即每年支付 100 万欧元利息。尚品公司将收到 1 000 万美元本金，以 8%的利率水平付息，即每年支付 80 万美元利息。（实践中，双方只支付净差额。）5 年之后，尚品公司和大钢公司再次换回本金。大钢公司向尚品公司支付 1 000 万欧元，尚品公司向大钢公司支付 1 000 万美元，互换结束。

公司和金融机构为什么要参与货币互换交易呢？其中的一个原因是公司可能在借入本币资金时具有比较优势。他们可用所借资金与外国交易者进行互换，获得外币资金来进行项目投资等。这样，双方都能以比直接借入所需货币更低廉的成本获得所需资金。

199 过去 10 年来，利率互换和货币互换交易变得越来越复杂。一方面，这种复杂性满足了交易方商业利益和金融利益的需要。另一方面，许多政策制定者担心互换市场上某些重量级参与者的违约会引发互换市场危机。

信用衍生品

在衍生品市场上，用于转移信用风险（与仅转移利率风险或汇率风险不同）的互换合约发展迅速。在违约互换（default swap）中，交易双方达成协议，套期保值者定期向投机者支付费用，当关联方发生违约或破产（例如某公司无法向其供应商付款）时，套期保值者可以从投机者那里获得赔偿。在被称为总收益互换（total return swap）的一种更为复杂的交易中，交易双方既交换利率风险，又交换信用风险。这种交易把某一特定资产的总经济绩效换成另一个现金流。尽管越来越多的金融机构——包括银行、养老金、保险公司和对冲基金（为富人服务且基本不受监管的货币经理机构）——都在利用信用衍生品交易，但是令一些分析人士和监管者担忧的是，并非所有的市场参与者都理解互换交易的风险。

衍生工具市场对金融体系的好处

衍生品市场为套期保值者提供了重要的风险分担收益，还为所有市场参与者提供了有关未来价格预期的信息。衍生品市场还提供了投机的工具。投机者作为一个整体在衍生品市场中扮演着重要的角色，他们的存在有助于套期保值者进行风险分担。投机者积极参与市场交易，增强了流动性，提高了市场的效率和价格的信息容量。市场效率的提高不仅使衍生品市场获益，也为基础资产（国债、股票和外汇等）市场带来了好处，这是因为衍生品市场价格的变动提供了有关基础资产价值的信息。因此，对于金融体系提供的三种重要服务（风险分担、提供流动性和信息）而言，衍生品市场都作出了积极的贡献。

毫无疑问，有些观察家对衍生品市场提出了批评。1994 年加利福尼亚州奥兰治县和 1995 年巴林银行等因衍生品投机而遭受数十亿美元的损失，这些事件使得人们进一步呼吁对衍生品市场进行监管。1994—1995 年间，美国审计总署（General Accounting Office，GAO）、国会以及期货行业自身都建议制定新的规则来监管市场参与者。尽管衍生品在 2001 年安然公司的轰然倒闭中发挥了一定的作用，但是大多数分析人士都把其倒闭的原因归咎于公司自身的风险管理体系和欺诈。美联储主席本·伯南克一直强调衍生品在风险管理以及帮助金融市场和金融机构抵御市场冲击中所发挥的积极作用。

标准化与流动性

为了使衍生工具市场具有流动性，期货和期权合约就必须用于标准化的产品上。这里的**标准化**（standardization）意味着合约必须包含精确的规格，例如重量、质量和商品等级。标准化增加了流动性和整个市场
200 的交易量，因为交易商不用再花费时间和金钱来确定所交易金融工具或商品的精确规格。期货合约的条款就标明了金融工具或商品的类型、价值或数量以及交割的地点和时间。

对金融资产如国债、外汇和股票的规格进行标准化是很容易的。以金融期货为例，合约的基础资产是特定的工具，诸如国库券、债券以及S&P500股票的现值。推出该合约的交易所具体规定期货合约的条款。正如我们前面提到的那样，在美国，交易活动受商品期货交易委员会（CFTC）监管，全美期货协会也进行自律性管理。

标准化对期权也非常重要。一种期权合约对应于一种基础资产，传统上是100股某一特定股票。对于股票指数期权而言，其基础资产是股票指数（例如S&P500）所代表的一组股票。对于期货期权来说，基础资产是期货合约；期权的买方得到国库券期货合约而非国库券本身。

期权合约的标准化规则是由其交易所在的交易所制定的。期权合约规定了不同的执行价格和到期日，这些都是由交易所确定的。与期货合约一样，期权合约标准化的目的是尽可能地吸引大量的潜在交易者，以增加期权的流动性。

案例研究

希特伦受到了惩罚——奥兰治县的惨痛教训

1995年4月，加州奥兰治县的前任财务官罗伯特·L·希特伦（Robert L. Citron）因要为历史上最大的市政破产案负责，而被判处包括误导投资者以及虚假报告奥兰治县投资基金利息收入在内的6项重罪。尽管希特伦指责难以理解的衍生品和来自美林公司的错误建议是导致破产的原因，但是奥兰治县的纳税人还是吃惊地发现损失竟然达到了20亿美元。尽管报纸的头条新闻一直在对衍生品进行集中报道，但是奥兰治县这场灾难的元凶似乎更应该是错误的决策以及无效的监管。让我们看看到底发生了什么。

奥兰治县投资基金的资金来源于当地和县内的税收收入。它买入了大笔的"递增式反向浮动利率债券"，这是一种具有衍生品特征的债券，其价值与短期利率水平挂钩。如果短期利率降低，这种债券的利率就会上升，使债券持有人获得超过市场平均水平的收益率。另一方面，如果市场利率上升，这种债券的利率就会下降。与此同时，这种债券的市场价值就会因其利率低于市场利率而降低。

希特伦认为整个20世纪90年代这10年中，短期利率会一直降低。因此，投资于反向浮动利率债券这种奇异衍生品将会是一个不错的选择。

这样，奥兰治县投资基金不但没有利用衍生品来对风险进行套期保值，反而变成了一名重要的投机者。随着短期利率在1991—1993年下跌，奥兰治县投资基金获得了比投资债券共同基金高得多的收益。然而，从1994年2月开始，美联储执行稳步提高短期利率的政策，奥兰治县投资基金因此遭受了巨大的损失。随着损失的增加，希特伦又采取了更具风险性的策略试图挽回损失。1994年11月，艾尔文牧场供水区公司（Irvine Ranch Water District）的总裁起了疑心。他赎回4亿美元的要求几乎会拿走基金所有的现金。1994年12月6日，奥兰治县投资基金申请了破产保护。

到底是哪儿出了差错呢？尽管奥兰治县投资基金对衍生品进行投资，但损失并不是由衍生品工具本身引起的，而是由认为短期利率还会在1994年下降的错误假设导致的。监管不力是导致发生损失的另一个原因。希特伦在1994年逃过了一次检查，因为加州的法律要求对基金头寸一年进行一次披露即可。许多评论家（包括纳税人）都对让这样一个没有多少管理复杂金融工具经验的人，在几乎没有监管的情况下来管理数十亿美元的基金而感到惊讶不已。另一个受害者是美林公司，即奥兰治县投资基金的经纪人，它在1998年6月支付了4亿美元的赔偿金。

案例研究

巴林银行巨亏——女王的银行破产了

201 彼得·巴林（Peter Baring）是巴林银行的行长，这家银行是他的家族在1763年创立的。他原本以为1995年2月24日是不错的一天。毕竟，他原本要告诉公司的员工，公司在1994年的利润——以及他们的分红——会很高。然而，在伦敦时间早上7点，他发现公司遭受了灾难性的损失，亏损了大约10亿美元，这一数字足以让巴林银行倒闭。事实上，两天之后，巴林银行就进入破产程序了。3月5日，一家荷兰的银行和保险公司ING集团公司以1英镑的价格收购了巴林银行，并承担了其全部的资产和负债。

1818年，法皇路易十八的首相黎胥留（Duc de Richelieu）曾半开玩笑地说："欧洲拥有六大强权：英格兰、法国、俄罗斯、奥地利、普鲁士以及巴林银行。"1995年，巴林银行还是女王伊丽莎白二世的投资顾问。随着巴林银行的倒闭，该银行将其倒闭的原因归结为衍生品和27岁的交易员尼克·利森（Nick Leeson）的巨额交易赌注。其他评论家则指出，有必要对高级管理人员进行更为密切的监督。

利森在巴林银行从事的工作基本上是一种低风险的套利活动，利用市场间（本例中为日本和新加坡市场间）的价格差异进行无风险的交易。他应该在一个市场中买入期货合约并在另一个市场以稍高的价格卖出，从两者的价差中赚取利润。利森很快就偏离了这种套利交易并把风险管理的概念抛在了脑后。为了获得更高的利润，他开始采取一种被称为“多空套做”（straddle）的风险性投资策略。他的多空套做投资策略是赌东京股票市场价格会维持在一个较窄的区间内。为了实施这一策略，利森卖出了同等数量的看涨期权和看跌期权。只要股票价格没有超过由看跌期权和看涨期权设定的交易范围，巴林银行以及利森就会大赚一笔。但是如果市场价格超出了这个交易区间，巴林银行就会遭受巨额损失。利森的头寸在 1995 年 1 月日本神户地震后陷入了困境。在 1995 年 2 月的前三个星期里，他买入了日经（Nikkei）225 股票指数期货合约，打赌日本的股票价格会上升。然而，股票价格却下跌了。

随着调查人员对巴林银行倒闭事件调查的逐步深入，有些事实已变得很清楚了，巴林银行的高层没有对利森的交易活动给予足够的关注，其中部分原因在于利森似乎一直是能赚取高利润的。1994 年夏天，巴林银行没有购买能对交易员的头寸进行连续跟踪并计算潜在风险的软件。看来这个 5 万美元的软件真是太贵了。

匿名交易与信息

衍生品市场通过降低套期保值者和投机者的信息成本也可促进风险分担。交易所的存在使得期货买卖双方能够通过交易所进行交易，而不用面对面地直接交易。这种方式克服了某些信息问题：交易所提供了清算机构，可以为市场参与者的交易进行清算。这样，交易所（其资本金由会员提供）就能保证合约得以履行。因此交易可以是匿名的，也就是
202 说，买方和卖方不用自己寻找交易对手，也不用对交易对手的信誉进行评估。有组织的交易所对买卖双方进行撮合，这是交易所的一种机制。通过这种机制，拍卖市场上的供求关系决定了价格。在美国，只有商品经纪人可以在交易所进行期货交易，期权合约也是通过交易所由注册的股票交易经纪人匿名进行交易。[1]

图 9—2 总结了金融期货、期权和互换在为金融体系提供风险分担、流动性和信息服务方面增加的价值。

---

〔1〕 某些期权合约是在场外进行交易的，但大多数都是在交易所挂牌交易的（尽管在股票期权中，期权和基础资产的股票并不一定要在同一交易所挂牌交易）。正如交易所并不为期货设定未来价格一样，交易所并不在合约中规定或管理期权合约的价格。

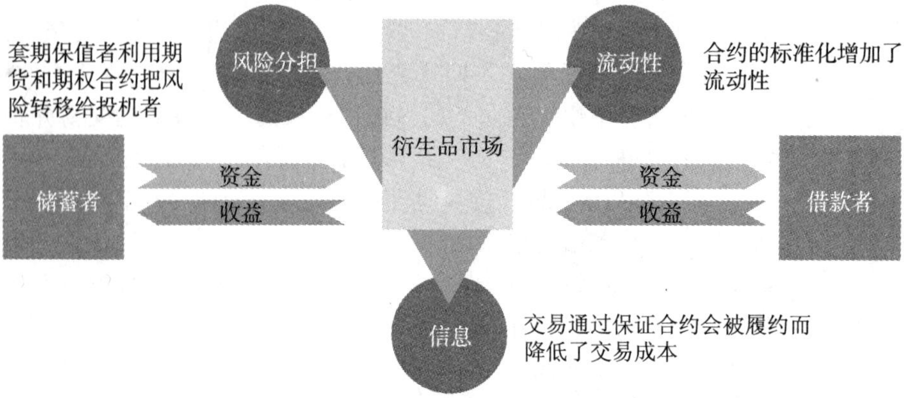

图 9—2　衍生品市场在金融体系中增加的价值

期货和期权衍生品市场为储蓄者和借款人提供了宝贵的风险分担、流动性和信息服务。

测试点拨

由于需求不足，有些期货和期权合约在引入市场后最终停止了交易。你认为套期保值者或投机者对某一特定期货或期权合约的需求是由什么因素决定的?

基础资产或商品的价格应该有足够大的波动性才能产生套期保值和投机的需求。此外，基础资产应该是标准化的产品，这样才易于在有组织的交易所进行交易。

关键术语和概念

203

衍生工具
衍生品市场
远期交易
期货合约
基差风险
期货价格
套期保值
多头头寸
期权费
空头头寸
投机者
现货价格
期权合约
看涨期权
执行价格
到期日
内在价值
看跌期权
行权价格
现货交易
标准化
互换
货币互换
利率互换
逐日盯市

总　结

1. 金融市场上越来越多的交易活动实际上是发生在衍生工具市场，而不是借贷工具市场。衍生工具的经济价值来源于某一基础资产的价值。期货和期权是两种使用最为广泛的衍生工具，它们通过把想要减少基础资产价格波动暴露的个人（套期保值者）和希望从预期基础资产价格波动中获利的个人（投机者）撮合在一起，从而有助于风险分担。

2. 衍生工具规定了有关基础资产的权利与义务。期货合约的买方处于多头头寸，具有在协定的未来日期买入基础资产（例如国债）的权利与义务。期货合约的卖方处于空头头寸，具有在协定日期卖出资产的义务。对于期权合约来说，卖方具有义务，而买方享有权利。看涨期权的买方有权买入基础资产，看跌期权的买方有权卖出基础资产。由于买卖双方权利与义务的不对称，看涨期权或看跌期权的买方要向卖方支付期权费。期权的买方有权在某一特定时间（到期日）支付协定价格（执行价格或行权价格）。

3. 期货合约成本包括交易成本和基差风险（套期保值工具与期货市场实际交易工具之间价差的变动）。此外，套期保值可以双向使用。一方面，通过持有对冲性期货头寸，套期保值者可以减少潜在损失；另一方面，如果基础资产价格发生有利的变动，也会使其从中获利。使用期权合约，套期保值者可以免受基础资产价格不利变动的影响，同时还可以从其有利的价格变动中获利。

4. 互换是交易双方就在未来期间内交换现金流而达成的协议。在利率互换中，一方将以相同货币表示的一系列利息支付与另一方的一系列利息支付进行交换。在货币互换中，双方交换以不同货币表示的支付。尽管互换可用于风险分散，但与期货和期权相比，互换存在流动性和信息问题。因此大型商业银行和投资银行充当互换市场造市的中介机构。

5. 衍生品市场上的投机对金融体系具有有益的作用，因为它既可以增加市场的流动性，又有助于把信息包含到市场价格之中。这种市场有效性的增加不仅有利于衍生品市场，还有利于基础金融资产市场，因为后者会从价格信息的整合中获益。

复习题

1. 现货交易和远期交易的区别是什么？期货合约与远期合约相比有

何优势？

2. 什么是期权合约？期权买方和卖方的权利和义务是什么？看涨期权和看跌期权有什么不同？

206 3. 使用期权套期保值与使用期权投机之间有什么不同？

4. 使用期货合约进行套期保值的主要成本是什么？

5. 哪种金融合约可以像保险单那样对其他资产价值进行保值？这种方式的保险特点是如何发挥作用的？

6. 期货和期权市场中的标准化为什么很重要？

7. 期货和期权的匿名交易有什么重要性？

8. 为什么期货交易所要求对期货交易进行逐日盯市？

9. 我们来看 Bigmove 公司的股票期权。假设看涨期权的执行价格为 75 美元，看跌期权的执行价格为 65 美元。如果 Bigmove 公司股票的当前价格是（a）60 美元、（b）70 美元和（c）80 美元中的哪一个价格，会存在溢价期权，且哪一个是溢价期权？

10. 为什么在到期日前期权费通常要比期权的内在价值高？

11. 什么是互换合约？利率互换与货币互换有何区别？

12. 假设一位总统候选人认为期权和期货市场只是“有钱人的赌博游戏”，因而打算在其施政计划中包括一项废除期权和期货市场的计划。作为她的经济顾问，你会同意她的立场，还是尽量劝其改变看法？

13. 如果衍生品市场中不存在投机者，那么市场运行是更有效率，还是更没有效率呢？

14. 解释指数套利（参见第 196 页的“博闻广识”）。使用指数套利而不是买入国库券，你怎样才能获得更高的无风险收益？

分析题

15. 2000 年初，道琼斯工业平均指数上升到 11 000 点以上。如果道琼斯指数下降到 7 000 点，谁会获利更多：买入看涨期权的投资者、卖出看涨期权的投资者、买入看跌期权的投资者、卖出看跌期权的投资者？谁的损失会最多？

16. 假设法庭一项判决结果会对一家公司利润产生重大影响。如果法庭判决有利，你估计某一公司股票将价值每股 100 美元；如果法庭判决不利，你估计该公司股票每股将只值 60 美元。该股票的当前价格为每股 80 美元，因为预期这两种可能性的市场参与者各占一半。有没有使用期权合约从这种状况中获利的方法？

17. 1998 年秋，《华尔街日报》的一篇文章这样报道：“百事可乐公司 7 月份宣布，该公司与 Seagram 公司达成一桩交易，以 33 亿美元从后者购买 Tropicana（一种橙汁饮料品牌），而橘子价格波动的风险使得分析人士对这桩交易产生了质疑。橙汁饮料行业竞争激烈，且易受天气无常变化的影响。'收购时某些确实不利的因素显露了出来，即把农产品风险带给了百事可乐公司。' Donaldson，Lufkin & Jenrette 公司的分析师斯基普·卡彭特（Skip Carpenter）这样说。"橘子价格是高还是低才对 Tropicana 有利？请解释 Tropicana 如何对橘子价格的不利变动进行套期保值？

18. 假设一家美国公司与一家日本公司签订协议，购买价值 2 500 万日元的工厂设备。这些设备要运到美国并在一年内付款。当前汇率为 250 日元/1 美元。美国的当前利率为 6%，日本的当前利率为 4%。

a. 如果美国公司现在把美元兑换成日元，并以日元在日本投资 1 年，那么该公司现在需要多少美元？

b. 如果美国公司签订一份期货合约，同意 1 年后以 245 日元/1 美元的汇率买入 2 500 万日元，那么在美国利率为 6%的情况下，这家美国公司需要多少美元进行投资？

c. 如果美国公司以 6%的利率进行投资，不签订其他任何合约，这家公司能知道现在需要多少美元来在 1 年后履行设备采购合约吗？

d. 上述 a～c 三种方法中，哪一种或哪几种提供了对汇率风险的套期保值？哪一种或哪几种没有提供套期保值？美国公司有可能采取哪一种方法？

207 e. 此外，b 中，期货的汇率是多少才能使 a 和 b 相等？

19. 假设你有面值为 100 万美元的国债。你认为经济增长强劲，利率将升高。你想要对你的国债资产进行保值，却不想承担卖出它们的交易成本。你如何使用期权合约来为国债保值？

20. 假设你认为 WalGrey 公司由于新管理团队的接手，其股票的基本价值应从 50 美元升高到 100 美元。你有 2 万美元可大胆地进行投资，并正在考虑下列四种可能的盈利方式：(a) 用 2 万美元购买 WalGrey 公司的股票；(b) 借入 2 万美元（以 6%的利率），并把 4 万美元都用来购买 WalGrey 公司的股票；(c) 签订期货合约，1 年后以 21 200 美元购买 400 股 WalGrey 公司的股票（这一年你可以 6%的利率安全地投资）；(d) 买入看涨期权（对于看涨期权，每支付 1 000 美元的期权费，你就有权以当前每股 50 美元的价格买入 100 股 WalGrey 公司的股票）。计算在下列情况下，每种方式的损益各为多少？

(i) WalGrey 公司股票价格 1 年后涨到每股 100 美元。

(ii) WalGrey 公司股票仍为每股 50 美元。

21. 假设你管理的一家银行以固定利率发放了大量贷款。由于你认为通货膨胀水平会上升，银行贷款会遭受资本损失，所以你忧心忡忡。

你如何使用期权为包含许多国债在内的银行资产组合进行保值?

数据题

22. 在图书馆查阅最新一期《总统经济报告》，找出消费者物价指数(CPI)上涨的年度数据。假设存在以CPI为基础资产的期权。只要1年中CPI指数上涨5%或更高，CPI看涨期权就会付清。只要1年中CPI指数上涨2%或更低，CPI看跌期权就会付清。在哪些年份CPI看涨期权付现?在哪些年份CPI看跌期权付现?银行或其他金融中介机构如何利用这种期权来为其资产组合保值?你认为在20世纪60年代这种期权会很昂贵吗?在70年代呢?

23. 期货市场销售农产品的例证可以在Euronext的网站www.euronext.com上找到。登录“延迟商品定价服务”(Delayed Commodity Pricing Service)栏，并比较糖和玉米的期货市场数据(需要免费注册)。3个月期糖和玉米期货现在的售价是高于还是低于今天的实际结算价格?你的答案能告诉我们对这两种商品3个月后市场价格的预期吗?

理论联系实际

《经济学家》，2006 年 4 月 22 日

对住房进行套期保值

204 在美国市场上管理风险的方法多种多样。但是在这个国家复杂的金融产品网络中却有一个 21.6 万亿美元的漏洞。这些财富都与住房财产相关联，其价值甚至比美国公开交易的股权多 15 万亿美元。与投资于股票、债券和其他资产的投资者不同，这些住房财产的所有者还没有一种简单的方法来对其风险进行套期保值。然而，芝加哥商品交易所正计划填补这个空缺。

在接下来的几个星期里，芝加哥商品交易所可能推出与美国住房价格相联系的金融远期和期权产品。那些想要对住房财产风险进行套期保值的投资者（或仅仅对市场走向做投机的交易者）将能够对住房价格指数上升或下降下注，而不必再买卖砖瓦和水泥来下注了。随着利率的上
a 升，人们更加担心目前的房价上涨可能会让位于下落。这些新的套期保值产品的潜在吸引力是显而易见的。

下注者将能够在从波士顿到圣迭戈的 10 个城市的住房价格（全国住房价格指数包括这 10 个城市）变化上下注。这个指数是芝加哥商品交易所另类投资产品（Alternative Investment Products）集合的一个组成部分。这个集合希望将衍生品与经济重大走向和事件相关联，而不是直接与基础证券和商品相关联。这个集合已经有了基于天气和经济数据（如非农业人口薪金）的产品。

创立一个有用、可靠的住房价格指数是需要策略的，因为没有两个
b 住房是完全一样的，而且住房市场交易散乱。但是卡尔·凯斯（Karl Case）和罗伯特·席勒（Robert Shiller）两位经济学家花费了 10 年的时间攻克了其中的许多问题，在近几年发表了能够显示住房市场趋势的住房财产价格指数。凯斯-席勒指数（Case-Shiller indices）现在经过稍加改动已推出适合交易的新版本了。

由于新的衍生品只允许提前 1 年下注，住房拥有者还不能将其用来
c 对长期风险进行套期保值。然而对于许多房地产公司来讲，它们还是很有用的。例如，房地产开发商或承包商可以立即开工建房，而不用担心住房项目完工时价格的剧烈下降。

抵押贷款放款公司之类的金融公司也将发现这种新衍生品的用途。密切关注美国住房财产市场的投资者也将从中获益，无论他们预期该市场是将继续繁荣还是将转入萧条。

205 拥有一个住房尤其是一个新住房是“美国梦”的重要组成部分。然而，建造新房子花费很大而且有风险，通常要花几个月才能建造一座新房子，在这几个月时间里，新房子的价格可能会受许多因素的影响而发生显著波动。这些因素范围广泛，从当前的市场价格变化到天气状况的变化。这段时间里，住房所有者的机会成本也将随市场利率的波动而变化。因此，房主和放款者面临很大的价格风险。

a. 美国房屋价格在经历了十多年的上升后，在2005年和2006年，讨论的焦点从住房价格快速上升的风险转向其价格快速下降的风险。

当抵押贷款利率提高时，一些房屋市场分析人士担心债务沉重的美国房主可能无力继续扩大对房屋的需求进而拉升房价了。当抵押贷款利率上升时，新抵押贷款的月偿还额也会增加。随着月偿还额的增加，先前符合抵押贷款条件的房主可能也没有足够的月收入来支付新抵押贷款更高的月偿还额了。因此，随着抵押贷款利率上升，符合条件的购房者将减少，对房屋需求的下降将会使得房屋的市场价格下降。

b. 住房市场通常受当地条件左右，因此很难建立国家标准。流动性好且功能充分的衍生工具有一个重要特点，那就是其基础资产的标准化。例如，农产品衍生品合约就规定了基础商品的重要特点，包括重量、质量和等级等。

有证据表明，在住房市场上标准化过程是十分困难的。每一个住房不动产市场都有其自身独特的定价模式。此外，住房的样式和特点也是因市场而异。因此，创立一个可以应用于全国的住房标准化绝对是一个挑战。

c. 承包商、水管工、木匠以及其他建造新房子的人确实面临价格风险。然而，价格风险的最大承担者是住房的主人。许多家庭在一个房子中住了二三十年甚至更长的时间。此外，对许多美国家庭来说，房子是他们拥有的单笔最大的资产。因此，房屋市场价值的大幅度下降将使大多数美国家庭的财富净值显著减少。

由于居民财富中如此大的部分面临着风险，很自然可以假定，许多居民愿意对长期（比如10～30年）房屋价格风险进行套期交易。为了衍生品合约市场的生存，必须要有交易对手。在这种情况下，只有投机者愿意作为远期合约的交易对手。然而，对于一个如此长的期间，有意愿的投机者可能会供给不足。由于缺乏长期房屋期货合约的交易对手，目前房屋远期合约的期限只有1年。

更进一步的思考……

随着居民住房价格衍生品的推出，承包商和其他建房人的借款成本会发生怎样的变化？这些合约将会对那些给建房者贷款的商业银行产生怎样的影响？这些合约将会对新房子的总体价格产生怎样的影响？

资料来源：节选自“Home with Hedges,” *The Economist*，April 22，2006，p. 71. Copyright 2006. Reprinted with permission。

第10章 信息与金融市场效率

208 2001年9月11日恐怖分子袭击了纽约和五角大楼，美国金融市场为此陷入危难。不仅分析人士担忧那些恐惧的消费者和商家作出的决策会导致企业利润下降和股票价格下跌，而且恐怖袭击对下曼哈顿地区的物质破坏还使美国股票市场暂停交易了好几天。在此期间，很难评估投资者对市场价值作出的估计。布什政府和美联储官员与证券交易所的管理者们通力协作，很快就重新开放了美国证券市场，使得新信息能够反映在市场价格中。其后的几个月里，安然、世通和其他大公司的会计丑闻又使得投资者和官员们发出这样的质疑：金融市场的价格是否反映了正确的信息？

市场参与者都利用包含在市场价格中的信息。借款者利用金融市场价格来指导他们作出建新厂或扩大业务规模的决策；放款人用资产价格来估计资产价值从而作出资产组合配置决策；在诸如农产品市场的商品市场上，价格是生产者的信号。例如，小麦价格上升告诉农民种植更多的小麦将有利可图；在劳动力市场上，机器价格相对于工人工资的下降告诉企业管理者，需要投入更多的资源来使其工厂机械化；买卖双方都要利用市场价格来作出消费和生产决策。

在本章中，我们集中考察金融资产市场价格的信息含义。首先，我们要了解金融市场的买卖双方是以什么方式来预测资产的未来价值并据此采取行动的。借款者和放款者的预期决定他们愿意为一笔金融求偿权而接受或支付多少价格。信息是他们作出决策的投入品。他们对经济状况、政治事件、消费者行为以及个别行业或公司外部条件的认知都会决定其对金融资产未来价值的估计。接下来，我们来了解金融市场是如何处理信息的。如果信息能迅速而有效地得到处理，那么金融市场的价格就反映了资产的估计价值。我们还要介绍有效市场假说，这一经济理论描述了买卖双方的行为怎样决定了市场价格，而这些价格反过来又是如何为金融和经济决策传递信息的。

理性预期

金融市场参与者对资产价值的预期决定了资产的市场价格及其变动。在本节中，我们要分析金融市场的参与者是如何利用金融资产的信息形成价格预期的。我们将会看到，当市场参与者利用所有可得信息时，市场价格就会成为金融和经济决策的信号，并为市场参与者传递信息。

209 我们在前面有关金融决策的讨论中反复强调预期。回忆一下，在 6 章中我们提到了预期财富会影响债券的需求。(如果人们变得更富有，就会增加债券持有量。) 预期未来利润还会影响企业债券的供给。(企业主预期能从一项新的电脑发明上赚钱，就会更愿意借款来投资建厂生产这一产品。) 此外，对未来通货膨胀的预期会影响名义利率和汇率。最后，可选资产的预期收益率提供了证券组合配置决策的信息。

下面几个例子将说明市场参与者对市场价值的预期是怎样影响资产的市场价格的。如果中路公司的债券收益率为 10%，而相同期限和价格的美国国债收益率为 7%，这说明金融市场参与者决定中路公司债券的风险升水为 10%－7%＝3%。风险升水反映了放款者对违约的预期。再如，如果预期美元在未来 60 天内会对日元升值，那么 60 天的日元/美元远期汇率就会高于当期汇率。美元资产的日元价格预期升高反映了美元的预期升值。最后，如果新方公司发明了一种治疗普通感冒的新药，则其股票价格就会大幅度上涨，因为发明新药使投资者预期未来收益以及股票价值都会提高。在每个例子中，无论是中路公司的债券、日元/美元汇率，还是新方公司的股票，其当期价值都反映了预期未来收益的现值。当金融工具的市场价格与预期未来收益的现值相等时，储蓄者和借款者就会确信市场价格传递了市场参与者对价值预期的信息。

市场的估价过程是一种持续的行为。投资者不会认为评估完股票、作出投资决策就完成了任务。他们会继续监督影响证券价格的信息并不断调整证券价值的估值，把新的信息融入到分析中，并产生新的估值和新的市场价格。例如，如果金融市场的投资者们预期 Slipperyslope 公司可能会在未来 5 年中某一时点对其债券违约，利用这一信息，他们就会对 Slipperyslope 公司的债券要求更高的收益率。因此，放款人对 Slipperyslope 公司新发行的债券就会要求更高的利息，该公司未清偿债券的价格就会降低。这一新信息融入债券价格，不仅使得放款者对 Slipperyslope 公司的贷款要求更高的预期收益率，而且还使 Slipperyslope 公司的管理人明白，其融资成本会增加，以反映公司的投资风险。20 世纪 90 年代初，IBM 公司的市场价值降低，原因是其主营业务的衰落以及其他个人电脑生产商的竞争。投资者观察到这一情况，调低了他们对 IBM 股票价值的估值，IBM 的股价因此而降低。而 IBM 公司通过削减成本和引入新产品对此作出了回应。

市场参与者是如何形成对未来收益价格预期的呢？经济学家们对预期的早期研究强调对历史信息的使用。例如，对某公司股票价格的预期取决于这个公司股票的历史价格。这种使用信息的方法被称为适应性预期（adaptive expectation）。当市场参与者进行适应性预期时，随着有关价格或收益的历史数据逐渐可以获得，他们对价格或收益的预期也逐渐发生变化。也就是说，市场参与者根据可能影响价格或收益的信息只是缓慢地对预期进行调整。

当市场参与者进行**理性预期**（rational expectations）时，他们会利用所有可得的信息。他们使用的信息不仅包括历史信息，还包括他们对
210 未来的预期或预测。因此，在投资者和交易商具有理性预期的市场上，资产的市场价格等于预期未来收益现值的最佳估值，即资产的**基本价值**（fundamental value）。这样，市场参与者就可把市场价格作为基本价值的一个指标。

经济学家们把理性预期正式定义为利用所有可得信息所作出的价格最优预测（最佳估计）。[1] 对于任何资产来说，资产价格的预期 p^e 等于最优价格预测（最佳估计）p^f；如果市场参与者利用所有的可得信息，则 $p^e=p^f$。例如，回忆一下，债券的当前价值等于其所有未来利息和本金偿付之和的现值。如果当期价格高于预期未来收益的价值，投资者就会卖出资产，迫使资产价格下降到当期价值水平。如果资产价格低于预期未来收益的现值，投资者就会买入资产，抬高资产价格，直到它与当期价值相等为止。

尽管投资者和交易商利用理性预期来作出其财务决策，但是他们无

[1] John Muth, "Rational Expectations and the Theory of Price Movements," *Econometrica*, 29: 315 - 335, 1961.

法预知未来。没有人可以准确地预测资产的未来价格。当市场参与者具有理性预期时，预期价格与未来实际价格之间的偏差是不可预测的。利用所有的可得信息，投资者和交易商得到了明天（时间 $t+1$）的预期价格。令 p_{t+1} 代表明天股票的实际价格，且令 p^e_{t+1} 等于根据时间 t 所有可得信息作出的预期价格。当市场参与者具有理性预期时，预期价格与实际价格之差等于一个随机（不可测）误差项：[1]

$$p_{t+1}-p^e_{t+1}=(\text{不可测误差项}_{t+1}) \tag{10.1}$$

换句话说，如果你利用和其他市场参与者相同的信息来对价格进行预测，你就无法预测到他们的错误。

有效市场假说

理性的市场参与者会对任何资产的价值作出估计，但这种行为如何转换成我们在市场上观察到的价格呢？我们怎样才能确定资产的市场价格等于其基本价值呢？为了回答这些问题，我们来分析一下你用于决定是否购买坚固工具公司股票的推理过程。利用当前（时间 t）有关公司、行业和宏观经济前景所有可得信息，你认为坚固工具公司股票的价值高于其市场价格。尽管坚固工具公司的股票现在只有每股 20 美元，但是，基于你当前所获得的信息，你对未来收益现值的预测使你相信坚固工具公司股票的价格应该为每股 30 美元。这一信息促使你（以及其他投资者）买入坚固工具公司的股票，以获得更高的预期收益率。由此，股票价格上升，直到达到每股 30 美元时为止。你根据自己
211 的预测进行交易，并从随之发生的坚固工具公司股票价格上涨中获利。当市场价格高于或低于预期价值时，理性预期提供了获利的激励。由此，绝大多数信息灵通交易者的自利行为使可得信息融入到市场价格之中。

只要买卖金融工具的交易成本很低，交易商和投资者的这种行为就往往会消除与可得信息预测的价格之间的偏差。个人投资者可能会从即期价格高于或低于基础价值的预测值中获利，而那些收集新信息的投资者也可能从预测值中获利。然而，经过一段合理的时期，市场参与者的行为会消除市场上未被利用的获利机会。这样，每个人都可以把市场价格看做价值的最佳可得信号。

---

〔1〕 市场有效性的含义是金融资产的价格应该大致遵循随机游走，这意味着价格从一个交易期到下一个交易期的变动是不可测的。原因在于，在有效市场上，当期市场价格包含了所有可得信息，市场价格从一个交易期到另一个交易期的任何变动都反映了新的信息。

有效市场假说（efficient markets hypothesis）是市场定价行为理论，它将理性预期用来为资产定价。根据有效市场假说，当交易商和投资者利用所有可得信息形成对未来收益率的预期且交易成本很低时，资产的均衡价格等于市场对基本价值的最优预测。而市场对基本价值的预测反过来又会为市场参与者的金融和经济决策提供指导。图 10—1 说明了在有效金融市场的这种信息流动。

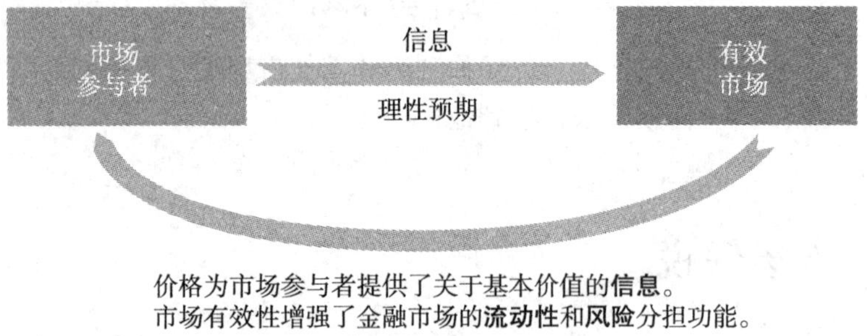

图 10—1　有效金融市场中信息的流动

有效市场使放款者和借款人都从中收益。当市场价格反映了所有的可得信息时，就可对贷款、借款和组合配置的决策作出指导。

迄今为止，我们对预期在决定市场价格过程中所扮演的角色进行了评估，其基于的假设是：同样的信息能为各方（借款者、放款人以及交易商）潜在可得。在第 11 章，我们会识别由于信息不对称而引发的问题，例如，借款者拥有有关公司前景或风险的信息，而其他市场参与者并不知道这些信息。

通过汇集市场价格的信息，金融市场为资金借贷和资产组合配置提供了信号。

资产预期价格的决定

我们从利率决定的分析以及资产组合配置理论中得知，金融工具的当期市场价格取决于其收益率与具有相似风险、流动性和信息特征的其
212 他资产收益率的对比情况。来自债券或股票的收益分为两个部分：当期收益和预期未来收益。对于债券来说，收益来自持有债券所得的息票支付加上卖出债券所得的预期未来资本利得（或损失）。对于股票而言，收益来自持有股票所得的股利加上卖出股票所得的预期未来资本利得（或损失）。因此，t 期资产价格 p_t 等于 $t+1$ 期资产的预期收益 D^e 加上 $t+1$ 期资产的预期价格 p^e 之和。为了说明资产的风险，资产的预期收益与预期价格必须用 1 加上风险调整利率进行贴现，这样资产的当期价格就等于持有它的预期收益现值，即

$$P_t = \frac{D^e_{t+1} + P^e_{t+1}}{1+i} \tag{10.2}$$

式中，$P_t = t$ 期金融资产的价格；

$D^e_{t+1} = t+1$ 期资产的预期收益（债券的息票支付额或股票的股利）；

$i =$ 经资产风险调整的利率；

$P^e_{t+1} = t+1$ 期金融工具的预期价格。

在有效的债券市场上，具有较高违约风险的债券与具有同样收益的无风险债券相比，其价格较低。在有效的股票市场上，股票价格反映了预期未来股利的现值。我们可以利用公式（10.2）来确定某一金融工具在有效市场上是否具有较高或较低的价格。某一金融资产如果具有下列条件，将具有较高的当期价格：（1）具有较高的预期收益（D^e 高）；（2）风险较低（i 低）；或（3）具有较高的预期未来价值（预期资本利得，或 P^e 高）。

测试点拨

在中国，股票市场直到 20 世纪 90 年代才出现。你能想象出在中国进一步发展股票市场可能出现的问题吗？

金融市场具有从储蓄者向借款者传输资金和为储蓄者提供风险分担等功能，这些功能是否得以发挥取决于市场的流动性以及市场价格的信息含量。一开始，新兴股票市场对于储蓄者来说可能缺乏流动性以及有效的交易机制。更为重要的是，由于市场参与者几乎无法得到上市公司的信息，所以市场价格无法为储蓄和投资决策提供有意义的信号。（即使可以得到更多的信息，个人储蓄者可能也不知道如何利用这些信息。）

价格波动

尽管有效市场假说认为金融工具的价格是基于所有可得的信息形成的，但是诸如股票和债券等金融资产的价格是可以变动的。由于金融资产的价格反映了基本价值的信息，所以它们会不断变化，以反映基本价值变动的新信息。公式（10.2）中，金融工具价格表达式表明金融工具
213 预期未来收益或风险、流动性和信息成本的变动都会引起金融工具价格的相应变动。无论该金融工具是债券、股票、外汇合约、期货合约、期权合约，还是其他任何金融工具，都是如此。

有效市场上价格波动的一个源泉是利率的变动。市场利率升高会降低长期债券未来利息和本金偿付的现值。因此，收益率升高，债券价格降低。同样，预期未来市场利率的提高会使长期收益率相对于短期收益率升高。汇率水平也会因国内外利率水平的变动而波动。最后，违约风险的增加会提高债券利率中的风险升水，并降低债券的价格。

财经媒体往往强调股票市场上的价格波动。一个原因就在于单只股票的价格波动幅度可能会比较大。例如，在一个交易日内，股票价格可以从 10 美元上涨到 12 美元，即 20％的资本利得，或者还可以从 10 美元下跌到 8 美元，即 20％的资本损失。这种价格的剧烈波动与有效金融市场相一致吗？答案是肯定的。为了理解其中的理由，我们来考察股票价格的变动情况。假设利用当前所有可得信息，坚固工具公司的股东们预测该公司今年的每股股利为 2 美元，明年的每股股利为 2.08 美元，2 年后的每股股利为 2.16 美元。基于对公司前景的评价，市场参与者预期股利会以每年 4％的比率稳定增长，股票的当期价值为未来所有股利的现值。这样，如果令 i 为坚固工具公司的经风险调整的利率，那么预期未来股利的现值（PV）为：

$$\text{现值}=\underbrace{\frac{2.08}{1+i}}_{\substack{\text{第一年}\\\text{股利的现值}}}+\underbrace{\frac{2.16}{(1+i)^2}}_{\substack{\text{第二年}\\\text{股利的现值}}}+\cdots$$

根据有效市场假说，如果坚固工具公司股价高于其现值，交易商就会卖出坚固工具公司的股份，迫使股价下降。相反，如果坚固工具公司股价被低估，交易商就会买入股票，抬高股票价格，直到当期价值与市场价格相等为止。

股票价格代表了所有预期未来股利的现值，仅仅一期的预期股利变动不可能对股票价格产生很大的影响。因此，从原则上说，有效市场假说允许股票价格发生大幅度变动。我们来看一看其理由。我们假设坚固工具股票的每股股利以固定比率 g 增长（本例中为 4％），则其现值的表达式为：

$$PV=2.00\text{ 美元}\times\left(\frac{1+g}{i-g}\right)$$

该等式再次说明，股票的基本价值或价格为两项的乘积。其中，第 1 项为当期每股股利（等式右边的第 1 项），第 2 项为包含经风险调整的利率与预期股利增长率的一个表达式（等式右边的第 2 项）。换句话说，该式表明较高的预期股利增长率会提高股票价格，而较高的经风险调整的利率会降低预期股利收益的价值。

网页推荐：
http://www.nyse.com
到“市场信息”（Market Information）目录下跟踪价格变动的情况。 214

如果我们预期股利增长率保持不变，一直为 $g=0.04$，且经风险调

整的利率为 $i=0.1$，那么坚固工具公司股票的基本价值（或有效市场假说下的每股价格）为

$$PV=2.00\text{ 美元}\times\left(\frac{1.04}{0.10-0.04}\right)=34.67\text{ 美元}$$

假设有关坚固工具公司所在行业长期增长前景的不利消息导致预期股利增长率 g 下降到 2%，则股票价格下降到

$$PV=2.00\text{ 美元}\times\left(\frac{1.02}{0.10-0.02}\right)=25.50\text{ 美元}$$

即股票价格下降了 26%。因此，尽管在有效市场假说下，有关公司前景短期变化的信息只会对股票价格产生轻微的影响，但是股票价格会对有关长期前景的利好或利空消息作出回应，从而发生大幅度的波动。

延伸思考

“9·11”事件怎样影响美国股票价格?

在“9·11”恐怖袭击之后，由于维修人员要对损坏的设备和基本的通信服务设施进行维修，纽约股票交易所暂停了交易。9 月 17 日早上，随着市场的重新开放，我在白宫为《华尔街日报》撰写了一篇文章，提醒投资者要避免恐慌，维持对股票基本价值的估计。

如同“9·11”恐怖袭击事件一样令人恐惧的是，许多经济学家都质疑是否应该降低公司现金流的增长率（第 213 页等式中的 g）。一个更为合理的猜测是，在“9·11”事件以后全球经济的不确定性增加，这会提高股票的必要收益率（第 213 页等式中的 i）。尽管在市场重新开放之后，股票价格有所下降，但在 10 月和 11 月出现了反弹，因为人们冷静地考察了股票价值以及对塔利班采取的军事行动取得的成功。

对于股票投资者来说，不幸的是之后不久就发生了安然、世通以及其他大公司的会计丑闻，再次使得投资者降低其对 g 的估计并提高其对 i 的估计，股票价格因此再度下降。

投资策略

如表 10—1 所示，当金融工具的价格包含了所有可得信息，市场参与者、储蓄者和借款者就获得了必要的信息，能以较低的成本作出决策。例如，较高的股票价格向企业传递了这样的信号：投资者预期盈利会在未来增加，企业应该增加其在厂房和设备上的投入。较高的债券价格表

明，市场利率或风险升水正在下降，持有债券的收益降低，借款者的融资成本降低。回忆一下，向上倾斜的收益率曲线意味着较高的未来真实利率，即通货膨胀。国内外真实利率水平差异的扩大显示了意愿国际借贷的变动以及汇率可能的变动。

表 10—1　　有效市场上给储蓄者和借款者的信号

215

增高……	预示着……	原因……
股票价格	企业应该追加投资	投资机会增大
债券价格	储蓄者应该降低其必要收益率，借款者应该增加投资	违约风险降低或是总体利率水平降低
风险升水	储蓄者应该提高其必要收益率，借款者应该减少投资	违约风险提高，流动性降低或信息成本增高
期限结构向上倾斜	储蓄者应该提高长期投资工具（相对于短期投资工具）的必要收益率	预期未来通胀率或真实利率提高
国内外真实利率的差异	储蓄者应该调整其对国内外借款者的放款，汇率将发生变动	意愿的国际放款和借款将发生变化

理解有效市场假说能使你形成一系列投资策略，用来进行资产组合配置、交易、评估财务分析的价值以及预测股票、债券和其他金融资产的市场价格变动。

资产组合配置　有效市场假说预言，只要市场参与者具有同样的信息，所有超过正常收益的投资机会都会在交易过程中被利用。因此，如果你没有关于某一公司前景一般可得信息之外的信息（被称为内部信息），就不应该冒险把你的储蓄只投向某一资产。也就是说，投资者应该遵循持有分散化资产组合的投资策略。

许多个人投资者通过购买共同基金来分散化其投资，也有许多投资者投资于大盘资产组合，例如 S&P500 那样的指数基金。与把你的资金直接投入到持有大盘资产组合的共同基金相比，雇用一家投资公司对你的资金进行积极管理要花费高出其几倍的成本。大型机构投资者同样也把大部分股票投资投向指数基金，因为从长期来看，积极管理型基金的收益率要低于大盘资产组合基金的收益率。

交易　同样，如果价格反映了可得信息，定期地买卖单项资产不是一种可获利的投资策略。由于缺乏优质信息，投资者就会盲目不断地将资金从一种资产转移到另一种资产上，或者说，频密调整（churn）资产组合。因此，你应该买入并长期持有一个市场资产组合。

财务分析与小窍门　有效市场假说表明，只用历史价格数据对单项资产价格所作出的预测并不会得出最好的预测结果。为什么？原因在于这些历史数据并没有反映所有可得的信息。同样，在主要财经刊物上刊载的“小窍门”也不能使你从交易中获利。那些消息灵通的交易商在此之前就已经知道了这些信息，因此，它们已经反映在市场价格中了。偶尔，有些分析人士的业绩能优于大盘在一段期间的市场收益率。但是，你不能期望通过那些预测花招来“打败市场”。

然而，不要得出这样的结论，即所有的财务分析都毫无价值。有效市场假说表明，所有可得的信息都被包含在金融资产的市场价格中。你如果能发现改变市场价格的新信息，就有可能从中获利。

216 **预测价格变动**　在有效市场假说中，资产的当期价格反映了所有当前可得的信息。但是，今明两天之间价格上升还是下降是不可预测的。为什么？今天的市场价格是基于当前所有可得的信息，而价格变动的唯一原因是明天的“新消息”。

假设谷歌公司宣布，其今年的收益率与去年相比下降了5%。谷歌公司股价会下降吗？不一定。追踪谷歌公司的分析人士们可能已经预计到其收益的下降，并已把这一信息包含到该公司的股价中了。只有当分析人士所得的信息与谷歌公司宣布的信息不一样时，股票价格才会发生变动。例如，如果分析人士此前研究谷歌公司并预测其盈利会下降15%，这种悲观的预期早已反映在谷歌公司的股价中了。因此，在其宣布收益率下降5%时，这实际上是利好消息，股票价格反而可能会上涨。尽管公布消息与价格变动之间的联系看起来似乎很复杂，但有效市场假说提供了简明扼要的指导。只有未预期到的公告（真实信息）才会影响股票价格。

博闻广识

美国内战与黄金市场

有效市场假说解释了金融市场怎样把可得信息顺畅地传递到金融资产的价格上。从一定意义上说，资产价格代表了市场参与者根据其可得信息形成的对未来资产收益率的看法。分析集团（Analysis Group）的克里斯滕·威拉德（Kristen Willard）、耶鲁大学的蒂莫西·吉内恩（Timothy Guinnane）以及普林斯顿大学的哈维·罗森（Harvey Rosen）利用这一观点进行了一项研究，该研究要揭示19世纪60年代早期“绿背”（greenback）市场如何反映了美国内战的转折点。

为了弥补战争支出，北方联盟发行了一种被称为绿背的纸币，它是一种法定货币，但不可以立即兑换成黄金。由于绿背纸币可以在未来（战争结束后）兑换成黄金，所以，市场密切关注战争的进展，判断北方联盟的战争成本以及北方联盟取胜的可能性。增加北方联盟战争成本的事件将会降低绿背足值赎回黄金的可能性，因此会降低绿背的黄金价格。

威拉德、吉内恩和罗森发现，黄金市场的走势与后辈历史学家认为葛底斯堡战役是内战重要转折点的判断相一致。他们还发现，一些被历史学家忽视的事件（例如 1864 年南方邦联将军厄尔利（Early）从华盛顿撤退）却被黄金交易者看做重要事件。利用有效市场假说的逻辑，3 位作者强调，隐含在金融市场价格中的“民意调查”有助于我们理解当代人是如何看待重大历史事件的。

资料来源：Kristen L. Willard，Timothy W. Guinnane，and Harvey S. Rosen，“Turning Points in the Civil War：Views from the Greenback Market，” *American Economic Review*，86，September 1996.

测试点拨

你嫂子告诉你，在过去 3 年里，她的专门股票市场基金通过不断变换股票资产而获得了超过市场总体收益的业绩。你应该把你所有的储蓄投资到她的基金中吗？

不应该。根据有效市场假说，除非你嫂子比其他市场参与者的信息更灵通，否则，你应该把资金投资到大盘市场资产组合中。

金融市场的实际效率

网页推荐：
http://quote.yahoo.com/ml?u
追踪股票和债券市场对新闻作出的反应性变动。

217

许多经济学家认为，信息成本低且流动性高的市场是相对更有效率的市场（如美国国债市场、外汇市场、金融期货和期权市场、某些低风险公司债券市场、抵押贷款市场以及商业票据市场）。这些市场决定的价格和收益率似乎反映了有关基本价值的可得信息。芝加哥大学的尤金·法玛（Eugene Fama）及其他学者的早期实证结果，证实了有效市场假说预言股价变动是不可预测的结论。[1]

其他分析人士，尤其是主动交易商以及提供投资建议的专业人士

〔1〕对股票价格数据进行的检验分为三种。第一种使用股票的历史数据作为“可得信息”（弱式有效性检验）。第二种检验把信息集扩大了，包含所有公开可得的信息（半强式有效性检验）。第三种检验把只有公司管理层才可知的“内部信息”也包含在信息集中（强式有效性检验）。对强式有效性检验的拒绝并不能推翻有效市场假说背后隐含的直觉，这是因为内部信息并不为金融市场中的交易商和投资者所知。有关早期经验验证工作，参见 Eugene F. Fama，“Efficient Capital Markets：A Review of Theory and Empirical Work，” *Journal of Finance*，25：383－416，1970。

对股票市场是有效市场持怀疑态度。他们指出了金融市场理论行为与实际行为的三个差异，这些差异使得他们质疑有效市场假说的正确性。

1. 他们引证，市场定价异常可以使投资者长期获得超过平均水平的利润。而根据有效市场假说，不应该存在这种盈利机会，或者说，不应该经常或长期存在这种机会。

2. 他们引证，利用可得信息可以预测价格变动。而根据有效市场假说，投资者本不能根据历史表现来预测未来的价格变动。

3. 他们引证，证券价格的变动幅度明显大于基本价值的变动幅度。而根据有效市场假说，价格应该反映证券的基本价值。

定价异常

有效市场假说预言，投资者不会长期从买卖单个股票或股票组合中获得超过平均水平的利润。然而，分析人士却找到了能获得高于平均水平收益的股票交易策略。从有效市场假说的观点来看，这种交易机会是异常的。这种异常的两个例子就是小公司效应和1月效应。

小公司效应 从20世纪20年代中期开始收集的数据表明，即使考虑到投资小公司会面临较高的风险水平，储蓄者也可通过投资小公司的股票而获得超过平均水平的利润。尽管在20世纪80年代小公司效应并不很明显，但是它的长期存在却与有效市场假说并不一致。然而，有些经济学家认为，小公司股票相对较低的流动性以及投资者在对这些公司进行评估时要付出较高的信息成本是投资小公司股票收益较高的原因。

1月效应 长期以来，每年1月份股票的收益率都异常地高。市场参与者认为，1月效应是因为投资者试图最小化其税收负债：投资者在年末卖出遭受损失的股票，以将损失从本年度在其他资产上获得的资
218 本利得中扣除。而在新一年的1月份，随着投资者重新调整其资产组合，买入的压力增加。尽管这一解释似乎合乎逻辑，但是却不符合有效市场假说，因为机构投资者（例如私人养老金）是市场上规模最大的参与者，它们并不支付资本利得税，所以如果在12月份股票价格异常低的话，他们应该买入股票而不是卖出股票。20世纪八九十年代，经济学家们发现，1月效应的重要性已经降低了，但对小公司股票除外。

均值回归

有效市场假说的另一个预言是，投资者不能把资产价格以及收益率的变动与当前的可得信息联系起来，即只有新信息才能改变资产价格和收益率。因此，有效市场假说不符合所谓的均值回归（mean reversion）。它是指股票走势具有这样的现象：当前收益率较高的股票未来的收益率较低，而当前收益率较低的股票未来的收益率较高。有些经济学家已经找到了支持均值回归但与有效市场假说不符的证据。还有一些经济学家注意到，均值回归最有力的支持来自小公司股票以及二战以前的数据。[1] 这些现象表明，较低的流动性以及较高的信息成本可能是股票市场明显缺乏有效性的原因。因此，对于大多数交易商和投资者来说，股票价格变动不可预测的观点似乎很合理。

过度波动

有效市场假说告诉我们，资产的价格等于市场对其基本价值的最佳估计。因此，市场价格的实际波动不应该比基本价值的波动大。耶鲁大学的罗伯特·希勒（Robert Shiller）使用长期股票股利的实际数据计算 S&P500 股票的基本价值。[2] 他发现，股票市场实际价格的波动要大于他对基本价值波动的估计，这一结果拒绝了有效市场假说。尽管有些经济学家对希勒的检验提出了批评，但是仍有许多人认为这一检验确实对有效市场假说应用到股票市场的有效性提出了质疑。

对金融市场研究所得到的统计证据通常支持股票价格反映可得信息这一观点。然而，股票价格存在的定价异常、均值回归以及过度波动等现象，引发了人们对市场价格波动是否只反映基本价值变动的争论。大部分争论集中在对股票价格剧烈波动的解释上，这些剧烈波动发生在 20 世纪 80 年代末期，尤其是 1987 年 10 月 19 日股票市场崩盘前后。

---

〔1〕 支持和反对股票价格均值回归证据的一个很好的总结参见 Charles Engel and Charles S. Morris，"Challenges to Stock Market Efficiency：Evidence from Mean Reversion Studies，" *Federal Reserve Bank of Kansas City Economic Review* (September-October)：21－35，1991。

〔2〕 Robert，J. Shiller，"Do Stock Prices Move Too Much to Be Justified by Subsequent Changes in Dividends?，" *American Economic Review*，71：463－486，1981.

市场有效性和 1987 年股票市场崩盘

219 1987 年 10 月 19 日，星期一，美国股票市场暴跌。道琼斯工业平均指数这一被人引用最多的股票指数暴跌了 508 点，一天之内损失了几乎近 23%的市值。交易量达到了创纪录的 6 亿股。市值的下跌要比发生在 1929 年 10 月 28 日著名的股市暴跌严重得多，当时道琼斯工业平均指数大约下跌了 13%。

20 世纪 80 年代是股票价格急剧增长的时期，也是史无前例的大牛市。道琼斯工业平均指数在 1982 年还只有 1 000 点，1985 年也只有1 500 点，而到了 1987 年 10 月已上涨到 2 500 点以上。尽管在股市大崩盘前一周股票价格已经开始下跌，但是“黑色星期一”的暴跌还是令人震惊。

这一令人瞩目事件的发生使得很多经济学家和金融分析人士对有效市场假说的正确性产生了质疑。在那一天及此前一周里，并没有明显的坏消息暗示人们对美国企业长期利润水平价值的评估会有如此大的下降。试图分离特定坏消息（包括被认为有损股票市场的国会立法以及美国和国外政策制定者的声明）的努力都是徒劳。随后经济学家们开始试图用不依赖于有效市场假说的新资产定价方法来解释 1987 年的股市暴跌。

噪声交易者与跟风 对 1987 年股市暴跌的一种解释认为，这是相对缺乏信息的**噪声交易者**（noise trader）造成的，这些噪声交易者追求交易策略却又没有占优的信息。噪声交易者通常追求跟风，即对有关某一资产或一组资产（例如股票或债券）的好消息或是坏消息反应过度。例如，如果某一主要商业刊物报道某一公司的经营前景不妙，他们就会千方百计地卖出该公司的股票或债券。当然，有效市场假说只有在下列情况下才成立：市场参与者可得的信息在噪声交易者从邮箱里拿出商业刊物之前早就已经反映在市场价格中了。然而，噪声交易者的卖出压力迫使股票价格下降，且下降幅度超过股票基本价值变动的幅度。

消息较为灵通的交易者难道就不能因噪声交易者的存在而直接获利吗？事情并非总是如此。杜克大学艾伯特·凯尔（Albert Kyle）的研究表明，相当一部分噪声交易者的存在为市场制造了额外的风险。相信有效市场假说的投资者在噪声交易者过度反应之后无法确信股票价格会回归到基本价值上。

泡沫 对 1987 年股市暴跌的另一种解释强调 20 世纪 80 年代中期的投机氛围。当资产的价格超过其基本价值时，人们就认为资产的价格包含了**泡沫**（bubble）。在那个股票投机盛行的年代，有些投资者买入股票却并不持有，而是很快就将其卖出以获利，即使他们知道股票价格已比其基本价值高出许多。[1]

当有泡沫存在时，“博傻”（Greater Fool）理论就成立了：一位投资者高价买入资产也许不傻，只要其后有一位更傻的投资者以更高的价格买入这些资产。换句话说，如果某些投资者认为他们可以更高的价格向其他人卖出股票，他们才会在价格上涨时买入股票。例如，假设生物遗

221 传公司股票价格为10美元，但是你怀疑它将不会支付股利，也就是说，这只股票没有任何基本价值。然而，由于它所在的行业“热门”，你仍预期明年有人愿意以每股12美元的价格买入这只股票。只要经风险调整的利率低于20%，你买进然后卖出该股票就将有利可图。

只要泡沫增长的速度没有总体经济增长速度快，消息灵通的投资者就可以以高于基本价值的价格买卖股票而盈利。然而，如果泡沫增长的速度超过了总体经济增长的速度，它最终就会吸收市场上所有的财富。因此，在某一时点，泡沫一定会破裂。某些观察家认为，20世纪80年代末期日本股票市场、1999—2000年初美国高科技股票市场、21世纪初期美国某些城市房地产市场的价格都包含泡沫。

案例研究

是什么上升了?

220 20世纪90年代日本股票价格的低迷使得许多市场分析人士和经济学家都认为日本股价的泡沫正在破裂。截至2006年8月，日经股票指数从1989年底的历史最高水平下降了58%，在2003年达到了最低点（下降了80%）。如果日本股票价格的崩溃确实是泡沫的破灭，那么从股票泡沫的历史经验来看，日本股票的下跌可能是正确的。

正如下表所示，泡沫并不是什么新鲜事物。17世纪荷兰“郁金香狂热”被认为是泡沫的起源，接着就是法国一家公司的股票泡沫，这家公司当时正在现在的美国进行开发。甚至艾萨克·牛顿爵士也在18世纪早期投资了南海公司股票，并在泡沫中发现了重力的存在。在20世纪，美国在“咆哮的20年代”（Roaring Twenties）经历了股市泡沫，在80年代初期经历了银价泡沫。墨西哥、中国香港以及中国台湾的股票市场最近都经历了泡沫破裂的困扰。20世纪90年代，由于担心日本股票价格包含泡沫，许多投资者都亏损卖出了他们持有的日本股票。20世纪90年代末期，在NASDAQ交易的技术股股票价格的暴涨暴跌也具有泡沫的因素。NASDAQ从2000年的最高点一路暴跌了70%，然后才有所反弹。

[1] 有关历史和现在金融泡沫的有趣讨论，参见Robert Shiller，*Irrational Exuberance*，Princeton，NJ：Princeton University Press，2000。

	牛市期间上涨%	上涨持续期（月）	从最高点下降%	下跌持续期（月）
郁金香 荷兰（1634—1637）	+5 900%	36	−93%	10
密西西比股票 法国（1719—1721）	+6 200%	13	−99%	13
南海股票 英国（1719—1720）	+1 000%	18	−84%	6
美国股票 美国（1921—1932）	+497%	95	−87%	33
墨西哥股票 墨西哥（1978—1981）	+785%	30	−73%	18
白银 美国（1979—1982）	+710%	12	−88%	24
中国香港股票 中国香港（1970—1974）	+1 200%	28	−92%	20
中国台湾股票 中国台湾（1986—1990）	+1 168%	40	−80%	12
日本股票 日本（1965—?）	+3 720%	288	−80%	156

资料来源："When Bears Run Wild," April 4, 1992, from *The Economist Newspaper*. Copyright © 1992 The Economist Newspaper Group, Inc. Reprinted by permission. Further reproduction prohibited. www. economist. com.

交易机制 有些经济学家并没有对有效市场假说提出质疑，而是考察交易机制在 1987 年股票暴跌中发挥的推动作用。里根总统授权一个工作小组对此进行专门研究，该小组由后来担任美国财政部部长的尼古拉斯·布雷迪（Nicholas Brady）任组长。布雷迪研究小组认为崩盘并不是由于市场参与者非理性或是总体经济基本面的不平衡造成的，交易机制中的几个弱联系是 1987 年股票暴跌的原因。

首先，布雷迪小组认为纽约证券交易所交易的方式就是一种弱联系。1987 年 10 月 19 日早上，大量的卖出订单超过了做市商（market makers）即专家（specialists）的交易能力。做市商拥有股票存货，他们买卖特定公司的股票来撮合该股票买卖订单。10 月 19 日这一天，做市商的损失增加，在一天之内其股票资本急剧减少，他们的金融稳定作用开始受到怀疑。如果做市商缺少必要的资本来为其股票做市，他们就无法发挥作用，市场的流动性就会降低，市场价格传递信息的能力就会受到削弱。针对布雷迪小组的研究发现，纽约证券交易所增加了做市商的最低股票资本要求，也增加了其必须持有的最低股票存货要求。即使这样，如果现在再发生这种情况的话，做市商可能也无法处理得更好。

第二，布雷迪小组提出了避免市场交易机制失灵的建议。他们建议采用**自动暂停交易**（circuit breaker）机制，即一种旨在恢复有序市场的干预机制。当价格或订单量达到某一水平时，交易就将暂停。经济学家们都认为，价格出现大幅度波动就暂停交易会阻碍把包含在市场价格中的信息传递给交易者。然而，他们却都支持在买卖订单严重失衡时暂停交易。有人建议在交易暂停时由做市商公开他们的订单本、拿出未成交订单并公布他们认为的市场出清价格。在经过几轮这样的公开订单期之后，市场就可以重新开放了。通过首先执行那些在公开订单期时进行交易的交易商的名单就可以激励人们参与交易。

在布雷迪小组的报告发表之后，金融市场工作小组（构成人员来自财政部、美联储、商品期货交易委员会以及证券交易委员会）建议在股票指数大幅度下跌后暂停交易。工作小组还编写了一个报告，建议暂停
222 交易期间为公开订单期。这些建议都得到了采纳，时至今日自动暂停交易机制仍在使用（尽管自 1998 年 4 月起自动暂停交易机制变得不再那么具有限制性了，因为该系统自那时起改为下降百分点触发交易暂停。）

这些建议的有效性几乎在 1987 年股市暴跌整整两年后得到了检验。1989 年 10 月 13 日道琼斯工业平均指数下跌 190 点，纽约证券交易所的交易并没有停止，而期货和期权市场上基于价格的自动暂停交易机制则发挥了作用。市场间交易机制的问题引发了人们的关注，并且表明自动暂停交易机制的使用要取得成效就应该在市场间进行协调。1988 年以来，自动暂停交易机制只被触发了一次，那是在 1997 年 10 月 27 日。当时亚洲金融危机正甚嚣尘上。在“9・11”悲剧后的 2001 年 9 月 17 日，纽约证券交易所重新开放时，分析人士和决策者们都做好了最坏的准备，但是当天的交易却井然有序。

某些观察家认为，可以解释 1987 年股市暴跌的第三个因素就是使用计算机进行的交易，或称**程序化交易**（program trading）。在程序化交易中，计算机同时生成买卖多种股票的订单，这使得机构的资产组合头寸快速调整。在 1987 年股市暴跌中，程序化交易产生的大量卖出订单没有被纽约证券交易所接受。然而，没有可靠的证据能把程序化交易与股票价格波动联系起来。时至 2006 年，程序化交易占每日交易量的比例要比 10 年前大很多。

价值投资与有效市场

尽管有效市场假说在直觉上很有吸引力，但是有些非常成功的投资者（诸如沃伦·巴菲特）却从价值投资中得到了极高的收益。价值投资是指买入价格相对于其收益、股利、历史价格或其他价值度量指标较低的股票。价值投资策略最初是20世纪30年代哥伦比亚大学本杰明·格拉汉姆（Benjamin Graham）和大卫·多德（David Dodd）教授的研究课题，自20世纪八九十年代和2000年以来，价值投资策略再次引起经济学家们的研究兴趣。在美国和日本，有些股票的市值相对低于其历史价格，投资这些股票取得的业绩超过了市场平均业绩。

伊利诺伊大学的约瑟夫·拉克尼索科（Josef Lakonishok）、哈佛大学的安德烈·施莱弗（Andrei Shleifer）以及芝加哥大学的罗伯特·维希尼（Robert Vishny）对各种投资策略在1968—1990年间的成功表现进行了研究。[1] 他们发现，在此期间价值股票的平均业绩要比热门股票（具有较高历史成长率的股票）每年高10%。他们强调，许多投资者的投资期间短于价值投资获得收益的必要期间。他们认为，价值投资策略的收益能否持续，取决于诸如共同基金和养老基金等机构投资者在未来采用定量投资策略的程度。定量投资策略就是旨在确认价值股票的策略。

拉克尼索科、施莱弗以及维希尼的研究结果提出了这样一个问题：价值投资的高收益是否代表投资者承担了更高的风险？这是为了回答股票市场在多大程度上有效，所需要持续研究的重要课题。

金融市场无效率的成本

223 赞同或是反对有效市场假说的争论并不只是学术上的分歧。金融市场有效可以为金融体系提供信息服务，而金融市场缺乏效率会对经济和社会带来成本。在本节中，我们将详细介绍这些成本是什么，并说明降低这些成本会对总体经济产生怎样的益处。我们重点关注两种由于金融市场缺乏效率带来的潜在成本：（1）资产价格过度波动带来的成本，以及（2）信息成本高昂造成的金融市场无效率带来的成本。

[1] Josef Lakonishok, Andrei Shleifer and Robert W. Vishny, "Contrarian Investment, Extrapolation, and Risk," *Journal of Finance*, 49: 1541-1578, 1994.

价格过度波动的成本

当诸如股票和债券等金融资产的价格变化没有反映其基本价值的变动时，市场价格所包含的信息就很少。因此，金融市场就无法为借入或贷出资金以及资产组合配置决策提供合适的信息。此外，如果资产的价格波动大于其基本价值波动的话，股票和债券市场就无法有效地发挥风险分担的功能。而当金融资产分担风险的功能不再有效时，交易量就会下降，金融资产的流动性就会进一步降低。然而，尽管存在这些成本，但是却没有可靠的方法来对它进行度量。

最近，金融分析人士和决策者们已经在担心股票市场的过度波动会引起经济活动的过度波动。他们关注金融体系与实体经济之间通过借贷行为所产生的联系。例如，即使股票价格波动是由跟风或是泡沫引起的，家庭消费和商业投资会随着股价的波动而增加或减少吗？从 1987 年股市暴跌之后美国经济的实际表现来看，尽管证券行业的某些子部门遭到了严重打击，利润急剧下降、雇员大量被裁减，但是居民消费和企业投资并没有立即下降。研究表明，与之相反，消费者和企业更看重资产价格的长期走势而不是资产价格的短期变动。

尽管缺乏股价波动与经济活动波动有联系的证据，但是有些决策者还是提出了监管性干预的建议。除了布雷迪研究小组提出的自动暂停交易机制外，立法者们还提出了交易税和改变最低保证金要求的建议。

如果交易成本很小，泡沫就能刺激过多的交易，使得股市过度波动。抑制这种情况发生的一个提议就是对每笔市场交易都征收交易税。交易税会有效地提高交易成本，减少交易行为。这一提议很有吸引力，但会产生两个问题。第一，交易量的减少会降低股票市场的流动性；第二，如果交易税提高了在美国买卖股票的交易成本，那么股票交易行为连同证券行业所产生的利润和职位就会移往海外。正是由于存在这两个缺陷，德国、英国、荷兰和瑞典降低或取消了交易税。

在美国，联邦储备委员会确定最低保证金要求（margin requirement），它是指在购买股票时投资者自有资金所占的最小比例。投资者从经纪商那里借入的资金只能是其购买价格超过最低保证金要求的那部分金额。某些分析人士认为赊账购买股票会鼓励投机并导致损益更大幅度地波动。一个改革的提议就是通过提高最低保证金要求来抑制投机。然
224 而，没有明显的证据表明，当最低保证金要求提高时，股价波动性会降低，反之亦然。此外，与交易税一样，提高最低保证金要求会减少交易规模，提高交易成本，进而降低市场的流动性。

综上所述，尽管价格过度波动带来的成本很高，但那些赞同政府在

市场非危机期间对市场进行干预来降低股价波动性的理由并不充分。

信息成本

当金融市场无效时，储蓄者和借款者都会面临较高的信息成本，整体经济也会因稀缺资源（例如投资性美元）无效配置而遭受损害。这种成本被金融体系的其他参与者部分地抵消了。如果信息不能被交易者随时可得，市场价格也就无法反映基本价值，尽管该价格已经反映了所有公开可得的信息。为了获得遗漏的信息，借贷双方都要付出搜寻和监测成本。而当市场价格代表了基本价值的最佳估值时，个人储蓄者和借款者就不用付出这些费用了。

实践中，企业的大部分资金来自当期或累积利润，而非金融市场。储蓄者和借款者之间的资金传递是通过金融中介机构（主要是银行，也包括共同基金、养老基金和保险公司），而非金融市场，这就可以降低实际的信息成本。事实上，在美国和其他工业化国家，债券、股票和其他金融工具市场的最大参与者不是个人储蓄者和借贷者，而是金融中介机构（参见第 3 章）。正如我们将在第 4 篇看到的那样，金融中介机构既能为个人储蓄者和借款者降低信息成本，还有助于增加金融市场的流动性和有效性。因此，在许多国家，决策者们一般更关心金融中介机构的稳定，而非金融市场的波动。

关键术语和概念

泡沫	跟风	程序化交易
自动暂停交易	基本价值	理性预期
有效市场假说	噪声交易者	

总　结

1. 金融工具的市场价格包含着对资金贷出、资金借入以及资产组合配置决策的重要信息。当交易商和投资者具有理性预期时，他们利用所有可得的信息形成对未来收益的预测。这样，金融工具的均衡价格就等于对其基本价值的最优预测值。

2. 根据有效市场假说，金融工具价格的变动反映了其基本价值变动的新信息，并且该价格变动是不可预测的。在有效市场上，证券价格会随其基本价值的增减而波动。

3. 尽管统计证据表明，在金融市场上交易的流动资产价格反映了其基本价值的可得信息，但是股票价格的波动性似乎比有效市场假说所认为的还要强。例如，在 1987 年 10 月 19 日的股市暴跌中，没有明显的"基本面"因素可以解释股票价格的暴跌。

225 4. 无效率的金融市场对经济带来的潜在成本源自资产价格相对于其基本价值的过度波动和高昂的信息成本。大多数经济学家认为，由于缺乏足够的信息而产生的信息成本具有非常严重的后果。这些成本有助于解释为何金融市场对于企业融资的重要性相对较低。

复习题

1. 理性预期的定义是什么？在一个投资者与交易商都具有理性预期的市场上，资产的价格应该等于什么？

2. 市场流动性与有效市场之间有关系吗？为什么？

3. 给出有效市场假说的简要定义。它对流动性和信息要求怎样的假设条件？

4. 如果你认为股票市场是一个有效市场，为什么"买入并持有"的投资策略是可行的？

5. 假设股票价格上涨是因为人们认为它会上涨，而不是因为相关公司可能赚取更高的收益。这种情形被称为什么？在未来时期股票价格可能发生怎样的变动？整个市场曾经发生过这种情况吗？

6. 假设你认为通用汽车公司今年的收益会提高 20%，而去年只有 10%。你应该买入通用汽车的股票吗？

7. 如果你是一位消息灵通的交易商，你愿意看到市场上有大量的噪声交易者吗？

8. 指出下列论断是对还是错，利用有效市场假说来简要解释其理由。

a. 股票价格不会发生变动

b. 股票价格随好消息的公布而上涨，随坏消息的公布而下跌。

c. 股票价格反映了真实的内在（基本）价值。

9. 为什么跟风行为与有效市场假说的预言不一致？

10. 什么是程序化交易？它在增加市场波动性方面发挥了重要作用吗？

分析题

11. “他们还是按老路子赚钱，在浑水中摸鱼。”为什么某位坚信市场有效的人会这样说呢？

12. 杰里米·辛格尔和理查德·墨勒认为，如果股票升水只反映股票风险增大的话，该股票对边际投资者具有更大的吸引力，其对风险回避型投资者的吸引力要小得多。如果股票升水过大，无法用股票风险增大来解释，它可能部分地反映了投资者的“错误与恐惧”。辛格尔和墨勒声称：“我们认识的大多数经济学家都把很高比例的退休金投资于股票……”如果真是这样，这一事实会对经济学家关于股票市场运作的看法有何含义？

13. 假设我们观察股票市场收益的数据，你发现在 1 月份的收益率比平均收益率要高，而其他月份的收益率要比平均收益率低。这与市场有效性一致吗？为什么？投资者应该怎样从中获益呢？

14. 假设你发现，在考虑了风险、流动性以及信息成本的差异后，有些股票被高估了（$P_{t+1}=1.1\times P^e_{t+1}+\text{误差}_{t+1}$），有些股票被低估了（$P_{t+1}=0.9\times P^e_{t+1}+\text{误差}_{t+1}$）。这样的市场是有效的吗？你应该怎样做才能获得预期收益？

15. 根据有效市场假说，你是应该花费 5%的储蓄资金请别人为你挑选股票，还是自己在报纸的股票专栏中随意选择呢？为什么？

16. 假如你在逛街时发现一种全新的神奇产品，你认为它会成为热销商品。其厂家将会因此而获利惊人。你应该买入这家公司的股票吗？为什么？

228 17. 假设 Bigbucks 公司今年每股股利 7 美元。你预期股利将以每年 2%的速度增长，所以你以 4%的利率对 Bigbucks 公司的股利进行贴现。你最多愿付多少钱来购买 Bigbucks 公司的股票？假设你以 3%的利率对 Bigbucks 公司的股利进行贴现。你现在又愿意付多少钱来购买 Bigbucks 公司的股票？如果 Bigbucks 公司的股利增长率为每年 1%，而不是每年 2%（仍然用 4%的利率进行贴现），你每股愿意付多少钱？

18. 你认为是什么原因导致了 1987 年 10 月 19 日的股市暴跌？为什么？你认为正文中对股市暴跌的其他解释存在什么错误（如果有的话）？

19. 假设人们通常会对信息过度反应。也就是说，当有好消息时，公司股票和债券的价格增长过高；而当有坏消息时，价格下跌过低。你怎样从这种情况中获益？

数据题

20. 在图书馆中找到最新一期的《总统经济报告》。报告后面的表 B—91 列出了普通股股票价格和收益率。表中的倒数第 2 列给出了“股利—价格比率”，即 S&P500 股票的股利对价格的平均比率。股利—价格比率升高意味着股利增长要快于市场价格的增长。股利—价格比率下降意味着股利增长要慢于市场价格的增长。自 20 世纪 90 年代和 21 世纪以来，股利—价格比率的变动情况如何？如果你认为股票市场是有效的，你该如何解释这种情况？

21. 纽约股票交易所网站（http：//www. nyse. com）的“市场信息”（Market Information）栏目是研究股票价格变动的理想场所。登录纽约股票交易所的网站，观察纽约股票交易所综合指数一年的价格变动情况。根据这一年综合指数的总体变动情况，你预期 1 年后指数将会发生怎样的变动？估计指数升高或降低的百分比，然后计算指数今天的现值。根据有效市场假说，交易者会买入或卖出指数的成份股票吗？

22. 有效市场假说预言当前有关某个公司的所有可得信息都已经包含在其股票价格之中。雅虎的金融市场更新（Finance's Market Update）页面（http：//finance. yahoo. com/mo）是观察公司最新收益报告的理想之地。登录这一网站并观察各个公司的收益。收益报告与每个公司过去 5 天内的股价变动相关吗？与过去三个月的股价变动相关吗？按照有效市场假说，可以认为未来股价是根据发布的收益报告而变动吗？请解释。

理论联系实际

《经济学家》，2005 年 1 月 1 日

寻找金蛋

226 在过去的 20 年里，即使是傻子也会发现赚钱很容易。美国股票和债券的年总收益（包括再投资）平均分别为 13%和 10%，均高于通货膨胀率。投资英国股票和资产的美元投资者收益更高，轻易获得了 14%～15%的收益。现在尽管通货膨胀率低，利息也少得可怜，投资者仍然希望获得两位数的收益。他们可能会失望：过去的 20 年是极其罕见的。

一家加拿大投资研究公司银行信用分析部经济学家马丁·巴恩斯（Martin Barnes）认为低而稳定的通货膨胀率环境对经济增长有益，但对金融市场却不太有利。现在的利率已经经过低通货膨胀率的调整，债券的收益接近历史低点。因此，潜在的资本利得也是有限的，除非发生通货紧缩。这意味着大多数国家的债券收益率大体上与其不到 5%的当期收益率相一致。

股票的收益如何呢？尽管在 2002 年之前，3 年间美国股票价格暴涨，但市盈率看上去仍有点高。而且，股票的估价也不可能从未来的利
a 率下降中受益。同时，低通货膨胀率意味着利润增长的步伐将会减慢。假定美国的名义 GDP 每年增长 5%（真实增长率 3%加上通货膨胀率 2%），如果利润占 GDP 的份额不变，则利润也将以相同的比率增长。然而，利润增长的表现却差很多，这是因为在美国、日本和欧元区，利润占各自 GDP 的份额都接近历史最高点，预期将会下降。

不动产将会下出未来 10 年的金蛋吗？根据《经济学家》全球房价指数，在过去 20 年中大多数国家房屋收益（包括租金收入）都达到两位数，但可能接近顶点了。在一些国家中，相对于收入和租金来说，房屋价格已处于历史最高点。在未来的几年里，房屋收益充其量与现在持平。
b 再加上租金收入的急剧下降，未来 5 年左右该资产总收益的前景不佳。

在未来的 10 年里，投资新兴股票市场会有不错的盈利。在新兴市场，基于未来预期盈利的平均市盈率约为 10，这仅仅是华尔街的一半。
c 可以确定，这些投资也是有风险的。尽管过去 20 年中的 18 年里，新兴市场中有一个市场的业绩已超越了全球管理联盟，但正是这个市场在下一年里通常会暴跌。

在未来的 10 年，寻找投资机会的精明投资者可能会比蒙眼的猴子幸运得多。但是投资者最重要的教训是，当名义 GDP 只增长了 5%时，资产平均价格的预期增长不能比这个速度快许多。想要获得一窝大金蛋，除了更多地储蓄，别无他途。

新闻分析

227 有效市场假说认为，金融资产（如股票）的价格反映了关于预期收入所有可得的信息。这些信息可以为储蓄者和借款者提供有价值的指导。尽管多数分析人士并不反对可得信息对资产价格产生影响，但很多评论员认为，就在股票价格发生急剧下跌之前的1999年和2000年，美国的股票价值被高估。其间持有股票的投资者看到其所持股票的市场价值迅速增高。展望未来，分析人士争论股票和其他资产的收益能否继续维持这样的高水平。我们对有效市场上估值（即定价）问题的描述可以用来阐明这个争论。

a. 我们可以回顾一下本章的简单定价模型，在这个模型中，股票的基本价值取决于其股利、股利和收益增长率以及相应的折现率。一方面，利润和股利增长率下降对股票价值来说明显不是好消息；另一方面，股票价格在过去可能已经上涨了，部分是因为利率下降，进而也使得我们定价模型中的折现率降低。然而，如果市场参与者不再预期利率下跌，那么支持股价高企的因素也就不存在了。

b. 我们的简单定价模型也可用于阐明不动产的市场价值。不动产的拥有者向承租人出租其资产。承租人向不动产的拥有者定期支付租金。这些租金支付代表了定价模型中的定期支付。此外，不动产的拥有者可能预期不动产的市场价格在未来会增高。因此，不动产的预期未来租金支付和未来预期售价，都以相应的贴现率折现，即可得到当前的不动产价格。

由于预期租金不会迅速增加，不动产的市场价格已经很高，因此，不动产的价格不可能再增高了。我们可以理解作者对不动产预期收益不乐观的理由。

c. 我们的简单定价模型也可以解释新兴股票市场价格相对较低的原因。由于新兴市场的风险较高，投资者预期获得的未来潜在股利必须用相对较高的利率折现，以补偿额外的风险。在所有其他条件不变的情况下，利率越高，当前的股票价格就将越低。

更进一步的思考……

新兴市场上股票交易成本的降低将怎样影响其价格和收益（相对于美国资产收益）？

资料来源：节选自“In Search of a Golden Egg,” *The Economist*, January 1, 2005, p. 53. Copyright © 2005 The Economist Newspaper. Reprinted with permission。

第 11 章　降低交易成本与信息成本

229

20 世纪 90 年代初期苏联和东欧等国集权政府的瓦解让人们倍感轻松，并引发了对个人自由、民主政治和市场经济的期盼。随着人们关注私有企业的兴起，金融分析师们预见到一个棘手的任务。储蓄者似乎宁愿把资金投资在国债和外汇上，也不愿把资金借给本地的借款者。借款者发现金融市场发展过于滞后，无法起到应有的作用。匈牙利和波兰大力发展本国的金融市场，而俄罗斯直到本世纪初仍在为发展金融市场而努力。一位著名的经济学家曾经担忧地指出："数万亿美元被搁置起来"，因为渴求开办新企业的企业家们无法获得资金，与此同时，储蓄者又无法从其储蓄中赚取回报。大多数金融专家都建议要花大力气组建金融中介机构。

与新兴经济体相比，美国和其他工业化国家的金融市场更有效地履行匹配储蓄者和借款者的职责，但也存在一些障碍阻挠资金从储蓄者有效地传递给借款者。2001 年和 2002 年美国多家大公司（例如安然）的会计丑闻，更是证明了这一点。在我们之前对金融市场的讨论中，假设借款者能顺利地从金融市场融资，储蓄者能利用包含在市场价格中的信息来作出明智的资产组合配置决策。然而，金融市场并不像我们假设的那样运转流畅。在本章中，我们描述金融市场中存在的障碍，即交易成本和信息成本，并看一看在我们的金融体系中这些障碍是怎样被化解的。正如我们在本章要解释的那样，通常情况下，诸如银行等金融中介机构会比金融市场更为有效地降低信息成本。

匹配储蓄者和借款者面临的障碍

假设你从兼职工作中赚取了 3 000 美元并想用这笔钱进行投资。你应该把钱投资到股票上吗？股票经纪人会告诉你，你必须支付的佣金占你购买金额的相当大的比例，这是因为你的投资数量很少。如果你试图通过购买少量多种股票来分散投资的话，这种成本会更高。那投资于债券市场例如购买国库券又会怎样呢？你的经纪人会对你说：对不起，国库券的最小面额为 1 万美元。

你并不气馁，决心绕过金融市场。很简单，你室友的姐夫正需要 3 000 美元来开发有可能成功的全新互联网浏览器。但是你又怎么知道他是编写并营销这种电脑应用程序的最佳人选呢？或许你应该再找一些其他借款者并对他们的计划进行评估。如果你下定决心要把钱借给这位羽翼未丰的企业家，你的律师会告诉你，起草一份说明你投资条款的合约
230 就需要 1 500 美元，也就是你投资额的一半，因此，你放弃了这份投资。你所面临的成本以及你放弃投资的决定也使那位浏览器的设计者受到了损害，他从其他个人投资者那里融资也会面临同样的困难。

这个例子形象地说明了**交易成本**（transactions costs），即买卖金融工具（例如股票或债券）的成本。**信息成本**（information costs）是储蓄者确认借款者的信誉以及监督借款者如何使用所筹资金等所发生的成本。这些成本增加了借款者必须支付的融资成本，降低了储蓄者的预期回报，而且还削弱了金融市场的有效性。这种无效性为那些能够降低交易成本和信息成本的机构和个人提供了盈利机会。

交易成本

经纪人的佣金、最低投资要求以及律师费都是交易成本的例子。显然，需要有一个渠道来将零散储蓄者和借款者进行匹配，而金融中介机构满足了这种金融市场无法满足的需要。例如，共同基金把其股份卖给许多个人投资者，并把所得资金投资于债券或股票构成的多样化资产组合。银行接受个人储蓄者的存款，并把所得资金贷给居民或企业借款者。尽管金融中介机构因降低交易成本而向储蓄者和借款者收取费用并赚取

利润，但总体经济也从金融中介机构推动的经济增长中获益。

金融中介机构利用规模经济来降低交易成本。**规模经济**（economies of scale）是指单位成本随着数量的增加而下降。在交易成本这个例子中，金融中介机构的成本随融资规模的扩大而下降。每 1 美元投资的交易成本会随交易规模的扩大而下降。例如，买入 100 万美元长期国债的交易成本不会高于买入 1 万美元债券的交易成本。个人投资者可以会聚其资金，通过金融中介机构来购买就能降低其交易成本。因此，100 位投资者每位投资 1 万美元，如果将其汇集起来购买 100 万美元的债券，其单位美元的交易成本要低于他们各自购买债券的单位成本。

金融中介机构还以其他方式从规模经济中受益。例如，在起草法律合约方面，金融中介机构把法律成本分摊到众多的个人储蓄者身上，这样每个想要投资于某项发明、街角药店或 IBM 公司债券的储蓄者不必去寻求昂贵的个性化法律咨询。金融中介机构还可购买复杂的电脑系统来提供像自动取款机网络这样的金融服务，享受规模经济的好处。

在第 12 章和第 13 章中，我们会更详细地考察共同基金、银行以及其他金融中介机构是如何为储蓄者和借款者降低交易成本的。

信息不对称和信息成本

在介绍金融市场中的交易时，我们一直假设储蓄者和借款者具有相同的信息，即信息对称。也就是说，买入某公司股票或债券的个人投资者具有与该公司经理相同的信息。这一假设并不是说交易双方都具有完全的信息；市场条件可能会与他们最初的预期有所不同。例如，消费者
231 偏好的变化可能意味着借款者要面临比预期更具有挑战性的市场，一定会对债券偿付违约。当借贷双方用资金交换证券时，双方都无法完全预料市场条件的变化或经济突发事件，但是双方具有相同的信息，可以作出明智的决策。

在现实中，借款者可能具有私密信息。发行债券的公司可能完全清楚一件潜在的法律诉讼或其他不利条件，但是债券的买方可能对此一无所知。**信息不对称**（asymmetric information）是指交易的一方比另一方具有更多的信息。更常见的是，借款者比放款者具有更多的信息。信息不对称的存在使储蓄者和借款者在金融市场上进行交易的成本很高。在下面两节中，我们将依次介绍两种由于信息不对称而产生的成本：

逆向选择（adverse selection）：放款者在进行投资前无法把风险较高和风险较低的借款者区分开来的问题。

道德风险（moral hazard）：放款者对借款者如约使用资金的情况所进行的查证。

在某些情况下，逆向选择和道德风险的成本会非常高，以至于放款者只能把资金借给政府或其他知名的借款者。然而，一般而言，存在解决这些问题的实践方法，利用这些方法，金融市场或金融中介机构会降低作出投资决策所需的信息成本。

逆向选择

二手车市场可以说明逆向选择给市场买卖双方带来的问题。[1] 假设你父母想卖掉他们的 2007 福特金牛座牌汽车。在报纸广告上所有要出售的 2007 福特金牛座牌汽车中，有些车是好车，有些车则是“次品”（经常进维修店的汽车）。卖方（比如说你的父母）当然很清楚自有车的质量，但是看报纸广告的读者却对此一无所知。由于这些潜在的买家无法区分好车与坏车，所以他们会向所有 2007 福特金牛座牌汽车的卖家们报出一个平均质量汽车的价格。你父母可能会认为这个报价太低了，觉得他们的汽车被低估了。然而，这个价格却让森基斯茨一家很高兴，因为他们的车质量很差。以平均价格来出售，他们的汽车被高估了，森基斯茨迫不及待地要把汽车卖掉。这种定价的结果是，质量较好的车主决定不卖车了。因此，金牛座牌二手车的供应全部由平均质量以下的汽车所构成，导致了潜在二手车的逆向选择问题。在二手车市场中，买卖双方都觉得它们之间的交易成本很高。

为了降低逆向选择的成本，汽车交易商充当买卖双方的中介。交易商为了保持他们对买家的声誉，与个人卖家相比，他们不太愿意利用其有关所卖二手车质量的私密信息。因此，交易商以符合各自真实价值的价格卖出好车和坏车。此外，政府监管规则要求交易商将有关所卖车辆的信息披露给消费者。

金融市场中的“次品”问题

232 与二手车市场发生的事情一样，次品车问题使得在金融市场上借贷的成本增高，而金融信息披露的规定再次成为解决这一问题的药方。逆向选择怎样影响股票和债券市场将资金从储蓄者传递给借款者的能力呢？

---

〔1〕 这个逆向选择的例子由加州大学伯克利分校的乔治·阿克洛夫（George Akerlof）首先提出。参见 George A. Akerlof, “The Market for ‘Lemons’: Quality Uncertainty and the Market Mechanism,” *Quarterly Journal of Economics*, 84: 488-500, 1970。

首先，我们来考察股票市场。假设 Hitechco 公司是一家新成立的电脑芯片制造商。如果它能获得资金，就可用所得资金开发出令人激动的芯片制造新技术。如果 Hitechco 公司能发行新股，也可以从事这个芯片制造项目。如果无法获得资金，它就会失去这个机会。

与此同时，Lemonco 公司也在寻求资金开发一种产品，该产品与 Hitechco 公司的产品相似。但是，不被市场所知的是，Lemonco 公司的产品是劣质产品。事实上，根据所有可得的信息，投资者无法确定 Lemonco 公司的技术专长及其生产能力的品质。当 Hitechco 公司试图发行股票时，市场就会认为 Hitechco 公司的股票价格应该与 Lemonco 公司的股票价格相同，Hitechco 公司的股票因此会被低估。如果潜在股东占有公司拥有的全部信息，Hitechco 公司融资成本就会高于其本应有的成本。

债券市场中同样也存在逆向选择问题。假设 Hitechco 公司和 Lemonco 公司比债券市场上的投资者更了解其各自项目的风险。如果无违约风险国债利率增加，国债就会比 Hitechco 公司债券和 Lemonco 公司债券更有吸引力，放款者就会提高持有这两家公司债券的必要收益率。在这种情况下，随着放款者提高债券的必要收益率，逆向选择问题就产生了。原因是，当利率水平很高时，只有像 Lemonco 公司这样的风险性借款者愿意借入资金：如果项目获得了成功，借贷双方都会大赚一笔；如果项目失败了（这种情况更有可能发生），放款者就会遭受损失。放款者意识到了这一点，因而可能会限制贷款的可得性，而不是把利率提高到使资金供求相等的水平。这种对贷款的限制被称为**信贷配给**（credit rationing）。当放款者实行信贷配给时，不知名公司（无论其好坏）的融资成本都会比较高。

逆向选择还增加了总体经济的成本。当好公司难以把信息传递给金融市场时，其外部融资成本就会提高。这种状况迫使公司主要通过内部资金进行投资来促进其成长，或者说，通过公司内部人员或累积利润进行的投资来促进其成长。[1] 由于受影响最大的通常都是经济中最有活力的新兴产业，所以实物资本、就业和生产等增长的机会就会受到限制。

降低信息成本

逆向选择给储蓄者和借款者带来的成本使得合格借款者很难在金融市场上融资，并且还降低了储蓄者获得的回报。同样，合格借款者也愿意花钱来传递有关其公司前景的信息。某些金融市场的参与者提供服务（为寻求借款者信息的储蓄者服务和为希望把公司前景的信息传递给储蓄

〔1〕 如果企业家为避免外部融资带来的高信息成本，不得不把他们的大部分资金投资于自己的企业，他们就失去了分散化投资带来的风险分担的好处。

者的借款者服务）而收取一定的费用，但是这种费用要低于逆向选择的信息成本。其他成本会因对金融市场的监管而降低。正如我们将在后面看到的那样，金融中介机构通过为储蓄者提供有关潜在借款者资质的信息也可以降低这些成本。

233 **信息的直接披露** 在大多数工业化国家，政府机构为想要在金融市场上发售证券的公司制定信息披露的要求。在美国，由证券交易委员会[1]颁布的政府规定要求公开发行股票的公司要用标准会计方法编制财务报表并公布其业绩。这种披露制度降低了逆向选择的信息成本，但是，由于两个原因的存在并没有完全消除逆向选择成本。第一，有些好公司可能成立时间太短，无法提供太多的信息供潜在的投资者进行评估。第二，有些坏公司会尽可能好地报告所要求的信息，这样投资者就会高估其证券价格。

某些私人企业一直试图通过收集个人借款者的信息，并把这些信息卖给储蓄者而降低逆向选择成本。只要这些信息收集公司的工作出色，购买这些信息的储蓄者就能更好地判断借款者的品质，提高贷款的效率。尽管储蓄者必须花钱购买信息，但是他们能从这些信息中获得更高的收益。收集信息的专业公司包括穆迪投资者服务公司、标准普尔公司、价值线公司（Value Line）以及邓百氏公司（Dun and Bradstreet）等。它们从企业的损益表、资产负债表以及投资决策中收集信息，并把它们卖给订阅客户。信息的购买者包括个人投资者、图书馆以及金融中介机构。你可以从你们学校的图书馆或是在线信息服务机构那里获取其中的某些刊物。私人信息收集公司无法消除逆向选择，但是它们有助于使逆向选择的成本降到最低。

尽管只有订阅者花钱购买收集的信息，但其他人却能免费利用这些信息。那些不花钱就可以利用这些信息的行为被称为**“搭便车”**（free rider），也就是说，他们在享受同样的好处但却并没有支付成本。搭便车问题损害了信息收集公司的利益并降低了它们的效能。假设你订阅了《信息大全》（*Infoperfect*）杂志，它是给你提供多家公司股票和债券最可能信息的一项服务。你愿意支付一定的费用来订阅它，因为它能使你买入低估的股票和债券并从中获利（你利用的信息优于其他投资者的信息）。尽管你提醒自己要机警行事，但是“搭便车”女士（Freeda Frieryde）和她的同事们还是跟随你买卖各种特定的股票或债券。由于她到处宣扬你的行动，所以其他人也分享了你的收益。因此，你就会像其他投资者一样，只愿用较少的钱来订阅《信息大全》了。由于缺乏足够的利润，信息大全公司也不愿意收集太多的信息出售给储蓄者了。

---

〔1〕美国证券交易委员会还强制要求公司向投资者持续披露重大信息。2000 年 8 月，美国证券交易委员会更进一步，批准了公平披露（Fair Disclosure，FD）规则，要求公司在向华尔街专业人士提供重大信息的同时，要向公众公开发布这些信息。许多经济学家认为，监管的变化使信息向机构投资者和分析人士的传播更加困难。而支持者认为，新的规则赋予了个人投资者更大的知情权。

当直接的信息披露不能提供足够的信息来降低逆向选择的可能性时，放款者就会关注借款者的抵押品和净值，并重新设计合同以降低信息成本。

担保品和净值的作用　当借款者几乎没有多少自有资金投入到其企业时，如果该企业对其发行的债券违约，借款者的损失就会很小。为了增加借款者利用不对称信息的成本，放款者通常都要求借款者把其部分自有资产抵押作为**担保品**（collateral）。这样，如果借款者违约，放款者
234 就索取这些担保品。假设埃莉诺想借入 1 万美元来开一家名为新富豪的家居装饰店。如果她的自有住房价值 25 万美元，放款者可能会毫不犹豫地把钱借给她。如果埃莉诺违约，放款者就会索取用作担保品的房子或其他资产。担保品降低了发生逆向选择的可能性（不合格借款者不可能抵押其自有资金），因此，担保品被广泛地用于个人和企业的债务合约中。

净值（net worth）是指资产和负债的差额，它能起到与担保品相同的保险作用。如果借款者对贷款违约，放款者对借款者的净资产有求偿权，那么借款公司在进行风险性投资时就会更加谨慎。当公司的净值很高时，其违约的可能就很小：如果有必要的话，可从公司的净资产中抽取资金优先偿还债券持有人，然后再分配给股东。结果，放款给具有很高净值的借款者，其逆向选择的成本就会很小。

结束语　逆向选择增加了金融市场上资金从储蓄者转移到借款者手中的信息成本。而信息成本的增加又会提高对融资安排的需求，在融资安排中借款者的信息能以较低的成本得到。这些安排包括信息的直接披露以及担保品和净值。

测试点拨

在你了解到互联网无所不能时，你决定把自己的一部分积蓄投资于一家互联网服务供应商（Internet Service Provider，ISP）。你注意到许多小公司似乎都赚取了很多利润，但是评级机构却并没有密切追踪这些公司。如果你继续实施你的投资计划，你将面临怎样的信息成本？

由于很难区分好的 ISP 和坏的 ISP，可能会发生逆向选择。急于发售股份的某些公司可能品质较差。结果，你会花费成本来收集这些公司的相关信息。

道德风险

即使放款者在作出投资或贷款决策以及拟定债券协议（使逆向选择

的影响最小化）时会收集有关借款者的信息，但是放款者的信息问题仍然没有解决。在借款者获得资金后，资金总有可能不按约定使用，这种情况被称为道德风险。当借款者故意掩盖信息或不按放款者利益行事时，就很可能发生道德风险。道德风险的出现是由于信息不对称：借款者比放款者更清楚所借资金是如何使用的，而其带来的结果就是放款者成本的提高。

案例研究

改善信息披露的最新监管变化

235 2001年和2002年安然、世通和其他美国大公司的会计丑闻导致人们担心公司治理（指引导公司管理层作出决策的检查和制衡系统）并没有发挥应有的作用。为使市场价格向储蓄和投资提供正确的信号，它应该反映最佳的可得信息。令人质疑的会计实践以及缺乏透明度会降低市场的流动性和市场价格，使投资者和雇员损失财富，让公司承担更高的资本成本。

私人部门几乎立即就对丑闻事件作出了回应。许多公司都重新审视了自身的公司治理实践，此外，纽约证券交易所和NASDAQ还提出了确保信息准确性和可得性的倡议。2002年3月，布什总统宣布了一个10点计划，以改善公正和透明的信息披露激励。布什总统的大多数建议都在当年夏天通过的2002年《萨班斯-奥克斯利法案》中成为了法律。《萨班斯-奥克斯利法案》有助于财务信息披露的及时和准确。新的披露要求规定，公司的总裁和主管们应该更快地披露公司股票的交易信息，以便投资者能对此作出反应。财务分析师和审计人员必须披露是否存在利益冲突限制了他们只为股东利益服务的独立性。公司必须提供更多有关内部控制结构性质的信息。这一法案还通过规定公司管理人员的职责以及加大对失职人员的处罚力度而强化了管理人员的责任。

《萨班斯-奥克斯利法案》中，最引人瞩目的改革或许就是创立上市公司会计监督委员会（Public Company Accounting Oversight Board），它是一个全国性的专门委员会，负责对上市公司财务报告的审计情况进行监督。其使命是提高审计的独立性，确保信息披露准确。《萨班斯-奥克斯利法案》是否成功地达成了其目标是人们激烈争论的一个话题。* 赞同者认为，更加准确和透明的信息可以增加市场的流动性，提高股票的价格，并降低资本成本。有些怀疑者却认为，针对丑闻事件暴露出的问题公司们可能已经自己作出了相似的调整，现有的法律完全可用来对安然或世通的欺诈报告作出惩罚。此外，法案条款中存在许多模棱两可之处，可能会招致诉讼事件的增加，并降低管理人员承担风险的意愿。最后，有些经济学家还认为，这一法案并没有为机构投资者（他们控制了美国公司股票的绝大部分）提供足够的激励来更多地参与公司治理。平心而论，尽管仍有许多问题留待日后解决，但多数观察家还是承认，《萨班斯-奥克斯利法案》使公众在 2002 年和 2003 年恢复了对美国公司治理系统的信心。尤其要指出的是，许多经济学家质疑《萨班斯-奥克斯利法案》的监管要求在成本和收益上是否基本平衡。

在 2006 年末，由本书作者和约翰·桑顿（John Thornton）任主席的一个独立的美国资本市场监管委员会对美国以外的最新监管规则进行了评估。欧洲委员会已发布了加强公司治理规则的多项计划，同时日本也在讨论相应的改革，经济合作与发展组织也为一些亚洲经济体推荐了较好的公司治理做法。

* 甚至在萨班斯和奥克斯利两人之间也存在分歧。在这项法案通过 1 年之后，参议员保罗·萨班斯（Paul Sarbanes）在为公司变得更加透明而欣喜不已的同时，国会议员迈克尔·奥克斯利（Michael Oxley）却在担心这项法律可能会使经理们过于谨慎而限制投资（参见 Deborah Solomon，"Sarbanes and Oxley Agree to Disagree," *The New York Times*，July 24，2003）。关于赞同和反对意见的一般性讨论，参见 Chapter 4 of the 2003 *Economic Report of the President* 和 Bengt Holmstrom and Steven N. Kaplan，"The State of U. S. Corporate Governance：What's Right and What's Wrong?" *Journal of Applied Corporate Finance*，Spring 2003，pp. 8 - 20.

股权融资中的道德风险

监督问题会增加发行股票筹集资金的信息成本。例如，你买入巨梦公司的股票，你怎么才能知道该公司是将这笔资金投入到其研发实验室了，还是花在新设经理餐厅的木制镶木上了？研发投资可能会增加巨梦公司的利润以及你的回报；而把资金花在木制镶木上就不然了。为了查明巨梦公司使用资金的方式是否对你有利，你就必须花费时间和金钱来对巨梦公司的行为进行监督。当巨梦公司的经理告诉你，你的 1 000 美元投资没有任何回报时，你又怎样才能知道他说的是事实呢？一旦你购入某公司的股票，这家公司就有动机低估利润以减少对你支付的股利。为了对这种低估行为进行监督，每当公司公布财务报告时，外部资金的
236 供应者就必须对公司的财务状况进行审计，而这种审计的成本高昂。

联邦政府和商业社团自身都对公司财务报告进行监管以降低商业欺诈的可能性。除了对公司的年度报告进行监管以保障股东和潜在投资者的利益外，证券交易委员会、上市公司会计监督委员会（政府机构）以及财务会计标准委员会（私人机构）还制定了标准的会计准则，公司可以应用这些准则来报告其收益和总体财务状况。这些会计准则旨在帮助投资者更好地了解其投资所在公司的财务状况。此外，联邦法律还规定，

捏造虚假报告以及盗取股东利润违反联邦法律，会被处以巨额罚款或入狱，或入狱加上罚款。

另一个信息问题来源于公司代理人的行为。公司代理人与委托人具有不同的目标。股东拥有公司的净值，是**委托人**（principals）；管理者控制公司的资产，是**代理人**（agents）。委托—代理问题（principal-agent problem）是一种道德风险，当管理者拥有的公司股份不多，他对公司价值最大化的动机就不像公司所有者那样强，就会产生委托—代理问题。由于公司的股东对公司盈余具有剩余求偿权，所以盈利能力的改善（进而提高公司股价）会分配给股东，而非负责控制公司资产的管理者。例如，在美国，绝大多数私有经济活动都发生在大型上市公司里，而这些公司的管理者持有公司的股份并不很多。事实上，公司高级管理层所持股份占公司所有权的比率一般低于5%。由于美国大型公司中管理层所持股份的比率一般低于5%，所以增加管理层的股份可能会使股东获益，尽管相关证据并不一致。[1]

237 下面这个例子会说明股票所有权中的委托—代理问题。假设你的邻居里德·摩尔请你和他一起开一家新书店。开这家书店需要5万美元，而他只有2 500美元。他从报纸上看到你刚中了彩票，知道你可以投资47 500美元。在你作出这笔投资后，你会拥有书店95%的股份，而里德只拥有5%的股份。你对这笔投资很满意。如果里德能提供进销畅销书的锦囊妙计、边喝咖啡边和顾客聊天，书店每年在支付他的薪水之后能赚5万美元。你的分红就为47 500美元，即100%的回报率；里德的分红为2 500美元（除薪水以外）。但是，事情也有可能不是这样发展。也许里德会决定选用桃木书架和东方地毯，喝着香槟酒与顾客聊天，书店没有任何盈利。尽管里德会失去那2 500美元的收益，但是他仍会获得一份薪水，并且还在奢华的工作环境中得到了享受，而你却是一无所获。

大多数股权合约都存在这种委托—代理问题。公司经理层对公司资金的使用大都是高度透明的（如在大型投资项目上的支出），但也有很多是不透明的（例如在研发、维修、管理和组织效率等方面的支出）。诸如公司收集艺术品、配置桃木办公桌、豪华汽车以及飞机等虽然不是欺诈，但确实不能直接使股东受益。通常情况下，经理们管理公司是为了满足其个人目标，可能包括累积名望和权威。如果经理们没有动机来使公司价值最大化，那么非管理层的股东们可能会受到欺骗。

股东们拥有公司，那么他们为什么不解雇那些不良的经理呢？要确定管理层是否有效地使用公司的资金需要详细且价高的审计。个人小股

---

〔1〕 有关赞同这一论断的证据，参见 Randall Mørck，Andrei Shleifer，and Robert Vishny，“Management Ownership and Market Valuation，” *Journal of Financial Economics*，20：293－315，1988。有关反对这一论断的观点，参见 Charles P. Himmelberg，R. Glenn Hubbard，and Darius Palia，“Understanding the Determinants of Managerial Ownership and the Link Between Ownership and Performance，” *Journal of Financial Economics*，53：353－384，1999。

东都不愿意支付这种监督成本。即使一些个人股东愿意这么做，其他股东也会搭他们的便车，宁愿采取等待和观望的态度。结果，大多数小投资者缺乏能力和动机来对经理层进行评估。

延伸思考

股票市场信号会受逆向选择问题的影响吗？

在一个有效资本市场上，公司股票价值为经理层提供了新投资项目盈利能力的最好信号。股票价格由于利好消息而升高，这表明更多的资本应该被配置到公司的经营活动上。同理，股票价格的下跌反映了市场对公司的前景持悲观态度的信息。

信息不对称会如何影响上述这些关系呢？当股票市场中存在逆向选择（次品）问题时，优良公司的股价可能会非常低，这就发出了有关公司前景的错误信号。在这种情况下，管理层知道公司的前景要比市场价格信号显示的好得多，因此并不会求助于股票市场。相反，公司可能会选择完全避开市场，转而利用内部资金来支持公司未来的成长。

20 世纪七八十年代，一项对大约 300 家制造企业的研究表明，高度依赖内部资金的企业往往是高成长的新建企业。此外，这些公司的资本支出与其内部资金具有高度相关关系。相反，对于那些能在金融市场上融资的成熟企业，其资本支出与其内部资金的关联度并不大。因此，逆向选择问题影响到许多美国公司的融资和投资决策。

资料来源：Steven M. Fazzari，R. Glenn Hubbard，and Bruce C. Petersen，“Financing Constraints and Corporate Investment，” *Brookings Papers on Economic Activity*，1：143－195，1988；R. Glenn Hubbard，“Capital-Market Imperfections and Investment，” *Journal of Economic Literature*，36：196－229，1998 中的评论。

债务融资中的道德风险

为降低道德风险产生的信息成本，一种可行的方式就是使用债务融资而非股权融资。例如，假设你不是将 47 500 美元以股权的形式投资于书店并接受 95%的书店收益，而是借给里德 47 500 美元并要求他支付 10%的固定利息。这样，你每年就能得到 4 750 美元。由于出借资金能获得固定的利息支付，所以你（或你的会计）就不必对里德书店的运营情况进行监督，除非他不能偿付本金或利息，即对贷款违约。只要里德始终对你进行偿付，书店每年报告的盈利无论是 1 万美元还是 10 万美元都无关紧要。在很多情况下，债务融资的监督成本较低，所以它比股权融资更有吸引力。[1]

尽管在很多情况下，债务融资相对于股权融资来说可以降低道德风险问题，但是却不能消除道德风险。由于债务合约允许借款者保有超过固定债务偿付额的利润，所以，借款者有承担更大风险来赚取利润的动机，而这种风险过大则不符合放款者的利益。为了说明这一点，假设你认为你借给里德的钱会用于购买书架和电脑。然而，一旦钱到了里德手
238 里，他可能会选择购买一台机器，该机器能向顾客发送下意识信息，告诉他们去买高价书。如果这台机器真能发挥作用的话，书店（还有里德）就会发大财。但更有可能发生的是，这台机器没有什么效果，他根本没法赚到钱来偿还你。即使是使用债务合约也存在道德风险。金融市场采用债务合约的限制性条款来避免债务融资中的道德风险。

你在给里德贷款给时遭遇到道德风险，其所产生的基本问题在于里德可能会把所得的贷款资金用于高风险项目上。即使他没有 2.5 万美元的净值来为其风险性投资做担保，但你仍可通过在债务合约中对里德的经营管理活动施加限制来降低道德风险的可能性，这种限制被称为**限制性约定**（restrictive covenants）。在企业借贷中最为常见的限制性约定就是对借款者的风险承受水平施加限制。例如，放款者可以限制借款者只能购买某些特定的商品，或者禁止借款者购买其他企业股票。

第二种限制性约定要求借款者的净值保持在某一最低水平之上。例如，如果你申请一笔抵押贷款用于购房，银行可能会要求你购买足够的人寿保险，这样即便是你在抵押贷款还清之前就过世了，也能保证偿付贷款。企业也会被要求保持一定水平的净值，尤其是流动性资产，以减少承担过高风险的动机。

金融市场在处理债务合约中的道德风险问题时，通常都坚持要求企业家或公司经理使其自有资金也处于风险之中。这样，如果他们作出了错误的决策，投资于高风险项目，就会增加使像里德那样的内部人损失自有资金的机会，因而会降低将外部投资者的资金投资于高风险项目的动机。假设里德把 2.5 万美元而非 2 500 美元的自有净值（其资产与负债之差）投资于书店。他在作出管理决策时可能就会更加谨慎。因此，一般来说，公司经理投入的净值（股权资本）越多，由道德风险引发问
239 题的可能性就越小，因而公司债务融资的能力就越强。当其投入的净值水平很低时，由道德风险引发的问题使得公司无法进行债务融资。

第三种限制性条款常见于消费信贷，即要求借款者维持其提供给放款者的担保品价值。例如，如果你用贷款购买一辆新车，你就必须购买最低数额的保险，以防汽车被盗或被撞；如果你没有还清贷款，就不能

---

〔1〕许多分析人士认为，20 世纪 80 年代，公司使用债务融资显著增加，使用股权融资减少，反映了人们试图降低委托—代理问题给股东带来的成本。

把该车卖给朋友。如果你申请抵押贷款来购房，你也必须对房屋进行保险，并且在你还清抵押贷款之前，你不得变卖你的房产。

然而，限制性条款会使债务合约变得更为复杂，降低了储蓄者在二级市场将其出售的能力。而监督公司是否实际遵守了限制性条款的成本进一步限制了其可出售能力和流动性。最后，限制性条款无法保证放款者免受借款者每一项高风险活动所可能带来的损失。

延伸思考

物价下降会提高信息成本吗?

借款者较高的净值水平会降低由逆向选择和道德风险带来的信息成本。然而，借款者净值的突然下降会增加放款的信息成本，有时候这种信息成本会很高，严重降低借款者的融资能力，使其无法购买厂房、设备和创造就业机会。净值、融资能力与经济三者之间关系的经典例证就是债务紧缩（debt deflation）。在债务紧缩时，物价下降会提高公司未清偿债务的真实价值，降低公司的净值。因此，储蓄者知道逆向选择和道德风险发生的可能性会增加，因而他们只向最安全的借款者（例如政府）放款，而降低了向其他借款人放款的意愿。公司面临严峻的信贷下降，会大幅度削减支出，经济活动水平因而下降。

最著名的债务紧缩例证发生在 20 世纪 30 年代初的大萧条时期。1929—1933 年间，物价下降使得借款者的真实债务负担提高了近 40%。产出下降和通货紧缩的综合效应使借款者的净值急剧下降，借款者获得贷款的能力因此受到限制，导致贷款、投资和就业大幅度下降。某些特定部门也会出现债务紧缩的现象，最近的例证包括 20 世纪 80 年代初期中西部地区农地价值的暴跌、80 年代中期石油价格的下跌以及 80 年代末至 90 年代初波士顿和纽约地区商业地产价格的急剧下降。在每一个例子中，由于债务紧缩引起的借款者净值下降都会提高借款者的融资成本，因为此时逆向选择和道德风险的严重性更为突出。2006 年，许多经济学家都担心美国房价的下跌可能会引发债务紧缩。

测试点拨

周期性行业的公司（指其利润随经济景气循环而起伏的公司）与非周期性行业的公司相比，其借款较少。如果债务融资比股权融资的监督成本要低，为什么不是所有的公司都依赖债务融资呢?

使用债务融资策略来降低道德风险是基于这样的假设，即借款公司的利润波动能反映出其管理者的努力程度。如果公司的利润波动大多反映总体经济盈利能力的波动情况，那么当公司利润下降且无法偿还债务时，过多的债务会使公司破产。因此，只有那些盈利能力基本不依赖经济波动的公司才更多地使用债务融资。

信息成本与金融中介机构

信息成本与交易成本的存在既增加了借款者的融资成本，又降低了放款者的预期回报，进而降低了金融市场的有效性。我们已经考察了股权和债务融资中的逆向选择和道德风险问题。除了金融市场参与者为减少这两种成本作出了回应外，在美国和其他大多数工业化国家，金融中介机构也发挥着重要的作用。

回忆一下，企业的大部分资金来自当期和累积盈余，而非金融市场。第二次世界大战以来，美国的非金融性公司所需资金三分之二以上来自企业内部，其他主要工业化国家也有类似的模式。在德国、日本和美国，公司绝大部分资金都不是通过在金融市场发行股票或债券筹集的，大部分所需的外部资金都是通过诸如银行等金融中介机构筹集的，如表 11—1 所示。

表 11—1　　企业融资来源

240

	金融市场	金融中介机构
美国	45%	55%
德国	12%	88%
日本	14%	86%

企业更主要依靠金融中介机构来筹集外部资金。

资料来源：1970—1996 年美国的数据来自 Board of Governors of the Federal Reserve System，*Flow of Funds Accounts*，各期。德国和日本的数据来自 Reinhard H. Schmidt，"Differences Between Financial Systems in European Countries：Consequences for EMU，" in Deutsche Bundesbank，*The Monetary Transmission Process：Recent Developments and Lessons for Europe*，Hampshire：Palgrave Publishers，2001，p. 222。

金融中介机构与逆向选择

金融中介机构尤其是银行，擅长收集有关借款者违约风险的信息。银行从存款人那里筹得资金，然后利用其出众的信息，再把资金贷给风险适度的借款者。由于银行能比个人储蓄者更好地区分合格借款者和不合格借款者，所以银行会通过对其贷款收取比其付给存款人利率更高的利率来赚取利润。

银行通常通过持有其发放的贷款而避免搭便车的问题。因此，投资者无法观察到银行的经营活动，也无法通过模仿银行的行为而获利。银行持有的贷款不在金融市场上交易，银行凭收集信息来赚取利润。

银行在降低逆向选择成本上的信息优势很大程度上解释了其在提供外部融资中发挥的重要作用。它在评估借款者资质以减少逆向选择的可能性方面的专业化优势也可以解释为什么大多数不知名的中小企业在需要外部融资时选择银行，而成熟的大型公司则选择股票和债券市场来进行融资。

测试点拨

在高成长性生物技术产业中有一家新创公司，面临一个利润丰厚的投资机会，其创建人为何没有发售公司新股筹集资金来进行投资呢？

逆向选择使新兴成长性产业中的公司具有极高的信息成本。投资于金融市场的储蓄者面临区分合格公司与不合格公司所产生的高昂信息成本，会对这些产业中的所有公司都要求一个较高的回报率，以弥补他们有可能投资于不合格公司的风险。因此，资质优良公司的股票价格将被低估，这些公司宁愿选择利用内部资金或从银行贷款来实现公司的成长，因为银行在降低逆向选择的问题上有专长。

金融中介机构与道德风险

大型投资者通常比个人投资者能更成功地解决在收集公司管理者行为信息上所产生的搭便车问题。如果一家大型投资者（如金融中介机构）持有公司较大份额的股票，它就有动机来密切监督其代理人是如何使用其资金的。

网页推荐：
http://www.ventureeconomics.com
提供有关风险投资趋势的信息。

某些**风险投资公司**（venture capital firms）非常成功地利用了这种方法。风险投资公司从投资者那里筹集股权资本，然后投资于新兴或成长性产业的新创企业。风险投资公司强调持有较大比例的公司股票并成为公司董事会的一员，以便更密切地观察管理层的行为。此外，当风险投资公司认购了一家新创公司的股票后，它会持有这些股票。也就是说，这些股票不会转售给其他投资者。因此，风险投资公司规避了搭便车的问题：其他投资者无法利用其监督的成果取得利益。这样，风险投资公司就能从其监督活动中赚取利润，减少道德风险带来的信息成本，并改善了资金从储蓄者传递到借款者的配置效率。

241 金融中介机构降低了委托—代理问题所带来的成本，但这些努力并非只是针对新创公司的。**私募股权基金**（private equity）和**企业重组公司**（corporate restructuring firms）筹集股权资本，认购大量成熟企业的股份，以减轻搭便车的问题。（参见 www.awlonline.com/hubbard 上的案例研究）。在 20 世纪 80 年代，许多此类公司的领导人（包括伊万·伯施基（Ivan Boesky）、卡尔·伊坎（Carl Icahn）、T·布恩·皮肯斯（T. Boone Pickens）和亨利·克拉维斯（Henry Kravis）都变得很富有且声名显赫（或是臭名昭著）。

无论何时，只要监督成本很高（正如在债务融资中放款者必须确定借款者附加了限制性条款），就可能产生搭便车问题。作为个人储蓄者，你会发现监督里德·摩尔或通用汽车公司（如果你买了通用公司的债券）的行为要付出很高的代价。因此，你以及其他像你一样的人最有可能试图寻求搭便车，即利用别人的监督成果。借款者十分清楚你和像你一样的人很难对公司行为进行监督，并且认为放款者不会花费监督成本，他们就会被诱使违反限制性条款。

金融中介机构，尤其是银行的存在会减少这一问题的发生，并且通过充当众多个人存款者（将资金存放在金融中介机构的人）的代理监督人（delegated monitors）而赚取利润。（我们将在第 13 章考察银行的这一作用。）当诸如银行的金融中介机构持有其所贷出的贷款时，其他投资者就无法搭便车，即无法利用金融中介机构的监督成果。作为代理监督人，金融中介机构降低了道德风险的信息成本，并改善了资金从储蓄者传递到借款者手中的效率。大多数放款都是通过金融中介机构来进行，而非通过直接发行可流通证券来进行，原因即在于此。

图 11—1 总结了应对道德风险和逆向选择问题的方法。

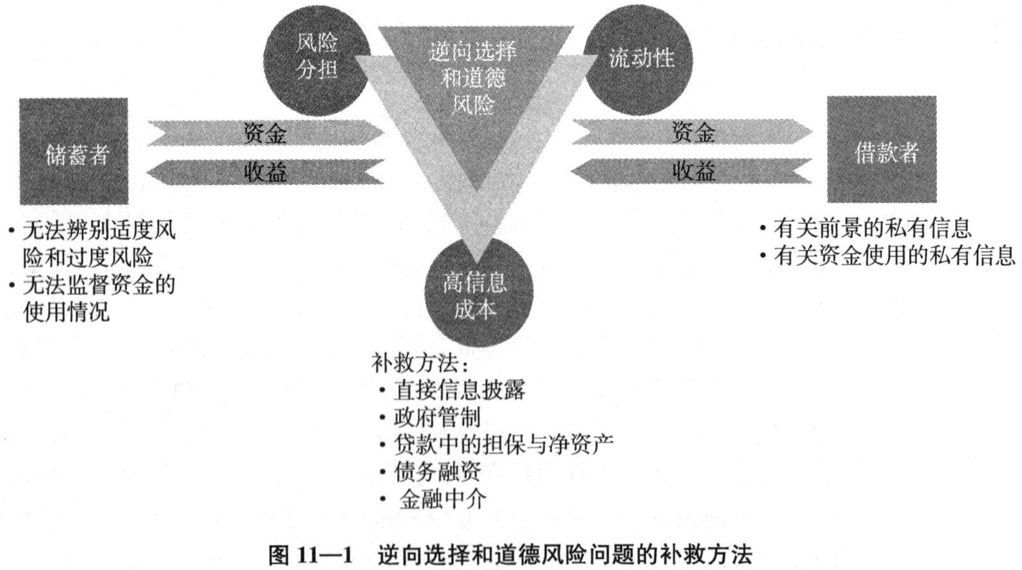

图 11—1　逆向选择和道德风险问题的补救方法

当借款者和储蓄者在资金使用和前景方面具有私人信息时，对于储蓄者来说，信息成本就会增加，在逆向选择问题中，储蓄者无法分辨适度风险和过度风险；在道德风险问题中，储蓄者无法监督资金的使用情况，这些问题阻碍了资金流动到借款者手中并返回给储蓄者。

博闻广识

投资者保护与经济增长

242 经济学家们利用跨国数据所作的最新研究表明，金融发展和经济增长之间存在联系。例如，弗吉尼亚大学的罗伯特·金（Robert King）和世界银行的罗斯·列维（Ross Levine）就提出了一个有趣的课题，即推动金融发展的制度性因素对资本的有效累积和配置也是重要的吗？[1]他们的研究成果提出了一个重要问题：各国针对逆向选择和道德风险的投资者保护存在的差异可以部分地解释其经济绩效的差异吗？

达特茅斯学院的拉斐尔·拉波塔（Rafael La Porta）、耶鲁大学的弗洛伦西奥·洛佩兹（Florencio Lopez-di-Silanes）和哈佛大学安德烈·施莱弗（Andrei Shleifer）以及芝加哥大学的罗伯特·维希尼的研究表明，各国在中小股东和债权人保护方面以及在裁决争端的司法体系效率方面都存在较大差异。[2]这些研究显示，在投资者保护较弱的国家（如法国和西班牙）中，公司内部人持股比例很高。而投资者保护较强的国家（如美国和英国），公司内部人持股比例则相对较低。

各国之间的这方面差异对经济绩效至关重要吗？答案是肯定的。在欠发达的金融市场上，往往对投资者免受道德风险和逆向选择影响的保护不力，而在这些经济体中企业家们持有的资产组合多样化程度也不够，因为他们必须持有更多的本公司股份。一份最新的研究也得出结论认为，在投资者保护较弱的国家中，公司投资和成长的资本成本要显著高于那些投资者保护较高国家的公司。[3]这一联系表明，政策对降低经济增长的信息成本具有重要影响。

[1] Robert G. King and Ross Levine, "Finance and Growth: Schumpeter Might Be Right," *Quarterly Journal of Economics*, 108: 717 - 737, 1993.

[2] Rafael La Porta, Florencio Lopez-di-Silanes, Andrei Shleifer, and Robert W. Vishny, "Law and Finance," *Journal of Political Economy*, 106: 1133 - 1155, 1998.

[3] Charles P. Himmelberg, R. Glenn Hubbard, and Inessa Love, "Investor Protection, Ownership, and Investment: Some Cross-Country Evidence," Working Paper, Columbia University, 2000.

关键术语和概念

信息不对称　　　搭便车　　　限制性条款

逆向选择	信息成本	交易成本
道德风险	净值	风险投资公司
担保品	委托—代理问题	企业重组公司
代理人	信贷配给	委托人
规模经济	私募股权基金	

总　结

1. 当放款的交易成本和信息成本很高时，金融市场无法有效地匹配储蓄者和借款者。

2. 交易成本使得小储蓄者投资于金融市场上债务和股权工具的成本高昂。金融中介机构通过汇集储蓄者的资金实现规模经济来降低交易成本。因此，个人储蓄者能从其储蓄中获得较高的回报，而借款者也能实现较低的融资成本。

3. 信息成本来源于信息不对称带来的两个问题：逆向选择（在交易前难以了解借款者的真实前景）和道德风险（在交易后需要监督借款者的资金使用情况）。逆向选择和道德风险产生了信息成本，降低了储蓄者的回报，提高了借款者的融资成本。

4. 减少金融市场上逆向选择成本的策略包括信息的直接披露以及在
243 金融合约中使用担保品和净值条款。

5. 委托—代理问题是指管理者（代理人）不像股东（委托人）那样追求利润最大化，这说明股权融资中存在道德风险。委托—代理问题的解决方法包括对信息披露进行监管以及使用债务融资来替代股权融资。

6. 债务融资中道德风险的成本可以通过最低净值要求和限制性条款的使用来降低。

7. 金融中介机构在将资金从储蓄者向借款者的传递中发挥了重要作用。这可以通过其在降低金融市场上逆向选择和道德风险的成本方面相对更加成功来加以解释。

复习题

1. 金融中介机构与小储蓄者相比，在处理发放贷款产生的交易成本上有何优势？

2. 区分信息对称与信息不对称，并说明这两者的差别为什么对金融体系至关重要？

3. 道德风险和逆向选择两者之间的区别是什么？它们又各自怎样导致了信息不对称？

4. 请解释为什么金融市场上的信息收集会出现搭便车问题？银行又是怎样克服搭便车问题的？

5. 请解释什么是“次品问题”？这一问题又怎样使得许多公司从银行借款，而非向个人投资者借款？

6. 为什么无力偿还银行贷款的数量随着利率的升高而增加？银行有没有比提高利率更好的策略？

7. 假设一家银行向一家企业发放了贷款，并在贷款合约中规定了这家企业不能从事的业务范围。这种类型的条款被称为什么？银行为什么会规定这样的条款？

8. 所有权和经营权分离导致的主要问题被称为什么？所有者不喜欢看到管理者的哪些行为？可采用哪些类型的解决办法？

9. 拥有成千上万名股东的大公司与只有少数股东的小公司相比，更可能还是更不可能受到委托—代理问题的损害？请解释。

10. 请描述在缓解逆向选择和道德风险带来的融资问题上，专业投资者或金融机构的机会何在？

分析题

11. 在二手车市场上有一台几乎崭新的汽车，其里程表显示只行驶了 2 000 英里，售价仅为其原价的一半。销售人员告诉你，这辆车是“帕萨迪纳市的一位老妇人驾驶的”，她只开了 2 个月就觉得这辆车的“颜色不适合她”。销售人员向你保证，这辆车车况良好，没有什么大毛病。在这个问题上，存在哪种信息不对称带来的问题？你又如何才能规避这一问题？

12. 为什么保险公司不出售收入保险？所谓收入保险就是，如果某人失去了工作或者没有得到预期的提拔，那么他就应因购买了保险而得到赔偿。

13. 在下述哪种情况下道德风险的问题可能有所缓解？请解释。

a. 支付给公司经理 15 万美元的固定工资。

b. 支付给公司经理 7.5 万美元的工资，外加公司利润的 10%。

14. 一位银行家正在考虑向一家小公司贷款。这家公司的老板拥有一套住房并拥有价值 4 万美元的股票和债券。这位银行家应该签订哪一种贷款合约才能使道德风险的成本最小化？

246 15. 金融市场上的信息问题使得公司更依赖内部资金而非外部融资来进行投资，请描述这些问题。这些问题是否一定意味着几乎没有什么好项目可以进行投资？为什么？

16. 你认为在东欧新兴股票和债券市场上次品问题可能会很重要吗？为什么？

17. 假设你持有白石公司发行的一些公司债券。如果这家公司经历了杠杆收购，你会感到高兴吗？为什么？如果这家公司被一家更大的公司接管，其违约风险因此而降低，你会感到高兴吗？为什么？

18. 在 20 世纪初期，J. P. 摩根公司在许多其投资的公司董事会中都派出自己的代表。评论人员们经常就该公司对工商业和金融业施加过度的控制而对其进行谴责。假设存在信息不对称问题，那么 J. P. 摩根公司在许多公司董事会中安插自己的代表这一措施能否改善整个金融体系的运作效率呢？

19. 平均来看，日本非金融性公司的财务杠杆比率要高于美国同类公司。这是否意味着日本公司在财务上比美国公司更脆弱呢？为什么？

数据题

20. 假设你认为逆向选择问题在股票市场上很重要。如果某家公司公布它要发行新股，那么从消息公布后这家公司已发行股票价格的数据中，你希望得到什么样的模式呢？请解释。

21. 汤姆森财务公司（Thomson Financial）的风险经济部提供风险投资业的信息。你可以到风险经济部网站 http://www.ventureeconomics.com 进行浏览。这个网站提供了什么信息能够帮助储蓄者和投资者应对该行业的道德风险和逆向选择问题？点击网站中的“统计”（Statistics）链接，并查看有关你所在州的最新风险投资活动报告。你发现了什么样的趋势？税收、监管以及知识产权保护程度怎样影响你所在州吸引风险资本投资的能力？

理论联系实际

《经济学家》，2006 年 4 月 22 日

《萨班斯-奥克斯利法案》的审理

244 在休斯敦的下城，对安然公司的审理进展迅速。但对美国和其他国家的企业而言，比这个能源公司前老板的命运更为重要的是另一个“审理”的结果。该项审理正处于关键阶段，即安然丑闻出现后，国会提出立法的阶段。

从一开始商界人士就不欢迎《萨班斯-奥克斯利法案》。最近几年很难找到一家上市公司的首席执行官不强烈地抱怨可怕的《萨班斯-奥克斯利法案》给公司带来沉重的负担。确实，最初的攻击不但没有消失，抱怨声反而越来越大。一些名人也加入《萨班斯-奥克斯利法案》反对者的
a 行列，如美联储前主席格林斯潘和 NASDAQ 股票市场的总裁鲍勃·格雷菲尔德（Bob Greifeld）。并且反对者不只是美国人。格利菲尔德说：“由于《萨班斯-奥克斯利法案》，现在国际工商界都清楚地觉察到美国市场存在的‘问题’。”

《萨班斯-奥克斯利法案》共包括五个不同方面的改革，以保护投资者免受未来“安然”的损害。第一，法案要求改善对公司董事会和高级管理人员潜在欺诈的内部监督，包括公司高层人员要保证公司财务报告的质量。第二，改善公司内部监督的新措施是聘用相关外部专业人士，如律师和审计师，这些专业人士有自己的监管机构，即美国上市公司会计监督委员会（PCAOB）。第三，更多的信息披露，包括公司的内部控制结构。第四，对内部人行为制定了新规则，例如禁止对高级管理人员贷款。最后，出台新规则，确保银行证券分析师的工作独立于公司的投资银行活动。

b 《萨班斯-奥克斯利法案》的反对者发现这五个方面的改革存在不同程度的缺陷。所有的批评者都赞同将该法第 404 条置于改革的最优先地位。该条规定了公司用于减少其财务报表中欺诈或错误风险的内部控制。第 404 条带来的负担是先前的积极支持者（如格林斯潘先生）现在却要求改革的主要原因。

第 404 条几乎可以肯定会提高实施该法案公司的内部控制质量。但
c 问题并不在于更好的控制是否就能使得风险降低（风险怎么能不降低呢），而是在于为减少风险是否值得付出这样的代价。

大多数的谴责都应该指向会计公司。尽管它们被公众认为是安然和世通丑闻的最大始作俑者，但也成为《萨班斯-奥克斯利法案》的最大受益者。按照证券交易委员会前委员乔·格伦菲斯特（Joe Grundfest）的说法，审计行业有几个动机“把第 404 条推向符合社会无效率的超警戒

点上”。审计公司为避免对其声誉的破坏和将因会计违规被起诉的风险最小化，将在第 404 条规则的几种可能解释（该条规则因含糊而引起了争议）中采用最审慎的解释。正如格伦菲斯特指出的那样：“第 404 条的要求越麻烦，审计行业（通过出售其服务）所赚的钱就越多”。

新闻分析

245 资本市场要在匹配储蓄者与借款者方面运行良好，必须有高质量的信息。将信息从公司传递给股东的最重要方式之一就是通过公司财务报表。这些财务报表（资产负债表、损益表、现金流量表）包含重要的信息，被认为是财务分析的“生命线”。对财务报表的通彻分析在减少逆向选择的信息成本方面发挥着重要的作用。

然而，当投资者从企业所有者或管理者那里获得关于公司前景和风险的虚假信息（因其财务报表被篡改）时，逆向选择的成本增加。这些成本的增加降低了股票的价值，提高了投资的资本成本。由于高层管理者篡改公司财务报表引发了 2001 年的公司会计丑闻，作为对此类事件的反应，国会通过了 2002 年《上市公司会计改革与投资者法案》（Public Company Accounting Reform and Investor Act of 2002），即众所周知的《萨班斯-奥克斯利法案》，简称“SOX”。

a. 工商界人士、经济学家和政策制定者仍对《萨班斯-奥克斯利法案》争论不休。法案的支持者认为，委托—代理问题的存在要求立法来确保公司管理者向公司所有者以及潜在投资者提供准确的信息。法案的反对者认为，《萨班斯-奥克斯利法案》的实施成本要远远超过该法案所能带来的收益，其实施成本包括会计成本以及管理层从经营公司中分出的管理时间成本。

《萨班斯-奥克斯利法案》的反对者，CRA 国际公司通过一项研究表明，大型公司第一年实施《萨班斯-奥克斯利法案》第 404 条的平均成本是 850 万美元，小型上市公司则为 120 万美元。他们指出，这个数字比证券交易委员会最初估计的每家企业实施成本为 9.1 万美元要明显高出许多。高昂的成本可能会使得小型公司放弃公开上市带来的流动性好处。

加拿大安大略证券交易委员会对在加拿大实施类似的监管规则进行了成本—收益分析。结论认为，小型公司的实施成本越高，改善财务报告给大型公司带来的潜在收益就越大，因为服从和执行该法案确实会带来正的净现值。要想查询这一研究的详细情况，请点击 http//www.osc.gov.on.ca/Regulation/Confidence/pic _ 20030627 _ cba-summary.jsp。在美国，财政部、商会和学术界已经认识到需要对此进行深入的研究。

更进一步的思考……

假定政府为进一步增加税收，决定对公司支付给股东的股利大幅度提高税率。这样的政府政策变化将怎样影响信息成本和公司治理?

资料来源：节选自“The Trial of Sarbanes-Oxley,” *The Economist*, April 22, 2006, p. 59. Copyright © 2006, The Economist Newspaper. Reprinted with permission。

金融学译丛·货币、金融体系与经济（第六版）

第4篇 金融机构

在第 4 篇，我们着重研究金融机构在经济中发挥的重要作用（即在储蓄者和借款者之间传递资金并提供风险分担、流动性和信息服务），以及这些作用是怎样随着时间的推移而变化的。在第 12 章，我们首先介绍金融机构，包括投资银行、经纪公司、有组织的交易所、互助基金、金融公司、保险公司、养老基金、商业银行、储蓄机构、信用社和政府金融机构。我们讨论每一种金融机构面临着怎样的竞争性挑战，它们是如何适应这些挑战的，以及它们在未来可能发生怎样的变化。

我们的重点放在银行上，因为银行是最大的金融中介机构，并在支付体系中发挥至关重要的作用。在第 13 章，我们描述银行类公司获取盈利的行为，并分析银行管理其存贷款业务风险所面临的问题。在第 14 章，我们考察了美国和其他国家银行业发展的决定因素，许多因素与政府监管有关。在第 15 章，我们研究了金融机构的监管，包括危机的类型、监管、金融体系的回应和监管者的回应。特别是，我们考察了监管模式，包括最后贷款人、竞争限制和存款保险。第 16 章为第 4 篇的结束章，强调了国际银行创造的新市场，以及金融监管影响并适应国际银行服务的方式。

第 12 章　金融机构的功能

248 对于金融机构来说，20 世纪 90 年代末期和 21 世纪初是充满挑战的时期。竞争、管理松懈、决策失误使得许多储蓄机构和银行在 20 世纪 90 年代初期破产。许多幸存下来的银行通过合并扩大了市场，并通过规模经济效应降低了成本。1995 年，银行业巨头大通银行（Chase Bank）与化学银行（Chemical Bank）合并组成了美国最大的银行。到 1998 年，花旗集团（Citicorp）和旅行者集团（Travelers）、美洲银行（Bank America）和国民银行（NationsBank）、德意志银行（Deutsche Bank）和信孚银行（Bankers Trust）都进行了合并，组成了更大的银行。国会于 1994 年和 1995 年通过的新法案开启了银行和其他金融机构的新一轮竞争。1994 年，梅隆银行（Mellon Bank）收购了一家在市场占主导地位的互助基金——德雷福斯基金（Dreyfus）；1998 年花旗集团和旅行者集团的合并创立了一个金融超级市场。所有的这些变化使得不同类型金融机构之间的界限越来越模糊，给金融机构带来了更多的机会，也为储蓄者和贷款者提供了更新、更优质的服务。的确，2006 年世界最大（按资产规模衡量）的三家金融机构——巴克莱银行（Barclays Bank）、瑞士银行（UBS）和三菱东京日联银行金融集团（Mitsubishi UFJ Financial Group）能提供各种各样的金融服务。

在本书的第 4 篇中，包括本章，我们考察金融机构在金融体系中的作用。为了理解那些已经发生和将要继续发生的变化，我们描述金融体系中下列组织机构的传统角色。

1. 证券市场机构：投资银行、经纪公司和有组织的交易所。
2. 投资机构：互助基金和金融公司。
3. 契约储蓄机构：保险公司和养老基金。
4. 存款类机构：商业银行、储蓄机构和信用社。
5. 政府金融机构。

网页推荐：
http://www.federalreserve.gov/releases
提供了金融机构控股的最新数据。

虽然证券市场机构并不是金融中介机构，但是我们把它们放到金融中介机构中来加以讨论，因为它们有助于匹配金融体系中的储蓄者和借款者。我们在本章着重讨论金融机构的风险分担、流动性和信息功能，以及在匹配储蓄者和借款者中发挥的作用。我们也描述每一类型的金融机构所面临的挑战，以及它们是如何应对这些挑战的。

金融中介机构掌管着金融体系中相当大一部分资产。表 12—1 列出了每种金融机构持有资产的份额和在过去约 45 年里每种金融机构持有资产的变化情况。正如我们将要看到的那样，这些变化反映了竞争、监管和金融创新。我们只有首先理解这些金融机构的传统角色，才能理解这些变化以及这些变化的影响。本章将会给出这些信息，并分析监管和竞争环境方面的重要变化，正是这些环境的变化使得每种金融机构不断创新，它们或是为储蓄者和借款者提供新的产品，或是改变它们的业务方式，以此来适应环境的变化。

表 12—1　　美国的金融中介机构

249 机构种类	资产（10 亿美元）	占全部金融中介机构总资产的比率（%）				
	2006 年	1960 年	1970 年	1980 年	1990 年	2006 年
互助基金						
货币市场互助基金	2 014	0.0	0.0	1.8	4.4	5.2
其他类型的互助基金	6 751	2.9	3.5	1.6	5.7	17.6
金融公司	1 300	4.7	4.7	4.9	5.4	3.4
保险公司						
人寿保险公司	4 479	19.4	14.8	11.0	12.1	11.7
财产和意外伤害保险公司	1 280	4.4	3.7	4.3	4.7	3.3
养老基金						

续前表

机构种类	资产（10亿美元）	占全部金融中介机构总资产的比率（%）				
	2006年	1960年	1970年	1980年	1990年	2006年
私募养老基金	4 876	6.3	8.1	12.0	14.4	12.7
州和地方政府退休基金	2 791	3.3	4.4	4.7	6.5	7.3
存款类机构						
商业银行	9 528	38.2	37.2	35.7	29.3	24.8
储蓄机构	1 829	18.8	18.8	18.8	12.1	4.8
信用合作社	708	1.1	1.4	1.5	1.9	1.8
政府金融机构	2 829	1.0	3.4	4.2	3.7	7.4
	总额：38.4万亿美元					

说明：截至2006年3月31日。

资料来源：Board of Governors of the Federal Reserve System, *Flow of Funds Accounts: Flows and Outstandings*, June 8, 2006. Federal Reserve Flow of Funds, http://www.federalreserve.gov/RELEASES/z1/Current/z1.pdf.

证券市场机构

证券市场机构（securities market institutions）具体包括投资银行、经纪商和交易商以及有组织的交易所，它们增强了金融市场的效率。这些机构降低了匹配储蓄者和借款者的成本，同时提供了风险分担、流动性和信息服务，使得金融市场稳健运行并有效地发挥其功能。功能良好的市场可以为市场参与者形成价格信息，使得投资者作出明智的资产组合配置决策。证券市场机构不是金融中介机构，因为它们并不从储蓄者那里借入资金然后贷给借款者。它们仅仅是使投资者更加容易地寻找到合适的借款者，从而降低了借款者筹集资金的成本。

我们分两步来讨论证券市场机构。首先，我们解释投资银行怎样收集信息并帮助借款者在一级市场上通过股票和债券来筹集资金。然后，我们讨论经纪商、交易商和有组织的交易所在为二级市场提供流动性上发挥的作用。具有流动性的二级市场可为储蓄者和借款者提供信息，并为储蓄者提供风险分担服务。

信息：投资银行

承销 **投资银行**（investment banks）帮助企业在一级市场上筹集新资本，并且为其推荐最佳筹资方式：或是建议发行股票，或是构造一个
250 对投资者有吸引力的债务工具。投资银行**承销**（underwriting）企业新股票或债券发行是其赚取收益的方式之一。承销商保证以一定的价格从发行企业买入新发行的证券，然后以更高的价格出售这些新发行的证券，赚取利润即价差（spread）。为了赚取这个价差，担任承销商的投资银行承担着证券无法转售给投资者的风险。

除了承销，投资银行还可以在其他条件下出售发行的证券。例如，投资银行可能不会对高风险的新发行证券提供价格保证。价格波动的风险使得投资银行对发行企业作出包销的承诺变得小心翼翼。投资银行可能不再保证发行价格，而是按照“足额执行”（all-or-none）的方式来进行销售。在这种方式下，投资银行按照发行价格将发行的证券全部销售出去后，发行证券的公司才能得到资金。另一种承销方式叫作“代销”（best efforts），投资银行并不担保承销多少证券，只是尽其所能地向投资者销售证券。

数量较少的证券发行可能由单个投资银行来承销，而数额巨大的证券发行一般是由若干投资银行来进行承销，这些投资银行的集合叫**辛迪加**（syndicates）。在辛迪加承销中，牵头的投资银行作为主承销商，获得一部分价差收益。其余的价差收益由购买新发行证券的辛迪加成员和向公众销售新发行证券的经纪商分享。投资银行家通过《华尔街日报》刊载广告向机构投资者（例如养老基金或保险公司）以及个人储蓄者销售新发行证券。主承销商包括诸如美林证券公司、高盛公司和瑞士信贷集团等一些大型证券公司。

承销降低了借贷双方的信息成本，这是因为投资银行用自身的声誉支持其所承销的公司，使投资者增强了对该新发行证券的信心。此外，规则要求证券发行公司向投资者披露股票或债券的信息，向投资者提示风险，以防止欺诈。在美国公开发行证券必须在证券交易委员会（Securities and Exchange Commission，SEC）注册，该委员会是根据1933年和1934年《证券交易法》（Securities and Exchange Acts，SEA）授权设立的联邦政府监管机构，而《证券交易法》是为了规范在20世纪20年代声名狼藉的承销做法而制定的。发行证券的公司需要向美国证券交易委员会报送一个招股说明书文件，在该文件中披露公开上市证券发行的长期信息。

在20世纪80年代，由于利率的剧烈波动，承销债券发行的风险增

大。同时，承销费却下降了，这主要是因为美国证券交易委员会第 415 号规则允许发行公司先注册申请发行的新证券，然后可以等待 2 年的时间销售该证券。在等待的时间里，发行人可以在预期承销费将要降低的时候发售证券，因此，加剧了承销商之间的竞争。第 415 号规则还通过另一种方式加剧了承销商之间的竞争，即允许发行人在注册后选择承销商，这使得发行企业可以更加灵活地与投资银行讨价还价。在 20 世纪 80 年代中后期，这种讨价还价使得承销商的承销费收入降低了，它们只好以其自有账户买入债券以增加收入。

自 20 世纪 80 年代以来，投资银行还从事公司重组、合并和收购业务。为此而持有的大量公司股票是用高风险债券筹资买入的。金融家运用投资银行发行垃圾债券筹集了大量的风险性债务，垃圾债券是指信用评级低于 Baa 级（穆迪投资者服务公司）或者低于 BBB 级（标准普尔公司）的债券。也是在 20 世纪 80 年代，投资银行可以从事商人银行业务，即投资于正在进行重组的企业，将其自有资金置于风险之中。

251 **最新趋势** 20 世纪 90 年代，投资银行成为去杠杆化（deleveraging）的主角，即帮助企业在公开市场上筹集股权资本以减轻其债务负担。再则，交易利润、客户资金管理费和咨询费等成为投资银行的重要收入来源。随着投资银行核心业务即承销业务不再获利丰厚，投资银行在为储蓄者和借款者提供服务上获得了成功，这使得投资银行仍有能力在储蓄者与寻求外部融资的企业之间进行匹配。2000 年、2001 年和 2002 年，美国的股票价格大幅度下跌，显著地削弱了投资银行的业务活力。另外，某些投资银行因参与公司会计丑闻而在 2001 年和 2002 年受到惩罚。投资银行业正在寻求途径将更有效率的分析研究活动与承销业务分离开来，以避免利益冲突。直到 2006 年，投资银行业务仅仅在欧洲部分地区有所增长，可能是因为在这些地区首次公开发行和公司重组正在兴起。

测试点拨

为什么许多股票和债券的发行者使用承销商呢？

成功的承销商善于收集金融市场的信息，并将这些消息传递给其客户。投资银行收集证券发行企业的信息，并将其自身声誉置于其承销的证券发行之中。投资银行的背书对于发行公司具有特别重要的价值，因为小投资者几乎不了解发行者的情况，但相对更了解那些大型投资银行。

流动性和风险分担：二级市场

在证券首次发行后，能以低成本对其进行买卖会增加这些股票、债券和其他金融工具的流动性。例如，如果一个投资者不能确定在她需要资金时能卖出股票，她就不会购买固态公司的股票。她很可能会转向其他投资工具，如银行存款，这样她就可以更容易地将其转换为现金。如果存在这样一个场所，在这里，证券可以很容易地转换成现金，就增加了证券的流动性，而二级市场就是这样一个场所。

经纪商和交易商 当证券卖方想将证券转换为现金时，经纪商和交易商通过找到买方来促进金融市场上的证券交易。在二级市场上匹配买卖双方所需的时间和成本降低会改善这些市场的流动性。**经纪商**（brokers）通过匹配特定市场上最终的卖方和买方而获得佣金收入，**交易商**（dealers）在最终的卖方和买方之间进行交易：他们持有证券存货，将其以高于买价的价格卖出，从而获得买价与卖价之间的价差收益。证券市场最大的公司（例如美林证券）既是经纪商，又兼交易商（投资银行通常都是这样）。这种"经纪商兼交易商"的运气随着股票和债券价格的升降以及投资机会的多少而忽高忽低。其盈利在 20 世纪 80 年代中期时曾非常高，在 1990 年下跌到零，在 20 世纪 90 年代的大部分时期稳定在较高水平上，但是在 2000—2002 年期间又下降了，在 2003—2006 年期间又恢复到较高的水平。

为了强化经纪商和交商提供的服务的流动性，美国证券交易委员会严格规定经纪商和交易商应确保信息披露，防止欺诈，限制基于内
252 **幕信息**（insider information）所进行的交易。内幕信息是组织内部人员或参与交易方（如参与两家公司合并事宜讨论的成员）可得而一般公众却不可得的信息。历史上，从 20 世纪 30 年代直到 1975 年，美国证券交易委员会也监管经纪佣金。自 1975 年以来，由于竞争的加强，投资者现在支付的佣金显著下降，特别是雇用折扣经纪商的大型机构投资者和个人投资者更是如此。这样二级市场的流动性得以提高。折扣经纪商（例如嘉信理财）佣金较低，但其提供的服务很少（例如没有投资信息库和最低限度的投资建议），无法与那些提供全方位服务的公司（如美林公司）相比。1975 年佣金降低之后，交易量快速增长。与之相似，英国于 1986 年放松对佣金的管制（即"大爆炸"），还有加拿大（1983 年）、澳大利亚（1984 年）、法国（1988 年）、荷兰（1990 年）和日本（开始于 1998 年）都放松了对佣金的管制，普遍扩大了交易量。

新闻解读

新发行的铭牌

如果想知道投资银行安排的重要金融发行，你只需要看一看《华尔街日报》就可以了。证券发行广告叫作"铭牌"，它陈述了发行的数量和价格，以及有关的投资银行。在下面这个铭牌上显示的是，马克西姆集团公司（Maxim Group）和查顿资本市场公司（Chardan Capital Markets）这两家投资银行牵头发售 SORL 汽车零件公司的 4 285 714 份股票。

一些证券发行可能会通过投资银行的海外分支机构在国外发售给外国投资者，这凸显了现代金融体系中，国际借贷的重要性。

November 30, 2006

This announcement is under no circumstances to be considered as an offer to sell or as a solicitation of an offer to buy any of these securities. The offering was made only by the Prospectus.

4,285,714 Shares of Common Stock

SORL

SORL Auto Parts, Inc.

Follow-on Equity Offering

Price $7.25 Per Share

NASDAQ Global Market: SORL

Maxim Group LLC
Sole Book Runner

Chardan Capital Markets, LLC

Copies of the Prospectus may be obtained in any State or jurisdiction in which this announcement is circulated from only such of the undersigned or other dealers or brokers as may lawfully offer these securities in such State or jurisdiction.

资料来源：SORL Auto Parts ad that appeared in *The Wall Street Journal*, December 1, 2006, p. C5. Reprinted with permission.

253

证券交易所 证券交易方式有两种：证券交易所交易和场外交易。**证券交易所**（Exchange）是进行证券交易的有形场所。本质上，证券交易所是为证券提供一个拍卖市场的机构：资产从出价最低的提供者那里买入，卖给出价最高的购买者。交易所并不制定价格，而是为金融资产的买方和卖方提供匿名交易的途径，降低了储蓄者的信息成本。

美国最著名的证券交易所是设在纽约的纽约证券交易所（New York Stock Exchange，NYSE）和美国证券交易所（American Stock Exchange，AMEX），另外，还有其他各种各样的区域性证券交易所。证券交易所本身以及与美国证券交易委员会合作监管交易做法并严禁内幕交易。全世界共有142个证券交易所，（按照其正式建立的日期）由远及近排列则是：伦敦证券交易所（1773年）、巴黎证券交易所（1802年）、东京证券交易所（1818年）和悉尼证券交易所（1872年）。自从欧元在1999年诞生以来，分析家认为欧洲的证券交易所很可能走向一体化。2000年，巴黎证券交易所、阿姆斯特丹证券交易所和布鲁塞尔证券交易所联合组建了欧洲证券交易所（Euronext），它是欧洲证券交易所一体化的产物。2006年，纽约证券交易所提议与欧洲证券交易所合并。

发行企业的规模决定了该股票在哪一个交易所挂牌上市。美国历史悠久的大公司是在纽约证券交易所挂牌上市，而那些不太知名的公司则在美国证券交易所上市，那些成立不久的小公司股票则在场外市场进行交易，我们稍后将简要讨论场外交易市场。

在纽约证券交易所，买卖双方通过一个股票经纪商兼交易商在交易大厅进行撮合，经纪商兼交易商就是所谓的**专家**（specialist），它们通常代表一种及以上的股票。例如，你发出购买100份通用汽车股票的指令，你的经纪商将你的指令发送给通用汽车公司股票的专家，该专家充当经纪商，将价格相同的买卖指令汇集在一起。然后再充当交易商，运用自己的存货将你的买入指令与其他人的卖出指令进行撮合。专家制度通常运行良好，但是在金融恐慌的时候，该制度会带来市场的脆弱性，1987年10月19日股票市场暴跌期间就发生了这一情况。

网页推荐：
http://www.gpoaccess.gov/eop/index.html
在第2章中提供了交易所监管问题的评论。

场外交易 经纪商兼交易商也在**场外交易市场**（over-the-counter (OTC) markets）上对买卖双方进行撮合。在市场上，交易通常是通过电话和电脑进行的。场外交易市场的快速增长得益于计算机技术的发展。交易商通过电脑屏幕监视个股发行的情况，对市场进行跟踪。根据1975年《证券法修正案》（the Securities Amendment Act），美国证券交易委员会推动建立了交易证券的统一安排，即全国市场系统（National Market System）。通过全美证券交易商协会（National Association of Securities Dealers，NASD），经纪商兼交易商的会员进行自律管理。全国市场系统通过1971年开发的全美证券交易商协会自动报价系统（National Association of Securities Dealers' Automated Quotation (NASDAQ) System）提供电脑化报价。1998年11月，全美证券交易商协会（NASD）与美国证券交易所合并，组成了一个可以进行拍卖市场交易和场外市场交易的公司。在美国以外，法兰克福证券交易所的新市场（Neuer Market）成立于1997年，并成功地将德国新创企业引入该市场上市。NASDAQ也持有欧洲证券交易商协会自动报价系统（EASDAQ）的小部分股份，该市场于1996年成立，设在比利时的布鲁塞尔，被称为“欧洲的纳斯达克市场”。

交易债券 美国国债和美国政府机构债券市场是世界上最具流动性的市场，其买卖价差也很小。虽然一些著名公司（例如通用汽车公司和IBM）发行的某些债券具有较高的流动性，但是大多数公司债券相对缺乏流动性。这些公司债券通常在有组织的交易所（例如纽约证券交易所）
254 进行交易。公司债券的二级市场交易绝大多数是通过场外市场进行的。由于这些公司债券相对缺乏流动性，公司债券的买卖价差相对美国政府债券来讲要高一些（成长中的欧洲和日本公司债券市场也是如此）。对于公司债券来说，信用评级越高，买卖价差与评级低的债券相比就越低。

最新趋势 经纪商、交易商和证券交易所的业务活动改善了二级市场的流动性。在世界范围内，这些机构正在面临调整以适应计算机技术的发展。许多经纪商和交易商为投资者提供了更多的电子通信的机会。交易所也受到了技术变革的影响。1971年，在纽约证券交易所交易的股票占到美国全部股票交易的3/4，而在1991年，在该交易所交易的股票仅为全国的1/2。

在纽约证券交易所外的场外网络系统中，大型卖方和买方利用电子拍卖系统进行交易，降低了交易成本，提高了市场流动性。20世纪90年代末期，来自电子交易的竞争降低了主要交易所交易席位的价格。在其他国家，电子交易系统被多伦多、巴黎、伦敦、布鲁塞尔、马德里、悉尼和哥本哈根的交易所引入。世界各地证券交易所的最新竞争对手是在线网上交易（e-trading），它可以让交易者在家里进行交易，其服务更高效、成本更低、让人更觉得舒适。

大多数分析人士认为电子化交易最终会取代传统的集中交易成为主要的交易形式，降低证券交易所的权威地位。然而传统的交易所依赖专家级流动性提供者，他们实际上与交易所密不可分。而在电子市场上，任何拥有现金和电脑的投资者都能提供流动性，这种现象从当日交易者（day trader）的个人网上交易公开行为中就可以看出，并且侵蚀了传统经纪公司的利润空间。

电子通信网络（electronic communications networks，ECNs）占据了大型网上交易系统的先锋地位，正在对美国股票市场重新进行定义。电子通信网络是创新性的股票交易系统，它依靠电脑软件来撮合买卖方的交易指令。一般来说，其交易成本比传统的交易所更低廉，更适合机构投资者使用。在 2003 年，纳斯达克市场采用了电子通信网络系统。然而许多分析人士认为，电子通信网络系统将会在不远的将来成为交易所交易股票的主要交易载体，尤其是因为它能降低交易成本以及为大型投资者提供匿名交易方式。

投资机构

投资机构（investment institutions）包括互助基金和金融公司，它们将筹集到的资金投资于贷款和证券。

互助基金

互助基金（mutual funds）是汇集众多小额储蓄者的零散资金，并将这些资金投资于由股票、债券、抵押贷款以及货币市场工具等有价证券构成的多样化资产组合的金融中介机构。

互助基金通过卖出金融资产组合的份额来获得储蓄者的资金，然后运用众多储蓄者的资金来维持和扩大这些资产组合。互助基金为储蓄者提供了降低交易成本的优势。储蓄者可以一次性购买基金份额，而不必分别购买多种股票、债券或者其他金融工具，从而节约了每次交易都必须花费的交易成本。互助基金将其资产组合分散到多种资产上，提供了
255 风险分担的好处，还通过保证迅速回购储蓄者持有的份额，提供了流动性的好处。此外，基金管理公司即基金管理人（比如富达公司）擅长收集不同类型投资的信息。

美国的互助基金历史可以追溯到于 1924 年 3 月组建的马萨诸塞投资者信托基金（由马萨诸塞金融服务公司管理）。该基金在营销时强调互助基金的用途是为退休的储蓄者实现资产组合多样化。在 1924 年末，道富投资公司（State Street Investment Corporation）成立；1925 年，普特南管理公司（Putnam Management Company）引入了其公司型投资基金。这三个投资管理人仍然是互助基金业的主力军。

网页推荐：
http://
www.ici.org
提供了互助基金的信息。

基金的种类 互助基金按其运作方式分为开放式基金和封闭式基金。在**封闭式互助基金**（closed-end mutual funds）中，互助基金公司发行固定数量不可赎回的基金份额，投资者可以在场外交易市场像交易普通股票一样来交易这些基金份额。基金份额的价格围绕其资产的内在价值波动。由于基金管理质量和基金份额流动性的差异，基金份额会以相对于基础资产的市场价值折价或溢价的方式销售出去。更常见的是**开放式互**

助基金（open-end mutual funds），这种基金发行的份额是可以赎回的，其赎回价格取决于基金资产的内在价值。

大多数互助基金是**免佣基金**（no-load funds），即它们仅仅从管理费（通常是资产额的 0.5%）中赚取收益，而不收取销售佣金。与之对应的是**收佣基金**（load funds），它们对基金份额的买卖收取佣金。

最大一类互助基金是投资于股票和债券等资本市场工具的基金，它们的资产在 2006 年达到 67 510 亿美元，大型互助基金管理公司如富达（Fidelity）、先锋（Vanguard）和德雷福斯（Dreyfus）提供了许多可选择的股票和债券基金。一些基金持有多种多样的股票和债券；而另外一些基金则专门投资于某个特定产业或部门的证券：还有一些基金是指数基金，它们投资于一个固定市场篮子的证券组合（例如 S&P500 公司的股票）。大型互助基金公司也提供专门投资于外国证券的基金，使得小投资者通过这一便利途径参与到外国金融市场。

成长最快的互助基金曾经是**货币市场互助基金**（money market mutual funds）。这类互助基金持有高质量的短期资产，例如国库券、可转让存单和商业票据。这类基金占互助基金市场的份额在 1975 年仅为 8%，而到了 2006 年，这类基金（其发起人通常也是发起股票和债券基金的基金管理公司）所占的市场份额已经超过了 23%，资产总额达到 20 140 亿美元。这些基金的基础工具都是短期的，因而其资产价值不会大幅度波动，因此这类基金为储蓄者提供了一个支付市场利率的流动性账户。大多数货币市场互助基金允许储蓄者以其账户开立支票，其金额不得低于规定的最小金额，如 500 美元。

互助基金业的监管　1929 年股票市场暴跌带来了巨额亏损，投资者纷纷要求对互助基金业进行监管。随着 1933 年《证券法》的颁布，基金份额在发售前需要在证券交易委员会进行登记注册。该法案同时要求向潜在投资者披露持有的资产组合、投资政策和目标的信息。互助基金被禁止做广告宣传预期收益率，但可以陈述以前的收益率。国会和证券交易委员会自 1933 年以来几次修正监管互助基金的规章制度。最新修改的
256 规章制度大多旨在确保信息披露和预防欺诈。1940 年《投资公司法案》（the Investment Company Act）将互助基金的监管权授权给证券交易委员会。随后的监管加大了互助基金之间的竞争。20 世纪 70 年代投资公司法修正案降低了销售佣金，1982 年《加恩-圣哲曼法案》（the Garn-St. Germain Act）允许银行提供货币市场存款账户。

20 世纪 90 年代初中期，美国证券交易委员会出台了一些监管提议，代表了自 1940 年《投资公司法案》颁布以来互助基金市场监管的重大变革。最重要的提议是要求任何单个基金董事会成员中独立于基金发起人（像富达或先锋这样的公司发起几只不同的基金，它们就是发起人）的董事要占大多数，而在现有的法律下只要求占 40%。其想法是为了限制基

金的管理成本，尤其是基金管理者身居董事会，可能会投票赞同为自己加薪。这个提议也建议修改 1940 年法案，建立维持互助基金流动性的标准，同时要求基金投资目标的任何改变都要得到份额持有者的通过。互助基金的一些高调丑闻，例如投资者进行“关门”（after hours）交易，稀释了绝大多数投资者基金份额的价值，这使得证券交易委员会在 2003 年提议进一步进行监管改革。

最新趋势 在 20 世纪 80 年代、90 年代和 21 世纪初，互助基金在资本市场的重要性大幅度提高。截止到 2006 年，成百上千家互助基金公司之间的竞争，使得投资者可在成千上万只基金中进行投资选择。分析人士认为互助基金业将在未来几年里经历重大变革。对管理营销和投资者记录保存技术的投资需求巨大，这将会给大公司带来明显的先机。我们可能会继续看到，伴随着小规模专业基金（niche funds），会出现为数不多但规模巨大的基金“家族”。自我支配的退休金账户（例如个人退休金账户（IRAs）和 401（k）计划）的增长将会进一步推动互助基金的发展。在其他国家，20 世纪 90 年代末和 21 世纪初，美国的互助基金公司开始大举挺进日本和欧洲市场。

金融公司

金融公司（finance companies）是通过发售商业票据和证券筹集大额资金的金融中介机构。它们运用这些资金来为居民和企业提供（通常）额度不大的贷款。在 2006 年，金融公司的总资产已经达到 13 000 亿美元。在放贷之前，金融公司收集并监控借款者违约风险的信息。然而，由于金融公司并不像银行那样能吸收存款，所以联邦和州政府认为，除了要向潜在借款者进行信息披露和预防欺诈之外，似乎不需要对其进行监管。但仍有一些州对金融公司的贷款合约的条款进行监管。监管力度的放松使得金融公司可以提供定制性贷款，更贴切地满足借款者的具体需要，与之相比，其他受到严格监管的机构所能提供的标准贷款则相形见绌了。

金融公司的种类 金融公司主要有三种类型：消费者金融公司、企业金融公司和销售金融公司。消费者金融公司为消费者贷款，可用于购置汽车、家具和电器，用于改善住房和偿还债务。相对于高资质的银行客户，金融公司的客户具有更高的违约风险，因此，要对其收取更高的利率。

257 企业金融公司从事保理业务，即以一定的折扣价格购买小公司的应收账款，金融公司将应收账款持有至到期，获得利润。例如，钱袋金融公司会以 90 000 美元购买雅克索轮胎公司 100 000 美元的短期应收账款（实际上相当于给雅克索轮胎公司放贷 90 000 美元）。当应收账款收回时，钱袋金融公司可以获得 10 000 美元的收益。雅克索轮胎公司之所以愿意将应收账款卖给钱袋金融公司，是因为雅克索轮胎公司需要现金来支付存货和劳动力成本，如果该公司等到所有的客户支付账单的时候，它也许会陷入现金流的困境。企业金融公司的另一项业务是购买昂贵的设备（例如飞机），然后将其租赁给其他企业在一段固定的时期内使用。在这项业务中，金融公司专门收集担保品价值的信息。保理业务放贷的期限通常很短，但租赁合约的期限一般为5年甚至更长。

销售金融公司是那些生产或销售高价物品公司的附属公司，其目的是为了促进潜在制造商和零售商开展交易。例如，通用汽车金融服务公司（General Motors Acceptance Corporation，GMAC）为购买通用新车的消费者提供融资服务。百货商店发行信用卡，消费者可持该卡在这些商店（例如西尔斯百货和杰西·潘尼公司）透支购买商品。这种便利的信用是制造商和零售商促销手段的一部分。

最新趋势　在20世纪90年代和21世纪初，金融公司在消费者信贷和企业信贷方面所发挥的作用越来越大。许多分析人士认为，金融公司在担保品价值监控方面具有优势，理所应当在发放消费者购置耐用消费品信贷、企业存货信贷和购置装备信贷方面发挥更大作用。

契约储蓄机构：保险公司

有些事件的发生（例如医疗急救、车祸事故和配偶死亡）可能会造成严重的财务拮据。契约储蓄机构允许个人：（1）通过交付一定的费用，将财务拮据的风险转移给其他人；（2）以一种有约束的方式储蓄，供退休养老使用。在这一节，我们主要谈论第一种契约储蓄机构即保险公司。对于第二种契约储蓄机构，即养老基金，我们将在下一节进行讨论。

保险公司（insurance companies）是专门制定保险合约以使保单持有者免受特定事件发生带来财务损失的风险影响的金融中介机构。保险公司通过承诺在特定情况下进行赔付而获得资金，然后将资金贷放给借款者。人们预见到可能发生的财务拮据，因而愿意向保险公司支付费用，被称为保费（premiums），保险公司就承担了风险。举一个例子，某人购买了1 000美元的人寿保险，而该人寿保险公司将这笔钱贷放给连锁宾馆使用。

网页推荐：
http://www.iii.org/media/industry
提供了关于美国保险公司的财务数据。

以保费收入来衡量，世界最大的保险公司包括美国的好事达保险公司（Allstate）、安泰保险金融集团（Aetna）和保诚金融集团（Prudential）。美国的保费收入一般来说占全球保费收入的1/3强。然而，20世纪90年代末，欧洲、亚洲以及东欧新兴市场经济的保险覆盖率迅速增长。

保险业有两大部门。**人寿保险公司**（life insurance companies）通过出售保单来使居民免受被保险人伤残、退休或死亡带来经济损失的影响。

财产和意外伤害保险公司（property and casualty companies）通过出售保单来使居民和企业免受疾病、失窃、火灾、意外伤害或自然灾害带来258 损失风险的影响。保险公司的盈利能力在很大程度上取决于其有多大的能力降低由逆向选择和道德风险带来的信息成本。因此，在我们详细分析这两种保险公司之前，我们需要先讨论保险公司是怎样在提供保险中降低信息成本的。

保险管理原理

2006年，美国保险业控制了几乎达5.8万亿美元的资产。保险公司的利润来自保费收入超过赔付数额的部分，以及投资所获收益。保险公司一直是金融市场的重要参与者，它们将保费投资于资本市场，通常投资于股票、债券、抵押贷款以及直接贷给企业，即所谓的私募。保险公司通过持有资本市场工具作为其资产，通过发行保单作为其负债，支持了美国产业在长达150多年的时间里不断成长壮大。

风险汇集 通过运用大数定律，保险公司可以轻松地预测出储蓄者在何时发出多少索赔要求。大数定律这个统计学概念说明，虽然单个人的死亡、疾病或受伤的风险是不可预测的，但是大量人群发生这其中任何事件的平均数却是可以预测的。因此，通过卖出足够数量的保单，保险公司就利用风险汇集和多样化，来估计满足潜在索赔要求所需准备金的规模。被称为“保险精算师”的统计学家编制了概率表来帮助预测人群中的事件风险。

保险公司的问题 保险管理要比简单的风险汇集复杂得多。保险公司面临着信息不对称带来的成本，因为那些寻求投保的个人和公司可能拥有保险公司没有的信息。保险公司既面临逆向选择又面临道德风险。对于保险公司来说，最渴望购买保险的买方最有可能在一段时间内要求保险赔付，这时就发生了逆向选择。例如，如果某人被检查出患有癌症，他很可能会慷慨地购买健康保险。一个人有了保险保障就比没有保险保障时愿意承担更大的风险，此时就发生了道德风险。例如，由于你的企业已经投保了足额火灾险，你就很可能为了省钱而不添置灭火设备，也不购买阻燃的办公家具。保险公司设置业务程序的目的就在于降低由逆向选择和道德风险带来的成本。

逆向选择和甄别 由于投保人的私密信息产生了逆向选择，保险公司管理者通过收集信息将恶意保险风险甄别出来。如果你自己购买医疗保险（不是通过雇主集体购买医疗保险），你必须将个人健康记录信息全部提供给保险公司。同样，如果你购买车险，你必须提供你的驾驶记录信息，包括超速罚单和事故记录。如果你要购买健康保险尤其是大额健康保险，你必须详细地回答关于个人健康史和个人习惯的问题（比如抽烟、喝酒或者使用药物的情况），并进行尿液和血液检查。这些程序看起来似乎侵犯了个人隐私，但是却可以使保险公司减轻逆向选择问题。

风险差别费率 保险公司规避逆向选择一直采取的做法是收取各自
259 的**风险差别费率**（risk-based premiums），风险差别费率是基于索赔发生的概率而收取的费用。假设平等保险公司基于人群的平均风险，对所有司机收取相同的保费，而自由保险公司收取风险差别费率。如果斯坦利·斯托里德和加里·冈内姆在同一家保险公司投保机动车险，前者没有超速记录（他开车从未超过时速 40 英里），而后者却在最近 12 个月中有 32 次超速记录，则后者需要支付更高的保险费。如果要在平等保险公司和自由保险公司的保单之间作出选择的话，斯坦利·斯托里德将不会去购买平等保险公司的保险，而会选择购买自由保险公司的保险；而加里·冈内姆会选择平等保险公司投保，将会给该公司带来潜在的损失。这个次品问题（见第 11 章）的保险市场版本解释了为什么私有保险公司针对不同的风险收取不同的保费。

道德风险使保险公司管理者作出向消费者提供保单的决策更加复杂化。回想一下，金融体系为了降低道德风险带来的信息成本而推出新型金融安排。对于保险公司来说，这些安排包括这样一些保险条款，如免赔额、共同保险和限制性条款。

免赔额 为了确保投保人倍加小心以防投保事件的发生，一个方法是让投保人的部分自有资金也置于风险之中。保险公司为此提出了一个**免赔额**（deductible），即在进行赔付时从投保人的损失中扣除的特定金额。例如，健康险或机动车险的免赔额是 500 美元，投保人将承担可获赔金额中的前 500 美元，其余的部分才由保险公司进行赔付。免赔额的使用使得保险公司将投保人的利益与保险公司的利益联系在一起，由于免赔额降低了道德风险的成本，所以保险公司也就可以降低投保人必须支付的保险费。

共同保险 虽然投保人由于承担免赔额而承担了风险，但是超过该额度的赔付额则需保险公司全额承担。为了进一步激励投保人降低保险
260 成本，保险公司可以采取**共同保险**（coinsurance）的方式作为一种可选方案。该选项要求投保人在免赔额之外再承担一定比例的索赔金额。例如，如果你的雇主为你提供健康保险，你要在各种可选保险方案之间进行选择。一些保险公司可能会给你报出更低的保费，以换取你同意在免赔额外再承担一定比例（比如 20%）的索赔金额。因此，共同保险将保险公司的利益与投保人的利益结合起来。

限制性条款 为了应对道德风险，保险公司有时也会使用**限制性条款**（restrictive covenants），即通过确定是否支付随后的索赔来限制被保险人的风险性活动。例如，如果一家公司没有按照保险合约的要求安装

和维护烟警系统、灭火器或者喷淋系统，火险保险公司有权拒绝支付该公司的索赔。通过对投保人从事风险性活动施加限制以使投保损失得到赔偿，限制性条款成为帮助保险公司降低道德风险的重要管理工具。

其他保单条款 保险公司还采用其他做法来降低道德风险。第一，大多数保单都有各自支付索赔的限制，例如，健康保险公司要求的索赔时效限制。第二，如果投保人从事具有极高风险的活动，保险公司保留取消保单的权利。最后，保险公司通过聘用经验丰富的理赔师调查索赔以防欺诈，如投保人寻求对从未发生过的失窃和医疗费用进行赔偿就是欺诈。

我们已经揭示了保险公司为降低在提供风险分担服务上的信息成本所采用的方法，下面我们继续更详细地分析人寿保险公司以及财产和意外伤害保险公司提供的服务。

延伸思考

投资者会抵制专业自保公司吗?

财产和意外伤害保险公司运用风险管理的经济原理来对风险定价。它们也获得了收益，并提供了一组为数不多的保险产品，从而为激发金融创新提供了多种可能性。

许多大公司承担了其面临的全部风险，并且将风险分析作为资产组合的一部分。一些公司希望很少使用或根本不用外部保险来管理其自身的风险。牵强附会吗？不！像能源、通信和奢侈品等多种行业的公司通常与风险管理咨询公司合作开发汇集风险的内部风险管理模型。大公司在内部汇集风险，并在其组建的专业自保公司运用这些模型，而不是向财产和意外伤害保险公司购买保险。

专业自保公司会成功吗？成功与失败都有可能。运用资产组合分析法来定义风险的企业也会对转移风险感兴趣。即使公司并不想为个别风险（例如火灾）提供保险，但也许还会想规避资产组合暴露的净风险，即一种“资产组合保险”。

商业保险公司会成功吗？也许会吧。在 20 世纪 60 年代，保险公司嘲笑专业自保公司的概念（如今专业自保公司的数量已经超过了 4 000 家）。在 20 世纪 90 年代初，它们同样嘲笑将风险包装进金融市场上交易债券的做法。那么，管理风险的资产组合分析法呢……

人寿保险公司

人寿保险公司为投保人中的存活者提供保险（和储蓄计划）使其免

受财务拮据的影响。2006 年，美国的人寿保险公司总资产已经达到了4.5 万亿美元。人寿保险业有两种类型的公司：(1) 共同公司，即由投保人拥有的公司；(2) 股份公司，即由股东拥有的公司。美国最大的人寿保险公司通常都是共同公司，其资产占该行业资产的一半以上。然而，这些公司的数量仅占全部人寿保险公司数量的 10%左右，90%以上保险公司都是股份制公司。截止到 20 世纪 90 年代中期，一些大型共同保险公司正考虑将其转化为股份制保险公司，以便在金融市场上发行股票，提高其资本充足率。大都会人寿保险公司在 1998 年宣布它将公开上市，其他的共同保险公司也在跟随而行。

大多数已发行的保单是**终身的** (whole life)，术语称为**人寿** (term life)。对于终身保险来说，投保人在保单有效期内支付固定保费。现金价值（保费超出预期赔付成本的部分）在初期会逐步累加，随后则随着死亡风险的升高而降低。个人运用终身保单是为未来储蓄。投保人可以凭现金价值来借款，也可以在退休时提取全部的现金价值，或者将该现金价值转化为每年支付的款项，即年金 (annuities)。在美国，通过购买终身保险进行储蓄可以享受税收优惠待遇。投资于保险获得的累积收益免税，这项优惠待遇极大地鼓励了人们投资于由大多数保险公司提供的
261 年金，进而促进了储蓄的增长。另外，它们允许储蓄者在退休时一次性全额提取累积的储蓄金，因此，递延了累积投资收益缴纳的税金。

与之相对应，定期人寿保险只在投保人死亡时才进行赔付，这项保险没有现金价值。因此，该保费仅仅反映了投保人在投保的这段时间内或称为保险期内死亡的概率。过去的几十年里，金融创新给居民带来了很多比终身保险更高的投资机会。正是由于这个原因以及投资者对保险公司的财务状况存有疑问，定期人寿保险比终身人寿保险更受欢迎。

自 20 世纪 80 年代以来，人寿保险公司对业务进行了重组，开始为养老基金管理资产，以应对终身人寿保险需求下降的挑战。实际上，人寿保险公司所管理的资产一半以上是养老基金，而不是保险准备金。表 12—1 显示这一策略取得了成功。人寿保险公司的资产占整个金融中介机构资产的份额在 1960—1980 年间急剧下降，而在 1980—2006 年间一直保持稳定。图 12—1 显示人寿保险公司将其大部分资金投资于股票、债券以及贷款给投保人。

财产和意外伤害保险公司

美国的财产和意外伤害保险公司为投保人承保除死亡外其他事件的风险，2006 年其控制的资产数量已经达到 2 万亿美元。它们也是以股份公司或共同公司的组织形式来设立的。它们销售的保险，承保诸如盗窃、

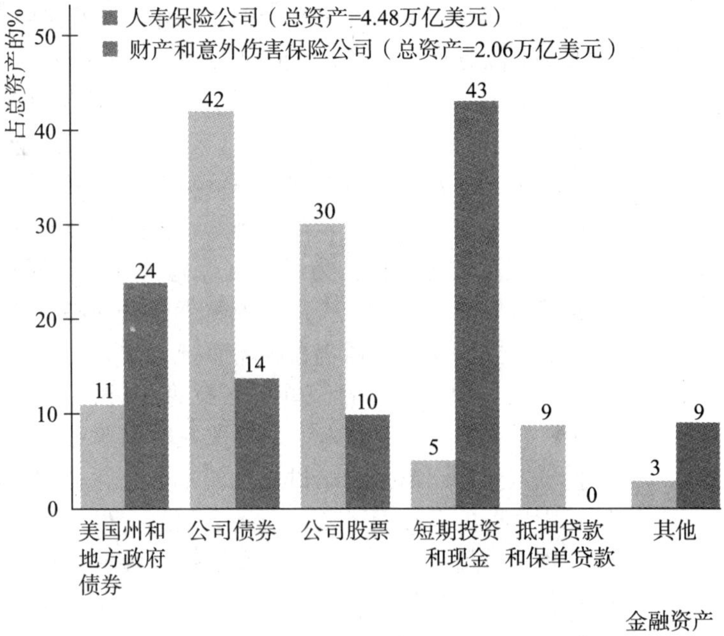

图 12—1　美国保险公司的金融资产

人寿保险公司与财产和意外伤害保险公司持有不同的资产组合，这反映了它们在提供风险分担服务上的不同。(数据截至 2006 年 3 月 31 日。资产按照资产类型和占所投资金总额的比例列出。)

资料来源：Federal Reserve *Flow of Funds Account*，Z.1 Release June 8，2006. Table L.117 Life Insurance Companies，Table L.116 Property-Casualty Insurance Companies. http：//www.federalreserve.gov/RELEASES/z1/Current/z1.pdf.

262 疾病、火灾、地震和车祸等风险造成的损失。其收取的保费高低取决于事件发生的可能性。例如，高风险的司机比低风险的司机更可能发生车祸，他所支付的车险保费就要多一些。

财产和意外伤害保险公司的资产组合不同于人寿保险公司的资产组合。由于火灾和地震等比人口死亡率更难以作出统计预测，财产和意外伤害保险的资产组合中包含大量的流动性资产，例如短期和长期信用市场工具（见图 12—1)。此外，财产和意外伤害保险公司与人寿保险公司在纳税方式上也不同。人寿保险公司的收入不纳税，而财产和意外伤害保险公司的净收入需要缴纳所得税，但其保险准备金免税。[1]

在 20 世纪 80 年代到 90 年代期间，由于保险索赔和保费的显著地增加，财产和意外伤害保险行业爆发危机的可能性凸显出来，在 2005 年卡特里娜飓风灾害发生之后，这一问题又显现出来。提议的改革方案将限

〔1〕 历史上，这些公司被允许扣除用于满足未来赔付的资金，并且它们的大部分收入是州和地方政府债券利息，可免除联邦所得税。1986 年《美国税收改革法案》(the U.S. Tax Reform Act) 限制了这些扣除，但财产和意外伤害保险公司的赋税仍比制造业公司轻得多。

制某些诉讼（尤其是由于玩忽职守和违规经营引起的案件）结案中赔偿金的规模。对保险公司的巨额索赔可能会鼓励这些公司购买高风险资产或从事增加当期收入的业务活动，由此增加了其财务的脆弱性。2001 年之后，恐怖主义风险成为人们更加关注的问题。

保险公司监管和最新趋势

大多数的州都设立保险委员会对保险公司进行监管。典型的监管要求保险公司做到：提供其资产组合构成的信息（以降低投保人了解保险公司偿付能力的信息成本），服从检查以尽可能减少欺诈，限制持有风险性资产，以及限制保费。

20 世纪 90 年代早期和中期，对于人寿保险公司与财产和意外伤害保险公司来说都是动荡的时期。在 20 世纪 80 年代中期利率相对比较高的时候，一些人寿保险公司许诺投保人对其终身保险的储蓄部分支付很高的收益。而在 90 年代利率下降时，履行这些承诺使得许多保险公司遭受损失。对于财产和意外伤害保险公司来说，由于 1992 年的安德鲁飓风使得保险公司出现巨额损失，投保人怀疑保险公司是否有能力度过下一次大灾害。这些问题使得各州保险监管机构和国会重新考虑各种方式，确保保险公司履行其对投保人的金融义务。同时，金融市场不断为财产和意外伤害保险公司提供分散巨灾风险的创新手段。2000 年，一些财产和意外伤害保险公司面临由“千年虫”信息技术问题引起的法律诉讼。2002 年通过的临时性联邦恐怖主义风险保险计划给保险业带来巨大挑战。

测试点拨

263 **与人寿保险公司相比，为什么财产和意外伤害保险公司对于未预期巨额保险损失具有更大的风险暴露？**

由于大数定律的作用，人寿保险公司面临的风险总体上相对较低。对于财产和意外伤害保险公司而言，一个单独的事件（如安德鲁飓风事件）就会使大量的投保人同时提出赔付要求。

契约储蓄机构：养老基金

对于许多人来说，退休金储蓄是最重要的一种储蓄形式。人们通过两种方式来积累退休金储蓄：通过雇主发起的养老基金，或者个人储蓄账户。**养老基金**（pension funds）将雇员和企业的缴纳金投资于股票、债券、抵押贷款，在雇员退休期间对其支付养老基金给付金。2006 年，美国私人、州和地方政府养老基金持有约 7.7 万亿美元的资产，是美国资本市场上最大的机构投资者。由于退休是可预测的，养老基金可以投资于长期资本市场工具。事实上，正如图 12—2 所示，私人养老基金计划将其大部分资产投资于股票、长期债券和抵押贷款。养老基金掌控了美国全部金融资产的 20%左右，持有全国公开交易股票的 22%左右、公司债券价值的 5%左右。

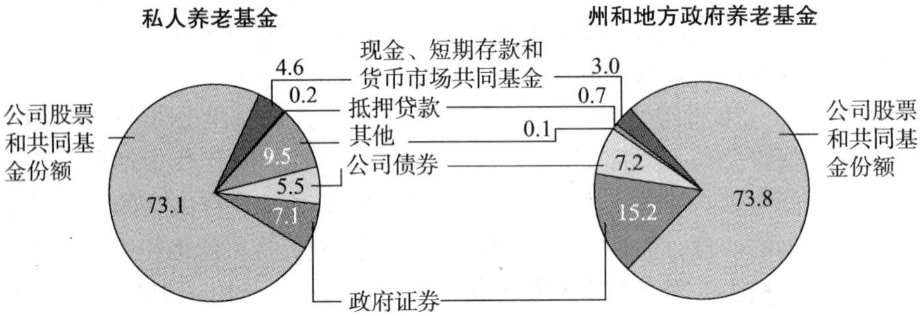

图 12—2　养老基金的资产

养老基金将其投资集中于长期资本市场工具。数据截至 2006 年 3 月 31 日。

资料来源：Federal Reserve *Flow of Funds Account*，Z.1 Release June 8，2006. Table L.118 Private Pension Funds，Table L.119 State and Local Government Pension Funds. http://federalreserve.gov/RELEASES/z1/Current/z1.pdf.

与保险公司一样，养老基金并不是存款类金融中介机构。只有被赋益的雇员才可以从养老基金中获得养老基金受益金。赋益权（vesting）是指雇员有权享用未来受益金之前要求的服务年限，要求的服务年限因养老基金计划的不同而不同。

雇员更愿意选择通过雇主提供的养老基金计划来储蓄，而非通过储蓄账户来储蓄，原因有三个：首先，养老基金可以更加有效地管理金融资产组合，其交易成本要比雇员自己来管理资产组合低得多；第二，养老基金可以提供类似人寿年金那样的受益金，而个人储蓄者获得人寿年金的成本高昂；第三，养老基金享受特别的税收待遇，这使得养老基金受益金比直接向雇员支付现金工资更有价值。[1]

---

〔1〕你工资中缴纳养老基金的数额是免税的，你雇主为你缴纳的养老基金也是免税的。另外，养老基金账户投资所得并不用缴纳税金。需缴纳的税金可以推迟到你获得收益的时候。你同样拥有将某种养老基金收益计划进行转化的权利，可以转化为个人养老基金账户（IRA）或者其他有利的支付计划，这样做可以减少由于大份额的收入所导致的税收支出。

养老基金资产的所有权

264 不同养老基金计划的主要区别在于其是固定缴纳的，还是固定受益的。在**固定缴纳金计划**（defined contribution plan）中，雇员的固定缴纳金用来为雇员进行投资，雇员拥有该计划的资金价值。如果养老基金计划的投资是盈利的，那么，雇员退休期间享受的养老基金收益就比较高。如果养老基金投资没有盈利，那么，退休期间的收益就会比较低。大多数大学教授的养老基金都是固定缴纳金计划。这种计划将养老基金缴纳金投资于股票、债券、抵押贷款和货币市场工具。

以雇员持股计划（employee stock ownership plans，ESOPs）形成的养老基金资产主要投资于雇主的证券。养老基金资产的价值取决于公司的绩效，因为它是以雇主的证券价值来度量的。这种计划的目的不仅是帮助雇员累积退休养老储蓄，而且还通过让雇员的利益与公司盈利能力相关联来提高生产率。

网页推荐：
http://www.pbgc.gov
提供关于有明确规定的福利计划的信息。

其他形式的固定缴纳金计划更加多种多样。在任何固定缴纳金计划中，雇主或雇员是根据其各自的收益水平来缴纳相应金额的。在有些计划中，缴纳金被投资于类似一个互助基金的资产池；在另外一些计划中，参加者可以选择将其资产在有限数量的投资基金之间进行配置。例如，一个养老基金计划可能会提供三种投资选择：一是购买美国国债，二是购买公司债券，三是购买一组普通股股票。正如乔治·W·布什总统提议的那样，要在社会保障体系中建立个人账户，一般来说，这将增加居民参加退休养老基金的选择性。

在**固定受益金计划**（defined benefit plan）中，雇员得到承诺，根据基金收益和其服务年限对其分发受益金。对于大多数雇员来说，这种计划是更为常见的一种类型，特别是对于加入工会的雇员来说更是如此。受益金支付有的是与通货膨胀挂钩的，有的则不与通货膨胀挂钩。如果养老基金计划的资金多于承诺分发的金额，那么多出部分归发起公司或机构所有；如果养老基金计划的资金不足以支付承诺的收益金，那么发起公司有义务补足该差额。

养老基金计划的筹资

固定受益金计划与固定缴纳金计划之间的主要差别是养老基金计划的筹资方式，筹集到资金才能保证退休受益金的支付。对于固定缴纳金计划，筹资不是问题。按照其定义，这些计划的资金是由雇员全额提供的，这些雇员缴纳养老基金并获得受益金。然而，在固定受益金计划中，只有当缴纳金及其预计的未来收益足以支付预计分发的受益金时，固定受益金计划才达到足额筹资。此类计划如果缺乏这些来源，就会资金不足。对于一个私有公司来说，资金不足的固定受益金计划是公司股东的

265 负债；而资金不足的公共固定受益金计划是纳税人的负债。根据有效市场理论，股票市场会降低那些持有资金不足的养老基金计划负债公司的股票价值，因为那些负债降低了公司的价值。

私人养老基金计划的监管

为了降低固定缴纳金计划和固定受益金计划养老基金的信息成本，养老基金需要披露其资产组合的构成。固定缴纳金计划的监管要求对基金的资产组合进行信息披露，以防欺诈和管理失当。固定受益金计划的监管更加复杂，因为这些养老基金有可能是资金不足，使得雇员们得不到对其承诺支付的退休金。为了解决养老基金管理面临的困难，国会在1974年通过了《雇员退休收入保障法案》(Employee Retirement Income Security Act，ERISA)。这个标志性立法建立了养老基金计划赋益权和筹资的全国性标准，限制了养老基金计划对某些类型风险性投资的投资，制定了信息报告和披露标准。

该法案授权建立养老基金受益金保证公司（Pension Benefit Guaranty Corporation，PBGC 或“Penny Benny”)，如果一家公司（比如由于破产）不能履行其补足资金的义务时，由该保证公司确保养老基金受益金达到一定的限度。养老基金受益金保证公司根据养老基金负债大小对欠资公司收取费用，并从美国财政部获得隐含的信用额度。许多分析人士担忧，由于养老基金受益金保证公司的收费并没有完全反映不同养老基金计划的风险差别，政府养老基金保险也许会增加企业固定受益养老基金计划承担的风险。由于美国私人养老基金计划资金缺口合计达上千亿美元，养老基金受益金保证公司必须谨慎监督全国养老基金计划的健康状况。一些经济学家担心，养老基金保险危机（就像20世纪80年代末期银行存款保险危机一样）会渐渐凸显出来。

公共养老基金计划

与私有公司一样，政府也为其雇员提供养老基金计划。在联邦层面上，这些计划包括公务员计划和军人计划（社会保障是一种普遍性的退休受益金计划)。州和地方政府同样为其雇员提供养老基金计划，它们与

私人养老基金计划极为相似。在 20 世纪 80 年代后期，养老基金资金不足成为许多州面临的严重问题，这使得一些州政府债券信用评级的等级下降。20 世纪 90 年代，股票市场的兴旺和州级财政的改善缓解了资金不足的程度，但在 21 世纪早期，股票价值的下降使得这一问题再次显露出来，钢铁和航空业的公司破产也使得这个问题久拖不决。

最新趋势

越来越少的雇员选择参加传统的公司养老基金计划，在该计划下，退休雇员根据基金收益和服务年限得到受益金。随着固定缴纳金计划变得越来越重要，固定缴纳金计划的一部分即 401（k）计划渐渐成为退休储蓄的重要力量。401（k）计划是以国内税收法则（Internal Revenue Code）中描述该计划所在的节命名的，该计划让许多雇员有机会成为其自有养老基金计划的管理人。

通过 401（k）计划，雇员可以通过定期薪金代扣（有年度限额）使
266 得缴纳金得到税收减免，在退休前不用对累积收益支付税金。雇主可以（通常是这样）补充雇员的缴纳金。的确，很多雇主完全补足了雇员的缴纳金。401（k）计划的缴纳金迅速增长，在 1984 年后的 10 年里缴纳金总额以真实条件衡量增长了 3 倍。到 21 世纪，缴纳金已相当于个人储蓄的 1/3 强。

雇员可以从众多养老基金中选择投资于何种养老基金。这些基金账户都是“便携式”的，当你变换工作时，可以将这些基金账户带走。这有一个风险：退休时你能得到多少养老基金，取决于工作时你愿意缴纳多少养老基金以及你的投资获得多少收益。

如果参加了 401（k）计划，你可能不得不成为自有养老基金的管理者。在这种情况下，你可以应用第 5 章讨论的投资和资产配置原理。首先，如果你距离退休还有很长的时间，你应该将你的基金大部分投资于股票。从长期来看，股票的收益率通常比债券和货币市场工具要高得多。其次，谨记多样化投资的优势。许多 401（k）计划的参加者投资于互助基金，这使得他们能够以合理的成本持有一个大规模的资产组合。

测试点拨

在美国，据认为，股票直接所有权主要集中在最富有的个人手中。反对这一观点的主张是，雇员通过其公司养老基金计划集体持有大量的股票。这种理由正确吗？

是的。对于固定缴纳金计划，这种计划的参加者拥有该计划的资产。

然而，更多的雇员参加了固定受益金计划。由于受益金是由合约规定的，这种计划的参加者既不会从养老基金计划资产组合的市场价值增加中受益，也不会从市场价值减少中受损。而企业的股东要么受益，要么受损。因此，参加持有股票的养老基金计划并不意味着股权都集中在雇员的手中。

存款类机构

存款类机构有：商业银行、储蓄和贷款协会、互助储蓄银行和信用合作社。这些机构接收存款，发放贷款，充当放款者与借款者之间的信用中介。在这里，我们简单地对这些机构进行介绍。它们的业务范围、监管和最新趋势将在第 13 章到第 16 章进行详细探讨。

商业银行

网页推荐：
http://www.federalreserve.gov/releases
提供了关于银行资产和负债的数据（H8）。

商业银行（commercial banks）是吸收存款，发放贷款，为储蓄者和借款人提供风险分担、流动性和信息服务的金融中介机构。存款性金融机构中最大的一类就是商业银行。储蓄者从银行多样化的贷款组合中获得风险分担的好处，借款者可以获得为购买汽车、存货或工厂及设备等所需的资金。银行也通过储蓄者的存款随时可以支取的支票账户提供流动性服务。

267

银行在提供风险分担和流动性服务上与其他金融机构具有激烈的竞争关系。现在，储蓄者可把现金存放于货币市场基金（这些基金投资于国库券等），在过去这种交易只限于大额储蓄者。储蓄者也可通过购买互助基金份额投资于多样化的资产组合。然而，许多借款者不能通过股票或债券市场以及其他非银行金融机构便利地筹集到资金。因此，商业银行通过减少放款的交易成本和信息成本，在为特定类型借款人提供信贷上发挥特殊的功能。

交易成本　借款人的中小额信贷需求不能依赖股票或债券市场，原因之一是发行证券的交易成本比较高，许多交易成本是固定的（如证券交易委员会注册费和投资银行服务费）。因此，筹集资金的单位平均成本太高就得不偿失了。股票或债券大额发行（如 5 000 万美元以上）筹集资金的平均成本为 4%左右，小额发行（如 50 万美元及以下）的成本在 13%～20%之间。

信息成本　较高的信息成本也限制了居民和中小企业进入金融市场。实际上，商业银行存在的最重要原因就在于它们具有减少信息成本的能力。回想一下，投资者为应对金融市场上逆向选择和道德风险所面临的高昂信息成本。另一方面，银行专长于收集借款者违约风险的信息。因此，减少了逆向选择带来的成本。在美国，银行贷款是中小企业外部融资的主要方式，它对大企业的重要性相对弱一些。大多数工业化国家也都是这样。银行通过监督借款者的行为，减少了道德风险带来的信息成本。如果由小储蓄者来监督借款者的行为，将是困难重重且成本高昂的。银行充当许多个人储蓄者和放款者（将资金存放于银行的人）的代理监督人。

储蓄机构

在美国，储蓄机构（储蓄和贷款协会以及互助储蓄银行）源于建房和贷款协会，该协会汇集资金，将其贷给会员来建造住房。现代储蓄和贷款协会兴起于20世纪30年代，是联邦政府资助购买住房政策的组成部分。储蓄机构要求借款者预付定金，以此来确保借款人维护在住房价值上的经济利益，从而减少信息不对称和违约风险问题。这些储蓄机构吸收相对短期的存款，发放长期住房抵押贷款，因此，将其暴露于市场利率波动风险中。资产与负债期限的不匹配是导致20世纪80年代和90年代初期美国储蓄机构存款保险危机的重要原因之一。我们将在第15章对此进行讨论。在20世纪80年代、90年代和21世纪初，与商业银行相比，储蓄机构的重要性大大下降了。

信用社

消费者信贷存在严重的私密信息问题以及由此产生的监督成本问题。放款者减少信息成本的一个方法就是，把贷款集中贷放给那些放款者掌握其信息的群体。**信用社**（credit unions）是从事消费者贷款的另一种专门性
268 金融中介机构，它从相互认识的人群或在同企业或同行业中工作的人群中吸收存款，并向这些群体中的成员发放贷款。除了发放相对小额的消费者贷款之外，信用社的资产主要是发放给成员的抵押贷款。信用社的利润是免交所得税的。与银行相比，信用社对储蓄者的吸引力由此增加了。

表12—2总结了私有金融中介机构提供的风险分担、流动性和信息服务。

测试点拨

为什么互助基金更多地投资于股票、债券或国债，而不像银行那样对居

民和小企业发放贷款呢？

大多数互助基金都向储蓄者发行流动性很高的求偿权，因此，它们必须投资于能以较低交易成本进行买卖的资产上。由于将居民和小企业贷款转换成可销售的证券要花费较高的成本，互助基金的投资者将面临将资产打折出售以满足储蓄者提款需求的风险。

表 12—2　私有金融中介机构提供的服务

金融机构	风险分担	流动性	信息
商业银行	提供对多样化资产组合的求偿权，为个人储蓄者减少交易成本	提供对资产组合的流动性求偿权以及某些流动性较差的储蓄方法	为储蓄者和借款者提供比金融市场更低的交易成本和信息成本。专长于解决信息问题（逆向选择和道德风险）
储蓄机构	与银行相似	与银行相似	—
信用社	与银行相似	与银行相似	与银行相似
投资银行	—	参与证券交易	在承销过程中评估证券并为外部融资的公司提供咨询
证券公司	与银行相似，但用货币市场账户	参与证券交易，提供对货币市场和资本市场工具资产组合的流动性求偿权	—
互助基金	与银行相似，但用货币市场账户	提供对货币市场和资本市场工具资产组合的流动性求偿权	—
金融公司	—	—	收集有关借款者信用分析的信息（通常与银行借款者相似）
保险公司	提供汇集风险以免受死亡或特定突发事件引起财务拮据影响的优势	—	收集和监督投保人的信息，并收集其给予贷款的一些不知名公司的信息
养老基金	提供对（通常是）多样化资产组合的求偿权，用作退休储蓄	—	—

政府金融机构

美国政府既通过政府发起的金融机构直接地参与金融中介活动，也通过对私有金融中介机构的贷款提供担保而间接地参与金融中介活动。

直接参与：联邦信贷机构

联邦信贷机构（government financial institutions）是为公众政策利益而发放贷款的政府金融机构，它们主要从事农业金融、住房融资和助学贷款。在2006年，其资产达到28 290亿美元。

向农户发放政府贷款是美国政府参与金融中介活动的最古老方式之一。农业信贷系统在金融市场上发行债券和商业票据，然后用取得的资金向农户发放农作物贷款、农业设备贷款和抵押贷款。农业信贷系统由区域性合作社银行、联邦土地银行和联邦中期信贷银行等机构构成，在1987年农业贷款违约急剧增高时，农业信贷体系的救援消耗了纳税人数十亿美元的资金。

政府在住房上的中介活动是政府最大的放贷活动。联邦国民抵押贷款协会（Federal National Mortgage Association，FNMA或"Fannie Mae"*）、联邦住房抵押贷款公司（Federal Home Loan Mortgage Company，FHLMC或"Freddie Mac"**）和政府国民抵押贷款协会（Government National Mortgage Association，GNMA或"Ginnie Mae"）都是从事住房融资的政府机构。它们在金融市场上发行债券筹集资金，利用筹集到的资金向抵押贷款市场提供资金。只有政府国民抵押贷款协会是联邦机构。尽管联邦政府并没有为房地美和房利美的债务提供明示担保，但大多数市场参与者认为财政部是不会让这两个机构对其债务违约的。在20世纪90年代末期和21世纪，这两个机构的资产组合强劲增长，引来了其他私人部门竞争者的强烈批评。

为鼓励金融机构向学生发放贷款以满足其教育支出，政府建立了特许机构——学生贷款市场协会（Student Loan Market Association，SLMA或"Sallie Mae"），该协会在有担保的学生贷款计划（Student Loan Program，SLP）的资助下，购买由私有金融中介机构发放的学生贷款。

---

* 即房地美，因在美国次贷危机中陷入巨额亏损困境，于2008年9月被美国政府接管。——译者注

** 即房利美，也因在美国次贷危机中陷入巨额亏损困境，于2008年9月被美国政府接管。——译者注

在 20 世纪 80 年代末期和 90 年代初期，学生贷款市场协会由于贷款违约而遭受了巨大的损失。1994 年，克林顿总统签署法律，要求教育部开展
269 一项为期 5 年的试验，以断定政府能否比私人部门更低成本地管理学生贷款计划。1995 年，国会否决了政府在这方面的扩张计划。21 世纪初，布什政府又把对联邦信贷机构的检讨放在了优先位置。

间接参与：贷款担保

联邦政府参与金融中介活动的第二个角色就是为私有金融机构贷款提供担保。这些担保与保险类似，因为如果借款者违约，放款者（即私有金融机构）免受损失。与直接参与金融中介活动一样，贷款担保活动也受许多机构的监管。农民住房管理局（the Farmers Home Administration，FmHA）为某些农户贷款提供担保；联邦住房管理局（Federal Housing Administration，FHA）和退伍军人事务部（Department of Veterans Affairs，VA）为某些抵押贷款提供担保；教育部为学生贷款提供担保。

最新趋势

20 世纪 90 年代和 21 世纪以来，许多分析人士质疑政府保持或增加直接参与金融中介活动的正当性。私有金融机构抱怨联邦政府发起的信贷机构介入抵押贷款和其他贷款活动。然而，在 20 世纪 90 年代，有人在国会提议，应该建立新的机构开展诸如市政道路建设贷款、退伍军人抵押贷款和污染治理债券保险等业务活动。

过去 20 年间贷款担保增长了 10 倍，最近贷款违约增加，这些都使得很多分析人士和政策制定者倍添烦扰。原因就是，过分慷慨的贷款发放鼓励了道德风险；私有金融机构在有贷款担保的情况下，对借款人筛选和监督不像没有担保的情况下那样认真了。这些问题反过来又会给纳税人带来负担。在联邦存款保险公司拿出大笔资金对银行业进行大力救援的进程中，美国会计总署（General Accounting Office，GAO）在 1990 年通知国会，政府贷款担保给纳税人造成的损失最终将超过 1 000 亿美元。自那时起，学生贷款担保的损失以及住房和城镇发展部担保的贷款违约造成的损失已经形成了。许多分析人士担心，如果不进行改革的话，担保贷款给纳税人造成的损失将更为惨重。

案例研究

对冲基金是何种金融机构？

270 就在罗伯特·莫顿和迈伦·斯科尔斯获得诺贝尔经济学奖1年后，他们发现情况对他们越发不利。因为长期资本管理公司（Long-Term Capital Management，LTCM）的高盈利伙伴——“对冲基金”在1998年秋天发生了严重的亏损和大规模的救援，有关消息占据了世界各地报纸的头条。作为对冲基金，长期资本管理公司进入最知名（如果有误解）金融机构的行列。马来西亚性情暴烈的总理马哈蒂尔·穆罕默德将对冲基金经理称作“全球经济高速公路上的驾车人”。许多记者和政策制定者都持有类似观点，只不过表述的感情色彩弱了一些。长期资本管理公司事件的看点颇多，诺贝尔奖获得者、数十亿美元的损失、富有的投资者以及美联储精心安排的救援。

对冲基金是混合型的金融机构，也是无监管的大型投资主体（通常以私人合伙制组建），它擅长将卖空（借入证券并将其卖出且希望能在偿还放款者之前以更低的价格将其回购）和杠杆化（运用借来的资金购买证券）以一种能减轻风险的方式结合起来。自20世纪50年代以来，对冲基金这种投资工具不断变换着各种各样的形式。对冲基金通过投机获利，但是它通常同时在市场上“做多”和“做空”（通过“对冲”其头寸，无论市场朝哪个方向变动，都可获利，并因此得名）。这种行为可带来显著的杠杆效应，而衍生工具的使用又使其得到放大。

长期资本管理公司用这些资金下了一个很大的赌注。公司专长于探查各种债券价格之间的偏差以及预测价格变动的方向。随着亚洲金融危机的爆发，长期资本管理公司决定做空美国短期国债（赌其价格将下降）并且做多风险性的美国公司债券和欧洲政府债券（赌其价格将上升）。然而，这项打赌进行得很糟糕。亚洲金融危机期间出现了经典的“择优而栖”，推高了美国国债价格，损害了风险性的公司债券和欧洲政府债券市场，降低了这些市场的流动性。长期资本管理公司从银行借入的巨额贷款及其在债券市场的核心地位，使得纽约联邦储备银行在1998年将该公司债权人召集起来对该公司进行救援。

互助基金也汇集个人投资者的资金投资于证券，但是对冲基金与其在方式上有重要的区别，包括参与者人数不多、最低1 000万美元的投资要求以及不严格的信息披露要求等。* 此外，投资基金经理人将其大部分自有资金都投资于基金，在管理费（互助基金经理人也收管理费）之外，他们赚取的收益占基金盈利的15%～20%。对冲基金规模比互助基金要小，在长期资本管理公司陷入危机时，对冲基金汇集的资本金估计为1 200亿美元。对于富有的居民和机构投资者来说，这些差异并不意味着对冲基金是一个坏东西。在 20 世纪 90 年代，他们从对冲基金的投资中获取的净收益极为丰厚。互助基金管理的教训也适用于对冲基金，即市场流动性对投资策略非常重要。正如长期资本管理公司已经认识到的那样，当市场缺乏流动性时，交易成本就会增加。

2003 年，美国证券交易委员会就对冲基金是否应该被监管的问题发起了一场讨论。许多经济学家对行业过度监管表现出担忧。2006 年，阿莫拉什（Amaranth）对冲基金遭受重创没有引起蔓延。正是在这一年，证券交易委员会和国会仍在继续讨论加强对对冲基金的监管。

* 关于互助基金和对冲基金监管的比较，参见 Franklin R. Edwards and R. Glenn Hubbard，"The Growth of Institutional Ownership：A Promise Unfulfilled，" *Journal of Applied Corporate Finance*，13：92－104，2000。

案例研究

风险投资基金是何种金融机构?

271 风险投资基金（venture capital funds，VCs）在美国新经济中扮演主要的角色，它们对大规模的新创企业提供融资并且为成熟企业提供更坚实的资金支持。当被称为"天使"的富有个人将资金直接投资于新创企业的时候，风险投资基金充当中介机构。它们从机构投资者和非常富有的个人（这些人承诺将在长达 10 年的期间内不会动用这些资金）那里筹集资金，然后将这些资金投资于纳入资产组合的公司。1990 年，风险投资基金的资本为 30 亿美元。而到了 1999 年，投资者对风险投资基金的资金注入已经达到了 560 亿美元（虽然在 21 世纪初期风险投资基金的筹资额急剧下降，但随后又出现了反弹）。另外，一些大公司将其自有资金投资于本公司的风险投资基金之中。

风险投资基金为何如此受欢迎呢？一事成则百事顺。在 20 世纪 90 年代中期和末期，风险投资基金管理的资金年收益率十分可观，部分是由于风险投资基金所投公司（特别是技术和通信部门的公司）新股首次公开发行（initial public offerings，IPO）火爆。这样的好时光能持续下去吗？也许在近期还欠火候。2000 年和 2001 年，新股首次公开发行市场走低，风险投资基金发现获得更高的收益更加困难。

某些风险基金公司的成功反映了其经理人的专业技能（典型的风险投资公司是以合伙制组建的，其经理人被称为"一般合伙人"，而外部投资者被称为"有限合伙人"）*，它们专长于降低公司金融中逆向选择和道德风险带来的成本。由于筛选和监督是需要花费时间的，所以风险投资基金不可能像互助基金、保险公司或养老基金那样通过大规模投资来获利。

风险投资基金的未来会怎么样？虽然2000年对于首次公开发行市场和很多风险投资基金来说是糟糕的一年，但是经济学家普遍认为，2006年风险资本产业的未来将会一片大好，因为它们将会在新兴产业的融资和公司治理中扮演重要的角色。

* 风险投资公司通常是以合伙制组建的，原因在于1940年《投资公司法案》(Investment Company Act) 对上市公司施加了严格的监管，上市公司本质上就是一个投资组合。

金融机构：界限模糊

我们已经解释了为什么会存在不同种类的金融机构，如证券市场机构、投资机构、契约储蓄机构、存款类机构和政府金融机构，以及这些机构如何满足储蓄者和借款者的需求。20世纪30年代，法律和规则设置了壁垒，以保护某一类型金融机构所提供的服务免受其他类型金融机构的竞争。20世纪80年代和90年代期间，金融服务业的管制放松，出现了更多提供各种服务的金融机构。

272

1999年的《格雷姆-里奇-比利雷金融服务现代化法案》(Gramm-Leach-Bliley Financial Services Modernization Act) 是标志性法案，它废除了金融机构之间的许多监管界限。为适应保险市场、商业银行业市场和证券市场的竞争性发展，该法案允许保险公司和证券业公司收购商业银行，允许银行从事不动产业务，并允许银行承销保险和证券。结果，目前不同种类的金融机构所提供的服务大多是重合的。

在当前的环境下，金融服务的提供正在更多地按照功能（风险分担、流动性和信息服务的提供）来组织，而不是按照服务提供机构的身份来组织。可开立支票的账户等不仅可在商业银行开设，也可在储蓄机构、经纪公司和互助基金等开设，这些非银行金融机构通常可为存款人提供更高的收益率。银行利用其与存款人的关系，在销售人寿保险方面与保险公司展开激烈竞争，反之亦然。金融公司利用其评估担保品方面的优势，涉足银行的企业放款业务。《格雷姆-里奇-比利雷金融服务现代化法案》颁布后，将商业银行业务与投资银行业务分离的监管规则已经废除，商业银行凭借其信息收集优势与投资银行在承销业务上展开了激烈的竞争。花旗集团（由花旗银行与旅行者集团合并组建）在1998年开设了一个大型金融超市。2000年，证券业巨头美林证券公司和保险业巨头美国州立农户保险公司准备进军银行业。

虽然放款者与借款者之间的大多数资金流动都使用了金融中介机构的服务，在过去几十年中，个别金融中介机构的市场份额发生了极大的变化，如表 12—1 所示。这些变化部分地反映了随着机构监管性界限的削弱，功能上竞争的兴起。例如，商业银行、储蓄机构和信用社的市场份额（经其中介的资产）在 1960—1980 年间都十分稳定，但是在 1980—2006 年间却急剧下降。

如何解释这一变化呢？存款类机构面临货币市场互助基金与其争夺支票账户客户的竞争，后者能支付更高的收益，其市场份额增加了一倍多。居民也将其资金从银行储蓄账户中取出，投资于股票和债券互助基金。银行同样面临来自金融公司、养老基金和政府金融机构在发放贷款上的强有力竞争。

随着竞争使得金融中介机构之间的界限越来越模糊，金融中介机构统一监管的需要随之产生。早在 1995 年，白宫、国会和美联储就开始对金融服务进行功能性监管。根据《格雷姆-里奇-比利雷金融服务现代化法案》，多功能金融机构的监管职责将由多个机构来承担，包括财政部货币监理局（被授权监管从事证券承销业务的银行分支机构）、证券交易委员会（继续监管证券活动）、美联储（继续监督可开展保险、不动产和证券业务的银行控股公司）以及各州（保持其对保险行业务的监管授权）。

更一般地讲，传递信息是所有金融中介机构的重要业务。当信息成本相对并不重要的时候，监管规则保证资产组合、投资管理实践以及监
273 督检查的披露，这可能已经足够了。然而，对于那些降低金融市场信息成本的金融中介机构来说，这样的监管仍然不够。对于银行、保险公司的放款活动以及证券公司和证券交易所的做市活动来说，额外的监管性干预也许是必要的。

关键术语和概念

契约储蓄机构	存款类机构	免佣基金
共同保险	商业银行	开放式基金
免赔额	信用社	证券市场机构
固定受益金计划	储蓄机构	经纪商
固定缴纳金计划	政府金融机构	交易商
保险公司	内幕信息	证券交易所
人寿保险公司	投资机构	投资银行
养老基金	封闭式互助基金	场外交易市场
养老基金计划筹资	金融公司	专家

财产和意外伤害保险公司	收佣基金	辛迪加
限制性条款	货币市场互助基金	承销
风险差别费率	互助基金	

总　结

1. 投资银行通过承销发行的新债券和股票帮助企业在一级金融市场上筹集资金，经纪商和交易商在二级市场上撮合买方和卖方。诸如股票和债券等金融工具在有组织的证券交易所和场外交易市场进行交易。

2. 互助基金把小额零散的求偿权转换为多样化的资本市场和货币市场资产组合，除了提供多样化之外，互助基金也节省了证券交易成本。

3. 金融公司在货币市场和资本市场上募集资金，然后用这些资金向消费者和企业发放贷款。金融公司中的一些公司如金融销售公司是与物品制造或销售公司有关联的。

4. 人寿保险公司以及财产和意外伤害保险公司为储蓄者提供风险分担服务，它们也是金融市场的大型投资者。保险公司通过收集和监督投保人的信息，降低逆向选择和道德风险的信息成本。

5. 私人养老基金和公共养老基金将雇员和企业的缴纳金进行投资，以提供退休受益金。两大类养老基金分别是固定受益金计划和固定缴纳金计划。在固定受益金计划养老基金中，无论养老基金资产的市场绩效如何，雇员都会按时收到规定的固定受益金。在固定缴纳金计划养老基金中，参加者按照其缴纳金的多少来领取相应的受益金，并接受基金收益的剩余求偿权以及相关的风险。

6. 存款类机构（商业银行、储蓄机构和信用社）接受存款，并发放贷款和进行投资。与互助基金一样，它们发行具有流动性的存款求偿权，并以此配置贷款和投资的资产组合。然而，借款人拥有关于其未来前景和借入资金使用计划的私密信息，而与其保持距离的放款者则面临高昂的信息成本。银行发放贷款需要投入资源来收集和监督借款者的信息。

7. 美国政府通过政府金融机构，如联邦信贷机构直接参与金融中介活动，也通过对私有金融机构的贷款提供担保来间接参与金融中介活动。

复习题

276 1. 五种主要类型的金融机构是哪些？每一类金融机构中都有哪些

机构？

2. 承销商在将储蓄者的资金传递给借款者的过程中发挥什么作用？

3. 如果你在纽约证券交易所购买了100股IBM股票，IBM公司会得到资金吗？为什么？

4. 如果你想买入10 000美元国债，一家证券公司将其所持有的国债卖给你，它是充当经纪商还是交易商？如果该证券公司为你安排从其他人那里购买的话，它是充当经纪商还是交易商？

5. 什么是网上交易？它对主要证券交易所交易席位的价值会带来什么影响？

6. 金融公司有哪些不同的种类？金融公司为谁提供服务？

7. 什么是保险中的道德风险问题？保险公司如何试图减少道德风险问题？

8. 保险公司是如何为人寿保险和意外伤害保险确定费率的？保险公司在评估风险时面临哪些问题？

9. 财产和意外伤害保险公司为什么比人寿保险公司更乐意将大部分资金用于购买短期资产呢？

10. 通过参加企业养老基金计划储蓄退休金相比自己存款的优势是什么？

11. 银行如何解决逆向选择问题？

12. 何种金融机构专门从事消费者贷款和购房者贷款？它们与商业银行有何区别？

13. 描述互助基金如何提供与风险分担和流动性相关的服务。如何区别商业银行与互助基金？这些区别意味着互助基金的监管要求与商业银行的监管要求相反吗？

14. 为什么金融销售公司得以存在？为什么通用汽车金融服务公司有时愿意以比商业银行更低的利率贷款给通用汽车的购买者呢？

分析题

15. 解释人寿保险公司和私人养老基金怎样为储蓄者提供风险分担服务。为什么个人不选择自我保险即由自己来保证生活和退休收入呢？

16. 假设某州在城市有一定数量的低收入居民，这使得该地区很难吸引企业入驻，因为企业觉得很难为火灾投保。保险公司声称不愿意在那里开办火灾险，因为火灾频繁发生。如果该州立法机构通过法律要求保险公司考虑是否对企业提供保险时，不要将临近地区火灾频发的记录作为考虑因素，请分析这项措施对保险市场可能造成的影响。

17. 一个对银行存贷款利率进行限制的国家很可能会比其他国家发展出更大规模的短期工具市场互助基金。这样的互助基金会完全解除利率管制吗，即为储蓄者和借款者提供的服务是否对等？请解释理由。

18. 政府发起的强制性社会保障退休年金系统是否像提供个人年金合约的私有保险公司那样也会面临逆向选择问题？请解释理由。

19. 如果你认为股票市场是一个有效市场，你是更愿意投资于股票指数互助基金，还是主动管理的互助基金？

20. 下列每一位人士最有可能与哪种类型的金融机构打交道？

a. 一个拥有 10 000 美元储蓄的人，希望获得低风险固定收益，不太了解股票和债券市场。

b. 一个拥有 350 美元的人，需要开立一个支票账户。

c. 一个需要 10 000 美元贷款的人，希望开办一个比萨店。

d. 一个最近结婚的人，希望确保其子女在未来能得到很好的照顾。

e. 一个小公司的老板，希望其公司在证券交易所上市，以筹集到更多的资本。

277 f. 一个刚刚获得一大笔遗产的人，希望将其投资于股票市场。

g. 一个没有信用记录的人，正要买第一辆新车。

h. 一个需要抵押贷款的人，希望为家人购买一栋住房。

i. 一个过去曾经宣告破产的人，现在正需求一笔贷款以付清过期的账单。

21. 假设你在 3 个股票互助基金中选择一个。第 1 个基金夸耀其在过去 5 年里平均收益率为 8.33%；第 2 个基金的收益率为 8.10%；第 3 个基金的收益率为 7.95%。你也许会认为第 1 个基金是最好的，但是否有其他理由使你觉得第 2 个基金或第 3 个基金是最好的？

22. 作为一家大公司的雇员，你需要在固定受益金计划和固定缴纳金计划中作出选择。每种计划各有什么优点和缺点？

23. 终身保险的储蓄收益是免税的。这项政策既提供了保险（如果投保人去世就会得到赔付金），还提供了储蓄（投保人在死亡之前可从该账户中提取资金）。如果保险缴纳金的投资收益需要纳税的话，定期人寿保险和终身人寿保险的相对需求将有什么变化？

数据题

24. 在《华尔街日报》上查阅互助基金行情表。它们是哪种类型的，是开放式基金，还是封闭式基金？你是如何区分的？如果一只互助基金份额的价格低于该基金资产组合份额的价值，你会买入该基金吗？

25. 查阅美联储编制的《美国资金流量账户》（*Flow of Funds Accounts*）（登录 http：//www. federalreserve. gov/releases/），找到最新的历史数据，将联邦政府债务工具与私人部门债务工具进行比较。在标题为“Credit Market Borrowing by Financial Sector”（“金融部门信用市场借款”）的表中，计算最近几年私有金融机构的借款额与联邦政府借款额的比率。在经济繁荣与经济衰退的年头里，该比率有怎样的差异？

26. 投资公司协会是一家私人资助的非营利性组织，负责对美国互助基金业进行分析（登录 http：//www. ici. org/stats/latest/index. html）。查阅最近一年的《互助基金年鉴》(*Mutual Fund Fact Book*)，在所有美国公司股票中，互助基金持有的比率是多少？比较流入货币市场互助基金的零售现金流和机构现金流之间的差额，差额有多大？你认为为何会出现此差额？

27. 契约储蓄的重要作用是降低风险，这更是保险业的专长。保险业深受 2001 年“9·11”事件和随后打击恐怖主义战争的影响。通过查阅保险信息协会（http：//www. iii. org）的“Industry Financials and Outlook”（“行业财务和展望”）专栏（主要看“Year End Results”（“年终结果”）报告），计算该行业年度收取保费与赔付支出的比率。你会得出什么结论？

28. 登录养老基金受益金担保公司（http：//www. pbgc. gov），找到固定受益金计划的情况说明。现在有多少美国企业雇员参与了该计划？这些计划中，有多少得到养老基金受益金担保公司的担保？现在来查看最新一期的《养老基金保险数据手册》（*Pension Insurance Data Book*）（登录 http：//www. pbgc. gov/practitioners/plan-trends-and-statistics/content/page 13270. html）。哪些类型的产业提供固定受益金计划？在固定受益金计划的维持中，工会扮演了什么样的角色？请解释。

理论联系实际

《金融时报》，2006 年 3 月 7 日

交易大厅的未来

274 凯文·弗利明天将在纽约证券交易所的交易大厅就任新职，那时他有望成为人们关注的中心。他将成为纽约证券交易所集团自己的股票 NYX 的做市商代表。

世界上最大的股票交易所今天完成了与群岛电子交易网络系统的合并，这将终结拥有 200 年历史的会员制人工交易。但对所谓的大板（big board）* 来说，这几乎是一个最小的变化。

到目前为止，交易一直被像比尔·瓦格纳公司的费雷先生一样的专家和将这些交易交到交易所交易大厅的经纪商所独掌。通过收购群岛公
a 司，纽约证券交易所准备施行“混合交易”模式，即将电子交易平台（由无人干预的计算机来执行）与其著名的交易大厅结合起来。这是一个根本性的转变。

提供电子交易最主要的原因是为了增加交易量，交易所通过对每一笔交易收取佣金来赚取收益。因而，对所有交易所来说，交易量都是其盈利能力的关键因素。“（去年）我们以这两种方式共交易了 30 多亿股”，泰恩先生说，“今年到目前为止，我们每天交易 17 亿股。如果我们想每天交易 60 亿或 70 亿股，我们不得不使得大厅交易更加自动化，这样的话，他们（交易商）就不必处理交易指令，电脑可以很容易地撮合交易指令。当市场出现不平衡时，你将使用交易大厅。”

他建议，在纽约证券交易所上市的 2 780 只股票中，只有 200 只具有足够的流动性，在大多数时间里可以进行电子交易，“绝大多数”股票不太适合在屏幕上进行电子交易。

b 推动纽约证券交易所变革的另一个因素是监管。证券交易委员会去年发布了一个新规则——全国市场系统（National Market System，NMS），旨在将一些统一规则施加于各种电子通信网络和其他可选择的交易系统，这些系统竞相为股票交易提供一个场所。

对于见证了欧洲这一变化的人来说，电子交易系统的出现是不可避免的。它交易速度快，对新参与者开放交易，增加了流动性，减少了许多美国证券交易所仍保持的会员资格限制。

c 但是，一些产品已经被证明更适合在屏幕上进行电子交易。芝加哥商品交易所（CME）和芝加哥期货交易所（CBOT）是隔城相望的竞争对手，都已经分别成功地将其各自的旗舰金融产品——欧洲美元期货和

* 指纽约证券交易所的行情显示板，代指纽约证券交易所。——译者注

国债期货转为电子交易。农产品期货具有季节性，缺乏流动性，更不容易转变。

“我并没有水晶球，但我认为大厅交易的存在时间会比人们认为的要长。”芝加哥期货交易所总裁查尔斯·凯利说，“对于更复杂的交易和产品，大厅的人工交易仍具有价值。”

新闻解读

275 正如本章所讨论的那样，证券交易所的业务范围正在飞速变化。计算技术的进步使投资者可以在采用大厅交易的交易所以外便利地通过电子交易买卖金融工具。技术进步的结果使得采用“传统”大厅集中交易的交易所不得不加以适应。

2005年，有212年历史的纽约证券交易所同意与群岛持股公司合并，这样就可得到群岛公司的电子交易系统。部分原因是为了回应来自纳斯达克的竞争压力，纳斯达克是全球最大的电子证券市场。

a. 通过与群岛公司合并，纽约证券交易所能为投资者提供两种不同的下单方式，即电子交易或大厅交易。混合计划背后的想法是：交易活跃的股票可用电子交易，而不经常交易的股票将由交易商在交易大厅进行交易。电子交易能够降低交易成本，增加流动性。

b. 证券交易所经历变化的另一个原因是适应交易规则和监管的变化。最近，证券交易委员会最新的监管变化旨在确保所有市场参与者都能在其交易中获得“最好”的价格。这些监管规则的变化鼓励了纽约证券交易所向电子化的交易系统转变，以降低撮合买卖双方的成本。

c. 并不是所有的金融合约交易都适合电子交易。例如，你想买一家公司5 000股股票，但该股票只有3 000股出售。在电子交易方式下，你会推高股价。然而，如果在交易所大厅有一个做市商的话，该专家可能愿意为余下的2 000股下单，以使供求平衡。

更进一步的思考……

假定政府决定对电子交易的股票买卖征税，以增加税收，这一政策将会如何改变对电子交易的交易所的需求呢？

资料来源：节选自“Taking the Floor: How a Screen Role Will Challenge New York's Market Debutant,” *Financial Times*, March 7, 2006, p. 11. © 2006 The Financial Times。

第 13 章　银行业务

278 从 20 世纪 80 年代到 90 年代初期，日本的银行在全球银行业占据主导地位。世界前 10 大银行都是日本的银行，它们控制了数万亿美元的资产。然而，从 20 世纪 90 年代中期一直到 21 世纪，坏账和不良投资所带来的严重损失威胁了日本有关银行的生存能力，导致了日本银行业的危机。按照很多美国银行家的说法，日本面临的问题与美国银行业在 20 世纪 80 年代面临的问题一样，当时美国房地产贷款和不良管理引发了银行业危机。由于这些问题的严重性，日本银行业危机使一些经济学家和金融家在 21 世纪初对日本经济和国际金融体系的健康提出了质疑。

这些重要的大型金融机构如何面对这些威胁其生存的问题呢？在本章中，我们将阐释银行如何开展业务，它们必须怎样运营才能保持成功。通过这些考察，你将了解日本和美国的大型银行如何应对近 10 年来其所面临的问题。

银行也是企业，也就是说，银行通过提供服务满足市场需求，通过向顾客收取费用来获得利润。银行支出一定的成本从储蓄者那里获得资金，然后将这些资金贷放给借款者，通过提供风险分担、流动性和信息服务来增加价值，赚取利润。像任何企业一样，银行同样追求其利润最大化。银行从发放贷款中获得的收益与筹集放贷资金的成本之间存在差额，这个差额就是银行的利润。本章的目的就是阐释银行的业务。我们的观点是，银行业务包括吸收存款和其他资金，将这些资金贷放给借款者，并提供其他服务。

为什么我们应该研究银行是如何开展业务并获得利润的？在美国和大多数发达经济体中，银行除了创造产品和提供服务之外，还是主导性金融中介机构。在 2006 年，美国发照银行持有超过 8.3 万亿美元的资产。美国居民将其 13%以上的金融资产投资于银行。美国经济的大部分支付是通过银行支票进行的，然后这笔款项又被存入其他银行。商业银行通过这种方式在一个经济体的支付体系中发挥了至关重要的作用，或者说是发挥交易清算和结算手段的作用。这些交易服务提高了金融体系的效率，有利于经济的健康运行。如果不了解银行是如何运营的以及如何做强的，那么你对金融体系的理解将是不完整的。

在阐释了银行如何开展业务来创造利润后，我们将考察银行在管理存贷款风险方面所面临的问题。近几年，银行面临着来自其他金融机构的竞争，这些金融机构以更低的风险为储蓄者和借款者提供与银行相似的服务。在本章结尾，我们描述银行为应对来自竞争者的挑战以及为维护主导性金融中介机构的地位所采取的行动。

银行如何赚取利润？

279

网页推荐：
http://www.federalreserve.gov/releases
提供了商业银行资产和负债的数据（H.8）。

我们首先要区分银行的资金来源和运用，以此开始研究银行业务。银行的资金来源和运用概括地记载在银行的资产负债表上。**资产负债表**（balance sheet）仅是个人或者企业在某一特定时点财务状况的报表。它列出了所获资金的使用，即资产；所获资金的来源，即负债；以及两者之间的差额，即净值。银行的净值包括与储蓄者和借款者开展业务所累积的利润。表 13—1 概括了所有美国银行的合并资产负债表。我们通过考察银行如何吸收资金并用这些资金发放贷款，就可以知道银行如何赚取利润以及如何维护其在金融体系中的重要地位。

表 13—1　　美国商业银行资产负债表：2006 年

资产（资金运用）		负债（资金来源）和净值	
准备金 托收中现金项目 在其他银行存款	2.9%	支票存款	8.0%
		非交易性存款	
		储蓄存款和定期存款（存单）	44.1

续前表

资产（资金运用）		负债（资金来源）和净值	
证券	21.8	大额可转让定期存款（存单）	11.6
美国政府和机构债券	13.6	借款（借自联储、联邦基金市场、附属机构或通过回购协议借款）	20.5
州和地方政府及其他证券	8.2		
贷款	66.1	其他各种负债	5.3
工商业贷款	11.5	股权资本（净值）	10.5
抵押贷款	37.0		
消费者贷款	8.7		
银行同业贷款	2.7		
其他贷款	6.2		
其他各种资产	9.2		

说明：数据以占美国国内全部发照商业银行总资产的百分比表示，截至 2006 年 8 月 30 日。

资料来源：Federal Reserve Statistical Release H. 8，http：//www. federalreserve. gov/releases/h8/Current/，September 8，2006.

银行的负债

网页推荐：
http://www. cob. ohio-state. edu/-fin/overview. html
提供联系个人银行网站的信息。

银行负债（bank liabilities）是银行从储蓄者那里获得的资金。银行使用这些资金进行投资或者贷放给借款者。为了获得资金，银行为储蓄者提供一系列存款账户，并向储蓄者提供服务（如通过支票付款）或激励措施（如支付利息）以鼓励储蓄者将其资金存入银行。这些账户包括支票存款和非交易性存款。除了这些资金来源，银行也从货币市场和资本市场借入资金。支票存款、非交易性存款和借款是银行的负债。

支票存款　银行为储蓄者提供**支票存款账户**（checkable deposits），储蓄者可以通过该账户为个人、企业或政府开具支票。这些账户包括不支付利息的活期存款、支付利息的可转让支付命令（NOW）和超级可转让支付命令账户。

280

个人可以开立可转让支付命令账户，该账户支付存款利息，并可开具支票。在超级可转让支付命令账户上，存款者在一家银行的可转让支付命令账户和储蓄账户是相联结的。银行对可转让支付命令账户支付的利率要定期调整，以反映市场利率的变化。2006 年，支票账户占银行资金来源的比率约为 8%，比 1960 年下降了 60%多。其原因是银行监管的变化和新金融工具的发展。

银行必须随时对全部支票存款进行兑付，换句话说，如果存款者凭其存款开立出一定金额的支票，银行就必须立即将存款者的支票兑换成现金。储蓄者用支票来购买商品和服务，再用支票账户来对这些交易进行结算。这些存款为储蓄者提供了流动性资产。由于储蓄者更看重流动性，所以他们接受支票账户比缺乏流动性的工具支付较低的利率。为什么在可转让支付命令账户支付利息的情况下，储蓄者还愿意接受零利率的活期存款账户呢？原因之一是美国银行监管规则不允许企业开立可转让支付命令账户。此外，存款者之所以放弃活期存款的利息，是因为银行对于开具支票的服务并不收取费用，而银行对可转让支付命令账户的服务通常收取费用和较高的罚金。

非交易账户 存款者只是运用他们的部分存款来支付日常交易。为了吸引那些想获得资金利息的存款者的资金，银行提供了**非交易性存款**(nontransaction deposits)，包括储蓄账户、货币市场存款账户（money market deposit accounts，MMDAs）和定期存款(通常叫作存单，即 certificates of deposit，CDs)。2006 年，这些负债约占银行资金来源的 56%，是银行资金的最主要来源。

30 年前，储蓄账户（有时叫作存折账户）为银行带来大量的非交易资金。从技术上讲，存款者提款必须提前 30 天通知银行，但实际上银行通常放弃这个要求，使得储蓄账户可以随时提款。银行使用货币市场存款账户（第二类非交易性存款）来购买商业票据和国库券。银行支付给储蓄者的利率随货币市场短期收益率的变化而频繁地变化。这些账户也可在有限制的情况下开具支票。

与储蓄存款不同，定期存款有具体的期限，这个期限一般从几个月到几年不等。银行将要求那些提前提取资金的储蓄者放弃一部分利息。银行提供小额定期存款（即少于 10 万美元的定期存款），该账户不具有储蓄存款那样的流动性，所以对此支付较高的利率。银行也提供大额定期存款（10 万美元以上的定期存款），这些账户是可转让的，投资者可在到期日之前在二级市场上对其进行买卖。大额定期存款的持有者包括金融机构和非金融性公司，它们持有可转让存单作为国债的替代品。在 1960 年时还不存在的大额存单现已在成为银行一个新的重要资金来源。

支票存款和小额定期存款账户是银行两个最大的资金来源。这些存款受欢迎的原因之一是，在美国这些存款受保于**联邦存款保险**（federal deposit insurance)，该保险目前对 10 万美元存款账户余额提供政府担保。存款保险使银行在从小储户那里获得资金方面胜于其他金融中介机构。大额可转让存单并不是随时可兑付的，对于储蓄者来说是具有风险的，因为 10 万美元以上的存款不受联邦存款保险的保护。银行通过这些工具来筹集资金，并在金融市场上与其他借款者展开竞争。

281

借款 相对于从存款者那里吸收资金，银行有更多的机会去发放贷款。为了利用这些机会，银行通过借款来筹集资金，这些借款构成银行的另一项负债。然而，只有当银行为借入资金支付的利率小于银行给企业和客户发放贷款所收取的利率时，银行才能通过借款这种方式筹集资金而盈利。**借款**（borrowings），或者称为非存款性负债，包括在联邦基金市场的短期借款、来自银行国外分行或国内分支机构和附属机构的借款、回购协议和来自联邦储备体系的借款（即再贴现贷款）。在联邦基金市场和通过回购协议进行的交易，对于银行进行流动性管理十分重要。联邦基金市场是银行间（通常是隔夜）无抵押贷款的市场。这些银行间同业贷款的利率叫作联邦基金利率。按照回购协议（“repos”或“RPs”），银行销售证券并同意在将来，通常是第二天将这些证券回购。银行运用回购协议来向企业或者其他银行借入资金，将其作为担保品来承销证券。购买这些证券的公司或者银行获得了利息，而没有显著地损失流动性。对银行来讲，借款这一资金来源在1960年可以忽略不计，但在2006年，借款约占银行全部资金来源的20%。

银行的资产

银行资产（bank assets）包括现金项目、用在证券投资上的资金、贷款和持有的其他资产。

现金项目　银行持有的最具流动性的资产是**准备金**（reserves），包括**库存现金**（vault cash）（即银行金库中的现金）和在联邦储备体系的存款。金库的现金是银行手头的现金和在其他银行的存款。作为银行体系监管的一部分，美联储要求银行将其存款的一部分存放在无息账户中作为库存现金，或存放在联邦储备银行的准备金账户中。这些**法定准备金**（required reserves）（占银行支票存款的一定比例）是对银行中介活动的一种征税，因为这项规定防止了银行将其存款资金全部贷出。银行也持有现金资产，以此提供其所需的流动性，以满足兑付存款引起的正常资金流出。

银行对在其他银行应收未收款的求偿权是该银行的资产。例如，你的老板给你开具了另一家银行的支票，你将该支票存入你的开户银行。在这笔资金被托收之前，你的开户银行就将该支票作为资产，称为托收在途现金（cash item in process of collection）。

小银行可以将资金存在其他银行，以获得外汇交易、支票托收和其他服务。这一功能叫作代理行业务，在过去45年里，这种业务的重要性大大减弱了。

现金项目(即准备金、托收在途现金和在其他银行的存款）占银行全部资产的比率在2006年约为3%(1960年该比率约为20%)。在本章的后面，我们将描述银行是怎样实现这种变化并从中获益的，并且分析其原因。

证券 **可销售证券**（marketable securities）是银行在证券市场上交易的流动性资产。银行被允许持有美国国库券和限额的市政债券，即州和地方政府债券。由于这些债券的流动性很高，所以银行所持的这些美国政府债券有时也被称为二级准备金。在美国，商业银行不可以将支票存款用于投资公司债券和普通股。2006年，银行持有的证券占银行资产总额的22%。

282

贷款 银行资产的最大种类是**贷款**（loan），其在2006年约占银行总资产的66%。在美国，银行不允许对单个借款者的贷款金额超过其银行资本的15%。与政府债券相比，贷款相对缺乏流动性，并且违约风险和信息成本都比较高。因此，贷款利率高于可销售证券的利率。除了商业贷款和消费者贷款外，银行还通过联邦基金市场进行同业隔夜拆借。

对商业银行来说，最主要的贷款形式是商业和工业贷款（即C&I贷款）和房地产贷款。商业银行的其他贷款是消费者贷款或通过联邦基金市场对其他银行发放的隔夜贷款。存款类机构主要类型资产负债表的主要区别体现在其贷款种类上，比如信用社主要提供消费者贷款，而互助储蓄银行以及储蓄和贷款协会通常发放住房抵押贷款。

其他资产 各种其他资产包括银行的设备和建筑等实物资产，也包括从违约借款者那里收回的抵押品。

银行的净值

资产是银行持有的有价物，负债是银行欠他方的有价物，这二者之差即资产减负债等于**银行净值**（bank net worth），或称股权资本。净值是银行股东缴纳的资本加上累积的留存收益，换句话说，净值（或者股权资本）衡量银行在偿还其全部负债后的余留价值。因此，随着金融市场上银行资产和负债的价值波动（由于出现新发展或新信息），银行的净值也发生变化。

当储蓄者将资金存入银行，他们就面临风险，如果银行对外投资亏损，储蓄者也将损失其部分存款。因此，净值高的银行对存款者具有吸引力，因为一旦发生风险损失，这些净值将会提供一个缓冲。这与其他企业一样，所有者的股权资本对潜在损失具有缓冲作用。[1] 银行的净值在过去30年内是相对稳定的，大约占银行全部筹集资金的7%～9%。然而，由于银行持有的贷款相对于现金和政府债券增加较多，银行资产的风险性显著增大。因此，对存款者来说，股权资本的缓冲作用下降了。银行更希望减少其股

〔1〕当然，一些存款者想在银行拥有股本，因为银行作为中介可以获利。存款者仍然可以得到他们期望的回报和作为股东的剩余价值。

权资本来提高预期收益率，而存款者更希望有一个更坚实的股权资本缓冲。毫无疑问，银行监管关注银行净值是否在一个适当的水平上。

银行的破产

283 与其他企业一样，银行可能会陷入财务困境乃至倒闭。当银行在满足准备金要求之后无力对其存款者全额偿付时，银行就破产了。实际上，当监管者认为银行的净值过低时，他们就会将银行关闭。银行持有的准备金、可销售证券或股权资本越高，银行破产的可能性就越小。这说明在银行安全性与盈利性之间存在此消彼长的关系。过于保守就会降低银行的盈利能力。

银行利润的决定

如果我们观察银行资产和负债随着银行接受存款和发放贷款而发生的变化，我们将会看到银行怎样在匹配储蓄者和借款者的同时进行盈利性运营。当银行推出支票存款账户筹集资金用于发放企业贷款或消费者贷款时，它将金融资产（来自储蓄者的存款）转换成负债（借给借款者的贷款）。与其他企业一样，为了追求利润和成长，银行要有投入品，再加入附加值，最后售出产出品。为了分析这种变化，我们编制一个简单的资产负债表，只分析在每笔交易中会发生变化的项目。

具体地，我们使用一个会计工具即众所周知的 **T 形账户**（T-account）。[1]。T 形账户列出了在交易发生时，资产负债表项目从初始状况起所发生的变化。例如，假设你决定用 100 美元现金在兆丰银行（Megabank）开设一个支票账户。因此，兆丰银行收到 100 美元，作为一项资产，记录在资产负债表的库存现金项下。由于你可以随时到银行提取你的存款，所以兆丰银行也必须把这 100 美元支票存款作为一项负债，记录在资产负债表的支票存款项下。兆丰银行资产负债表的变化如下：

兆丰银行

资产		负债	
库存现金	+100美元	支票存款	+100美元

回忆一下银行的准备金包括库存现金、在其他银行的存款和在美联

〔1〕 严格地讲，T 形账户是用来说明一个给定账户的变化的，而非用来展示整个资产负债表。为了简化起见，我们将资产负债表有关项目的变化都反映在一个单独的 T 形账户中。

储的存款。因此，当你存入 100 美元，就增加了兆丰银行的库存现金，你将该银行的准备金增加了 100 美元。

如果你用你叔叔的 100 美元支票而不是用现金开设该账户的话，资产负债表的变化是类似的。该支票代表开出银行对你支付 100 美元的承诺。这项新资产反映在兆丰银行资产负债表资产的托收在途现金项下，而不再是库存现金项下，同时将 100 美元记在负债的支票存款项下。

兆丰银行

资产		负债	
托收在途现金项目	+100美元	支票存款	+100美元

为了托收这 100 美元，兆丰银行必须联系你叔叔的开户银行——富豪银行。兆丰银行和富豪银行在美联储都有账户，通过调整其各自的准
284 备金账户存款数额，就可以在银行间开展结算交易。美联储将把 100 美元准备金从富豪银行账户转移到兆丰银行的账户中。两个银行的资产负债表反映了这种变化：

兆丰银行

资产		负债	
准备金	+100美元	支票存款	+100美元

富豪银行

资产		负债	
准备金	-100美元	支票存款	-100美元

请注意银行存款和准备金之间可预计的联系：存款的增加等额地增加了准备金，存款的减少等额地减少了准备金。

那你存在兆丰银行的 100 美元发生了什么变化呢？通过回答这个问题，我们可以了解银行是如何获得利润的。在上面这个例子中，兆丰银行吸收了额外的 100 美元存款。假设银行监管机构规定兆丰银行必须将支票存款的 10%存入联邦储备体系的无息账户中。兆丰银行不能使用这些余额，因为它们代表了银行法定准备金。然而，银行可以用超额准备金发放贷款或进行投资，超额准备金等于准备金总额减去法定准备金。为了反映法定准备金和超额准备金之间的差别，我们可以将准备金余额重新表示如下：

兆丰银行

资产		负债	
法定准备金	+10美元	支票存款	+100美元
超额准备金	+90美元		

以现金和存款形式存放在美联储的准备金不生利息。此外，支票存
285 款给银行产生了费用：它必须向存款者支付利息，并且支付维持支票账户的成本，包括记账、支票清算等等。因此，银行希望运用其超额准备

金来赚取运营收入。一种可能就是银行运用其超额准备金发放贷款。通过这种操作，银行获得了对借款者的求偿权，同时为储蓄者提供了存款求偿权。

为了实现成功运营，银行必须审慎地从事贷款和投资业务，从而能使银行获得一个足够高的利率水平，弥补成本并获得盈利。这听起来很简单，但在过去的10年里，银行获得盈利并非轻而易举。回顾一下本章开头的导论，自20世纪90年代中期以来，不良贷款使日本的银行陷入困境。此外，在同一时期，其他一些利率较高而风险相对较小的投资（例如货币市场账户）吸引了银行的存款者。因此，这个吸收存款再发放贷款的简单计划并不像看起来那么容易实施。在下一节，我们将详细地描述现代银行面临的问题，并阐释银行如何通过调整其与储蓄者和借款者的关系来应对这些变化。

延伸思考

银行怎样处理贷款损失?

银行家们知道银行贷款会涉及违约风险，即借款者无力偿还全部本金和利息的风险。当一笔贷款没有得到偿还，银行的净值即股权资本就遭受了损失。在贷款期间，如果银行认为借款者可能会违约，银行就必须核销这笔贷款。换句话说就是，将该贷款的价值全额或部分地从资产负债表的资产账户中剥离出去。如果一项资产减少了，相应的负债项目也必须减少，因此贷款损失将会减少银行的净值。

在实践中，银行计提净值的一部分作为贷款损失准备金，以处理未来可能发生的贷款损失。运用贷款损失准备金可以使银行资产负债表在财务上具有稳定性。银行每次追加贷款损失准备金，都会减少其当期利润。因此，当一笔坏账被实际核销时，银行的利润不会进一步降低。举一个众所周知的例子，1987年，花旗银行计提了40亿美元的贷款损失准备金，用以弥补其在一些拉美国家贷款的预期损失。

在20世纪90年代，银行问题贷款的规模下降了。在20世纪末期，银行监管者担忧，美国大型银行的贷款损失将会迅速上升。实际上，大型银行平稳地度过了最近的经济衰退期，美国银行业在2006年仍然非常健康地运行。

银行与储蓄者之间的关系

银行是如何吸引储蓄者将其资金存入银行账户中的呢？首先，银行使得储蓄者持有对一个多样化贷款资产组合的求偿权，并因此获得风险分担的好处。此外，银行存款（特别是支票存款）可以满足储蓄者的流动性需求。最后，银行收集和监督借款者的信息，并且收集那些个人储蓄者很难获得的信息。作为代理监督人，银行降低了个人储蓄者的信息成本。银行在降低信息成本上的作用特别重要，因为储蓄者也可以从其他金融中介机构（它们与银行争夺储蓄者的资金）获得风险分担和流动性服务。储蓄者也可以与银行建立关系，确保银行不会利用对储蓄者不利的私密信息。图 13—1 说明了银行作为金融中介机构的作用。

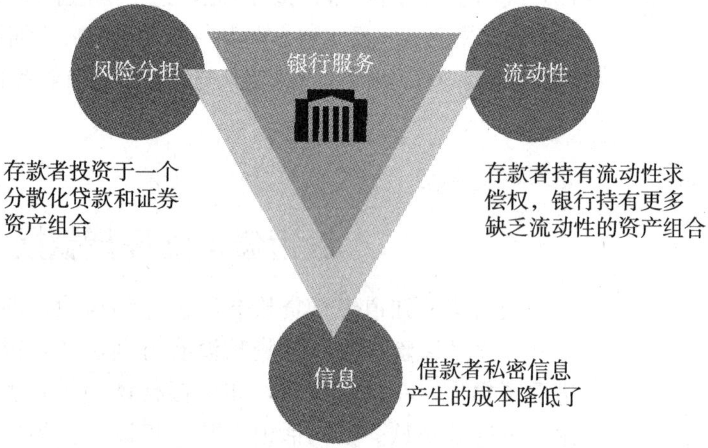

图 13—1 银行中介服务

银行提供的风险分担、流动性和信息服务给小储蓄者和小企业提供了他们无法从他处获得的好处。

银行为了能从它们与储蓄者之间的这种关系中实现利润最大化，必须处理两个问题：（1）管理道德风险问题，（2）管理流动性。在这两个方面，银行必须采用具体做法使储蓄者确信，银行的行为符合他们的最佳利益。

管理道德风险

286 虽然银行降低了储蓄者的信息成本，但储蓄者意识到银行拥有关于贷款资产组合质量和风险的私密信息，银行有可能以有损储蓄者存款的方式运用这些信息。例如，如果银行贷出一笔风险很大的贷款，没有投保的存款者将会受到损害。信息不对称产生了道德风险。银行可以对储蓄者发行债务求偿权，或可以使用其自有资金和存款者的资金一同发放贷款，这样就可以降低道德风险的成本。

债务与道德风险 短期债务合约为存款者提供了流动性需求，也为银行家提供了纪律约束。因为支票存款是银行负债的一个主要组成部分，所以储蓄者短期通知提款的威胁确保了银行家们不利用其私密信息谋取私利。的确，许多经济学家认为正是这种提取资金的威胁使得支票存款在银行筹集放贷资金方面的重要性持久不衰。

净值与道德风险 对储蓄者来说，防止道德风险的第二种方法是，当银行发放贷款时，让银行家和银行股东将他们的资本也处于风险之中。当银行家自己的储蓄也处于风险之中时，他们就会对自己的行为更负责任，因此，要求银行家和银行股东用他们自有资金参与投资的规定会激励更负责的行为。一般来说，银行家在银行的股份越大，其道德风险就越小。银行家从事资本充足率管理，即决定银行应有的资本数额并得到意愿水平的资本金。这种管理的焦点是在减少道德风险的资本收益与降低银行股东盈利能力的资本成本之间作出权衡。政府的监管提供了其他方法来为个人储蓄者降低道德风险的成本，我们将在第 14 章和第 15 章对此加以讨论。

资本充足率管理 作为银行的所有者，股东关心银行运营的盈利能力和支持银行资产所要求的资本数量。银行盈利能力的直接度量指标是单位资产税后净收益率，或称为**资产收益率**（return on assets，ROA）：

$$资产收益率=税后净收益/银行资产$$

该指标度量银行单位资产能赚多少盈利，股东由此可以了解银行的管理如何。

当然，银行的股东并不“拥有”银行的资产（主要是贷款和证券），但是他们却拥有银行的资本。作为银行的所有者，银行的股东想知道其银行资本的收益情况。反映这一信息的指标是银行单位股权资本的税后净收益率，或称为**股本收益率**（return on equity，ROE）：

$$股本收益率=税后净利润/银行股本$$

从股东的角度看，资本收益率（反映其投资于银行的资本收益如何）与资产收益率（反映银行管理得如何）之间存在明显的联系。请注意：

287 $$\frac{税后净利润}{银行股本}(股本收益率)=\frac{税后利润}{银行资产}(资产收益率)\times\frac{银行资产}{银行股本}$$

因此，对于一个给定的资产收益率，股权资本数额越低，银行的资本收益率就越高。银行股权资本的价值也就越高。

然而，正如我们之前看到的那样，银行资本在降低道德风险方面具有重要的作用。那么银行管理者如何决定持有资本的数额呢？当银行资产风险非常大，或者很难获得银行资产质量的信息时，资本在减少道德风险方面的好处就更突出了。因此，这种情况也使得大多数国家的政府都重视监管银行的资本充足率。

测试点拨

假设政府对所有的银行存款都提供担保，而不监管银行的贷款行为。你预计银行贷款资产组合的风险将会怎样变化?

如果所有的存款都得到了担保，个人储蓄者就不再有动机来监督银行了。因此，除非银行的股权资本中有银行家的大量自有资金，否则他们就有动机去冒更大的风险。银行家将从那些成功的高风险借款者那里收取较高的利率来赚取利润，而政府将承担那些发放给失败借款者的风险性贷款给存款者造成的损失。

管理流动性风险

在与储蓄者打交道的过程中，银行面临**流动性风险**（liquidity risk），即存款者可能集体性地决定提取银行无法立即支付数额资金的可能性。这样的提款可能迫使银行收回相对缺乏流动性的贷款且收回贷款的价值可能低于贷款的原值。

银行管理其与储蓄者关系中的流动性风险所面临的主要挑战是，在不牺牲太多盈利能力的情况下，降低风险暴露程度。例如，银行可以持有大量准备金，这样就可轻易地将流动性风险暴露最小化。然而，这样的策略会降低银行的盈利能力，因为银行将这些现金作为准备金来持有，不能获得利息。正如我们以前注意到的那样，美国的银行被要求在联邦储备体系中存放准备金。即使没有这一规则，流动性风险暴露也会使得银行持有准备金资产，即使并非采取在美联储存放无息存款的方式。因此，银行使用其他策略来降低流动性风险，我们把这些策略划分为资产管理策略和负债管理策略。

银行的资产管理 银行管理流动性风险的同时又能赚取利息的一种方法是，通过联邦基金市场将资金借给其他银行，期限通常是1天。联邦基金贷款流动性比较强，虽然也有违约风险，但是很小。第二个选择是使用政府证券的回购协议，即把证券隔夜出让给企业或其他银行。然而，这些长期政府证券有一些利率波动风险。大多数银行将这两种手段结合起来使用，这种混合策略反映了银行在这两个方面之间的权衡，即联邦基金市场较低的预期收益率和违约风险，与政府证券市场较高的预期收益和利率波动风险。

288 **银行的负债管理** 为了正常运营，银行必须持有充足的现金和一些可以迅速变现的资产，以满足存款者的提款需求，同时又不能因此牺牲太多的营业收入，因为持有现金不会像持有贷款和证券那样能获得运营收入。许多大型银行（例如纽约的花旗银行）发放贷款的机会要远远多于吸收存款的机会，因此，它们必须决定如何借入更多的资金来满足贷款的需求。其可选择的工具包括存单、欧洲美元、联邦基金和回购协议。这些工具对银行来说有着不同的到期日和成本。然而，银行必须保留其借款能力以便进行负债管理，特别是在大多数借款都没有抵押而且没有受保于联邦存款保险的时候更是如此。一般来说，仅依靠隔夜拆借（虽然当前成本可能很低）是不明智的。因此，银行通常也开展长期借款，随之会带来相应的利率风险。

资产和负债管理示例　假设兆丰银行的资产负债表最初如下：

兆丰银行

资产		负债	
准备金	5 000万美元	存款	20 000万美元
可销售证券	1 000万美元	净值	2 000万美元
贷款	16 000万美元		

如果银行被要求在美联储以无息准备金形式存入存款的10%，其5 000万美元的准备金包括2 000万美元的法定准备金和3 000万美元的超额准备金。如果兆丰银行的一些大额存款者提取1 500万美元，那么该银行就会失去1 500万美元的准备金（和存款），但不必变动资产负债表中的其他项目。换句话说，如果拥有足够的超额准备金，银行不需要主动地管理流动性风险。

持有超额准备金对于兆丰银行来说是有较高成本的，因为它无法像贷款和证券那样能够获得利息。另一种极端情况是，假设兆丰银行最初的资产负债表中没有超额准备金，而是发放了更多贷款以增加盈利能力。这种情况如下：

兆丰银行

资产		负债	
准备金	2 000万美元	存款	20 000万美元
可销售证券	1 000万美元	净值	2 000万美元
贷款	19 000万美元		

再一次假设兆丰银行面临1 500万美元的提款要求，其资产负债表现在变化如下：

兆丰银行

资产		负债	
准备金	500万美元	存款	18 500万美元
可销售证券	1 000万美元	净值	2 000万美元
贷款	19 000万美元		

289 为了满足美联储的最低准备金要求，兆丰银行的准备金应该是1 850万美元（即0.10×18 500万美元）。该银行准备金缺口为1 350万美元，

即 1 850 万美元减去 500 万美元。

为了弥补这个缺口，银行可以卖掉其持有的可销售证券或减少贷款数量。在第一种情况下，银行将卖掉国库券或者其他债券，然后将资金存入美联储。由于政府债券是在高度流动性市场中进行交易，所以银行的交易成本会比较低。因此，政府证券具有与备用准备金一样的价值。在第二种情况下，如果兆丰银行拥有大量同时到期的短期贷款，该银行会决定不再将这些贷款展期。然而，如果银行由于不对贷款展期而使得客户流失，它不得不对新的借款者支付信息成本。还有一个解决办法，兆丰银行可以直接将一些贷款卖给其他银行。私密信息同样会使这些交易复杂化。由于其他银行并不了解兆丰银行的贷款质量，所以它们可能不愿意按照兆丰银行的贷款价值予以全额支付。

为了增加负债，银行可以从其他银行、公司或者美联储那里获得准备金。从其他银行或者公司借入准备金要运用联邦基金交易和回购协议。从美联储借入准备金是通过再贴现贷款的方式进行的。如果兆丰银行保持贷款和证券持有额不变，通过上述这些新的来源借入等量资金以弥补准备金缺口，那么其资产负债表的变化如下：

兆丰银行

资产		负债	
准备金	1 850万美元	存款	18 500万美元
可销售证券	1 000万美元	从其他银行和公司借款	675万美元
贷款	19 000万美元	从联储借款	675万美元
		净值	2 000万美元

兆丰银行成功地管理了其流动性风险。

如果兆丰银行无力管理其流动性风险，它将倒闭。例如，假设有传闻说兆丰银行将 5 000 万美元贷给了银行总裁 J. P. 摩尔根的朋友们，而他的朋友们在房地产投机中损失惨重。愤怒的存款者们立即提取了 1 850 万美元，使兆丰银行的存款变为 16 650 万美元，因此该银行的准备金应该为 1 665 万美元。但是，正如资产负债表显示的那样，其准备金已经被提光了：

兆丰银行

资产		负债	
准备金	0美元	存款	16 650万美元
可销售证券	1 000万美元	借款	1 350万美元
贷款	19 000万美元	净值	2 000万美元

当银行账面上的贷款价值降低到 14 000 万美元时，它的净值为 −3 000 万美元，或者说，该银行有 15 000 万美元的资产，但却有 18 000 万美元的负债。除非该银行能够说服其他银行或者美联储借给它资金，否则它将不得不关门停业。在这种情况下，联邦存款保险公司

(Federal Deposit Insurance Corporation，FDIC）将接管该银行，并决定是对其进行清盘还是将其与其他银行合并。

银行和借款者之间的关系

290 贷款构成了银行的大部分资产，所以银行的主要任务是发放贷款，由此获得的利率高于银行从存款者和金融市场筹集资金所支付的利率。因此，结交优良贷款客户并运用信用—风险分析来确保借款者的信誉可靠，这些对于银行长期立于不败之地具有十分重要的意义。此外，管理利率风险对于银行的盈利能力也是极其重要的。

管理信用风险

银行的利润来自存贷款利率差。为确保得到合理的利润，银行尽量发放可以连本带息全额收回的贷款。在金融市场上发放贷款，银行关心的是**信用风险**（credit risk），即借款者有可能对其贷款违约的风险。如果银行不能有效地管理信用风险，它们将不能为股东盈利，不能长期持续经营。银行可以通过投入资源来收集和监督信息，降低其在单笔贷款上的信用风险暴露。银行风险管理的基本原理与其他金融中介机构的风险管理原理一样，都是通过多样化降低银行资产组合的整体信用风险。为了管理单笔贷款的信用风险，银行运用信用风险分析手段来审核借款者，并决定对其收取一个适当的利率。此外，银行家在管理单笔贷款的信用风险中，必须应对其中的逆向选择和道德风险。[1]

在贷款市场上，存在逆向选择。高风险项目的申请人最有可能在给定的利率水平下申请贷款：如果项目成功，他们是最大的赢家；但是如果项目进展不顺利，银行就是最大的输家（再次出现次品问题）。

在银行贷款市场上，也存在着道德风险，因为一旦借款者获得了贷款，他们就可能将资金用于对银行不利的项目上。银行运用筛选技术、抵押品要求、信贷配给、监督和限制性条款来发展与借款者之间的长期关系，以有助于降低逆向选择和道德风险的成本。

多样化 资产组合配置理论预言，投资者（个人或金融机构）可以通过持有多样化资产来降低其对价格波动风险的暴露。这一理论也适用

〔1〕这里主要关注银行持有的债务。1863年和1864年《国民银行法》(National Banking Acts，NBA）禁止美国的银行持有股票。因此，银行很少持有公司的股票。

于银行。如果银行放贷过于集中于同一个借款者、同一地区的借款者或同一行业的借款者，银行的这些贷款就会有风险暴露。虽然银行有对特定借款者收集信息和评估的技能，但大多数经济学家还是认为，银行应该分散选择其持有的资产。如果资产不是较为分散的话，银行应该管理其风险暴露。

信用—风险分析　在**信用—风险分析**（credit-risk analysis）中，银行通常核查借款者偿还贷款的可能性，以及可能影响借款者偿还贷款的
291 整体经营状况。个人和企业向信贷员申请贷款，信贷员管理银行与借款者之间的关系，收集借款者和贷款用途的信息，并评估信用风险。为了降低逆向选择的可能性，信贷员要对贷款申请者进行筛选，剔除那些具有潜在高风险的申请者，找出一批信誉卓著的借款者。

个人借款者通常必须向信贷员提供其职业、收入与净值的信息。企业借款者要提供其当期和预期收入与净值的信息。此外，银行有时运用信用评分系统来对个人是否可能违约作出统计评价。例如，工作经常变换的人相比工作稳定的人来说，在统计上更有可能违约（在所有其他条件相同的情况下）。一些分析人士认为，信用评分系统的运用是对某些特定群体的歧视，但是其他分析人士认为，这种方法是一种有价值的信用—风险分析工具。

信贷员不仅在发放贷款之前收集信息，他们也在贷款存续期间对借款者进行监督。信贷员通过审查财务报表、不时地与借款企业的管理层见面、分析研究行业前景等来监控大额商业贷款。对于个人贷款，信贷员必须确保贷款按期偿还，以及借款者的财务状况不会恶化。

银行对贷款收取利息，其高低取决于：（1）银行的资金成本，（2）贷款的违约风险，（3）银行从其他投资中可以获得的收益率。银行贷款利率如果低于存款利率和非存款资金成本的话，它就不会有盈利。此外，为了确保能对银行承担的风险进行适当的补偿，存贷利率差必须
292 反映出违约风险溢酬。最后，银行不应该将其资金以低于其他资产收益率的利率贷出。例如，一家银行如果能从无风险国债投资中得到8%的收益率，那么它就不应该将其10 000美元资金以6%的利率贷给一个风险性借款者。然而，来自其他贷款机构的竞争限制了银行所能收取的利率水平。也就是说，如果银行收取的利率太高，借款者将从其他金融机构寻求相应的信贷来源。

从历史上看，企业贷款利率是基于（盯住）**基准利率**（prime rate）制定的，基准利率是低风险借款者（优质借款者）6个月期贷款的利率。其他贷款利率根据其贷款信用风险高低各有不同，但都高于基准利率。然而，截止到20世纪90年代，大多数大中型企业的贷款利率反映了当前市场利率的变化，而非规定的基准利率的变化，而这种基准利率不适用于小型借款企业。

担保品 为了抵制逆向选择问题，银行通常要求借款者提交**担保品**(collateral)，即在借款者违约的情况下银行可收回的资产。例如，如果菲尔·戴蒙德先生希望从银行获得一笔贷款来开一家珠宝店，银行可能要求他将一些金融资产或住房作为担保品。担保品可以在出现违约的情况下降低银行的损失，因为银行可以收回这些担保品。此外，银行会要求菲尔先生维持一个**补偿性余额**（compensating balance），即企业在支取贷款时被要求保留在放贷银行支票账户中的最低金额。

信贷配给 在某些情况下，银行可以通过**信贷配给**（credit rationing）将逆向选择和道德风险的成本最小化。在信贷配给情况下，银行可以批准贷款申请但限制贷款规模，也可以回绝借款者以当前利率水平申请的任何贷款。

第一种信贷配给方式是针对潜在道德风险的。银行限制贷款规模能够增加借款者为保持良好信用等级而偿还贷款的可能性，进而降低道德风险的成本。你的万事达信用卡或维萨信用卡也是基于此原因而设置了信用额度。如果给你 2 500 美元的贷款额度，你非常可能向银行还款，这样在未来你能够再次借款。如果银行愿意给你 250 万美元的信用额度，你可能会大笔花钱，甚至超过了你的偿还能力。因此，对借款者设置贷款额度限制，并且让该限额低于借款者在当前利率水平下的贷款需求规模，这种做法对银行来说既理性，又符合利润最大化目标。

第二种信贷配给方式是针对严重逆向选择的。在很多借款者几乎或根本没有担保品的情况下，可能会出现严重的逆向选择。如果面对这么多的风险性借款者，银行为了补偿自身承担的风险，可能会收取更高的利率。这样会发生什么事情呢？低风险的借款者将会退出贷款申请，留给银行的将是那些潜在高风险的借款者。因此，对某些借款者收取较低的利率，同时拒绝对某些借款者提供贷款，符合银行的最佳利益。这种信贷配会增加整体经济的成本，因为一些低风险借款者的贷款也可能被拒绝了。

监督和限制性条款 为了降低道德风险的成本，银行要对借款者进行监督，以确保借款者没有使用从银行借来的资金去从事未经准许的风险性活动。与保险安排（见第 12 章）相似，银行下大力气来判定借款者是否遵守限制性条款，即在贷款合同里禁止借款者从事某些活动的明示条款。

293 **长期联系** 银行要收集有关借款者前景的信息并且监督借款者的活动，其最佳方式之一就是与借款者保持长期联系。在一段时期内观察借款者（通过支票账户活动和贷款偿还情况）后，银行就可以降低其信息收集和监督成本，进而就可以显著地减轻信息不对称问题。借款者也可以从其与银行的长期联系中获益：客户可能会以较低的利率或较少的限制获得信贷，因为银行不必再做那些花费较高的信息收集工作。那些重视长期联系的借款者不太可能违约或违反贷款协议中的限制性条款。一些分析人士认为，在其他国家（特别是在德国和日本），银行和非金融性企业的亲密关系提高了双方的竞争力。我们会在第 14 章分析这种金融关联的优势和劣势。

延伸思考

信用—风险分析何时是一种“歧视”？

银行家应该有多大的自由度去放弃那些看起来不守承诺的客户？在 1977 年《社区再投资法》（Community Reinvestment Act，CRA）中，禁止银行采用歧视性政策，同时要求银行对其所在的社区提供信用服务。那些被发现歧视少数社会成员的银行，以及那些不尽力为其所在社区提供信用服务的银行将面临罚款和处罚。政策制定者面临的挑战在于，如何以符合成本—效益的方式提高少数人群得到信用服务的机会？

大多数经济学家认为，住房抵押贷款和其他贷款一直是争论的中心话题。波士顿联邦储备银行在 1992 年进行的一项研究宣称，有证据表明，对非洲裔美国人和西班牙裔美国人的抵押贷款申请存在着极大的歧视。这使得克林顿政府要求重新修订《社区再投资法》来打击歧视现象。美联储理事会在 1995 年进行的一项研究对此提出了异议。这项研究考察了少数人群是否比其他借款者更可能发生违约。如果存在歧视的话，那么少数人群的违约率应该更低。事实上，研究者发现，少数人群借款者更频繁地违约。芝加哥联邦储备银行在 1995 进行了第二次研究，他们重新考察了波士顿联储银行首次研究中使用的贷款申请，其结论认为：拥有良好信用记录的非洲裔美国人和西班牙裔美国人申请者，与拥有可比信用记录的白人申请者通过申请的可能性相同。然而，研究也发现，有不良信用记录的非洲籍美国人和西班牙籍美国人申请者与情况类似的白人申请者相比，其抵押贷款申请更有可能被拒绝。

许多经济学家认为，无论是否存在歧视的最终答案是什么，对于增加少数人群的信用服务来说，《社区再投资法》是一个成本很高的手段。美联储在 2000 年对《社区再投资法》贷款进行的一项研究发现，这些贷款与那些没有政府施压的贷款相比，银行的盈利性较差。如果《社区再投资法》提高了银行在城市地区的运营成本，那么作为对此监管规则作出的回应，在一段时间后，进入这些社区的银行就会越来越少。结果，《社区再投资法》对信用供给的长期效应可能是事与愿违。另一种可选择的方法是，对某些种类的贷款进行补贴，而不是仅对银行施加处罚。

测试点拨

假设政府干预限制了银行发放贷款的类型以及贷款的对象。银行资产组合的信用风险将发生什么变化？

这种政府干预将会降低银行资产组合多样化的能力。因此，即使银行分析了单个借款者的信用风险，其资产组合的整体风险也可能会增加。

管理利率风险

银行通过向借款者提供贷款所得的利润是有风险的，部分是由于金融市场上利率的变动。如果市场利率的变动引起了利润的波动，银行就经历了**利率风险**（interest rate risk）。市场利率变化对银行资产和负债价值的影响与利率变化对债券价值的影响类似。也就是说，市场利率升高，降低了未清偿贷款余额的现值，即使是在贷款协议的条款下该贷款不被偿还的风险很小。当银行主要通过短期存款（如支票存款或短期的定期存款）或购买长期债券筹集资金时，它更容易受到利率风险的影响。

银行必须首先比较不同资产和负债价值的利率敏感性。例如，假设迈奇银行的资产负债表如下：

迈奇银行

资产		负债	
固定利率资产	35 000万美元	固定利率债务	23 000万美元
准备金		大额可转让存单	
长期可销售债券		储蓄存款	
长期贷款		长期存单	
浮动利率资产	15 000万美元	浮动利率负债	23 000万美元
浮动利率贷款		短期存单	
短期债券		货币市场存款账户	
		联邦基金	
		净值	4 000万美元
	50 000万美元		50 000万美元

294 请注意，在迈奇银行的50 000万美元资产中，15 000万美元收取的是可变利率，该利率每年至少变动一次。在迈奇银行的负债中，不到一半的负债（50 000万美元中的23 000万美元）是可变利率的。如果利率上升，该银行将为其23 000万美元资金付出更多的利息，而其资产增加的利息收入仅有15 000万美元。因此，迈奇银行面临利率风险。

20世纪80年代，市场利率波动性的显著增加给那些吸收短期浮动利率存款且发放固定利率贷款的银行带来了巨大的利率风险。市场利率的升高会降低银行资产相对于其负债的价值，从而导致 20 世纪 80 年代末多家银行倒闭。

为了管理利率风险，银行开始评估其资产组合对市场利率波动的脆弱性。一种方法是度量银行资产或者负债的**久期**（duration），即资产或者负债的市场价值对市场利率变化的反应程度。[1] 久期是一个弹性经济指标（由于它是一个弹性，久期是无量值的，且可以由具有任何到期日的资产或负债计算出来）。在负债方面，支票存款有一个较短的久期，而长期存单则有一个较长的久期。在资产方面，通过联邦基金市场贷给其他银行的贷款有一个较短的久期，而商业贷款和可销售证券则有一个较长的久期。

为了评估银行对利率风险的暴露，银行管理者计算银行资产的平均久期和银行负债的平均久期，两者之差被称作**久期缺口**（duration gap），它度量银行对利率波动的脆弱性。银行管理者运用久期缺口所包含的信息来指导他们的策略。减小久期缺口有助于银行将利率风险最小化。如果预期利率水平下降，银行应该调整其资产和负债的期限结构，使其有一个正的久期缺口。如果预计利率上升，银行应该通过调整使其有一个负的久期缺口。

通过资产和负债管理来影响久期缺口的做法在各个银行之间是不同的。例如，中小型银行与大型银行相比，通常对负债的久期更缺乏控制力。因此，他们更主要地调整其资产的久期。大型银行对资产和负债都进行主动性管理。例如，如果大通银行预期利率上升，它可能卖出长期工具，如可转让存单或者在隔夜拆借市场上向其他银行拆出资金。

除了直接的资产和负债管理外，银行还可运用其他方式来进行利率风险管理。银行可以发行浮动利率债务，它们可以运用利率互换、金融期货和期权来减小久期缺口。

浮动利率债务 银行减少利率波动风险的一个方法是采用**浮动利率债务**（floating-rate debt），以配合浮动利率贷款。在浮动利率债务情况下，如果市场利率上升，银行利息支出增加，同时其利息收入也增加。如果贷款利率是固定的，其贷款的利润率对利率变动的反应较为敏感，而如果发放浮动利率贷款，这种反应程度就会下降。20 世纪 80 年代初期，浮动利率贷款在美国大行其道，因为那时利率波动幅度较大。大多
295 数商业贷款利率是由基准利率加上几个百分点，这几个百分点是由银行确定的，用以反映信用风险水平。贷款利率随着基准利率的变化而调整。典型的基准利率包括商业票据利率或伦敦银行间同业拆借利率（London Interbank Offering Rate，LIBOR）。伦敦银行间同业拆借利率是国际银行对美元计值的贷款收取的利率。在可调整利率的抵押贷款（adjustable-

[1] 我们在本章的附录给出了更正式的久期定义。

rate mortgages，ARMs）情况下，抵押贷款的利率随着市场利率的变化而相应地升降。

然而，浮动利率贷款并不能消除银行的风险暴露。它们在相当程度上降低了银行的风险，但是借款者所面临的风险却上升了。如果在公司收益低和经济压力大的期间（有时会发生这种情况），正赶上市场利率提高，那么借款者的违约风险就会增加。在银行的风险和借款者的风险之间存在一个权衡：将利率风险转移给借款者并不能消除风险，借款者可能无力或者不愿意承担这些风险。

互换　互换于1981年引入市场，它用于解决银行既有利率风险暴露也有汇率风险暴露的问题。**利率互换**（interest rate swap）是最常见的互换形式，它是以一种金融工具的未来预期收益与另一种金融工具的未来预期收益进行交换的协议。2006年，这种被广泛应用的互换协议余额已上升至70万亿美元。

例如，假设兆丰银行将要向大钢公司发放一笔长期固定利率贷款。由于兆丰银行的资金来源是相对短期的工具，该银行对其负债支付浮动利率。银行可以运用利率互换来减少其利率风险暴露，即用大钢公司的固定利率偿付与其他银行或公司的浮动利率偿付进行互换。该互换协议使银行摆脱了浮动利率所带来的较大不确定性。相反，如果其他银行或者投资者同意将浮动利率偿付与固定利率偿付进行交换的话，它们就面临利率上升会增加其偿付额的可能性。（它们可以利用金融期货市场来降低其风险暴露。）

在为大钢公司提供贷款之后，兆丰银行可以出售互换协议，通过将固定利率偿付转化成浮动利率偿付，消除了利率风险。除了套期保值之外，兆丰银行还可以运用互换对远期利率变动进行投机。假设兆丰银行买入的互换协议多于其卖出的数量，它承诺对差额支付以浮动利率换成固定利率。如果利率上升，兆丰银行将面临亏损，如果利率下降，它将获得收益。

期货和期权　期货和期权合约也为银行提供了对其利率风险暴露进行套期保值的途径。再回到兆丰银行为大钢公司发放固定贷款而用浮动利率工具筹集资金的例子。兆丰银行可以卖出国债期货合约，即承诺在未来的某个日期交割国库券。在这种情况下，如果市场利率（和兆丰银行的资金成本）上升的话，兆丰银行期货头寸的价值就会升高；利率升高会降低兆丰银行必须交割的国库券价值。如果利率下降的话，兆丰银行的贷款收益就会提高，但其期货头寸会出现亏损。此外，兆丰银行可以买入国债看跌期权，即获得在未来以预定价格卖出国库券的权利。如果利率上升，看跌期权的价值升高，这就使兆丰银行免受利率上升所带来的损失，而当市场利率下降时，该银行可以获得额外的收益。

由于金融期货和期权都在交易所进行交易，银行面临的交易成本要比使用更定制化的利率互换更合算。然而，正是由于金融期货和远期合约都是标准化的，所以银行可能会求助于互换合约以适合它们的需求。

实践中，银行运用互换、期货和期权来应对利率风险。

296 表 13—2 总结了银行在其与储蓄者和借款者的关系中所面临的风险。

表 13—2　　银行合约中的风险暴露

利率风险	流动性风险	信用风险
银行固定利率贷款的市场价值变动方向与市场利率变化方向相反	存款者要求提取其资金，使银行准备金不足	借款者可能对贷款违约
补救措施		
· 用金融期货和期权对风险进行套期保值	· 持有大量现金准备金	· 资产组合多样化
	· 资产管理	· 信用风险分析
· 浮动利率贷款	· 负债管理	· 监督和限制性条款
· 利率互换		· 长期联系

测试点拨

有效市场假说认为，股票市场价格应该包含了所有可得的信息。如果银行具有利率风险暴露，对于银行股票价格对市场利率变化的反应程度，投资者应有怎样的预期？

市场利率上升，会降低银行资产的价值和银行股票的价格；市场利率下降，会提高银行资产的价值和银行股票的价格。的确，一般来说，与工业企业股票相比，银行股票的价格对利率变动的反应程度更大一些。

扩展银行业务范围

银行业务看似简单：吸收存款，发放贷款。只要贷款利率（经预期贷款损失调整）与存款利率之间的差额是正的，银行就可盈利。然而，在过去 30 年里，银行的业务发生了戏剧性的变化。

1960 年，银行从支票存款中获得 61%的资金，其余的大部分来自存折账户。这些资金主要投资于企业贷款、抵押贷款、消费者信贷和其他用途（占银行资产的 46%）。联邦、州和地方政府证券占银行资产的 31%，现金资产占银行资产的 20%。

30 年间沧桑巨变！在新世纪，美国的银行通过支票账户筹集的资金额已大大减少，而更多地依靠定期存款和可转让存单。从 20 世纪 60 年代到 21 世纪，另一个戏剧性变化是，从联邦基金市场和通过回购协议的借款显著地增加了。还有一个更大的不同之处是，银行已延伸到非传统的贷款业务中。

机会和金融创新

银行资金来源和运用的重要转变主要源于三个方面的变化。首先，在 20 世纪 80 年代，利率的波动性增加了。银行开始管理其持有的资产和负债，以获得更高的利息收益，并降低其对利率波动风险的暴露。第
297 二，在 1960 年，美国银行业监管规则禁止对支票存款支付利息。随着这些管制的放松，允许对此支付利息后，存款者将活期存款转到有息存款账户。最后，到 20 世纪 90 年代，银行对存款者支付的利率完全解除了监管，银行可以在金融市场上自由竞争。

因此，在 2006 年，银行在其资产组合中增加了贷款的相对重要性。因为银行持有了缺乏流动性的资产，所以这一举动增加了银行的信用风险暴露。以可销售证券形式持有资产的占比从 1960 年的 56%上升到 2006 年的 78%；而银行股权资本占资产的比率则从 1960 年的 15%下降到 2006 年的大约 9%。

从 20 世纪 60 年代到 21 世纪，银行和其他金融机构的金融创新加强了金融机构之间的竞争。在竞相争夺存款者和贷款客户的情况下，为了保持盈利能力，银行不得不想方设法利用其相对于金融市场的最大竞争优势：以更低的交易和信息成本满足储蓄者和借款者的需求。银行已经不再是传统意义上的放贷机构了，通过开展表外业务，银行充分利用了其成本优势，而又不需要发放传统意义上的贷款。

表外业务

银行越来越多地转向开展表外业务，以此产生收费收入（fee income）。表外业务利用了银行在降低其客户的交易成本以及降低放贷中借款者的信息成本方面的竞争优势。

为通过降低交易成本来获得收费收入，银行为客户提供定制化服务，例如对抵押贷款支持证券付息（从借款者那里收回利息和本金，在扣除费用后将余额支付给放贷者）和代客从事外汇交易。此外，银行在金融期权、期货和利率互换市场上数万亿美元的交易中收取费用。虽然参与这些市场交易活动的大多数银行所提供的服务是与其他银行业务相关的，

但有时银行也在这些市场上从事投机活动。当然，投机要承担损失风险。最后，银行通过为高净值客户提供定制化的“私人银行业务”来获得收入，这些客户的金融资产在100万美元以上，并且其人数在美国和全球都不断增加。这些业务之所以被称为“表外业务”，就是因为它并不像传统的贷款和证券持有业务那样要求用资本金来支持资产。

在进行**表外贷款**（off-balance-sheet lending）时，银行并不将发放的贷款作为资产。银行的这种业务安排包括三个重要的创新：（1）备用信用证，（2）贷款承诺，（3）贷款出售。即使在银行的账面上没有贷款，但这种表外业务同样会增加银行的违约风险。因此，银行管理者必须通过资本充足率管理和信用风险管理来谨慎地防范银行风险的增大。

备用信用证 竞争环境的改变使得银行利用其在信息收集和监督上的技能。这样做的结果是，银行通过合约创新重新获得它们在20世纪70年代失去的商业票据市场（在金融市场上交易的短期公司债务）上的一
298 些贷款业务。由于商业票据是短期的且通常是可以展期的（再融资），所以借款者希望确保能够稳定地使用从放贷者那里获得的资金。银行通常向商业票据的借款者销售备用信用证（standby letter of credit，SLC），以此承诺在需要时银行就会放贷给借款者来还清到期的商业票据。从历史上看，借款者通过保持一个补偿性余额来对银行的这种服务付费。近年来，通常是采取收费（通常约为0.5%）的方式。

备用信用证代表信用担保，这对于那些不太知名的借款者尤为重要。这种方式将信用的提供分成两部分：信用风险分析（信息收集）和实际的资金提供。备用信用证是一个意义重要的发展，因为银行能够有效地提供信用风险分析，而公开市场通常可以提供更便宜的资金。与常规贷款不同，备用信用证并不出现在银行的资产负债表上。

自20世纪80年代以来，备用信用证的发行增长引人注目。全国最大的银行占据了其中的最大份额，这与它们恢复成为商业票据市场上借款者的努力是分不开的。银行可以收费的其他信用活动还有银行承兑票据和承销欧洲票据。

贷款承诺 在**贷款承诺**（loan commitment）中，银行同意在特定时间段内为借款者提供规定额度的资金。借款者有权选定何时或是否使用这笔贷款。（使用或未使用的）贷款承诺占总银行资产的比率自20世纪80年代以来大幅度上升。

参与银行可对贷款承诺收取费用，该费用通常分成两个部分：在作出承诺时的前端收费和对未使用部分收取的未使用费。对于确实发放的贷款，以使用费收取的利率由在基准贷款利率之上的一个加价来确定。贷款承诺要预先在基准利率而非市场利率上加一个固定加价。此外，如果借款者的财务状况恶化到某些规定水平之下，银行的贷款承诺就会终止。

贷款出售 在20世纪80年代，货币市场和资本市场的证券化发展

很迅速。通过证券化，金融中介直接向投资者销售贷款或者证券，而不是持有它们。目前金融中介机构在市场上销售各种类型的银行贷款，包括抵押贷款、汽车贷款、信用卡应收款和企业贷款。证券化的发展有助于放款者分散和分担风险，因为它们可以部分卖出其发起的贷款资产组合。此外，这一过程使银行致力于为储蓄者和借款者降低信息和交易成本，而无须将其全部贷款都持有至到期。

自 20 世纪 80 年代以来，作为证券化发展趋势的组成部分，美国的贷款出售市场从无到有且成长壮大起来。**贷款出售**（loan sale）是银行同意把从标的银行贷款得到的未来预期收益卖给第三方的一种金融合约。贷款出售也叫作二级贷款参与（secondary loan participations）。正式情况下，贷款合约是以无追索权的方式出售的，即银行对出售的贷款价值不提供任何担保和保险。银行工商业贷款的出售在 20 世纪 80 年代飞速发展，并且前几大出售银行将其工商业贷款的大部分都售出了。贷款出售的数额在 20 世纪 90 年代初中期有所下降，部分是由于银行给高债务的小型公司贷款定价错误。随着市场在 20 世纪 90 年代末期和 21 世纪的
299 再次好转，许多分析人士预测，银行贷款出售将持续增长，因为最低资本金要求使得银行更愿意卖出贷款而非持有贷款。

大银行将贷款主要出售给本国和外国的银行和非银行金融机构。最初，银行只出售短期优质以及信息收集和监督成本低的贷款。然而，银行越来越多地出售质量不佳的长期贷款。

贷款出售市场的繁荣兴旺改变了银行在储蓄者和借款者之间的中介作用。例如，一个活跃的贷款出售市场实际上将银行业务划分为吸收存款和发放贷款两个部分。这就提出了一个根本性的问题：贷款出售市场的发展是否意味着银行应该消失？

答案是否定的。贷款出售体现了中介服务的改善。这些贷款出售使得银行可以通过与其他机构买卖贷款来实现在金融和地理上的多样化，同时也节约了其股权资本。例如，银行可以将其贷款资产组合分散于不同类型的贷款（比如通过售出汽车贷款和买进房地产贷款），也可以分散于不同地理地域。这种多样化降低了银行贷款资产组合对单笔贷款违约风险的暴露。一些经济学家认为，确保贷款合约的履行已不再要求银行将贷款持有至到期，也减少了银行股权资本的风险。因此，银行可以继续提供正常的信息收集和监督服务，同时降低了其对信用风险和利率风险的暴露。

在卖出贷款时，银行用其声誉而不是用股权资本来作保证。贷款运作不佳的银行不可能一直成为该市场的成功参与者，大型银行（最大的贷款出售商）更重视其声誉。贷款出售的价格包含了风险溢价，它既体现了相应借款者的违约风险，也体现了销售银行对贷款的隐含担保违约的风险。银行确保贷款质量的方式之一就是持有该贷款的一部分，以使购买者相信该银行可以监督原始借款者的活动。

表外业务的重要性 表外业务对于银行获得利润越来越重要。1960—1980年间，美国的银行从收费收入和交易收入中获得的非利息收入占银行总收入的19%。这个比率自20世纪80年代以来稳步上升，到2006年，非利息性收入已占银行总收入的30%（对于那些资产超过10亿美元的银行来说，该比率已经达到40%）。这种趋势并不局限于美国。20世纪80年代和90年代，日本金融市场放松管制，迫使日本的银行通过表外业务来拓展新的收入来源。随着欧洲国家银行业市场的竞争性越来越强，表外业务的相对重要性也在增加。

表外业务的权衡 银行的收费收入来自交易金融工具与利用银行在交易成本和信息成本上的优势服务客户。这种额外收入也有风险：虽然银行担保的工具并不体现在其资产负债表上，但是银行仍然有违约风险
300 暴露。一旦发生违约，银行也需要履行其义务。同样，在贷款承诺中，当借款者信用风险很高或银行自身流动性受损时，银行可能被要求贷出资金。最后，银行在参与交易活动中具有风险暴露。英国著名的巴林银行因从事未受监督的巨额衍生品投机交易而在1995年破产。同年，美国的信孚银行面临其衍生工具市场客户索赔1亿多美元的诉讼案件。

为了评估银行表外业务的风险暴露，很多银行采用复杂的计算机分析。大型银行率先开发了风险评估模型。最常用的一个模型是在险价值（value-at-risk，VAR）分析法，它运用统计模型来估计未来某一特定时期内资产组合价值可能出现的最大损失金额，因此叫作“在险价值”。这一技术有助于银行管理层度量和降低风险暴露。许多经济学家认为，银行表外业务的信用风险暴露与其贷款资产组合的风险暴露并非不成比例。毫无疑问，世界范围内的金融监管者密切监督着银行表外业务的风险暴露。

表外业务的国际扩张 自20世纪80年代中期以来，美国式证券化也出现在其他许多国家的市场上。总体上看，金融机构都积极开展表外业务，将其作为无须增加资本而可增加收入的途径，而贷款则需要资本的支持。在表外证券化业务发展方面，英国仅次于美国，位居第二；日本的银行并不太愿意将贷款从资产负债表中移出，主要是为了避免弱化其与非金融性企业的密切关系，而这种密切关系是日本经济传统上的一个显著特征；德国和瑞士的银行财务状况雄厚，没有多大的压力去大规模地开展表外业务以满足资本充足率要求；法国、西班牙和意大利的银行正在积极探索表外证券化业务。1999年欧元的引入加大了在欧洲开展证券化的可能性。

延伸思考

给银行衍生品的评价：它是多余的信用形式吗？

传统利率互换的信用风险很小，但带给银行和其他金融机构的利润也很低。信用衍生品为银行和其他金融机构提供了分担违约风险、利率

风险或汇率风险的机会。例如，在违约互换中，银行可将违约风险转移给投机者（如对冲基金），银行支付定期费用以换取违约时投机者给银行的一笔或有支付。作为可以降低银行对借款者违约风险暴露的工具，全球信用衍生品市场规模在 2006 年已经达到了 8.2 万亿美元。

尽管取得了这样的增长，一些分析人士还是担忧，缺乏统一的标准化合约将阻碍市场的发展，因为这种标准合约能够提高市场的流动性。人们质疑定价风险和操作风险。银行可以通过安排信用衍生品交易来赚取收费收入，但这些交易的定价是最终能否盈利的决定性因素，这与发放贷款的情况毫无二致。此外，如果借款者的财务状况在交易期间恶化，那么银行将面临操作风险的变化。

信用衍生品交易将多种多样的金融机构（包括银行、保险公司、养老基金和对冲基金）与其他非金融性公司汇集到一起。尽管存在风险，但银行参与信用衍生品市场在未来 10 年里可能会成为一个更加重要的业务。

测试点拨

301 **假设信息收集方法的改变，明显地降低了发放小额贷款的交易成本和信息成本，那么银行的“贷款业务”将会发生什么样的变化？**

如果信息成本非常低的话，银行可能发放一笔初始贷款，然后将其出售给互助基金的投资者，这就降低了银行作为中介将吸收存款与发放贷款联系起来的需要。银行表外贷款的增长反映了某种类型贷款的交易成本和信息成本的降低。

关键术语和概念

资产负债表
银行资产
贷款
可销售证券
准备金
库存现金
银行破产
银行负债
信用风险
担保品
补偿性余额
信贷配给
信用风险分析
超额准备金
联邦存款保险
利率风险
流动性风险
表外贷款
贷款承诺
贷款出售
备用信用证
基准利率
法定准备金
资产收益率

借款	久期	资本收益率
支票存款	久期缺口	T 形账户
非交易性存款	浮动利率债务	银行净值
利率互换		

总　结

1. 银行通过提供交易和中介服务来获得利润。它们投入资源来收集和监督借款者的信息。

2. 银行的资金来源（负债）包括支票存款、定期存款和非存款来源（来自其他银行和企业的借款、来自联邦储备体系的借款以及股权资本）。银行的资金运用（资产）包括现金和准备金、贷款、证券、在其他银行的存款以及其他资产。银行的净值等于资产与负债的差额。

3. 银行业会产生道德风险问题，这是由于银行有机会获得存款者和其他投资者不了解的私密信息。银行家也许会试图使用他人的资金而非自有资金去从事风险更大的投资。要求银行家保持一个具有缓冲作用的净值即股权资本，能使银行家的动机与资金供给者的动机保持一致，从而降低了发生道德风险的风险。

4. 对各种负债和资产的相对依赖性在过去 30 年里发生了显著的变化。在负债方面，支票存款在 20 世纪 90 年代已不再是重要的资金来源。银行更依赖于可转让存单和隔夜拆借这样的资金来源。在资产方面，对银行来讲，贷款比持有可销售证券更加重要。

5. 通常情况下，银行贷款的流动性低于银行负债的流动性，从而产生流动性风险问题。如果出现未预期的存款者大规模提款，银行将不得不以亏损的价格卖出贷款。为了避免出现这种情况，银行会以现金或/和短期可销售证券的形式持有准备金。尽管持有准备金是一个易行的策略，但却是不盈利的。因此，银行使用各种方法来进行资产和负债管理。

304 6. 银行面临信用风险，即借款者可能无法偿还本金和利息的风险。一旦借款者违约，银行就将遭受损失。银行通过收集借款者信息、监督借款者和多样化其贷款资产组合等方式来应对信用风险。

7. 利率风险是市场利率波动引起银行净值变化的风险。久期的概念使得金融机构可以比较不同类型资产和负债价值的利率敏感性。降低利率风险的策略包括使用浮动利率债务以及金融期货、期权和互换交易。

8. 除了开展传统的存贷款业务外，银行还越来越多地从事表外业务。银行从事金融工具交易及利用其在交易成本和信息成本上的优势服务客户，从中赚取收费收入。

复习题

1. 为什么银行的负债被称为其资金来源？为什么银行的资产被称为其资金运用？

2. 作为金融中介机构，银行为储蓄者和借款者提供了什么样的服务？

3. 相对于其他金融机构，银行在从小存款者那里获得资金方面有什么优势？

4. 什么是借款？为什么银行从事借款业务？

5. 联邦基金市场是如何运作的？联邦基金市场的贷款与回购协议有什么区别？

6. 为什么政府监管当局和纳税人希望银行具有较高的净值？

7. 描述一下银行面临的三种风险。

8. 银行是如何努力降低信用风险的？

9. 银行如何决定贷款利率？

10. 如果看起来一些借款者有可能违约，银行将怎样做？如果借款者真的违约了，银行又将怎样做？

11. 资产管理和负债管理的目标是什么？银行是如何达到这些目标的？

12. 什么是浮动利率贷款？它们是怎样有助于银行降低利率风险的？

13. 银行从事的表外业务主要有哪些种类？为什么银行近来更多地从事这些业务，而减少传统的银行业务？

分析题

14. 如果商业银行可以购买其所贷款公司的大量股票的话，这样会增加还是减少金融体系的道德风险？

15. 假设所有的借款者都可以通过证券市场（例如发行股票和债券）筹集资金，那么银行的特殊经济功能会怎样呢？请解释理由。

16. 与具有活跃的短期金融工具市场的国家相比，在缺乏活跃的短期金融工具市场的发展中国家里，存款者会将其更多的资金以存款的形式存入银行。请解释理由。

17. 假设银行用支票存款来发放缺乏流动性的贷款。如果银行没有借款者的私密信息，银行会不会由于流动性风险而倒闭呢？为什么？如果银行拥有其资产组合质量的大量私密信息，又会怎样呢？

18. 假设银行业整体上都没有很好地管理其利率风险暴露，而市场利率升高且波动性增大。你预测银行业的股权资本价值会发生什么变化？银行破产数量又会有什么变化？

19. 为什么银行通常欢迎法定准备金率降低呢？一些银行为方便清算而自愿持有的准备金高于法定准备金，如果法定准备金率降低，会对这些银行产生重要影响吗？

20. 假设 A 银行将 1 000 万美元证券卖给 B 银行，在双方银行资产负债表中显示这一交易的影响情况。

305 21. 假设安妮在第一银行开户，给在梅隆银行开户的比尔开具了 1 000 美元的支票。当支票清算时，双方银行的资产负债表将受到怎样的影响？

22. 假设第一银行拥有 3 400 万美元的支票存款，第二银行拥有 4 700 万美元的支票存款，而支票存款的法定准备金率是 10%。如果第一银行的准备金为 400 万美元，而第二银行的准备金为 500 万美元，每家银行的超额准备金是多少？现假设第一银行的客户为在第二银行拥有存款账户的房地产商开具了 100 万美元的支票，在支票清算后，每家银行的超额准备金是多少？

23. 假设你正考虑投资（或者高额存款）于一家利润最高的银行。你知道该银行的利润高是因为该银行几乎没有股权资本，并且几乎全部资产都是以贷款和法定准备金形式持有的。你将成为该银行的投资者还是存款者呢？

24. 在 20 世纪 70 年代初期，储蓄机构将大部分长期抵押贷款作为资产，将大量支票存款和短期定期存款作为负债。当利率在 20 世纪 70 年代中后期大幅度上升时，你认为这些机构的价值会有怎样的变化？运用度量资产和负债利率敏感性的一个概念来回答这个问题。

25. 准备一家银行的资产负债表，该银行的准备金为 2 000 万美元，证券为 4 000 万美元，贷款为 14 000 万美元，存款为 15 000 万美元，股权资本为 5 000 万美元。如果存款准备金率是存款的 10%，该银行的超额准备金是多少？假设用支票从银行提款 1 000 万美元，其资产负债表会发生怎样的变化？该银行的超额准备金是多少？银行还需要多少借款？假设该银行在联邦基金市场上借入其准备金缺口的一半，从美联储借入另一半。现在资产负债表会发生怎样的变化呢？

26. 如果你是一个银行家，你认为市场利率将会上升，你将如何调整银行的资产组合？

第 27 题和第 28 题与本章附录有关：

27. 假设一项资产距今 1 年名义支付 1 100 美元，距今 2 年支付

1 210 美元，距今 3 年支付 1 331 美元，利率为 10%，计算该项资产的久期。如果利率从 10%升高到 12%，该项资产的市场价值变化将会多大？

28. 假设一家银行的资产价值为 1 亿美元，久期为 13；负债总额为 9 300 万美元，久期为 7，计算该银行的久期缺口。

数据题

29.《联邦储备公报》中有一个名为“Bank Debits and Deposit Turnover”（“银行负债和存款周转量”）的表，该表报告银行的一些有趣数据。查看数据，比较一下纽约市大银行和其他银行活期存款的资金流量和活期存款的周转量。从这些数据中，你可以得出关于美国支付体系的什么重要结论？你认为为什么纽约的存款周转率这么高？

30. 在《联邦储备公报》中可以查阅商业银行的资产负债表。银行发放的贷款中最大的贷款种类是哪一种？银行存款的最大来源是什么？加上银行的全部准备金（在联邦储备银行的准备金加上库存现金）和全部的投资证券，这部分资金总额与交易账户的资金总额相比，结果如何？

31. 由于监管规则的变化和技术的发展，商业银行业已经变得越来越具有竞争性。从美联储网站（http：//federalreserve. gov/releases）查找美国商业银行过去 24 个月资产总额和负债总额的历史数据，计算并图示总资产与总负债的比率（按照季节调整的）。银行业在这段时期的盈利状况怎样？

32. 银行给存款者在该银行存款提供的激励手段是为本金支付利息。通过使用俄亥俄州立大学的银行网站数据库（http：//www. fisher. osu. edu/fin/cern/banks. htm)，查看不同规模和不同地理区域的几家银行为支票存款支付的利率。你认为什么因素能够解释这一利率在不同银行间的差异？

理论联系实际

《华尔街日报》，2006 年 5 月 15 日

印度的微型贷款

302 维克拉姆·阿库拉开办了一个公司，这个公司给那些极度贫困的村民发放 100 美元或更低的贷款，这些村民可以用这些贷款来买一头水牛或一辆自行车。但阿库拉绝不是一个不切实际的慈善家。

阿库拉先生今年 37 岁，是 SKS 微型金融私人有限公司的创始人，他引领着“微型贷款”或小额贷款的最新潮流。这些贷款可以帮助极度贫困的那些人创业自强。

这种行为并不完全是无私的。微型贷款的违约率非常低，通常不到 3%。对比而言，美国信用卡发行人要将未清偿余额的 5%左右作为损耗来注销。即便如此，微型贷款的成本开支经常吞没了大部分利润，这是
a 因为管理在偏远乡村的数百万笔小额贷款需要成百上千名信贷员。

像阿库拉先生这样的人士开始寻求能使这项业务更有效开展的机会。他说，以非营利组织的方式“开展微型金融业务极无效率且极不可行”。

在等待 6 个月后得到了政府的批准，SKS 公司于 1998 年在海得拉巴开始运营。浪费比比皆是：信贷员要到田地里寻找借款者；村民们大汗淋漓，用卷着的卢比偿还贷款，信贷员不得不盘点这些钱，然后再发放一大把零钱。

阿库拉先生制定了一些简单的规则：借款者要定时与信贷员见面；借款者每次要以正好的零钱等额地偿还贷款，而不是任由他们想偿还多少钱就偿还多少钱。

软件也有助于 SKS 公司分散其贷款风险。几年前，SKS 公司声称其
b 对水牛的暴露已岌岌可危。某些分支机构贷款的 80%用于购买水牛。如果流行病使水牛死掉或牛奶价格急剧下降，SKS 公司将面临大量的违约。所以，SKS 公司开始寻找其他领域的借款者，例如汽车维修店、制砖厂、车胎修补店和茶店等。

SKS 公司的效率从近期一个早晨的场景中就可以看出。在距印度海得拉巴 70 英里的希弗诺尔村，上午 9 点整，信贷员契帕·斯瓦纳拉莎骑摩托车来到村里进行每周一次的例行拜访。村民们已经围成一圈，借款者将他们的钞票展平后交给信贷员。一位村民问信贷员为什么她不能多借一点钱，信贷员的回答直接取自 SKS 公司的培训手册：“这就像一位
c 新娘刚到她丈夫家时一样，她的婆婆在信任她之前是不会把所有的房间钥匙都交给她的。”

新闻分析

303 商业银行有各种各样的规模和类型。各种规模的商业银行都在匹配储蓄者和借款者、提供风险分担、流动性和信息服务上发挥着重要作用。此外，商业银行的贷款业务促进了工商业的发展，并有助于创造就业。由于这些和其他一些原因，许多经济学家认为，银行业为经济发展和增长奠定了基础。

20 世纪 70 年代，孟加拉的格莱美银行等提出了微型贷款的概念，即向极其贫穷且往往是没受过教育的借款者提供的小额贷款。通过向那些不能进入金融市场的借款者提供贷款，微型贷款发放机构给这些市场提供了急需的流动性。借款者现在可以用这些贷款资金购买所需的资产，如工具和家畜。

a. 商业银行通过把存款资金贷给借款者获取利润。为了获利，商业银行必须以符合成本—收益的方式审慎地发放贷款。银行管理的一个作用就是，在确保高质量服务的同时使经营成本最小化。对微型贷款发放机构来说，由于其借款者在地域上高度分散，成本最小化的要求更难以做到。为了取得经营成功，微型贷款发放机构必须能够减少由逆向选择和道德风险带来的信息成本。

b. 本章将资产组合配置理论应用于商业银行放贷实践。微型贷款发放机构也必须谨慎行事，确保没有将过多的贷款集中贷给同一类型的借款者，否则银行就将处于风险暴露之中。

c. 正如本章所描述的那样，所有商业银行甚至所有微型贷款发放机构都必须管理信用风险。微型贷款发放机构可以采用信贷配给来部分地管理信用风险。由于贷款额度通常很小，微型贷款发放机构在与借款者建立起成功的长期关系之前，将会限制任何借款者的借款额度。

更进一步的思考……

成功的商业银行会给其客户提供广泛多样化的服务。在未来，SKS 公司会给其客户提供其他服务和产品吗？

资料来源：节选自“Entrepreneur Gets Big Banks to Back Very Small Loans,” *The Wall Street Journal*, May 15, 2006, p. A1. © 2006 Dow Jones。

附　录

度量银行资产和负债的久期

306 为了度量银行的利率风险暴露，我们必须比较不同资产和负债价值的利率敏感性。为此，金融经济学家采用一个被称作“久期”的指标。**久期**（duration）度量资产（或负债）的市场价值对利率变化的弹性。

久期是金融工具支付期限的加权求和，其中，权重等于支付的现值除以资产或负债的现值。如果我们令金融工具 t 期的支付现值为 PV_t，T 期的市场价值为 MV，则

$$MV=\sum_{t=1}^{T}PV_t$$

久期 d 是

$$d=\sum_{t=1}^{T}t\left(\frac{PV_t}{MV}\right) \tag{13. A1}$$

我们还要弄清楚为什么久期的概念被如此广泛地用来度量资产和负债价值对市场利率变化的反应程度。资产或负债的市场价值变化是：

$$\frac{\Delta MV}{MV}\cong -d\left(\frac{\Delta i}{1+i}\right) \tag{13. A2}$$

式中，i 为市场利率，且利率与市场价值之间的关系是反向变动的。久期 d 表示这一效应的强度。对于久期较长的金融工具而言，其未来的现金流要大于目前的现金流，所以利率变化对其市场价值的影响要大于久期较短的金融工具。

现在我们可以判定利率变动对银行净值的影响。由于净值 NW 是银行资产 A 与负债 L 的差额，所以

$$\Delta NW=\Delta A-\Delta L=\left(\frac{\Delta A}{A}\right)\times (A)-\left(\frac{\Delta L}{L}\right)\times (L)$$

如果我们将资产和负债替换为等式（13. A2）中的市场价值，我们可得

$$\frac{\Delta A}{A}\cong -d_A\left(\frac{\Delta i}{1+i}\right) \tag{13. A3}$$

307 和

$$\frac{\Delta L}{L}\cong -d_L\left(\frac{\Delta i}{1+i}\right) \tag{13. A4}$$

式中，d_A和d_L分别为资产和负债的久期。因此，

$$\Delta NW \cong -(d_A A - d_L L) \times \left(\frac{\Delta i}{1+i}\right) \tag{13. A5}$$

第一个括号里的项（以资产 A 来衡量）表示该金融机构面临的久期缺口。

$$\text{缺口} = d_A - d_L\left(\frac{L}{A}\right) \tag{13. A6}$$

运用久期缺口指导银行管理的策略已在本章进行了讨论。

第 14 章　银行产业

308　如果我们把美国银行的规模、数量和资产集中度与其他各大经济体的银行相比较，就会得出美国银行业的概貌。虽然美国是世界上最大的经济体，但按照国际标准，美国的银行并不是那么大。实际上，到 1995 年，世界前 30 家大银行（按照资产排名）中，只有 1 家美国的银行（花旗公司）。1995—2000 年间，银行的合并将两家美国银行（花旗集团和美洲银行）推进世界前 10 名的行列。2006 年，美国花旗集团按资产排名位列世界第 5 大银行，美洲银行是世界排名前 10 位的另一家美国银行。

美国银行业与其他大多数国家银行业之间的另一个区别是，美国银行业的银行数量庞大。2006 年，美国大约有 7 500 家商业银行，比 1980 年的 14 404 家明显减少。经济学家预计这一趋势在未来几年仍会继续发展。目前，美国每百万人口拥有 25 家银行，显著地高于其他工业化经济体，例如日本和加拿大。美国的许多银行按照国际标准衡量仍然比较小：资产不足 1 亿美元的银行占银行总数的 46%。

第三，美国银行业的集中度在传统上就远低于其他国家。美国前 5 家最大的银行所持存款的份额远远低于日本、加拿大和德国前 5 家最大银行所持存款的份额，这些国家的前 5 大银行所持存款份额占全国银行存款总额的比率更高。但是这并不意味着美国居民和企业享有的银行服务会多于其他国家的居民和企业。美国人均银行网点包括分支机构并不高，只是人均独立法人的银行公司比其他国家高一些。

在 20 世纪 90 年代和 21 世纪，美国银行业经历了重要的结构性调整。该行业合并趋势明显，国内执照的商业银行数量下降约三分之一，资产上升了约三分之一。20 世纪 90 年代期间，前 10 家最大的银行国内存款和总资产的份额几乎增加了一倍。到 2006 年，美国前 10 大商业银行控制了全国银行业资产的 49%，而 10 年前这个数字仅为 29%。

网页推荐：
http://www2.fdic.gov/sdi/sob/
提供来自联邦存款保险公司的有关美国银行业的丰富信息。

在过去的 10 年里，政府监管和监管变化是美国银行业与他国不同以及银行业结构和业务发生变化的主要原因。在本章中，我们将描述这些监管背后的理由、政府的银行监管机构和政府用于监管银行业务活动的工具。银行业近来的变化趋势鼓励了银行合并，并且改变了银行对客户提供的服务。为了应对不同银行和非银行金融机构在提供金融服务上的竞争，监管规则一直在改变，同时也刺激了银行业的合并。银行业已不再是原来那个因循守旧的行业了。我们还将描述过去 10 年发生的变化，这些变化在未来将会继续影响美国和其他工业化国家的银行业。

美国现代银行业的起源

309 我们可以将美国银行在金融体系中的作用追溯到美国早期领导人和市民所持有的文化和政治观点。许多人，特别是那些农村人恐惧大城市尤其是纽约市的银行界。1791 年，财政部部长亚历山大・汉密尔顿试图建立一个全国性银行体系，由坐落在费城的美国银行作为领头银行，为全国提供一个有效的金融中介服务体系。1816 年，虽然该银行 20 年的特许权到期后被改为第二美国银行（5 年间断之后），但其生存仍受到那些农业州议员的威胁。在安德鲁・杰克逊这位平民主义英雄当选为美国总统后，他允许第二美国银行的特许权在 1836 年到期。

虽然建立全国性银行体系的努力失败了，但是在 1836 年以后，各州却被赋予了在其州境范围内控制银行的权力。此时开始进入自由银行时期，在这一时期，银行业务活动几乎不受政府的干预。当时的一些观察人士认为，自由银行在匹配储蓄者和借款者上是相对成功的金融中介机构。自由银行时期一直持续到美国南北战争期间《国民银行法》（National Banking Act，NBA）的通过。

1863年的《国民银行法》确立了美国目前的**双重银行体系**（dual banking system）。在该体系中，联邦政府和州政府都可以对银行进行注册。联邦注册银行，也称为**国民银行**（national banks），受美国财政部货币监理署（the Office of the Comptroller of the Currency，OCC）的监督。最初，联邦注册银行被允许发行银行券作为货币。为取消州注册银行，即**州银行**（state banks）发行银行券作为货币的能力，国会在1863年的《国民银行法》中对州银行券征收禁止性税收。国会意在通过阻断州银行的资金来源来消除其与国民银行的竞争。然而，州银行推出了一个几乎可以完全替代货币的**活期存款账户**（demand deposit），即可供开具支票的账户，而支票能转换为货币。国民银行也采用了这一创新，结果，这两类银行一直并存至今。

对银行产生影响的立法并没有止于1863年的《国民银行法》。银行倒闭的浪潮引发了经济危机，在经济危机中，储蓄者损失了他们的存款，而借款者很难筹集到资金，这次危机促使联邦储备体系于1913年建立起来。20世纪30年代发生的严重银行业危机促使引入美国联邦存款保险制度，通过这一制度，大多数存款者的资金得到了保证。20世纪30年代开始建立其他的监管规则，这些规则塑造了银行业的竞争性格局。正如我们将要看到的那样，对银行业的监管存在激烈的争论。在下一节，我们将描述这些监管规则，解释为什么这些规则会存在，并介绍对银行进行注册和检查的机构。

谁来监管银行?

与大多数国家一样，美国银行业也是受到高度监管的行业。监管机构负责对银行进行注册并检查其经营情况。我们首先描述监管的内容，然后介绍负责监管商业银行、储蓄机构和信用社的机构。由于实行双重银行体系，银行监管规则由许多监管机构制定，而这些监管机构的职责存在重叠。

注册和检查

310 某人为开办一家银行需要做些什么？银行的开办人必须向货币监理署提交一份联邦注册申请书。如果是开办一家州注册银行，那么未来的银行家必须向相应的州银行监管机构提交一份申请书。当联邦或州监管机构评审申请书时，所有者提供的股权资本数额、银行提议的管理者资格和银行的盈利前景等都会在考虑之列。在 20 世纪 70 年代末之前，联邦和各州监管机构还会调查拟设银行所在的社区是否“需要”一家新银行。通常情况下，注册机构拒绝批准设立新银行是因为它认为现有银行的盈利将会受到明显的损害，有可能引发现有银行的倒闭。自从 20 世纪 80 年代以来，注册机构通常不再以反竞争为由拒绝设立新银行的申请。

一个已注册的银行必须每季度报告其收益、资产和负债以及运营情况，人们称其为基础季报（call reports），监管机构也要对其财务状况进行定期检查。联邦存款保险公司至少每 3 年一次（通常会更频繁）检查银行的财务状况。美联储每 18 个月进行一次检查。大型国民银行每年会受到货币监理署的若干次检查。这些监管机构通常会认同并接受彼此的检查报告。

监管机构也会对银行进行不定期的检查，确保银行服从所有的法律和监管规则。监管机构有相当大的自由裁量权来要求银行卖出风险性资产或者核销不良贷款的价值。监管机构如果发现银行承担的风险过高或资产净值过低，就会将该银行划归为“问题银行”，要对其进行更频繁的审查。虽然检查者可以帮助银行控制风险性或不诚实的管理
311 做法，但是一些分析人士认为，赋予检查者太大的自由裁量权，就会使得银行在贷款实践中过于保守。监管机构通常都试图采取折中的态度。

按照目前的做法，监管机构对银行进行检查和监督，以使银行符合资本金标准和准入业务的限制。经过检查，银行会得到一个评级分数，其评分来自 5 个方面：C（资本充足率）、A（资产质量）、M（管理）、E（收益）、L（流动性）和 S（对市场风险的敏感性）。一个足够低的骆驼（CAMELS）评级将会使得银行收到“停业整顿”的命令，要求其改变经营行为，这是一种防范道德风险的手段。这种体系通过在金融合约中加入限制性约定，模拟了私人市场处理道德风险的方法。

博闻广识

自由银行业时期的教训

在自由银行业时期，银行业并非真的“自由”。为了获得州的银行特许，银行通常不得不接受：(1) 在存款者需要时支付黄金，(2) 银行股东接受双倍负债（即股东必须对其资本金两倍的价值负责），(3) 存款委托债券（通常是州债券）须获得州银行管理机构的批准。

历史学家经常运用“野猫银行业”来形容这段自由银行时期。他们声称，尽管监管机构努力地保护银行，但银行还是频繁地破产，使得银

行券的使用者蒙受巨大损失。在美国，许多关于自由市场银行业不稳定的结论大都来自这段时期的经历。

亚瑟·罗尼克（Arthur Rolnick）和沃伦·韦伯（Warren Weber）是明尼阿波利斯联邦储备银行的经济学家，他们对这个观点提出了有力的挑战。他们在对那一时期印第安纳州、明尼苏达州、纽约州和威斯康星州的银行业进行的研究[1]中发现，虽然有约半数的自由银行倒闭了，但是最终无力以面值赎回银行券的银行不到三分之一。总体上看，银行券造成的损失很少，平均每一美元只损失1美分。在那段时间里，银行倒闭浪潮是由于对支持银行券的债券违约，而不是由于客户对银行的信心丧失。

这一时期带给我们两个教训。首先，监管是必要的，它能保证向公众提供用以支持银行券的银行资产质量方面的信息。第二，如果公众了解到支持银行券的资产出现问题，那么银行倒闭就是合理的，并且反映了银行资产价值的剧烈波动。政府对银行业的干预是必要的，它有助于银行进行调整，以适应资产价值的剧烈波动。

[1] 参见 Arthur J. Rolnick and Warren E. Weber, "The Free Banking Era: New Evidence on Laissez-Faire Banking," *American Economic Review*, 73: 1080-1091, 1983。

监管商业银行

直到2006年，货币监理署仍在监管作为联邦储备体系成员的国民银行。这些银行持有美国商业银行体系的绝大部分资产。作为联邦储备体系成员的州银行由联邦储备银行和州银行监管机构联合监管。联邦储备银行也对银行持股公司即拥有一家以上银行的公司负有监管责任。其他（小型）银行大多数是州银行，但不是联邦储备体系的成员银行，它们由联邦存款保险公司提供保险，并且受联邦存款保险公司的监管。一些非常小的州银行没有加入联邦存款保险，只受州银行监管机构的监管。

这种网络式的商业银行监管机构模式偶尔会产生事倍功半的效果。一些分析人士认为，多家监管机构从事监管会减少监管上的错漏。他们也认为，个别监管机构更多地服务银行业，而忽视了服务储蓄者和借款者的利益。自1999年以来，联邦和州银行业、证券业、保险业监管机构相互分离，分别对银行业、证券业和保险业中的银行业务进行监管，随后我们将对此进行阐述。

监管储蓄机构

储蓄机构包括储蓄和贷款协会以及互助储蓄银行，这些机构也由多家监管机构监管。储蓄和贷款协会（Savings and Loan Associations，S&Ls）可以由联邦或州监管机构颁发执照。大多数储蓄和贷款协会是联邦住房贷款银行体系（Federal Home Loan Bank System，FHLBS）的成员，联邦住房贷款银行体系成立于1932年，充当储蓄和贷款协会的“联邦储备”。储蓄机构监督署（Office of Thrift Supervision，OTS）和货币监理署（OCC）相似，监管联邦住房贷款银行体系12个地区的联邦住房贷款银行。它也批准设立和监管在联邦注册的储蓄和贷款协会。联邦存款保险公司通过储蓄协会保险基金（Savings Association Insurance Fund，SAIF）为储蓄和贷款协会提供联邦存款保险，1989年以前，储蓄机构由联邦储蓄和贷款保险公司（Federal Savings and Loan Insurance Corporations，FSLIC）提供担保。

互助储蓄银行中大约一半是在所在州注册的，另一半是在联邦政府注册的。互助储蓄银行的主要监管机构是各州银行业监管机构。然而，由联邦存款保险公司承保的互助储蓄银行必须遵守它对州注册银行制定的监管规则，其他互助储蓄银行一般由各州存款保险基金提供存款保险。

监管信用社

网页推荐：
http://www.ncua.gov
提供关于美国信用社的信息和数据。

312

商业银行和储蓄机构都吸收存款，发放贷款。而美国信用社与商业银行和储蓄机构的不同之处在于，它是一个合作性贷款协会，服务于一个特定团体，通常是一个特定企业或者政府部门的雇员。因此，大多数信用社都很小，尽管一个信用社的股东可能来自很多州（或者甚至居住在不同的国家，比如海军联邦信用社）。联邦和州都可以对其进行注册，但是大多数的信用社都是在联邦政府的全国信用社管理局（National Credit Union Administration，NCUA）注册并接受其监管。联邦存款保险由全国信用社股份保险基金（National Credit Union Share Insurance Fund，NCUSIF）提供，全国信用社股份保险基金是全国信用社管理局的一个附属机构。

联邦和州的立法形成了多种形式的监管机构，这种立法塑造了美国银行业，它主要体现在银行所暴露的风险和它们作为中介机构的经营业务上。表14—1总结了对美国存款类机构的银行业务的注册和监管责任。在21世纪，国会和布什政府就监管机构的合并计划进行了讨论。

表 14—1　　美国存款类机构的监管

机构类型	注册机构	监督机构	检查机构	保险机构
商业银行				
国民银行	——	货币监理署	——	联邦存款保险公司
州立银行（联储成员）	各州监管机构	——联邦储备体系	——	联邦存款保险公司
州立银行（非联储成员）	各州监管机构	——联邦存款保险公司	——	联邦存款保险公司
州立银行（未参加联邦存款保险公司保险的）	——	各州监管机构	——	——
储蓄机构				
联邦储蓄和贷款协会（参加保险的）	——	储蓄机构监督署	——	联邦存款保险公司
州储蓄和贷款协会（参加保险的）	各州监管机构	——储蓄机构监督署和州监管机构	——	联邦存款保险公司
州储蓄和贷款协会（未参加联邦保险的）	——	各州监管机构	——	——
信用社				
联邦信用社	——	全国信用社管理局	——	全国信用社股份保险基金
州信用社（未参加联邦保险的）	——	各州监管机构	——	全国信用社股份保险基金或各州监管机构

说明：监管机构截至 2001 年 1 月。商业银行的证券业务由联邦和各州证券监管机构监管，保险业务由各州保险监管机构监管。

测试点拨

只要基金能够真实地向存款人披露它们的资产组合情况，拥有短期货币市场资产的共同基金就不需要太多的监管。由于这个原因，我们可不可以说只要银行披露资产组合中的贷款的用途，就没有必要进行监管了？

答案是否定的。持续的监管是必要的，因为外部人不能准确地评估银行家是否运用私密信息进行贷款业务。相反，共同基金拥有更公开的资产。

为什么要对银行业进行监管?

为什么在美国和其他国家的银行业，相对于其他金融中介机构和金融市场受到如此严格的监管？一个可能性是，银行作为中介机构在其业务中要承担特别的风险。我们都知道，银行资产和负债到期日的不同可能会使银行面临利率风险暴露，如果市场利率上升，银行的净值下降。然而，利率风险本身并不是银行目前面临的一个大问题。银行可以通过在金融市场上买卖金融工具来降低利率风险暴露。即使不存在存款保险，银行也可以通过给存款者的存款支付风险溢价，补偿他们承担的由利率风险带来的银行倒闭风险。

对于银行体系的健康，政府主要关注信息披露和未预期提取存款所带来的流动性风险。银行持有准备金来抵御预期的和未预期的储蓄者提款。然而，储蓄者可能并不了解银行的真实健康状况，因为银行拥有关于其贷款资产组合的私密信息。由于银行不公开这种私密信息，即便银行财务状况很健康，储蓄者也可能对银行失去信心。当足够多的储蓄者对银行的资产组合失去信心时，银行挤兑现象就出现了。

银行挤兑

当存款者质疑一家银行基础资产的价值时，他们开始对该银行失去信心。通常来说，丧失信心的原因是坏消息的传播，但这个坏消息可能是真的，也可能是假的。假设城镇银行大部分贷款将发生违约。该银行的经理助理发现了这个问题，并将这个事情告诉了两个朋友，这两个人将这个消息告诉了他们认识的每一个人。由于担心银行无力全额偿还他们的存款，
313 许多（如果不是全部的话）存款者将尽快赶到银行提取他们的存款资金。由于银行必须随时支付，所以城镇银行遵循先到先得的原则对存款人进行全额支付，直到其流动资金耗尽为止。这个现象就叫作**银行挤兑**(bank run)。在这个例子中，坏消息是真实的，挤兑迫使银行关门停业。

然而，有关一家银行的坏消息可能会像滚雪球一样传播并影响到其他银行。假设城镇州立银行并不存在偿付能力问题，其贷款能够全额及时地偿还。然而，关于城镇州立银行资金不足因而无力偿还存款的流言四处散布，城镇州立银行的很多存款人不想冒任何风险，他们开始迅速地提取其存款资金。如果州立银行的资产缺乏流动性，那么它将被迫以大幅度折扣尽快地将贷款变现，因为该银行的准备金将要耗尽。它不可

能全额偿还存款，结果也被迫关门停业。在这个例子中，关于州立银行的坏消息是假的，但是流言使得这些消息听起来像是真的，也导致了第二家银行的倒闭。

银行挤兑的成本

由一家银行的坏消息而使得其他银行发生挤兑的现象叫作**传染**（contagion）。即便流言并无根据，类似城镇州立银行这样有偿付能力的银行也会在挤兑中破产，因为将其资产变现的成本太高了。银行挤兑具有自我实
314 现的性质。如果存款人认为银行有问题，那么银行就会真有问题了。

银行挤兑和传染的根本问题在于银行贷款资产组合的私密信息。私密信息使得存款者很难判别哪些银行经营良好，哪些银行存在问题。这种情况与金融市场上的逆向选择类似，在金融市场上放款者无法区分贷款前景的好坏。由于银行在获取资产时也获得了私密信息，储蓄者几乎不掌握这些信息，因而无法评估银行资产组合的质量，也无法分辨出哪些银行有偿付能力，而哪些银行无偿付能力。因此，有关一家银行的坏消息可能引起人们对其他银行财务健康状况的担忧。图 14—1 剖析了银行挤兑的过程。

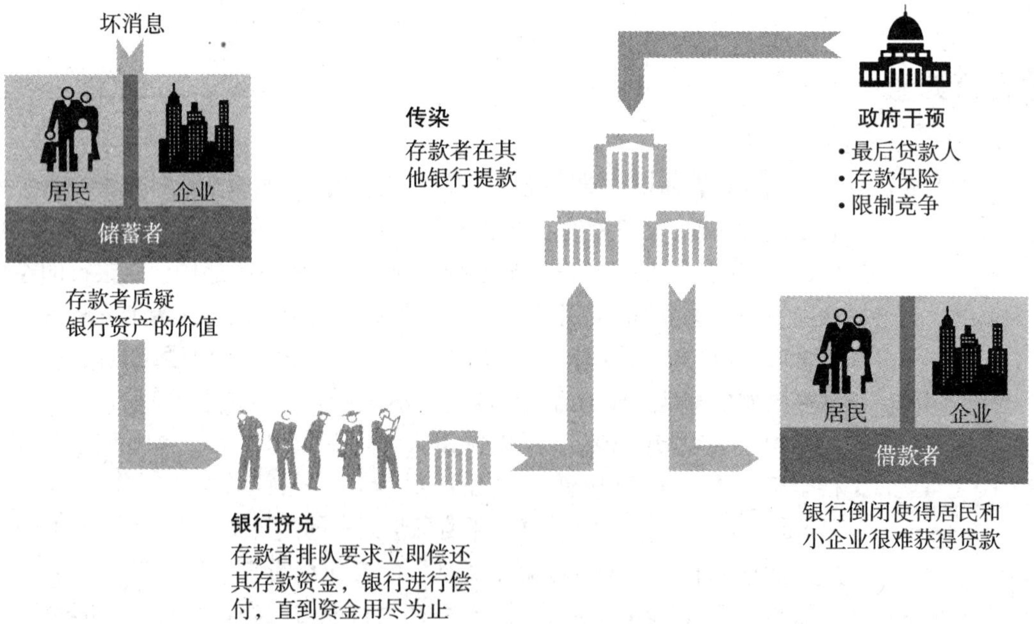

图 14—1　银行挤兑和银行倒闭

银行挤兑既会导致差的银行倒闭，也会导致好的银行倒闭。银行倒闭是有成本的，因为这会降低居民和中小企业的信贷可得性。

由于银行在降低金融体系的信息成本方面具有重要作用，所以政策制定者希望保持银行业的健康稳定。财务状况优良的银行陷入倒闭会伤害到不知名借款者（居民和中小企业）获得贷款的能力，进而降低了银行匹配储蓄者和借款者的效率。在金融市场上，政府干预的重点是通过信息披露和预防欺诈来降低信息成本。对于金融机构特别是银行，政府干预旨在维护贷款发放机构的财务健康。

测试点拨

信息的不对称怎么会引起银行挤兑呢？如果银行只持有可销售证券的话，还可能发生挤兑现象吗？

银行在评估和监督借款者中获得了私密信息。因此，不掌握这些信息的存款者将无法判断银行资产质量的好坏，他们的提款要求会使得银行被迫以亏损的价格卖出贷款资产组合来满足偿付要求。如果银行只持有可销售证券，其资产的价值广为人知，存款者就会了解哪些银行具有偿付能力，而不会去那些有偿付能力的银行挤提存款。

银行业的政府干预

政府对银行体系进行干预是为了保证银行能为储蓄者和借款者提供服务，并提高金融体系的效率。《国民银行法》颁布后出台的三项监管干预措施塑造了现代美国银行业。1913 年，国会批准设立**联邦储备体系**（Federal Reserve System）（即美联储）作为银行危机时的最后贷款人来促进银行业的稳定。联邦储备体系被赋予垄断发行货币（即现在所称的联邦储备银行券）的权力。所有的国民银行都必须加入该体系并服从美联储的监管。州立银行可以自己选择是否加入该体系；大多数州立银行都选择不加入该体系，因为接受美联储监管的成本太高。

在大萧条时期产生的第二个重要干预措施是**联邦存款保险**（federal deposit insurance），即联邦政府对某些类型的银行存款给予担保。成千上万家银行倒闭吞噬了许多存款者的储蓄资金，使得这些存款者丧失了对银行体系的信心。1934 年，国会批准设立联邦存款保险公司（Federal Deposit Insurance Corporation，FDIC），为商业银行的存款提供担保。（与此同时，国会还批准设立联邦储蓄和贷款保险公司（FSLIC）来为储蓄机构的存款提供担保。）法案要求所有联邦储备体系的成员银
315 行必须购买存款保险。非成员银行可以自行选择是否购买保险。实际

上，所有的银行最终都加入了存款保险。购买存款保险使得银行要服从联邦存款保险公司的额外监管。

政府对银行业进行干预的另一个重要措施是限制银行竞争，以保持银行盈利能力的稳定。这一措施主要是实行**设立分支机构限制**（branching restrictions），即对银行在一个地理区域设立一家以上的网点或分支机构进行限制（现在美国银行监管规则已不再对此进行限制）。第一项举措是，1863年的《国民银行法》赋权各州当局在其州域内限制银行设立分支机构。确实，有一些州禁止银行设立分支机构。该法案通过准许银行垄断某些业务以及限制当地市场上的银行竞争，寻求确保银行筹集到低成本的资金，并保证银行体系的稳定。第二项举措是，1927年的《麦克法登法案》（McFadden Act）禁止国民银行在其所在州外设立分支机构。该法案进一步要求国民银行遵守各州限制分支机构的规定，这样就使国民银行与州立银行具有平等的地位。这些监管规则使得美国的银行数量大增，超过了应有的数量。反竞争性限制规则同样限制了银行与证券业的投资银行、经纪商和市场商之间的竞争。

最后贷款人

316 19世纪和20世纪初期，美国金融体系中银行挤兑和商业信用崩溃事件频发，往往造成灾难性的后果。在国民银行业时期（1863—1913年），至少出现了5起重大的**银行业恐慌**（banking panics），即出现了严重的银行挤兑浪潮，降低了借款者的信用可得性。这些恐慌最终导致了几次严重的经济衰退。同时，股票市场和债券市场价格下跌，进一步激发了存款者质疑企业借款者的净值以及它们偿付银行贷款的能力。银行业恐慌提高了不知情储蓄者的信息成本，使得他们从银行提取资金，投资于黄金或高质量债券。

在这段时期，银行业缺少一家“银行的银行”，或称**最后贷款人**（lender of last resort），即在银行业恐慌期间银行可以求助的最后信用来源。在恐慌中许多小银行特别脆弱，这会使问题进一步恶化。最后贷款人允许有偿付能力的银行以质量高但流动性差的贷款作为抵押品来获得其信贷，也允许无偿付能力的银行破产倒闭。

类似J.P.摩根（J.P.Morgan）和乔治·F·贝克（George F.Baker）这样著名的私人银行家了解银行挤兑和传染的严重性，他们也明白需要一个最后贷款人。19世纪末期，他们和几个纽约市的银行家利用纽约清算行来解决传染问题。会员银行同意借出资金来帮助那些在恐慌中面临挤兑威胁的银行。为了提供现金以满足公众对货币的需求而不是对银行存款的需求，清算行发行了贷款凭证，用这些凭证而不是货币可以结算会员银行之间的交易。为了降低单个银行发生挤兑的可能性，清算行将会员银行的资产负债表一起公布，而不是单独地公布会员银行的资产负债表。理论上讲，如果坏消息同时对清算行所有成员银行产生不利影响的话，那么这些成员银行将不得不打破将银行存款全额转换为现金的承诺，发行在其他会员银行可以使用的贷款凭证，以此来补充其现金准备金。

尽管纽约清算行体系在应对恐慌上比单个银行具有显著的优势，但是，这样的私人安排在实践中并不能轻易地应对共同冲击，即对会员银行的整体冲击。因此，在共同冲击下，清算行不能作出可靠的贷款承诺。1907 年的严重恐慌以及随之而来的经济衰退促使伍德罗·威尔逊总统和国会建立了联邦储备体系。美联储作为最后贷款人，以预防银行业的整体危机。其成员银行必须在联储保有准备金存款，并且可以通过贴现贷款的方式从联储借款。联储的资金来源包括黄金、成员银行的准备金存款和享有“美国政府的充分承诺及信用担保”，这使得该体系能比任何私人安排更好地解决银行体系的混乱。除了在 20 世纪 30 年代初期银行恐慌时的表现不尽如人意外，联储在其他大部分时期里作为最后贷款人的诚信记录在财务上稳定了银行业。联储作为最后贷款人的作用多年来已有很大的扩展，已经包括确保整个金融体系的稳定性。例如，联储在 1987 年 10 月股票市场暴跌期间对银行发放贷款，有助于防止证券公司的破产。1998 年，联储将长期资本管理公司（一家陷入财务困境的大型对冲基金）债权人召集起来，以避免传染的发生。

联邦存款保险

建立联邦存款保险的主要想法是保证储蓄者的存款价值，即承诺如果一家银行倒闭，承保机构将补偿储蓄者的资金损失。与最后贷款人一样，联邦存款保险降低了储蓄者评估银行资产所花费的信息成本。为了使其更加可信，这种担保必须有足够的资金支持，以消除在恐慌时期银

317 行存款者的恐惧。

网页推荐：
http://www.fdic.gov/deposit/insurance/index.html 提供了关于存款保险基金的信息以及存款保险改革的想法。

在 20 世纪 20 年代和 30 年代初期大量的银行破产，促使联邦存款保险公司（FDIC）于 1934 年成立。在 1930—1933 年的金融危机期间，全美三分之一以上的银行破产倒闭（大约每年 2 000 家）。这意味着存款者将延迟收回资金，在大多数情况下直接给存款者带来损失。在联邦存款保险公司建立以后，银行业进入了平稳发展时期，1934—1981 年间，银行平均破产率每年不到 10 家。

联邦存款保险公司最初承保的存款上限为 2 500 美元，现在承保的存款上限为 10 万美元。因此，如果发生银行倒闭，联邦存款保险公司可

以保护任何存款者银行账户中10万美元以下的存款免受损失。所以，当银行的实力出现问题时，大多数存款者也没有动机去提取存款，从而不会引起银行倒闭。虽然约99%的存款者被全额承保，但余下1%的存款者持有的存款占全部存款的四分之一还要多。因此，10万美元以上的存款者仍然有理由质疑银行的财务状况，当他们对此产生怀疑时，就会要求提取存款资金。例如，如果辛迪·克利萨斯在倒夫银行持有一张100万美元的大额可转让存单，其90万美元的投资处于风险之中，当她为这家银行的财务健康状况担忧时，她有充分的理由提取她的资金。

20世纪80年代，联邦存款保险公司参与了一些银行破产的解决方案。银行破产在20世纪80年代呈加速趋势，从1981年的10家上升到1984年的79家。当时美国最大的10家银行之一——大陆伊利诺伊国民银行（Continental Illinois National Bank）破产了。在20世纪80年代末银行破产率上升，到1989年达到顶峰，当年共有206家银行破产。在1990年共有168家银行破产。自1997年以来，仅有40家银行破产。

联邦存款保险公司如何处理银行破产？ 联邦存款保险公司处理银行破产共有两种方法，即对存款者进行清偿（pay off）和购买并承接（purchase and assume）银行控制权，它们通常使用其中的一种方法。

在某些银行破产案中，联邦存款保险公司关闭银行，并立即清偿有保险的存款者。为了偿付这笔资金，联邦存款保险公司用银行剩余资金和净值（包括出售银行资产）来支付。如果这些资金还不够，那么联邦存款保险公司将用其保险准备金来弥补差额。在对投保的存款者进行补偿后，如有剩余资金的话，才对没有投保的存款者支付资金。联邦存款保险公司并不经常使用这一方法，但是它在20世纪80年代却使用过几次。例如，当时联邦存款保险公司关闭了俄克拉何马州佩恩广场银行（Penn Square Bank of Oklahoma），未参加保险的存款者平均仅损失了20%的存款资金。

联邦存款保险公司更愿意购买并承接破产银行，并使它继续运营。联邦存款保险公司努力寻找一个金融机构来接管这个银行，这家金融机构就可以进入地理上的一个新市场，可以获得破产银行的商誉（其客户关系网）。1982年的《银行法案》（Banking Act）允许跨州兼并破产的银行，此后银行对兼并其他银行特别感兴趣。当联邦存款保险公司购买并承接一家破产银行后，这种转换会花费联邦存款保险公司较多的资金。通常情况下，联邦存款保险公司将会找到一个收购银行来接管破产银行的全部存款。在这种情况下，联邦存款保险公司会通过提供低息贷款或购买破产银行资产组合中的问题贷款来为收购银行减轻负担。

联邦存款保险公司必须评估这两种处理破产银行方法的相对成本。对存款者进行清偿具有低成本的优势，可节省存款保险基金，因为只需要对投保的存款者进行补偿。只要破产银行商誉的感知价值少于未投保存款者的存款价值，联邦存款保险公司补偿存款者就可节省资金。然而，由于银行在中介过程中的特殊作用，迫使所有破产银行关门停业可能不符合借款者或整体经济的最佳利益。通过购买破产银行并承接其资产可使银行一直开门营业，但其成本较高。然而一些经济学家认为，对于联
318 邦存款保险公司来说，实际上这一政策的成本在短期更加低廉。其准备金并不会缩水，并且监管机构也不必报告营业亏损。（我们将在第 15 章对此进行讨论。在那一章，我们将分析 20 世纪 80 年代发生的联邦存款保险危机。当时，无偿付能力的银行机构经监管机构批准得以继续营业，并产生了更大的亏损。这一过程在 20 世纪 90 年代和 21 世纪初期的日本重演。）

银行保险基金的稳定性 联邦存款保险公司通过参保银行交付的保险费和投资盈利来获得收入（自 1996 年以来，银行交付的保险费已经很少了，资金主要来自投资盈利，但是储蓄机构仍然交付保险费）。它已不再收到来自国会的定期拨款。在 20 世纪 80 年代末期，如果没有重大的监管改革和财政部的资金支持，联邦存款保险公司就无法履行对商业银行存款的担保承诺。1988 年，联邦存款保险公司的银行保费流出有史以来第一次超过了流入。1990 年末，联邦存款保险公司持有的银行保险基金为 132 亿美元，约占参保银行存款总额的 0.7%。1990 年，联邦存款保险公司付出 90 多亿美元，其准备金占参保银行存款总额的比率下降到 0.2%。1991 年，它又付出了 110 亿美元，其净值在年末变成－70 亿美元，约占参保银行存款总额的－0.4%。1991 年 11 月，国会批准了财政部向存款保险基金注资 700 亿美元（包括 300 亿美元的信用额度）的紧急请求。20 世纪 90 年代初期，银行破产数量的下降和存款保险费的增加，使得银行保险基金又重新恢复到国会要求的水平。事实上，在 1995 年 11 月，联邦存款保险公司投票决定取消了大多数银行仍交的保险费（占银行数量的 92%，占保险存款的 95%），取而代之的是 2 000 美元的年费。对于最差的银行，每 100 美元存款的保险费用从 0.31 美元下降到 0.07 美元。2006 年，每 100 美元存款的保险费用在 0.05～0.07 美元之间，这取决于银行资本金状况以及银行检查是否发现了弱点等因素。自 21 世纪以来，大多数经济学家对联邦存款保险公司增加存款保险覆盖范围的提议表示怀疑，他们担心受保存款的大量增加将会增大爆发另一场存款保险危机的可能性。

面对银行存款保险基金的增减变化，你应该将你的银行存款都提取出来吗？答案是否定的。因为联邦存款保险公司的保险基金规模并不是维持公众信心的根本。真正的存款保险是美国财政部和联邦储备体系的隐性担保。除了财政部近来对联邦存款保险公司进行资金支援外，联邦储备体系也不时地向问题银行注入大量资金（包括对大陆伊利诺伊银行一次性注入 50 亿美元）。

银行监管、资本金要求和风险评估 在第 13 章我们注意到，由于银行家拥有对贷款资产组合质量的私密信息，储蓄者应该对银行家进行监督。然而，联邦存款保险的引入降低了大额存款者监督银行的需求，消除了小额存款者监督银行的需要。因此，立法和监管规则需要提供新的方式来监督银行，主要是降低道德风险的成本。

319 参加保险的银行有动机发放风险性贷款和进行风险性投资。因此，银行立法和监管规则通过限制银行持有资产的类型来约束这种行为。例如，禁止银行将存款投资于普通股。为了保证银行检查机构履行职责，1991 年《联邦存款保险公司改进法案》（Federal Deposit Insurance Corporation Improvement Act，FDICIA）要求，联邦存款保险公司作为保险人对联邦或者各州银行检查机构的监督性评估行为进行监督。此外，联邦存款保险公司也考虑其他可用来评估风险的信息，包括统计监控系统的结果。在联邦存款保险公司的监督下，银行检查机构可以指导银行家卖出风险性资产，将这些风险性资产从银行的资产组合中剥离出去。

银行业立法和监管规则也要求银行保持一个最低的净值或者股权资本。银行的股权资本可以弥补贷款和投资的损失。银行希望尽可能少地持有资本金，从而增加其资本收益率。例如，如果一家银行拥有 2.5 亿美元资产和 2 000 万美元资本，其获利 200 万美元，那么其资本收益率是 10%。但如果该银行仅用 1 000 万美元的资本就获利 200 万美元，那么其资本收益率将会升至 20%。在没有联邦存款保险的情况下，为了减少道德风险的成本，储蓄者将会坚持要求银行家将其拥有的净值也置于风险中。有了存款保险之后，个人储蓄者就不太关心银行资产的价值和质量，从而使银行家有动机持有较少的股权资本。《联邦存款保险公司改进法案》提高了美国银行的资本金要求。然而，即使达到了最低资本金要求，商业银行的资本—资产比率也仅仅是 1930 年时（在引入联邦存款保险以前）该比率的一半。

在联邦存款保险公司存在的大部分时期里，最低资本金要求是银行资产的一个固定比率。然而，随着 20 世纪 80 年代中期银行破产的增加，监管机构发现资本金要求并不能如实反映银行承担的风险，特别是诸如交易金融期货、期权和利率互换等表外业务的风险。1988 年，在国际清算银行（Bank for International Settlement，BIS）的召集下，许多国家监管机构的人士会聚瑞士巴塞尔，同意制定更加严格的基于风险的资本金要求。[1] 从那时起，国际清算银行提议银行要开发自己的利率风险暴露评估系统。

---

〔1〕 国际合作是非常重要的。否则，有些国家资本金要求高，而有些国家资本金要求低，前者的银行与后者的银行相比在短期内会处于竞争上的劣势。

虽然1988年的《巴塞尔协议Ⅰ》(Basel Ⅰ)提供了一个资本金监管框架，但它还是（有争议的）过于简单，因而不能反映当今规模庞大而业务复杂的金融机构所面临的风险。自1998年以来，随着风险测度和管理技术的提高，《巴塞尔协议Ⅱ》(Basel Ⅱ)的框架也有新发展，2007年最终达成一个对银行信用风险和操作风险规定最低资本金要求的国际协议。在《巴塞尔协议Ⅱ》下，有两种计算最低资本金要求的可行方法：(1)《巴塞尔协议Ⅰ》下风险加权法的改进法；(2) 各种内部评级法（把银行风险自评数据输入监管机构开发的模型)。美国的银行、银行业监管机构和国会在2007年继续争论如何更好地实施《巴塞尔协议Ⅱ》的标准。

《联邦存款保险公司改进法》通过立法将新的监管框架与强制实施最低资本金要求联系起来，这种方法被称为“立即纠正行动”(prompt corrective action)，它试图根据银行资本金不足的程度来决定对其监管干预
320 的力度。按照《联邦存款保险公司改进法》，联邦注册的银行类机构被划分为五类：资本优良、资本充足、资本不足、资本缺乏和资本严重缺乏。一旦银行被划归后三类的任何一类中，那么该银行将会面临勒令采取强制性纠正行动的后果。

为了按资本金对银行划分种类，监管机构将考察银行的资本与风险加权资产的比率（基于风险的资本金要求）和资本与平均资产的比率（杠杆比率)。银行业监管机构使用两种资本的定义。一级资本包括大部分永久资本（普通股)，这种资本可用来弥补亏损。二级资本可以用来弥补亏损，但这部分资本是有期限的且可能会要求支付利息（包括次级债务和中期优先股)。如果一家银行类机构被认定是资本优良的，其总资本占风险加权资产的比率至少要达到10%，一级资本占风险加权资产的比率至少要达到6%。[1] 为了避免被采取立即纠正行动，总资本金占风险加权资产的比率必须达到6%以上，并且一级资本占风险加权资产的比率必须超过3%。对于资本优良的银行，其杠杆比率必须超过5%；若要避免被采取立即纠正行动，银行的杠杆比率至少要达到4%。尽管资本金标准是抑制道德风险的一个重要约束手段，但是经济学家认为，这样的标准用来处理新世纪银行日益复杂的业务活动有一定的局限性。

虽然银行检查和资本金标准在最近几年越来越量化，但美国和世界其他工业化国家的监管机构越来越重视评估银行内部风险管理。通过检查当期的银行资产负债表来判断银行风险状况忽视了这样一个事实：在

〔1〕 其他两种类型的资本金要求应用于近来的实践中。第一，最低资本金标准必须与银行表外业务（包括交易衍生品和利率互换的头寸）的风险暴露相挂钩。在国际清算银行的主持下，工业化国家对按照“风险加权资产”确定资本金要求进行协调。第二，由于美国的大型银行从事大量的市场交易活动，联储要求银行开发内部风险分析模型，来预测10天内可能遭受的最大交易损失。银行必须持有超过这一潜在损失3倍以上的增量股权资本，如果按照新的标准认定银行资本金不足的话，这些资本也可以作为标准股权资本或三级资本来持有，所谓三级资本是指到期不能转换为现金的短期证券。

当今的金融体系中，运用很多新的金融工具进行巨额投机是相当容易的。在这种情况下，一家银行机构从资本充足率来看也许是十分健康的，但它可能承担着巨大的风险，如果市场变化方向与预期的相反，它可能会迅速倒闭，就像在 1995 年巴林银行因投机失败而倒闭的案例（已在第 9 章讨论过）一样。

基于这些原因，监管机构现在强调银行用于评估和控制风险暴露的内部模型质量。在美国，联储和货币监理署将风险管理流程评级加入“骆驼评级”系统中。此外，要求银行在决定资本金要求时考虑利率风险暴露的因素。银行必须建立内部风险的限额并委任专人监督和管理风险。

最后，正如在第 11 章金融市场分析中我们看到的那样，信息披露要求对产生银行风险信息具有重要作用，这些信息反过来又有助于改善银行存款者、股东、监管机构评估银行绩效的能力。1994 年，10 国集团的欧洲货币常设委员会（the Eurocurrency Standing Committee of the G-10）建议，银行内部风险管理模型所产生的风险评估信息应该纳入公开披露的内容之中。

限制银行业竞争

321 政府干预银行业的最后一个措施是对竞争施加限制。在美国，这些限制采取两种形式：（1）银行设立分支机构的地理限制，（2）银行业务活动的许可限制。最近几年这些限制被大大地削弱了。

设立分支机构的限制 直到最近，在联邦和各州银行监管规则中还有对银行设立分支机构数量的限制要求。为了促进银行之间的竞争，《麦克法登法案》禁止国民银行跨州设立分支机构。此外，还要求国民银行服从银行所在州有关分支机构设立的限制。各州对设立分支机构的监管规则传统上采用三种形式中的一种：禁止设立分支机构（单一银行）；可在较小的地理区域内设置分支机构（有限地设立分支机构）；在一个州内设立分支机构（州内设立分支机构）。早在 1995 年，就没有任何州实行单一银行制了，有 45 个州加上哥伦比亚特区都允许银行在州内设立分支机构。

各州对银行设立分支机构的限制加上《麦克法登法案》，通过限制大型银行在活动区域外或者所在州外设立分支机构的方式保护了小银行。对储蓄机构和信用社设立分支机构的限制很宽松，几乎所有的州都允许储蓄和贷款协会以及互助储蓄银行设立分支机构。自 1980 年以来，允许在联邦注册的储蓄和贷款协会在全国 50 个州内设立分支机构。自 1981 年以来，允许出现财务困难的储蓄和贷款协会跨州合并。

地域限制也推动银行向贷款当地化方向发展，降低了向所在区域个人和企业提供风险分担、流动性和信息服务的成本。然而，地域限制也降低了银行资产分散化的能力，增加了银行信用风险暴露。例如，在一个农业州的银行可能会将其大部分贷款贷给农户，如果农产品价格降低，银行将面临大量贷款违约的风险。经济衰退的影响往往也会具有区域性。如果某一个地区所有企业都面临不利的外部条件，那么对这些企业发放贷款就缺乏分散化，进而增加信用风险。

此外，由于银行筹措资本的固定成本（例如计算机系统和监管报表等）很高，设立分支机构的限制可能会降低银行的盈利能力。的确，在20世纪90年代初期对设立分支机构限制的争论中，设在美国加利福尼亚的美洲银行估计，如果取消银行设立分支机构限制，该银行每年将节省5 000万美元的重复性管理开支（1998年美洲银行与国民银行合并）。因此，限制竞争可能会导致银行无效率和投资者的低收益率，并给整体经济带来显著的成本。

赞同限制设立分支机构的人士认为，数量众多的银行促进了竞争，对银行体系有益无害。事实上并非如此。当一家银行的经营地域受到监管规则的保护时，其运营效率就会低下，但仍能成功地与更具效率的银行抗衡。为什么这项反竞争的无效率规则会维持这么久呢？可从本章一开始就提到的美国金融政治学中寻求答案。美国人长期持续不信任地处大城市的大型银行。事实上，在19世纪，具有最强烈的民粹主义和反城市大银行情绪的州，通常是美国中西部和南部的农业州，此后它们更可能采用限制设立分支机构的监管规则。规模相对较小的商业银行数量众多在很大程度上反映了那些政治斗争的结果。

322 银行业的竞争力量很难被限制。金融机构的创新包括银行持股公司、非银行的银行和自动提款机等渐渐地侵蚀了对银行地理区域竞争施加的限制。

早在20世纪50年代，银行开始通过设立银行持股公司（bank holding companies，BHCs）来绕过设立分支机构的限制。银行持股公司是一个拥有许多不同银行作为分支机构的大公司。在1956年的《银行持股公司法案》（Bank Holding Company Act）中，国会放松了对银行设立分支机构的限制，允许银行持股公司跨州提供非银行金融服务。该法案要求联储监管多家银行持股公司的新业务活动，所以就存在这样一个漏洞：通过设立一家银行持股公司可以扩张到非银行金融业务。国会在1970年的《银行持股公司修正法案》（Amendment to the Bank Holding Company Act）中弥补了这个漏洞，但自1970年起，银行控股公司迅速发展起来。实际上，所有的大银行都由银行持股公司拥有，银行持股公司控制的银行持有90%以上的商业银行存款。

多年来，金融机构通过银行持股公司来绕过设立分支机构的限制。1956年的《银行持股公司法案》将银行定义为吸收活期存款和发放商业贷款的金融机构。金融机构通过分解这两个功能来绕过这个限制：它们设立了**非银行营业部**（nonbank offices），不吸收活期存款而发放贷款，而**非银行的银行**（nonbank banks）只吸收存款却不发放贷款。针对这种行为，1987 年《银行业公平竞争法案》（Competitive Equality Banking Act）禁止开设其他非银行的银行机构，但是仍允许开设非银行营业部。

20 世纪 80 年代，银行通过使用**自动提款机**（automated teller machines，ATMs）进一步打破了设立分支机构的限制。自动提款机在 20 世纪八九十年代迅速普及，这一发展可能是由于计算机成本下降和逃避监管的机会共同发挥作用。由于自动提款机从技术上讲并不是银行分支机构，所以它们并不受设立银行分支机构限制的约束。这些设施可以放置在距离主要银行很远的地方，实际上发挥着银行分支机构的功能：接
323 受存款、处理提款、通过信用卡发放贷款以及从事各种其他业务。许多自动提款机机通过电子银行网络连接起来，例如纽约现金交换网络（NYCE）或 CIRRUS。

20 世纪 70 年代中期以后，对银行设立分支机构的限制大大地削弱了，对于在州内设立分支机构（如上所述）以及跨州设立分支机构的限制都放松了，最终被取消了。1975 年，缅因州成为第一个允许跨州经营银行业务的州。1982 年，马萨诸塞和其他新英格兰各州达成地区性协议，允许大型银行机构在新英格兰地区成长壮大。在新英格兰和其他地区的这种地区性安排使得超级地区性银行大批涌现。事实上，一些超级地区性银行在规模和盈利能力上已经接近货币中心银行（设在主要城市的全国性大型银行）了。到 1995 年，49 个州和哥伦比亚特区都允许一定程度上的跨州银行业务，37 个州立法允许全国的银行进入本州开展业务。

1994 年的**《里格尔-尼尔跨州银行业和设立分支机构效率法案》**（Riegle-Neal Interstate Banking and Branching Efficiency Act）提供了 1995 年 9 月后银行跨州扩张的全国统一标准。截至那时，各州允许在其境内进行跨州的银行合并，银行持股公司可以收购其他州的银行。到 1997 年 7 月，银行开始可以合并各州的金融机构，只要该州不拒绝参与跨州设立银行分支机构。1998 年国民银行和美洲银行的合并产生了第一家在东西两岸都有分支机构的银行。

银行家和银行分析人士都对在全国范围内可以设立分支机构的有利氛围欢欣鼓舞。首先，跨州设立分支机构允许很多银行设立单一机构，而不是一州一家地设立一系列附属机构，这样能够通过提高效率和降低监管成本来节省资金。第二，一些区域性银行集团的市场份额很可能由于新近获准的银行收购而扩大。20 世纪 90 年代，银行的家数大量减少[1]，这种下

[1] 联储理事会的艾伦·伯格（Allen Berger）、芝加哥大学的阿尼尔·喀什亚普（Anil Kashyap）以及联储理事会的约瑟夫·斯卡莱斯（Joseph Scalise）在 1995 年估计，美国独立银行机构的数量到 2005 年将下降至 3 500～5 000 家之间。Allen N. Berger，Anil K. Kashyap，and Joseph M. Scalise，"The Transformation of the U. S. Banking Industry：What a Long，Strange Trip It's Been，" *Brookings Papers on Economic Activity*，2：55－218，1995.

降主要是由于合并引起的，其次是银行的倒闭。1985—1992 年是美国银行业的艰难时期，银行的家数减少了 3 000 家（是同期银行倒闭家数的两倍多）。1992—2006 年是银行业发展比较健康的时期，美国商业银行的数量减少了约 4 000 家，只有不到 2%是由于银行倒闭引起的。实际上，在 2005—2006 年间，没有银行倒闭的报道。区域内和区域间的合并推动了银行数量的减少。很多分析人士预测，监管环境的变化将会继续减少银行的数量。

延伸思考

银行合并对企业有利吗？

美国银行业的合并迅速发展，部分是由于监管发生了变化，允许在全国范围内开展银行业务。支持合并的人士指出，这种合并趋势带来了银行资产多样化和管理开支低廉的好处。例如，自 1909 年起，加利福尼亚州允许银行在州内设立分支机构，该州地域广阔且经济多样化，从而避免了在 20 世纪 80 年代中期由于农业问题引发的银行危机，而其他一些州则未能幸免。加州人均银行家数要少得多。然而，一些反对合并的人士声称，数量越来越少而规模越来越大的银行将会阻碍竞争，并减少对小企业借款者的贷款。

大多数经济学家支持银行合并。通常来说，在全国范围内开展银行业务会促进竞争，这是由于过去受到保护而免于与州外银行竞争，现在必须提供更好的服务和更低的成本才能生存。

然而，大型银行也将合并，银行业经济学家认为，至少将有 10 家银行的资本金超过 1 万亿美元。在那些认识到当地市场很重要的地方，小型社区银行不会无所作为。例如，在加利福尼亚州和纽约州，尽管小银行与大银行在当地长期竞争，但仍有数量众多的小型社区银行。这些更小的银行补充大型银行的集中放贷部门，使大多数经济学家怀疑这样一种观点，即小企业贷款将会由于合并而遭受削减，但这种贷款的数量也许有所下降。

在 2001 年的经济衰退中，加强的分散化帮助全国性银行渡过了难关。一些评论人士担心，在更加扩展的空间下，银行跨地域的迅速扩张可能会增加其承担的风险，使得银行更易于倒闭。

银行业务范围的限制

在 1933 年以前，商业银行既是存款类机构，也是证券市场金融机构。特别地，一些银行还承销公司证券，将优质证券销售给公众，将劣质证券放入由其管理的个人或养老基金信托账户。因此，银行通过从事风险性业务赚取了投资银行服务费，其风险部分地由银行的存款者来承担。[1]

324 20世纪30年代，银行倒闭浪潮汹涌，公众对不当的银行业务做法表示强烈的不满，这些促使国会通过限制商业银行业务准入范围来降低利益冲突。1933年的《银行法案》（即众所周知的《格拉斯-斯蒂格尔法案》）禁止商业银行从事公司证券承销业务以及经纪商兼交易商业务，但是银行仍可以销售新发行的政府证券（见图14—2）。此外，银行只能持有监管机构批准的债务性证券。因此，《格拉斯-斯蒂格尔法案》在商业银行业务与投资银行业务之间竖立了一道墙，触发了金融机构剥离资产的浪潮。图14—3说明了这道墙是怎样逐步倒塌的。例如，J. P. 摩根当时是一家商业银行，分立出摩根·斯坦利这家投资银行，波士顿第一国民银行分立出第一波士顿公司。

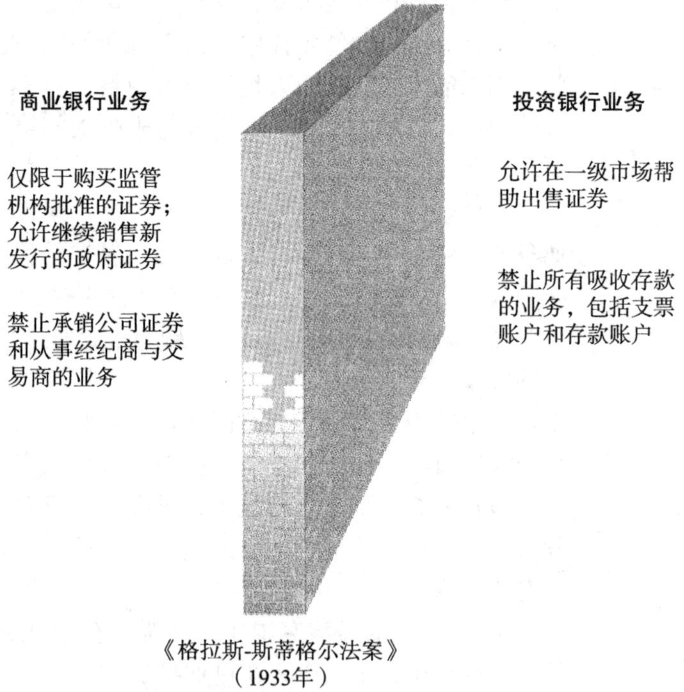

图14—2 《格拉斯-斯蒂格尔法案》

1933年的《格拉斯-斯蒂格尔法案》通过竖立一道墙来分离商业银行业务与投资银行业务，以寻求减少利益冲突。

---

〔1〕 经济学家通常对利益冲突的观点表示怀疑，这一观点赞同将商业银行业务与投资银行业务分离，正如《格拉斯-斯蒂格尔法案》(Glass-Steagall Act) 所规定的那样。参见 Randall Kroszner, "Rethinking Bank Regulation: A Review of the Historical Evidence," *Journal of Applied Corporate Finance*, 11: 48-58, 1998。

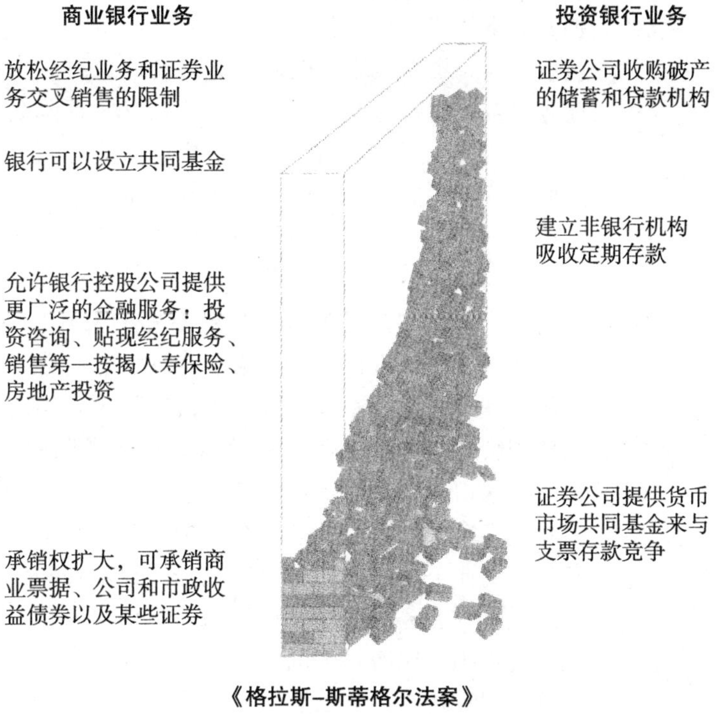

图 14—3　格拉斯-斯蒂格尔墙的倒塌

从 20 世纪 70 年代开始，商业银行和投资银行都推出金融创新，使其可以提供有竞争力的服务。这些创新继续不断地削弱《格拉斯-斯蒂格尔法案》竖立的这道墙。随着时间的推移，监管的变化认可了这些金融创新。最终产生了 1999 年的《格雷姆-里奇-比利雷金融服务现代化法案》。

《格拉斯-斯蒂格尔法案》将金融机构与非金融性企业的所有权分离开来，限制市场势力的集中度，也就是说，防止金融家垄断重要产业，偏爱其附属机构而无视竞争者的信用需求。一些政策制定者通过 J. P. 摩根和其他金融机构的例子来证明他们对这些行为的担忧是正确的。J. P. 摩根和其他金融机构运用其金融势力在 19 世纪末期和 20 世纪初期形成了垄断地位。然而，由于金融业和工业的高度竞争，在今天不大可能再出现这样的情况。

保留这些限制的争论　在当今的监管环境下，许多分析人士认为，担忧出现 20 世纪 30 年代初期那样的不当银行业务做法是缺乏根据的。他们认为，美国证券交易委员会和联邦银行业监管机构以及重视其声誉的银行会限制发生这一问题的可能性。原则上讲，《格拉斯-斯蒂格尔法案》
325 旨在保护商业银行的存款者免受银行从事风险性投资活动的影响。但实际上，该法案却保护了投资银行业免受竞争压力，获得比商业银行业更高的利润。结果，借款者发行新证券所支付的成本会高于允许商业银行与投资银行竞争情况下的成本。

反对推倒商业银行业务与投资银行业务隔离墙的人士指出，商业银行的存款通常受到联邦存款保险公司的保险，因此，它在筹集资金方面拥有成本优势。证券公司，并没有此类保险，通常采用银行贷款的形式获取资金，资金成本比较高。允许商业银行参与风险性经纪商兼交易商业务以及投资银行业务，会增加联邦存款保险公司的风险暴露，由此也增加纳税人的风险暴露。某些折中办法是可行的，包括对银行存款保险收取基于风险的保费，或者对从事证券市场业务的银行增加净值要求。

监管规则仍然禁止银行类公司进入非金融企业市场。可以参与非金融业务的银行被称为**全能银行**（universal banking）。虽然在美国不允许全能银行的存在，但在其他国家（特别是德国）则允许全能银行的存在。在那些国家里，银行拥有其给予贷款公司的股份，并且可以影响这些公司的管理层。全能银行业务的支持者认为，确立商业银行在公司金融中的作用会改善信息的收集和监督，从而降低逆向选择和道德风险问题。如果一家银行持有非金融企业的股份，并参与该企业的董事会，信息缺口将会缩小，监督企业活动会更加容易且更有效率。在美国，将金融业
326 务与工商业务相结合的主要问题是，存款保险给银行提供了安全网，银行的风险性业务可能通过存款保险给纳税人带来损失。对于是否应该扩大银行承担的风险，美国的银行是否大到足以与世界银行业竞争，在通过综合银行业改革立法后，需要进一步讨论这两个问题。

在过去的 20 年中，商业银行很大程度上突破了禁止提供投资服务的限制，如图 14—3 所示。由于银行业在金融体系中的作用是提供信息，而投资银行业和为公司筹集长期资本是银行业务的逻辑延伸。因此，银行成为商业票据承销的主力军。由于《格拉斯-斯蒂格尔法案》是在国际银行业务网络牢固地建立起来以前颁布的，所以它并不对银行的海外业务进行监管。因此，欧洲债券一直由美国的银行承销。1988 年 6 月，最高法院允许联储注册银行附属机构承销商业票据、市政收益债券、抵押贷款支持证券或者消费者贷款支持证券。承销的收入被限制在附属机构总收入的 5%以内。1989 年 6 月，联储允许商业银行有限制地承销公司债券，允许其与投资银行展开竞争。并要求这些业务由银行持股公司的独立分支机构来开展，且不能动用参加保险的银行存款。

银行也提供投资咨询和经纪业务服务。1983 年，联储允许银行持股公司提供贴现经纪业务服务。1987 年，货币监理署批准国民银行可以开展全面的经纪业务。1987 年和 1988 年，联储将这项业务权利拓展到银行持股公司。最终，在 1992 年，联储取消了银行业和证券服务业交叉销售的限制，消除了银行与其附属证券机构之间现有的壁垒。这项措施使客户不论是申请一笔银行贷款，或是发售商业票据来筹资，还是发行股票都可以在一个机构中进行。因此，从银行业务的角度来看，银行业与证券业之间的界限确实是薄如蝉翼了。

到 20 世纪 90 年代初期，银行已经开始在设立专有共同基金上与证

券公司展开竞争，在这些业务中，它们作为投资顾问并且销售由其他金融服务公司管理的基金。除了在管理货币市场基金方面具有重要作用外，它们也越来越多地参与管理股票和债券共同基金。

废除《格拉斯-斯蒂格尔法案》的限制也得到其他方面的响应。证券公司例如富达和美林证券一直是货币市场共同基金的活跃销售商，货币市场共同基金成为银行存款极为近似的替代品。美林证券和其他证券公司收购了银行并将其转化为非银行金融机构。监管机构在 1987 年禁止了这项活动，但证券公司继续通过收购倒闭的储蓄机构来建立非银行金融机构。

金融业与工商业的分离也被打破了。非金融性企业已经从事了较多的金融业务。例如，通用汽车和福特汽车公司一直通过向购买汽车的顾客提供信贷来提供金融服务，并且它们各自都拥有保险公司。通用汽车公司通过其附属公司——通用资本公司的业绩，成为金融服务业的领军公司。2006 年，对于沃尔玛可以在多大程度上进入银行业这一问题，国会展开了激烈的争论。

327 虽然金融创新和监管的回应弱化了《格拉斯-斯蒂格尔法案》对银行的影响，但是全面的废除发生在 1999 年。实际上，20 世纪 90 年代期间，国会每一次会议都见证了立法尝试，提出废除分离银行业与其他金融服务业的《格拉斯-斯蒂格尔法案》之墙。1998 年，花旗公司和旅行者集团这两巨头合并使这种压力达到了极点。此后不久，《格拉斯-斯蒂格尔法案》被废除了。具有标志性意义的 1999 年《格雷姆-里奇-比利雷金融服务现代化法案》替代了《格拉斯-斯蒂格尔法案》，该法案允许证券公司和保险公司拥有银行的所有权，允许银行参与证券、保险和房地产业务。[1]《格雷姆-里奇-比利雷法案》追求一种“功能性”的监管方式：联邦和各州银行监管机构对银行业务进行监管；联邦和各州证券监管机构监管证券活动；各州保险监管机构对保险业务进行监管。

《格雷姆-里奇-比利雷法案》对于解除银行业务范围的限制是否足够了呢？也许不是。一方面，该法案使美国银行法与其他工业化国家的银行法更加接近。另一方面，该法案允许银行及其分支机构开展的业务要少于金融控股公司的业务范围，并且基本上维持银行业与工商业的分离。其他大多数国家也允许银行更自主地选择开展证券业务的组织形式。最近的研究表明，在所有其他条件相同的情况下，一个国家对银行从事证券活动和工商业活动的限制越严格，其银行效率越低下，并且发生银行业危机的可能性越大。

2001 年和 2002 年，安然和美国其他大型公司发生了惊人的公司财

---

〔1〕对该法案及其可能的结果所作的优秀评论，参见 James R. Barth, R. Dan Brumbaugh, Jr. and James A. Wilcox, “The Repeal of Glass-Steagall and the Advent of Broad Banking,” *Journal of Economic Perspectives*, 14: 191 - 204, 2000；以及 Edward G. Boehne, “Financial Modernization: Vastly Different or Fundamentally the Same?” Federal Reserve Bank of Philadelphia *Business Review*, 3 - 14, July-August 2000。

务丑闻。此后，一些政策制定者质疑《格雷姆-里奇-比利雷法案》是否走得太远了。他们担心，一些大型金融机构可能降低了其商业银行贷款标准，以从安然公司那里获得投资银行业务。经济学家普遍对这种担心持怀疑态度，他们支持信息披露，并在金融机构设法避免损害其声誉和品牌价值的冲突时，指望快速的市场反应。

测试点拨

假设商业银行被允许全面进入投资银行业务和证券业务领域，你预计承销服务的利润率将会发生什么样的变化？投资银行家的薪水和奖金将会发生什么样的变化？

银行全面进入投资银行业务和证券业务领域将会降低承销业务和相关投资银行业务的盈利能力，进而降低投资银行家的薪酬。

其他国家的银行业

在美国以外的其他国家，银行提供的服务彼此不同，这很大程度上是由于监管的差异。然而，世界范围内金融中介机构之间的竞争以及金融监管的放松正改变着其他工业化国家的银行业，其方式与美国类似。

328 银行可以降低匹配储蓄者和借款者的成本，这一作用表明在银行业和工商业之间可以建立起一些有益的联系：(1) 为有信息问题的部门抓住增长机会提供融资；(2) 确保大型企业管理者致力于这些企业长期价值的最大化；(3) 为那些偿付银行和其他债权人到期债务有困难的企业降低财务困境成本。这些业务活动可降低交易成本和信息成本。

自从二战以来，日本和德国经济高速增长，可部分归因于银行和工商企业之间的紧密合作。二战以后，日本和德国的很多新企业和新产业进入了新市场，这就产生了信息不对称问题和对银行融资的需求。这些国家的银行抓住机会提供金融中介服务。现在我们来分析日本和德国的银行在二战后是如何满足工商业的金融需求的，然后简要考察欧洲银行业一体化的前景。我们也对中国银行业近来的发展进行分析。

日本银行业

历史上，日本政府对资本市场和金融机构的管制使得公司从银行获得资金很容易。此外，日本工商业的公司组织结构也影响日本的银行发挥作用。

管制 二战后的大部分时期里，政府监管规则不允许日本企业在国际上发行证券或在国内金融市场发行风险性债务工具。因此，企业转向银行融资，这使得日本的非金融性公司在很大程度上依赖银行贷款。政府当局特别是（当时）通商产业省（Ministry for Trade and Industry，MITI）和大藏省（Ministry of Finance，MOF），极大地影响了银行给工商企业提供资金的渠道。短期银行业务由城市银行和地区性银行提供。长期信用银行是唯一被允许发放长期贷款的机构（通常是3～5年的无担保贷款），但不能发放短期贷款。最后，设立小型相互银行（即 sogos）以保证地方小企业有机会获得信贷。

结构 日本产业结构与美国产业结构有很大的不同。许多大型日本公司都隶属于产业集团即财团（*keiretsu*）。6个主要的财团包括三菱（Mitsubishi）、三井（Mitsui）、住友（Sumitomo）、扶洋（Fuyo）、第一劝业（Daiichi Kangyo）和三和（Sanwa），这些财团是在20世纪50年代成立的，但有一些财团可追溯到战前。这些大型财团是多元化和垂直一体化的。20世纪80年代初期，这些财团的企业占据了日本许多产业销售额的一半以上，这些产业包括自然资源、初级金属、工业机械、化学制品和水泥产业。而且，财团的成员企业与其他财团的成员企业开展的交易要多于其与非财团成员企业开展的交易。

财团金融的两个组织原则很有意思。第一，财团内公司相互持股加强了其紧密的交易关系，也就是说，具有紧密关系的公司通常相互持有对方大量的股票。第二，每个财团都有一个主银行，该银行（1）拥有成员企业的一些股票；（2）是财团内企业的主要信贷来源；（3）监管成员
330 企业的业务活动，在某些情况下，甚至把银行的重要人员安置到企业管理者的岗位上；（4）帮助成员企业从财务困境中走出来，在财务重组中发挥主导作用（其他银行在这方面服从主银行的领导）。总之，主要行与借款者的这种关系是为了降低逆向选择和道德风险的成本而构建起来的。

收益和成本 经济学家研究了这种工商业与银行业的关系对储蓄者和借款者的价值。他们找到有说服力的证据认为，财团成员公司有机会
331 得到主银行信贷，比起那些具有信贷限额的非财团公司可进行更多的投资，也成长得更快。此外，财团成员公司如果陷入财务困境，与同样处境的非财团公司相比，其投资和销售业增长得更快，因而恢复得也更快。这种成功主要取决于主银行的作用，主银行可以提供补充信贷，并且不需破产程序就可核销其贷款价值。由于主银行主动监管企业，所以它们对企业长期恢复和成长的前景有充分的信息。

然而，这些关系也有成本：贷款的利率通常高于债券的市场利率，银行也许会限制一些企业的业务活动。由于这些成本，日本企业迫切需

要政府的支持并得到了政府的积极回应，日本政府于1980年出台了《外汇法改革》（Foreign Exchange Law Reform）。这项改革允许企业不用政府批准就可以在海外发行债券。1983年1月，监管的放松使得企业可以在无担保品的情况下发行债券。许多企业随即脱离了与主银行的关系，到日本和国外证券市场筹集资金。银行借入外部资金的份额从1980年的80%下降到1985年的50%，并且还在继续下降。

网页推荐：
http://www.fsa.go.jp/en/indexe.html
提供了日本的银行和监管信息。

现状 日本银行业最近的变化趋势与美国银行业的发展趋势很相似。作为金融监管放松的结果，日本的银行失去了许多大型企业客户，这些企业到金融市场上筹措资金。日本大型城市银行（按资产居世界前位排列）在20世纪90年代出现资产收益率下降，远不及许多美国大型银行的资产收益率。20世纪90年代中后期，由于违约率上升和股票市场暴跌，许多日本大型银行的财务状况不佳。事实上，自1998年以来，日本政府做出了很大努力来拯救处于困境中的企业。20世纪90年代，日本的银行采取的策略是进入证券业，同时保持其与日本企业的紧密联系，以发放贷款和提供咨询。最近，像新生银行（Shinsei）这样比较成功的日本银行变得越来越像美国的银行了。在《格拉斯-斯蒂格尔法案》颁布以后，日本也正式将商业银行业务与投资银行业务分离。尽管如此，日本的银行还是扩展进入外国证券业务领域。日本的银行也开始进行资产合并，例如东京银行（Bank of Tokyo）和三菱银行（Bank of Mitsubishi）的合并。2002年和2003年，金融厅颁布新的规则，改革贷款标准和解决庞大的不良贷款问题。很多经济学家相信，日本银行业改革会促进日本经济同时开始复苏。

德国银行业

德国是少数几个允许全能银行业务的国家之一，其他国家是法国、卢森堡和荷兰。（允许英国式全能银行业务的国家有英国、加拿大和现在的美国，这些国家都允许银行参与证券业务，但是许多银行持有大量的普通股股票并不常见。）回忆一下，全能银行业是允许银行以一个单独的企业从事银行业务和很多非银行业务。例如，在德国，德意志银行（Deutsche Bank）拥有戴姆勒-奔驰公司，一家大型汽车制造商（现在是戴姆勒-克莱斯勒）的大量股票。德国全能银行业要求银行参与非金融性企业，包括银行所持股份的直接投票权。作为其客户股票的保管人，银行所持股票的委托投票权显著加强同样是必不可少的。

在德国，自1848年建立了第一家合股银行以来，银行业与工商业携手发展。最初，银行依靠自有资本金发放长期贷款。不久以后，德意志
332 银行成为第一家吸收存款的大型银行，虽然在那个时候，该银行仅向商

人发放具有安全性和流动性的短期贷款。大型全国性银行在19世纪后期出现。由于银行在19世纪大部分时期都居于强势地位，因此，德国证券市场不如英国和美国发达。

收益和成本 很多观察家得出结论认为，银行业与工商业之间的紧密合作有助于二战后德国加速工业化进程与实现经济增长。他们认为，全能银行业对德国工商业发展有益，因为商业银行的业务安排更具信息优势。然而，其他专家指出了潜在利益冲突和不公平贷款定价问题。回忆一下，在美国，正是由于对利益冲突的恐惧，在《格拉斯-斯蒂格尔法案》下，商业银行业务与投资银行业务分离开来。然而，严格的监管以及金融市场和生产市场激烈的竞争，会平衡这个问题。第二个问题，也是更加重要的问题，是德国的银行贷款定价问题。如果没有来自证券市场的激烈竞争，银行对企业收取的利率也许会高于其在竞争条件下收取的利率。最后一个重要观点是，在全能银行业条件下，工商业与银行业之间的关系要求新的欧洲中央银行在金融危机时发挥更大的作用。如果金融机构的存款有保险，就可以保护存款者在银行倒闭时免受损失，那么持有金融机构股票的工商企业可能也需要得到保险的保护。

当前状况 在德国，除了少数几家大型的银行——例如德意志银行之外，其余的是众多的小银行。德国银行业目前的发展和美国、日本以及其他地方的银行业十分相似。由于利率和汇率的剧烈波动，产生了证券化的趋势。此外，投资银行业务作为一个重要的银行业务在商业银行中出现，德国银行面临着来自欧洲和美国银行的激烈竞争。1998年德意志银行收购了美国信孚银行。

欧洲银行业一体化

过去，欧洲只允许非常有限的银行跨国设立分支机构。欧共体（European Community，EC）从1992年开始消除商品贸易和金融市场交易的国家壁垒。银行业也渐渐转变成跨国经营，这与美国银行业跨州开展业务类似。其目标是统一银行运营的注册。因此，就像美国放松银行设立分支机构的限制一样，欧洲也出现了大量的银行并购。事实上，《欧盟第二号银行业指令》（Second Banking Directive）将会产生长期的影响，这一点与美国以《里格尔-尼尔法案》和《格雷姆-里奇-比利雷法案》为代表的金融现代化立法类似。

对于欧洲银行业一体化的效应，我们能作出什么样的预言呢？一体化可以促进风险分担，并带来更大的分散化。此外，银行、证券公司和保险公司的业务活动可能会变得更加相互关联。与美国一样，欧洲的银行也都成功地进入更广阔的证券和投资业务领域。随着资本市场在欧洲得到进一步发展，银行的信息搜集和监督能力及其分支机构网络使其成为令人畏惧的竞争者，尤其是在欧洲日益重要的证券市场和保险市场上。与美国一样，随着银行业市场变得更具有竞争性，欧洲的金融监管机构必须密切监督银行。

中国银行业

333 在中国金融体系和全球金融体系中，中国四大国有银行越来越崭露头角。到2007年为止，外国投资者已进入其中3家银行，即中国建设银行、中国银行和中国工商银行。确实，自20世纪70年代末邓小平提出中国对外开放以来，这样的市场纪律也许是经济改革中最根本的步骤。中国经济仍然依赖银行业：由于中国还没有成功地培育出健康的股票和债券市场，所以银行资产与2006年国内生产总值的比率高达200%，远远超过其他主要经济体。

中国的可持续增长需要改善银行业。银行的大部分贷款是按照政府指令发放的，没有考虑其盈利性，这样产生了大量不良贷款，其资产的经济收益率在亚洲的银行中是最差的。

中国的银行监管仍处于转变之中，其变化趋势与我们讨论过的美国趋势相似。最近成立了中央级银行监管机构——中国银行业监督管理委员会。新的监管机构将银行的重点从指导性贷款和存款的增长转移到保持资本充足率（按《巴塞尔协议Ⅰ》的要求）和取得令人满意的资本收益率上。经济学家们仍然继续争论外资接管和让一些银行破产所产生的更大作用。拥有一个强健的银行体系，中国经济快速成长将更具有长期可持续性，中国金融体系也将能更好地战胜任何经济波折带来的影响。

案例分析

银行业是一个日趋衰落的产业吗？

329 正如我们在第12章注意到的那样，自20世纪80年代以来，按照银行控制的资产份额来衡量，银行失去了相对于其他金融中介机构的优势。20世纪80年代，非银行信贷来源迅速增长，银行破产案件不断增加，许多分析人士据此得出结论认为，银行业是一个日趋衰落的产业。监管负担和日益激烈的竞争使银行业在过去20年间的确发生了很大的变化，但是银行业是否在衰落呢？

一方面，银行资产占私人金融机构持有资产总额的比率在2003年不足25%，与1974年的50%相比明显下降。另一方面，银行资产占国内生产总值的比率在1974年和1994年基本保持相同的水平，这些数据不能说明银行业相对于总体经济活动水平有所衰落。

评估银行业是否为衰落产业的另一种方法是检验对金融性企业贷款（银行的传统业务）的变化趋势。联储理事会的艾伦·伯格、芝加哥大学的阿尼尔·喀什亚普以及联储理事会的约瑟夫·斯卡莱斯注意到，1979—1995年间，美国银行对非农业非金融性公司的真实贷款份额从20%下降到15%，下降了四分之一，其绝大部分发生在1989—1992年间。[1]然而，这一期间，外资银行对美国公司的贷款却在增加，足以弥补美国银行的贷款下降。因此，美国银行和外资银行合计的公司贷款份额并没有显示出银行业明显的衰落迹象。

20世纪80年代和90年代，银行在发放贷款和吸收存款业务上经历了强有力的竞争，这是由于四个重要的金融创新。在贷款方面，商业票据市场的发展使优质大公司借款者不通过银行贷款也可以筹措到更多的资金。此外，金融公司可以从商业票据市场获得资金，然后将这些资金贷给企业和居民。20世纪80年代，垃圾债券市场的扩张也使许多低质公司借款者可以在银行之外筹集资金。在存款方面，银行面临着来自货币市场共同基金的侵入性竞争，它允许储蓄者开具支票，且支付的收益率高于银行支票账户通常的收益率水平。

最后，证券化出现了。证券化就是将传统上缺乏流动性的金融资产（例如贷款和住房抵押贷款）转换成可在资本市场上进行交易的可销售证券。它的出现能够降低交易成本和信息成本。银行可以将贷款资产组合打包成具有标准化数额的资产包，以分散风险并从服务贷款（即从借款者那里收回利息和本金并将其支付给放款者）中获得收益。证券化交易从抵押贷款资产开始，扩展到某些租赁、信用卡应收款和汽车贷款等资产。证券化使得以表内贷款业务和资本支持业务为特征的传统银行业吸引力下降了。

此外，当市场流动性枯竭时，甚至非常庞大的公司也会转到银行寻求流动性。例如，1998年下半年，受当时国际证券市场不利事件的影响，商业票据市场风险价差扩大，交易量急剧萎缩，所以大型公司从后备银行信用额度里支取资金。当市场流动性变得十分昂贵时，银行却成为非金融性公司可靠的流动性来源。

我们仅仅考察了银行传统的存贷款业务就能够理解银行相对于其他非银行金融机构竞争者的重要性。表外业务是过去20年间银行业务最重大的变革，它的发展有助于银行将信息和监督服务与发放贷款活动分开。同样地，银行提供的金融衍生工具，如利率互换就增强了银行在信息和风险管理方面的参与度。

这些新业务有多重要？1980—2006年间，银行非利息收入（表外收入）增加了1倍多。因此，虽然银行在直接贷款上的地位相对于其他金融机构有所衰落（以利息收入来衡量），但其间接的作用却加强了。

明尼阿波利斯联邦储备银行的约翰·博伊德（John Boyd）和纽约大学的马克·格特勒（Mark Gertler）构建了一个改进的方法来度量经表外业务调整的银行总资产。[2] 自1974年以来，银行资产占金融机构总资产的份额不断下降，这些人们早就注意到了。但他们的调整去除了大约一半未经调整的下降。他们注意到，自20世纪50年代以来这段期间，银行占金融中介机构的资产份额一直相当稳定。他们的结论是：银行业（按广义定义）并非处于衰落中。

不管怎样，传统的银行业务（吸收定期和活期存款来发放贷款）在金融体系中已不再那么重要了。其原因是，自1992年以来，银行相对健康的盈利能力反映了可获利表外业务的重要性增加了。由于银行的整体盈利能力在最近几年并没有增加，那么表外业务收入的增加，必然使传统存贷款业务的盈利能力下降。

前面描述过推动金融创新的因素，也正是这些因素引起传统银行业务的下降。监管的变化、信息技术的发展以及符合客户需要且可在资本市场交易的可选择资产增加都降低了银行业的竞争优势。

银行将如何应对？为了保持一定的利润水平以给股东一个合理的资本收益率，银行必须或者改变业务领域，或者增加承担风险的意愿。实际上，银行在这两点上都做了一些努力。正像我们在第13章看到的那样，银行开展了表外业务，开辟了新的业务领域。此外，由于商业房地产贷款、通信行业贷款和公司重组贷款的比重增加，而这些贷款的风险高于传统的企业贷款，所以，银行贷款资产组合的整体风险增大了。

银行开辟新业务领域的探索是健康的吗？从一定角度来说，是的。竞争已经改变了银行，使银行得以利用其在降低交易成本和信息成本上的竞争优势，而不再依靠那些利润下降的业务领域。然而，这些变化并非没有隐忧。银行承担的风险增大要求监管机构对银行新业务进行监管，而监管机构必须考虑金融体系的完整性和存款保险的成本。

我们注意到，美国模式也在世界各国出现了，因为放松管制、金融创新和证券市场兴起对银行产生了很大的竞争压力。的确，欧洲和日本的银行在20世纪90年代后期和21世纪初期都经历了低水平的资产收益率和资本收益，这导致了银行的合并，以及在某些情况下政府的紧急救援。

美国的情况清楚地表明金融业合并取得政治和监管支持的重要性。在某些情况下，美国的经验是具有指导性的，欧洲从合并中获得了类似的收益和成本。尽管许多分析人士认为，甚至在2006年，欧洲银行业的合并仍受到欧洲各国监管规则、资本市场和税收政策等结构性差异的限制。同样，在日本，尽管合并已经取得了进展，但政治力量曾试图抵抗合并的市场压力。

［1］参见 Allen N. Berger，Anil K. Kashyap，and Joseph M. Scalise，"The Transformation of the U. S. Banking Industry：What a Long，Strange Trip It's Been，" *Brookings Papers on Economic Activity*，2：55－218，1995。

［2］参见 John H. Boyd and Mark Gertler，"Are Banks Dead? Or，Are the Reports Greatly Exaggerated?" *Federal Reserve Bank of Minneapolis Quarterly Review*，Summer 1994。

关键术语和概念

自动提款机（ATMs）
银行持股公司
银行挤兑
银行业恐慌
设立分支机构限制
传染
活期存款

双重银行体系
　国民银行
　州银行
联邦存款保险
联邦储备体系
《1999年格雷姆-里奇-比利雷金融服务现代化法案》

最后贷款人
主银行
非银行的银行
非银行营业部
1994年《里格尔-尼尔跨州银行业及设立分支机构效率法案》
全能银行

总　　结

1. 美国实行双重银行体系：商业银行既可在联邦政府注册并接受其检查，也可在各州政府注册并接受其检查。负责商业银行监管的监管机构包括联邦存款保险公司、货币监理署、联邦储备体系和各州银行监管机构。储蓄和贷款协会通常由联邦存款保险公司保险，由储蓄机构监督署监管。互助储蓄银行也由联邦存款保险公司保险，但由各州银行监管机构监管。信用社通常由全国信用社股份保险基金保险，并由全国信用社管理局监管。

2. 存款者对一家银行失去信心会导致银行挤兑，在发生挤兑的情况下，银行被迫将资产变现来对存款者进行偿付，并可能使其关门停业。

由于银行拥有私密信息，银行挤兑不仅会导致无偿付能力的银行破产，也可能会导致有偿付能力的银行破产。如果稳健的银行在挤兑中破产，经济会受到损害，因为银行将失去作为金融中介机构的效能。

336 3. 为了提高银行的稳定性，政府干预银行业，措施有：(a) 设立最后贷款人，(b) 引入联邦存款保险，(c) 银行业务活动的许可限制。

4. 联邦存款保险在 20 世纪 30 年代引入美国，以担保银行存款和应对银行挤兑。直到 20 世纪 80 年代初期，联邦存款保险非常成功地降低了银行破产数量。为了防止再出现 20 世纪 80 年代和 90 年代那样大量的银行破产，联邦存款保险公司和其他监管机构目前要求银行持有的最低净值，即股权资本比以前提高了，并要求银行避免参与风险性业务活动。

5. 由于《麦克法登法案》禁止银行跨州设立分支机构，以及各州对设立分支机构的限制，美国在传统上拥有数量众多而规模相对较小的商业银行。近几年，银行为了绕过设立分支机构的限制，设立了银行控股公司，建立了非银行业务部和非银行的银行，并引入了自动提款机。此外，各州也放松了对设立分支机构的限制，联邦立法允许在全国范围内开展银行业务。

6.《格拉斯-斯蒂格尔法案》将商业银行业务与投资银行业务和经纪业务分离开来。该法案对银行业务活动的限制由银行控股公司规避了，银行控股公司现在可以承销各种证券，并可从事经纪业务。反过来，证券公司与银行争夺存款。《格拉斯-斯蒂格尔法案》最终被 1999 年《格雷姆-里奇-比利雷金融服务现代化法案》取代。虽然一些非金融性公司进入了金融服务业，银行业与工商业之间的界限在美国仍然泾渭分明。

7. 各国银行业监管的不同形成了各国银行业之间的差异。与美国的银行相比，日本和德国的银行被允许与借款者具有更加密切的关系。一些分析人士认为，这些关系是由于二战以来这些国家投资和产量的快速增长。然而，随着本国金融体系变得更加国际一体化，各国银行业看起来正在变得更加相似。

复习题

1. 什么是双重银行体系？为什么这种体系会持续下去？
2. 联邦存款保险的主要功能是什么？
3. 为什么美国有这么多的银行？
4. 什么是传染？传染对银行业的稳定会带来什么问题？
5. 如果银行挤兑只是导致无偿付能力的银行破产了，那么谁对此关心？为什么银行挤兑需要建立相应的监管规则？

6. 联邦储备体系的建立如何降低了银行恐慌的可能性？

7. 处理破产银行的清偿方法相对于购买并承接方法有何优点和不足？

8. 基于风险的资本金要求是如何起作用的？

9. 哪些政府监管规则限制了银行的竞争？这些监管规则是怎么产生的？它们有可能在未来继续存在吗？

10. 银行竞争的地理限制给银行带来的成本是什么？给储蓄者呢？给借款者呢？在银行规模不同的银行体系中，哪一种银行可以获益？哪一种银行可能受损？

11. 银行是怎样试图绕过设立分支机构的限制的？对这些尝试的监管回应是什么？

12. 非银行营业部和非银行的银行有何区别？

13. 哪一个法案使得美国商业银行业务与投资银行业务相分离？制定这一法案的原因是什么？它仍然有效吗？请解释理由。

14. 怎样将美国银行业与工商业相分离的经历和那些全能银行制国家的经历相比较？

15. 银行怎样做可以将银行业和工商业联结起来，并获得更多好处？

16. 德国全能银行业是如何运作的？如果全能银行业在美国实行，并且银行仍由联邦存款保险公司保险的话，纳税人将会有什么样的忧虑？

分析题

337 17. 在国民银行业时期，私人银行家是如何处理银行挤兑和传染问题的？在什么样的情况下这些努力会成功？在什么样的情况下这些努力不会成功？

18. 评价这一表述："近来银行合并的浪潮使得许多小银行消失了，对于小企业来说，这是坏消息，因为它们的大部分贷款来自小银行。"

19. 为什么联储担心长期资本管理公司可能会破产？在这种情况下，联储的措施会产生什么样的负面结果？

20. 评价这一论断：美国拥有约 7 500 家银行，而加拿大仅有为数不多的银行，因此，美国银行业必定更具竞争性。

21. 联邦存款保险的保险金额上限是 10 万美元。如果你听说你的开户银行有问题，而你在该银行拥有 10 万美元存款，你会怎样做呢？如果你在该银行有 20 万美元存款，你会怎样做呢？如果一家银行有许多高额存款者，存款保险在减少银行破产方面还会起作用吗？为什么？

22. 假设银行为了应对愈加激烈的国际竞争，试图提高其资本金，因而减少贷款发放，购买更多的证券和持有更多的现金。突然，该银行从一些大型公司（有偿付能力的）筹集资金出现了问题。作为联邦储备理事会主席，你将怎么办？

23. 到20世纪80年代，银行净值（股权资本）与银行资产的比率与1934年以前相比有显著的下降。假设其他条件相同，1934年联邦存款保险的引入是否可以解释这一变化？请解释理由。

24. 评估这一论述：与没有存款保险的银行体系相比，拥有存款保险的银行体系更需要来自第三方的检查。

数据题

25. 在图书馆找到最新的《世界年鉴》(*World Almanac*)，查阅美国每年银行破产数量的历史数据。在引入联邦存款保险（按照1933年《银行法案》）后的40年里，银行破产的数量与引入联邦存款保险之前相比有什么变化？根据这一信息，你可以得出结论认为存款保险使得金融中介机构变得更加健康了吗？请解释理由。

26. 联邦存款保险公司按照保险的储蓄者存款价值收取费用。联邦存款保险公司承保的资产总额是多少？登录其网站 http://www.fdic.gov/bank/statistical/stats/index.html，查询历史趋势数据。参保机构数量、资产总额和保险基金余额之间有什么关系？你认为银行破产的数量与该行业的竞争性相符吗？请解释理由。

27. 与银行以及储蓄和贷款协会一样，信用社的竞争压力在近几年也日趋增强。登录全国信用社协会的网站 http://www.ncua.gov，查询有关信息。进入链接"Credit Union Data"（"信用社数据"），点击"Statistics for FICUs"（"联邦参保信用社的统计数据"），查看最近的年末统计报告。计算过去5年内信用社数量与资产的比率。在这一期间，这个行业发生了什么变化？

28. 金融厅是为日本的银行提供存款保险的官方机构。比较日本银行业与美国银行业的现状（基于你在第25题中得出的发现）。登录金融厅的网站 http://www.fsa.go.jp/en/，点击"Status of Nonperforming Loans"（"不良贷款情况"）。在报告期内，美国和日本银行业的绩效看起来很相似吗？请解释理由。

理论联系实际

《经济学家》，2005 年 3 月 5 日

重新思考《社区再投资法案》

334 自从 1977 年国会通过了《社区再投资法案》(CRA) 以来，联邦承保的银行和储蓄机构有义务满足其服务社区低收入地区的“信贷需求”。现在情况正在改变。2 月 25 日，在美国 4 个国民银行监管机构中，美联储最后一个提议放松该法案规定的要求。

在《社区再投资法案》的要求下，资产超过 2.5 亿美元的银行必须证明它们为比较困难的社区提供了足够的服务。从 3 个方面对其进行考核：贷款、银行服务和“社区投资”，社区投资的范围从购买廉价住房的软贷款到小企业的股权投资。小银行主要考核贷款方面，其报告要求较为宽松。

银行监管机构有义务每隔几年对《社区再投资法案》的执行情况进行审查，他们于 2001 年开始的审查现在已接近尾声。他们都认为该法案已经
a 过时了。当该法案被通过时，银行业务还是地方性的，部分原因在于限制跨州甚至州内设立分支机构。因此，《社区再投资法案》定义的银行社区基本上是指银行设有分支机构的地方，这一定义在当时是合理的。现在，网上银行和抵押贷款公司可以给各地客户提供信贷；银行合并使银行拥有了不同国家的客户（不必设立分支机构）；信用社、抵押贷款公司等非银行金
b 融机构不受该法案的管辖，但却与银行竞争提供贷款。货币监理署前任署长约翰·哈维克 (John Hawke) 说：“本地化银行业的概念已经从根本上改变了。”货币监理署是美国全国性银行监管机构之一。

大多数银行家声称他们按照法案的要求想方设法做了大量的工作，包括抵押贷款和小企业贷款，因为这么做还是有利可图的。美洲银行的道格·伍德阿夫 (Doug Woodruff) 说：“从盈利能力和符合标准来看，这些业务与我们熟悉的《社区再投资法案》要求之外的业务并没有什么不同。”但毫不奇怪，一些人认为需要对《社区再投资法案》进行更全面的重新思考，而不仅仅是简化报告要求。

J. P. 摩根大通银行社区发展小组的主管马克·威利斯 (Mark Willis) 认为，《社区再投资法案》到目前为止一直是“极其”重要的。未来，这个法案将带来社区发展所需的投资和服务，真正“对于社区发展
c 是货真价实的”。这些业务与主流放款和抵押贷款相比，往往需要更多的创新和技术协助。他所在的银行已经承诺在 10 年里为该项目投入 350 亿美元（不在《社区再投资法案》承诺总额 8 000 亿美元之内)。支持者表示赞赏但是心存怀疑，如果规则放松，其他银行将会不仅局限于贷款业务。

新闻分析

335 美国银行业受到高度监管，这与大多数国家的情况一样。正如本章描述的那样，某些监管规章是用来应对可能引发银行业挤兑的信息问题和流动性风险的，而另一些监管规则是用来促进美国金融体系效率的。这些规则包括存款保险和限制银行业竞争。监管机构试图提高银行体系效率的另一个方法是国会在 1977 年通过的《社区再投资法案》(CRA)。

《社区再投资法案》的目的是确保商业银行在其所服务的不具经济优势的地区提供住房抵押贷款和小企业贷款。要记得在 20 世纪 70 年代，商业银行有地理区域限制，不能到它们能够提供金融服务的地方去开展业务。《社区再投资法案》试图确保银行在其所服务的不具经济优势的地区向居民和企业提供贷款。

a. 正如本章所讨论的那样，自 1977 年以来，美国银行体系的结构已经发生了巨大变化。1994 年的《里格尔-尼尔法案》允许在全国范围内开展银行业务，这样就改变了"地方"银行的性质。《里格尔-尼尔法案》通过和实施后，银行不再受到地理区域的限制。因此，在一个地理区域可能有几家不同的银行提供服务。这些"地方"银行也许距其银行总部成百上千英里。

b. 过去 30 年间，不仅银行发生了变化，银行的竞争对手也发生了变化。在 20 世纪 70 年代，商业银行很少面对其他金融机构的竞争。如今，商业银行必须与储蓄机构、信用社和抵押贷款公司进行竞争。一些分析人士认为，如果《社区再投资法案》维持不变，它就不会准确地反映目前金融市场的状况，可能会将传统的银行置于竞争劣势的地位。

c. 虽然在不具经济优势的地区，对居民提供抵押贷款以及对企业提供传统的企业贷款，可能会实现经济发展。但很多经济学家认为，其他项目如果不将银行置于竞争劣势的地位，很可能会更有益处。除了得到住房抵押借款外，在这些地区的居民还可以从个人金融教育计划中获益匪浅。这些计划将有助于确保这些居民更有效率和更有成效地使用信用。

除了从银行获取资金外，创业者也可从如何更有效率地经营企业的培训中获益。这些小企业除了可以从债务融资中获益外，还可以从股权投资中获益。

一些分析人士认为，《社区再投资法案》只关注抵押贷款和传统的银行贷款，忽视了那些对经济发展具有推动作用的其他因素。

更进一步的思考……

信息技术进步已极大地改变了银行经营活动所依托的金融市场。互联网和信息技术的普及，有助于创业者获得机会进入金融市场，这样会降低对《社区再投资法案》的需要吗？

资料来源：节选自“Time for a Rethink,” *The Economist*, March 5, 2005, p. 74. © 2005 The Economist Newspaper。

第 15 章　银行业监管：危机与应对措施

338 美国经济在大萧条之后得以恢复，在二战之后呈现繁荣，得益于在大萧条之后颁布的银行业监管规则。如将美联储的职能扩展成为最后贷款人，限制银行业服务的竞争和建立联邦存款保险制度的限制这些规则试图降低未来发生银行危机的可能性，使银行业经营环境变得更加适宜。在这一时期，据说银行管理者遵循“3—6—3”规则：按 3%的利率吸收存款资金，按 6%的利率发放贷款，下午 3 点去打高尔夫球。

但是这种天堂般的日子并没有持续太久。金融市场的其他参与者可以从事受监管银行所不能从事的业务，这使它们看到了给储蓄者和借款者提供服务的机会。经济周期、通货膨胀和较高的市场利率等的经济力量使得银行利率限制成为沉重的负担；存款保险激励银行不够审慎地开展业务活动。监管规则旨在保证银行体系健康运行，但却成为导致 20 世纪六七十年代银行问题的部分原因，也正是这些监管规则反过来提供了创新机会。银行业监管人士发现，他们更像是每年都努力开发流感疫苗的科学家，而不像是用一服药就能预防天花或百日咳的研究者。与每年都会发生变异的流感病毒一样，监管规则要医治的病症也是千变万化，任何单一的监管规则都不能保证银行业的盈利能力。确实，银行业监管机构的监管目标总在变化。

在本章，我们将描述近来银行业的监管历史，尤其是阐述促成监管规则形成的银行业危机、银行业监管的效果以及监管机构试图维持银行业作为从储蓄者向借款者传递资金的渠道所面临的挑战。当你考察每一种监管类型如最后贷款人、限制竞争和存款保险时，你将会发现这样一个四阶段模式：(1) 危机，(2) 监管，(3) 金融体系的反应，和 (4) 监管机构的反应。一旦你熟悉了这个评估金融机构监管的流程，你就可以用它来阐述银行业的未来发展以及美国和其他国家金融机构的未来发展。

监管模式

监管模式的第一个阶段是银行业危机。例如，如果储蓄者对银行明智地运用资金的能力失去了信心，他们就会试图提取其资金，结果将出现银行挤兑。当储蓄者对银行失去信心时，银行就不能为众多借款者提供金融中介服务。逆向选择和道德风险会带来银行体系的不稳定性，进而导致银行体系危机。

第二个阶段是政府监管介入来结束危机。政府通常在发现金融机构
339 不稳定且政治压力使干预可行时才会干预。例如，美国和其他国家的政府监管是通过尽力维持银行的盈利能力或降低储蓄者的监督成本来应对银行业恐慌。

第三个阶段是金融体系的反应。例如，存款保险作为一种主要的监管干预措施，导致了金融机构业务活动的变化与创新（借款、贷款以及提供风险分担、流动性和信息服务）。与制造业公司和其他服务业企业一样，创新（开发新产品和业务领域以更好地服务消费者）可使一个企业具有胜过其竞争对手的优势。金融创新的动机与其他行业的创新一样，都是为了追逐利润。

第四个阶段是监管的反应。监管机构观察监管规则对金融机构业务方式变化的效果，特别是当金融创新绕过了监管限制时，监管机构必须调整其政策或者寻求新的监管权力，以此作为对监管的反应。

最后贷款人

国会创立了联邦储备体系作为最后贷款人，在银行业恐慌时为银行提供流动性。本质上，联邦储备体系的建立是为了应对 19 世纪末和 20 世纪初的银行倒闭危机和信贷收缩。然而，我们将会看到，最后贷款人

要有效地发挥作用，它所作的向危机中的银行提供贷款的承诺必须是可信的且能迅速执行的。联邦储备体系行为的演变可以说明，在应对一次危机时引入的监管规则怎样才能用来应对未来的危机。

大萧条

1929 年 10 月股票市场暴跌动摇了金融体系的稳定性，联邦储备体系在降低金融不稳定性成本方面的有效性第一次得到重要检验。为了应对股市暴跌，联邦储备体系迅速而果断地履行了最后贷款人的职责，向那些为股票经纪商和投机商提供贷款的纽约各家银行增加了信贷额度。

联邦储备体系不久就面临一个更加严重的问题：由于银行大批倒闭重创了美国经济，1930 年末发生了银行业恐慌，使得储蓄者对银行体系失去了信心。由于公众认为银行存款具有风险而将存款变现，所以活期存款急剧收缩。1932 年，银行将贷款清收并将持有的存款准备金提高到占存款额的 22%（1930 年为 15%）。但是银行的中介职能还是崩溃了。1933 年 3 月，罗斯福总统宣布银行休假（bank holiday），迫使所有银行在这一期间关闭。

20 世纪 30 年代初期发生的经济崩溃即大萧条是美国历史上最为严重的金融挫折。许多经济学家认为银行倒闭是萧条持续如此之久的主要原因。当银行倒闭了，很多借款者找不到替代银行贷款的资金来源（如发售债券和股票），就不能获得信贷。结果，很多中小型企业和农场倒闭了。银行体系的崩溃证明，在降低储蓄者寻找有信誉借款者的信息成本方面，银行发挥了多么重要的作用。很多资产不分散的小型银行加剧了银行业的危机，特别是那些在农产品价格下跌期间持有农业贷款的银行更是如此。

340 在银行业恐慌时期，联邦储备体系没有果断地履行最后贷款人的职能：它没有给濒临倒闭的银行足够多的贷款支持。更糟糕的是，1931 年，联邦储备体系提高了对会员银行贷款所收取的利率。现在回顾那段历史很容易就可以看出来联邦储备体系应该怎样做，但在当时，联储和很多经济学家都认为，大萧条可以自行摆脱，不需要中央银行的干预。除此以外，联储章程只允许它对那些用高质量商业贷款做抵押品的银行提供贷款。联储还面对这样的问题：在金本位制度下维持固定汇率制的政策限制了其行动能力。1931 年，英国暂停将英镑兑换成黄金，国际金融市场的参与者认为美国也可能放弃固定汇率制，承诺和黄金的可兑换性。结果，外国投资者争先恐后地将美元兑换成黄金。为了维持汇率和保有黄金储备，联储提高了其对银行贷款收取的利率。这一举措提高了美元对其他货币的汇率，并且恢复了美国作为资金存放地的相对吸引力。然而，较高的利率使得濒临破产的银行更难以从联储借到资金。

国会在 1932 年后采取行动着手解决造成银行业危机持续如此之久的

问题。国会修改了联邦的章程，限制美元与黄金的可兑换性，扩大了从联储获得贷款所需的抵押品范围。联储内的决策更加集中，以提高其在危机期间的迅速反应能力。然而，金融界仍然不能确信联储能否卓有成效地充当银行业的最后贷款人。联储在 20 世纪 30 年代初期这场灾难中暴露出来的弱点，促成了 1934 年联邦存款保险的引入。

测试点拨

假设银行使用支票存款来发放可在二级市场上交易的商业贷款，那么还会存在最后贷款人这个角色吗？

如果银行贷款资产组合具有很高的流动性，关于其质量的信息充分且可得，贷款资产组合就可以在市场上进行交易，那么流动性风险和信息成本就会大大降低。结果，就不再需要最后贷款人了。然而，如果流动性充分且信息成本极低，那么也不再需要传统意义上的银行类机构了。

延伸思考

最后贷款人如何来保护支付体系？

341 尽管国会创立联邦储备体系是为了让其充当银行业的最后贷款人，但是如今联储也从事多种贷款业务以保持金融交易机制的健康运行。支付体系是一个重要的交易机制，它被用来清算以支票进行的交易。纽约银行同业支付和结算清算所（Clearing House for Interbank Payments and Settlements，CHIPS）既结算国内银行之间美元工具的划转，也结算外资银行之间美元工具的划转。如果加入 CHIPS 的市场参与者在交易日内倒闭，其所有的支付都将被取消。这些取消的支付反过来会影响所有与倒闭银行有交易活动的其他参与者。因此，一个大银行的倒闭可能引发其他金融机构的倒闭。联邦必须迎难而上，特别是在外资银行倒闭引发银行危机时更是如此。

另一个重要的清算机制是联邦储备通信系统（Fedwire），该系统用来清算证券交易。由于头寸在交易日内并不结清，所以如果一家银行在交易日结束时不能结算一笔透支，联邦事实上会将其转成为（可能是无意的）贴现贷款。我们看到商业银行业务与投资银行业务之间的界限变得模糊，有时甚至金融业与工商业之间的界限也变得模糊。此时，最后贷款人在维持支付体系健康运行上的作用也变得模糊不清了。如果工商业公司被允许从事银行业务，那么银行业危机可能会迫使联储给投资银行机构甚至制造业公司提供免担保的无息贷款。

近年来的成功履职

尽管在大萧条时期联储作为最后贷款人的最初表现并不坚定，但自二战以来，它很好地履行了职责。下面四个例子说明了联储怎样成功地进行干预，防止了金融危机的发生。

佩恩中央铁路公司危机 佩恩中央铁路公司（Penn Central Railroad）曾经是美国最大的公司之一，当该公司在1970年申请破产时，有2亿美元的商业票据违约。投资者开始怀疑其他大公司发行的商业票据质量，并且谨防向商业票据市场提供资金。如果没有联邦储备的干预，在商业票据市场上筹集资金将变得成本高昂，因为投资者要求一个较高的溢价来补偿其察觉到的风险。联储增加了对商业银行的信贷支持，鼓励商业银行扩大短期信用，使那些通常在商业票据市场上借款的企业能够获得足够数额的资金。它也给这些银行提供贷款，使这些银行能够发放额外的贷款。这些措施化解了银行体系和金融市场的一次危机。

富兰克林国民银行危机 富兰克林国民银行（Franklin National Bank）在1974年倒闭，当时它已经发行了大量的可转让存单。这些定期存款可以由个人和机构进行买卖，可在扣除一些罚金后提前支取，但这些存款不在联邦存款保险的担保之列。在这种情况下，投资者质疑其他银行可转让存单的质量，并大量减持这类存单。对可转让存单的需求下降使银行家开始忧心忡忡，因为这种存款是银行的一个重要资金来源。为了避免可转让存单市场的恐慌，联储向银行提供了贴现贷款，以此来降低投资者的信息成本。这一措施平息了投资者对可转让存单整体质量的忧虑。

亨特兄弟的白银投机危机 赫伯特·亨特（Herbert Hunt）和纳尔逊·邦克·亨特（Nelson Bunker Hunt）是传奇的石油大亨H. L. 亨特（H. L. Hunt）的后裔。20世纪80年代，他们用其巨额财产和借入资金去垄断白银市场。他们的计划在一段时间内颇有成效，但最终白银的价格暴跌。这一投机计划的失败不仅使亨特兄弟陷入困境，同样也使大型经纪公司包括行业巨头美林证券（亨特兄弟向其借款）受到了牵连。这笔投机赌注如此之大，以至于威胁到了开展期货合约交易的交易所的财务稳定性。这一投机失败让那些依靠外汇市场提供信息服务的储蓄者和借款者付出了巨大的代价，因为这些信息服务对期货合约的交易和流动性至关重要。在本例中，联储和一些银行合作共同为交易所成员提供贷款，避免了信息成本的上升和市场恐慌。

1987年股票市场暴跌 1987年10月19日，股票市场暴跌使得人们越发地担心1929年股票市场暴跌后的灾难可能会重演。特别是，投资者

害怕证券业的经纪商兼交易商会出现信贷紧缩。在第二天股票市场开盘
342 之前，美联储主席艾伦·格林斯潘对新闻媒体宣布，联储将对经济和金融体系提供流动性支持。同时，联储作为最后贷款人鼓励银行给证券公司贷款，并且扩大对银行的贴现贷款。联储的这一举措降低了信息成本，使金融市场能够为市场参与者提供风险分担和流动性服务。此外，这一举措也确保了支付体系的健康运转。

结　语

最后贷款人有助于在危机期间稳定银行体系。在美国，大体上看，联邦储备体系成功地履行了这一职能。确实，1998 年末，美联储仅仅用其影响力将长期资本管理公司（美国一家对冲基金）的债权人召集到一起，就平息了一场由该公司陷入财务困境可能引发的恐慌。2001 年 9 月，恐怖主义者袭击纽约和五角大楼的“9·11”事件发生后，联储迅速采取行动支援做市商和工商业活动的开展。图 15—1 概括了在金融危机、监管、金融体系的反应和监管的反应的循环过程中联邦储备体系作用的演变。

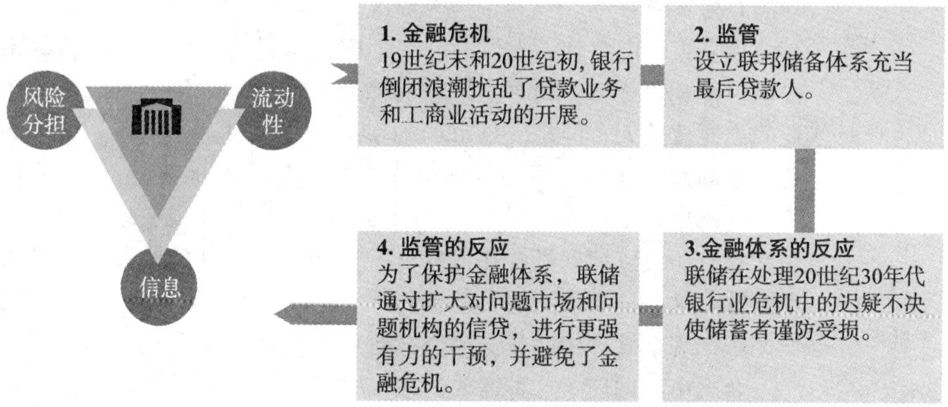

图 15—1　最后贷款人：金融危机、监管、金融体系的反应、监管的反应

银行体系的不稳定性因素降低了银行存款的流动性，增加了信息成本，导致了银行贷款急剧减少，需要设立最后贷款人。联储作为最后贷款人的最初表现不佳，但此后其势力增大了，并且又制定了更多的银行监管规则。

反竞争性银行监管

联邦政府为维护银行业稳定所采取的第二项措施是限制银行之间和银行与其他金融机构之间的竞争。这项干预的目的是：（1）降低银行挤兑的可能性；（2）降低银行行为中道德风险的可能性。赞同限制竞争的

主张认为，限制竞争能够提高银行的价值，因此降低了银行家进行高风险性投资的意愿。

反竞争性监管规则并不能促进银行业的长期稳定，相反，那些不受监管的金融机构和市场受到激励，通过提供与银行存款和贷款相似的替代品来与银行竞争。反竞争性监管导致了竞争、金融创新和监管的反应，这方面颇有戏剧性的例子是打破限制银行向储蓄者支付的利息之战。这场战斗起因于1933年《银行法案》中的**Q字条例**（Regulation Q）。该条例设置了定期存款和储蓄存款的利率上限，并禁止对活期存款（当时是唯一的一种支票存款）支付利息。Q字条例意在限制银行之间争夺资金的竞争，保证存款利率与贷款利率之间有一个合理差幅，进而维护银行的盈利能力。但事实上，它迫使银行以创新求生存。

343

短期信用市场在相当大程度上是为了满足企业对营运资金的需求而存在的，企业用营运资金在产品销售产生利润之前支付原材料、劳动力和存货支出。居民和企业持有短期流动资产作为缓冲来抵御收入或支出的变化。从历史上看，商业银行主导了短期信用市场。通过与借款者形成的长期关系和不断地发放短期贷款，商业银行具有了降低信息成本的专长。同时，通过这些银行发放贷款，储蓄者可以获得风险分担和流动性的好处。

设立银行向存款者支付的利率上限原本是为了给银行在贷款市场上提供一个竞争优势。利率上限能够降低资金成本，使银行成为居民和企业的主要放款人。但是一旦市场利率上升并超过这一上限，追求高收益的大小储蓄者都会有强烈的动机在市场上寻找其他替代品。20世纪60年代的确出现了这种情况，在70年代和80年代变得有增无减。大型公司和富有居民以短期投资如国库券、商业票据和回购协议来代替银行短期存款，这些证券较高的收益率所带来的回报说明，当市场利率很高时，雇用一个现金管理团队或支付经纪费来寻找和管理可选投资是值得的。

金融市场回应了这种需要，在1971年引入货币市场共同基金作为银行存款的替代。这种创新使得存款者能够持有政府证券和商业票据的资产组合，因为其银行存款利率低于市场利率（由于Q字条例的限制）。货币市场共同基金使中小型存款者有机会以低交易成本来赚取市场收益率，既能保证流动性，又能保证分散化，而这些服务以前只能由银行来提供。这些基金在1978年大受欢迎，因为当时的市场利率已经超过了储蓄账户和定期存款5.25%的利率上限。其资产从1977年的40亿美元上升到1982年的2 300亿美元，到2006年已超过20 140亿美元。为应对监管而形成的货币市场共同基金并不是美国的独特现象。

货币市场共同基金市场的发展也给借款者提供了一个新的资金来源。信誉卓著的大公司可以在商业票据市场上筹集短期资金，储蓄者可在该市场寻求比银行存款收益更高的收益和更低的信息成本。这种银行借款的替代工具给商业银行和投资银行带来了新的竞争机会，并使得商业银行贷款业务明显流失。到2006年，商业票据市场的总贷款额占到短期企344 业融资额的15%，与之相比，在1980年为10%，1970年为7%，1960年为2%。商业银行业务流失所造成的损害比统计数字显示的还要严重，原因正如我们在分析逆向选择成本时所指出的那样：只有高质量的借款者有机会利用商业票据，留给银行的客户都是低质量的借款者。

储蓄者和借款者从银行退出而进入金融市场被称为**非中介化**（disintermediation），这使得银行无法用储蓄者的资金去贷款而获得收益。在某些情况下，这对借款者和整体经济都是不利的：虽然信誉卓著的高质量借款者可以在诸如商业票据市场这样的金融市场上筹集资金，但居民和信誉不佳的公司却无法从市场上筹集资金。结果，即使当金融市场的交易和信息成本高昂时，银行也无法提供比金融市场更有效的中介服务。下面我们看一看非中介化的成本是怎样对经济产生影响的。

1966年的信贷压缩

按照Q字条例的要求，商业银行、储蓄银行以及储蓄和贷款协会的存款具有利率上限。1966年，不断上升的市场利率使储蓄者将资金从商业银行以及储蓄和贷款协会中转移到金融市场。大型商业银行更改了其投资策略，通过不受监管的来源比如欧洲美元存款来筹集资金。小型银行以及储蓄和贷款协会可替代的资金来源有限，被迫减少贷款。1966年上半年，主要是互助储蓄银行以及储蓄和贷款协会受到非中介化的影响，因为居民储蓄存款是其主要的资金来源，所以其抵押贷款急剧地下降了。商业银行在1966年下半年也感受到了很大的压力，因为那时联储降低了银行定期存款的利率上限，商业银行被迫降低了对储蓄者支付的利息。

抵押贷款和住房产业遭受重创引发了**信贷压缩**（credit crunch），即借款者以当前的利率获得信贷的能力下降。信贷压缩对小公司的影响最大。实际上，信誉卓著的小企业不得不过度地减少投资，因为它们通常依靠银行贷款来获得外部融资。

银行的反应

由于储蓄者和借款者将资金从银行转移到能提供更高利率的金融机构，银行则以金融创新来积极地进行反击。为了重建与借款者的联系，银行利用其信息成本和交易成本优势，通过提供备用信用证（见第13章）从后门进入商业票据市场。创新使银行赚取服务收费，补偿其信息服务，将反竞争性监管带来的损失最小化。

为了绕过利率管制，银行也为储蓄者开发了新的金融工具。花旗银行引入了**可转让存单**（negotiable certificate of deposit）（可转让 CD），它是有固定到期日（6 个月）的定期存款，被用来与商业票据进行竞争。存单与活期存款不同，存单如果提前支取将会收取罚金，存单的这个特点对大型公司现金管理需要来说相对缺乏流动性。而可转让存单避开了这一限制，因为虽然它们在到期之前不付罚金不能兑换成现金，但是它们可以出售给别人。当花旗银行开发可转让存单时，至少有 10 万美元的可转让存单避开了 Q 字条例。现在可转让存单已成为商业银行的一个重要资金来源，其典型的面额是 100 万美元。

345 此外，银行也开辟多种形式给储蓄者的资金支付利息，小储蓄者的福音随之而至。马萨诸塞州互助储蓄银行创新了一个不受 Q 字条例管制的支票账户替代品，被称为**可转让支付命令账户**（negotiable order of withdrawl（NOW）account），储蓄者只需要填一张"提款单"就可以将它转让给其他人。这种提款单的作用就像一张支票；而 NOW 账户就像是支票账户。然而，从技术上说，它并不是活期存款，所以可以对其支付利率。1972 年，NOW 账户在马萨诸塞州法院得到有利判决后，迅速普及到新英格兰州、新泽西州和纽约州。当时，其实际提供的支票账户利率为 5.25%，而传统活期存款的利息为 0（现在 NOW 账户提供与短期市场利率相联系的可变利率）。持有支票账户和存折储蓄账户的小型储蓄者将其资金转移到 NOW 账户中。1974 年又有了新的发展，信用社开始发行股金提款单（share draft），即对最小账户余额支付利息的支票账户。

银行使用回购协议（repurchase agreements，RPs）、隔夜欧洲美元和自动转账系统账户（automatic transfer system，ATS）为大型储蓄者服务。在回购协议下，银行定期地将活期存款余额转换成隔夜回购协议。回忆一下，在回购协议下，一个公司从银行购买国库券，银行承诺在第二天以稍高的价格对其回购，由此对储蓄者支付利息。在隔夜欧洲美元交易中，客户的活期存款被自动提取并存入支付利息的国外分支机构。最后，自动转账系统账户通过将客户当天支票账户余额"一扫光"地转移进隔夜回购协议在事实上为支票账户支付利息。

测试点拨

你是一位聪明的银行家，总在寻找能够增加银行利润的办法。你注意到当某人将资金从活期账户转移到储蓄账户时，只要这一转移发生在午夜前，他就会获得当天的利息。然而，法律禁止对活期存款支付利息。你认为怎样做才能绕过这条法律？

你可以使用电脑在每晚午夜自动地将活期账户余额转移到储蓄账户

中，然后再转回。用这种办法，活期存款事实上获得了利息，但从技术上讲，你被允许只对储蓄账户支付利息。

监管的反应

由于中小型银行对监管机构施加了压力，打破利率监管的日子到来了。与大银行一样，中小型银行的存款流失到货币市场共同基金了，但与大银行不同，它们还有有限的机会进行创新以逃避监管。为了对金融体系规避Q字条例的做法作出反应，国会制定了两项立法：1980年的《存款类机构放松监管和货币控制法案》(Depository Institutions Deregulation and Monetary Control Act，DIDMCA）以及1982年的《加恩-圣哲曼法案》。

《存款类机构放松监管和货币控制法案》 随着1980年《存款类机构放松监管和货币控制法案》(DIDMCA）的通过，国会减轻了银行的反竞争负担，并且有助于打造一个公平的金融服务业。该法案解除了抵押贷款和
346 某些商业贷款的利率上限（即最高利率上限），它也为所有的存款类机构提供了统一的准备金要求和利用联邦储备体系服务（诸如贴现贷款和支票清算）的机会。此外，《存款类机构放松监管和货币控制法案》允许全美的银行提供NOW和自动转账系统账户，也就是允许银行同货币市场共同基金进行竞争。这一变化的影响巨大：NOW和自动转账系统账户存款几乎增长了4倍，即在1980—1982年期间，从270亿美元增加到1 010亿美元。同时，1980—1986年，《存款类机构放松监管和货币控制法案》逐步废除了Q字条例。结果，《存款类机构放松监管和货币控制法案》大受各方欢迎，既有渴望竞争的银行，又有渴望获得存款利息的储蓄者。

其他存款类机构也获得了利益（以换取它们对立法的政治支持）。该法案允许储蓄和贷款协会以及互助储蓄银行在抵押贷款之外扩展其他贷款业务。储蓄和贷款协会被允许将资产的20%用于投资公司债券、商业票据和消费者贷款，它们也被允许扩大信用卡贷款和信托服务。互助储蓄银行被允许发放商业贷款（上限为资产的5%）和接受与贷款相关联的支票存款，以此与商业银行进行竞争。

然而，废除利率上限的《存款类机构放松监管和货币控制法案》并不是金融机构的万能药。由于Q字条例是逐步被取消的，所以货币市场共同基金继续扩张，而这是以牺牲储蓄和贷款协会以及互助储蓄银行为代价的。按照二战后的标准，储蓄和贷款协会以及互助储蓄银行倒闭的数量是史无前例的（仅在1982年就有250家)。此后不久，监管发生了变化，以解决这个问题。

《加恩-圣哲曼法案》 国会通过了1982年《加恩-圣哲曼法案》，以

缓解由《存款类机构放松监管和货币控制法案》逐步解除 Q 字条例所引发的问题。为了给存款类机构一个更有效的武器来与货币市场共同基金竞争，该法案允许存款类机构向储蓄者提供由联邦保险的**货币市场存款账户**（money market deposit accounts，MMDAs），该账户提供的服务与货币市场共同基金账户相似。这些账户既没有准备金要求，也不受 Q 字条例利率上限的管制。它将市场利率以及银行的安全性和熟知性融为一体，使得这一新形账户一炮打响。

为了解决储蓄机构面临的特殊问题，《加恩-圣哲曼法案》扩展了联邦注册储蓄机构的投资能力，允许它们在原有抵押贷款之外的其他领域进行投资（截至 1984 年，可将资产的 30%用于消费者贷款，10%用于商业贷款）。由于这些变化使得储蓄机构类似于银行，所以该法案要求（自 1984 年起）Q 字条例统一适用于所有存款类机构，直到 1986 年该上限被废除为止。

结　语

具有标志性意义的《存款类机构放松监管和货币控制法案》以及《加恩-圣哲曼法案》将银行及其竞争者置于一个更加公平的平台上。然而，《加恩-圣哲曼法案》将储蓄机构从风平浪静的抵押贷款业务领域推入波涛起伏的银行贷款业务领域。图 15—2 概括了由实施利率上限引发金融危机、监管、金融体系的反应和监管的反应的整个过程。在欧洲国家和日本，存款利率上限的自由化进程也说明了金融创新与金融监管之间的相互作用关系。

347

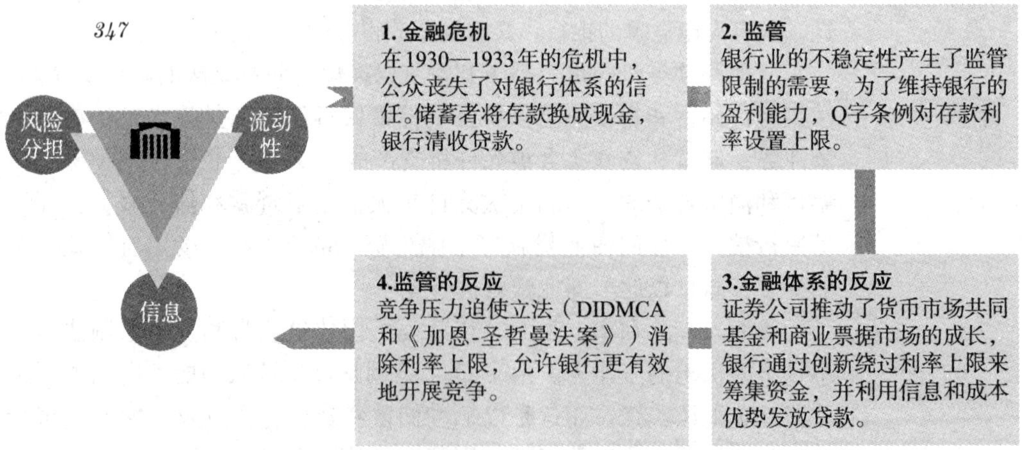

图 15—2　利率上限：金融危机、监管、金融体系的反应与监管的反应

Q 字条例对银行存款设置利率上限。从 20 世纪 60 年代末开始，非银行金融机构进行创新，使储蓄者能获取更高的收益。这些创新使非银行金融机构在提供流动性服务和贷款上获得竞争优势。银行的金融创新和监管的改变使得银行能够更有效地同非银行金融机构展开竞争。

20 世纪 80 年代美国存款保险危机

联邦存款保险的引入是为了应对 20 世纪 30 年代的银行危机，从 1934 年到 20 世纪 80 年代初期，联邦存款保险一直平稳地运行。经济学家和政界人士都希望银行挤兑只会在历史书中出现，这样就可以避免银行体系崩溃的经济代价。然而，从 20 世纪 70 年代开始，一些被忽视的问题正在慢慢形成。存款类机构中第一个出现问题的是储蓄和贷款协会，然后是银行。这些事件的教训目前仍在影响着几乎所有金融机构包括银行和非银行金融机构的业务活动及其监管。

危机的开始：储蓄和贷款协会经营状况恶化

联邦存款保险起源于 20 世纪 30 年代，而我们对危机及其应对的研究却开始得很晚。我们具体的叙述分两个部分展开：第一部分是关于储蓄和贷款协会（也称为储蓄机构）的过时结构，另一部分是关于 20 世纪 70 年代和 80 年代初期金融创新和监管的变化（在上一节中讨论过）。

为了促进抵押贷款业务的发展，20 世纪 30 年代，银行监管机构以幸存下来的房屋贷款协会（其大部分已经倒闭）为基础成立了储蓄和贷款协会。这个协会持有长期固定利率抵押贷款，并且吸收短期定期存款来发放贷款。只要利率稳定，且监管机构限制对储蓄者支付的利率（这种情况从 20 世纪 30 年代持续到 60 年代），那么就不会出现问题。然而，储蓄和贷款协会资产的到期日与负债的到期日不匹配，具有潜在的利率风险。

20 世纪 60 年代和 70 年代，市场利率的几次上升使储蓄和贷款协会感到担忧。然而，随着美国的利率在 1979 年末急剧上升，真正的麻烦爆
348 发了。结果，储蓄和贷款协会的资金成本日益上升，其现存抵押贷款资产的现值大幅度缩水，其净值也直线减少。与此同时，1981—1982 年的经济衰退增加了抵押贷款的违约率，特别是那些位于农业或能源生产州（比如得克萨斯州）的储蓄和贷款协会，情况更加糟糕。到 1982 年末，大约有一半的储蓄和贷款协会净值为负。我们对道德风险的分析表明，这种情况本应该引起存款保险的警觉。因为储蓄者的存款（规定的额度）由联邦储蓄和贷款保险公司（FSLIC）担保，所以，储蓄和贷款协会的管理者有强烈的诱惑从事风险性投资活动。

金融体系的反应

20 世纪 80 年代初期，国会通过放松对储蓄和贷款协会持有资产范围的限制来试图帮助它们。国会作出这些监管的改变是为了让储蓄和贷款协会通过持有可行的新形资产来分散和抵御利率风险暴露，这些新形资产包括直接房地产投资、商业抵押贷款和垃圾债券。很多储蓄和贷款协会充分利用了这些机会。到 20 世纪 90 年代初期，储蓄和贷款协会（其初衷就是为了开展抵押贷款业务）的抵押贷款额差不多占到全美抵押贷款总额的一半。

1980 年，《存款类机构放松监管和货币控制法案》将联邦存款保险上限从每个账户 4 万美元提高到 10 万美元。虽然 Q 字条例的逐步废除增加了储蓄和贷款协会的资金成本，但现在储蓄和贷款协会可以发行有保险的高利率大额存单，并用其筹集的资金投资于风险性资产。我们在对逆向选择成本进行分析时告诫过大家，未参保储蓄者会对高收益的承诺望而却步（因为它也具有高风险），参保的储蓄者会对高收益承诺趋之若鹜，因为政府担保了他们的存款。雪上加霜的是，金融创新者通过创立**经纪转存款**（brokered deposits）多倍地提高了存款保险限额。在经纪转存款中，拥有 100 万美元的储蓄者找到一个经纪商，这个经纪商从 10 家不同的银行购买 10 张面额为 10 万美元的存单，这样储蓄者就有了 10 个不同的银行账户，获得总额为 100 万美元的保险。联邦监管机构在 1984 年禁止了经纪转存款，但联邦法院后来判决撤销此禁令。

此外，很多储蓄和贷款协会没有善加管理其资产和负债以降低利率风险暴露。原则上，储蓄机构可以通过可变利率抵押贷款即可调整利率抵押贷款（adjustable-rate mortgages，ARMs）来减少其利率风险。当市场利率上升或下降时，贷款者可以调整抵押贷款的利率，抵消利率变化对机构净值的影响。尽管可调整利率抵押贷款目前在抵押贷款中很流行，但它们也不是一剂万能药，原因至少有两个：第一，它们所挂钩的指数是不完善的，并且利率调整通常要受到年度和抵押贷款期限内利率上限的限制；第二，可调整利率抵押贷款可能会增加信用风险。月偿还额的大量增加可能会增大借款者违约的风险。换句话说，如果偿还额保持不变的话，贷款余额可能会大大地超过贷款抵押品的价值。20 世纪 80 年代，储蓄和贷款协会也几乎没有利用其他可以利用的风险分担机制。这种情况并不足为奇：道德风险问题表明，低净值的存款类机构有动机去增多风险性行为，而不是去降低利率风险暴露。

最后，很多分析人士指责，20 世纪 80 年代松弛的监管鼓励了欺诈并延长了危机。某些储蓄和贷款协会的高级管理人员用储蓄者的存款去享受奢侈的生活或者直接挪用资金。例如，第一网络储蓄银行（First Network Savings Bank）用存款在其总部建造了世界最大的“魔幻博物
349 馆”。该银行在1990年倒闭时，联邦存款保险机构对该银行每一美元存款支付了25美分。在另一个臭名昭著的案例中，一家储蓄和贷款协会的创办人唐·迪克森（Don Dixon）被指控盗用银行资金，他用这些资金来嫖娼、洗桑拿和购买名牌猎枪。迪克森被关进了监狱，但是纳税人却要支付该储蓄和贷款协会违约贷款的96%。

为了避免将其准备金耗尽，联邦住房贷款银行委员会（Federal Home Loan Bank Board，FHLBB）及其附属的存款保险机构——联邦储蓄和贷款保险公司（FSLIC）允许无偿付能力的储蓄和贷款协会继续经营。关闭无偿付能力的储蓄和贷款协会所需的成本在20世纪80年代末和90年代初快速攀升。经济学家估计，1982年关闭无偿付能力的储蓄和贷款协会使联邦储蓄和贷款保险公司花费的成本可能已达到200亿美元。尽管这个数字与20世纪90年代的危机成本（数千亿美元）相比是小巫见大巫，但它已超过了联邦储蓄和贷款保险公司自1934年成立以来所积累的准备金。即使如此，联邦储蓄和贷款保险公司在财政部和联储的隐含支持下仍能从事可信的存款保险担保。

为了理解这种成本的攀升，我们来考察无清偿能力的机构是怎样避免被关闭的。在评估非金融性企业的流程中，分析人士度量净值。为了避免将储蓄和贷款协会划入无偿付能力的机构而使存款保险机构大量削减存款保险基金来补偿储蓄者，监管机构改变了会计准则，不采用估计经济净值的方法，而是采用监管会计原则，这就允许储蓄和贷款协会将很多资产按面值入账，而实际上这些资产价值由于利率的上升已经减少了。此外，监管机构还大大地高估了储蓄和贷款协会的商誉价值，商誉是一家机构长期持续经营累积的无形价值。1982年，在监管会计原则下，报告的行业总净值为资产的3.7%。但如果按市场价值衡量，行业总净值则为资产的−12%。这一计算的结果表明，很多无偿付能力或几乎无偿付能力的储蓄和贷款协会得以继续营业，而不是被联邦储蓄和贷款保险公司关闭。

虽然存款保险降低了个人储蓄者对银行进行监督的需要，但委托—代理问题并没有消失。银行监管机构充当纳税人，即委托人的代理人，纳税人集体承担存款保险救援所花费的成本。然而，正如波士顿学院爱德华·凯恩（Edward Kane）的研究所强调指出的那样，监管机构的动机与纳税人的动机不同。由于监管机构人士就职期相对较短，所以一旦出现问题，他们有动机放松资本金要求和监管。他们不想让问题机构在他们任期内倒闭。他们也有动机更加重视当选的国会议员，因为是这些议员而不是纳税人决定他们的职位。

委托—代理问题的一个绝佳案例是1990年“基廷与五人组”丑闻。

查尔斯·基廷（Charles Keating）是一家储蓄和贷款协会的创办人，他为支持 5 位美国参议员的竞选提供了大约 130 万美元，换取了这些参议员的帮助，使联邦住房贷款银行委员会的主席埃德温·格雷（Edwin Gray）在 1987 年从轻处理基廷的林肯储蓄和贷款协会（Lincoln Savings and Loan）的问题。林肯储蓄和贷款协会有严重的财务问题，但却一直经营到 1989 年才倒闭，纳税人为此付出了约 25 亿美元。这些应该代表纳税人利益的参议员却接受了基廷的捐赠。基廷和他的儿子在 1992 年由州和联邦法院判处犯有多项欺诈和违背诚信的罪名。

监管反应：拯救储蓄和贷款协会

到 1986 年末，储蓄和贷款协会行业的损失已耗尽了联邦储蓄和贷款保险公司的准备金。里根总统要求对联邦储蓄和贷款保险公司注资 150 亿美元，而分析人士认为这个金额并不够。在 1987 年的《银行业公平竞争法案》中，国会给政府批准的注资数额甚至比这一数额少得多。由于
350 没有解决问题的资金，联邦住房贷款银行委员会允许无偿付能力的储蓄和贷款协会继续营业，并支付高利率来吸引更多由存款保险担保的资金。

缺乏果断的措施带来了灾难。到 1989 年，储蓄和贷款协会的实际损失接近 200 亿美元。1989 年 1 月，在联邦储蓄和贷款保险公司提交国会的报告中，无偿付能力的联邦保险储蓄机构达 350 家。初步估计，偿还参保储蓄者所需成本超过 900 亿美元。由于这些估计参考了净资产销售的成本回收率，所以，用于关闭无偿付能力的机构所需费用更多。与此同时，当时的联邦存款保险公司主席威廉·塞德曼（William Seidman）估计，超过 700 家联邦储蓄和贷款保险公司承保的储蓄和贷款协会达 4 000 亿美元的总资产最终都要被重组或破产清算。

继任的布什政府和国会授权对此进行改革。1989 年**《金融机构改革、恢复与加强法案》**（Financial Institutions Reform，Recovery，and Enforcement Act，FIRREA）是 20 世纪 30 年代以来对于储蓄和贷款协会最全面的立法。该法案撤销了储蓄和贷款协会独立的存款保险机构——联邦储蓄和贷款保险公司（FSLIC），组建了清债信托公司（Resolution Trust Corporation，RTC）来处理无偿付能力的储蓄机构并降价出售倒闭的储蓄和贷款协会的 4 560 多亿美元的不动产。清债信托公司监督委员会对该公司进行监管，它由财政部部长（担任主席）、联邦储备体系理事会主席、住房与城市发展部长以及其他两位指定成员组成。联邦存款保险公司管理清债信托公司。清债信托公司清算了倒闭机构的资产，于 1995 年 12 月 31 日，比计划提前一年停止了运作。清理储蓄和贷款协会的总成本是 1 450 亿美元。

该法案也创立了清债筹资公司（Resolution Funding Corporation，RFC），并授权其借入资金来偿付无偿付能力储蓄机构的债务。联邦存款保险公司为储蓄和贷款协会行业组建了一个新的存款保险基金，即储蓄协会保险基金（Savings Association Insurance Fund，SAIF）。最后，《金融机构改革、恢复与加强法案》授权对商业银行和储蓄机构实行统一的资本金要求以及会计和信息披露标准。储蓄和贷款协会现在由储蓄机构监督署（Office of Thrift Supervisions，OTS）监管，储蓄机构监督署是财政部的一个分支机构，其责任与财政部货币监理署对国民银行的责任相似。

为了恢复储蓄协会保险基金的准备金，联邦存款保险公司提高了储蓄和贷款协会的存款保险费，从每 100 美元存款收取 20.8 美分上升到 23 美分，之后又上升到 32.5 美分。它将银行存款保险费从每 100 美元存款收取 8.3 美分增加到 15 美分，在 1991 年又增加到 23 美分。1993 年按照银行风险性收取保费，达到了 31 美分（平均为 25.4 美分）。1995 年夏天，银行保险费下降，每 100 美元存款收取保费 4 美分。1995 年 11 月，大多数银行的银行存款保险费改为年费 2 000 美元，储蓄机构继续采用每 100 美元存款收取 23 美分保费的做法。

1989 年的立法又重新监管了储蓄和贷款协会的投资业务，其投资业务曾在 1980 年的《存款类机构放松监管和货币控制法案》和 1982 年的《加恩-圣哲曼法案》中被放松了管制。新的立法要求其持有的垃圾债券到 1994 年必须全部售出，并且严格监管其他贷款业务。它规定商业房地产贷款不能超过储蓄机构股权资本的 4 倍，而不是资产的 40%（对那些股权资本低于资产 10%的机构要求最严格）。该法案要求房屋相关投资至少达到总资产的 70%（而不是 60%）。由于低净值是引发储蓄和贷款协会危机的原因之一，所以《金融机构改革、恢复与加强法案》对储蓄和贷款协会的资本金要求从占资产的 3%提高到 8%，最终要达到商业银行基于风险的资本金标准。最后，该法案扩大了监管机构的权限，它们
351 可以下达停业命令，施加民事惩罚和解雇管理人员。与此同时，它给司法部每年额外拨款 7 500 万美元，连续 3 年，用于帮助监管机构和执法人员调查和起诉欺诈行为。

一方面，《金融机构改革、恢复与加强法案》提供了大量的资源用于关闭无偿付能力的储蓄和贷款协会，成功地处理了储蓄和贷款协会的危机；另一方面，很多分析人士认为，该法案对存款类机构施加了严格的限制，没有令人满意地处理联邦存款保险所带来的逆向选择和道德风险问题。

20 世纪 90 年代初期国会预算办公室估计储蓄和贷款协会倒闭成本的现值最终高达 1992 年的 2 000 亿美元。解决这场危机的巨额资金从纳税人的口袋转到了储蓄者的腰包，对当时的经济产出没有造成损害。然而，它们将 20 世纪 80 年代的国民储蓄从生产性投资（融通自无保险的来源）转移到非生产性投资（融通自有保险的存款）中，使经济变得无

效率。这种大规模的金融无效率提出了这样一个问题：同样的事情会不会发生在商业银行业中？

危机扩大：商业银行

网页推荐：
http://www.fdic.gov
从 FDIC 中提供了关于存款保险的信息。

同储蓄和贷款协会一样，美国的商业银行在大萧条后至 20 世纪 70 年代中期之间繁荣兴旺。监管保护了银行的盈利能力。设立分支机构的限制也降低了本地银行家面临的竞争。Q 字条例限制了对储蓄者支付的利率并且保证了存贷利率之间稳定的利差，抑制了竞争。因此，由于这种监管，银行获取了超过正常水平的利润，银行业市场受到保护而难以进入，潜在的利率风险也很低。

与储蓄和贷款协会行业一样，20 世纪 60 年代和 70 年代，商业银行金融创新的步伐加快，这主要是由于绕过保护性管制的强烈要求。银行业外部的金融创新加剧了竞争，降低了银行净值中关键组成部分的价值，即与银行特许权价值相关的市场势力价值。

20 世纪 70 年代和 80 年代初，由于利率上升，银行的资金成本攀升，所以资产组合不得不赚取更多的收益才能维持盈利能力。银行对盈利性的要求迫使银行接受风险性贷款，这些贷款主要集中在能源生产、房地产、发展中国家的债券和农业领域。80 年代初期的两次经济衰退引发了大量的违约和企业倒闭。缺乏分散化使得多种类型的银行（例如，对西南部能源生产商提供贷款的银行、对中西部农业和进口敏感性制造商提供贷款的银行）变得极其脆弱。当石油和农产品价格在 20 世纪 80 年代下跌时，这些行业的贷款价值也下降了。

利率和汇率的波动也对银行净值产生了负面影响。由于在过去利率风险和汇率风险很小，所以银行没有做好应对较大风险的准备。然而，在 20 世纪 70 年代，一些银行正是由于这样的风险而倒闭了。例如，富兰克林国民银行试图通过投机外币和延长其资产到期日来增加净值，美元暴跌和利率大幅度上升使这家银行在 1974 年倒闭。

20 世纪 80 年代末和 90 年代初，银行发现，投资高杠杆交易（highly leveraged transactions，HLTs）使其暴露于风险之中。在高杠杆交易中，公司管理者或其他投资者用银行借款来收购企业。一些大银行的 HLT 贷款
352 给金融家带来了惨重损失，比如罗伯特·康波（Robert Campeau）和唐纳德·特朗普（Donald Trump）都陷入了财务困境。在经济衰退的中间时期，纽约、波士顿和其他大城市的商业房地产价格下跌，使得一些著名的房地产开发商破产倒闭，留给银行的是价值高估的空置办公楼和财产。

20 世纪 80 年代期间，在处理大银行无偿付能力的问题上，联邦存款保险公司的政策不太成功。联邦存款保险公司对小银行要求严厉，但

当大银行变得无偿付能力时，联邦存款保险公司主要采用购买并承接的方法，保证储蓄者和债权人都不发生损失。[1] 例如，1984 年对大陆伊利诺伊银行的救助花费了 17 亿美元，1988 年对达拉斯第一共和银行（First Republic Bank of Dallas）的救助花费了 30 亿美元。很多分析人士表示担忧，联邦存款保险公司对大银行全部存款的保护会在大银行内部形成一种信条，即联邦存款保险公司认为它们太大了而不能倒闭。这一信条可能导致大银行敢于承担更大的风险。我们稍后再来讨论这个问题。

20 世纪 80 年代期间，限制设立分支机构也限制了分散化，使得银行贷款资产组合暴露于更大的信用风险中。例如，在 70 年代石油业繁荣时期，得克萨斯州的商业银行成长性显著并且进入美国盈利最高的银行行列中。得克萨斯州对设立分支机构作出限制，银行只能在一个单一地域开展全面服务。由于当地在能源贷款外进行多样化的能力有限，当 80 年代石油价格下跌时，得克萨斯的银行遭受巨大损失。到 1990 年，得克萨斯最大的 10 家银行中，9 家银行倒闭或被收购。

20 世纪 90 年代初期，银行破产对联邦存款保险公司来说仍然是一个问题，虽然联邦存款保险公司、财政部和国会都在苦苦寻觅解决办法。尽管银行倒闭的数量从 1989 年的 205 家下降到 1991 年的 104 家，但在 1991 年倒闭银行的资产是 467 亿美元，比 1989 年多出 50%。到 1994 年，银行以及储蓄和贷款协会的倒闭更罕见了（例如，在 2005—2006 年间没有银行倒闭）。但一些分析人士担心银行的风险承受能力，因为银行凭借这一能力来应对非银行金融机构与日俱增的竞争。

美国不是唯一面对存款保险问题的国家。20 世纪 90 年代和 21 世纪初，日本几家大型信用社倒闭，银行业也出现了动荡。在法国，纳税人救助了国有的里昂信贷银行，该银行过度贷款且资本金不足，与 80 年代的美国储蓄和贷款协会类似。中国在 21 世纪初对其大型国有银行进行资产重组。

监管改革的选择

保险管理的原则（见第 12 章）认为，银行业的监管改革有几种选择。这些选择包括保险覆盖率的改革、保险定价的改革、银行业务范围的改革、监管的改革和资本金要求的改革。

保险覆盖率　一个改革建议是降低存款保险覆盖水平。保险覆盖的

---

[1] 自从 1970 年以来，只有 25%的银行倒闭采用清偿的方法解决。这些银行一般都是小银行，最大的是俄克拉何马州的佩恩广场银行，它是在 1982 年倒闭的。1985—1990 年间，即自 20 世纪 30 年代以来银行倒闭数量最多的时期，存款保险的完全保护扩展到 99%以上的未参保存款。

353 存款数量越少，储蓄者监督银行的动机就越大。然而，存款保险的经济合理性就在于，既保护小型或大型储蓄者，同时也保护经济免于支付银行恐慌所带来的成本。确实，未参保储蓄者目前转移其资金的速度很快，增大了受一点坏消息的影响而发生银行挤兑的可能性。

保险覆盖率和银行挤兑可能性之间的关系可以解释联邦存款保险公司为何这样对待无偿付能力的大银行。例如，当大陆伊利诺伊银行在1984年丧失了偿付能力时，联邦存款保险公司担保了全部存款，既包括参保的存款，也包括未参保的存款。联邦存款保险公司甚至还保证不让大陆伊利诺伊银行的拥有者发生任何损失。随后，货币监理署通知国会，联邦存款保险公司保留了一系列它认为太大而不能倒闭的银行。在这些事件中，联邦存款保险公司都确保储蓄者或债权人不会发生任何损失。

"太大而不能倒闭"的政策削弱了大型储蓄者承担监督银行成本的意愿。例如，大型储蓄者的大部分存款如果没有参加保险，并且他们认为联邦存款保险公司将会使用清偿的方式来处理无偿付能力的银行（关闭该银行，支付参保的储蓄者并用剩余资金支付未参保的储蓄者），那么他们将会密切地监督银行的贷款行为。结果，银行不太可能从事风险性很大的业务活动，因此，降低保险覆盖率会提供一个银行风险承担的监督检查机制。

同时，"太大而不能倒闭"的政策是不公平的，因为它区别对待小银行和大银行。联邦存款保险公司在1990年关闭了少数民族拥有的哈勒姆自由国民银行（Freedom National Bank）（其存款额不到1亿美元），其最大的存款者包括美国黑人大学基金和城市联盟等慈善机构，对每一美元的未保险存款仅收到50美分的补偿。仅在几个月后的1991年1月，较大的新英格兰银行由于其房地产组合价值的暴跌也倒闭了。其大型存款者得到联邦存款保险公司的全额偿付，纳税人为此花费了大约23亿美元。

《联邦存款保险公司改进法案》显著缩小了"太大而不能倒闭"的范围，将其局限在，如果倒闭将会"对经济状况或金融稳定性产生严重负面影响"。在这种情况下，联邦存款保险公司三分之二的董事、联邦储备体系理事会和财政部长不得不同意。如果联储给一家银行贷款扩大了联邦存款保险公司的损失，那么联储将被要求分担由联邦存款保险公司承保的损失。

尽管取得了这样的进展，但银行监管机构不太可能允许一家非常庞大的银行破产，因为这样做可能会带来银行业恐慌。监管机构也一直对使用共同保险持谨慎态度，在共同保险中，储蓄者仅有部分存款由保险覆盖（见第12章）。尽管共同保险（比如，1美元存款只偿付85美分）将会鼓励储蓄者监督银行，但银行挤兑问题仍然存在。自20世纪90年代中期以来，监管机构转而强调需要更好地持续监督银行业务活动，同时监管机构迫使银行停止从事某些业务活动。

狭义银行业 20世纪80年代后期，一些经济学家提议**狭义银行业**（narrow banking），即仅对像短期国库券或高质量商业票据这样的安全资产进行保险，这是存款保险改革的一个办法（由于这些资产内在的风险较低，存款保险将会是多余的，只会增加公众信心）。银行将会用银行股权资本和通过风险性证券筹集的资金发放贷款，这些筹集的资金没有存款保险，对银行业务范围很少施加限制，就会大大降低道德风险。然而，这些提议将大大削减对银行贷款至关重要的信息收集和监督活动。
354 由于一些借款者除银行存款之外很少有其他选择，所以狭义银行业将会降低这些借款者进入金融体系的机会。一家银行要发放新贷款，就必须卖出旧的贷款或吸引新的资金。

私人存款保险 几位经济学家建议由私人保险公司来提供存款保险，而金额高于 10 万美元上限的存款由联邦存款保险公司担保。这个选择将会使私人保险公司有动机去监督参加存款保险的银行。然而，在普遍性的银行业危机期间，私人保险公司可能无法清偿存款。结果，银行挤兑和银行业恐慌的问题依然存在。尽管私人保险并不能独自地替代联邦存款保险，但是经济学家和政策制定者还在不断地提出这样的建议，即把私人保险安排与联邦最后贷款人的角色结合起来，以减少金融危机发生的可能性。

基于风险的存款保险定价 改革的另一个选择是让存款保险费反映风险状况，就像机动车险或火灾险的定价那样，这样银行将承担更多由其贷款决策带来的风险。一个安全的银行将支付较低的保费，而高风险的银行将支付较高的保费。然而，评估风险并不是一件容易的事情。评估某些银行贷款的市场价值可能会非常困难。此外，在检查营业收入或损失后，风险可能更容易评估，人们一定期望基于风险的存款保险定价是用得上的，但这也是一项更加艰巨的任务。

1991 年《**联邦存款保险公司改进法案**》（Federal Deposit Insurance Corporation Improvement Act，FDICIA）要求实行基于风险的存款保险定价，它根据银行资本化程度建立风险分类。1992 年 9 月，联邦存款保险公司投票表决赞同实施存款保险历史上第一个基于风险的保费制。该保费制自 1993 年 1 月开始生效，对资本化充足且没有监管问题的银行每 100 美元存款收取 23 美分保费，对资本化不足且有大量监管问题的银行每 100 美元存款收取 31 美分保费。大多数银行支付最低的费率，但一些大银行（包括花旗银行）在新保费制下最初支付较高的保费。1995 年末，对所有风险等级的银行所收的保费都大幅度下降，2006 年仍保持一个较低的水平。

监督 《金融机构改革、恢复与加强法案》赋予联邦存款保险公司更大的监督责任。该法案要求联邦存款保险公司作为保险人监督联邦或州监管机构对存款类机构所作的评估工作。它放宽了监管机构对银行管理的干预权，特别是对那些资本化较差的银行更是如此。新的监管权包括确定资本化较差银行支付股利和高级管理人员报酬的能力，以及在某些情况下雇佣和解雇管理者的能力。支持者认为，这些新办法将会促进管理的改善，因为资本化良好的银行不再受到最苛刻的限制。反对者认为，对监管干预的恐惧会抑制银行发放商业贷款，而鼓励它们将存款投资于国库券，因此弱化了银行作为金融中介的作用。银行在 1999 年后可以从事更为广泛的业务活动，它们怎样来适应这些监管规则的要求，将会在新世纪最初 10 年里继续影响银行业。

355 **资本金要求** 当银行寻求用其股权资本从事风险性投资以提高其资本收益率时，道德风险就产生了。建立较高的最低资本金要求降低了潜在的道德风险和联邦存款保险公司应对银行破产的成本。正如我们之前指出的那样，《金融机构改革、恢复与加强法案》就是寻求降低储蓄和贷款协会的道德风险。

银行的股权资本是在其资产价值降低时用来偿付储蓄者的缓冲。最低资本金要求降低了银行从事风险性业务的可能性。这些资本金要求是采用历史成本或者说账面价值方法来确定的。当采用历史成本法对资产进行估价时，银行资产和负债的市场价值改变（比如由于违约风险或市场利率的变化）不会影响监管机构计算的银行净值。这种方法的偏差是显著的，因为资产和负债市场价值的变化准确地向储蓄者和投资者显示银行股权资本的真实价值何时发生了改变。市场价值的变化也激励了道德风险的产生。

很多经济学家支持使用市场价值会计法（market-value accounting）计算最低资本金要求。监管机构可以定期（比方说每季度一次）确定银行资产和负债的市场价值，并确定银行按市场价值衡量的资本（即按市场价值衡量的资产与负债之差）是否达到最低资本金要求。如果没有达到，将会通知联邦存款保险公司，并会在该银行市场净值变为负数之前将其关闭。这样的措施既可防止联邦存款保险公司的损失，也可防止银行承担过大的风险。尽管评估的市场价值只是一个近似数，但它可以向银行监管机构、股东和债权人突出地反映一家银行的财务状况。20 世纪 90 年代期间，采用市场价值会计法衡量银行股权资本的做法正在广泛地推行，经济学家正在寻找实施市场价值会计法的实践方式。

监管机构的另一个目标是准确地评估银行风险暴露。1998 年的巴塞尔资本标准（见第 14 章）根据信用风险将银行资产业务和表外业务进行分类。银行的风险加权资产等于其风险加权构成资产的总和。银行资本金要求是相对于风险加权资产确定的。《联邦存款保险公司改进法案》授权联邦存款保险公司采用资本充足率对银行进行分类，以限制银行从事某些业务活动。

网页推荐：
http://www.bis.org/publ/joint06.htm 提供了关于《巴塞尔协议Ⅱ》中营运风险的信息。

这些基于风险的资本标准仅评估信用风险，而忽视了利率风险。例如，如果银行减少了其短期工商业贷款而增加了长期国债的投资，那么其信用风险就被利率风险替代。1993 年 4 月 30 日，工业化国家银行业监管机构在瑞士巴塞尔一致同意建立国际协调的资本金要求，该资本金要求能够反映利率风险和汇率风险。1995 年 4 月，为了适应市场的快速发展步伐，这些监管机构提议，金融机构要开发自己的风险评估机制并服从监管机构的审查（参见第 14 章）。《巴塞尔协议》的修正协议即《巴塞尔协议Ⅱ》机制在 2006 年开始实行，该协议也提出按银行营运风险制定资本金要求。

《联邦存款保险公司改进法案》施行一个“立即纠正行动”准则，该准则授权联邦存款保险公司和其他监管机构在当银行资本金下降到要求水平之下时采取行动。例如，监管机构要求资本实力最弱的机构在 90 天内关闭清算或者托管。这一要求令联邦存款保险公司在银行等金融机构净值少于 2%时就将其关闭，而不是拖延到其净值变为负数时才将其关
356 闭，这就降低了联邦存款保险公司（纳税人）潜在的损失，并限制了道德风险的范围。在储蓄和贷款协会危机中关闭不良金融机构经历了长时间的拖延，虽然这项要求降低了这种长期拖延的可能性，但监管机构仍必须应对银行资本的账面价值并不能准确地反映净值的市场价值问题。

监管改革当前面临的问题

1991 年 2 月，美国财政部提议对银行体系监管进行一系列改革。这些提议涉及我们前面讨论过的多项监管规则，包括反竞争性限制、存款保险覆盖率和监督。财政部也建议银行业监管要与银行资本金状况更紧密地联系起来，这项建议在《联邦存款保险公司改进法案》中被采纳。许多经济学家认为《联邦存款保险公司改进法案》中采纳的步骤需要拓展，以降低爆发另一次存款保险危机的可能性。

其他银行业监管规则中有两个主要的变革可能会缓解存款保险未来的问题。第一，放松设立分支机构限制的规则将会鼓励银行分散其资产，降低银行业危机的可能性。20 世纪 80 年代期间，银行倒闭集中在实施设立分支机构限制的州，以及将其贷款集中于某一行业的银行，比如石油业（得克萨斯州）或农业（堪萨斯州）。各州解除了设立分支机构的限制，以及 1994 年的《里格尔-尼尔跨州银行业和设立分支机构效率法案》的通过使在全国范围内开展银行业务成为可能。

第二，一些分析人士认为监管重叠也是一个问题。因为监管规则是庞杂的，监管机构的工作相互重复。目前，4 个联邦机构共同对银行进行监督，这些机构是货币监理署（OCC）、联邦储备体系（FRS）、联邦存款保险公司（FDIC）和储蓄机构监督署（OTS）。1994 年，克林顿政府公布一项提议，将这 4 个监管机构的监督责任合并起来，创立一个银行业超级监管机构。联储强烈反对这项提议，（当时的）联储主席格林斯

潘给出了一个替代办法：将目前的 4 个监督机构减少为 2 个（将货币监理署与储蓄机构监督署合并，联邦存款保险公司只承担保险责任而取消其监管责任），并扩大联储的作用。联储对克林顿的计划进行了合乎情理的批评：如果联储无法获得银行信息的话，它就很难预知和应对金融危机。2006 年，联储、财政部和国会仍在 1999 年《格雷姆-里奇-比利雷法案》的框架下讨论监管合并的问题。

结　语

存款保险危机及其后果显示了金融危机、监管、金融体系的反应和监管的反应等各个阶段，如图 15—3 所示。存款保险近来的改革和银行其他监管领域将要进行的改革，一般都允许银行保持其匹配储蓄者和借款者的中介作用。当危机威胁到整个银行业体系时，政府将允许监管干预。美国银行业未来的全面性改革将增加联储作为最后贷款人和银行其他监管机构作为监督人的权力。

美国不是唯一依靠其中央银行管理银行业危机和提供储蓄者存款保险的国家。尽管大多数工业化国家（和几个发展中国家）现在都有存款
357 保险体系，但存款保险机构解决银行破产的方式却不相同。在美国，联邦存款保险公司牵头处理陷入财务困境的银行。在其他大多数国家，私人银行承担更多的银行倒闭处理成本，但在发生整体性银行业危机的情况下，中央银行作为最后贷款人也将提供支持。一些分析人士认为，其他国家的银行数量相对较少，这些国家的私人银行可以通过私人存款保险安排来更密切地互相监督。

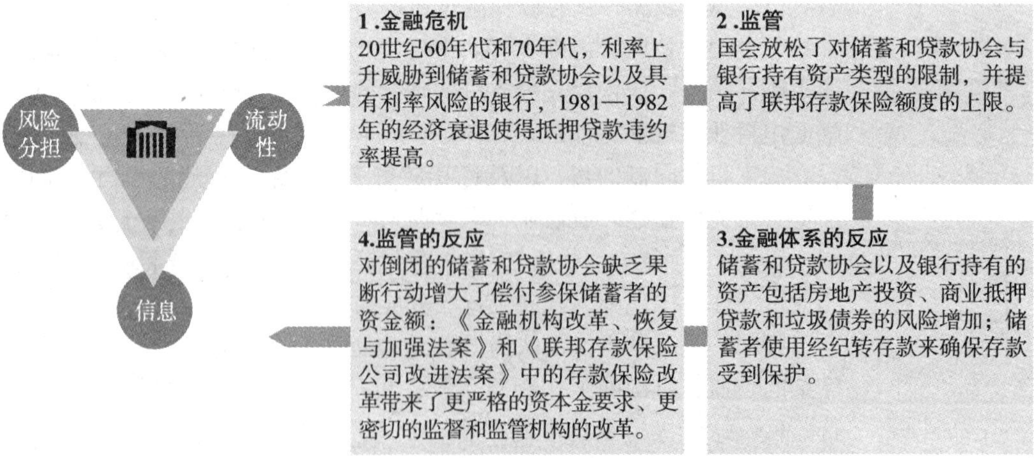

图 15—3　存款保险：金融危机、监管、金融体系的反应和监管的反应

20 世纪 30 年代初，为应对银行挤兑引入了联邦存款保险。信息问题导致了 20 世纪 80 年代的存款保险危机，这场危机反过来又引起监管改革。

银行业监管对其他金融机构监管的教训

我们以银行业为例分析了金融危机、监管、金融体系的反应和监管的反应，这一分析可以扩大到其他类型的金融机构。现在我们来考察保险公司和私人养老基金监管目前和将来可能的发展，这两类金融机构面临与银行相似的问题。

保险监管

出于监管的目的而将银行与保险公司区分开来可能已经过时了。与银行一样，保险公司也是从个人那里吸收资金并承诺偿还的金融机构。正如银行通过银行间货币市场和贷款销售而将彼此联系起来一样，保险公司通过风险分担安排即再保险而相互联系起来。银行与保险公司之间的一个重要区别是，对于保险业，没有与联邦存款保险相应的计划。

保险业的发展与银行业的发展是相平行的。一些财产和意外伤害保险公司由于低价保单问题在19世纪末期经历了一场危机，在发生了几次较大的灾难后走向破产。人寿保险公司受到纽约州（很多大型保险公司总部所在地）监管机构实行的价格竞争限制给予的保护。在20世纪30年代和二战后，国会试图给保险业提供稳定性。最著名的就是1945年的《麦卡伦-弗格森法案》（McCarran-Ferguson Act），它明确了保险公司不受联邦反托拉斯法的管辖。20世纪70年代末，迅速上升的利率使储蓄者和投资者更重视非银行金融机构提供的机会，并且放松金融监管也扩大了其选择范围。人寿保险公司提供比银行收益更高的投资选择，但是对投资者支付高收益也显著地降低了其盈利。财产与意外伤害保险公司争夺保费收入并使其投资获得最高纪录的收益率，但它们最终发现，当最高纪录的索赔大量涌来的时候，即使这样高的收益也不足以满足需要。

自20世纪90年代以来，保险业像银行业一样经历了变革。90年代初，精英人寿保险公司（Executive Life Insurance Company）破产的灾难性后果险些引起人寿保险业的挤兑，政府监管机构实施了基
359 于风险的资本金要求。该要求是由国家保险专员协会（National Association of Insurance Commissioners）提出的，并于1994年生效。国家保险专员协会作为各州保险专员的团体负责指定保险业的统一标准。计算出来的风险水平越高，保险公司资产负债表上用以支持风险的资本金也

就越高。

此外，保险业和联邦政府讨论了各州“担保基金”的合并问题，该基金与存款保险类似，用于保护投保者。该基金不覆盖所有的保险公司或产品。从全国范围来看，它们合计每年只有几十亿美元，这一数额与救助危急的储蓄和贷款协会所需的金额相比要小得多。1992 年 9 月安德鲁飓风造成数十亿美元的损失后，很多分析人士对保险业承受未来危机的能力表示怀疑。一些观察人士认为，应该建立一个常设的全国性担保基金来加强行业自律，该基金应由保险公司或由各州保险基金按联邦最低标准来缴纳。当各方对监管规则争论不休时，金融市场通过可销售证券正在开发新的方式来分散巨灾风险。

养老基金监管

存款保险保护所出现的问题也出现在养老基金中。1974 年的《雇员退休收入保障法案》（Employee Retirement Income Security Act，ERISA）建立了养老基金受益金担保公司（Pension Benefit Guaranty Corporation，PBGC），对固定受益金养老基金提供保险，以防发起公司破产（固定缴纳金计划没有这种需要，根据定义，它们是全额筹资的）。数百个大型养老基金计划资金不足，当发起公司让这些养老基金破产时，这些计划就会变成养老基金受益金担保公司的负债。1992 年，随着美国东方航空公司（Eastern Airlines）和泛美航空公司（Pan American Airlines）的破产，养老基金受益金担保公司的赤字超过了 20 亿美元。20 世纪 90 年代中期，传来了一些好消息。但到 21 世纪初，钢铁公司和航空公司的大量倒闭和无力偿付的负债使得政策制定者开始讨论改革。

与存款保险的情况一样，如果承担风险获得的巨额收益由股东所有（计划的剩余索取者），而损失则归养老基金受益金担保公司，那么养老基金管理者就有动机去承担风险。像联邦存款保险公司对银行业提出的建议一样，养老基金受益金担保公司也提议改革，即应按照每个养老基金计划的风险来收取保险费。首先，1990 年，养老基金受益金担保公司增加了保险费，并已经提出要进一步增加。第二，资金不足计划相对于资金充足计划多付的保费要比在此前法律下更高。第三，养老基金受益金担保公司强调，如果一家公司宣布破产，养老基金受益金担保公司应该比其他债权人拥有更高的优先索取权，以确保养老基金计划的参加者能得到对其承诺的受益金。一些经济学家甚至质疑，政府的养老基金受益金担保公司是否比私人保险更可取，因为私人保险可以直接调整费率来反映公司没有不足额满足养老基金债务的道德风险成本。

测试点拨

假设有一家陷入财务困境的钢铁制造公司，其养老基金资金严重不足，养老基金受益金担保公司对其保险，但其收取的保险费不能反映风险的差别。该公司的首席执行官知道有一种新式钢铁制造技术，其有10%的可能性获得巨大的利润，有90%的可能性失败。这项投资的现值为负，并且一旦失败，公司将会倒闭。这个公司应该投资于这个项目吗？

这个前景也许是有诱惑力的。如果这项投资成功了，该公司的首席执行官和其他股东将会获利，因为他们是该公司固定受益金计划的剩余索取者。如果投资失败，养老基金受益金担保公司必须履行其对公司雇员的养老基金承诺。

博闻广识

危机与反应的循环：俄罗斯和日本

358 我们可以使用危机与反应的框架来解释其他国家，比如俄罗斯和日本金融危机的后果（监管自由化和不充分的金融监督也带来了1997年的亚洲金融危机，我们将在第22章对此进行讨论）。

俄罗斯　在苏联集权政府倒台之前，银行由政府所有。但俄罗斯经济摆脱了集权控制时，银行没有任何经验来处理私人贷款市场上的逆向选择和道德风险问题。俄罗斯监管机构也缺乏专业能力来监督市场导向的放款机构，由此埋下了银行危机的种子。1995年8月24日，危机强烈爆发，当时对银行清偿力的担忧导致银行间贷款市场的崩溃，政府对此进行了干预。3年后，政府限制偿还外债以节省处于困境中的银行部门的资源。到世纪之交，俄罗斯中央银行注意到，有近半数的银行被认为即将破产，要补偿其利益相关者，需要一大笔紧急救助资金。这样的救助将伴随着实质性的监管干预。这种干预是否会带来下一场危机，取决于银行家和投资者是否具有降低逆向选择和道德风险成本的动机。

日本　在日本的案例中，二战后的监管规则对银行和证券公司的业务活动施加严格的限制，形成了一个分割的金融体系。20世纪80年代，日本放松了金融监管，随着金融监管的放松，风险性房地产贷款激增。90年代初期，日本房地产市场价格暴跌，使银行遭受了大量的贷款损失，削减了其资本金规模。90年代后半期，掀起了自二战以来的第一次银行破产浪潮，宇宙信用公司（Cosmo Credit Corporation）、木津信用合作社（Kizu Credit Cooperative）、阪和银行和北海道拓值银行（Hokkaido Takushoku Bank）都在那时破产。东京银行和三菱银行的合并旨在维持这些机构的盈利能力。

日本监管机构的反应与美国在 20 世纪 80 年代的监管反应极为相似。资本充足率标准只在名义上采用了，大藏省的监管规则允许银行高估其资产价格（以历史成本计价而不是当前市场价值计价）以满足资本充足率标准。还允许实力薄弱的银行继续营业，金融体系对此的反应是，进一步增加其承担的风险。

直到 1998 年，日本政府才被迫进行干预，金融厅银行监督权（Financial Supervisory Agency，FSA）向首相报告工作，而不是向大藏省报告。这种改变伴随着 60 万亿日元（大约 5 000 亿美元）的一揽子救援。然而，现在还无法判断金融体系未来的反应，因为关闭无偿付能力的银行不是必需的要求。虽然如此，政府在 1998 年末接管了大型长期信用银行，随后将其出售给一群美国投资者，这是一个有希望的改革信号。2001 年宣布的金融监管改革被认为是缺乏希望的信号，但在 2002 年和 2003 年，在减少不良贷款方面取得了一些进展。到 2006 年，日本银行业的健康状况已显著改善。

关键术语和概念

经纪转存款
362 信贷压缩
存款类机构
1980 年《存款类机构放松监管和货币控制法案》
非中介化
1991 年《联邦存款保险公司改革法案》
1989 年《金融机构改革、恢复与加强法案》
1982 年《加恩-圣哲曼法案》
Q 字条例
货币市场存款账户
狭义银行业
可转让存单
可转让支付命令（NOW）账户

总　结

1. 银行监管遵循这样一个模式，即金融危机、管制、金融体系的反应和监管机构的反应。在银行业恐慌期间，银行提供风险分担、流动性和信息服务的能力下降，为应对这一情况，政府实施干预以增强银行的稳定性。在美国，主要的干预措施包括：(a) 设立最后贷款人，(b) 限制竞争，(c) 通过联邦存款保险降低储蓄者风险。每一次干预都会带来意料之外的结果，进而促使监管规则的重新修改和银行业的重构。

2.20 世纪 30 年代初银行业崩溃期间，美联储无力应对。此后，联储充当维护稳定的最后贷款人。在很多情况下，它向金融体系中暂时陷入问题的金融机构提供紧急流动性，避免了金融危机。

3.Q 字条例限制了存款利率，降低了银行的中介效率。为了逃避利率上限的限制，金融机构引入多种办法来替代银行中介业务，如货币市场共同基金和商业票据市场。1980 年的《存款类机构放松监管和货币控制法案》和 1982 年的《加恩-圣哲曼法案》这两项立法事实上取消了利率上限，并有效降低了非中介化的可能性。

4. 联邦存款保险是为了应对 20 世纪 30 年代初期银行破产浪潮而引入的。20 世纪 70 年代末和 80 年代初，发生了储蓄和贷款协会行业的存款保险危机。存款保险为维护金融稳定性提供了宝贵的资金支持，但当无偿付能力的储蓄和贷款协会承担巨大风险并产生大量损失时，道德风险就出现了。存款保险改革的核心是存款保险定价、覆盖面、股权资本金要求和监管等方面。

5. 最后贷款人和存款保险机构面临的问题强调了对银行业务活动进行谨慎监督的重要性。银行业监管机构在过去 10 年面临的问题很可能将在保险业和养老基金业的监管中再现。联邦监管机构仍就如何保护储蓄者资金安全而又避免对金融中介机构产生不当激励的问题争论不休。

复习题

1. 世纪之交，纽约清算所在救助个别成员银行时运行良好，而在所有成员银行都陷入困境时，它无法清偿所有的储蓄者。根据你对这种情况的理解，你能提出设立银行最后贷款人的指导原则吗？

2. 美联储什么样的重大失误加重了大萧条？

3. 美联储作为最后贷款人最近采取的一些行动是援助金融体系的非银行金融机构（尤其是商业票据市场和证券交易所）。你认为这些市场一些潜在的信息问题是需要最后贷款人进行干预的理由吗？

4. 非中介化的主要代价是什么？

5. 银行为绕过存款利率上限进行了哪些类型的创新？

6. 存款保险怎样激励银行去承担更大的风险？

7.20 世纪 80 年代的储蓄和贷款协会危机最初是什么原因引起的？随后发生了什么事件使得存款和贷款协会遭受更大的损失？

363 8.20 世纪 80 年代初期，监管机构为什么没有全部关闭无偿付能力的储蓄和贷款协会？

9.1989 年的《金融机构改革、恢复与加强法案》为何会获得通过？

其主要条款是什么？

10. 为什么在20世纪80年代会有那么多商业银行破产？

11. 什么是狭义银行业？狭义银行业如何消除了存款保险的需要？

12. 保险公司的挤兑是如何发生的？保险业是否像银行业那样需要一个政府担保计划？为什么？

13. 养老基金计划资金不足的主要问题是什么？为什么说这是一个潜在的严重政治问题？

分析题

14. 缺乏流动性的银行与无偿付能力的银行之间有何差别？在20世纪30年代初期美联储应对银行业恐慌过程中，这些差别发挥了什么样的作用？请解释理由。

15. 美联储一方面要维持金本位，另一方面要维护银行体系的健康运行，这两个职责存在冲突，这一冲突如何解释美联储在20世纪30年代初期采取的一些措施？

16. 在Q字条例生效期间，利率上升超过固定利率上限时，将会发生什么？请描述。

17. 假设你是一个富有创新精神的银行家，想方设法来增加利润。你注意到美国要求银行持有10%的存款准备金，而在国外没有存款准备金要求。你认为这种情况将引发怎样的金融创新？

18. 假设你是一位聪明的银行家，想尽办法来增加利润。你意识到银行在美国和欧洲分支机构的营业时间存在时差。同时你也注意到，可以从不到1天期限的贷款获得利息，而如果在周末将资金留在美国账户里是没有利息的。你认为这种情况将引发怎样的金融创新？

19. 假设你管理着一家净值为－5 000万美元的小型储蓄和贷款协会。你担心两年内监管机构会发现该协会已无偿付能力而将其关闭。你有两种可选择的投资策略：(a) 继续像往常一样经营，对存单提供市场利率，用筹措的资金发放抵押贷款；(b) 对存单提供的利率高于市场利率，用筹集到的更多资金从事垃圾债券和房地产投机。分析表明，策略(a) 损失1 000万美元的可能性是10%，盈利2 000万美元的可能性是90%，因此，期望收益是1 700万美元；策略(b) 损失5 000万美元的可能性是80%，盈利7 500万美元的可能性是20%，则期望收益是－2 500万美元。你将采用哪一种策略？为什么？你选择的结果会怎样？在这种情况下，监管机构应该怎样做？

20. 假设美国最大的银行之一对其证券化抵押贷款违约，对市场冲击很大。在对风险重新评估前，没有人再愿意购买证券化抵押贷款。全国所有的银行也不再发放抵押贷款。作为联邦储备体系的主席，你将做些什么？

21. 假设恐怖分子炸毁了CHIPS系统的电脑，中断了全国范围内所有的支付。作为联邦储备体系的高级官员，你将做些什么？

22. 20世纪90年代后期，证券交易委员会担心一些银行可能持有过量的贷款损失准备金（该账户表示银行对其贷款资产组合可能的最大损失估计）。证券交易委员会认为，一些银行正计划抽回其贷款损失准备金来维持其报告的较高利润，否则其报告的利润将降低。银行运营所遵循的会计准则不允许这样做。同时，证券交易委员会调查银行的贷款损失准备是否过高，联储和货币监理署却敦促银行确保其贷款损失准备不要过低，这些使得一些银行产生抱怨。证券交易委员会和联储及货币监理署的职责不同，这使得它们针对贷款损失准备金问题向银行发出了不同的信息，请对此进行讨论。

364 23. 根据你了解的美国银行体系历史，你认为什么样的存款保险计划和监管规则是理想的？存款保险覆盖账户的规模受什么因素限制？你怎样将道德风险问题最小化？你怎样鼓励银行分散化其资产？如果存在不同类型的金融机构，是每一种金融机构都应该有其各自的监管机构，还是所有的金融机构都应该有同一个监管机构？狭义银行业是否应该存在？（提示：没有唯一的正确答案。）

数据题

24. 在每一期《联邦储备公报》中，你可以找到美国商业银行的合并资产负债表。利用各期联邦储备公报，计算在1994年、1998年、2002年和2006年末，银行以下列形式持有资产的比率，即（a）美国政府证券和（b）工商业贷款。这两种资产的相对变化是否说明在这段时期银行减少了其信用风险暴露？请解释理由。这些变化是否表明银行可能会增加其对其他风险的暴露？请解释理由。你的分析能为改善银行资本金要求的设计提出建议吗？

25. 由于美国为银行以及储蓄和贷款协会提供了存款保险，联邦存款保险公司认真收集了参保存款机构存款证明的谨慎记录。为了让你了解这些数据是如何精心收集的，请登录联邦存款保险公司存款概况网站（http：//www2.fdic.gov/sod/SODSumReport.asp），点击链接“Summary Tables”（“概况表”）。在你所在的县，储蓄机构存款与商业银行存款之间的比率是多少？在你所在的县，有多少家银行和储蓄机构在运营？

26. 养老基金受益金担保公司（PBGC）的改革引起了长期的政策关注，尤其是在“婴儿潮”一代接近退休的情况下更是如此。在最新一期《PBGC 养老基金保险数据手册》（*Pension Insurance Databook*）（http：//www. pbgc. gov/practitioners/plan-trends-and-statistics/content/page13270. html）中，找到表“Net Financial Position of PBGC's Single-Employer Program”（“PBGC 单雇主计划的净财务状况”）。该系统有多少年头是盈余的？这些数据是否显示出其与经济周期有关系？请解释理由。将这些数据与在该手册“PBGC Premium Revenue，Benefit Payments and Expenses，Single-Employer Program”（“PBGC 保费收入、受益金支付和开支、单雇主计划”）表中的数据进行比较。养老基金与受益金之间有什么关系？是否有道德风险的证据？解释你的答案。

理论联系实际

《经济学家》，2006 年 5 月 20 日

中国越来越大的银行业问题

360 尽管中国喜欢其绝大多数的数字都是大的，但是它一直在努力降低
一个数字：银行不良贷款规模。一家审计咨询公司安永会计师事务所本
a 月的一份报告引发了一场震动。安永会计师事务所宣称，中国的不良贷
款存量已达 9 110 亿美元，这是 3 月份公布的政府最新估计值 1 640 亿美
元的 5.5 倍多。

中国的中央银行——中国人民银行很快抨击了该研究，认为它是
b “可笑的和令人无法理解的”。本周，安永会计师事务所尴尬地撤销了该
研究，承认它是“不符合事实的”，并以某种方式越过了公司正常的审
核。该公司说，它计划在适当的时机发布一个修正版。

官方的反应如此猛烈是容易理解的。其他一些评论员和咨询师也发布过中国不良贷款的估计数字，范围在 3 000 亿～5 000 亿美元之间，而没有招致类似的指责。安永会计师事务所的估计数字如此显眼，不仅是因为其规模大，还因为其发布的时机。中央银行驳斥报告之时，恰巧就是中国银行开始进行投资者路演之日。中国银行是中国 4 大银行中第二家寻求在香港股票市场上市的银行。中国银行计划筹资 99 亿美元，甚至比去年 10 月中国建设银行的 92 亿美元筹资还要多。第三家将要上市的大银行是中国工商银行，它希望在 9 月份能筹资 100 亿美元。令人尴尬的是，安永会计师事务所是中国工商银行的外部审计单位，依其这样的身份，理应接受官方很低的不良贷款估计数字。

即便如此，该公司明确地撤回其研究报告似乎有些反应过度。这份
报告不仅汇编了历史坏账，而且会激发其他机构开展这方面的工作，尽
力估计出 2002—2004 年间无节制贷款造成的新不良贷款。这些也正是安
c 永会计师事务所的数字与官方数字有差别的原因。现在它们特别关注中
国大陆目前正在上演的另一次信贷激增：4 月份的新贷款达到了 3 170 亿
元（400 亿美元），是去年同月的 2 倍多。尽管中国在其银行资产负债表
上剥离不良贷款取得了进步，但是没有任何迹象表明，这些银行根本性
地转变了其自身行为而成为理性放款人。

双方都没有在此次事件中体现出太多的信誉。安永会计师事务所为满足中国的要求似乎改变得太快了，牺牲了公认的独立性，而这种独立性是其赢得尊重和客户所必需的。而中国当局过于武断。中国的不良贷款即便是小于安永会计师事务所的估计，但几乎可以肯定要比官方的数字大，否定这一点是不明智的，并且破坏了向外国投资者出售不良贷款和银行股份所需的信誉。事实上，如果这一事件提醒这些投资者在另一

次银行资本募集时关注中国银行业的真实情况，它们就将是这一事件的唯一赢家。

新闻分析

361 20世纪90年代末和21世纪初，中国经济以惊人的速度增长。一些学者把这种快速的经济增长看做中国在全球经济中的重要性日益增强的确切标志，但许多经济学家却担忧无效率的银行贷款对“中国经济奇迹”所发挥的作用。

正如本章所描述的那样，银行监管和金融市场改革通常都出现在金融崩溃之后。为刺激经济快速增长而制定的经济结构和监管规则往往导致资源的错误配置，最终引发金融危机。

a. 当银行不良贷款的水平较高时，这些银行可能会丧失偿付能力。监管机构明智的做法就是关闭无偿付能力的银行。如果银行监管机构允许这样的银行继续营业，那么就应该采取措施，确保银行改变其贷款政策，以使这样的问题不再发生。

b. 历史情况表明，面对无偿付能力的银行，监管机构最糟糕的做法是否认这个问题并允许无偿付能力的银行继续营业。在美国储蓄和贷款协会危机中，由于监管机构面对无偿付能力的银行缺乏果断的行动，结果导致了一场金融灾难。

坐落在华盛顿的卡耐基国际和平基金会（Carnegie Endowment for International Peace）的裴敏欣估计，中国银行系统的不良贷款数额约等于中国国内生产总值的40%。裴的报告指出，这个数字是在中国政府花费了相当于其国内生产总值25%～30%的资金注入前面提到过的这些银行后得出的。

c. 尽管中国的银行在重建其资产负债表的努力中需要更加谨慎，但是看起来中国的银行贷款仍继续以非常快的速度增长。这种潜在的过度贷款将会提高总支出水平，反过来会使得经济看起来增长得更快。然而，正如我们看到的那样，无偿付能力的银行发放贷款通常会导致一场金融危机。

更进一步的思考……

很多外国投资者认为中国经济的快速增长为其提供了一个绝佳的投资机会。如果中国的银行彻底披露其净值和风险暴露，你认为在华外国投资的必要收益率将会改变吗？

资料来源：节选自“A Muffled Report,” *The Economist*, May 20, 2006, p. 78

第 16 章　国际经济中的银行业

365 金融动荡的世界会是什么样？想象一下……纽约、伦敦和香港的年轻天才交易商从来没有见过这样一个世界。在俄罗斯国债违约后的几周内，投资者和放款者迅速从这个新兴市场撤离。国际银行担心会产生多米诺效应，用一个著名的银行家的话说就是："实际上，整个市场都被关闭了。"这是小说吗？不，这样的事情的确在 1998 年秋天发生了。储蓄者、借款者、银行和监管机构都意识到全球化给金融机构管理带来了新的复杂性。

对于美国的银行、储蓄者和借款者来说，国际银行业并不总是重要的。在二战以前，美国经济基本上是封闭经济。在封闭经济下，美国与其他国家之间的资本流动受到监管规则的限制，并且国际贸易额相对国内经济活动来说比较小。此外，在基于计算机的信息系统发展起来之前，跨境通信成本相对较高。银行业的核心业务是提供风险分担、流动性和信息服务，而这些高成本抑制了金融机构跨国界扩张的积极性。

二战后，国际贸易和资本流动的迅猛增长使得国际银行业迅速扩张。到 20 世纪 60 年代，数据处理和电信技术的进步已降低了提供银行业服务的成本，并推动了国际银行业的扩张和银行之间在吸收存款和发放贷款上的竞争。20 世纪 80 年代以来这些业务迅速增长：美国、西欧和日本的国际银行贷款从 1980 年的 3 240 亿美元增加到了 2006 年的数万亿美元。到 2006 年为止，超过 120 家美国银行在其他国家设有分支机构，外资银行在美国也开始活跃起来，占据了美国银行业务的一个较大份额。这些外资银行有些时候既不受美国监管机构的监管，也不受外国监管机构的监管，因而使之拥有了上万亿美元的存款和贷款。

在本章，我们重点讨论国际银行的业务活动。国际银行在全球范围内向储蓄者和借款者提供的服务，与它们向本国个人和企业提供的服务毫无二致。为了解释这些服务是什么样的，我们首先来描述一下国际贸易的风险分担、流动性和信息服务；在理解了这些服务的基础上，我们再来考察国际银行业创造的全新市场；最后，我们分析监管是怎样形成并应对国际银行业服务的。

国际银行的组织

国际银行（international banks）为从事国际贸易和国际金融的个人和企业提供风险分担、流动性和信息服务。例如，西尔斯公司（Sears）可以通过国际银行为其提供的信贷来购买意大利公司的鞋子。皇家荷兰壳牌石油公司可以利用国际银行帮助其管理在交易中所用货币的每日价
366 值波动。与它们在国内为客户提供的服务一样，美国的银行在国际范围内收集信用风险分析的信息，并帮助客户进行交易。美国银行的国际银行业务与其在国内提供的业务是相辅相成的。基于类似的原因，外资银行也在美国（以及除本国市场外的其他国家）开展业务。

国内银行业与国际银行业之间有三个相似之处。第一，与国内银行一样，国际银行也从储蓄者那里吸收存款并向借款者发放贷款。第二，国际银行降低了交易成本，进而便利了风险分担并为金融市场提供了流动性，同时还为许多个人借款者以及放款者降低了信息成本。最后，国际金融监管会引起境外银行业产品和市场的创新，正如国内监管刺激了国内的创新一样。

国际银行业遍及世界上很多国家，但主要集中于美国、日本、欧洲和加勒比地区，这是因为美国、日本和欧洲的很多企业从事全球贸易，还因为纽约、东京和伦敦是金融中心。大约全部外国负债与资产的一半由英国、日本、美国和瑞士的银行所持有（按规模排序）。英国和瑞士具有最悠久的国际银行业历史，随着美国企业对外贸易的增长，美国银行对国际银行业务的参与相应地也会增加。

在 20 世纪 80 年代，日本放松了金融限制，特别是放松了那些阻止

银行的企业客户从外国资本市场获得融资的限制，日本的银行扩大了其在国际银行业中的作用。与此同时，放松对存款利率的监管（与解除美国Q字条例相类似）降低了日本国内银行业的利润，促使日本的银行积极地开展海外借贷。尽管在1980年日本的银行仅持有4%的国际银行贷款，但是在20世纪80年代末期，这一数字已达到40%。确实，在20世纪90年代初期，世界上大多数最大的银行都是日本的银行（按资产），并且日本的银行超过了美国的银行成为国际银行业中的领军银行。到20世纪90年代末，日本的银行持有的国际银行贷款份额已大幅度下降，美国银行持有的份额激增，这是由于日本国内银行业危机使日本的银行更加关注国内业务。

一些重要的国际金融中心位于不受监管的离岸市场，即几乎没有或完全没有监管或对银行利润征税极低的市场。主要的离岸市场位于加勒比（特别是巴哈马和开曼群岛）、中国香港和新加坡。

美国银行的海外组织形式

网页推荐：
http://www.federalreserve.gov/releases/lbr
提供了美国银行国内和国外业务的数据。

许多美国银行在国外设有附属机构或分支机构，拥有资产达数千亿美元。为了开展其国外业务，美国的银行采用（1）分支机构、（2）艾知法公司、（3）参股外国金融服务公司或（4）国际银行业务便利等组织形式。

分支机构　一些美国银行世界各地设立独立**分支机构**（branches）来吸收存款和发放贷款。由于它们是美国银行的附属机构，所以这些国外分支机构直接由美国银行的资本和资源来支持。在伦敦的分支机构控制着大多数资产，这是由于伦敦作为全球金融中心的领先地位。然而，
367 美国的银行分支机构在远东和拉丁美洲发展是由于美国与这些地区的本地公司贸易活动扩大。最后，很多美国银行在加勒比的税收天堂设立了分支机构。这些分支机构主要进行“空壳运营”，在世界各地转移资金。除了一些特例外，美国银行的外国分支机构能够提供全部的银行业服务，尽管外国的法律可能会限制这些服务。

艾知法公司　美国银行和有时外资银行的特殊附属机构被叫做**艾知法公司**（Edge Act corporations）。这些附属机构是由1919年的《艾知法案》（Edge Act）创建的，它们为积极参与国际商业活动的客户提供服务。它们享有国内银行没有的特权，比如可以免除跨州设立分支机构的限制。艾知法公司可以接受外国居民和本国居民的存款（只要银行将这些存款用于国际贸易交易）。一家艾知法公司只能从事国际银行业务：它可以为海外贸易和外汇交易发放贷款，但是它不能从美国居民那里吸收普通存款或将国内商业贷款扩大到美国居民。20世纪90年代之前，很多银行成立了艾知法公司来规避以其他形式进入美国各主要银行业市场

的限制。成立一家艾知法公司必须要由联邦储备体系批准，并且要服从法定资本金要求。

参股外国金融服务公司 一家国内银行持股公司可以拥有外国金融服务公司，比如银行或金融公司的控股权。美联储法规要求（它监管成员银行、它们的银行持股公司以及它们的艾知法公司的国际银行业务）美国银行参股的外国金融服务公司必须是“与银行业紧密相关的”。这些业务活动受联邦储备体系的 K 字条例监管。

国际银行业务便利 **国际银行业务便利**（international banking facilities，IBFs）由联邦储备体系理事会在 1981 年创建，它是不允许从事国内银行业务的美国机构。国际银行业务便利可以吸收外国居民和企业的定期存款并向它们发放贷款。国际银行业务便利不能在美国国内开展业务，除非与其母银行或其他国际银行业务便利开展国内业务。国际银行业务便利迎合了银行的需要，因为国际银行业务便利可以免除准备金要求、对存款者支付利息的联邦限制和（在某些州的）州与地方税收。实践中，国际银行业务便利就是一家传统银行内部的一个营业室或一个营业网点，对它的监管就像是对美国银行的国外分支机构的监管一样。美联储已成功地鼓励了美国银行和非美国银行在美国通过国际银行业务便利来开展其很大一部分银行业务。

外资银行在美国的组织

推动美国银行加大海外扩张的国际因素也同样推动了外资银行在美国设立营业机构。到 2006 年，外资银行在美国大约持有 8 100 亿美元的资产，约占本国总银行资产的 9%。如此多的资产量持有量使得人们担心外资控制了美国的银行业（特别是在加利福尼亚州等一些州，外资银行的影响力非常大）。一些分析人士担心，外资银行在美国吸收存款向国外发放贷款，而不对国内有价值的借款者提供贷款。然而，专家研究了在美国的日本和其他外资银行的贷款模式，并没有发现这种情况的证据。

368 一家外资银行在美国营业可以用以下方式组织业务：（1）办事处，（2）外资银行分支机构，或（3）美国银行的附属机构。**办事处**（agency office）不能从美国居民吸收存款，但可以将资金从外国转移到美国并在美国进行贷款。禁止吸收存款限制了办事处的业务活动，但好处是不像吸收存款的金融中介机构那样受到监管（比如设立分支机构限制或要求参加联邦存款保险公司的保险）。另一方面，**外资银行分支机构**（foreign bank branch）可以经营银行的全部业务，可以吸收存款、发放贷款并且使用外资银行的名称。1994 年《里格尔-尼尔跨州银行业和设立分支机构效率法案》允许外资银行在其所在州之外的任何州设立分支机构，只要其分支机构能满足与美国国内银行同样的条件即可。**附属的美国银行**（subsidiary U. S. bank）可得到与美国国内银行相同的待遇，也就是说，要服从美国国内银行监管规则并且不需要使用与其外国母银行相同的名称。附属的美国银行也可以设立艾知法公司或国际银行业务便利。

大多数在美国和其他国家的外资银行分支机构主要从事批发业务，即对其他银行提供服务，这些银行转而再为个人和企业提供小额零售账户服务。然而，很多外资银行也通过购买美国银行的股份进入零售银行业市场。

在1978年《国际银行业法案》（International Banking Act）通过之前，在美国营业的外资银行与美国银行相比享有成本优势，因为它们不受跨州设立分支机构的限制和准备金要求的约束。然而，自1978年起，外资银行基本上与美国银行一样服从相同的监管规则。特别是，它们只能在所在州或允许全国性银行进入的州增设经营全部业务的分支机构（但是银行可以保留那些在《国际银行业法案》通过之前设立的经营全部业务的分支机构）。

1991年，国际商业信贷银行（Bank of Credit and Commerce International，BCCI）倒闭，这一丑闻发生后，国会通过了1991年《外资银行监督加强法案》（Foreign Bank Supervision Enhancement Act）来加强对外资银行的监督。在这项新法案下，外资银行除接受货币监理署或所在州银行监管机构监管外，还要接受联邦储备体系的监督检查。当批准一家外资银行在美国设立新的分支机构时，美联储必须确认这家外资银行在全球范围内开展的业务得到其母国监管机构的充分监督。这项法案的目的是使本国银行与外资银行具有平等的运营标准。这项新的检查应该会降低国际商业信贷银行丑闻重演的可能性。

全球银行业的领军者

国际银行业在美国之外的其他国家蓬勃发展，但发展更显著的还是在欧洲和亚洲太平洋地区。早在1997年，10家主要的非美国银行持有的国外资产超过其总资产的50%（美国花旗银行，即现在的花旗集团在海外持有资产超过其总资产的60%）。这些领军银行包括英国、瑞士和法国的银行，还有日益增长的中国银行。中国银行的地位成长是由于中国对外贸易的增长和该银行的扩张（进入俄罗斯、德国和加拿大）。日本的银行稍微收缩了其全球银行业，这是由于日本的银行正在重新调整其在日本经济中的位置。

延伸思考

为何关闭国际商业信贷银行需要这么长的时间?

369 国际商业信贷银行（BCCI）是在卢森堡和开曼群岛注册的银行，1991 年 7 月该银行倒闭，使得实施国际银行业监管的困难性显露出来。阿布扎比的酋长是国际商业信贷银行的主要投资者，该银行在 70 个国家开展业务活动。当巨额贷款损失使其倒闭时，英国、美国和其他国家的监管机构才发现其前几年欺诈行为的证据。在美国，国际商业信贷银行背后的支持者是第一美国银行（First American Bankshares）及其人脉广泛的领导人克拉克·克里福德（几位总统的顾问）和罗伯特·奥特曼。由于克里福德健康状况恶化和奥特曼被判无罪，对他们的诉讼在 1993 年初以失败告终。主要的问题是：几乎所有的关键记录和证据都在阿布扎比那里。直到 1994 年 1 月，阿拉伯联合酋长国才与美国当局进行财务结算，并将国际商业信贷银行前任老板施瓦利·纳克维引渡到美国。1995 年，卢森堡法院判决阿布扎比政府支付 18 亿美元的补偿方案，但是一些不满的国际商业信贷银行存款者起诉英格兰银行，责备其在国际商业信贷银行发生危机时没有尽快干预。

尽管银行业已经开始国际化了，但监管却没有国际化。各国中央银行可以同意哪一个国家应该率先进行监管，但是监管合作在很大程度上还是自愿的。国际商业信贷银行的丑闻增大了银行业监管国际合作的压力。这些重要的挑战包括：（1）某些发展中国家缺乏监管；（2）协调各国存款保险覆盖率；（3）在国际银行破产时，其分支机构资产由哪一国监管当局来处置还存在分歧。这些事关国际银行监管的问题，在未来多年内仍将争论不休。

随着国际商业信贷银行事件的告终，中央银行，特别是英格兰银行因未能及时发现丑闻而备受指责。1992 年 7 月，巴塞尔委员会建议进一步推行国际银行监管规则标准化。在规则标准化的情况下，母国监管机构负有监督责任，有权获得银行业务活动的信息。如果东道国的监管机构对母国的监管存有疑虑，它们可以限制外资银行的业务活动。尽管对外资银行的监管已经取得了明显的改善，但一些分析人士仍然担心，像国际商业信贷银行这样的丑闻可能会再次发生。

事实上，随着第一美国银行在 2000 年被最终清算，受托人注意到，“国际商业信贷银行是监管的松懈和银行保密法共同作用的结果，但这两个因素目前仍然存在。”

管理汇率风险

国际银行除了要承担国内银行所有的风险外，其对外交易还暴露于汇率风险之中。由于汇率波动会影响银行的利润，所以一个成功的国际银行不只是接受存款和发放贷款，还必须管理其汇率风险。回忆一下，参与国内交易的银行必须拥有管理利率风险的方法，这样，其贷款的收益才能超过支付存款者的利息。与之类似，国际银行必须管理汇率风险，以最小化由于汇率升降所带来的银行净值波动。与利率风险一样，汇率风险会影响银行资产和负债的价值，进而影响净值。

例如，假设一家美国银行发放一笔 15 亿日元的贷款，但该银行仅有 10 亿日元存款，它通过其他货币交换筹集到贷款资金。发放贷款时的汇率为 1 美元兑 100 日元，现在假设日元对美元贬值，即 1 美元兑 150 日元。因此，银行以美元衡量的资产（这笔贷款）价值从 1 500 万美元（15 亿日元/100 日元）下降到 1 000 万美元（15 亿日元/150 日元），数额降低了 500 万美元。银行以美元衡量的负债（其存款）价值从 1 000 万美元（10 亿日元/100 日元）下降为 670 万美元（10 亿日
370 元/150 日元），降低了 330 万美元。因此该银行的净值（资产价值减去负债价值）下降了 170 万美元，但该银行的贷款偿还或违约风险都没有发生改变。

与规避利率风险一样，银行可以通过匹配资产和负债的度量货币来完全地规避汇率风险。然而，银行也可能有意地进行汇率投机活动。由于大银行可以很容易地卖出主要货币的存款，因此货币不匹配问题很容易解决。

银行对汇率波动进行套期保值的一个策略是金融期货或期权（第 9 章）。例如，如果一家美国银行在国外发放一笔日元贷款，而此时该银行持有的日元存款少于贷款的价值，它就可以使用期货合约来规避日元对美元贬值的可能性。但是，我们知道套期保值是有交易成本的，并且没有任何套期保值策略是完美无缺的（第 9 章）。

国际银行提供的服务

与国内银行一样，国际银行业也提供风险分担、流动性和信息服务。

国际银行与国内银行一样，也开发新的方法来管理银行业务合约中的风险。它们同样降低了储蓄者和某些借款者的交易成本与信息成本。我们用事例来揭示每一种服务。

降低交易成本

银行的交易活动改善了外汇市场的流动性并有助于维持一个便于开展国际借贷的有效资本市场。

国际银行开展外汇交易（在即期、远期和期货市场上买卖货币），除了为自身降低汇率风险外，也为客户降低了交易成本。因此，外汇交易是一项重要的国际银行业务活动，其日交易额达到 1 万亿美元以上。绝大部分外汇交易是在银行间进行的，这些银行以此为跨境投资和金融交易提供便利。自 20 世纪 80 年代以来，银行间外汇交易迅速增长，超过了世界商品贸易的增长速度。

银行在管理汇率风险中获得的技能可以扩展到其在海外开展业务的分支机构，用以降低交易成本。银行通常安排**货币互换**（currency swap），即对不同货币计价的债务工具的预期未来收益进行交换。这种套期保值方式的原理与国内银行业的利率互换相同。货币互换使交易各方分担或转移汇率风险。商业银行有助于维护市场（正如其在利率互换中的作用一样）。为了解释货币互换是如何进行的，我们来考察一下两个跨国公司之间的互换。美国的大钢公司想在法国建立一个炼钢厂，法国的尚品公司想在美国制作男式套装。为了进行投资，每家公司都需要当地货币，即大钢公司需要欧元，尚品公司需要美元。由于一家跨国公司通常在母国更为知名，所以在母国资本市场上借入母国货币资金对这些跨国公司来说更为合算。

尚品公司和大钢公司分别在法国和美国销售债券，然后将发行收益
371 资金进行互换，并互相偿付对方的债务。例如，互换之后，尚品公司的收益和成本都是以美元表示的。互换匹配了货币，满足了融资需要，又维持了较低的借入成本。作为金融中介的银行，在为公司提供了服务的同时也发挥了其正常的银行业功能：评估信用风险并在某些时候承担信用风险。

国际银行要在所选的任何国家里吸收存款和发放贷款，互换无疑为此提供了一个便捷的方式。互换大大地降低了货币不匹配以及由此带来的汇率风险。一家美国银行即便参与了大量的非美元交易，但采用这种方式，就可将其资产负债表全部都以美元来表示。由于互换市场变得更具竞争性，降低了银行简单交易的盈利能力，所以银行已经推出了更具创意也更具风险的互换，并且采用更为复杂的套期保值策

略来管理风险。

提供信息服务

国际交易中的难点之一是货币价值的变化。假设一家位于芝加哥的豪华商店想从法国里昂的尚品公司进口男装。豪华商店将不得不以欧元支付尚品公司。如果豪华商店与尚品公司达成协议以欧元进行交割，它就会担心在发出订单后、收到服装前这段时期欧元对美元汇率的变化。国际银行作为外汇交易的交易商，可帮助公司将资金从以一国货币计值转换成以另一国货币计值。一家国际银行可以在其里昂分行给豪华商店提供一个有息账户，这样豪华商店就可以用这个当地的欧元账户来与尚品公司开展贸易活动。此外，该银行还可以采用金融期货、期权或其他策略帮助豪华商店对风险进行套期保值。

正如国内商业活动具有信用风险一样，国际商业活动也具有信用风险。出口商和进口商达成协议，进口商现在同意在未来某一日期对交割的商品进行支付。这一交易的内在信用风险是很大的，因为出口商通常对进口商了解的信息有限。如果该出口商无法评估进口商的信誉，他可能就不会做这笔生意，这就降低了贸易额。国际银行通过用自身信誉代替进口商信誉的方法来解决这种类型的信息问题。

用于降低信用风险的一项银行业服务是销售银行承兑汇票。**银行承兑汇票**（banker's acceptance）是一张定期汇票，即在一个规定日期对汇票持有人支付规定金额的命令。承兑汇票是汇票的一种形式，自13世纪以来一直被用来为国际贸易进行融资。1913年《联邦储备法案》（Federal Reserve Act）授权美国银行可以使用这些工具为其客户的对外贸易和国内贸易进行短期融资。全球银行承兑汇票的规模反映了国际贸易对世界经济的重要性。

银行承兑汇票是如何进行的？一家银行要担保进口商对出口商支付商品货款，该银行是通过承兑由出口商银行签发的付款命令来做出这个担保的。进口商对这项服务向银行支付费用（数额取决于进口商的信誉，平均约占交易额的0.5%）。该银行或是将承兑汇票作为一项投资资产来持有，或者在二级市场上将其打折出售。无论银行怎样选择，它都会立即对出口商进行支付。当承兑汇票到期时，进口商将款项偿还给银行。如果该银行卖出了承兑汇票，它需要再对汇票持有者进行偿还。

372 让我们再回到美国豪华商店从法国尚品公司进口男装的例子上。如图16—1所示，为了获得必需的融资，豪华商店要求其美国开户银行按照销售额开出信用证。该银行开出信用证并将其送达法国尚品公司。当尚品公司将服装发货后，它凭信用证向豪华商店的美国开户银行签发一张定期汇票，并将这张汇票出示给其在法国里昂当地的开户银行，立即就可得到该银行支付的货款。接下来，尚品公司的法国开户银行将该定期汇票发送回豪华商店的美国开户银行。这家美国银行承兑这张汇票，将货款支付给尚品公司的开户银行。最后，当定期汇票到期时，美国豪华商店有责任按照汇票的面值将货款支付给美国的承兑银行。图16—1概括了这个过程，当一家美国出口公司向外国进口商出售商品时，情况正好与此相反。银行承兑汇票的违约风险通常很低，因为进口商及其开户银行都对其进行了签署（注意，这与美国国内商业票据市场上的银行备用信用证相似）。

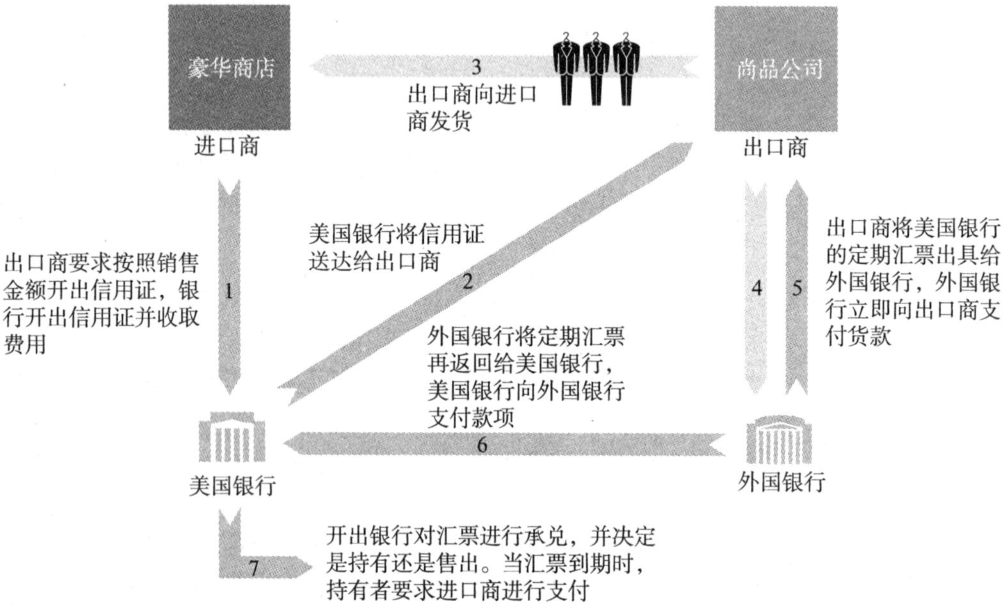

图16—1 信息和银行承兑汇票

为了避免出口商在评估进口商信誉（未来支付货款）上付出较高的成本，进口商到银行开出信用证。由于有了银行的支付保证，交易得以完成。银行承兑汇票是银行为国际贸易和金融提供信息服务的一个例子。

与国内银行一样，国际银行也是信息收集中心。银行需要相当专业的知识来开立银行承兑汇票。因此，只有那些既有国内业务部门又有海外业务部门的银行才能开办银行承兑汇票业务，这些银行拥有通晓这些金融工具使用和交易市场的专业人才。

国际银行扩展了国内银行提供的风险分担、流动性和信息服务，如图16—2所示。

373

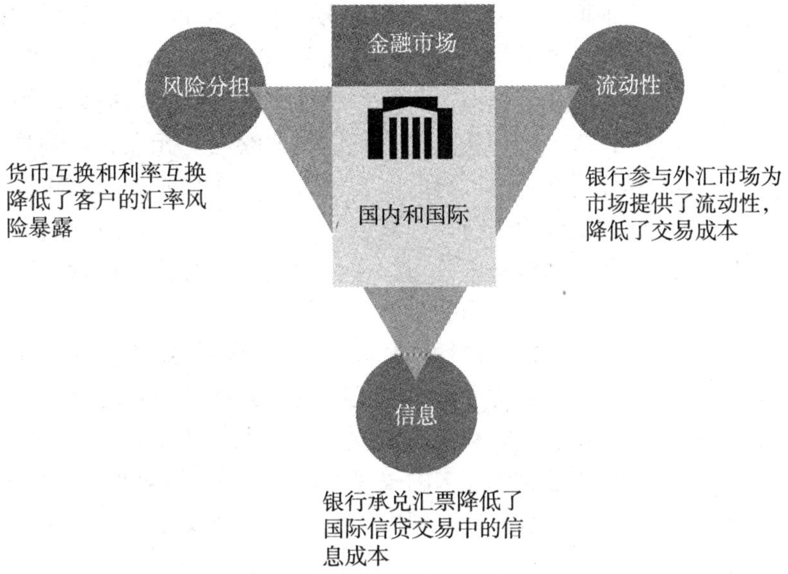

图 16—2　国际银行业服务

在国际银行业中，银行专长于提供风险分担、流动性和信息服务。它们通过充当货币互换、外汇交易和信用交易等的中介来提供这些服务。

测试点拨

因为银行承兑汇票允许银行开发其在金融市场上的信息服务功能，你预测哪些银行在银行承兑汇票市场上表现最积极？

在银行承兑汇票交易中，银行通过将其信用借给借款者降低了信息成本。在国际市场上，银行承兑汇票要发挥作用，银行的信用必须很容易确认。因此，那些大的、知名的银行主导了银行承兑汇票市场。

欧洲市场的兴起

二战以前，伦敦是最重要的全球金融中心与商业中心。英镑作为国际交易货币，即国际交易结算所选用的货币被广泛地使用。二战后，美国成为了居统治地位的金融和工业国家，因此，美元成为了国际交易货币，即使买卖双方都不是美国公司的交易也使用美元来进行。在某些市场，比如世界石油市场，交易仍用美元来进行。在二战结束后的几年里，苏联和东方阵营（Eastern Bloc）为开展国际贸易而积累美元储备。由于政治上的原因，它们不想将这些储备存放在美国国内的银行，转而将美元储备存放到欧洲的银行。它们并没有将这些美元储备换成欧洲的货币，而是仍以美元的形式持有，这些账户就成为众所周知的**欧洲美元**（Eurodollars）。

每当美国银行账户里的存款被转移到美国之外的银行并以美元的形式持有时，就产生了一笔新的欧洲美元存款。例如，如果皇家荷兰壳牌公司从美国银行的账户中取出 1 000 万美元，并将其以美元的形式存入在伦敦的银行，它就创立了一笔 1 000 万的欧洲美元。皇家荷兰壳牌公司和其他跨国公司都在美国之外持有美元存款，原因在于美元是国际贸易中广泛使用的货币。

374

英格兰银行限制使用英镑向国外发放贷款，英国的银行为了规避这项限制创建了欧洲美元市场。通过使用欧洲美元，英国银行可以凭借更有竞争力的利率来吸收存款，并向国外发放美元贷款。欧洲美元的出现，说明了美元需求的改变是如何引发国际金融机构和国际金融市场创新的。

有趣的是，国内利率监管和准备金要求，使得美国的银行更有理由参与成长中的欧洲美元市场。Q 字条例的利率上限限制了银行存款利率，加上市场利率较高，美国的商业银行很难吸引到新的国内存款。而美国银行欧洲分支机构的欧洲美元存款并不受利率上限和准备金要求的约束。因此，美国的银行开始由其欧洲分支机构吸收欧洲美元存款，然后再将这些分支机构的存款转移到其在美国的总行，用来购买证券或发放贷款。到 1970 年，Q 字条例对可转让存单利率上限的限制被解除了，但美国的银行对欧洲美元市场已经产生了浓厚的兴趣。这种应对监管的金融创新与可转让存单的发展相类似。回忆一下，可转让存单的创立就是为了应对非中介化以及美国货币市场共同基金和商业票据市场的增长。

自 1960 年以来，欧洲美元市场从微不足道发展到总资产达到几万亿美元的规模。从 1973 年到 2006 年，这个市场以每年 20%的速度增长。

目前大部分国际银行业务是在监管相对较少的银行业中心（即欧洲市场）进行的。**欧洲市场**（Euromarkets）是欧洲货币存款市场，也是欧洲贷款、欧洲债券和欧洲商业票据市场。**欧洲货币存款**（Eurocurrency deposits）是指在货币发行国之外金融中心进行的，以该货币计值的定期存款（例如，在法国银行的美元存款）。相应地，欧洲贷款、欧洲债券和欧洲商业票据是指在货币发行国之外金融中心发放或发行的，以该货币计值的贷款、债券和商业票据。一半以上的欧洲货币存款是期限至少为 30 天的可转让存单。欧洲货币存款占银行外国存款的绝大部分，欧洲美元存款是欧洲货币存款中规模最大的一种。

美元仍然是欧洲市场的主要货币。20 世纪 80 年代中期以前，约 80%的欧洲货币存款是以美元计值的。20 世纪 80 年代末到 90 年代，美元在这个市场的份额有所下降，但在 2006 年，美元仍占据大部分份额。

现在所说的欧洲美元市场不仅局限于欧洲，它泛指对美元贷款和美元存款的国际需求。欧洲美元市场之所以很有价值，原因在于美元的广泛使用，以及国际银行运营相比国内银行运营所受的监管较少。例如，截止到 20 世纪 80 年代中期，美国的银行在那些对金融服务企业征税较低的国家（如巴哈马和开曼群岛）设有分行，并通过这些分支机构持有巨额欧洲美元，因为这些国家几乎没有监管要求。

375 自 1981 年起，国际银行业务便利被允许在美国提供欧洲美元银行业务。这些便利被称作过账地点（booking sites），可能就在美国银行的一间办公室内。当利率上限存在的时候，它也不受此限制的约束。过账地点不必满足准备金要求，也不必参加存款保险。然而，它们不能在美国开展业务。

欧洲市场的客户

欧洲市场的客户随着国际借贷方式的变化而改变。在 20 世纪 70 年代初期，贷款主要发放给发达国家的政府和国有企业，存款来自跨国公司和美国的银行。20 世纪 70 年代石油危机后，石油输出国组织（Organization of Petroleum Exporting Countries，OPEC）成员国的巨额美元盈余成为最大的存款来源。欧洲贷款发放给发展中国家，这些国家需要资金来支付高额进口账单和进行新的投资。20 世纪 80 年代后期，油价和石油输出国组织成员国的存款下降。目前，将大量贸易盈余存放在欧洲美元账户的国家是日本和韩国，借款者包括美国和其他国家的跨国公司。在许多情况下，大量的欧洲贷款被用于欧美公司的并购。

欧洲市场的贷款

典型的欧洲贷款是期限较长（如 5～10 年）的浮动利率贷款。银行收取的利率是在伦敦银行间同业拆借利率（London Interbank Offered Rate，LIBOR）之上加上一个加成。与美国的联邦基金利率相似，LIBOR 是欧洲美元银行常规上相互借贷的利率，反映了贷款可察觉到的信用风险。1999 年欧元诞生后，这种方式随着市场的演变也发生了变化。德国、法国和其他欧洲大陆国家都支持采用欧元银行间同业拆借利率（Euro Interbank Offered Rate，EURIBOR），它是各国利率的正式接替利率。

欧洲贷款通常数额巨大（常达数十亿美元）。因此，对于单个商业银行贷款者来说，这将缺乏分散化。在**贷款辛迪加**（loan syndication）中，每家银行都只提供一部分贷款。辛迪加贷款由一个牵头银行来安排和管理，牵头银行从安排贷款和组织辛迪加中收取费用。风险分担是参加辛迪加的主要目的。主要货币中心银行和区域银行都加入到辛迪加贷款中。

然而，这种安排并不能代替信用风险管理。20 世纪 70—80 年代，贷给欠发达国家的大量辛迪加贷款发生大规模违约，使得一些中等规模的银行不再参与其中，新增辛迪加贷款数额下降。20 世纪 80 年代中期以来，随着对发达国家私营公司的贷款增加，辛迪加贷款出现恢复性增长。

欧洲债券在国际债券市场新发行债券中占据绝大部分比例。欧洲债券市场新发行的价值现在已经超过美国国内公司债券市场的价值。伦敦在传统上一直是欧洲债券发行中心，但是来自欧洲其他金融中心和日本的竞争正日益显现。20 世纪 80 年代的另一个变化是，从银行借款部分地转向欧洲商业票据和欧洲债券。《格拉斯-斯蒂格尔法案》规定商业银行业务和证券业务的历史性分离（这种分离在 1999 年被废除）并不适用于开展对外业务的海外分支机构，所以美国的银行积极地进入这些新市场。

测试点拨

376 **为什么内布拉斯加州的一家区域银行更乐于参加辛迪加欧洲贷款，而不直接贷款给欧洲借款者呢？**

牵头银行评估借款者的信誉和安排辛迪加，该银行向牵头银行支付很少的费用就可以较低的信息成本获得分散化的好处。

国际银行业的金融监管

前文曾讲过，政府对国内金融机构的监管促使银行创办新业务来回应竞争和政府监管。类似的变化模式在国际银行业也发生了。从技术上讲，在国际上收集和传递信息的成本下降，利用海外市场的成本也随之下降。成本的降低使得国内银行开始在国内监管管辖范围外开展业务，20 世纪六七十年代欧洲货币和欧洲债券市场兴起就证明了这一点。银行的创新也引发了监管的反应，但是一国的监管机构必须考虑到国内监管对银行国际竞争力的影响。比如，如果一国限制了其银行开展某一项金融业务活动的能力，那么，那些监管更为放松的国家的银行就会抢先开展这一项业务。因此，随着金融体系更加全球一体化，各国金融机构的业务活动正变得日益相似。

20 世纪 80 年代，一些发展中国家的政府威胁将要对其欧洲贷款违约。美国、欧洲和日本的中央银行不得不面对可能出现的全球银行业危机。为避免这种银行业危机，主要发达国家的中央银行建议采用三种类型的监管：(1) 最低净值水平（资本金要求），(2) 存款保险，(3) 中央银行干预。

资本金要求

风险性国际银行业务会引发全球银行业危机，降低这种可能性的一个办法就是，通过提高资本金要求来增加银行可承受损失的金额。1987年12月，包括美国在内的12个国家在巴塞尔开会，协调商业银行的资本金标准（见第14章）。执行巴塞尔协议并不容易，因为各国的监管和会计要求存在差异，并且资本金定义的标准化也比较困难。巴塞尔协议在表外项目（比如利率互换）风险权重的定义和会计方法上存在漏洞。1993年，国际清算银行（BIS）和国际证券委员会组织（International Organization of Securities Commissions，IOSCO）发布了资本金通用标准，该标准适用于从事互换业务以及开展金融期货和期权业务的银行与经纪商。虽然一些问题还有待解决，但是多数观察人士认为，最低资本金要求的国际协调降低了中央银行对国际银行业危机的风险暴露。

1995年，国际清算银行的巴塞尔银行业监督委员会（the Basel Committee on Banking Supervision，BCBS）建议，各家银行应在服从监管审查的条件下开发自己的风险评估程序。在这种新的方法下，银行可以用内部风险管理模型来确定其利率风险和外汇风险暴露。如果银行内
377 部模型经过一段时间的使用被证明是不准确的，那么监管机构可以增加该银行的资本金要求。这种方法有利于激励银行改善其风险管理系统。然而一个新的挑战摆在了监管机构面前：对银行的模型进行评估需要监管者精通往往很复杂的建模技术。最终，这种方法只有在监管机构有能力评估银行风险管理模型的有效性时才会取得实效。1998年末，在救助了长期资本管理公司（美国一家大型对冲基金）之后，世界各国的监管机构强烈要求重新重视风险管理模型。新的《巴塞尔协议Ⅱ》框架重点关注银行的运营风险。

博闻广识

主权国家违约吗？

银行贷款给外国政府要比贷款给个人和企业具有更大的信用风险。银行无法阻止借款者对其贷款违约，而且外国政府机构偿还债务的动机要弱于国内政府单位。违约国家将在一段时间内失去进入海外信贷市场的机会，银行也不可能在该国境内轻易地扣押其财产。20世纪80年代期间，40多个发展中国家重组了约3 000亿美元的银行贷款。

从 1970 年至 20 世纪 80 年代初，商品价格上升和实际利率降低提高了很多发展中国家的信誉，这些有利条件促使发展中国家借款进行投资、发展和弥补政府财政赤字。20 世纪 80 年代初，实际利率上升和石油价格下降，使得一些拉美国家停止支付利息。1982 年 8 月，墨西哥无力履行偿债义务。墨西哥和其他国家开始就利率或偿债条件问题与美国、欧洲和日本的私人商业银行进行重新协商。

花旗银行、美洲银行、大通曼哈顿银行、摩根银行、信孚银行、化学银行、芝加哥第一国民银行因外国政府贷款违约而遭受重大损失。1982 年和 1983 年危机发生之初，很多分析人士担心这些银行的外债损失问题会引发一场银行业危机。然而，通过增加贷款损失准备金来弥补外债损失，银行业系统最终避免了一场危机。然而，美国的银行在 1987 年的第二季度损失了 100 亿美元，这是大萧条之后的最差表现。现在，大银行的贷款损失准备金总额占到其对发展中国家债务暴露的一半以上。20 世纪 80 年代末和 90 年代初，美国大银行的股权资本占其资产的比率从 1981 年的大约 4%增加到 7%以上。外债问题没有造成国际银行业系统的崩溃，但它使得国际银行在对外国政府借款者的信用风险分析中更为稳健。

看来，2001 年阿根廷的重大外债违约使得一些美国大型银行遭受了贷款损失。

存款保险

20 世纪 90 年代末，各国中央银行行长和财政部长继续推动存款保险的协调和限制。美国以外国家的存款保险覆盖面明显不如美国那样大，其存款保险计划也未经历过最近发生在美国的那样巨大的损失。

在存款保险费的国际标准制定和实施之前，与其他国家，比如德国和日本的银行相比，大多数美国银行支付的保费还比较适中。存款保险的协调意味着美国的银行要付出更高的成本。目前，美国这些银行支付的保费不再是一个固定的费用，但它们只对国内存款和回流的欧洲美元
378 存款支付保费。如果存款保险的国际协调达成一项协议，那么美国的大型国际银行将面临保险成本的大幅度增加。法国和荷兰等国家的银行也将提高其保险成本，因为根据这些国家目前的监管规则，只有在进行破产清偿后，银行才支付存款保险费。

欧洲国家之间的协调正在进行。1992 年 4 月，欧共体就存款保险协调的第一阶段进行投票，第一阶段的重点是建立统一的银行业务监管系统。1994 年 5 月，新的指令建立了最小担保金额，该金额接近单个国家目前的平均担保金额，由所有成员国的存款保险计划担保。根据这项指令，各成员国都应该强制实施存款保险，并且干预将不再局限于处理破产。

尽管在国际协调上做了很多努力，但是许多欧洲国家的存款保险仍不具备美国存款保险体系中的两个重要条件……第一，监管机构缺乏美国联邦存款保险公司那样的权威。第二，欧洲体系主要通过成员银行来提供资金，只有三个国家（荷兰、西班牙和英国）的政府或中央银行必须参与提供特殊需要的资金。

中央银行干预

20 世纪 80 年代初发生发展中国家债务危机后，各国中央银行多次在国际清算银行会晤并讨论中央银行在银行业危机中扮演的最后贷款人的角色。他们的结论认为，各国中央银行应致力于确保其国内银行的财务稳定性。然而，银行间的国际联系，尤其是在其表外业务中的国际联系日益紧密，各国中央银行不断地讨论如何干预国际银行危机。

20 世纪 80 年代以来，中央银行就银行立法与监督协调进行过讨论。新世纪，在全球金融体系的竞争中，各国监管的差异逐渐减小。按功能进行监管很可能将出现，而按机构进行监管可能将会减少。除存款保险外，商业银行对地理区域扩展和业务许可范围的监管会有两个特点。第一，除了拥有银行外，银行持股公司还可以提供包括证券和保险在内的一系列广泛的金融服务，并按照这些业务领域分别受到监管。第二，银行持股公司在非金融企业中直接参股的范围取决于当地的法律传统。美国的限制可能会是最严格的，而欧洲和日本的限制相对宽松。

国际协调

对国际银行业的监管职责与任务进行分配是很困难的。因为国际监管机构必须协调最后贷款人和存款保险机构的活动，以及银行业务活动的监管限制。经济学家和政策制定者一直在对各种不同的提议进行争论，但还是涌现出了一些具有普遍性的主题。对于外资银行的分支机构和附属机构，最后贷款人应将其与国内银行同等对待（只要这些银行服从东道国的监管规则和信息披露规则）。国内银行的跨境交易应由母国的最后贷款人进行监督。同样，存款保险的分支机构和附属机构应遵循东道国
379 的监管规则，国内银行的跨境交易应遵循母国的监管规则。最后，对于银行活动的限制，应该由母国监管规则负责国内银行的跨境交易，国际协调的监管规则负责海外分支机构和附属机构的业务。20 世纪 90 年代末，这种协调如何实现仍是争论的话题。1998 年 10 月，国际清算银行发布了关

于国际金融架构的报告，报告强调了监管透明度、强健的国内金融体系和国际金融危机的协调管理。经济学家普遍认为，新的监管规则要想取得成功，应该鼓励准确的信息披露，以及让私人部门有权控制银行。

延伸思考

存款保险的全球扩展是好事吗?

美国在 1933 年成为第一个在全国范围内引入存款保险的国家。存款保险在过去 30 年里迅速发展，1974 年只有 12 个国家实行存款保险，到本世纪初已有 71 个国家实行存款保险。1994 年，欧盟新建立的单一银行业市场也引入了存款保险，大多数工业化国家和一些发展中国家都有某种形式的存款保险。

经济学家已经注意到，存款保险在全球扩展引起了一个需要权衡的问题。一方面，它限制了银行业恐慌的可能性和代价；另一方面，它也会使受保的金融机构过度承担风险，且给纳税人带来潜在的巨大损失。这意味着存款保险只有在监督有力和实施金融合约的法制健全的国家才能获得成功。目前约有 20 个国家使用某种形式的基于风险的存款保险，为银行控制风险提供了强有力的激励。

最近有一项研究利用世界银行收集的各国数据对存款保险与金融危机的关系进行了分析，研究发现存款保险实际上增加了危机的可能性，这符合道德风险和过度承担风险的观点。[1]这种效应可以通过加强制度环境的措施加以缓解，如官僚素质、廉洁和法律效率。其他研究者发现，只有实现了强有力的制度发展，存款保险才能促进金融的发展。[2]

这些发现都凸显了存款保险计划设计中激励和制度的重要性。实践中，确保私人方面具有较强的监督动机是重要的，尤其在官方监督无力的情况下就更加重要了。

[1] 参见 Asli Demirgüc-Kunt and Edward J. Kane, "Deposit Insurance Around the Globe: Where Does it Work?", *Journal of Economic Perspectives*, Vol. 16 (Spring 2002): 175-195。

[2] Robert Cull, Lemma Senbet, and Marco Sorge, "Deposit Insurance and Financial Development," Working Paper, World Bank, 2000.

关键术语和概念

办事处	欧洲市场	外资银行分支机构

银行承兑汇票	欧洲货币存款	国际银行业务便利（IBFs）
分支机构	欧洲美元	国际银行
货币互换	贷款辛迪加	国际交易货币
艾知法公司	汇率风险	离岸市场附属的美国银行

总　结

1. 过去30年里，国际银行业的增长是由于国际贸易和金融市场一体化日益成长的结果。国际银行主要提供中介和交易服务。

382 2. 国际银行业通过提供风险分担、流动性和信息服务来赚取利润。例如，与国内银行业管理利率风险一样，国际银行业通过使用金融期货、期权和互换来管理其汇率风险暴露；它们也帮助其客户管理汇率风险。银行通过降低客户买卖外汇和外币存款的交易成本来提供流动性。通过银行承兑汇票，银行为开展国际贸易的客户提供信息服务。

3. 二战之后，欧洲美元市场发展成为美元的存款和贷款市场。近年来，除了美元之外，其他货币也进入该市场。欧洲美元市场的存款为短期定期存款，贷款为长期贷款（通常为5～10年），且采用浮动利率，利率的决定是在伦敦银行间同业拆借利率之上加一个差幅。为了分担风险，大量大额欧洲贷款采用许多银行参与的辛迪加贷款方式。

复习题

1. 为什么国际银行业市场会存在？

2. 为什么在过去20年里，国际银行业会如此快速地增长？

3. 最重要的国际业银行中心是什么？

4. 你预计艾知法公司的重要性在未来会上升还是下降？

5. 什么是国际银行业务便利？它们可以开展哪些常规的美国银行不能开展的业务？

6. 国际银行业不需管理的主要风险是什么？它们采用什么技术？

7. 什么是货币互换？它有什么好处使其如此受欢迎？

8. 银行的外汇交易为什么会在20世纪八九十年代和21世纪初增长得如此之快？

9. 引起国际贸易中信用风险的根本问题是什么？银行应该运用什么金融工具来避免这个问题？

10. 什么是欧洲市场？它为何会存在？其客户是谁？使用什么货币？

11. 什么是辛迪加贷款？为什么欧洲贷款经常使用这种方式？

12. 美国银行是怎样参与欧洲市场业务活动的？

13. 将国际银行业的汇率风险问题与国内银行业的利率风险问题相联系。基于你对利率风险的理解，对管理国际银行业的汇率风险问题提出一些策略。

14. 国际银行业资本金要求的目的是什么？

15. 描述美国和其他国家的国内金融监管怎样促进了欧洲市场的发展？欧洲市场的成长怎样使最后贷款人的职责更加复杂了？

分析题

16. 假设你的银行发放10亿日元贷款，但是没有日元存款。描述金融期货合约怎样为汇率风险提供套期保值。

17. 当你了解到一张银行承兑汇票是应一家美国公司的要求开出的，并被送达给一家日本公司，最后由这家美国公司兑现，你会感到惊讶吗？请解释。

18. 1998年，在日本的外资银行支付的存款利率低于国内银行的存款利率。你认为出现这种情况的原因是什么？

19. 假设美国大球公司计划卖出100 000个棒球给日本的进口商伊智球公司。分析日本伊智球公司的开户银行怎样出具银行承兑汇票来为这一交易融资。

20. 对这一结论进行评价：国际银行业的信用风险没有国内银行业那么重要。

数据题

383 21. 在图书馆里找到最新版本的《美国统计摘要》(由商务部发行)。在“银行、财务和保险”(Banking，Finance，and Insurance) 部分，你能够找到关于世界500家最大银行的概要统计数据表。自20世纪70年代以来，美国银行的相对重要性(按该报告的度量方式)是提高了，还是下降了？根据我们在本书第4篇对金融机构所进行的分析，你能够解释这个趋势吗？这个趋势告诉你美国银行的盈利能力相对于其他国家的银行是上升了，还是下降了？请解释。

22. 登录美联储网站（http：//www. federalreserve. gov/releases/lbr/），找到最新公布的大型商业银行数据。除规模之外，还有哪些因素影响国内银行设立海外分支机构？对于10家最大的银行来说，设有海外分支机构是必需的吗？

23. 过去10年中，最重要的国际金融事件也许就是欧元的推出并成为全球市场的主要货币。为将欧盟与美国和日本进行比较，登录欧洲中央银行统计网站（http：//www. ecb. int/stats/stats01. htm），点击“欧元区、美国和日本主要特征”（Key Characteristics of the Euro area，the United States，and Japan）的链接，将这三个货币区按总储蓄、劳动生产率、信贷市场规模和股票市值分别进行排序。

理论联系实际

《金融时报》，2004 年 10 月 20 日

伊斯兰银行业的新语言

380 若是 10 年前，大多数西方银行家都弄不懂诸如 murabaha（穆拉巴哈）、sukuk（伊斯兰债券）和 takaful（伊斯兰保险）[1]之类的术语。

但是伊斯兰金融业正大步迈向主流，目前已经进入这样一个阶段：几家大型投资银行认为，如果它们不懂这些术语，就有可能错失机会。

花旗银行、瑞士银行（UBS Warburg）和汇丰银行（HSBC）都已在中东设立了从事伊斯兰银行业务的分支机构，而德国萨克森-安哈尔特州在 8 月份发行了 1 亿欧元（1.25 亿美元）伊斯兰债券，表现出伊斯兰世界以外的人们对伊斯兰金融产品的浓厚兴趣。

a 伊斯兰银行家和伊斯兰教法学家们正势如破竹，他们在寻求符合《可兰经》规定的金融工具。《可兰经》对利息（riba）有严格的规定，对合乎道德的投资和投机行为（gharar）也制定了指导方针。

目前中东的地缘政治和经济环境为伊斯兰金融的成长和创新奠定了基础，穆斯林希望能遵照其宗教规定来开展其金融事务，增加了对伊斯兰金融的需求。

b 石油价格连创纪录，令海湾地区各石油生产国的预算盈余达到了创纪录的水平。该地区积聚的大约 1.5 万亿美元个人财富中有很大一部分仍在该地区之外进行投资，但银行家们表示，新资金外流的步伐正在放缓。

c 2001 年“9·11”事件后，一些资金也已经从传统的投资目的地如美国等地回流，这或是由于政治情绪，或是由于如今日益繁荣的海湾市场提供了更加诱人的回报。

换言之，通过深入挖掘《可兰经》或奥斯曼时代的金融规则，具有创业精神的伊斯兰银行家正在开辟新的途径，以图在一个日益成长的市场中提高其所占的份额，但仍有大量的工作要做。由于缺少行业标准，按照《可兰经》的指导方针来阐释如何管理资金，“与其说是一门科学，不如说是一门艺术。”瑞士银行的伊斯兰银行业机构麦纳玛分行（Noriba）的首席执行官穆罕默德·陶菲克·卡纳法尼这样说道。

在每家伊斯兰银行中，都有一个伊斯兰教法董事会，但各家伊斯兰教法董事会对于如何遵从《可兰经》来行事的理解就未必相同了。卡纳法尼先生说，在这种情况下，偶尔碰到一些障碍也就不足为奇了。

[1] sukuk 是指以资产出售及其回租为支持的伊斯兰债券。murabaha 也是一种资产支持的贷款。takaful 是伊斯兰保险。

新闻分析

381 银行为世界各地多种多样的客户提供风险分担、流动性和信息服务。银行的每一个顾客都有其特殊的金融需求。在一个高度竞争性的全球金融市场上，成功的银行将尽可能多地满足这些特殊的需求，并从中获得盈利。

a. 伊斯兰教禁止支付或赚取利息。由于利息和利率是借贷活动和银行体系的基本构成要素，所以，伊斯兰银行业也必须适应这种附有利息和利率的传统西方银行业工具。

然而，伊斯兰银行业和保险学院（Institute of Islanic Banking and Insurance，IIBI）认为，投资于伊斯兰金融机构能获得与承担的风险成比例的潜在利润。因此，伊斯兰的“存款者”成为伊斯兰银行的部分拥有者，并且享有银行的“利润”。

巴基斯坦经济学家赛义欧·哈桑·西迪奎博士是一位伊斯兰银行业的专家，他认为，伊斯兰银行的大部分融资都是股本导向的。也就是说，如果一家伊斯兰银行给一家企业提供一笔“贷款”，那么该企业除了“偿还”贷款外，还要付出其利润。如果该企业出现了亏损，银行同该企业一起承担。伊斯兰银行业的一个主要原则就是利益与损失共担。西迪奎博士认为，伊斯兰银行业的融资不仅是为了盈利，也是为了达到社会经济的公正。然而，这样的改变能否满足储蓄者对风险分担和流动性的需求仍然是一个复杂的问题。

b. 西方银行在波斯湾地区开设的伊斯兰银行业务分支机构给该地区的石油生产商提供了必要的流动性和风险分担。由于世界范围内石油需求的增加，生产石油的收入随之增加，所以，石油生产国一直寻求不必承担太大风险而能将其收入进行再投资的途径。伊斯兰银行账户对风险暴露设有一定限制且符合伊斯兰的要求，伊斯兰银行以此给石油生产商提供流动性。

c. 西方银行的伊斯兰业务分支机构也为不居住在这一地区的阿拉伯客户提供重要的信息。这些设在当地的伊斯兰银行业务分支机构向海湾地区提供贷款，有助于解决于海湾地区外居住的阿拉伯存款者和该地区内的借款者之间存在的信息不对称问题，这也是世界各地商业银行的一个主要功能。

更进一步的思考……

如果伊斯兰银行只给波斯湾地区的穆斯林客户提供贷款，银行会不会给自己设置了一个地理上的限制，从而影响其风险性和盈利能力？这些限制有什么长期影响？如何避免这些限制？

资料来源：节选自“Bankers Learn New Language to Manage Islamic Funds,” *Financial Times*, October 20, 2004, p. 14. © 2004 The Financial Times Ltd.。

第 5 篇

货币供给过程和货币政策

在第 5 篇中，我们将展开对货币供给过程和货币政策的研究。第 17 章和第 18 章详细地分析了货币供给和基础货币的决定。

为了理解为何这样制订并实施某些决策，第 19 章研究了联邦储备体系的组织结构及其作为一个经济政策制定机构所扮演的角色。第 20 章描述了联储货币政策工具的实施，并阐述了如何运用这些工具来影响短期利率。

第 21 章分析了联储如何执行货币政策来达到提高经济福利的目标。我们还指明了设计有效货币政策的困难，并阐释了联储如何制定实现这些目标的货币政策。第 22 章引入了国际因素，例如监督汇率波动，从而扩展了货币政策分析。在描述了中央银行干预外汇市场的后果之后，我们对中央银行汇率安排的成功与失败进行了评价。

第 5 篇的分析贯穿了两条主线：第一，为理解货币供给过程和货币政策，我们需要理解国内外相关参与者（中央银行、银行和公众）的行为；第二，我们运用对这些行为的理解来评价当前的政策，并预测未来政策的后果。

第 17 章　货币供给过程

386 1998 年秋季，联储的一位高级官员爱德华·贝尼（Edward-Boehne）认识到联储犯了一个错误。在他入住宾夕法尼亚州一个小镇旅店时，服务员看到了他的头衔并对他说："你们做得还不够。"到 1998 年 11 月中旬，联储为扩大货币供给，三次干预市场。在第三次干预之后，投资者对扩张政策的利好消息做出回应，纷纷购买股票，引起美国股市价格上涨。企业经理们庆祝利率下降，这可以刺激厂房和设备购置的支出。

货币供给是一个对利率、汇率、通货膨胀以及经济中商品和服务的产出等都有影响的经济变量。货币供给的波动能影响投资的收益、商品和服务的价格以及一般经济福利水平。因此，中央银行（无论是欧洲中央银行、美国联邦储备体系、日本银行还是英格兰银行）都试图管理货币供给。那么像欧洲中央银行或联储这样的中央银行是如何做的呢？为了回答这一问题，你必须知道货币供给的影响因素以及中央银行是如何增加或减少流通中的货币量的。在本章中，我们将构造一个模型来解释货币供给的规模和变化。我们将具体考察美国的货币供给过程。

本章考察货币供给过程的顺序是：先描述基础货币，然后指出将基础货币转变为货币供给的因素，最后这些变量共同决定货币供给。模型包括货币供给过程中三个参与者的行为：联储、金融体系中的银行和非银行公众。联储在决定基础货币和货币乘数过程中起到了最大的作用，但是无法完全控制货币供给。银行和非银行公众的行为对于经济中流通的货币数量也具有重要的作用。图 17—1 显示了货币供给过程及决定经济中货币数量的各个作用因素。该图也显示了经济参与者对各个变量的主要影响。简而言之，该图显示了模型的构成，也是本章分析的框架。

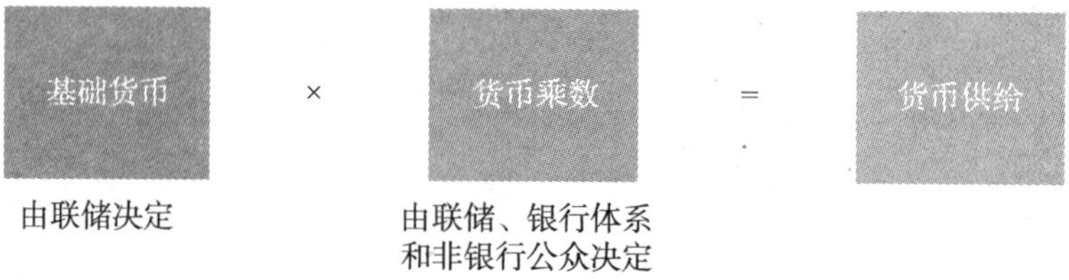

图 17—1　货币供给过程

三个参与者决定了货币供给：中央银行（联储）、非银行公众和银行体系。

在构建货币供给过程模型时，我们使用一个非常狭义的货币概念。“货币”仅限于作为交易媒介的资产，具体是指通货和金融机构中的支票存款。货币总量 $M1$ 是联储最狭义的货币度量。本章的附录描述了广义货币供给度量 $M2$ 的货币供给过程。

联储和基础货币

除了充当银行的银行、管理银行业和运营支票清算网络外，联储也是负责管理国家货币供给的机构。其职责之一是控制基础货币。基础货
387 币包括流通中的所有通货和银行持有的准备金。

我们开始考察货币供给过程中的第一个变量——基础货币。首先，指出联储资产负债表中哪些资产和负债构成了基础货币。然后，考察联储的行为怎样引起这些资产和负债的变化，进而增加或减少基础货币。

为了观察联储如何管理基础货币，我们采用简化的资产负债表。尽管联储的实际资产负债表比我们这里介绍的更复杂，但下面的资产负债表中显示的 4 项在认识联储增加或减少基础货币的行为中最为重要。

联邦储备体系资产负债表

资产	负债
美国政府证券	流通中的通货
对银行的贴现贷款	准备金

联储的负债

联储的主要负债是流通中的通货和准备金（银行在联储的存款和银行持有的现金）。这两项负债之和，再加上美国财政部的货币负债（主要是流通中的硬币，称为财政通货）等于基础货币。由于财政部的货币负债非常小，我们可以把基础货币看做联储流通中的通货与准备金之和：

基础货币＝流通中的通货＋准备金

你钱包中的美元叫做联邦储备券。它们是联储货币余额的一部分。发行货币包括流通中的通货和库存现金。具体地说，**流通中的通货**（currency in circulation）是非银行公众所持有的货币，而**库存现金**（vault cash）是存款类金融机构所持有的通货。库存现金仍是联储的负债，但它被计为准备金：

流通中的通货＝发行货币－库存现金

截至 2006 年 7 月末，流通中的通货为 7 926 亿美元。

388 **准备金**　联储的第二大负债是**银行准备金**（bank reserves），或者说是库存现金加上商业银行和储蓄机构在联储的存款。准备金存款是金融机构的资产，同时也是联储的负债，因为联储必须随时以联邦储备券满足银行提用存款的要求。银行体系全部准备金等于银行在联储的存款账户（2006 年 7 月末为 123 亿美元）和库存现金（2003 年 6 月末为 4 911 亿美元）之和。因此

准备金＝存款类机构在联储的存款＋库存现金

另外，我们也可以从银行的角度来观察准备金。全部准备金由两部分组成，一是联储强制要求存款类机构持有的准备金，称作**法定准备金**（required reserves），另一部分是存款类机构选择持有的准备金，称作**超额准备金**（excess reserves）：

准备金＝法定准备金＋超额准备金

联储规定银行必须持有存款的一定比例作为准备金，即**法定准备金率**（required reserve ratio）。例如，如果法定准备金率是 10%，银行必须将支票存款的 10%，包括库存现金和在联储的存款，作为缴给联储的准备金。2006 年 7 月末，在 442 亿美元的银行准备金中，仅有大约 15 亿美元为超额准备金。由于联储不对准备金支付利息，存款类机构不愿意以准备金的形式来持有其流动性余额，而更愿意以可销售证券的形式来

持有其部分流动性余额，这样可以赚取利息。

联储的资产

联储的两项主要资产是政府证券和贴现贷款。联储持有的这些资产水平是基础货币的决定因素。另外，联储可以从政府证券投资组合和贴现贷款上获得收入与利息。联储不对通货或准备金支付利息。联储的大部分收入上缴给财政部。

政府证券 联储持有的政府证券资产主要是美国财政部债务：国库券、中期国债和长期国债。截至 2006 年 7 月末，联储持有大约 7 650 亿美元的财政部证券。

贴现贷款 通过向存款类机构提供贷款来帮助银行解决流动性问题，联储可以提高准备金水平。联储可以从持有的美国政府证券资产中获得市场利率收益。联储提供给存款类机构的贷款称为**贴现贷款**（discount loans）。联储为这种贷款规定的利率称为贴现率（discount rate）。截至 2006 年 7 月末，联储的贴现贷款余额大约为 3.46 亿美元，同期的贴现率为 6.25%。

联储如何改变基础货币?

联储通过操控其资产水平来增加或减少基础货币，也就是说，联储通过买入和卖出财政证券或通过向银行发放贴现贷款来改变基础货币。第 20 章将讨论这些交易操作。在下面对交易的描述中，我们解释了每种交易是如何改变基础货币的。

389 **公开市场操作** 联储用来改变基础货币的最直接方法是**公开市场操作**（open market operations），即买入或者卖出证券，通常是美国政府证券。在提高基础货币的**公开市场购买**（open market purchase）过程中，联储购入政府证券。为执行这样一项交易（例如购买 100 万美元的政府证券），联储给纽约联邦储备银行签发 1 张总额为 100 万美元的支票，并用它们从银行或非银行公众那里购买证券。商业银行能够将这些支票兑换现金，而更可能的是会将这笔资金存放在联储作为准备金。不论哪一种情况，一次公开市场购买活动都会提高基础货币 B，因为基础货币等于通货 C 加上银行准备金 R。这个关系可以表示为：

$$B=C+R \tag{17.1}$$

银行准备金 R 增加，基础货币 B 就增加。下面的交易将说明 B 的这种变化是如何发生的。

假设联储用 100 万美元支票来购买兆丰银行 100 万美元的国库券。兆丰银行既可以将这笔资金存入联储账户，也可以作为库存现金。哪种方式都会使银行体系的准备金增加 100 万美元。银行体系的资产负债表体现出证券持有减少了 100 万美元，准备金增加了相同的数额。

银行体系

资产		负债	
证券	-100万美元		
准备金	+100万美元		

联储资产负债表的变动显示，证券（资产）和准备金（负债）各增加了 100 万美元：

联邦储备体系

资产		负债	
证券	+100万美元	准备金	+100万美元

与存款类机构进行的公开市场购买增加了准备金 100 万美元，因此基础货币增加了 100 万美元。

如果联储从非银行公众手中购买政府证券，卖方有两种选择：（1）以支票存款方式持有收入；（2）以通货方式持有收入。如果卖方将联储开出的支票存入银行体系，支票存款增加 100 万美元。当银行把联储支票存入在联储开立的账户时，准备金也提高了 100 万美元：

非银行公众

资产		负债	
证券	-100万美元		
支票存款	+100万美元		

银行体系

资产		负债	
准备金	+100万美元	支票存款	+100万美元

390 公开市场购买的结果是，联储的证券资产增加了 100 万美元，银行准备金增加了相同的数量：

联邦储备体系

资产		负债	
证券	+100万美元	准备金	+100万美元

与从存款类机构进行公开市场购买的情形一样，来自非银行公众的公开市场购买增加了 100 万美元的银行准备金，因此基础货币也同时增加了 100 万美元。

如果家庭和企业打算兑现联储的支票，转而以通货形式持有这笔收入，则非银行公众减少了 100 万美元的证券，并增加相同数量的通货。联储就通过在公开市场购买 100 万美元的证券，增加了 100 万美元的货币流通：

非银行公众

资产		负债	
证券	-100万美元		
通货	+100万美元		

联邦储备体系

资产		负债	
证券	+100万美元	流通中的通货	+100万美元

当出售给联储的证券收入以通货形式持有的时候，基础货币（通货和银行准备金之和）增加的数量与公开市场购买相同，都是 100 万美元。

总之，在各种不同情况下，公开市场购买使得基础货币增加，其增加的数量等于购买的数量。公开市场购买对银行准备金的影响取决于非银行公众选择将卖出证券所得资金的多少以通货形式持有。

同理，联储可通过**公开市场出售**（open market sale）政府证券减少基础货币。无论是用通货还是用支票存款购买证券，公开市场出售都将减少基础货币，其减少的数量等于证券出售的数量。

例如，假设联储向存款类机构或者非银行公众出售 100 万美元的证券。如果全部以支票存款形式支付给联储，则联储从商业银行获得 100 万美元的支票。这种情况下，在联储的银行准备金（联储负债）减少
391 100 万美元，联储持有的证券（联储资产）也减少 100 万美元，基础货币相应减少了 100 万美元：

银行体系

资产		负债	
证券	+100万美元		
准备金	-100万美元		

联邦储备体系

资产		负债	
证券	-100万美元	准备金	-100万美元

因此，如果支付给联储的全部是支票存款，准备金（以及基础货币）相应地减少，其减少的数量等于公开市场出售的数量。

然而，如果支付给联储的完全是通货，则公开市场出售将不影响准备金：

非银行公众

资产		负债	
证券	+100万美元		
通货	-100万美元		

联邦储备体系

资产		负债	
证券	-100万美元	流通中的通货	-100万美元

但是，基础货币（流通中的通货加上准备金）减少了 100 万美元。

公开市场操作对准备金和基础货币的影响如图 17—2 所示。

392

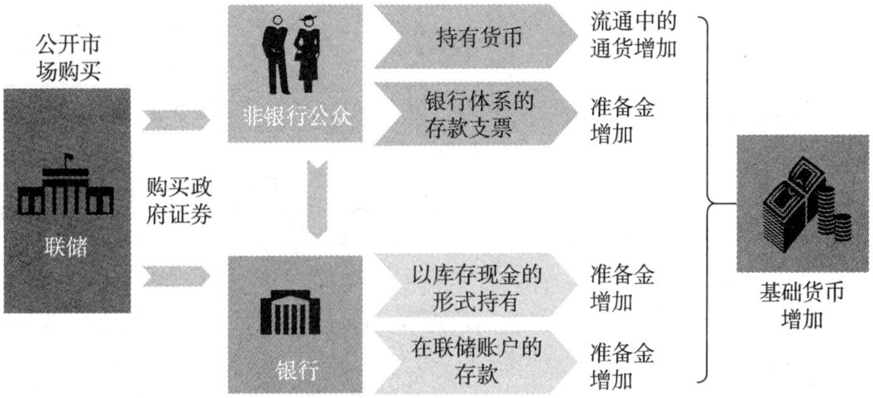

图 17—2　公开市场操作对准备金和基础货币的影响

联储增加基础货币的方法之一就是通过公开市场操作从非银行公众或银行那里购买证券。非银行公众以通货的形式持有证券销售所得资金（增加了流通中的通货）或将资金存入银行。银行可以选择将该资金以库存现金的形式持有，或将其存入联储的账户，两者都会使得准备金增加。由于流通中的通货增加或准备金增加都会增加基础货币，因而公开市场购买会增加基础货币。减少基础货币的过程与此相反（不再赘述）。

贴现贷款　尽管联储在管理基础货币的过程中最经常使用的是公开市场操作，但它还能通过给存款类机构发放贴现贷款来增加或者减少准备金数量。这种银行准备金的变化改变了基础货币。

考察银行和联储的资产负债表，来看一看当银行从联储获得 100 万美元的贴现贷款时，基础货币如何变化。对联储而言，资产由于贴现贷款的增加而上升了 100 万美元，负债也因银行准备金的增加而上升了 100 万美元，因此，贴现贷款影响了联储资产负债表的两边：

联邦储备体系

资产		负债	
贴现贷款	+100万美元	准备金	+100万美元

银行体系资产负债表的两边也受到影响。银行以准备金形式获得100 万美元资产，又增加了 100 万美元的联储贴现贷款负债：

银行体系

资产		负债	
准备金	+100万美元	贴现贷款	+100万美元

由于联储放出 100 万美元的贴现贷款，银行准备金和基础货币都增加了 100 万美元。

然而，如果银行将 100 万美元贴现贷款偿还给联储，将使得前面的交易发生逆转。准备金下降了 100 万美元，同时下降的还有联储的贴现贷款（资产项）和银行体系的贴现贷款（负债项）：

联邦储备体系

资产		负债	
贴现贷款	–100万美元	准备金	–100万美元

银行体系

资产		负债	
准备金	–100万美元	贴现贷款	–100万美元

贴现贷款对准备金和基础货币的影响如图 17—3 所示。

393

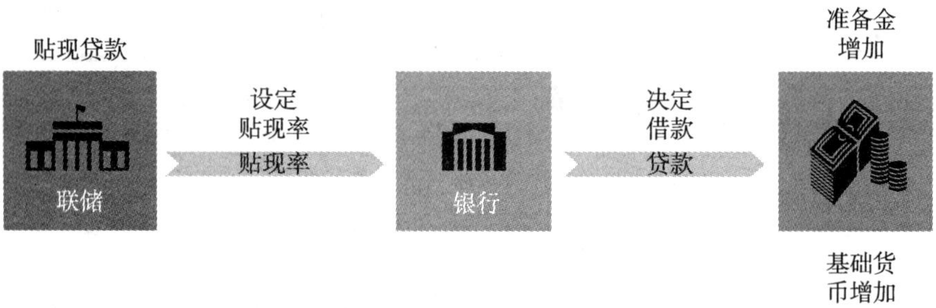

图 17—3　贴现贷款对准备金和基础货币的影响

联储增加基础货币的方法之二是贴现贷款。联储不能完全控制贴现贷款的数量，但可以降低贴现率，而银行必须决定是否从联储借款。如果银行选择从联储借款，准备金就会增加，基础货币相应也会增加。贴现贷款减少基础货币的过程与此相反（不再赘述）。

公开市场操作与贴现贷款的比较

尽管公开市场操作和贴现贷款都能改变基础货币，但是联储对公开市场操作的控制力度要明显高过贴现贷款。联储能完全控制公开市场操作的业务总量，因为联储在政府证券市场上发出向交易商买卖证券的指令。当然，如果联储想卖出国库券，则必须有交易商购买，否则就没有公开市场操作。然而，联储无论以什么价格卖出证券都能达到它的目标。

联储对贴现贷款的控制要远弱于对公开市场操作的控制，原因是由银行来决定是否从联储贷款。由于联储能够设定贴现率，对贴现贷款也有一定的控制力。事实上，贴现率同大多数利率不同，是由联储来决定的，而大多数利率是由市场力量决定的。贴现率的提高使银行从联储的借款成本增加。如果其他条件不变，银行会减少贴现借款，进而减少基础货币。因此，银行和联储共同决定贴现贷款总量。

历史上，贴现率通常要比联邦基金利率或 3 个月期国库券利率等短期市场利率低。（联邦基金利率是银行间拆借资金的隔夜贷款利率。）这样，银行可以从联储以贴现率贷款而以更高的拆借利率贷出，从而获利。然而，联储不鼓励银行过于频繁地向其借款。目前，贴现率超过联邦基金利率。

从联储对公开市场操作和贴现贷款的控制差异的角度看，可以把基础货币看做由两部分组成：非借入的基础货币 B_{non} 和借入准备金 BR 或贴现贷款。基础货币 B 表示如下：

$$B=B_{non}+BR \tag{17.2}$$

尽管由联储和存款类机构共同决定贴现贷款量，联储对非借入基础货币有更强的控制力。第 18 章将更详细地讨论基础货币的组成和联储对各组成部分的控制能力。

测试点拨

394 **1 000 万美元的公开市场购买和 1 000 万美元的贴现贷款哪个对基础货币有更大的影响？在每种情况下，银行准备金是如何变化的？**

两种情况下，基础货币都会增加 1 000 万美元。公开市场操作对银行准备金的影响取决于公众选择持有多少通货，就贴现贷款而言，准备金提高的数量等于贷款数量。

简单存款乘数

现在我们转向研究影响货币供给的货币乘数。货币乘数不单由联储决定，而且还受非银行公众和金融体系中的银行等参与者行为的影响，所以分析分为三步。本部分描述的第一步说明了多次存款创造如何增加或减少货币供给。这部分分析了简单存款乘数如何决定——即把基础货币转换成一部分货币供给的因素。第二步增加了非银行公众的行为对货币乘数的影响。而第三步引入银行的作用。下面几部分描述了这些步骤并通过详细分析简单存款乘数来得到货币乘数。

倍数存款扩张

当联储通过公开市场操作或贴现贷款增加银行准备金时会怎么样呢?为回答这一问题，我们分别考察在单一银行以及在银行体系中发生的变化。

一家银行对准备金增加是如何作出反应的? 假设联储从兆丰银行购买100 000美元国库券，兆丰银行增加了100 000美元准备金。交易后，兆丰银行的资产负债表将发生变化以反映这笔交易：

兆丰银行

资产		负债	
证券	-100 000美元		
准备金	+100 000美元		

联储购买兆丰银行的国库券增加了兆丰银行的超额准备金，而不是法定准备金，原因在于法定准备金是一定比例的银行支票存款。由于这笔交易没有对兆丰银行的支票存款产生任何影响，因此不会改变兆丰银行持有的法定准备金的数量。兆丰银行不会从出售国库券所获得的多余准备金上得到任何利息，因此它将尽量使用它们以获得收益。

假设兆丰银行向联合产业公司(Amalgamated Industries)贷款100 000美元，因此获得了一项可以获利的资产。兆丰银行通过为联合产业公司开设支票存款账户并将贷款资金存入其中，扩大了可贷款额。兆丰银行资产负债表的资产和负债方各增加100 000美元：

395

兆丰银行

资产		负债	
证券	-100 000美元	支票存款	+100 000美元
准备金	+100 000美元		
贷款	+100 000美元		

如前所述，货币供给等于通货加支票存款(*M*1定义)。兆丰通过借款给联合产业公司，创造出支票存款。兆丰银行行为的结果是，支票存款增加，货币供给也增加了。由于非货币——贷款者手中的贷款票据——被转变为货币，即借款者手中的资金，因此，货币被创造出来了。

假设联储设定的法定准备金率是10%，也就是说，兆丰银行支票存款的 10%必须以准备金的形式存在联储或以库存现金的形式持有。由于兆丰银行增加了 100 000 美元的准备金和存款，必须持有（100 000 美元)×0.1=10 000 美元作为准备金。现在它拥有的超额准备金数量为 100 000−0.1×100 000=90 000 美元。然而，银行不能贷出该数额，因为联合产业公司还会将贷款资金提取出来以购买其他企业和个人提供的商品与服务。当联合产业公司提取出全部贷款资金时，兆丰银行便失去了 100 000 美元的准备金和支票存款：

兆丰银行

资产		负债	
证券	−100 000美元	支票存款	0美元
贷款	+100 000美元		
准备金	0美元		

银行体系对准备金的增加是如何作出反应的？ 当联合产业公司给其他企业和个人签发支票时，这些收款人把资金存放在其他银行，而那些银行进而发放新的贷款。因此，联储从一家银行购买证券导致增加 100 000 美元的准备金，扩张了银行体系的支票存款总量。这个过程被称为**倍数存款扩张**（multiple deposit expansion）。其他的银行能从它们增加的准备金中贷出多少款项？由于借款者有可能提取贷款资金，银行最多能贷出全部超额准备金数量的贷款。然而，倍数存款扩张增加了基础货币，进而增加了货币供给，下面的例子描述了这一过程。

假设联合产业公司使用从兆丰银行借入的 100 000 美元购买运输设备公司 100 000 美元的装备。运输设备公司将 100 000 美元存入自己的开户银行——第一银行。在这笔交易后，第一银行的资产负债表改变如下：

第一银行

资产		负债	
准备金	+10 000美元	支票存款	+10 000美元

396 第一银行的准备金增加了 100 000 美元。如果法定准备金率是 10%，第一银行现在有 90 000 美元的超额准备金。由于第一银行能安全地借出这些超额准备金，它贷给中城硬件公司（Midtown Hardware）90 000 美元用于购买新的办公设备。开始时，第一银行的资产（贷款）和负债（支票存款）增加 90 000 美元，但是当中城硬件公司使用贷款资金的时候，第一银行资产负债表改变如下：

第一银行

资产		负债	
准备金	+10 000美元	支票存款	+10 000美元
贷款	+90 000美元		

中城硬件公司提取 90 000 美元从计算机世界公司购买了办公设备。计算机世界公司将 90 000 美元存入开户行——第二银行：

第二银行

资产		负债	
准备金	+90 000美元	支票存款	+90 000美元

现在，银行体系中的支票存款又多了 90 000 美元。由于第一银行增加了 100 000 美元的支票存款，再加上第二银行的 90 000 美元，合计为 190 000 美元。

第二银行面临的是兆丰银行和第一银行曾面临的同样问题。它想利用准备金的增加来扩张贷款规模，但是它也仅仅能贷出超额准备金增加数量的贷款。在 10％的法定存款准备金率制度下，第二银行必须将 90 000 美元×0.1＝9 000 美元作为法定准备金，仅能贷出 81 000 美元。第二银行贷给霍华德理发店 81 000 美元用于店面改造。最初，第二银行的资产（贷款）和负债（支票存款）增加 81 000 美元，而当霍华德理发店使用贷款资金时，第二银行的资产负债表变化如下：

397 **第二银行**

资产		负债	
准备金	+9 000美元	支票存款	+90 000美元
贷款	+81 000美元		

如果贷给霍华德理发店的资金被存放在另一个银行里，银行体系中的支票存款将再增加 81 000 美元。联储增加的 100 000 美元准备金，使支票存款水平增加了 100 000 美元＋90 000 美元＋81 000 美元＝271 000 美元。货币供给随着每笔贷款的产生而增长，基础货币的最初增加成倍地增加了货币供给量。

这个过程仍然是不完整的。霍华德理发店支出 81 000 美元，收款者将这笔款项再以支票存款的形式存入其他银行，支票存款又扩张了。这个过程将继续通过银行体系和经济进行下去，如表 17—1 所示。注意，每次货币被重新存入银行和再次贷款使新的支票存款不断被创造出来，但是每次的增加额都越来越小。原因在于每一步都有部分货币不能贷出，银行必须将其持有，作为准备金。只要每家银行都贷出其全部超额准备金，我们就能计算由联储最初购买 100 000 美元证券所创造出的货币量。存款变化 ΔD 与最初准备金变化 ΔR 有如下关系：

存款变化 ＝联合产业公司的贷款 ＋ 中城硬件公司的贷款
＋ 霍华德理发店的贷款 ＋ …

或者

$$\Delta D = \Delta R + \Delta R[1-(\overline{R/D})] + \Delta R[1-(\overline{R/D})^2]$$
$$= 100\,000 \text{ 美元} + 100\,000 \times (1-0.10) \text{ 美元} + 100\,000 \times (1-0.10)^2 \text{ 美元} + \cdots$$

式中，D=存款；R=准备金；$\overline{R/D}$=法定准备金率。

表 17—1　　当法定准备金率为 10%时，联储从兆丰银行购买 100 000 美元政府证券时的倍数存款扩张

银行	存款增加	贷款增加	准备金增加
第一银行	100 000	90 000	10 000
第二银行	90 000	81 000	9 000
第三银行	81 000	72 900	8 100
第四银行	72 900	65 610	7 290
第五银行	65 610	59 049	6 561
⋮	⋮	⋮	⋮
	1 000 000	900 000	100 000

398 我们能通过简化前面的方程式重新阐述支票存款水平变化和准备金水平变化之间的关系。支票存款的变化等于准备金的变化乘以简单存款乘数，即法定准备金率的倒数：

$$\Delta D = \Delta R\left\{\frac{1}{1-[1-(\overline{R/D})]}\right\} = \Delta R\left(\frac{1}{\overline{R/D}}\right) \tag{17.3}$$

在上例中，

$$\Delta D = 100\,000 \times \left(\frac{1}{0.1}\right) = 1\,000\,000 \text{ 美元}$$

最终，100 000 美元的准备金增加导致支票存款 10 倍的扩张。因此，支票存款的扩张规模取决于法定准备金率的倒数，在本例中为 1/0.10=10。

如果存款类机构决定将全部或者部分的超额准备金投资于有价证券，存款的扩张仍然可以推导出准备金变化和存款变化之间同样的关系。假设第一银行已经决定购买价值 90 000 美元的短期国债，而不是将 90 000 美元贷给中城硬件公司。第一银行将会签发一张 90 000 美元的支票给证券的卖方，而卖方将会把这笔钱存放在银行体系中，依此类推。因此，无论银行用超额准备金来发放贷款还是用来购买证券，对倍数存款扩张的影响是相同的。

起初你可能认为每个银行都在创造货币。但是，一家银行仅能贷出超过其想要（或者说必须）保持的准备金数量。只有当借款者不把贷款资金以通货的形式保存时，存款才能创造和扩张。如果资金再次被存入银行，则货币作为准备金再次流入银行体系。如果银行不想持有超额准备金，那么只有当全部超额准备金都被用尽的时候，倍数存款扩张过程才会结束。

倍数存款扩张涉及整个银行体系，而不是单个银行的行为。

延伸思考

倍数存款扩张的起源

远在联邦储备体系创立之前，倍数存款扩张就在增加货币供给。事实上，以存款契约的形式保管货币（即黄金或白银）可以追溯到希腊和罗马时代。然而，最初的银行仅仅起到资金库房的作用。换句话说，银行家没有用存款来发放贷款。

到了 13 和 14 世纪，在主要从事商业和贸易活动的意大利与西班牙，存款银行业得以发展起来。那里的商人银行家们将货币贷给企业，并保持一定量的准备金以满足存款人的提款要求。例如，在巴塞罗那，银行通常持有不到存款额 30%的黄金作为准备金。这种银行业体系被称为部分准备金银行业体系，是迈向更加成熟金融体系的重要一步。

尽管罗马天主教会反对对以存款发放的贷款征收利息，将这一做法称为高利贷，但是存款银行业对商业的重要性压过了那些反对之声。实际上，“银行家在 13 世纪佛罗伦萨的社会地位至少和 20 世纪的纽约银行家一样”[1]。无论在当时还是现在，存款扩张都使得一定水平的银行准备金支持了更多数量的贷款和存款。

[1] Sidney Homer and Richard Sylla，*A History of Interest Rates*. New Brunswick，N. J.：Rutgers University Press，1991，pp. 76－77.

测试点拨

假设一国的银行准备金为 1 000 万美元并且法定准备金率为 10%。如果该国公民不持有通货，那么支票存款的存量有多大（如果银行不持有超额准备金）？

$$D=\frac{R}{R/D}$$

$$=\frac{1\,000\text{ 万美元}}{0.10}=1\text{ 亿美元}$$

399 **如果一国的中央银行增加了 500 000 美元的银行准备金，支票存款的水**

平将怎样变化？

$$\Delta D = \Delta R \frac{1}{R/D}$$

$$= \frac{500\ 000\ \text{美元}}{0.10} = 500\ \text{万美元}$$

支票存款水平增加了 500 万美元。

倍数存款收缩

联储通过增加准备金在银行体系中扩张了支票存款。同样地，它也可以通过减少准备金使银行体系中的存款总量收缩。联储通过在公开市场操作中卖出政府证券来收缩存款。同银行体系的存款扩张一样，这种行为有涟漪效应，但是方向相反。公开市场出售的结果就是**倍数存款收缩**（multiple deposit contraction）。

假设联储卖给兆丰银行100 000 美元的国库券，减少了兆丰银行100 000 美元的准备金。如果兆丰银行没有保留任何超额准备金，它现在就不能满足法定准备金要求。兆丰银行连续发放贷款，贷款也是连续到期的。如果有必要，兆丰银行可以收回部分贷款，即不再重贷。这样做可以补充准备金，并满足了提款的需求。为了增加准备金，兆丰银行既可以要求偿还 100 000 美元的贷款，也可以卖出 100 000 美元的证券。两者都可以使兆丰银行获得所需的 100 000 美元准备金。但是，在这个过程中，另一家银行损失了准备金和支票存款。例如，如果第一银行的一位存款者从兆丰银行购买 100 000 美元的证券，第一银行的准备金和支票存款便减少 100 000 美元。

当第一银行损失的 100 000 美元支票存款转移至兆丰银行（10%的法定准备金率）时，第一银行的法定准备金相应下降了 10 000 美元。所以，它必须增加 100 000 美元－10 000 美元＝90 000 美元的准备金。第一银行现在面临兆丰银行曾遇到的问题。如果它没有超额准备金，满足法定准备金还缺少 90 000 美元。因此，第一银行必须卖出证券或收回贷款，以筹集 90 000 美元的准备金。

第一银行

资产		负债	
准备金	-10 000美元	支票存款	-100 000美元
证券 贷款 }	-90 000美元		

第一银行的收缩将通过银行体系传播给其他的银行。假设第一银行

通过出售证券（或通过贷款清偿）收到的 90 000 美元是从第二银行开出的支票。回忆一下兆丰银行准备金的短缺导致了第一银行法定准备金的短缺，如今相同的问题摆在了第二银行的面前。第二银行准备金的缺口
400 为 90 000 美元－0.10×90 000 美元，即 81 000 美元。

上述对倍数存款扩张的考察表明准备金的增加在银行体系中产生了乘数效应。同样，准备金的减少在银行体系中也产生了乘数效应，导致了倍数存款收缩。如果假定银行仅持有法定准备金，由于准备金的减少而导致的银行体系存款减少量正好等于准备金变化乘以法定准备金率的倒数：

$$\Delta D=\Delta R\left(\frac{1}{R/D}\right)$$

这与倍数存款扩张的公式相同。

倍数存款扩张和倍数存款收缩是银行体系中多家银行共同作用的结果，而不是一家银行的行为所造成的。如上述例子所示，银行是联储和非银行公众之间的纽带，承接中央银行的准备金增加，并把准备金传导到非银行公众，在此过程中增加了货币供给。

货币乘数和非银行公众的决策

简单存款乘数说明基础货币的变化如何导致货币供给的变化，但这不是问题的全部。在推导简单存款乘数的过程中，我们假设个人和企业将所有资金都以支票存款的形式持有，并且全部超额准备金都被贷出。但是每个人都会持有一些现金，银行业不总是贷出全部的超额准备金。个人、非银行公众和银行的行为改变了基础货币如何使货币供给成倍变化的预测。这一节考察了非银行公众影响货币乘数的决策，下一节考察了银行决策。金融类报刊可能会刊载“联储控制货币供给”。下面会说明这个说法并不完全正确。联储可以调控基础货币，但非银行公众和银行的行为也影响货币供给。

货币供给等于通货和支票存款之和，可以用下面熟悉的公式表示：

$$M=C+D$$

支票存款 D 取决于倍数存款创造，通货 C 则不然。如果非银行公众持有相对于通货 C 更大的支票存款 D，则货币供给将有可能以更大的比率扩张。可以将现金与支票存款的比例用通货—存款比率（C/D）表示。在说明较低的通货—存款比率增加货币供给之前，我们先考察通货—存款比率为什么以及如何随着时间的推移而变化。除了在第一次世界大战、

20 世纪 30 年代早期和第二次世界大战期间，这个比率从 19 世纪末到 20 世纪 60 年代中期总体上是下降的。而从 20 世纪 60 年代末期开始，通货—存款比率（C/D）稳步上升。

资产组合选择的决定因素

401 非银行公众如何在通货和支票存款之间配置流动性存款的决策就是资产组合配置的一个例子。正如第 5 章分析的那样，我们能够根据其财富以及每一种资产的特点来预测个人是如何做出决策的。

财富 非银行公众的一个决策就是以通货形式持有多少财富。通货是一种必需的资产。随着人们越来越富裕，一个人以通货持有的财富比例并不上升。换句话说，一个典型的富人将比并不如此富有的个人持有更多的通货，但富人并不是成比例地增持更多的通货。原因是支票存款比持有更多的通货更安全，支付更有效率。所以，个人通货—存款比率随着收入和财富的增加而下降。另外，社会经济作为一个整体，随着经济的增长和国民财富的增加，通货—存款比率（C/D）会下降。国民财富的这种变化解释了第一次世界大战前、两次世界大战期间（除了 20 世纪 30 年代初）以及第二次世界大战后，直到 20 世纪 60 年代初这些时期 C/D 的下降趋势。这些都是经济增长相对稳定的时期，因而 C/D 下降了。

预期收益 在选择持有通货还是支票存款时，非银行公众会比较这些资产的预期收益。对于一种资产（在这里指通货或支票存款）的需求取决于预期收益率与具有相似风险、流动性和信息特征资产的预期收益率的比较。由于持有通货没有利息，支票存款利率的提高降低了相对支票存款而言的通货需求，进而使 C/D 减小。支票存款利率的下降会使 C/D 增加。1933—1980 年间，银行监管规定禁止银行对支票存款支付利息；自 1980 年以来，才允许有利息的支票存款。因此，非银行公众更愿意持有支票存款，而不是通货。

风险 通常，通货和支票存款在违约风险上的差异很小。然而在银行业危机期间，通货和支票存款的风险却有差异。持有通货的收益名义上是零，而持有倒闭银行的支票存款可能导致负收益。因此，在银行业危机时期，可以预期通货—存款比率将增加。事实上，在公众对银行体系失去信心的 20 世纪 30 年代初，存款者把支票存款转换成通货，提高了 C/D 比率。20 世纪 30 年代以后，大多数银行存款（一定限额内）得到了联邦存款保险的保障。由于确保了支票存款的安全性，非银行公众在比较通货和支票存款时很少考虑违约风险。

流动性 联邦储备券是美国的限定货币（definitive money），所以通货是流动性最强的资产。支票存款根据定义随时可以转换为通货。因此，非银行公众在通货和支票存款之间配置时一般不考虑它们之间流动性的差异。

402 **信息成本** 起初，获取通货和支票存款信息的成本似乎是相同的。毕竟，不需要信息来评估通货的价值，并且由于有联邦存款保险和银行业的监管，个人储户几乎不需要信息来确定支票存款的价值。然而，两种资产之间却有一个重要的差异：持有通货是匿名的，而支票存款不是。换句话说，当你以支票存款持有货币时，你就会留下一些信息，但是你持有的通货数量别人很难发现。因此，通货具有一种匿名溢价（anonymity premium），意思是在诸如毒品交易、黑市买卖以及避税等非法活动中，通货具有比支票存款更高的价值。匿名溢价有助于解释在20世纪中观察到的两种C/D模式。第一，战争期间C/D的增加。例如在一战、二战中，这种趋势反映了战争期间黑市交易活动和高所得税率下通货的使用情况。第二，从20世纪60年代末到现在，C/D稳定上升。经济学家指出，20世纪60年代的高边际所得税率使个人有更大的动机接受免税现金。同时，20世纪80年代和90年代毒品贸易等不法活动的明显增加也是原因之一。分析家们把没有报告给税收当局的经济活动和所得收入称作地下经济（underground economy）。

由于美国人均持有通货余额超过1 000美元，因此，可以有充分的证据估计规模庞大的地下经济。在任何时候都很少有人持有如此多的现金，所以，可以判断在地下经济中有相当多的现金流通是为不法活动或避税行为提供融资。实际上，一些专家估计地下经济可能占到全部美国经济的10%以上。在12万亿美元的美国经济中，这一数量将达到1万亿美元以上。从地下经济活动中收缴税款会大幅度缩减联邦预算赤字。数额巨大的美国通货也作为低信息成本资产在国外流通，如俄罗斯。

如果地下经济无法根据定义度量，如何估计其规模呢？通过利用已知的非银行公众持有通货的决定因素，我们可以由C/D的运动趋势来考察地下经济。例如，边际税率增加或实施配给制（如战争时期）将增加通货的匿名价值，C/D也将增加。相反，毒品、卖淫和赌博的合法化将减少地下交易对通货的需求，C/D也将减小。

结　语

表17—2概括了非银行公众在选择支票存款还是通货时的决策，以及这些决策对通货—存款比率的影响。通货—存款比率代表了非银行公众的一种资产组合配置决策。相对于支票存款，通货持有量受资产组合选择的决定因素的影响：财富、风险调整后的预期收益、流动性以及信

息成本特征。

表 17—2　　　　通货—存款比率的决定因素

403

……增加	引起 C/D……	原因……
财富	下降	一般来说，C/D 随着经济中的收入和财富的增加而下降。
存款的预期收益	下降	支票存款利率的上升会导致公众对存款需求（相对于通货）增加，使 C/D 减小。
存款的风险	上升	正常情况下，违约风险不影响 C/D。发生银行业危机时，意识到存款风险的增加会提高 C/D。
存款的流动性	不变	正常情况下，通货和支票存款的流动性差异很小，对 C/D 的影响很小或没有。
信息或现金的匿名价值	上升	黑市交易、逃税和其他非法活动导致的匿名需求增加或国外需求，导致 C/D 增加。

测试点拨

在下列各种情况中，预期通货—存款比率会发生怎样的变化？

(a) 支票存款利率上升。

(b) 高税率使地下经济活动活跃起来。

(c) 伪造货币的巨大浪潮冲击美国。

答案：

(a) 存款的预期收益上升，C/D 下降。

(b) 地下经济活动的活跃提高了通货需求，C/D 上升。

(c) 通货风险加大会减少通货需求，C/D 下降。

银行行为：超额准备金和贴现贷款

在建立简单存款乘数时，除了假定非银行公众将全部通货以支票存款形式持有以外，还假定了银行不持有超额准备金（超额准备金是指多于联储规定的法定准备金的那部分准备金）。但有时银行以库存现金或联储存款形式持有超额准备金。当银行持有准备金时，货币乘数要小于简单存款乘数。同非银行公众一样，银行也要做出资产组合配置决策，决定是持有超额准备金，还是发放贷款或投资。另外，银行必须作出是否从联储借入款项的决策，银行借入贴现贷款的决策也影响到联储控制的基础货币的数量。

超额准备金

404 相对于存款，银行如何决定持有的超额准备金数量？主要的决定因素是与资金的其他用途收益相比，持有超额准备金的预期收益情况。由于在联储的准备金没有利息，超额准备金的机会成本为市场利率，即银行贷出资金或投资所能获得的利率。

图 17—4 显示，银行一般持有较低水平的超额准备金，超额准备金的数量随着时间的推移而波动。在 20 世纪 80 年代初，市场利率较高，银行减少超额准备金。在其他条件相同的情况下，市场利率的上升减少了超额准备金，市场利率的下降增加了超额准备金。也即，银行持有的超额准备金与市场利率负相关。

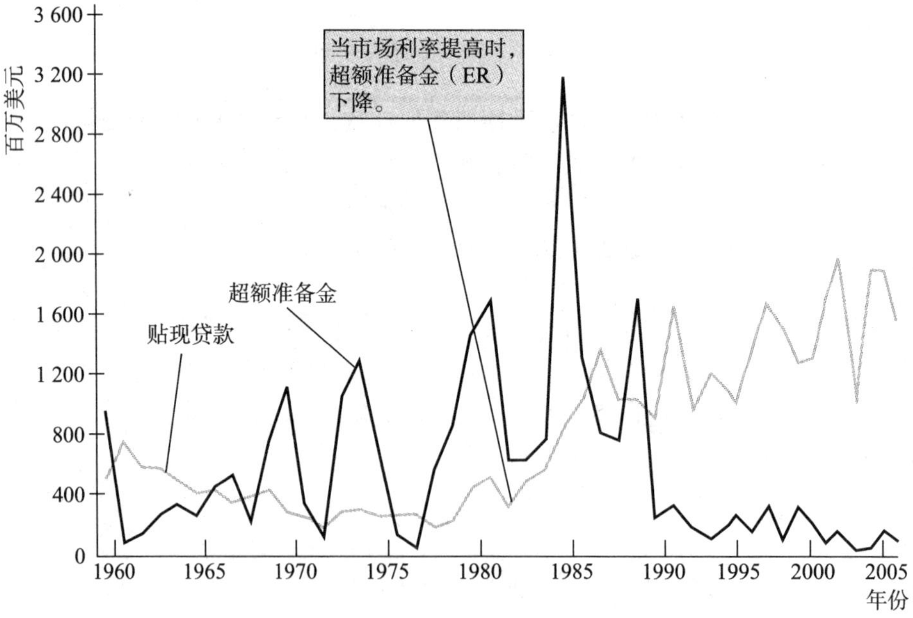

图 17—4　超额准备金和贴现贷款，1959—2006 年

银行持有超过法定准备金的超额准备金。贴现贷款是指银行从联储借入的准备金。

资料来源：*Federal Reserve Bulletin*，各期。参见 http://research.stlouisfed.org/fred2/series/BORROW，http://research.stlouisfed.org/fred2/series/EXCRESN?7cid=45。

尽管存在机会成本，银行持有超额储备金也同联储与银行的关系有关。联储明确规定法定准备金率，但并不鼓励银行频繁借入贴现资金来满足法定准备金要求。如一家银行准备金不充足，联储可能会实施处罚。此类处罚包括对为满足法定准备金要求的贴现贷款施以惩罚性利率以及“严峻讨论”。为了避免依靠贴现贷款满足准备金要求，银行持有少量的超额准备金。另外，当银行过高地估计来自储户的提现时预期，就会导致超额准备金。

银行持有超额准备金的一个更重要的原因是，超额准备金可以对较高的预期存款流出或较大的存款流出波动起到一种缓冲作用。若没有这种缓冲，如果存款提取超过准备金，银行将必须承担以下一种成本：(1) 卖出证券；(2) 回收贷款；(3) 从联储或公开市场借款。极端情况下，银行也可能倒闭。因此，作为存款流出缓冲的超额准备金的利益就超过资金用于其他途径的机会成本。例如，20 世纪 30 年代初期银行持有高额超额准备金以保证未来的存款提取。资产分配
405 理论预测，预期的存款流出水平增加或波动幅度增大会提高超额准备金。相反，预期的存款流出水平下降或波动幅度减小会降低超额准备金。因此，银行体系的超额准备金水平同预期的存款流出水平或波动正相关。

贴现贷款

联储向银行发放贴现贷款，贷款数量取决于银行自身。当银行贷款和投资的市场利率高于贴现率时，银行倾向于从联储借款。而当市场利率和贴现率之间的利差很小时，银行便减少从联储的借款。银行借入的贴现贷款与市场利率正相关，与贴现率负相关。当市场利率远高于贴现率时，如图 17—4 中 20 世纪 80 年代早期那样，银行将有寻求贴现的激励。

经济学家发现，当 3 个月期国库券利率和贴现率之间的利差扩大时，贴现量也增大。另外，联储的贷款意愿也影响银行的贴现量。联储通常不鼓励日常性的贴现借款，但偶尔也竭力鼓励银行向其借款。例如，在 1987 年 10 月股市崩盘时就是这样。

表 17—3 概括了银行超额准备金和贴现贷款决策的决定因素。银行对超额准备金和贴现贷款的资产组合配置决策是基于预期收益做出的，影响货币乘数和货币供给。

在得出货币供给过程的结论之前，有必要考察一下联储的作用以及银行和非银行公众的行为。现在我们有了计算准确**货币乘数**（money multiplier）所需的各个部分，通过货币乘数可以把基础货币转换为货币

供给。货币乘数表达式是对简单存款乘数的修正，包括了非银行公众关于持有支票存款还是通货的决策，以及银行关于持有准备金和得到贴现贷款的决策。读者也可以看出为什么说联储不能“控制”货币供给。尽管联储可在很大程度上通过决定基础货币，对经济中的支票存款数量产生影响，但不能完全控制经济中其他参与者的行为。因此，这样说更为准确：联储管理货币供给或指导货币政策，但联储无法挥动魔杖，确定经济中具体的货币数量。

表 17—3　　超额准备金和贴现贷款的决定因素

……增加	引起……	原因……
市场利率	超额准备金下降	持有超额准备金的机会成本增加
存款流出的平均水平及波动性	超额准备金上升	银行需要更多的缓冲以应付存款流出
相对于贴现率的市场利率	贴现贷款上升	银行的贴现贷款利润增加

推导货币乘数和货币供给

406 我们综合基础货币和简单存款乘数修正的信息，可以得到预测货币供给的方程。得出结论需分两步：首先，必须计算货币乘数；然后，利用该表达式得到货币供给。

推导货币乘数的分析基于联储、非银行公众和银行的决策。具体考虑：(1) 联储决策对准备金水平的影响；(2) 假定通货—存款比率 (C/D) 不变的条件下，非银行公众资产组合配置决策的影响；(3) 假设银行持有的超额准备金占存款的比例 (ER/D) 是常数的条件下，银行关于超额准备金 (ER) 决策的影响。

首先考虑联储设定法定准备金率如何影响货币乘数 m。总的准备金 R 等于法定准备金 RR 与超额准备金 ER 之和：

$$R=RR+ER \tag{17.4}$$

联储通过要求银行持有一定比例的支票存款作为准备金，来设定法定准备金的水平。因此，法定准备金等于法定准备金率 R/D 乘以支票存款水平 (D)：

$$RR=(\overline{R/D})\times(D) \tag{17.5}$$

将该式代入总准备金的等式（17.4）中，得到：

$$R=(\overline{R/D})\times(D)+ER \tag{17.6}$$

前面关于货币供给过程的讨论提出，货币供给可以被看做基础货币和货币乘数的乘积，因此，需从准备金推导出基础货币。基础货币 B 等于通货 C 与准备金 R 之和，运用方程（17.6）得到：

$$\begin{aligned} B&=C+R \\ &=C+(\overline{R/D})\times(D)+ER \end{aligned} \tag{17.7}$$

例如，假设支票存款总量为 10 亿美元，通货总量为 3 亿美元，还假定联储要求银行持有 10%的支票存款作为准备金，并且银行不持有超额准备金。基础货币为多少？它等于通货（3 亿美元）与准备金（法定准备金率 0.10 乘以存款总量 10 亿美元）之和：

$$B=3\text{ 亿美元}+0.10\times 10\text{ 亿美元}=4\text{ 亿美元}$$

现在将非银行公众和银行的资产组合配置决策整合到基础货币的方程中。若非银行公众持有的通货—存款比率是常数，则，

$$C=(C/D)\times(D)$$

若银行持有的超额准备金占活期存款总量的比例是常数，则，

407

$$ER=(ER/D)\times(D)$$

将这两个表达式代入方程（17.7）中，就得出基础货币的如下方程：

$$\begin{aligned} B&=(C/D)\times(D)+(\overline{R/D})\times(D)+(ER/D)\times(D) \\ &=[(C/D)+(\overline{R/D})+(ER/D)](D) \end{aligned} \tag{17.8}$$

如果方程（17.8）两边同时除以中括号里的内容并移项，就得到支票存款和基础货币关系的表达式：

$$D=\left[\frac{1}{(C/D)+(\overline{R/D})+(ER/D)}\right]\times(B) \tag{17.9}$$

回到上述例子，支票存款等于 10 亿美元，基础货币为 4 亿美元，银行不持有超额准备金，所以 $ER/D=0$；并且法定准备金率是 0.10。通货—存款比率是 3 亿美元/10 亿美元，即 0.30。因此

$$D=\left(\frac{1}{0.30+0.10+0}\right)\times 4\text{ 亿美元}=10\text{ 亿美元}$$

最后通过从存款导出货币供给 M 来完成这一过程。货币供给等于通货 C 加上存款 D。因此用（C/D）（D）来代替 C，得到：

$$
\begin{aligned}
M &= C + D \\
&= [(C/D) \times D] + D \\
&= D \times [1 + (C/D)]
\end{aligned}
$$

替换 D 并代入方程（17.9），得到货币供给 M 与基础货币 B 之间的表达式：

$$\text{货币供给} = \text{货币乘数} \times \text{基础货币}$$

即

$$M = \left[\frac{1 + (C/D)}{(C/D) + (\overline{R/D} + (ER/D))}\right] \times B \tag{17.10}$$

方程（17.10）括号里的部分等于货币乘数 m。货币供给等于基础货币乘以货币乘数。货币乘数的含义是：当基础货币发生一定量的变化后货币供给相应的变化。

例如，假设一国的基础货币为 100 亿美元，法定准备金率是 0.15，通货—存款比率是 0.35，银行不持有超额准备金。则支票存款的存量是多少？货币供给总量是多少？这时货币乘数等于

$$m = \frac{1 + (C/D)}{(C/D) + (\overline{R/D})} = \frac{1.35}{0.35 + 0.15} = 2.7$$

408 货币供给等于货币乘数乘以基础货币，所以

$$\text{货币供给} = 2.7 \times 100 \text{ 亿美元} = 270 \text{ 亿美元}$$

支票存款 D 等于

$$D = M - C = M - (C/D) \times (D)$$

所以

$$D = \frac{M}{1 + (C/D)} = \frac{270 \text{ 亿美元}}{1.35} = 200 \text{ 亿美元}$$

现在，我们完成了对货币供给过程的完整描述：

1. 货币供给等于基础货币乘以货币乘数。

2. 基础货币包括主要由联储通过公开市场操作决定的非借入基础货币和由银行及联储共同决定的贴现。

3. 货币乘数取决于法定准备金率（由联储决定）、超额准备金与存款的比率（由银行决定）以及通货—存款比率（由非银行公众决定）。

表 17—4 总结了决定货币供给的各个变量。如表 17—4 所示，理解这些变量有助于解释联储、银行及公众的短期和长期行为。

表 17—4　　货币供给过程中的变量

409

……增加	基于……的参与	导致货币供给……	原因……
非借入基础货币（B_{non}）	联储（公开市场操作）	上升	基础货币增加，更多的准备金可用于存款扩张。
准备金要求（$\overline{R/D}$）	联储（准备金要求）	下降	可贷准备金减少，货币乘数下降。
贴现率	联储（贴现政策）	下降	贴现成本增加，借入准备金减少，基础货币减少。
通货—存款比率（C/D）	非银行公众（资产决策）	下降	货币乘数下降，减少了存款扩张。
超额准备金与存款的比率（ER/D）	银行（资产决策）	下降	货币乘数下降，减少了存款扩张。
预期存款流出	非银行公众（交易因素）	下降	相对于存款，超额准备金增加，减小了货币乘数和存款扩张。
存款流出波动	非银行公众（交易和资产组合因素）	下降	相对于存款，超额准备金增加，减小了货币乘数和存款扩张。

博闻广识

20 世纪 30 年代初期的货币乘数和货币供给

在美国大萧条严重时期（1930—1933 年），货币乘数极其不稳定。为什么会如此？我们能从中得到什么启示来帮助我们预测未来的货币乘数？

20 世纪 30 年代初，美国发生了历史上最严重的银行业危机。而问题源于 20 世纪 20 年代末，农产品价格下降引起了农户的农业贷款违约。产生危机的其他原因是 1930 年和 1931 年美国和欧洲的一些著名金融机构的倒闭，以及英国 1931 年 9 月放弃了金本位制，使得国际投资者怀疑美元是否将继续与黄金挂钩。到 1933 年，超过三分之一的美国商业银行破产或被其他银行接管。

银行业危机通过影响非银行公众和银行的资产组合配置决策，大大地改变了货币乘数。首先，由于感觉到银行贷款资产的风险增加，谨慎的存款人把银行存款换为（或尽量换为）通货。1931 年后，通货—存款比率（C/D）不断攀升，1933 年初大幅度上升，增加了两倍多。公众持有通货代表了存款创造过程的漏损，因此，当基础货币相对稳定时，货币乘数和货币供给都下降了。

由于银行挤兑风潮的原因，到 1932 年，银行都不得不预计有大规模的存款流出，并增加了超额准备金的持有量。结果是超额准备金与存款的比率（ER/D）上升了，进一步减小了货币乘数。

在 1931—1933 年银行业危机时期，联储没有积极增加再贴现贷款，这恶化了银行体系的问题，促使公众将支票存款转换为通货，促使银行将贷款转换为准备金。作为这些银行和非银行公众资产组合配置决策的结果，货币乘数从 1930 年 3 月的 3.8 下降到 1933 年 3 月的 2.3。尽管同期基础货币增长了大约 20%，但货币供给实际上下降了 28%。

说明：数字基于 Milton Friedman and Anna J. Schwartz，*A Monetary History of the United States，1867－1960*. Princeton，N. J. Princeton University Press，1963，pp. 299－419。

案例研究

运用货币供给方程式来预测货币增长

货币供给方程能够预测货币供给的增长。分析货币供给 M（由 $M1$ 来度量）的决定因素，需先测算货币乘数 m 的变化，再测算基础货币 B 的变化。前已提及，基础货币 B 等于非借入基础货币与借入准备金 BR（贴现贷款）之和。因此，货币供给表示为：

$$M=m(B_{non}+BR)$$

货币乘数 m 取决于法定准备金率、通货—存款比率及超额准备金与支票存款的比率。

为了考察货币供给增长率，需要一个 M 百分比变化的表达式：$\%\Delta M$。M 的百分比变化近似等于货币乘数的百分比变动 $\%\Delta m$，加上基础货币的百分比变动 $\%\Delta(B_{non}+BR)$。

$$\%\Delta M \cong \%\Delta m+\%\Delta(B_{non}+BR)$$

411 从一个简单的例子开始，假定货币乘数是常数，$\%\Delta m=0$，货币供给的百分比变化可以表示为 $\%\Delta M=\%\Delta(B_{non}+BR)$。为了预测货币供给增长率，需要预测出基础货币的增长率。为此，要研究联储影响非借入基础货币 B_{non} 的公开市场操作决策，以及银行和联储的贴现贷款决策 BR。正如前所述，BR 比 B_{non} 要小，因此，很自然大多数研究货币供给的分析人员是联储的观察员，或者是悉心观察联储行为和意图的人。只要货币乘数的百分比变化为零或非常小，那么对贴现贷款变化尤其是对非借入基础货币的准确预测将能很好地预测出货币供给的增长。

我们用一些实际数据来解释基础货币和货币乘数的变化是如何导致货币供给的变化的。图 17—5 列出了 1979—2006 年间，货币供给、基础货币和货币乘数的百分比变化数据。这一时期的货币供给年均增长率约为 5.3%。这一增长主要是由基础货币年均增长 7.4%所导致的。总体上，货币乘数下降了。图 17—5 显示，1980—1984 年的货币供给年均增长率（7.3%）基本都可以由基础货币的年均增长率

410

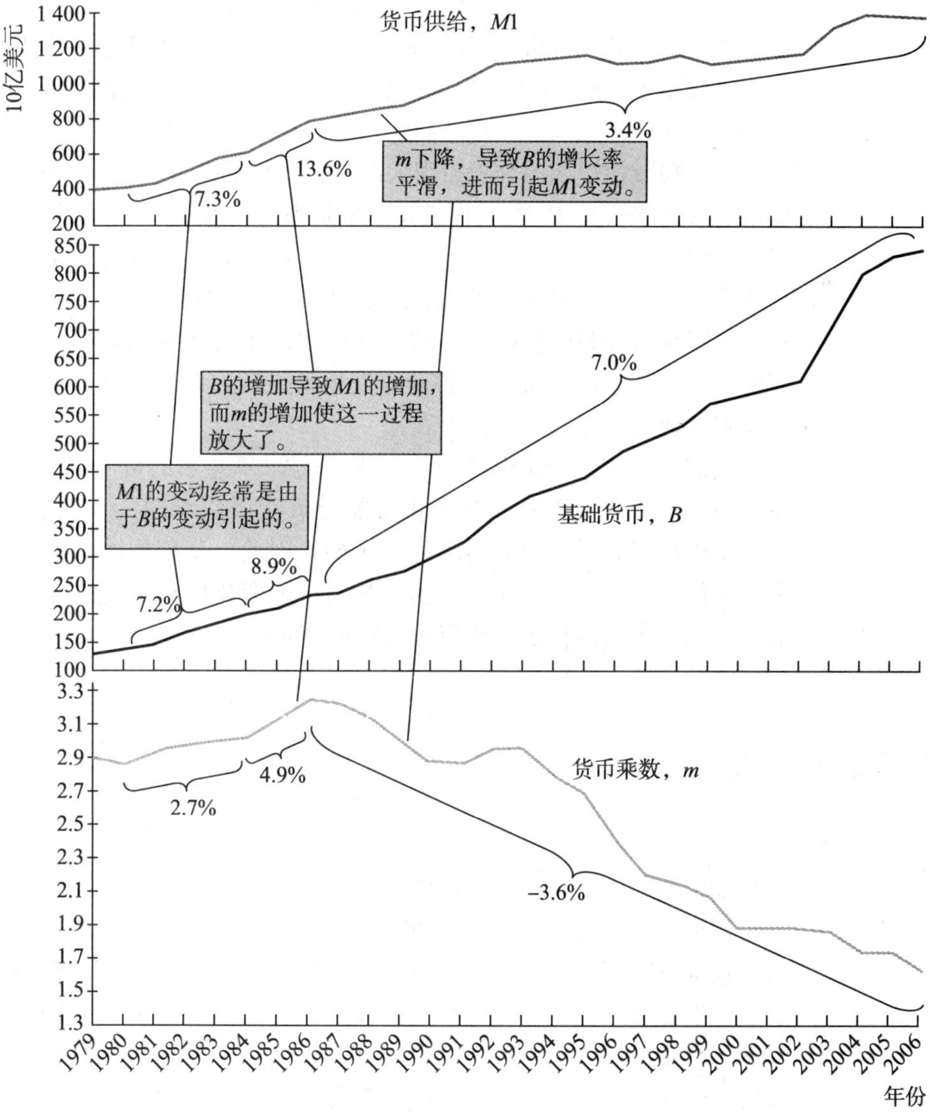

图 17—5 解释货币供给（M1）的变化：1979—2006 年

在长期，货币供给的变动主要由基础货币的波动决定；在短期，货币乘数的波动扩大或缩小了基础货币变动对货币供给的影响。

资料来源：http://www.federalreserve.gov/releases.

(7.2%）来解释；货币乘数每年仅增长 0.1%。实际上，所有基础货币的增长都代表了联邦储备体系公开市场操作带来的非借入基础货币的增长。20 世纪 80 年代和 90 年代早期仅有的重大例外是在 1984 年，当时联储给发生财务危机的伊利诺伊大陆银行提供了大约 50 亿美元的贴现贷款。在此外的其他大多数时期，货币供给变化的主要决定因素是基础货币非借入部分 B_{non} 的变化，而这部分是由联邦储备体系通过公开市场操作控制的。

金融界的许多预测专家致力于预测货币供给的短期变化。但在短期中，联储改变基础货币的行动与货币供给实际变化之间的相关性非常不准确。如图 17—5 中的第二期和第三期所示，货币乘数组成部分的短期扰动会改变这种关系。

货币乘数在短期内会发生很大的变化。例如，在 1985 年和 1986 年，货币乘数每年增长 4.7%。同期，基础货币每年增长 8.9%，货币供给量 $M1$ 每年增长 4.7%+8.9%=13.6%。要解释货币乘数的变化，就必须分析其组成部分的变化。究其原因是由于通货—存款比率（C/D）的变化。这两年（C/D）下降了 17%，从而增加了货币乘数，图 17—5 中没有体现这一点。1986 年后这种效应发生了逆转，以后的货币乘数下降通常反映了通货—存款比率的上升。

我们对 20 世纪 80 年代、90 年代以及 2000 年后的货币供给变化的分析表明，短期内货币乘数的变化可能导致货币供给的巨大改变。然而，长期来讲，家庭对货币的需求是稳定的，因此，基础货币的变化可以解释货币供给的大部分变化。目前，基础货币变化的最重要决定因素是联储通过公开市场操作改变非借入基础货币的行为。

关键术语和概念

银行准备金	贴现贷款	倍数存款扩张
超额准备金	贴现率	公开市场操作
法定准备金率	货币供给过程	公开市场购买
法定准备金	基础货币	公开市场出售
通货—存款比率	货币乘数	简单货币乘数
流通中的通货	倍数存款收缩	库存现金

总 结

414 1. 模型中货币供给的基本口径是$M1$，等于非银行公众持有的通货与存款类机构的支票存款之和。货币供给过程中的三个参与者是：联邦储备体系、存款类机构（银行）和非银行公众。

2. 货币供给过程包括两部分。首先，联储的行为很大程度上决定了基础货币；其次，货币乘数度量了货币供给对于基础货币的变化所发生的变化。

3. 联储主要通过买卖政府证券（公开市场操作）影响基础货币。联储的证券购买增加了基础货币，而联储的证券出售减少了基础货币。联储也能通过向银行发放贴现贷款的方式来改变基础货币。贴现贷款的增加导致基础货币增加，贴现贷款的减少导致基础货币减少。

4. 银行准备金增加使支票存款水平上升的过程叫做倍数存款扩张。联储可以通过购买政府证券或发放贴现贷款向银行体系注入准备金。准备金的增加使银行可以发放更多的贷款，也使银行存款增加。其结果是货币供给增加了。在最简单的情况下——持有的通货不变且银行不持有超额准备金——倍数存款扩张仅仅受联储法定准备金的限制。银行准备金增加导致了支票存款多倍于准备金增加，这个倍数就是简单存款乘数，等于法定准备金率的倒数。

5. 货币乘数代表了基础货币和货币供给之间的联系。如果乘数是常数，货币供给的变化等于货币乘数乘以基础货币的变化。通货和准备金相对于支票存款的增加会减少货币乘数。

6. 尽管联储通过公开市场操作、贴现贷款和法定准备金等手段在货币供给过程中起到了重要的作用，但是联储不能完全地控制货币供给。银行和非银行公众的资产组合配置决策也影响基础货币和货币乘数。非银行公众决定在支票存款和通货之间如何分配财富。非银行公众的相对于存款的通货需求增加会提高通货—存款比率，进而减少货币乘数。银行必须决定持有多少比例的支票存款作为超额准备金（超过规定的法定准备金部分）。持有超额准备金提高了有效准备金与存款的比率，降低了货币乘数。非银行公众和银行的资产组合配置决策取决于影响资产需求的主要因素：财富、预期收益、风险、流动性和信息。最后，联储并不控制贴现贷款，联储只设定贴现率（贴现贷款的利率），借款的决策是由银行做出的。

7. 综上所述，货币供给过程涉及的重要角色包括联储、银行和非银行公众。可以将货币供给（$M1$，通货与支票存款之和）表达为：

$$货币供给=(货币乘数)\times(非借入基础货币 + 贴现贷款)$$

复习题

1. 联邦储备体系的主要资产和负债是什么？分别简要描述。

2. 基础货币的组成部分是什么？基础货币为什么是一个有用的概念？

3. 通货和发行货币的差别是什么？哪个与准备金相加便得到基础货币？

4. 什么是超额准备金？如何计算？什么决定了法定准备金的数量？

5. 如果联储要增加货币供给，是应该公开市场购买还是出售？是应该发放更多还是更少的贴现贷款？如果联储要减少货币供给，应该怎么做？

6. 如果银行持有 10 000 美元超额准备金，最多能发放多少新贷款？为什么不能更多？

7. 有学生说："如果任何一家银行都仅能安全地发放等于其超额准
415 备金数量的贷款，我不明白银行体系作为一个整体如何能够发放等于其系统最初超额准备金的数倍贷款。"解释这个看似矛盾的说法。

8. 如果贴现率通常低于联邦基金利率，为什么银行不从联储以贴现率借入，然后以联邦基金利率贷出，以获得利差？

9. 美国的财富稳定增长。如果财富是影响通货需求的唯一因素，你预计通货—存款比率将随着时间的推移如何变化？

10. 当联储发放更多贴现贷款时，简单存款乘数如何变化？

11. 假设联储想要在明年增加 10%的货币供给（$M1$），并预测货币乘数将增加 2%，那么基础货币应该增加多少？

12. 1979—1986 年间的货币乘数发生了怎样的变化？1986 年以后呢？什么导致了货币乘数发生这样的变化？对于试图预测货币供给短期变动的金融领域预测人员，这些变动有什么影响？

分析题

13. 假设第五银行向活动扳手公司贷款 100 000 美元。使用 T 形账户说明这笔交易在银行资产负债表上如何记录。如果活动扳手公司从废旧钢铁公司购买原材料，该公司在奇妙银行开户，请说明对第五银行资产负债表的影响，第五银行的资产和负债有什么变化？

14. 假设一家银行现有 24 000 美元准备金和 176 000 美元贷款，负债中存款为 200 000 美元。如果法定准备金率是 10%，银行法定准备金和超额准备金各是多少？银行有可能怎么做？

第 15 题和第 16 题需要使用下列银行资产负债表（单位为百万美元）。

资产		负债	
准备金	48	支票存款	300
贷款	280	定期存款	200
证券	182	净值	10
	510		510

15. 当支票存款的法定准备金率是 14%、定期存款的法定准备金率是 3%时，计算银行超额准备金是多少。现在假设支票存款的法定准备金率为 16%，而定期存款的法定准备金率为 0。再次计算银行超额准备金的数量。

16. 假设银行在公开市场上卖出 300 万美元证券。当支票存款的法定准备金率是 14%时，计算银行超额准备金的变化。

17. 请解释为什么你同意或者不同意下列说法："如果没有存款保险，联储对货币供给的控制将被削弱。"

18. 考虑下列数据（所有的数值单位均为 10 亿美元）：

	1930 年 6 月	1931 年 6 月	1932 年 6 月
通货	3.681	3.995	4.959
支票存款	21.612	19.888	15.490
银行准备金	3.227	3.307	2.829

计算各个时期的通货—存款比率、总准备金与存款的比率、基础货币、货币乘数和货币供给 $M1$。你能解释通货—存款比率和总准备金与存款的比率在 1930—1932 年之间的变化吗？

19. 在下面的银行资产负债表中，单位是百万美元。3 000 万美元以下的支票存款的法定准备金率为 3%，超过 3 000 万美元的支票存款的法定准备金率为 12%。

资产		负债	
准备金	18.9	支票存款	180.0
贷款	150.0	净值	20.0
证券	31.1		200.0
	200.0		

a. 计算银行的超额准备金。

b. 假设银行为获得现金卖出 500 万美元的证券。写出这笔交易后的银行资产负债表。银行新的超额准备金是多少？

416 c. 假设银行将 b 部分中的超额准备金贷给某家企业。写出在贷款发放后、企业用掉贷款资金前的银行资产负债表。现在银行超额准备金是多少？

d. 假设企业支出贷款资金，则应如何修改银行的资产负债表？并计算其超额准备金。

20. 如果法定准备金率为 25%，银行不持有超额准备金，公众的通货—存款比率为 25%，那么 $M1$ 的货币乘数是多少？

21. 假设经济的统计数据如下（单位为 10 亿美元）：

公众持有的通货	100
银行持有的准备金	200
银行持有的支票存款	800
银行持有的定期存款	1 200
银行持有的超额准备金	40

如果支票存款的法定准备金率为 20%，$M1$ 的货币乘数是多少？

22. 若银行不持有超额准备金，通货—存款比率是 1，且支票存款的法定准备金率是 100%，则货币乘数是多少？

23. 分析家们有时会发现，对美国通货需求的显著增加对应着某国的危机。这是一种巧合吗？请解释。

24. 假设第一银行发现计算机程序出错，准备金突然少了 1 亿美元。你预期联邦基金利率、联储的贴现贷款以及其他银行的超额准备金将如何变化？

25. 假设银行都是风险厌恶型的，愿意卖出证券来持有超额准备金。换句话说，如果联储在公开市场购买，银行将以超额准备金的形式持有基础货币增加的全部数量。这种情况下的货币乘数将是多少？联储增加货币供给能实现吗？

第 26 题和第 27 题与本章附录有关：

26. 如果公众决定持有更少的通货和更多的定期存款，即 C/D 下降 1%且 N/D 上升 1%，那么 $M1$ 和 $M2$ 会如何变化（假定准备金与存款的比率小于 100%）？

27. 考虑 A 银行的资产负债表（单位为百万美元）。

资产		负债	
准备金，R	18	支票存款，D	300
贷款，L	280	定期存款，N	200
证券，S	182	净值，NW	10
	510		510

对于经济整体而言，支票存款 D 的最初水平是 2 万亿美元。有关的比率如下：

通货—存款比率，C/D	0.2
定期存款—支票存款比率，N/D	1.5

货币市场账户—存款比率，MM/D	0.5
超额准备金—存款比率，ER/D	0.06
法定准备金率，$\overline{R/D}$	0.14

a. 计算基础货币 B、$M1(=C+D)$ 和 $M2(=M1+N+MM)$。A 银行有超额准备金吗？整个经济中有超额准备金吗？

b. 计算 $M1$ 和 $M2$ 的货币乘数（各自的 m 值）。

c. 假设联储把法定准备金率变为 16%，即 0.16。作为回应，银行整体将其超额准备金降低为零。A 银行的资产负债表如何变化？计算法定准备金。A 银行的超额准备金是多少？计算新的 $M1$ 和 $M2$ 的货币乘数。

d. 假设没有发生 c 中的行为，而是联储在公开市场上购买了 888.88 亿美元的证券，其中包括从 A 银行购买的 150 万美元证券。A 银行的资产负债表如何变化？计算其法定和超额准备金。计算新的基础货币。

数据题

417 28. 在图书馆查阅《联邦储备公告》最新公布的下列数据：通货持有量 C、支票存款 D、法定存款准备金 RR、超额存款准备金 ER 以及货币供给 $M1$。根据这些数据，计算 C/D、ER/D 和 $\overline{R/D}$。使用乘数公式计算 $M1$ 的货币乘数，或者利用方程计算 $M1$ 的货币乘数。比较这两个货币乘数。将它们和简单存款乘数（$1/(\overline{R/D})$）比较，会得到怎样的结论？

29. 联储密切监视货币机构的准备金头寸。查明存款类机构的法定准备金总量，这一数据由联储统计公报网站每月报告，网址：http：//www.federal.reserve.gov/releases（H3 项）。比较 2001 年最近一次衰退之前的几个月和衰退期间的法定准备金。准备金在此期间是如何随经济周期变动的？法定准备金的变化看起来对基础货币有预测效应吗？为什么？

理论联系实际

《华盛顿邮报》，2006 年 6 月 30 日

联储和基础货币：减轻通货膨胀压力

412 昨天，联储的政策制定者把一项关键利率提高到 5 年来的最高水平，显示他们很可能进一步提高该利率，以应对不断增大的通货膨胀。

a 作为中央银行的最高政策制定者，联邦公开市场委员会发表声明说，消费者价格通货膨胀“在最近几个月已经提高”。该委员会宣布，把基准利率从 5%提高到 5.25%，这是自 2004 年 6 月以来连续第 17 次增加 0.25 个百分点。

联储已持续紧缩信贷来使经济降温，并使通货膨胀处于可控范围内。该委员会在声明中提到，提高基准利率主要是挤出了房地产市场的一些泡沫，已经成功减缓了年初的经济快速增长。

但是经济没有放缓到阻止春季的通货膨胀渐升，部分是由于能源成本飙升，更多的企业提高零售价格，将成本转移给消费者。联储政策制定者表示，这种放缓“随着时间的推移，应该有助于限制通货膨胀压力”，但是同时暗示放缓也许并不足以迫使通货膨胀下降……

基准联邦基金利率是银行间隔夜贷款利率，影响许多其他借款成本。主要银行跟随联储的行动，把优惠商业贷款利率从 8%提高到 8.25%。b 信用卡、房屋产权贷款和抵押贷款利率也很可能上升，但是随着金融机构对货币市场基金和大额存单支付更高的利率，储蓄者会受益。

最近几个月长期贷款利率不断提高，但比短期贷款利率的提高要慢。c 例如，上周的 30 年期固定利率抵押贷款的平均利率为 6.71%，并不比联储开始提高联邦基金利率前的 2004 年 6 月的 6.29%水平高多少。

联储利用其对利率的影响在使通货膨胀得到控制的同时，促进了经济增长。较高的利率导致消费者和企业减少支出，放缓经济增长，并抑制通货膨胀压力。较低的利率则反之。

新闻分析

413 2006 年 6 月 29 日，联储将短期利率提高了 0.25%，由 5%提高到 5.25%。与此同时，联储采取出售国库券的公开市场操作来减少银行的准备金和基础货币。公开市场出售对国库券价格产生向下压力，并对收益产生向上压力，基础货币收缩了，联储实现了其宏伟目标。

a. 在联储提高利率前的 2003 年，联储以通货和支票存款衡量的货币 *M*1 的增长率迅速增加；*M*2 的增长率也增加了。一些经济学家和政策

制定者担心，货币供给增长率的上升增加了不断加大的通货膨胀压力。联储的官员不乏这种担忧，记得 1998 年和 1999 年不断上升的货币供给增长率迫使联储在 2000 年提高利率，以致经济陷入衰退。因此，联储从 2004 年 6 月开始逐步提高利率。

在整个 2004 年，$M1$ 的同比增长率不断上升。2005 年上半年，$M1$ 的同比增长率仍然相对较高。2006 年，$M1$ 增长率再次上升。在这段时期，联储持续提高短期利率。

b. 回忆利率期限结构的分析，长期利率很大程度上反映了对未来短期利率的预期。因此，当联储暗示它可能继续提高短期利率以控制通货膨胀时，长期利率也提高了。

c. 利率期限结构分析还表明，长期利率并不总是一定与短期利率变动一致。在 2005 年和 2006 年，当联储不断提高短期利率时，长期利率上升很缓慢，幅度也很小。

更进一步的思考……

近年来，一些金融业内人士怀疑 $M1$ 的变化是由于金融资产组合的再分配。随着股票市场和债券市场收益的减少，这该如何解释 $M1$ 增长率的变化？

资料来源：节选自“Key Fed Rate Raise to 5.25%, A 5-Year High,” *The Washington Post*, June 30, 2006, p. D01. ©2006 The Washington Post Company。

附　　录

M2 的货币供给过程

由于 20 世纪 80 年代和 90 年代的金融创新（第 15 章对此进行了详细讨论），很多分析家和政策制定者开始担心 $M1$ 不再足以代表发挥交换媒介功能的资产。因此，他们更重视 $M2$。$M2$ 是比 $M1$ 更广泛的货币总量，不仅包括通货 C 和支票存款 D，还包括非交易账户。这些账户包括储蓄、小额定期存款账户 N 和某些货币市场账户 MM。$M2$ 中的货币市场项目包括在商业银行的货币市场存款账户、通用和经纪商兼交易商货币市场共同基金、银行隔夜回购协议和美国银行海外分支机构向美国居民发行的隔夜欧洲美元。$M2$ 各项之和等于

$$M2=C+D+N+MM \tag{17. A1}$$

货币供给的 $M2$ 指标对非银行公众资产组合偏好变动的敏感性要弱于 $M1$。假设由于金融创新，非银行公众想把支票存款和非交易存款转换为货币市场类账户。在这种情况下，D 和 N 下降，MM 将等量增加，使 $M2$ 不变。然而，$M1$（通货和支票存款之和）会下降。

如果使用与推导 $M1$ 货币乘数时相似的假设，即 C/D、N/D 和 MM/D 是常数，$M2$ 可表示如下：

$$\text{广义货币供给}=(M2\text{ 货币乘数})\times(\text{基础货币})$$

或：

$$M2=\left[\frac{1+(C/D)+(N/D)+(MM/D)}{(C/D)+(\overline{R/D})+(ER/D)}\right]\times(B) \tag{17. A2}$$

$M2$ 货币乘数明显大于 $M1$ 货币乘数，因此 MM/D 和 N/D 加入了 $M2$ 货币乘数中。由于非交易账户和货币市场类账户的总量都比支票存款账户的总量要大，N/D 和 MM/D 都大于 1。对 $M1$ 和 $M2$ 这两个度量指标来说，没有准备金要求，由基础货币变化引起的 $M2$ 货币扩张要大于 $M1$。实际上，在 20 世纪 80 年代和 90 年代，$M2$ 货币乘数要比 $M1$ 货币乘数稳定。

$M2$ 货币乘数的组成部分影响其规模的方式与 $M1$ 相似。法定准备金率和通货—存款比率的增加降低了存款扩张的程度，因此使乘数减小。然而，非银行公交对非交易存款或货币市场类账户的偏好强于支票存款账户使乘数增大。

联储观察员预测 $M2$ 的增长与他们对 $M1$ 增大的预期极为相似。他们预测了货币基础——尤其是非借入基础——以及 $M2$ 组成部分的变化。

第 18 章　基础货币的变动

419　“问题出在细节上”，纽约联邦储备体系政府证券交易部一位狂热的交易员发出这样的评论。这名交易员正在努力地执行联储改变基础货币的指示，在刚刚过去的一周里，她与她的同事们以联储的名义频繁地进行证券买卖。而这些交易中没有一笔交易是为了实施联储改变基础货币的计划。相反，每笔交易都是为了冲销对基础货币的某些扰动，这些扰动不在联储的直接控制范围内。每一项扰动都需要联储的交易员开展冲销性交易，这给这些交易员们带来了大量琐碎的工作。

什么原因使得这名交易员面临这样的问题呢？在第 17 章中，我们描述了联储主要通过公开市场交易的方式买卖国债证券来管理基础货币规模的能力。不过，在现实世界中，联储面对的情况并非如此简单。特别是在短期内，许多原因都会使基础货币发生变动。由于联储要控制基础货币和货币供应量的规模，它就必须冲销这些变动。这个任务可以说是令人生畏的，从联储证券交易部的交易员所面临的问题就可以看出这一点。在本章，我们分析基础货币变动的原因。我们也考察了政府预算赤字与基础货币变动之间的联系，这是美国和其他国家一个重要的政策话题。

联邦储备体系的资产负债表

在第 17 章中，通过考察联邦储备体系的资产负债表展开了对基础货币的讨论。为了建立货币供给过程模型并简化分析，我们仅仅考察两种资产——政府证券和贴现贷款，以及两种负债——通货和准备金。尽管联邦储备体系所持有的证券和贴现贷款的变化是基础货币变化的主要原因，但也存在其他原因。为了识别出这些原因，我们将再一次分析联邦储备体系的资产负债表，并且分析将包括联邦储备体系的全部资产和负债。表 18—1 显示了联邦储备体系 2006 年 4 月 26 日的资产负债表，在阅读每个项目时，要注意该项目相对于其他所列资产和负债的规模大小。

表 18—1　　联邦储备体系的资产负债表　　单位：10 亿美元

资产		负债	
证券（美国国债、政府机构债券和银行承兑票据）	786.4	已发行的通货	755.2
贴现贷款	0.1	美国财政部存款	5.6
托收中项目	6.3	外国存款和其他存款	0.4
其他联邦储备资产	40.8	递延入账现金项目	6.2
黄金和特别提款权凭证账户	13.2	其他联邦储备负债和资本账户	56.1
硬币	0.8	存款类机构的存款	24.3
	847.7		847.7

资料来源：表中数据为 2006 年 4 月 26 日的，摘自《联邦储备公报》，也可查阅 http：//www.federalreserve.gov/release/h41。）

联储的资产

在联邦储备体系持有的资产中，数量最大的是其通过公开市场操作购买的证券。另外，作为银行的银行，联邦储备体系还持有贴现贷款（对从它那里借入资金的银行的债权）和其他资产，包括托收中项目、其他联邦储备资产、黄金和特别提款权凭证账户和财政部发行的硬币。

420 **证券** 联邦储备体系的大部分证券投资组合由美国国库券、美国政府机构债券以及银行承兑票据构成，前者的数量大于后两者的数量。联储通过公开市场操作控制其所持有证券的数量，公开市场上的买入会增加联邦储备体系的证券持有，而公开市场上的卖出则会减少联邦储备体系的证券持有。

贴现贷款 联邦储备体系向银行发放贴现贷款，通常是为了帮助它们克服短期流动性问题。尽管联储不能完全控制贴现贷款的数量，但可以通过设定贴现率来影响其数量。贴现率是指对银行发放贴现贷款所收取的利率。

托收中项目 联邦储备体系之所以持有这些资产是源于其在支付清算体系中发挥着支票清算的作用。托收中项目是指联储已经兑付支票但尚未从开具支票的银行收回的资金。如果一家银行向联储提交了一张支票用于清算，则该银行需要经过几天时间才能收到这笔资金。在支票得到清算之前，这笔资金就存放在联储，成为联储的一项资产，记作托收中项目。

其他联邦储备资产 这些资产包括联邦储备体系的外汇储备——以外币表示的存款和债券，以及联邦储备体系拥有的建筑物、设备和其他实物物品。

黄金和特别提款权凭证账户 黄金过去经常被当作国际金融交易的官方交换媒介，而现在从事国际金融交易的各方则使用国际货币基金组织发行的特别提款权（special drawing rights，SDRs）进行交换。当美国财政部在国际交易中获得了 SDRs 或黄金的时候，它便向联邦储备体系签发特别提款权或黄金凭证（对 SDRs 或黄金的债权），联邦储备体系将据此增加财政部的存款余额。因此，黄金和特别提款权凭证账户由财政部签发给联邦储备体系的黄金和特别提款权凭证构成。

硬币 联邦储备体系资产负债表中的这一小项目是指联邦储备体系持有的美国财政部发行的通货，主要是硬币。

联储的负债

421 联邦储备体系的主要负债是已发行的通货，其他负债则包括美国财政部存款、外国存款和其他存款、递延入账现金项目、其他联邦储备负债和资本账户，以及存款类机构的存款。

已发行的通货 联邦储备体系以联邦储备券的形式发行的通货，是联邦储备体系的一项负债。

美国财政部存款 财政部通常将税收、收费和证券销售所得收入存放于商业银行的账户中。当财政部需要资金进行支出的时候，它便把资金转移到在联邦储备体系的账户中。[1]

---

〔1〕我们并不认为存在联邦储备银行的财政部存款是基础货币的一部分，因为它们既不是非银行公众的资产，也不是银行的资产。而非银行公众、银行以及联邦储备银行，都是货币供给过程的主要参与者。

外国存款和其他存款 这些存款包括国际机构（如联合国）、外国中央银行和政府以及美国政府机构（如联邦存款保险公司）等在联邦储备体系的存款。

递延入账现金项目 这些负债来自联邦储备体系在支票清算过程中担当的角色。当一家银行向联邦储备体系提交支票要求清算时，联邦储备体系承诺在一定时期内（从未超过 2 天）向该银行付款。与联邦储备体系资产负债表资产项下的托收中项目类似，这些支付承诺构成联邦储备体系的负债。

其他联邦储备负债和资本账户 这一笼统的项目囊括了联邦储备体系资产负债表中其他项目所不涉及的所有负债，包括联邦储备体系中成员银行所购买的股份。

存款类机构的存款 存放在联邦储备体系的这些存款是存款类机构的资产，是联邦储备体系的负债。这些存款构成银行准备金的一部分，银行准备金还包括银行持有的库存现金。

基础货币的决定

在这一节中，将扩展基础货币的简单表达式，即 $B=C+R$，将联邦储备体系资产负债表中全部资产和负债的影响都考虑在内，主要目标是建立基础货币的完整方程式，从而有助于了解基础货币的各个组成部分在确定基础货币规模中所发挥的作用。

首先，使用联邦储备体系资产负债表的要素来重新定义 C 和 R。流通中的货币（C）是联邦储备券与非联邦储备体系持有的财政通货（财政部发行的货币减去硬币）的总和减去银行的库存现金。[1] 准备金（R）包括存款类机构存放在联邦储备体系的存款和以库存现金形式持有的联邦储备券。因此，

422

$$\begin{aligned} B &= C+R \\ &= \text{联邦储备券}+\text{存款类机构的准备金存款} \\ &\quad +\text{财政部已发行的通货}-\text{硬币} \qquad (18.1) \end{aligned}$$

等式（18.1）右边各项代表了基础货币的使用情况——即如何在非银行公众和银行持有的联邦储备券、联邦储备体系持有的银行准备金以及财政部已发行的通货之间进行配置。等式（18.1）没有揭示出基础货币变化的所有潜在根源。为了识别出它们，我们重新回到联邦储备体系

〔1〕 联邦储备券约占美国通货总量的 90%，其余部分主要是美国财政部发行的硬币。另外，还有被称为“绿钞”的美国政府券，最早发行于南北战争时期，至今大约还有 3 亿美元在外流通。

的资产负债表。联邦储备券和存款类机构的存款都是联邦储备体系的负债。因为资产必须与负债相等，所以根据资产负债表里的信息列出联邦储备券和存款类机构的存款总和与其他项目的等式关系。具体而言，联邦储备券和存款类机构的存款之和等于联邦储备体系全部资产的总和减去其他负债的总和：[1]

联邦储备券＋存款类机构的准备金存款
＝证券＋贴现贷款＋托收中项目＋其他联邦储备资产
＋黄金和特别提款权凭证账户
＋硬币－美国财政部存款－外国存款和其他存款
－递延入账现金项目－其他联邦储备负债和资本账户 (18.2)

我们可以通过计算出与支票清算有关的两个项目（托收中项目和递延入账现金项目）之间的差额，来简化等式（18.2），这个差额被称为**联储在途资金**（Federal Reserve float）。[2] 用这种方法将等式简化，并且将等式（18.2）右边的项目替换到等式（18.1）中流通中的通货与存款类机构的准备金存款之和，便得到了基础货币（B）的完整表达式：

B＝证券＋贴现贷款＋联邦储备在途资金＋其他联邦储备资产
＋黄金和特别提款权凭证账户＋财政部已发行的通货
－美国财政部存款－外国存款和其他存款
－其他联邦储备负债和资本账户 (18.3)

基础货币的变动

等式（18.3）包含了引起基础货币变化的 9 个根源。等式（18.3）右侧 6 个符号为正的项目数值增加，可以使得基础货币增加，而这些项目数值的减少会使基础货币减少。等式（18.3）右侧 3 个符号为负的项目数值增加会使基础货币减少，而该项目数值的减少会使基础货币增加。
423 等式中每一个因素的增加和减少都会造成基础货币发生波动。正是这些因素的变化造成本章开篇所提到的交易员所面临的问题。巧妙地在空中杂耍两个球比较简单，但是，随着球越来越多，这个戏法就会越来越难。由于有 9 个可能发生波动的项目，所以对于美联储证券交易部的交易员来说，维持基础货币稳定的问题令人望而生畏。在本节中，我们将分析

〔1〕 并不是所有银行存在联邦储备银行的存款都属于准备金，因为其中一些是与服务有关的存款。严格地说，这部分存款必须从等式（18.2）的右端减掉，以使得到的基础货币值更加精确。

〔2〕 当联储在《联邦储备公告》上公布其资产负债表时，联邦储备在途资金、证券和银行借款之和被称作“联邦储备信贷”（Federal Reserve credit）。

等式（18.3）中每个组成部分对基础货币的影响。表 18—2 概括了每一组成部分的增加所产生的影响。

表 18—2　　基础货币变动的来源

……增加	导致基础货币……	原因……
证券	增加	准备金增加
贴现贷款	增加	准备金增加
联储在途资金	增加	托收中现金项目和递延入账现金项目都增加，准备金增加
其他联邦储备资产	增加	与公开市场购买引起的增加类似，准备金增加
财政部已发行的通货	增加	银行库存现金或流通中的通货增加，准备金增加
黄金和特别提款权凭证账户	增加	与公开市场购买引起的增加类似，准备金增加
美国财政部存款	减少	准备金和/或流通中的通货减少
在联储的外国存款和其他存款	减少	准备金减少
其他联邦储备负债和资本账户	减少	资本账户的减少使得准备金减少

基础货币增加的决定因素

证券和贴现贷款　第 17 章考察了联储公开市场操作和贴现贷款对基础货币的影响，联储通过公开市场购买的证券持有量增加或者贴现贷款总量的增加将等量增加基础货币。

网页推荐：
http//
www.federalreserve.gov/releases/h41/
提供准备金影响因素的周数据。

联储在途资金　联储在途资金发生在支票清算的过程中，原因在于联邦储备体系计入签发支票银行账户的借方，同时却未计入收款银行账户的贷方。假定巨人公司收到来自英格夫公司金额为 100 万美元的支票，该支票是由英格夫公司的开户银行——纽约的兆丰银行签发的。巨人公司把 100 万美元支票存入芝加哥的第一银行。清算过程如下：第一银行把支票提交给芝加哥联邦储备体系，由其将支票转交纽约联邦储备体系，然后再转给兆丰银行。

不管联邦储备体系花费了多长时间将支票转给付款银行（兆丰银行），它都会承诺在两个交易日内将款项计入收款行（第一银行）的贷方。记入第一银行的贷方和记入兆丰银行的借方之间存在的时间差导致了在途资金的产生。那么，这笔交易导致的在途资金将如何影响联邦储备体系的资产负债表？当芝加哥联邦储备体系收到支票时，其资产项下的递延入账现金项目将增加 100 万美元，联邦储备体系的负债同时也增加 100 万美元，因为抵消了递延入账现金项目，其分录的编制如下：

联邦储备体系

资产		负债	
托收中现金项目	+100万美元	递延入账现金项目	+100万美元

新闻解读

联储数据和基础货币的变动

424 《华尔街日报》定期在线发布有关银行准备金变动的联储数据。会员银行准备金数据的变化提供了关于基础货币变化根源的信息。例如，截至 2006 年 8 月 16 日，最新一周基础货币变动的主要原因在于联储购买美国政府证券（7 650 亿美元）。其他原因也被罗列出来，包括总额 3.47 亿美元的贴现贷款（一级信贷、二级信贷和季节性信贷）。值得注意的是，联储的证券持有量比上一年度增加（增加基础货币），但贴现贷款却下降了（减少基础货币）。基础货币的主要形式是流通中的通货，当日大约为 7 940 亿美元。

准备金总量数据显示了准备金的各种度量指标和基础货币的信息。例如，截至 2006 年 8 月 16 日，最新一周基础货币的平均值大约为 8 028 亿美元。

美国联邦储备体系数据

成员银行准备金变动

截至 2006 年 8 月 16 日，准备金和相应项目的周与平均变动（百万美元）

	2006 年 8 月 16 日	与 2006 年 8 月 9 日相比的变化	于 2005 年 8 月 17 日结束
联储银行贷出：			
美国政府证券：			
现金购买……	764 837	+13	+38 492
联邦机构发行			

续前表

	2006年8月16日	与2006年8月9日相比的变化	于2005年8月17日结束
直接购买……	…	…	…
从联储借入：			
一级信贷………	8	−1	−14
二级信贷……	…	…	…
季节性信贷……	339	+8	+49
在途资金………	−359	+360	−381
其他联邦储备资产…	40 980	−829	+942
总储备银行信贷……	829 233	+4 050	+35 525
黄金存量………	11 041	…	…
特别提款权凭证………	2 200	…	…
财政部已发行的通货……	38 074	+14	+1 645
总额……	880 548	+4 065	+37 170
流通中的通货……	794 466	+402	+30 648
持有的财政部现金……	160	+3	−90
储备银行持有的财政部存款	4 747	+104	−58
储备银行持有的外国存款	89	−1	−5
储备银行持有的其他存款	285	−1	−31
相关服务余额，经调整……	7 201	−6	−1 917
其他联储负债和资本……	35 381	−218	+4 488
总额………	871 220	+731	+36 556

准备金总量（日平均，百万美元）		两周末
	8月16日	8月2日
总准备金（sa）………	42 210	44 917
非借入准备金（sa）………	41 866	44 499
法定准备金（sa）………	40 640	43 406
超额准备金（nsa）…………	1 570	1 511
从联储借款（nsa）—a………	344	418
自由准备金（nsa）………	1 266	1 093
基础货币（sa）………	802 757	804 399

a——不包括展期信贷；nsa——未经季节性调整；sa——经过季节性调整。

资料来源：http：//www.federalreserve.gov/release/.

两天之后，即使支票仍没有清算，联邦储备体系仍会将 100 万美元计入第一银行贷方。交易到了这一步，就算兆丰银行没有失去准备金，第一银行也已经得到了 100 万美元的准备金。因此，银行体系总准备金数量增加了 100 万美元：

425 **联邦储备体系**

资产		负债	
托收中现金项目	+100万美元	递延入账现金项目（第一银行）	+100万美元
		第一银行的存款	+100万美元
		递延入账现金项目（第一银行）	−100万美元

当支票最终提交给兆丰银行，并由兆丰银行兑付后，其在联邦储备体系的账户余额会减少 100 万美元：

联邦储备体系

资产		负债	
托收中现金项目	0美元	准备金	
		第一银行的存款	+100万美元
		兆丰银行的存款	−100万美元

这笔交易之后，银行体系的准备金回到巨人公司和英格夫公司交易之前的水平上。

在现实中，支票连续不断地通过联储的清算系统流动，因此，托收中现金项目的数额会大于递延入账现金项目的数额。联储在途资金是导致基础货币增加的一个原因，它每日波动，并且不在联储直接控制的范围之内。然而，从长期来看，在途资金并不是造成基础货币变化的重要根源。联储在途资金的增加导致基础货币等量增加。

黄金和特别提款权凭证账户 联储通过获得黄金或特别提款权凭证扩张基础货币如同在公开市场购买证券一样。联储黄金和特别提款权凭证账户的增加造成基础货币等量增加。

其他联邦储备资产 联邦储备体系所持有的其他资产的增加（即以外国货币表示的存款或者债券）同公开市场购买证券一样，增加了准备金量和基础货币量。所以，联储对外汇市场的干预影响了其他联邦储备资产的账户余额。其他联邦储备资产的增加导致基础货币等量增加。

财政部已发行的通货 财政部已发行的通货不是联邦储备体系资产负债表中的项目，但它却会影响基础货币。如果一定数量财政部发行的通货被银行库存持有（此时它成为库存现金和准备金的一部分）增加，或者被非银行公众持有（此时它就成为流通中的通货）增加，就会增加基础货币。财政部已发行的通货增加会使得基础货币等量增加。[1]

基础货币减少的决定因素

426 对于表 18—2 中其余三个引发基础货币变动的原因而言，其中任何一项增加，都会导致基础货币减少。

美国财政部在联邦储备体系的存款 每次联邦政府埋单，例如为建设高速公路，向为政府工作的经济学家支付薪水或者给退休人员发放社会保障福利金，财政部都是签发支票，从其在联邦储备体系的账户上支付。财政部在联邦储备体系的账户就是众所周知的**一般账户**（General Account）。

假设政府从工具公司采购了价值 1 000 美元的小型工具，该公司把 1 000 美元支票存入其开户行——兆丰银行。随后兆丰银行将支票提交给联邦储备体系，联邦储备体系增加兆丰银行的账户余额，同时减少财政部的一般账户余额。从工具公司采购的结果是，兆丰银行的准备金（银行体系的准备金）增加了 1 000 美元，等于付款金额：

联邦储备体系

资产	负债	
	存款	
	兆丰银行	+100万美元
	美国财政部	-100万美元

只要联邦政府进行支付，银行准备金和基础货币就会上升。反之，如果联邦政府收入增加，则银行准备金和基础货币就会下降。

一般账户的进出资金数额特别大。美国政府每年至少支出 1.8 万亿美元，每个工作日约为 70 亿美元。因为政府的收支在短时间内差额极大，因此如果财政部把全部收入都存入联邦储备体系，那么账户余额就会出现相当大的波动。

为了减轻上述交易对基础货币的影响，财政部首先把大部分收入（如从工人工资支票中扣除的所得税）存入银行的**财政部税收和贷款账户**（Treasury tax and loan accounts）中。财政部将这些账户设置在众多的地方银行。当财政部把其税收和贷款账户中的资金转入一般账户时，会调整转移的时间，使其与一般账户的支付相匹配。用这种方法，财政部降低了其收支对银行准备金的影响。美国财政部存入联邦储备体系的存

〔1〕 实践中，财政部已发行通货的增加通常会因联邦储备体系资产负债表其他项目的变动所抵消。例如，如果财政部铸造了更多的硬币，并且将其运送到联储，联储将其贷记入财政部存款项目。由于硬币（联储的一项资产）和财政部存款（联储的一项负债）等量增加，基础货币并没有受到影响。

款量增加等量地减少了准备金和基础货币。

1978 年以前，财政部税收和贷款账户是银行无息资金的一个来源。自 1978 年开始，银行必须对这些超过 1 天的存款支付 0.25%的利息，该利率低于周平均联邦基金利率。

在联储的外国存款和其他存款 对外国中央银行和国际组织来说，联邦储备体系是美国的银行。这些存款数量的增加或减少影响着银行准备金和基础货币，其机制与财政部一般账户波动产生的影响相类似。但是，这种存款的波动性与财政部的存款相比要低许多。国外机构存在联邦储备体系的存款以及其他存款的增加等量地减少了准备金和基础货币数量。

其他负债和资本账户 如果一家银行加入联邦储备体系，需要购
427 买规定数量的联储股份，那么联邦储备体系资本账户的数值就会增加，而该银行在联邦储备体系的存款数量则等量下降。结果，银行准备金和基础货币数量下降。其他负债和资本金的增加使得基础货币数量等量减少。

结　语

造成基础货币变动的最重要来源是联邦储备体系的证券持有量，联储通过公开市场操作对其实施控制。不受联储控制的一些决定因素（例如，美国财政部在联邦储备体系的存款和联储在途资金）也会使得基础货币在 1 天或 1 周之内发生显著波动。然而，这些波动通常是可以预测的，联储的交易员可以通过公开市场操作进行反向交易。虽然基础货币的一些组成部分会在短期内波动，但是这些波动并不会显著地削弱联储控制基础货币的能力。

测试点拨

下列各事件分别会对基础货币产生怎样的影响?

(a) 财政部从其税收和贷款账户中提出 90 亿美元，存入一般账户。

(b) 联储购买 10 亿美元的黄金。

(c) 联储卖出价值 1 亿美元的欧元债券。

答案:

(a) 财政部在联邦储备体系的存款增加使基础货币减少 90 亿美元。

(b) 与公开市场购买一样，联储购买黄金，增加 10 亿美元的基础货币。

(c) 该笔出售使其他联邦储备资产和基础货币各减少 1 亿美元。

联邦预算赤字和基础货币

联邦预算赤字是20世纪80年代和90年代以及21世纪政治讨论和争论的主要话题。一些商界人士和政策制定者对20世纪80年代和90年代初期（以及21世纪初期）出现的巨额赤字（即政府支出大于税收收入）极为不满，因为他们担心赤字将增加基础货币，并最终增加货币供给。(20世纪90年代末，美国政府报告声称出现了预算盈余，但仅是一个短期现象。）这种担心源于一种恐惧——货币供给的持续增加将导致通货膨胀。(我们在前面揭示了货币供给和通货膨胀之间的关系。）

联邦政府的预算赤字与基础货币的变动之间存在联系吗？为了回答这一问题，我们将从简化的政府预算会计展开讨论。政府可以通过提高税收和借款（发售债券）来弥补财政赤字，或者通过创造货币来满足政府采购商品和服务支出以及支付个人薪金。

在美国，总统和国会决定联邦政府的支出和税率，并且根据税收确
428 定收入和支出的类型。当政府的支出超过税收时，就产生了预算赤字。为了补偿这些赤字，财政部将发售证券，并用所得资金来支付政府开支。此类交易（除了收入和支出之间可能会出现短期迟滞）不会改变基础货币。根据预算表达式，

政府支出－税收＝联邦预算赤字
＝财政部证券发售额　　(18.4)

总统和国会制定支出和税收政策，但是联储的操作更为直接地影响基础货币。当财政部发行证券时，只有联储购买那些证券才会在一定程度上改变基础货币。

由于联储、银行和非银行公众都在市场上购买国库证券，因而

财政部的证券发售额
＝银行和非银行公众国债持有量的变化
＋联储购买的国债　　(18.5)

如前所述，联储购买证券会引起准备金的等量增加和基础货币的等量扩张。所以联立等式（18.4）和（18.5），得到

联邦政府预算赤字＝银行和非银行公众国债持有量的变化
＋联储购买的国债
＝银行和非银行公众国债持有量的变化
＋基础货币的增加　　(18.6)

等式（18.6）显示了联邦支出与税收决策、财政部的证券发售和基础货币变动之间的关系。经济学家称之为**政府预算约束**（government budget constraint），理由是，其表明了政府在面对赤字时的权衡。因此，结合采用增加银行和非银行公众国库券持有量与增加基础货币的两种方式就可以弥补联邦预算赤字。媒体有时将后一种策略称为“印钞票”。尽管一些国家允许其财政部决定通货数量，但美国并非如此。在美国，货币必须由联邦储备体系发行。实际上，联储并不印刷钞票，而是在市场上以自有账户购买国债。当联储通过购买国债来弥补预算赤字时，我们将其称为**债务货币化**（monetizing the debt）。

其他策略

使用 T 形账户可以解释为政府支出进行资金融通的其他策略对基础货币的影响。假定总统和国会同意进行一项金额为 20 亿美元的州际高速公路维修项目。该项目可以通过提高税收、向公众出售债券以及向联储出售债券进行支付。

提高税收 假定总统和国会同意通过提高燃油税来获得 20 亿美元。然后，非银行公众共同向财政部签发金额为 20 亿美元的支票，该支票先
429 是被存放于财政部税收和贷款账户中，随后又转存到财政部在联邦储备体系的一般账户。在这个过程中，银行体系减少了 20 亿美元，准备金也等量减少，财政部在联邦储备体系的存款则增加了 20 亿美元。最终，非银行公众、财政部、银行体系和联邦储备体系的 T 形账户显示如下：

非银行公众

资产		负债	
		应付税款	-20亿美元

财政部

资产		负债	
在联储的存款	+20亿美元		
应付税款	-20亿美元		

银行体系

资产		负债	
准备金	-20亿美元	存款	-20亿美元

联邦储备体系

资产		负债	
		准备金	-20亿美元
		美国财政部存款	+20亿美元

430 当财政部将金额为 20 亿美元的支票支付给高速公路项目的承包商后，资金又回流到银行体系，并且对准备金和基础货币不产生任何影响：[1]

银行体系

资产		负债	
准备金	0美元	存款	0美元

联邦储备体系

资产		负债	
		准备金	0美元
		美国财政部存款	0美元

因此，总的来说，通过提高税收来满足政府支出不会对基础货币产生影响。

博闻广识

债务处理：《财政部—联邦储备体系协议》

只有联储购买那些为弥补财政赤字而发行的长期国债时，政府财政预算赤字才会使基础货币增加。联储独立于财政部，并且双方在联储应在多大程度上弥补联邦预算赤字这一问题上，时常发生冲突。

最大的一次冲突爆发于第二次世界大战之后。1942 年，联储同意将短期国债的年利率固定为 0.375%。换句话说，为了帮助财政部筹集军费，联储同意购买足够数量的证券来维持这一利率。战争结束伊始，没有出现任何问题，原因是联邦政府在 1947—1949 年间都是预算盈余。联储没有必要继续在公开市场上购买国债来维持协议收益率。事实上，联储卖出国债才能将利率维持在盯住水平上。

1950 年朝鲜战争的爆发显著地增加了政府支出和政府借款。为了兑现承诺，联储购买了巨额国债，扩张了基础货币并且引发了通货膨胀。联储官员们公开质疑这种实际上将基础货币变动的控制权转交给财政部的做法。1951 年 3 月 3 日，财政部和联储达成妥协，签署了《财政部—联邦储备体系协议》(Treasury-Federal Reserve Accord)。联储停止购买债券，增加基础货币以使国债收益率降低（财政部的代表是威廉·麦克切尼·马丁，此人后来成为联邦储备体系理事会主席）。如果利率显著上升，杜鲁门总统则鼓励联储购买债券。直到艾森豪威尔总统执政时期，联储才最终停止通过市场干预来将利率维持在一个特定水平或者将其维持在一个特定水平以下。

〔1〕 如果交易用通货进行（可能性不大），基础货币也不会受到影响。

向公众出售债券　假定为了筹集维修高速公路的资金，财政部向非银行公众出售了价值 20 亿美元的债券，非银行公众则用支票购买。在这种情况下，财政部的存款增加了 20 亿美元，而非银行公众的存款则减少了 20 亿美元：

非银行公众

资产		负债	
存款	–20亿美元		
证券	+20亿美元		

财政部

资产		负债	
存款	+20亿美元	证券	+20亿美元

银行体系

资产		负债	
准备金	–20亿美元	存款	–20亿美元

联邦储备体系

资产		负债	
		准备金	–20亿美元
		美国财政部存款	+20亿美元

当财政部以支票的形式支付给高速公路承包商时，资金又流回到银行体系中并且对准备金和基础货币没有任何影响。

银行体系

431

资产		负债	
准备金	0美元	存款	0美元

联邦储备体系

资产		负债	
		准备金	0美元
		美国财政部存款	0美元

正如前面提到的，通过向非银行公众出售债券来为政府支出融资并不会影响基础货币。

向联储出售债券　虽然美国财政部不能直接通过创造货币来为政府支出融资，但是向联储出售债券则起到了同样的作用，主要包括两个步骤：第一步，如同前面的债券融资一样，财政部向非银行公众出售价值 20 亿美元的债券为高速公路维修筹集资金。正如文中解释的那样，这笔交易不会改变基础货币。但是，在第二步中，联储从非银行公众手中购买了价值20亿美元的债券。公开市场购买等量地增加了基础货币数量。为政府支出融资而发售的政府债券最终被联储买回，使得基础货币增加。

政府预算约束与基础货币

虽然把政府融资的各个要素衔接起来是很有帮助的，但是政府预算约束也可能被错误解读。在美国，不存在单一参与者制定所有的政府预算和融资决策：权力分散在总统、国会和联储之间。联储关于调整基础货币的决策反映了其自身的货币政策目标；联邦预算赤字对于这些决策的影响是间接的（尽管联储时刻监控利率对于经济的影响）。联储在20世纪80年代和90年代以及21世纪赤字非常严重的时候，都没有将联邦赤字货币化。即使是在20世纪80年代，联邦赤字年平均额差不多达到了1 550亿美元，基础货币的年增加量也低于150亿美元。因此，即使在存在巨额预算赤字的情况下，联储每年货币化的赤字也不到年赤字额的10%。政府赤字和基础货币之间并没有直接的关系，当政府出现赤字时，只有在联储购买了为弥补赤字而发售的政府债券时，基础货币才会增加。

长期来看，货币供给的变化主要反映了基础货币的改变而不是货币乘数的改变。财政部并不控制联储，因此不能迫使中央银行把政府的赤字货币化。在其他国家，中央银行的独立性各不相同。对于政府预算约束的分析可能会使人相信，中央银行的独立性越弱，政府预算赤字货币化以及增加货币供给的可能性就越大。哈佛大学的艾尔伯托·阿莱西那（Alberto Alesina）研究了17个国家在20世纪70年代和80年代的货币政策，分析了中央银行的独立性。[1] 他所采用的指标囊括了所有中央银行和政府之间正式关系的信息，包括政府官员在银行部门任职的情况，以及迫使中央银行将部分预算赤字货币化的现存法规。中央银行独立性
432 最弱的国家（比如意大利），货币供给经历了飞速增长。而独立性相对较强的国家（比如美国和日本），货币供给的增长率也较低。《马斯特里赫特条约》赋予了欧洲中央银行独立性，以确保其实现物价稳定的目标。

关键术语和概念

联储在途资金　　政府预算约束　　财政部税收和贷款账户

〔1〕 Alberto Alesina, "Politics and Business Cycle in Industrial Democracies," *Economic Policy*, No. 8, April 1989.

一般账户　　　　　　　债务货币化

总　结

1. 基础货币的变动可以由 9 个决定因素的波动来解释。联储的证券持有量、贴现贷款、联储在途资金、其他联邦储备资产、财政部已发行的通货以及黄金和特别提款权凭证账户的增加都会导致基础货币的等量增加。美国财政部在联邦储备体系的存款、在联邦储备体系的外国存款和其他存款，以及其他联储负债和资本账户的增加会导致基础货币的等量减少。

2. 基础货币变动最重要的决定因素是联储的证券持有量。联储通过公开市场操作来控制其持有的证券数量。某些不受联储控制的决定因素（例如美国财政部在联邦储备体系的存款和联储在途资金）都可能使得基础货币在 1 天或 1 周之内显著地变化。然而，这些波动都是可以预测的，可以通过公开市场操作来纠正。

3. 既定的政府预算赤字可以通过向银行和非银行公众或者联储发售政府证券来弥补。通过向银行和非银行公众发售债券来弥补赤字并不会影响基础货币，而通过向联储发售债券来弥补赤字则会引起基础货币的等量扩张。

复习题

1. 基础货币的来源和用途分别是什么？

2. 什么是政府预算约束？它是否意味着预算赤字会增加基础货币？说明理由。

3. 说明下列各项是联储的资产，还是负债？

a. 证券持有

b. 美国财政部存款

c. 托收中现金项目

d. 存款类机构的存款

e. 硬币

f. 递延入账现金项目

g. 外国存款

h. 已发行的联邦储备券

i. 贴现贷款

j. 黄金和特别提款权凭证账户

4. 请解释，下列联邦储备体系资产负债表中各项的增加会引起基础货币的增加还是减少？

a. 美国财政部存款

b. 联储在途资金

c. 贴现贷款

d. 外国存款和其他存款

5. 联邦储备体系最大的资产项目是什么？最大的负债项目呢？

6. 什么是“联储在途资金”？在途资金的增加会使基础货币增加还是减少？

7. 为什么说政府预算赤字和通货膨胀率的关系取决于中央银行在多大程度上独立于政府？

8. 什么是财政部的一般账户？财政部将其全部资金都存放于该账户吗？

433 9. 为什么说朝鲜战争的爆发，增强了联储官员解除盯住国债利率承诺的意愿？

10. 评价：联储控制了基础货币变化的全部决定因素，因此联储控制了基础货币。

分析题

11. 假定联邦储备体系的资产负债表发生了如下变化：

证券	−	10 亿美元
贴现贷款	+	2.5 亿美元
特别提款权凭证	+	5 亿美元
托收中现金项目	+	20 亿美元
递延入账现金项目	+	10 亿美元
一般账户	−	20 亿美元
存款类机构的存款	+	10 亿美元

请问：联储在途资金和基础货币分别发生了怎样的变动？

12. 假定联邦政府的年预算赤字为 2 500 亿美元。同年度，联储持有的政府证券数量增加了 100 亿美元，则有多少赤字被货币化了？

13. 假定一份错误的报告声称国会废除了联邦存款保险制度，并且人们都相信了，于是银行开始出现挤兑。这对于基础货币会产生何种影响？联储可能采取怎样的措施来帮助银行应对挤兑？这些措施对于基础货币又有什么影响？联储可能采取怎样的措施来消除这些影响？

14. 假定财政部决定将其基本支票账户从联储转移到大通银行。说明这一做法在一定时间内对基础货币的稳定性意味着什么？

15. 假定总统和国会签署了一项关于消除联邦预算赤字的预算协议。与不签署这一协议相比，这一协议是否意味着基础货币的增长会降低？说明理由。

16. 解释下列各种情况对基础货币的影响：

a. 作为预扣税从工资中提取 250 亿美元，存到美国财政部税收和贷款账户。

b. 金融危机爆发，联储向濒临倒闭的大银行（Bigbank）发放 25 亿美元的贴现贷款。

c. 世界银行将 1 000 万美元存入其在联邦储备体系的账户。

d. 纽约市停电 2 天，银行电脑陷入瘫痪。

e. 财政部决定购买价值 10 亿美元的挖土机，打算在新的高速公路建设项目中投入使用，其所需资金被存入一般账户。

f. 联储购买价值 10 亿美元的美国国债。

g. 地区联邦储备银行决定为其大楼四周铺上价格不菲的大理石。

17. 联邦储备体系的资产负债表显示，托收中现金项目为 100 亿美元，而递延入账现金项目为 80 亿美元。则联储在途资金的规模多大？说明为什么联储尽可能地努力减少在途资金的数量？

18. 假定联储用联邦储备券购买 1.5 亿日元，这一操作对基础货币的净影响是什么？联储的资产负债表会发生怎样的变化？

19. 假定联储用联邦储备券购买 1 亿英镑，同时在国内公开市场操作中卖出价值 1 000 万美元的美国政府债券来换取现金。这一操作对基础货币的净影响是什么？联储的资产负债表会发生怎样的变化？

20. 假设萨卡加韦元硬币突然广泛流通，人们停止使用纸币钞票，基础货币会发生怎样的变化？

21. 经济学理论认为（在合理的假设下），政府预算赤字的增加会提高利率。说明在政府预算赤字上升的条件下，如果联储努力维持利率稳定，那么债务将如何被货币化？

22. 假定一国政府大量增加开支。为获得这些额外资金的融资方式主要有哪些？选择融资方式的决定因素又是什么？

数据题

436 23. 从图书馆找到最新的《总统经济报告》。找到 2005 年美国预算赤字，以及基础货币的变动量。你认为联储主动地将预算赤字货币化了吗？说明理由。

24. 在最新公布的《联邦储备公报》中，观察最近6个月以来联邦储备体系的资产和负债。哪个项目在月度之间变动较大？哪个项目比较稳定？哪个项目以不变的速度增长？

25. 假定联储认识到2003年上半年出现了通货紧缩，你预计在此期间联储将如何改变基础货币？登录联邦储备体系发布的历史数据网站（http：//www. federalreserve. gov/releases/），在“存款类机构准备金总量和基础货币总量”（Aggregate Reserves of Depository Institutions and the Monetary Base）栏目下查找有关基础货币的数据。20世纪90年代末，经济出现繁荣，基础货币会如何相应地变动？根据联储采取的货币政策，说明基础货币的变化情况。你认为联储主动将联邦预算赤字货币化了吗？这一政策是有助于还是阻碍了反通货紧缩？说明理由。

理论联系实际

《彭博新闻》，2006 年 11 月 24 日

流动性与基础货币

当一个交易员被问及有关流动性的问题时，他会毫不犹豫地回答你：流动性是一种便利，可以使一项资产能够被买卖。

流动性资产能够迅速转换为现金。短期国债是流动性资产；而房屋不是。

流动性还有另外一种含义，也是文中所要关注的，它与中央银行的货币供给有关。

令人不安的是，经济学家们似乎无法就流动性过剩，抑或是不足达成一致。从流动性的根源来看，即联储对高能货币的创造，人们会得出
a 过剩的流动性并不存在的结论。由银行准备金和通货构成的基础货币增长，从 5 年前的大于 10%减慢到去年的 3%……

从流动性的影响而言，即抬高商品价格、推高股票市场价格以及低
b 利差，人们很容易得出流动性过剩的结论。那么，流动性到底是过剩还是不足？

在 2005 年 5 月 27 日在柏林召开的第七次德国中央银行春季会议的发言中，美联储前理事罗格·弗格森（Roger Ferguson）谈到了这一棘手问题。

“流动性不是一个精确的概念。”弗格森说道，“例如，从狭义上讲，流动性可以用中央银行发行的货币量衡量。或者从更广的意义上说，它反映了金融体系的乘数效应，有时它也可以用政策利率水平来衡量。”

不管定义如何，支持流动性过剩是“一般资产价格不稳定根源”的这一观点“很可能是一种误读”，弗格森引用相关实证研究证明了上述观点。

供给学派认为削减边际税率和资本收益税率是经济增长的必要条件，他们一直在强调流动性过剩。

“过剩的流动性和低税率能够刺激 2007 年全球经济复苏，”迈克·达尔达（Mike Darda）在其 11 月份的宏观焦点（Macro Focus）中写道，“在 11 月份，熊市强劲反弹、新屋开工率被推至新高，都表明需要在明年年初对过剩的流动性、低税率泼冷水，并且对住宅建设部门实施稳定化政策，从而为更快的增长铺平道路。”他是位于美国康涅狄格州格林威治镇的券商 MKM 的首席经济学家。

工业品价格如何呢？包含石油在内的价格指数接近历史新高。

“如果世界正经历着一次转型，制造业正在转移到中国和印度，那么世界需要实物商品”。在 J. P. 摩根大通公司任职的美国资深经济学家詹

姆·格拉斯曼（Jim Glassman）如是说。

商品价格泡沫是“经济发展和实物需求短暂增加的一个写照，”他说道，“它们把真实发展的写照与流动性/通货膨胀的映像相混淆”。

格拉斯曼赞同流动性，“是中央银行的问题，它们是高能货币的创造者之一”。

当中央银行以价格（利率）而不是以货币数量为目标时，“你不能判断出流动性是否过剩。”他说道。

因此，即使是金融体系中的流动性过剩，我们又怎么会知道呢？

新闻分析

435 2006 年秋天，商业新闻和金融市场上对全球金融市场的流动性水平问题展开了激烈的讨论。联储使用公开市场操作操纵基础货币，试图显著影响金融市场的流动性水平。

联储和金融市场面临的问题是：流动性已经超过了必要的水平。一方面，流动性不足会推高市场利率、减少市场交易，进而使经济增长放缓；另一方面，流动性过剩则会推高价格，特别是金融资产价格，从而使通货膨胀的威胁不断增加。

a. 持有美国可能正经历着金融市场流动性不足观点的一方指出：近来基础货币已经发生了变动。在 2001 年，由于联储采用扩张性货币政策，导致基础货币快速增加。到了 2006 年，联储转向紧缩性货币政策，结果是基础货币的增速放缓。

b. 持有美国可能正经历着流动性快速增长观点的一方指出：金融市场价格正在快速上涨。2006 年秋天，尽管违约风险溢价不断下降，但能源价格和股票价格仍在不断上涨。所有这些变动都表明，金融市场的流动性不仅充足，并且可能已经过剩。

c. 经济学家们可能并没有对金融市场的流动性是不足还是过剩的问题达成一致，但他们却一致同意，能够变动基础货币的联储在流动性水平的确定上具有重要作用。

更进一步的思考……

这段时期，联邦政府预算赤字不断下降的事实，如何强化抑或削弱了金融市场中流动性过剩的争论？请仔细讨论。

资料来源：节选自 Caroline Baum，“What's Liquidity? Is There Too Much, Too Little?” *Bloomberg News*, July 12, 2004. Copyright © 2006 Bloomberg LP. Reprinted with permission。

第 19 章　中央银行的组织

437 2005 年 10 月，乔治·W·布什总统宣布，经济学家本·伯南克将接替即将退休的、颇具传奇色彩的艾伦·格林斯潘就任联储主席。金融市场和经济学家们对此项任命纷纷表示认同，同时也担心此项受政治因素影响极大的任命是动摇联储"最独立"中央银行地位的先兆。这种党派之间的政治竞争在世界各地不断上演，美联储主席格林斯潘、日本银行总裁福井俊彦和欧洲中央银行行长特里谢，都曾努力地维持货币政策目标和政治压力之间的平衡。

为什么对中央银行行长的选择能够成为政治矛盾的主题和影响金融市场的事件？从前几章的学习中可以得知，联邦储备体系在货币供给过程中发挥着积极的作用。但是，在学习货币供给过程的时候，我们将联邦储备体系视为一个"黑箱"，也就是说，我们只考察了联储管理基础货币、确定准备金要求以及发放贴现贷款等行动的结果，却没有考察联储内部，以弄清楚联储制定和实施这些决策的理由。这也正是本章和接下来两章的主要任务。本章，我们将首先通过考察联邦储备体系的组织结构，研究联储实施货币政策的方式。联邦储备体系的主席经常被称为美国第二号重要人物，原因是联储掌控货币政策，即做出一系列在经济上升期和下降期影响个人与企业福利的决策。因此，对于格林斯潘任命的猜测引起了华尔街的动荡就不足为奇了。

本章的具体目标是了解联邦储备体系的组织结构及其作为经济政策制定机构的角色。我们还将阐述联储运作中的政治角逐以及关于中央银行独立性的争论。然后，将考察包括欧洲中央银行在内的，美国以外中央银行的组织结构和独立性。

联邦储备体系的权势分享

没有任何国家中央银行的组织结构像美国联邦储备体系那样复杂。一部分人支持让美联储成为强势的经济机构。而另一部分人则对如此庞大、强势的经济机构表示担忧，两派之间的政治斗争给美国带来了分割的银行体系，形成了美国联邦储备体系的组织结构。为了理解美联储为何这样组织，我们需要回顾美国早期试图建立中央银行的历史。

联邦储备体系的创建

美国独立后不久，财政部长亚历山大·汉密尔顿组建了美国银行，意在让其发挥中央银行的功能。但该银行的股东既有政府，也有私人股
438 东。由于南方和西部农业利益集团以及小企业界利益集团对美国银行不信任，使得该银行于 1811 年停业。1816 年，第二美国银行成立，但在 1836 年第二美国银行注册到期时，平民出身的美国总统安德鲁·杰克逊否决了其在国家的重新注册。（该银行在宾夕法尼亚州作为州立银行存在了一段时间。）

第二美国银行的废止使得美国的银行失去了官方最后贷款人。这个空缺被诸如纽约清算所之类的私人机构所填补。但是 1873 年、1884 年、1893 年和 1907 年爆发的全国性严重金融恐慌以及与之相伴的经济下滑引发了国会对美国金融体系不稳定的担忧。1907 年发生金融恐慌和经济衰退后，国会开始考虑政府干预的政策选择。许多官员担心曾充当过实际最后贷款人的银行家们，如 J. P. 摩根等将无法应对未来的危机。于是，国会任命国家货币委员会展开设计中央银行的正式研究。在伍德罗·威尔逊总统的支持下，于 1913 年通过了《联邦储备法》(Federal Reserve Act)。

1913 年《联邦储备法》为美国建立了一个中央银行——**联邦储备体系**（Federal Reserve System）。该法案提供了三个方面的相互制衡，即银行与企业之间的制衡、各州与地区之间的制衡和政府与私人部门之间的制衡，旨在分散经济权力。该法案及其随后的立法在联邦储备体系内

部建立了四个组成部分，即联邦储备银行、成员银行、理事会和联邦公开市场委员会（Federal Open Market Committee，FOMC），并在理论上赋予了每个组成部分独立履行其职责的权利。每个组成部分的职责反映了1913年法案的本意，即赋予中央银行控制货币发行量和对成员银行提供贴现贷款量（最后贷款人的职能）。在理论上，总统和国会并没有预见到联储可能控制广义的货币政策。然而，在实际中，随着时间的推移，联储成为首要的货币政策制定者。本节的其余部分，我们将阐述联邦储备体系内部各主要组成部分在进行公开市场操作、设定准备金要求和发放贴现贷款方面发挥的作用。

联邦储备银行

网页推荐：
http://www.federalreserve.gov/otherfrb.htm
提供了与各联邦储备银行的联系方式。

《联邦储备法》将美国划分为12个联邦储备区，并在每个区的一个城市设立一家**联邦储备银行**（Federal Reserve bank）（大多数情况下，在该区内的其他城市设立分支机构）来发放贴现贷款。图19—1显示了联邦储备区和各联邦储备银行的位置。乍看起来，这张地图显得比较奇特：没有任何一个州（甚至包括加利福尼亚或纽约州）是一个单独的联邦储备区。一些州被联邦储备区划分开，不同经济区划的州同属于相同的储备区。大多数联邦储备区都既包括城市地区，也包括乡村地区，并且都拥有制造业、农业和服务业。这样的安排是有意为之的，旨在阻止任何一个利益集团或者任何一个州，从地区联邦储备银行获得特殊待遇。在理事会和联邦公开市场委员会的监管下，也没有任何一个区能轻易地以牺牲其他区的利益来换取自身利益。如果某个储备区陷入了经济衰退，它不能单方面地改变联储所制定的货币和信贷政策以满足自身需要。很明显，一些城市（纽约、芝加哥和旧金山）在1914年就是人口中心，因
439 此被选作联邦储备银行的所在城市。其他所在城市的选择则是源于《联邦储备法》争论期间的政治压力（例如，弗吉尼亚州的里士满是卡特·格拉斯的家乡，他曾参与制订了联邦储备体系的相关立法）。

谁拥有联邦储备银行？原则上讲，每个区的私人商业银行成为联邦储备体系的成员银行，就拥有所在区的联邦储备银行。而事实上，每一个联邦储备银行都是私人和政府合资的。成员银行从持有联邦储备银行的股票份额中获得股利（控制在6%以内）。

1913年《联邦储备法》的指导原则是：一个界别（例如金融业、工业、商业或农业）不能以损害另一个界别利益为代价来运用中央银行的经济权力。因此，国会限定了联邦储备银行理事会的构成。理事们分别代表银行、企业和一般公众等三个单元的利益。成员银行选举出三名银行家（A级理事），以及工业、商业和农业中的三名领导者（B级理事），

联储理事会任命三名代表公众利益的理事（C级理事）。经联储理事会的批准，联邦储备银行的九名理事选举出该区储备银行的行长。

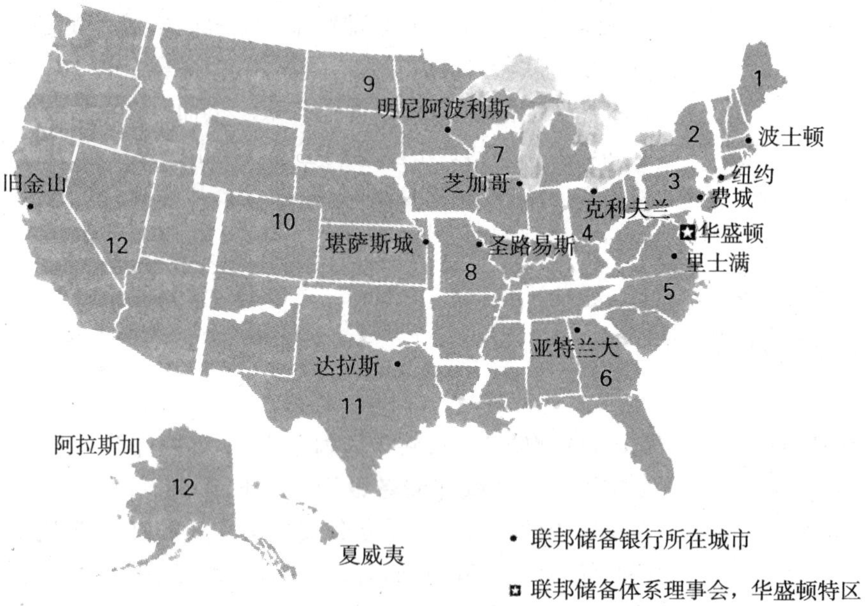

图 19—1　联邦储备区和联邦储备银行

将50个州划分为12个联邦储备区，这样做的目的在于使每一个区都既包括城市地区，也包括乡村地区，并且都拥有制造业、农业和服务业。

资料来源：*Federal Reserve Bulletin*，参见 http：//www. federalreserve. gov/otherfrb. htm。

12家联邦储备银行负责执行支付清算体系、货币控制以及金融监管方面与联储相关的职责。具体地讲，联邦储备银行负责：

· 管理支付体系的支票清算；

· 发行新的联邦储备钞票，管理流通中的通货，收回流通中破损的联邦储备钞票；

· 向储备区内的银行发放贴现贷款，同时对贴现贷款量进行管理；

· 实施监管职能，例如对州成员银行进行检查以及评估并购请求等；

440 · 收集和整理储备区内商业经营的相关数据，公布由储备银行聘用的职业经济学家们撰写的关于货币和银行业的文章，为企业提供服务。

联邦储备银行能够直接地（通过贴现贷款）和间接地（通过联邦公开市场委员会的代表）参与货币政策的实施。理论上，联邦储备银行确定贴现率，确定区内所有银行（会员和非成员银行）获得贴现贷款的数量。[1] 联邦储备银行通过其在联邦公开市场委员会和联邦顾问委员会的代表间接影响货币政策，联邦公开市场委员会制定公开市场操作（联储

〔1〕 实际上，每一个联邦储备区的贴现率都要经过华盛顿特区的理事会复审，并征得其同意。

购买或出售证券以影响基础货币）的原则，而联邦储备顾问委员会则是由各储备区银行家组成的咨询机构。

成员银行

《联邦储备法》要求所有国民银行均成为联邦储备体系的成员银行。州银行也可以选择成为成员银行；目前，仅有约七分之一的州银行成为成员银行。在现有的美国全部银行中，约三分之一加入联邦储备体系，这些成员银行持有全部银行存款中的绝大部分。

从历史的角度看，不愿意成为成员银行的一个原因是成本。联储的关于准备金的规定迫使银行保留一部分的存款作为闲置资金，这相当于对银行中介机构征税。相反，如果银行是在州政府而非联邦政府注册，那么其准备金就可以获得利息。在 20 世纪 60 年代和 70 年代，随着名义利率的攀升，联储成员银行的机会成本上升，选择成为或者继续保持联储成员银行的州银行更少了。在 20 世纪 70 年代，联储认为，对成员银行征收所谓的储备税（reserve tax）会造成其相对于非成员银行的一种竞争劣势。它声称，成员银行数量的下降侵蚀了其影响货币供给的能力，督促国会强迫所有的银行都加入联邦储备体系。尽管国会还没有立法实施这一措施，但 1980 年《存款类机构放松监管与货币控制法案》（DIDMCA）要求所有的银行（截至 1987 年）以同等条件将准备金存于联邦储备银行。该法案同时赋予成员银行和非成员银行同等机会获得贴现贷款和支付体系（支票清算）服务。它大大模糊了成员银行和非成员银行之间的界限，阻止了联储成员银行数量的下降。今天，大约有 3 000 家银行是联储的成员银行。

测试点拨

假定法定准备金率为 10%，城市国民银行对其活期存款支付 7%的年利率。城市国民银行资金的有效成本为多少？

给定 100 美元的存款，城市国民银行必须将 10 美元作为准备金，以备用现金的形式持有或存于联邦储备银行，而把剩余的 90 美元用于投资。银行必须支付给存款人 0.07×100 美元 $=7$ 美元来获得用于放贷或证券投资的 90 美元的资金，所以其资金的有效成本并不是 7%，而是 $7/90=7.8\%$。因此，法定准备金使城市国民银行的资金成本从 7%上升到 7.8%，相当于对银行中介机构征税。

理事会

441 **理事会**（Board of Governors）的总部设在华盛顿特区，7 名成员都由美国总统任命，并经过美国国会批准。为了保证中央银行的独立性，理事会成员的任期固定，从而避免了一届美国总统任命全部理事会成员的情况。理事们的任期为 14 年，不能连任；理事们的任期依次错开，每隔一年的 1 月，都有 1 个成员任期届满。[1] 地域约束则确保了没有一个联邦储备区可以出现过多的代表。

目前，许多的理事会成员都是来自企业、政府或者学术界的专业经济学家。二战以来，理事会主席来自不同的领域，包括华尔街（威廉・麦克切尼・马丁）、学术界（亚瑟・伯恩斯和本・伯南克）、企业（G・威廉・米勒）、公共服务部门（保罗・沃尔克）以及经济预测部门（艾伦・格林斯潘）。主席的任期为 4 年，可以连任，但最长不超过 14 年。

理事会实施货币政策，通过公开市场操作、法定准备金和贴现贷款来影响国家的货币供给。自 1935 年以来，理事会便拥有在国会设定的范围内自由确定法定准备金的权力。它还通过其审查和决定程序来有效地设定贴现率（原则由联邦储备银行来设定）。在联邦公开市场委员会中，理事会占据了 12 个席位中的 7 个，并由此影响公开市场操作原则的制定。除了承担正式的货币管理职责，它还间接影响了国家和国际经济政策的制定。理事会主席为总统提供经济建议，并且在国会就经济事务举行听证会。

理事会负有明确的金融监管责任。1986 年 Q 字条例被取消之前，理事会对利率进行监管。它还设定了保证金要求（margin requirements），或者是投资者在购买证券时必须缴纳一定比例的现金，以防止借款购买证券。此外，它还决定银行控股公司的业务许可范围，并对银行并购进行审批。最后，它还对各个联邦储备银行实施行政管理，包括审查它们的预算以及规定其高管和普通职员的薪金水平。

联邦公开市场委员会

网页推荐：
http://www.federalreserve.gov/fomc
介绍公开市场委员会、成员以及章程。

由 12 个成员组成的**联邦公开市场委员会**（Federal Open Market Committee，FOMC）制定联储公开市场操作的方向。公开市场委员会的成员包括理事会主席、其他理事、纽约联邦储备银行的行长以及其他 11

[1] 从技术层面上而言，一个理事可以通过届满前辞职而后再次获得任命，以延长任期。但是，1970 年后，这种做法就很少见了。

个联邦储备银行中 4 个储备银行的行长（他们轮流担任）。只有 5 个联邦储备银行的行长在公开市场委员会拥有投票权，但所有 12 个成员都参加会议并参与讨论。委员会每年召开 8 次会议。

联储主要通过公开市场操作影响基础货币。因此，在实际操作中，联邦公开市场委员会是联储政策制定的中心。在会议开始前，联邦公开市场委员会的成员们会收到一份由联储经济学家准备的对未来两年国民经济的预测，被称为“绿皮书”；由联邦储备银行准备的并对公众公开的
442 “褐皮书”也被提交；还有一本由联储官员编写的关于货币总量计划的“蓝皮书”。联邦公开市场委员会并不会通过联邦储备体系的账户进行证券买卖，而是在一份名为“风险权衡”（在较高的通货膨胀和较低的经济增长之间作出权衡）的公开声明中阐述其观点，并将指令传递给位于纽约联邦储备银行的联储证券交易部。在那里，管理国内公开市场操作的联储官员每天都与公开市场委员会的成员（以及其他工作人员）进行关于指令执行方面的交流。

联邦储备体系内部的权势与职权

由于国会给联邦储备体系配备了许多形式上的制衡机制，从而确保没有任何一个利益集团能够有效地对其进行控制。特别是在联邦储备体系建立之后的 20 年间，中央（或者说国家）对联储的控制几乎是不存在的。20 世纪 30 年代初期爆发了严重的银行危机之后，许多分析人士得出结论：分散的储备区银行体系并不能充分地应对国民经济和金融的动荡。1933 年和 1935 年的《银行法案》授权理事会建立准备金要求，并授权联邦公开市场委员会指导公开市场操作。1935 年的《银行法案》进一步强化了联储对货币供给过程的参与，授权理事会在联邦公开市场委员会中拥有绝对多数的席位（12 席中的 7 席），从而使理事会对货币政策的执行具有更大的影响力。

联储对货币政策的正式影响中，理事会和联邦公开市场委员会占据了绝大部分。但是，许多联储观察员相信，理事会主席、联储工作人员以及联邦公开市场委员会具有非正式的权威。换句话说，联储内部非正式的权势结构可能比正式的权势结构更为集中、更具影响力。由于纽约联邦储备银行总是占据着联邦公开市场委员会的 1 个席位，该银行行长也因此成为举足轻重的人物。图 19—2 显示了理论上和实际操作中联储的组织安排和权势分享安排。

成员银行作为联邦储备银行的名义所有者，在体系内部拥有很小的实际影响。联邦储备体系内部所有权和控制权之间的区别是十分明确的。成员银行拥有联邦储备银行的股权，但是持有股票并没有使股东获得任

何权利，这和一般私人公司股东的情况完全不同。不管联邦储备银行获得多少收益，成员银行每年至多获得 6%的股利，同时还没有通常由所有权所决定的剩余索取权。此外，成员银行对于其在联储体系中的股份是如何被运用的并没有实际控制权，原因是政策指令是由位于华盛顿特
443 区的理事会制定的。虽然成员银行推选出 6 名 A 级和 B 级董事，但通常每一个职位只有 1 个候选人，并且由联邦储备银行或理事会提名。

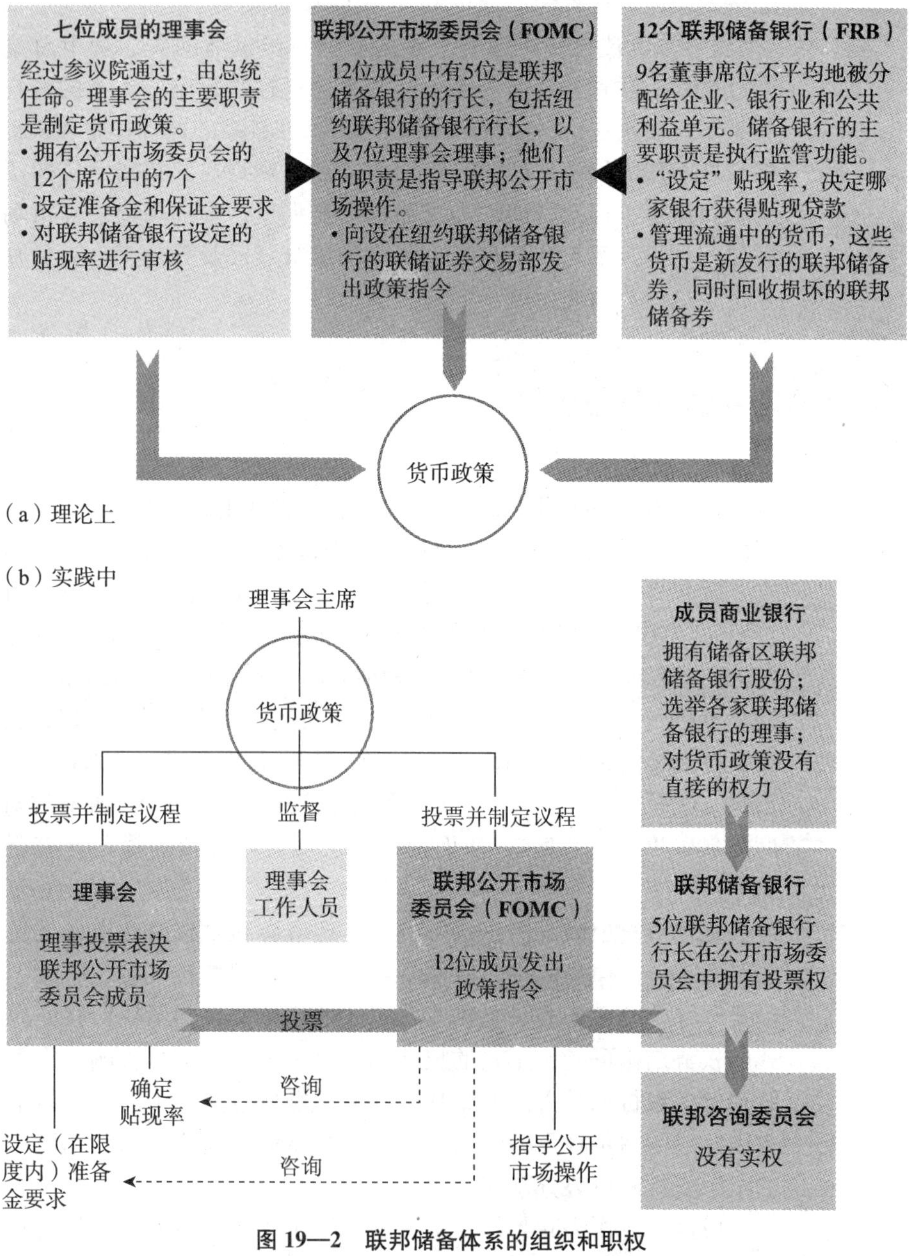

图 19—2　联邦储备体系的组织和职权

1913 年《联邦储备法》建立了联邦储备体系，但将一系列相互制衡机制引入了该体系。(a) 部分显示，在理论上，其经济权势是分散的。(b) 部分则表明，联储内部的非正式权势比正式结构的权势更多地集中在理事会主席手中。

虽然没有直接的证据表明谁真正掌握着联邦储备体系的权势，但有经验的内部人士还是不断地表达他们的感觉。经济学家舍曼·梅塞尔(Sherman Maisel) 根据曾任过联储官员的个人经历，估算了联储内部的各集团在制定货币政策方面的相对影响力：理事会主席，影响力为45%；理事会和联邦公开市场委员会的工作人员，影响力为25%；其他理事和联邦储备银行的影响力不大。[1] 尽管这些感觉反映的是20世纪70年代的情况，但当前的行为也支持这些感觉。一些理事会成员和在联邦公开市场委员会任职的联邦储备银行行长可以质疑理事会主席的议程，但是理事会主席的影响力依然占据主导地位。

联储的运作方式

444 政府创造了联储来管理银行体系和货币供给。由于缺乏宪法授权，联邦储备体系与政治共舞，因此极易受到立法者和官员们的双重压力。中央银行在货币供给过程中具有重要作用，进而也会在经济政策制定中产生一定的影响。在这部分中，将阐述联邦储备体系如何在政治环境中运作，并且还要讨论关于中央银行独立性的争论。

处理外部压力

国会的初衷是：联邦储备体系独立于外部压力（如来自总统、国会、银行业或者企业集团的压力）来进行运作。理事会成员的任期很长，并且不可连任，降低了任何一届总统对理事会成员的影响，也阻止了理事们采取仅仅有利于总统和国会的政策的企图。

联储的财务独立使其可以同外部压力进行斗争。通常，联邦机构都要受制于年度拨款过程（annual appropriations process）。在这个过程中，国会详细地审查预算请求、批准资金而后划拨款项。联储不仅可以免于这个过程，而且它还是一个营利性机构，它向财政部上缴资金而不是从财政部获得资金。联储的绝大部分收入来自持有证券获得的利息，少部分收入来自贴现贷款的利息以及从金融机构那里获得的支票清算服务费和其他服务费。近些年，联邦储备体系每年的净收入已经超过了250亿美元，如此巨额的利润使其足以同美国最大的公司相媲美。

尽管试图赋予联储独立性，但它仍然不能完全独立于外部压力。首

---

〔1〕 Sherman J. Maisel, *Managing the Dollar*. New York: W. W. Norton, 1973.

先，总统可以控制理事会成员。理事们常常不能完成其 14 年的任期，因为他们可以在私人企业中获得更高的收入。因此，一个连任两届的总统可以任命好几个理事。此外，总统每 4 年可以任命 1 位新的理事会主席，可能使其连任或者卸职。没有连任的理事会主席可以继续以理事的身份完成他的任期，但通常的选择是辞职。因此，这让总统有机会填补一个理事的空缺。

其次，尽管联储的巨额净收入使其免于拨款过程（国会"掌控钱袋子的权势"）的困扰，但联储仍然是国会创立的机构。美国宪法没有关于中央银行的具体规定，所以国会可以修订联邦储备体系的章程和权势，甚至完全撤销这个机构。国会议员们常常毫不顾忌地提醒联储面对这一现实。国会的监督也是毫无遮掩的：20 世纪 70 年代中后期，国会强迫联储解释其目标和程序；1975 年通过的《众议院 133 号共同决议案》（House Concurrent Resolution 133）要求联储公布货币总量增长目标。此外，《汉弗莱-霍金斯法案》（Humphrey-Hawkins Act）（官方称为 1978 年《充分就业与均衡增长法案》（Full Employment and Balanced Growth Act of 1978））要求联储解释这些目标如何与总统的经济目标相一致。毫无疑问，在现实中，国会对联储政策的挑战并非经常能取得成功。

财政部—联储发生冲突的事例

当选的官员们缺乏对货币政策的正式控制，而这种缺乏常常导致联储和总统之间的冲突，总统的代表通常是财政部部长。二战期间，政府
445 加强了对联邦储备体系的控制。为了有助于弥补战时预算赤字，联储同意将国库券利率维持在低水平，具体的做法是：买入私人投资者不会购买的债券，从而预先确定（盯住）利率。战后，财政部想继续实行这一政策，但是联储不同意。联储担心通货膨胀：联储大量购买国库券增加了基础货币量，使货币供给增长率和通货膨胀率潜在地提高了。战时限制通货膨胀的价格管制政策在战后被取消了。

理事会主席马里纳·埃克尔斯（Marriner Eccles）特别反对利率固定政策。尽管他对杜鲁门政府无理要求的反对使其在 1948 年失去了主席的职位，但他仍以一名理事的身份完成任期，继续为联邦储备体系的独立性而战斗。1951 年 3 月 4 日，随着《财政部—联邦储备体系协议》的生效，战时国库券利率固定的政策被正式废止。

但是，财政部和联储之间的冲突并没有随着协议的签署而结束。例如，罗纳德·里根总统和联储主席保罗·沃尔克一直对谁应该为 20 世纪 80 年代早期的严重经济衰退负责这一问题争论不休。里根指责联储采取了紧缩性货币政策，沃尔克则坚持认为联储只能在预算赤字减少时才能

扩大货币供给增长，而预算赤字是总统和国会政策行动的结果。

在乔治·H·W·布什执政初期，即使财政部常常认为联储应该采取更为扩张的货币政策，二者的冲突并不严重。在 1991 年关于美国银行业监管改革的讨论中，财政部和联储在关于谁应该对银行体系负有更大监管责任的问题上争论不休。最后，1991 年末和 1992 年初，财政部向联储施压要求降低短期利率。虽然联储降低了贴现率，但该项决策是否受到财政部压力的影响就不得而知了。1993 年初，克林顿政府的财政部认为，联储在获知政府预算状况的条件下不应该提高短期利率。到 1994 年，财政部对联储连续提高联邦基金利率提出质疑。而在 1996 年，一些国会议员又质疑联储是否贯彻了政府削减财政预算的精神，尽可能地减低其运营预算。2003 年，乔治·W·布什开始执政，一些评论员担心财政部和联储在政府税收政策上产生冲突。

激励联邦储备体系的因素

上文已经指出，联储对货币政策具有相当大的权势。现在来考察一下联储决定如何运用其权势的其他解释。我们考察联储动机的两个观点：公共利益观点和委托—代理观点。

公共利益观点 解释企业经理人行为动机的通常起点是，他们代表所在企业出资人，即股东的利益。联储动机的**公共利益观点**（public interest view）认为，联储同样代表其主要出资人（一般公众）的利益，并且力图实现符合公众利益的经济目标，如稳定物价和就业，以及实现经济增长。

现有的证据支持公共利益观点吗？从物价稳定来看，支持并不明显。自二战以来，持续通货膨胀的记录凸显出联储强调物价稳定。类似地，一些经济学家也质疑联储对其他经济指标稳定性所起到的作用。

延伸思考

选择联储主席的重要性

446 1979 年夏天，吉米·卡特总统预见到其经济政策失败所导致的通货膨胀重新抬头，是其争取连任的巨大障碍。通货膨胀不断加速，外汇市场上美元币值急剧下跌。为了在大选前使经济有所好转，卡特试图选用一位价格稳定的拥护者代替联储主席 G·威廉·米勒（随后他任职财政部部长）。1979 年 7 月 24 日，卡特任命保罗·沃尔克为联储主席，此前他担任纽约联邦储备银行行长以及财政部负责货币事务的前副部长。沃尔克对于联储政策的观点是众所周知的。1979 年初，他就提出大幅度提高联邦基金利率，实行紧缩性货币政策，以抑制通货膨胀。通货膨胀的挑战使沃尔克接受了这个新职位（尽管他的薪金由原来的 11.6 万美元降低为 5.75 万美元）。

1979 年 10 月，沃尔克领导的联储开始大幅度减低货币供给的增长，实行紧缩性政策，使得联邦基金利率显著提高。高企的利率和下滑的经济是卡特总统竞选失败的主要原因。到 1982 年，通货膨胀率显著下降，但是这一结果对于吉米·卡特而言，来得太迟了。卡特任命沃尔克为联储主席，但是该政策的短期影响在 1980 年的总统选举中帮助了共和党人罗纳德·里根。

委托—代理观点 许多经济学家认为组织的目标是相互冲突的。虽然政府组织都是为了服务大众并提供公共服务而存在的，但是它们也有内部目标，这些内部目标同其宣称的任务可能并不匹配。事实上，公共组织也面临私人企业面临的代理问题。在本节中，我们描述的目标是不是可能会影响联储决策及其经济权势发挥方式的《联邦储备法》所罗列的那些目标。

如前所述，当经理人（代理人）在其服务的企业中几乎没有相关利益时，他们追求股东（委托人）价值最大化的动机可能会很弱。在这种情况下，代理人并不总是为了委托人的利益而行事。乔治·梅森大学的詹姆斯·布坎南和戈登·图洛克提出了关于诸如联储之类政府机构动机的**委托—代理观点**（principal-agent view）。他们认为，官僚们的目标是最大化其个人福利——权势、影响力和威望，而不是大众的福祉。因此，联储动机的委托—代理观点指出，尽管受制于总统和国会等委托人设置的约束，联储作为一个组织仍在为提高其权势、影响力和威望而行事。

如何判断委托—代理观点是否准确解释了联储的行为动机呢？如果它是正确的，那么就可以得出结论，即联储将会为保持其自主性而斗争。毫无疑问，联储就是这么做的：联储多次拒绝了国会控制其预算的企图。事实上，依靠自身的力量，联储是动员选民（例如银行家和企业经理）进行自卫的最成功的官僚组织之一。

委托—代理观点的支持者们也认为，联储将避免同那些制约其权势、影响力和威望的集团产生冲突。例如，联储可以通过管理货币政策来帮助那些不喜欢限制联储权势的现任总统连任，结果就会出现**政治性经济周期**（political business cycle）。即联储在大选前通过降低利率刺激信贷需求和经济活动，从而表现出友好的支持态度。大选之后，当联储为减
447 轻此前扩张政策造成的通货膨胀压力而收紧经济时，经济也随之下滑。但此时，同联储交好的总统已经获得了连任。然而，美国的实际情况通常并不支持政治性经济周期理论。例如，在 1972 年，货币供给增长的扩张发生在尼克松总统连任之前，而在 1980 年卡特总统和 1992 年布什总

统竞选连任失败之前，联储则收紧货币供给的增长。

毫无疑问，总统的意愿可能会微妙地影响联储的货币政策。在一项关于 1979—1984 年间政治对货币政策变化影响的研究中，研究者度量了《华尔街日报》刊载文章中政府当局发出意愿政策的信号次数，发现货币政策变化与政府当局发出信号次数之间密切相关。[1]

对委托—代理观点的一个批评意见指出，需要将联储的意图与外部压力分开：联储自身可能想按照某种方式行事，而国会和总统很可能要求联储追求其他目标。委托—代理观点没能解释为什么国会允许联储通过资金自给来使其获得相对的独立性。一些经济学家指出，联储可以通过资金自给向国会提供长期利益。如果说资金自给激励联储进行更多的公开市场购买，进而扩张货币供给，那么，更多剩余收益将流入财政部，用于国会的拨款。

联储的独立性

通常，联储独立性成为政治问题，并不是因为对货币政策或联储管理货币政策的角色存在学术分歧，而是因为公众对联储政策的负面反应。例如，1982 年，国会立法削减了联储的自主权，其根源就是公众对于高利率的反应。下面我们将分析支持或者反对联储独立性的一些观点。

支持独立性的观点 支持联储独立性的主要观点在于货币政策能够影响通货膨胀、利率、汇率和经济增长，极其重要且具有极强的技术性，不能由政治家们来决定。由于频繁的选举，政治家们可能是“短视的”，只关心短期利益，而不考虑潜在的长期成本。在通货膨胀发生之后，短期利益与长期利益经常发生冲突。支持者们认为，如果由短视的政治家们决定货币政策，必然出现极度扩张，从而导致通货膨胀。因此，联储不能假定政治家们的目标反映了公众的利益。公众也更愿意由联储的专家而非政治家做出货币政策决策。

另一种支持联储独立性的观点是，由选举出来的政府官员完全控制联储会加大货币供给政治性经济周期波动的可能性。例如，这些官员可能会向联储施压，通过购买政府债券支持财政部借款，从而增加货币供给并诱发通货膨胀。

反对独立性的观点 货币政策对经济的重要性也被看做反对中央银行
448 行独立性的主要观点。支持者们认为，在民主政体中，民选官员应该制定公共政策。由于公众支持民选官员负责解决现有的货币政策问题，因

[1] Thomas Havrilesky, “Monetary Policy Signaling from the Administration to the Federal Reserve,” *Journal of Money*, *Credit*, *and Banking*, 20: 83 - 101, February, 1988.

此一些分析人士主张总统和国会更多地控制货币政策。对于货币政策对于民选官员来讲太具技术性这一观点持反对意见的人认为，国家安全和外交政策也需要复杂的分析和长远的眼光，而这些职能都交付给了民选官员。此外，对联储独立性的批评意见还认为，将中央银行置于民选官员的控制下，有利于货币政策与政府税收及支出政策的协调和整合，从而增进福利。

赞成中央银行更多地由国会控制的那些人则认为，联储并不总是很好地利用其独立性。例如，一些批评家指出，由于具有通货紧缩的倾向，因此联储没有在 20 世纪 30 年代初经济收缩时期对银行体系施以援手。许多经济学家引用的另一个例子是，在 20 世纪 60 年代和 70 年代，联储的政策具有过度的通货膨胀倾向。最后，一些分析人士认为，在 20 世纪 90 年代初的经济衰退期间，联储在处理信贷问题上所采取的行动过于迟缓。

结语 经济学家和政治家在联储独立性优点的问题上并没有达成广泛的一致。然而，在现行的体系下，联储的独立性并不是绝对的。之所以这样说，是因为它有时迎合了这个或那个持批评意见的集团。在实践中，争论的焦点在于提议限制联储在某些方面的独立性，而不是消除其形式上的独立性。近来一些提议包括缩短理事的任期，使理事会主席的任期与总统的任期更加协同一致，让财政部部长进入联邦公开市场委员会等。这些提议中的任何一项提议如能得到通过，都将使联储的经济政策更加符合总统的经济政策。

博闻广识

日本财政部和中央银行在独立性问题上的冲突

美国并不是唯一一个货币政策受到财政部和中央银行之间紧张关系影响的国家。20 世纪 80 年代末期和 90 年代初期的日本货币政策则是另一个范例。在 20 世纪 80 年代中期，日本银行行长澄田智实行了扩张性货币政策。作为前大藏省（大藏省相当于美国的财政部）副相，澄田智更倾向于低利率政策。1989 年，三重野康被任命为日本银行行长，他实行了更为紧缩的政策。《华尔街日报》报道说："就在聚会开始进入高潮之时，三重野康先生拿走了盛装清酒的碗。"[1] 也就是说，日本货币增长将减少，这使得人们担心日本股价上涨将停止。

在 20 世纪 90 年代，日本银行提高了贴现率，使得日本股价狂跌，同时也使高杠杆企业面临巨大的财务压力。1991 年 7 月 1 日，日本银行意外地将贴现率从 6% 调低至 5.5%，引起日本中央银行观察员们的担忧，他们认为三重野康是在讨好大藏相桥本龙太郎。大藏相是最具实力的日本首相候选人，三重野康的行动似乎形成了一个政治性经济周期。

与美联储的行动一样，日本银行的行动可以被当作是负责任的独立行为：日本银行可能是试图减低高利率引发日本金融危机的可能性，即使它在中期试图实施紧缩性货币政策。近些年，日本银行已在形式上独立于政府了。

[1] Marcus W. Brauchli and Clay Chandler, "Financial Shift: In a Major Reversal, The Bank of Japan Cuts Its Key Interest Rate," *The Wall Street Journal*, July 2, 1991.

美国以外中央银行的独立性

449 国与国之间中央银行独立性的程度各不相同。将联邦储备体系的结构与加拿大、欧盟和日本中央银行相比较，就会得到四种模式。第一，在理事任期固定的中央银行中，没有一个国家中央银行理事的任期像美联储那样长达 14 年，这意味着在名义上联邦储备体系的独立性更高。第二，在这些国家中，中央银行行长的任期都比联储主席的 4 年任期要长许多。第三，在这些国家中，只有德国的中央银行是联邦结构（下面就将讨论欧洲中央银行）。

最后，中央银行独立性的总体程度是各不相同的。一个独立的中央银行可以自由追求其目标而不受其他政府官员和立法者的直接干涉。绝大部分经济学家认为，一个独立的中央银行应该能够更自由地致力于维持较低的通货膨胀水平（我们将在第 21 章中详细地讨论这个目标）。总体上说，欧洲中央银行是最为独立的，日本和英国的中央银行传统上就被认为缺乏独立性，尽管到 1998 年，两国的中央银行都变得更加独立，更加重视物价稳定。

网页推荐：
http://www.bankofengland.co.uk
英格兰银行的网址。

作为世界上最古老的中央银行（成立于 1694 年），英格兰银行在 1997 年获得独立于政府来确定利率的权力。尽管政府具有在“极端特殊的情况”下的否决权，但是这种情况不大可能发生。英格兰银行的通货膨胀目标是由财政大臣制定的，而利率决定权掌握在货币政策委员会手中，其成员包括中央银行行长、2 名副行长、2 名由行长（与财政大臣协商后）任命的委员以及由财政大臣指定的 4 名外部经济专家。

网页推荐：
http://www.bankofengland.co.uk, www.boj.or.jp/en/
日本银行的网址。

1998 年 4 月生效的《日本银行法》赋予了政策委员会更多的自主权，以实现稳定的物价目标。政策委员会的成员包括中央银行行长、2 名副行长以及 6 名经议会批准由内阁任命的外部委员。尽管政府也可以派代表参加政策委员会的会议，但没有投票权。但是，大藏省仍然控制着日本银行的部分预算，这部分预算与货币政策无关。

网页推荐：
http://www.bank-banque-canada.ca
加拿大银行的网址。

加拿大银行把通货膨胀目标作为货币政策目标之一，但是该目标由加拿大银行和政府共同制定。自1967年以来，尽管政府一直担负着管理货币政策的最终责任，但通常由加拿大银行控制货币政策。虽然财政部长可以指导中央银行的行为，但是这种指导必须成文且公开，直到目前为止还没有发生过。

近年来，对低通货膨胀目标的追求推动了中央银行独立性的增强。事实上，在大多数工业化国家中，中央银行独立于政治过程，作为货币当局的一种组织方式已被广泛接受。实际上，中央银行独立实施货币政策的实际程度在不同的国家差别极大，那么，从中央银行的结构差异可以得出什么样的结论呢？很多分析人士认为，一个独立的中央银行在不加剧产出水平和就业率波动的前提下降低通货膨胀，能够提高经济绩效。哈佛大学的艾尔伯托·阿莱西那和劳伦斯·萨默斯经过计算提出，中央银行独立性最强的国家（德国和瑞士）在20世纪70年代和80年代期间
450
的平均通货膨胀率最低，而新西兰、意大利和西班牙等中央银行独立性较弱国家的通货膨胀率则相当高。

中央银行独立性的真正意义是什么？经济学家们强调，仅仅宣称独立是不够的，中央银行必须能够在不受政府直接干预的条件下制定货币政策。中央银行必须能够制定可测的且相互之间并不冲突的目标，能够说明这一问题的最重要例子是通货膨胀目标。加拿大、芬兰、新西兰、瑞典和英国的中央银行都公布了各自的通货膨胀目标，许多欧洲国家（包括法国和德国）都具有非正式的通货膨胀目标（在欧洲中央银行出现之前），欧洲中央银行现在也是这样做的。许多经济学家主张，美国联储也应该采用通货膨胀目标制。

网页推荐：
http://www.ecb.int
欧洲中央银行的网址。

作为实现欧洲经济一体化的一部分，欧洲中央银行（European Central Bank，ECB）负责制定欧盟（即参加欧洲货币联盟的11个国家）的货币政策。1991年12月，一些欧洲国家的代表在荷兰的马斯特里赫特签署了一份重要协议，该协议详细描述了采取渐进方式在1994—1999年间完成货币联盟的计划。虽然货币联盟从1999年1月1日才开始生效，但筹建欧洲中央银行的工作已经提前展开。实际上，欧盟国家在1998年底就已协调实施扩张性货币政策。

欧洲中央银行的组织架构在某些方面与美国联邦储备体系类似。欧洲中央银行的执行委员会有6名专职委员，主席是让·克劳德·特里谢。执行委员会成员（1个副主席和其他4个成员）由经济和财政部长理事会提名，欧洲议会和欧洲中央银行行长理事会讨论通过，成员国首脑任命。执行委员会委员任期8年，不可连任。另外，参与欧洲中央银行治理的还有各个成员国的中央银行行长，其任期不少于5年，较长的任期提高了欧洲中央银行的政治独立性。

原则上讲，欧洲中央银行的综合独立性较高。欧洲中央银行继承

了德意志联邦银行（德国中央银行）的传统，公开强调稳定物价；在货币政策制定上，欧洲中央银行也独立于欧盟和各国政府。但是，要想真正履行欧洲中央银行的宪章，则需要修订《马斯特里赫特条约》，而这需要所有的最初条约签署国一致同意。尽管法律的独立能否变成真正的独立还很难说，实现这样的转变需要先对这个新机构进行一段时间的考察。

根据联邦储备体系的历史经验，这种担心不乏理由。按照最初的1913年《联邦储备法》，一个分散的中央银行体系得以建立，这导致了体系内部的权势争夺，并且并没有提供一种协调机制，能在20世纪30年代初爆发金融危机时达成共识。各国中央银行在欧洲中央银行中都拥有相当大的权力，欧洲中央银行体系（European System of Central Banks，ESCB）中的行长们在欧洲中央银行的理事会中占有大多数投票权，各国中央银行的雇员总数也大大超过欧洲中央银行。

冲突源于何处？尽管欧洲中央银行章程强调物价稳定，但就扩张性货币政策和紧缩性货币政策孰优孰劣，各国已展开争论，且争论可能还将继续下去。此外，关于欧洲中央银行作为最后贷款人处理地区内部金融危机的方式，各国还没有达成一致。乐观主义者认为，统一的欧洲中
451 央银行和货币联盟迫使欧洲面对严重的结构性经济问题，例如公共部门机构臃肿和劳动力市场缺乏弹性等。悲观主义者则认为，货币联盟通常需要一个广泛的政治联盟（联储就是这样的情况，而欧洲中央银行却并非如此）的支持才能获得成功。不过有一点是再清楚不过的，那就是所有的目光仍然盯着欧洲中央银行。

关键术语和概念

联邦储备体系	联邦储备银行	委托—代理观点
理事会	成员银行	公共利益观点
联邦公开市场委员会（FOMC）		政治性经济周期

总　结

1. 1913年《联邦储备法》创立了美国联邦储备体系（联储），其三个主要组成部分是联邦储备银行、理事会和联邦公开市场委员会。

2. 联储的正式业务活动是实施公开市场操作、确定准备金要求和发

放贴现贷款。联邦公开市场委员会发布公开市场操作的指引，理事会确定准备金要求。尽管理事会在根本上决定贴现率（贴现贷款的利率），但存款类机构通常从各储备区的储备银行获得贴现贷款。

3. 在实践中，联邦储备体系内部权势结构的集中程度要比其正式结构所表现出来的集中程度更高。理事会，尤其是理事会主席往往主宰货币政策的决策。

4. 由于理事会成员的任期较长以及联储的财务独立，联储相对独立于政治过程。然而，由于联邦储备体系是通过立法创建的，而不是由宪法设立的，所以国会可以制定立法削减其权势（甚至将其撤销）。

5. 联储行为动机的公共利益观点认为，联储会按照广义的国家利益实施货币政策和金融监管。而委托—代理观点则强调，联储作为一个组织，与其说是关注国家利益，不如说更关注其自身福利。

6. 联储应该具有独立性吗？支持者认为，联储应该具有独立性，因为（相对于民选官员）更长的任期能使联储实施的货币政策符合国家的长远利益。而反对者指出，货币政策是国家政策议程的一个重要组成部分，因而应该由民选官员来掌控。

7. 对于其他工业化国家的中央银行而言，其独立于政治过程的程度和任命理事的一般程序各不相同。与中央银行缺乏独立性的国家相比，中央银行独立性较高国家的通货膨胀率通常要低一些。

复习题

1. 自 1836 年以来，美国一直没有建立中央银行，为什么在 1913 年美国国会通过了《联邦储备法》？

2. 理事会在货币政策方面的职责是什么？

3. 联邦公开市场委员会中拥有投票权的成员都有谁？

4. 联邦储备体系的大部分收入来自何处？

5. 联储的哪些特点有助于使其独立于政治压力？美国宪法如何保护联邦储备体系？

6. 各区联邦储备银行共有多少家？分别坐落在哪里？

7. 联储的公开市场操作由谁来指导？

8. 为什么联邦储备区跨州划分？为什么各区联邦储备银行的董事们分别代表企业、银行业和广大公众？

454 9. 对联邦储备银行的股份进行投机可能吗？请说明理由。

10. 联邦储备银行的职责是什么？

11. “仅仅考察一个组织的正式结构并不能了解该组织权势和职权的

真实归属。”这一观点适用于联邦储备体系吗？请说明理由。

12. 评价：联邦储备体系独立于美国的政治过程。

13. 评价：为了实施符合国家利益的货币政策，美国联邦储备体系应该独立于美国的政治过程。

14. 评价：联储独立于美国政府拨款过程，必然否定了联储动机的委托—代理观点。

分析题

15. 在一个现代工业化国家或者欠发达国家中，中央银行可以很容易地具有独立性吗？对现代工业化国家与欠发达国家的平均通货膨胀率进行比较，你的答案可能有何意义？

16. 假定你是姆拉国的总统，并且你正在为这个国家制定一部新宪法。你会让货币政策制定者完全独立于你的政府吗？请说明理由。

17. 调查显示，在联储实行扩张性货币政策后的 9～18 个月中，经济的实际增长加快。假定在总统大选前的 18 个月，联储宣布将贴现率下调 1 个百分点，你认为联储这样做的行为动机是什么？如果此前 6 个月有人曾预测实际产出增长率为 3%，而在现实中经济疲软，实际产出增长率仅为 1%，你会改变你先前的结论吗？

18. 为什么总统不愿意任命一位强悍且独立的联储理事会主席，而更愿意选择与其具有先前政治关系的人？

19. 美国在 20 世纪 70 年代的高通货膨胀率是否符合联储动机的公共利益观点？

20. 如果联储的政策制定者们总是拒绝到薪金是联储 2 倍或 3 倍的华尔街工作，那么联储动机的委托—代理观点还可信吗？

21. 近来有人提议要将各联邦储备银行行长从联邦公开市场委员会中撤出，在其中加入财政部部长和总统经济顾问委员会主席，这一提议将会对联储的独立性产生什么影响？它会使联储对其行动更加负责任吗？怎样才能使各储备区的关注和信息传达到联储呢？

22. 假定经济状况恶化，联储考虑放松货币政策。但是，在联储采取行动前，总统的首席经济顾问召开了一次新闻发布会，呼吁联储应放松货币政策以刺激经济。对于联储而言，这份声明使其放松货币政策变得更加困难还是更加容易？请说明理由。

23. 根据 1999 年初《华尔街日报》刊载的一篇文章：“一向以果断著称的德国财政部部长奥斯卡·拉方丹敦促新成立的欧洲中央银行降低利率以提高公司利润，且最重要的是，创造就业机会。”欧洲中央银行已经成立，你认为这将对接受德国财政部部长建议的可能性具有什么影响？

24. 在日本，中央银行在形式上并非具有独立性，但日本的通货膨胀率比美国低很多。这种状况是否意味着低的通货膨胀水平实际上并非取决于中央银行的独立性？请说明理由。

25. 评价：联储偶尔松动银行利率以保护自身免受立法的攻击，这与联储动机的公共利益观点并不相符。

26. 在 1991 年关于美国银行业监管改革的辩论中，财政部支持取消银行业和商业之间的壁垒（如允许非金融类企业拥有存款类机构），但联储反对这种做法。下面哪一理论可供对联储的反应进行解释？(a) 联储动机的公共利益观点；(b) 联储动机的委托—代理观点。

数据题

455 27. 在《联邦储备公告》中，联邦储备体系的公开市场交易表列出了联储在体系公开市场账户（System Open Market Account，SOMA）中持有的美国政府证券和其他证券的变动情况。指出过去 3 年里联储持有量的变化是多少，哪一年的货币政策是“最宽松的”？哪一年是“最紧缩的”？

28. 在最新发布的《联邦储备体系理事会年报》中，查找记录联邦储备银行“收入与支出”的历史数据报表。在该报表中，找到“向美国财政部付款”一栏，这些款项是联储上缴给政府的利润。在过去 3 年中，联储的利润总额有多少？从《总统经济报告》中，计算过去 3 年里美国联邦政府的收入总额，以及联储上缴利润占政府收入总额的比例。

29. 阅读《华尔街日报》的文章，从中可以看到总统或财政部（或政府其他部门）向联储提出强烈的政策建议，然后，察看联储的反应。

30. 支持中央银行独立性的一个观点是：中央银行独立性降低了通货膨胀政策出现的可能性。哈佛大学经济学家艾尔伯托·阿莱西那和劳伦斯·萨默斯对此问题开展了一项知名研究，结果强烈地支持这一观点。圣路易斯联邦储备银行发表了一篇题为《中央银行独立性和经济绩效》的论文（作者为帕特里夏·S·波拉德），见 http://research.stlouisfed.org/publications/review/93/07/Bank-Jul-Aug1993.pdf。该论文用一幅图描述了他们的研究结果（该图在该论文的第 23 页）。仅仅从这张图中，可以看出通货膨胀和独立性之间的反向关系吗？哪些国家是通货膨胀较高而独立性较弱？哪些国家是通货膨胀较低而独立性较强？

31. 联储每年都向国会提交有关其业务活动的年度报告。找到最新一期年报（登录 http：//www.federalreserve. gov/boarddocs/rptcongress/），找出过去 3 年联储的总利润（在向财政部的付款项下）。把你找到的数字与近 3 年美国联邦政府收入总额（参见最新发布的《总统经济报告》，http：//www.gpoaccess.gov/eop/download.html）相比较。在美国政府收入中，联储上缴的收入占比是多少？

理论联系实际

《金融时报》，2006 年 7 月 3 日

伯南克领导下的联储与市场进行沟通

452 在艾伦·格林斯潘领导联储的时代，交易员解读了格林斯潘关于美国利率未来走势近乎完美的技巧性暗示，并据此进行交易，大发横财。

而在本·伯南克的领导下，博弈正在发生改变……

a 这位新的联储主席在了解到市场对于联储话语指导的过度依赖后，困惑了很久。

J. P. 摩根大通的首席经济学家布鲁斯·卡斯曼表示，联储正在告诉投资者："我不想握住你的手。"

他指出，伯克南先生和他的同事们想要投资者"从关注联储的政策倾向转移到关注联储对宏观经济前景的评估上"。

b 2003 年，当联储试图阻止对通货紧缩的担忧而将利率下调至 1%时，格林斯潘领导的联储努力使市场相信利率将在低水平上保持一段时间，因而宣布："委员会相信，政策的调整将维持相当长的一段时期。"当联储开始上调利率时，它把这句话换成："政策调整可能会终结，时机可以预见。"

从 2005 年 12 月到 2006 年 3 月，联储一直在说："进一步采取紧缩的货币政策可能是必要的。"而到了 5 月份，这句话就被改变为："进一步收紧货币政策可能仍是必要的。"现在，3 年的握手期结束了，在伯南克看来，这不可能是转瞬即逝的。虽然他在 2003 年支持关于提供明示指导的决策，但他将其视作一种紧急性举措……

伯南克认为，联储应当解释其自身做出的预测，鼓励市场参与者对经济和利率走势作出自主的评估。这对于大批领取高薪的联储观察员来说是个坏消息，因为他们的工作就是分析联储所发布的消息，从字里行间中寻找有关其政策意图的暗示。

伯南克因所发布的信息含糊不清而备受指责，他不得不逐步加以处理，以免扰乱市场。更多深层次的变化需要等到联储副主席唐纳德·科恩对沟通策略得出检验结论后才能实施，唐纳德·科恩曾是格林斯潘时代的重要人物。

此外，伯南克可能会走回头路，正如他在 6 月 5 日充满争议的举动
c 所表明的那样。在那天颇有分量的演讲中，他明确提出，不仅要解释联储的预测结果，还要维护联储的可信性。

新闻分析

453 2006年2月1日，本·伯南克宣誓就任联邦储备体系的主席，从艾伦·格林斯潘手中接过美国中央银行的领导权，后者在联储主席职位上工作了18年后退休。格林斯潘受到全世界金融市场参与者的广泛尊敬，但他也因其晦涩难懂的句文而闻名。一些分析人士常常花费大量精力解读这位联储主席所说的每一个字，试图从中得出关于金融市场前景的结论。正如本章所描述的那样，联储主席在制定货币政策上通常具有很大的权势。

a. 包括本·伯南克在内的一些经济学家认为，金融市场参与者太过于重视联储主席的遣词造句。这些经济学家反而认为，金融市场参与者应该把更多时间和精力用于分析现实经济状况，进而形成关于联储货币政策下一步变化的预期。

b. 2003年，联储不得不从控制通货膨胀转向相反的问题，即控制通货紧缩压力日益增大的担忧。通货紧缩是危险的，因为如果市场参与者认为未来价格将下降，他们将不愿意购买或生产商品与服务，而是等待价格进一步下降。因此，对通货紧缩的预期可能会迅速地导致经济下滑。为了应对通货紧缩的压力，中央银行只能实行扩张性货币政策（这些内容将在第20章中详细阐述）。中央银行为了改变通货紧缩预期，必须使自身具有可信性。金融市场参与者必须相信，中央银行和中央银行的领导人能够采取行动，成功地抵御通货紧缩。

c. 中央银行家发表演讲、撰写文章以及接受采访，他们往往试图实现两个目标：（1）减少金融市场的不确定性；（2）增强中央银行的可信性。本文的作者认为，伯南克主席想要通过更清晰地传达出联储是如何得出其预测的，来减少市场的不确定性。

更进一步的思考……

在什么情况下，联储主席的沟通能力不再那么重要？说明理由。

资料来源：节选自“Bernanke Redefines How Fed Communicates with Markets,” *Financial Times*, July 3, 2006, p. 2. Copyright © 2006 Financial Times Ltd. Reprinted with permission。

第20章 货币政策工具

456 2001年秋，联储不断地成为新闻头条。在2001年9月11日恐怖袭击发生后，联储随即增加贴现贷款数量，以确保受影响地区的商业银行正常经营。9月12日联储发放450亿美元的贴现贷款，而在此前的10周中，每周的贴现贷款量不过5 900万美元。9月17日，联储为提高投资者的信心，在纽约证券交易所恢复营业之前将联邦基金利率调低了0.5个百分点。联储根据经济环境制定货币政策（通过公开市场操作、贴现贷款或确定准备金要求来实施），货币政策发生变化使利率、产出和通货膨胀均发生变动。

本章将描述联储货币政策工具的使用情况，了解这些工具如何被用来影响短期利率。第17章和第18章解释了货币政策工具如何改变基础货币和货币供给，本章则对上述研究进行了拓展。如你所想，对联储政策及其政策工具运用的批评不绝于耳。本章还提及了一些关于联储货币政策工具运用方面的争论，以及经济学家们为改善货币政策决策所提出的一些办法。

本章的另一个主题是联储观察：很多个人和机构仔细研读联储的政策，从而预测利率的变动和经济的走势。一流的银行和券商依靠自身对联储意图的揣摩和政策的分析，进行贷款和投资决策。个人关注联储的动向则是为了作出购置房产和投资的决策。正如你将看到的那样，理解联储如何使用其政策工具是联邦观察最重要的组成部分。

公开市场操作

公开市场操作（open market operations）是指联储在金融市场上买入和卖出证券，是联储改变基础货币的主要手段。如第 17 章所分析的，公开市场买入会增加基础货币（通常因为银行准备金增多），而公开市场出售则使基础货币减少。如果货币乘数比较稳定，那么联储就可以运用公开市场操作来改变基础货币，进而控制货币供给。

最初的《联邦储备法》中没有具体提及公开市场操作，因为在当时的金融市场中，这些交易还没有被充分理解。联储是在 20 世纪 20 年代开始将公开市场购买作为政策工具来使用的。当时联储从银行手中购买一战期间发行的自由债券，从而使银行能够发放更多的商业贷款。1935 年以前，联邦储备区银行在证券市场中进行小规模的公开市场操作，但是由于这些交易缺乏统一协调，难以实现货币政策目标。在 20 世纪 30 年代初的银行业危机期间，由于联储无法进行统一的干预，使得美国国会设立了联邦公开市场委员会，指导公开市场操作。

457

网页推荐： http://www.federalreserve.gov/fomc 描述了公开市场委员会的运作，并列出了现任成员名单。

联储一般在流动性强的国库券市场中进行公开市场操作，力图影响这些市场的利率。在公开市场上购买国库券，提高了国库券价格，在其他情况不变的条件下，既降低了国库券的收益，也增加了货币供给。公开市场出售降低了国库券的价格，从而提高了国库券的收益，减少了货币供给。公开市场购买旨在降低利率，因而被视为扩张性政策；而公开市场出售的目的在于提高利率，因而被视为紧缩性政策。

联储的公开市场交易还会影响其他证券的利率。虽然不同资产在收益上的差异取决于各自的风险、流动性和信息成本，但是国库券利率的变动对不同证券的收益和回报会产生直接的影响。如果新闻媒介报道联储调整利率，它们是在含蓄地表达这一过程。

现在，我们开始考察联邦公开市场委员会在公开市场交易中采取的各种方法。

公开市场操作的施行

联邦公开市场委员会如何指导公开市场操作？联邦公开市场委员会每年召开 8 次会议（差不多每 6 星期一次），根据每次会议的精神，提出一个一般性指令，表明该委员对利率的总体目标，同时该指令还阐述了对公开市场操作的指示。而这些指令并不像法定准备金政策和贴现率政策那样明确。由于缺乏精确的预测，联邦公开市场委员会不能提前确定必要且精准的措施，以实现其改变利率和货币供给的目标。

联邦储备体系的账户经理（account manager）（纽约联邦储备银行的副主席）负责执行公开市场操作，实现联邦公开市场委员会的目标。**公开市场交易部**（Open Market Trading Desk）由在纽约联邦储备银行的一群交易员组成，通过电子柜台，同一级交易商进行政府证券的交易。一级交易商是由联储选择从事政府证券交易的私营证券机构，它们被允许直接同联储进行交易。在进行交易之前，交易部同时通知全部交易商，要求它们提交报价，并设定了最后期限。联邦储备体系账户经理仔细阅读报价单，确定最合适的报价，然后命令交易部购买或者卖出证券，直到准备金数量达到联储期望的目标。根据各联邦储备银行在联储总资产中的份额，这些证券在各联邦储备银行资产项下被划入或者划出。

账户经理是怎么知道该如何做的呢？经理解读联邦公开市场委员会的最新指令，坚持每天同两名联邦公开市场委员会成员进行磋商，然后亲自对金融市场状况进行分析。接下来，经理将银行体系中的准备金水平同指令所期望的水平值进行比较，如果指令提出的水平高于实际准备金水平，那么账户经理将购买证券，使准备金的水平提高到期望水平；如果指令提出的水平低于实际准备金水平，那么账户经理会卖出证券，使准备金水平降低至期望水平。交易部通过一个电子系统与交易商进行交易，这种电子系统被称为交易室自动处理系统（Trading Room Automated Processing System，TRAPs）。

账户经理进行公开市场操作的一种方式是通过交易部**直接买入或者卖出**（outright purchases and sales）各种期限的国库券。也就是说，从交易商手中买入国库券或者将国库券卖给交易商。更为一般的情况是，经理使用**联储回购协议**（Federal Reserve repurchase agreements）（类似
458 于第 13 章中提及的商业银行回购协议）。通过这些协议，联储在政府证券市场上从交易商手中购买证券，并且交易商同意在指定的未来某一天以指定的价格购回这些证券，通常在一周之内。实际上，政府证券是作为短期贷款的抵押品。对于公开市场出售，交易部通常开展**售购匹配交易**（matched sale-purchase transactions）（有时叫做逆回购），在这一交易中，联储在政府证券市场上将证券出售给交易商，同时交易商同意在不远的将来把这些证券再卖回给联储。

在进行联储公开市场操作中，交易部既进行动态交易，也进行防御性交易。根据联邦公开市场委员会的目标改变货币政策的公开市场操作即为**动态交易**（dynamic transactions）。大部分的公开市场交易属于**防御性交易**（defensive transactions）。联储的交易员利用防御性交易熨平因

银行、非银行公众、金融市场和经济体的投资偏好引起的基础货币的波动。换句话说，联储利用防御性交易冲抵各种干扰因素对基础货币的影响，而不是改变货币政策。

防御性公开市场操作也常常被用来消除可预见的或不可预见的事件对基础货币的改变。例如，可以预测，非银行公众会在圣诞节或其他的节日前增加其货币需求，在旅游季节前也是如此。另外，联储还能预测到某些特定的借贷：在银行体系之内，为满足准备金要求的借款定期发生；美国财政部、外国政府以及大公司在融资期（announced intervals）经常进行大宗的证券买卖。此外，不可预测的干扰因素来自财政部或联储。虽然财政部尽量使其从银行账户中提款与进行支付同步（避免通货或准备金发生大的变化），但它并不总是能成功。联储在途资金、贴现贷款变动、财政部发行的硬币数量或者财政部持有的联邦储备钞票都会导致联储资产负债表的改变，进而造成基础货币发生短期波动。财政部在联储的存款和联储在途资金的波动是影响基础货币的最重要的不可预测的干扰因素。

除了必须抵消基础货币波动之外，还有其他的理由让联储采取防御性交易。即使基础货币保持不变，非银行公众和银行准备金之间的货币转移也会影响银行存款总量。存款的多倍扩张或收缩也会引起基础货币的波动。大规模罢工或自然灾害等经济动荡也会造成货币需求和银行准备金发生预料之外的波动。联邦储备体系的账户经理必须对预料之外的基础货币的增加或减少作出反应，出售或购买证券使货币政策同联邦公开市场委员的指导原则相一致。

公开市场操作与其他政策工具的比较

公开市场操作具有一些其他政策工具没有的优点：可控性、灵活性和可操作性。

可控性 由于联储备从事公开市场买卖，因而完全地控制了公开市场交易的数量。贴现贷款也能使基础货币增加或者减少，但是贴现贷款只能使联储影响基础货币的变动方向，并不能控制准备金的数量，因而不能影响基础货币的增减数量。

延伸思考

公开市场交易部一天的工作

459 上午 9:00

账户经理开始同市场参与者进行非正式讨论，评估政府证券市场的状况。根据这些讨论和公开市场委员会工作人员提供的数据，账户经理估计交易日政府证券价格的走势。

上午 10:00

账户经理下属的工作人员与财政部政府融资部的工作人员交流财政部存款预测以及未来财政部证券出售的时间表。

上午 10:15

账户经理阅读工作人员提交的有关基础货币预期变动的报告，报告中基础货币的变动源于投资组合的暂时性变动、金融市场或经济体的波动，或者与天气有关的动荡（例如，这类事件可能延长支票清算的时间）。

上午 11:15

在阅读了所有工作人员传来的信息之后，账户经理开始研究联邦公开市场委员会的指令，这一指令确认了联储想实现的货币总量增长率和联邦基金利率水平的变动范围。账户经理必须设计出动态公开市场操作，以实现联邦公开市场委员会所要求的变动，同时设计出防御性公开市场操作，以抵消工作人员预测的基础货币的暂时性波动。账户经理与至少两名联邦公开市场委员会成员每天举行电话会议，讨论交易策略。

上午 11:30

交易策略一旦获得批准，纽约联邦储备银行的交易员就通知政府证券市场上的一级交易商，联储想要进行的交易。如果交易员打算通过公开市场购买证券，他们需要获得交易商的卖出价，以便制定买入价；如果交易员打算通过公开市场出售证券，他们则需要买入价，以便制定卖出价。（回忆一下政府证券的柜台交易。）当通过公开市场购买证券时，交易员将选择最低买入价；而当通过公开市场出售证券时，交易员则接受最高卖出价。

中午 12:30

询价和交易大约花费 45 分钟，大约在中午 12:30，纽约联邦储备银行的交易室就没那么紧张忙碌了。尽管没有为账户经理和工作人员准备三巡马提尼酒午餐，但他们把下午时间用来观察联邦基金市场的情况和银行准备金的水平，从而为第二天的交易做准备。

灵活性 联储可以进行大规模的公开市场操作，也可以进行小规模的公开市场操作。通常，动态交易需要大规模的购买或者出售，而防御性交易则要求小规模的购买或者出售。其他政策工具则缺乏这种灵活性。逆向公开市场操作对于联储而言易如反掌。例如，如果联储认为其公开市场出售造成了货币供给增速减慢，那么它可能迅速地批准公开市场购买。贴现贷款和法定准备金变动后则很难迅速地逆向改变。

可操作性 联储可以迅速地执行证券交易，而没有任何行政上的延误。对于交易部而言，需要做的全部事情就是在政府证券市场中与交易商完成买入或者卖出的订单。改变贴现率或者法定准备金率则需要长时间的深思熟虑。

联储观察和联邦公开市场委员会指令

仅仅观察联储的交易活动不一定能够获得关于联储货币政策意图的可靠信息。例如，尽管要贯彻的总体货币政策是不变的，但联储可能在某一天买入证券，而在第二天则卖出证券。

为了弄清联储的意图，联储观察员们仔细阅读联储发出的指令。他们这样做的目的在于努力弄清联储的政策目标。在 1994 年 2 月之后，如果联邦公开市场委员会制定的政策发生变化，联储会立刻将调整的内容对外公布；而分析人士仍然仔细阅读指令，寻找货币政策未来走向的线索。2000 年 2 月，联储开始在联邦公开市场委员会的声明中讨论未来的“风险权衡”，并对出现经济衰退或者高通货膨胀的风险提出相关意见。

延伸思考

如何解读联邦公开市场委员会的声明？

460 从 2000 年 2 月起，联邦公开市场委员会在每次例会后的声明中，阐述其政策决策的主旨。而在此之前，大量声明仅在采取政策时或者澄清联邦公开市场委员会关于经济发展前景的观点时才会公布。在较早的程序中，联储的声明和国内政策指令描述了一种“政策取向”：提高联邦基金利率抑或是降低联邦基金利率。设计的新程序使联储与公众的沟通更加透明。2004 年 12 月，联邦公开市场委员会加快公布例会会议记录，即在例会结束后的 3 周内公布。

根据这些程序，声明中将阐述联邦公开市场委员会关于“风险权衡”的看法，针对联储的目标描述如下：

> 根据稳定物价和持续经济增长的长期目标以及当前获得的信息，委员会认为在可预见的未来，风险是“对两个目标的前景的权衡”，“对可能产生高通货膨胀压力的因素的权衡”，“可能产生经济衰退的因素的权衡”。

随着美国经济摆脱 2001 年的间歇性衰退开始复苏，在 2002 年和 2003 年，联邦公开市场委员开始进行风险权衡。伊拉克战争以及联储对可能发生通货紧缩的担心（价格水平持续下降）使风险权衡的评估更为复杂。例如，在 2003 年 1 月 29 日的声明中，联邦公开市场委员会提出，“在可以预见的未来，风险是对两个目标‘低通货膨胀和最大化的持续的经济增长’

的前景的权衡。”但是，在3月18日，委员会指出，与伊拉克战争有关的地缘政治的不确定性使其难以进行风险评估：“委员会不相信能够对稳定物价和经济增长两个长期目标的前景的风险权衡进行有效的分析”。

截至5月6日（类似的情况在6月25日也发生过），联邦公开市场委员会将对产出增长目标前景的风险权衡与通货膨胀目标前景的风险权衡区分开来，分别加以评估：“委员会认为，在接下来的几个季度里，影响持续增长实现的正向风险和负向风险大约是相等的。相反，在同期内，不受欢迎的通货膨胀大幅下降的概率尽管很小，但是大于通货膨胀从现有低水平上升的概率。委员会认为，综合来看，在可以预见的未来，经过对实现增长目标和通货膨胀目标的前景的风险权衡，将侧重于防止经济衰退。”

尽管在5个月内，联邦公开市场委员会将联邦基金利率维持在1.25%的水平，但它也传递出明确的信号，表明当面临通货紧缩的压力时，会降低联邦基金利率。对联储声明的反应是多种多样的：一些分析家支持联邦公开市场委员会将重点放在通货紧缩问题上；而另一些人则指出，声明所提供的关于货币政策走向的线索太少了。

其他国家的公开市场操作

尽管联储主要依靠公开市场操作改变货币供给，但是其他一些国家的中央银行则青睐于采用不同的政策工具。通常，政策工具的选择取决于一国金融市场和金融机构的组织形式。联储运用公开市场操作是因为美国的政府证券市场具有很高的流动性。

相比而言，从历史上看，日本银行并不依靠公开市场操作。理由是直到20世纪80年代中期，日本一直没有政府证券市场。1986年，日本首次发行了期限为6个月的国库券，接着在1989年首次发行了期限为3
461 个月的国库券。直到那时，日本中央银行始终使用利率管制和直接向银行进行贴现贷款两种方式影响债券回购市场（*Gensaki* market）的货币供给。日本银行在这个市场中进行回购协议交易，该市场面向金融机构和非金融公司，并且自1949年建立以来就一直没有利率管制。然而，日本国库券市场的规模要比美国小许多。研究日本金融体系的经济学家们预测，短期政府证券市场在新世纪将继续发展，从而为日本银行进行公开市场操作提供更好的环境。

尽管欧洲中央银行是从1999年1月开始运作的，但它已经在继续进行公开市场操作，主要是通过固定期限且固定频率的证券回购交易以及定期货币市场投标来进行，通过这些方式将流动性注入金融体系。另外，直接交易和外汇回购协议也曾被使用过。

贴现政策

贴现政策（discount policy）包括制定贴现率和贴现贷款的期限，是联储控制货币供给的主要工具中最古老的一种。贴现政策通过控制贴现贷款量影响货币供给，而贴现贷款量是基础货币的一部分。贴现贷款量的增加提高了基础货币和货币供给量，贴现贷款量的减少则降低了基础货币和货币供给量。贴现率（即联储向存款类机构发放贴现贷款时使用的利率）和联储对贴现贷款的一般态度取决于它想要对货币供给施加的影响。**贴现窗口**（discount window）是联储向银行发放贴现贷款的方式，也是一种满足银行流动性需求的渠道。

1980 年以前（除了 1966 年的短暂时期之外），联储仅仅向其会员银行发放贴现贷款。事实上，银行也觉察到通过贴现窗口获得联储借款的能力是联储会员银行的一种优势，可以部分地抵消维持法定准备金的成本。自 1980 年以来，全部存款类机构都可以通过贴现窗口借款。每个联邦储备银行都保留自有的贴现窗口。

运用贴现窗口

联储通过两种方式影响贴现贷款量：制定贷款的价格（贴现率）和贷款期限。

下面将要说明贴现率的变动导致贴现贷款量变动的价格效应。假定联储提高贴现率，银行会减少在贴现窗口的借款以应对较高的贴现率。因此，贴现率的提高使贴现贷款量减少，进而使基础货币和货币供给量都减少。同时，较高的贴现率还对其他短期利率产生向上的推力。结果，银行发现从其他来源筹集资金的成本也提高了，例如从联邦基金市场中借款或者发行存单。贴现率的下降则有相反的影响：贴现贷款量的增加
462 使基础货币和货币供给量都增加。但是，联储并不能确定，当贴现率下降的时候，银行将从贴现窗口借款。如果没有有利可图的贷款和投资机会，那么银行可能不会增加它们的贴现贷款。[1]

---

[1] 历史上，除了制定贴现率，联储还制定获得贴现贷款的条件。每一笔贷款都是在特殊的条件下发放给金融机构的，用来解决严重的流动性问题，从而使银行恢复良好的财务状况。例如，在大陆伊利诺伊银行被联邦存款保险公司（FDIC）接管之前，曾获得了超过 50 亿美元的贴现贷款。2003 年 1 月 9 日，联储用“一级信贷”和“二级信贷”方案取代之前的“调整信贷”和“扩展信贷”方案。（“季节性信贷”方案被保留。）在新的制度下，银行使用一级信贷几乎不会面对任何限制，而且一级信贷的利率也以联邦基金基准利率为上限，而非下限。

网页推荐：
http://frbdiscountwindow.org
提供详细的联储再贴现贷款方案。

自从2003年以来，联储对其贴现贷款方案进行了改革，主旨是为了更好地实现其目标：确保银行体系具有充足的流动性，成为银行短期资金需求的补充来源。目前，联储对银行的贴现贷款都属于以下三类之一：（1）一级信贷；（2）二级信贷；（3）季节性信贷。

一级信贷（primary credit）只有运营良好的银行才能获得（通常指那些具有充足资本且监管评级属于安全和稳健的银行）一级信贷。银行可以将一级信贷用于任何目的，从一级融资便利或者常设融资便利（standing lending facility）获得贴现窗口贷款之前，没有必要从其他的来源筹集资金。一级信贷的利率高于基准贷款利率（通常高1个百分点），因此一级信贷仅仅是一种补充资金来源，正如运营良好的银行会选择以更低的价格从联邦基金市场或者其他来源借入资金。由于对一级信贷使用的限制极少，因此一级信贷不仅将银行从贴现窗口借款的顾虑降至最少，而且如果银行体系发生流动性暂时短缺，也可以随时从该方案中获得资金。

二级信贷（secondary credit）是为那些不符合一级信贷资格的银行所准备的，并且这类资金不允许用于银行资产的扩张。二级信贷利率也高于基准贷款利率（高0.5个百分点），属于惩罚性利率，因为这些借款者财务状况不好。

季节性信贷（seasonal credit）是为了满足那些以农业或旅游业为主的地区的小规模存款类机构的季节性需求，而发放的暂时性短期贷款。这些贷款减少了银行持有超额现金的成本，或者降低了季节性流动贷款和投资的成本。季节性信贷的利率与存单平均利率和联邦基金利率相关。由于信贷市场的完善，对于季节性信贷便利的需求已经很少了。

贴现政策的优点

贴现政策为联储提供了一些其他政策工具所没有的优点，下面我们将分析其中的两个优点：（1）有助于联储发挥最后贷款人的作用；（2）作为联储政策意图的信号。稍后，我们再讨论贴现政策作为一种货币政策工具存在的缺点。

防止金融危机：最后贷款人　贴现窗口为联储发挥银行体系最后贷款人的作用提供了最直接的方式。公开市场操作能改变银行准备金的水平，并影响短期利率（如联邦基金利率），但是它们不能很好地解决各个银行的流动性问题。所以，联储更多地依靠贴现贷款发挥其最后贷款人的作用。联储成功地解决了1970年发生在商业票据市场中的佩恩中央铁路公司危机和1987年爆发的股票市场暴跌，进而说明决定性的贴现政策能降低金融动荡给经济体带来的成本。

463

历史上，联储根据自己的判断来扩展其贴现贷款，但是在金融危机中过度放宽的贴现政策可能会鼓励那些从联储借款的银行和非金融公司承担过多的风险。理由就是银行了解联储曾经在商业低迷时期以优惠条件提供贴现贷款，并且发放贷款标准也不那么严格，就如同 20 世纪 80 年代所发生的那样。

但是，很多分析人士支持联储的贴现窗口干预。这种干预在很多危机中被采用。例如，1970 年的佩恩中央铁路危机、1974 年的富兰克林国民银行危机、1980 年的亨特兄弟白银操控案、1984 年的大陆伊利诺伊银行倒闭案、1987 年 10 月的股票市场暴跌以及随后的“9·11”恐怖袭击。于是他们得出结论：这些事实证明联储备继续利用贴现窗口扩展贷款是必要的，在上述每一个例子中，联储都扮演着金融危机中的最后贷款人。

贴现政策作为货币政策工具的缺点

极少的经济学家主张将贴现政策作为货币控制的工具。联邦基金利率与联储设定的贴现率之间利差的波动，可能引起基础货币和货币供给发生计划之外的增加或减少。另外，联储不能像控制公开市场操作那样完全地控制贴现政策。而与改变公开市场操作相比，改变贴现政策更为困难（因为银行必须决定是否接受贴现贷款）。因此，联储并不把贴现政策作为影响货币供给的主要工具。

其他国家的贴现政策

除了美国之外，其他国家的中央银行通常都将贴现贷款作为货币政策工具和化解金融危机的方法。例如在日本，日本银行把官定贴现率作为在日本银行开立账户的私人金融机构向其借款的成本。对于金融市场的参与者而言，官定贴现率的变动反映了日本银行货币政策基本立场的改变。欧洲中央银行使用常设贴现便利来提供和吸收隔夜流动头寸，并作为表明其货币政策立场的信号。和美国的情况一样（贴现贷款由储备区的联邦储备银行发放），常设贴现便利以分散的形式由各成员国的中央银行管理。

测试点拨

在阅读《华尔街日报》的时候，你会注意到短期市场利率（例如，联邦基金利率或 3 个月期国库券的收益率）一直在下降，但联储并没有调低再贴现率。联储的货币政策意图是扩张还是紧缩?

联储也许正在努力向金融市场发出信号，表明它想提高短期利率。在这种情况下，联储可能发出紧缩性政策信号。

准备金要求

464 联储要求各银行将其存款的一部分以现金或联储存款的形式持有。这些**准备金要求**（reserve requirements）是本章要考察的联储三个主要货币工具中的最后一个。第 17 章中曾经提及，在货币供给过程中法定准备金率是货币乘数的决定因素。回忆一下，提高法定准备金率将减低货币乘数和减少货币供给量，降低法定准备金率则会扩大货币乘数和增加货币供给量。准备金可以以库存现金的形式存放于银行，也可以以存款的形式存放在联储。大约 90%的银行将准备金要求以库存现金的形式持有，而另外 10%的银行主要是大型银行，通常采用在联邦储备银行存款的形式持有。

根据 1935 年《银行法案》，美国国会授权联储理事会在国会限制下设定准备金要求。从历史上看，准备金要求因地理差异而千差万别。同样一笔存款，大城市的会员银行提取的准备金比小城镇的会员银行高许多。这种差异可以追溯到 1864 年，1863 年《国民银行法》通过之后情况即是如此，这也是城乡利益集团之间达成政治妥协的又一个例证。农业州的代表担心大型的东部银行滥用资金，为了获得这些代表对 1863 年《国民银行法》和稍后的 1913 年《联邦储备法》的支持，美国国会批准农村银行实行较低的准备金要求。1966—1972 年间，为了反映存款类机构的规模和所在位置的差异，联储实行差别准备金要求。1980 年出台的《存款类机构放松监管和货币控制法案》则规定，对所有的存款类机构实行统一的准备金要求，不再考虑银行所在的地理位置。

准备金要求的变动

与进行公开市场操作或者变动贴现率相比，联储极少变动准备金要求。因此，联储的观察员们把宣布变动准备金要求看做货币政策的重大改变。由于准备金要求的变动会使银行的资产组合发生重大的改变，因而频繁地变动准备金率可能会引发经济动荡。正因为如此，1950—1980 年的 30 年间，联储频频调整准备金要求（大约 1 年 1 次），随后再改变公开市场操作或贴现贷款，以帮助银行进行调整。

20 世纪 80 年代期间，准备金要求仅有的几次变动都是源于《存款类机构放松管制与货币控制法》的规定。例如，从 1980 年 11 月到 1983 年 10 月，对于缩短到期期限（从 4 年到 18 个月）的非个人定期存款实行 3%的准备金要求，可自动调整规模的支票存款也实行 3%的准备金要求。在 1990 年，联储对其他一些定期存款的准备金要求降低至零。在 1992 年，联储将 4 680 万美元以下支票存款的准备金要求降低至 3%，而对超过 4 680 万美元的支票存款实行 10%的准备金要求。在 2006 年，850 万美元以下支票存款的准备金要求为 0，超过 850 万但不足 4 580 万美元支票存款的准备金要求为 3%，超过 4 580 万美元支票存款的准备金要求为 10%。当前，对欧洲货币负债和非个人定期存款还没有准备金要求。在过去的几年，准备金要求的调低以及银行开立转换账户（sweep accounts）已经减少了法定准备金的余额（开立该账户的客户存款每天都会被从有准备金要求的负债项目中转移到没有准备金要求的负债项目中）。

检查与合规

465 每两个星期，联储就会对银行的日存款量进行检查，监督其准备金要求是否符合监管要求。这两个星期的准备金维持期间（maintenance periods）固定以星期四开始，并在 14 天后的星期三结束。在每个维持期间，联储都会检查银行在联邦储备银行的日存款量。联储计算出银行交易账户在两周计算期内的日均存款余额，计算期间固定从星期二开始，并在 14 天后的星期一结束，比维持期间提前两天。联储还会在计算期间检查银行的库存现金数量。准备金的计算期与维持期之间内置的计算时滞使联储有时间分析准备金—存款比率，同时也给银行时间调整其资产组合。

如果银行准备金要求不符合监管要求，且其准备金不足的金额达到 4%或者 5 万美元，那么需要在下个准备金维持期的两周内，根据二者之中的较高数额加以补足。如果这种补足被证明是不够的，银行准备金仍然不足，那么联储就会对不足的部分收取利息，执行的利率是在贴现率上加上 2%。较高的利率迫使银行产生符合准备金要求的激励。（同样地，如果预料到将来的准备金可能会不足，那么银行保有的准备金会超过监管要求的 4%。）准备金不足的银行也可以从联邦基金市场或者联储的贴现窗口借入资金，联邦基金市场在维持期间结束时的星期三特别活跃，因为那时银行都在努力地满足准备金要求。

对准备金要求的批评

经济学家和政策制定者持续讨论联储在制定准备金要求方面应该发挥的作用。在下列讨论中，将分别介绍支持和反对把准备金要求作为货币政策工具的观点。

准备金要求作为货币政策工具成本高昂。准备金不赚取利息，利用准备金要求控制货币供给过程实际上相当于对银行中介行为征税。换句话说，由于不能将准备金贷出，银行从存款人手中获得资金的成本提高。例如，假定银行向存款人支付的存款利息为 5%，而法定准备金率为 10%。对于 100 美元的存款，银行必须保有 10 美元的准备金，因此可贷资金为 90 美元。由于银行必须向存款人支付 5 美元的存款利息，所以，对于借出的 90 美元而言，资金成本是 5/90 美元×100%= 5.6%，而不是 5%。

准备金要求的大幅提高会对经济产生不利的影响。增加对银行中介行为的课税会使银行减少贷款，从而减少信贷可得性和货币供给。

由于准备金要求是对银行存款的课税，以及不明智地改变准备金要求，都可能产生严重的经济后果。因而，经济学家和政策制定者们经常争论联储是否应该设定准备金要求。多年以来，他们提出了两种支持准备金要求的观点：流动性观点和货币控制观点。为了分析联储是否应该设定准备金要求，就需要仔细推敲每一种观点在多大程度上站得住脚。

流动性观点 如果银行将流动性存款转换为非流动性贷款，它们便承担了流动性风险。因此，一些分析人士认为，在银行业危机期间，准备金要求创造出了一个流动性资金池，帮助那些缺乏流动性但有偿付能力的银行。这种观点存在的一个问题是，尽管准备金要求的确为整个银行体系提供了一个流动性资金池，但对于单个银行流动性的影响有限。银行决定是否持有流动性资产，实际上是做出资产组合配置决策。准备
466 金要求只是限制了银行用于贷款或证券投资的资金量，并没有消除银行以流动资产形式保有一部分资金的需要。所有银行仍然需要在其资产中保有一些有价证券，以应对未预料的存款流出。

流动性观点存在的另一个问题是，流动性危机的可能性不仅仅取决于银行提款的波动性，还取决于银行资产价值的波动性以及银行非存款资金的可得性。然而，在不考虑存款人提款波动性的条件下，贷款出售市场的发展和非存款资金来源的不断增多使得出现流动性危机的可能性大大减低。此外，联储通过发放贴现贷款直接干预流动性危机，从而减轻了发生流动性危机的危险性。

博闻广识

设定准备金要求的早期失误

在 20 世纪 30 年代初的银行业危机中，商业银行削减了贷款，并在 1933 年底之前积累了大约 8 亿美元的超额准备金。与现今超额准备金超过法定准备金不到 1%的情况不同，当时超额准备金超出法定准备金的

40%。截至1935年底，超额准备金总量超过了30亿美元，相当于法定准备金的115%。新成立的联邦公开市场委员会担心，如此高的超额准备金会抵消其控制货币供给过程的能力。例如，经济复苏会使银行减少其超额准备金，进而会增加货币供给。

联储需要找到一种方式减低超额准备金。在公开市场上大规模地出售证券是不可能的，联储持有的政府证券约为25亿美元，又不足以消除银行的超额准备金。因此，联储在1935年获得设定准备金要求的权利之后，第一个重大举措就是在1936年8月—1937年5月之间，连续调整法定准备金率，这些做法有效地倍增了准备金—存款比率。由于银行持有超额准备金反映了其审慎的资产组合配置决策，因此这一策略并不成功。结果，当联储提高准备金要求时，银行通过减少贷款来维持较高的超额准备金水平，银行贷款的下降使很多借款者无法获得贷款。很多经济学家也对此举提出批评，指出货币供给和银行信贷供给增长的大幅降低是1937年和1938年出现经济衰退的重要原因。由于银行贷款数量下降，联储承受着降低准备金要求的压力，它也就这样做了。

货币控制观点 另一种支持准备金要求的观点则认为，设定准备金要求强化了中央银行对货币供给过程的控制。前面曾经提到，准备金—存款比率是影响货币乘数的一个重要因素，因此，可以通过改变基础货币来影响货币供给。联储通过设定准备金要求控制准备金—存款比率，会使货币乘数更加稳定，也提高了货币供给的可控性。

这个观点存在两个问题：第一，即使没有设定准备金要求，银行也会持有准备金，因此，设定准备金要求并不一定会显著地增强货币控制。第二，几乎没有证据显示，准备金要求的设定使货币乘数的稳定性提高。

已故的诺贝尔经济学奖获得者米尔顿·弗里德曼提出了一个关于货币控制观点的极端例子：银行持有100%的准备金。在这样的体系下，银行准备金等于存款，而基础货币（银行准备金与非银行公众手中的通货之和）等于通货和银行存款之和，或者说是$M1$。在100%准备金的情况下，倍数存款扩张将不再发生，联储将完全控制通货和存款，但是不能控制存款构成。

467 对通货和银行存款的完全控制能够转化成对货币供给的有效控制吗？也许不会。在100%准备金的条件下，银行不可能出现，或者即使出现也不会发放贷款。其他金融中介机构将会出现，从而填补这一贷款真空。因为银行在某些类型的贷款中拥有特殊的信息优势，所以，金融中介机构的这种替换可能会给经济带来高昂的成本。因此，较高的准备金要求不可能改善货币控制，或者提高金融中介机构在匹配储蓄者和借款者方面所起到的作用。

应对准备金要求 建立银行控股公司（bank holding companies，BHCs）的一个理由是，这类公司的负债免除准备金要求。在 1970 年，联储为了应对这种来源资金的增长，对银行控股公司签发的商业票据征收 5%的准备金要求。1979 年 10 月，为了增强对货币供给的控制，联储宣布对几类非存款来源的银行资金征收 8%的准备金要求，其中包括回购协议、联邦基金借款和向外国银行出售资产。自 1980 年《存款类机构放松监管和货币控制法案》通过以来，联储仅仅把准备金要求应用于支票存款、欧洲货币账户和期限小于 18 个月的非个人定期存款。（另外，自 1992 年以来，准备金要求仅仅适用于支票存款。）所以，银行（尤其是大型银行）在获取资金时能够有效地规避对其中介行为的课税。

其他国家的准备金要求

尽管日本银行不允许对准备金要求支付利息（和美国的做法一样），但并不是所有国家都这样做。例如，在 1998 年末，欧洲中央银行（European Central Bank，ECB）推出了有息最低准备金制度，作为欧盟成员国的一种货币政策工具。欧洲中央银行的法定准备金率在 1.5%～2.5%之间变化，并且按照欧洲中央银行的基准短期资金利率——现行回购协议利率对准备金余额计息。在 2006 年中期，中国为了抑制银行贷款的过度增长提高了准备金要求。

在全世界，普遍存在降低准备金要求的趋势。例如，在 20 世纪 90 年代，加拿大、澳大利亚、新西兰和瑞士都完全地取消了准备金要求。出现这种趋势的一个原因是，中央银行认为准备金要求实际上是对银行业和金融中介机构的课税，而该课税提高了资金成本，使银行在全球金融市场的竞争力下降。当联储在 1992 年宣布美国降低准备金要求时，它特别引用了“减税”的论点来证明其行为的正确性。

由于现行的准备金要求非常低，所以一些中央银行家担心在极低的法定准备金水平下，中央银行几乎无法控制短期利率。一些国家（包括澳大利亚、加拿大和新西兰）已经对这种担忧作出了回应，建立了实施货币政策的渠道或走廊系统。在这一系统下，中央银行建立了常设贷款便利（与美国所使用的相类似），银行能够按照固定的伦巴第利率（lombard rate）i_l，获得任何数量的贷款。而后，中央银行又设立了另一种常设便利，按照既定的利率 i_r，对各家银行自愿存放于中央银行的准备金付息。所以，随着准备金需求曲线的移动，隔夜利率总是在 i_r 和 i_l 之间变动。

测试点拨

468 **假定联储降低了支票存款的准备金要求。你存款的银行如何从中获益？你和其他存款者会受益吗？**

在短期，你存款的银行利润会增加，它可能是将释放的资金用于投资，并从贷款和投资中赚取额外的收益（准备金不计息）。在长期，存款者的收益会增加，因为银行愿意支付更多的利息以吸收存款。

联储观察：分析政策工具

联储的三种基本货币政策工具都是通过改变准备金的供求影响基础货币。为了提高作为联储观察员的技能，必须仔细研究准备金市场，也就是众所周知的联邦基金市场。本节将阐述如何预测联储改变银行准备金水平（R）和联邦基金利率（i_{ff}）政策的结果。联邦基金利率的变动将引起其他短期利率相应的变动，因而预测联邦基金利率的变动将有助于你做出更为明智的投资决策。

联邦基金市场

网页推荐： http://www.newyorkfed.org/aboutthefed/fedpoint/fed15.html 提供对联邦基金市场的全面描述。

为了了解联邦基金利率的决定因素，必须考察银行体系的准备金需求以及联储的准备金供给。我们采用准备金供求的图形分析，了解联储如何利用其政策工具影响联邦基金利率和货币供给。

需求 准备金需求包括银行的法定准备金需求和超额准备金需求。在图 20—1 中，联邦基金的需求函数（demand，D）包括法定准备金（required reserves，RR）和超额准备金（excess reserves，ER）。其中准备金要求和市场利率固定不变，但联邦基金利率会发生变动。当联邦基金利率（i_{ff}）提高时，银行倾向于持有较低水平的准备金。联邦基金利率越高，则“准备金税”（reserve tax）越多，因此法定准备金与联邦基金利率负相关。银行的超额准备金需求对利率变化同样敏感。在较低的联邦基金利率下，持有超额准备金的机会成本下降，超额准备金的需求量上升。因此，准备金的总需求量与联邦基金利率负相关。

供给 如图 20—1 所示，准备金供给函数（supply，S）包括了联储提供的借入准备金（贴现贷款）和非借入准备金（由公开市场操作提供)。注意，供给曲线不是一条直线：垂直的部分代表非借入准备金(nonborrowed reserves，*NBR*)，由联储提供；也就是说，如果不考虑联邦基金利率，准备金等同于可获得的 *NBR*。供给曲线斜率变化的取决于贴现率 i_d：如果联邦基金利率低于贴现率，从联储借入的准备金为零，因为银行能够从其他银行借入更为廉价的资金。在这种情况下，准备金等于非借入准备金。如果因需求压力使得联邦基金利率高于贴现率，借入准备金增加。特别地，如果 i_{ff} 比 i_d 高许多，银行将尽可能地以 i_d 的利率从联储借入资金，并以更高的利率 i_{ff} 贷出资金。因此，如图 20—1 所示，供给曲线将变得平坦（即完全弹性）。

469

网页推荐：http：//www.federalreserve.gov/fomc/fundsrate.htm 讨论联邦基金利率目标。

均衡 在图 20—1 中，联邦基金利率和准备金水平在需求曲线和供给曲线的交点上实现均衡。均衡准备金等于 R^*，均衡联邦基金利率等于 i_{ff}^*，贴现率为 i_d。

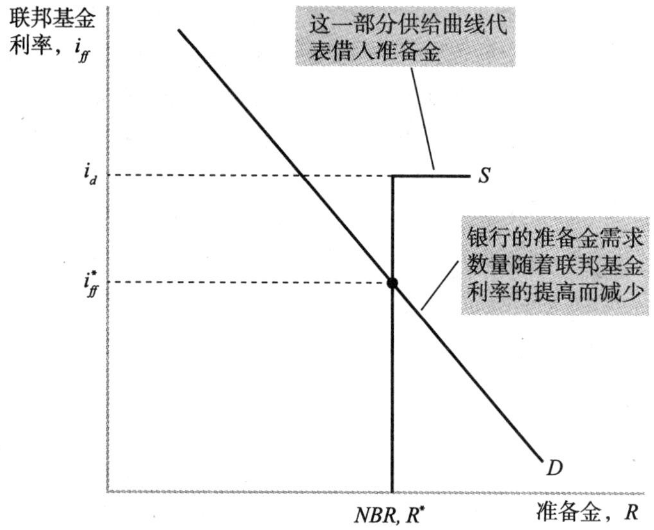

图 20—1 联邦基金市场的均衡

准备金市场中的均衡点是需求曲线（*D*）和供给曲线（*S*）的交点。在给定非借入准备金 *NBR* 以及再贴现率 i_d 的情况下，均衡准备金为 R^*，均衡的联邦基金利率为 i_{ff}^*。

公开市场操作

假定联储决定购买 10 亿美元的国库券，在其他条件不变的情况下，联储的公开市场购买使准备金供给曲线右移，由 S_0 移动到 S_1，银行准备金增加，而联邦基金利率则降低。根据图 20—2(a) 所示，公开市场购买的结果是：银行准备金量从 R_0^* 增加到 R_1^*，联邦基金利率从 i_{ff0}^* 降低到 i_{ff1}^*。同样地，联储的公开市场证券出售使准备金供给曲线左移，由

S_0 移动到 S_1。从图 20—2(b) 中可以看出，这一变动的结果是：银行准备金水平从 R_0^* 降低到 R_1^*，联邦基金利率从 i_{ff0}^* 增加到 i_{ff1}^*。通过公开市场购买证券降低了联邦基金利率，而通过公开市场出售证券则提高了联邦基金利率。

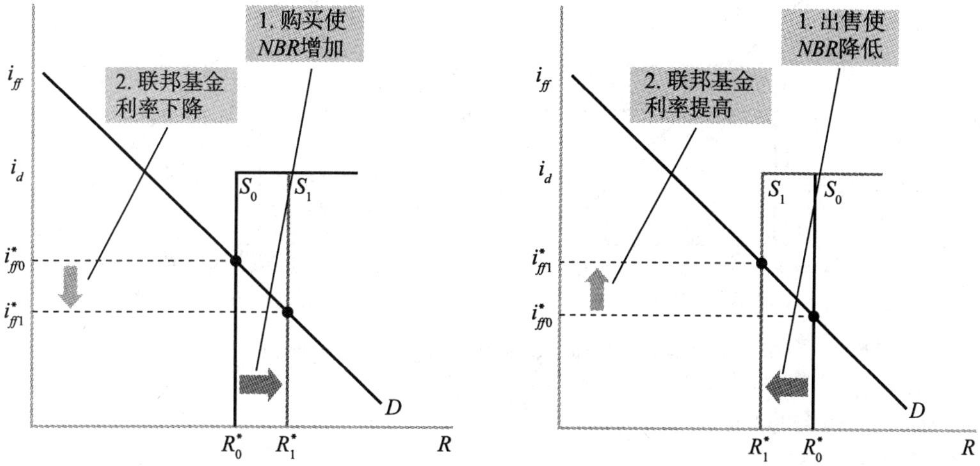

(a) 公开市场购买证券

(b) 公开市场出售证券

图 20—2　公开市场操作对联邦基金市场的影响

如图 (a) 所示：

1. 联储在公开市场上购买证券增加了非借入准备金，使供给曲线向右移动，从 S_0 移动到 S_1。
2. 准备金由 R_0^* 增加到 R_1^*，而联邦基金利率从 i_{ff0}^* 降低到 i_{ff1}^*。

如图 (b) 所示：

1. 联储在公开市场上出售证券减少了非借入准备金，使供给曲线向左移动，从 S_0 移动到 S_1。
2. 准备金由 R_0^* 减少到 R_1^*，而联邦基金利率从 i_{ff0}^* 提高到 i_{ff1}^*。

贴现率的变动

接下来，将考察贴现率的变动对准备金水平和联邦基金利率的影响。假定联储决定提高贴现率，贴现率的提高意味着银行将发现借入准备金变得没有吸引力，不管联邦基金利率的水平如何。(在图中，假定存在着一定数量的贴现贷款。) 如图 20—3(a) 所示，贴现率从 i_{d0} 提高到 i_{d1}，使供给曲线的水平部分由 S_0 上升到 S_1。均衡准备金水平由 R_0^* 降低到 R_1^*，同时联邦基金利率从 i_{ff0}^* 增加到 i_{ff1}^*。

假定联储决定降低贴现率。在这种情况下，银行发现不管联邦基金利率的水平如何，借入准备金都具有极大的吸引力。图 20—3(b) 显示了贴现率从 i_{d0} 降低到 i_{d1}，使供给曲线的水平部分由 S_0 下降到 S_1，均衡准备金水平由 R_0^* 增加到 R_1^*，同时联邦基金利率从 i_{ff0}^* 降低到 i_{ff1}^*。

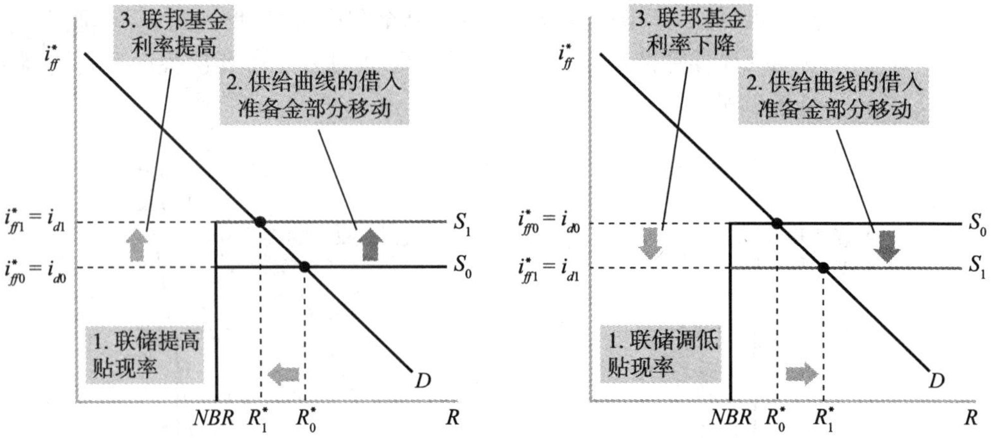

（a）提高贴现率　　（b）降低贴现率

图 20—3　贴现率变动对联邦基金市场的影响

如图（a）所示：
1. 联储将贴现率从 i_{d0} 提高到 i_{d1}。
2. 新的供给曲线为 S_1。
3. 准备金水平由 R_0^* 减少到 R_1^*，联邦基金利率从 i^*_{ff0} 提高到 i^*_{ff1}。

如图（b）所示：
1. 联储将贴现率从 i_{d0} 降低到 i_{d1}。
2. 新的供给曲线为 S_1。
3. 准备金水平由 R_0^* 增加到 R_1^*，联邦基金利率从 i^*_{ff0} 降低到 i^*_{ff1}。

准备金要求的变动

470 最后，假定联储决定提高法定准备金率。如果影响准备金供求曲线的其他因素保持不变，那么法定准备金率的提高使得需求曲线右移（从 D_0 到 D_1），因为银行必须持有更多的准备金，如图 20—4(a)所示。结果，联邦基金利率提高（从 i^*_{ff0} 提高到 i^*_{ff1}）。然而，如果法定准备金率降低，需求曲线将左移（从 D_0 移动到 D_1），如图 20—4(b) 所示，因为银行对准备金的需求减少，使得联邦基金利率降低（从 i^*_{ff0} 下降到 i^*_{ff1}）。在其他条件不变的情况下，提高准备金要求将使联邦基金利率提高，降低准备金要求则使联邦基金利率降低。不过，联储通常不使用变动准备金要求的方式影响联邦基金利率，而是使用变动非借入准备金的方式抵消准备金要求的变动对联邦基金利率的影响。

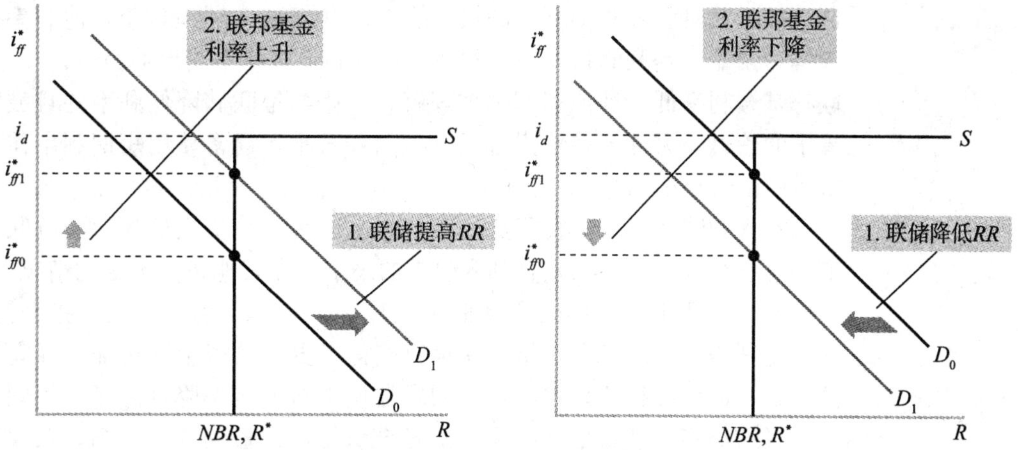

（a）准备金要求提高　　（b）准备金要求下降

图 20—4　法定准备金率变动对联邦基金市场的影响

如图（a）所示：

1. 联储提高法定准备金率使法定准备金增加，需求曲线从 D_0 移动到 D_1。
2. 联邦基金利率从 i^*_{ff0} 提高到 i^*_{ff1}。

如图（b）所示：

1. 联储降低法定准备金率使法定准备金减少，需求曲线从 D_0 移动到 D_1。
2. 联邦基金利率从 i^*_{ff0} 降低到 i^*_{ff1}。

影响基础货币的其他因素

利用图示分析影响基础货币的其他因素，正是这些因素的影响导致联储采取防御性公开市场操作。例如，联储在途资金的增加使非借入准备金增加（第 18 章），于是准备金供给曲线右移，导致准备金水平增加，联邦基金利率则降低。如本章开头讨论防御性交易时所强调的那样，联储将通
471 过公开市场证券出售使准备金供给曲线向左移回（通过减少非借入准备金）。

另一个例子是，美国财政部在联邦储备银行的存款大幅增加造成银行存款减少。结果，准备金减少，准备金供给曲线向左移动，联邦基金利率上升。与财政部保持密切联系的公开市场交易部获悉了财政部的动向之后，同样使用防御性公开市场证券购买抵消其影响。这一政策措施导致供给曲线向右移回，进而准备金和联邦基金利率恢复到初始水平。

联邦基金利率和货币政策

许多经济学家和金融市场分析人士把联邦基金利率的变化作为分析联储货币政策意图的主要指标，理由是联储对银行准备金水平有力的控

制造成了其对联邦基金利率的极大影响。联邦基金利率高于其他利率被理解为紧缩，是联储将要提高利率并且抑制经济体中支出的信号；反之，联邦基金利率低于其他利率则被理解为扩张，是联储降低利率并且鼓励
472 支出的信号。另外，在欧盟各国、英国和日本，通常使用短期利率作为货币政策变动的信号。

本章的图示分析证实了这种观点，也表明了分析人员如何预测联储变动准备金水平和联邦基金利率引起的结果。在其他条件不变的情况下，联储通过公开市场证券购买降低了联邦基金利率。购买旨在扩张经济，理由是其增加了准备金供给，使银行获得了更多的资金购买证券或者发放贷款，最终银行体系中准备金的增加使得短期利率降低。而出售则是为了紧缩经济，理由是其减少了准备金供给，使短期利率提高。贴现率提高的目的是收紧经济，因为它是联储将要提高短期利率的信号；贴现率的降低则旨在扩张经济，因为它是联储将要降低短期利率的信号。在其他条件不变的情况下，如果没有抵消准备金供给变动的因素，准备金要求的提高将会使经济紧缩，联邦基金利率提高；准备金要求的降低则会使经济扩张，联邦基金利率降低。

预测联邦基金利率变动的结果　2004 年 6 月 30 日，联邦公开市场委员会投票通过把联邦基金利率目标从 1.00%提高到 1.25%。这是 2001 年和 2002 年连续 13 次降息以来的首次提高。这一举措将对联邦基金利率产生什么影响？联邦基金利率是一个市场化利率，而不是由联储规定的利率，因此只有通过分析准备金市场的供求，才能得到这一问题的答案。根据图 20—2(b)，联储通过减少准备金的供给实现其提高联邦基金
473 利率的意图。联储通过公开市场购买增加非借入准备金，使准备金供给曲线从 S_0 移动到 S_1，准备金由 R_0^* 减少到 R_1^*，而联邦基金利率则从 r_{ff0}^* 提高到 r_{ff1}^*。

放款者资金成本的上升使得私人借款者承担更高的利率，即居民和企业借款者的贷款利率都得到提高。贷款利率的提高减少了企业的投资需求和居民的耐用消费品需求。

结　语

联储观察员们通过对联储的公开市场操作、贴现政策和准备金要求的分析，预测联邦基金利率的走势。（近来，分析人士也开始考虑，银行准备金余额的不确定性在联邦基金利率决定过程中所起的作用。例如，在业务繁忙的工作日，银行可能想要持有更多的保护性准备金，以免因隔夜透支受到处罚。）分析联储的政策变动是预测货币政策对其他利率产生影响的第一步。但是，联储对联邦基金利率的有力控制并不表明它也

能控制其他利率。例如，如前所述，利率期限结构的预期理论认为，长期利率部分地反映了对未来短期利率的预期。因此，不仅当前的联储政策十分重要，而且预期未来的联储行为也同样十分重要。

测试点拨

假定你在阅读《华尔街日报》时了解到，联储将联邦基金利率目标提高了 0.5 个百分点。你认为联储将如何实现这一目标？

通过对联邦基金市场进行图示分析，你可以预料到联储将利用公开市场出售减少非借入准备金，使 *NBR* 曲线向左移动，从而提高联邦基金利率。

关键术语和概念

贴现政策	公开市场操作	售购匹配交易
贴现窗口	防御性交易	公开市场交易部
一级信贷	动态交易	直接购买和出售
季节性信贷	联储回购协议	准备金要求
二级信贷	一般性指令	

总　结

1. 公开市场操作（在金融市场中买入和卖出证券）是联储使用最为广泛的基本货币政策工具。联邦公开市场委员会（FOMC）发出一般性指令指导公开市场操作。一些交易是动态的，即用来完成联邦公开市场委员会改变基础货币的指令。大部分交易是防御性的，即用来抵消意料之外的基础货币变动。

2. 联储的贴现政策包括制定贴现率和贴现贷款的期限。联储通过提供一级信贷、二级信贷以及季节性信贷，发挥其最后贷款人的作用。

476 3. 准备金要求是控制基础货币的利器，效果显著但引起的震动也大。准备金要求的提高使货币乘数减小，准备金要求的降低则使货币乘数增大。由于准备金要求的大幅度变动会提高银行资产组合重新配置的成本，因此，联储通常避免使用这一工具。

4. 联邦基金利率是货币政策的一个指标。联邦基金利率低于其他市场利率通常代表了扩张性货币政策的实行，而联邦基金利率低于其他市场利率，通常表明将采取紧缩性的货币政策。

复习题

1. 如果公开市场操作被看成是联储最重要的货币政策工具，那么在最初的《联邦储备法》中，公开市场操作为何没有被提及？

2. 20 世纪 30 年代以来，联储最重要的货币政策工具是什么？联邦储备体系的哪个部门决定如何使用这个工具？

3. 同联储可以使用的其他货币政策工具相比，公开市场操作有哪些优点？

4. 评价：建立联储的初衷是：通过联储发放贴现贷款帮助结束银行业危机。由于存款保险公司已经有效地防止了银行业危机，因此联储已经没有存在的理由了。如果允许联储继续存在，那么至少应该取消其发放贴现贷款的能力。

5. 引起贴现贷款利率变动的原因是什么？

6. 评价：联储频繁地变动准备金要求，是因为准备金要求是一个作用有力的工具。

7. 什么是银行准备金的维持期间？联储如何计算银行的法定准备金？

8. 如果银行被要求持有 1.5 亿美元的准备金，但是在维持期间它仅仅持有 1.49 亿美元的准备金，联储将惩罚它吗？请分别说明原因。

9. 支持法定准备金的流动性观点存在哪些问题？

10. 联储如何管理贴现窗口？

11. 评价：由于存款保险能够消除银行贷款的风险，所以贴现贷款是不必要的。

12. 下面列出的贴现贷款分别属于哪一种信贷（一级信贷、二级信贷还是季节性信贷）？

a. 比格银行资本雄厚，当其一名大储户突然将其账户转到另外一家银行时，为了解决流动性问题，比格银行向联储借款。

b. 资本不足的梅加银行发现大储户纷纷提取资金，迫使梅加银行从联储借款。

c. 第一银行向联储借款 500 万美元，以便向播种的农民发放贷款，这种借款每年 4 月份都会发生。

13. 什么是联储观察员？

14. 在纽约联邦储备银行公开市场交易部的每天交易中，账户经理为什么和市场参加者进行磋商？为什么和财政部进行磋商？为什么和两个或两个以上的联邦公开市场委员会成员进行磋商？

15. 动态公开市场操作和防御性公开市场操作之间有什么差别？

分析题

16. 受公开市场操作影响最直接的是哪种利率？当联储进行公开市场购买时，这种利率和货币供给如何变化？当联储进行公开市场出售时，情况又如何呢？

17. 如果货币乘数是 8，那么联储在公开市场上出售价值 10 亿美元的长期债券将导致货币供给产生多大的变化？货币供给将增加还是减少？

18. 如果货币乘数是 10，基础货币是 5 亿美元，那么联储将如何运用其三个主要货币政策工具，使货币供给减少 1 亿美元呢？

19. 圣诞节期间，当公众使用更多的通货时，联储可能做什么？

20. 在下列公开市场操作中，分别找出哪些属于防御性操作？哪些属于动态操作？

a. 财政部完成一笔巨额支付，联储通过公开市场购买加以冲抵。

477 b. 经济出乎意料地强劲增长，联储进行公开市场出售作为回应。

c. 坏天气使支票并不能像往常一样得到迅速清算，从而造成银行体系中的在途资金增加，联储的回应是进行公开市场出售。

d. 美元的外汇价值下跌，促使联储采用公开市场出售进行回应。

21. 下面列出了联邦公开市场委员会发给公开市场交易部的两个不同指令的部分内容。哪一个是扩张性的？哪一个是紧缩性的？

a. ……在可预见的未来，可能引发经济衰退的因素所带来的风险在加大……

b. ……在可预见的将来，可能形成通货膨胀压力的因素所带来的风险在加大……

22. 假定不再允许联储发放贴现贷款，准备金市场供求曲线图显示了这一措施的影响。在这种情况下，公开市场购买对均衡联邦基金利率的影响会变大还是变小？使用准备金市场供求曲线图对你的观点做出解释。

23. 根据准备金市场供求曲线图，说明在联邦基金利率不变的条件下，联储如何运用公开市场操作抵消准备金需求的增加？

24. 根据 a～d，利用分析准备金市场均衡的图示，预测非借入准备金、借入准备金和联邦基金利率的变化。

a. 联储通过公开市场出售证券。

b. 联储更加强烈地反对银行运用贴现窗口。

c. 银行和非银行公众开始担心将要发生银行业危机，储户更愿意到金融市场从事证券投资。

d. 联储降低贴现率，并且通过公开市场购买证券。

数据题

25. 银行抱怨准备金要求政策减少了它们的利润，理由是它们向存款人支付利息，但准备金却不能带来任何收益。在最新的《联邦储备公报》中，找到列出准备金要求的表格。假定银行在交易账户中有 10 亿美元，计算银行的准备金要求。在相同的材料中，查找过去 1 年的平均联邦基金利率。用联邦基金利率乘以法定准备金的数额，可以得出银行遵守法定准备金要求的成本。但是，即使没有存款准备金要求，银行也可能为了交易的目的而持有准备金。假定在没有存款准备金要求的条件下，银行将存款的 5%作为准备金。持有这部分非法定准备金将使银行的利润减少多少？另外，准备金要求的实际成本又是多少呢？

26. 在公开市场操作的过程中，公开市场交易部逐日购买和卖出政府证券。你认为哪种类型的证券（短期、中期还是长期）被购买或卖出得最多？答案在联储的出版物《联邦储备体系：目的和功能》的第 3 章中。网址为 http：//www. federalreserve. gov/pf/pf. htm。根据流动性的论点，为什么对于证券类型的选择与公开市场操作的实施密切相关？

27. 联储的贴现窗口网站（http：//www. frbdiscountwindow. org/）提供了许多使用贴现窗口的银行的相关信息。对网站列出的季节性信贷历史数据进行分析，说明它是随着实际联邦基金利率的变动而变动的吗？（在 http：//research. stlouisfed. org/fred2/data/DFF. txt 上能够找到实际联邦基金利率的数据。）如果联储使有效联邦基金利率持续高于联邦基金利率，说明可能出现的结果。如果有效联邦基金利率持续低于联邦基金利率，情况又如何呢？利用联邦基金市场的供求曲线，进行图形分析，并加以说明。

28. 在经济衰退期，联储公开市场委员会可能希望降低其联邦基金利率目标。分析 1990 年以来（登录 http：//www. federalreserve. gov/fomc/fundsrate. htm）的联邦基金利率目标。在最近的衰退中，联邦公开市场委员会将该利率调低到 1%（45 年以来的最低点）。为了对 20 世纪 90 年代初期的衰退作出回应，联邦公开市场委员会曾经将联邦基金利率目标调低至最低点，对两者进行比较分析。比较在每次衰退期，联邦基金利率目标被维持的时间长度。为什么会存在差异？说明理由。

理论联系实际

《华尔街日报》，2006 年 5 月 11 日

联储提高利率

a 正如市场所预期的，联储将短期利率从 4.75%提高到 5%。在声明

474 中，联储对自 2004 年以来的连续加息做出了解释，同时也表示加息并不一定会停止。

在最近的几周内，在联储主席本·伯南克的领导下，联储官员们努力暗示尽管可能在不久后上调利率，但他们对未来的利率走势并不确定，利率也许会继续上调。尽管联储频频发出信号，但最近的经济数据表明美国的经济增长依旧强劲，通货膨胀的压力正在不断加大。市场投资者们对通货膨胀表示出极度担忧，对联储的政策方案能够有效解决通货膨胀问题表示怀疑。

在 18 位成员组成的联邦公开市场委员会中，有 11 位拥有投票权的成员投票赞成提高联邦基金利率目标，该利率是银行间隔夜贷款利率（公开市场委员会的 1 个席位空缺）。联储同时也提高了相对不重要的贴现率，从 5.75%提高到 6%，该利率是中央银行对商业银行的贷款利率。12 个联邦储备银行中有 11 个主张提高贴现率，只有堪萨斯联邦储备银行的董事会没有提出这一要求，一如其 3 月份所做的那样。作为回应，

b 美国的商业银行纷纷提高了各自的优惠利率，从 7.75%提高到 8%，该利率是商业贷款和消费贷款的基准利率。

联储及其主席正处于一种微妙的境地。目前，5%的短期利率是中性的——既没有过低刺激消费，也没有过高抑制消费。有信号表明，联储的政策在两年后将产生如下影响：长期利率已经开始提高，房屋售价和价格涨势已经变慢。

但是在第一季度，整个经济以年均 4.8%的增长率强劲增长。尽管预计第二季度的年增长率将放缓至 3%～3.5%，但最近的经济数据表明经济增长仍旧强劲。另外，基础通货膨胀水平已经上升，达到联储1%～2% 的“舒适区”（comfort zone）的上限。因此，伯克南先生将面临两难困境：在逐渐逼近的通货膨胀风险与过度提高利率造成严重经济衰退的风险之间进行权衡。

辉瑞首席执行官和商业圆桌会议（首席执行官的一个联合会）主席汉克·麦金内尔（Hank McKinnell）昨天指出：“利率还没有达到开始

c 影响融资能力的那个点。周围还有充足的资金。”

新闻分析

475 分析人士首先分析了联储在联邦基金市场中使用公开市场操作和再贴现政策带来的影响，联邦基金市场是银行间隔夜拆借市场。联储提高联邦基金利率的行动被看做实施扩张性货币政策，因为居民和企业支付的贷款利率也将提高，进而抑制了支出，从而有望减轻通货膨胀压力。

a. 2006年5月10日，联邦公开市场委员通过投票，同意将联邦基金利率目标由4.75%提高到5%。这是该目标在不到两年的时间里的第6次上调。这一政策如何影响联邦基金利率？联邦基金利率是一个市场化利率，而不是由联储明文规定的。我们通过分析准备金市场的供求曲线来说明发生了什么。如下图所示，联储将减少准备金的供给，以实现其提高联邦基金利率的意图。联储通过公开市场出售减少非借入准备金，使准备金供给曲线从 S_0 移动到 S_1，准备金数量由 R_0^* 减少到 R_1^*，同时联邦基金利率从 r_{ff0}^* 提高到 r_{ff1}^*。联储实施货币政策操作的结果是，贴现率（一级信贷的利率）也由 i_{d0} 提高到 i_{d1}（在本例中，从5.75%提高到6%）。

b. 短期利率同联邦基金利率密切相关。贷款人资金成本的提高导致私人借款者承担了更高的利率，表现为居民和企业借款者的贷款利率提高。贷款利率的提高使得企业的投资和居民的耐用消费品需求减少，从而减缓经济的快速扩张——以及减轻通货膨胀压力。

c. 联储减少银行体系内准备金数量的政策并不一定意味着经济将大幅放缓。减少准备金数量（以及相应地提高利率）可能旨在消除银行体系内过多的准备金，这些准备金都是由于先前的政策变动所导致的。

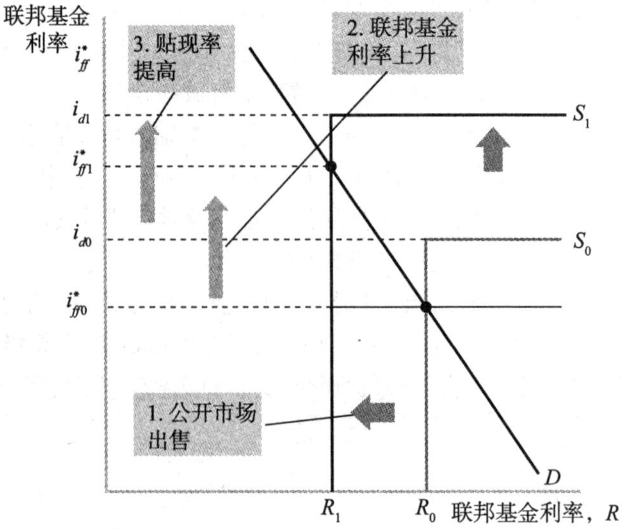

更进一步的思考……

假定联邦公开市场委员会关注美国的通货膨胀和通货膨胀压力，有关通货膨胀压力正在形成的新闻会对联邦基金利率目标产生什么影响？对长期利率的影响呢？请说明理由。

资料来源：节选自 Greg Ip，"Fed Raises Rates，Keeps Its Options Open for Future，" *The Wall Street Journal*，May 11，2006，p. A1 © 2006 Dow Jones Co. Reprinted with permission。

第21章 货币政策的实施

478 20世纪90年代和21世纪见证了中央银行和股票的繁荣兴衰。在美国，联邦储备体系的影响日益增强，使其在公众心目中的形象也得到了改善。1982年，《田纳西建设杂志》（*Tennessee Construction Journal*）在封面上刊载了时任联储主席保罗·沃尔克的“通缉令”，罪名是他“有计划且冷酷无情地谋杀了数百万的中小企业。”到了20世纪90年代末，沃尔克先生的继任者艾伦·格林斯潘则赢得了大多数投资者和民众的尊敬。1999年，投资者对新成立的欧洲中央银行寄予厚望。21世纪初，一些经济学家对20世纪90年代末的货币政策产生质疑，敦促联储更加明确其政策目标，这也是现任联储主席本·伯南克不断强调的一个主题。无论是繁荣或是衰退，中央银行实施货币政策的方式都占据着新闻头条的位置。

联储运用其货币政策工具（公开市场操作、贴现政策和准备金要求）改变货币供给和短期利率，最终实现其经济目标。本章阐述了联储为实现提高经济福利的目标将如何实施货币政策。尽管弄清楚货币政策目标是很容易的，但正如我们在第一节要指出的那样，运用货币政策实现上述目标并非易事。在本章的第二节中，我们指出制定有效货币政策是困难的，并且描述了联储如何设定有助于其实现最终目标的中介目标。但正如以沃尔克做封面的杂志所说的那样，联储必须对中介目标的选择做出决策。此外，联储实施货币政策的结果可能不会精准地实现理论所预计的经济效应。最后，在本章的结尾，我们对联储为实现其政策目标而采取的货币政策进行评价，同时对美国和其他工业化国家未来的货币政策进行了展望。

货币政策最终目标

网页推荐：
http://www.federalreserve.gov/pf/pdf/pf-2.pdf
描述了联储所公布的目标。

大多数经济学家和政策制定者都同意，货币政策的总体目标是提高一国居民的经济福利。什么是经济福利呢？评估经济福利的方法有许多，但最为常用的方法是由经济成员享有的商品和服务的数量与质量来确定。如果经济体实现了最优化运行，那么居民通过有限资源配置就可以实现其全体成员福利的最大化。经济福利也指劳动力和资本的有效利用，以及通过有效利用这些生产要素实现产出的稳定增长。此外，稳定的经济状况（最小化经济周期波动、稳定的利率和平稳运行的金融市场）也是经济福利提高的表现。为了促进经济体的良好运行，联储确定了 6 个**货币政策最终目标**（monetary policy goals）：（1）物价稳定；（2）充分就业；（3）经济增长；（4）金融市场和金融机构稳定；（5）利率稳定；
479 （6）外汇市场稳定。联储与其他大多数国家中央银行一样，致力于制定货币政策以实现这些最终目标。

物价稳定

通货膨胀，或者说物价的持续上涨，侵蚀着作为交易媒介和记账单位的货币的价值，特别是 20 世纪 70 年代出现的通货膨胀出乎意料地大幅度上升，使得大多数工业化国家的政策制定者都将**物价稳定**（price stability）作为货币政策的一个最终目标。在市场经济中，价格向居民和企业传导关于商品、服务成本以及需求的信息，而通货膨胀削弱了价格作为配置资源信号的作用。当一般价格水平变动时，父母在决定子女教育储蓄或者自身退休储蓄时遇到了麻烦；而企业在面对不确定的未来价格时，对于是否应该与供应商或客户签订长期合同也犹豫不决。严重的通货膨胀带来极高的经济成本，年度比率达到几倍或几十倍的通货膨胀被称为恶性通货膨胀，能够严重地破坏经济体的生产能力。在极端的情况下，货币价值快速变化，以至于不能再充当价值储藏手段或者交易媒介，居民会使用手推车装载现金去购买物品。20 世纪 20 年代，德国发生过恶性通货膨胀，经济活动急剧萎缩，造成经济动荡，从而为希特勒的法西斯政权铺平了道路。通货膨胀可以造成许多问题，从经济的不确定性到破坏性，因而物价稳定是一个合意的货币政策的最终目标。

充分就业

充分就业（high employment）或者低失业率是货币政策的另一个最终目标。失业的工人和利用率不足的工厂与机器都会使产出（国内生产总值，GDP）减少。失业造成工人生活困难，并且伤害失业工人的自尊心。除了联邦储备体系，政府机构也将充分就业作为其目标。例如，美国国会制定了 1946 年《就业法案》和 1978 年《充分就业与均衡增长法案》(《汉弗莱-霍金斯法案》)，以促进充分就业和物价稳定。

尽管联储致力于实现充分就业，但它并不追求零失业率。即使在最好的经济状况下，一些工人仍然会寻找工作或者失业，或者处于工作间的空档期。工人有时会跳槽，从旧公司离职到去新公司任职之间的时间段里可能就是失业的。工人也可能辞职接受更多的教育和培训，或者建立家庭，而重新工作也可能要花费一些时间。这类摩擦性失业能够让工人们寻找到使其自身福利最大化的职位。

虽然某些失业总是存在的，但失业率却是由健康经济体的正常劳动力所决定的。当所有想要工作的工人都找到了工作，那么劳动力的需求和供给就处于均衡状态，经济学家称这种失业率为自然失业率。在 20 世纪 60 年代，经济学家认为自然失业率是 4%，而技术的进步和人口统计的变化使经济状况发生变化，从而使自然失业率略有增加。在 20 世纪 90 年代，一些经济学家认为自然失业率下降了。经济结构的改变（例如制造技术的进步、计算机和电子设备的普及以及服务业的发展超过商品生产）带来的失业被称为结构性失业。

经济增长

480

网页推荐：
http：//www.gpoaccess.gov/indicators/browse.html 提供了经济活动和经济增长的一系列数据。

政策制定者也追求稳定的**经济增长**（economic growth），即一定时期内商品和服务产出的增加，这会提高居民收入，进而提高政府的收入。经济增长依赖于充分就业。在充分就业的情况下，企业更可能投资于新的工厂和设备，进行企业扩张，提高利润、生产率以及工人的收入。而在失业率极高的情况下，企业的产能过剩，不太可能进行资本投资。经济增长政策一方面刺激了储蓄增长，从而确保了投资资金的充裕；另一方面也直接刺激了企业投资。政策制定者致力于稳定的经济增长，因为稳定的经济环境允许企业和居民作出准确的投资计划，并且鼓励企业和居民进行长期投资，而这些长期投资正是经济持续增长所必需的。

金融市场和金融机构稳定

如果金融市场和金融机构不能有效地匹配储蓄者与借款者，资金就会流失。有潜力提供高品质产品和服务的企业无法获得所需要的资金，就无法展开这些产品和服务的设计、开发与销售活动。储蓄者则会在寻找合意的投资机会上浪费资源。**金融市场和金融机构稳定**（financial market and institution stability），即维护金融市场和金融机构作为从储蓄者向借款者转移资金渠道的有效性，使储蓄者和借款者之间的有效匹配成为可能。

联邦储备体系创立于 19 世纪末 20 世纪初的金融危机之后。在过去 20 年里，联储应对商业票据市场、股票市场和商品市场出现的问题，防止了金融恐慌的发生和蔓延。当然，金融市场和金融机构稳定的这个政策目标并不能保证联储的干预会彻底消除金融恐慌。例如，联邦存款保险减低了银行业恐慌的严重程度，但这种保险的存在也许是 20 世纪 80 年代末和 90 年代初金融机构危机的一个原因。在 1987 年股市危机和 2001 年 9 月 11 日恐怖袭击之后，联储的干预证明了其对金融稳定性的重视。一些经济学家提出，联储应该采取行动预防发生资产价格泡沫，例如 20 世纪 90 年代末美国发生的股市泡沫。但大多数经济学家则认为，联储只有在物价稳定或经济增长目标受到泡沫的影响时才应该这样做。

利率稳定

与价格水平波动一样，利率波动也会使家庭和企业难以作出计划和投资决策。利率忽高忽低会使企业难以作出厂房和设备的投资计划，也使家庭在长期住房投资上犹豫不决。由于人们常常指责联储提高利率，因此联储将**利率稳定**（interest rate stability）或者限制债券利率波动作为其最终目标，既是迫于政治压力，也是稳定的储蓄和投资环境所需要的。

外汇市场稳定

在全球经济体中，**外汇市场稳定**（foreign-exchange market stability）或者限制美元汇价的波动，是联储货币政策的另一个重要的最终目标。美元汇价稳定不仅可以使商业交易和金融交易计划变得更加简单，而且美元汇价的波动会影响美国产业的国际竞争力：美元升值会使得美
481 国商品在外国市场上变得更加昂贵，进而减少出口；美元贬值则会使得

外国商品在美国市场上变得更加昂贵。

联储运用政策工具能够实现上述货币政策最终目标吗？接下来，我们要讨论的是联储面临的问题以及为解决这些问题所采用的技术。

实现货币政策最终目标面临的问题

中央银行制定货币政策的目的在于运用政策工具实现货币政策最终目标。联储和其他中央银行也许会成功地实现各自的货币政策最终目标，它们可以同时实现充分就业和经济增长，因为稳定的经济增长会促进充分就业。同样地，促进金融市场和金融机构稳定的货币政策也有助于实现利率稳定。但是，联储并不总是能如此幸运地实现其全部最终目标。在致力于实现其他最终目标，特别是同时实现高经济增长和低通货膨胀方面，联储面临着取舍问题。为了说明这一问题，假定联储利用公开市场出售的方式降低货币供给的增长，进而降低通货膨胀。回忆一下，我们在第 20 章曾经阐述过公开市场出售会使利率提高。在短期内，较高的利率通常会使消费者和企业支出减少，因此中央银行为实现一个货币政策最终目标（低通货膨胀）而采取的政策将不利于实现另一个最终目标（经济增长）。1995 年，美国一些国会议员支持由时任佛罗里达州参议员康尼·麦克（Connie Mack）提出的一项议案，该议案要求联储的政策目标几乎完全集中于实现物价稳定。一些经济学家也支持这一提议。事实上，在 2003 年，这一提议在联储内部得到了绝对的支持。2006 年联储理事会主席本·伯南克倡导联储应该盯住通货膨胀目标。

联储为实现其货币政策最终目标不得不面临另一个问题。尽管联储希望促进经济增长和物价稳定，但它并不直接控制实际产出或价格水平。家庭和企业之间的相互作用决定了实际产出和价格水平。联储变动货币供给，进而间接影响其他经济变量的变动。联储只能运用货币政策工具对价格水平和产出产生影响，这些工具包括公开市场操作、贴现政策和准备金要求，但这些工具并不能让联储直接实现其货币政策最终目标。

联储运用货币政策工具时还会面临时机问题。第一个妨碍联储迅速采取行动的问题是信息时滞（information lag），即联储无法即时地观察到 GDP、通货膨胀和其他经济变量的变动。[1] 如果联储不能及时地获得信息，将使其制定的政策与实际经济状况不相符，所采取的行动实际上

〔1〕 这一问题并不只适用于货币政策。与财政政策信息时滞有关的一个著名例子发生在 1930 年 6 月。胡佛总统在会见一群企业领导者时说，他们要求出台刺激经济计划是不必要的。“先生们”，他说，“你们晚来了 60 天，衰退已经结束了。”（引自 Arthur M. Schlesinger，Jr. *The Crisis of the Old Order*，Boston：Houghton Mifflin，1957，p. 331。）

可能会使其试图纠正的问题更加恶化。第二个时机问题是效应时滞（impact lag），即货币政策改变影响产出、就业或者通货膨胀所需要的时间。基础货币的变化将在一段时间后而不是立即对经济产生影响。由于效应时滞的存在，联储的政策可能在一个并不适当的时间对经济产生影响，并且联储也许并不能迅速地认识到其错误并及时予以纠正。

482 联储为实现其最终目标启用了中间目标，尝试解决上述问题。设立中间目标部分地解决了联储无法直接控制那些决定经济绩效的变量问题，同时还大大缩短了联储观察和响应经济波动的时滞。接下来，我们将主要讨论这些指标，分析它们的优点与缺点以及在货币政策制定过程中的作用，从而为研究联储实际货币政策奠定理论基础。在下一部分中，我们将主要阐述第二次世界大战之后，联储在实施货币政策中所经历的种种真实的成功与失败。

使用中间目标实现最终目标

中间目标是指联储可以直接影响，并且有助于实现货币政策最终目标的变量。联储通常依赖两类中间目标：中介目标和操作目标。

中介目标　中介目标（intermediate targets）是指联储认为直接有助于其实现最终目标的金融变量（例如货币供给量或者短期利率）。为了弄清楚联储如何利用中介目标实现其最终目标，假设弓箭手面对这样一种情况：他试图射中靶心（最终目标），但靶心在山的另一面，根本看不见。弓箭手必须在射箭之前猜测靶心所在的位置。为了提高弓箭手命中靶心的机会，假定在山顶有一个环，而这个环在弓箭手的视线之内。通过这个中介目标，弓箭手将更容易把箭射到山的另一面靶心附近的地方。如果弓箭手使箭从环中穿过，那么马上就可以知道自己极有可能命中靶心。这个中介目标在提供了即时反馈的同时，也提高了射中靶心的机会。货币政策的中介目标就如同山顶的箭环。

由于物价稳定或者充分就业等货币政策最终目标不在联储的直接控制之下，因此与仅关注最终目标相比，联储采用一个中介目标（比如货币总量 $M1$）将更有可能实现其物价稳定或者充分就业等货币政策最终目标。同时，联储也会相对较快地了解其采取的政策行动是否与其要实现的最终目标相符合。联储从统计分析中可以估算出，$M1$ 增长 3%就能够实现其合意的就业水平和物价稳定程度。如果货币供给量实际增长了4%，那么联储将立即知道其政策过度地刺激了经济，为未来出现通货膨胀提供了条件。联储随即就可以运用货币政策工具（最可能的是进行公开市场操作）降低 $M1$ 的增长率，实现 3%的中介目标。实现 $M1$ 这一中介目标本身并没有什么价值，仅仅是有助于联储实现其公布的最终目标。

操作目标 实际上，联储只能间接控制中介目标变量，例如利率和货币量。原因在于这些变量也会受到私人部门决策的影响，因而联储寻找可以将政策工具、中介目标和最终目标更好地联结起来的目标。这些新的目标就是所谓的**操作目标**（operating targets），是联储通过货币政策工具直接控制且与中介目标密切相关的变量。操作目标包括联邦基金利率和非借入准备金等等。联邦基金利率是联储最常用的利率操作目标，因为该利率是由银行准备金市场决定的，而联储对该市场则具有强大的影响力。利率操作目标也被大多数重要的中央银行所采用。

如图 21—1 所示，联储选择最终目标，但它最终只能控制货币政策工具。总结一下之前所讨论的中介目标和操作目标。联储分两步来实现
483 其货币政策最终目标：第一步，设定中介目标（例如货币供给量增长率），以有助于实现最终目标；第二步，设定操作目标（例如非借入准备金增长率），以有助于实现中介目标。这种两步定标法（two-step targeting procedure）的优点是，联储能够迅速了解操作目标的变动，从而判定其干预是否达到了期望的效果。操作目标提供了信息反馈，使得联储可以评估其政策效能并对政策进行调整，而不是等到对其政策是否成功实现了最终目标进行评估后才进行调整。这种两步定标法要想取得成功，联储必须谨慎地选择适当的中间目标。下面我们将对有可能成为联储中间目标的各种变量进行讨论。

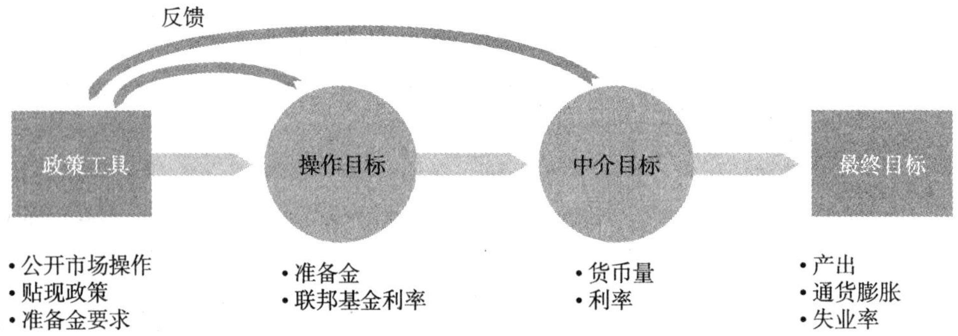

图 21—1 实现货币政策最终目标

联储将诸如产出、通货膨胀和失业率之类的经济变量设定为最终目标。联储只能直接控制其政策工具，所以启用中间目标，即联储能够施加影响且有助于实现货币政策最终目标的变量，包括中介目标和操作目标。为了取得成功，中间目标必须是可测的和可控的，而且必须与联储的最终目标具有可预见的关系。中间目标也为联储提供了其最终目标实现状况的反馈。

货币总量和利率作为中间目标

如前所述，联储通常不能同时实现其全部最终目标。最终目标之间

此消彼长的关系迫使联储优先选择某一中间目标，以及优先实现的某一最终目标。

原则上，联储有一系列可供选择的中介目标和操作目标，包括货币总量（或者信贷余额指标）和利率。联储要么使用货币供给增长率目标，要么使用利率目标。那么，联储究竟应该选哪一个呢？这是一个复杂的问题，我们将对此进行简要分析。但是，首先需要弄清楚的是联储要么使用货币供给增长率目标，要么使用利率目标，但不能同时兼顾二者。归根结底，联储必须作出选择。

为了弄清楚缘由，必须回到货币（$M1$）需求与供给的图形分析。在图 21—2 中，家庭与企业持有的货币总量 M_d 取决于利率。我们知道，持有货币不能获得任何利息收入，而持有支票存款所得的利息也低于公开市场利率，因此持有 $M1$ 的机会成本随着市场利率提高而上升。如图 21—2 所示，在货币市场上，对 $M1$ 的需求与市场利率负相关。

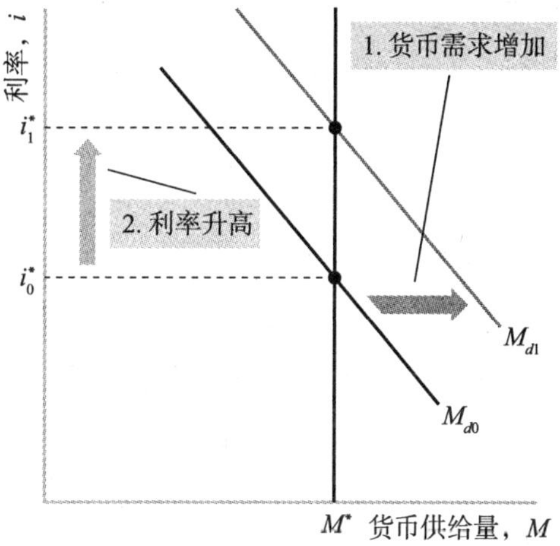

（a）货币需求增加

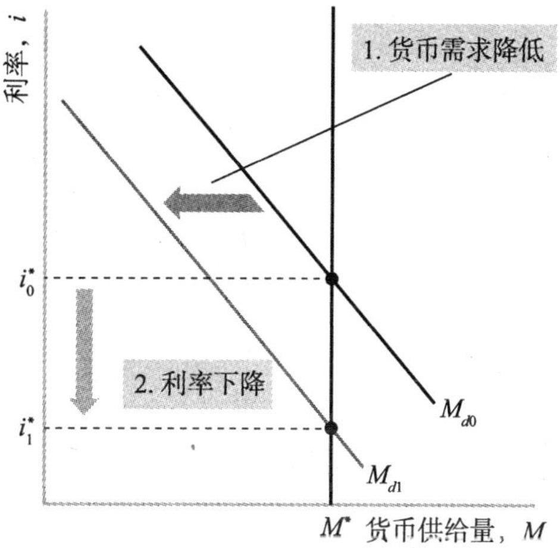

（b）货币需求降低

图 21—2　货币供给量定标与利率波动

将货币供给量设定为中介目标会导致利率波动。

如图（a）所示：

1. 货币需求从 M_{d0} 增加到 M_{d1}，使利率从 i_0^* 升高到 i_1^*。

如图（b）所示：

1. 货币需求从 M_{d0} 减少到 M_{d1}，使利率从 i_0^* 下降到 i_1^*。

484　假设联储决定采用货币供给量 $M1$ 作为中介目标，并且令 $M1$ 等于 M^*，如图 21—2(a) 所示。对于给定的货币需求曲线 M_{d0}，均衡市场利率等于 i_0^*。家庭和企业的通货以及银行存款需求的任何改变都会引起利率的变动。换言之，在任何既定的利率水平上，如果交易货币需求上升，货币需求曲线将从 M_{d0} 右移至 M_{d1}。如果联储的货币供给量保持在 M^* 处不变，均衡市场利率将从 i_0^* 升高至 i_1^*。反之，假定在任何既定的利率水平上，货币需求从 M_{d0} 下降到 M_{d1}（如图 21—2(b) 所示）。在这种情况下，如果货币供给保持不变，仍为 M^*，那么均衡市场利率将从 i_0^* 下降到 i_1^*。因此，采用货币总量作为中介目标，会使得利率随着货币需求的变动而不断波动。

接下来要分析联储选择利率作为中介目标会发生什么情况。如图 21—3(a) 所示，假定初始货币需求曲线和供给曲线分别为 M_{d0} 和 M_0^*，并且联储把利率目标设定在均衡利率 i_0^* 处。在这种情况下，对于任何既定的利率水平，如果货币需求从 M_{d0} 增加到 M_{d1}，那么利率就会从 i_0^* 提高到 i_1^*。如图 21—3(a) 所示，如果联储想将利率维持在 i_0^* 处，就必须将货币供给量从 M_0^* 提高到 M_1^*。反之，如果假定对于任何既定的利率水平，货币需求从 M_{d0} 减少到 M_{d1}（如图 21—3(b) 所示），在这种情况下，利率会从 i_0^* 降低到 i_1^*。如果联储想将利率维持在 i_0^* 处，就必须将货币供给量从 M_0^* 减少为 M_1^*。值得注意的是，货币供给曲线现在实际
485 上是在标定利率水平上横移的。将利率设定为中介目标，会使得货币总量随着货币需求的变动而波动。

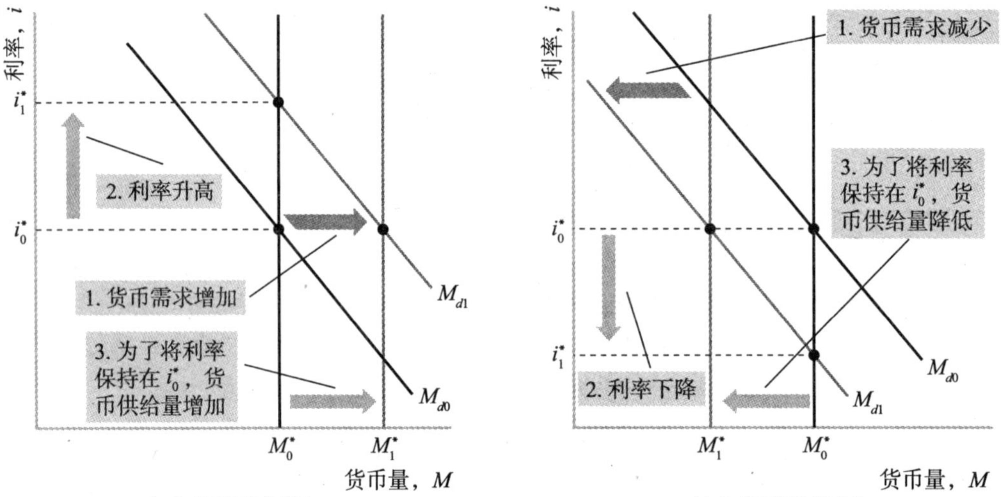

（a）货币需求增加　　（b）货币需求减少

图 21—3　利率定标与货币供给量波动

将利率设定为中介目标会使得货币总量随着货币需求的变动而波动。

如图（a）所示：

1. 货币需求从 M_{d0} 增加到 M_{d1}，为了使利率在 i_0^* 处保持不变，要求联储将货币供给量由 M_0^* 增加到 M_1^*。

如图（b）所示：

1. 货币需求从 M_{d0} 减少到 M_{d1}，为了使利率在 i_0^* 处保持不变，要求联储将货币供给量由 M_0^* 减少到 M_1^*。

上述分析显示了联储在设定中间目标时所面临的取舍。联储不能同时将货币总量和利率设定为中间目标。那么，联储应该如何选择中间目标呢？

测试点拨

假定居民增加对支票存款的需求（*M*1 因此增加）。将 *M*1 作为中介目标，联储可在不改变利率的条件下适应这一资产组合配置的变化吗？

如果联储把货币供给量作为中介目标，在所有其他条件不变的情况下，货币需求的增加会使得短期利率升高。如果联储要在不改变利率的条件下适应这一资产组合配置的变化，那么它可以进行公开市场购买，以增加非借入准备金和货币供给量。

选择中介目标

除了选定中介目标应该是货币总量还是利率之外，联储还必须对选定的中介目标变量的可度量性、可控制性以及可预见性进行评估。接下来我们将阐述中介目标的选择，然后转向选择操作目标具体决策的讨论。

486 **可度量性** 对于一个好的目标变量而言，第一个标准是它必须在短期内可度量，以克服信息时滞。联储必须能够在短时间内对该目标进行度量，进而能迅速地判断出中介目标是否有可能实现。例如，政府按季度编制诸如名义 GDP 等最终目标变量数据，并滞后 1 个月公布这些数据。作为潜在的中介目标，无论是利率还是货币总量，都是可以迅速观察和度量的。利用计算机，分析人员可以连续追踪利率的变化。尽管货币总量指标最多滞后 2 周公布，但这些指标的获得并非如此简单。

市场利率的即时可度量性并不一定能够使其成为比货币总量更好的中介目标。虽然名义利率易于度量，但由于通货膨胀的市场预期难以度量，度量真实利率将是非常麻烦的。因此，与货币总量一样，联储在短时间内也不能对相关利率做出完全的度量。

可控制性 在分析了潜在中介目标的可度量性之后，联储必须确定自己是否能够控制这些目标变量，进而克服效应时滞。有效的中介目标必须能够按照联储的政策意图方向作出反应。例如，在 20 世纪 80 年代和 90 年代，一些经济学家建议联储选择更为广义的变量作为中介目标，而不仅是局限于传统的货币总量。例如，可以把非金融部门的信贷余额存量（即非金融性公司获得的贷款和发行的债券），甚至是名义 GDP 作为中介目标。但是，联储无法通过运用其政策工具有效地控制这些变量。联储对货币总量和短期利率的影响要大得多，因此更愿意将货币总量和短期利率作为中介目标。

通过使用货币政策工具（主要是公开市场操作），联储可以对货币供给量施加很大的控制，但尚不能对其完全控制。银行和非银行公众的决策也影响货币供给量。联储也可以影响利率，理由是公开市场操作有助于确定债券供给。然而，绝对控制同样是不可能的，因为联储不能控制通货膨胀预期，因而不能控制真实利率。

可预见性 依据可度量性或可控制性，还不能确定哪一种变量更适合作为中介目标。联储需要中介目标能对最终目标产生可预见的影响。根据这一标准，如何对货币总量和利率进行比较呢?

选择利率作为中介目标，主要因为利率对贷款、借款和资产组合配置决策的影响是可测的。联储可以通过降低真实利率刺激消费者和企业增加支出，从而使经济活动升温。反之，如果联储想使经济活动降温，则可以通过提高真实利率抑制消费者和企业的支出。

以利率作为中介目标存在两个问题：第一，联储对真实利率的影响弱于其对名义利率的影响；第二，联储稳定利率的政策可能与联储维持稳定经济增长的目标相矛盾。假定企业和消费者对未来经济状况持乐观态度，就会增加支出，结果是消费者增加支出且减少储蓄，企业则增加其厂房和设备投资。这些行为都会使利率提高。如果联储试图稳定利率，
487 就将利用公开市场购买来降低利率。利率的下降会使消费者和企业进一步增加支出，结果维持利率不变的政策无疑是火上浇油。

同样的问题也会出现在经济衰退期。消费者和企业丧失了乐观态度，就会减少支出，利率下降。如果联储不采取干预措施，较低的利率最终会刺激消费者和企业增加支出，阻止经济下滑趋势，从而使得经济驶回原来的增长轨道上。如果联储把利率作为中介目标，面对利率下降的局面，联储会通过公开市场出售来提高利率，从而使经济更加恶化。不论情况如何，如果消费者和企业乐观态度的转变成为经济中商品和服务产出波动的主要决定因素，那么稳定利率的政策就会使经济增长变得不稳定。

如果联储选择货币总量代替利率作为中介目标，情况又会如何呢?如图 21—2 所示，在经济扩张的情况下，货币需求的增加（更高的交易水平需要更多的资金）使利率提高，较高的利率使消费者和企业的支出减少，从而有助于避免经济过热。而在经济衰退的情况下，货币需求的减少导致利率下降，如图 21—2 所示，利率下降缓解了经济衰退。

如果消费者与企业支出发生波动，那么采用利率作为中介目标会导致许多问题，这是否意味着联储应该总是采用货币总量作为中介目标呢?答案是否定的。正如图 21—2 所示，在任何既定利率水平下，以货币供给量作为中介目标意味着货币需求的改变会被转化为利率的变动，利率的提高会抑制消费者和企业的支出水平，而利率的降低则可以刺激支出。因此，如果货币需求频繁地变动，那么采用货币供给量作为中介目标可能会使利率发生波动，进而使经济变得不稳定。

上述分析表明，没有任何单一变量可以充当符合联储所有要求的中

介目标，那么联储将如何选择中介目标呢？答案取决于经济和货币供给波动的来源。如果消费者和企业的支出和投资决策与利率之间的关系是稳定的，那么联储采用利率作为中介目标就会为其稳定经济波动提供一个更具可预见性的方式（即使联储不能完全控制真实利率，但真实利率与消费者和企业的决策相关）。然而，如果对货币和其他资产的需求与利率之间的关系是稳定的，那么采用货币总量作为中介目标为联储提供了与最终目标之间的更具可预见性的联系。联储不能奢望完全实现实际经济稳定或金融稳定，必须要应对这两个方面的动荡。

选择操作目标

联储选择了合意的中介目标后，还必须确定对中介目标最具影响力的操作目标。在对可以作为操作目标的变量进行比较时，联储会使用相同的标准：变量应该具有可度量性、可控制性和可预见性。此外，操作目标应该与中介目标相吻合。联储基本上控制了准备金总量和联邦基金利率，并且可以迅速地对其加以精确度量。因此，如果联储选择货币总量作为合意的中介目标，那么联储就应该选择准备金总量（例如基础货
488 币或者非借入准备金）作为操作目标，原因是准备金总量对货币总量的影响是可以预测的。但是，如果联储选择市场利率作为中介目标，那么联储将选择一种利率作为操作目标，例如联邦基金利率，理由是联邦基金利率对市场利率的影响是可以预测的。无论是选择准备金总量还是联邦基金利率，联储都会运用其三个货币政策工具（主要是公开市场操作）影响选定的操作目标。

货币政策记录

迄今为止，我们所阐述的实施货币政策以实现经济目标的理论自二战以来都被运用到联储设计、执行和评估经济政策之中。本部分将对联储如何实施货币政策加以阐述，包括其追求的最终目标、采用的中间目标以及是否成功地改善了经济福利水平。并不是所有的联储政策都是成功的，对联储而言，利用货币政策工具控制货币供给量或利率是一项全新的任务。此外，联储还要了解其在选择中间目标时需要做什么以及不需要做什么。在学习的过程中，联储还遇到了我们此前提及的问题：最终目标之间取舍产生的约束，以及选择能够及时评估，且对产出、就业和通货膨胀具有直接影响的变量。特别是在战后，联储在各个不同时期

都曾强调稳定经济增长和物价稳定的最终目标，而联储在各个不同时期的中介目标和操作目标都包括货币总量和短期利率。

对中间目标的早期关注：1951—1970 年

联储对中间目标的关注始于 20 世纪 50 年代初与财政部关于货币政策控制权的斗争。二战期间，联储同意把政府证券的利率维持在战前的水平（国库券利率约为 0.375%，长期国债利率约为 2.5%），从而帮助财政部筹集战争资金。联储的做法是：无论什么时候，只要政府证券的市场价格低于反映盯住利率的价格水平，联储就购买证券，维持利率目标。1950 年朝鲜战争爆发，政府借款的规模不断扩大，使得市场利率上升。为了维持其利率目标，联储购买了更多数量的政府证券。这些公开市场购买扩张了基础货币，削弱了联储对货币供给过程的控制，使通货膨胀在 1951 年初上升到 8%。1951 年 3 月，《财政部—联邦储备体系协议》签订，联储正式放弃了这一政策。

《财政部—联邦储备体系协议》规定，联储独立实施货币政策。联储认为消费者和企业支出的波动可以利用政府税收和支出政策（财政政策）加以管理，联储要做的就是设法稳定货币供给的波动。在联储主席威廉·麦克切尼·马丁的领导下，联储开始实施一项旨在对货币市场的变动作出响应的策略。实现金融稳定的政策将货币总量设定为中介目标。具体而言，联储的货币政策将短期利率和**自由准备金**（free reserves）水平作为中介目标，自由准备金是银行体系中的超额准备金 ER 与借入准备金 BR（贴现贷款）之间的差额。

联储认为自由准备金是银行体系中的闲置资金，理由是银行能够自由贷出（非借入的）超额准备金，通过存款扩张过程增加货币供给，因此联储将自由准备金视为反映金融市场状况的一个指标。与联储设法控

489 制的中间目标相反，**指标**（indicator）是以其变动揭示金融市场或经济体现在或者未来状况相关信息的金融变量。自由准备金增加表示货币市场较为宽松，而自由准备金减少则表示货币市场正在紧缩。但是在这段时期里，联储并非只把自由准备金用作指标，同时也用作中介目标。当自由准备金增加时，联储卖出证券；而当自由准备金减少时，联储则买入证券。

利率随着经济周期的波动而波动。在经济繁荣期，经济活动增加使得市场利率上升，较高的利率导致持有超额准备金的机会成本增加，于是超额准备金减少。同时，较高的市场利率还刺激了银行从贴现窗口的借款（假定贴现率不变），因此借入准备金（贴现贷款）增加。这些变化都使自由准备金下降。联储将自由准备金作为中介目标能维持利率稳定

吗？因为联储标定了自由准备金，因此通过公开市场购买进行响应，可以有效地将利率降低到与超额准备金和借入准备金先前头寸相一致的水平，自由准备金也是如此。

在经济衰退期，作用过程则完全相反。国民收入下降使市场利率降低，超额准备金增加，借入准备金减少，于是自由准备金增加。联储则通过在公开市场上出售证券应对自由准备金的增加，从而使自由准备金恢复到原有水平。

自由准备金作为中间目标削弱了联储对货币供给的控制。在经济繁荣期，当货币需求上升时，联储会采取行动扩大货币供给量；而在经济衰退期，当货币需求下降时，联储会采取行动紧缩货币供给量。因此，将自由准备金作为中介目标使联储几乎无法控制货币供给。实际上，联储是被动地应对经济状况的变化，金融经济学家把这种政策行动称为**顺周期货币政策**（procyclical monetary policy），即联储的政策放大了而不是缩小了经济波动。

有一种观点认为，由于只关注稳定利率，消费者和企业支出的变动可能被忽视了，如何看待这种观点呢？实际上，政府税收和支出政策并不能完全稳定经济。在 20 世纪 60 年代中后期，政府用于“大社会”（Great Society）计划和越南战争的支出猛增，从而造成经济过热。顺周期货币政策没能促进经济的稳定增长。货币主义学派认为将货币供给量作为中间目标是实施货币政策的最好方法，他们对联储的定标程序口诛笔伐。

当联储把短期利率作为中介目标时，类似的问题同样存在。在这种情况下，联储为了在经济扩张期应对市场利率上升，进行公开市场购买，增加基础货币和货币供给，从而使利率下降。在经济衰退期，市场利率下降使联储卖出证券，减少基础货币和货币供给。因此，以利率作为中介目标不能促进经济稳定增长，这一策略也形成了顺周期货币政策。

正是由于 20 世纪 50 年代和 60 年代顺周期货币政策的经历，学术界和财经界经济学家们对联储定标程序倍加指责，迫使联储在 20 世纪 60 年代末开始寻找新的中间目标。

以货币总量作为中间目标的尝试：1970—1979 年

在 20 世纪 50 年代和 60 年代，货币主义学派对联储的顺周期货币政策进行了批评，但是当 1970 年阿瑟·伯恩斯被任命为联储理事会主席时，货币主义学派最初表现出欢迎的态度。伯恩斯声称，他认为联储应
490 该尝试使用货币总量作为中间目标。但在 20 世纪 70 年代伯恩斯的任期

内，联储仍然像前20年一样，采取了顺周期货币政策。

为什么联储以货币总量作为中间目标的努力会失败？大多数批评家把失败归因于联储将联邦基金利率作为操作目标，而把 $M1$ 和 $M2$ 作为中介目标。联邦基金利率的目标区间很窄，而货币总量的目标区间则很宽。联邦公开市场委员会向公开市场交易部发出指令，采取相应的政策实现上述两个目标。但是，正如前面所分析的，联储不可能同时实现利率目标和货币总量目标。联邦公开市场委员会将联邦基金利率置于优先的地位，利用公开市场购买或出售阻止其偏离狭窄目标区间，而这一政策会显著地减少货币总量。如果经济增长的波动得以稳定，一如联储所认为的那样，这种将联邦基金利率置于优先地位的做法才有意义。

但是，财政政策并不能稳定经济增长的波动，因此顺周期货币政策必然再度出现。为了阻止联邦基金利率的上升，联储进行公开市场购买，引起基础货币和 $M1$ 的迅速增长，并且增速远远超出了联储的预期。为了解决这个问题，联邦公开市场委员会试图放宽联邦基金利率的目标区间，从而使货币增长量恢复到原有水平。当经济进一步扩张时，联邦基金利率再度提高，导致追加公开市场购买和更快速的货币增长。结果，联邦基金利率和货币供给量都超出了各自的目标区间，随之而来的是巨大的通货膨胀压力。从1972年末到1973年初，联邦基金利率几乎增加了一倍，从4.5%增加到8.5%，$M1$ 的增长幅度也远远超出了目标水平。

实际上，联邦公开市场委员会是将联邦基金利率作为货币政策操作目标的。但是，与这一政策在经济扩张期会带来通货膨胀压力一样，它也能加深经济衰退。到1974年底，美国经济已经跌入自20世纪30年代以来最严重的经济衰退之中。结果，信贷需求的减少使联邦基金利率严重下跌，当该利率跌至目标区间的下限时，交易部进行公开市场出售以阻止其进一步下降，结果是货币供给增长率下降。到1975年初，$M1$ 开始减少，经济衰退程度加深。

联储的顺周期货币政策贯穿了整个70年代。伯恩斯及其继任者G·威廉·米勒对外宣布以货币供给量为中间目标，私下却以联邦基金利率作为中间目标。只要经济增长出现波动，联储就会控制短期利率，而这与其公布的控制货币总量以稳定物价并不一致。

美国国会常常对联储施压，使其改变实施货币政策的方式。在伯恩斯任职期间，国会对联储的顺周期货币政策十分不满，采取措施削弱了联储的权力。美国国会通过了一项附加决议，要求联储对国会负有更多的责任。之后，又于1978年通过了《汉弗莱-霍金斯法案》，把这些观点以法律的形式加以确定，其中要求将货币总量和信贷量设定为中间目标。

不再强调利率：1979—1982 年

1979 年 7 月，吉米·卡特总统任命保罗·沃尔克为联邦储备体系理事会主席。沃尔克致力于消除通货膨胀，选择货币总量作为中介目标。在沃尔克任职期间，联储一改往日的政策，强调把非借入准备金作为操作目标。联邦公开市场委员会也一改过去 10 年的做
491 法，不再盯住联邦基金利率，并将联邦基金利率的目标区间扩大为原来的 5 倍。如图 21—4 所示，联邦基金利率变得更具波动性了。同时，联储不再紧紧地控制货币增长率。值得注意的是，*M*1 增长率的波动在 1979—1982 年间远远超过了伯恩斯和米勒时期。*M*1 实际增长率在 1980 年和 1982 年超过了目标区间，而在 1981 年则跌到目标区间以下。

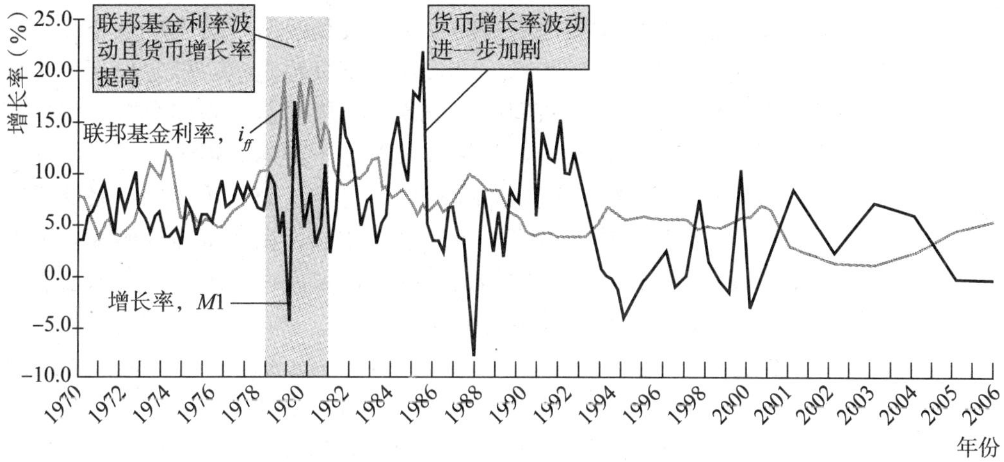

图 21—4 联邦基金利率和货币供给增长率，1970—2006 年

如图形分析所示，联储从 1979 年 10 月到 1982 年 10 月间强调控制货币总量，使得联邦基金利率大幅度波动。但是，需要注意的是，1979—1982 年间 *M*1 增长率实际上不如 1975—1979 年间稳定。联储的定标程序主要集中在对非借入准备金的控制上，而放松监管和金融创新使得货币需求发生了显著变化，进而使得货币增长率也难以确定。1982 年 10 月后，联储重新关注联邦基金利率的稳定，使得货币供给增长率更加不稳定。

资料来源：*Federal Reserve Bulletin*，各期。

为什么 1979 年 10 月联储改变中间目标并没能更有力地控制货币总量以实现物价稳定呢？很多经济学家认为，GDP 和金融市场的波动为实现货币增长率目标增加了太多的不确定性。大部分不稳定性主要源于放松了银行业监管。金融创新使替代传统活期存款的创新产品大量涌现，以至于不得不重新定义货币总量。此外，1980 年出现了经济衰退，随后在 1981—1982 年再次出现了经济衰退，最终联储在 1980 年 3—7 月间实

施了信用控制（控制银行放款）。[1]

许多经济学家认为，联储在 1979 年并没有打算控制货币总量，而是希望降低高通货膨胀率，原因在于政策制定者和全体选民普遍认为如此之高的通货膨胀率是不可接受的。这些经济学家推测，联储宣布货币目标是为了掩饰其利用高利率抑制通货膨胀的做法。至于证据，他们指出，联储容忍了联邦基金利率在 1979 年末、1980 年末和 1981 年的显著升高，此时通货膨胀仍顽强地维持在较高水平。实际上，在 1981—1982 年经济衰退期内，随着通货膨胀的下降，联邦公开市场委员会允许联邦基金利率下降。从 1979 年到 1982 年，联邦基金利率和货币增长率的波动性表明，联储更关注通货膨胀而非货币控制。

1982 年以后的政策：回归利率

1982 年 10 月，联储开始更加注重联邦基金利率，很少强调货币总量目标，也很少强调货币供给的可接受波动区间，借入准备金成为公布的货币政策操作目标。1981—1982 年经济衰退之后，随之出现了经济繁荣。市场利率提高促使联储借入准备金，从而造成联邦基金利率提高的压力。为了缓解这一压力，联储购买证券，增加非借入准备金，从而降低了利率和借入准备金的增长速度。结果，基础货币增加，联储实际上重新回归了顺周期货币政策。按照这种做法，在经济衰退时期，下降的利率将减少贴现借款，使联储出售证券，抵消借入准备金的减少。结果是，基础货币和货币供给量均减少。

回到图 21—4，可以看出，1982 年以后的联邦基金利率小幅度波动。自 1987 年 2 月以来，联储宣布不再以 $M1$ 作为中间目标。联储的官员们认为这一政策是合理的，理由是 20 世纪 80 年代监管的放松和金融创新使 $M1$ 充当交易媒介的作用已经不再重要了。在此期间，联储更加依靠 $M2$ 作为中间目标。$M2$ 是一个更为广义的货币总量，与经济增长的历史
492 相关性更加稳定，即使这种相关性在 20 世纪 90 年代初期就已经打破了。到那时为止，联储几乎不再关注货币增长率，而是相对更加关注联邦基金利率。实际上，1993 年 7 月，联储主席艾伦·格林斯潘就已经通知国会，联储在指导货币政策实施时将不再以 $M1$ 或者 $M2$ 作为中间目标，联储也相应地增加了对利率目标的依靠。

在 20 世纪 90 年代初期，联储开始关注银行信贷压缩（bank credit

〔1〕在这一期间，准备金要求变得更加复杂。直到 1983 年，给定一周的法定准备金率是根据前两周的存款数额计算的，这使得非借入准备金目标难以实施。自 1984 年起，联储实行即时准备金要求（contemporaneous reserve requirement accounting）。

crunch）或银行放款量的严重紧缩，因为它们正在使经济增长放缓。除了使用货币供给量作为中间目标之外，联储还运用货币政策工具影响银行放款水平，包括在 1990 年 12 月和 1992 年 2 月降低准备金要求。

日益增加的国际因素：20 世纪 80—90 年代

网页推荐： http://www.federalreserveonline.org 提供了联储与其他国家中央银行网页的链接。

同国际交易的重要性提高改变了金融市场和银行业一样，国际金融市场上汇率的变动前所未有地影响了 20 世纪 80 年代和 90 年代联储的政策制定。1985 年外汇市场达到最高点时，美元汇率已经高到使美国企业在国际市场丧失竞争力的程度。联邦公开市场委员会在其指令中指出应该将美元引向贬值。联储运用扩张性货币政策降低外汇市场上的美元价值，同时降低短期利率。为了降低外汇市场上的美元价值，联储试图减少对美元的需求。通过增大货币总量的增长率，联储试图降低短期利率，从而使得美元资产的投资吸引力低于其他国家资产的投资吸引力，因为
493 后者具有较高的利率。随着投资者卖出美元资产、买入非美元资产，美元价值开始下降。在 20 世纪 80 年代末期，联储提高了短期利率，进而提高了美元价值。通过《广场协议》（1985 年 9 月）和《卢浮宫协议》（1987 年 2 月），联储与其他国家中央银行进行协调并联合行动。1994 年 5 月和 6 月以及 1995 年的几个时段，联储和财政部联手共同实施干预，以支撑美元兑日元的价值，对美元兑日元汇率的干预一直持续到 20 世纪 90 年代末期。

1998 年秋，鉴于俄罗斯爆发金融危机以及亚洲经济持续低迷，联储出于对国际金融体系稳定性的担忧，将联邦基金利率下调了 0.75 个百分点。

博闻广识

货币政策的实施会受制于政治压力吗？

政治因素可能影响联储的政策。在 1980 年大选临近时，政治家认为高通货膨胀率和美元汇率低迷是选民所不能接受的。出于对这种压力的部分回应，联储采用了以非借入准备金作为中间目标的策略，降低货币供给增长率，进而抑制通货膨胀。联储了解这一反通货膨胀策略将提高利率，为了避免因利率提高而引来批评之声，联储并没有对外公布其目标。相反，它运用专业性术语阐述了其对货币总量的关注，从而转移了政治家们对其为对抗通货膨胀而提高利率做法的批评。

1982 年，经济政策和政治需求再度交锋。在联储宣布以货币总量作为中间目标之后的 3 年中，由于货币总量的波动以及 1981 年和 1982 年

出现的经济衰退，美国国会对联储倍加指责。国会的指责使联储陷入尴尬境地：如果公开放宽货币总量的目标区间，降低利率波动，那么它将不得不承认在一定程度上使用联邦基金利率作为操作目标，而之前它曾对这种做法说“不”。于是联储选择宣布使用借入准备金作为操作目标。通过这种宣布一项政策而实际上执行另一项政策的方法，联储试图在反通货膨胀的经济利益与避免因利率提高带来指责的政治利益之间寻求平衡。

明确目标并加以沟通：21 世纪

在 21 世纪初，联邦储备体系内部以及经济学家之间进行了一场激烈的讨论，主题是关于联储的政策目标以及如何将这些目标传达给公众。在某种程度上，这场讨论反映了一些中央银行官员和经济学家对“通货膨胀定标”的浓厚兴趣。根据通货膨胀定标，联储应该更为明确地公布它认为可以接受的通货膨胀区间。一些观点认为，这种通货膨胀定标将有助于锚定通货膨胀预期。此外，通货膨胀目标在 2002 年和 2003 年备受关注，此时日本实际上出现了通货紧缩，美国和欧元区出现通货紧缩预期，而这种方法可能会传达出经济扩张的信号。

21 世纪初，美国经济受到了众多冲击（包括企业投资的失败、恐怖袭击造成的经济损害、在中东地区的军事行动以及对通货紧缩的忧虑），这些冲击使得联储明确提出了货币政策的“风险管理”方法。也就是说，某些时期的货币政策也许比联储根据对经济活动和通货膨胀预期制定的货币政策更加积极。特别是在 2002 年和 2003 年，尽管通货紧缩出现的概率较低（但成本很高），但联储的政策还是非常有效地避免了通货紧缩的出现。

由于把风险管理目标纳入货币政策中来，一些经济学家和金融市场参与者强调指出，联储需要清楚地传达货币政策实施的信息。例如，在 2003 年中期，长期国债收益率的大幅度波动是与投资者不清楚货币政策
494 态势和联储对当前经济状况的看法分不开的。一些经济学家建议，联储应该公布有关其经济预测的更多信息。作为半年一期的《致国会的货币政策报告》的一部分，联邦公开市场委员会已经发布了其预测的实际 GDP 增长率和通货膨胀率的目标区间或者是“集中趋势”（central tendency）。尽管联邦公开市场委员会实际上是对未来两年的经济状况进行预测，但是相关的预测结果将被迅速地公布（会后就会编纂成册）。预测结果的公布为官员们提供了沟通经济状况和货币政策态势的机会。截至 2006 年，联储主席本·伯南克及其同事一直在讨论更详细地公布中央银行经济展望和预测是否合意的问题。

结　语

二战以来，联储在实践中尚未非常成功地设定货币政策中介目标。在 20 世纪 90 年代和 21 世纪初，联储一直在强调低通货膨胀的目标，并运用了其所能动用的全部工具来实现这一目标。联储近年来的经验表明，任何单一目标都是不合适的。经济和金融体系经历了很多不同类型的扰动，在一段时期内某些变化还是比较显著的。尽管联储当前的策略并不完美，但是非常实用。

重新评价联储的定标政策

使用中间目标是基于一个基本假定，即联储能够直接度量和控制的金融变量可以影响联储不能直接控制的变量，并且这种影响是以一种可以预测的方式完成的。我们对美国二战后货币政策的讨论已经解释了为什么许多经济学家质疑将金融变量作为中间目标而不是作为指标的优点。货币总量与经济活动之间的关联在整个 20 世纪 70 年代是稳定的。因此，许多经济学家和政策制定者都敦促联储使用货币总量作为中介目标。但在 20 世纪 80 年代，货币总量与名义 GDP 之间的关联大大地减弱了。批评家们的结论是：尽管没有一个货币总量指标是完美的中介目标，但由于中间目标与最终目标之间的关系在短期内是不稳定的（甚至长期漂移），因此其他变量作为指标也许更有用。

其他中介目标

近来，联储建议作为中介目标的变量包括名义 GDP、商品价格、收益率曲线和美元汇价。我们将分别对这些变量进行考察，并对联储的当前策略进行分析。

名义 GDP　由于货币总量（或非金融性信贷余额）和名义 GDP 之间的稳定关系不复存在，在 20 世纪 80 年代，一些经济学家建议联储使用名义 GDP 增长率作为中间目标变量。理由是：如果实际 GDP 增长长期独立于货币政策，使用名义 GDP 目标可以将注意力集中于长期物价的稳定性和货币的记账单位职能。而批评人士则指出，联储的货币政策工具不足以控制名义 GDP，无法准确地实现任何选定的目标。他们提出，联储可以通过调整利率操作目标来影响名义 GDP。不过，一些联储官员对这一做法能否行得通表示怀疑。

495 20 世纪 80 年代和 90 年代，经济学家建议联储采用其他三个变量作为中介目标：商品价格、国债收益率曲线以及美元汇价。他们认为，这些资产的市场是有效的。换句话说，这些资产的价格反映了可得的经济信息，包括联储对当前和预期未来经济前景的信息。

商品价格 联储可以通过商品市场的公开市场操作影响商品价格。此外，如果商品价格提供了通货膨胀未来变化的预报，联储就可以将商品价格数据用作需要调整准备金总量或联邦基金利率的信号。然而，对其关联性的研究表明，商品价格并不能很好地预测一般通货膨胀水平，所以商品价格不可能成为一个有效的指标。

收益率曲线 根据利率期限结构的预期理论，长期证券的名义利率表明了市场对未来短期名义利率的预期。如果真实利率是不变的，那么收益率曲线则表示通货膨胀预期，因为预期通货膨胀是名义利率与真实利率之差。但是，真实利率并不是不变的，所以解释收益率曲线的斜率需要推测真实利率预期变动和通货膨胀预期变动的相对重要性。尽管如此，收益率曲线的斜率对实际产出和通货膨胀仍具有统计上的显著预测能力。因而，联储和其他中央银行在评价货币政策变化时仍要考察收益率曲线。

美元汇价 美国经济对国际事件的敏感性不断增加，使得人们关注美元汇价变化的信息含量。大部分经济学家并不支持将汇率作为中介目标。但是，一些证据表明，汇率变动可在一定程度上预测未来的实际产出和通货膨胀。尽管具有这样的信息优势，但是分析人士通常认为，只有在与国内利率这样的传统指标结合使用时，才可将汇率变动用作指标。

泰勒规则

在美国的货币政策框架中，联储依靠联邦基金利率这一中介目标，仍需要一种方法来选择利率的目标水平。实际上，联储的做法是复杂的且涉及了众多的经济因素。斯坦福大学的约翰·泰勒把这些因素综合起来，提出了联邦基金利率定标的**泰勒规则**（Taylor rule）。[1] 泰勒规则指出，当前的联邦基金利率目标应该是通货膨胀率、均衡的实际联邦基金利率（即实现长期充分就业的联邦基金利率）和另外两项的总和。其中的第一项是“通货膨胀缺口”，即当前通货膨胀率与目标通货膨胀率之

〔1〕 John B. Taylor, “Discretion Versus Policy Rules in Practice,” *Carnegie-Rochester Conference Series on Public Policy*, 39：195-214，1993.

差；第二项是“产出缺口”，即实际GDP与充分就业下潜在GDP估计值之差。也就是说，泰勒规则可以表示为：

联邦基金利率目标＝通货膨胀率＋均衡的实际联邦基金利率
＋(1/2)通货膨胀缺口＋(1/2)产出缺口

496 在制定该规则时，泰勒假定均衡的实际联邦基金利率是2%，目标通货膨胀率也是2%。在实际应用泰勒规则时，还需要估计通货膨胀缺口和产出缺口。泰勒把通货膨胀缺口和产出缺口引入其货币政策规则中，反映了联储理事们和经济学家对通货膨胀和实际产出波动的关注。例如，如果通货膨胀率是4%，通货膨胀缺口就是4%－2%＝2%；而实际GDP比充分就业下潜在GDP高2%，泰勒规则得出的联邦基金利率目标为8%，即通货膨胀率4%＋均衡的实际联邦基金利率2%＋(1/2)×通货膨胀缺口2%＋(1/2)×产出缺口2%＝8%。

泰勒规则还提供了一种分析货币政策实施的方法，即把按该规则预计的联邦基金利率目标与实际的联邦基金利率目标相比较。在阿瑟·伯恩斯担任联储主席期间（1970—1979年），联邦基金利率目标低于根据泰勒规则得出的目标水平，这也为伯恩斯任期内通货膨胀的稳步上升提供了一种解释。与之完全相反，在保罗·沃尔克担任联储主席期间，联邦基金利率始终高于根据泰勒规则得出的目标水平，因而降低了通货膨胀。在格林斯潘时代，联邦基金利率与根据泰勒规则得出的目标水平非常接近，这与人们认为联储在20世纪90年代和21世纪初成功地实施了货币政策是相符合的。尽管泰勒规则没有涉及通货膨胀目标或均衡利率的变化，但是许多经济学家仍把“规则”当作分析联邦基金利率目标的一种简便方法，即便是在本·伯南克接替艾伦·格林斯潘担任联储主席后依然如此。

定标制的未来

联储在制定货币政策时必须在采用中介目标上寻求平衡兼顾：适合的中介目标可以提高最终目标实现的几率。但是20世纪80年代和90年代以来的证据显示，适合的变量（即联储能够度量和控制且对最终目标的实现具有可预见影响的变量）并不容易找到。正如我们前文所指出的那样，联储通过妥协来寻求平衡兼顾。尽管联储指定货币总量作为中介目标，但它经常含糊地确定这些目标，在联邦公开市场委员会指令中规定的目标区间也很宽泛。结果，中介目标与逐日或逐月操作决策的关联性远低于定标理论所表述的。

联储对中介目标在货币政策实施中的作用已经进行了大量的研究，

并且很可能继续进行分析研究。但是，中介目标在未来货币政策实施中的实际重要性主要取决于这些目标能否满足可控制性和可预见性的标准。

二战以来，联储为实施货币控制而进行的定标实践并没有像其他一些国家那样取得成功。联储观察人士认为，继续使用货币政策中间目标的最重要原因是，承诺实现这些目标可以控制货币供给过程。大部分经济学家支持这样的观点，即联储可以显著地控制基础货币。在货币乘数保持长期稳定的情况下，联储就可以对货币供给施加很大的影响。直到20世纪90年代中期，联储才开始考察**通货膨胀目标**（inflation targets）的合意性，同时宣布运用政策工具来实现通货膨胀目标。

在实践中，采用通货膨胀定标的国家主要包括新西兰（1990）、加拿大（1991）、英国（1992）、芬兰（1993）、瑞典（1993）、澳大利亚
498 （1994）和西班牙（1994）。此外，通货膨胀定标的变化形式也出现在新兴工业化国家（例如智利、韩国、墨西哥和南非）以及转轨经济体（例如捷克、匈牙利和波兰）。一般来讲，采用通货膨胀定标的国家都有较低的通货膨胀（虽然有时会以较高的失业率作为代价）。但对于通货膨胀的降低究竟是通货膨胀定标本身的结果，还是由于中央银行更为清楚地传达了工作目标这一问题的争论仍将持续下去。

尽管联储并没有正式采用通货膨胀定标，但其在20世纪80年代、90年代和21世纪初的表现总体上得到了经济学家的高度评价。例如，在20世纪90年代，美国经济经历了低通货膨胀和显著的经济扩张。联储隐含的策略是使通货膨胀长期保持稳定的低水平。为了实现这一策略，联储的政策制定者对一系列提供未来通货膨胀趋势信息的数据进行研究。此外，近年来，每当通货膨胀的阴影出现时，联储都将预先采取措施。

联储的隐含“名义锚”策略有许多可取之处。第一，这一策略传达了低通货膨胀对美国宏观经济总体绩效的重要意义，从而获得了公众对其政策的支持。第二，在货币政策的经济效应存在较长且多变的滞后情况下，联储对初显的通货膨胀预先采取措施，其效果可能要好于等到实际通货膨胀上升后再采取行动。但该策略并非没有风险。中央银行的声望主要源于公众对联储官员们反通货膨胀声明的信任，尤其是对前联储主席艾伦·格林斯潘的信任。但是，联储领导层更换（虽然在2000年总统竞选中，亚利桑那州参议员约翰·麦凯恩声称如果格林斯潘主席去世了，他将让格林斯潘仍坐在主席的职位上并一直坐下去）的事实凸显了加强联储当选官员与公众正式沟通的必要性，沟通的内容包括低通货膨胀的合意性以及联储为应对初显的通货膨胀而将要采取的措施。

案例研究

通货膨胀定标是一个好主意吗？

497 在过去的10年中，一些经济学家和中央银行家对采用通货膨胀定标作为货币政策实施框架表现出了浓厚的兴趣。21世纪初，尽管在美国关于通货膨胀定标的争论才刚刚开始，但是一些国家已经正式采用了通货膨胀目标。在2006年初，联储主席伯南克更加关注通货膨胀定标，并把它作为一项研究课题。对于联储和国会的政策制定者而言，关于通货膨胀定标争论的关键问题集中在，采用通货膨胀目标的货币政策如何付诸实践，以及支持采用该办法的声音是否能压过反对的声音。

经济学家们通常把通货膨胀定标定义为货币政策框架。在这一框架中，中央银行承诺采用货币政策在既定的时期内实现公开宣布的通货膨胀目标。[1]原则上，通货膨胀定标并不要求中央银行遵守硬性的规则，货币政策仍然可以根据具体情况来采用相机抉择的办法。但是，货币政策目标和操作将集中于通货膨胀和对通货膨胀的预测。如果联储明确地宣布以低通货膨胀为目标，那么它必须决定如何将该目标与其他目标（如稳定产出）相适应。例如，通过允许通货膨胀目标区间更宽和时限更长，通货膨胀定标制与产出稳定化目标就会相适应。此时，金融市场的参加者可能会对稳定物价的承诺提出质疑，中央银行必须在这种适应的灵活性与质疑的可能性之间进行平衡。

支持通货膨胀目标的理由主要有四点：第一，公布明确的通货膨胀目标可以使公众的注意力集中在联储实际要实现的目标上。大多数经济学家认为，长期来看，货币政策对通货膨胀的影响大于对实际产出增长的影响。第二，对美国而言，建立透明的通货膨胀目标可以锚定通货膨胀预期。第三，公布的通货膨胀目标可能有助于将美国货币政策制度化。最后，通货膨胀目标提供了一个衡量联储绩效的尺度，将促进联储负起责任。

反对通货膨胀目标的理由也有四点：第一，刚性量化的通货膨胀目标削弱了货币政策实现其他政策目标的灵活性。第二，由于货币政策影响通货膨胀具有时滞，通货膨胀定标要求联储依赖对未来通货膨胀的预测，而预测的不确定性可能为货币政策的实施带来问题。第三，一般来说，联储只负责实现低通货膨胀目标，可能会使当选官员更难以监督联储对总体经济政策的支持。最后，在实施通货膨胀目标的条件下，未来产出水平和就业水平的不确定性可能妨碍经济决策。换句话说，通过对准许偏离通货膨胀目标的时间范围进行调整，通货膨胀目标使这种不确定性变得更加难料。

联储应该采用通货膨胀目标吗？关于通货膨胀目标是否能改善经济

政策这一问题，至今尚无答案。新西兰是最早实行通货膨胀定标制的国家，但截止到 2000 年，也仅有 10 年的经验。一些经济学家和中央银行家指出，即便没有明确的通货膨胀目标，透明度和责任性带来的好处仍然可以实现，货币政策的可信性可以通过经验较好地建立起来。[2] 通货膨胀目标还要求更好地与公众进行沟通。尽管通货膨胀目标有利于增强对货币政策目标的理解，但沟通的标准会比没有明确目标的情况更加精确。

不管怎样，在美国实行通货膨胀定标的合意性仍然是争论的前沿和焦点。2003 年，联储理事本·伯南克成为通货膨胀定标的公开支持者，而联储理事唐纳德·科恩和联储主席艾伦·格林斯潘赞同联储继续相机抉择。2006 年，联储主席本·伯南克和副主席科恩都在指导对通货膨胀定标进行分析。

[1] 对通货膨胀目标制相关问题更为广泛的综述，可以参见 Guy Debelle，Paul Masson，Miguel Savastano，and Sunli Sharma，*Inflation Targeting as a Framework for Monetary Policy*，Washington D. C.：International Monetary Fund，1998；George A. Kahn and Klara Parrish，"Conducting Monetary Policy with Inflation Targets，" *Federal Reserve Bank of Kansas City*，*Economic Review*（Third Quarter 1998）：5－30.

[2] 例如，参见普林斯顿大学的艾伦·布林德对中央银行可信性的访谈研究。Alan S. Blinder，"Central Bank Credibility：Why Do We Care? How Do We Build It?" Mimeograph，December 1998.

货币政策实施的国际比较

尽管中央银行在实施货币政策的方式上存在制度性差异，但最近的做法中有两个重要的相同点。第一，大部分工业化国家的中央银行越来越多地使用短期利率（例如美国联邦基金利率）作为操作目标，并通过它来实现货币政策最终目标。第二，很多中央银行更加注重最终目标（例如低通货膨胀）而不是具体的中介目标。下面我们讨论加拿大、德国、日本、英国和欧盟货币政策实施中的一些做法和制度环境。

加拿大同美国一样，加拿大银行在 20 世纪 70 年代日益关注通货膨胀，1975 年宣布了一项逐步降低 *M*1 增长率的政策。到了 20 世纪 70 年代末，货币政策目标则转向汇率目标。到 1982 年末，*M*1 目标再没有被使用过。但是，在 1988 年，当时的加拿大银行行长约翰·克罗宣布，该行承诺实现物价稳定。根据这一制度，加拿大银行公布了降低通货膨胀的一系列目标。为了与通货膨胀目标相符合，加拿大银行确定了明确的隔夜利率（类似联邦基金利率）操作目标范围。

作为德国的中央银行，德意志联邦银行在 20 世纪 70 年代末开始尝试采用货币目标，以打击通货膨胀。选择的货币总量是中央银行货币，
499 即 $M3$，其定义为通货、支票存款、定期存款以及储蓄存款的（加权）总和。德意志联邦银行认为，中央银行货币的变动对于名义 GDP 具有可预见的影响，并且通过运用中央银行政策工具可以显著地控制该货币总量。在 20 世纪 70 年代末和整个 80 年代，货币目标区间每年设定 1 次。在此期间，德意志联邦银行的目标是降低货币增长率。在 20 世纪 80 年代前半段时期，中央银行成功地实现了其目标。但从 1986 年到 1988 年，对目标的任意偏离成为了家常便饭，因为德意志联邦银行的官员们想降低（当时的）联邦德国马克兑美元的比价。为了做到这一点，德意志联邦银行提高了货币增长率，使其增速高于其公布的目标。

1991 年，两德统一对德意志联邦银行履行其公布的目标承诺提出了挑战。两种压力尤其突出：第一，用联邦德国货币兑换价值较低的民主德国货币产生了通货膨胀压力；第二，统一后，经济增长成为政治目标，人们开始担忧，这会动摇保持低通货膨胀的决心。这些对德意志联邦银行操作程序的压力迫使其启用了一种更为灵活的指标方法，类似于联储使用过的方法。

自 1975 年以来，德国一直采用非正式的通货膨胀目标，在 1999 年欧洲中央银行成立之前，德国的通货膨胀目标是每年 2%。德意志联邦银行认为，坚持 $M3$ 定标就可以使通货膨胀处在可控制之内。中央银行利用伦巴第利率（短期回购协议利率）的变动来实现 $M3$ 目标。

德国在货币政策实施上显现出来的成功也许要归因于货币定标本身之外的因素。一些分析人士注意到，在关键时期，德意志联邦银行都允许实际货币总量与货币目标存在较大的偏离。德国货币政策的成功可能更要归因于中央银行明确地表达了其重点是控制通货膨胀，而不是刻板地强调货币定标，这对于当前关于通货膨胀定标的争论很有借鉴意义。

在 1973 年，第一次欧佩克（OPEC）石油冲击之后，日本经历了严重的通货膨胀，通货膨胀率超过 20%，促使日本银行重新确立了货币增长率目标。特别是从 1978 年开始，日本银行宣布以相当于 $M2+CD$ 的货币总量作为目标。1979 年再次发生石油价格冲击后，日本银行调低了货币增长率。在 1978—1987 年这段时期内，日本银行宣布并实施了逐渐降低货币增长率，进而实现了通货膨胀率的快速下降，其下降速度比美国还快。中央银行履行承诺的一致性让公众坚信中央银行降低货币增长量和通货膨胀的承诺。在这一时期，日本银行采用短期利率（即日本银行间市场利率，与美国联邦基金利率相类似）作为操作目标。

与美国的情况一样，日本的银行和金融市场在 20 世纪 80 年代也经

历了放松监管和金融创新的浪潮。结果，日本银行在货币政策实施上开始不再依靠 $M2+CD$ 货币总量。1987—1989 年，日本银行对日元汇率（日元兑美元显著升值）的关注主导了其货币政策。在此期间，货币增长率的快速提高使得日本资产价格（尤其是地价和股价）暴涨。为了在资产价格暴涨期间减少资产市场的投机，日本银行采取紧缩性货币政策，使得资产价格下跌，最终也拖累了日本经济增长。尽管日本银行在
500 1978—1987 年间反通货膨胀取得了成功，但是它一直没有正式采用通货膨胀目标（虽然日本银行强调以物价稳定为目标）。日本银行使用短期利率和贴现率作为实施货币政策的操作工具。在 20 世纪 90 年代末和 21 世纪初，日本持续采取紧缩的货币政策，一些金融市场评论人士认为这是导致这一时期大部分时间日本经济绩效低迷的主要原因。在 2005 年前后，日本实施了更具扩张性的货币政策，开始刺激经济增长，同时也刺激了通货膨胀。2006 年，日本银行开始收紧扩张性货币政策。同时，日本银行采用了新的货币政策框架，该框架重点关注未来 1 年或 2 年的预期通货膨胀率，而不是当前的通货膨胀率。

在英国，英格兰银行在通货膨胀压力之下于 1973 年末公布了货币供给目标。与美国的情况一样，货币目标（也采用了广义货币总量 $M3$）并没有得到积极的实施。在 20 世纪 70 年末期，为了阻止日益加速的通货膨胀，撒切尔政府在 1980 年正式采用逐渐降低 $M3$ 增长率的策略。如同在美国金融创新使联储更难以实现 $M1$ 目标一样，英格兰银行也很难实现 $M3$ 目标。自 1983 年起，它将关注重点转向基础货币增长率定标（再加上关注货币供给增长率的逐渐降低）。1992 年，英国采用通货膨胀目标。与这些目标相适应，短期利率成为货币政策的主要工具。自 1984 年初以来，英格兰银行行长和英国财政大臣在每月例会中进行利率决策。当利率发生变动时，就会提供一份详尽的解释，其中强调利率决策反映了货币政策对通货膨胀目标的关注。

在欧盟，《马斯特里赫特条约》签署之后，欧洲中央银行体系（European System of Central Banks，ESCB）于 1999 年 1 月开始运作，该体系包括欧洲中央银行（European Central Bank，ECB）以及欧盟各成员国的国家中央银行。以德国德意志联邦银行的法律为蓝本，欧洲中央银行体系的首要目标是保持物价稳定，第二个目标是支持欧盟的总体经济政策。欧洲中央银行在控制货币总量（特别是 $M3$ 增长率）上可以发挥重要作用。此外，欧洲中央银行强调物价稳定目标，其确定的通货膨胀区间为 0～2%。在实践中，欧洲中央银行的策略并不总是那么清晰，因为它没有承诺是采用货币总量定标方法，还是采用通货膨胀定标方法。2006 年，欧洲中央银行行长特里谢仍然在强调货币总量对于货币政策的重要性，而联储主席本·伯南克则对此持怀疑态度。

关键术语和概念

- 自由准备金
- 指标
- 通货膨胀目标
- 货币政策最终目标
  - 经济增长
  - 金融市场和金融机构稳定
- 外汇市场稳定
- 充分就业
- 外汇市场稳定
- 充分就业
- 利率稳定
- 物价稳定
- 顺周期货币政策
- 中间目标
  - 中介目标
  - 操作目标
- 泰勒规则

总　结

501 1. 联储的广义货币政策最终目标包括物价稳定、充分就业、经济增长、金融市场和金融机构稳定、利率稳定和外汇市场稳定。这些目标通常不能同时实现，而且实际上，经常存在冲突。因此，联储必须在这些目标之间进行权衡。

2. 联储不能通过其货币政策工具直接控制货币政策最终目标，所以它选择中介目标（对货币政策最终目标具有可预见影响的金融变量）。联储使用货币政策工具影响操作目标（更直接受联储控制的金融变量），而操作目标对中介目标会产生可预见的影响。

3. 由于金融市场决定了利率和货币总量，所以联储必须在其中选择一个作为中介目标。为了进行选择，联储采用可预见性、可控制性和可度量性作为标准。

4. 自第二次世界大战以来，美国在实施货币政策时使用了中间目标，但也没能控制住货币供给。在 20 世纪 80 年代期间，放松监管和金融创新使货币供给目标更难以实现。自 20 世纪 80 年代中期以来，联储的政策是对经济和金融市场不断变化的直接信息作出回应。

5. 大多数经济学家认为，作为一个技术问题，联储主要在长期内控制货币供给量。公开市场操作是基础货币的主要决定因素。使用合适定义的货币总量（通过货币乘数可由基础货币产生可预见的影响），货币控制应该是可以实现的。

复习题

1. 联储的货币政策最终目标有哪些?

2. 假定联储的充分就业和外汇市场稳定这两个最终目标相冲突，在存在这一冲突的情况下，联储可能更强调哪一个最终目标?

3. 假定货币需求变得不太稳定（即在货币需求—货币供给曲线图上，货币需求更加频繁地变动），这会使选择货币总量作为中介目标更为合意，还是更不合意呢？说明原因。

4. 什么因素决定了某些变量可以被选作货币政策的中介目标?

5. 中间目标和指标之间的区别是什么？联储能使用指标作为中间目标吗?

6. 为什么稳定物价是货币政策的一个最终目标?

7. 货币政策的一个最终目标是把失业率降低至零吗？请解释理由。

8. 为什么政策制定者关注利率或汇率的波动?

9. 为什么政策制定者使用包括操作目标和中介目标在内的两步定标法，而不是一步定标法?

10. 为什么联储不能同时以货币供给量和利率作为中间目标?

11. 为什么联储在1951年可能出现通货膨胀之前盯住利率?

12. 在20世纪50年代顺周期货币政策中，为什么选择自由准备金作为中介目标?

13. 为什么联邦基金利率在1979年剧烈波动？联储实现了更强的货币控制吗？请说明原因。

14. 如果联储想让美元在外汇市场贬值，它应该怎么做？如果它想使美元升值，又应该怎么做?

15. 商品价格为什么不能作为有用的货币政策中介目标?

16. 政治压力如何影响联储的中间目标选择？1982年联储为了在一定程度上缓解这些压力采取了哪些做法?

17. 为什么货币政策中介目标的选择对于选择操作目标十分重要?

分析题

504 18. 评价：如果联储以联邦基金利率作为操作目标，那么货币需求的增加（减少）会增加（减少）货币供给。

19. 阐述下列每个变量是否最有可能成为最终目标、中介目标、操作目标或货币政策工具。

a. $M2$

b. 基础货币

c. 失业率

d. 公开市场购买

e. 联邦基金利率

f. 非借入准备金

g. $M1$

h. 实际 GDP 增长率

i. 贴现率

20. 最新的提议建议联储采用基础货币作为其操作目标，以实现其中介目标，即规定的名义 GDP 区间。对此建议赞成和反对的理由是什么？

21. 使用利率作为操作目标或中介目标怎样导致顺周期货币政策？政策制定者在政策实施过程中如何利用利率并避免顺周期政策？

22. 为设计经济中的货币政策控制机制，假定联储拥有一个能够提供准确经济预测的上佳模型。为什么这一程序会因预测精度不高而用处不大？

23. 诸如使 $M2$ 以每年 3%的固定速度增长被称为货币政策简单规则，这类规则在什么时候是有效的，在什么时候会出现问题？

24. 概述联储控制联邦基金利率的过程。这一过程与控制货币供给的过程相一致吗？说明理由。

25. 评价：如果联储采用非借入准备金作为其操作目标，那么货币需求的增加（减少）会增加（减少）货币供给。

26. 评价：货币供给具有内在的顺周期性，在经济扩张期时期会增加（且放大经济扩张），在经济收缩时期会减少（且放大经济收缩）。

27. 联邦政府预算平衡、盈余或赤字会对联储货币政策实施具有重要影响吗？选用 1945 年以来一个特定时期来证明你的答案。

运用货币市场图形分析来回答第 28 题和第 29 题。

28. 采用联邦基金利率作为操作目标是否意味着货币供给曲线是水平的？说明理由。

29. 利率目标有助于联储减轻经济衰退的影响吗？说明理由。

数据题

30. 查找以往的《联邦储备公报》，找到联储主席最近一次按照《汉弗莱-霍金斯法案》在美国国会听证是什么时候。联储主席在每年2月和7月进行两次听证。通过阅读联储主席的证词，确认出联储正用作操作目标和中介目标的变量。联储主席提到用那些其他变量作为重要指标了吗？你能确认出联储的最终目标吗？

31. 登录 http：//www. gpoaccess. gov/indicators/index. html，找到由总统经济顾问委员会编制的最新一期《经济指标》月刊，比较1999年和2003年物价、就业与产出的数据。根据给出的经济数据，你将如何解释这些期间实施过的货币政策？

理论联系实际

《经济学家》，2006 年 5 月 6 日

致毁的杂草

502 如果应试者在经济学考试中被问及：“货币政策的主要目标是什么？”在今天，“正确”的答案是物价稳定：中央银行应该只致力于降低通货膨胀，并将其保持在低水平，他们也应该避免通货紧缩。在 10 年里不断重复同样的考试，得到的答案也许大相径庭。国际清算银行的首席经济学家比尔·怀特新近发表的论文也许能够说明问题，文中提出：“只有物价稳定能行吗？”……

然而，物价稳定并不能保证经济稳定。20 世纪 90 年代初期日本爆
a 发泡沫经济，1997—1998 年东亚发生经济危机，两者此前都经历了一个
低通货膨胀期。近来，全球经济的结构变化意味着较低且为正的通货膨胀率并不总是好事。感谢中国和印度的崛起以及信息技术带来的生产率提高，世界正经历着巨大的正向供给冲击，很多商品的价格都降低了，中央银行对此应该如何应对呢？……

既然中国和印度极大地推高了全球产能，中央银行定标的通货膨胀率是否过高呢？事后认识到，2003 年美联储担心的通货紧缩实际上是温
b 和的通货紧缩，这得益于中国的廉价商品和信息技术变革。但美联储阻
止通货膨胀降低的决定使得利率下降到异常低的程度。怀特先生认为，持续放松货币会造成借款过多、储蓄过少和资产价格不可维持，这会给经济带来长期的代价。

大多数中央银行都是根据凯恩斯学派经济学模型进行政策分析。根据这些模型，利率水平持续过低会使得总需求过度，从而引发通货膨胀。但怀特先生相信，根据奥地利学派经济学构建的模型在目前也许是有用的。奥地利学派在世界大战期间达到鼎盛，在其模型中，利
c 率过低的主要结果是信贷过剩以及储蓄和投资的不平衡，颇像美国当
前的情况……

当今的货币政策模型关注消费者物价的上涨。其支持者可能会说，这种方法似乎已经实现了商品生产更稳定的增长，为什么要改变呢？怀特认为，一个理由是，如果货币政策只关注物价稳定，信贷激增只要带来通货膨胀压力，就会受到限制，因而，就会产生更大规模的金融失衡。即使通货膨胀只是短暂的，低利率或是增加未来高通货膨胀的风险，或是推高借款规模和资产价格。如果这些失衡最终自我纠正的话，经济将出现急速的下滑。

新闻分析

503 联储在20世纪80年代和20世纪90年代成功地控制了通货膨胀，很多经济学家和政策制定者将其称颂为经济政策方面的一项重要成就。高通货膨胀对经济和社会有害，对此几乎没有异议。高通货膨胀扭曲了相对价格的变动，造成资源的不当配置，抑制经济增长。正是这些对经济福利的负面效应使得物价稳定成为货币政策一个主要的最终目标。

a. 一些经济学家认为，中央银行目前过于担心通货膨胀。然而，正如文章的作者所指出的那样，近来的经济危机多发生在低通货膨胀期之后。正如本章所讨论的那样，货币政策还有其他最终目标，例如金融市场稳定，这些目标也需要加以关注。

b. 2002年和2003年，联储降低了利率，部分是由于担心美国经济濒临通货紧缩的风险。正如20世纪30年代大萧条期间经历的那样，通货紧缩压力通常伴随借款和支出的显著减少。由于借款减少，市场利率下降，此时，采用扩张性货币政策相对无效。于是，为了阻止通货紧缩压力的显现，联储将利率降到近40年来最低的水平，以确保提高借款和支出水平。

然而，2002年和2003年通货膨胀率的降低本来是由于技术变革和低价进口的增加所引发的。如果这些是适度通货紧缩的主要原因，那么联储的扩张性货币政策也许就是不适当的。

c. 奥地利学派（主要是其代表人物路德维希·冯·米塞斯）认为，货币政策常常扭曲金融市场决定利率的能力。奥地利学派认为，当中央银行或政府对金融市场的干预人为地压低利率时，就会出现过度借款。过度借款的结果是信贷过度供给，形成了扩张性货币政策。过度借贷不仅能引发资产泡沫，也能造成通货膨胀。因此，中央银行需要观察更多的指标，而不单单是消费者物价上涨。

更进一步的思考……

为防止过度的扩张性货币政策，联储还可以观察哪些其他指标?

资料来源：节选自“The Weeds of Destruction,” *The Economist*, May 6, 2006, p. 78, Copyright © 2006, The Economist Newspaper. Reprinted with permission。

第22章 国际金融体系和货币政策

505 2001年底和2002年初对阿根廷比索价值的投机攻击严重破坏了阿根廷的金融体系，也使得人们开始担心新兴市场金融危机有扩大之势。20世纪90年代，在一片赞扬声中，阿根廷政府承诺按1∶1的汇率用美元赎回比索，这使得该国中央银行陷入了窘境。阿根廷政府的扩张性财政政策最终必然会造成其债务违约、通货膨胀或两者共存。对中央银行来说，维持可兑换性的承诺越来越困难。中央银行真的应该像投机者那样继续进行干预以支撑比索的汇率吗?

这个例子证实了中央银行参与国际货币市场的交易。我们在讨论联储在货币供给过程中的作用这一问题时，将考察仅限于国内经济。但是，联储和其他国家的中央银行也试图管理本国货币的汇率。1995年8月，联储主动提高了美元的外汇价值。在前面描述的事件中，联储降低了美元兑换其他货币的价格。中央银行在国际金融体系中所发挥的作用也会影响到其在国内实施货币政策的能力。

本章主要考察中央银行参与外汇市场的活动。我们首先指出联储和其他国家中央银行的活动如何影响基础货币，然后再描述这些交易活动对汇率的影响。接下来，我们将考察的重点转到联储和其他国家中央银行在国际金融体系中的互动作用。先描述联储在国际金融体系的交易活动，然后通过分析国际收支账户，阐述联储的交易活动与国际市场上其他资本和商品流动之间的关系。与经济力量一样，政治力量也影响联储的国际交易和货币政策，尤其是汇率制度决定了中央银行必须如何行事以影响本国货币的外汇价值。在本章的第 4 节，我们描述了不同汇率制度及其对国内货币政策的影响。如同在第 21 章描述国内货币政策时所做的那样，本章也考察了不同汇率制度的成功与失败。

外汇干预与货币供给

在分析货币供给过程时，我们考虑了三类参与者的行为：中央银行、银行体系和非银行公众。然而，由于国际金融市场是互相联结的，外国中央银行、银行以及储蓄者和借款者也能影响国内的货币供给。特别是，当中央银行或政府试图影响其本国货币的外汇价值时，国际金融交易就会影响货币供给。结果，这种干预可能会引起国内货币政策目标与国际货币政策目标的冲突。

506 联储与其他国家中央银行参与国际市场交易活动，以控制各自货币的外汇价值。**外汇市场干预**（foreign-exchange market intervention）是指中央银行为影响汇率而主动采取的行为。外汇市场干预改变了一国中央银行持有的**国际储备**（international reserves），即以外币计值且在国际交易中使用的资产。

如果联储想要提高美元的价值，就必须要在国际货币市场出售外国证券并买入美元。如果联储想要降低美元的价值，就必须出售美元并买入外国资产。当你分析联储资产负债表的变化时可以很容易地可以看出，这些交易将对国内基础货币产生影响。

例如，假设联储试图降低美元的外汇价值，因此购买外国资产，比如说外国政府发行的短期证券，价值 10 亿美元。这笔交易使联储增加了 10 亿美元的国际储备，即联储持有的外国资产增加了 10 亿美元。如果联储通过签发 10 亿美元的支票来支付外国资产的购买，则在联储的银行存款增加了 10 亿美元，作为联储负债的银行体系准备金也增加了 10 亿美元。我们把这一交易对联邦储备体系资产负债表的影响概括如下：

联邦储备体系

资产		负债	
外国资产 （国际储备）	+10亿美元	在联储的银行存款 （准备金）	+10亿美元

联储也可以选择使用 10 亿美元货币支付外国资产的购买。由于流通

中通货也是联储的负债，因此，其负债仍然增加了10亿美元：

联邦储备体系

资产		负债	
外国资产（国际储备）	+10亿美元	通货	+10亿美元

由于基础货币等于流通中通货与银行体系准备金之和，因此，两者中任何一种交易都会通过获得外国资产（国际储备）而等量增加基础货币。换言之，中央银行购买外国资产对基础货币产生的影响与在公开市场购买政府债券产生的影响是相同的。当中央银行购买外国资产时，其国际储备和基础货币都会与获得的外国资产等量增加。

同样，如果中央银行出售外国资产来购买本币资产，其国际储备持有量和基础货币将减少。假设联储出售10亿美元的外国资产以购买10亿美元的本国资产，联储减少了国际储备，使其持有的外国资产减少10亿美元。同时，如果购买联储所售外国资产的买方用国内银行兑付的支票进行支付，则联储的一项负债——银行准备金减少10亿美元。这一交易对联储资产负债表的影响如下：

507

联邦储备体系

资产		负债	
外国资产（国际储备）	-10亿美元	在联储的银行存款（准备金）	-10亿美元

如果联储用出售外国资产所得的资金购买本国货币，那么流通中通货（联储的另一项负债）将与出售的外国资产等量下降。由于基础货币等于流通中通货和准备金之和，所以，无论联储用所得资金购买国内银行存款还是本国货币，基础货币都将与出售的外国资产（国际储备）等量下降。

换言之，中央银行出售外国资产对基础货币的影响与在公开市场出售政府债券的影响是相同的。中央银行用出售外国资产所得资金购买本国货币，其国际储备和基础货币与出售的外国资产等量下降。

如果中央银行允许基础货币随着外汇市场上本币的买卖而发生相应的变动，此类交易被称为**非冲销性外汇干预**（unsterilized foreign-exchange intervention）。此外，中央银行也可以利用国内公开市场操作来抵消外汇干预引发的基础货币变动。为了说明这一点，假设联储出售了10亿美元的外国资产。在没有任何冲销干预的情况下，基础货币将减少10亿美元。然而，联储同时可以进行公开市场操作，购买10亿美元的政府债券以抵消因外汇干预引发的基础货币减少。在这种情况下，当联储卖出外国资产时，其资产减少10亿美元。正如前面所指出的那样，如果联储不采取任何措施的话，基础货币就会减少10亿美元。但是，联储通过在公开市场上购买10亿美元的证券，可使基础货币恢复到外汇干预前的水平。上述这些交易说明如下：

联邦储备体系

资产		负债	
外国资产 （国际储备）	-10亿美元	基础货币 （流通中通货和准备金）	+0亿美元
证券	+10亿美元		

这种伴有抵消性的国内公开市场操作使得基础货币不发生改变的外汇干预被称为**冲销性外汇干预**（sterilized foreign-exchange intervention）。

测试点拨

如果日本银行在外汇市场上购买了50亿美元的资产，将会对日本的基础货币产生什么影响？

日本银行持有的国际储备将增加50亿美元，日本的基础货币也将增加50亿美元等量的日元。

外汇干预与汇率

508 如果外汇干预影响了国内货币供给，为什么中央银行还要进行干预呢？中央银行和政府是为了使汇率变动最小化。本国货币贬值使得购买外国商品的成本上升，可能会引发通货膨胀，中央银行试图通过在外汇市场上购买本国货币以减缓本国货币的贬值。相反地，本国货币升值将削弱本国商品在世界市场上的竞争力，中央银行试图通过在外汇市场上出售本国货币以减缓本国货币的升值。

在本节中，我们用第8章中汇率决定的图形分析，考察非冲销性外汇干预和冲销性外汇干预对汇率的影响。回忆一下交易者和投资者（包括个人、企业、政府和中央银行）在资产市场上决定短期汇率的分析。在均衡汇率下，本国资产和外国资产（以本币表示）的预期收益是相等的。因此，在这一汇率水平下，投资者持有本国资产与持有外国资产是无差异的。

非冲销性干预

首先，从非冲销性干预开始分析。图22—1显示了提高或降低汇率的干预。汇率（*EX*）是以一个单位本国货币兑换外国货币的数量来表示的。R 曲线代表国内存款的预期收益率，它是垂直的（垂直于国内利率 i 处）。R_f 曲线代表外国存款的预期收益率，它向右上方倾斜。回忆一下第 8 章中的公式 $R_f = i_f - \Delta EX^e / EX$，其中，$i_f$ 为外国利率，而 ΔEX^e 为本国货币预期升值量。因此，如果储蓄者对未来汇率的预期使得 EX 提高，则预期外币会升值，这就会使 R_f 提高。当资本市场和外汇市场都达到均衡时，本国资产的预期收益率等于外国资产的预期收益率（$R_0 = R_f$），均衡汇率为 EX_0^*。

假设中央银行想使汇率由 EX_0^* 提高到 EX_1^*，如图 22—1(a) 所示。为提高其本币的外汇价值，中央银行必须从外国人手中买入本币（或者本币存款）并出售外国资产。此次交易类似于国内公开市场出售证券，因为外汇干预减少了基础货币。如果其他条件不变，这一干预使国内短期利率由 i_0 提高到 i_1。结果，国内资产的预期收益率将由 R_0 右移到 R_1。由于本国资产的预期收益率相对于外国资产的预期收益率有所提高，投资者对本国资产和本国货币的需求增加，汇率也由 EX_0^* 上升到 EX_1^*。[1] 因此，如果其他条件不变，中央银行出售外国资产来购买本国货币的非冲销性干预行为使得国际储备和货币供给量减少，本币升值。

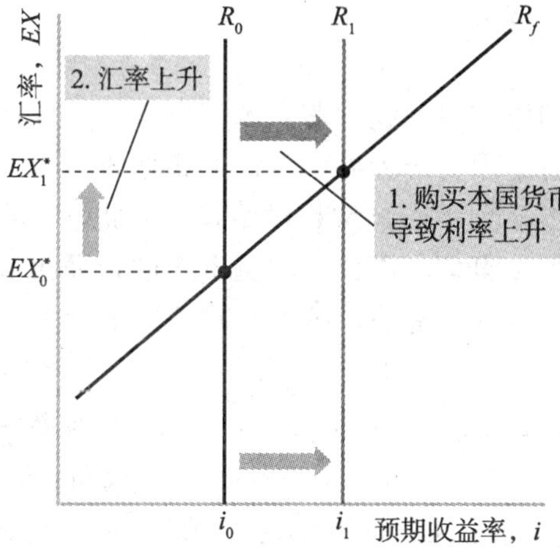

（a）提高汇率的干预

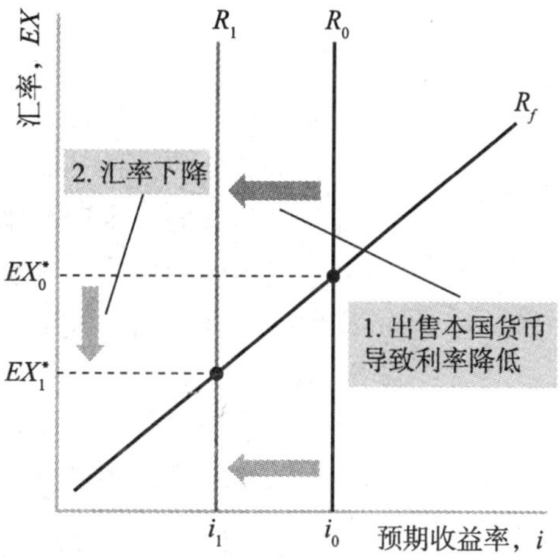

（b）降低汇率的干预

图 22—1　非冲销性外汇市场干预和汇率

如图（a）所示：

（1）为了提高汇率，中央银行必须买入本国货币，使得国际储备减少，基础货币减少。

（2）国内短期利率从 i_0 提高到 i_1，使得国内资产预期收益率从 R_0 提高到 R_1，这使得汇率从 EX_0^* 上升至 EX_1^*。

如图（b）所示：

（1）为了降低汇率，中央银行必须卖出本国货币，使得国际储备增加，基础货币增加。

（2）国内短期利率从 i_0 降低到 i_1，使得国内资产预期收益率从 R_0 降低到 R_1，这使得汇率从 EX_0^* 下降至 EX_1^*。

---

〔1〕国内货币供给量的减少可能增加国内货币的预期升值水平，使得 R_f 向左移动，进而使得汇率上升。为了简化分析，我们这里忽略了这种影响。

509 相反，假设中央银行想利用非冲销性外汇干预来降低汇率，如图22—1(b) 所示。中央银行购买外国资产，增加基础货币，将短期利率从 i_0 降低到 i_1，本国资产的预期收益率从 R_0 移动到 R_1。由于本国资产的预期收益率相对于外国资产的预期收益率有所降低，因此，投资者将减少对本国资产和本国货币的需求，汇率从 EX_0^* 下降到 EX_1^*。可见，如果其他条件不变，中央银行购买外国资产并卖出本国货币的这种非冲销性干预会使得国际储备和货币供给量增加，本币贬值。

测试互检

假设联储实施紧缩性货币政策，以提高美国的短期利率。根据你的预测，汇率将如何变化？

在其他条件不变的情况下，美元资产的预期收益率提高，美国资产相对于外国资产的需求增加，使得美元升值。

冲销性干预

510 在分析非冲销性外汇干预的影响中，我们假定本国资产和外国资产是完全替代的。这一假定意味着本国资产和外国资产的预期收益率在均衡时是相等的。由于冲销性外汇干预不影响货币供给量，因此，它将不会影响本国利率或本国货币的预期升值。因此，本国资产的预期收益率 R 和外国资产的预期收益率 R_f 不发生变动，所以，冲销性干预不影响汇率。

当本国资产和外国资产不是完全替代时，本国资产供给的增加意味着汇率风险增大，提高了国内资产预期收益率的风险溢价，使得汇率下降。[1] 理论上讲，在存在货币风险溢价的情况下，冲销性干预带来的国内货币供给量增加会使得本国货币贬值，这与非冲销性干预的结果一样。不过，经济学家们的大多数研究结论认为，冲销性干预对汇率几乎没有影响。因此，旨在影响汇率的中央银行有效干预通常都是非冲销性干预。

货币升水 $h_{f,d}$ 可能是负的，国内投资者可能要求外国资产比本国资

〔1〕 在这种情况下，外汇市场的名义利率平价条件反映了货币风险溢价 $h_{f,d}$（在第 8 章中介绍过，等式 (8.7)）：

$$i=i_f-\frac{\Delta EX^e}{EX}+h_{f,d}$$

由于增加了风险溢价，冲销性外汇市场干预可能会对汇率产生影响，即如果本国货币的冲销性出售增大了 $h_{f,d}$，在其他条件不变的情况下，EX 必须下降，以满足利率平价条件。

产具有更高的预期收益率。一些经济学家认为，本国资产和外国资产是不完全替代的，因为投资者在收集外国资产的相关信息时会遇到诸多困难，或者因为外国资产可能暴露在外国政府征用的风险之下。

资本管制

如果本国资产和外国资产不是完全替代的（即如果它们没有同样的风险、流动性和信息特征），冲销性干预可能会影响汇率。在过去，**资本管制**（capital control）或者说政府对外国储蓄者投资于本国资产或者本国储蓄者投资于外国资产实施壁垒，使外国资产的流动性低于本国资产（尽管为了应对亚洲金融危机，一些新兴经济体在 1998 年实施了资本管制，但在大多数工业化国家中，明示的资本管制现在极为少见）。资本管制也限制了国内投资者将其资产组合进行国际多样化的能力，这使得这些投资者要求本国资产的预期收益率高于外国资产的预期收益率。

墨西哥和东亚在 20 世纪 90 年代爆发的严重货币危机，部分源于资本流入和流出的显著变化，这使得一些经济学家和政治家支持在新兴市场国家对资本流动实施限制。尽管资本流出确实是金融危机的一个原因，这使得一些政治领导人如马来西亚总理马哈蒂尔提出限制资本流出，但大多数经济学家仍然对这种资本管制的有效性表示怀疑。原则上说，资本管制可能会进一步削弱对政府和国内金融体系的信心。（事实上，由于
511 屈服于股价暴跌的压力，泰国在 2006 年 12 月几乎立即撤销了实施资本管制的决策。）在实践中，资本管制能够带来私营部门的逃税和公共官员的腐败。

资本流入限制得到经济学家更多的支持，部分是因为资本流入常常导致国内信贷激增，增加国内银行承担的风险。另一些经济学家则指出，新兴市场国家改善银行监管就可以缓解这一问题。这样，资本流入仍可充当重要的金融机制，使得外国投资流向具有更多投资机会的国家。

近来的干预

自 20 世纪 70 年代初以来，美元的外汇价值一直是由货币市场决定的。尽管如此，联储和财政部也几次干预外汇市场，提高或者降低美元汇率。美国的官方干预是通过财政部的外汇稳定基金进行的。财政部是组织进行外汇干预的资深机构，但其干预要通过纽约联邦储备银行来进行。联邦公开市场委员会也有权独立实施外汇干预。但在实践中，财政部和联储是相互协调来实施其干预行动的。

20世纪80年代，里根政府和联储多次提高或者降低美元汇率。1981年，新任政府宣布不再干预外汇市场，即使是在较高的国内利率引发美元升值的情况下仍然如此。从1981年初到1985年9月期间，美元的价值相对于其他主要货币几乎翻了一番，财政部长詹姆斯·贝克和联储主席保罗·沃尔克在纽约会见了来自法国、德国、日本和英国的财政部长与中央银行行长，共同达成了关于降低美元汇价的协议。根据这一所谓的《广场协议》，这些国家同意采取联合行动来降低美元的价值，并且稳定其他四国货币兑美元的汇率。另一回合的干预发生在1987年2月，达成了所谓的《卢浮宫协议》。根据该协议，建立起非官方的货币交易区间。1988年1月，主要中央银行的干预阻止了美元的下滑，暂时稳定了汇率。20世纪80年代末和90年代，财政部和联储继续干预外汇市场。2000年9月，联储联合欧洲中央银行和其他中央银行共同支持欧元。大多数分析家认为，在如今每日换手量超过1万亿美元的巨大外汇市场上，政府和中央银行通过干预来影响汇率正变得越来越困难。在21世纪初，日本银行为了阻止日元升值而频繁地进行干预。2001年初，布什政府宣布不再通过外汇市场干预来影响美元价值。

国际收支

在描述联储为了管理汇率而进行的外汇市场干预中，我们仅仅强调了联储资产负债表上国际储备的增加或者减少，而没有提到中央银行为什么持有这些储备以及哪些因素决定了储备持有量的规模。国际储备的
512 交易是美国与其他国家几项资本流动中的一项。为了理解联储如何积累国际准备，以及它有多少储备用于外汇市场干预，我们必须考察美国和外国之间广义的资金流动。描述这些国际资本流动最简单的方法是研究国际收支账户。**国际收支账户**（balance-of-payments accounts）衡量本国经济（这里指美国）与所有外国之间私人和政府的全部资金流动。

网页推荐： http://www.bea.gov/bea/pubs.htm，提供了《当前商业调查》中关于美国国际收支的数据。

美国的国际收支是一个簿记程序，与家庭或企业用来记录收入和支出的簿记相类似。在国际收支中，从外国人流向美国的资金流入是收入（receipts），记为正数。收入包括用来购买美国生产的商品和服务的资金流入（美国出口）、购买美国资产的资金流入（资本流入），以及给美国居民的馈赠（单方面转移）。

从美国流向外国人的资金流出是支付（payments），记为负数。支付包括购买外国商品和服务（进口）、美国居民和企业购买外国资产的货币支出（资本流出），以及给外国人的馈赠，包括对外援助（单方面转移）。国际收支账户的主要组成部分概括了商品和服务的购买和出售交易（经

常账户余额，其中包括贸易余额）以及国际借贷产生的资金流动（金融账户余额，其中包括官方结算）。在揭示哪种现金流动属于哪个组成部分
513 时，你将发现国际交易所产生的资金流动如何影响经济，以及如何影响联储实施国际货币政策所需的国际储备来源。

每一笔国际交易都代表了商品、服务或者资产在家庭、企业或政府之间的一次交换。因此，交换的两边必须总是平衡的。换句话说，国际收支账户的支付和收入必须等于零，或者说

$$经常账户余额+金融账户余额=0 \qquad (22—1)$$

案例研究

冲销性干预影响汇率吗?

从20世纪80年代中期开始，七国集团（美国、日本、德国、加拿大、意大利、法国和英国）不时地在世界货币市场上进行协调的冲销性干预，以影响美元汇价。根据我们阐述过的理论，冲销性干预不可能改变汇率。但一些经验研究声称，主要中央银行的共同干预可以通过发出货币政策的未来变化信号来影响汇率。在一项研究中，皮特罗·卡特、贾保罗·加利和萨尔瓦多·瑞贝切尼发现，1985—1991年间的19次干预都在一定程度上取得了成功。[1]对这项研究的批评指出，中央银行只有在感觉到可以影响货币市场时才会进行干预。

在后来的研究中，加州大学伯克利分校的莫瑞斯·奥博斯特弗尔德分析了1993—1995年间的干预对日元兑美元汇率产生影响的能力。[2]他发现，几乎没有证据支持干预本身能减缓外汇市场的趋势，也没有证据表明干预能扭转市场趋势。1993年8月14日的干预是一次例外，这次干预推高了美元兑日元的汇价。不过，奥博斯特弗尔德强调，这次干预恰好与美国财政部副部长劳伦斯·萨默斯的声明同时发生。该声明指出，美国没有打算利用美元贬值作为进入日本市场的手段。

总之，尽管货币政策的协调变化有可能影响汇率，但冲销性干预本身对汇率不可能产生长期影响。

[1] Pietro Catte, Giampoalo Galli , and Salvatore Rebecchini, “Concerted Interventions and the Dollar: An Analysis of Daily Data,” in Peter B. Kenen, Francesco Papadia, and Fabrizio Saccomani eds. , *The International Monetary System*. Cambridge, UK: Cambridge University Press, 1995.

[2] Maurice Obstfeld, “International Currency Experience: New Lessons and Lessons Relearned,” *Brookings Papers on Economic Activity* 1: 119 - 220, 1995.

新闻解读

美国的国际收支

国际收支的信息在报刊中被广泛地报道。每当临近月末的时候，贸易余额就会引起特别关注。美国商务部在《当前商业调查》（*Survey of Current Business*）中发布完整的季度国际收支账户数据。预测者、交易者以及金融机构都使用这些数据预测汇率和利率的变动。

	交易，2005年	10亿美元
贸易余额 （2）+（6） =−7 727亿美元	（1）商品和服务的出口以及收入（2）+（3）+（4）	1 749.8
	（2）商品	894.6
	（3）服务	380.6
	（4）投资收益项下的收入项	474.6
经常账户余额 （1）+（5）+（9） =−7 915亿美元	（5）商品和服务的进口以及收入（6）+（7）+（8）	−2 455.3
	（6）商品	−1 667.3
	（7）服务	−314.6
	（8）投资收益项下的支出项	−463.3
	（9）转移支付	−86.0
	（10）资本账户交易净值	−4.3
	（11）美国在国外的资产净值（资本流入增加）（12）+（13）+（14）	−426.8
	（12）美国官方储备资产	14.0
金融账户余额 （10）+（11）+（15） =7 811亿美元	（13）美国政府资产和其他官方储备资产净值	5.5
	（14）美国私人资产净值	−446.4
	（15）在美国的外国资产净值（资本流入增加）（16）+（17）	1 212.2
	（16）外国官方储备	199.5
	（17）其他外国资产净值	1 012.7
	（18）特别提款权分配	0.0
	（19）统计误差	10.4

资料来源：*Survey of Current Business*.

经常账户

网页推荐：
http：//www.gpoaccess.gov/indicators/browse.html 提供了经常账户组成部分当前和历史的季度数据信息。

经常账户（current account）是一国与其外国贸易伙伴之间购买和出售的当前商品与服务交易的总和。首先，**贸易余额**（trade balance）是商品出口和进口（在上表中，即（2）＋（6），因为进口用负号表示）之差。美国2005年贸易逆差为7 727亿美元，其中进口为16 673亿美元，出口则为8 946亿美元。当出口大于进口时，则体现为贸易盈余。

经常账户的其他三个组成部分是服务的进口和出口（第（3）行和第（7）行）、净投资收益（第（4）行和第（8）行）和单方面转移（第（9）行）。2005年，美国的服务出口出现盈余，提供给外国人的服务比美国居民从国外购买的服务多出640亿美元。美国的净投资收益在 2005 年为－113 亿美元，即美国居民支付给外国投资者的投资收益少于他们从外国投资中获得的收益。最后，美国单方面转移项下有 860 亿美元的余额。**经常账户余额**（current account balance）等于贸易余额、服务余额、净投资收益和单方面转移的总和。在 2005 年，共有 7 915 亿美元的逆差。

如果经常账户为顺差（正数），那么美国公民则将资金贷给外国人。如果像 2002 年那样经常账户余额为负值或者说逆差，则美国必须借入差额的资金，以支付从国外购买商品和服务。20 世纪 80 年代、90 年代以
514 及 21 世纪初，政策制定者们特别关注美国经常账户的逆差，因为美国需要从外国储蓄者手中借入资金来弥补这些逆差。与家庭和企业的情况一样，政府经常账户的顺差或逆差需要抵补性金融交易。国际收支中的经常账户顺差或逆差需要通过国际借贷或变动国际储备来加以平衡。因此，20 世纪 80 年代、90 年代以及 21 世纪初，美国经常账户的巨额逆差使美国严重地依赖来自国外的储蓄（国际借款），为国内消费、投资和联邦财政预算赤字进行融资。尤其令人关注的是，到 21 世纪头 10 年的中期，美国对国外中央银行（私人投资者的对手）资金的依赖有增无减。

经常账户余额也提供有关汇率预期变动的信息。如果经常账户是逆差，美国公民对外国商品和服务的需求大于外国人对美国商品和服务的需求，因此美国公民为了购买外国的商品和服务必然会增加对外国货币的需求，从而使美元兑外币的汇价降低。为了实现国际收支平衡，还会发生国际借款或贷款，这会引起本国资产和外国资产需求的转换，进而可能影响本国和外国的利率与汇率（第 8 章）。

尽管国际收支仅是一套会计关系，在第 6 章中介绍的借贷决策模型有助于解释哪些因素决定了国际借贷。对于美国这样的大型开放经济体而言，能够增加国民储蓄或国际贷款的因素会引起资本外流和经常账户顺差，而那些能够减少国民储蓄或增加国际借款的因素则会引起资本流入和经常账户逆差。

金融账户

金融账户（financial account）衡量国家间现有金融资产或不动产的交易情况。当一国向外国投资者出售一项资产（例如一座摩天大楼、债券或者股票）时，由于出售资产会引起资金流入该国，这一交易被记录到该国国际收支账户中的**资本流入**（capital inflow）项下。当一国从国外买入一项资产时，由于购买资产会引起资金流出该国，这一交易被记录到该国国际收支账户中的**资本流出**（capital outflow）项下。因此，当

富有的中国企业家买下纽约川普塔楼的阁楼公寓时，该笔交易对于中国而言被记录为资本流出，对美国来说则记录为资本流入。

金融账户余额（financial account balance）是资本流入（第（15）行）减去资本流出（第（11）行）的数量，再加上资本账户交易净值（第（10）行），主要包括债务豁免和移民进入美国时的金融资产转移。[1] 如果一国公民出售给外国人的资产多于其从外国人处购买的资
515 产，那么该国金融账户余额是顺差；如果一国公民从外国人处购买的资产多于其卖给外国人的资产，那么该国金融账户余额就是逆差。2005年，美国的资本流入为12 122亿美元，资本流出为4 268亿美元，再加上资本账户交易净值－43亿美元，可以得出资本账户净余额（外国人持有美国资产的增加额）为7 811亿美元。

官方结算

并非所有国家间的资本流动都代表家庭和企业的交易，政府和中央银行持有资产的变化成为私人资本流动的补充。**官方储备资产**（official reserve assets）是中央银行持有的，用来进行国际支付以结算国际收支和实施国际货币政策的资产。历史上，黄金曾是主要的官方储备资产。目前官方储备资产主要是美国和其他工业化国家的政府证券、外国银行存款以及由国际货币基金组织（我们稍后将在本章讨论的一个国际组织）创造的特殊资产——特别提款权。官方结算等于一国官方储备资产的净增加量（国内持有量减去国外持有量）。

官方结算余额通常被称为国际收支顺差或逆差。2005年，美国国际收支为巨额逆差。当一国的国际收支顺差时，由于其收入超过了支出，使其国际储备增加，即外国中央银行向本国中央银行提供国际储备；当一国的官方结算余额是逆差或者说国际收支是逆差时，该国国际储备减少。由于美元和美元资产是各国国际储备最大的组成部分，因此，美国国际收支逆差可以通过美国减持国际储备和外国中央银行增持美元资产来弥补。同样地，通过美国增持国际储备和外国中央银行减持美元资产，也可以抵消美国国际收支顺差。

[1] 国际收支平衡表中第三个不太重要的组成部分被称为资本账户。资本账户记录相对较少的交易，例如移民的转移支付（当移民离开或进入一国时携带的商品和金融资产）、非生产和非金融资产的出售与购买。非生产和非金融资产是版权、专利权、商标或自然资源产权。金融账户的定义与资本账户的定义往往会被误解，因为在1999年以前，资本账户记录了所有现在的金融账户和资本账户记录的交易。换句话说，资本账户交易从国际收支平衡表中的极为重要部分变成了较不重要的部分。由于现在被称为资本账户交易的余额很小，为了简化分析，我们在这里将其并入金融账户中。

账户间的关系

如前所述，原则上，经常账户余额和金融账户余额之和为零。而在实践中，度量上的问题使得这种关系难以精确地成立。作为度量误差的调整项，**统计误差**（statistical discrepancy）（第（19）行）在国际收支账户中的资本账户里列出。2005 年，该项目为 104 亿美元（资本流入）。许多分析家认为，一国国际收支账户中统计误差过大反映了隐蔽的资本流动（与非法活动、逃税或因政治风险而产生的资本外逃相关联）。

总之，国际商品和金融交易既影响国际收支的经常账户，也影响资本账户。为了结清一国的国际交易以使国际收支平衡，其中央银行和外国中央银行都从事官方储备交易，而这些官方储备交易会影响到基础货币。

测试点拨

利用国际收支账户，解释什么因素决定了美国在 20 世纪 80 年代由净债权国变成为净债务国？

美国巨额贸易逆差（国际收支平衡表中为负号）意味着美国从国外借款。在国际收支中，这意味着外国资本流入（国际收支平衡表中为正号）。所以，巨额贸易逆差是与一国成为外国储蓄者的净债务国相关联的。

汇率制度和国际金融体系

516 联邦储备体系和其他中央银行都从事外汇市场干预以维持本国货币的汇价，政治协议影响中央银行购买和出售国际储备的规模与时机。特别是，各国同意加入某一特定的汇率制度，即调整各国间汇率以及商品和资本流动的制度。有些时候，各国同意其货币之间实行固定汇率，并且这一协议承诺中央银行要采取行动来维持这些汇率。而在其他时候，汇率被允许波动，但中央银行仍要采取行动来限制汇率的波动。在本节，我们将描述汇率制度及其对中央银行实施货币政策的影响。特别是，我们从三个角度分析汇率制度，包括：（1）如何共同承诺维持该制度；（2）汇率如何进行调整以维护承诺；（3）中央银行如何采取行动以维持国际货币和金融体系的均衡。我们还评估了每种制度的成功和失败之处。

固定汇率与金本位

过去，大多数的汇率制度都是**固定汇率制度**（fixed exchange rate systems），在这种制度下，汇率被确定在政府决定并维持的水平上。支撑第一次世界大战前国际货币和金融体系的古典金本位制度表明了固定汇率制度的成功和失败。在**金本位**（gold standard）制度下，参加国的货币可以兑换成规定数量的黄金，任何两国货币的汇率都是固定的，由其相对的含金量决定。

例如，如果1美元可以换1/20盎司的黄金，而1法国法郎（French franc，FF）可以换1/80盎司的黄金，则1美元＝4法国法郎，或者说0.25美元＝1法国法郎。为了说明固定汇率制度的影响，这里以法国和美国之间贸易和资本流动为例来加以解释。在以金本位为基础的固定汇率制度下，一个美国进口商可从法国出口商那里购买商品，他要么在法国用美元兑换成法国法郎来购买商品，要么在美国将美元兑换成黄金，再将黄金运送到法国，购买法国法郎和法国商品。

假设对法国商品的需求相对高于对美国商品的需求，从而使法郎的需求上升和美元的需求下降。因此，在外汇市场存在美元兑法国法郎汇率下降的压力，比如说从1美元＝4法国法郎下降为1美元＝3法国法郎。在这种情况下，只要美国和法国继续以规定汇率将货币兑换成黄金，那么美国进口商将黄金运送到法国购买法国法郎更为有利。

因此，如果费城的布匹进口商萨莉·夏普想从巴黎的德拉克希那里购买价值5 000法国法郎的布匹，她可以使用下述两种策略中的任意一种。第一，如果她想在外汇市场上卖出美元，买入法国法郎，她就会发现，她必须为其布匹支付5 000/3 ＝1 666.67美元。第二，她可以将1 250美元兑换成黄金，然后将金条运送到法国，要求法兰西银行以固定汇率将黄金兑换成法郎。根据1美元＝4法国法郎的官方汇率，她用黄金兑换了5 000法国法郎，足够购买布匹所需。对于萨莉而言，第二种
517 策略是更为合算的解决方案。在这笔交易中，萨莉节省了416.67美元，只要将黄金从费城运送到法国的成本不超过416.67美元，那么第二种策略就是购买布匹的最佳方法。

随着像萨莉这样的美国进口商把黄金运送到巴黎，法国会发生怎样的变化呢？黄金流入法国，由于黄金最终要被兑换成法国法郎，从而增加了法国的国际储备。由于美元被交付给政府以兑换黄金，因此，美国减少了等量的国际储备。一国国际储备的增加将使得其基础货币增加，国际储备的减少将使得其基础货币减少。因此，法国的基础货币增加而美国的基础货币减少，对法国的价格水平施加了上升的压力，对美国的

价格水平施加了下降的压力，法国商品相对于美国商品变得更加昂贵。于是，法国商品的相对需求下降，贸易平衡恢复，汇率上升，回复到官方汇率 1 美元=4 法国法郎的水平。

不过，如果美国商品的相对需求增加，市场力量会产生推高汇率的压力。黄金会因此从法国流向美国，减少法国的基础货币并增加美国的基础货币。在这种情况下，随着美国价格水平相对于法国价格水平的上升，法国商品变得更具吸引力，从而恢复了贸易平衡，汇率也回复到 1 美元=4 法国法郎的固定汇率水平。

在金本位下，经济调整过程存在一个问题。那就是，贸易逆差和黄金流出国会出现价格水平下降，或者说通货紧缩。未预期到的且显著的通货紧缩会引起经济衰退。19 世纪 70 年代、80 年代和 90 年代，美国发生了数次通货紧缩诱发的经济衰退。价格水平的下降提高了家庭和企业名义债务负担的实际价值，使得美国经济的众多部门出现财务困难。

在金本位下，固定汇率制度的另一个结果是，各国几乎无法控制本国的货币政策，原因是黄金流动会引起基础货币的变化。最终，一国会因为国际贸易或金融动荡而面临未预期的通货膨胀或通货紧缩。此外，黄金的发现和生产极大地影响了世界货币供给量的变化，使情况更加恶化。例如，19 世纪 70 年代和 80 年代，极少的黄金发现和快速的经济增长使得价格水平下降。另一方面，19 世纪 90 年代的阿拉斯加淘金热以及当今的南非淘金热都会提高全世界的价格水平。

理论上，金本位制要求所有国家都维持其承诺，即按照固定汇率将货币自由地兑换成黄金。但在实践中，只有英国的汇率制度承诺是可信的。英国经济的实力、经常出现的贸易顺差以及大量的黄金储备都使英国成为国际货币和金融体系的“锚”。

在第一次世界大战期间，国际交易体系的崩溃使各国纷纷放弃了货币兑换黄金的承诺。在两次世界大战之间的一段期间，金本位制一度短暂地恢复。但经济学家普遍认为，它加深了 20 世纪 30 年代初的世界经济大萧条。联邦储备体系在 1930 年和 1931 年试图通过提高贴现率减少黄金的流出，却加重了美国的金融危机。其后，美国暂停了
518 公众将美元兑换成黄金的权利。本・伯南克（现任联储主席）和普林斯顿大学的哈罗德・詹姆斯发现，在 20 世纪 30 年代初，试图捍卫金本位制的国家比那些放弃金本位制的国家遭受了更加严重的通货紧缩和经济萧条。[1]

---

〔1〕 Ben Bernanke and Harold James, "The Gold Standard, Deflation, and Financial Crisis in the Great Depression: An International Comparison," in R. Glenn Hubbard, ed., *Financial Markets and Financial Crises*. Chicago: University of Chicago Press, 1991.

采用固定汇率制度：布雷顿森林体系

尽管金本位已经不存在了，但许多国家仍然对固定汇率概念抱有兴趣。当第二次世界大战接近结束时，同盟国政府代表聚集在新罕布什尔州的布雷顿森林小镇，设计了一个新的国际货币和金融体系。其最终协议，即众所周知的**布雷顿森林体系**（Bretton Woods system）从 1945 年一直持续到 1971 年。该体系的缔造者旨在恢复固定汇率制度，但是允许进行短期经济调整，其程度要比在金本位制下的调整更为平缓。共同维持这一体系的承诺是外国中央银行以每盎司黄金 35.00 美元的价格将美元兑换成黄金。于是，协议汇率规定了美元的外国货币价格，美元则可由美国以每盎司黄金 35.00 美元的官方价格兑换成黄金。由于当时美国在全球经济中占据了主导地位，并且持有了世界上大多数的黄金，美国才能够扮演这一特殊角色。由于各国中央银行使用美元资产和黄金作为国际储备，美元成为众所周知的国际储备货币。

在布雷顿森林体系下，仅仅当一国遭受了基本面失衡——即在固定的汇率下国际收支持续逆差或顺差时，汇率才可以进行调整。为了帮助那些国际收支逆差或顺差的国家进行短期经济调整以维持固定汇率，布雷顿森林协议规定建立**国际货币基金组织**（International Monetary Fund，IMF）。到 2006 年为止，这家总部设在华盛顿的跨国组织成员国由 30 个发展到 150 多个。原则上，国际货币基金组织将成为最后贷款人，以阻止出现威胁到金本位制稳定的短期经济错位。在实践中，国际货币基金组织也鼓励成员国实施与汇率稳定相一致的国内经济政策，并且收集和整理国际经济金融数据，以用于对成员国进行监测。

与国际货币体系的建立并不直接相关的是，布雷顿森林协议建立了**世界银行**（World Bank）或称国际复兴开发银行，向发展中国家发放长期贷款。这些贷款旨在建设基础设施（如高速公路和桥梁、发电和输电设施，以及供水设施）以促进经济发展。世界银行通过在国际资本市场出售债券来为发放贷款筹集资金。国际货币基金组织和世界银行传统角色的延续目前正在争论之中。

尽管国际货币基金组织不再试图维护固定汇率（布雷顿森林体系下其核心职能），但其作为国际最后贷款人的活动却日益增加。在 20 世纪 80 年代发展中国家的债务危机中，国际货币基金组织向危机国家提供了信贷，帮助这些国家偿还贷款。在墨西哥金融危机（1994—1995 年）和
519 东亚金融危机（1997—1998 年）中，国际货币基金组织的贷款引发了关于其在国际金融体系中所扮演角色的激烈争论。

国际货币基金组织干预行为的支持者们指出，新兴市场经济体在发

生金融危机时最后贷款人缺位。而国际货币基金组织的批评者们则提出了两个反驳意见。第一个意见是，国际货币基金组织救援外国放款人，使其承担了过度的风险，鼓励了道德风险。按照这一观点，国际货币基金组织在墨西哥危机中对外国放款人的救援活动激励了向东亚国家的风险性放款，加速了东亚金融危机的发生。第二个意见是，与国际货币基金组织对待外国放款人的态度相反，该组织在发展中国家实行的“紧缩”计划，重点是收紧宏观经济政策，从而导致了失业和政治风险。

1999 年，以卡内基·梅隆大学的阿伦·梅尔泽（Allan Meltzer）为首的美国国会委员会（国际金融机构顾问委员会）批评了国际货币基金组织的信贷操作，赞同增加透明度和更多地依靠微观经济政策来改革金融监管。在梅尔泽委员会的报告发布后，无论是在华盛顿还是在新兴市场经济体，国际货币基金组织一直处于争论的中心。

延伸思考

国际货币基金组织和世界银行过时了吗？

一些分析家提出要重新考虑国际货币基金组织和世界银行的宗旨。这些跨国信贷机构的存活时间超过了建立它们的布雷顿森林体系。在 20 世纪 40 年代和 50 年代，国际资本市场还小；在 21 世纪初，国际资本市场每天交易量达数十亿美元。这些分析家们问道：为什么不让国际资本市场向政府提供贷款？

存续现有体系的支持者提出了两个观点：第一，国际货币基金组织和世界银行在收集和保有各国，尤其是发展中国家的信息和专业知识方面发挥着重要的作用。获得这些机构的贷款对于私人放款机构而言可能是信用等级良好的指标。第二，国际货币基金组织和世界银行能够以比借款者更低的成本获得资金，可以对贷款进行补贴。支持者指出，这些理由支持了国际货币基金组织和世界银行还没有过时的结论。

20 世纪 90 年代初期，东欧、独联体和非洲的一些国家对国际货币基金组织和世界银行产生了大量的资金需求。一些批评人士提议，将两个机构合并，作为国际货币和金融体系改革的一个折中方案，以满足现实的需求。1997 年和 1998 年，国际货币基金组织因为处理亚洲金融危机以及对其他新兴经济体（尤其是巴西）的影响而招致广泛的批评。主要的问题在于国际货币基金组织的政策使得泰国、印度尼西亚和马来西亚的众多民众陷入困境，而且又没有使投机者遭受损失，使其得到足够的惩罚，导致了道德风险。当克林顿政府和美国国会为国际货币基金组织是否应该获得追加资金而展开辩论时，一些经济学家提出要对国际货币基金组织进行一揽子改革。特别是，在改革讨论中提出了四项原则：（1）迅速处理无偿付能力的机构；（2）采用和强制实施资本标准；

(3) 鼓励市场纪律；(4) 保持资本的自由流动。当前对国际货币基金组织的争论为实行改革提供了一次契机，而这一改革将减少由国际救援带来的道德风险。

2001 年，布什政府对国际货币基金组织的救援行动采取了更严格的姿态，提出其主要应提供短期流动性援助。尽管如此，美国财政部还是同意对阿根廷、巴西和土耳其的紧急救援。

固定汇率制 中央银行在外汇市场买入和卖出美元资产的干预，维持了布雷顿森林体系下的固定汇率。若一国汇率变动超过固定汇率上下 1%，该国必须进行干预以使汇率稳定。如果外国货币相对于美元升值，
520 那么该国中央银行将卖出本币并买入美元，将汇率拉回到固定的汇率上；如果外国货币相对于美元贬值，那么该国中央银行将卖出国际储备中的美元资产，并买入本国货币，将汇率推回到固定的汇率上。

只要中央银行有能力且愿意买入或卖出维持汇率稳定所需数量的本币，那么中央银行就能够将汇率维持在可接受的水平内。如果外国中央银行购买其本国货币，那么它就将卖出美元（国际储备）；如果它卖出其本国货币，那么它就将买入美元。因此，中央银行为回应汇率的市场压力进行的调整存在严重的不对称性。国际收支顺差国为维持汇率而卖出本币并买入美元的能力不受任何约束，尽管它们也许不愿意这样做。但是，买入本币的能力（提高本币相对于美元的价值）却受到本国国际储备存量的限制。

结果，国际收支逆差引起的储备流失为各国中央银行制造了麻烦，它们被布雷顿森林体系束缚了手脚。当一国国际储备耗尽时，中央银行和政府不得不实施限制性经济政策以减少进口和贸易逆差，或者放弃维持本币兑美元汇率稳定的政策。

维持汇率：贬值和升值 除了买入或者卖出国际储备或者改变经济政策之外，一国还可以通过改变汇率来保卫固定汇率。当一国货币兑美元的币值高估时，该国可以将其货币贬值，即降低其货币兑美元的官方价值，进而重新确定汇率。而当一国货币兑美元的币值低估时，该国可以将其货币升值，即提高其货币对美元的官方价值。[1] 例如，在 21 世纪初，一些评论员敦促中国将其货币升值，该国货币一直盯住美元。维持这一盯住汇率使中国积累了大量的美元储备。2005 年，迫于强大的国际压力，中国政府开始将其货币升值，尽管只是轻微的升值。

在实践中，各国并不经常进行贬值或升值。政府更愿意推迟贬值，而不愿面对货币政策失误的政治指责。升值也不是一个常见的选择。当

〔1〕 记住，在浮动汇率制度下，汇率下降被称为贬值，而汇率上升则被称为升值。

允许本币相对于美元的价值上升时，由于其国内商品在世界市场的竞争力削弱，利润和就业减少，国内企业及其工人会产生强烈的抱怨。反对贬值和升值的政治压力通常限制了政府改变汇率以顺应外汇市场的压力。

投机性攻击　当市场参与者认为政府不能或不愿意维持汇率时，他们可以出售软货币，或买入硬货币，这些行为就是众所周知的**投机性攻击**（speculative attack）。投机性攻击行为会迫使一国货币贬值或升值。投机性攻击有时还会引发国际金融危机。例如，1967 年，英镑相对于美
521
元出现币值高估，就发生了金融危机。下面用图 22—2 所示的汇率决定方法来对此加以解释。本国预期收益率 R_0 与外国预期收益率 R_f 相交于 A 点，此时汇率（美元/英镑）低于 1 英镑＝2.80 美元的固定汇率$\overline{EX}$。为维持高估的汇率，英格兰银行不得不将其国际储备中的美元卖出，买入英镑，使得货币供给量减少，短期利率从 i_0 提高到 i_1，预期收益率从 R_0 移动到 R_1，汇率立即恢复到 B 点处 1 英镑＝2.80 美元的固定汇率$\overline{EX}$。

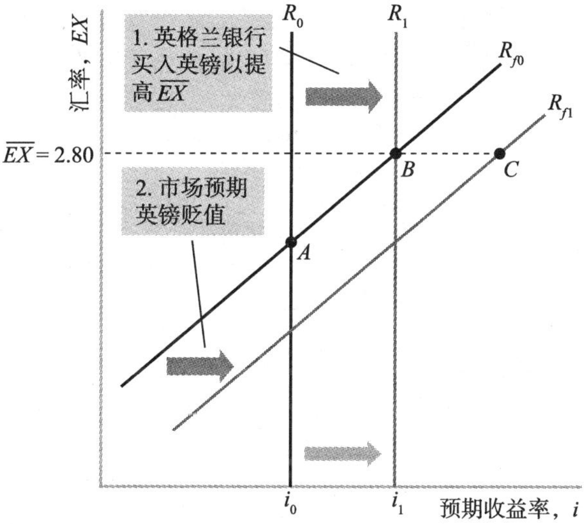

图 22—2　对布雷顿森林体系的投机性攻击：1967 年，英镑

1. 在 A 点，相对于官方汇率$\overline{EX}$，英镑币值高估。英格兰银行卖出美元，买入英镑，将短期利率从 i_0 提高到 i_1，本国资产的预期收益率从 R_0 提高到 R_1，汇率回到 B 点处 1 英镑＝2.80 美元的固定汇率$\overline{EX}$。

2. 市场参与者预期英格兰银行将用尽美元，并且 R_f 曲线从 R_{f0} 提高到 R_{f1}。为了恢复 C 点处的均衡汇率$\overline{EX}$，i 必须大幅提高。英格兰银行被迫将英镑贬值。

随着英格兰银行国际储备的减少，货币交易商知道，在某一时点上，英格兰银行一定会放弃稳定化的努力。作为回应，投机者把英镑卖给英格兰银行（以 2.80 美元兑 1 英镑的价格），并期望英镑兑美元汇率下降。当英镑汇率下跌时，投机者用美元买入更多的英镑，从而获得了丰厚的

利润。在我们的图形分析中，市场参与者预期汇率（从英国的角度以美元/英镑表示）下降。因此，相对于英国资产的预期收益率 R，非英国资产的预期收益率 R_f 提高了。图 22—2 显示了预期收益率从 R_{f0} 提高到 R_{f1} 这一变动的影响。在 R 与 R_f 的新交点上，英镑币值高估更为严重。固定汇率和市场汇率之间的差异迫使英格兰银行购买更多的英镑，一直到其用尽全部的美元为止。为了维持汇率 $\overline{EX}$，英格兰银行本可以大幅提高利率，使其足以维持 C 点的汇率 $\overline{EX}$。1967 年 11 月 17 日，英格兰银行消耗了 10 亿多美元的国际储备（此前已经消耗了数十亿美元）。11 月 18 日，英镑贬值了 14%。

当中央银行不能维持汇率时，投机性攻击会迫使货币贬值，就像英国 1967 年发生的危机那样。另一方面，当中央银行不愿意维持汇率的时候，投机性攻击也会迫使货币升值。在 1971 年，对币值被低估的德国马克进行的投机性攻击迫使德国马克对美元升值，加速了布雷顿森林体系的瓦解。

522 到 1970 年，美国国际收支逆差已经相当严重。截止到 1971 年第一季度，由于很多货币相对于美元都出现币值被低估，美国以外国家的巨额国际收支顺差引起了国际金融市场上的恐慌。由于德意志联邦银行（德国中央银行）施行维持低通货膨胀率的政策，所以德国国内的恐慌情绪最为严重，德意志联邦银行陷入了左右为难的困境。如果它维持固定汇率，它将在外汇市场上卖出德国马克。这样做的结果是，它将买入更多的国际储备，进而使德国的货币供给量增加，会对德国的价格水平产生上升的压力；如果允许德国马克升值，它将会避免通货膨胀的压力，但会打破布雷顿森林体系下作出的维持固定汇率的承诺。

这一困境为对德国马克展开投机性攻击提供了舞台。在这种情况下，投机者预期德国马克对美元升值，而用美元买入德国马克。当德国马克真的升值时，投机者用德国马克买入更多的美元，从中获取收益。

如图 22—3 所示，1971 年初，R_0 曲线与 R_f 曲线相交于 A 点，其汇率（从德国角度以美元/德国马克表示）高于固定汇率 0.27 美元/1 德国马克。为维持固定汇率，德意志联邦银行不得不卖出德国马克。结果是，货币供给量增加导致德国的短期利率降低，R 曲线从 R_0 移动到 R_1，汇率随即恢复到 B 点处的固定汇率 $\overline{EX}$，即 1 德国马克＝0.27 美元。由于外汇市场的参与者预期德意志联邦银行会将德国马克升值以避免通货膨胀的压力，他们也预期德国马克会升值。这种预期使得非德国资产的预期收益率相对于德国资产的预期收益率下降，使 R_f 曲线从 R_{f0} 向左移动
523 到 R_{f1}。这一变动使德国马克更加被低估，德意志联邦银行为维持固定汇率不得不增加其外汇干预。为了维持汇率 $\overline{EX}$，德意志联邦银行本可大幅度降低短期利率直到能够维持 C 点的汇率 $\overline{EX}$。1971 年 5 月 5 日上午，德意志联邦银行已经买入了 10 多亿美元（相应地扩张了等量基础货币）。在当天晚些时候，德意志联邦银行停止了干预，德国马克和那些关联货

币一起开始对美元浮动。

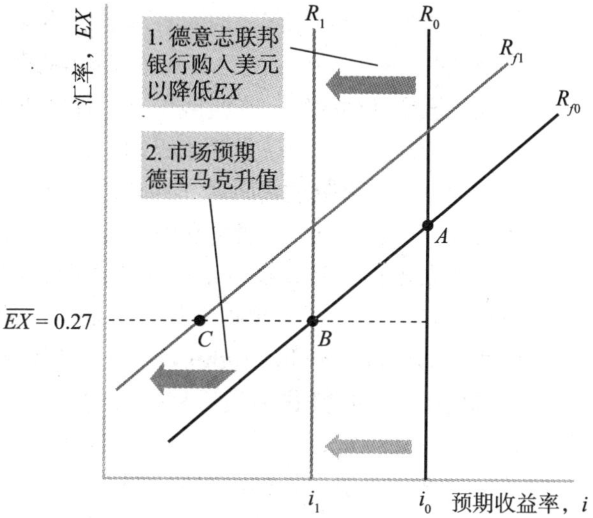

图 22—3　对布雷顿森林体系的投机性攻击：1971 年，德国马克

1. 在 A 点，相对于官方汇率$\overline{EX}$，德国马克币值低估。德意志联邦银行卖出德国马克，买入美元，使短期利率从 i_0 降低到 i_1，本国资产的预期收益率从 R_0 变为 R_1，汇率回到 B 点处的固定汇率$\overline{EX}$，即 1 德国马克＝0.27 美元。

2. 市场参与者预期德意志联邦银行会阻止货币供给量的增加，而货币供给量的增加是降低德国马克汇率所必不可少的。预期德国马克升值使 R_f 曲线从 R_{f0} 提高到 R_{f1}，德国货币供给量的显著增加（以降低 i）可能是恢复 C 点处均衡汇率$\overline{EX}$所必需的。德意志联邦银行将德国马克升值。

美国放弃布雷顿森林体系　布雷顿森林体系的一个问题是，即使单个国家货币可以对美元贬值或升值，但改变美元的币值需要所有其他货币进行协调性调整，这一要求在现实中难以实现。20 世纪 60 年代末，随着美国通货膨胀的加剧和国际收支逆差的加大，外国中央银行掌握了巨额美元资产。如前所述，布雷顿森林体系得以维系的一个要项是，美国承诺外国中央银行能以 35 美元兑换 1 盎司黄金的价格将美元兑换成黄金。但截至 1971 年，以每盎司黄金 35 美元的价格来计算，外国中央银行拥有的美元资产已经达到美国官方黄金储备的 3 倍以上。此外，鼓励出口且限制进口以减少国际收支逆差的税收政策并没有发挥作用，联储也不愿意实施紧缩性货币政策。国际货币基金组织的干预也没有发挥作用，国际货币基金组织不能迫使诸如德国之类的国家实施扩张性政策，美国作为布雷顿森林体系的主角可能也不理睬国际货币基金组织。

1971 年 8 月 15 日，尼克松政府试图强迫其他货币对美元升值。美国暂停了美元兑换黄金的义务，并对进口征收补充性关税。只有一国汇率升值，其进口才会减少。在 1971 年 12 月召开的史密森会议上，完成了其他货币对美元升值的过程。根据修订后的协议，联储重新掌控了其国内货币政策的自主权，而不再受制于布雷顿森林体系的压力。

史密森会议上达成的汇率条件在面对世界性事件时并不稳定。1973 年和 1974 年的石油价格冲击对各经济体产生了不平等的影响。例如，这些价格上涨带来的通货膨胀效应对日本的影响远大于对美国的影响，产生了日元贬值的市场压力。由于 1974—1975 年的全球性经济衰退，这些压力不平等地扩散到其他国家。在实践中，尽管中央银行为阻止汇率剧烈波动而进行了干预，许多货币还是开始浮动。在 1976 年 1 月召开的牙买加会议上，国际货币基金组织正式同意允许货币浮动。在这次会议上，国际货币基金组织成员国还同意取消黄金在国际货币体系中发挥的正式作用。

在布雷顿森林体系被正式放弃之前，国际货币基金组织就已经开始发行（1970 年）一种票据来代替黄金，这种票据就是众所周知的**特别提款权**（special drawing rights，SDRs）。国际货币基金组织通过创立这些国际储备来发挥其作为最后贷款人的作用。黄金的价格现在则是由市场供求力量来决定。

总之，布雷顿森林体系是一个固定汇率制度，有一个最后贷款人来平缓因国际收支逆差所要求的短期经济调整。美国缺乏稳定物价的承诺给固定汇率带来了强大的市场压力，最终造成了市场的崩溃。表 22—1 对古典金本位制和布雷顿森林体系这两种固定汇率制度进行了比较。

表 22—1　　汇率制度比较

524	古典金本位制度	布雷顿森林体系
锚住体系的承诺	货币以固定汇率兑换黄金。	货币以固定汇率兑换美元；美元以固定的比率兑换黄金。
汇率的调整	不允许。	发生基础性失衡时，允许贬值和重新定值。
经济体的调整	货币供给量的调整产生通货膨胀或者通货紧缩，直到恢复固定汇率为止。	国际货币基金组织贷款平滑了汇率短期高估带来的调整。
主要问题	不存在针对短期问题的逐渐调整，国际收支逆差会导致通货紧缩和衰退。国际收支逆差国具有放弃可兑换承诺的动机。	美国存在国际收支逆差时，难以对美元进行贬值。

后布雷顿森林体系的中央银行干预

自从布雷顿森林体系瓦解之后，美国正式实行**浮动汇率制度**（flexible exchange rate system)。在这一制度下，美元的外汇价值由货币市场来决定。而自 1976 年以来，许多国家的汇率都已经浮动，由市场供给和需求决定。但是，联储和外国中央银行没有放弃干预外汇市场，以使本国货币升值或贬值的权利。也就是说，当前的国际金融体系可以被描述为**有管理的浮动汇率制**（managed float regime)。在这一制度下，中央银行时常进行干预以影响汇率。尽管如此，维持汇率的国际行动仍然还会影响国内的货币政策。

政策权衡 当中央银行干预外汇市场时，通常会使其失去一些对国内货币供给的控制。为了提高汇率（如果其他条件保持不变)，中央银行必须卖出国际储备，买入本国货币，从而减少国内的基础货币和货币供给量。为了降低汇率（如果其他条件保持不变)，中央银行必须买入国际储备，卖出本国货币，从而增加国内的基础货币和货币供给量。所以，一国中央银行常常需要在实现其国内货币供给量目标和实现汇率目标之间进行权衡。

美元的情况 由于美元作为国际储备货币的传统角色，美国的货币政策没有受到外汇市场交易的严重阻碍。在布雷顿森林体系瓦解之后，美元仍保持其作为国际货币和金融体系中储备货币的角色。但是在整个 20 世纪 80 年代，日元和德国马克（以及特别提款权）变得更加重要，也成为新增的储备货币。截止到 2006 年，美元仍然占据着国际储备约 66%的份额。大部分经济学家认为，尽管欧元变得越来越重要（2006 年占国际储备 25%的份额)，但在未来 10 年中美元不会丧失其主导储备货币的地位。

525 许多工业化国家具有较高的生活水平，但其货币却不是储备货币。虽然如此，由于美元作为储备货币的重要性在 2006 年已经不如 1956 年甚至 1986 年，一些分析家认为如果美元失去了其储备货币的地位，那么美国也将会有所损失。

理由是什么呢？第一，美国的居民和企业可能会失去在全球范围内使用美元进行交易和借款的优势。这个优势可带来较低的交易成本，并且减少了汇率风险暴露。第二，外国人愿意持有美元给美国公民带来了一笔横财，因为实质上外国人提供了一笔无息贷款。另外，美元的储备货币地位使得外国投资者更愿意持有美国政府债券，降低了政府的借款成本。最后，如果美元失去储备货币的地位，那么，纽约作为国际金融中心的主导地位可能会受到威胁。

20 世纪 80 年代、90 年代和 21 世纪头 10 年，一些企业领导者和政策制定者向联邦储备体系施压，要求其放弃国内的货币政策目标，并且使汇率能升能降。20 世纪 80 年代初，汇率高企让美国的出口大伤元气，并且引发了对联储的广泛批评，指责其没有寻求更为扩张性的货币政策以使美元贬值。作为回应，联储提高了货币供给量的增长率，并在 1985 年 9 月的《广场协议》之后同意进行干预以使美元贬值。到 1987 年 2 月，美元已经从 1985 年的高位显著地下跌。美国和其他工业化国家为了使美元停止下滑，在巴黎举行了会晤。1991 年 4 月和 5 月，为应对东欧以及前苏联加盟共和国之间的紧张局势，联储进行外汇市场干预以阻止美元升值。1993 年 4 月—1995 年 8 月之间，联储先后 18 次卖出日元，买入美元，试图阻止美元对日元贬值。1998 年 6 月，联储再次进行干预以促使美元对日元升值。2000 年 9 月，联储联合了其他几家中央银行试图推高欧元汇价。2003 年 9 月（及此后多次），一些分析家敦促七国集团的财政部长们推动新《广场协议》，从而解决亚洲货币兑美元的汇率问题。

欧洲的固定汇率

固定汇率制度的一个好处就是降低了国际贸易和金融交易中汇率不确定的成本。由于欧洲国家之间存在大量的商业和金融贸易，很多欧洲国家的政府都寻求降低汇率波动的成本。另外，汇率目标通过把可贸易商品的通货膨胀率与锚定国家的通货膨胀率联系起来以锚住通货膨胀。事实上，在某些情况下，固定汇率制也被用来限制通货膨胀性的货币政策。

欧洲汇率机制和欧洲货币联盟 欧洲经济共同体的成员国在 1979 年建立了**欧洲货币体系**（European Monetary System），当时 8 个欧洲国家也同意加入**欧洲汇率机制**（exchange rate mechanism，ERM）来限制各自货币间的汇率波动。特别地，成员国承诺将各自货币对欧洲货币单位（European currency unit，ECU）的汇率维持在一个固定范围内。各国还
526 同意将汇率维持在这些范围内，并且允许这些汇率对美元和其他货币实行联合浮动。欧洲汇率机制的货币锚是德国马克，法国和英国通过将其货币与德国马克联系在一起降低了各自的通货膨胀率（但是正如后面将要描述的那样，英国在 1992 年被迫退出了欧洲汇率机制）。

作为 1992 年启动单一欧洲市场计划的一部分，欧洲共同体国家起草了**欧洲货币联盟**（European Monetary Union）计划，该计划认为应该通过使用共同货币实现固定汇率。尽管这些计划对参与国国内货币政策施加了严格的限制，但是货币联盟也为各成员国带来了重大的经济利益。例如，使用单一货币，货币兑换以及承担汇率风险或对冲汇率风险的交易成本都将被消除。另外，跨国贸易中高交易成本的消除可通过规模经济优势提高生产效率。

但是，确保欧洲货币联盟有效发挥作用需要三个条件：第一，要么在货币联盟中实行单一货币（如同欧元的情况），要么多种货币实行不变的（绝对不变的）固定汇率；第二，联盟货币与其他货币之间必须是单一汇率（因此是单一汇率政策）；第三，成员国中央银行必须放弃本国实施公开市场操作、制定准备金要求、发放贴现贷款、实施资本管制以及干预外汇市场的自主权。

欧洲货币联盟成功地实现目标了吗？获得成功需要克服若干问题。在欧洲内部，没有中央机构来对个别国家的国际收支波动进行稳定化调整。由于货币联盟成员国不能调整各自的汇率，所以受到地区的需求冲击，成员国将面对收入和就业的更大波动。一些经济学家认为，在欧洲，货币联盟带来的政治动荡，发源于固定汇率制度下丧失独立实施货币政策的代价所产生的争辩。

欧洲货币联盟的实践 1989 年，欧洲共同体发表了一份报告，建议成立一家共同的中央银行——**欧洲中央银行**（European Central Bank，ECB)，实施货币政策，并最终控制单一货币。1994 年 1 月 1 日在法兰克福设立了欧洲货币管理局（European Monetary Institute，EMI)，它是欧洲中央银行的前身。欧洲货币管理局协调各成员国的货币政策，并监督欧洲汇率机制的运行，以此为货币联盟做准备。1999 年 1 月正式开始运营的欧洲中央银行是参照美国联邦储备体系的框架构建的，由欧洲理事会任命的执行委员会（类似于联储理事会）和来自各成员国的中央银行行长（相当于联邦储备银行行长）组成。与联邦储备体系一样，欧洲中央银行独立于成员国政府；执行委员会委员的有效任期为 8 年，且不可连任，以增加其政治独立性。欧洲中央银行章程表明，欧洲中央银行的主要目标是物价稳定。

一些分析家认为，欧洲中央银行在实践中几乎没有政治独立性。成员国有时会提出扩张性或紧缩性货币政策的优点。主导国家（例如德国）很可能会在货币政策争论中获胜，而一些成员国将被迫采用与其国内目
527 标不一致的政策。另外，其作为最后贷款人，在处理各国金融市场和金融机构危机时采取相机抉择措施，人们对此存在不同意见。

博闻广识

投机性攻击：20 世纪 90 年代的模式

1991 年，德国政府由于为两德统一筹措资金，增加了其政府预算赤字。为了减轻必需的巨额公共支出带来的通货膨胀压力，德意志联邦银行提高了短期利率。由于德国利率高于英国、意大利、法国和其他欧洲国家，投机者猜测这些国家要么提高利率，要么降低各自货币兑德国马克的汇率。（如瑞典将短期利率提高到 500%，以阻止投机性攻击。）

英国是第一个被攻击的国家。如下图所示，在 A 点，英格兰银行卖出德国马克储备，买入大量英镑，以支持欧洲汇率机制下英镑兑德国马克的汇率。这种购买行为使得货币供给量降低，短期利率从 i_0 变动到 i_1。英国国内资产预期收益率由 R_0 变动到 R_1，汇率返回到 B 点处的汇率 $\overline{EX}$。在这种不稳定的情况下，投机者用英镑从英格兰银行购买德国马

克，同时相信英镑的立即贬值会使他们用德国马克买回更多的英镑，R_f曲线从R_{f0}变动到R_{f1}。

维持固定汇率要求英镑汇率显著提高，重新回到C点处的均衡汇率。由于英国正处于经济衰退期，分析家都认为英国不会忍受高企的短期利率以避免货币贬值。他们是正确的，一个星期之后，英国政府宣布英镑退出欧洲汇率机制。英镑贬值后，意大利宣布里拉退出欧洲汇率机制，西班牙也宣布比塞塔贬值。如下图所示，这一情形使人们想起了 1967 年的英镑兑美元贬值。然而，并不是所有的货币都发生了贬值。

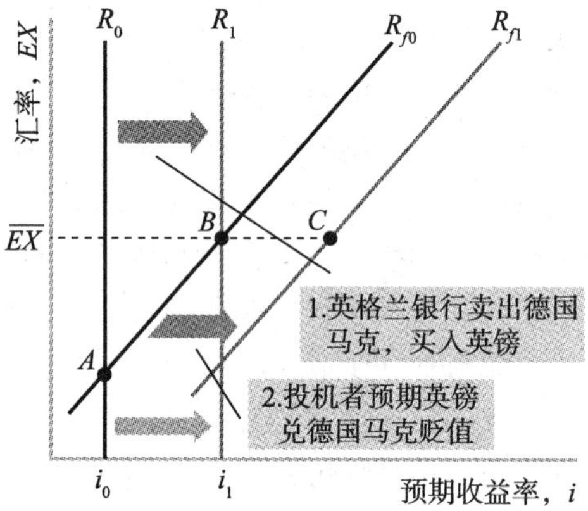

1991 年 12 月，在荷兰的马斯特里赫特，各成员国都同意采用渐进的方法实现货币联盟。其目标是，到 20 世纪 90 年代中期，实现统一的货币政策；到 1999 年 1 月 1 日，在欧洲建立起货币联盟。单一货币和单一货币政策要求各国国内通货膨胀率和预算赤字比 20 世纪 90 年代中期更为趋同。到 1999 年货币联盟开始运作时，11 个国家（在通货膨胀率、利率和预算赤字等方面）满足了加入条件，而英国则拒绝加入。

到 20 世纪 90 年代末期，一些经济学家认为，外汇市场的投机性攻击会动摇固定汇率。由于套期保值者将风险转嫁给那些下注于货币市场变动方向的投机者，外汇市场每天要处理大量的美元、日元、欧元和其他货币交易。1992 年 9 月的事件表明，即使当各国政府联合行动时，这个如此大规模的市场也会使中央银行和财政部的外汇市场干预无效。在 9 月
528 份，伴随着欧洲对于货币统一展开争论，投机者开始对几种货币进行攻击。经过这些投机性攻击之后，英国和意大利退出了欧洲汇率机制。

1992 年的投机性攻击之后，法国以微弱优势的赞成票批准了《马斯特里赫特条约》。同一年的早些时候，丹麦全民公决否决了该条约，但在 1993 年 5 月，丹麦最终批准了该条约。尽管所有的成员国现在都已经批准了该条约，但 1993 年 7 月对法国法郎的投机性攻击和欧洲汇率机制的

变化，使得人们对货币联盟存续能力的怀疑有增无减。尽管如此，欧洲货币联盟于 1999 年初在亚洲金融危机的余波中登场，并已经平安度过了数年的时光。

案例研究

墨西哥金融危机

1994 年，在埃内斯托·塞迪略总统上任不到 3 个星期的时间内，墨西哥宣布放弃已经保持了 7 年的比索与美元的官方汇率。1995 年 1 月，克林顿政府开始筹措实施一项总计约为 400 亿美元的金融援救计划，其中美国最终出资约 200 亿美元。究竟发生了什么问题?

尽管制度环境和历史不同，但墨西哥危机同欧洲国家经受的投机性攻击相类似。在那些投机性攻击中，货币市场参与者察觉出了汇率目标承诺的可信性不足，从而迫使其对汇率作出重新安排。在墨西哥，承诺的可信性不足问题也凸显出来。

1987 年 12 月，墨西哥开始将比索盯住美元。20 世纪 80 年代，墨西哥发生了通货膨胀。1989 年 1 月后，比索被允许对美元贬值，但幅度很小。1991 年，墨西哥政府引入汇率浮动区间，这些做法是墨西哥政府努力证明其降低通货膨胀承诺的一部分。除了货币政策的上述变动外，其还进行了其他一些经济改革，包括许多国有企业的私有化、放松资本市场的监管以及削减公共部门的借款。

1994 年，金融市场开始怀疑墨西哥维持比索兑美元汇率的决心。1994 年 3 月，执政党总统候选人路易斯·唐纳多·科洛西奥遇刺，cetes（1 年期比索计值债券）的利率相对于 tesobonos（政府发行的 3 个月期美元联系债券）的利率提高。日益扩大的利差发出了比索可能贬值的预期信号，而 1994 年由更为扩张性的货币政策所带来的通货膨胀压力支持了这种预期。实际上，1994 年比索实际汇率升值幅度大大超过了经济基本面（放松管制和加入《北美自由贸易协定》）决定的似乎合理的增加幅度。由于比索被高估，墨西哥 1994 年的经常账户逆差接近 GDP 的 8%，这样高的外国借款水平是根本无法解释的。

投资者的恐惧耗光了中央银行的外汇储备，尤其是塞迪略总统于 1994 年 12 月 1 日上任后更是如此。为了对付对比索的投机性攻击，墨西哥政府于 12 月 20 日将比索兑美元的汇率贬值 15%。但投机性攻击仍在持续，货币市场上比索价值暴跌，政府重新采用浮动汇率，国内金融危机随之爆发。

在比索暴跌之前，墨西哥中央银行面临着两难困境。比索实际汇率升值和高企的名义利率削弱了墨西哥的经济状况。经济状况的负面表现可以通过贬值来纠正，但贬值也可能是低通货膨胀率承诺可信性不足的信号。如果墨西哥的货币政策一直是可信的反通货膨胀政策，那么汇率暴跌和金融危机本来是可以避免的。金融市场预期更关注国内短期问题，必将引发投机性攻击，就如同发生在欧洲的投机性攻击一样。

案例研究

亚洲金融危机

529 1997 年和 1998 年，货币贬值和债务违约从泰国通过亚洲传递到俄罗斯和拉美新兴经济体。其传递步伐如此之快，使得每个人（无论是货币投机者还是住房购买者）都想弄清楚究竟发生了什么问题。1997 年 7 月泰铢贬值时，一石激起千层浪，引起泰国、印度尼西亚、韩国和马来西亚等国的货币贬值和产出锐减，同时也冲击到了日本和中国。俄罗斯 1998 年的债务违约触发了另一轮资本逃离新兴经济体，并导致一家大型美国对冲基金——长期资本管理公司的投机性破产。马来西亚谴责货币投机者并实施资本管制来应对危机，这使得许多经济学家担心，新兴经济体将陷入资本管制和贸易限制的恶性循环。

究竟是什么地方出了问题？在亚洲金融危机之前，私人短期资本流动使亚洲国家的钱袋子鼓了起来，刺激了大量的国内借款（通常是以外币债务的形式借入的）。的确，1996—1998 年间，泰国、韩国、马来西亚、印度尼西亚和菲律宾的私人资本流入值约为危机前 GDP 的 11%。一种观点认为，市场预期和随后的信心逆转是引发危机的主要原因，而国际货币基金组织和国际金融界苛刻的应对政策使得危机更加恶化。

另一种观点则认为，进入 1997 年，亚洲各经济体的经济和金融基本面都在弱化。在这些经济体中，问题银行在松弛的监管和不佳的风险管理下成为道德风险的温床，即过度地承担风险并向不可能盈利的投资项目提供贷款。国际视角的道德风险问题是指国际银行的道德风险，这些国际银行在危机发生前向该地区有关国家的国内金融中介机构发放大量贷款（这种方式积累的债务主要是外币负债）。金融体系资本不足的弱点使得不良贷款累积，该地区经常账户自由化和金融市场放松监管的步伐过快增加了国外资金的流入，使问题更加严重。

国际银行为什么要参与其中呢？关于这一问题，国际放款者认为，银行间短期跨国贷款将会得到政府援助债务人这一明示干预的保证，或是国际货币基金组织间接援助的保证。包括普林斯顿大学的保罗·克鲁格曼在内的几位顶尖经济学家认为，对未来援助的预期为国际投资者过度承担风险，向亚洲国家贷款提供了强烈的激励。

哪一种解释是正确的呢？从总体上看，两种因素都发挥作用，都是可能的理由。亚洲经济和金融基本面的弱化使该地区的国家（从泰国到日本）努力推行改革。虽然大多数经济学家都反对歧视资本流动的政策，但对国际货币基金组织所发挥的作用的批评者则格外严厉。特别是，很多经济学家认为国际货币基金组织发放国际贷款应符合中央银行的原则，即作为最后贷款人以及坚守为国内银行体系提供强有力缓冲器的原则，以使发生金融危机的可能性降到最低。

固定汇率制度在长期内会成功吗?

许多国家已经表示了要将汇率稳定或固定的意愿。进一步而言，如果固定汇率被安排在长期内，那么怎样才能获得成功呢？可得的证据表明，在主要经济体之间达成固定汇率安排的成功希望不大。

一些小型经济体成功地将其汇率盯住美元已有至少 10 年了，但这些经济体通常依靠石油出口（如巴林和阿拉伯联合酋长国）或旅游业（如巴哈马和巴巴多斯）。其他一些小型经济体在历史上一直将其货币盯住非美元货币（如摩纳哥盯住法国法郎，梵蒂冈盯住意大利里拉）。

530 但是，战后的证据表明，大型经济体之间实行固定汇率安排的成功前景渺茫。在大型经济体之间，欧洲货币体系稳定性的历史问题使得一些分析家怀疑欧洲国家在可预见的未来维持完全固定汇率的能力。即使是香港的外汇储备超过基础货币，其承诺也遭到怀疑。当香港在 1997 年和 1998 年亚洲金融危机期间保卫其汇率时，一些经济学家已经猜测，1997 年 7 月 1 日香港回归后，中国也许不想继续不利地使用外汇储备来阻击投机者。但是，中国坚定地保卫了香港货币和中国内地货币。20 世纪 90 年代末期，一些经济学家敦促主要的新兴经济体采用货币局制度，用外汇储备量来决定货币发行量，从而增强其国内货币政策的可信性。

延伸思考

回到货币局制度

在一些新兴市场经济体中，一旦人们察觉到中央银行没有坚守汇率目标承诺，中央银行会通过采用货币局制度来强化其承诺。货币局制度就是完全回到以由强势外币（如美元）构成的外汇储备为准备来发行货币。在货币局制度下，中央银行通过愿意以本国货币兑换外国货币来传达其对汇率目标的承诺。

这项政策的优势在于透明度和承诺。中央银行被束缚了手脚，不能相机抉择，不会产生通货膨胀的货币政策。但是，灵活性的丧失意味着中央银行在金融危机时将不能通过创造货币来充当最后贷款人。对本国经济健康状况的关切也可能会使公众将其资产兑换成外国货币，从而减少了国内货币供给量，导致经济下滑。

近年来，一些国家（地区）实行了货币局制度（中国香港，1983年；阿根廷，1991年；爱沙尼亚，1992年；立陶宛，1994年；保加利亚，1997年；波斯尼亚，1998年），但阿根廷的经历也许最能说明该制度的优缺点。为降低高企的通货膨胀水平，阿根廷实施了货币局制度，将阿根廷比索兑美元的汇率固定在1∶1的水平上。按照货币局制度的要求，到1994年年底，年通货膨胀率降低到5%以下，同期经济增长显著提高。墨西哥比索危机诱发了对阿根廷不健康银行体系的投机，大量阿根廷比索被兑换成美元。阿根廷的货币供给量骤减，使得1995年实际GDP下降5%。1995年，国际货币基金组织和世界银行对其进行援助，但前提是，要求恢复货币局制度。2001年3月，阿根廷政府作出了重新实施货币局制度的承诺。

对于货币局制度的另一个担心是参与者放弃该制度的风险。一些经济学家认为，真正使用外币作为本国货币，即美元化，仍是一个加强性的解决方案，易于实施。例如，厄瓜多尔在2000年3月采用美元化来降低投机性攻击的风险。这种更为极端的货币局制度形式与货币局制度具有同样的缺点，且要付出额外的成本。如果一国放弃了本国货币，它就失去了铸币税，即政府不必对货币付息而获得的收益（这些收益可能投资于债券）。结果，政府必须增加其他税收，或者必须减少公共支出。

随着市场参与者对阿根廷政府承诺按1∶1的汇率将比索兑换成美元的持续可信性产生疑问，阿根廷的货币局制度在2001年开始出现问题。由于阿根廷的预算赤字太大并且不断增加，投资者担心中央银行会求助于通货膨胀，这最终将导致比索对美元贬值。如图22—2所示，缺乏可信性导致美元存款的预期收益率提高，从而 R_f 曲线从 R_{f0} 向右上方移动，移动至 R_{f1}，新的均衡汇率（R_0 曲线与 R_{f1} 曲线的交点决定的汇率）低于比索的盯住汇率。最终，阿根廷意识到其缺乏足够的美元来维持货币局制度，于是该制度崩溃了。到2002年1月，货币局制度的崩溃和政府债务的违约引发了银行业的恐慌，此时存款者急于将比索兑换成美元。到2006年，阿根廷已经从这次危机中恢复好多年了。

关键术语和概念

531 国际收支账户　汇率制度　外汇市场干预

资本流入	布雷顿森林体系	资本管制
资本流出	贬值	冲销性外汇干预
经常账户	欧洲货币体系	非冲销性外汇干预
经常账户余额	欧洲货币联盟	国际货币基金组织（IMF）
金融账户	欧洲汇率机制(ERM)	国际储备
金融账户余额	固定汇率制	特别提款权(SDRs)
官方储备资产	浮动汇率制	投机性攻击
统计误差	金本位制	世界银行
贸易差额	有管理的浮动汇率制	
欧洲中央银行(ECB)	升值	

总　结

1. 中央银行对外汇市场的干预，影响其持有的国际储备数量和国内基础货币。如果其他条件不变，当中央银行购买外国资产时，其国际储备和基础货币随着买入外国资产的数量增加而等量增加。当中央银行卖出外国资产时，其国际储备和基础货币下降，下降的数量等于卖出外国资产的数量。

2. 一国货币的贬值或升值影响国内经济。本币贬值提高了外国商品的成本，可能引起通货膨胀。因此，中央银行试图通过购买本币来缓解这些问题。本币升值使本国商品在国际市场上的竞争力减弱。因此，中央银行试图通过在外汇市场上卖出本币来应对这一问题。

3. 国际收支是一个会计系统，用来持续地记录私人和政府的资金在一国与他国之间流动的情况。国际收支账户有两个主要部分：经常账户和金融账户。金融账户中的官方结算余额代表了国际储备净流动，国际储备在国与国之间的转移使国际收支顺差或逆差得以平衡。

4. 一些国家达成多个稳定汇率的国际协议。在第一次世界大战之前，很多国家同意将其货币以固定的比价兑换成黄金。第二个重要的汇率体系是第二次世界大战后建立的布雷顿森林体系。在布雷顿森林体系下，美元可以以固定比价兑换黄金，而其他货币可以以固定汇率兑换美元。尽管美国国际收支持续逆差，但由于美元难以贬值，布雷顿森林体系在 1971 年瓦解。对于当前的国际金融体系，最恰如其分的描述是：在当前的国际金融体系下，汇率波动由市场力量决定，但中央银行对外汇市场进行干预。在欧洲，分析家正在通过欧洲货币联盟来观察固定汇率制在实践中会取得怎样的成功。

复习题

1. 如果联储用美元购买价值 30 亿美元的外国资产，美国的国际储备将发生怎样的变化？基础货币又如何变化？这是冲销性外汇干预还是非冲销性外汇干预呢？

2. 假设联储卖出价值 10 亿美元的外国资产换回美元。同时，联储实施总金额为 10 亿美元的公开市场购买。基础货币将发生怎样的变化？这是冲销性外汇干预还是非冲销性外汇干预呢？

534 3. 使用汇率图形，说明日本如何通过非冲销性干预降低了日元兑美元的汇率？再说明美国如何使用非冲销性干预降低了日元兑美元的汇率？

4. 基于什么关键假设条件，冲销性外汇干预对汇率没有影响？如果这个假设没有被满足，当联储在冲销性干预中使用美元购买外国资产时，会对美元产生什么影响？关于该假设条件，数据能说明什么？

5. 允许一国货币相对于其他国家货币升值会产生什么问题？允许其贬值又会产生什么问题？

6. 浮动汇率制和固定汇率制的区别是什么？

7. 美国国际收支系统的目的是什么？

8. 下文引自一份报纸中的商业评论专栏："在最近几年，随着那些总部设在日本、西欧和北美的跨国公司开始将其加工工厂转移到新兴工业化国家，这些国家出现了巨额资本流入。凭借这些工厂掌握的一流先进技术，加上本地工人的低工资水平，这些新兴工业化国家实现了经常账户的巨额顺差（商品和服务的出口多于进口）。"一位经济学家对此评论如下："只有在会计和算术规则被废止的情况下，这一论断才是正确的。"对此进行讨论。

9. 如果日本贸易顺差，其出口或进口哪一个更大？

10. 为什么在金本位制下，一国不能控制货币供给量？

11. 为什么美国在 1971 年放弃了布雷顿森林体系？

12. 国际货币基金组织和世界银行的宗旨是什么？

13. 在固定汇率制下，政府为什么经常推迟贬值或升值？市场通常做了什么才能迫使它们贬值或升值？

14. 欧洲为什么在 20 世纪 90 年代初寻求建立货币联盟？

15. 评价：由于美元是主要的储备货币，所以美国能够无限制地承受巨额国际收支逆差。

16. 评价：如果汇率是浮动的，外汇市场对国内货币政策不会产生影响。

17. 在布雷顿森林体系下，国际货币基金组织为阻止对高估货币的投机性攻击而进行救援。将其与联储作为银行业的最后贷款人进行比较。

分析题

18. 假定最新数据显示，英国将会陷入衰退。英镑的远期交易合约显示，预期英镑兑马克、日元以及美元的汇率将贬值。你认为金融市场期望英格兰银行未来采取何种措施？

19. 如果你将所有国家的进口总和与所有国家的出口总和进行比较，全世界的经常账户余额将是多少？

20. 如果美国国际收支经常账户的顺差为 1 050 亿美元，并且统计误差是 −250 亿美元，那么资本账户余额是多少？它代表了资本流出还是资本流入？

21. 在金本位制下，如果一国国际收支持续逆差，那么黄金将如何流动？

22. 假定不发达国家有巨额的政府预算赤字，并且其中央银行的独立性极弱，那么该国将本国货币盯住美元会使其面临哪些问题？

23. 1998 年秋，巴西试图将其货币盯住美元。《华尔街日报》10 月份的一篇文章写道：“巴西将在今天宣布，在 1999 年推出一揽子备受期望的增加税收和减少赤字的政策，费尔南多·恩里克·卡多佐总统说，此举旨在为国际货币基金组织发放紧急资金扫清道路。”国际货币基金组织为什么关注巴西的财政预算平衡？巴西为什么需要国际货币基金组织的资金？

535 24. 《华尔街日报》1999 年春季的一篇文章写道：“罗马尼亚中央银行誓言进行干预以捍卫本国货币，即罗马尼亚列伊……但是，交易商说货币当局将不得不迅速作出反应以维持公众对该货币的信心……由于罗马尼亚中央银行外汇储备在 2 月底仅为 15.9 亿美元，中央银行进一步打击投机行为的能力受到了限制。”罗马尼亚中央银行想要维持的汇率是高于还是低于没有干预下的市场汇率？这能够做到吗？利用图形说明你的答案。简单地解释一下，交易商能够从投机罗马尼亚列伊中得到什么？罗马尼亚中央银行持有的美元储备对于其捍卫本币列伊的能力有什么影响？

25. 假设英国试图维持英镑兑日元的汇率。但是，你注意到日本的真实利率高于英国的真实利率，并且日本的通货膨胀低于英国的通货膨胀。你预期日元兑英镑的汇率未来将如何变动？根据你所学的知识，你会采取什么样的行动来获利？如果其他更多的人加入这一行列，尤其是如果英国只有极少的国际储备资产的话，将会发生什么情况？

26. 如果美国、日本和英国都同意降低美元兑日元以及美元兑英镑的汇率，同时提高日元兑英镑的汇率，那么将会发生哪种类型的非冲销性干预？

27. 假定美国拥有 450 亿美元的贸易逆差，但其经常账户余额为 200 亿美元。那么其服务、投资收益和单方面转移的净余额总计是多少？

28. 假设一家美国进口公司以每台 20 000 美元的价格从日本买入 10 台丰田汽车，并且日本公司用这笔钱在财政部拍卖中购买了 200 000 美元的美国长期国债。对美国而言，这两笔交易在国际收支账户中应该如何记录？

29. 假设日本企业向美国艺术中心捐赠 100 万美元。对美国而言，这笔交易在国际收支账户中应该如何记录？经常账户余额会发生怎样的变化？

30. 假设美国政府向日本出售价值 3 亿美元的旧军舰，并且日本政府用其官方持有的美元资产进行支付。在美国国际收支账户中，这笔交易应该如何记录？

数据题

31. 在最新的《总统经济报告》中查找汇率数据。2005 年联储减少了货币供给量，同时提高了短期利率。与欧元相比，美元汇率将发生怎样的变化？与日元相比，情况又如何呢？与其他国家的货币相比，结果又是什么？这些结果是否与扩张性货币政策下汇率变动的理论描述相一致？

32. 在 20 世纪 90 年代后半期，人们认为美元相对于其他主要货币更为坚挺。在圣路易斯联邦储备银行最新发布的《货币趋势》（*Monetary Trends*）（http：//research. stlouisfed. org/publications/mt/）中找到主要国家货币总量图表。在这一时期内，这些货币总量的总体趋势与美元坚挺相关吗？如果不相关，那么美元坚挺的原因何在？

33. 在最新发布的《总统经济报告》中找到年度外汇汇率数据（在 http：//www. gpoaccess. gov/eop/index. html 上可以找到）。在整个 2001 年中，联储大幅度增加了货币供给量。根据给出的加拿大元、欧元和日元的汇率，能够找到这一行为的证据吗？说明理由。

34. 在经济分析局（http：//www. bea. gov/bea/pubs. htm）最新发布的《当前商业调查》中，将经常账户余额与实际国内生产总值进行比较。在最近 4 个季度中，经常账户逆差的平均值占实际 GDP 的份额是多少？

理论联系实际

《经济学家》，2006 年 4 月 29 日

欧元困境

532 人们认为，单一货币是单一市场的必然结果，还会推进市场一体化。汇率风险的消失将刺激投资，并使得经济周期同步。交易成本的下降则使得经济更有效率，促进经济增长。

a 此外，人们还认为，单一货币将会促进政策趋同。由于各国不能再竞相进行货币贬值，它们将被迫进行艰难的改革。由于改革将推动所有国家向同一方向前进，欧元将产生趋同。忠实的支持者更进一步认为，货币联盟最终将带来政治联盟。其实，对他们而言，这才是关键所在。即便是缺乏政治联盟，单一货币也会拉动经济联盟。结果是，单一货币政策用于所有国家的危害将不再令人担忧，单一货币政策的确能够适用于所有国家。

7 年时间，已经产生了一种趋同。欧元区的长期利率是大体相同的：各国长期利率都趋同于德国的长期利率。有些国家（如爱尔兰和西班牙）出现了经济赶超（收入和财富的趋同），尽管这也许与欧元本身没有多少关系。财政政策也已经趋同，尽管意见并不一致。

但是，经济绩效并没有出现趋同……几乎没有任何迹象表明，经济
b 周期会出现更紧密的一致性。

简言之，欧元提供了货币稳定性，但在促进经济增长、提供就业或推动改革方面的作用微乎其微。作出欧元彻底失败的结论还为时尚早。很明显，最重要的是经济体的实质面（经济增长、就业、市场），而非那些决定国家是否可以加入欧元，以及一旦加入后如何去做的稳定性名义指标（通货膨胀、预算赤字）。

c 一个重要的经验是，具有灵活性的经济体（如爱尔兰和英国）才能得以成长，而不论它是否加入欧元。即便是加入了欧元，失去灵活性的经济体也可能夺回失去的竞争力，当然这需要花费很长一段时间，并且付出高昂的代价。因为这些经济体必须多年保持单位劳动力成本增长低于平均水平。

新闻分析

533 伴随着 1999 年欧元的启动，欧洲货币联盟的扩大带来了对欧元区经济快速增长与繁荣的预期。然而，一些经济学家警告说，货币联盟有好处，也有代价。代价包括国别货币政策的丧失和财政政策的受限。好处

则来自贸易增加、货币兑换成本降低和汇率风险降低所带来的潜在利益。然而，截止到2006年秋，欧元的表现令人喜忧参半。

a. 很多人认为，欧元的另一个好处是将会带来欧洲的政治趋同。由于欧洲国家实行同一货币政策，人们相信在单一财政政策上也会很容易达成一致，进而可以达成其他政治协议。但在2005年夏，法国和荷兰的投票者否决了本可能带来欧洲政治趋同的《欧洲宪法》。一些分析家认为，法国和荷兰加入欧元后，其经济绩效低于预期水平，使得它们否决了《欧洲宪法》。

b. 一些经济学家认为，由于欧元区的所有国家实行同一货币政策，欧元能够带来同一的欧洲经济周期。然而，欧元区国家的经济绩效差异很大。自1999年以来，爱尔兰的出口显著增加，但意大利的出口只有小幅增加；西班牙的经济增长强劲，而葡萄牙的经济增长疲弱。作为欧元区两个最大的经济体，法国和德国的经济增长乏力，而作为欧元区之外最重要的欧洲经济体，英国则经历了强劲的经济增长。

c. 欧元也许会降低汇率风险，降低欧元区国家间的货币兑换成本，但不会改变欧洲经济体所面临的基础结构性挑战。汇率稳定是一个合意的目标，但它不能被看做解决市场可能面临的所有经济问题的灵丹妙药。

更进一步的思考……

欧元区需要如何有序地改变条件，以使英国也可以加入其中？说明理由。

资料来源：节选自“Euro Blues：A Solid Currency，Maybe，but a Shame About the Economic Performance，” *The Economist*，April 29，2006，p. 58 © 2006 The Economist Newspaper Limited。

第6篇 金融体系和宏观经济

本书最后一篇主要考察宏观经济：产出和价格水平是如何决定的，以及货币、金融市场和金融机构与经济之间是如何联系的。第23章首先考察货币市场的行为，它是由货币供给（第5篇）和货币需求决定的。这里，我们采用货币需求模型对个人和居民持有货币余额的原因进行阐释。

第24章和第25章是关键的分析章节，这两章提供了不同的方法来对金融体系与经济之间的关系进行建模和评估。第24章采用*IS–LM–FE*模型阐释资产市场上利率决定与商品服务市场上产出决定之间的联系。第25章则采用*AD–AS*模型来理解、评估和预测总需求和总供给变动对产出与价格水平的影响。

第26～28章主要考察货币政策影响产出和通货膨胀的方式。第26章将研究货币供给与产出之间的模型与证据，并且将其应用于最近的政策事件中。第27章考察金融体系的信息成本如何影响货币政策作用于经济的方式。第28章则考察通货膨胀的原因和结果，并阐释货币供给增长与通货膨胀之间的关系、通货膨胀给居民和企业带来的成本，以及货币政策能够降低通货膨胀的各种方式。

第23章　货币需求

538 本章通过考察货币市场行为来研究货币经济学和宏观经济。货币市场行为是由货币供给和货币需求决定的。在第5篇里，我们已经研究了货币供给的决定因素，本章则转向研究货币需求。首先采用货币需求模型解释个人和企业持有货币余额（即现金、支票存款及其紧密替代品）的原因，然后，采用货币需求模型来解释个人和企业的行为怎样引起经济中货币余额水平的增加或减少。

已知的货币需求决定因素来自上个世纪经济学家们的卓越成果。我们介绍的第一个模型是欧文·费雪建立的，他关注收入对个人货币持有量的影响。其后的经济学家把其他决定因素（如利率和金融创新）引入货币需求模型之中，我们将他们的理论加入费雪模型中。最后，我们构建了一个可以阐释当今经济中货币余额变化的模型。

我们采用个人和企业决定其意愿持有货币余额水平的行为，来展开对货币需求的研究。首先对适宜的货币余额度量指标进行定义，然后开始讨论交易动机，并构建一个模型来说明货币需求与人们为进行购买所需的货币余额之间的关系。接下来，我们转向资产组合配置动机，来证明人们如何在持有货币所得收益与持有其他资产所得收益之间进行比较。在这些简单模型的基础上，我们建立了包括货币需求全部决定因素在内的更为完整的模型。最后，我们将给出能够较好地解释现实中货币需求可察觉变化的理论模型。在随后的几章中，我们构建模型来解释货币、金融体系、产出和价格之间的关系。在这些模型中，货币需求是一个关键变量。

交易动机

如前所述，货币具有许多职能。它是交易媒介、价值储藏、记账单位和延期支付手段。在早期的货币需求理论中，经济学家仅将货币视为交易媒介，提出了居民和企业需要货币（通货、支票存款及其替代品）最明显的理由是用于进行交易，而这正是本节介绍的货币需求数量理论模型的前提。

在分析货币需求模型之前，我们要理解精确度量货币需求的一个术语，即真实货币余额。然后，我们分析货币需求的数量理论，了解该理论是如何解释真实货币余额的变化的。尽管基本的货币需求数量理论在
539 方向上是正确的，但它并不能完全地解释真实货币余额的实际变化。我们阐述该理论存在的问题，并对其进行了扩展，加入了居民和企业持有真实货币余额的其他动机。

真实货币余额

为了建立能够准确表示货币需求的方程式，首先需要一个能够代表人们为了进行交易而持有货币或（更准确地说是）货币余额的指标。我们在所有的货币需求模型中使用的术语是**真实货币余额**（real money balances），下面的例子说明了它是一个有效度量指标的理由。

例如，两个人正在对持有多少现金或支票存款进行决策。我们的兴趣在于他们每个人持有的现金余额所得的收益，而非其持有美元或其他货币的数量。因此，为了消除对某种特定货币的依赖，我们将考察在不同国家的两个消费者的行为，即美国人西奥多·克利弗和德国人冈德尔·哈斯克尔的行为。西奥多的现金余额用美元表示，冈德尔的现金余额用欧元表示。

假定 1.1 欧元的购买力等于 1 美元的购买力，即用欧元表示的商品价格比用美元表示的商品价格低。如果西奥多和冈德尔具有相同的货币余额，那么冈德尔持有的欧元数量则是西奥多持有美元数量的 1.1 倍。换句话说，冈德尔的名义货币余额是西奥多的 1.1 倍。因此，交易的货

币需求与价格水平成正比。

我们可以将这个观点扩展到经济中整个期间的货币需求。1965年，美国的价格水平不足现在的四分之一。毫无疑问，你的父母曾告诉过你，外出吃饭或者去看电影在多年以前是多么地便宜。事实上，为了进行同1965年同样水平的真实交易，每一个1965年美元至少等于现在的6美元，你持有的名义货币余额至少要在4倍以上。与西奥多和冈德尔例子中的情形一样，如果其他条件都不变，价格水平的提高会使得名义货币需求成比例地增加。

由于名义货币持有量的变动与价格水平的变动是成比例的，因此在货币需求方程式中，我们不能用名义现金余额来表达货币需求，理由是，该指标的价值会随着价格水平的变动而变动。我们必须使用真实货币余额，即经购买力变化调整的货币余额价值。如果用 M 代表货币供给，用 P 代表经济中的价格水平（即一组选定商品的美元价格），真实货币余额等于货币供给量除以价格水平，即：

$$\text{真实货币余额}=\frac{M}{P}$$

经济中的真实货币余额代表了货币持有量的购买力。

货币流通速度与对真实货币余额的需求

20世纪早期，耶鲁大学的古典经济学家欧文·费雪分析了真实货币余额与交易之间的关系。他提出了一个包含**货币流通速度**（velocity of
540 money）这一变量在内的货币需求模型。货币流通速度是指在经济体中1美元用于购买商品和服务的年平均次数。[1] 在货币流通速度方程式中，Y 是总产出或总收入，代表真实交易数量；$P\times Y$ 代表购买商品和服务的总支出，其中，P 是价格水平，M 代表货币数量。把总支出变量同货币数量结合起来，费雪将货币流通速度定义为：

$$V=\frac{PY}{M} \tag{23.1}$$

如果货币数量是3万亿美元，名义GDP为9万亿美元，那么货币流通速度等于3，即平均而言，1美元每年购买商品和服务的次数是3次。

将等式（23.1）两边同时乘以 M，得到

〔1〕 参见 Irving Fisher，*The Purchasing Power of Money*. New York：Macmillan，1911。费雪实际上使用交易而不是收入或产出来描述货币流通速度。国内生产总值（gross domestic product，GDP）之类的产出指标并不是对交易量的完美替代。购买资产（例如，长期国债、房屋或汽车）需要货币交易，但是这种购买并没有包含在产品或GDP中。年度交易量比GDP高出许多。所以，交易的实际速度要大于按照GDP除以货币量计算出的速度。

$$MV = PY \tag{23.2}$$

方程式（23.2）通常被称作**交易方程式**（equation of exchange），它表明货币数量乘以货币流通速度等于经济体中的名义支出。值得注意的是，交易方程式是一个恒等式，因此它总是成立的。这是因为我们定义等式（23.1）中货币流通速度的方法。我们不是通过观察得到流通速度，而是用总支出除以货币余额得出流通速度。

为了从等式（23.2）推导出货币需求理论，该理论阐述个人和企业的交易行为如何影响真实货币余额 M/P 的数量，我们将等式（23.2）改写为：

$$\frac{M}{P} = \left(\frac{1}{V}\right)Y \tag{23.3}$$

费雪假定货币流通速度 V 是一个常数，并提出真实货币余额的需求与交易水平成正比。[1] 因此，费雪将等式（23.2）变换成**货币需求函数**（money demand function），该函数将真实货币余额的需求与其基本决定因素联系起来。费雪把真实货币余额的需求归因于收入（作为交易的决定因素），并且把他对货币需求的解释称为**货币需求数量论**（quantity theory of money demand）。

把收入作为货币需求的决定因素是有道理的。为了开展日常交易，随着价格上升，居民和企业会增加其各自的名义货币持有量。真实货币余额的需求将如何变动呢？随着居民和企业真实收入的增加，他们通常会进行更多的实际交易。换句话说，高收入居民的购买量要多于低收入
541 居民的购买量。同样，每年 1 000 万美元销售额的大型百货公司与供应商、雇主和顾客进行的交易量要比年销售额 10 万美元的街角杂货店多得多。我们可从这些观察中归纳得出：公众的货币需求随着真实收入的增加而增加。对真实货币余额的影响是（如果其他条件不变），真实货币余额数量随着真实收入的增加而增加。

延伸思考

20 世纪 90 年代初期货币供给增长放缓：流通速度是肇事者吗？

为什么经济学家和政策制定者们把流通速度的波动看做一个问题呢？联储利用货币供给量和利率中间目标影响其最终目标，以控制通货膨胀并促进实际产出增长。流通速度不可预测的变化使联储更加难以利用货币供给量中间目标来实现其最终目标。20 世纪 80 年代，M1 流通速度的

〔1〕事实上，费雪考虑到了货币流通速度会随着时间的推移而提高，从而反映了支付方式的变化。货币流通速度的变化必须是可预测的，以保证等式（23.3）中货币需求函数是有用的。

显著不稳定使联储在 1987 年后不再将 $M1$ 作为中间目标。自那时起，联储开始采用通货膨胀指标并辅之以 $M2$ 作为中间目标。20 世纪 90 年代初期，联储没能实现 $M2$ 的增长目标。联储设定的 1992 年 $M2$ 年增长目标范围为 2.5%～6.5%，而联储只实现了 1.5%的增长，1992 年是联储连续第三年没能实现其目标增长率的下限。许多分析人士和政策制定者指责联储没能实现其货币增长目标，进而使经济走出衰退的复苏步伐缓慢。

联储采用 $M2$ 指标是因为它与名义 GDP 具有可预测的相关性。1959—1989 年间，$M2$ 的流通速度（名义 GDP 除以 $M2$）是稳定的。20 世纪 90 年代初期，$M2$ 与名义 GDP 的相关性被打破。1989—1992 年间，国库券和其他短期证券收益率的下降比 $M2$ 资产利率的下降要快很多，从而降低了持有 $M2$ 的机会成本。机会成本的下降本应该增加货币需求并降低流通速度，但流通速度却基本上没有变化。

究竟发生了什么事情呢？$M2$ 增长率的降低主要可由小额定期存款数量的下降来解释，而这一下降部分是由于关闭那些薄弱的储蓄贷款机构所致。此外，商业银行定期存款的下降是因为银行调整小额定期存款的收益率往往比调整支票和储蓄账户的收益率更加迅速。结果，持有支票存款（$M2$ 的组成部分）的机会成本变动与持有小额定期存款（$M2$ 的另一组成部分）的机会成本变动不一致。因此，货币流通速度不稳定。

自 1994 年初到 1995 年初，流通速度的波动同样使得 $M2$ 增长低于预期水平。到 20 世纪 90 年代末期，联储考虑到流通速度变动的不确定性，不再强调将 $M2$ 的增长控制在目标范围之内。2006 年，欧洲中央银行一如既往地强调货币增长目标，而联储则继续致力于寻找修正 $M2$ 的途径，以改善其实现货币增长中间目标和货币政策最终目标的能力。

货币流通速度与时而变

网页推荐：
http：//www.gpoaccesss.gov/indicators/browse.html
可以获得经济顾问委员会提供的名义收入和货币量的信息。

费雪理论的一个关键假定是，货币流通速度固定不变。在费雪生活的那个年代，经济数据并不像现在这样能够精确地度量。所以，他关于流通速度的假定是无法检验的。而现在，则是可以检验的。经济学家通常用名义收入（GDP）来研究交易量，我们可以从诸如《联邦储备公报》和总统经济顾问委员会《总统经济报告》之类的资料来源中得到有关货币持有量和名义收入的数据，并用这些数据计算货币流通速度。图 23—1 显示了自 1914 年联邦储备体系成立以来，货币（用 $M1$ 和 $M2$ 来度量）流通速度的年度变化百分率。从图中可以发现，流通速度并不是固定不变的，即使在短期内也是如此。在 20 世纪 40 年代末以前，$M1$ 和 $M2$ 的流通速度显著地波动，在一些时期增高，而在另一些时期下降。

例如，伴随着 20 世纪 20 年代初、30 年代以及二战期间的经济衰退，
542 流通速度一直下降。从 20 世纪 40 年代末到 1980 年左右，M1 的流通速度偶尔下降，但也并不总是增高。20 世纪 70 年代，一些经济学家指出，只要将货币流通速度的趋势考虑进来，货币数量论仍然能准确地反映名义 GDP 与货币之间的关系。

但是，正如图 23—1 所示，M1 的流通速度在 20 世纪 80 年代显著地下降。针对货币流通速度和真实货币余额需求的变动，经济学家提出了两个理由：金融创新和利率的变动。20 世纪 80 年代，M1 中加入了附有利息的支票存款替代品，在不同的名义 GDP 水平下，M1 的需求增加了，货币流通速度却因此降低了。20 世纪 80 年代初，非货币资产的利率降低也在一定程度上增加了货币相对于其他资产的需求，这意味着流通速度下降。另外，在 20 世纪 90 年代，银行的转换机制（sweep programs）日益重要，降低了 M1 的需求。按照转换机制，支票存款被转换成回购协议（通常为隔夜）或货币市场互助基金份额。自 20 世纪 50 年代初以后，M2 的流通速度总体上更为稳定，但在 20 世纪 90 年代初，M2 和名义 GDP 之间的稳定关系开始被打破。

货币流通速度的波动如何改变费雪模型的预测力呢？除收入之外，还有其他因素影响个人和企业持有真实货币余额，支付体系因素、利率变化和资产组合配置决策是最重要的因素。

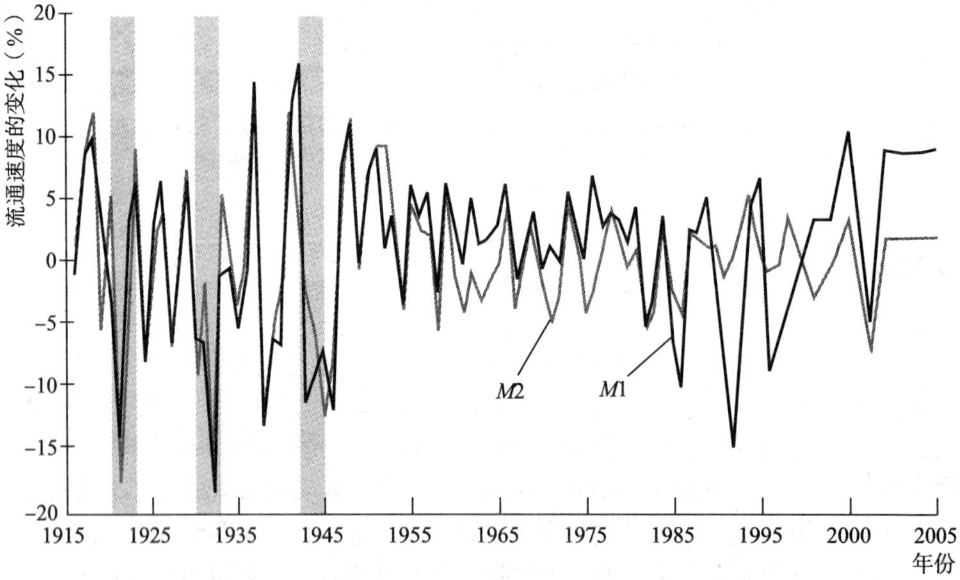

图 23—1　美国 M1 和 M2 流通速度的变化（较前一年变动的百分比），1915—2005 年

货币流通速度指标采用两个等式：(1) 名义 GDP 除以 M1；(2) 名义 GDP 除以 M2。货币流通速度不是固定不变的，即使在短期内也不是不变的。

资料来源：*Federal Reserve Bulletin* 和 Council of Economic Advisers，*Economic Report of the President*，各期。

支付体系因素 流通速度部分由个人进行的交易方式所决定，交易中的货币替代物被称为**支付体系因素**（payments system factors）。如果使用这些货币替代物购买商品和服务，将改变货币需求。例如，人们使用信用卡
543 或者自动提款机，则在当期消费中，需要更少的货币和支票存款。随着支付体系因素的增加，M1 的流通速度（PY/M）将提高。此外，如果货币使交易变得更加方便，那么公众将需要更多的货币用于满足当前的支出。例如，如果信用卡公司对每次刷卡征收 1 美元的费用，也许你会更少地使用信用卡进行交易，而更多地携带现金，于是货币余额就会上升，货币流通速度就会下降。支付体系因素的变化是随着金融创新的决定因素变化而变化的，这些决定因素是金融服务需求的变化、金融服务提供成本的变化以及金融监管的变化。

利率的变动 货币数量论等早期货币需求理论并没有将利率作为交易货币需求中的一个因素。在对货币需求理论的众多贡献中，普林斯顿大学的威廉·鲍莫尔和耶鲁大学的詹姆斯·托宾，建立了利率影响真实货币余额需求的模型。[1]

为了分析利率如何影响真实货币余额，假定斯坦利·萨福克每月收到 2 500 美元的工资支票，并且每个月他都将以平均的速率花掉这些货币（持有货币余额仅仅是为了进行交易）。对他而言，一个方法是在 30 天内，平均地从其账户中提款，于是他的月平均余额为 2 500/2 美元＝1 250 美元。在月末，斯坦利剩下 0 美元。当他再一次得到工资款时，这个过程会继续下去。对于斯坦利而言，当年的货币流通速度是他的收入 30 000 美元除以月平均余额 1 250 美元，等于 24。但是假定货币的利息收益为零，所以，他放弃了货币能赚取的利息。

为了获取利息收益，而不让资金闲置，斯坦利将他 2 500 美元工资的一部分，比如说 1 250 美元投资于国债，将利息收益增加到其可供支出的资金中。如果斯坦利投资 1 250 美元，那么他的货币余额在每个月中就是 0，而不是到月末才为 0。如果国债的利率是每月 0.75%，他每月可获得 4.69 美元（＝0.5×0.007 5×1 250 美元）的额外收入，每年则可获得 56.25 美元的额外收入。斯坦利不能直接使用国债进行支付，但是他可将国债转换成货币。这一策略是有成本的：将其他资产转换成货币的成本。因此，斯坦利需要在持有货币的收益和机会成本（以持有债券所能赚取的市场利率来衡量）之间进行权衡。图 23—2 说明这了这一权衡。

---

[1] 鲍莫尔和托宾的原创论文分别刊发于 1952 年和 1956 年。多年以后，哈佛大学的戴维·罗默（David Romer）扩展了鲍莫尔-托宾的分析模型，解决了货币与非货币资产之间的转换对经济产生的影响问题。William J. Baumol, "The Transactions Demand for Cash: An Inventory-Theoretic Approach," *Quarterly Journal of Economics*, 66: 545-556, 1952. James Tobin, "The Interest-Elasticity of the Transactions Demand for Cash," *Review of Economics and Statistics*, 38: 241-247, 1956. David Romer, "A Simple General Equilibrium Version of the Baumol-Tobin Model," *Quarterly Journal of Economics*, 101: 663-686, 1986.

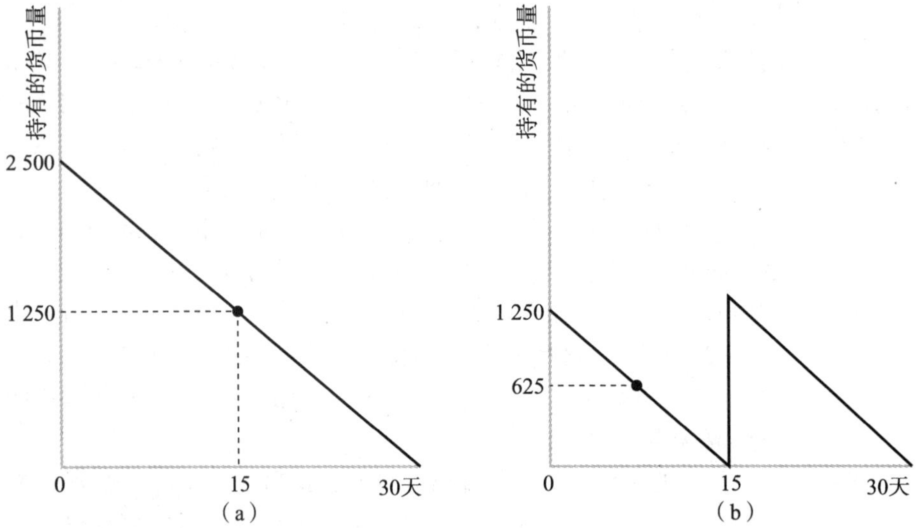

图 23—2　鲍莫尔-托宾模型中的利率和货币需求

在图（a）中，斯坦利在月初时持有的货币余额为其全部月收入 2 500 美元。每天，他支出其余额的 1/30。30 天后，其货币余额为零。斯坦利的月平均货币余额是 2 500 美元/2=1 250 美元。

在图（b）中，斯坦利月初时持有的货币余额为其月收入的一半，他将月收入的另一半投资于国债。每天，他支出其收入的 1/30，即其余额的 1/15。15 天后，其货币余额为零，同时，斯坦利卖出其持有的国债，将收回的资金作为货币余额。在 30 天后，他用完全部的货币余额。

鲍莫尔和托宾指出，这一权衡表明持有货币的交易动机取决于利率。市场利率提高会增加为交易目的而持有真实货币余额的机会成本。其结果是，个人持有更少的货币余额，货币流通速度提高。货币市场利率降
544 低会减少持有货币的成本。其结果是，个人将持有更多的货币余额，货币流通速度下降。所以，货币需求与市场利率负相关，但为进行交易而持有的货币余额的流通速度与市场利率正相关。鲍莫尔-托宾理论是机会成本这一经济概念的又一个应用，利率是持有真实货币余额的机会成本指标，利率的确影响了个人为进行交易而持有的真实货币余额需求。

资产组合配置决策　在一段期间内，货币流通速度也随着资产组合配置决策的改变而变动。因为货币既是交易媒介，也是一种资产，所以，货币预期收益的变化，或者与货币相关的风险、流动性或信息成本的变化都将改变居民和企业对现金余额的需求。

测试点拨

下面各项对真实货币余额的需求和 *M*1 的流通速度会产生怎样的影响？（a）金融机构为企业提供现金管理服务；（b）银行信用卡不再可以广泛地使用。

（a）现金管理允许更多的资产组合投资于非货币资产，由于人们更

加不需要持有货币，所以 M/P 的需求减少，V 上升。(b) 由于在交易中使用更多的现金，M/P 的需求增加，V 下降。

资产组合配置动机

545 仅依靠交易动机构建的真实货币余额模型并不能完全解释真实货币余额在现实中的变动。为了构建更准确的模型，费雪之后的很多经济学家在各自的货币需求模型中引入了其他持币原因。除了货币作为交易媒介以外，作为价值储藏的职能也使个人持有货币余额。但是，履行这项职能时，货币和其他资产要竞争成为价值储藏。个人和企业决定持有货币还是持有其他资产，这取决于货币和其他资产相比较得出的优缺点。分析至此，这种决定过程似乎都很熟悉，因为这是资产组合配置理论的另一个应用。

在本节中，为了预测个人和企业将持有的真实货币余额水平，需要引入两个真实货币余额需求模型，而且这两个模型都是既包括交易动机，也包括资产组合配置动机。我们首先考察对真实货币余额持有量产生影响的资产组合选择的决定因素，然后描述并比较经济学家约翰·梅纳德·凯恩斯和米尔顿·弗里德曼的理论。

收入和财富 以通货和支票存款形式持有的真实货币余额是必要资产，因此，拥有更多收入和财富的居民与企业不会同低收入居民和企业持有一样比例的，收益为零或收益较低的货币余额。高收入的个人可以保有高收益账户，他们可以很容易地把这些账户转为支票存款，大型企业也是如此。另外，企业可能会在银行具有信用额度，这就允许它们只需持有少量现金或支票存款余额便能开展交易。同样地，更高收入的居民也可使用银行信用卡（维萨卡或者万事达卡）。真实货币余额的需求随着真实收入的增加而增加，但增加是不成比例的。

预期收益 当居民和企业对货币资产收益进行评价的时候，需要考虑的不仅是货币余额的利息，还有货币的便利收益（convenience yield）。货币的便利收益是居民或企业为换取持有货币的低风险性而愿意牺牲的利息数额，他们持有货币就可以方便地用货币来进行交易，并且获得货币价值的信息成本也比较低。在其他条件不变的情况下，货币余额的利息增加或货币的便利收益增加都将使得居民和企业增加货币余额和货币需求量；货币余额的利息减少或货币的便利收益减少也都将使得居民和企业减少货币余额和货币需求量。因此，居民和企业会把非货币资产的预期收益与货币的预期收益（来自利息和便利收益）相比较，从而决定持有多少货币。

风险、流动性和信息　当个人和企业决定以货币形式持有其多少资产时，他们也会考虑持有货币的风险、流动性和信息好处。如果其他资产（如商业票据、债券或股票）的收益具有高风险性，储蓄者会将持有的这些资产转换成货币，增加货币需求。金融创新使缺乏流动性的资产形式，转变为具有流动性的资产形式，例如从债券或股票转换为一个支
546 票账户，或者从住房权益转换为信贷额度，使资金流动更加容易，降低了赋予货币流动性的价值。其他资产越具有流动性，关心货币外在利息收入（即对货币余额支付的利息）的储蓄者就越多。最后，一些个人认为持有货币的价值很高，原因是它可以匿名持有，参与毒品交易、逃税和其他非法活动的人更青睐通货，因为现金交易难以被发现。因此，货币需求可能还会受到非法活动规模或税法变化的影响。例如，2002 年国际货币基金组织估计，美国“地下”现金交易规模大约是其 GDP 的 10%，而转轨国家的地下经济规模是其 GDP 的 3 倍。

测试点拨

假定斯马特女士的总财富为 25 000 美元，其中 20 000 美元投资于收益率为 5%的国库券，剩下的 5 000 美元存到利率为 3%的 NOW 账户。斯马特女士支票存款的价值是多少？如果国库券收益率提高到 10%，情况又会怎样呢？

隐含的结论是，斯马特女士支票存款的流动性服务价值至少应为每年 0.02×5 000 美元，即 100 美元，而这些利息被放弃了。但是，如果国库券的收益率上升到 10%，斯马特女士可能会认为支票存款的流动性好处太贵了（每年放弃的利息为 350 美元），可能会减少其货币持有量，比如减到 4 000 美元。

持有货币的动机：凯恩斯流动性偏好理论

约翰·梅纳德·凯恩斯在 1936 年出版的巨著《就业、利息和货币通论》中，建立了一个包括资产组合配置动机的货币需求模型。尽管他认为交易动机对真实货币余额需求的变化有影响，但他的**流动性偏好理论**（liquidity preference theory）强调货币需求对利率变动的敏感性。

凯恩斯指出，个人和企业在比较非货币资产和货币时，采用投机性动机。这种行为是一个简化的资产组合配置决策的例子，凯恩斯假定个人在两种资产之间配置其财富，即货币和“债券”（代表其他全部金融资产），

假定债券的预期收益是由经预期资本利得或损失调整后的债券利率决定的。对于货币，则定义为货币和支票存款之和（M1），凯恩斯假定其收益为零。（在他著述的年代，通货的利率是零，支票存款也不支付利息。）

假定你推测债券的利率将下降，并因而期望从持有债券中获得资本利得，这样的话，你想减少以货币形式持有财富的数量，增加持有债券；但如果你预期利率将上升（因而预期债券有资本损失），货币的零收益也许会超过债券的潜在负收益。于是，你将增加持有货币，减少持有债券。因此，货币余额的需求与非货币资产的利率是负相关关系。[1]

547 除了持有真实货币余额的投机性动机之外，凯恩斯还提出了个人需求货币的其他两个理由：交易性动机和预防性动机。交易性动机是凯恩斯等先驱们在他们的模型中强调过的行为：为了进行日常交易而使用的货币。凯恩斯还提出个人会为支付未预期的交易而持有货币，他将这种行为称为预防性动机。

凯恩斯将这种动机引入其流动性偏好模型，提出货币持有量取决于真实收入 Y 和非货币资产的利率。用符号来表达，他指出，真实货币余额的需求 M/P 是真实收入 Y 和利率 i 的函数 L（代表流动性偏好），于是有：

$$\frac{M}{P}=L(Y,i) \tag{23.4}$$

由于真实余额的需求量随着收入和交易的增加而增加，即 Y 的增加使得 M/P 增大，二者是正相关关系。由于更高的利率使得持有货币的机会成本增加，进而减少货币需求量，即 i 的提高使得 M/P 下降，二者是负相关关系。

凯恩斯流动性偏好理论中真实货币余额与利率之间的负相关关系可以解释货币流通速度的波动。为了证明货币流通速度的变化，我们将等式（23.4）改写为：

$$\frac{P}{M}=\frac{1}{L(Y,i)}$$

如果将等式两边同时乘以 Y，可以得到：

$$\frac{PY}{M}=\frac{Y}{L(Y,i)}$$

但是 PY/M 等于货币流通速度 V（从等式（23.1）可以得到），所以

$$V=\frac{Y}{L(Y,i)} \tag{23.5}$$

〔1〕凯恩斯通过假定投资者预期利率回到某一“正常”水平来识别预期。如果利率高于正常值，个人将预期债券利率和资本利得下降（如果利率低于正常值，情况正好相反）。证据表明，与20世纪30年代相比，名义利率正常值的假定现在更不符合实际。

从这个方程式中可以看出，如果总收入变化或者利率变动，流通速度就会发生变化。

假定债券利率 i 上升，但总收入 Y 不变，由于持有货币的机会成本上升，你将用一部分持有的货币购买债券，对真实货币余额的需求减少。于是，等式（23.5）右边的分母将减小，货币流通速度提高。更一般地说，利率的波动引起货币流通速度的波动。

广义的资产组合因素：弗里德曼的货币需求模型

米尔顿·弗里德曼在 1956 年对货币需求提出了另一种解释。[1] 他并没有像凯恩斯一样将货币需求分成各个部分或动机，而是更普遍地依赖于资产需求的决定因素。

548 为了解释公众对货币的需求，弗里德曼考察了 $M2$，它是比 $M1$ 更广义的货币指标。根据资产组合选择的决定因素，他指出货币持有量取决于个人一生的预期平均收入 Y^*，他将 Y^* 称为永久性收入，并假定它是与财富成比例的。财富影响资产组合配置，当把资产组合配置动机加入模型中时，它也影响个人对真实货币余额的需求。为了比较货币和非货币资产的预期收益，弗里德曼提出这样的理论，即货币需求应该与持币机会成本的两个指标具有负相关关系：（1）金融资产的预期收益 i 与货币的收益 i_M 之间的差额；（2）由预期通货膨胀 π^e 度量的耐用品预期收益与货币的收益之间的差额。也就是说，弗里德曼的真实货币余额需求模型可以表示为：

$$\frac{M}{P}=L(Y^*,\ i-i_M,\ \pi^e-i_M) \tag{23.6}$$

在弗里德曼的模型中，真实货币余额的需求随永久性收入 Y^* 的增加而增加，二者是正相关关系。真实货币余额的需求随持币机会成本 $i-i_M$ 与 π^e-i_M 的增加而下降，与这两个因素都是负相关关系。

比较两个模型：凯恩斯和弗里德曼

凯恩斯和弗里德曼都把资产组合配置动机加入各自的货币需求理论中，但他们的模型却存在着差别。在弗里德曼理论中，货币需求取决于

〔1〕 Milton Friedman, "Studies in the Quantity Theory of Money: A Restatement," in Milton Friedman, ed., *Studies in the Quantity Theory of Money*, Chicago: University of Chicago Press, 1956.

居民永久性收入，所以货币需求对收入或财富的短期波动反应甚微。除此以外，凯恩斯仅仅考虑了货币和全部其他金融资产（统一以债券表示），而弗里德曼则认为可以在货币、债券、股权和耐用品之间进行资产组合替代。他的“预期通货膨胀”概念就包括了耐用品的收益，它们的名义价值随通货膨胀而升高，收益也随之变化。因此，根据弗里德曼的理论，如果居民预期通货膨胀升高（货币的收益因此降低），他们会把更多的财富投资于住房和耐用消费品，以抵消通货膨胀的影响。在这种情况下，真实货币余额将下降。最后，凯恩斯假定货币的收益是零。而在弗里德曼的模型中，货币的收益既包括明示的货币利息，也包括金融机构提供的服务，例如支票清算和支付账单。在弗里德曼的模型中，各种非货币资产的收益与货币收益之间的差额影响公众对真实货币余额的需求。但弗里德曼认为这些差额可能很小，这使得利率变化影响货币需求的希望渺茫。

解释货币需求

现在，我们将以上分析的持有货币的交易动机和资产组合配置动机综合在一起，建立一个包括交易动机和资产组合配置动机在内的公众真实货币余额需求模型。我们的模型包括下列关系：

1. 真实货币余额需求正向取决于交易水平，我们用真实收入 Y 来表示交易水平。如果你预期明年的购买支出将超过今年，那么通常你会持
549 有更多的货币余额。

2. 真实货币余额需求负向取决于支付体系因素 S，它提供了代替货币的支付方式。银行信用卡的广泛运用通常会减少货币需求。

3. 由于有许多货币替代物作为金融资产，原则上每一种资产的预期收益（经风险、流动性和信息成本的差额调整）都会影响货币需求。

因此，我们可以使用名义利率 i 代表非货币资产的预期收益。按照资产组合配置理论，在其他条件不变的情况下，真实货币余额的需求负向取决于其他资产的预期收益 i 与货币收益 i_M（包括便利收益在内）的差额。[1] 因此，如果国库券的收益率相对于货币余额的收益率上升，储蓄者则会减少货币持有量，转而购买国库券。由于财富将被重新配置到更高收益的其他资产上，货币需求量将下降。

---

〔1〕注意，我们本来应该讨论实际预期收益，即从 i 和 i_M 中减去预期通货膨胀，但 $i-i_M$ 的差额不受影响。

货币需求函数

把上述因素结合到流动性偏好模型中，我们就可以借此模型来预测美国和其他国家的货币需求。真实货币余额需求量是名义货币余额需求量 M_d 除以价格水平 P：

$$\frac{M_d}{P}=L(Y,\ S,\ i-i_M) \tag{23.7}$$

在等式（23.7）中，流动性函数用 L 表示，描述了真实货币余额需求是真实收入 Y、支付体系因素 S 和非货币资产的预期收益与货币的收益差额 $i-i_M$ 的函数。因此，可得出：

· 真实收入增加会提高真实货币需求量。

· 作为支付手段的货币替代物的可得性增加，会减少真实货币需求量。

· 持有真实货币余额的机会成本增加会减少真实货币需求量（且当市场利率相对于货币收益上升时，持有货币的机会成本上升）。

· 预期通货膨胀的增加使得持有货币的机会成本增加。如果当预期通货膨胀增加时，市场利率上升，高于货币余额的利率，则会减少货币需求。

等式（23.7）所表示的货币需求潜在地提供了真实货币余额随着时间的推移而变动的有用信息，而真实货币余额的变动是由真实收入变动以及货币与非货币资产的预期收益变动引起的。表 23—1 总结了货币需求的决定因素。

表 23—1　　货币需求的决定因素

550

……增加	引起货币需求……	原因……
价格水平 P	成比例增加	交易动机：价格水平提高一倍使得交易所需的美元数量也增加一倍
真实收入 Y	不成比例增加	交易动机：收入增加会提高交易量和对流动资产的需求
作为支付手段的货币替代物 S 的可得性	减少	交易动机：更多的货币替代物使得居民和企业节省货币持有量
非货币资产的利率 i	减少	交易动机和资产组合配置动机：其他资产收益的提高使得居民和企业将持有的货币进行转换
货币的收益 i_M	增加	资产组合配置动机：货币收益的提高使得居民和企业更愿意持有货币

度量货币需求

在度量真实货币余额的现实变化中，货币需求方程式的作用如何?为了将货币需求表达式即等式（23.7）与现实货币持有量联系起来，我们需要能够度量货币量。联储试图通过把流动性金融资产归类到货币总量中来解决这个问题。最狭义的货币总量 $M1$，反映了货币作为交易媒介的功能，包含通货和支票存款。广义货币总量如 $M2$ 和 $M3$，包括 $M1$ 的资产和流动性差的其他资产。为了试图估计货币需求关系，例如等式（23.7）所表达的那种关系，我们使用源自货币总量的其他货币定义。

把流动资产归类到货币总量中只是部分地解决了货币度量问题。货币总量被定义为各种未偿付资产的总和，每种资产具有相同的权重。监管和金融创新的变化影响了特定金融资产的流动性，这些变化意味着货币的准确度量指标也许只是联储官方度量指标的混合体。最近，经济学家建立起了加权总量（weighted aggregates），有时被称为迪维西亚总量（Divisia aggregates），它是根据资产的流动性来对资产进行调整的。例如，在迪维西亚货币总量中，以通货或支票存款持有的美元可以比以定期存款或储蓄存款持有的美元被赋予更高的权重。这些度量指标被很多学术型经济学家和联储使用，使货币需求模型更好地拟合数据。

即使经济学家能完美地度量货币需求，第二个问题仍然没有得到解决，即真实余额需求与等式（23.7）中的哪个决定因素具有紧密关系。金融经济学家通常用 $M1$ 或 $M2$、价格水平、真实收入、利率和预期通货膨胀数据来估计货币需求函数，如等式（23.7）。这样，他们可以在所有
551 其他决定因素保持不变的情况下，分离出货币需求或真实货币余额个别决定因素的局部影响。1973 年，普林斯顿大学的斯蒂芬·戈德费尔德（Stephen Goldfeld）指出，简单货币需求函数很好地拟合了当时的数据。

1973 年以后，这个模型的有效性问题开始浮现出来。在 20 世纪 70 年代，较高的名义利率使得人们需求具有流动性的货币替代物，金融体系通过金融创新对此作出回应。对于居民的需求，金融体系推出了具有流动性和附有利息的支票存款替代物（那时支票存款不付利息）；对于企业的需求，则推出了隔夜回购协议。由于这些附息工具的面世，以 $M1$ 度量的货币需求下降了。

20 世纪 80 年代初期，多项金融创新提高了 $M1$ 的流通速度。诸如可转让支付命令（negotiated order of withdrawal，NOW）和自动转账服务（automatic transfer service，ATS）之类的附息支票存款被纳入 $M1$ 的定义中，使 $M1$ 的需求大幅增加。20 世纪 80 年代后期和 90 年代，货币政策制定者更加关注对 $M2$ 余额的需求，因为居民开始更多地以货币市场

互助基金来持有其交易余额，而货币市场互助基金被纳入 *M*2 中，而非 *M*1 中。在 21 世纪，电子支付和电子商务中使用的“灵通卡”逐渐普及，减少了对传统货币余额的需求。

经济学家和政策制定者已经认识到，尽管解释简单货币需求函数中的这些改变是浅显易懂的（至少有事实依据），但是这些因素常常难以量化。金融体系与时俱进，不断地适应金融服务提供成本、需求和监管的变化。这些变化对货币需求的影响使得预测货币需求成为一项艰难的任务，其他国家进行货币需求预测的人们也面临着同样的难题。

博闻广识

迷失货币的情形

1973 年，普林斯顿大学的斯蒂芬·戈德费尔德用等式（23.7）试图测算出 M1 需求模型中每一变量的影响大小，他发现该模型非常合理地解释了数据。戈德费尔德的论文在 1973 年发表后不久，问题就出现了。1974 年底到 1976 年初，戈德费尔德的货币需求方程（基于等式（23.7））显著地高估了美国通货和支票存款的现实需求。换句话说，对于该时期价格水平、真实收入和利率水平的变化，以及 1973 年前戈德费尔德估计的关系而言，现实的货币需求太低了。[1]戈德费尔德把这一现象称为“迷失货币的情形”。此后，在 20 世纪 70 年代的其他时期，货币需求函数表现得更高一些。然而，在 20 世纪 80 年代，货币需求函数又几次低报了货币需求（主要是在 1982 年和 1985 年）。

如何解释简单货币需求函数的失灵？从理论上讲，等式（23.7）所描述的模型刻画了影响货币需求的关键因素，但在使用该模型时，分析人士必须作出实践上的让步。具体而言，代表支付体系变化的变量很难构建，因而通常被遗漏，但有时这些变化是非常重要的。当这些变量真的很重要时，简单货币需求函数就会估出不精确的预测。

[1] 参见 Stephen Goldfeld, “The Case of the Missing Money,” *Brookings Papers on Economic Activity*，3：683－734，1976。

关键术语和概念

交易方程式	支付体系因素	货币流通速度
流动性偏好理论	货币需求数量论	货币需求函数
真实货币余额		

总　结

554 1. 居民和企业持有货币资产的意愿表现为货币需求。货币需求是真实货币余额的需求，换句话说，名义货币余额需求是与价格水平成比例的。

2. 真实货币余额需求的主要决定因素是真实收入和持有货币的机会成本。真实收入水平提高会增加交易量，由此也增加了对货币作为交易媒介的需求。在货币和非货币资产的风险、流动性与信息特征保持不变的情况下，非货币资产收益相对于货币收益的增加会降低货币需求。

3. 早期的研究者，如著名的欧文·费雪提出了货币需求理论。在该理论中，流通速度（即 1 美元每年购买商品和服务的平均次数）是不变的。最终的货币需求数量论指出，真实货币余额需求仅仅取决于真实收入。美国的数据并不支持货币流通速度不变的假设。后来的研究人员提出利率影响流通速度和货币需求的理论。在这方面的研究中，最值得关注的是约翰·梅纳德·凯恩斯的流动性偏好理论，该理论为现代货币需求模型奠定了基础。米尔顿·弗里德曼提出了另一种理论，强调广义货币的稳定需求，该理论为现代货币需求模型奠定了另一个基础。

4. 货币需求、真实收入和持有货币的机会成本之间的关系也取决于支付体系因素，即货币的替代物作为支付和收款手段。相对于货币需求与真实收入和持有货币的机会成本的历史相关关系而言，这些因素的变化也能引起真实货币余额需求的变动。

5. 金融经济学家用美国和其他国家的数据估算了真实收入、利率和其他变量对货币需求的影响。这种相关关系在整个 20 世纪 70 年代早期的美国是十分稳定的，但是在 20 世纪 70—80 年代期间发生变化，这反映了支付体系因素的变化，也反映了金融放松管制带来的非货币资产流动性增加，以及货币资产利息收益的增加。随着货币需求的变化，货币流通速度（即名义收入与货币的比率）也发生了变动。

复习题

1. 真实货币余额与名义货币余额的区别是什么？

2. 谁可能持有更多的货币余额：年收入 50 000 美元的人，还是年收入 25 000 美元的人？说明理由。

3. 为什么交易方程式是一个恒等式？欧文·费雪作了怎样的关键假定把数量交换转化为货币需求理论？

4. 在美国，货币流通速度一直不变吗？说明理由。

5. 货币流通速度在各国间差异很大令人吃惊吗？说明理由。

6. 给出支付体系因素的定义，为什么这些因素对货币需求十分重要？

7. 费雪的货币需求理论与鲍莫尔-托宾的货币需求理论有什么重要差异？

8. 在下列情况下，货币需求会发生怎样的变化？

a. 非货币资产的风险上升；

b. 非货币资产的流动性上升；

c. 非货币资产的信息成本上升。

9. 在鲍莫尔-托宾的理论中，哪一种机会成本影响货币需求？

10. 如果你的收入加倍，你对货币余额的需求会加倍吗？说明理由。

11. 根据凯恩斯的流动性偏好理论，如果预期利率下降，货币需求将如何变化？

555 12. 根据流动性偏好理论，在经济衰退时货币需求将如何变化？在经济扩张时呢？在经济扩张和衰退时，货币流通速度又将如何变化？

13. 在弗里德曼的货币需求理论中，什么收入的概念是重要的？这个收入的概念是如何定义的？为什么这个概念使得货币需求的实证估计变得更加困难？

14. 如果货币的收益不变，为什么更高的预期通货膨胀会使得货币需求减少？如果货币的收益上升，但预期通货膨胀不变，货币需求会发生怎样的变化？

15. 什么是加权货币总量？为什么其运用效果比 $M1$ 或 $M2$ 等简单加总货币总量更优异？

分析题

16. 你曾被要求构建一个美国货币指标 $M1$ 和 $M2$ 的需求模型。讨论下列各项对这两个货币总量需求的影响？

a. 预期通货膨胀下降；

b. 反贩卖毒品和反逃税的法律措施加强；

c. 投资者预期在不远的将来股票市场价值将会大跌。

17. 假设一个经济体的真实收入是 6 万亿美元，价格水平是 1.0，货币流通速度恒定为 3.0。

a. 名义和真实货币余额需求量是多少?

b. 假定中央银行决定名义货币供给量为 2.5 万亿美元，价格水平将如何变动? 说明理由。

18. 如果名义 GDP 是 6 万亿美元，且货币供给的 $M1$ 为 1.2 万亿美元，货币流通速度是多少?

19. 假定你已了解了 20 世纪 30 年代初的经济事件，解释为什么货币流通速度在那些年代里急剧下降?

20. 在 1970—1980 年间，名义货币需求增加了 1 倍，但真实货币余额需求没有变动。

在这段期间，价格水平会如何变化?

21. 假定名义货币需求与名义收入成比例变动，如果真实收入上升 10%，真实货币需求将增加多少?

22. 假定 1 美元每年平均 4 次购买最终产品和服务，如果名义 GDP 是 6 万亿美元，那么货币供给量是多少?

23. 如果联储是基于货币流通速度不变的假定制定 20 世纪 80 年的货币政策，那么通货膨胀会比其实际水平高还是低? 说明理由。

24. 如果凯恩斯的货币需求理论是正确的，或如果弗里德曼的货币需求理论是正确的，哪种情况下，货币流通速度可能会更稳定? 说明理由。

25. 假定你有一个支付 3%利率的支票存款账户，你至少要在账户中一直存有 1 000 美元，你就能免于支付服务费。如果愿意的话，你可以将 1 000 美元存入货币市场基金，赚取 8%的收益。在这笔交易中，你必须被免收多少服务费才会对你有利可图?

26. 为什么在南佛罗里达和墨西哥边界附近地区货币需求比较高?

27. 假定流通速度提高，但收入并没有变化。根据凯恩斯的流动性偏好理论，你认为利率会如何变化? 说明理由。

28. 假定预期通货膨胀率上升 3%，货币收益率也上升 3%，非货币资产的收益率同时上升 3%，这会对真实货币需求产生什么影响? 如果预期通货膨胀率仅上升 2%呢? 如果非货币资产收益率上升 4%呢?

29. 假定计算机技术非常廉价，以至于再也没有必要使用现金或在无息支票账户中留存货币。计算机可以将你在银行存放的所有货币都作为投资基金，以使你的收益最大化。该系统有效地使银行存款转变为非货币资产。当出现这种金融创新时，你认为货币需求函数在刻画货币需求的能力上会发生怎样的变化? 如果出现这样的金融创新，货币的定义会发生怎样的变化?

556 30. 在纳什尼亚国，货币余额不被支付任何利息，居民和企业持有货币可以获得固定的便利收益，真实货币余额的需求是:

$$\frac{M_d}{P}=1\,000+0.25Y-1\,000i$$

a. 在纳什尼亚国，$Y=2\,000$，$P=100$，$i=0.10$。

求解（i）名义和真实货币余额；（ii）货币流通速度。

b. 采用 a 中的 Y、P 和 i 值作为初始条件，利率上升会对货币流通速度产生怎样的影响？真实收入增加又会对货币流通速度产生怎样的影响？

31. 利用本章推导出来的方法，至少对估计货币需求中存在的一个问题进行讨论。然后针对该问题对货币需求预测产生的影响，提出一种降低其影响的方法。

数据题

32. 在最新公布的《总统经济报告》中，找到最近三年名义 GDP 和货币供给量 $M1$ 与 $M2$ 指标的数据，计算每年 $M1$ 和 $M2$ 的货币流通速度。你能看出货币流通速度的变化趋势吗？如果能，是怎样的趋势呢？

33. 现金还为王吗？如果不是，对货币流通速度有什么意义呢？分析 CardTrak 在线提供的表格，见 http：//www.cardweb.com/cardtrak/news/2006/july/5a.html。2002—2006 年间，支付体系因素的激增对货币需求会产生怎样的影响？你认为什么因素可以解释借方交易相对于贷方交易的增加？在报告期内，现金交易的变化对货币余额和货币流通速度将产生怎样的影响？相反，见 http://www.federalreserve.gov/Releases/G19/Current/default.html 公布的《联邦储备消费者信用》报告，考察信用卡利率近来的变化。信用卡利率的变化与货币余额和货币流通速度之间有怎样的关系？

34. 在最新公布的《总统经济报告》（http：//www.gpoaccess.gov/eop/index.html）中找到过去三年的名义 GDP、货币供给 $M1$ 和 $M2$ 的年度数据。计算每年这两个货币总量的流通速度，你能看出货币流通速度的变化趋势吗？

理论联系实际

《经济学家》，2006 年 3 月 26 日

伊辛联系

552 过去 1 周所发生的两件大事加深了欧洲和美国在货币政策思想上的分化。3 月 16 日和 17 日，欧洲中央银行在法兰克福召开会议，表彰即将在 5 月退休的欧洲中央银行首席经济学家奥特马尔·伊辛（Otmar Issing）。大多数与会者赞同中央银行仍需观察货币供给的增长。1 周以后，美联储停止公布 $M3$ 这一广义货币指标，并声称 $M3$ 不能提供任何有用的信息。谁是对的？

伊辛是欧洲中央银行货币政策策略的构建者，他在构建工作中借鉴了德意志联邦银行的方案，此前他曾担任该行的首席经济学家。他坚持两个极具争议的观念，对流行的货币信条发起挑战。第一，他认为中央银行必须一直密切观察货币供给的增长；第二，中央银行有时需要逆资产价格泡沫而行。

将货币的角色放在第一位。如果询问非经济学家“什么是经济学？”时，他们经常会回答“与货币有关的所有事情”。然而，奇怪的是，大多数经济学家使用的标准学术模型却都忽略了货币……

然而，已故的米尔顿·弗里德曼的格言“无论何时何地，通货膨胀
a 都是一个货币现象”仍然得到事实的支持。长期来看，货币增长迅速的
国家都曾经历过较高的通货膨胀。既然如此，为什么中央银行（除欧洲中央银行外）如此不重视货币呢？

问题是，在短期内，货币供给与通货膨胀的联系是易变的，因为货
b 币需求的变动不可预测。英格兰银行的早期经历提供了一个很好的例子。装载贵重商品的船只何时到达伦敦的不确定性引起货币和信贷需求的未预期变化。很多因素会引起不确定性，如当船只驶进泰晤士河时风向和风速的显著变化等。因此，银行的大厅里有个天气风信标（现在仍在），以便对货币需求变化进行惊人精准的预测。令人遗憾的是，现在不再拥有这样的仪器。金融自由化和金融创新也扭曲了货币度量指标，使 20 世纪 80 年代初期风靡的货币定标难以实行。

但是，得出货币无关紧要的结论也是愚蠢的。纵观历史，货币快速
c 增长几乎总是带来通货膨胀上升和资产泡沫。这也正是伊辛先生在中央
银行家中几乎独自高举货币主义大旗的原因。

欧洲中央银行的货币政策策略有两大支柱：经济支柱，即采用一系列指标估算短期通货膨胀风险；货币支柱，即用以检测中长期风险。货币支柱曾引致欧洲中央银行外部的很多批评，它经常被认为是多余的（如果不是令人困惑的话）而被弃用。它最初旨在抵御中期通货膨胀风

险。最近，伊辛先生调整了该支柱，将其用来应对总是与货币过剩共存的资产泡沫。

新闻分析

553 奥特马尔·伊辛是欧洲最受尊敬的货币经济学家之一。从 1998 年 6 月到 2006 年 5 月，他出任欧洲中央银行执行委员会的成员，并被看做欧洲中央银行非官方的“首席经济学家”。他的角色是，掌管欧洲中央银行经济研究部，负责欧洲中央银行的经济预测工作，并向欧洲中央银行内部的决策委员会提交预测报告和政策选择。

a. 曾获诺贝尔经济学奖的已故的米尔顿·弗里德曼和伊辛一样，也是世界上最受尊敬的货币经济学家之一。他与美国国家经济研究局的安娜·施瓦茨合著的《美国货币史》堪称经典之作。弗里德曼和施瓦茨的研究证明了通货膨胀与货币供给增长的密切联系，后来的研究将弗里德曼和施瓦茨的研究扩展到不同时期的其他国家，得出了相似的结果。

b. 正如本章所描述的那样，预测货币需求是很困难的。因此，货币供给的变化会带来不同的结果，这取决于货币需求发生了什么样的变化。同样的货币供给增长，在某种情况下，会引起价格水平的迅速上升；而在另一种不同的情况下，却不会引起价格水平的变化。

c. 伊辛先生和他的支持者们认为，尽管货币需求很难预测，尤其是短期内，但长期的经验事实是相同的。如果货币供给迅速增加，资产价格或是一般价格水平也将会上升，这两个结果都是不合人意的。因此，伊辛先生认为应当采取措施确保货币供给不会过快增长。

更进一步的思考……

假定欧洲中央银行采取一种正式标定资产价格的政策，货币需求会变得更稳定吗？说明理由。

资料来源：节选自“The Issing Link,” *The Economist*，March 25，2006，p. 78.

第 24 章 联结金融体系与经济：*IS-LM-FE* 模型

557 从 1991 年末开始，联储降低短期利率以刺激经济从 1990—1991 年的衰退中复苏。特别是，联储希望通过降低购置资本资产的成本，鼓励企业投资于新的厂房和设备。随着产出的上升和经济的复苏，联储在 1994 年和 1995 年提高了利率以使产出稳定增长并减轻通货膨胀的压力。1998 年末，由于担心亚洲金融危机影响美国经济增长，联储降低了短期利率。2001 年和 2002 年，联储又降低了短期利率以减轻 2001 年美国经济衰退的严重程度。

联储如何知道利率会对产出产生影响的？金融体系参与者（指中央银行、在金融市场上融资的企业和寻求金融资产的储蓄者）的活动与整体经济的绩效之间有什么样的关系？

在本章，我们通过建立 *IS-LM-FE* 模型来回答这些问题，该模型把资产市场上利率的决定与商品和服务市场上产出的决定联系起来。与许多模型一样，*IS-LM-FE* 模型对经济作了许多简化。然而，它可以预测利率对产出的影响以及产出对利率的影响，这就使货币政策制定者能够洞察经济如何对政策变化作出反应。

在本章，我们首先描述构建该模型的假设条件，以及该模型对金融体系和经济所作的简化。除了构建模型，我们还考察该模型怎样让我们能够预测利率、产出和其他度量经济绩效的变量随着时间的推移所发生的变化。

商品市场和资本市场模型：假设条件

IS-LM-FE 模型是一个关于商品和服务市场以及金融资产市场的行为模型。在诸如美国这样的发达经济体中，这些市场是非常复杂的，每天交易数以千计的商品和服务，换手一系列的金融资产。商品市场上的供给方决定生产多少商品，购买方决定购买多少商品；金融市场上证券的供给方决定借入多少证券，证券的购买者则决定出让多少证券，以及如何配置他们的财富。在任何具体的市场（如苹果市场、汽车市场和国库券市场）上，价格会进行调整，以使市场参与者的需求量和供给量相等。

首先，我们作出如下简化：把注意力集中在商品市场和金融市场在某一时点上的均衡状态。考虑到不同市场间的相互作用，经济学家将所有市场同时处于均衡的状态称为**一般均衡**（general equilibrium）。

558 在我们的模型中，我们所作的另一个简化是，将所有单个商品和服务市场归入三个大类：(1) 商品；(2) 货币；(3) 非货币资产。**商品市场**（goods market）包括经济在某一时点生产的所有商品和服务的交易。我们把用作交易媒介的资产的全部交易归入**货币市场**（money market），这些资产包括通货、支票存款和现金的其他近似替代物。第三个市场是**非货币资产市场**（nonmoney asset market），包括除货币之外能够储藏价值的所有资产的交易。股票、债券、住房和其他非货币金融资产的买卖可归入此类。经济变化或政府政策会对商品服务市场和金融资产市场的价格产生影响，因而把市场分成这三个大类便于直接描述并图示出这些影响。

我们使用图示和方程来构建 *IS-LM-FE* 模型，我们使用两个变量来概括商品、货币和非货币资产市场的均衡。用 Y 代表当期商品和服务的产出，这个变量往往表示为国内生产总值（GDP），该指标度量经济活动的规模[1]；第二个关键变量是预期真实利率 r，该变量用来度量储蓄者的回报率和借款者的资金成本。

下面，我们分三步构建 *IS-LM-FE* 模型，这三步与我们对市场的分类，以及我们对商品市场和金融资产市场参与者行为的关注是协调一

〔1〕 回忆一下，Y 还有其他的含义。在第 23 章，我们也用 Y 代表总交易量。在本章，通过将 Y 视为总产出可以简化我们的分析。

致的。

1. 首先，我们考察当期产出的需求并且建立 *IS* 曲线。

2. 其次，我们考察企业供给当期产出的意愿并且建立 *FE* 曲线。

3. 最后，我们考察个人持有货币和非货币资产的意愿并且建立 *LM* 曲线。

当把这些曲线合并在一起时，我们就得到了一个可以图示说明经济均衡的模型，并且该模型使我们能够观察影响经济均衡的因素。利用 *IS-LM-FE* 模型，我们就能够预测货币政策的变化对产出和其他经济变量的影响。

IS 曲线

我们首先通过描述个人和企业的行为来展开对商品和服务市场的考察。我们考察个人消费或储蓄决策，以及企业资本设备投资决策。在这个过程中，建立利率和产出的关系，我们称之为 *IS* 曲线。

储蓄、投资和总需求

网页推荐：
http://www.gpoaccess.gov/indicators/browse.html
提供经济顾问委员会《经济指标》中的储蓄和投资总量数据。 559

首先，建立一个表示封闭经济商品市场处于均衡状态的方程，之后放松封闭经济的假设，将我们的分析拓展到一个从事对外贸易和对外投资的经济中。当商品市场均衡时，商品需求量等于商品供给量，以当期产出 Y 表示商品的供给量。在封闭的经济中，商品的需求量即总需求等于以下各项之和：

国民消费，C：居民想要消费的商品和服务数量（C 是居民商品和服务支出的度量指标）；

国民投资，I：企业对资本品的投资需求数量（I 是企业资本商品支出的度量指标）；

政府购买，G：政府购买的商品和服务数量（G 是政府商品和服务支出的度量指标）。

当供给的当期产出与总需求相等时，商品市场处于均衡状态。

$$Y=C+I+G \tag{24.1}$$

稍后我们再会回到当期产出的供给上来。方程（24.1）两边同时减去 C 和 G，可得到：

$$Y-C-G=I$$

投资表示企业资本投资的增加。上式的左边即 $Y-C-G$ 表示居民和

政府在当期未消费掉的产出，即国民储蓄 S，因此，$Y-C-G=S$。当商品市场处于均衡时，国民储蓄等于投资，即

$$S=I \tag{24.2}$$

接下来的工作是找出个人和政府进行储蓄以及企业投资于资本资产的行为原因。这样的分析能使我们预测出经济中伴随着产出变化而变化的储蓄和投资水平，这一信息有助于构建商品市场的行为模型，也有助于那些想要鼓励储蓄和投资的政策制定者。如果政策制定者了解了个人储蓄和企业投资的动机，他们就能够设计出增加储蓄或投资额的计划。

国民储蓄的决定因素

决定国民储蓄的因素包括当期产出、居民消费、支出和政府购买。因而，为了确定国民储蓄水平，我们既要考虑居民的支出和储蓄决策，也要考虑政府的支出和储蓄决策。我们首先考察居民的支出和储蓄决策。

居民不仅考虑当期消费，也会考虑未来的消费支出。比如，你进行储蓄是为了支付你的教育费用、抚养家人、购买住房，或是积累退休金。决定居民储蓄的三个关键因素是当期收入、预期未来收入和预期真实利率。

当期收入 如果你的当期收入增加了（比如说你买彩票中了 5 000 美元），但你的未来前景却没有改变，那么你会做些什么？你可能把这笔收入的一部分用来购买一直想要的商品，比如说一台崭新的 CD 播放机。由于你也关心未来的消费，所以有可能把这笔额外收入的一部分储蓄起
560 来。因此，如果你的当期收入增加，你的消费和和储蓄都可能增加。如果你的当期收入减少，情况则相反：当期消费和储蓄都下降。这样的分析可以拓展到整个经济，这也就意味着，当总产出变化时，当期消费也会发生变化，但其变化幅度小于总产出的变化幅度。因此，如果当期产出增加，国民储蓄（$Y-C-G$）会上升，当期产出下降，国民储蓄也会下降。

预期未来收入 假定你的公司资助你去研究生院接受培训，这会使你在培训结束后有资格获得高薪职位。由于你预期会有更高的收入，因此你可能增加当前的支出。同理，如果你预期你的公司在下一年会降低你的薪水，你也许会降低当前的消费，以免将来捉襟见肘。对于整个经济而言，预期未来收入提高则会增加消费，如果当期产出不变，国民储蓄（$Y-C-G$）会降低。预期未来收入下降则会降低消费，如果当期产出不变，国民储蓄则会上升。

预期真实利率 预期真实利率指在金融体系中储蓄者期望从其借给借款者的资金中所获得的收益率。真实利率上升提高了你可用于未来消费的储蓄回报，同时也使你为支付未来消费所进行的储蓄更少。真实利率的降低减少了储蓄的回报，但要求你增加储蓄以满足既定的未来消费目标。现有的经验证据表明，居民储蓄随着利率的上升而增加，尽管这种效应可能并不大。

政府购买 政府购买（G）诸如军用装备、高速公路、教育和政府雇员工资之类的商品或服务，同样会影响国民储蓄。假定当期产出保持不变，政府购买的增加会降低国民储蓄，只是居民消费减少的幅度小于政府购买增加的幅度。证据表明政府购买增加，消费者并未相应等比例地减少其支出。也就是说，在其他所有条件保持不变的情况下，政府购买的增加会降低国民储蓄。

国民投资的决定因素

企业投资于资本资产会提高未来的利润。影响国民投资规模的两个主要因素是资本的预期未来盈利能力和预期真实利率。

资本的预期未来盈利能力 资本（比如从新技术或新发现中获得的）的预期未来盈利能力增加会增加企业的投资意愿（正如我们在第 6 章描述的那样）。公司税也会影响预期未来盈利能力。公司所得税的提高或新投资税收激励的降低均会降低企业在任何给定的预期未来税前盈利能力水平上的投资意愿。同样，公司所得税的下降或新投资税收激励的增加会刺激企业在任何给定的预期未来税前盈利能力水平上的投资意愿。

预期真实利率 当企业在对投资选择进行评估时，必须要权衡投资资金的其他可能用途，包括购买金融资产。预期真实利率代表投资资金的成本。因此，预期真实利率的提高会降低投资需求，因为企业若将资
561 金投资于其他资产会带来更高的收益。反之，预期真实利率的降低则会提高投资需求。

测试点拨

你和其他投资者刚刚建立了一家制药公司——生物药丸公司。如果《华尔街日报》报道说，联邦政府已经开始实施对新投资免税的举措，这条消息将对你的投资决策产生怎样的影响？

如果你的投资预期未来税前盈利能力不变，这个免税措施会降低你的资金成本，你应该增加对生物药丸公司的资本投资。

建立 *IS* 曲线

利用利率对投资和储蓄所产生影响的信息，我们可以建立一条曲线来显示当期产出的总需求怎样对利率的变化作出反应，这条曲线即 *IS* 曲线。它描述了商品和服务市场上的均衡，我们所构建的模型将金融体系与商品市场联系起来，这是该模型的第一部分。

为了建立 *IS* 曲线，我们首先要考察投资和储蓄与利率的关系。在图 24—1(a) 中，横轴代表国民储蓄和投资，纵轴代表真实利率（为简化起见，我们假定预期真实期利率和实际真实利率相等）。我们假定储蓄和投资的其他决定因素保持不变。于是，如果储蓄曲线向上倾斜，在其他条件不变的情况下，真实利率的提高会提高储蓄水平；而如果投资曲线向下倾斜，在其他条件不变的情况下，真实利率的提高会降低投资水平。

图 24—1(a) 显示出两个产出水平下的储蓄和投资：10 万亿美元和 11 万亿美元。随着当期产出的增加，储蓄也增加。因此，每一个当期产出水平对应着不同的储蓄曲线。当期产出从 10 万亿美元增加到 11 万亿美元时，储蓄曲线向右移动，从 S_0 移动到 S_1，由此，商品市场的均衡点从 E_0 移动到 E_1，真实利率则从 4%降低到 3%。

由于两个可能的当期产出—真实利率的组合使储蓄与投资均衡，图 24—1(a) 的两个均衡点就可以在图 24—1(b) 中画出。在图 24—1(b) 中，*IS* 曲线描绘了当期产出的总需求与真实利率之间的一般关系。*IS* 曲线上的每一个点都表示意愿的储蓄与意愿的投资相等，也就是说，*IS* 曲线代表了当期产出与真实利率的组合，这些组合使商品的需求量和供给量相等。*IS* 曲线向右下方倾斜，因为在较高的产出水平上，当期储蓄上升，而真实利率下降，以恢复商品市场的均衡。

不在 *IS* 曲线上的点则表示储蓄与投资不相等，对于相应的真实利率，商品市场没有处于均衡状态。考察图 24—2(a) 中的例子。当真实利率为 5%，而产出为 10 万亿美元时，储蓄超过投资，使商品出现超额供给，如点 1 所示。为了恢复商品市场的均衡，真实利率必须下降到 4%，即点 3 处。而当真实利率为 3%，产出为 10 万亿美元时，投资超过储蓄，使商品出现超额需求，如点 2 所示。为了恢复商品市场均衡，真实利率必须上升到 4%，即点 3 处。

562 图 24—2(b) 中的曲线反映了这样的模式。在点 3 处，商品市场处于均衡状态，因此，点 3 位于 *IS* 曲线上。而如点 1 这样位于 *IS* 曲线上方的点，则代表商品的超额供给。点 1 与点 3 处的当期产出相同，但利率更高一些。回忆一下，真实利率提高减少了意愿消费，增加了意愿储蓄，并降低了意愿投资。在 5%的真实利率水平上，商品需求量少于当期的商品产出量，也就是说，在点 1 处存在商品的超额供给。

像点 2 这样位于 *IS* 曲线下方的点则代表商品的超额需求。点 2 与点 3 处的当期产出相同，但真实利率更低一些。于是，消费增加，降低了储蓄，增加了投资，商品需求量超过当期产出量。

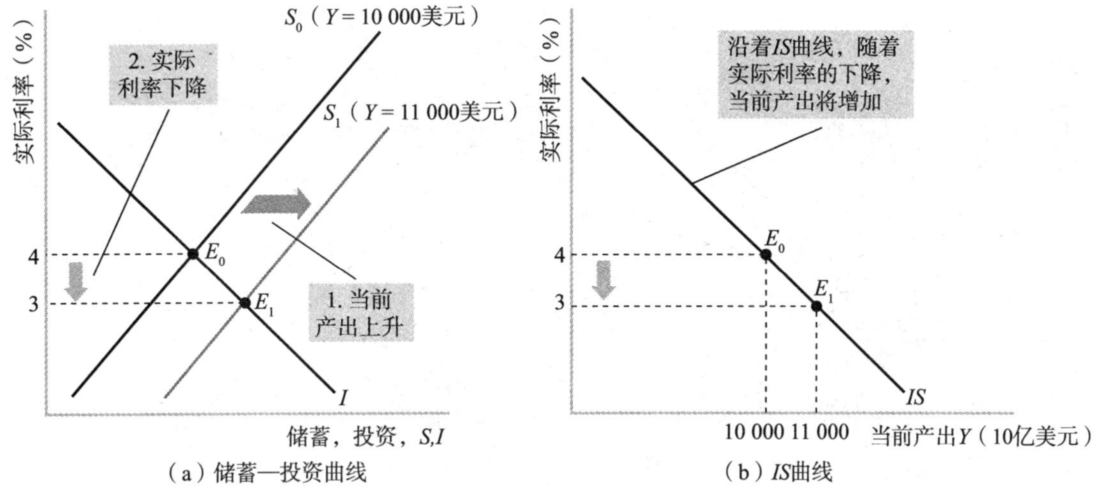

图 24—1　*IS* 曲线

如图（a）所示：

1. 当期产出从 10 万亿美元增加到 11 万亿美元，提高了当期储蓄，*S* 曲线从 S_0 右移到 S_1；

2. 储蓄提高使真实利率从 4%降低到 3%。

如图（b）所示：

IS 曲线向下倾斜，保持储蓄与投资相等；真实利率水平越低，当期产出水平越高。

开放经济的 *IS* 曲线

截止到目前，我们仍然假定商品市场的需求和供给仅限于国内的储蓄和投资。当在开放经济下储蓄能够进行跨国流动时，那么只有在一国意愿的国际贷出（或借入）与他国意愿的国际借入（贷出）相等时，商品市场才处于均衡状态。

为了理解国际资本流动性是如何影响诸如美国、日本或德国这样的大型开放经济的，注意国内储蓄（经济内部的资金来源）不需要等于国
563 内投资（经济内部的资金需求）。由于在开放经济中资本是跨国流动的，国内储蓄可以为国内投资或外国投资提供资金。

回忆一下，在一个大型开放经济中国内储蓄的增加会使国内真实利率下降（见第 6 章）。然而，如果更多的国内储蓄为国内外投资提供资

金，为吸收更多的国内储蓄，真实利率下降的幅度不必像封闭经济中那么大。同样，国内经济中的投资增加可以通过国内和国外的储蓄来提供资金。因而，为了恢复商品市场的均衡，真实利率上升的幅度也不必像封闭经济中那么大。在一个大型开放经济中，与封闭经济相反，当期产出需求的任何变化只需要本国真实利率更小幅度的变化。因此，大型开放经济的 IS 曲线比封闭经济的 IS 曲线更为平坦。（在本章的附录中，我们会分析这种差别。）

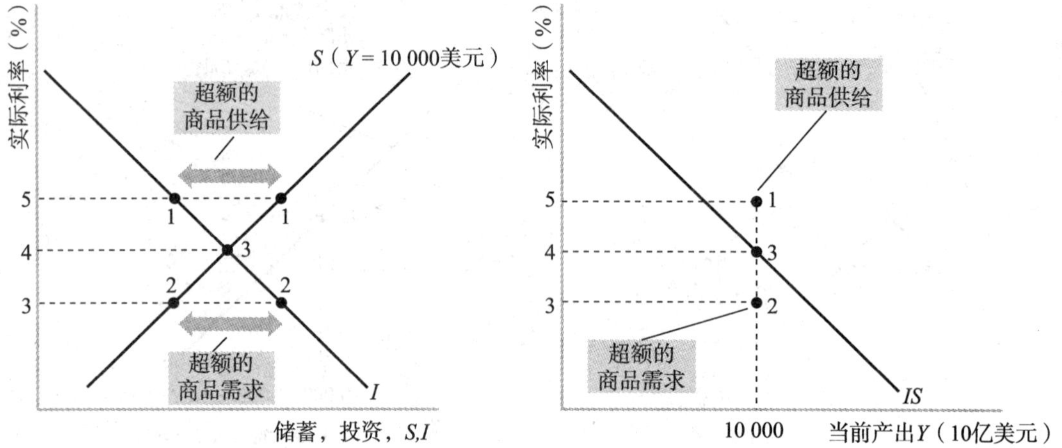

（a）储蓄—投资曲线　　（b）IS曲线

图 24—2　商品市场的超额需求和超额供给

如图（a）所示：

当意愿储蓄超过意愿投资时（如在点 1 处），存在商品的超额供给；当意愿储蓄低于意愿投资时（如在点 2 处），存在超额的商品需求；在点 3 处，意愿储蓄等于意愿投资。

如图（b）所示：

当存在商品的超额供给时（如在点 1 处），真实利率高于其均衡水平；当存在商品的超额需求时（如在点 2 处），真实利率低于其均衡水平；只有在 IS 曲线上的点（如在点 3 处）表示真实利率和需求的实际产出量均衡。

大型开放经济中更为平坦的 IS 曲线说明了金融市场一体化对经济产生的重要影响。图 24—1 表明，随着当期产出的增加，储蓄意愿也增加。在初始的真实利率水平上，商品供给超过需求。为了恢复商品市场的均衡，国内真实利率必须下降，以使商品的需求量提高到与供给量相等的水平。在开放经济中会发生同样的情况，但是商品市场和资产市场一体化使这种关系发生了变化。在封闭经济中，随着国内意愿储蓄上升，国内真实利率下降。然而，利率的下降（在一体化的资本市场上在国外也能感觉到这一下降）增加了国内和国外对本国商品的需求。因此，外国
564 的投资增加而外国储蓄减少，外国人增加其国际借款。这样，增加的国内储蓄中有一些流出到国外。

延伸思考

储蓄是跨国流动的吗?

我们对大型开放经济中 *IS* 曲线的讨论意味着，如果储蓄能够在国与国之间完全流动，则国内储蓄不必等于国内投资。储蓄会流向具有高预期回报率的国家，世界各国的预期回报率将会均等（经金融工具的风险、流动性和信息特征调整）。所以，如果一国的储蓄增加，而非其真实利率降低到世界利率水平之下（进而增加国内投资），会使一些多余的资金流到国外。

马丁·费尔德斯坦（Martin Feldstein）和查尔斯·赫瑞卡（Charles Horioka），使用 20 世纪 60—70 年代的数据检验了美国、日本和许多欧洲国家的储蓄和投资与总产出的关系。[1]他们估计，每 1 美元国内储蓄的变化将引起国内投资大致等量的变化，因此对国际资本流动性产生了质疑。但是，马丁·费尔德斯坦和菲利普·贝奇塔（Philippe Bacchetta）后来发现，在 20 世纪 80 年代，国内储蓄和投资的变化并不高度相关。[2]

最近的证据则表明，美国、日本和许多欧洲国家的经济是大型开放经济，国际借贷在金融市场上是很重要的。

[1] Martin Feldstein and Charles Horioka, "Domestic Saving and International Capital Flows," *Economic Journal*, 90: 314 - 329, 1980.

[2] Martin Feldstein and Philippe Bacchetta, "National Saving and International Investment," in B. Douglas Bernheim and John B. Shoven, eds., *National Saving and Economic Performance*, Chicago: University of Chicago Press, 1991.

在开放经济中，商品的流动是与储蓄的流动完全匹配的。一国将资金借给外国人，其经常账户余额（即进出口差额或净出口）会随外国人对本国商品需求的增加而增加。外国从本国借入资金，其经常账户余额则会随外国人对本国商品需求的增加而减少。在大型开放经济中，面对当期国内产出的增加，为了恢复商品市场的均衡，真实利率下降的幅度不必那么大。同样，面对当期国内产出的减少，为了恢复商品市场的均衡，真实利率上升的幅度也不必那么大。

我们对商品市场和金融市场国际一体化下 *IS* 曲线斜率的意义进行了分析，这一分析是针对诸如美国、德国和日本这样的大型开放经济的。小型开放经济中商品市场和金融市场也是与世界其他国家一体化的。然而，小型开放经济的商品和资本流入与流出量规模太小，不会对世界利率产生影响。所以，小型开放经济的 *IS* 曲线是位于世界利率 r_w 处的水平线，一个小型开放经济可以在国际资本市场上以这个真实利率水平进行借贷。在小型开放经济中，任何产出水平都是与均衡的真实利率水平相一致的。在关于经济均衡的图形分析中，我们采用的是大型开放经济的 *IS* 曲线。

测试点拨

假定马萨诸塞州的真实利率非常低，比如说是 0.5%。但加利福尼亚州的真实利率非常高，比如说是 10%。如果你是马萨诸塞州的一个储蓄者，你会怎么办?

你也许会把储蓄的一部分投资于加利福尼亚州，以期获得更高的预期回报。由于金融市场更加全球化，储蓄可能会流到国外以追求更高的回报。

IS 曲线的移动

对于每一当期产出水平，商品需求的增加或减少会改变均衡的真实利率水平，引起 *IS* 曲线的移动。真实利率水平的升降可能是意愿储蓄或意愿投资决定因素中某一个因素升降的结果，这些决定因素包括当期或预期未来收入、政府购买或资本的预期未来盈利能力。对于任何给定的当期产出水平，其中的一个因素上升都会通过提高真实利率来实现商品市场均衡，从而使 *IS* 曲线向右上方移动。例如，增加军费开支、美国汽车出口增加、居民储蓄意愿降低，或开发出一项重大的新技术可以生产一种有利于环境安全的塑料替代品，都会引起 *IS* 曲线的移动。对于任何给定的当期产出水平，这些因素中某一个因素的下降都会通过降低真实利率来实现商品市场均衡，从而使 *IS* 曲线向左下方移动。表 24—1 总结了解释 *IS* 曲线移动的因素。

表 24—1　　解释 *IS* 曲线的移动

565

……增加	移动 *IS* 曲线……	原因……
政府购买	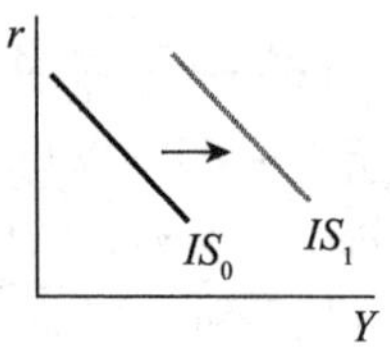	政府购买的增加提高了对当期产出的需求，为恢复商品市场的均衡，需要降低储蓄，提高真实利率。
外国对国内商品的需求	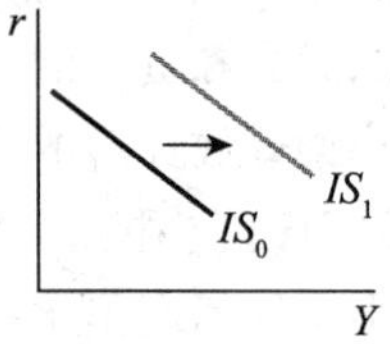	外国需求的增加提高了对当期产出的需求，为恢复商品市场的均衡，需要提高真实利率。

续前表

……增加	移动 *IS* 曲线……	原因……
居民意愿储蓄	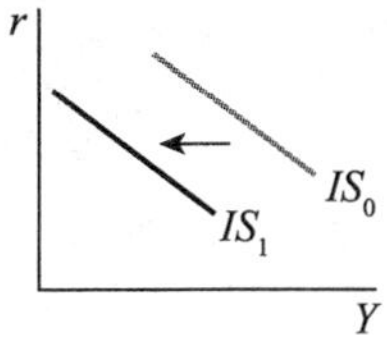	储蓄的增加降低了对当期产出的需求，为恢复商品市场的均衡，需要降低真实利率。
资本预期未来盈利能力	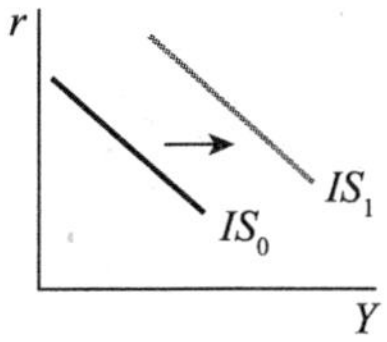	在资本具有较高预期未来盈利能力的条件下，企业希望增加投资，为实现商品市场出清，需要提高对当期产出的需求和真实利率。

决定产出：充分就业线

IS 曲线说明了实现市场均衡的当期产出与真实利率的组合。*IS* 曲线上的每一点都代表商品市场的均衡，但是我们却不能单独运用 *IS* 曲线
566 来找出商品和服务市场实际存在的当期产出水平。我们还需要另外一条信息：企业在商品市场上愿意供给的产出水平。**当期产出**（current output）的供给，即企业在任何特定的时点上的产出水平，是由以下因素决定的：（1）现有的资本存量；（2）可变生产要素，如劳动的使用。资本存量反映了前几年累计的投资，因此，我们假定资本存量是固定不变的，因为正在并入资本存量的新投资是供将来使用的。为了简化起见，我们假定可变要素的供给是固定不变的（稍后我们将考察当企业可以调整所有生产要素时的长期产出）。因此，当期经济中的**充分就业产出**（full employment output）是指在不考虑真实利率水平的情况下，使用所有可变生产要素所能实现的产出水平。它是一个常数，位于图 24—3 中的 Y^* 处，由此得出的垂直线被称为**充分就业线**（full employment (*FE*) line）。

IS 曲线和 *FE* 线的交点表示商品市场均衡。例如，假定商品市场均衡是由 10 万亿美元当期产出和 4%真实利率水平的组合来描述的（如图 24—3 所示）。当产出等于 10 万亿美元时，4%的真实利率确保意愿储蓄与意愿投资相等，原因是该点（$Y=10$ 万亿美元，$r=4\%$）在 *IS* 曲线上。

567 当期产出水平受现有生产要素的效率影响。资本或劳动的当期生产

率提高会使 FE 线向右移动。例如，如果每个人都决定在今年每时每刻都更努力地工作，当期生产率就会提高，FE 线就会向右移动。与之相反，未预期的石油价格上涨降低了耗能机器的生产率，FE 线向左移动。虽然预期未来生产率的变化会影响投资和 IS 曲线，但它们并不影响当期产出。只有已投入生产要素的生产率发生变化才会影响当期产出。表24—2 总结了解释 FE 线发生移动的因素。

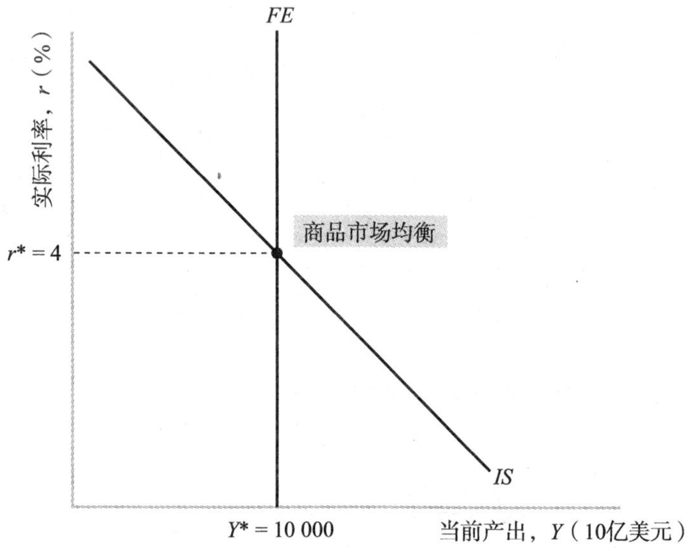

图 24—3　在商品市场上确定当期产出

假定现有所有生产要素都得到充分利用，商品市场的均衡产出水平为 Y^*，均衡真实利率水平为 r，使得储蓄和投资在产出水平上实现均衡。

表 24—2　　解释 EF 曲线的移动

变动……	移动 FE 曲线……	原因……
当期资本或劳动生产率提高	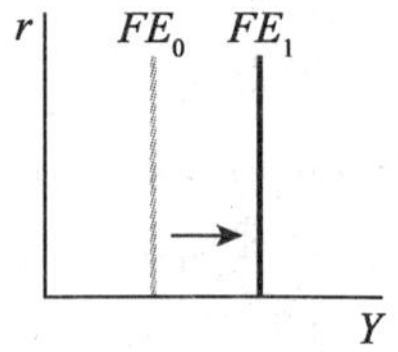	生产率提高意味着利用现有生产要素能够生产出更多的产出。
当期资本或劳动生产率降低	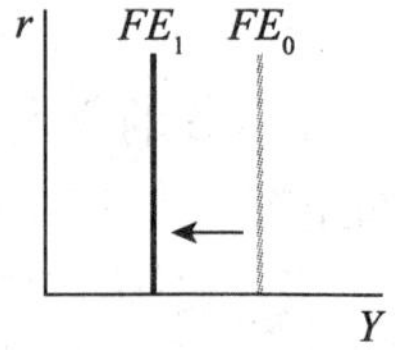	生产率降低意味着利用现有生产要素能够生产出更少的产出。

博闻广识

第一次海湾战争和“信心”

决定储蓄和企业投资的因素是建立在对未来的预期基础上的，在部分程度上可以解释为是消费者信心和对未来持乐观态度的反映。1990 年 8 月，伊拉克入侵科威特，以及随后 1991 年初的海湾战争对美国消费者和企业信心产生了不利的影响。消费者担心由于油价上涨可能会对其收入的购买力造成影响。事实上，密歇根大学的一项调查显示，1990 年下半年，消费者信心下降了 28%，并在战争结束后有所反弹。企业信心也下降了，削减存货投资，资本投资也有所减少。同时，美国政府增加了战争支出。这些支出的变化将如何影响总需求呢？

旧金山联邦储备银行的研究者发现，由于消费者信心下降，消费和投资的减少使得 IS 曲线向左下方移动，从 IS_0 移动到 IS_1；而政府购买支出的增加使 IS 曲线向右上方移动，从 IS_0 移动到 IS_2，如下图所示。分析人士认为，这两个方向移动的净结果是 IS 线向左下方移动，因为军事行动主要是使用现有的武器存量而不是花钱采购新武器。

牢记第一次海湾战争的经验，针对 2003 年美国进攻伊拉克所带来的影响，货币和财政政策制定者评估了相应的抵御措施。

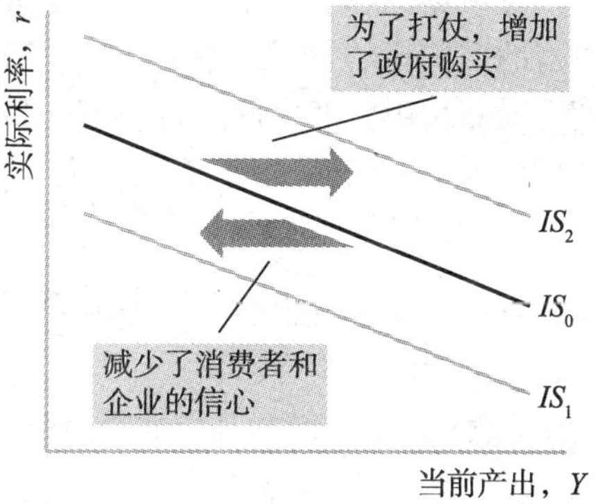

资料来源：“The Gulf War and the U. S. Economy，” Federal Reserve Bank of San Francisco *Weekly Letter*，September 13，1991.

测试点拨

568 **假定你在北密歇根州经营一家工具厂。如果接连几场暴风雪使工厂停产几周，你的企业使用厂房和生产设备生产产出的能力会受到什么样的影响？暴风雪对 FE 线会产生什么样的影响？**

如果工人无法上班，当期产出就会下降，将使你的工厂的 FE 线向左移动。气候变化、罢工和贸易争端都会像生产率冲击那样，使整个经济的 FE 线发生移动。

LM 曲线

我们要构建显示金融体系与经济之间相互关系的模型，接下来进行建模的第三步。在这一节中，我们将建立 LM 曲线，该曲线表示资产市场均衡时利率与产出水平之间的关系。

为了简化起见，我们将资产市场划分为货币市场和非货币市场，货币市场只有在非货币资产市场均衡时才能实现均衡。首先，我们建立起货币市场均衡与非货币资产市场均衡之间的联系，然后再考察货币市场均衡的条件。

资产市场均衡

货币资产和非货币资产（诸如股票和债券）为储蓄者提供了配置其财富的可选择的方式。举例来说，简·里奇必须决定如何将其财富 w 在货币和非货币资产之间进行配置。其货币余额需求 m_d，加上其非货币资产需求 n_d，等于其总财富 w，即：

$$m_d+n_d=w$$

每个居民和企业都将面临这样的资产配置决策。当总需求量等于总供给量时，货币与非货币资产市场处于均衡状态。因此，对整个经济而言，货币余额的总需求 M_d 加上非货币资产的总需求 N_d 等于总财富 W，即

$$M_d+N_d=W \tag{24.3}$$

从供给方面讲，总财富等于货币供给总量 M_s 和非货币资产供给总量 N_s 之和：

$$M_s+N_s=W \tag{24.4}$$

由于市场机制确保其实现均衡，即资产供给量等于需求量，我们就可以令等式（24.3）等于等式（24.4），于是，我们就得到两个资产市场之间的均衡关系：

$$(M_d-M_s)+(N_d-N_s)=0\text{，或}$$

$$M_d-M_s=N_s-N_d \tag{24.5}$$

当货币需求总量超过供给总量时，即 $M_d>M_s$，也就是说，公式的

569 左边是正值，表示货币的超额需求。当 $N_s > N_d$ 时，非货币资产的供给总量超过需求总量，产生非货币资产的超额供给。因此，公式（24.5）表明，在两种资产（货币或者非货币资产）中，对其中一种资产的超额需求就等于对另一种资产的超额供给。在均衡状态下，资产价格将进行调整，以消除货币市场的超额需求或超额供给。换句话说，这让等式（24.5）的左边为零。因此，等式（24.5）的右边也必须等于零。由此，只有当非货币市场均衡时，货币市场才会均衡。我们知道，在两个资产市场中，其中一个市场的均衡是与另外一个市场的均衡相关的。我们可以作出一个重要的简化：实现货币市场均衡的任何当期产出和真实利率的组合都意味着非货币资产市场也是均衡的，反之亦然。这一简化有利于将我们的注意力集中到货币市场均衡的决定因素上。

测试点拨

如果简·里奇对其以货币形式持有财富的比例感到满意，那么她是否对以债券和股票等非货币性资产形式持有其储蓄感到满意？

是的，她对真实货币余额的需求取决于非货币资产的预期收益。她对自有财富配置感到满意意味着她已经对持有货币的收益与持有其他资产的预期收益（经风险、流动性和信息成本差异调整）进行了比较。

建立 *LM* 曲线

网页推荐： http://federalreserve.gov/releases 提供联储发布的货币度量指标的信息。

从供给方面讲，真实货币余额供给量等于货币供给总量 M_S 除以一般价格水平 P，即 $(M/P)_s$，或 MS。真实货币余额需求为 $(M/P)_d$，或 MD。但货币需求取决于真实收入（或产出）Y、非货币资产的收益率 i、货币的利率 i_M 以及其他因素。因此，我们可以使用函数 $L(Y, i, i_M)$ 替代 $(M/P)_d$。当真实货币供给量等于真实货币需求量时，就实现了均衡，即

$$\left(\frac{M}{P}\right)_s = \left(\frac{M}{P}\right)_d = L(Y, i, i_M \cdots)$$

式中，L 为流动性偏好关系，它将真实货币余额的需求与其决定因素联系起来。

我们来进一步考察这些决定因素。变量 i 代表非货币资产的名义市场利率，它是基础真实利率 r（被认为是预期真实利率）和预期通货膨胀率 π^e 之和，即：

$$i = r + \pi^e$$

将名义利率 i 的这个表达式代入前面的表达式，可以得到

$$\frac{M}{P}=L(Y,\ r+\pi^e,\ i_M\cdots) \tag{24.6}$$

570 对于分析 r 和 Y 来说，等式（24.6）包含了太多的变量。假定等式（24.6）中的其他因素（名义货币供给量 M、价格水平 P、预期通货膨胀率 π^e 和货币的名义收益率 i_M）保持不变，我们就可以描述货币市场（进而非货币资产市场）达到一般均衡时，当期产出 Y 和真实利率 r 的组合。

假定经济中总产出为 10 万亿美元且真实利率为 4%，居民和企业对其各自的真实货币余额 M/P 感到满意，如图 24—4(a) 中的 E_0 点所示，即在这一点上货币市场实现均衡。如果真实产出增加到 11 万亿美元，等式（24.6）中真实货币需求量 $(M/P)_d$ 增加，货币需求曲线从 MD_0 移动到 MD_1。在其他变量保持不变的情况下，真实利率必须从 4%上升至 5%，以减少真实货币需求量，如图 24—4(a) 中的 E_1 点所示。

图 24—4(b) 表示货币市场均衡时当期产出与真实利率的组合，这一系列的点构成的曲线被称为 LM 曲线。它显示了等式（24.6）中表示的关系，即真实货币需求量（流动性偏好函数 L）等于货币供给量。由于为了使货币市场实现均衡，较高的产出水平必然要求较高的真实利率水平，LM 曲线向右上方倾斜。为恢复货币市场的均衡，真实利率上升的幅度取决于货币需求量如何对利率作出反应。因此，LM 曲线的斜率取决于真实货币余额的需求对名义利率 i 的敏感性。

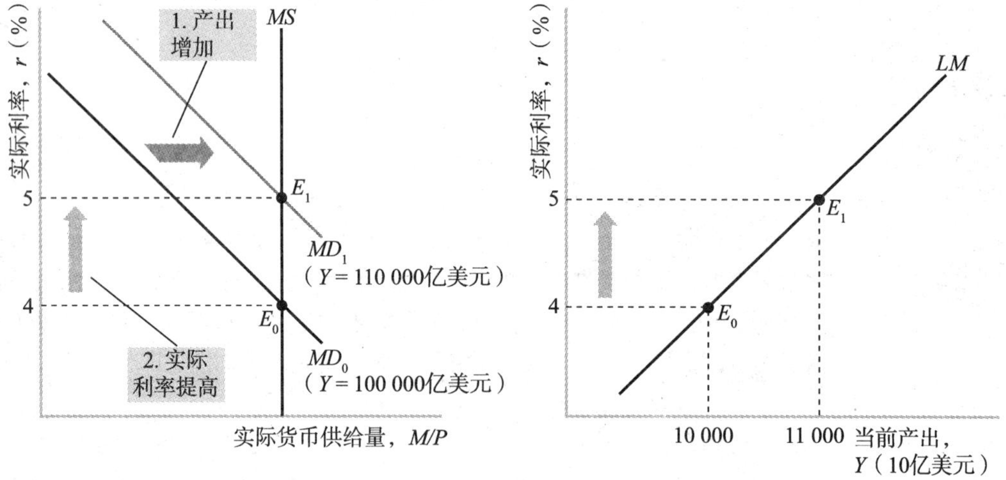

（a）货币市场　　（b）LM曲线

图 24—4　LM 曲线

如图（a）所示：

1. 当当期产出增加时，真实货币需求也增加。

2. 如果真实货币余额供给保持不变，当期产出的增加会提高真实利率。

如图（b）所示：

LM 曲线向右上方倾斜。为维持货币市场的均衡，较高的当期产出水平要求较高的真实利率水平。

571 当真实货币余额需求的利率敏感性较低时，如果产出变动，利率必须发生较大幅度的变动才能使货币市场保持均衡。由于对给定的产出变动，利率必须要有更大幅度的变动，因此 *LM* 曲线的斜率更为陡峭。如果真实余额需求对持有货币的机会成本完全不敏感，*LM* 曲线将是垂直的。相反，如果真实货币余额需求对利率具有敏感性，当产出增加带来货币需求变化时，真实利率只需要较小幅度的升高就可以恢复货币市场的均衡。在这种情况下，*LM* 曲线是相对比较平坦的。如果真实货币余额的需求对利率具有无限的敏感性，*LM* 曲线将是水平的。

总之，*LM* 曲线的斜率取决于货币需求的利率敏感性。如果货币需求对利率具有敏感性，*LM* 曲线则是相对平坦的；如果货币需求对利率缺乏敏感性，*LM* 曲线则是相对陡峭的。

在 *LM* 曲线上的任何一点，货币需求量都等于货币供给量。然而，与 *IS* 曲线的情况一样，只有在 *LM* 曲线上的点才代表资产市场均衡。为了理解其原因，我们来考察图 24—5(a)。当当期产出为 10 万亿美元且真实利率为 5%时，存在货币的超额供给，如点 1 所示。居民和企业使用其部分超额货币去购买非货币资产，引起非货币资产价格上升，利率下降，直到真实利率下降到 4%（即点 3 处）为止。与之相反，当产出为 11 万亿美元且真实利率为 3%时，存在货币的超额需求，如点 2 所示。居民和企业将出售非货币资产而增持货币，引起非货币资产价格下降，利率上升，直到真实利率上升到 4%（即点 3 处）为止。

图 24—5(b) 显示了 *LM* 曲线的这一变动过程。点 1 和其他位于 *LM* 曲线之上的点表示货币的超额供给和非货币资产的超额需求；点 2 和其他位于 *LM* 线之下的点则表示货币的超额需求和非货币资产的超额供给；在点 3 处，货币需求与货币供给实现均衡。

测试点拨

假定联储希望你持有不多于 1 000 美元的现金或无息支票存款资产。如果由于你的收入和交易量上升，你希望持有 1 000 美元以上的货币资产，那么联储怎样才能让你相信不要在你的钱包和支票账户中持有更多的货币？

如果联储能够提高其他金融资产的真实收益率，你将增加持有这些金融资产。此时真实利率上升的幅度取决于你的资产组合决策对利率变化的敏感性有多大。在你的 *LM* 曲线上，（总收入）Y 的增加伴随着利率 r 的上升。

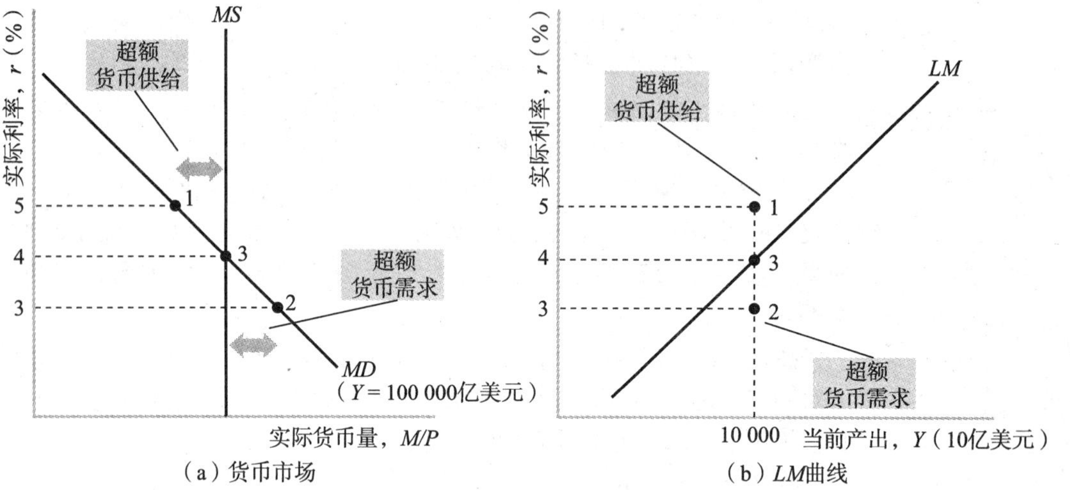

图 24—5　不在 *LM* 曲线上的点

如图（a）所示：

当真实货币余额的供给量超过需求量时（在点 1 处），存在货币的超额供给；当货币需求量超过货币供给量时（在点 2 处），则存在货币的超额需求；在点 3 处，货币市场实现均衡，此时真实余额的需求量与供给量相等。

如图（b）所示：

当存在货币的超额供给时（在点 1 处），真实利率高于其均衡水平；当存在货币的超额需求时（在点 2 处），真实利率低于其均衡水平；只有在 *LM* 曲线上的点（如点 3）代表资产市场均衡所要求的真实利率和产出的组合。

LM 曲线的移动

当我们分析 *IS* 曲线时，我们看到，除了当期产出和真实利率外，其他变量的变动会使 *IS* 曲线移动，这对 *LM* 曲线同样适用。引起 *LM* 曲线
572 移动的变量是等式（24.6）中的那些变量：名义货币供给量 M、价格水平 P、货币的名义收益率 i_M 和预期通货膨胀率 π^e。

真实货币余额供给的变化　真实货币余额（名义货币供给量除以价格水平）在 *LM* 曲线的推导中被当作是给定的。当真实货币余额供给量增加（比如当联储实施扩张性货币政策时就会出现这种情况）时，为实现货币市场的均衡，将会发生什么变化？为了恢复资产市场均衡，货币需求量必须以下面两种方式中的任何一种方式增加。在产出水平不变的情况下，真实利率的下降使选择持有货币更具吸引力，从而增加货币需求量。换句话说，如果预期通货膨胀保持不变，名义利率下降，以减少持有货币（而非持有非货币资产）的机会成本。如果真实利率保持不变，均衡产出水平的增加会增加真实货币余额的需求量。在上述任何一种情况下，*LM* 曲线都会向右下方移动。

当真实货币余额的供给量下降（如实施紧缩性货币政策）时，通过

减少货币需求量就可以恢复均衡。在产出水平保持不变的情况下，真实利率增加，可以通过降低真实货币余额的需求量来恢复货币市场均衡。
573 在真实利率保持不变的情况下，当期产出的下降会恢复货币市场均衡。在价格水平保持不变的情况下，名义货币供给量的增加将使 *LM* 曲线向左上方移动。

这些可能性解释了 *LM* 曲线的移动，它是由名义货币供给量的变动（在价格水平保持不变的情况下）所引起的。类似地，我们可以考察在名义货币供给量保持不变的情况下价格水平变动对 *LM* 曲线的影响。例如，由于能源价格下降引起价格水平回落，这会增加真实货币余额，致使 *LM* 曲线向右下方移动。同样，由于能源价格上涨引起价格水平上升，这会减少真实货币余额，使 *LM* 曲线向左上方移动。

货币名义回报率的变化 持有货币获得的名义回报增加或减少会改变货币需求，引起 *LM* 曲线的移动。回想一下，居民和企业在决定将其多少财富持作货币余额时，他们会比较货币和非货币资产的收益。尽管并非所有的货币资产都有利息（如通货就没有利息），但某些货币资产（如附息支票存款）是有息的。货币名义回报的增加（可以说是对支票存款的付息放松管制所产生的结果）将会对 *LM* 曲线产生什么样的影响？

我们假定决定货币需求的其他因素保持不变，i_M（货币的名义收益）增加会使货币余额相对于非货币资产具有更大的吸引力，真实货币余额的需求量将因此增加。为恢复货币市场均衡，需要提高真实利率。随着非货币资产的真实利率上升，非货币资产的名义利率相对高于货币的名义回报率，使得非货币资产对投资者的吸引力大于货币，于是减少了货币需求量。在任何产出水平上，通过提高真实利率，就可以恢复资产市场均衡。真实货币余额的名义收益下降使得非货币资产比货币对投资者更具吸引力，因此，货币需求量下降。为恢复货币市场均衡，名义利率必须下降。通过增加货币需求量，资产市场得以恢复均衡。

因此，在其他条件不变的情况下，货币名义收益的提高会使 *LM* 曲线向左上方移动；货币名义收益的下降会使 *LM* 曲线向右下方移动。

预期通货膨胀率的变化 回想一下，名义利率等于预期真实利率 r 与预期通货膨胀率 π^e 之和。预期通货膨胀率的上升或下降将改变与任何真实利率相关的名义利率，进而影响资产市场的均衡。

如果公众预期联储正在实施的政策将加速通货膨胀而使预期通货膨胀上升，情况将会怎样呢？如果真实利率保持不变，名义利率将会上升。在货币名义回报保持不变的情况下，非货币资产会对储蓄者更具吸引力，从而减少真实货币余额的需求。为恢复货币市场均衡，在任何产出水平上，真实利率都必须下降，以维持资产市场的均衡。

预期通货膨胀上升使得 *LM* 曲线向右移动，移动的幅度取决于预期通货膨胀上升的幅度。同样地，预期通货膨胀的下降使得 *LM* 曲线向左移动，移动的幅度取决于预期通货膨胀降低的幅度。表 24—3 概括了影响 *LM* 曲线的因素。

表 24—3　　使 *LM* 曲线移动的因素

574

……增加	移动 *LM* 曲线……	原因……
名义货币余额的供给 M_s	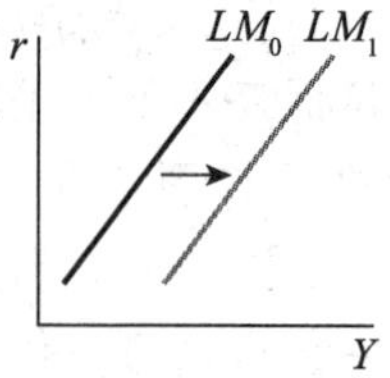	真实利率下降，增加任何产出水平下的货币需求。
物价总水平 P	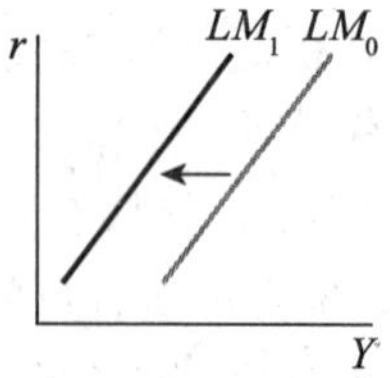	真实利率上升，减少任何产出水平下的货币需求。
货币的名义收益 i_M	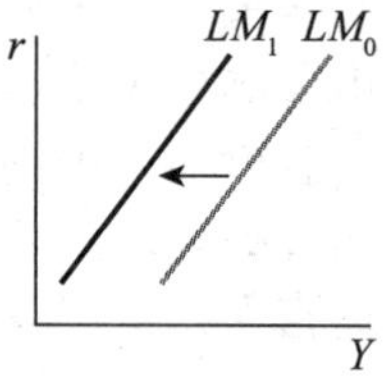	真实利率上升，减少任何产出水平下的货币需求。
预期通货膨胀率 π^e	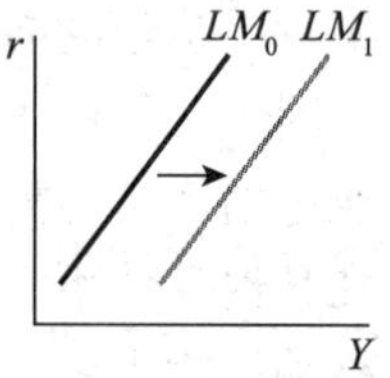	真实利率下降，增加任何产出水平下的货币需求。

测试点拨

假定银行借记卡和信用卡的广泛使用减少了任何特定收入和利率水平下的货币需求，如果货币供给不变，*LM* 曲线将如何变动？

由于货币需求下降，在任何特定收入水平下真实利率将下降，以鼓励公众持有供给的货币量，*LM* 曲线向右下方移动。

金融体系与经济：*IS-LM-FE* 模型

575 *IS-LM-FE* 模型中的每一条曲线都分别表示一种行为：利率变动对产出的影响、产出变动对利率的影响和当期产出的供给，我们现在试图解释这些行为。利率变化通过 *IS* 曲线影响产出，产出的变化通过 *LM* 曲线影响利率。*FE* 曲线代表经济资源充分就业条件下所能生产的当期产出量。在 *IS* 曲线和 *LM* 曲线的交点处，真实利率使得储蓄与投资相等，居民和企业对其资产在货币和非货币资产之间的配置感到满意。在 *IS* 曲线和 *FE* 曲线的交点处，当期产出水平与资源充分就业条件下的产出水平相一致。

当 *IS* 曲线、*FE* 曲线和 *LM* 曲线三条曲线交于同一点时，金融体系和商品市场同时实现均衡，如图 24—6 所示。这个均衡点确定了当期产出和真实利率水平。因此，均衡在使当期产出供给与当期产出需求相等的真实利率水平处实现。现在，我们来分析使 *IS* 曲线、*FE* 曲线和 *LM* 曲线发生移动的因素将如何改变这一均衡。

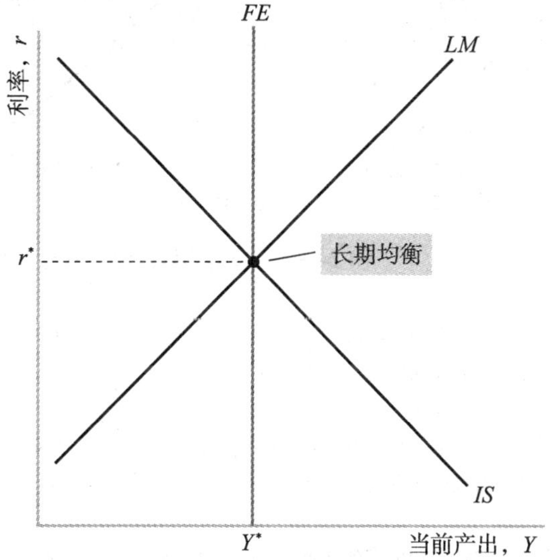

图 24—6　长期均衡的经济和金融体系

当真实利率 r^* 和当期产出水平 Y^* 的组合使得 *IS* 曲线、*LM* 曲线和 *FE* 曲线相交时，经济实现长期均衡。

利用模型来解释经济的均衡

IS 曲线、*FE* 曲线和 *LM* 曲线的移动会改变金融体系和经济的均衡。

我们举例描述每一条曲线的移动，之后，我们将考察政策制定者如何使用这一模型来分析金融体系和经济是如何恢复均衡的。

IS 曲线的移动 政府对商品和服务购买的变化会使 *IS* 曲线移动。假定总统和国会决定美国应该大规模增加军备，正如 20 世纪 80 年代初和 21 世纪头 10 年所发生的情况一样。在图 24—7(a) 中，E_0 是初始均衡点，政府购买的增加使 *IS* 曲线向右上方移动，从 IS_0 移动到 IS_1。注意，IS_1 曲线与 *FE* 曲线相交于 E_1 点，该点处的产出水平与 E_0 点相同，但该点处的真实利率较高。然而，如果预期通货膨胀和货币名义收益保持不变，则资
576 产市场不再处于均衡；*IS* 曲线与 *FE* 曲线的交点没有落在 *LM* 曲线上，表示存在货币的超额供给。此外，*IS* 曲线与 *LM* 曲线的交点 E_2 没有落在 *FE* 曲线上，因为隐含的当期产出水平要大于由 *FE* 曲线所表示的当期产出水平。因此，如果这三条曲线的决定因素都保持不变，则没有任何当前产出和真实利率的组合能使经济和金融体系的所有市场都实现均衡。

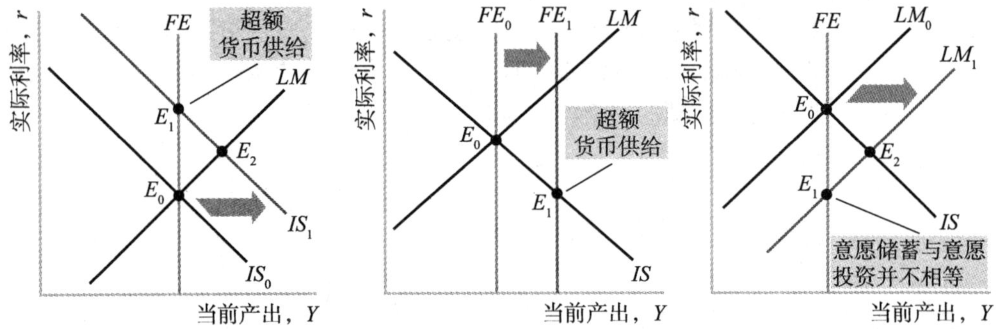

（a）政府购买增加　（b）当前生产率暂时性提高　（c）名义货币供给量增加

图 24—7　长期均衡的经济和金融体系

如图（a）所示：

在 E_0 点，经济和金融体系处于均衡状态。政府购买的增加使 *IS* 曲线从 IS_0 移动到 IS_1，*IS* 曲线和 *FE* 曲线相交于 E_1 点。但资产市场并没有实现均衡，存在货币的超额供给。

如图（b）所示：

在 E_0 点，经济和金融体系处于均衡状态。当期生产率的提高使 *FE* 曲线从 FE_0 移动到 FE_1，商品市场新的均衡点位于 E_1 点处。但资产市场没有实现均衡，存在货币的超额需求。

如图（c）所示：

在 E_0 点，经济和金融体系处于均衡状态。当联储增加名义货币供给量时，*LM* 曲线从 LM_0 移动到 LM_1，并与 *IS* 曲线相交于 E_2 点，但此点没有落在 *FE* 线上。*LM* 曲线和 *FE* 曲线相交于 E_1 点，但意愿投资和意愿储蓄并不相等。

FE 曲线的移动 假定经济最初在图 24—7(b) 中的 E_0 点实现均衡。能源价格下跌使生产率临时性提高，就像 20 世纪 80 年代中后期的情形一样。生产率的增加使 *FE* 曲线从 FE_0 右移到 FE_1，而 *IS* 曲线和 *LM* 曲线的位置仍保持不变。结果，*IS* 曲线和 FE_1 曲线相交于 E_1 点，资产市场不再均衡。在 E_1 点，真实利率太低，在当期产出、价格、预期通货膨胀和货币的名义收益水平上，无法维持资产市场的均衡，真实货币余额

的超额需求使资产市场偏离均衡。在 IS 与 LM 曲线的交点 E_0 处，其产出水平低于 FE_1 线决定的产出水平。

***LM* 曲线的移动**　若联储像 20 世纪 70 年代末期那样显著地增加货币供给量，会对金融体系和经济的均衡产生什么样的影响呢？假定商品市场和资产市场在图 24—7(c) 中的 E_0 点处实现均衡，名义货币供给量的增加使 LM 曲线向右下方移动，从 LM_0 移动到 LM_1。

577 于是，IS 和 FE 曲线的交点 E_0 不再代表资产市场均衡，因为 E_0 点位于新 LM 曲线的上方，它表示存在货币的超额供给。在 E_1 点，FE 曲线和新 LM 曲线相交，但商品市场并没有实现均衡，因为 E_1 点位于 IS 曲线的下方，在此点存在商品的超额需求。请注意，在 IS 和 LM 曲线的交点 E_2 点，意愿储蓄与意愿投资不相等，隐含的当期产出大于（由 FE 曲线代表的）实际的当期产出。因此，如果这三条曲线的决定因素都保持不变，则没有任何当前产出和真实利率的组合能使经济和金融体系的所有市场都实现均衡。

恢复均衡：价格水平调整

当三条曲线中的任意一条曲线发生移动时，经济和金融体系怎样才能实现均衡呢？我们分析过的那些变化会引起一些变量的变动。假定价格水平 P 是可变的且可以自由调整的，以回应这些变化。这一假设是否符合实际呢？这将取决于价格调整期间的界定。如果这个期间是 1 周，价格可变这一假设可能是符合实际的。但如果这个期间是 3 年，这一假设也许就更为准确了。在第 25 章中，我们将考察为什么价格在短期内可能是不可变的，揭示黏性价格是怎样影响短期均衡的。但在目前，我们仍然假设价格在长期内是可变的。下面我们回到先前分析过的 IS 曲线、FE 曲线和 LM 曲线的移动上来。

***IS* 曲线的移动**　前面讲过，由于军备增加引起 IS 曲线的移动，使得资产市场失衡，此时真实利率水平高于初始均衡时的真实利率水平。由于居民和企业持有货币的机会成本增加，他们将会使用超过其意愿持有真实货币余额的那部分货币去购买商品，使价格面临上升的压力。如图 24—8(a) 所示，较高的价格水平使得真实货币余额的供给下降，从而使 LM 曲线从 LM_0 移动到 LM_1，此时，IS 曲线与 FE 曲线相交于 E_1 点。

因此，在其他条件不变的情况下，如果价格是可变的，长期来讲，政府购买的增加不会对产出产生任何影响。但是，真实利率和价格水平都会上升，使真实货币余额的需求量等于供给量。对于任何预期通货膨胀率而言，较高的真实利率意味着较高的名义利率，且真实货币余额的需求量减少。

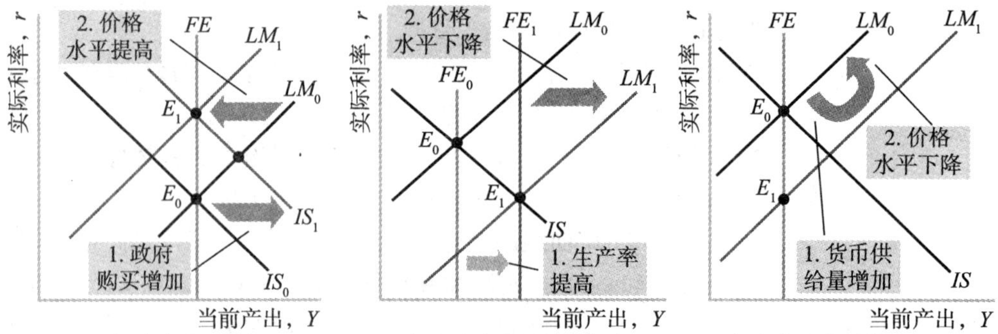

（a）政府购买增加　　（b）生产率暂时性提高　　（c）名义货币供给量增加

图 24—8　为恢复经济均衡而进行的价格水平调整

如图（a）所示：

1. 初始均衡点为 E_0，较高的政府购买使 IS 曲线从 IS_0 移动到 IS_1。
2. 价格水平上升，使 LM 曲线从 LM_0 移动到 LM_1，在 E_1 点处恢复均衡。

如图（b）所示：

1. 初始均衡点为 E_0，生产率的提高使充分就业线从 FE_0 移动到 FE_1。
2. 价格水平下降，使 LM 曲线从 LM_0 移动到 LM_1，在 E_1 点处恢复均衡。

如图（c）所示：

1. 初始均衡点为 E_0，名义货币供给的增加使 LM 曲线从 LM_0 移动到 LM_1。
2. 价格水平上升，使 LM 曲线从 LM_1 移回到 LM_0，在 E_0 点处恢复均衡。

较高的真实利率会增加私人储蓄，降低当期消费和投资。在一个封闭经济中，政府购买的增加会使私人消费和投资下降，这就是所谓的挤出（crowding out）效应。[1]

***FE* 曲线的移动**　在图 24—8(b) 中，E_0 为初始均衡点，充分就业的当前产出水平增加会产生真实货币余额的超额需求。在实现商品市场
578 均衡的真实利率和当期产出水平下，居民愿意持有更多的货币余额。商品的超额供给使得价格下降，较低的价格反过来又会增加商品的需求，增加居民持有的真实货币余额。LM 曲线从 LM_0 移动到 LM_1，使 IS 曲线与 FE 曲线相交于 E_1 点，资产市场恢复均衡。但此时的真实利率降低，当期产出提高。

因此，在其他条件不变的情况下，当期生产率的提高会使产出增加，降低价格水平和真实利率。对于任何给定的预期通货膨胀，较低的真实利率水平使真实货币余额的需求量增加；较低的价格水平将会提高货币余额的真实价值。[2]

***LM* 曲线的移动**　最后，前面讲过，联储增加名义货币供给量，使

〔1〕在诸如美国这样的大型开放经济中，真实利率上升会增加来自外国投资者的意愿放款，使得资本从国外流入国内经济中，结果，本国的经常账户余额恶化。换句话说，政府购买的增加会使得净出口下降。

〔2〕在诸如美国这样的大型开放经济中，真实利率下降会减少来自外国投资者的意愿放款，经常账户余额增加。

得 LM 曲线向右下方移动。这样的话，在图 24—8(c) 中的 E_0 点，居民和企业持有的货币余额超过了其意愿持有规模。在 LM_1 和 FE 曲线相交的 E_1 点，存在商品和服务的超额需求。如果居民和企业试图使用其过剩的真实货币余额在商品市场上购买额外的商品和服务，将会发生什么情况呢？如果商品的总产出在短期是固定的（由 FE 曲线代表），那么居民和企业增加支出不会增加产出，只会提高价格水平。

579 随着价格水平上升，真实货币余额下降，因为真实货币余额等于名义货币余额除以价格水平。真实货币余额的下降使 LM 曲线向左上方移动（从 LM_1 移回到 LM_0）。为了使所有的市场恢复均衡，必须提高价格水平，其提高幅度与名义货币供给量最初增加的幅度相同。经济和金融体系在 E_0 点处重新恢复均衡。

长期中的货币、产出和价格

货币供给量的变动会对均衡产生显著的影响。这一结论意味着，名义货币供给量以任何比率增加都会使价格水平同比率提高，而真实货币余额保持不变。货币对长期经济的这种稳定影响被称为**货币中性**（neutrality of money）。货币中性意味着名义货币供给量的一次性变动只对名义变量（例如名义产出或价格水平）产生影响，而名义货币供给量的一次性增加或减少不会对真实利率产生任何影响。

货币中性的概念是建立在价格是可变的这一假设基础之上的。前面讲过，货币中性的实现方式就是货币供给量增加而使价格水平相应地上升。在短期内，价格可变的假设是不符合实际的。许多经济学家相信，货币供给的变化在短期内肯定会对经济产生影响（正如我们将在第 26 章中证明的那样）。但是，经济学家普遍接受货币长期中性的观点。

在本章前面，我们描述了 20 世纪 80 年代、90 年代和 21 世纪头 10 年财政政策、货币政策和生产率增长的重大变化，现在我们可以用 *IS-LM-FE* 模型来分析这些事件。20 世纪 80 年代初和 21 世纪头 10 年初期军备开支激增，可表示为 IS 曲线扩张性地向上移动，形成产出和利率提高的短期压力。20 世纪 90 年代中后期，军备开支下降，同时出现联邦预算盈余，形成利率下降的压力。联储同期实施了两种重大的货币政策：始于 1979 年末的重大货币紧缩政策可由 LM 曲线紧缩性地向上移动来表示，形成利率上升和产出下降的短期压力。在 20 世纪 80 年代末、90 年代和 21 世纪头 10 年，联储反通货膨胀姿态的可信性增强，降低了公众通货膨胀预期。通货膨胀预期的下降可由 LM 曲线向下移动来表示，形成利率下降和产出上升的短期压力。最后，正如 1995 年以来一段时期所示的那样，生产率的增长可以由 FE 曲线向外移动来表示，提高产出水平。20 世纪 80 年代初，能源价格上升在短期内降低了生产率，*FE* 曲线向左移动，降低了产出水平。

关键术语和概念

当期产出	商品市场	货币中性
充分就业（*FE*）线	*IS* 曲线	非货币资产市场
充分就业产出	*LM* 曲线	一般均衡
货币市场		

总　结

582 1. 实现商品市场均衡的当期产出和真实利率组合形成了 *IS* 曲线。*IS* 曲线向下倾斜：较高的当期产出要求较低的真实利率，以使意愿储蓄等于意愿投资，从而实现均衡。

2. 改变均衡真实利率和相关特定当期产出水平的变量发生变化时，会使 *IS* 曲线发生移动。这些变量包括政府购买、国外对本国商品的需求、居民意愿储蓄和资本的预期未来盈利能力。

3. 充分就业（*FE*）线表示现有生产要素充分就业所提供的当期产出水平。假定它不受真实利率的影响。*IS* 曲线和 *FE* 曲线的交点表明了商品市场均衡的利率和产出。

4. 资产市场均衡是指货币市场和非货币资产市场的均衡。当这两个资产市场中的一个市场实现均衡时，另一个市场也实现均衡。实现货币市场均衡的真实利率和当期产出的组合图形就是 *LM* 曲线。

5. *LM* 曲线向上倾斜，因为货币需求与当期产出成正比，而与真实利率成反比。货币需求对利率越敏感，*LM* 曲线越平坦。

6. 改变真实货币余额供给和需求的变量会使 *LM* 曲线发生移动，这些变量包括名义货币供给量、价格水平、货币的名义利率和预期通货膨胀率。

7. 当金融体系和经济实现均衡时，*IS* 曲线、*LM* 曲线和 *FE* 曲线相交于一点，决定了均衡的真实利率和当期产出水平。当商品市场和资产市场同时实现均衡时，金融体系和经济处于一般均衡。当三条曲线没有同时相交时，价格水平进行调整，会引起 *LM* 曲线移动，以保持均衡。

8. 在长期均衡中，名义货币供给量的一次性变化只会影响价格水平，而不会对真实产出或真实利率产生影响。因此，只要价格水平是可变的，货币就是中性的。

复习题

1. 名义货币供给量的增加如何影响 *IS* 曲线、*LM* 曲线和 *FE* 曲线？

2. 假定货币余额供给量与货币余额需求量相等，非货币资产的需求会超过非货币资产的供给吗？说明理由。

3. 在 *IS* 曲线、*LM* 曲线或 *FE* 曲线中，封闭经济下的财政政策变化会直接引起哪一条曲线的移动？如果政府支出增加，该曲线会向哪个方向移动？

4. *LM* 曲线表示货币市场处于均衡的各点，它反映了哪两个变量的关系？

5. 什么是一般均衡？在一般均衡状态下，*IS* 曲线、*LM* 曲线和 *FE* 曲线会出现什么情况？

6. 在封闭经济中，总需求是由哪三个部分构成的？在封闭经济实现均衡时，国民储蓄和投资之间的关系是什么？

7. 投资的两个主要决定因素是什么？

8. *IS* 曲线为什么向下倾斜？

9. 假定数据显示各国储蓄与投资水平之间没有关联，这表明这些国家是封闭经济还是开放经济？反之，假定数据显示各国储蓄与投资水平之间高度关联，这又意味着什么？

10. *LM* 曲线为什么向上倾斜？

11. *FE* 曲线为什么是垂直的？什么决定了 *FE* 曲线的位置？

12. 货币中性的含义是什么？如果货币是中性的，名义货币供给量增加 10%，将会对当期产出产生什么影响？对真实利率、真实货币需求和价格水平又会产生什么影响？

13. 为什么许多经济学家相信，货币供给的变化在短期会对经济产生影响，而在长期不会产生任何影响？

分析题

583 14. 假定投资支出的需求不取决于真实利率，画出相应的 *IS* 曲线。在这样的情况下，名义货币供给量增加会对均衡产出产生什么影响？

15. 假定企业由于不确定性增加而对未来感到不安，于是减少了投资支出。在 *IS* 曲线、*LM* 曲线和 *FE* 曲线中，哪一条曲线会由投资减少而移动？会向哪个方向移动？

16. 以下事件分别会对国民储蓄产生什么影响？*IS* 曲线将会因此发生怎样的移动？

a. 政府削减 10%的国防开支。

b. 阿拉斯加油田比最初预期的规模要小得多，预期未来收入将减少 3%。

c. 国际贸易壁垒降低，进而会从分工中获益，预期未来收入增加 5%。

d. 政府扩大其医疗保障覆盖范围，政府购买增加 15%。

17. 假定在某一特定年份，完全就业的产出水平增加 5%，而华盛顿的政策制定者们曾预期其增加 2%。相对于预期通货膨胀率，实际的通货膨胀可能会发生什么情况？

18. 假定一个大型开放经济最初处于均衡状态，国内储蓄等于国内投资，经常账户余额为零。现在假定国内当期产出下降，真实利率、国内储蓄、国内投资和经常账户余额可能会怎样变化？

19. 假定一个小型开放经济国家通过了一项对投资征收重税的法案，税收会对意愿投资产生怎样的影响？真实利率和该国经常账户余额会发生怎样的变化？

20. 下列事件会对真实货币需求和真实货币供给产生什么影响？*LM* 曲线最终将怎样移动？

a. 由于石油价格上升，预期通货膨胀上升。

b. 银行监管加强使银行降低了支票账户的名义利率。

c. 汇率下降使得价格水平上升。

d. 联储进行公开市场购买。

21. 假定一个小型开放经济处于一般均衡。在均衡得以恢复后，下列事件将对真实利率和产出水平产生怎样的影响？

a. 投资的预期未来生产率增加。

b. 政府购买减少。

c. 预期通货膨胀率提高。

d. 国产商品的国外需求下降。

e. 货币资产的名义利率上升。

f. 居民储蓄意愿增加。

g. 名义货币余额下降。

h. 价格水平下降。

22. 假定一个封闭经济处于一般均衡，此时，一项新的反污染法律生效，降低了当期生产率。真实利率、当期产出、价格水平、储蓄、投资和真实货币需求将发生什么变化？

23. 对于一个封闭经济，下列事件会如何影响价格水平，以恢复均衡？

a. *IS* 曲线向右上方移动。

b. *IS* 曲线向左下方移动。

c. *FE* 曲线向右移动。

d. *FE* 曲线向左移动。

e. *LM* 曲线向右下方移动

24. 使用 *IS-LM-FE* 曲线图说明 1997—1998 年亚洲金融危机对美国经济的影响。使用同一图形说明联储应对危机的政策（正如本章开头讨论的那样）。

25. 如果欧洲消费者减少其对美制汽车的需求，会发生什么情况？哪一条曲线会发生相应的移动？为恢复均衡，价格水平是上升还是下降？真实利率和当期产出会如何变化？如果假定美国是大型开放经济，储蓄、投资、真实货币需求、名义货币供给量和经常账户会如何变化？

26. 在 *IS-LM-FE* 模型中，当预期通货膨胀降低时，会发生什么变化？哪一条曲线最先移动？为恢复均衡，会发生什么变化？最终会对真实利率和当期产出产生什么影响？

584 27. 在一个小型开放经济中，如果世界真实利率下降，其价格水平会有什么变化？

28. 在一个大型开放经济中，实施资本管制以阻止国际借贷，*IS* 曲线将如何变动？

29. 假定新计算机技术极大地提高了医生诊治疾病的能力，极大地缩短了工人病假的时间，这会对 *IS-LM-FE* 模型产生怎样的影响？为恢复均衡，价格水平会发生怎样的变化？最终会对真实利率和当期产出产生什么影响？

30. 假定银行借记卡和信用卡的广泛使用降低了任何特定收入与利率水平上的货币需求。在 *IS-LM-FE* 模型中，这将对长期均衡产生怎样的影响？（在长期均衡中，价格是可变的。）

31. 在 20 世纪 80 年代初，美国政府削减所得税而未减少支出，显著地增加了政府预算赤字（政府购买与税收、净转移支付之间的差额）。假定私人储蓄没有增加到足以抵消政府储蓄下降的程度。

a. 假定其他条件不变且美国是封闭经济，这会对价格水平和真实利率产生什么影响？

b. 假定美国及其主要贸易伙伴（如德国）都是大型开放经济，美国减税会对德国的真实利率和价格水平有何影响？

c. 德国或美国怎样做才能抵消美国预算赤字对两国价格水平的影响？

以下问题与本章附录有关：

32. 一个封闭经济具有如下特点：

消费：$C=0.75\times(Y-T)-120r+450$

投资：$I=600-180r$

政府购买：$G=300$

税收、净转移支付：$T=225$

真实货币余额的需求：$L=0.15Y-120i+87.75$

名义货币供给量：$M_s=600$

预期通货膨胀率：$\pi^e=0.05$

商品市场均衡由 *IS* 曲线来表示。

a. *IS* 曲线的方程式是什么？

b. 画出 *IS* 曲线。

资产市场均衡由 *LM* 曲线来描述。

c. 假定价格水平为 3，*LM* 曲线的方程式是什么？

d. 根据 c 中的假设，画出 *LM* 曲线。

当期产出由 *FE* 曲线来表示。

e. 假定完全就业的当期产出 $Y^*=4\ 665$，均衡的价格水平和真实利率是多少？

假定名义货币供给量由 600 增加到 660。

f. 在新的长期均衡中，价格水平、真实利率和产出会怎样变化？

数据题

33. 麻省理工学院的奥利弗・布兰查德和哈佛大学的劳伦斯・萨默斯计算了美国中期国债的真实年利率，从 1980 年到 1984 年第一季度，分别为 1.0%、2.2%、6.9%、4.3% 和 6.5%。从互联网或图书馆找到最新的《总统经济报告》，计算每年总产出的变化比率（使用表 B—2）。使用 *IS-LM-FE* 曲线图，解释你观察的这一时期真实利率和产出增长的变化。

34. 登录 http://www.federalreserve.gov/releases/Z1/，找到联储最新公布的《资金流量》报告，查出过去 7 年的国内生产总值（GDP）。计算 GDP 的年度变化率。然后，查出年度平均通货膨胀率（http://inflationdata.com/inflation/inflation-rate/HistoricalInflation.aspx）和美国中期国债的名义回报率（http://www.federalreserve.gov/Releases/h15/），并且利用这些数据计算出同年的真实利率。你观察到了什么变化？这些数据是如何切合 *IS-LM-FE* 模型中的曲线移动的？解释下列情况对这一模型的影响：(i) 通货膨胀率大幅度升高；(ii) 联储决定发行
585 货币来弥补联邦预算赤字；(iii) 增加税收；(iv) 增加军事开支。

理论联系实际

《经济学家》，2005 年 8 月 13 日

储蓄过剩还是流动性过剩？

580 当《经济学家》的经济学编辑在 20 世纪 70 年代学习宏观经济学时，理解需求变化的基本模型就是所谓的 *IS-LM* 模型。该模型是由约翰·希克斯在 1937 年提出的，用来解释凯恩斯的《通论》……

该模型的主要优点是它将实体经济和金融体系联系在一起。*IS*（投资/储蓄）曲线代表商品市场的均衡，给出了投资等于储蓄进而商品和服务需求等于供给时，产出和利率的组合。

LM（流动性/货币）曲线代表货币市场的均衡，给出了货币资产（而非诸如债券之类的附息资产）需求等于供给时，产出和利率的组合。

两条曲线的交点是商品市场和金融市场同时实现均衡时的产出和利率组合。过多的经济评论似乎臆断地认为，*IS* 曲线（即储蓄和投资的余
a 额）独自决定了债券收益率。但收益率也取决于 *LM* 曲线，该曲线实际上表示在持有货币还是持有债券之间进行选择……

下图左边的图形表示经济在利率为 r_1 和产出为 Y_1 处实现均衡。如果意愿储蓄增加大于投资增加（即储蓄过剩），*IS* 曲线向左移动到 IS_2。利率下降（至 r_2），同时产出也下降（到 Y_2）。这并不符合现实情况：去年世界经济实现了近 30 年来最快的增长，今年的增速也高于其长期平均增长率。

b 右边的图形则表明了一个不同的理论。全球货币政策的宽松使 *LM* 曲线向右移动至 LM_2。债券收益率也下降至 r_3，但此时产出增加。与 *IS* 曲线的移动相反，经济沿着 *IS* 曲线变动：较低的利率刺激了全球的产出，进而刺激了投资。这一理论似乎更加符合实际。

c 实际上，这两种理论并不相互排斥。储蓄相对于投资来说过多，会带来流动性过剩，即 *IS* 和 *LM* 曲线同时下移。中央银行放松货币政策，部分原因毕竟是为了应对股票价格暴跌后的投资下降。然而，当前全球经济快速增长的步伐表明，流动性过剩是债券收益率低的主要原因。中央银行面对的难题是必须消除过剩的流动性，债券收益率才会提高。

流动性过剩为什么没有引发通货膨胀？基本 *IS-LM* 模型假定价格水平是不变的，因此该模型因无法解释 20 世纪 70 年代和 80 年代的高通货膨胀而声名扫地。如果经济处于充分就业状态，货币增长会引发价格上升，而不会降低债券利率。但时至今日，该模型也许更有价值，因为中国和其他新兴经济体的廉价劳动力加入世界经济

中，有助于保持低通货膨胀。在一个低通货膨胀的世界中，IS-LM 模型会再度兴起。

新闻分析

581 经济模型可能是解释经济行为的有用工具。但使用经济模型需要作出诸多假定。需要作出一些最重要的假定来处理经济发生变动的因果关系。

在使用 IS-LM-FE 模型考察美国经济时，人们必须对 IS 曲线和 LM 曲线作出若干假设。(文章的作者排除了 FE 曲线，集中考察经济中总需求的短期变化)。

a. 21 世纪初期，许多亚洲经济体的储蓄率很高。在 21 世纪最初的 10 年里，全球储蓄占 GDP 的份额不断攀升。正如本章所描述的那样，储蓄的上升会降低对当前产出的需求，从而使 IS 曲线向左下方移动（如图（a）所示)。包括联储主席本·伯南克在内的很多经济学家将其描述为“全球储蓄过剩”。当世界各国的储蓄纷纷流入美国时，美国的利率下降。这种联系使得许多人认为，IS 曲线向左下方移动解释了全球和美国经济发生的现象。

b. 从 2004 年 6 月到 2006 年 6 月，联邦公开市场委员会连续 17 次投票通过提高联邦基金利率。即使这么多次地提高利率，5.25%的联邦基金利率仍低于 1999—2001 年间的水平。许多经济学家认为，尽管联储多次提高利率，但其总体上仍然实行扩张性货币政策。正如本章所阐述的那样，名义货币余额供给的增加会使 LM 曲线向右下方移动（如图（b）所示)。

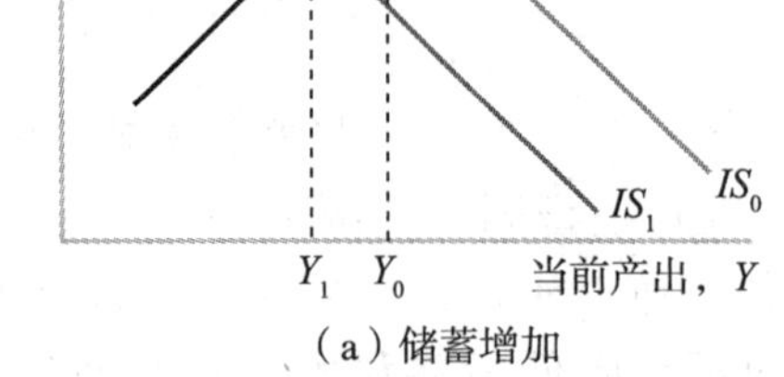

(a) 储蓄增加

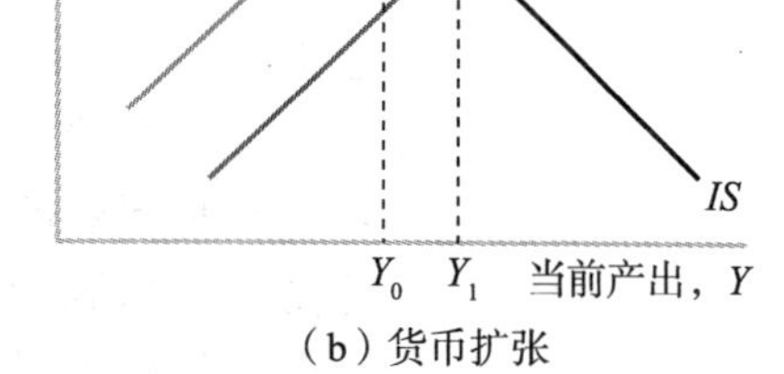

(b) 货币扩张

c. 对全球金融市场和美国金融市场所发生现象的另一种解释是 *IS* 和 *LM* 曲线同时移动。全球储蓄增加使 *IS* 曲线向左下方移动，美国的扩张性货币政策使 *LM* 曲线向右下方移动。为了提高产出，*LM* 曲线移动的幅度必须大于 *IS* 曲线移动的幅度，即人们不得不假设货币政策变化要比全球储蓄变化具有更大的效应。

更进一步的思考……

如果进一步假定全球生产率提高，这一分析会发生怎样的变化？

资料来源：节选自"A Working Model：Is the World Experiencing Excess Savings or Excess Liquidity?" *The Economist*，August 13，2005，p. 66. Copyright © 2006 The Economist Newspaper. Reprinted with permission。

附　录

IS 曲线的推导

通过对国民储蓄和投资之间的关系作出一些简单的假设，就能得到 IS 曲线的代数式。下面我们分别推导封闭经济、大型开放经济和小型开放经济的 IS 曲线。

封闭经济

正如本章所讨论的那样，我们令国民储蓄 S 与国民投资 I 相等，以此决定商品市场均衡，即

$$S=I \tag{24. A1}$$

在封闭经济中，金融体系匹配国内储蓄和投资，而国内储蓄由国内私人储蓄 S_P 和政府储蓄 S_G 构成。

私人储蓄等于收入 Y 减去税收和净转移支付 T，再减去当期消费 C；[1] 政府储蓄等于税收和净转移支付 T 减去政府购买 G。将这些变量代入等式（24. A1），可得：

$$\underbrace{\underbrace{(Y-T-C)}_{S_P}+\underbrace{(T-G)}_{S_G}}_{S}=I \tag{24. A2}$$

注意，在等式（24. A2）中储蓄与投资相等，可得出封闭经济中当期产出的总需求，即

$$Y=C+I+G \tag{24. A3}$$

等式（24. A3）表示总产出等于当期消费、投资以及政府购买商品和服务支出的总和。

等式（24. A3）只是一个会计等式，不是一个经济决策模型。当期消费 C 与当期可支配收入（当期总收入 Y 减去税收和净转移支付 T）成正比，与真实利率 r（度量以当期消费交换未来消费的机会成本）成反比，因此，

〔1〕这里我们没有单独考虑企业储蓄，在市场经济中，居民拥有企业和企业储蓄。

$$C = c_1 \times (Y - T) - c_2 \times r + C_0 \qquad (24.A4)$$

586 式中，C_0 为消费的其他潜在决定因素（如财富、消费者信心，或居民相对于预期未来消费更偏好于当期消费）。税后所得和净转移支付的系数 c_1 表示边际消费倾向：当真实利率和消费的其他决定因素保持不变时，$(Y-T)$ 每增加 1 美元，消费 C 增加 C_1，该值在 0～1 之间。

投资 I 与投资机会的盈利能力 I_0 成正比，与真实利率 r 成反比，即

$$I = -\alpha \times r + I_0 \qquad (24.A5)$$

投资机会的盈利能力增加会增大 I_0。约翰·梅纳德·凯恩斯在其 20 世纪 30 年代的著作中率先提出 *IS-LM* 模型。他认为投资计划的变动受企业家对未来信心的左右，他将其称为动物精神。

为了简化起见，我们将政府的商品和服务支出、税收和净转移支付看做给定值，分别用 G 和 T 表示。令储蓄等于投资，则有：

$$\underbrace{\underbrace{[(Y - T - c_1 \times (Y - T) - (c_2 \times r + C_0)]}_{S_P} + \underbrace{(T - G)}_{S_G}}_{S} = \underbrace{-\alpha \times r + I_0}_{I} \qquad (24.A6)$$

整理后，我们将等式（24.A6）表示为当期产出的总需求与真实利率之间的关系式：

$$Y = \frac{C_0 + I_0 + G - c_1 \times T}{1 - c_1} - \frac{(c_2 + \alpha)}{1 - c_1} \times r \qquad (24.A7)$$

随着 C_0、I_0 和 G 增加，当期产出增加；随着 T 和 r 增加，当期产出减少。等式（24.A7）中的第一项是由外生变量构成的，外生变量的数值是由模型外给定的。r 和 Y 是内生变量，它们的均衡值正是我们试图决定的数值。

这些变量的增加会带来产出的多大增加呢？从等式（24.A7）可见，当 r 保持不变时，C_0、I_0 或者 G 每增加 1 美元，当期产出的需求增加 1/$(1-c_1)$ 美元。如果边际消费倾向 c_1 是 0.8，那么 C_0、I_0 或者 G 每增加 1 美元，会使 Y 增加 1/（1－0.8），即 5 美元。[1]

大型开放经济

我们将封闭经济模型进行扩展，使其包括来自国外的净储蓄 S_F，便

〔1〕 值得注意的是，等式（24.A7）中 G 的系数是 1/$(1-c_1)$，而 T 的系数是 $-c_1/(1-c_1)$。因此，G 和 T 都增加 1 美元（“平衡预算” 发生改变），将使总需求增加 $1/(1-c_1)-c_1/(1-c_1)=1$。由此，政府购买和税收及净转移支付的等量增加会使总需求增加，其增加幅度与 G 和 T 增加的幅度相同。

可推导出大国开放经济的 IS 曲线。此时，储蓄等于投资将变为：

$$S_P + S_G + S_F = I \tag{24. A8}$$

587 当 $S_F>0$ 时，国外储蓄流入国内。这种资本内流为增加国内消费和投资提供了资金。结果，经常账户余额 NX（出口与进口的差额）下降。因此，正如第 22 章所示：

$$S_F=-NX$$

开放经济的国民收入会计恒等式为：

$$Y= C+I+G+NX \tag{24. A9}$$

为了将等式（24. A9）转换成 IS 曲线方程式，我们首先令：

$$NX=NX_0-d\times r$$

NX_0 项允许需求在国内商品和外国商品之间进行转移。国内真实利率 r 提高会使外国储蓄的流入增加，使经常账户余额下降。对等式（24. A9）的右边进行代换，得到 IS 曲线的方程式：

$$Y = \underbrace{C_0 + c_1 \times (Y - T) - c_2 \times r}_{C} + \underbrace{(I_0 - \alpha \times r)}_{I}$$

$$+ \underbrace{G}_{G} + \underbrace{(NX_0 - d \times r)}_{NX}$$

整理得：

$$Y=\frac{(C_0+I_0+G+N\times_0)-c_1\times T-(c_2+\alpha+d)\times r}{1-c_1}$$

或者

$$r=-\left(\frac{1-c_1}{c_2+\alpha+d}\right)\times Y+\left(\frac{1}{c_2+\alpha+d}\right)$$

$$\times(C_0+I_0+G-c_1\times T+NX_0) \tag{24. A10}$$

与封闭经济的 IS 曲线相比，开放经济的 IS 曲线更为平坦（即 $\Delta r/\Delta Y$ 的绝对值较小）。

小型开放经济

在小型开放经济中，IS 曲线的利率为世界真实利率，即 $r=r_w$，与大型开放经济不同，小型开放经济不能通过增加或减少其意愿国民储蓄或投资来影响世界真实利率。

第 25 章　总需求和总供给

588　美国参与越战不仅损害了国家精神，也重创了美国经济。经济学家将 20 世纪 60 年代后期开始的价格水平持续上升归咎为政府没有靠增税为战争提供资金的决策。战后，1973—1975 年发生的石油供给冲击使局势进一步恶化。“滞胀”（即产出下降和价格上涨）这一术语进入了经济学词汇。滞胀给那些既失去了工作又面对较高价格的工人带来双重打击。这些事件改变了经济学家、企业家和政策制定者的思维方式，他们重新思考金融体系和经济如何相互作用，以及什么因素决定了经济的产出和价格水平。

产出和价格水平的波动给个人和企业都造成了不利的影响，正如 20 世纪 70 年代的情形那样。结果，许多人向政策制定者施压，要求他们制定计划以维持稳定的产出增长和稳定的价格水平。但要设计出这些政策，需要了解什么因素引发了产出和价格水平的变化。在本章，我们建立一个将产出与价格水平联系起来的 *AD-AS* 模型，通过这个模型来研究这些决定因素。一旦建立起这个模型，就可以将其用来解释一系列事件，例如越战带来的通货膨胀后果、20 世纪 70 年代的滞胀、20 世纪 90 年代初和 21 世纪头 10 年初期的经济衰退。在随后的几章中，我们使用这个模型来评估旨在促进价格稳定和经济稳定增长的货币政策效应。

总需求曲线

首先，我们寻求建立一个商品和服务需求的关系式，我们可以运用这个关系式来决定价格水平的变化如何影响产出。我们首先建立一个用在模型中的总需求表达式。对经济产出的**总需求**（aggregate demand）等于以下需求之和：（1）商品和服务的消费 C；（2）企业厂房设备、库存和房屋的投资 I；（3）政府对商品和服务的购买 G（不包括向个人的转移支付）；（4）净出口（本国向外国人出售的产品和服务减去本国人从外国购买的商品和服务）NX。因此，当期产出的总需求 Y_d 为：

$$Y_d = C + I + G + NX \tag{25.1}$$

总需求曲线（aggregate demand（AD）curve）表明商品和服务的总需求（商品市场）与价格总水平之间的关系。

推导总需求曲线

总需求（AD）曲线的形状和位置对决定经济均衡时的产出和价格水平至关重要。本节我们阐述为什么 AD 曲线是向下倾斜的，哪些因素改
589 变 AD 曲线的位置，即引起 AD 曲线的移动。

AD 曲线是向下倾斜的，这是因为在其他因素不变的条件下，价格水平的上升降低了商品和服务的总需求。虽然商品和服务的总需求曲线及个人需求曲线都是向下倾斜的，但这两种曲线还是有差异的。例如，小麦的需求量与小麦价格负相关，但小麦的需求曲线把小麦的需求量与相对于替代品价格的小麦价格联系起来。小麦价格相对于玉米价格的上升会降低小麦的需求量。相反，总需求曲线把产出的总需求量 Y_d 与价格总水平 P 联系起来。因此，如果所有商品的价格上涨 5%，价格总水平将上涨 5%，但相对价格并未改变。毫无疑问，价格水平 P 上升会降低产出的总需求量 Y_d。

网页推荐：
http://www.bls.gov/data/home.htm
美国劳工统计局的主页，提供美国价格水平和失业率的信息。

价格水平的上升会减少真实货币余额，改变货币市场的均衡，进而影响总需求。为了证明这一过程，我们逐步分析价格水平上涨时所发生的变化：

1. 当价格水平 P 上升时，对于任何名义货币供给量 M 而言，真实货币余额（M/P）的供给将下降。

2. 公众意愿持有的真实货币余额减少，意愿持有的非货币资产增

加，真实利率定会上升。非货币资产的较高真实利率增加了持有货币的机会成本，于是，公众意愿持有的真实货币余额水平降低。

3. 真实利率上升使企业投资厂房和设备的意愿降低，激励消费者储蓄而非支出。如果把这些行为用 Y_d 的表达式来表示，则是随着 P 上升，C 和 I 将会下降，进而 Y_d 也下降。

4. 由于真实利率上升会对汇率产生影响，净出口也会发生变化。国内真实利率提高使本国金融资产的收益比外国金融资产的收益更具吸引力，必将提高汇率。汇率上升增加进口、减少出口，从而降低了等式 (25.1) 中的 NX 和 Y_d。

反之，价格水平下降使真实货币余额增加，引起货币市场的真实利率下降。较低的真实利率会减少储蓄（从而增加消费），增加投资和净出口。因此，从等式（25.1）可见，最终将增加总产出的需求量。

图 25—1 给出了 AD 曲线，它向右下方倾斜，其形状与任何需求曲线的形状一样。但正如从上述分析中所了解的那样，AD 曲线形状的形成原因与个人需求曲线形状的形成原因是不同的。总需求曲线上的点代表产品市场和资产市场同时处于均衡时价格水平和当期产出的组合。在资产市场内部，货币市场是均衡的，因为真实货币余额的需求等于供给。非货币资产市场也是均衡的，因为居民和企业均对其持有的非货币资产
590 数量感到满意。商品市场是均衡的，因为储蓄等于投资。构成金融体系和经济的三个市场同时均衡被称为一般均衡。AD 曲线上的每一点都表示潜在的均衡产出和均衡价格水平。经济处于哪个均衡点取决于产出供给，我们稍后进行讨论。

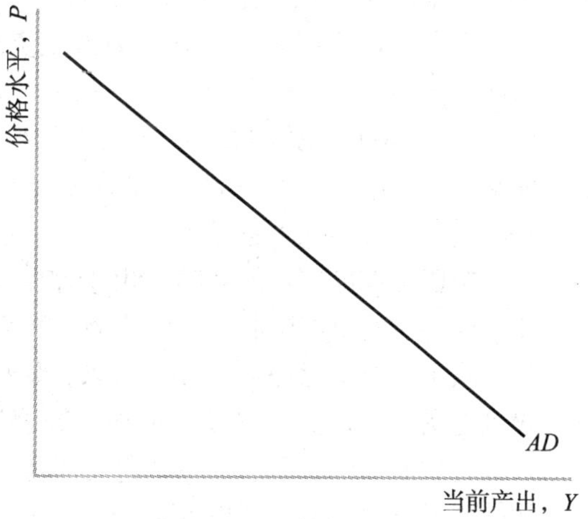

图 25—1　总需求曲线

总需求曲线 AD 显示价格水平和产出的总需求之间为负相关关系。总需求曲线向下倾斜。价格水平上升会减少真实货币余额，提高真实利率，减少产出的需求量。

总需求曲线的移动

除了 AD 曲线的形状，AD 曲线在图中的位置对于我们了解政策措施的效应也至关重要。在某一特定价格水平下，当当期产出的总需求增加或减少时，总需求曲线就会移动。总需求曲线向右移动意味着扩张，因为在给定的价格水平下，当期产出的总需求增加。总需求的扩张性移动可能由资产市场或商品市场所引起。总需求曲线的向左移动意味着紧缩，因为在给定价格水平下，当期产出的总需求减少。与扩张性移动一样，总需求的紧缩性移动也可能由资产市场或商品市场所引起。

起因于资产市场的移动 如果联储增加名义货币供给量，价格在短期内是黏性的，真实货币余额会上升，资产市场的真实利率将下降。在较低的利率下要保持商品市场的均衡，储蓄必须下降（进而提高消费 C），投资 I 必须上升。结果是总需求增加，总需求曲线右移。

起因于资产市场的扩张性移动还有另一个原因，那就是货币需求下降。货币需求下降或是由于货币利息相对于其他资产收益的下降，或是由于支付体系的变化使由交易动机持有货币的意愿有所降低。在任何给定的真实货币供给水平上，货币需求下降会降低真实利率。如同名义货币供应增加的情形一样，真实利率下降会增加商品市场的总需求，引起 AD 曲线右移。

在资产市场上，紧缩性移动或是由于名义货币供给的减少，或是由于在既定产出水平下货币需求的增加。如果联储限制名义货币供给，真
591 实货币余额在短期内会下降，为恢复资产市场的均衡，真实利率上升。为保持商品市场在较高利率水平上的均衡，储蓄必须增加（进而降低消费 C），投资 I 必须下降，最终，总需求下降。货币需求上升意味着在任何给定的货币供给水平上，为恢复货币市场的均衡，真实利率必须上升。真实利率上升会减少总需求。

起因于商品市场的移动 由于储蓄、投资、政府购买或净出口的变化，商品市场也能引起 AD 曲线的扩张性移动。在任何真实利率水平上，储蓄减少或投资增加会增加总需求。如果消费者预期未来收入增加或对未来充满信心，消费 C 就会增加，储蓄就会下降。税收也会影响消费者行为，进而影响总需求。一些经济学家也认为，减税带来的当期收入增加会降低意愿储蓄，并增加消费。如果企业预期资本的未来盈利能力上升或企业税收下降，企业会增加投资 I。政府购买 G 的增加直接增加总需求。国外对美国商品需求的增加会提高当期产出的需求和净出口 NX。C、I、G 或 NX 中每一个因素的增加都会增加商品市场的总需求，引起 AD 曲线右移。

在商品市场，紧缩性移动反映了意愿消费和投资、政府购买或净出口的下降。消费下降反映了预期未来收入的下降或对未来经济前景缺乏信心。如果企业预期资本的未来盈利能力下降或企业税收增加，企业就会减少投资。政府购买的下降直接减少总需求，国外对美国商品的需求下降也直接减少总需求。表 25—1 总结了引起总需求曲线移动的因素。

延伸思考

减税会刺激总需求吗?

在政府支出不变的情况下，减税是否会增加总需求？经济学家和政策制定者曾经对此进行过激烈的辩论。对减税增加总需求持赞同观点的人认为，消费者会将减税增加的一部分额外收入用于支出，增加消费，进而增加总需求。那些认为减税不会增加总需求的人指出，当期的减税会增加预算赤字。他们提出，公众知道政府的举债最终是要（连同利息）偿还的。按照这一观点，减税不能改善消费者的福利，这就是众所周知的李嘉图等价定理[1]，即减税带来的当期收入增加会被为偿付债务而提高未来的税收所抵消。

认为减税会增加总需求的经济学家提出了两个论点。一是减税会给可能面临借款额度约束的消费者增加消费的机会，从而增加总需求；二是消费者未必了解政府举债必须由其自身作为纳税人来偿还，于是，即使其境遇没有改善，也会尽力增加当期消费，进而增加总需求。

哪一学派的观点是正确的呢？间接证据显示，部分人群面临消费的借款约束。更直接的证据是，美国在 1981 年立法对弥补财政赤字的税收进行大幅度削减后，消费上升了。然而在其他情况下，减税并未明显增加消费。

[1] 李嘉图等价定理可追溯到 18 世纪的经济学家大卫·李嘉图。罗伯特·巴罗认为该定理最具说服力。参见 Robert Barro，“The Ricardian Approach to Budget Deficits，” *Journal of Economic Perspectives*，2：37－54，1989。

测试点拨

592 **投资税收抵扣是指允许企业从其所得税单中抵扣购置新厂房和设备的部分价款，许多企业家和政策制定者认为，投资税收抵扣是刺激总需求的一个有效手段。为什么？**

投资税收抵扣降低了投资成本，提高了新厂房和新设备的税后盈利能力。结果，意愿投资增加，引起 *AD* 曲线右移。

表 25—1　　总需求曲线移动的决定因素

……增加	移动 *AD* 曲线……	原因……
名义货币供给量	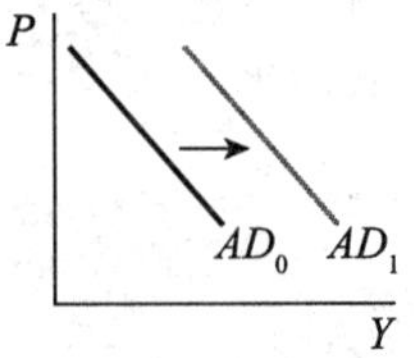	真实货币余额上升，真实利率下降。
货币余额的利率	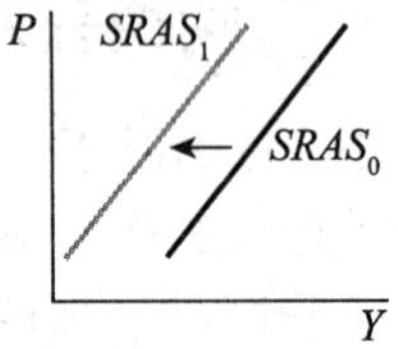	货币需求增加，真实利率上升。
预期未来产出	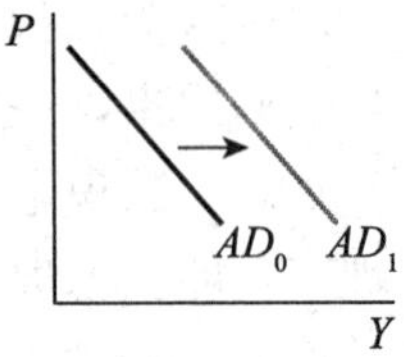	消费增加。
政府购买	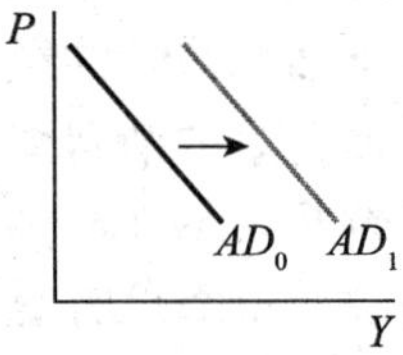	总需求直接增加。
资本预期未来盈利能力	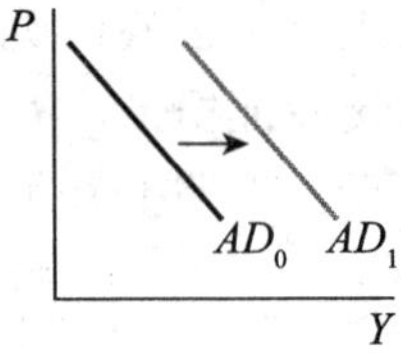	投资上升。
企业税收	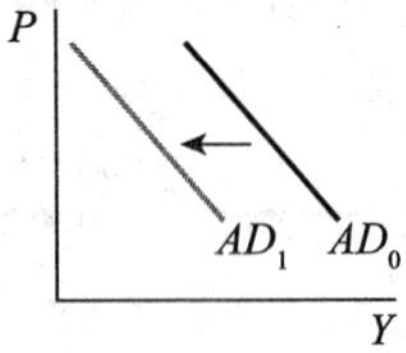	投资下降。

总供给曲线

593　现在我们进行建立 *AD-AS* 模型的第二步。我们在这里将**总供给**

（aggregate supply）解释为在任何给定的价格水平下生产者愿意出售的产出总量。我们的目标是建立**总供给曲线**（aggregate supply（*AS*）curve），它表示生产者在任何价格水平下愿意供给的产出水平。

我们的兴趣在于总供给曲线的形状和位置，但我们对总供给曲线的分析并不像总需求曲线的分析那么简单。企业对于短期价格水平和长期价格水平的变化反应不同。例如，企业可能会调整生产要素以使劳动力成本最小化或采用改进的技术，但是将这些变化纳入生产过程要花费时间。因此，我们根据企业面临的时间长短来划分总供给分析。首先考察短期总供给曲线，然后考察长期总供给曲线。另外，经济学家对企业行为尤其是对短期企业行为的看法并不完全一致。大多数经济学家认为，随着价格水平上涨，短期内产出的供给总量会增加，而在长期内价格水平变动不会影响产出的供给总量，他们将这两种模式归结为不同的原因。因此，下面我们描述两个不同学派的观点，即新古典学派经济学家的观点和新凯恩斯学派经济学家的观点。我们使用企业行为的这些解释来建立短期和长期总供给曲线。正如我们在第 26 章将要讨论的那样，对于公共政策是否应该用于稳定经济波动，这两种观点提供了略有不同的答案。

虽然总供给曲线（尤其是短期总供给曲线）看起来类似于单个企业的供给曲线，但它表示不同的行为。单个企业愿意供给的产出量取决于其产出品与其他商品和服务的相对价格。与之不同，总供给曲线把产出的供给总量与价格水平联系起来。新古典学派和新凯恩斯学派对这二者之间的关系提供了不同的解释。

短期总供给曲线

大多数经济学家认为，短期总供给与一般价格水平正相关。因此，**短期总供给曲线**（short-run aggregate supply（*SRAS*）curve）向上倾斜。

新古典学派的观点和错觉　短期总供给的**新古典学派观点**（new classical view）源于诺贝尔经济学奖获得者、芝加哥大学的罗伯特·E·卢卡斯的研究。卢卡斯研究了企业拥有不完全信息对总供给的影响。由于卢卡斯描述了企业的错觉，他的解释又被称为**错觉理论**（misperception theory）。要理解其机理，让我们先从一个例子开始。

考察玩具生产商玩家公司的供给决策。玩家公司在玩具价格相对较高时增加玩具产量，在玩具价格相对较低时降低玩具产量，以使利润最大化。玩家公司的管理者面临信息问题：他们关心相对价格，所以需要知道玩具的价格和价格总水平。尽管他们非常了解玩具的价格，但他们对价格总水平的了解是不完全的，因为他们缺乏玩具市场以外所有价格的连续信息。

594 假定玩具价格上升 15%，如果此时一般价格水平不变，玩具的相对价格就上升了，玩家公司应该供给更多的玩具。但如果经济中所有的价格都上升 15%，玩具的相对价格不变，玩家公司就不会生产更多的玩具。玩家公司的管理者将把观察到的玩具价格变化划分为一般价格水平变化和玩具的相对价格变化。由于缺乏一般价格水平的完全信息，玩家公司猜测，玩具价格上涨 15%反映了一般价格水平上涨 10%和玩具的相对价格上涨 5%。由于相对价格上升，玩家公司将增加玩具的生产量。

玩家公司仅仅是一家生产商。将其一般化为经济中的所有生产商，我们将发现为什么错觉理论提出了总产出和价格水平的关系。假定经济中所有价格都上涨 15%，但相对价格并未改变。如果单个企业无法认清这一形势，那么总产出就会增加。产出的这种变化是因为生产商认为价格上升部分地反映了其产品的相对价格上升，所以其增加了产品的供给量。

生产商如何区分一般价格上升和相对价格上升呢？假定在生产商观察到任何价格变动前，一些生产商预计一般价格水平将上升 10%。如果这些生产商观察到其商品价格上升了 15%，他们将认定其产品的相对价格上升了 5%，这将增加其产品的供给量。这个认定可能是不正确的。

根据新古典学派的观点，拥有价格变化完全信息的供给商将通过以下方式作出反应。当玩具价格上升时，只要玩具价格的升幅不同于一般价格水平的预期升幅，生产商才会增加玩具供给量。如果所有生产商都预期价格水平上升 10%，而玩家公司看到玩具价格仅上升了 5%，玩家公司将削减玩具产量。如果所有价格实际上仅上升 5%，生产商（曾预期价格水平上升 10%）将集体减产。

根据这个理想的行为，我们可以写出一个产出总供给的等式。新古典学派的观点认为，商品总供给与实际和预期价格水平之差具有正相关关系。如果 P 是实际价格水平，P^e 是预期价格水平，根据新古典学派的观点，总产出与价格水平的关系是

$$Y = Y^* - \alpha \times (P - P^e) \tag{25.2}$$

式中，Y 为总产出；Y^* 为**充分就业水平的产出**（full employment output），即现有生产要素充分就业的产出；α 为一个正数，表示当实际价格水平高于预期价格水平时产出的变动程度。

等式（25.2）表示，当实际价格水平等于预期价格水平时，供给的产出 Y 等于充分就业的产出 Y^*。当实际价格水平高于预期价格水平时，企业增加产出；当实际价格水平低于预期价格水平时，产出下降。因此，产出在短期内可能低于或高于充分就业的产出水平，直到企业能够将相对价格的变化与一般价格水平的变化区分开来。因此，在短期内，对于一个预期价格水平，实际价格水平的上升会增加供给的总产出。因此，

总供给曲线向上倾斜。

测试点拨

595 **莱尔桌椅店是你经营的定制家具店，眼下生意兴隆，销售量增长 25%，并且你提高了流行款式的价格。是增加产量还是提高价格，你如何下决定？**

如果增加的销售额是由于客户对椅子的需求高于对其他产品的需求，你应该增加产量；如果较高的销售额是由于价格普遍上涨，就应该提高价格而不用改变产量。你可以查询有关通货膨胀的总量统计数据和商品的一般销售量，也可以根据个人经验收集你的产品价格和销售量的信息（以及家具行业中其他企业的这些信息），这比得到公布的经济数据更快一些。你用这些信息可大致估计给定的价格变化中，多少反映出一般价格变化，多少反映出相对价格变化。

新凯恩斯学派观点和黏性价格 凯恩斯和他的追随者认为，价格在短期内无法随总需求的变化进行调整，即价格在短期内是黏性的。按照价格黏性的最极端观点，AS 曲线是水平的，价格不随总需求的增减而进行调整。秉持凯恩斯价格黏性观点的现代经济学家曾追溯价格在短期内无法调整的原因。他们的研究修正了价格无法调整的凯恩斯观点，认为价格是缓慢或逐渐调整的。持**新凯恩斯学派观点**（new Keynesian view）的经济学家采用许多真实世界市场的特征来解释价格行为，这些特征包括长期合同刚性和不完全竞争。

一种形式的刚性源自（企业与工人之间签订的）长期名义工资合同或（企业与其供应商或顾客之间签订的）长期名义价格合同。在一份长期名义合同中，提前按名义条件确定了多期的工资或价格。[1]。例如，假设所有的工人都同意未来 3 年的一份固定工资。这样，根据这一劳动力成本和预期全部生产成本的其他构成部分，所有企业都确定了未来 3 年保持不变的价格。在这种情况下，企业将无法随需求的变化而轻易地调整价格，因为其生产成本是固定的。

尽管在经济中存在许多这类长期安排，但在特定时期不是所有合同都会续签，即合同是重叠交错的。因此，在当期只有部分工资和价格可以进行调整。面对预期货币增长的变化，合同最终将是可以进行调整的，但不可能所有的合约都立即进行调整。例如，企业预期当前的货币增长

〔1〕 如果长期合同中工资或价格与一般价格水平的变化完全指数化，工资或价格仍然可以针对总体名义扰动进行调整。一个例子是在许多工资合同中的生活费用调整（cost of living adjustments，COLAs）。美国的证据显示，这样的合同通常只是部分指数化的。

过高，将导致未来价格水平上升，就会协商未来（而非合同期内）的价格变化。新凯恩斯学派反对所有价格在短期内都是可变的观点，他们认为价格水平的调整要慢于名义货币供给量的变化。

596 新凯恩斯学派也把价格黏性归因于市场结构的差异和不同类型市场定价决策的差异。在小麦、股票或国库券市场，产品是标准化的，众多交易商互动，价格可根据供求变化自由而迅速地进行调整。在这种竞争性市场，单个交易商的购售量相对于市场总量而言是很小的。例如，一些小麦种植户无法将其小麦价格提高到其他小麦种植户的价格之上，如果那样的话，在竞争性市场上，没有人会购买他们的小麦。单个交易商是价格的接受者，即他们接受既定的市场价格（即交易所交易大厅报出的价格或报纸刊载的价格）。

然而，许多市场如高级时装市场、艺术市场和医疗市场，不同于那些连续调整接受价格的交易所市场，因为其产品不是标准化的。当产品有个性特征、每一产品只有极少卖方时，就会出现垄断竞争。卖方提高价格可能会使需求量下降，但不会下降到零。在垄断竞争市场上，卖方并不把价格视为既定的，因为他们是价格的制定者。新凯恩斯学派的经济学家认为在垄断竞争市场上价格只会逐渐调整。

为究其原因，我们来考察高级时装市场。这个市场中的企业可能会有一个中央会见厅，在这里买方给出出价，卖方报出要价（与国债市场的买卖行为极其相似）。如果设计师得到的好评如潮，产品的需求就会增加，价格就会上涨。而评论家的不利评价则会降低产品的价格。每个高级时装店并不会连续调整价格。相反，他们会确定一段时期的服装名义价格，并满足承受得起这个价格的需求。但他们也许会不时地改变价格来应对需求或生产成本的重大变化。

新凯恩斯学派的经济学家认为，只要市场是垄断竞争市场，并且改变价格需要付出成本，这种定价行为就符合企业的利益。改变价格的成本包括告知现有和潜在的客户、重标价格等，这些成本似乎并不大，为什么新凯恩斯学派却认为它是非常重要的呢？

回到上面完全竞争市场的例子。对于交易所交易的商品或资产的卖方而言，当其要价有点偏高时，它不会卖出任何东西。但是，对于一家垄断竞争企业（如服装专卖店）而言，如果其要价稍微背离了市场价格，也不会失去很多客户。如果潜在利润与改变价格的成本相比很小，企业不会改变价格。

为什么一家企业愿意以公布的价格出售更多产品以满足需求呢？对一家垄断竞争企业而言，产品价格高于边际成本，即生产一个额外单位的产品所付出的成本。因此，企业愿意出售额外的产出。作为满足需求水平的结果，企业的产出将随总需求的变化上升或下降。

我们把定价行为的这些阐述转换成一个等式，用以显示价格水平变动如何影响产出。由于新凯恩斯学派认为可变价格的企业行为不同于黏性价格的企业行为，首先需要一个表达式表示每个企业在定价时面临的决策。可变价格的企业可以自由且连续地改变其价格。这类企业中单个
597 企业报出的价格 p 是与总价格水平 P 相关的，产出 Y 是与充分就业产出 Y^* 相关的。价格水平上升意味着企业的成本提高，企业希望对其产出收取更高的价格。总产出增加意味着经济的收入提高，可能提高对企业产品的需求。由于生产水平提高，产出的边际成本往往会上升（如需要向工人支付加班工资），企业的合意价格会随着需求水平的提高而上升，即：

$$p = P + b \times (Y - Y^*) \tag{25.3}$$

式中，b 为取值大于零的参数。等式（25.3）显示定价企业的合意价格取决于价格水平 P 与总产出水平和充分就业产出的相对大小（$Y-Y^*$）。

价格黏性的企业根据其预期产出提前确定其价格。我们用上标 e 代表预期，对定价企业而言，等式（25.3）可改写为：

$$p = P^e + b \times (Y^e - Y^{*e})$$

为使分析简化，我们进一步假定企业预期产出处于充分就业水平，这样，$b \times (Y^e - Y^{*e})$ 等于 0，则

$$p = P^e$$

定价企业根据其对其他企业价格的预期确定其价格，而该价格预期反映在预期价格总水平中。

我们把这两类企业的定价决策分析结合起来，得到了新凯恩斯总供给曲线。价格总水平 P 是可变价格企业和黏性价格企业的加权平均价格。如果 c 代表黏性价格企业的权重，（$1-c$）代表可变价格企业的权重，价格总水平为

$$P = c \times P^e + (1-c) \times [P + b \times (Y - Y^*)]$$

等式两边同时减去（$1-c$）$\times P$，并且两边同时除以 c，得到一般价格水平

$$P = P^e + b \times \left(\frac{1-c}{c}\right) \times (Y - Y^*) \tag{25.4}$$

价格总水平的这个表达式表明：（1）预期价格水平上升提高了预期成本，使得企业提高价格；（2）当期产出增加提高了对单个企业产品的需求，可变价格企业提高了其产品价格。[1]

---

〔1〕注意，我们可以重新整理等式（25.4），得到一个与等式（25.2）相似的表达式：

$$Y = Y^* + \left[\frac{c}{b(1-c)}\right](P - P^e)$$

隐含新凯恩斯学派观点的短期总供给曲线是向上倾斜的：当期产出增加使得短期内价格水平上升。经济中黏性价格企业的比重越大，
598 *SRAS* 曲线越平坦。事实上，如果所有企业的价格在短期内都是黏性的，*SRAS* 曲线将是水平的。

测试点拨

联合产业公司有两个主要部门：一个是在加州种植水果，另一个是在纽约制造和销售品牌毛衣。如果总需求上升，哪一个产品的价格应该率先上涨？

大多数农产品销售是在竞争性市场上以可变价格进行的，总需求增加将提高联合产业公司的水果价格，因为其供给量在短期内不可能增加。在品牌毛衣市场上，价格加成大大地高于成本，联合产业公司的商店不可能在短期内改变价格，毛衣店在短期内会以不变的价格满足增加的需求。

长期总供给曲线

在新古典学派和新凯恩斯学派对于总供给的阐释中，短期总供给曲线 *SRAS* 都是向上倾斜的，但这一关系在长期却不成立。按照新古典学派的观点，企业最终会意识到价格水平将要变化，以回应当期产出的变化。他们会一直调整其对未来价格水平的估计，直到实际价格水平与预期价格水平相等，即 $P=P^e$ 时为止。这一关系表明，当期产出 Y 等于充分就业产出 Y^*。因此，**长期总供给曲线**（long-run aggregate supply (*LRAS*) curve）垂直于 Y^* 点。按照新凯恩斯学派的观点，可变价格企业和黏性价格企业在长期都会调整其价格，以回应需求的变化。与新古典学派的观点一样，*LRAS* 曲线垂直于充分就业产出水平 $Y=Y^*$ 处。

图 25—2 总结了短期总供给和长期总供给的价格水平与当期产出之间的关系。

短期总供给曲线的移动

网页推荐：
http://www.census.gov//compendia/statab/
提供美国宏观经济变量有用的统计数据。

总供给的变化能够解释短期产出的变化。在新古典学派和新凯恩斯学派对短期总供给的阐释中，使短期总供给曲线移动的因素也影响产出的生产成本。这些因素是：（1）劳动成本的变化；（2）其他投入成本的

变化；(3) 预期价格水平的变化。

劳动成本的变化 劳动成本往往占据绝大部分产出的生产成本。当产出 Y 超过充分就业产出水平 Y^* 时，高额产出增加了劳动需求。劳动需求增加就会抬高工资，增加企业的劳动成本。结果，短期总供给曲线向左上方移动。当产出下降到低于充分就业产出水平时，工人的工资下降，生产成本的下降使短期总供给曲线向右下方移动。

其他投入成本的变化 原材料价格或可获得性的变化，以及生产技术的变化，都会影响生产成本和总供给曲线。这种变化通常被称为**供给冲击**（supply shocks）。供给冲击包括技术、天气、石油价格或其他能源
599 和原材料投入价格的变化。诸如劳动节约技术的开发或粮食丰收降低食品价格之类的正向供给冲击，会使总供给曲线向右下方移动。而诸如石油价格上涨之类的负向供给冲击，会使总供给曲线向左上方移动。

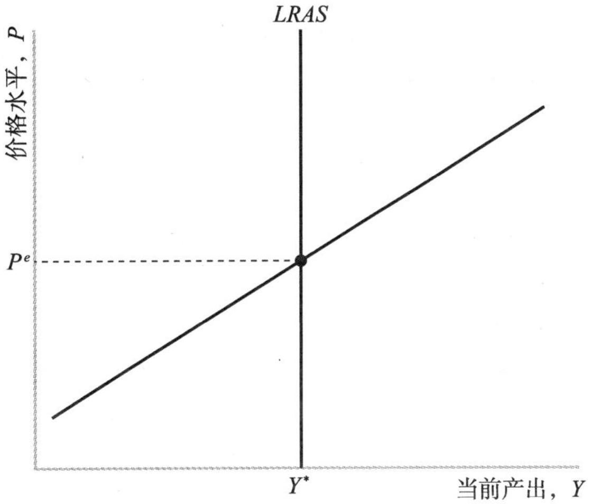

图 25—2 短期和长期总供给曲线

SRAS 曲线向上倾斜：当价格水平 P 高于预期价格水平 P^e 时，产出的供给量增加。在长期，实际价格水平和预期价格水平相等。*LRAS* 曲线垂直于充分就业产出水平 Y^* 处。

预期价格水平的变化 当工人为工资讨价还价时，他们会将其工资与购买商品和服务的成本进行比较。当工人预期价格水平上升时，他们将要求更高的名义工资以保持其真实工资水平。同样，企业会将其产出的价格与其他商品和服务的预期价格进行比较，进而作出供给多少产出的决策。当企业预期价格水平上升时，企业会提高价格以抵补更高的劳动成本和其他成本。预期价格水平上升使短期总供给曲线向左上方移动。预期价格水平下降使短期总供给曲线向右下方移动，这是因为随着名义工资和其他成本下降，企业降低了其产出价格。

长期总供给曲线的移动 长期总供给曲线 *LRAS* 表示在某一特定时间经济充分就业的产出水平。*LRAS* 曲线随着时间推移的移动反映了充

分就业产出水平的增长。经济增长的来源包括：（1）资本和劳动投入的增加；（2）生产率（单位投入的产出）的增长。

投入增加提高了经济的生产能力。当企业投资新厂房和设备（不包括旧厂房和设备的重置）时，资本存量增加。随着人口增长或更多人口成为劳动力，劳动投入增加。对美国和其他国家产出增长的研究显示，在长期内，产出增长的步伐也显著地受到生产率增长的影响。生产率增长是以资本和劳动投入生产产出的效率改善为基础的。

生产率增长的变化主要源自能源价格、技术进步、工人的培训和教育以及生产规制。1973 年石油价格大幅上升降低了高能耗产业的生产
601 率，（按照许多分析人士的观点）使得全世界的生产率增长放缓。诸如通信技术和计算机之类的技术进步提高了生产率。许多经济学家认为，环境、卫生和安全等方面的规制降低了生产率增长，因为资本和劳动投入这些活动中去了，而非投入商品和服务的生产上。但规制的这种结果并不一定意味着规制不符合社会利益。例如，社会必须在更洁净的空气或提高工作场所安全所带来的利益，与降低生产率带来的潜在成本之间进行权衡。

表 25—2 总结了使短期和长期总供给曲线移动的因素。

表 25—2　　总供给曲线移动的决定因素

……增加	移动 SRAS 曲线……	原因……
劳动成本	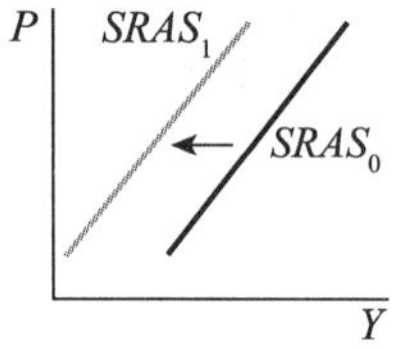	生产成本提高。
其他投入成本	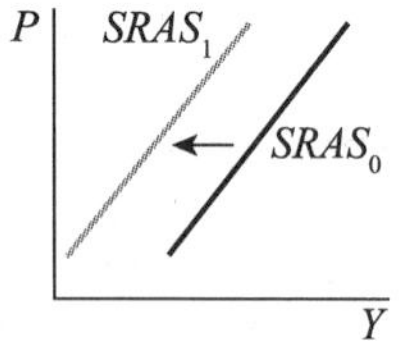	生产成本提高。
预期价格水平	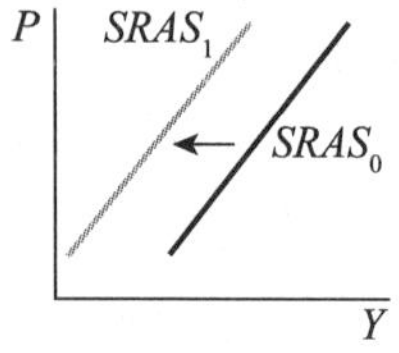	工资和其他生产成本提高。

续前表

……增加	移动 SRAS 曲线……	原因……
资本和劳动力投入	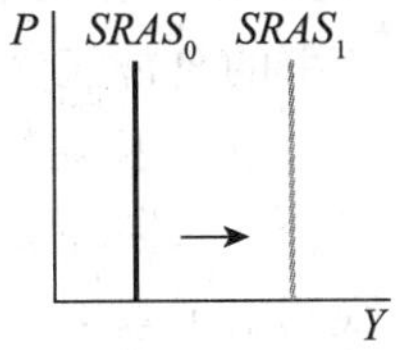	生产成本提高。
生产率	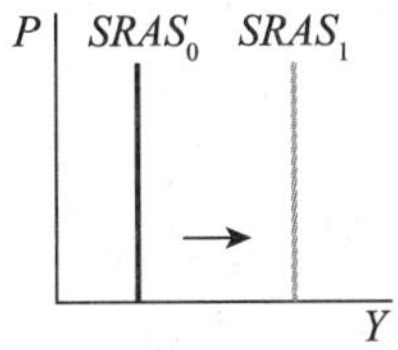	生产要素的使用效率提高。

博闻广识

波兰的休克疗法和总供给

600 经历了 3 年由西方经济顾问开方的休克疗法，1992 年底，备受困扰的波兰经济终于迎来了可喜的时刻。虽然与共产党政权时期的水平相比，工厂的产出在 1990—1991 年间下降了近 40%，但产出开始增长，通货膨胀开始下降。

如同东欧其他前社会主义国家一样，波兰试图通过实行激进的经济改革来转变中央计划经济和消除价格管制（只是比其他大多数国家更为迅速）。解除价格管制（曾经实行的固定价格）提升了预期价格水平，使 *SRAS* 曲线向左上方移动。由于名义货币供给增长率的下降和许多补贴的取消降低了总需求，*SRAS* 曲线的移动导致产出在短期内大幅度下降。

休克疗法的直接后果是价格水平上升（*SRAS* 曲线移动的结果）以及产出下降。到 1992 年，波兰经济活动的下降对通货膨胀产生了向下的压力。

波兰的政策制定者对长期经济增长前景的重视胜过其对短期产出变化的关注。长期的价格管制和政府分配资源降低了波兰经济生产和分配商品与服务的效率，因此，重要的问题是，改革能否改善长期总供给的前景。

尽管专家坚持认为，终结价格管制和政府分配将使企业更具效率和竞争力。但很显然，许多人的境遇在短期内会恶化。对于波兰公众而言，波兰的这次豪赌是付出这些短期成本，可能会得到生产和消费可能性的长期收益作为丰厚的回报。

许多经济学家，特别是哥伦比亚大学的杰弗里·萨克斯认为，波兰经济在1992年的反弹是波兰长期总供给曲线良性移动的开始。中央计划的消除和工厂生产率的改善使 *LRAS* 曲线向右移动，增加了产出，减弱了通货膨胀的压力。这些长期发展成为波兰经济实现未来增长的关键，为20世纪90年代余下时期和21世纪头10年更加强劲的经济增长和不断下降的通货膨胀奠定了基础。

总需求和总供给的均衡

网页推荐：
http://www.whitehouse.gov/esbr.html
提供白宫经济统计简报室公布的报告和数据。

我们现在有了一个模型，该模型告诉我们，在一个给定价格水平下，经济所处的产出水平可能是多少。总需求与短期和长期总供给的关系构成了这个模型，我们可以用这个模型来决定经济中的产出水平和价格水平。在均衡状态下，总需求和总供给曲线相交。由于企业供给产出的行为在短期和长期存在差异，我们就有了产出和价格水平的两个均衡值：短期均衡和长期均衡。

短期均衡

为了决定短期的产出和价格水平，我们将总需求曲线 *AD* 和短期总供给曲线 *SRAS* 组合在一起。图25—3显示了这两条曲线。

经济的短期均衡处在 *AD* 曲线和 *SRAS* 曲线的交点 E_0，其他点都不代表均衡。例如，E_1 是总需求的均衡水平，但企业在价格 P_1 处供给的产出超过了居民和企业的需求，价格水平将会下降，以在 E_0 点处恢复均衡。E_2 点位于 *SRAS* 曲线上，但在价格 P_2 处，居民和企业的需求超过企业愿意生产的产出，价格水平将会上升，以使产出的需求量和供给量相等。

测试点拨

602 **价格水平上升对经济来说是好消息还是坏消息？**

这要视情况而定。如果价格水平上升是由于 *AD* 曲线的移动所致，产出在短期内将上升。例如，减税刺激了企业投资，增加了当期产出的总需求，提高了价格水平。然而，如果价格水平上升是由于 *SRAS* 曲线的移动所致，产出在短期内将下降。例如，冬季寒冷刺骨，工人常常找不到工作，这会减少产出的供给量，提高价格水平。

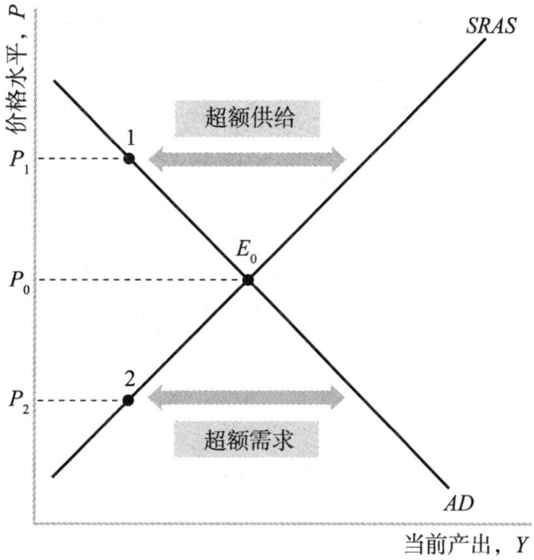

图 25—3　短期均衡

经济的短期均衡由 *AD* 曲线和 *SRAS* 曲线的交点 E_0 来代表，均衡价格水平为 P_0。较高的价格水平伴随着产出的超额供给（如在点 1 处），较低的价格水平伴随着产出的超额需求（如在点 2 处）。

长期均衡

经济短期均衡的分析表明，经济存在许多可能的产出和价格水平的组合，这取决于总需求曲线与短期总供给曲线在何处相交。然而在长期，价格水平的调整使产品市场和资产市场都在充分就业产出水平的 Y^* 处达到均衡。图 25—4 中的总需求曲线 AD_0 和短期总供给曲线 $SRAS_0$ 在这一产出水平处相交，价格水平为 P_0。

现在假设总需求出现未预期的扩张，使总需求曲线从 AD_0 右移至 AD_1。产出和价格水平在短期内上升，新的短期均衡点 E_1 位于 $SRAS_0$ 曲线和 AD_1 曲线相交处。随着时间的推移，企业获知一般价格水平上升了，*SRAS* 曲线从 $SRAS_0$ 左移至 $SRAS_1$。因为在新的价格水平上，企业愿意供给更少的产出。长期来讲，*SRAS* 曲线不得不移动，直到与 AD_1 曲线相交于 Y^*，长期均衡处于 E_1 点，此时价格水平为 P_1，充分就业产出为 Y^*。

如果总需求出现未预期的收缩，*AD* 曲线左移，其过程正好相反。最初，产出和价格水平会下降。随着时间的推移，企业获知价格水平下降了，*SRAS* 曲线将向右移动。新凯恩斯学派观点的调整过程要比新古

603 典学派观点的调整过程更加渐进（由于许多企业存在黏性价格）。在新的长期均衡处，产出等于 Y^*，价格水平低于 P_0。

长期来讲，*LRAS* 曲线垂直于充分就业产出水平 Y^* 处。经济的产出为 Y^*，而价格水平将调整以改变总需求，确保产品市场和资产市场都处于均衡状态。

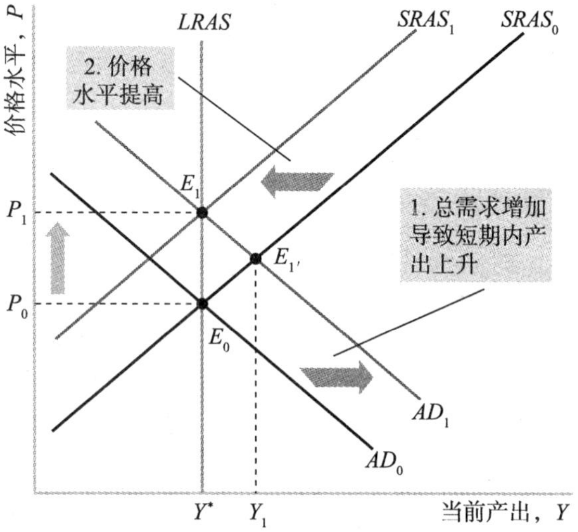

图 25—4　走向长期均衡的调整

1. 初始均衡位于 E_0 点。总需求增加使 *AD* 曲线从 AD_0 移动到 AD_1，产出从 Y^* 增加到 Y_1。

2. 由于 $Y_1 > Y^*$，价格提高，使 *SRAS* 曲线从 $SRAS_0$ 移动到 $SRAS_1$。经济在 E_1 点处实现新的均衡。产出回到 Y^*，但是价格水平上升至 P_1。

LRAS 曲线垂直于充分就业产出水平 Y^* 处，*AD* 曲线的移动在短期只影响产出水平。按照新古典学派的观点和新凯恩斯学派的观点，这一结果都成立，虽然按照新古典学派的观点，价格调整会更快一些。

延伸思考

总需求的变化会影响长期产出吗？

一般来说，总需求的增减并不会影响充分就业产出水平。也就是说，*LRAS* 曲线不会随 *AD* 曲线的移动而移动。一些经济学家认为，总需求大幅度的负向变化减少了充分就业产出水平，这种情况被称为迟滞。此时，失业率可能会在较长时期内高于充分就业产出水平所应有的失业率。

一些经济学家认为，迟滞是持续失业的一个原因。如果失业率上升，更多的人会丧失技能（或被雇主看成缺乏当前的技能），因此，难以被重新雇用。另外，长期失业的工人可能会变得失望，从而永久退出劳动力行列。寻找新工作的障碍延长了个人求职的过程，降低了充分就业产出水平。一些经济学家认为，许多欧洲国家（特别是英国）在 20 世纪 80

年代初的持续高失业率源于迟滞。玛格丽特·撒切尔首相的政府在20世纪80年代初期奉行紧缩的货币政策，但对产出和失业的影响持续了数年。把充分就业水平的下降归咎于迟滞的经济学家们认为，需要采用扩张性货币或财政政策来恢复经济最初的产出和就业水平。

并非所有的经济学家都接受这一观点，即总需求的扩张性移动是恢复更高产出和就业水平所必需的举措。例如，他们注意到，许多欧洲国家慷慨的失业保险制度（在工人失业时付给工人福利）也许可以解释持续性失业。迟滞的证据仍无定论。这一现象仍然是不断研究的课题，因为这表明总需求下降引起的经济衰退可能在长期内对经济施加成本。

604 由于*LRAS*曲线是垂直的，经济学家一般认为，总需求的变化影响价格水平，但不影响长期产出水平。*AD*曲线移动与价格水平之间的这种联系被称为**货币中性**（monetary neutrality）。这意味着，货币在长期对产出没有影响，因为名义货币供给增加提高了长期价格水平，但不改变均衡产出。反之，名义货币供给下降会降低长期价格水平，但不影响产出。

真实经济周期观点

尽管大多数经济学家认为，总需求的变化影响产出和价格水平，但一些经济学家持有另一种观点，他们认为，即便在短期内，总需求的变化也不会影响产出。换言之，不仅长期总供给曲线是垂直的，而且短期总供给曲线也是垂直的。不同于新古典学派观点，**真实经济周期观点**（real business cycle view）假设信息是完全的；不同于新凯恩斯学派的黏性价格解释，该观点假设价格是完全可变的。真实经济周期模型解释短期的产出变动主要是由于临时性生产率冲击，这些冲击包括原材料（如食物、能源和矿产）可得性的变化、对产品或市场的规则限制以及提高经济生产率的创新。

对生产率的冲击引起当期生产率的提高或降低，进而影响*SRAS*曲线，如图25—5所示。例如海湾战争期间，中东的危机减少了世界市场的石油供给，油价略有上涨。在这种情况下，耗能企业的生产率下降，图25—5中最初的均衡点为E_0，*SRAS*曲线从$SRAS_0$左移到$SRAS_1$。如果生产率冲击被预期是临时性的，仅在当期持续，未来的生产率不受影响，那么*AD*曲线不移动。由于*AD*曲线不移动，新的短期均衡位于*AD*曲线和$SRAS_1$曲线的交点E_1处，如图25—5所示。与经济初始均衡点E_0相比，在该点产出降低而价格水平升高。

605 对真实经济周期模型正在进行的研究集中于生产率的临行性扰动在

解释产出波动上的重要性。正如我们在下一章（第 26 章）将讨论的那样，许多证据表明，总需求的增加或降低在短期内会影响产出。

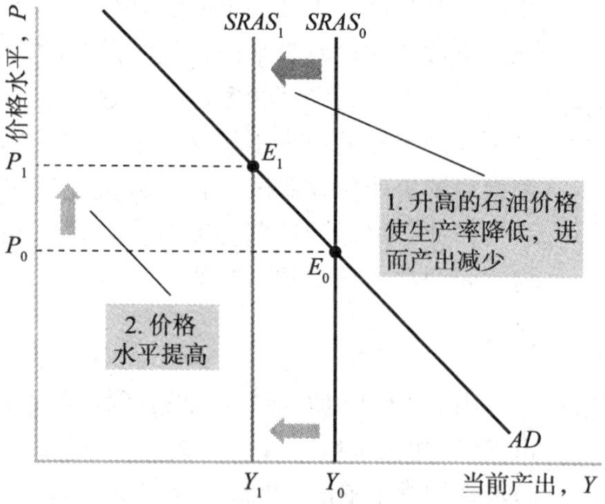

图 25—5　真实经济周期模型中的生产率和短期波动

在真实经济周期模型中，产出的短期波动可由生产率冲击来解释。

1. 初始均衡位于 E_0 点。石油价格的上升降低生产率，*SRAS* 曲线从 $SRAS_0$ 移动到 $SRAS_1$；产出从 Y_0 下降到 Y_1。

2. 价格水平从 P_0 上升到 P_1。

美国的经济波动

我们可以使用经济模型来解释过去的事件并预测未来的经济发展。当期产出波动可以用总需求曲线或总供给曲线的移动来解释。我们现在用 *AS-AD* 分析来解释美国经济波动的三个情形：(1) 对总需求的冲击，1964—1969 年；(2) 供给冲击，1973—1975 年和 1995—2005 年；(3) 对总需求的信贷压缩冲击，1990—1991 年。然后我们使用 *AS-AD* 分析来预测投资促进税收改革的产出和价格结果。第 26 章将使用 *AS-AD* 模型预测货币政策对产出和价格水平的影响。

对总需求的冲击：1964—1969 年

到 1964 年，美国参加越战背上了巨大的战争负担。自 1960 年以来，主要用于军备和人员开支的真实政府购买增加了约 9%。从 1964 年到 1969 年，这些支出又增长了 21%。利率有上升的苗头给联储敲响了警钟（如果其他因素不变，由政府购买带来的总需求增加将提高货币需求和利率）。因此，联储实行扩张性货币政策：$M1$ 的年增长率从 1963 年的 3.7%提高至 1964 年的 7.7%。

财政政策和货币政策的双扩张使得总需求曲线发生了一系列的右移。20 世纪 60 年代中期，总需求增加使产出超过了充分就业产出水平，形成生产成本和价格水平上升的压力。正如我们用 *AD-AS* 曲线图进行的短期和长期均衡分析所阐释的那样，*SRAS* 曲线向左上方移动，经济在更高的价格水平上恢复充分就业均衡。由于财政和货币政策双扩张持续了数年，按照 *AD-AS* 分析，产出增长和通货膨胀（价格水平变动率）在 1964—1969 年间应该上升。图 25—6 的需求扩张部分表明了所发生的一切。

供给冲击：1973—1975 年和 1995—2005 年

到 20 世纪 70 年代初，许多经济学家和政策制定者相信，产出增长和通货膨胀已齐头并进。当均衡产出和价格水平的变化是由总需求的变化引起的，这一情形就是一个可感知的结论。美国（和其他工业化国家）在 1973 年和 1974 年经历了负面供给冲击。1973 年，为惩罚美国和其他国家在 1973 年阿以冲突中支持以色列，石油输出国组织（Organization of Petroleum Exporting Countries，OPEC）大幅减少世界石油市场的石油供给。世界石油价格暴涨，同时，世界农作物歉收引起粮食价格显著上升。在美国，1971 年生效的工资和价格上涨控制引起一场工资和价格的螺旋式上涨，强化了这两个负面供给冲击。

606 在 *AD-AS* 分析中，负向供给冲击使短期总供给曲线向左上方移动，从而提高价格水平，降低产出。如图 25—6 所示，在 1974 年和 1975 年，产出增长下降，而通货膨胀上升。这种类型的通货膨胀使经济陷入停滞，这种情形被称为滞胀。下降的产出和上升的价格表明，与总需求冲击一样，总供给冲击可以改变经济的短期均衡。1978—1980 年不利的石油供给冲击也引起类似的情形发生。

网页推荐：
http://www.gpoaccess.gov/indicators/browse.html
提供经济顾问委员会《月度经济指标》发布的产出增长和通货膨胀数据。

下面我们来考察有利的供给冲击，如 20 世纪 90 年代末和本世纪头 10 年美国经济经历的生产率增长加速的情形。其背景是，联储在 1994 年 2 月开始提高利率，以应对通货膨胀压力所带来的问题。经济持续繁荣，产出高速增长，通货膨胀回落到 2%。这种有利的供给冲击可以用 *AD-AS* 分析来阐释。2001 年 9 月 11 日恐怖袭击后或 2005 年卡特里娜风灾后监管加强，一些经济学家担心这会造成不利的生产率冲击，会使生产率增长减缓，但是潜在的生产率增长依然强劲。

许多经济学家重点强调信息技术相关投资（“新经济”的一部分）推动的生产率增长所发挥的作用。最终，总供给曲线向右移动，增加产出，降低通货膨胀。

信贷压缩与总需求，1990—1991 年

银行放款能力或意愿下降被称为信贷压缩（credit crunch），许多分析人士认为信贷压缩加剧了 1990—1991 年的经济衰退。海湾战争在这次衰退之初给予了一次负向供给冲击。前面讲过，对于那些难以从非货币市场获得融资的借款者来说，银行类金融机构是重要的资金提供者。在
607 这次衰退期内，有两个事件可能引发了信贷压缩。首先，更为严格的银行监管降低了银行放贷能力。其次，房地产价值下降和许多公司债务负担沉重降低了银行以任何预期真实利率向借款者提供贷款的意愿。由于居民和中小企业难以从其他来源获得资金替代银行信贷资金，购买耐用消费品和投资企业厂房设备的支出下降。

在 *AD-AS* 分析中，支出的下降引起总需求减少，使 *AD* 曲线向左移动。经过一段时间，总需求减少会施加价格下降的压力，使 *SRAS* 曲线向下移动。图 25—6 显示，在 1990—1991 年衰退期间，产出增长下降，通货膨胀从 1989 年的 4.3%下降到 1992 年的 2.9%。一些经济学家担心这种信贷压缩模式会在 2000 年末和 2001 年初的产出增长与通货膨胀中再次出现。

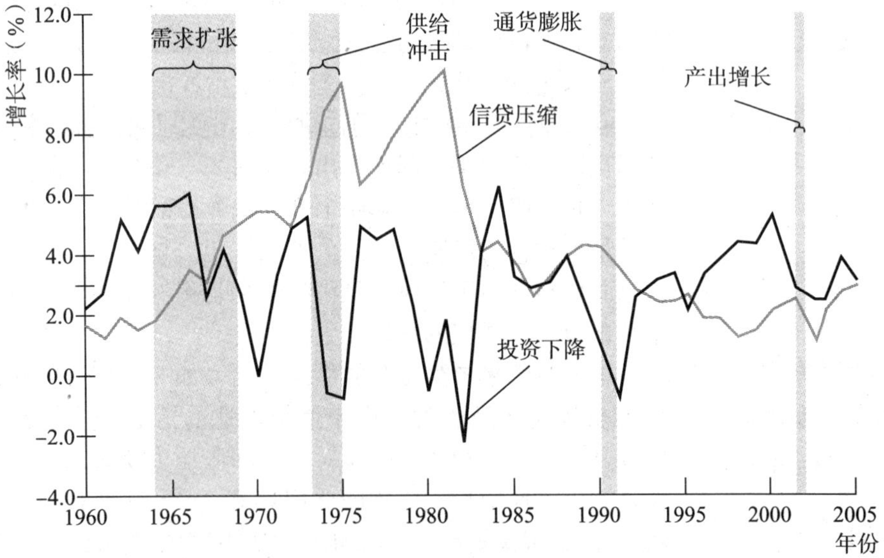

图 25—6　产出增长和通货膨胀，1960—2005 年

1960—2005 年间产出增长和通货膨胀的短期变动可由总需求或总供给的变动来解释，总需求或总供给的变动引起产出高于或者低于充分就业产出水平。

资料来源：Council of Economic Advisers，*Economic Report the President*，参见 http：//gpoaccess. gov/eop/tables06. html。

投资与 2001 年的衰退

始于 1991 年 3 月的美国经济扩张正好于 10 年后终结。按照国家经济研究局（美国经济周期的判定者）的观点，2001 年的经济衰退终止于当年 11 月份。引发经济衰退的一个主要因素是企业投资下降。在 20 世纪 90 年代末期，由于资本的预期盈利能力较高和为解决“千年虫”问题使信息技术投资快速增长，一旦人们预期 2000 年后资本盈利能力下降（2000 年和 2001 年美国股票价值大幅度下降反映了预期未来盈利能力的下降），美国经济积累的资本就会超过企业家意愿的资本水平。实际资本存量超出意愿资本存量意味着，新的企业投资不久就会急剧下降。在 *AD-AS* 分析中，投资下降使 *AD* 曲线左移，降低了衰退期间的产出增长和通货膨胀，如图 25—6 所示。

这一时期持续快速的生产率增长步伐使得 *AS* 曲线右移，缓解了由 *AD* 曲线左移带来的产出下降。*AS* 曲线右移也加强了由总需求下降带来的通货紧缩压力。事实上，在 2002 年和 2003 年，经济学家们担忧美国可能会经历通货紧缩，即一般价格水平的下降，但这种情况并没有发生。

投资激发了通货膨胀吗？

20 世纪 90 年代末期，很多经济学家和政策制定者敦促进行激励企业投资的税收改革。2002 年，布什政府提议并经国会批准实施投资促进税收改革。这次改革包括引入列支，即企业对新厂房设备支出进行一次性列支而不用逐年折旧，同时削减了红利和资本利得税，以降低资本成本。许多经济学家认为，这些改革会显著增加企业投资需求和资本品的产出。但这也会激发通货膨胀吗？

在 *AD-AS* 分析中，投资激励会增加总需求，使 *AD* 曲线向右移动。但当新厂房设备投入使用时，经济的生产能力将扩大，使 *AS* 曲线向右移动，降低了由投资促进税收改革带来的通货膨胀压力。最近的证据表明，投资激励的供给效应是强有力的，不可能激发通货膨胀。

关键术语和概念

610 总需求　　短期总供给（*SRAS*）曲线　　新凯恩斯学派观点

总需求（*AD*）曲线	充分就业产出	真实经济周期观点
总供给	错觉理论	供给冲击
总供给（*AS*）曲线	货币中性	新古典学派观点
长期总供给（*LRAS*）曲线		

总　结

1. 总需求代表居民和企业在特定价格水平上愿意购买的当期产出水平。总供给代表生产者在特定价格水平上愿意出售的产出量。

2. 总需求（*AD*）曲线描述在每一价格水平上需求的当期产出量。价格水平与需求的总产出量负相关。*AD* 曲线的每一点都代表使商品市场和资产市场均衡的价格水平和总产出组合。能使 *AD* 曲线移动的因素包括：名义货币供给的增加或减少、货币需求、意愿储蓄的决定因素和意愿投资的决定因素。

3. 总供给（*AS*）曲线表示在每一价格水平上供给的产出量。长期总供给（*LRAS*）曲线垂直于完全就业产出水平处。生产要素的当期生产率提高或下降使 *LRAS* 曲线发生移动。短期总供给（*SRAS*）曲线向上倾斜。按照新古典学派的观点，价格总水平未预期的上升会在短期增加企业意愿供给的产出量。按照新凯恩斯学派的观点，*SRAS* 曲线向上倾斜，原因是许多企业存在黏性价格，且愿意在一段时期内以起初标出的价格满足对其产出的需求。新古典学派和新凯恩斯学派都认为，*SRAS* 曲线的移动反映了预期价格水平或生产成本的变化。

4. *AD* 曲线和 *SRAS* 曲线的交点决定了经济的短期均衡产出水平和价格水平；在 *AD* 曲线和 *LRAS* 曲线的交点，经济实现长期均衡。

5. 均衡价格水平和产出的变化可由总需求曲线移动、总供给曲线移动或这两条曲线的共同移动来解释。

复习题

1. 在 *AD* 曲线上，价格水平和总产出为什么存在负相关关系？

2. 下列哪一项因素会使 *AD* 曲线右移？

a. 联储进行公开市场出售；

b. 支票存款利率下降；

c. 联邦政府推出大规模重建国家高速公路的计划；

d. 联邦政府降低公司利润税。

3. 根据新古典学派的观点，为什么价格水平上升会在短期增加供给的总产出？

4. 按照新凯恩斯学派的观点，价格黏性这一术语是什么意思？什么经济因素产生了价格黏性？

5. 长期总供给曲线的斜率是多少？为什么其斜率会是这样的？

6. 新古典学派和新凯恩斯学派关于长期货币中性有什么结论？

7. 根据新凯恩斯学派的观点，政府国防开支的增加短期来讲对产出有什么影响？

8. 什么是真实经济周期？如果冬季暴风雪暂时减少了农业产出，*AD-AS* 曲线图中的哪一条曲线会发生移动？

分析题

611 9. 本章给出的 *AD* 曲线推导取决于真实利率提高（因为价格水平上升）对真实货币余额需求的影响。假定你相信欧文・费雪的货币数量论公式，并且你不相信真实利率会影响真实货币余额需求。那么，你能给出 *AD* 曲线向下倾斜的其他理由吗？

10. 运用新古典学派的观点和 *AD-AS* 曲线图，阐述石油价格上升对价格水平和当期产出的影响。如果联储增加货币供给以刺激总需求，你的答案会有怎样的改变？

11. 假定经济最初实现了充分就业的均衡。但是，政府出乎意料地提高了所得税。根据新凯恩斯学派的观点，这会在短期和长期对价格水平和产出产生什么影响？

12. 如今人们常说联储将稳定物价作为其最重要的目标。回顾 1964—1969 年间，即使联储支出迅速增加且 GDP 已经接近充分就业水平，联储仍然提高了货币供给增长率。你认为联储在 20 世纪 60 年代后期为什么如此行事？如果现在面临同样的情况，联储会重新采用相同的做法吗？

13. 本章阐述了 1964—1969 年的总需求冲击、1973—1975 年和 1995—2006 年的总供给冲击。画出 *AD-AS* 曲线图来对上述事件进行分析。

14. 在 20 世纪 70 年代中期和后期，欧佩克大幅度地提高石油价格，石油成本提高降低了耗能行业的生产率。根据新凯恩斯学派观点，请指出短期产出和价格水平会出现什么变化？

15. 通常认为，价格总水平的错觉影响经济的一个途径是通过劳动市场。假定失业率 u 与通货膨胀率 π 和预期通货膨胀率 π^e 相关，如下式所示：

$$\pi=0.08-2u+\pi^e$$

a. 如果没有通货膨胀错觉（即 $\pi=\pi^e$），那么失业率是多少（用百分率表示）?

b. 如果预期通货膨胀是 8%，而实际通货膨胀是 4%，失业率又是多少?

c. 如果预期通货膨胀是 4%，而实际通货膨胀是 8%，失业率又是多少?

16. 约翰·梅纳德·凯恩斯强调“动物精神”（企业家和经理人的信心或乐观情绪的变化）在经济波动中的作用。假定乐观情绪充满了美国企业界，根据新凯恩斯学派观点，阐述其对总需求和价格水平的影响。

17. 假定美国政策制定者大力倡导“节俭运动”的结果是，公众提高了储蓄率。换言之，在收入水平和真实利率的任何特定组合下，公众都会将更多的收入储蓄起来。根据新凯恩斯学派观点，阐述其对产出的短期影响和长期影响。

18. 由于资本预期未来生产率上升，股市上涨。按照新古典学派观点，阐述其对投资、当期产出和未来产出的影响。

19. 许多经济学家和政策制定者担心，由于政府支出的增加挤出了私人投资，就不具有扩张性效应。使用 *AD* 曲线的推导来解释这个观点的逻辑。

20. 假如国会通过一项法案，允许所有纳税人从其税单中减去 500 美元，而政府支出却保持不变。假设李嘉图等价定理成立，阐述这项法案对总需求的影响。

21. 假设总统和国会同意一项基础设施项目，增加建设高速公路、桥梁和机场的联邦支出。支持者认为这将提高长期生产率，反对者认为这会减少短期私人投资。使用 *AD-AS* 曲线图来说明这些立场。

22. 联储可以用扩张性或紧缩性政策来移动 *AD* 曲线。使用 *AD-AS* 曲线图阐述在下列情况下，应该怎样运用货币政策使产出恢复到充分就业产出水平?

a. *AD* 曲线与 *SRAS* 曲线相交于充分就业产出水平的左边；

b. *AD* 曲线与 *SRAS* 曲线相交于充分就业产出水平的右边。

612 23. 整个 20 世纪 80 年代，银行存款利率上升，这主要是由于计算机和通信技术的进步。这一发展会对 *AD* 曲线产生什么影响? 假定 *LRAS* 曲线是垂直的，如果其他因素不变，这一发展会对价格水平产生什么影响?

数据题

24. 在图书馆查阅最新发行的《总统经济报告》，计算国内生产总值的年变化百分率（不变价格）和国内生产总值价格平减指数的年变化百分率。用这两个数列，确认何时总需求的变化在解释产出变化上更重要？何时总供线的变化在解释产出变化上更重要？

25. 使用《总统经济报告》中的数据计算四个时期非农业企业部门工人人均产出增长率，即 1960—1969 年、1973—1979 年、1985—1990 年、1995—2000 年。评估这四个时期工人人均产出增长模式对 *LRAS* 曲线移动的含义。

26. 美国劳工部劳动统计局收集关于美国价格水平的信息。登录其数据网址（http：//www. bls. gov/data/home. htm），找到全部城镇消费者的通货膨胀率（“美国所有项目”），用提供的这些信息，计算 20 世纪 70 年代和 90 年代每年的平均通货膨胀率。评估报出的通货膨胀率对下列各项可能产生的效应：(i) 真实利率；(ii) 企业投资；(iii) 意愿持有的真实货币余额；(iv) *AD* 曲线。

27. 美国普查局的《统计摘要》提供了很多有用的美国经济统计数据。获取最近发布的统计数据可登录网址 http：//www. census. gov/compendia/statab/。收集最新年度美国工人收入、补贴和雇员福利的数据。根据这些信息，指出这些数据对短期总供给曲线会产生什么影响(假定其他条件不变)？

28. 2001 年，美国名义国内生产总值下降。经济顾问委员会每月发行《经济指标》，登录 http：//www. gpoaccess. gov/indicators/browse. html，找到最新一期《经济指标》，查阅该年季度 GDP 数据。2001 年的 GDP 是增加的吗？哪个季度 GDP 是下降的？如果 GDP 是下降的，其原因是总需求变化引起的，还是总供给变化引起的？使用 *AD-AS* 分析，解释在此期间为什么价格水平仍保持低位（假定其他条件不变)？

理论联系实际

《华尔街日报》，2006 年 11 月 29 日

伯南克警告发生通货膨胀的风险仍然很大

608 华尔街普遍持有经济缓慢增长会引起利率下降的观点。与此相反，联储主席本・伯南克对全国经济状况持有乐观的评估。他警告说，紧缩的劳动市场可能会对工资和价格施加更大的压力。

a 住房建设下滑、假日销售的信息混杂以及对通货膨胀的评论降温，许多投资者指出，这些都表明经济正走向疲软，发生通货膨胀的风险正在消退，联储的下一举措将是削减利率，最快可能在明年春天。

然而，伯南克先生的强硬信号表明在未来几个月里不可能降低利率。

在自 7 月份国会听证以来首次关于经济展望的重要演讲中，伯南克先生说道，除住房和汽车外，其他的增长是“坚实的”，潜在的通货膨胀“令人不安地高”。联储面临的选择是应否提高利率，而不是应否降低利率。自 6 月份以来，中央银行已将其短期利率目标稳定在 5.25%。

“通货膨胀未能像预期的那样减缓将会特别麻烦”，伯南克昨日在纽约对全国美籍意大利人基金会（National Italian American Foundation，NIAF）说道，“是否需要就反通货膨胀采取进一步的政策行动取决于即将公布的数据。”

b 昨天，伯南克先生强调劳动市场是通货膨胀压力的一个潜在来源。他说：“很显然，劳动成本……近来一直更快地上升，这种加速上升无疑部分地反映了当前劳动市场的紧缩状况。”

失业率在 10 月份下降到 4.4%，低于联邦官员在 7 月份预测的 4.75%～5%的区间水平。

费城联邦银行行长查尔斯・普罗索（Charles Plosser）昨天在纽约罗切斯特的罗切斯特大学演讲中强化了联储的强硬信号。他说：“政策尚不确定的风险仍然存在，它还不足以确保在合理的期间内恢复价格稳定。”

c 经济学家们自身对经济前景的看法就存在分歧，一些经济学家认为住房引致的经济下滑将会加剧，而另一些经济学家认为低失业率和看好的金融市场将会推动经济活动的好转。

新闻分析

609 2006 年秋季，许多经济学家、企业家和政策制定者十分关注美国的经济状况。尽管美国经济在过去的几年里一直快速扩张，但随着经济增长率在 2006 年下半年开始放慢，一些人表示出担忧。分析人士担心利率

上升将会减少总需求，将经济推入衰退的境地；另一些人则担心不断增长的通货膨胀压力。我们可以使用 *AD-AS* 分析来解释这些态势，理解为什么在有人担忧通货膨胀的同时还有人担忧经济衰退。

a. 住房建设下降和假日支出无力，表明消费者整体支出可能正在下降。消费下降使总需求曲线向原点方向移动。如果短期总供给曲线是向上倾斜的，总需求的降低将引起价格水平下降或减轻通货膨胀的压力。

b. 正如本章阐述的那样，劳动成本增加引起短期总供给曲线向左上方移动。由于生产者面临较高的劳动成本，在其他因素不变的条件下，总产出将下降，而价格水平将上升。在 2006 年秋季，劳动成本增速显然比前期加快，部分原因是由于失业工人短缺。企业通过支付更高的工资来争夺相对稀缺的工人，劳动成本被推高，总供给曲线向左上方移动。

c. 经济学家不能确定这些同时发生的变化所产生的净效应。部分不确定性集中在哪一个影响会有更大的效应。一方面，住房价格下降会降低消费者信心，进而减少消费；另一方面，失业率下降和股市价格上涨会增加消费者信心，进而增加消费。经济学家不能确定这两方力量相互抵消后的最终结果。

更进一步的思考……

假如美国经济中通货膨胀的压力连续积累，联储被迫提高利率。讨论这一举措对美国 *AS* 曲线和 *AD* 曲线的影响。

资料来源：节选自 Greg Ip，Rafael Gerena-Morales，and Michael Corkery，“Bernanke Warns Inflation Remains A Significant Risk，” *The Wall Street Journal*，November 29，2006，p. A1. Copyright © 2006 Dow Jones and Co. Reprinted with permission。

第26章 货币和产出的短期关系

613 2001年，一群企业高级管理人员在纽约华尔道夫饭店共进晚餐。其间，一位备受尊敬的联储理事会理事发表了题为《货币政策和新世界秩序》(Monetary Policy and the New World Order) 的演讲。演讲阐述了20世纪80年代和90年代以来货币政策的重要变化，演讲结束后的问答十分踊跃：一位愤怒的CEO（其公司在早先的衰退中遭受损失并最终停业）向演讲者提问："您对长期调整的看法如何?"但演讲者却回答："为什么货币供给量的减少会使人们失业呢?"

在经济衰退期间，产出下降。随着企业的需求减少，就会解雇员工，从而使失业增加。经济衰退既影响员工，也困扰企业。失业的员工将面临经济上的困窘、自信心的丧失以及技能的下降。在衰退期间，企业利润下降，甚至破产。联储的干预能够减轻经济衰退的严重程度吗？联储应该进行干预吗？

网页推荐：
http://www.gpoaccess.gov/indicators/browse.html 提供经济顾问委员会《月度经济指标》公布的货币和产出变动数据。

本章将考察货币供给和产出在一段时间内的变化，从而发现这两个变量之间是否存在联系。在第一节，我们将呈现经济学家的研究证据，证明货币供给和产出之间是否存在联系。经济学家对研究证据的解释存在分歧，结果，他们对产出可能（或不可能）随着货币供给的变化而变化的理由给出了不同的解释。随后，我们将对三个学派经济学家提出的解释进行阐述，这三个学派是真实经济周期学派、新古典学派和新凯恩斯学派。根据这些解释，我们阐述货币政策将如何减轻经济衰退的严重程度。最后，我们分析 20 世纪 80 年代、90 年代和 21 世纪头 10 年实行的货币政策。

追溯货币和产出的短期变化

尽管货币供给和产出在长期内稳定地增长，但当经济周期中经济波动时，这两个变量在短期内都是波动的。在**经济周期**（business cycle）中，在扩张期或繁荣期里产出增长，直到达到顶峰；随着经济进入紧缩期或衰退期，产出开始下降，直至降至谷底。周期的时间模式从几个月到几年不等，扩张和衰退的程度各异。自工业革命以来，经济周期就一直存在；而自 19 世纪以来，经济学家也一直在分析经济周期。图 26—1 显示从 1950 年到现在的所有紧缩，即经济衰退期间。

在经济周期内，货币供给的增长也各不相同，如图 26—1 所示。货币供给增长率的变动是顺周期的，即货币供给增长率通常在扩张期上升，
614 在衰退期下降。通过对数据（如图 26—1 提供的数据）进行研究后，经济学家们发现，在经济周期内，名义货币供给的变化通常先于产出波动。也就是说，货币扩张通常在经济周期达到顶峰之前发生，而货币紧缩通常在经济周期陷入谷底之前发生。

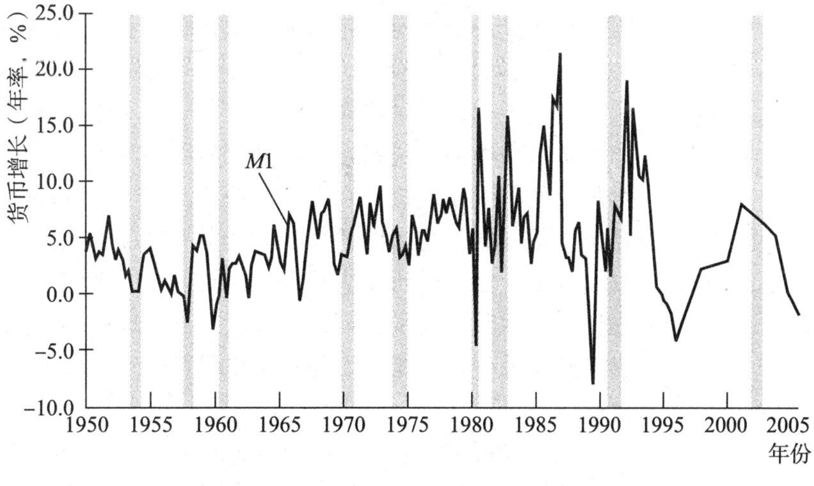

图 26—1　货币供给增长与经济周期，1950—2006 年

数据是 *M*1 年度增长百分率，阴影区表示国家经济研究局标明的衰退期。国家经济研究局是一个专门负责确定美国经济周期的私有经济研究组织。

资料来源：*Federal Reserve Bulletin*.

经济学家如何解释货币供给和产出变化的这种时间模式呢？答案并不一致，因为这些变化可作不同的解释。例如，一些经济学家认为，货币供给的变动引起了随后的产出变化；但还有一些经济学家认为，货币供给的变化反映了而非引起了产出的变化。在接下来的三节里，我们将使用在第 25 章建立的总需求—总供给模型，对图 26—1 中时间模式的解释进行研究。尤其是，我们考察真实经济周期学派、新古典学派和新凯恩斯学派经济学家的观点，然后考察各学派经济学家的政策主张，理解联储在衰退期如何且能否减轻产出下降的严重程度。

真实经济周期模型

在长期，价格是可变的，即企业会根据成本和需求的变化来调整其产品的价格。当价格是可变的，名义货币供给对经济活动水平不会产生任何影响，因此，货币是中性的。名义货币供给的一次性增加或者减少只影响价格水平，而不影响真实产出。

真实经济周期模型认为，即使在短期内，价格也是可变的。在经济处于短期均衡时，产出是充分就业产出水平，因此，经济的短期总供给曲线 *SRAS* 是垂直的，但实际产出是随着时间的推移而波动的。真实经济周期模型指出，观察到的短期产出波动主要是由临时性生产率冲击造成的，这些冲击包括关键原材料（如食品、能源和矿产）可得性的变化、对生产和市场的监管限制以及提高经济生产率的创新。

真实经济周期模型还认为，货币供给的增加或减少不会对经济活动产生任何影响，即使在短期也是如此。从图 26—1 可以看出，货币供给
615 的增长速度在扩张之前或扩张期内远远快于紧缩期内。这一时间模式必然与货币中性的假定相矛盾吗？真实经济周期模型的支持者们对此予以否定的回答，他们认为，即使货币供给与产出同时变动，货币供给的变化也并不一定引起产出的变化。尤其是，真实经济周期模型的支持者们提出两个论点，否认在货币供给与产出之间存在因果关系。第一，他们提出，一些其他变量也可能引起货币供给和产出的变化；第二，他们提出，产出的变化可能会引起货币供给的变化。第二个论点是一例因果倒置的推理。

真实经济周期学派的经济学家更常用的是第二个论点而非第一个论点。他们认为，产出的当期变化和预期未来变化影响货币需求，而非影响货币供给。为了说明这一点，假定有利的生产率冲击（例如石油价格临时性下降）带来经济繁荣。由于预期未来收入增加，居民和企业的交易性货币需求增加，因此需要更多的通货和支票存款。产出增加和经济

繁荣引起货币需求增加，使得联储被动地增加货币供给。于是，真实经济周期学派的支持者们指出，产出的变化增加货币供给，而不是货币供给的变化影响产出，后者是因果倒置的一个经典例证。这些经济学家提出了我们分析的一方观点：不存在从货币供给到产出的因果关系。其他学派则认为，存在从货币供给到产出的因果关系，并引用证据来否定因果倒置关系。

为了检验货币供给与产出之间的关系，已故的米尔顿·弗里德曼（斯坦福大学教授）和安娜·施瓦茨（美国国家经济研究局研究员）考察了这两个变量关系历史上的时间模式。他们发现，货币供给增长率的下降每次都先于产出的下降[1]，这一时间模式在整个观察期内（差不多100年）的每一次经济衰退中都成立。弗里德曼与施瓦茨指出，名义货币供给增长率的顶峰比产出的顶峰平均早出现16个月。对于所有的经济周期而言，这一时期长度并不是固定不变的，其时间范围是从几个月到2年多。弗里德曼和施瓦茨对从南北战争到1960年间的许多经济周期进行了研究，他们据此得出结论：货币增长的变化引起产出的波动。但是，他们同时也得出结论：货币对产出的影响只显现在较长且可变的时滞之后。

对弗里德曼和施瓦茨的论断进行检验，就是看他们确认的货币供给变化是否为“独立的”。货币供给独立变化是指其变化不受产出变化的影响，或不受某些既影响货币供给又影响产出变化的第三方因素的影响。

独立事件也可能是联储旨在实现除产出增加外其他目标的政策。通过追溯一个独立变化的影响，我们可以得出货币供给的变化在短期如何影响产出的结论。弗里德曼和施瓦茨研究了符合独立事件定义的特定历史场景：联邦储备体系建立之前的银行业恐慌、20世纪30年代初期的
616 银行倒闭浪潮以及1936年和1937年准备金要求的提高。他们将银行业恐慌（如1907年公众将银行存款转换成货币导致银行恐慌）期间货币供给的减少与随后因存款减少和货币增长降低造成的经济活动下降联系起来。20世纪30年代初期的银行倒闭风潮显著地减少了货币供给，弗里德曼和施瓦茨把20世纪30年代初期的产出下降归咎于这场“大紧缩”。他们还将1937—1938年明确的经济衰退归因于货币紧缩，而这次的货币紧缩是由联储提高法定准备金率引起货币供给减少造成的。准备金要求的变化是独立的，因为它与联储提高其货币供给控制力的意愿相关，而与影响当期经济活动水平的政策无关。所有这些特定场景表明，从货币供给增长的变化到产出水平变化之间存在联系。根据这一思想，加州大学伯克利分校的克里斯蒂娜·罗默和大卫·罗默确认出1960年以后6个独立的货币政策变化。在1960年，联邦公开市场委员会宣布采用紧缩性货币政策来应对

〔1〕 Milton Friedman and Anna J. Schwartz, *A Monetary History of the United States*, Princeton, N. J.: Princeton University Press, 1963.

通货膨胀。[1]每一个特定场景随后都出现产出下降。他们坚持认为，由于货币紧缩旨在降低通货膨胀，货币紧缩独立于当期产出状况。

研究货币增长变化是否引起产出变化的另一种方法是，对货币政策可能增加或减少产出的程度进行持续的度量。利用统计检验的方法，现任联储主席本·伯南克和普林斯顿大学的艾伦·布林德提出，提高联邦基金利率会造成产出下降。[2] 他们认为，联邦基金利率的变化是独立的，因为它主要是由联储的行为决定的。这些发现确定，货币供给下降几乎是在联储实施紧缩性政策后立即发生的，而产出下降则有 6 个月～1 年的滞后。因此，关于货币和产出变化的证据并不支持基本的真实经济周期模型。在短期内，货币似乎不是中性的。

真实经济周期模型提出的长期观点是准确的。即在长期，价格是可变的，货币是中性的。但其短期观点却与历史证据不符。其他两个经济学派（新古典学派和新凯恩斯学派）提出，货币和产出是关联的，他们对二者之间的联系提出了不同的解释，正如下文阐述的那样。

测试互动

在每年的第四季度，特别是 12 月份，货币和零售指标数值都高于其他月份的数值。这些临时性变化表明货币供给增加引起产出变化了吗？

真实经济周期学派的经济学家们认为，一个更为合理的解释是，在假期里商品需求提高，进而公众对通货和支票存款的需求增加。联储通过增加货币供给，以满足居民和企业的需求，从而平缓了货币需求的急剧增加。

货币和产出：新古典学派模型

617 新古典学派经济学家们将货币供给和产出之间的关系归因于不完全信息。他们特别强调，在短期内，企业不能完全调整其产品的价格，工人也不能完全调整其工资，因为企业管理者和工人拥有的价格水平变化信息是不完全的。不可变的价格使货币在短期内不再是中性的。按照新

[1] Christina Romer and David Romer, "Does Monetary Policy Matter? A New Test in the Spirit of Friedman and Schwartz," in O. J. Blanchard and S. Fischer, eds., *NBER Macroeconomics Annual*. Cambridge, MA: MIT Press, 1989, pp. 121-170.

[2] Ben S. Bernanke and Alan S. Blinder, "The Federal Funds Rate and the Channels of Monetary Transmission," *American Economic Review*, 82: 901-921, 1992.

古典学派的观点，当价格水平高于预期时，产出增加。居民和企业在预测价格总水平时，会将其对货币供给变化的预期考虑进来。预期货币供给增加将提高居民和企业预期的价格水平，预期货币供给下降将降低预期的价格水平。按照新古典经济学派经济学家的观点，名义货币供给变化对产出的影响在短期内主要取决于这些变化是预期到的还是未预期到的。

预期到的货币供给变化 为了理解预期到的名义货币供给变化和未预期到的名义货币供给变化之间的区别，假定经济是均衡的且联储宣布名义货币供给增长 10%，这一宣布成为居民和企业预测价格总水平所用信息的一部分。我们使用 *AD-AS* 曲线图分析其对产出的影响。在图 26—2(a) 中，经济在 E_0 点实现均衡。名义货币供给一次性预期增加使总需求曲线从 AD_0 移动到 AD_1，提高预期的价格水平，使短期总供给曲线从 $SRAS_0$ 移动到 $SRAS_1$，经济在更高的价格水平 P_1 处实现了新的短期均衡，但产出并没有改变。在这种情况下，由于预期货币供给增加，居民和企业预期价格水平也会提高。因此，正如人们所预期的，当价格水平确实提高时，真实产出不受影响。于是，新古典经济学派经济学家们得出结论：完全预期到的货币供给变化不会对真实产出产生任何影响，货币供给的变化是中性的。

未预期到的货币供给变化 如果货币供给的增加并没有被预期到，情况又会怎样呢？例如，假定联储出乎居民和企业的意料，突然将货币供给增加 10%。在图 26—2(b) 中，经济的初始均衡点为 E_0，货币扩张使总需求曲线右移，从 AD_0 移动至 AD_1。预期价格水平未发生变化，短期总供给曲线仍为 $SRAS_0$。在 E_1 点处实现新的均衡，产出从 Y_0 提高到 Y_1，实际价格水平也从 P_0 上升至 P_1。由于实际价格水平高于预期价格水平，企业会错误地认为其产品的相对价格上升，于是，企业增加其产出。未预期到的货币供给变化不是中性的，因为未预期到的名义货币供给增加引起产出增加，未预期到的名义货币供给减少引起产出减少。

新古典经济学派经济学家还考察了未预期到的和预期到的货币供给变化对产出或价格的影响是否有区别。尽管他们并未达成共识，但是已有证据表明，预期到的和未预期到的名义货币供给变化都将影响当期产出。这一结论与新古典学派的观点不符，新凯恩斯学派经济学家试图对此作出解释，他们保留了新古典学派的合理假设，即居民和企业使用可得的信息形成对货币增长或价格水平的预期。

测试点拨

假定你了解价格总水平与货币供给的规模密切相关，并且你持续观察货币供给的规模，货币错觉理论能否用于解释经济周期？说明原因。

不能，由于你持续地观察货币供给，就不会有货币错觉。

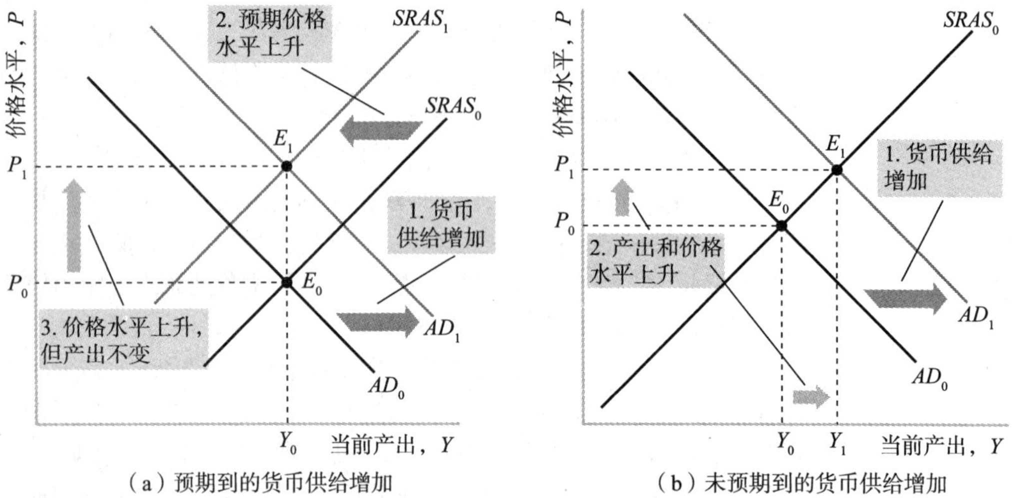

图 26—2 新古典模型中的货币和产出变化

在新古典模型中，只有未预期到的货币供给变化在短期内影响产出。

如图（a）所示：

1. 在初始均衡点 E_0，预期到的名义货币供给增加使 AD 曲线从 AD_0 移动到 AD_1。
2. 预期价格水平升高，使 $SRAS$ 曲线从 $SRAS_0$ 移动到 $SRAS_1$。
3. 在新的均衡点 E_1，价格水平上升至 P_1，产出保持不变，仍为 Y_0。

如图（b）所示：

1. 在初始均衡点 E_0，未预期到的名义货币供给增加使 AD 曲线从 AD_0 移动到 AD_1。
2. 在新的均衡点 E_1，价格水平上升至 P_1，产出提高到 Y_1。

货币和产出：新凯恩斯学派模型

618 新凯恩斯学派经济学家认为价格不是完全可变的，由此把产出变化与货币供给变化联系起来。新凯恩斯学派提出两个理由来解释短期价格黏性：长期合约和商品市场中，卖方间的不完全竞争。

根据新凯恩斯学派的理论，预期到的与未预期到的名义货币供给变化在短期内都不是中性的。图 26—3(a) 分析了未预期到的名义货币供给下降产生的影响。假设联储宣布减少货币供给，而居民和企业对此并没
619 有预期到。初始均衡点为 E_0，货币紧缩使 AD 曲线左移，从 AD_0 移动到 AD_1。由于这次货币紧缩是未预期到的，所以价格并未向下调整，$SRAS$ 曲线仍为 $SRAS_0$ 曲线，AD_1 曲线和 $SRAS_0$ 曲线的交点 E_1 处为新的均衡点。由于总供给在短期内并未发生调整，而产出却从 Y_0 下降到 Y_1。这一变化模式与新古典学派经济学家的观点极为相似。

现在我们再考察预期到的货币紧缩的情形。新凯恩斯学派认为，居

民和企业使用所有可得的信息预测需求和价格水平。所以，当预期到货币供给下降时，预期价格水平也应该下降。价格可变（价格可以在当期改变）的企业降低其价格，正如新古典学派阐释的那样。但是，许多价格并不在当期调整，所以，当预期到的名义货币供给降低时，价格总水平相应地缓慢下降。类似地，如果企业是垄断竞争的，并且价格调整需要付出成本，随着货币供给出现预期到的变化，价格只能逐渐地进行调整。

图 26—3(b) 说明了预期到的货币供给降低对产出的影响。经济在 E_0 点处实现均衡，货币供给降低使总需求曲线左移，从 AD_0 移动到 AD_1。在这种情况下，一些价格可能而且确实会在短期内向下调整，短
620 期总供给曲线下移，从 $SRAS_0$ 移动到 $SRAS_1$。但在新的均衡点 E_1 处，新的产出低于 E_0 点的产出水平，所以，价格水平并没有完全调整。产出下降的幅度也不像未预期到的货币供给下降引起的产出下降那么大，如图 26—3(a) 所示。在新凯恩斯学派模型中，即使是预期到的名义货币供给变化，在短期内也具有实质性影响，尽管这些影响小于未预期到的变化所产生的影响。

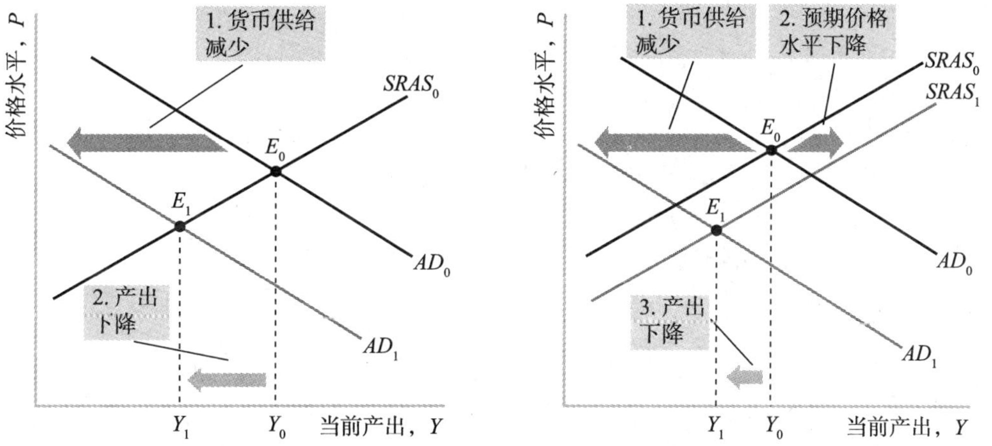

（a）未预期到的货币供给增加　　（b）预期到的货币供给增加

图 26—3　新凯恩斯学派模型中的货币和产出

按照新凯恩斯学派观点，货币在短期内是非中性的。

如图（a）所示：

1. 在初始均衡点 E_0，货币紧缩使 AD 曲线从 AD_0 移动到 AD_1。

2. 由于货币供给下降是未预期到的，$SRAS$ 曲线仍为 $SRAS_0$。在新的均衡点 E_1，产出从 Y_0 下降到 Y_1。

如图（b）所示：

1. 在初始均衡点 E_0，货币紧缩使 AD 曲线从 AD_0 移动到 AD_1。

2. 由于货币供给下降是预期到的，预期价格水平下降，但只是某些价格而非全部价格下降，$SRAS$ 曲线从 $SRAS_0$ 移动到 $SRAS_1$。

3. 在新的均衡点 E_1，产出从 Y_0 下降到 Y_1，此产出 Y_1 仍大于图（a）中的产出 Y_1。

新凯恩斯学派认为，货币供给通过改变利率来影响总需求的决定因素，进而影响产出。由于价格水平随着货币供给的变化而逐渐调整，名义货币供给的增加在短期内使真实货币余额提高。为了使居民和企业持有更多的真实货币余额，市场出清的真实利率下降。名义货币供给下降在短期内减少真实货币余额。为了恢复均衡，真实利率必须上升。这些利率变化通过影响投资、消费和净出口对总需求产生影响，正如案例研究所阐释的那样。

测试点拨

你信奉新凯恩斯学派且位居联储理事会主席。你的同事告诉你，企业乐观情绪下降使意愿投资减少，进而使总需求下降。你将如何运用货币政策使总需求恢复到原有水平？

企业乐观情绪下降使 *AD* 曲线向左移动。如果你不想等待价格逐渐调整过程来恢复经济均衡，你可以运用公开市场购买来增加名义货币供给。由于价格水平是逐渐调整的，这一变化将增加真实货币余额供给，降低真实利率，进而提高总需求（使 *AD* 曲线向右移动）。

延伸思考

在欧洲可否“一刀切”？

新凯恩斯学派经济学家在货币政策的经济效应分析中，主要考虑总需求的重要构成部分对利率的敏感性。自 1999 年 1 月 1 日以来，欧洲货币联盟的参加国共同使用统一的短期利率。但其总需求对利率的敏感性是统一的吗？

答案似乎是否定的。国际货币基金组织经济学家的研究结论认为，在欧洲货币联盟内部，奥地利、比利时、芬兰、德国和荷兰产出率提高的效应比法国、意大利和西班牙在时间上长两倍，但其初始效应也比后者大两倍。

为什么会有这样的差别？高利率提高了投资的筹资成本，加重了债务偿还负担（且减少了支出），推高了汇率（减少了出口），进而对经济产生了影响。结果，那些过度依赖短期借款的国家、居民和企业资产负债表恶化的国家以及贸易部门更为重要的国家，更多地暴露于短期利率变动的风险中。因此，当欧洲中央银行收紧货币政策时，不利影响将会不均衡地分摊给各成员国。

随着时间的推移，这些差别可能会变得不那么重要。例如，由于使用了共同货币（欧元），消费者信贷的欧洲统一市场既会促进竞争，又迫使银行更快地传递利率变动。这种趋同并不会立即发生，因而，欧洲中央银行判断货币政策效应可能是一项困难的任务。

案例研究

根据新凯恩斯学派的观点，货币如何影响总需求？

621 假定联储增加名义货币供给，正如新凯恩斯学派经济学家所预言的那样，价格水平逐渐进行调整，真实利率在短期内下降，从而影响投资的资金成本、股票价格和汇率。

利率和投资 真实利率降低减少了企业投资的机会成本，投资增加，进而增加总需求。真实利率降低也降低了企业持有额外存货的成本，企业因此会增加其存货投资。在新凯恩斯学派模型中，真实利率降低通过降低企业投资的资金成本来提高当期产出水平。利率降低也会降低借款成本，购买住房和耐用消费品与持有金融资产相比，其机会成本也相应地降低，居民因此会增加耐用品的投资。

股票价格 货币供给增加会使投资者改变其资产组合，进而提高股票价格。股票价格提高有两个原因：第一，较高的货币余额鼓励居民和企业使用一部分货币余额购买商品和资产，其中包括股票。股票需求增加会推高股票价格。第二，在其他条件不变的情况下，随着货币供给减少，利率会降低。由于利率降低，股票成为比债券更有吸引力的投资品。因此，股票需求增加又推高股票价格。无论哪一个原因，股票价格提高都会增加企业的市值。股票价格的变动影响消费者和企业的支出。股票价格提高也会增加金融财富（终生财富的一部分），进而增加消费者的支出。对于企业而言，股票价格提高预示企业盈利能力改善，企业往往会发行新股票，用所得资金去购置新厂房和设备，进而增加资本投资。当企业的股票市值下降时，企业就会减少购置新厂房和设备的投资。

汇率 如果价格水平随着货币扩张而逐渐调整，相对于国外资产的真实利率而言，国内资产的真实利率就会下降。结果，全球投资者将重新调整其资产组合，增加持有国外资产，减少持有国内资产，对美元的需求下降。于是，美元相对于其他货币的价格（即汇率）下降。美元贬值使美国商品价格相对低于国外商品价格，从而刺激美国的出口，减少美国的进口，净出口的增加使总需求增加。

公共政策能够稳定经济波动吗？

当经济进入经济周期的紧缩阶段时，产出下降，失业上升。正如前文所述，这些问题会使个人和企业陷入困境。我们在新古典学派和新凯恩斯学派经济学家提供的模型中也观察到，货币供给增加会增加产出。那么，也许可以采取货币政策来减轻经济衰退的严重程度，并熨平产出的短期波动。此类政策被称为**稳定化政策**（stabilization policies），它们试图通过改变名义货币供给（即货币政策）或政府购买和税收（即财政政策），使 AD 曲线发生移动。

在这一节，我们将对货币供给和产出之间关系的分析进行扩展，考察我们是否可以利用这种关系改善短期经济状况。同样，经济学家对于
622 旨在改变货币供给的货币政策在这方面的作用也有分歧。争论的焦点在于，货币政策作为稳定化政策是否有效，因为他们对于货币供给变化对产出和利率的影响持有不同意见。另一方面，对于货币政策是否应该用于稳定经济波动，他们也存在不同意见。在这一节，我们将阐述每个学派的观点及其政策主张。

真实经济周期和新古典学派的观点

真实经济周期模型认为旨在稳定经济波动的政策毫无用处，因为该模型假定生产率变化引起经济波动。价格迅速调整以适应生产率的变化，因此，名义货币供给的变化对当期产出或真实利率没有任何影响。因此，支持真实经济周期模型的经济学家认为，没有任何理由实施稳定化政策。

新古典学派经济学家也批评稳定化政策。他们强调，只有未预期到的政策变化才有实质效应。他们认为，公共政策能够平滑经济波动的唯一方式，就是给居民和企业一个意外的政策改变。他们指出，在实践中，这种意外的政策改变可能会使居民和企业的决策面临极大的不确定性，从而导致产出的随机波动。

新古典学派经济学家假定，公众运用理性预期解释经济变量变化（如价格水平或货币供给变化）的效应。理性预期假设并不意味着居民和企业可以预知未来，只意味着人们在评估变量中使用全部可得信息。[1]但是，他们在预测中可能会犯错误。如果居民和企业对价格水平形成理性预期，实际价格水平通常会十分接近预期价格水平。一般而言，实际价格水平和预期价格水平相当接近，因此，联储使用未预期到的货币供给变化来稳定产出波动收效甚微。所以，新古典学派经济学家们反对使用稳定化政策。

---

〔1〕 在第 10 章，我们曾讨论过，有效市场假说认为资产价格的提高或降低是对获得新信息的反应。例如，当分析人士预测巨人公司的股价下降时，由于理性预期，这一信息就会反映在股价中。当该公司的盈利高于分析人士的预测时，股价上升。所以，只有与预期相背离，股价才会变化。如此的信息使用和股价对新信息的反应都是有效市场的特征。有效市场假说是理性预期的另一个应用。

新凯恩斯学派的观点

根据新凯恩斯学派经济学家的观点，经济活动上下波动表示经济处于偏离其长期均衡的时期。当产出低于充分就业产出水平时，这种偏离尤为危险，因为经济衰退会带来失业。新凯恩斯学派认为，总需求的变化引起当期产出的变化。因此，稳定化政策也许会在减缓产出波动，特别是减轻经济衰退的严重程度上发挥作用。

新凯恩斯学派经济学家们认为，预期到的和未预期到的货币政策变化都能在短期内影响当期产出和真实利率。[1] 由于存在价格黏性，即使公众运用理性预期估计到预期价格水平时，货币供给和产出之间的这种
623 关系还是存在的。因此，货币政策可以平滑产出波动。我们来看一看这是如何实现的。假定图 26—4(a) 中的 E_0 点是初始的充分就业均衡点。企业信心下降使 AD 曲线向左移动，从 AD_0 移动到 AD_1。结果，经济在 E_1 点处陷入衰退，产出从 Y^* 下降到 Y_1。在没有政策干预的情况下，经济最终会自我纠正。换句话说，由于 E_1 点处的产出低于充分就业产出水平，随着时间的推移，价格将下降，使 $SRAS$ 曲线下移，从 $SRAS_0$ 移动到 $SRAS_1$，经济在 E_2 点恢复均衡，回到初始的产出水平。经济活动最终会反弹，但价格逐渐调整的期间可能较长，会带来产出减少和失业。

此外，如图 26—4(b) 所示，联储可以通过增加名义货币供给，努力加速经济的复苏，使 AD 曲线从 AD_1 移回到 AD_0。由于价格调整只能是逐渐的，扩张性政策使经济从 E_1 点的衰退向初始的充分就业均衡点 E_0 处移动，此时的移动比"无为"时移动得更快一些。但稳定化政策也有副作用，它使价格水平上升得更高，超过不采取任何政策行动时的水平。

20 世纪 60 年代，一些经济学家支持采用货币政策和财政政策来平滑经济波动。然而，其他一些经济学家警告说，由于**政策制定和执行过程的时滞**（lags in the policymaking and implementation process）较长且多变，对经济进行微调非常困难。其中，第一个时滞是由需要时间收集经济变量的数据引起的，被称为数据时滞。国内生产总值（GDP）的季
624 度数据直到几个月后才会公布，但有关变量（如零售额）的数据不久就可获得。第二，即使获得了数据，政策制定者往往还需要花费大量的时间来分析经济变量的变化趋势，由此产生认知时滞，即政策制定者

---

〔1〕 新凯恩斯学派的观点认为财政政策（税收或政府购买的变动）能影响企业的产出量。这里我们仅仅分析货币政策。

要花费时间来发现经济低迷。此外，尽管诸如公开市场购买之类的货币政策干预是无须经过立法程序而由联储自主决定的，但财政政策（如税收和支出的改变）需要经过立法程序，这通常是一个极为耗时的过程，造成立法时滞。将税收政策和支出政策付诸实践通常也需要较多的时间，这被称为执行时滞。即使是一项政策最终得以实施，也不会立刻对经济产生影响，从而产生效应时滞。由于这些时滞的存在，政策干预不能马上抵消每一次经济波动。因此，经济学家们通常建议政策制定者重点关注长期目标，例如降低通货膨胀或者稳定经济增长。

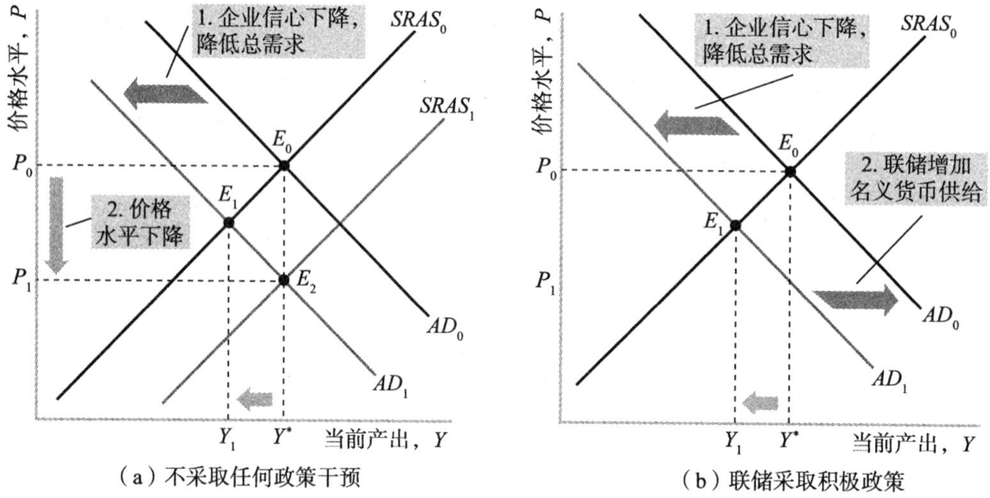

图 26—4　新凯恩斯学派模型中主动性政策的效应

如图（a）所示：

1. 初始充分就业均衡于 E_0 点，企业信心下降使 AD 曲线从 AD_0 移动到 AD_1，产出从 Y^* 下降至 Y_1，经济在 E_1 点陷入衰退。

2. 随着时间的推移，价格水平向下调整，经济在 E_2 点恢复充分就业均衡。

如图（b）所示：

1. 初始充分就业均衡于 E_0 点，企业信心下降使 AD 曲线从 AD_0 移动到 AD_1，经济在 E_1 点陷入衰退。

2. 联储通过增加名义货币供给来加快经济复苏，使 AD 曲线从 AD_1 回移到 AD_0。与不干预的情况相比，经济复苏（到 E_0 点）步伐更快，但会带来长期更高的价格水平。

政策制定和执行过程的时滞没有让大多数新凯恩斯学派经济学家相信稳定化政策缺乏价值。然而，大多数经济学家却认为，政策制定者不应该试图对经济进行微调，不应该试图平滑总需求的每一次较小失衡。他们转而认为，政策制定者应该仅将主动性政策用来阻止经济的严重下滑。

表 26—1 总结了真实经济周期学派、新古典学派和新凯恩斯学派模型对于货币—产出关系和稳定化政策合意性的观点。

表 26—1　　　　**货币政策和产出：三种不同学派的观点**

	当期产出受……影响		
625 不同学派	未预期到的货币供给变化	预期到的货币供给变化	主动性政策合意吗?
真实经济周期模型	否 价格是完全可变的，因此，货币政策在短期内不能影响真实货币余额和产出。	否	否
新古典模型	是 只有未预期到的货币供给变化才能影响产出。	否	否 只有“愚弄”居民和企业，货币政策才能影响产出和真实利率。
新凯恩斯学派模型	是 未预期到的和预期到的货币政策变化都会影响产出，但未预期到的货币政策变化所产生的影响更大。	是	很多 货币政策的频繁变化降低了货币当局的可信性。

博闻广识

三重野康与日本稳定化政策的争论

1992 年初，时任日本银行行长的三重野康倍感压力。日本股市大幅下跌，经济陷入近 20 年来最严重的下滑。日本银行将再贴现率从 1991 年夏天的 6%调低至 6 个月后的 4.5%，但企业家们却游说三重野康采取更为扩张的货币政策。一些政治要员甚至建议首相宫泽喜一撤换中央银行行长。

三重野康基本上是被迫采取了稳定化政策。为什么他不愿意采取这一政策呢？三重野康和日本中央银行都认为，日本在 20 世纪 80 年代后期和 90 年代初期经济过热，目前股市下跌恰恰可挤出通货膨胀泡沫。使用 *AD-AS* 曲线图，我们可以找到其合理性。三重野康认为，日本经济正在从短期均衡点 E_0 走向 E_1 点。在 E_0 点上，产出 Y_0 高于长期充分就业产出 Y^*，股市下跌和企业信心下降使 *AD* 曲线向左移动，从 AD_0 移动到 AD_1。

如果日本银行采用扩张性货币政策，试图将产出维持在 Y_0 水平，那么在短期内，*AD* 曲线将向右移动，从 AD_1 移动到 AD_0。然而，为了实现经济的长期均衡，即达到 AD_0 和 *LRAS* 曲线的交点 E_3，价格水平必须提高。

三重野康的策略是：等待 *SRAS* 曲线从 $SRAS_0$ 移动到 $SRAS_1$ 时价格水平向下调整。采取等待策略，会在 E_2 点实现长期均衡，不仅达到充分就业产出，而且其价格水平也低于 E_3 点。三重野康认为，*SRAS* 的调整会是迅速的，所以，他试图不实施稳定化政策。在 20 世纪 90 年代余下的时期和 21 世纪头 10 年，通货紧缩的压力还是拖累了日本经济，使其经济增长放慢。到 2005 年，通货紧缩压力减轻，经济增长开始复苏。

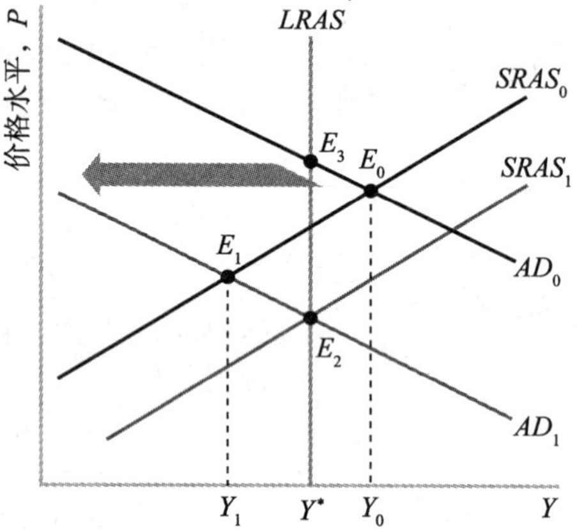

对 20 世纪 80 年代以来政策事件的阐释

我们现在将使用新古典学派和新凯恩斯学派的分析方法来分析经济政策的变化，进而阐释这些变化对产出的影响。新古典学派和新凯恩斯学派都对短期货币非中性提供了解释，并且这两种观点都与居民和企业的理性决策相符合。但是，它们与实际发生的经济事件相吻合吗？使用这些经济模型阐释 20 世纪 80 年代初、90 年代初以及 21 世纪头 10 年政策变化对宏观经济的影响，我们就可以找到答案。不同的模型对产出和利率对政策变化的反应给出了不同的看法，但它们都强调政策可信性对于形成这些反应的重要性。也就是说，公布的政策变化只有在达到被公众相信的程度时才能影响居民和企业的决策。

20 世纪 80 年代初期政策变化的影响

20 世纪 80 年代初，货币政策和财政政策都发生了显著的变化。货币政策的变化最初发生在 1979 年 10 月，当时的联储主席保罗·沃尔克宣布，将使用货币总量（取代联邦基金利率）作为中介目标，同时降低货币供给增长率。货币控制断断续续地持续到 1981 年。1981 年，国会和里根总统都同意实施《经济恢复税收法案》（Economic Recovery Tax
626 Act）。该法案显著地削减了所得税率，但同时提高了政府的军备开支。因此，货币政策是紧缩性的，而财政政策却是扩张性的。

我们可以使用 *AD-AS* 曲线图和新凯恩斯学派的分析方法对这些政策变化的效应进行分析。1979 年，经济基本上处于充分就业状态，位于图 26—5 中的 E_0 点。货币紧缩使总需求曲线向左移动，从 AD_0 移动到 AD_1，经济的均衡点也移动到 E_1 点。由于减税和军费开支增加，*AD* 曲线向右移动，从 AD_1 移动到 AD_2。

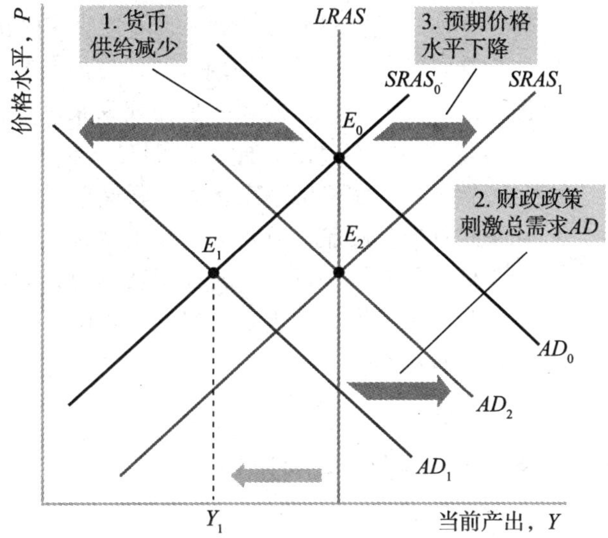

图 26—5　20 世纪 80 年代初的政策搭配

在 20 世纪 80 年代初，经济受到总需求冲击后进行的调整与新凯恩斯学派的观点相吻合。

1. 初始均衡点位于 E_0。货币紧缩使 *AD* 曲线从 AD_0 移动至 AD_1，产出从 Y^* 下降至 Y_1。在 E_1 点，经济陷入衰退。

2. 减税和增加政府开支的财政刺激政策使 *AD* 曲线从 AD_1 移动至 AD_2。

3. 随着时间的推移，产出的净减少对通货膨胀施加了向下的压力，*SRAS* 曲线下移，从 $SRAS_0$ 移动至 $SRAS_1$，经济在 E_2 点恢复充分就业产出水平。

根据新凯恩斯学派的观点，20 世纪 80 年代初期的政策变化对产出的影响是模棱两可的，因为总需求的两个变化在方向上是相反的。由于货币紧缩先于财政扩张一年多的时间，产出应该首先下降，即从 Y^* 下降到 Y_1，1980—1982 年间两次衰退中实际产出下降也证实了这一点。通货膨胀率从两位数下降到 1983 年的 4%左右，短期总供给曲线从 $SRAS_0$ 移动到 $SRAS_1$。但是，这只是在经济忍耐了衰退之后才出现的，这一过程与新凯恩斯学派经济学家所描述的逐渐的价格调整相吻合。当价格水平的调整结束时，经济重新回到长期均衡点 E_2。

新古典学派经济学家们如何解释这些事件呢？联储曾在许多场合宣称，其货币政策变化的意图是反通货膨胀。根据新古典学派经济学家的观点，公开宣布的反通货膨胀政策会使价格水平下降和预期通货膨胀降低，从而使 AD 曲线向左轻微移动。这一调整过程（短期总供给曲线从 $SRAS_0$ 移动到 $SRAS_1$）可能比新凯恩斯学派经济家的分析要更快一些。因此，乍看上去，新古典学派的看法与经济在这一时期的经历相悖。

然而，新凯恩斯学派和新古典学派的经济学家都强调政策可信性的重要性。联储主席阿瑟·伯恩斯和威廉姆·米勒说过，他们想要降低 20
627 世纪 70 年代的通货膨胀，而实际的联储政策却加重了通货膨胀。新古典学派和新凯恩斯学派的经济学家们认为，联储反通货膨胀政策缺乏可信性，无法降低价格或降低对未来通货膨胀的预期。从 1979 年后期到 1981 年后期（除 1980 年第二季度外），长期利率一直在提高。根据利率期限结构的预期理论，长期利率是预期未来利率的平均值。所以，金融市场的参与者可能不会预期通货膨胀将减轻。

新古典学派经济学家认为，联储应该尝试采用重大的一次性政策变化来降低通货膨胀，只要这种政策变化是公布的和可信的。同样只要这些降低是公布的和可信的，根据新凯恩斯学派观点，随着价格的逐渐调整，货币供给增长的逐渐下降就可以降低通货膨胀，且付出的产出减少的成本较小。

20 世纪 90 年代初期政策变化的影响

20 世纪 90 年代初，美国的经济处于充分就业状态，即处于图 26—6 中的 E_0 处。20 世纪 90 年代初的货币政策和财政政策变化，与 20 世纪 80 年代初的政策变化在方向上完全相反。经过多轮谈判，乔治·H·W·布什总统和国会在 1990 年 10 月就赤字削减法案达成了一致。该法案要求增加税收，减少联邦政府支出，使得 AD 曲线向左移动，从 AD_0 移动到 AD_1。多次对联邦政府赤字造成的利率压力表示忧虑的联储主席格林斯潘向国会承诺，如果赤字削减方案被采纳，联储将放松货币政策。联储随后兑现了这一承诺（尽管在一些经济学家和政策制定者看来，速度并不足够快），提高了货币供给增长率。这一政策使总需求曲线右移，从 AD_1 移动到 AD_2。

经济陷入衰退，1990 年和 1991 年产出从 Y^* 减少到 Y_1，从而暗示了当时的货币刺激可能并不足够强。[1] 随着时间的推移，衰退的经济减轻
628 了通货膨胀压力，$SRAS$ 曲线向下移动，从 $SRAS_0$ 移动到 $SRAS_1$。短

〔1〕另外，在 20 世纪 80 年代初和 90 年代初，石油价格显著提高形成了负向供给冲击。

期真实利率下降，与新凯恩斯学派的观点相吻合。衰退和价格的逐步调整也没有支持新古典学派的观点，他们认为预期到的政策变化对失业率不产生影响。1993 年，经济在 E_2 点处实现了新的均衡，不仅实现了充分就业，而且通货膨胀率也低于 E_0 点的水平。

尽管 20 世纪 90 年代初的美国货币政策可信性比 80 年代初高，但在 1990—1992 年间，长期利率的下降幅度远不如短期利率的下降幅度那么大，阻力在于公众并不相信通货膨胀率在长期内会下降（回忆一下，长期利率是真实利率和预期通货膨胀率之和）。新凯恩斯学派和新古典学派的观点都表明，缺乏可信性会削弱货币政策和财政政策刺激经济的能力。

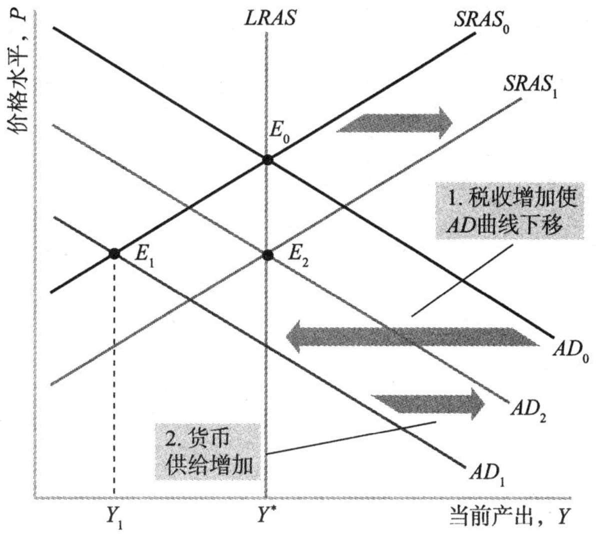

图 26—6　20 世纪 90 年代初的政策搭配

在 20 世纪 90 年代初，经济受到总需求冲击后进行的调整与新凯恩斯学派的观点相吻合。

1. 在初始均衡点 E_0，财政紧缩使 AD 曲线从 AD_0 移动至 AD_1，产出从 Y^* 下降至 Y_1。经济的均衡点移至 E_1。

2. 货币刺激政策使 AD 曲线从 AD_1 移动至 AD_2。

3. 随着时间的推移，产出的减少对通货膨胀施加了向下的压力，$SRAS$ 曲线从 $SRAS_0$ 移动至 $SRAS_1$，经济恢复充分就业下的产出水平 E_2。

21 世纪头 10 年的经验和结语

20 世纪 80 年代初期和 90 年代初期，货币政策和财政政策产出效应的证据支持新凯恩斯学派的观点。特别地，即使是预期到的货币政策变化也能对产出和真实利率产生影响，而价格和通货膨胀只能逐渐调整。同样重要的是新凯恩斯学派和新古典学派观点的含义，即对政策变化的经济效应而言，政策可信性是一个重要决定因素。

这些观察结果对于分析 2001 年的经济衰退和 2002—2003 年的经济复苏（在本书写作的 2007 年初，复苏仍在继续）同样有用。投资的盈利能力急剧下降，引起股票价格和企业投资的下降，从而导致经济衰退。在整个 2001 年，联储都实行扩张性货币政策，乔治·布什政府提出大幅度减税计划，并在国会获得通过（并且在 2001 年 9 月 11 日恐怖袭击后，政府增加了国防和国土安全的开支）。扩张性货币政策和财政政策减缓了因投资减少引发经济衰退带来的总需求曲线 *AD* 的不利移动。持续快速的生产率增长（*SRAS* 曲线的有利移动）给通货膨胀施加了下降的压力。短期真实利率下降和支出对政策变化的反应都与新凯恩斯学派的观点相吻合。在 2003 年后期，经济走向新的均衡，实现充分就业产出和较低通货膨胀。即使在名义利率较低（正如当时美国的情况）时，通过资产收益的变化，货币政策仍然是有效的。

关键术语和概念

经济周期　　政策制定和执行过程中的时滞　　稳定化政策

总　结

1. 经济学家们通常一致认为货币在长期是中性的，但许多经济学家对于名义货币供给变化是否会引起短期产出变化却存在着分歧。为了确定货币供给变化是否会引起产出的变化，需要考察货币供给的增加或减少是否为独立的。历史证据表明，名义货币供给增长率的独立下降先于产出下降。为了揭示这种关系是否为因果关系，经济学家们阐释了货币对经济产生影响的若干途径。

629 2. 货币在长期是中性的，因为价格是可变的。在真实经济周期模型中，价格即使在短期也是可变的。*AD* 曲线与 *SRAS* 曲线的交点表示经济处于均衡，*SRAS* 曲线是一条垂直于充分就业产出水平的直线。产出波动是生产率变化的结果，名义货币供给变化不影响产出，即使在短期内也是如此。而货币和产出在短期内共同变化呈现出因果倒置：产出影响货币需求，而不是货币供给影响产出。然而，美国的历史证据并不符合货币在短期内是中性的这一观点。

3. 新古典学派经济学家对货币和产出之间的关系提出了不同的解释。根据人们具有理性预期的假定，错觉理论指出，产出和未预期到的价格水平变化之间是正相关的。预期到的名义货币供给变化是中性的。未预期到的名义货币供给增加使得真实产出增加。证据表明，预期到的和未预期到的名义货币供给变化都会在短期内影响真实产出，这意味着新古典学派的观点可能是不完全的。

4. 新凯恩斯学派经济学家使用黏性价格来解释货币的短期非中性。价格是缓慢调整的，或是因为长期名义合约，或是因为垄断竞争和价格调整的成本。预期到的和未预期到的名义货币供给变化都会在短期内影响产出，但未预期到的名义货币供给变化具有更大的影响。

5. 平滑产出短期波动的举措被称为稳定化政策。真实经济周期理论的支持者认为，稳定化政策是完全无效的。新古典学派的观点则认为，未预期到的政策变化会影响产出，但只有在愚弄居民和企业的情况下才能实现。由于不能对短期产出波动进行微调，需要加强政策可信性。类似地，虽然新凯恩斯学派经济学家认为，货币政策可在短期内影响产出和真实利率，但是他们也认为，长期政策目标可能与大量的短期干预并不相符。

复习题

1. 经济周期的定义是什么？为什么经济学家关心经济周期？

2. 评价：价格可变性必然意味着货币中性。

3. 为什么当价格由垄断竞争企业决定时，货币就可能是非中性的？为什么当长期名义合约重要时，货币就可能是非中性的？

4. 为什么识别出货币供给变化是否独立于产出变化是重要的？

5. 为什么在真实经济周期模型中货币在短期内是中性的？如果货币是中性的，在真实经济周期模型中引起经济周期的原因是什么？

6. 在新凯恩斯学派模型中，货币如何能在长期内是中性的，而在短期内是非中性的？真实经济周期模型和新凯恩斯学派模型之间最主要的区别是什么？

7. 新古典学派模型和新凯恩斯学派模型之间的主要区别是什么？理性预期的思想在这两个理论中发挥的作用是什么？

8. 稳定化政策指的是什么？从理论上讲，在经济周期中如何运用稳定化政策？

9. 如果新古典经济学家认为货币供给变化能够影响真实产出，为什么他们反对稳定化政策？

10. 米尔顿·弗里德曼和安娜·施瓦茨认为，20 世纪 30 年代初的银行倒闭和联储在 1937 年提高准备金要求的决策使得货币供给下降。为什么银行倒闭和提高准备金要求会减少货币供给？虽然米尔顿·弗里德曼和安娜·施瓦茨用例证说明了货币供给独立变化对真实产出的影响，但他们对稳定化政策的有用性持怀疑态度。你认为他们坚持这一立场的原因是什么？

11. 下列是政策制定和执行过程中的时滞，请给出它们的定义：

a. 数据时滞

b. 认知时滞

c. 立法时滞

d. 执行时滞

e. 效应时滞

632 12. 为什么货币紧缩会使工人失业？使用新凯恩斯学派模型中的 *AD-AS* 曲线图对你的答案进行解释。

13. 如果货币是中性的，为什么在真实经济周期模型中货币增长与产出增长是相关的？

分析题

14. 假定你观察到货币增长率在每一次衰退前 6 个月都会显著下降，这会足以让你相信货币影响产出吗？请说明理由。

15. 假定你是联储理事会主席，并且你刚了解到联邦政府将大幅度削减支出。这一冲击使 *AD* 曲线向左移动。为保持经济处于充分就业均衡，你将如何作出回应？如果

a. 你使用新古典学派模型。

b. 你使用新凯恩斯学派模型。

在每一种情况下，都画出答案的 *AD-AS* 曲线图。

16. 人们连续几年入不敷出之后，决定减少负债，储蓄因此增加。这一举动对 *AD* 曲线会产生什么影响？如果你是一位掌管货币政策的新凯恩斯学派经济学家，你应该做些什么？

17. 假定在过去的几年中，产出一直维持在充分就业水平且没有增长，货币供给没有增长。假定联储主席宣布计划将货币供给增加 5%以扩大产出，分别使用新古典学派模型和新凯恩斯学派模型来解释这一政策将如何获得成功？使用 *AD-AS* 曲线图来图示你的分析。

18. 假定在一个相当长的时期内，联储始终坚持不改变货币政策来应对经济衰退。但实际上，每当经济陷入衰退时，联储都会扩大货币供给。这一模式如何影响联储的可信性？对于联储的干预，国库券利率和 10 年期国债利率将如何作出反应？

19. 假定联邦政府通过提高企业税收努力平衡其财政预算。按照新

古典学派的观点，这一举措对产出和价格水平会有什么影响？如何使用货币政策来抵消这一影响？

20. 联储官员可以使用扩张性或者紧缩性货币政策来移动 *AD* 曲线，但有时他们说自己“无所作为”。使用 *AD-AS* 曲线图，说明如何使用货币政策抵消总需求（*AD*）冲击和总供给（*AS*）冲击对产出带来的影响？在这两种情况下，均衡价格水平如何变化？假定货币政策被转而用于稳定价格水平，画出 *AD-AS* 曲线图，说明总需求冲击和总供给冲击对产出的影响。在这两种情况下，均衡产出水平有什么不同？

21. 个人计算机的能力日益强大，极大地提高了经济的预期未来生产率，进而增加了预期未来产出。这一发展对目前的总需求可能产生什么影响？如何运用货币政策抵消这一影响？

22. 按照新古典学派的观点，如果预期价格水平提高，使得 *SRAS* 曲线上移，那么联储应该如何使用货币政策在短期内稳定产出？在长期，为了恢复到初始价格水平，联储需要做什么？如果你使用新凯恩斯学派模型，你的答案会有什么不同？

23.（难题）假定经济状况分为良好或不佳两种情况，货币政策分为紧缩性或扩张性两种情况。再假定经济状况和货币政策情况告诉了你所有你需要知道的信息，以决定失业率和通货膨胀率。最后，假定人们最关心失业率 u 和通货膨胀率 π 之和（称为痛苦指数），即 $m=u+\pi$，各个因子及其取值如下：

货币政策	因子	经济状况（%）良好	经济状况（%）不佳
紧缩性	u	5	10
	π	5	3
	m	10	13
扩张性	u	4	8
	π	10	4
	m	14	12

如果经济状况良好，采用紧缩性货币政策防止通货膨胀是最佳选择；但如果经济状况不佳，采用扩张性货币政策以帮助经济复苏是最佳选择。例如，在经济状况不佳的情况下，采用紧缩性货币政策，失业率上升到10%，而通货膨胀率仅为 3%；采用扩张性货币政策，失业率降低到8%，而通货膨胀率只略升到 4%。

a. 如果联储确切地知道经济状况何时发生变化，以及何时改变政策才能实现痛苦指数最小化。当经济状况良好时，联储采取什么样的货币政策？痛苦指数是多少？当经济状况不佳时，联储采取什么样的货币政策？痛苦指数是多少？

b. 现在假定在这一过程中存在一些时滞。再假定联储不知道当前的经济状况，只知道 6 个月前的经济状况（也就是说，同时存在认知时滞和数据时滞）。那么假定 6 个月前经济状况良好，目前经济状况仍然良好的概率是 90%，而目前经济状况不佳的概率是 10%；如果 6 个月前经济运行状况不佳，那么目前经济状况仍然良好的概率是 75%，而目前经济状况不佳的概率是 25%。如果联储通常希望使痛苦指数最小化，如果经济在 6 个月前状况良好，那么应该采取什么样的政策？如果经济在 6 个月前状况不佳，又该采取什么样的政策？

c. 假定除数据时滞和认知时滞外，还存在 6 个月的效应时滞。如果经济在 6 个月前状况良好，目前应该采取什么样的政策？如果经济在 6 个月前状况不佳，又该采取什么样的政策？

d. 对于政策制定者运用稳定化政策的能力，你对 a～c 问题的回答有何建议？

24. 正文中阐述了“大多数经济学家却认为，政策制定者不应该试图对经济进行微调，不应该试图平滑总需求的每一次较小失衡。他们转而认为，政策制定者应该仅将主动性政策用来阻止经济的严重下滑。”根据这些观察结论，评价联储在 20 世纪 90 年代末期的政策。

数据题

25. 在诸如《企业统计》（*Business Statistics*）或者《就业和收入》（*Employment and Earnings*）（对于近期数据，参阅《当前商业调查》或《总统经济报告》）之类的数据来源中找到 1946 年至今的失业率月度或季度数据。仅根据失业率数据，推测自 1946 年以来所有经济衰退的开始时间和结束时间。将你的答案与图 26—1 中的信息进行比较。

26. 在诸如《总统经济报告》这样一个主要数据来源中，查找自 1946 年以来历年的一些通货膨胀率指标（消费者物价指数、生产者物价指数、GDP 平减指数）。在一张纸上写出 1960 年至今历年的通货膨胀率。根据 1946—1959 年通货膨胀率的历史数据，估算出 1960 年的通货膨胀率。然后，再根据 1946—1964 年的数据，估算出 1965 年的通货膨胀率。依此类推，分别估算出 1970 年、1975 年、1980 年、1985 年、1990 年、1995 年、2000 年和 2005 年的通货膨胀率。将估算值与实际通货膨胀率进行比较。你的答案接近实际值吗？你的通货膨胀估算是基于理性预期吗？除了过去的通货膨胀率以外，你还发现其他什么信息对预测通货膨胀有用？

27. 在整个经济周期内，货币供给增长是变化的。考虑在最新一期的《经济指标》中找到货币供给数据。《经济指标》是经济顾问委员会的月刊，其网址为 http：//www. gpoaccess. gov/indicators/browse. html。根据标题为“货币、信用和证券市场”（Money，Credit，and Security Markets）的表格，哪一个货币总量指标（即是 $M1$ 还是 $M2$）似乎对经
634 济周期变化的反应更为敏感？根据联储货币政策工具的效率，解释你的答案。（换言之，联储似乎可以更好地控制哪一个货币总量指标？根据货币总量指标的构成，说明原因。）

28. 失业率和经济周期有着怎样的密切关系？在劳工统计局的劳动力统计网站 http：//data. bls. gov/cgi-bin/surveymost? ln，可以获得 1948 年以来的失业率统计数据。使用提供的图形功能，解释：（1）在失业率和经济衰退之间，以及（2）在失业率和经济扩张之间，是否存在这样一种密切关系？

理论联系实际

《经济学家》，2007 年 1 月 11 日

双银行记

630 倒退至中央银行业史前的暗淡期（直到约 10 年前），货币政策制定者似乎都对混乱的金融市场持有一种反常的乐观，至少有一家中央银行保持了古老传统的活力。1 月 11 日，星期二，英格兰银行将基础利率提高了四分之一个百分点，达到了 5.25%。之前，路透社曾调查了 50 位经济学家，其中只有一位经济学家预见到这一结果；而彭博新闻社在对 52 位采访者进行的调查中，居然没有人预见到这一结果。不久，正如人们所预期的那样，欧洲中央银行将再融资利率提高到 3.5%。

a 实际上，英格兰银行此次提高利率是几个月来的第二次出人意料之举：去年 8 月份，它将利率提高四分之一个百分点，已经使伦敦金融城发出一片惊讶之声。对于此次调整的可能解释是，根据提前估计的 12 月份通货膨胀数据，英格兰银行自身遭受到严重的冲击。11 月份的通货膨胀数据（以消费者物价指数 CPI 来度量）达到了 2.7%，因此，可以推测出 12 月份的数据可能更糟。CPI 的年增长率是否应该突破 3%？英格兰银行行长默文·金必须向财政大臣提交书面报告，进行解释。

b 欧洲中央银行做了不同的事情。欧洲中央银行观察员通常会在行长让·克劳德·特里谢发言的字里行间寻找蛛丝马迹。特里谢当然清楚地知道这一点，因此他出言谨慎。欧洲中央银行在公布改变利率的决定后，按惯例召开了大约 45 分钟的新闻发布会，由此，市场与行长之间的博弈使事情变得更为错综复杂。

显而易见，未来欧元区的利率将会提高。去年欧元区经历了自 2000 年以来最快的经济增长。自从 12 月份以来，情况变得更好，特别是在德国。作为该货币俱乐部的最大成员国，德国经济一度疲软，去年的经济增长率只达到了 2.5%（根据工作日调整后，达到了 2.7%），从而证实了最初的估计。工业产品和制造业订单经历了 10 月份的走低后，在 11 月份开始反弹。根据 Ifo 企业信心指数，企业正处于欣欣向荣之中，唯一的疑虑就是，消费者将如何经受住本月的增值税提高？

c 除此之外，作为欧洲中央银行喜爱的主题，货币增长速度较快。用特里谢不大中听的话说，政策仍是“适应性的”。他的遣词造句应该能够避免市场的混乱。至于英格兰银行，市场可能会诅咒它。但市场也应该知道了一些事情：英国的通货膨胀前景可能比市场想象得更加糟糕。

新闻分析

631 2007年头几个月，欧元区13个国家以及英国都经历了产出水平的增长。与此同时，欧洲中央银行和英国中央银行——英格兰银行都采用改变货币供给的举措对产出水平增长率施加影响。虽然这两家中央银行都试图采用货币政策来影响产出水平，但它们却采取了截然不同的做法。

a. 按照新古典模型关于货币政策和产出之间关系的分析，英格兰银行在实施其货币政策时使用了未预期到的货币供给和利率变化。2006年8月，实施紧缩性货币政策，又在2007年1月，实施紧缩性货币政策，出乎金融市场（指伦敦金融城）的意料。

b. 与英格兰银行相反，欧洲中央银行改变货币政策，则完全在金融市场参与者的意料之内。此外，欧洲中央银行也没有像英格兰银行那样频繁地变化利率。按照新凯恩斯学派模型，欧洲中央银行作为反通货膨胀的机构，更关心自身的可信性。

c. 欧洲中央银行仍然关注的是，如果货币供给增长过快，总需求曲线就会向外移动，尽管产出会相应提高，但也会对价格水平形成上升的压力。因此，按照真实经济周期模型，欧洲中央银行一直采用“适应性”政策，也就是说，当货币需求已使产出提高时，允许货币供给随之增加。

更进一步的思考……

短期来讲，总需求变化在短期内提高价格的程度取决于短期总供给曲线的斜率。你对欧洲中央银行考察*SRAS*曲线的斜率提出怎样的建议？

资料来源：节选自“The Tale of Two Banks,” *The Economist*, January 11, 2007.

第27章 信息问题和货币政策传递渠道

635 1991年秋天，经济正从1990年开始的衰退中复苏。海湾战争在年初进展顺利，乔治·布什总统连任的前景似乎也很光明。尽管如此，疲弱的经济若隐若现，成为连任的障碍。布什总统和他的经济顾问相信，美国经济正在遭受一场信贷压缩，即银行信贷供给不足。银行信贷供给过低，是因为银行普遍对经济前景感到担忧，以及监管当局竭力避免重蹈存款和信贷危机的覆辙。此外，很多经济学家认为，企业和居民的资产负债表状况也很薄弱，也就是说，其债务占其总资产的比例较高，其低净值将会抑制支出，从而延长经济衰退。在这样的环境下，总统的经济顾问们呼吁采取更为扩张的货币政策。事实上，只是在经济开始收缩后，联储才大幅度调低利率以刺激更多的放款。（在1998年后期和2001年初期，联储在出现信贷压缩迹象后更为迅速地作出了反应。）

我们曾经用来分析货币政策的模型可能不会对布什总统和联储主席格林斯潘当时面临的情形给出精确的预言。为了分析货币政策，我们对金融体系作了许多简化。我们假定所有金融资产都是可以相互完全替代的，而且储蓄者和借款者都可以自由地选择金融资产。但是，实际的金融体系却比模型中所呈现的要复杂得多。尤其是，银行提供的信息服务，金融市场不能与之匹敌；居民和企业需要融通资金以购买耐用品或投资厂房和设备，但他们并不总能拥有同等的融资机会。

在本章中，我们的目标是建立一个宏观经济和金融体系在经济中的角色更为现实的模型，并使用这一修正的模型对货币政策的结果进行更准确的预测。第一节，我们将我们对金融体系的修正观点纳入我们的模型中，并用这一模型来预测货币政策对产出的短期影响。首先，我们描述信息成本影响银行、居民和企业行为的方式。我们修正在第 26 章的模型中所作的预言，即使在中央银行没有使用任何力量来改变货币供给的情况下也是如此。在第一节的结论部分，我们讨论两个场景，这两个场景支持我们修正的金融体系观点。

在本章的第二节，我们研究货币政策的传递机制。在假设信息成本也许会改变居民和企业资金可得性的情况下，我们对货币政策如何影响产出进行阐述。我们运用 *AD-AS* 模型来分析货币供给变化对经济产生的影响。我们的基础论据是第 26 章提出的新凯恩斯主义货币传递机制：在存在短期价格黏性的情况下，货币供给的变化影响真实利率。真实利率的变化转而会影响居民消费、企业投资和总需求。这里我们将这一传递机制（或渠道）称为货币传递渠道。然后，我们揭示信息成本放大货币
636 政策产出效应的两条可选渠道。在银行放款传递渠道中，银行贷款供给的变化影响那些依赖银行的借款者的资金可得性，进而改变其支出和总需求；在资产负债表传递渠道中，货币政策变化将引起利率变化，改变借款者的净值，从而影响其支出和总需求。

信息问题的宏观经济成本

在这一节中，我们描述放款中的信息问题可能会给那些需要外部融资的借款者制造障碍。对于居民来说，这也许意味着他们不能获得贷款去购买住房、汽车或其他耐用消费品；对于企业来说，这也许意味着它们不能获得融资去扩大业务规模。

在建立宏观经济模型的过程中，我们对融资来源没有进行区分。实际上，我们假设所有融资来源都是可以完全替代的。比如，企业可以在同等条件下在债券市场上融资或获得银行贷款。现实世界中，信息问题使得各种融资方式并不能完全替代。如果企业申请银行贷款遭到拒绝，它也许不得不放弃其投资项目，因为其他的选择只能是发行债券或者股票。对于小企业来说，股票或债券的发行成本高不可攀。个人借款者也面临着相似的约束。个人无法获得抵押贷款，就可能无力购买住房。

我们现在描述这些信息问题对宏观经济的影响，以及这些问题对我

们模型中的金融市场和产出决定的影响。然后，我们用图形分析来描述这些问题如何改变宏观经济模型预测的产出和利率水平。

放款中的信息问题：金融中介机构的作用

就像我们在第 11 章中所描述的那样，金融市场中的信息不对称使得匹配储蓄者和借款者变得困难且要花费成本。储蓄者不得不在评估借款者的信誉方面投入资源，而合意的借款者则不得不接受较高的资金成本，或者发现无法获得资金。在任何一种情况下，借款者的消费水平都要低于没有信息不对称情况下的消费水平。

尽管金融市场也提供一些信息服务使储蓄者和借款者的匹配有所改善，但这对居民和中小企业并无成效。银行在减少放贷信息成本上的专长使其得以担当这一角色，使资金从储蓄者更有效地流向借款者。因此，绝大部分放款是通过金融中介机构发生的，而不是通过直接发行股票或者债券进行的。

由于银行降低了放款中信息不对称的成本，银行信贷成为小企业最有可能的资金来源。大企业也可以从银行借款，但是这些大企业也可以选择在股票和债券市场上筹集投资资金。毫无疑问，信息不对称问题可以影响企业的资本投资决策，即便是大企业也是如此。

总的来说，金融中介机构的放款能力和意愿会影响到借款者外部融资的供给，可能在短期内改变总需求和产出水平，就像我们的宏观模型所预言的那样。

放款中的信息问题：净值的作用

637 企业有两个资金来源：内源性资金和外源性资金。内源性资金来自企业当期和过去的利润；外源性资金来自外部投资者和债权人。经济学家们发现，内源性资金比外源性资金的成本更低，即使对那些拥有较高净值和可获得更多外源性资金的大型企业来说也经常如此。与内部经理人或者大股东们相比，外部投资者对于企业投资计划和投资机会的信息了解很少。因此，他们会要求一个溢价来补偿他们为获取企业信息而付出的成本，这一溢价（即更高的资金成本）使得外部融资比内部融资要昂贵得多。在其他条件相同的情况下，大企业信息不对称的问题表明，企业净值增加将增加投资。投资经济学家也发现，借款者的净值与借款者意愿资本投资水平相比缺口越大，外部融资成本与内部融资成本之间的差额就越小。因此，当借款者拥有较高的净值时，信息成本不可能约束企业的资本投资支出。

信息不对称可能放大产出的短期波动。假设对石油供给的不利冲击使经济陷入衰退，由于经济衰退，企业利润减少，企业内源性资金较少，进而其投资支出下降（即便真正的未来投资机会没有变化）。资本投资的降低和失业工人消费支出的削减，会放大产出的下降，从而加剧经济衰退。与之相反，对当前生产率有利的变动会增加企业的内融性资金，进而增加其投资和产出。最近的证据显示，对于初创和处于迅速成长阶段的企业，内源性资金规模的波动对其厂房和设备投资有重大影响；而对于成熟期企业而言，这种影响比较小。这些不同的效应反映了处于初创阶段企业的外部投资者面临着更为严重的信息不对称。

银行放款减少的后果

下面运用 AD-AS 模型来说明银行放款减少对整体经济的效应。例如，假设联邦政府发布了一个限制银行放款的监管规则。这样的限制并不会对所有借款者都产生相同的影响。一些借款者（尤其是居民和中小型企业）可能无法找到其他形式的融资来替代银行信用。于是，这些依赖银行型借款者在耐用品消费和企业厂房设备投资上的支出就会减少。图 27—1 显示了这一规则的影响。

图 27—1(a) 显示，初始短期均衡位于 E_0 点处，其均衡价格水平为 P_0，均衡产出为 Y_0。银行放款减少降低了依赖银行型借款者信贷的可得性，从而减少了消费者和企业的支出，使得 AD 曲线从 AD_0 左移到 AD_1，在 E_1 点实现新的均衡。产出在短期内从 Y_0 下降到 Y_1，价格水平从 P_0 下降到 P_1。

图 27—1(b) 描述了货币市场的情形。公众对真实货币余额的需求取决于收入水平或产出水平并与其正相关（见第 23 章）。由于我们还没有考虑联储的政策，所以我们假设货币供给曲线 MS 不变。因此，当产出随着银行放款的减少而减少时，图 27—1(b) 中的货币需求曲线从 MD_0 左移到 MD_1，并且货币市场上均衡真实利率（公开市场利率）也从 r_0 降低到 r_1。

638 银行放款下降对真实利率和产出的影响不同于联储减少名义货币供给所产生的影响，我们已在第 26 章中分析过后者的影响。在限制银行放款的情形下，银行不能便利地向居民和企业发放贷款，因此，银行转而更愿意持有国库券。由于证券交易商会将出售国库券所得的资金存入银行账户中，因此，名义货币供给保持不变。公开市场真实利率从 r_0 降低到 r_1，这是信贷限制致使总需求减少所产生的一种反馈效应（货币需求减少）。

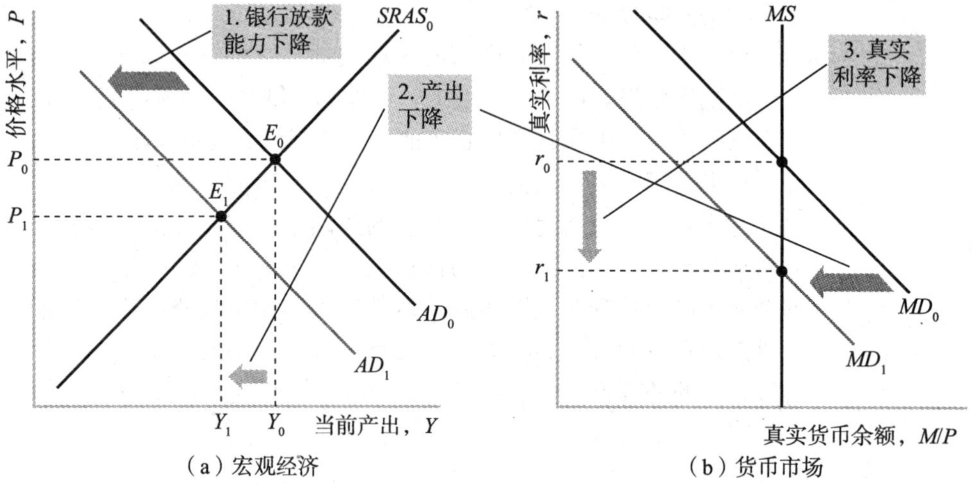

图 27—1　限制银行放款的影响

如图（a）所示：

1. 对银行放款的限制降低了依赖银行型借款者信贷的可得性，使 AD 曲线从 AD_0 移动到 AD_1。

2. 产出下降。

如图（b）所示：

3. 在货币市场上，产出下降降低了货币需求。由于货币需求从 MD_0 下降到 MD_1，公开市场利率下降。在其他条件不变的情形下，银行放款下降使得产出减少和真实利率降低。

我们可在图 27—1 中对这一反应进行一般化描述。对许多借款者而言，只要银行贷款与其他资金来源是不完全替代的，那么银行放款能力或意愿的降低在短期内会使产出下降。此外，真实利率也会下降。

测试点拨

工具公司的经理想要扩大其小型连锁的 4 家五金商店规模。他们认为经济即将转好，因而住房改善的支出也会上升。主银行是工具公司 10 年来的往来银行，该银行虽然认可工具公司的声誉，但不会向它贷款。工具公司还有其他融资方式可供选择吗？

除非经理们可以用自有资金进行投资，否则工具公司几乎没有其他融资方式可供选择。商业票据或债券的交易成本太高，难以承受。对于像工具公司这样的企业，当期和过去的利润以及银行贷款是支持其成长的主要资金来源渠道。

借款者净值下降的后果

639 我们可以运用 AD-AS 模型来分析净值下降的结果。图 27—2 表示经济的初始短期均衡位于 E_0 点处，价格水平为 P_0，产出为 Y_0。借款者净值的下降会提高信息成本，并降低居民和企业在任何给定利率水平上的借款能力。结果，消费者和企业的投资支出就会降低。AD 曲线从 AD_0 左移到 AD_1；在新的均衡点 E_1 上，产出在短期内从 Y_0 下降到 Y_1，价格水平从 P_0 降低到 P_1。虽然在图 27—2 中没有表示出来，但是产出的降低将会减少公众对真实货币余额的需求，降低均衡的真实利率，就像图 27—1(b) 中所示的那样。

我们可以在图 27—2 中对这一反应进行一般化描述。只要内源性资金与外源性资金之间是不完全替代的，在其他情况相同的情况下，借款者净值下降会使得短期产出和真实利率下降。

金融体系中的信息成本以及对信贷的监管限制产生了这样的情形：银行变得惜贷，借款者净值减少，使其支出减少。下面我们将详细阐述这两种情形。

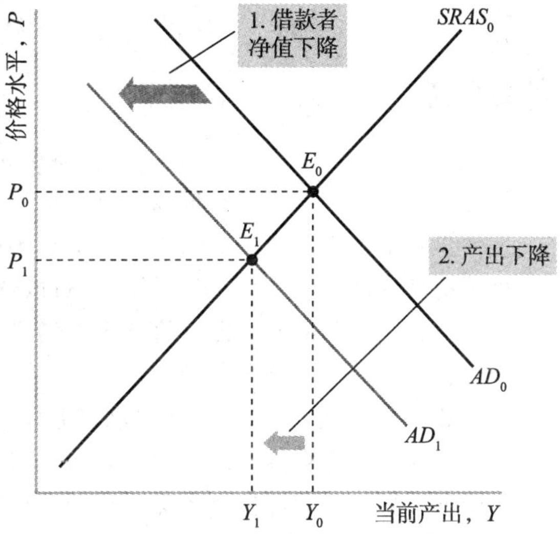

图 27—2　借款者净值下降的影响

1. 借款者净值下降会提高信息成本，并削弱借款者在任何给定利率水平上获得资金的能力，使 AD 曲线从 AD_0 移动到 AD_1。

2. 产出下降。

金融恐慌

19 世纪末和 20 世纪初期，美国经历了几次**金融恐慌**（financial panics），其特征是：金融市场资产价格剧烈波动、银行挤兑和许多企业破产。在金融恐慌中，某一企业或银行的坏消息使利率升高，金融市场上股票价格下跌。此外，储蓄者由于害怕银行倒闭纷纷提取存款，这使银行放款资金减少，从而使货币供给下降。金融市场和金融机构的危机使放款者评估借款者的信息成本大幅提高。由于货币供给（银行存款是其重要组成部分）下降及其对依赖银行型借款者的影响，银行放款的下降会放大总需求的下降。在一些金融恐慌中，未预期的价格水平下降提高了企业债务的真实价值，从而降低企业的净值。净值的下降提高了放款
640 的信息成本，进而使得投资和产出下降。因此，金融恐慌使 *AD* 曲线左移（正如图 27—1（a）所示的那样），进而使产出下降。

联储主席本·伯南克强调，20 世纪 30 年代初期的银行倒闭风潮引发了金融恐慌，加剧了大萧条的严重程度。存款者纷纷提取银行可用于发放贷款的资金，转而持有通货和政府证券。银行向风险性借款者提供贷款的意愿急剧下降，转而更愿意持有高质量的可销售证券。对安全性证券需求的增加使得收益率显著下降。所谓安全性证券和风险性证券之间的利率差幅扩大到前所未有的水平。居民、农户和中小企业（都严重依赖银行融资）的消费和投资支出也大幅度下降。

信用控制和信贷压缩

由于立法创立了最后贷款人（联储）和联邦存款保险，当今美国几乎很少发生大规模的金融恐慌了。最近银行放款下降的原因是不适当的**信用控制**（credit controls），即对银行放款的监管限制。由于银行放款对许多借款者至关重要，银行信贷供给的下降会使得依赖银行型借款者紧缩支出，并且降低公开市场利率。

1980 年 3 月，卡特总统授权联储对银行、百货公司和其他企业发放的消费放款实施直接的信用控制，试图以此降低总需求和通货膨胀。联储要求银行体系实行自愿特殊信贷约束计划，该计划要求银行减少从非存款渠道获得资金。同时，联储对一些大银行的贴现借款征收 3%的附加费，对货币市场互助基金的新增资产实行 15%的特殊准备金要求，并且提高了某些大额存单的准备金要求。居民和许多小型企业大幅度削减了借款量。正如图 27—1 显示的那样，银行信贷可得性的降低使 *AD* 曲线左移，减少了总产出。实际上，真实 GDP 和工业生产在该年春季和夏季期间下降，引发了一次短期但相对更剧烈的经济衰退。产出下降引起货币需求下降，使真实公开市场利率下降。与此同时，3 个月期国库券收益率从 15%下降到 7%（联邦基金利率下降幅度更大），长期利率也下降。居民支出显著收缩，企业支出虽然小幅下降，但影响重大。信用控制对经济的影响十分严重，以至于到 1980 年 7 月，这一信用控制措施被撤销。而信用控制一经撤销，利率和总需求都得以提高。这一场景验证了图 27—1 中的预言，即银行贷款减少将使产出和利率降低。

除了信用控制，信贷压缩也会使得短期内产出下降。**信贷压缩**（credit crunch）是指在任何特定利率水平上银行放款能力或意愿下降。监管引致信贷压缩，降低银行放款能力，这一事例发生在20世纪80年代初以前，当时Q字条例限制银行对存款支付过高的利息。当国库券和其他金融工具的公开市场利率上升超过Q字条例的利率上限时，存款者就会把资金从银行取出，转而投放于具有更高利率的金融工具上。资金从银行体系流出被
641 称为脱媒（disintermediation）*。脱媒的结果是，银行无法发放足够多的贷款。那些依赖银行融资的部门（特别是居民和小企业投资）将会显著下降，从而使得支出和产出下降。

信贷压缩也可能是由于银行放款意愿的下降导致的。银行放款意愿下降的原因或是银行方面的不利因素（如由于银行资本金较低），或是借款者方面的不利因素（由于评估和监督处于财务困境中的借款者的资信状况会给银行带来更高的交易成本和信息成本）。在发生信贷压缩的情况下，银行决定降低其资产组合中贷款的比例，从而降低银行贷款规模，提高银行贷款的有效利率。对借款者来说，非银行融资的交易成本和信息成本很高，因此，银行放款减少将使支出下降。

在1990—1991年的经济衰退之初，美国经济可能经历了一次信贷压缩。由于银行对借款者的资产负债表存有疑问，即银行认为借款者可能无法执行长期项目，因此，银行放款下降。受影响最大的借款者是房地产开发商和那些债务负担沉重的企业。1990年秋季银行放款急剧下降，对小企业的调查显示，即使那些具有良好信用历史的企业也变得更难以获得贷款。1998年秋季，受亚洲金融危机和美国一家大型对冲基金——长期资本管理公司倒闭的影响，银行减少对风险性借款者的放款，许多经济学家预期会出现信贷压缩的情况。联储在2001年初降低短期利率，其原因就是企业资产负债表薄弱和存在潜在的信贷压缩。日本银行在20世纪90年代末期和21世纪头10年初期也面临类似的挑战。

博闻广识

全球银行业危机和大萧条

20世纪30年代的大萧条并不仅局限于美国，20世纪30年代初期世界范围的通货紧缩降低了借款者的净值，并且使得许多国家出现经济下滑。雪上加霜的是，20世纪30年代初美国银行业危机减少了对各类借款者的信贷，进一步加剧了经济活动的下滑。除美国外，奥地利、德国以及银行体系脆弱的许多东欧、南美和中东国家也在1931年出现了严重的银行恐

* 也有人将其译为非中介化。——译者注

慌。有些国家（特别是加拿大和英国）拥有几家高度分散化的大型全国性银行，银行体系稳定；而有些国家（诸如法国和美国）只拥有分散化不足的小型地方银行，后者要比前者更易于受到银行恐慌的伤害。

联储主席本·伯南克和普林斯顿大学的哈罗德·詹姆斯考察了24个国家的数据，并将这些国家按照在大萧条期间是否经历了银行业危机进行分组：

发生了银行业危机：	**未发生银行业危机：**
奥地利	澳大利亚
比利时	加拿大
爱沙尼亚	捷克斯洛伐克
法国	丹麦
德国	芬兰
匈牙利	希腊
意大利	日本
拉脱维亚	荷兰
波兰	挪威
罗马尼亚	新西兰
美国	西班牙
	瑞典
	英国

伯南克和詹姆斯发现，与那些未发生银行业危机的国家相比，那些发生了银行业危机的国家经历了随后更为严重的产出和就业下降。差距在1932年，即银行业危机发生的次年达到最大：这两组国家的工业生产分别平均下降16%和2%。

多年以后，20世纪80年代、20世纪90年代及21世纪头10年初期，具有类似特征的金融危机在新兴市场国家蔓延。

资料来源：Ben Bernanke and Harold James, "The Gold Standard, Deflation, and Financial Crisis in the Great Depression: An International Comparison," in R. Glenn Hubbard, ed., *Financial Markets and Financial Crises*. Chicago: University of Chicago Press, 1991.

货币政策传递渠道的扩展

642 在这一节中，我们把银行放款能力和意愿与借款者的净值两方面结合起来，解释货币政策是如何运作的。我们还要考察这一行为是如何改变货币供给增加或减少影响总需求和产出这一预言的。

在第 26 章中，我们描述了货币政策的几个传递机制。新古典学派经济学家假设，只有未预期到的货币供给变化才会改变产出。新凯恩斯学派认为，货币供给的变化会改变真实利率，进而影响消费支出、投资支出和净出口。总需求的变化会引起产出的增减变化。根据这些关于货币与产出之间联系的讨论，我们现在要描述货币政策的传递渠道，即货币政策影响总需求和产出的确切联系途径。

货币供给影响总需求和产出的最简单传递渠道是由新凯恩斯学派提出的。该学派强调，货币政策是通过利率来影响总需求的。我们首先考察银行在解释货币政策运作中的作用，然后再将其与货币传递机制的其他阐释进行对比。

货币传递渠道：货币政策和利率

在第 26 章关于货币政策和经济活动关系的讨论中，我们假设借款者对于筹集资金的方式和来源无差异，而且将不同的资金来源看做可以相互替代的。这一假设允许我们可以集中考察货币市场。在货币市场上，货币供给（受联储行为的强烈影响）和公众的货币需求决定了公开市场利率，这一利率影响居民和企业的支出决策。

这些假设构成了**货币传递渠道**（money channel）的基础，货币传递渠道就是货币供给变化通过引起总需求中利率敏感部分的变化在短期内影响产出的渠道。在这一传递渠道中，真实利率随货币供给的变化而变化，而总需求则随利率的变化而变化。货币供给变化对利率产生影响，源自公众将其财富在货币和非货币资产之间进行配置的资产组合决策。金融机构（银行）通过提供存款来满足公众的货币需求。这一分析符合第 26 章中描述的新凯恩斯学派观点，即货币政策影响利率和其他资产收益率。

现在考察一个货币扩张过程，即联储向银行体系提供额外的准备金。银行用这些资金在公开市场上购买证券或者向居民和企业发放贷款。当银行在金融市场上购买证券时，它同时也向证券出售方提供了存款。当银行发放贷款时，它就在向借款者提供存款，换取借款者还本付息的承诺。（银行在这些活动中赚取利润，因为银行从可销售证券或贷款上获得的利息高于银行支付给存款者的利息。）我们来考虑银行的这两个行为是如何影响利率和产出的。为了在当前利率上增加存款水平，银行可以在金融市场上购买证券。随着证券价格的上升，这些证券的收益率下降，就会鼓励居民和企业在其资产组合中持有银行存款的比例大于持有证券
643 的比例。如果银行存款和证券在公众看来是可以相互替代的，利率一般将会下降。银行也可以通过降低贷款利率来增加存款水平。利率降低鼓

励居民和企业更多地借款，从而增加存款。或是通过出售其资产组合中的证券（鼓励公众持有证券而非存款），或是通过提高贷款利率来降低存款需求，银行可以降低在当前利率上的意愿存款水平。任何一种方法都是通过影响利率来改变存款水平的。

在货币传递渠道中，金融机构的贷款在货币供应过程中并没有发挥特殊的作用。如果联储希望增加支出和产出，它可以提高银行的准备金水平，使银行要么通过购买证券来增加存款，要么通过以更低的利率来提供更多的贷款。无论何种方式，由于利率下降，公众都会接受增加的货币。货币供给增加使得利率下降，将增加企业投资和消费者购买耐用品与住房的支出，从而使经济得以扩张。

货币传递渠道提供了一个简单的分析框架，可用于分析货币政策通过改变利率进而对经济活动产生的影响。然而，它忽略了金融中介机构在降低借贷的信息成本上发挥的重要作用。

银行放款传递渠道：货币政策和银行

一些经济学家认为，一些借款者依赖银行进行外部融资且这种依赖性会影响货币政策的结果。这些经济学家集中于**银行放款传递渠道**（bank lending channel），重视银行依赖型借款者的行为。对于这些借款者而言，银行贷款具有特殊的重要性，因为这些借款者几乎没有或者根本没有其他资金来源。在银行放款传递渠道中，银行放款能力或者意愿的变化会影响银行依赖型借款者为其支出计划而筹措资金的能力。银行放款传递渠道关注银行贷款也表明，对货币政策如何影响经济提出了一个修正的观点。在这一传递渠道中，货币扩张增强银行的放款能力，银行依赖型借款者获得的贷款增加，就会增加其支出；货币收缩降低银行的放款能力，银行依赖型借款者获得的贷款减少，就会减少其支出。

货币传递渠道和银行传递渠道的预言

货币供给变化通过货币传递渠道和银行放款传递渠道引起产出的变化，现在我们来对这两个渠道的产出变化进行比较。在货币传递渠道中，名义货币供给的变化通过改变货币市场上的公开市场利率来影响产出。图 27—3 用 *AD-AS* 模型来图示说明了这一过程。为简化起见，让我们假设新凯恩斯学派观点的一个极端特征：所有企业在短期内都具有黏性价格，因此 *SRAS* 曲线是水平的。我们来考察货币扩张的情形，联储通过公开市场操作提高银行的准备金水平，从而增加名义货币供给。结果，

图 27—3(a) 中的真实货币供给曲线从 MS_0 右移到 MS_1。在较高的准备金水平下，银行会设法增加存款，途径是在金融市场购买证券、发放贷款，或双管齐下。当银行购买证券时，证券价格上升，收益率下降，银行贷款利率也下降。货币供给增加使得真实利率在短期内从 r_0 降低到
644 r_1。在图 27—3(b) 中，货币供给增加使 AD 曲线从 AD_0 右移到 AD_1。在新的均衡点 E_1 处，产出上升到 Y_1。图 27—3(a) 显示，当期产出水平的提高使得货币需求从 MD_0 提高到 MD_1，因此，真实利率也从 r_1 上升到 $r_{1'}$。当商品市场和货币市场的变化完成时，随着货币的扩张，在短期内产出增加，真实利率下降。

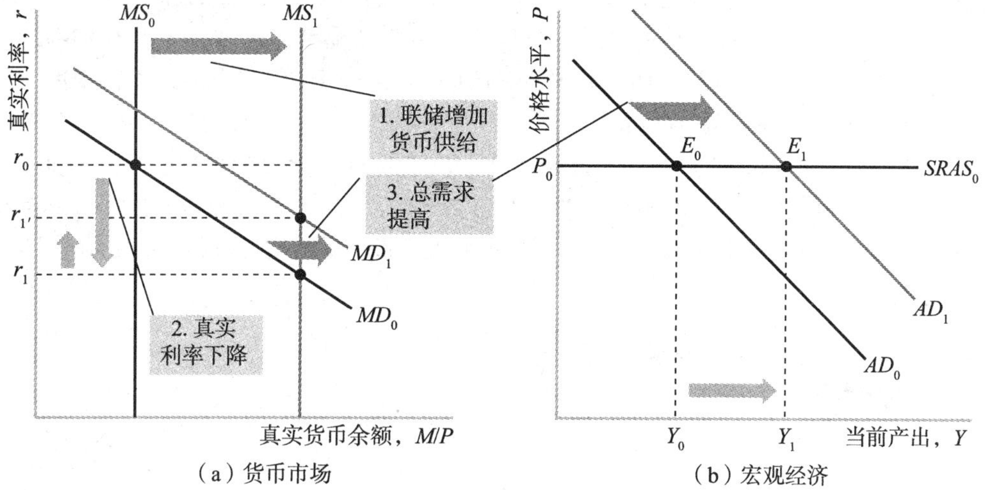

图 27—3　货币传递渠道中的货币扩张效应

在货币传递渠道中，货币扩张在短期内使真实利率下降，产出增加。

如图 (a) 所示：

1. 联储增加名义货币供给，使真实货币供给在短期内从 MS_0 提高到 MS_1。

2. 真实公开市场利率从 r_0 下降到 r_1，使得货币市场重新实现均衡。

如图 (b) 所示：

3. 在初始均衡点 E_0 处，真实利率下降使得总需求曲线从 AD_0 移动到 AD_1，在新的均衡点 E_1 处，产出从 Y_0 增长到 Y_1。

在图 (a) 中，可以看出：

货币需求从 MD_0 提高到 MD_1，所以，利率上升到 r_1。为保持货币供求均衡，货币扩张使得真实利率从 r_0 下降到 $r_{1'}$。

因此，在货币传递渠道中，名义货币供给增加短期内会使真实利率下降，产出增加。之所以出现这样的扩张，是因为如果其他条件不变，公开市场利率在短期内下降使得居民和企业持有更多数量的货币。

银行放款传递渠道的预言一方面与货币传递渠道的预言相似：当银行通过发放贷款增加其存款时，银行准备金的增加会降低贷款利率。许多借款者会在银行贷款和非银行借款之间作出选择，所以，银行贷款利率降低会引起金融市场利率的下降。

然而，银行放款传递渠道的预言进一步认为，货币政策还通过影响银行依赖型借款者的贷款规模和支出规模对经济产生影响。为了理解这一点，我们回到联储采取扩张性货币政策的情形。在银行放款传递渠道中，货币市场最初的效应与货币传递渠道的最初效应相同：如图 27—4
645 (a) 所示，货币供给从 MS_0 增加到 MS_1 使真实公开市场利率从 r_0 下降到 r_1。从银行放款角度看，AD 曲线向右移动有两个原因：(1) 利率下降使居民和企业的支出增加；(2) 银行贷款的可得性增加。也就是说，如果银行通过降低贷款利率来增加存款，则银行依赖型借款者就可以在金融市场的任何真实利率水平上增加借款并扩大支出。图 27—4(b) 中，初始均衡点位于 E_0，总需求 (AD) 曲线从 AD_0 移动到 AD_1，其移动幅度大于货币传递渠道中 AD 曲线的移动幅度。也就是说，在新的均衡点 E_1，产出的增加（从 Y_0 移动到 Y_1）大于图 27—3(b) 所示的情况。

由于在任何特定利率水平上支出都将增加，图 27—4(a) 中货币需求曲线从 MD_0 向右上方移动到 MD_1。这样，货币扩张对公开市场真实利率的短期影响是不确定的。如图 27—4(a) 所示，由于新的均衡真实利率为 $r_{1'}$，货币需求增加对利率的影响大于货币供给增加对利率的影响。

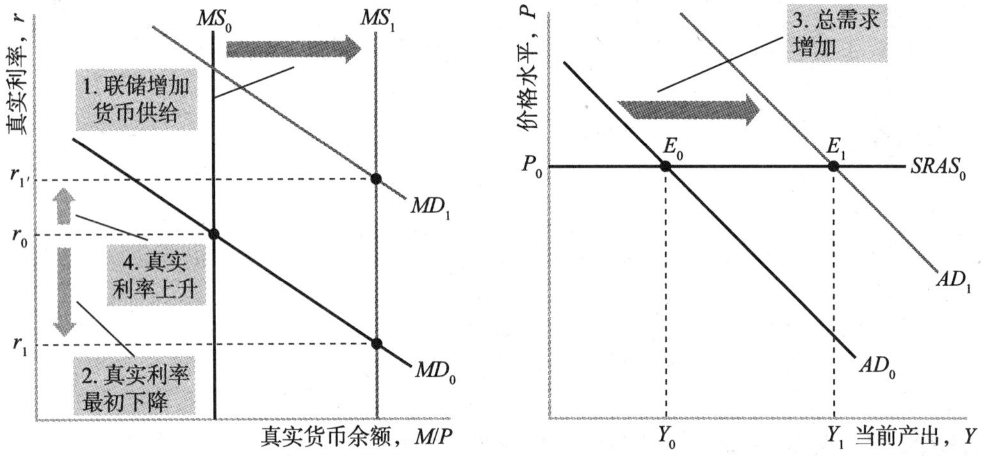

(a) 货币市场　　　　(b) 宏观经济

图 27—4　银行放款传递渠道中的货币扩张效应

在银行放款传递渠道中，货币扩张在短期内提高产出，但对真实利率的影响是不确定的。

如图 (a) 所示：

1. 联储增加货币供给，在短期内将真实货币供给由 MS_0 提高到 MS_1。

2. 公开市场真实利率由 r_0 下降到 r_1。

如图 (b) 所示：

3. 初始均衡点位于 E_0，由于利率敏感性支出和依赖银行型借款者支出的增加，总需求增加，在新的均衡点 E_1，这些影响使货币需求由 MD_0 增加到 MD_1。

在图 (a) 中，可以看到：

4. 在实现新的均衡时，真实利率由 r_0 上升到 $r_{1'}$，也就是说，在货币扩张期内，从信贷角度看，更大的反馈效应可能使真实利率上升。

在这两个传递渠道中，联储的扩张性货币政策短期内首先会降低利率水平，使得总需求和产出增加。同理，紧缩性货币政策短期内将提高利率，使得总需求和产出下降。[1] 银行放款传递渠道包含了货币传递渠
646 道未涉及的行为：银行有关放款的资产组合决策会引起那些依赖银行的部门改变其支出。由于许多借款者是依赖银行型的借款者，且几乎没有可替代银行贷款的其他资金来源，所以，银行发放贷款的能力或意愿的变化可能会显著地影响贷款规模和产出。

资产负债表传递渠道：货币政策和净值

货币政策影响经济的另一个渠道是，通过货币政策对企业资产负债表状况产生影响。分析人士试图为这一传递渠道建立模型，他们阐述了货币政策对企业资产和负债的价值，以及对资产负债表的流动性状况（即居民和企业持有的流动资产与其负债之比）所产生的影响。根据这些分析，资产负债表的流动性状况是影响企业投资以及购买住房和耐用消费品开支的决定因素。**资产负债表传递渠道**（balance sheet channel）是指货币政策引起利率变化影响借款者净值的渠道。我们知道，当放款的信息成本较高时，较高的净值和流动性有助于借款者实施其支出计划。

货币政策如何影响借款者的资产负债表呢？前面我们讲过，在借款者净值下降时，信息问题使内源性资金与外源性资金的成本差距增大。也就是说，借款者净值的下降使为进行资本投资而筹集资金的成本提高。货币紧缩引起利率上升，使浮动利率贷款的借款者偿债负担加重，降低借款者的净值（通过降低其资产的现值）。净值下降增加了外部融资的成本，其增加幅度要大于高利率带来的成本增加幅度，从而降低企业投资厂房和设备的能力。这就是资产负债表传递渠道所强调的影响。即使货币政策对银行放款能力没有任何影响，货币紧缩引起借款者净值下降也会减少总需求和产出。此外，资产负债表传递渠道还意味着低净值企业的支出更可能因为货币紧缩而减少。

我们用图 27—5 来阐述货币扩张经资产负债表传递渠道产生的结果。如图 27—5(a) 所示，货币供给从 MS_0 增加到 MS_1，使公开市场真实利率从 r_0 下降到 r_1。根据资产负债表观点，总需求（AD）曲线右移，其原因有二：(1) 居民和企业的支出对利率下降作出反应；(2) 借款者因净值和流动性提高而增强筹资能力。在图 27—5(b) 中，初始均衡位于

[1] 联储的货币紧缩降低了银行的准备金和存款水平。因此，银行放款传递渠道假定，银行寻求非存款资金来源（如存单）以筹集贷款资金要比存款的边际成本更高。有关讨论参见 R. Glenn Hubbard，"Is There a 'Credit Channel' for Monetary Policy?" *Federal Reserve Bank of St. Louis Review* 77 (June 1995)：63 - 77。

E_0 点，总需求（AD）曲线从 AD_0 移动到 AD_1，其移动幅度大于货币传递渠道的移动幅度。这样，在新的均衡点 E_1，产出增加，从 Y_0 增加到 Y_1，其增加幅度大于图 27—3(b) 中的产出增加幅度。正如我们在分析银行放款传递渠道中所看到的那样，图 27—5(a) 中的货币需求曲线向右上方移动，从 MD_0 移动到 MD_1。货币扩张对真实利率的短期影响是不确定的。在图 27—5(b) 中，均衡真实利率是上升的。

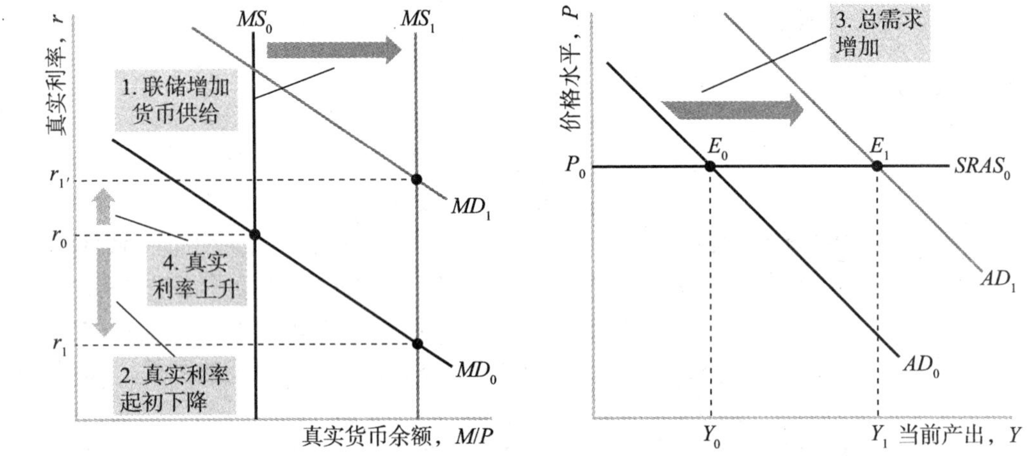

（a）货币市场　　（b）宏观经济

图 27—5　资产负债表传递渠道中的货币扩张效应

在资产负债表传递渠道中，货币扩张在短期内会提高产出，但其对真实利率的影响是不确定的。

如图（a）所示：

1. 联储增加货币供给，使短期内真实货币供给由 MS_0 提高到 MS_1。

2. 公开市场真实利率起初由 r_0 下降到 r_1。

如图（b）所示：

3. 初始均衡点为 E_0，由于利率敏感性支出增加和净值提高，总需求增加。在新的均衡点 E_1，这些效应使货币需求由 MD_0 增加至 MD_1。

在图（a）中，可以看到：

4. 在实现新的均衡时，真实利率从 r_0 上升到 $r_{1'}$。

647　资产负债表传递渠道与货币传递渠道和银行放款传递渠道具有相同的观点：扩张性政策起初会降低利率，增加产出；而紧缩性政策起初会提高利率，减少产出。资产负债表传递渠道强调居民、企业的净值和流动性与企业支出之间的联系。由于存在信息成本，净值和流动性的变化可以显著地影响放款和经济活动的规模。

在资产负债表传递渠道中，持有流动资产也会降低发生**财务困境**（financial distress）的可能性。财务困境是指居民和企业为偿还当期债务而不得不（在可能亏损的情况下）出售无流动性资产的情况。在发生财务困境的情况下，对于任何特定的市场利率水平，居民和企业的支出都将会降低。

对于居民和企业而言，持有充足（相对于负债来说）的流动性金融资产（或有机会得到金融机构的贷款）会降低发生财务困境的可能性。当居民拥有较高水平（相对于其负债而言）的流动性资产时，他们将更愿意购买耐用消费品和住房，因为他们估计发生财务困境的可能性很小。
648 同理，在其他条件相同的情况下，当企业持有的流动性资产较高时（相对于其负债而言），他们将更愿意投资于新的厂房和设备。

在一些重要的时期，居民和企业资产负债表的流动性降低使居民购买耐用消费品和住房的支出减少，也使企业投资于厂房和设备的支出减少。1929 年股票市场崩盘后，遭受财务困境的居民和企业数量增加，这种情况是由金融资产价值下降和未清偿债务的真实价值增加（由于价格水平下降）共同造成的。1929—1933 年间，企业固定投资支出（以不变的美元价格衡量）下降了 73%，购买耐用消费品和住房的支出分别下降了 50%和 80%。许多经济学家认为，资产负债表状况的恶化也可以部分地解释发生于 1974—1975 年、1981—1982 年、1990—1991 年和 2001 年的美国经济衰退。

货币政策可以影响发生财务困境的可能性。前面我们讲过，货币供给的独立增加会使利率降低，股票价格上升，从而提高流动性金融资产的价值。当居民或企业的金融资产价值大于其金融负债价值时，发生财务困境的可能性就减小了。金融资产价值的提高可以促进耐用消费品和投资的支出。此外，利率在短期内下降可以降低偿还债务的成本，从而增加居民和企业的流动性。

银行放款传递渠道和资产负债表传递渠道的有效性

银行放款传递渠道和资产负债表传递渠道是如何有效地影响需求和产出变化的？在本节中，我们的工作是：（1）考察银行放款传递渠道和资产负债表传递渠道，判定货币政策是否会对不同集团的借款者产生不同的影响；（2）考察银行放款传递渠道，了解银行贷款供给的变化是否独立于银行贷款需求的变化。

货币政策对借款者的影响　与货币传递渠道不同，银行放款传递渠道和资产负债表传递渠道都承认金融体系中借款者之间存在差别。在银行放款传递渠道中，对于居民和中小企业而言，其银行融资和非银行融资的交易成本，特别是与信息相关的成本，都要高于大型知名企业。如果银行放款传递渠道是正确的，那么某些借款者对银行放款中的信贷压缩感受是不均匀的，因为这些借款者非银行融资的交易成本和信息成本是最高的。我们前面已经提到过在卡特任内的信用控制时期，紧缩信贷对居民的重大影响。在资产负债表传递渠道中，借款者净值水平的差异影响其对货币政策的敏感性。经济学家已经证实，信贷供给对小企业的重要性要大于大企业。例如，纽约大学的马克·格特勒和波士顿大学的西蒙·吉尔克里斯特检验了二战以来紧缩性货币政策对制造企业产出的影响。[1] 他们发现，货币供给 $M2$ 和联邦基金利率的变化对低净值小企业的银行贷款可得性和产出的影响要大于大型高净值企业。制造企业产出对货币政策的反应存在明显差异，这表明银行放款传递渠道与资产负债表传递渠道都部分地解释了现代美国经济中货币与产出之间的关系。

区分信贷供给和需求的变化 当分析真实世界的数据时，我们要确
649 定银行贷款供给的变化是否独立于银行贷款需求的变化。例如，经济衰退期间银行放款减少并不一定表示出现了信贷压缩，也许可由居民和企业的各种信贷需求减少来解释。一些场景明确地支持银行贷款供给独立变化的重要性。在卡特任内信用控制带来的货币紧缩期间，产出和利率下降，这种情况与货币传递渠道不符。此外，由于信用控制是未预期到的且由政府实施的，因此信用控制明显地引起货币需求减少和利率下降，结果是经济活动水平降低。

网页推荐：
http://www.federalreserve.gov/release/
提供联储发布的银行放款和商业票据放款的信息。

另一个例子来自 20 世纪 30 年代的银行体系崩溃。米尔顿·弗里德曼和安娜·斯瓦茨将货币因素解释为大萧条的原因，他们指责与银行体系收缩伴生的货币供给降低。银行放款传递渠道的支持者认为这个结论可以完全解释 1930—1933 年间的严重经济衰退，但有两个问题：一是它并没有解释为什么经济衰退会持续如此之久；二是由于价格总水平也大幅度降低，真实货币供给（其影响总需求曲线）下降并没有名义货币供给下降的幅度大。

我们需要了解银行贷款减少是否为银行放款能力或意愿变化的反映。更通常的一个方法是，考察那些有一些机会可从非银行来源进行融资的借款者行为。这些借款者是否到处（如在商业票据市场）寻找资金？芝加哥大学的埃尼尔·卡什亚普、哈佛大学的杰里米·斯坦和联储理事会的戴维·威尔考克斯研究了银行放款和商业票据发行，以了解当联储收缩银行准备金水平时，银行和商业票据市场的借款组合会发生什么变化。[2] 他们发现，商业票据发行大幅度增加，而银行放款保持不变或是下降。在这些场景中商业票据与银行放款不同步变动的事实强烈地表明，信贷总需求的变化并不是这一模式形成的原因。卡什亚普、斯坦和威尔考克斯发现，紧缩性货币政策引起的短期融资组合变化（银行贷款减少而商业票据增多）会使（以银行信贷为重要融资来源的）企业存货减少，而其对企业设备投资的影响更小一些。

---

[1] Mark Gertler and Simon Gilchrist, "Monetary Policy, Business Cycles, and the Behavior of Small Manufacturing Firms," *Quarterly Journal of Economics*, 109: 309 - 340, May 1994.

[2] Anil Kashyap, Jeremy Stein, and David Wilcox, "Monetary Policy and Credit Conditions: Evidence from the Composition of External Finance," *American Economic Review*, 83: 78 - 98, January 1993.

证据总体上支持这一观点，即金融中介机构的放款对产出和利率决定具有重要的作用。事实上，一些分析人士和政策制定者指责信贷压缩恶化了1990—1991年的经济衰退。还有一些分析人士认为，居民和企业的净值不足加速了经济衰退。

银行放款传递渠道表明，金融机构的实力是金融体系和经济顺畅运行的必要条件。对银行放款能力或意愿的不利冲击（如发生信贷压缩）很可能对经济产生严重的不利影响。货币政策或者通过影响公众对货币和非货币资产的资产组合配置决策来发挥作用，或者通过影响银行对贷款和证券的资产组合配置决策来发挥作用。银行普遍缺乏放款意愿并不意味着货币政策不起作用，即使在银行放款传递渠道中也是如此。银行通过公开市场购买，增持可销售证券，既增加准备金，
650 还会增加银行存款。同样地，在资产负债表传递渠道中，货币政策变化引起的利率变化可以给借款者带来资产负债表效应。接受银行放款传递渠道或资产负债表传递渠道并不需要否定货币传递渠道的含义，即货币政策通过利率来发挥作用。对于考察金融体系和货币政策对经济的影响而言，银行放款传递渠道和资产负债表传递渠道提供了另外一些方法。

本章开头描述了1990—1991年间的经济下滑。银行放款传递渠道和资产负债表传递渠道很可能会有助于我们解释那一时期的经济事件。[1]银行净值在20世纪80年代后期下降，并且实施更加严格的资本充足率标准，银行相应地减少对居民和企业的放款。依赖银行型借款者发现在任何给定的利率上都难以获得贷款，从而减少其支出。同时，很多企业和居民借款者自20世纪80年代起背上沉重的债务负担，净值偏低，更易于受到经济下滑的影响。借款者净值偏低，使得企业和居民难以获得借款，从而放缓了经济复苏的步伐。

延伸思考

1990—1991年间的经济衰退中存在信贷压缩吗?

美国国家经济研究局判定，经济在1990年7月进入衰退期。1990年春季，媒体报道银行正在削减贷款，会产生不利的后果。布什总统的内阁成员们在6月份就认为，除非联储进行干预，否则信用紧缩将对经济造成损害。

一些经济学家声称信贷压缩加重了经济衰退。银行体系处于监管当局的密切监视之下，这是由于银行体系出现巨额亏损和持续的存款保险

〔1〕 如需相关的经验证据，可参见 R. Glenn Hubbard, Kenneth N. Kuttner, and Darius Palra, “Are There ‘Bank Effects’ in Borrowers’ Costs of Funds,” *Journal of Business*, 75: 559 - 581, October 2002。

危机，这些致使1990年银行放款下降。新增银行贷款大幅度减少。如下图所示，银行对企业的贷款在1990年秋季出现下降，而商业票据发行增加。在银行放款传递渠道中，这种变化模式通常表明存在信贷压缩。此外，与大企业相比，1990年小型制造企业的增长更为缓慢。因此，许多经济学家认为，信用紧缩加重了衰退期间的经济下滑。在经济衰退的后期，各种形式的信贷需求下降，表明信贷压缩进一步加剧。

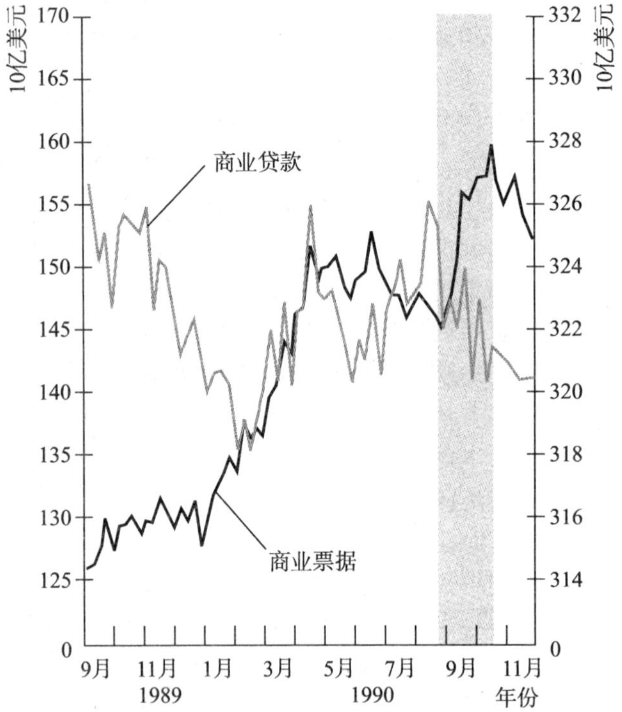

资料来源：The Federal Reserve Bank of St. Louis，*U. S. Financial Data*，October 31，1991.

测试应技

651 **毕玛特是一家大型折扣零售商，希望扩大店铺数量，但又担心近来银行放款减少对经济产生影响。毕玛特的首席执行官认为，银行放款减少是信贷压缩的结果，而对银行放款放松监管的政策行动可以迅速扭转这一情况。毕玛特的财务主管反对扩张，他认为银行放款减少是贷款需求不足造成的，它反映出经济疲软。为支持其中一方，你需要收集哪些信息？**

信贷压缩意味着那些依赖银行型借款人获得的贷款和进行的投资将大幅度减少。因此，你可以将居民和小企业的借款数据与大企业的借款数据进行比较。此外，你还可以将银行放款的最近趋势与其他短期融资渠道（如商业票据市场）的最近趋势进行比较。如果银行放款和商业票据发行都减少了，那么，信贷压缩的解释就不能令人信服了。

公共政策的含义

当联储酝酿货币政策时，它试图预测货币政策对总需求和产出的影响。联储的评估应该包括借款者和放款者的信息成本，还应该对银行和借款者的财务健康程度进行分析。例如，在改革联邦存款保险的争论中，绝大多数评论者赞同某些形式的政府干预（如联储的最后贷款人角色或存款保险的修改形式）必须保留，以避免银行体系出现问题对经济产生负面影响。金融监管还有其他意义。过去，美国的一些金融监管带来了信贷压缩，尤其是存款利率上限约束曾引起抵押放款、消费者融资和小企业贷款的收缩等。此外，由于银行放款通常具有地域性，信贷压缩也往往具有区域维度或产业维度。废除银行资产组合分散化的监管限制将降低发生这种信贷压缩的可能性。资产负债表传递渠道强调，联储在决定货币政策的方向时应该评估企业和居民的净值与流动性。特别是自 1991 年以来，联邦公开市场委员会采取政策行动时，已监督私人部门的净值。本章揭示的货币政策广义观点意味着货币政策会通过借款者和银行的资产负债表对经济产生实质性影响，即使在名义利率很低时也是如此，正如 2002—2003 年间美国和日本发生的情况一样。

在银行放款传递渠道和资产负债表传递渠道中，发展中国家和新兴市场国家长期政策方向的重点是需要强大的私人金融机构和金融市场。银行业金融机构专长于降低小储蓄者和小借款者的交易成本与信息成本，其健康成长有助于减少居民和初创成长型企业有效的融资成本。因此，在一个原本依靠不完全、非正规和非市场的资金配置机制的经济中培育
652 一个稳健的银行体系，可以促进经济活动走向充分就业水平。的确，近来的经验证据表明，在这样的经济中，私人金融中介部门的规模与经济增长和资本积累率之间存在密切关联。[1] 2002 年，乔治・W・布什当局强调这一联系，要求把对发展中国家的资金援助与强化金融中介机构和改善经济增长前景的经济改革联系起来。

---

〔1〕 参见 Robert G. King and Ross Levine, "Finance and Growth: Schumpeter Might Be Right," *Quarterly Journal of Economics*, 108: 717 - 737, August 1993。

关键术语和概念

资产负债表传递渠道	信贷压缩	金融恐慌
银行放款传递渠道	财务困境	货币传递渠道
信用控制		

总　结

1. 对于企业融资来源而言，金融市场信息不对称使得内源性资金比外源性资金具有更低的成本。在其他条件相同的情况下，信息成本越高，借款者的净值越低。借款者净值下降会提高放款的信息成本，降低借款者在任何给定的市场利率上筹集资金的能力，使得总需求曲线向左移动。借款者净值的增加降低了放款的信息成本，使总需求（AD）曲线向右移动。

2. 对于某些借款者尤其是居民和中小企业而言，与信息不对称相关的交易成本可能是很高的。因此，这些借款者从银行之外的放款者处获得资金的代价高昂。对于许多借款者而言，非银行融资只是银行贷款的不完全替代。这样，银行放款能力或意愿就会对总需求和产出产生显著影响。银行放款能力或意愿提高会使总需求曲线向右移动。银行放款独立减少会使总需求曲线向左移动。对金融恐慌、信贷压缩和信用控制的研究已经证明，经济活动与金融机构信用扩张的能力或意愿之间存在联系。在发生这些场景的时期，银行放款的减少使得产出降低，真实利率下降。

3. 货币政策对产出的影响可以按照货币传递渠道、银行放款传递渠道和资产负债表传递渠道进行分析。在货币传递渠道中，根据新凯恩斯学派的宏观经济观点，联储的扩张性货币政策使名义货币供给增加，总需求（AD）曲线向右移动，使产出增加，真实利率下降。在银行放款传递渠道中，货币政策通过另一途径也使总需求（AD）曲线发生移动：货币扩张使得银行放款意愿提高，进而增加其存款。这样，依赖银行型借款者能在任何公开市场真实利率水平上借入更多贷款，其支出也随之增加，结果，总需求（AD）曲线向右移动。在资产负债表传递渠道中，货币扩张使得利率下降，提高了借款者的净值和流动性，减少了信息成本和外部融资的成本，总需求（AD）曲线向右移动。

4. 经济学家已经证明，货币政策会对小企业和大企业产生不同的影响。与大企业的支出相比，居民和小企业的支出对货币政策的变化更为敏感。由于小企业很可能既是银行依赖型借款者，又是相对低净值的借款者，这一观察符合货币政策影响经济的银行放款传递渠道和资产负债表传递渠道的分析结论。

5. 由于信息不对称问题十分重要，应采取政策提高金融中介的效率，改善经济绩效。健康的金融机构可以为小型储蓄者和借款者降低交易成本和信息成本，这就会降低居民和初创成长型企业外部融资的有效成本。

复习题

653 1. 为什么大部分借贷是通过金融中介机构进行的，而不是通过直接发行股票和债券进行的？

2. 企业净值会对其内部融资和外部融资成本的差异产生什么影响？

3. 对于许多企业而言，其内源性资金是比外源性资金成本更低的融资来源，为什么？

4. 假设你的研究表明，如果企业处于快速成长期，企业内源性资金的生成速度与其新投资支出规模之间密切相关；若企业处于成长缓慢期，则二者之间不存在这种密切关系。这个结果支持哪一学派的经济理论？

5. 什么是金融恐慌？在金融恐慌的情形下银行放款会发生什么变化？

6. 在金融恐慌中，对于商业票据和国库券的利率差，你预期会发生怎样的变化？为什么？

7. 卡特政府的信用控制对削减信贷扩张起到了怎样的作用？

8. 1980 年以前，Q 字条例如何引发了信贷压缩？为回答这个问题，要对“脱媒”进行定义。

9. 对货币传递渠道和银行放款传递渠道进行比较和对比。

10. 什么是财务困境？

11. 资产负债表状况的流动性如何影响发生财务困境的可能性？

12. 扩张性货币政策如何有助于降低财务困境的发生？

13. 实际经济数据是支持货币传递渠道的观点，还是支持银行放款传递渠道的观点？主要证据是什么？

14. 卡特任内的信用控制怎样引发经济衰退？

15. 现在要你来确定经济是否正在经历信贷压缩。对于联邦基金利率、银行放款规模和金融市场短期融资规模的变动，你会寻求什么样的变动模式？为什么？

16. 评价：对于货币政策如何影响经济，货币传递渠道、银行放款传递渠道和资产负债表传递渠道的解释必然不一致。

17. 评价：货币传递渠道强调公众的资产组合配置决策，而银行放款传递渠道强调银行的资产组合配置决策。

分析题

18. 假如新税法提高了对留存收益（没有分配给股东的企业利润）的税率，这一变化会对经济产生怎样的影响？

19. 为什么信贷压缩往往发生于经济衰退期间？

20. 如果国会要对银行的超额利润（即超过一定水平的利润）征收100%的税收，这项税收会产生什么样的影响？

21. 评价：低真实利率代表扩张性货币政策，而高真实利率代表紧缩性货币政策。

22. 假如信息技术的新发展显著降低了银行汇集信息的优势，讨论这对银行放款传递渠道的意义何在。

23. 在20世纪90年代早期，美国的银行体系经历了一个重组期。在这一期间，银行将其资产组合投资转到安全性资产（如国库券）上，银行监管也变得更加严格。根据银行放款传递渠道，这些变化会对宏观经济产生什么影响？

24. 假设经济正处于衰退期，许多人无力偿还其信用卡债务。银行损失很大，决定大幅度削减信用卡发行量。这个行为可能是扩张性的，还是紧缩性的？为什么？

25. 假设联储减少名义货币供给。在货币传递渠道还是银行放款传递渠道中，公开市场真实利率会上升得更高？用新凯恩斯学派模型的*AD-AS*曲线图来说明你的答案。（为简化起见，可以假定*SRAS*曲线是水平的。）

26. 经济衰退期间银行放款减少必然意味着经济正在经历一场信贷压缩吗？为什么？你将检验什么数据来断定是否发生了信贷压缩？

656 27. 将20世纪90年代初期的联储政策与1998年后期的联储政策进行对比。什么可以解释联储在这两段时期的政策差异？

28. 在大萧条初期，一些经济学家认为，下降的价格水平将有助于经济恢复充分就业。在1929—1933年间，消费者价格下降25%，生产者价格下降30%，而似乎没有见到有助于经济恢复。在这段期间，不断下降的价格可能对美国经济造成失稳的影响，这可能吗？

数据题

29. 在《联邦储备公报》中查阅过去 6 个月的银行信贷和商业票据总量数据。银行放款总量是增减了，还是稳定不变？商业票据发行是增减了，还是稳定不变？经济是否发生了信贷压缩？为什么？

30. 登录 http：//www. federalreserve. gov/releases，查找联储发布的最新商业票据信息。根据给出的信息，在 2001 年 9 月 11 日后的几个月里，尽管联储采取积极的扩张性政策姿态，但仍有可能发生信贷压缩吗？解释你的答案。商业票据利率与联邦基金利率呈现出相关性了吗？为什么？

理论联系实际

《经济学家》，2006 年 7 月 1 日

完美定价

654 住房市场似乎已经稳定，但其价格却高于先前的估计。住房承受能力的常用指标是平均房价与居民平均收入的比率，因为最终要用收入来偿还购买房产的贷款。这样看来，住房估价过高，甚至比 20 世纪 80 年代经济繁荣顶峰时的价格还高：该比率现在为 6.0，而在 1989 年第三季度，该比率为 5.2。采用另一种估价方法也可得出大致相同的结论，该方法度量房价与租金之间的关系，类似于股票的价格—分红比率。

然而，仅凭这些尺度还不能下结论。对于购房者来说，他们能否买得起房产，更主要是看偿还新抵押贷款的成本占税后收入的比重。按此衡量，估价也很高，但人们的承受能力也显著高于 20 世纪 80 年代末期。

a 在过去 10 年里，借款成本的下降有助于解释为什么住房价格居高不下……抵押贷款借款者初始偿债负担的下降为过去 10 年间房价的上涨奠定了基础。住房购买者也受益于该市场更加激烈的竞争。这些变化缩小了银行存款利率与住房贷款利率之间的差额，于是，抵押贷款的成本降低了。

b 英格兰银行去年 8 月份将基准利率削减了 0.25 个百分点，使其下降到 4.5%，此举也鼓励了住房购买者。此前，紧缩的货币政策将基础利率从 2003 年 10 月份的 3.5%上调至 2004 年 8 月份的 4.75%。然而，过去两年里，对购房者最重要的利好是罕见的长期低利率……

房产市场的反弹很大程度上是由于这些特别优惠的贷款条件。近期的移民潮也是支撑这个市场的力量。与之相反，单纯的国内因素，如规划限制，却不如有时所表明的那样重要。其他国家，如澳大利亚，也在避免其房产市场崩溃，转而可看出价格上涨已趋于平稳。这表明了一个共同的原因：世界范围内的低利率。

但物极必反。世界各国的货币政策开始收紧，以避免通货膨胀。国际清算银行（中央银行的银行）在 6 月 26 日表示，紧缩政策必须继续。人们预期英格兰银行在今年晚些时候会将基础利率上调回到 4.75%的水平。

c 英国的购房者极易受到抵押贷款成本略微增加的损害，因为他们在利好期间承担了过多的债务。居民总借款额占可支配收入的比例已从 2000 年的 110%上升到 2005 年初的 150%。如此巨额债务的偿还负担意味着偿债费用总额依然很高，即使在低利率的情况下也是如此。

新闻分析

655 英国房屋的市场价格在1997—2006年间快速上涨。在这段时期，其房价上涨了175%，而在2002—2003年间，房价每年上涨20%以上。但房价如此快速上涨在英国已经不是第一次了。自从20世纪70年代初以来，英国房价短期快速上涨已有4次，均以房价更快速地暴跌收场。然而，这次的房价上涨却表现得截然不同。我们用资产负债表传递渠道、银行放款传递渠道和货币传递渠道来分析英国金融市场在2006年到底发生了什么。

a. 货币政策的银行放款传递渠道强调银行依赖型借款者的行为。以住房抵押借款的居民就是一种银行依赖型借款者，因为其购房融资的可选渠道极为有限。随着英格兰银行在过去几年里实施扩张性货币政策，银行发放抵押贷款的能力显著提高，居民相应地增加借款用于购房。这既增加了英国的总需求，也推高了英国的房屋价格。

b. 这符合货币传递渠道的解释。英格兰银行的扩张性政策降低了住房抵押贷款的市场利率。较低的利率鼓励居民增加借款来购买住房，因此，推高了房价，增大了总需求。

c. 这符合资产负债表传递渠道的解释。高额借债对居民净值具有负面影响。利率升高会加重居民的偿债负担，降低居民资产的现值，进而降低居民净值的价值。偿债负担的增大反过来会减少居民的支出，进而减少总需求。住房市场也会受到影响，住房需求减弱，房价缓慢上涨。

更进一步的思考……

英国抵押贷款利率较低必然意味着英格兰银行实施扩张性政策吗？为什么？

资料来源：节选自“Priced to Perfection,” *The Economist*，July 1，2006，p. 51. © 2006 The Economist Newspaper. Reprinted with permission。

第28章　通货膨胀：原因和后果

657 通货膨胀作为20世纪70年代末和80年代初美国经济的梦魇，在20世纪80年代末和90年代期间呈下降势头。到21世纪初期，按照一些指标显示，通货膨胀几乎完全消失。这一变化也给联储以及联储主席保罗·沃尔克和艾伦·格林斯潘带来了盛誉。与此同时，世界各国的通货膨胀都在下降，无论是工业化国家还是新兴经济体均无例外，部分原因在于中央银行家和公众更加清楚地认识到20世纪70年代通货膨胀带来的高昂代价。到21世纪之初，许多经济学家和政策制定者开始担忧通货紧缩，即一般价格水平的下降。通货紧缩始见于20世纪90年代中期的日本，而欧洲和美国则在21世纪初面临通货紧缩的压力。

为了弄清联储和其他中央银行为何成为通货膨胀争论的中心，我们必须将货币供给的变化与通货膨胀联系起来。已故的诺贝尔奖获得者米尔顿·弗里德曼曾经说过："通货膨胀无论何时何地都是一种货币现象。"在本章第一节中，我们将给出这句话之所以成立的理由。一系列因素都可以引起价格水平的变化，但价格水平的持续上涨（即通货膨胀）则可归结为持续的货币扩张。接下来，为了解释为何普遍反对通货膨胀，我们考察通货膨胀给居民和企业带来的代价。即便是反对通货膨胀，但通货膨胀依然时有发生，我们分析政策制定者容忍通货膨胀的存在所承受的压力。最后，我们阐述和估算降低通货膨胀的成本，并讨论货币政策的可信性与降低通货膨胀的成本之间的关系。自20世纪80年代以来，联储一直致力于实施可信的低通货膨胀政策，对允许通货膨胀抬头持谨防态度。这些做法在世界多家中央银行的行动中也有所体现。

对价格水平变化的解释

网页推荐：
http://www.gpoaccess.gov/indicators/browse.html
提供经济顾问委员会发布的价格信息。
658

联邦政府追踪价格水平并予以公布。当官方统计数据显示通货膨胀为 3%时，这意味着一般价格水平的指标在某一时期上升了 3%。衡量价格水平变化的三个常用指标是消费者物价指数（consumer price index，CPI）、生产者物价指数（producer price index，PPI）和 GDP 隐含价格平减指数。为了获得这些指标的最新信息，可以查阅美国政府出版物，如劳工统计局的《每月劳动评论》（*Monthly Labor Review*）或经济顾问委员会的《经济指标》。

图 28—1 显示美国消费者价格水平在 1939—2005 年间上涨了 1 000%

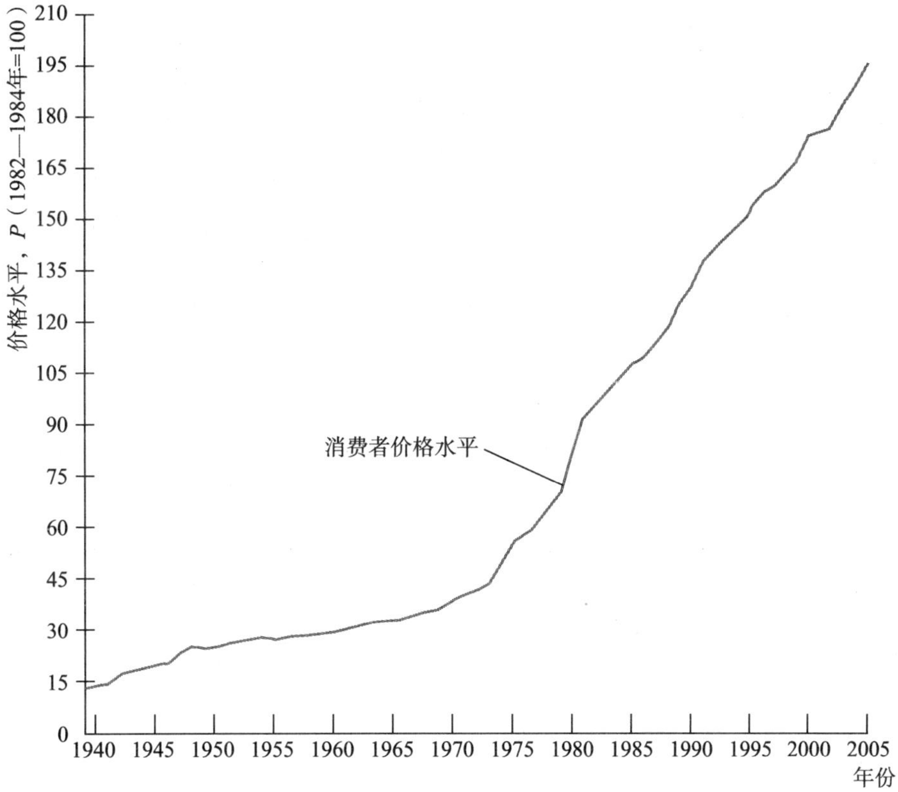

图 28—1　美国消费者价格水平，1939—2005 年

纵观美国历史，价格水平在不同时期时而上升，时而下降。在过去的几十年间，价格水平一直上升，但速率并不均匀。图形数据显示了所有城市消费者的消费者物价指数。

资料来源：Council of Economic Advisers，*Economic Report of the President*，各期，参见 http://www.gpoaccess.gov/eop/tables06.html。

以上。换句话说，你在 2005 年底需要花费 1 美元购买的东西，在 1939 年则用不足 0.1 美元就可以买到。自第二次世界大战以来，价格水平一直在上升，但并不均匀。在 20 世纪 60 年代和 70 年代，价格上升很快，而在 20 世纪 80 年代和 90 年代，价格上升较慢。按照历史标准，价格水平稳步上升并不正常。的确，纵观美国历史，价格水平下降的年份要多于上升的年份。在本节中，我们将扩展第 25 章构建的总需求—总供给模型，研究价格水平变化和通货膨胀的原因。

价格水平变化的原因

为了确定价格水平变化的原因，我们回到第 23 章提出的交易方程式。该等式表示名义货币供给 M、价格水平 P 与产出 Y 之间的关系：

$$MV = PY$$

式中，V 为货币流通速度。前面讲过，由于交易方程式是恒等式，因此，V 可定义为 PY/M。

为了从价格水平变化转向通货膨胀，我们必须对交易方程式略作改变。我们关注的是价格变化率而不是价格水平本身，因此，我们将该等式转换为变化百分率的形式。名义货币供给变化的百分率用 $\dot{m}$ 表示，货币流通速度变化的百分率用 $\dot{v}$ 表示，价格水平变化的百分率用 π 表示，产出变化的百分率用 $\dot{y}$ 表示。于是，交易方程式可以表示为

$$\dot{m} + \dot{v} = \pi + \dot{y}$$

659 整理得出价格水平变化的决定因素：

$$\pi = \dot{m} + \dot{v} - \dot{y} \tag{28.1}$$

当价格上升时，π 代表通货膨胀。等式（28.1）表示，通货膨胀 π 等于名义货币供给增长率 $\dot{m}$ 加上货币流通速度增长率 $\dot{v}$ 减去真实产出增长率 $\dot{y}$。将该等式中的变量与 AD-AS 模型联系起来，我们可以用 $\dot{y}$ 表示总供给增长率（经济的产出增长），用 $\dot{m} + \dot{v}$ 表示名义总需求增长率。在随后的图形分析中，我们利用这些关系来观察当价格水平一次性变化和持续性变化时会产生什么情况。

价格水平波动的原因

为了确定短期通货膨胀的潜在原因，我们必须确定名义总需求增长

率是否可以在短期内超过总供给增长率。等式（28.1）确定了短期通货膨胀的三个原因：（1）名义总需求会随着名义货币供给的增加而增加；（2）由于政府支出、消费者支出或投资支出等增加，货币流通速度在短期内加快，使得名义总需求增加；（3）即使名义总需求不变，总供给增长率也会下降。

货币政策的影响 在其他变量不变的情况下，货币供给的一次性增加最终将引起价格水平上升。为了理解这一点，回顾一下，新古典学派和新凯恩斯学派经济学家认为总供给曲线短期向上倾斜，如图 28—2 所示。根据新古典学派的观点，未预期到的价格水平变化会使得生产者改变其产出。因此，实际的产出水平可能少于或者多于长期充分就业产出水平。在长期内，总供给曲线垂直于充分就业产出水平。

未预期到的货币供给增加对价格水平会产生什么影响呢？未预期到的货币供给增加使 *AD* 曲线向右移动，从 AD_0 移动到 AD_1，如图 28—2 所示。结果，经济从初始均衡点 E_0 移动到新的短期均衡点 E_1。在该点，价格水平上升，产出增加。换言之，新古典学派经济学家预言，未预期总需求增加的短期效应是产出增加和价格水平上升。

但是，长期来看，充分就业产出水平和实际产出水平之间的缺口形成推高价格水平的压力，使 *SRAS* 曲线左移，从 $SRAS_0$ 移动到 $SRAS_1$。由于企业需要一段时间才能识别出真实的价格水平，因此，经济的长期均衡点处于 AD_1 曲线和 *LRAS* 曲线的交点 E_1。货币在长期内是中性的，它只影响价格水平，而不影响产出水平。

尽管新凯恩斯学派认为一些价格在短期是黏性的，但产出变化引起的价格调整过程与新古典经济学家的预言极为相似，只不过，价格调整更加缓慢一些。充分就业均衡点为 E_0，未预期到的名义货币供给增加使 *AD* 曲线向右移动，从 AD_0 移动到 AD_1。在短期内，产出增加到 $E_{1'}$ 点处的 $Y_{1'}$。然而，总需求增加形成推高工资和价格的压
660 力，使 *SRAS* 曲线逐渐向上移动，从 $SRAS_0$ 移动到 $SRAS_1$。经济在 E_1 点处恢复充分就业均衡，此时，产出水平为 Y^*，价格水平 P_1 上升，即 $P_1>P_0$。因此，与新古典学派的观点一样，按照新凯恩斯学派对价格水平变化的解释，未预期到的总需求增加在短期内使价格水平上升和产出增加。

总需求其他变化的影响 总需求曲线表示实现商品市场和资产市场均衡的价格水平和产出的组合，政府支出、消费支出或投资支出的变化对价格水平会产生怎样的影响呢？

我们以政府支出一次性增加（如进行路桥建设）为例加以说明（消费支出和投资支出变化具有相同的效应）。与货币供给一次性增加的影响相同，短期内 *AD* 曲线向右移动，如图 28—2 所示。这一移动使得产出

增加，价格水平上升。新古典学派和新凯恩斯学派经济学家预言，短期内价格水平上升；长期来看，实际的产出大于充分就业产出水平，只对价格形成上升的压力。因此，政府支出（以及消费支出或投资支出）增加在短期内会使产出增加和价格水平上升；在长期，只会引起价格水平上升，产出保持不变。

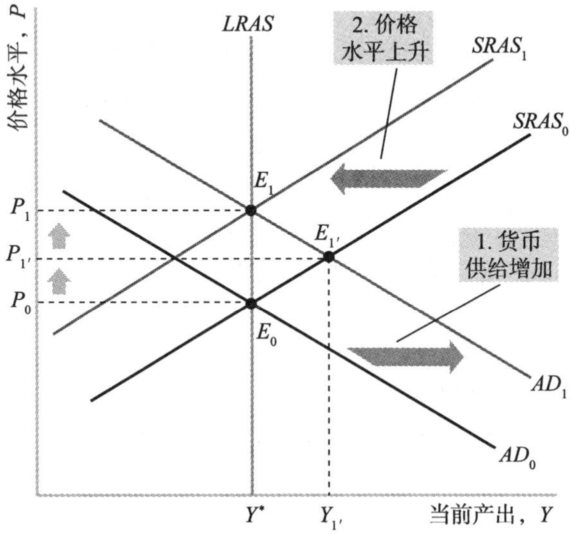

图 28—2　货币供给增加引起价格水平上升

1. 根据新古典学派和新凯恩斯学派的观点，未预期到的名义货币供给量的增长使 AD 曲线从 AD_0 移动到 AD_1，导致均衡点从 E_0 移动到 $E_{1'}$。

2. 在短期，实际产出 $Y_{1'}$ 大于充分就业下的产出 Y^*。结果，推高价格的压力使 $SRAS$ 曲线从 $SRAS_0$ 移动到 $SRAS_1$，与 AD_1 曲线相交于 E_1 点。货币供给量的一次性增加导致价格水平从 P_0 移动到 $P_{1'}$。在长期，只有价格水平受到影响，提高至 P_1。

供给冲击的影响　供给冲击（如原材料价格或工人工资需求等变化）会使短期内总供给曲线发生移动，引起价格水平变化。如图 28—3 所示，一次负向供给冲击（如石油价格一次性上涨）提高投入品价格，使短期总供给曲线从 $SRAS_0$ 移动到 $SRAS_1$。如果货币供
661 给、政府税收和支出不变，那么总需求曲线仍为 AD_0 曲线。这样，经济均衡点从 E_0 移动到 E_1，价格水平从 P_0 上升到 P_1，使得短期内价格水平上升。

然而，在 E_1 点，产出 Y_1 低于充分就业产出水平 Y^*。随着时间的推移，价格下降，$SRAS$ 曲线向下移动，从 $SRAS_1$ 移回到 $SRAS_0$，经济最终在 E_0 点恢复均衡。由此可见，供给冲击只在短期内影响价格水平，不会引起价格水平的持续上升，即通货膨胀。

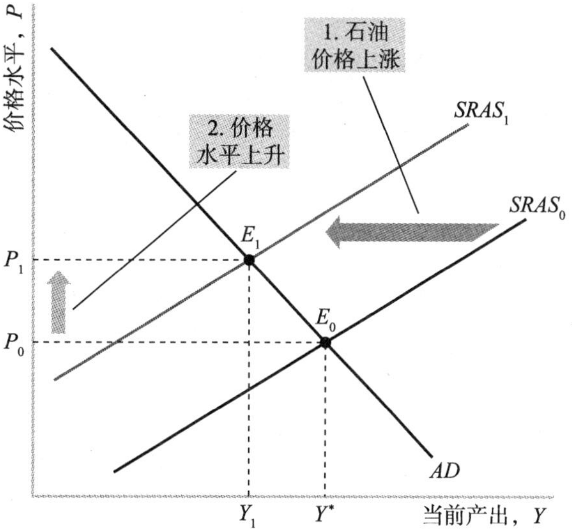

图 28—3　石油价格上涨引起价格水平上升

1. 石油价格上涨使得短期总供给曲线从 $SRAS_0$ 移动到 $SRAS_1$。
2. 价格水平从 P_0 上升到 P_1，引起价格水平在短期内上升。

价格水平的持续变化：通货膨胀

货币供给一次性增长、名义总需求的其他短期增加或供给冲击都可能使价格水平上升。价格水平的持续变化率即为**通货膨胀**（inflation）。我们可以使用等式（28.1）确定通货膨胀的原因。只要在一个持续期间里名义总需求增长率超过总供给增长率，通货膨胀就会发生。

如前所述，政府支出或者税收的一次性变化本身并不能引发通货膨胀，因为只有政府支出持续增加或税收持续下降才会引发通货膨胀。而政府支出和政府的规模明显受到两个因素的限制，一是政府支出不能超过经济总产出（GDP），二是政治程序对政府支出施加的限制。这两项制约也适用于税收变化。如果货币供给不变，单纯的扩张性财政政策无法引发长期的通货膨胀。同理，虽然一次性负向供给冲击能使价格水平在短期内上升，但单纯的一次性供给冲击不能引发长期的通货膨胀。

回到本章开篇提及的米尔顿·弗里德曼的观点，经济学家们将持续的通货膨胀归因于名义货币供给持续增长率高于货币流通速度增长率和产出增长率，图 28—4 解释了货币供给增长如何引发通货膨胀。假定居民和企业预期货币流通速度增长率和产出增长率均为 0，而货币供给以每年 5%的速率稳定增长。

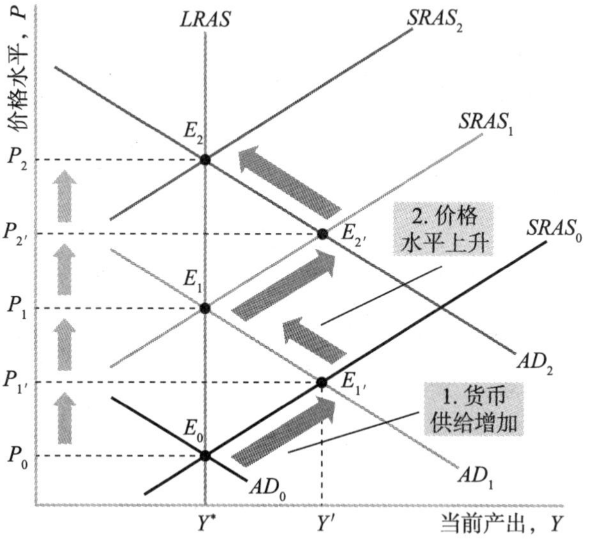

图 28—4　货币供给持续增加和通货膨胀

货币在长期是中性的。货币供给持续增加引发通货膨胀，长期真实产出并没有增加。

1. 名义货币供给的增加使总需求曲线从 AD_0 移动到 AD_1，然后又从 AD_1 移动到 AD_2。

2. 货币供给增加使得预期价格水平上升，进而使 SRAS 曲线向上移动。根据新古典学派和新凯恩斯学派的观点，SRAS 曲线先是从 $SRAS_0$ 移动到 $SRAS_1$（随着预期价格水平从 P_0 上升到 P_1），后又从 $SRAS_1$ 移动到 $SRAS_2$（随着预期价格水平从 P_1 上升到 P_2。）

首先，我们来看新古典学派对通货膨胀的解释。初始均衡点为 E_0，随着名义货币供给增加，AD 曲线向右移动，从 AD_0 移动到 AD_1。货币
662 供给增加使居民和企业改变其对价格水平的预期，使其从 P_0 变化到 P_1（前面讲过，预期货币供给变化使得居民和企业预期价格水平上升）。SRAS 曲线向上移动，从 $SRAS_0$ 移动到 $SRAS_1$（根据新古典学派的观点，这一移动十分迅速），经济均衡点从 E_0 移动到 E_1。随着名义货币供给再次增加，AD 曲线继续向右移动，从 AD_1 移动到 AD_2。随着 SRAS 曲线从 $SRAS_1$ 向上移动到 $SRAS_2$，上述过程重复出现，以反映预期价格水平的上升。在经济的新均衡点 E_2 处，价格水平上升到 P_2。由此可见，价格水平在长期的持续上升可归结为名义货币供给的持续增加。

按照新凯恩斯学派对通货膨胀的解释，名义货币供给的持续增长也使总需求曲线从 AD_0 向右移动到 AD_1，SRAS 曲线则逐渐从 $SRAS_0$ 向上移动到 $SRAS_1$。在均衡点 $E_{1'}$，产出从初始水平 Y^* 增加到 Y'，价格水平从 P_0 上升到 $P_{1'}$，直到 SRAS 曲线移动到 $SRAS_1$ 时为止，此时居民和企业改变其对价格水平的预期。在新的均衡点 E_1，价格水平上升到 P_1，产出则仍处于初始水平 Y^*。随着货币供给再次增加，AD 曲线进一步右移，从 AD_1 移动到 AD_2。在价格调整之前，在均衡点 E_2，产出从 Y^* 提高到 Y'，价格水平从 P_1 提高到 $P_{2'}$。随着预期价格水平从 P_1 上升

到 P_2，$SRAS$ 曲线从 $SRAS_1$ 向上移动到 $SRAS_2$，在新的均衡点 E_2，产出是 Y^*，价格水平则是 P_2。

由此可见，按照新古典学派和新凯恩斯学派的观点，货币供给持续增长在长期内并不影响真实产出，但确实会带来通货膨胀。如图 28—1 所示，自二战以来，美国经济经历了长期通货膨胀，其原因正如我们在分析长期通货膨胀时所揭示的那样，相对于货币流通速度增长率和产出增长率来讲，名义货币供给增长率增长“过快”。长期通货膨胀本质上是一种货币现象，这一观察结论也与其他国家的经验证据相吻合。在 20 世纪 80 年代，平均通货膨胀率较高的国家（如阿根廷和以色列）都有过名
663 义货币供给平均增长率较快的经历。而那些平均通货膨胀率较低的国家都有过名义货币供给平均增长率较慢的经历。

测试点拨

政府预算赤字会引起通货膨胀吗？

在短期内，政府预算赤字会增加总需求，因此（根据等式（28.1））会引起短期通货膨胀。长期来讲，政府预算赤字是扩张性的，联储必须增加基础货币以购买政府债券。基础货币更快速地增加会提高名义货币供给的增长率，在其他条件不变的情况下，引发通货膨胀。

通货膨胀的成本

自 20 世纪 80 年代初期以来，联储的政策制定者和许多其他中央银行家都把低通货膨胀作为一项重大目标，以避免出现 20 世纪 70 年代那样价格持续快速上升的情况。这也是顺应民意，因为居民和企业抱怨严重的通货膨胀给他们带来了沉重的负担。在这一节中，我们将对通货膨胀的成本进行考察，并把分析分为两个方面：（1）预期到的通货膨胀，在这种情况下居民和企业在进行金融交易时会将其考虑进来；（2）未预期到的通货膨胀，在这种情况下居民和企业会对资金进行再分配。

预期到的通货膨胀

预期到的通货膨胀能够影响经济的资源配置。首先，通货膨胀使得货币贬值。具体而言，如果真实货币余额的收益率低于市场利率，通货

膨胀则是对真实货币余额征税，该税收等于购买力的损失。例如，如果你在2006年持有100美元通货，当时的通货膨胀率是2.5%，当年你将损失2.5美元的购买力。通货膨胀对真实货币余额征税，进而减少了公众对真实货币余额的需求。这种税收带来的一项成本就是众所周知的**鞋底成本**（shoe leather costs），即消费者和企业为了避免持有大量现金而更多地光顾银行或为将资金由生息资产转换成货币等所付出的成本。当公众的鞋底成本超过政府从通货膨胀税中获得的收益时，通货膨胀就造成了额外的负担，或者说是社会损失。以色列银行行长史丹利·费希尔估计，美国发生通货膨胀率为5%的温和通货膨胀，其年度额外负担约为其GDP的0.3%，以2006年的美元计算，约为320亿美元。[1]

通货膨胀扭曲了居民和企业的所得税。所得税税率一般适用于名义收入且采用累进税制。在累进税制下，税率随着收入的增加而增加。如果税级（tax bracket）没有与通货膨胀指数化，当收入随着通货膨胀的发生而增加时，居民就会适用较高的税率，即使居民没有从收入增加中获得任何新
664 增购买力。这个问题被称为**税级攀升**（bracket creep），在20世纪70年代尤为严重。当时收入等级没有指数化，个人所得税也比21世纪初严苛得多。当时的税法还没有考虑到通货膨胀而调整存货的价值和折旧的价值，这些会在通货膨胀高企期间加重公司税收负担，抑制企业投资。

预期到的通货膨胀还会扭曲财务决策，因为放款者是按照名义回报而非真实回报纳税的。假定预期通货膨胀是4%，居民的税率是30%。如果一项投资的名义利率为8%，该投资者的真实税后回报率是（1－0.3)×8%－4%＝1.6%。假设预期通货膨胀率提高到8%，名义利率等幅上升至12%，投资者真实税后回报下降到（1－0.3)×12%－8%＝0.4%。因此，名义利率的上升幅度必须大于通货膨胀的变化幅度(8%－4%)，才能维持1.6%的真实回报率。但是，在高通货膨胀期间，有输家也有赢家。公司和个人购房者之类的借款者从预期到的通货膨胀中受益，因为这些借款者在其所得税负债的计算中扣除了名义利息支付（不是真实利息支付)，预期到的通货膨胀的变化将改变借款的真实税后成本。例如，由于预期到通货膨胀水平较高，企业会发现债务融资更具吸引力，因为名义利息支付可以税前扣除。居民则发现住房投资比股票投资更具吸引力，因为住房抵押贷款的利息也可以税前扣除。

根据新凯恩斯学派的观点，预期到的通货膨胀带来的另一项成本源自**菜单成本**（menu costs)，即企业改变价格（重新印制价格清单、通知客户等等）的成本。由于面对不同的菜单成本，并非所有的企业都在同一时间改变价格。也就是说，通货膨胀引发的价格变化在整个经济中是

〔1〕参见 Stanley Fischer, “Towards an Understanding of the Costs of Inflation: Ⅱ,” in K. Brunner and A. Meltzer, eds., *Carnegie Rochester Conference Series on Public Policy*, 15, 1981。

不同步发生的。即便如此，预期到的通货膨胀可在短期内改变相对价格，使经济的资源配置效率降低。

未预期到的通货膨胀

许多通过集体谈判签订的劳动合同都规定了协议期间支付的名义工资额。同样，商品和金融资产合约中的价格有时是以名义金额确定的，并在约定的数月或数年内有效。尽管这些合约中的大多数合约都有关于预期通货膨胀的条款，但未预期到的通货膨胀或者实际通货膨胀与预期到的通货膨胀间存在的差异都会使财富再分配。例如，假定借贷双方都预期没有通货膨胀，并达成 1 年期年利率为 4%的 1 000 美元贷款协议。无论该年度通货膨胀是多少，放款者在年底都将从借款者那里收到 1 000×1.04=1 040 美元。如果实际的通货膨胀率为 7%，放款者的真实收益（以购买力衡量的收益）则为－3%。与此相反，借款者的真实利率为－3%。7%的未预期到的通货膨胀率（7%－0）有效地将 70 美元的真实购买力从放款者转移给借款者。另一个再分配的例子是，未预期到的通货膨胀使签订名义工资合约的雇员真实工资减少。

同预期到的通货膨胀相比，未预期到的通货膨胀对于宏观经济的影响更难估量。一部分群体的损失正是另一部分群体的收益。尽管如此，资源再分配也能够产生成本。例如，企业或居民为使自己免受不利财富再分配的影响，花费成本来预测通货膨胀，其数额代表未预期到的通货膨胀带来的成本。

测试点拨

665 **考虑四个人的行为：A 女士以固定名义利率借款；B 先生以固定名义利率放款；C 女士以可变利率（与通货膨胀指数化）借款；D 先生以可变利率放款。如果通货膨胀加剧，谁的真实损失最大？谁的收益最大？**

放款者和借款者将预期通货膨胀因素加入达成的利率中。当采取固定利率时，额外的（未预期到的）通货膨胀会将购买力从放款者再分配给借款者，所以，B 先生的损失最大，A 女士的收益最大。

通货膨胀的不确定性

通货膨胀的不确定性带来的通货膨胀代价最为严重：扭曲价格提供的

信息。在市场经济中，居民和企业将商品和资产的价格看做资源配置的信号。例如，牛肉价格相对于鸡肉价格的上升，会鼓励农民生产更多的牛肉，会使得个人消费更多的鸡肉。股票市场价格相对于价格总水平的上升，是企业前景看好和存在获利投资机会的信号。相对价格而非单一价格提供了这些信号。当通货膨胀剧烈波动时，相对价格也可能会随着一般价格水平的变化而变化，从而扭曲了价格信号的价值。由于通货膨胀具有不确定性，相对价格的变化使得居民和企业浪费资源去研究价格的差异。

通货膨胀不确定性的一个极端例子发生在**恶性通货膨胀**（hyperinflation）之时。此时，年通货膨胀率在一个较长的时期内达到成百上千个百分点，甚至更高。恶性通货膨胀的成本极高，居民和企业必须将持有的现金最小化，企业必须频繁地支付工人工资，而工人则必须在价格进一步上升之前迅速地把钱花掉或者兑换成币值较为稳定的外币。

恶性通货膨胀的经典事例发生在一战之后的德国。政府大量发行货币引发了通货膨胀，从 1922 年 8 月到 1923 年 11 月期间[1]，价格水平上升了 100 多亿倍。例如，如果一块糖果在 1922 年 8 月份售价为 5 美分，而受价格水平上升的影响，在 1923 年 11 月份其售价已经飙升到 5 亿美元！对货币需求的分析告诉我们，在这样极端的情况下，真实货币余额的需求应该锐减，德国发生的情况也证实了这一点：到 1923 年 10 月，真实货币余额已经减少，仅为 1922 年 8 月的 3%左右。由于政府坚定地承诺停止印制货币，到 1923 年末，德国的恶性通货膨胀戛然而止。货币供给增长率显著下降，恶性通货膨胀结束。

恶性通货膨胀期间突出的问题是价格信号混乱。随着价格总水平的快速上升，商家尽可能频繁地改变价格，于是价格很快就不能表明价值
666 或者引导资源配置。政府的征税能力在恶性通货膨胀期间严重减弱。由于税单上通常标明的是固定名义金额，居民和企业都有重大激励去延期缴税，以减轻其真实税收负担。

通货膨胀和货币政策

虽然通货膨胀带来了经济成本，但政府有时仍会实施扩张性货币政策，以实现其他目标，尤其是资源的充分利用。低通货膨胀或许是合意的，但低通货膨胀也会带来一些困难，当经济运行低于或接近其产出能力时，产出和就业就会不足。当经济衰退使工厂停产和失业蔓

[1] 德国历史上的这一经历并非空前绝后。从 1970 年到 2003 年，阿根廷的价格水平上升了 100 万亿倍；巴西的价格水平上升了 1 000 万亿倍，刚果共和国的价格水平上升了 10 000 万亿倍。

延时，愤怒的选民就会迫使当选的官员采取措施。实际上，当期产出的变化能在很大程度上影响选举结果，从而诱使在短期内增加总需求和推高通货膨胀。耶鲁大学的瑞·费尔（Ray Fair）指出，GDP的显著增长和失业率的显著下降增加了在任总统和同党派其他候选人连任的机会。

1946年的《充分就业法案》和1978年的《汉弗莱-霍金斯法案》规定，联邦政府有义务促进充分就业和价格水平稳定。特别在20世纪60年代和70年代期间，美国政策制定者经常更注重实现充分就业，为此甚至不惜付出通货膨胀的代价。通常存在两类通货膨胀压力：**成本推动型通货膨胀**（cost-push inflation），由工人要求提高工资的压力所致；**需求拉动型通货膨胀**（demand-pull inflation），由政策制定者为使当期产出超过充分就业产出水平而试图增加总需求所致。

成本推动型通货膨胀

工人们要求提高工资，或是为提高其真实工资（经购买力变化调整后的工资），或是为“跑赢”当期或预期的通货膨胀，这就带来了成本推动型通货膨胀的压力。如图28—5所示，经济的初始充分就业均衡点为E_0，工资上涨提高了产出成本和预期价格水平，使$SRAS$曲线从$SRAS_0$向上移动到$SRAS_1$。如果货币政策不变，短期均衡点会出现在AD_0曲线和$SRAS_1$曲线的交点$E_{1'}$处，产出从Y^*下降到Y'（且失业增多），价格水平从P_0上升到$P_{1'}$。随着时间的推移，在政府不采取其他任何措施的情况下，经济疲软就会使得工资和价格水平下降，经济均衡点重新回到E_0点。

但是，如果政策制定者承诺即使在短期也要维持充分就业产出水平，那么随着工资上涨，就要采取扩张性政策。这将推动总需求曲线从AD_0向右移动到AD_1，在E_1点处实现短期均衡，此时价格水平上升到P_1而不是$P_{1'}$。如果这一过程持续下去（即如果工人再次要求提高工资，政策制定者再次增加货币供给），通货膨胀就会发生。因此，如果第二次提高工资使$SRAS$曲线从$SRAS_1$向左移动到$SRAS_2$，政策制定者的举措使AD曲线从AD_1移动到AD_2，尽管产出仍然保持在Y^*点的水平，但价格水平最终将从P_1上升到P_2（高于$E_{2'}$点处的$P_{2'}$水平）。在每一点上，更高的工资都会使得产出和就业减少。然后，政策制定者采取适应性政策（accommodating policy），刺激总需求以恢复产出和就业，但却要付出推
667 高通货膨胀的代价。持续的成本推动型通货膨胀是一种货币现象。如果没有扩张性货币政策引发通货膨胀，那么成本推动型通货膨胀不可能长期持续。

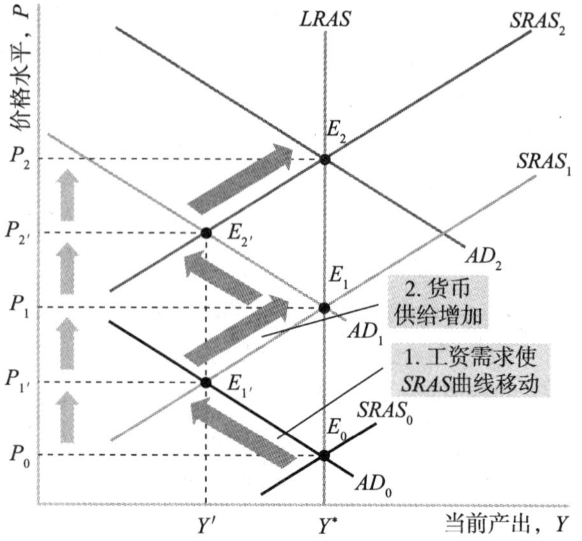

图 28—5　成本推动型通货膨胀

如果货币政策制定者在特定时期内增加货币供给以适应工人提高工资的需求，就会引起成本推动型通货膨胀。

1. 如果工人要求提高工资，使 *SRAS* 曲线从 $SRAS_0$ 移动到 $SRAS_1$，在短期内就会引发成本推动型通货膨胀。在短期内，产出从 Y^* 下降到 Y'。

2. 在长期，只要联储实施通货膨胀政策（使总需求曲线从 AD_0 向右移动至 AD_1），以避免产出和就业损失，就会引发成本推动型通货膨胀。按照新古典学派和新凯恩斯学派的观点，这些影响都会发生。

需求拉动型通货膨胀

另一种类型的通货膨胀源于政策制定者们试图使经济运行水平高于长期充分就业水平。[1] 在这种情况下，就业大于充分就业水平。充分就业并不意味着失业率为 0。即使是实现了充分就业产出水平，一些想找工作的人也可能找不到工作。失业之所以存在，或是因为工人的技能或所处的地域与职位要求不匹配（结构性失业）；或者因为辞职的、被解雇和新增的工人正在寻找适合的工作（摩擦性失业）。**自然失业率**（natural rate of unemployment）是指经济在实现充分就业产出水平时的失业率。[2] 下面我们分析一下，如果政策制定者试图在一段时期内使失业率降低到自然失业率之下，将会发生什么情况？

〔1〕 本章的附录部分对这些分析进行了拓展，讨论了在通货膨胀率和失业率二者之间进行权衡的可能的政策选择。

〔2〕 自然失业率可以随着时间的推移而发生变动，在生产率增长下降时上升，在生产率增长提高时下降。参见 Laurence Ball and N. Gregory Mankiw, "The NAIRU in Theory and Practice," *Journal of Economic Perspectives* 16 (Fall 2002): 115－136。

如图 28—6 所示，假定经济起初在 E_0 点处于充分就业均衡。为了将产出提高到超过充分就业产出水平的 Y' 点，政策制定者们出乎预期地增加了货币供给，使总需求曲线从 AD_0 向右移动到 AD_1。结果，正如新古典学派和新凯恩斯学派经济学家所预言的那样，产出在短期内增加，经济均衡点从 E_0 移动到 $E_{1'}$。但随着价格的调整，SRAS 曲线从 $SRAS_0$ 向
668 上移动到 $SRAS_1$，产出也回复到充分就业产出水平 Y^*，价格水平则从 P_0 上升到 P_1，新的均衡点位于 AD_1 曲线和 $SRAS_1$ 曲线的交点 E_1。根据新凯恩斯学派经济学家的观点，价格调整是渐进的，因此，超过充分就业产出水平的产出扩张在持续时间上要长于新古典学派经济学家的观点。

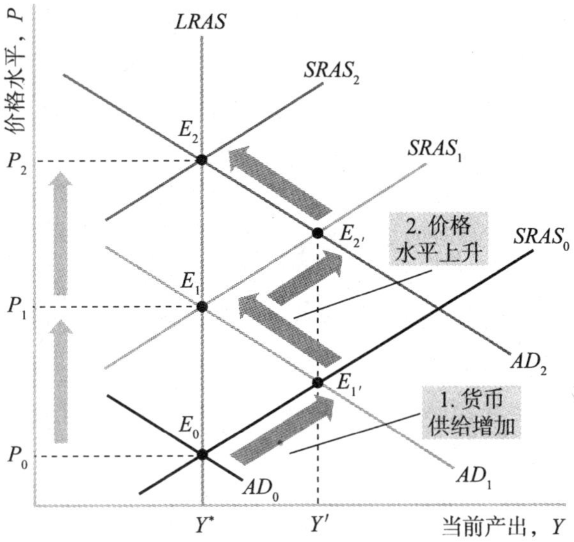

图 28—6　需求拉动型通货膨胀

如果货币政策制定者试图在较长时期内使当期产出高于充分就业产出水平 Y^*，就会引发需求拉动型通货膨胀。

1. 当扩张性货币政策使总需求曲线从 AD_0 移动到 AD_1，产出就会达到 Y' 水平，临时性地高于充分就业产出水平。

2. 较高的预期价格水平使 SRAS 曲线向上移动，在长期内只有价格水平（不包括产出水平）受到影响。政策制定者试图使产出超过充分就业产出水平（或使失业率低于自然失业率）的持续时间越长，累积的通货膨胀越高。

如果这一过程持续下去，AD 曲线会从 AD_1 向右移动到 AD_2，产出在短期内提高到 Y'（E_2 点）。随着时间的推移，SRAS 曲线会从 $SRAS_1$ 向上移动到 $SRAS_2$，使经济在 E_2 点达到充分就业均衡，价格水平也上升到 P_2。由于长期总供给曲线是垂直的，政策制定者不可能永久地将失业率维持在自然失业率之下，同样也不可能永久地使产出水平高于充分就业产出水平。

成本推动型通货膨胀和需求拉动型通货膨胀都会造成价格水平的持续上升。在成本推动型通货膨胀中，某些时期会出现失业率高于自然失

业率的情况（由试图保持“过高”的真实工资所致）。在需求拉动型通货膨胀中，试图将失业率维持在自然失业率之下。能在现实世界中区分出这些差别无疑是非常困难的，经济学家对如何衡量自然失业率并没有形成一致的观点，此外，“跑赢”需求拉动型通货膨胀的举措也会引发成本推动型通货膨胀。

降低通货膨胀的成本

当政策制定者放弃维持低通货膨胀率，转而追求高产出水平和高就业增长率时，他们实施的货币政策就带有通货膨胀倾向。[1] 最终，居
669 民、企业和政策制定者都不再愿意忍受高通货膨胀来换取较高的产出水平和就业增长率。20 世纪 70 年代末期曾经出现过这样的意见变化，当时卡特总统任命保罗·沃尔克为联储主席。政策制定者和联储在降低通货膨胀方面有何意见呢？在这一节中，我们将阐述**反通货膨胀**（disinflation），即长期通货膨胀的降低。新古典学派与新凯恩斯学派经济学家的预言和建议有所不同，我们将阐述这两个学派关于反通货膨胀的观点。

新古典学派反通货膨胀策略："速冻火鸡”式降低通货膨胀

“工资和价格水平会随着预期的改变迅速作出调整”是新古典学派宏观经济的标志性观点。因此，新古典学派建议，为了降低通货膨胀，就要“速冻”，即突然降低对未来货币增长和通货膨胀的预期，如图 28—7 所示。

例如，假定由于长期通货膨胀，公众预期到联储会采取措施将 AD 曲线从 AD_0 移动到 AD_1。随着预期价格水平升高，短期总供给曲线从 $SRAS_0$ 移动到 $SRAS_1$。最终，伴随内在的通货膨胀预期，经济均衡点从 E_0 移动到 E_1。

图 28—7 显示，在“速冻火鸡”式反通货膨胀中，当联储宣布将降低货币供给增长率以遏制通货膨胀时，$SRAS$ 曲线就不会从 $SRAS_0$ 移动到 $SRAS_1$。由于货币供给不能持续增长，AD 曲线又返回到 AD_0。因此，由于政策变化是预期到的，经济的均衡仍处在 E_0 点。按照新古典学派的观点，工资和价格迅速调整，因此，通货膨胀下降对产出的影响较小或没有影响。据此，从产出和就业的损失来看，“速冻火鸡”式反通货膨胀的成本很小。

---

〔1〕 另一种可能性（此处未分析）是，联储可能错误地估计了长期货币流通速度增长率，因此实施了具有通货膨胀性的货币供给增长政策。

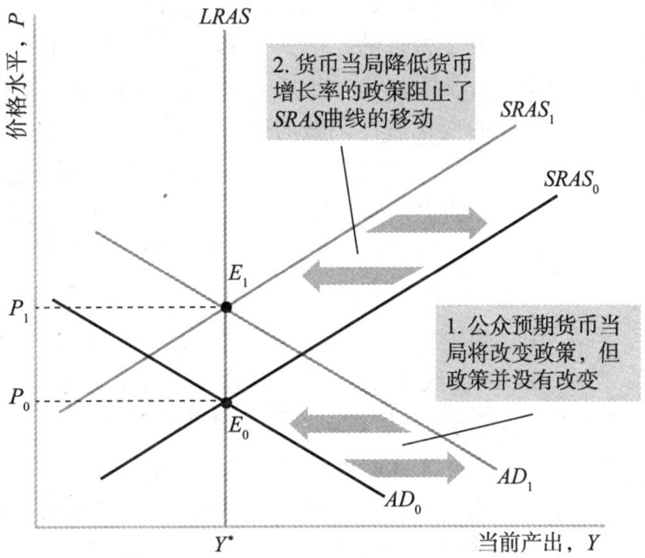

图 28—7　新古典学派的策略："速冻火鸡"式反通货膨胀

当公众预期会发生通货膨胀时，经济均衡点会从 E_0 移动到 E_1。

1. 采用"速冻火鸡"式反通货膨胀策略，联储宣布降低货币供给增长率以遏制通货膨胀；AD 曲线不会从 AD_0 移动到 AD_1。

2. 针对联储的这一政策变化，价格水平迅速调整，使得 SRAS 曲线不会从 $SRAS_0$ 移动到 $SRAS_1$，均衡点仍在 E_0 处，反通货膨胀得以实现，没有任何产出损失。

纽约大学的托马斯·萨金特一直强调，为使以产出和就业损失衡量
670 的反通货膨胀成本最小化，改变预期对降低通货膨胀至关重要。[1] 他研究了一战和二战之间，四个欧洲国家（包括前面谈到的德国）发生的恶性通货膨胀。以货币创造弥补政府预算赤字引发了剧烈的通货膨胀。在每一个案例中，宣布预算改革和停止国内货币供给的扩张性增长可以显著地降低通货膨胀。在上述案例中，产出损失都较小，从而支持了新古典学派的观点：与未预期到的货币供给增长下降相比，预期到的货币供给增长下降带来的反通货膨胀成本显著减少。

新凯恩斯学派反通货膨胀策略：渐进式降低通货膨胀

新古典学派推荐的"速冻火鸡"式反通货膨胀策略适用于那些正经历恶性通货膨胀的国家，因为在这些国家里，合同往往是与价格水平变化呈指数化的。但是，对于美国、日本和欧盟等通货膨胀率不是很高的

〔1〕 Thomas J. Sargent, "The Ends of Four Big Inflations," in R. E. Hall, ed., *Inflation: Causes and Effects*. Chicago: University of Chicago Press, 1981.

国家，“速冻火鸡”式反通货膨胀策略是否也同样适用呢？新凯恩斯学派的答案是否定的，他们认为某些名义价格黏性总是存在的。新凯恩斯学派经济学家认为，长期名义合同和改变价格的成本减缓了价格水平对于预期的变化进行调整的速度。即便是居民和企业对于未来通货膨胀预期的变化具有理性预期，并非所有的价格都能立即进行调整。

新凯恩斯学派者提出了不同的反通货膨胀策略。我们从新凯恩斯学派观点的角度审视“速冻火鸡”式反通货膨胀策略。假定经济处于充分就业状态，此时，通货膨胀率和名义货币供给增长率均为 10%。在图 28—8 中，初始均衡点位于 E_0，公众预期总需求曲线会从 AD_0 移动到 AD_1，$SRAS$ 曲线会从 $SRAS_0$ 移动到 $SRAS_1$，因此，公众预期新的均衡点位于 E_1 处，产出为 Y^*，而价格水平上升到 P_1。现在，假设联储认定通货膨胀
671 率过高，并且宣布将货币增长率降低到 0，以使长期通货膨胀率降到 0（为简化起见，假定长期产出率和货币流通速度增长率均为 0）。结果，总需求曲线并没有与预期的年货币增长 10%相一致而移动到 AD_1，而是仍处于 AD_0。在短期内，$SRAS$ 曲线移动到 $SRAS_{1'}$，因为按照新凯恩斯学派的观点，并非所有的价格都能立即改变。结果，在 $E_{1'}$ 点，产出下降至 $Y_{1'}$，反通货膨胀得以实现（价格水平为 $P_{1'}$，低于 P_1），同时伴有当期产出和就业损失。只有在经过一段时期后，经济才恢复到 E_0 点处的充分就业均衡。

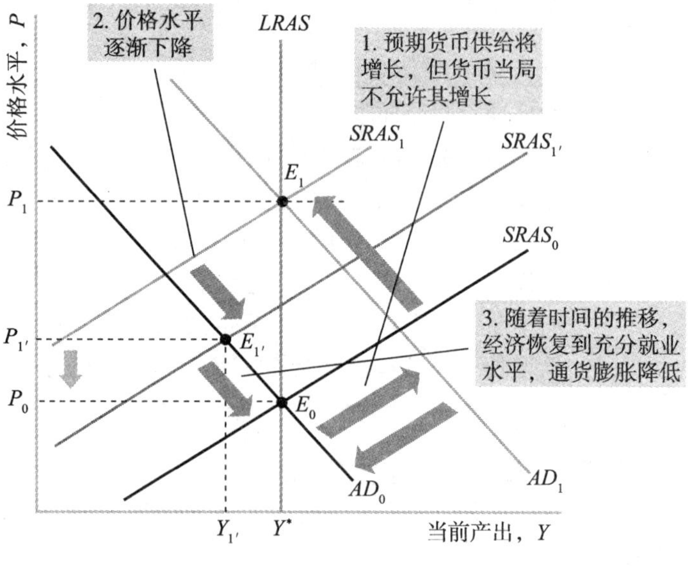

图 28—8　新凯恩斯学派的策略：渐进式反通货膨胀

在内在预期通货膨胀率的作用下，经济均衡点从 E_0 移动到 E_1。

1. 采取“速冻火鸡”式反通货膨胀策略，联储宣布将降低名义货币供给增长率，以遏制通货膨胀；AD 曲线并没有从 AD_0 移动到 AD_1。

2. 随着 $SRAS$ 曲线从 $SRAS_1$ 移动到 $SRAS_{1'}$，价格水平在短期内逐渐降低。

3. 经济并没有移动到 E_1 点，而是移动到 $E_{1'}$ 点，此时，产出损失巨大。只有采取渐进式策略，经济才会恢复到 E_0 点处的充分就业均衡，此时，通货膨胀率更低。

由于"速冻火鸡"式策略具有这些成本，新凯恩斯学派经济学家支持渐进式策略，即缓慢而稳步地降低货币供给增长率，以使通货膨胀率缓慢地降低，产出和就业损失更小。他们认为，渐进式反通货膨胀策略在见效速度上慢于"速冻火鸡"式反通货膨胀策略，但可使经济付出的总体成本比较小。

中央银行的可信性

我们已经看到，为实现低成本的反通货膨胀，必须降低公众对通货膨胀率的预期，这样才能使 *SRAS* 曲线向下移动。如此这般，降低通货膨胀才能不必"付出"产出和就业降低的代价。然而，仅仅宣布反通货膨胀的政策也许并不足以改变公众的预期。还应考虑另外一个关键因素，那就是**中央银行的可信性**（central bank credibility）：要使居民和企业对宣布降低通货膨胀的承诺作出反应，就必须使公众相信中央银行将会切实地履行其反通货膨胀的承诺。公众也许并不相信中央银行，因为反通货膨胀要付出经济成本（产出和就业降低），使其可能在政治上不得人心。如果公众认为政策制定者将会在降低通货膨胀这一宣布目标上大打折扣，那么在中央银行让公众确信其可信性之前，通货膨胀预期的改变是非常缓慢的。

建立可信性的策略

与不坚定其反通货膨胀目标的中央银行相比，具有可信性的中央银行可以实施成本更低的反通货膨胀策略，在本节中，我们将阐述其原因。我们将比较联储和公众的行为，以确定哪一种行为会给他们带来最大的潜在利益。我们还将考察联储和公众之间的博弈过程。

在图 28—9 中，我们假设经济在 E_0 点处于初始充分就业均衡。真实产出增长率为 0，名义货币供给和价格水平的年增长率均为 5%。因此，AD 曲线从 AD_0 移动到 AD_1，$SRAS$ 曲线从 $SRAS_0$ 移动到 $SRAS_1$，公众预期下一年经济将在 E_1 点处实现均衡。

联储主席希望通货膨胀率降至 0，但又不希望产出下降。于是，在《华尔街日报》的一次专访中，联储主席向企业界提出了交换条件，其核心是："企业高管们不喜欢通货膨胀，联储也不喜欢。如果你们今年不提高价格，联储就将不会增加货币供给。"这个提议提供了极具吸引力的好处：如果名义货币供给 M 和价格水平 P 都不变化，那么总需求曲线就不

会移动。联储在《华尔街日报》公布这一提议，希望短期总供给曲线也
672 不移动，经济仍保持在 E_0 点处的均衡，联储和企业都避免了通货膨胀，而没有任何产出损失。

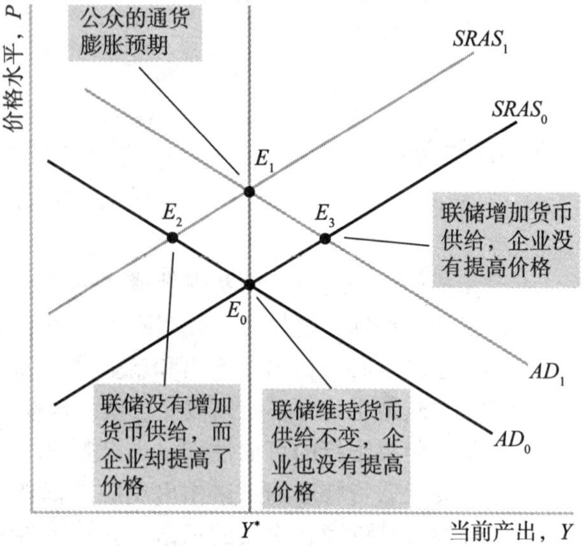

图 28—9　改变经济均衡的策略

初始充分就业均衡点为 E_0，公众预期货币供给增长和通货膨胀恶化的结果导致了新的均衡点 E_1。如果联储同意维持名义货币供给不变，同时企业也不提高价格，经济体仍维持在 E_0 点，既维持了充分就业且通货膨胀并未恶化。如果联储没有增加货币供给，但企业却提高了价格，产出将下降，在 E_2 点处实现均衡。如果联储出乎意料地增加了名义货币供给，而企业却没有提高价格，产出将上升，达到 E_3 点。

博闻广识

美国和日本中央银行的可信性

二战以来，美联储一直不断宣称其反通货膨胀的政策。在 20 世纪 70 年代后半期，通货膨胀稳步上升，联储遏制通货膨胀承诺的可信性受到削弱。1979 年 10 月，联储宣布将以货币总量增长率为中间目标，并宣布目标范围将显著降低，以降低通货膨胀。

联储在实现其目标的过程中经历了重重困难，部分可归因于 20 世纪 80 年代早期的金融监管放松和金融创新浪潮。在一段期间内，联储宣布的反通货膨胀意图的确取得了成功。通货膨胀从 1979 年的两位数下降到 1982 年的 4%，并且在此后的时间里一直保持相对较低的水平。但在某种程度上，由于联储在那时缺乏可信性，反通货膨胀还是付出了代价。1979 年后期实施的紧缩性货币政策使得产出和就业水平降低，真实利率提高，美国在 1981 年和 1982 年经历了严重的经济衰退。

由于日本的石油完全依靠进口，1973 年和 1974 年爆发的石油冲击使得石油批发价到 1974 年上涨超过 30%。1975 年，日本银行（日本中央银行）宣布，它将采用日本的 $M2$ 增长率作为中间目标，以遏制通货膨胀。日本银行很快履行了其承诺，这种言行一致提升了日本银行的可信性。日本中央银行在 20 世纪 80 年代确实成功地降低了通货膨胀，并且没有出现产出和就业的大量损失。

由此，我们可以得出什么结论呢？美国和日本的经验表明，中央银行降低名义货币供给增长率的举措要坚持持久方能降低通货膨胀。中央银行的可信性对于降低反通货膨胀成本的重要性引人注目。一方面，美联储最初的可信性较低并且在实现其宣布的货币供给增长目标上的表现欠佳，只有在经历了经济衰退和大规模失业后才能达到反通货膨胀的目的。另一方面，日本银行具有较高的可信性，因而它设法在几乎不造成直接产出损失的情况下降低通货膨胀。普林斯顿大学的阿兰·布林德在一项对经济学家和中央银行家的调查中发现，可信性被认为是中央银行成功实现其政策目标的关键因素。

在 20 世纪 90 年代后期和 21 世纪初，联储反通货膨胀的可信性使其可以灵活地应对短期经济扰动，日本银行却因为容许持续的通货紧缩而丧失了其在价格稳定性目标上的可信性。

为了获得企业的配合，联储主席还附加了一项威胁："如果企业界执意提高价格的话，联储仍会坚守货币供给零增长的承诺。"这对于公众毫无吸引力。如果名义货币供给不增加，而价格上升，经济将会在 E_2 点处实现均衡。此时，所有人的境遇都将恶化，通货膨胀发生，企业产出和利润减少，工人失业。公众不喜欢通货膨胀，企业也不喜欢产出损失。尽管联储反通货膨胀的态度是十分明确的，但如果联储的措施被认为可能会造成经济衰退，联储仍会承受很大的政治压力。

下面我们来将考察联储和企业的行为选择给经济带来的利益得分。为简化起见，每一方都有两个可选策略：企业可以提高价格或不提高价格；联储可以增加名义货币供给或不增加名义货币供给。图 28—10（a）显示了每一种情形给经济带来的利益得分（图 28—9 显示了每一种情形的均衡点）。左上方的方格代表初始状况，经济处于充分就业，名义货币供给和价格水平的预期年增长率为 5%。如果联储和企业接受条件，不提高货币供给和价格（右下方的方格），经济仍将保持充分就业，通货膨胀降低到零。如果企业提高价格，而联储遵从其发出的威胁，不改变名义货币供给（左下方的方格），就会引发通货膨胀（但不到 5%），但是经济将开始进入衰退。如果企业遵守承诺不提高价格，但联储执意增加

673 货币供给（右上方的方格），那么就会出现短期经济扩张。

联储 \ 企业	提高价格	不提高价格
增加货币供给	$Y=Y^*(E_1)$ 通货膨胀=5%	$Y>Y^*(E_3)$ 通货膨胀<5%
不增加货币供给	$Y<Y^*(E_2)$ 通货膨胀<5%	$Y=Y^*(E_0)$ 通货膨胀=0

（a）经济的利益得分

联储 \ 企业	提高价格	不提高价格
增加货币供给	E_1 联储：初始状况 企业：初始状况	E_3 联储：优于初始状况 企业：劣于初始状况
不增加货币供给	E_2 联储：劣于初始状况 企业：劣于初始状况	E_0 联储：优于初始状况 企业：优于初始状况

（b）博弈者的利益得分

图 28—10　不同行为选择的利益得分

（图 28—9 显示了这些行为的均衡点。）

a. 联储和企业希望经济在 E_0 点处实现均衡。

b. 经济的利益得分在 E_0 点处最大。如果企业相信联储对失业的关注大于其对通货膨胀的关注，那么经济均衡可能仍维持在 E_0 点处（初始状况）。

这四种结果就是经济的潜在利益得分。但我们曾假定，联储和企业追求能使各自一方利益得分最大化的策略，因此，我们必须考察图 28—10（b）所示的得分情况。左上方的方格表示初始状况是：当期产出处于充分就业水平。

首先，分析联储的行为。正如每个方格的左侧所示的那样，由于联储不喜欢通货膨胀，它希望企业信守承诺而不提高价格；右边上下两个“不提高价格”的方格表示从联储的角度看，情况比初始状况有了改善。在这两种情况下，就业达到了充分就业或超过了充分就业水平，而通货膨胀均低于 5%。如果由于失业扩大带来了政治压力，从联储的角度来说，右上方的方格（短期扩张）是一个不错的结果；左下方的方格（经济衰退）则是要尽力避免出现的结果。

其次，分析企业的决策。假定企业认为联储更可能采取使经济衰退可能性最小的策略（尽管联储说它将坚定地承诺降低通货膨胀），在这种情况下，企业相信联储将增加货币供给，于是企业就会提高价格（企业对联储预期行为的最优策略）。正如图 28—10(a) 所示，最终经济处于通货膨胀性均衡。

为了实现无成本的反通货膨胀（右下方的方格所示），联储的承诺必须具有可信性。如果企业相信联储不会增加货币供给，企业就不会提高价格。中央银行的可信性对于实现低经济成本反通货膨胀至关重要。

新古典学派经济学家认为，“速冻火鸡”式反通货膨胀策略不仅有效，而且能提高中央银行的可信性。当公众观察到货币增长迅速降低时，通货膨胀的预期也会迅速下降。但是，新凯恩斯学派经济学家对真实世界中“速冻火鸡”式反通货膨胀政策的可信性提出了质疑。尽管突然降低货币增长会成为报纸头条，但这种做法也会使产出和就业在短期内显著下降，结果，政治上的反对可能迫使中央银行在此做法上倒退。新凯
674 恩斯学派经济学家强调，由于在政治上与“速冻火鸡”式政策相比，渐进式策略更加可行，在降低通货膨胀上也许更为可信。

任命一个“强硬”的中央银行行长，可能会增加公众相信中央银行反通货膨胀宣言的意愿。[1] 强硬的中央银行行长公开表示厌恶通货膨胀，并且让人们认为，如果是降低通货膨胀所必需的，他会容忍较高的失业率。一个例子就是吉米·卡特总统1979年任命的保罗·沃尔克，卡特总统希望通过任命沃尔克让公众相信其反通货膨胀的决心。沃尔克的联储政策确实降低了通货膨胀，但经济也经历了巨大的产出和就业损失，因此，仅有这一任命还不能完全解除对可信性的怀疑。

延伸思考

可信性可以增强中央银行的灵活性吗?

在货币政策执行中获得可信性带来的好处是未来的灵活性。一旦一国中央银行建立了有诺必践的可信声誉，就不再需要采用不灵活的规则了。德国中央银行——德意志联邦银行在遏制通货膨胀方面取得了成功的业绩，这使国际金融市场的参与者们相信，物价稳定性是德意志联邦银行的首要目标。这种可信性使该银行在应对（诸如20世纪90年代两德统一引起的）短期变化上具有一定的灵活性。1999年，分析人士期待着新的欧洲中央银行在实现低通货膨胀方面能够取得与德意志联邦银行一样的可信性。

中央银行缺乏可信性导致经济出现问题也不乏例证。新西兰储备银行曾于1989年宣布，到1993年将通货膨胀降低到接近零的政策。为了提供成功的激励，中央银行行长的薪水实际上是与中央银行成功降低通货膨胀挂钩的。然而，新西兰储备银行因其过去的行为而缺乏可信性。虽然中央银行在1991年和1992年超额完成其降低通货膨胀的目标，但在应对1990年初的经济活动下滑时，其回旋余地极小。实际上，新西兰储备银行为使公众相信其降低通货膨胀的承诺，不得不实行紧缩性货币政策（使经济衰退更加严重）。许多经济学家认为，通货膨胀目标本身并不是中央银行灵活性的良好替代。

[1] 一个强硬的中央银行行长或许会提高中央银行的可信性，这一观点的提出者是肯尼思·罗戈夫。参见 Kenneth Rogoff, “The Optimal Degree of Commitment to an Intermediate Monetary Target,” *Quarterly Journal of Economics* 99: 1169-1189, November 1985。

规则与相机抉择

许多经济学家和政策制定者们认为，中央银行可信性的关键是采用并且坚守规则。货币政策的**规则策略**（rules strategy）是指中央银行遵循具体的，且公开宣布的政策准则。当中央银行选定一种规则时，该策略要求中央银行无论经济状况如何，都要遵守这一规则。货币政策规则的一个例子是，不管货币和金融市场或经济发生怎样的扰动，联储承诺每年增加5%的基础货币。支持者认为，制定规则的主要标准
675 是：规则应该应用于联储能够显著控制的变量。“保持真实GDP增长率为4%”的指令就不是一个实用的规则，因为联储并不直接控制GDP。

反对规则方法的经济学家和政策制定者们建议采用货币政策的**相机抉择**（discretion strategy）策略。也就是中央银行调整货币政策，使其适合于实现经济增长、通货膨胀以及其他经济和金融变量的目标。与规则策略不同的是，相机抉择允许联储根据经济体中的变化相应地改变政策。

规则策略的支持者认为，中央银行必须承诺一些规则，这些规则限制其为实现短期目标而调整货币政策的能力。然而，不可变的规则或许过于僵硬，且可能造成不可预见的结果。例如，如果在20世纪80年代初（当时放松管制和金融创新提高了货币需求）实施了一项规定$M1$固定增长率的规则，货币政策将会带来比联储的意图更为紧缩的结果。

许多经济学家认为中间道路更为合意。他们认为，规则可以允许政策制定者对货币政策作出调整，只要将这些调整规定为规则的一部分即可。例如，联储决定维持$M2$的增长，但并未固定其增长率，而是以预先规定的方式根据通货膨胀的变化调整其增长率。这种策略的问题在于：限制了中央银行在货币政策上的相机抉择能力。如果规则没有约束力且中央银行能够修改其政策，规则策略就不会取得成功。中央银行会被诱惑为实现短期目标而放弃已宣布的政策。因此，建立可信的规则承诺比宣布一项精确的规则（例如具体的$M2$增长率）更为重要。

即使是一项改进的规则也不是完美无缺的。同样，缺乏灵活性可能会使一项规则更为可信，但也可能限制中央银行在金融危机期间的反应能力。新古典学派和新凯恩斯学派经济学家都认为，如果中央银行不再定期干预并对经济进行微调，那么它在危机时的有效反应能力就会大大增强。大多数经济学家认为，实现规则承诺最好的方法就是消除对中央

银行的政治压力。这一思想是，如果中央银行免受政治压力，公众就更
676 可能相信中央银行发布的政策。直到21世纪初，许多经济学家还建议联储应该使其通货膨胀目标更加透明。

价格控制与可信性

政治束缚也许限制了中央银行遵守反通货膨胀政策的意愿，这就引发了一个有趣的问题：**价格控制**（price controls），或者说政府对价格变化实施的官方限制，不能遏制通货膨胀吗？

严格执行价格控制可以减低价格水平的上升，但不能抑制通货膨胀。原因有二：第一，供求机制告诉我们，如果产品价格不能提高到使供求达到平衡的水平，就会出现短缺和排长队的情况。第二，更重要的是，如果公众预期价格控制会在未来某一时间被取消，被压制的通货膨胀在管制一旦被解除时便会爆发。价格控制，加上可信的反通货膨胀政策，比单纯的价格控制更有可能降低通货膨胀的预期。

20世纪70年代初尼克松执政期间（1971年8月—1974年4月），美国实行价格控制的经历证实了这一结论。在实行价格控制期间，尼克松政府和联储（在时任主席阿瑟·伯恩斯的领导下）采取了扩张性货币政策，结果，价格控制只在那段时期降低了通货膨胀。西北大学的罗伯特·J·戈登发现，1974年4月—1975年年中期间，通货膨胀大爆发，价格水平高企，如果没有价格控制的话，情况可能不会这样严重。[1]

关键术语和概念

成本推动型通货膨胀
需求拉动型通货膨胀
相机抉择策略
反通货膨胀
- 中央银行的可信性
- “速冻火鸡”式策略
- 渐进式策略
- 价格控制

恶性通货膨胀
通货膨胀
菜单成本
自然失业率
规则策略
鞋底成本

附录：
奥肯法则
菲利普斯曲线
附加预期的菲利普斯曲线
简单菲利普斯曲线

---

〔1〕 参见 Robert J. Gordon, “The Impact of Aggregate Demand on Prices,” *Brookings Papers on Economic Activity*, 3: 613 - 685, 1975。

总　结

1. 价格水平的变化源于总供给与总需求变动的相互影响。价格水平的上升可由影响 *AD* 曲线或 *SRAS* 曲线移动的因素来解释。尤其是，货币供给的增加、名义总需求其他部分的增加或者供给冲击，都可以引起价格水平的上升。

2. 通货膨胀是价格水平的持续上升率。通货膨胀主要是一种货币现

677 象：按照新古典学派和新凯恩斯学派的观点，名义货币供给的持续增加引起持续的通货膨胀。

3. 预期到的和未预期到的通货膨胀都会产生经济成本。预期到的通货膨胀相当于对持有的货币征税，减少了公众对真实货币余额的需求。预期到的通货膨胀成本包括鞋底成本、储蓄和投资的扭曲，原因是美国税制规定按名义价值计税。未预期到的通货膨胀会对经济资源进行再分配，迫使居民和企业耗费资源来预测通货膨胀，同时也扭曲了市场上引导资源配置的相对价格信号。

4. 如果政策制定者觉得产出和就业的增加可由提高通货膨胀来实现，货币政策就可能具有通货膨胀倾向（尽管通货膨胀是有成本的）。长期来讲，政策制定者不可能在不提高通货膨胀的情况下将产出维持在充分就业产出水平之上。

5. 反通货膨胀就是经济的长期通货膨胀率下降。按照新古典学派的观点，如果货币增长立即大幅度减少，即采取“速冻火鸡”式反通货膨胀策略，反通货膨胀可以实现，而且只需付出较小的产出损失。而新凯恩斯学派经济学家认为，随着预期货币增长的变化，价格只会渐进地进行调整。相应地，他们建议采用渐进式反通货膨胀策略：通过逐渐降低货币供给增长率，价格水平就会缓慢地调整，而产出和就业损失更小。

6. 影响反通货膨胀成本的另一个因素是中央银行的可信性。如果公众相信政策制定者不会践行其反通货膨胀的承诺，通货膨胀预期的改变就会非常缓慢，直至中央银行使公众相信其具有可信性时为止。新古典学派经济学家认为，“速冻火鸡”式反通货膨胀策略能够提高中央银行的可信性；新凯恩斯学派经济学家则认为，渐进式政策在降低通货膨胀方面比“速冻火鸡”式策略更具可信性。

复习题

1. 通货膨胀会对人们造成怎样的损害？谁会受到损害？

2. 总统提议增加 1 万亿美元支出，制造一个大型望远镜以寻找其他星系的生命，这项计划的反对者认为这一支出会引发通货膨胀。作为总统的顾问，针对这一意见，你将向总统提出什么建议？

3. 引起长期通货膨胀的主要原因是什么？

4. 根据新古典学派的分析，人们完全预期到的货币供给增加会对经济产生什么影响？

5. “通货膨胀是对货币余额征收的税赋。”这句话的含义是什么？

6. 根据新古典学派的观点，每一条短期总供给曲线的区别是什么？

7. 为什么你从未预期失业率为零？

8. 在恶性通货膨胀时期，人们可能（在金融方面）做什么？

9. 为什么德国价格水平在 1922 年 8 月—1923 年 11 月间上升了 100 多亿倍？真实货币余额需求会有怎样的变化？什么样的举措终止了恶性通货膨胀？

10. 税制在其与通货膨胀的相互作用中如何扭曲了财务决策？

11. 根据新古典学派的观点，政策制定者应该采取什么行动来降低通货膨胀？

12. 当发生通货膨胀时，菜单成本怎样影响经济的资源配置？菜单成本对于哪种类型的企业更为重要？

13. 为什么新凯恩斯学派不相信“速冻火鸡”式反通货膨胀策略？他们的建议是什么？

14. 为什么经济学家们发现价格控制并不是一个降低通货膨胀的好方法？

15. 评价：通货膨胀并不一定是一种货币现象。工人提高工资可能引发成本推动型通货膨胀，政府支出增加可能引发需求拉动型通货膨胀。

16. 评价：按照新古典学派的观点，宣布实施的紧缩性货币政策能降低通货膨胀，而又没有产出损失。

17. 为什么当政策制定者宣布将要降低通货膨胀率时，公众对他们
680 的信任至关重要？

分析题

18. 在圣路易斯联邦储备银行 1998 年的出版物中，威廉·德瓦尔德（William Dewald）认为 $M2$ 的流通速度已经稳定在 2 左右。他观察到，产出的趋势增长率约为 2.5%，当时通货膨胀约为 1.5%。他得出结论："如果 $M2$ 的增长率继续保持在 5%～7%的范围内，$M2$ 的流通速度仍为 2 左右，通货膨胀将上升 1～3 个百分点……正是这样的计算，让一些经济学家担心通货膨胀会再次上升。"解释他的计算，并尽可能具体地解释为什么他相信通货膨胀会上升 1～3 个百分点。

19. 一些经济史学家认为，造成 19 世纪晚期美国农民不满的一个原因是，他们在价格下降期间是债务人。另外一些经济史学家则认为，通货紧缩对农民本不应该是一个问题，因为通货紧缩已经持续几十年了。评价这些观点，并讨论在什么情况下债务人会受到通货紧缩的损害。

20. 按照新凯恩斯学派的观点，阐述当联储未预期地减少了货币供给，在短期和长期内将会发生什么情况？

21. 如果联储想降低通货膨胀率，为什么有财政政策相配合来削减联邦预算赤字有助于降低反通货膨胀的成本？财政政策与货币政策的配合怎样有助于增强对联储这一举措的可信性？

22. 假设经济最初处于充分就业均衡水平，后来政府未预期地提高了所得税。根据新古典学派的观点，在短期和长期内会对产出和价格水平产生什么影响？

23. 假设经济初始状况是产出水平大于充分就业产出水平。按照新凯恩斯学派的观点，联储采取什么政策才能使产出恢复到充分就业产出水平（使用 *AD-AS* 曲线图）？如果联储不采取任何措施，在长期会发生什么情况？

24. 假定 A 女士的税级为 50%。当通货膨胀为 0 时，她赚得的名义回报率为 4%（税前）。假设通货膨胀上升到 10%且名义回报（税前）上升到 14%。在通货膨胀为 0 和 10%的情况下，A 女士的税后真实回报分别是多少？

25. 根据新古典学派的观点，消费者的乐观情绪能否自我实现？使用 *AD-AS* 曲线图加以解释。

26. 假定货币政策制定者采取行动移动 *AD* 曲线，使其与 *SRAS* 曲线和 *LRAS* 曲线相交，以维持充分就业。如果真实的 *LRAS* 曲线在政策制定者认定其应在位置的左侧，会对经济产生什么影响？

27. 如果真实产出每年增长 3%，货币流通速度每年增长 2%，联储希望将通货膨胀保持在每年 4%，货币增长率应该是多少？如果联储的目标是通货膨胀为 0，货币增长率应该是多少？

28. 通过一项立法来要求联储保持货币供给年增长率低于 5%，是否是一个好提议？说明理由。

29. 假定名义利率为 8%，预期通货膨胀为 5%，预期真实回报率为多少？计算下面每一种情况下实际的真实回报率，并说明放款者或借款者的境遇是否好于他们的预期。

a. 实际的通货膨胀为 10%；

b. 实际的通货膨胀为 0；

c. 实际的通货膨胀为 5%。

30. 联储主席宣布一项将短期利率维持在较低水平的政策，而财经媒体将该政策视为通货膨胀性政策而给予批评。原因何在？

31. 对于政策制定者而言，能否在短期内用高通货膨胀换取高产出？在长期内又如何呢？根据你的答案，解释新古典学派观点与新凯恩斯学派观点的区别。

32. 在内阁会议中，总统认为 15%的通货膨胀率太高了。该国中央银行是独立于政府的，它宣布将货币增长率保持在当前水平上。总统实施价格控制，并宣布工资和价格上涨都是违法的。

a. 运用新凯恩斯学派的观点，阐述价格控制对产出和价格水平的影响（假定企业已达到最大生产能力，即产出不能超过生产能力）。

681 b. 通货膨胀得到控制已有 2 年，总统提出："通货膨胀：已经平息"，于是取消了价格控制。使用 *AD-AS* 曲线图来分析该举措对经济的影响。这些影响必然要求取消价格控制吗？说明理由。

33. 假定联储获得新的信息，该信息表明总需求曲线已经向左移动，但是公众还没得到这一信息。按照新古典学派的观点，如果联储无所作为，产出和通货膨胀将有何变化？如果联储使用扩张性政策抵消这一冲击并稳定产出，价格水平将有何变化？

34. 米尔顿·弗里德曼在 1968 年认为，在失业与通货膨胀之间没有永久的替代关系，如果联储持续地试图使产出保持在其充分就业产出水平之上，按照新古典学派和新凯恩斯学派的观点，将会发生什么情况？

35. 假定联储认为新古典学派的观点是正确的，并采用"速冻火鸡"式反通货膨胀策略将通货膨胀从 10%降到 0。如果新凯恩斯学派的观点其实是正确的，经济（产出、失业率和通货膨胀率）将会如何变化？

36. 20 世纪 20 年代早期，德国曾经经历过恶性通货膨胀。1971 年初，在布雷顿森林体系下，联邦德国承诺维持马克兑美元的固定汇率。许多投机者相信，这一汇率使马克对美元低估。他们认为，从德国通货膨胀历史来看，德国中央银行愿意无限地保卫固定汇率是不可能的。请解释一下这些投机者的理由。

数据题

37. 在最新的《总统经济报告》中，查找过去 11 年的消费者物价指数。根据指数水平，计算过去 10 年的通货膨胀率。通货膨胀是一直上升还是一直下降？你认为引起通货膨胀率如此变化的主要原因是什么？

38. 在最新的《总统经济报告》中，查找从任何一年 12 月到下一年 12 月的消费者物价指数和生产者物价指数的变化百分率数据，并比较这两个通货膨胀率的测度指标。你能用一个指标去预测另一个指标吗？说明理由。

39. 美国劳工部劳动统计局收集美国价格水平的信息（包括其他影响劳动力的统计指标）。登录其数据网站（http：//www. bls. gov/data/home. htm)，找到所有城市消费者报告的通货膨胀率（“美国所有项目”(U. S. All Items))。根据提供的信息，计算过去 10 年的平均通货膨胀率。根据购买力，你需要挣多少薪水才能与 10 年前毕业且起薪为 3 万美元的大学毕业生相同呢？假定在这段时期，许多企业决定在运营改变上花费巨大以应对恐怖行动。使用 *AD-AS* 曲线图来解释，此类政策对在这段时期的通货膨胀率将产生什么影响？

40. 美国劳工部劳动统计局在 ftp：//ftp. bls. gov/pub/special. requests/cpi/cpiai. txt 上保存了从 1913 年到现在的月度消费者物价指数表。以 1 月份为基础，自 1945 年二战结束后的 3 年期间里通货膨胀率上升了多少？你认为这一时期发生通货膨胀的原因是什么？从价格控制和可信性的角度，对你的答案进行解释。

理论联系实际

《华尔街日报》，2006 年 5 月 23 日

通货膨胀之国

678 黑山共和国走向独立既是巴尔干地区的政治问题，也是一个货币问题。不幸的是，货币问题已经被淡忘了，成为乔治·奥威尔（George Orwell）所说的“记忆空白”。

事情的真相如何呢？从 1971 年至 1991 年，南斯拉夫的年均通货膨胀率为 76%，只有扎伊尔和巴西曾有过这样可怕的经历，但事情越来越恶化。1991 年初，联邦政府总理安特·马尔科维奇（Ante Markovic）发现，1990 年末，斯洛博丹·米洛舍维奇控制的塞尔维亚议会曾秘密下令塞尔维亚国家银行（区域性中央银行）给米洛舍维奇的朋友发放 14 亿美
a 元的贷款。这一非法洗劫的金额相当于南斯拉夫国家银行在 1991 年预计发行的全部新货币的一半还多。除了使许多塞尔维亚共产党人中饱私囊外，它还破坏了马尔科维奇政府摇摇欲坠的经济改革计划，煽动起南斯拉夫的民族主义情绪，坚定了克罗地亚和斯洛文尼亚领导人脱离南斯拉夫社会主义联邦共和国的决心。

在无法榨取克罗地亚和斯洛文尼亚的情况下，米洛舍维奇开始转向榨取他“自有的”人民。从 1992 年起，南斯拉夫经历了恶性通货膨胀，且持续了 24 个月，其程度之高和时间之长在世界历史上均居第二位。高峰期出现在 1994 年 1 月，当时在 1 个月内价格上升了 313 000 000%。总之，在恶性通货膨胀期间，发生了 14 次大幅度货币贬值。在 1993 年 11 月、1993 年 12 月和 1994 年 1 月的最后三次贬值中，每一次贬值都超过 99.9%，使第纳尔的价值荡然无存。

只有匈牙利在 1946 年有过更高的通货膨胀率记录，只有苏联曾有过时间更长的恶性通货膨胀，那是在 20 世纪 20 年代早期，时间长达 26 个月。即使是经常被提及的 1922—1923 年德国魏玛共和国的恶性通货膨胀，也远不及南斯拉夫第纳尔重复贬值来得那样凶猛。为了感受其对当
b 地百姓的影响，想象一下你银行账户中的美元价值，再将小数点向左移动 22 位，再用它去买东西，会是怎样？

1999 年米洛·久卡诺维奇总统（现为首相）决定，他想要黑山共和国独立，脱离塞尔维亚的政治枷锁。我认为，他是在打货币牌。在过去几十年里，南斯拉夫第纳尔已完全信誉扫地。对于大多数南斯拉夫人来说，坚挺的德国马克是该国的非官方货币。这就是现实。久卡诺维奇知道德国马克就是他的王牌，可以为恢复黑山共和国的主权开辟道路。1999 年 11 月 2 日，他公开宣布，黑山共和国弃用南斯拉夫第
c 纳尔，正式使用德国马克作为其国家货币（德国马克在 2002 年 1 月被

欧元所取代)。久卡诺维奇有了回旋余地并冷静地出牌，由此，周日的大选早成胜局。

新闻分析

679 在 2006 年春，经过全民公决，东欧的黑山共和国决定终止其与塞尔维亚结成的国家联盟。这一公决具有历史意义，因为它代表前南斯拉夫的最终瓦解，而致使南联盟解体的罪魁祸首就是通货膨胀。我们使用本章提供的工具，分析为什么在黑山共和国发生通货膨胀，并解释投票结果。

a. 正如本章所述，产生通货膨胀的原因有三个：名义货币供给增加、总支出增加带来的总需求增加以及/或者总供给减少。当米洛舍维奇强迫地区中央银行发放贷款时，名义货币供给显著增加。米洛舍维奇派系支出能力的增加也引起总需求的增加。这两方面因素显著提高了塞尔维亚的通货膨胀率，以及黑山共和国的通货膨胀率。

b. 这一吞噬黑山共和国的恶性通货膨胀来势凶猛，鞋底成本、菜单成本、价格信号的扭曲，以及通货膨胀的其他成本都大得惊人。

c. 本文作者约翰·霍普金斯大学的斯蒂夫·H·汉克建议黑山共和国政府放弃将第纳尔作为其货币，转而接受欧元作为其货币。汉克之所以如此建议，部分原因在于欧洲中央银行和德国中央银行此前在遏制通货膨胀中积累了很高的可信性。终结与塞尔维亚的货币联系是黑山共和国走向完全独立的第一步。

更进一步的思考……

黑山共和国采用欧元作为其货币，会对其短期总供给和总需求产生怎样的影响?

资料来源：节选自 Steve H. Hanke, "Inflation Nation," *The Wall Street Journal*, May 23, 2006, p. A14.

附　录

通货膨胀与失业：菲利普斯曲线

682 如果通货膨胀是有成本的，为什么要容忍通货膨胀呢？实际上，每个人都感觉得到价格上升带来的痛苦，因此，政策制定者有理由担心通货膨胀：它是一个现实的经济问题，会使选民恼怒。然而，选民关注的另一个问题是失业。工人担心失去现有的工作和收入。新闻报道有时会引用“痛苦指数”（即通货膨胀率和失业率之和）作为衡量经济困境的指标。

通货膨胀与失业

为什么我们要把通货膨胀和失业放在一起来考虑呢？菲利普斯在一篇具有影响力的文章中分析了 1861—1957 年间英国通货膨胀和失业率的数据，得出了一个统计上的规律，该规律随即就被称为**菲利普斯曲线**（Phillips curve）。当通货膨胀率较低时，失业率往往比较高，反之亦然。[1] 这一发现提出了一个困难的命题：政策制定者可在通货膨胀和失业之间进行选择（这取决于社会对这两个问题的相对关注程度）吗？即容忍其中一个的较高数值来换取另一个的较低数值吗？为了利用二者的这种替代关系，美国经济政策在 20 世纪 60 年代重视使失业率稳步下降，同时伴随通货膨胀率逐步攀升。而 20 世纪 70 年代，以及自那时以来发生的事件则彻底地改变了这种关系。

为了分析通货膨胀和失业之间是否存在替代关系，我们需要考察以下关系：(1) 产出变化与失业率之间的关系；(2) 价格调整与产出变化之间的关系。值得注意的是，在我们考察这些关系时，我们严格采用扩展的 *AD-AS* 模型来分析通货膨胀与失业的替代关系。

产出变化与失业率

失业率如何对产出的变化作出反应？描述产出 Y 的变化与失业率 u

---

〔1〕 A. W. Phillips, “The Relationship Between Unemployment and the Rate of Change of Money Wage Rates in the United Kingdom, 1861－1957,” *Economica*, 283－299, 1958. 菲利普斯的研究专门集中于工资性通货膨胀。

之间统计关系的**奥肯法则**（Okun's law），提供了一个被广泛引用的答案。

首先，通过定义自然失业率 u^* 对奥肯法则进行解释。自然失业率是指经济处于充分就业产出水平 Y^* 时的失业率，这个失业率并不为零（前面讲过，即使是处于充分就业产出水平，由于结构性失业和摩擦性失业，失业仍会存在）。已故的阿瑟·奥肯（约翰逊总统的经济顾问委员会主席）发现，当实际产出小于充分就业产出水平时，失业率上升，即

$$\frac{Y-Y^*}{Y^*}=2.5(u-u^*)$$

换言之，失业率每上升 1 个百分点，实际产出与充分就业产出水平
683 之间的缺口就会上升 2.5 个百分点。奥肯法则使我们可以根据实际产出的具体变化来讨论失业率的变化。[1]

其次，我们现在可以追溯失业和通货膨胀之间的潜在关系，如图 28—A1 所示。当失业率等于自然失业率时，实际产出和充分就业产出水平相等。当失业率高于自然失业率时，实际当期产出低于充分就业产出水平；而当失业率低于自然失业率时（菲利普斯曲线高于 0 通货膨胀线的部分），实际当期产出高于充分就业产出水平。

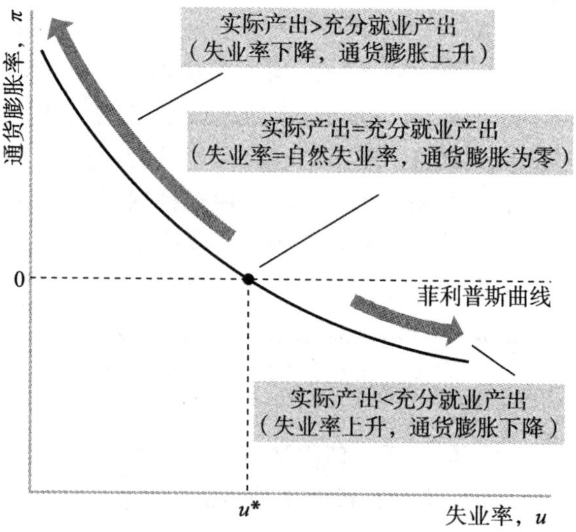

图 28—A1　简单菲利普斯曲线

简单菲利普斯曲线表明自然失业率不变情况下失业与通货膨胀之间的关系。当失业率等于自然失业率 u^* 时，通货膨胀率 π 等于零。

---

[1] 奥肯实际上估计出失业率每上升 1 个百分点，产出缺口便会上升 3 个百分点。但最近很多研究表明，这一系数接近 2.5。参见 Arthur M. Okun, "Potential GNP: Its Measurement and Significance," reprinted in Arthur M. Okun, *The Political Economy of Prosperity*. Washington, D.C.: The Brookings Institution, 1970, pp. 132 - 145。

在本章中，我们曾指出，产出变化与通货膨胀是通过价格调整过程联系起来的。当实际产出与充分就业产出水平相等时，不存在迫使通货膨胀发生变化的压力；而当实际产出高于充分就业产出水平时，通货膨胀率上升；当实际产出小于充分就业产出水平时，通货膨胀率下降。

将奥肯法则和价格调整过程联系起来，就会得到通货膨胀 π 与失业率 u 之间的负相关关系：

$$\pi = -b(u - u^*) \qquad (28.\mathrm{A1})$$

式中，$b>0$，表示通货膨胀率与实际失业率对自然失业率偏离幅度之间的关联程度。等式（28. A1）中的这种关系被称为**简单菲利普斯曲线**（simple Phillips curve）。如图 28—A1 所示，当 $u < u^*$ 时，通货膨胀为正值；而当 $u > u^*$ 时，通货膨胀为负值。

这一定义明确且斜率为负的简单菲利普斯曲线在 20 世纪 70 年代便消失了。20 世纪 60 年代末期，当时很多经济学家都曾预见到这一结果。当时，各学派经济学家都强调区分预期和非预期通货膨胀在评估产出和通货膨胀之间的替代关系时至关重要。货币政策是否可以利用简单菲利普斯曲线提出的通货膨胀和失业率之间的替代关系，取决于货币供给的变化是预期到的还是未预期到的。已故诺贝尔奖得主斯坦福大学的米尔顿·弗里德曼和另一诺贝尔奖得主哥伦比亚大学的埃德蒙德·菲尔普斯都认为，只有未预期到的那部分通货膨胀（不是全部通货膨胀）才能影响产出。弗里德曼-菲尔普斯观点的核心就是产出与通货膨胀之间不存在长期的替代关系。

我们运用新古典学派的观点来确定产出与预期通货膨胀之间是否存在替代关系（根据新凯恩斯学派观点得出的结果在性质上类似）。假设经济处于充分就业状态（产出不再增长），但预期通货膨胀率和货币增长率每年为 5%，也就是说，总需求曲线每年都向上移动，如图 28—A2 所示。

任何年份的长期总供给曲线都由充分就业产出水平来代表，那么，短期总供给曲线呢？由于居民和企业都预期货币供给增长，他们预期每年价格水平也会上升。因此，在任何年份里，短期总供给曲线都向左移动，经济的充分就业均衡从 E_0 点移动到 E_1 点。产出不变，但随着货币供给的预期增加，价格水平上升。

684 假定货币供给增长率未预期地提高了。货币供给未预期地增长 10%，而不是每年 5%。由于 5%的货币供给增长率与通货膨胀已经被预期到，所以，总需求曲线和短期总供给曲线本应该从 AD_0 和 $SRAS_0$ 分别移动到 AD_1 和 $SRAS_1$。在这种情况下，价格水平从 P_0 上升到 P_1，经济在 E_1 点处于均衡。然而，由于货币增长高于预期，经济在曲线

$SRAS_1$（由预期通货膨胀率为5%所决定）和曲线AD_2（代表货币增长率为10%）的交点$E_{1'}$处实现均衡。在短期，产出高于充分就业产出水平（$Y_{1'}>Y^*$），价格水平上升率高于5%（$P_{1'}$点）但小于10%（P_2点）。在长期，当生产者意识到均衡价格总水平提高时，价格就会上升，经济在E_2点实现均衡。此时，产出为充分就业产出水平，价格水平则上升（反映10%的通货膨胀）。

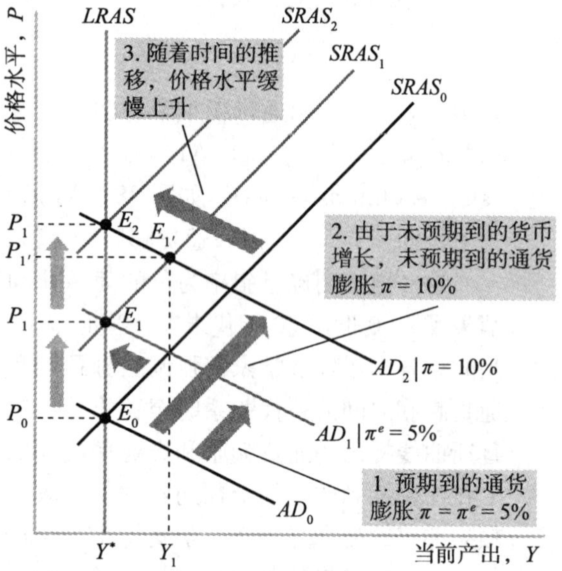

图 28—A2　预期到的和未预期到的通货膨胀与产出变化

1. 在E_0点，经济处于充分就业均衡。公众预期通货膨胀率为5%，因为他们预期联储会将货币供给增加5%。这样，AD曲线从AD_0移动到AD_1。预期价格水平上升，使SRAS曲线从$SRAS_0$移动到$SRAS_1$。结果，公众预期经济在E_1点处实现均衡，此时，产出为充分就业产出水平，而价格水平上升至P_1。

2. 当预期到的通货膨胀仅为5%，而货币增长率未被预期到，AD曲线移动到AD_2，SRAS曲线仍处于$SRAS_1$。结果，产出在短期内增加，在$E_{1'}$点实现短期均衡。

3. 随着时间的推移，价格水平上升，在E_2点实现长期均衡。未预期到的货币增长和通货膨胀在长期对产出没有任何影响。

因此，只有未预期到的通货膨胀才会带来产出增加。如果我们通过奥肯法则的关系将产出和失业率联系起来，可以得到通货膨胀和失业率之间关系的一个修正式：

$$\pi=\pi^e-b(u-u^*) \qquad (28.\mathrm{A2})$$

式中，π^e为预期到的通货膨胀率。弗里德曼和菲尔普斯作出的基础性贡献是提出了**附加预期的菲利普斯曲线**（expectations-augmented Phillips curve），在该曲线中，将简单菲利普斯曲线加入预期通货膨胀。如果预期到的通货膨胀率为零，附加预期的菲利普斯曲线与简单菲利普斯曲线是相同的。（自从弗里德曼和菲尔普斯的论文发表后，许多经济学家构建模型，更加深入地研究定价行为，提出了“新凯恩斯学派菲利普斯曲线。”）[1]

685 对于任何预期到的通货膨胀率，菲利普斯曲线（通货膨胀率和失业率之间的关系）都存在。然而，如果预期到的通货膨胀随着时间而改变，如同 20 世纪 70 年代和 80 年代所发生的那样，那么简单菲利普斯曲线的关系并不稳定。

附加预期的菲利普斯曲线表明，通货膨胀和失业率之间的替代关系在长期和短期存在重要差异。短期菲利普斯曲线描述了通货膨胀和失业率之间的关系，如图 28—A3 所示。短期菲利普斯曲线表明只有在失业率和未预期到的通货膨胀之间存在替代关系。

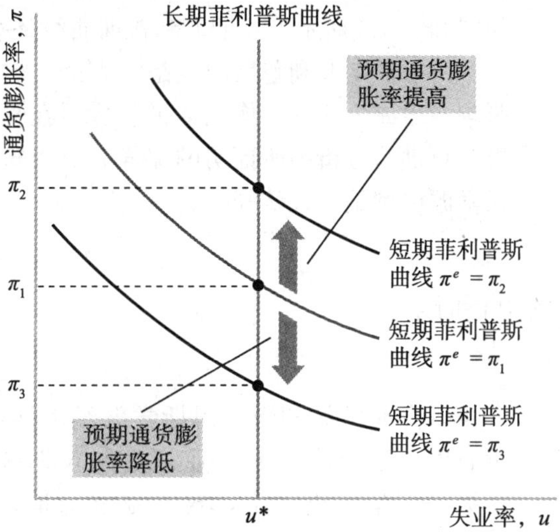

图28—A3　附加预期的菲利普斯曲线中的产出、失业和通货膨胀

对于任何预期到的通货膨胀率，短期附加预期的菲利普斯曲线都向下倾斜。预期到的通货膨胀率提高使短期菲利普斯曲线向上移动，预期到的通货膨胀降低使短期菲利普斯曲线向下移动。

如果预期到的通货膨胀发生变化，短期菲利普斯曲线便会移动。预期到的通货膨胀从 π_1 提高到 π_2，短期菲利普斯曲线向上移动；预期到的通货膨胀从 π_1 降低到 π_3，短期菲利普斯曲线向下移动。因此，弗里德曼和菲尔普斯提出，当预期到的通货膨胀率发生变化，失业

〔1〕例如，参见 Guillermo A. Calvo, “Staggered Prices in a Utility Maximizing Framework,” *Journal of Monetary Economics* 12 (1983): 383－398; Jordi Gali and Mark Gertler, “Inflation Dynamics: A Structural Econometric Analysis,” *Journal of Monetary Economics* 44 (1999): 195－222; N. Gregory Mankiw and Ricardo Reis, “Sticky Information versus Sticky Prices: A Proposal to Replace the New Keynesian Phillips Curve,” *Quarterly Journal of Economics* 117 (November 2002): 1295－1328。

率和实际通货膨胀率之间任何观察到的关系都将会随着时间的推移而变化。结果，实际通货膨胀可能很高，即使当失业率高于自然失业率时也是如此。

长期菲利普斯曲线

新古典学派和新凯恩斯学派经济学家一致认为，如果政策制定者不能持久地保持高通货膨胀率，失业率就不可能持久地低于自然失业率。随着时间的推移，理性预期的通货膨胀率平均而言将等于实际通货膨胀率。也就是说，预期到的通货膨胀率 π^e 等于实际通货膨胀率 π。因此，根据附加预期的菲利普斯曲线表达式，在长期，u 必须等于 u^*。所以，如图 28—A3 所示，长期菲利普斯曲线是垂直的。

686 由于长期菲利普斯曲线是垂直的，名义货币供给的变化在长期不会影响产出或失业率。换句话说，货币在长期是中性的，正如我们在总需求—总供给分析中所证明的那样。对于这一命题，新古典学派和新凯恩斯学派模型是一致认同的。

短期替代关系的利用

新古典学派和新凯恩斯学派经济学家都强调长期菲利普斯曲线是垂直的：通货膨胀和失业率之间长期来讲并没有替代关系。新古典学派经济学家也质疑，政策制定者是否可以利用通货膨胀和失业率之间的替代关系，即使是在短期内？按照新古典学派的观点，居民和企业都有理性预期。他们经过一段时间就会了解联储、总统和国会的行为，进而他们将会预计政策对经济事件作出的反应性变化。只要公众预期到政策的变化，那么这些变化将不会（对产出或失业率）产生真实的影响，政策变化的预期平均起来是正确的。于是，未预期到的通货膨胀平均起来将为零。按照新古典学派的观点，由于未预期到的通货膨胀不可能反复发生，因此，菲利普斯曲线并没有给政策制定者提供短期的替代关系。

新凯恩斯学派经济学家认为，部分公众的理性预期限制了菲利普斯曲线提供的短期替代关系。然而，按照新凯恩斯学派的观点，预期到的通货膨胀是在黏性价格定价时作出的预测。如果实际通货膨胀高于预期的通货膨胀，通货膨胀预期总体上会逐渐调整。于是，在一段时间内，失业率可能会高于自然失业率。毫无疑问，许多新凯恩斯学派经济学家认为，政策制定者应该限制利用通货膨胀和失业率之间的短期替代关系，以增强政策的长期可信性。

如果新古典学派和新凯恩斯学派的观点都不认为未预期到的通货膨胀可以显著地减少失业，那么，政策制定者允许通货膨胀的动机是什么呢？根据新凯恩斯学派的观点，一种可能性是，利用短期替代关系可能会使政策制定者得到政治上的好处，正如我们在本章中所讨论的那样。

词汇表*

A

逆向选择（adverse selection）：在发放贷款或提供保险之前，将低风险申请者与高风险申请者区分开来的问题。(11)

办事处（agency office）：外国银行在美国的办事机构，它可以从外国向美国转移资金并在美国发放贷款，但不可以吸收美国居民的存款。(16)

代理人（agents）：对公司或组织拥有控制权（但不拥有所有权）的管理者。(11)

总需求（aggregate demand）：经济中供消费、投资、政府购买（不包括转移支付）和净出口的商品和服务需求总和。(25)

总需求曲线（aggregate demand (*AD*) curve）：反映商品和服务总需求与价格总水平之间关系的图形。(25)

总供给（aggregate supply）：经济中的生产者在给定的价格水平上愿意提供和出售的产出总量。(25)

* 每个词条后括号内的数字表示该词条所在的章。——译者注

总供给曲线（aggregate supply（AS）curve）：反映经济中企业愿意提供的总产出与价格总水平之间关系的图形。(25)

升值（appreciation）：一国货币相对于另一国货币的价值提高。(8)

资产（asset）：一种可以持有的有价物或是一项资金的运用和对借款者收入的求偿权。(2，3)

信息不对称（asymmetric information）：指这样一种情形，即借款者拥有一些关于其机会和行动的信息，而这些信息并未披露给放款者、债权人或承保人。(3，11)

拍卖市场（auction market）：众多交易商按照个体买者或卖者的指令进行竞争性出价并由此确定交易价格的二级金融市场。(3)

自动柜员机（automated teller machines（ATMs））：供执行银行业务交易的电子设备。(14)

B

国际收支账户（balance-of-payments accounts）：衡量一国与外国之间私人和官方资金流量的会计账户。(22)

资产负债表（balance sheet）：一张能够及时、连续反映个人或企业财务状况的报表，它列出了其资产、负债和净值。(13)

资产负债表传递渠道（balance sheet channel）：货币政策通过利率变化对借款者净值和支出决策产生影响的途径。(27)

银行资产（bank assets）：包括银行持有的现金项目以及用于证券投资、贷款和其他资产的资金。(13)

银行破产（bank failure）：银行在满足准备金要求之后无力对其存款者全额偿付的情况。(13)

银行持股公司（bank holding company）：一家拥有许多家银行作为分支机构的大公司，它最初被用来规避建立分支机构的限制。(14)

银行放款传递渠道（bank lending channel）：货币政策对银行依赖型借款者的支出决策产生影响的途径。(27)

银行负债（bank liabilities）：银行从储蓄者那里获得的资金。(13)

银行净值（bank net worth）：银行资产超过银行负债的部分。(13)

银行准备金（bank reserves）：银行库存现金和在中央银行存款之和。(17)

银行挤兑（bank run）：由于真实的或想象的原因，存款者对银行丧失信心进而提取存款并最终耗尽银行流动资金的一连串事件。(14)

银行承兑汇票（bankers' acceptances）：为了便利国际贸易而在互不相识的双方之间建立信用的定期汇票。(16)

银行业恐慌（banking panics）：指严重的银行挤兑浪潮，它降低了信贷可得性，常常造成经济衰退。(14)

物物交换（barter）：个人通过直接与他人交易其产品来进行商品和服务交换。(2)

基差风险（basis risk）：套期保值工具的价格变化与期货市场实际交易工具价格变化的不完全相关性。(9)

贝塔（beta）：衡量一种证券预期收益率对市场资产组合价值变化反应程度的指标。(5)

理事会（Board of Governors）：联邦储备体系理事会，它由总统任命的 7 名委员组成，负责管理货币政策和确定贴现率。(19)

债券市场（bond market）：可以交易公司债券和政府债券的市场。(6)

债券评级（bond rating）：对债券发行者的净值、现金流和前景等因素即其偿债能力进行评估所得出的一份概要性独立统计报告。(7)

借款者（borrowers）：资金的需求者，包括购买耐用品和住房的消费者以及购置厂房和设备的企业。(3)

借款（borrowings）：银行的非存款性负债，包括在联邦基金市场的短期借款、借自附属机构的贷款以及贴现贷款。(13)

分支机构（branches）：同一银行在不同地区开设的银行营业机构。(16)

分支机构限制（branching restrictions）：对银行开设一家以上营业机构或分支机构的地理限制。(14)

布雷顿森林体系（Bretton Woods system）：一种固定汇率制，它规定美元按 35 美元兑换 1 盎司黄金的比价兑换黄金，比在金本位制下可更平缓地进行短期经济调整。(22)

经纪转存款（brokered deposits）：一项金融创新，经纪商通过购买不同银行的存单，从而使存款者超过存款保险额度的资金全部获得存款保险。(15)

经纪商（brokers）：在一个特定市场中通过撮合买家和卖家而赚取佣金的中间人。(12)

泡沫（bubble）：资产价格超过其基本价值的情况。(10)

经济周期（business cycle）：由经济扩张（繁荣）和收缩（衰退）接续构成的总产出周期性波动。(26)

C

看涨期权（call option）：看涨期权的购买方买入一种基础资产的权利，而卖出方则有义务卖出这种基础资产。(9)

资本管制（capital controls）：政府对外国储蓄者投资于本国资产或本国储蓄者投资于外国资产实施限制。(22)

资本流入（capital inflow）：资金流入一个国家去购买其国内资产。(22)

资本市场（capital markets）：可以交易 1 年期限以上的债务工具和股权工具的金融市场。(3)

资本流出（capital outflow）：资金流出一个国家去购买外国资产。(22)

中央银行（central bank）：在金融体系中，管理交易媒介的特殊政府机构或准政府机构。(22)

中央银行的可信性（central bank credibility）：公众相信中央银行的通告反映了其真实的政策意图。(28)

支票存款（checkable deposits）：储蓄者有权为个人、企业或政府开具支票的账户。(13)

支票（checks）：见票付款的支付承诺，是根据存放在金融机构的资金而签发的。(2)

交易自动暂停（circuit breakers）：旨在恢复证券市场秩序的一项干预措施。(10)

封闭经济（closed economy）：一国既不从外国借入资金，也不向外国借出资金的经济形态。(5)

封闭式互助基金（closed-end mutual fund）：互助基金公司发行固定数量不可赎回的基金份额，投资者可以在场外交易市场像交易普通股票一样来交易这些基金份额。基金份额的价格围绕其基础资产的价值波动。(12)

共同保险（coinsurance）：要求投保人在免赔额之外再承担一定比例索赔金额的保险选项。(12)

"速冻火鸡"式策略（cold turkey）：一次性而非渐进性地降低通货膨胀的方法。(28)

担保品（collateral）：一旦贷款违约，将被用于保证偿付贷款的资产。(11，13)

商业银行（commercial bank(s)）：为储蓄者和借款者提供风险分担、流动性（支票账户）和信息服务的大型存款类金融机构。(12)

实物货币（commodity money）：以实物（特别是贵金属）作为交易媒介。(2)

补偿性余额（compensating balance）：要求保留在支票账户中的最低金额，作为商业贷款的担保品。(13)

复利（compounding）：一段时期内将利息作为储蓄再生利息的积累过程。(4)

传染（contagion）：有关一家银行的坏消息向其他银行的扩散。(14)

契约储蓄机构（contractual saving institutions）：一种允许个人转移财务困难的风险和积累退休基金的金融机构（保险公司和养老基金）。(12)

企业重组公司（corporate restructuring firm）：筹集股权资本以收购其他企业股份的投资者，可减轻“搭便车”和道德风险问题。(11)

成本推动型通货膨胀（cost-push inflation）：由于工人要求提高工资而引发的价格上升。(28)

附息债券（coupon bond）：借款者需定期地（例如每半年或每年）多次支付利息，且在到期日偿还面值的一种信用市场工具。(4)

信用控制（credit controls）：对银行放贷的监管限制。(27)

信贷压缩（credit crunch）：在给定的任何利率下，银行贷款能力或意愿下降。(15，27)

信用市场工具（credit market instruments）：债务融资的方法，包括简式贷款、贴现债券、附息债券和定期偿还贷款。(4)

信贷配给（credit rationing）：放款者施加贷款限制，结果借款者不能在给定的利率水平下获得需要的贷款。(11，13)

信用风险（违约风险）（credit risk，default risk）：借款者无力足额偿还承诺的利息、本金或本息的可能性。信用市场工具的这一特征影响了借款的利率。(13)

信用风险分析（credit-risk analysis）：对借款者偿还贷款的可能性和影响借款者偿还贷款能力的整体经营状况进行的核查。(13)

信用社（credit union）：向同一企业或同一行业中的个人吸收存款并向其发放贷款的一种金融中介机构。(12)

通货—存款比率（currency-deposit ratio）：非银行公众持有的通货（C）与支票存款（D）之间的关系。(17)

货币升水（currency premium）：表示投资者集体偏好于一国货币标价的金融工具（相对于其他国家货币标价的金融工具）的数值。(8)

货币互换（currency swap）：交换以不同国家货币标价的债务工具的预期未来收益。(9，16)

经常账户（current account）：概括国家间当期生产的商品和服务买卖交易的国际收支账户。(22)

经常账户余额（current account balance）：一国货物贸易余额、服务贸易余额、净投资收入和单方面转移的总和。(22)

当期产出（current output）：经济在当期生产的商品和服务。(24)

当期收益率（current yield）：票面利息除以债券的当前价格。(4)

D

交易商（dealers）：持有证券存货的个体，他们以高于买价的价格卖出，从而获得买价与卖价之间的价差收益。(12)

债务（debt）：可要求借款者偿还所借数额资金（本金）加上资金租借费用（利息）的求偿权。(3)

免赔额（deductible）：保险公司在进行赔付时从投保人损失额中扣除的特定金额。(12)

违约（default）：无力偿还全部或部分欠款。(3)

违约风险（信用风险）（default risk，credit risk）：借款者无力足额偿还承诺的利息、本金或本息的可能性。信用市场工具的这一特征影响了借款的利率。(7)

无违约风险工具（default-risk-free instruments）：保证本金和利息能在规定时间得到偿付的证券。比如，美国国债就是无违约风险的工具。(7)

违约风险升水（default risk premium）：债券收益率与可比期限无违约风险工具收益率之差，它用来衡量违约风险。(7)

防御性交易（defensive transactions）：联储的公开市场交易，它用来熨平因银行、非银行公众、金融市场和经济投资组合偏好扰动引起的基础货币波动。(20)

固定受益金计划（defined benefit plan）：一种普通养老基金计划，在该计划中，雇员得到根据基金收益和其服务年限获得受益金的承诺。受益金支付有的是与通货膨胀挂钩，有的则不是。(12)

固定缴纳金计划（defined contribution plan）：一种养老基金计划，在该计划中，雇员的固定缴纳金用来为雇员进行投资，雇员拥有该计划的资金价值。(12)

限定货币（definitive money）：一种无须再转换成更基本交易媒介（如黄金、白银）的货币。(2)

通货紧缩（deflation）：价格下降使得既定数量的货币能购买更多商品和服务的情况。(2)

活期存款账户（demand deposit）：可供开具支票的账户，而支票能转换为货币。(14)

需求拉动型通货膨胀（demand-pull inflation）：为使当期产出超过充分就业产出水平，政策制定者试图增加总需求引起的价格上升。(28)

存款类机构（depository institutions）：指商业银行、储蓄贷款协会、互助储蓄银行和信用合作社等机构，它们吸收存款和发放贷款，充当储蓄和投资过程的中介。(12)

1980年《存款类机构放松监管和货币控制法案》（Depository Institutions Deregulation and Monetary Control Act of 1980，DIDMCA）：一项金融监管改革法案，该法案解除了利率上限、提供了统一的准备金要求以及拓展了储蓄和贷款协会的业务范围。(15)

贬值（depreciation）：一国货币价值相对另外一国货币价值的下降。(8)

衍生工具（derivative instrument）：诸如期货或期权合约的资产，其经济价值衍生于股票或债券等基础资产。(9)

衍生工具市场（derivative market）：交易期货或期权合约等求偿权的市场，此类求偿权的经济价值衍生于股票或债券等基础资产。（3，9）

资产组合选择的决定因素（determinants of portfolio choice）：影响储蓄者资产组合配置的关键因素，包括储蓄者的财富、资产的预期收益、资产的风险等级、资产的流动性和获取资产信息的成本等。（5）

贬值（devaluation）：一国降低其货币相对于其他国家货币的官方价值，从而重新确定其汇率。（22）

直接金融（direct finance）：一种融资形式，在该融资形式中，储蓄者持有由借款者直接发行的金融求偿权。（3）

贴现债券（discount bond）：一种信用市场工具，其借款者在到期日一次性偿付全部借款，但在最初取得借款时，借款者得到的资金金额要少于其面值。（4）

贴现贷款（discount loan）：美联储（中央银行）向成员银行发放的贷款。（17）

贴现政策（discount policy）：联邦储备委员会控制货币供给的主要工具中最古老的工具，包括制定贴现率和贴现贷款的条件。（20）

贴现率（discount rate）：美联储向存款类机构发放贷款时使用的利率。（17）

贴现窗口（discount window）：美联储向银行发放贴现贷款的方式，作为满足银行流动性需求的渠道。（20）

相机抉择策略（discretion strategy）：中央银行为实现其目标而适时调整货币政策的做法。（28）

反通货膨胀（disinflation）：政策引致的长期通货膨胀下降。（28）

脱媒（非中介化）（disintermediation）：储蓄者和借款者从银行退出而进入金融市场。（15）

多样化（diversification）：把财富分散到多种不同资产上以降低风险。（3，5）

股息（dividends）：股东从公司获得的定期（通常每季度一次）支付。（3）

双重银行体系（dual banking system）：美国的银行体系，在该体系中，银行或者向联邦政府注册，或者向州政府注册。（14）

久期（duration）：对一项资产或负债而言，是指资产或负债市场价值变化百分比对市场利率变化百分之一的反应程度。（13）

久期缺口（duration gap）：银行对利率风险的暴露，以银行资产和负债的平均久期之差衡量。（13）

动态交易（dynamic transactions）：联邦公开市场委员会为达到货币政策要求而进行的公开市场操作。（20）

E

经济增长（economic growth）：货币政策的最终目标之一，即寻求一定期间内商品和服务产出的增加。(21)

规模经济（economies of scale）：随着交易规模的增加，单位投资的交易成本下降。(11)

艾知法公司（Edge Act corporations）：美国银行业中，根据1919年《艾知法案》建立的只能从事国际银行业务的特殊分支机构。(16)

有效市场假说（efficient markets hypothesis）：该理论将理性预期运用到资产定价中。它认为，当交易商和投资者利用所有可得信息形成对未来收益率的预期且交易成本很低时，证券的均衡价格等于在可得信息基础上对其基本价值的最优预测。(10)

电子资金划转系统（electronic funds transfer systems）：计算机化的支付清算装置，例如借记卡和自动柜员机。(2)

电子货币（e-货币）（electronic money，e-money）：电子化地储存在磁卡或电脑上的货币。(2)

交易方程式（equation of exchange）：这一方程式表明货币量乘以货币流通速度等于经济中的名义支出。(23)

股权（equity）：对公司利润和资产份额的求偿权。(3)

欧元（Euro）：欧洲货币联盟的基本货币单位。(8)

欧洲货币存款（Eurocurrency deposits）：以存放地所在国国内金融中心货币以外的货币为面值的定期存款（比如存放在法国银行的美元存款）。(16)

欧洲美元（Eurodollars）：存放在美国以外银行或银行分支机构的美元存款。(16)

欧洲市场（Euromarkets）：筹集外币资金且相对不受监管的银行业务中心。(16)

欧洲中央银行（European Central Bank）：在欧洲范围内实施货币政策并控制单一货币的货币机构。(22)

欧洲货币体系（European Monetary System）：一些欧盟国家为限制汇率波动而签订的货币协议。(22)

欧洲货币联盟（European Monetary Union）：作为1992年启动单一欧洲市场计划的一部分，按照该计划，欧盟成员国之间实行固定汇率（截至1999年），并最终使用统一货币。(22)

超额准备金（excess reserves）：存款类机构选择持有的超过联储法定准备金部分的准备金。(13，17)

汇率（exchange rate）：一国货币以另一国货币表示的价格，比如1美元兑换多少日元，或者1英镑兑换多少法郎。(8)

汇率机制（exchange rate mechanism）：一些欧盟成员国限制其货币相互之间价值波动的机制。（22）

汇率制度（exchange rate regime）：调整各国间货币价值及商品和资本流动的制度。（22）

汇率风险（exchange rate risk）：由于汇率上升或下降带来的资产价值潜在波动。（16）

交易所（exchanges）：证券买卖双方的竞价市场，比如纽约证券交易所和美国证券交易所。（3，12）

执行价格（行权价格）（exercise price，strike price）：在期权中，基础资产的买卖价格。（9）

附加预期的菲利普斯曲线（expectations-augmented Phillips curve）：扩展的菲利普斯曲线关系，即菲利普斯曲线随预期的通货膨胀变化而移动。（28）

利率期限结构的预期理论（expectations theory of the term structure of interest rates）：这一理论认为，在违约风险、流动性、信息成本和税收相同的情况下，投资者将所有期限的资产看做完全替代的。（7）

预期真实利率（expected real interest rate）：名义利率减去预期通货膨胀率。（4）

到期日（expiration date）：期权合约终结的日期。（9）

F

跟风（fads）：对有关某一资产或一组资产的好消息或是坏消息反应过度。（10）

联邦存款保险（federal deposit insurance）：对最高 10 万美元的特定类型存款账户余额提供的政府担保。（13，14）

1991 年《联邦存款保险公司改进法案》（Federal Deposit Insurance Corporation Improvement Act of 1991，FDICIA）：一项监管改革方案，该法案将银行监管框架与银行资本水平的强制措施联系起来。（15）

联邦公开市场委员会（Federal Open Market Committee，FOMC）：联邦储备体系委员会，由 12 名委员组成，指导公开市场操作。委员包括理事会、纽约联邦储备银行行长和四个其他联邦储备银行的行长。（19）

联邦储备银行（Federal Reserve bank）：联邦储备体系的地区银行，除开展其他活动外，还发放贴现贷款。（19）

联储在途资金（Federal Reserve float）：联储资产负债表中托收中现金项目和递延入账现金项目之间的差额。（18）

联储回购协议（Federal Reserve repurchase agreements）：通过这些协议，联储在政府证券市场上从交易商手中购买证券，并且交易商同意在指定的未来某一天（通常在一周之内）以指定的价格购回

这些证券。(20)

联邦储备体系(联储)(Federal Reserve System, the Fed):美国的中央银行,它在银行业中促进价格稳定和发行货币。(1, 14, 19)

信用货币(fiat money):由中央银行掌管的货币作为限定货币,不必由中央银行兑换成黄金或者其他实物货币。(2)

金融公司(finance company):通过出售商业票据和证券筹集大量资金并向居民和企业发放(通常较小数额)贷款的金融中介机构。(12)

金融账户(financial account):衡量国家间金融资产交易或者实物资产交易的国际收支账户。(22)

金融账户余额(financial account balance):资本流入减去资本流出的数量加上资本账户交易净值。(22)

财务困境(financial distress):居民和企业必须出售无流动性资产(可能遭受亏损)来偿还当期债务的情形。(27)

金融期货(合约)(financial futures (contracts)):要求以起初确定的价格购买一种金融工具并在未来某个指定日期进行交割的求偿权。(3)

金融创新(financial innovation):提供风险分担、流动性或信息服务的成本发生了变化,或者对这些服务的需求发生了变化,从而引起金融市场和金融机构运作方式的变革。(3)

金融机构(financial institutions):借款者和储蓄者的中间人,比如银行或保险公司。(1, 3)

1989年《金融机构改革、恢复与加强法案》(Financial Institutions Reform, Recovery, and Enforcement Act of 1989, FIRREA):一项金融改革方案,该法案撤销了联邦储蓄和贷款保险公司(FSLIC),组建了清债信托公司(RTC)来处理无偿付能力的储蓄机构。(15)

金融工具(financial instruments):金融机构创造的借据,是储蓄者的资产、借款者的负债(对借款者的求偿权)。(1)

金融一体化(financial integration):金融市场在(国内的和国际的)地理上联结在一起的趋势。(3)

金融中介机构(financial intermediaries):诸如商业银行、信用社,储蓄与贷款协会、互助储蓄银行、互助基金、金融公司、保险公司以及养老基金之类的机构,它们从储蓄者那里借入资金并将其贷放给借款者。(1, 3)

金融中介(financial intermediation):通过金融机构进行的间接金融方式,此类机构向储蓄者筹集资金并投资于借款者的债权求偿权或股权求偿权。(3)

金融市场(financial markets):一个可以购买和出售新的或者已有的债券、股票、外汇合约或其他金融工具的场所或渠道。(1, 3)

金融市场和金融机构稳定(financial market and institution stability)：货币政策最终目标之一，即维护金融市场和金融机构作为从储蓄者向借款者转移资金渠道的有效性。(21)

金融恐慌（financial panics）：金融市场的剧烈波动、银行挤兑和大量企业破产的周期性特征。(14，27)

金融服务（financial services）：金融体系提供的三个关键服务：风险分担、流动性和信息。(1)

金融体系（financial system）：由金融市场和金融机构组成的网络，它把储蓄者和借款者联系起来。(1，3)

费雪假说（Fisher hypothesis）：该理论认为，名义利率的升降与预期通货膨胀率升降是一一对应的。(4)

固定汇率制（fixed exchange rate system）：由政府确定汇率水平并进行维持的制度。(22)

定期偿还贷款（fixed-payment loan）：借款者定期（每月、每季度或每年）向放款者偿付本金和利息的信用市场工具。(4)

浮动汇率制（flexible exchange rate system）：由国家间达成的允许货币价值自由浮动的协议。(22)

浮动利率债务（floating-rate debt）：利率随着市场利率一起变动的债务。(13)

外资银行分支机构（foreign bank branch）：可以经营全部业务的外国金融机构分支机构，它可以外国金融机构的名义吸收存款和发放贷款。(16)

外汇市场干预（foreign-exchange market intervention）：中央银行故意影响汇率的行为 。(22)

外汇市场稳定（foreign-exchange market stability）：货币政策的最终目标之一，即限制货币汇价的波动。(21)

外汇市场（foreign-exchange markets）：交易国际货币的场外交易市场。(8)

远期交易（forward transactions）：在未来指定日期交换货币、银行存款和证券的协议。它提供给储蓄者和借款者在当前交易、在未来交割的能力。(8，9)

自由准备金（free reserves）：指银行体系中超额准备金和借入准备金（贴现贷款）之间的差额 。(21)

“搭便车”者（free riders）：获得和使用信息但不付出成本的个体。(11)

摩擦性失业（frictional unemployment）：工人寻找适合的工作和企业寻找胜任的工人所引起的失业。(28)

充分就业线（full employment (*FE*) line）：一条垂直线，它表示在忽略真实利率的情况下，经济使用所有可得生产要素能够达到的产出水平。(24)

充分就业产出（full employment output）：在忽略真实利率的情况下，经济在当期适当地使用所有可得生产要素所能够达到的产出水平。（24，25）

基本价值（fundamental value）：在有效金融市场中，资产预期收益现值等于资产的市场价格。（10）

期货合约（futures contract）：在规定的未来时期以当前协议价格交割基础商品或金融工具的协议。（9）

期货价格（futures price）：期货合约的价格，由期货市场所决定，并反映交易者对现货价格的预期。（9）

G

1982年《加恩-圣哲曼法案》（Garn-St. Germain Act of 1982）：一项金融监管改革法案，该法案允许银行提供货币市场存款账户以及储蓄和贷款协会扩展经营业务范围。（15）

一般账户（general account）：在联邦储备委员会的财政部存款账户。（18）

一般性指令（general directive）：联邦公开市场委员会关于货币总量和（或）利率总体目标的概括。（20）

一般均衡（general equilibrium）：经济中所有市场同时均衡的结果。（24）

金本位（gold standard）：在这种固定汇率制中，参加国的货币可以兑换成规定数量的黄金。（22）

商品市场（goods market）：经济在某一时点生产的所有商品和服务的交易市场。（24）

政府分配（government allocation）：一个中央当局把生产者的产出集中起来并按照某些计划分发商品和服务的分配方式。（2）

政府预算约束（government budget constraint）：显示了联邦支出与税收决策、财政部证券发售和基础货币变动之间关系的方程式。（18）

政府金融机构（government financial institutions）：为公共政策而发放贷款的联邦信用机构。（12）

渐进式策略（gradualism）：新凯恩斯学派主张的策略，即缓慢地降低货币供给增长率，以使通货膨胀率逐渐地降低，产出和就业损失更小。（28）

1999年《格雷姆-里奇-比利雷金融服务现代化法案》（Gramm-Leach-Bliley Financial Services Modernization Act of 1999）：促使美国监管变化的法案，它取消了《格拉斯-斯蒂格尔法案》，解除了银行业与证券业的分业状态。（14）

H

套期保值（hedging）：通过购买一个在未来特定时间按已知价格买入或出售资产的权利来减少风险敞口的做法。(9)

充分就业（high employment）：货币政策最终目标之一，它强调要维持较低的失业率。(21)

恶性通货膨胀（hyperinflation）：在相当长的一段时期内，每年超过百分之一百或者百分之一千的严重通货膨胀。(28)

I

异质性风险（非系统风险）（idiosyncratic risk ，unsystematic risk）：资产自身具有的不能影响整体市场的独特风险，例如，诸如罢工或发现新产品等因素影响公司利润，进而影响公司股票价格。(5)

指数化债券（indexed bond）：其本息偿付经过价格水平调整的债券。(4)

指标（indicator）：金融变量，其变动能够向中央银行显示金融市场或经济当前或未来情况的信息。(21)

通货膨胀（inflation）：指这样一种经济情况，价格上升使得既定数量的货币能够买到的商品和服务减少，进而降低了货币的购买力。(2，28)

通货膨胀目标（inflation target）：中央银行宣布的且运用其政策工具追求的通货膨胀目标。(21)

信息（information）：关于借款者和金融资产预期回报的事实。(1，3)

信息成本（information costs）：储蓄者调查借款者的信誉以及监督借款者如何使用所获资金所发生的成本。(11)

内幕信息（insider information）：被企业经理层获知的事实，而这些事实不能被其他投资者或未来投资者获知。(12)

保险公司（insurance company）：专门制定保险合约以使受保人免受特定事件发生而带来财务损失风险的金融中介机构。(12)

利息（interest）：使用借入资金的租用费。(3)

利率风险（interest rate risk）：市场利率变化引起金融资产和负债价值波动的风险。(13)

利率稳定（interest rate stability）：货币政策最终目标之一，重点在于减少利率的波动。(21)

利率互换（interest rate swap）：出售一种金融工具预期回报以换取另一种金融工具预期回报的协议。(9，13)

中介机构（intermediaries）：参见金融中介机构。

中介目标（intermediate targets）：联储认为将直接有助于实现其最终目标的金融变量（例如货币供给或短期利率）目标。(21)

中期债务（intermediate-term debt）：到期日在1～10年之间的债务工具。(3)

国际银行业务便利（international banking facilities，IBFs）：美国境内不能开展国内银行业务但可从国外居民和企业吸收定期存款和向其发放贷款的机构。它们可免除准备金要求和向存款人支付利息的联邦限制。在有些州，甚至可免除州和地方税。(16)

国际银行（international banks）：为从事国际贸易和国际金融业务的个人和企业提供风险分担、流动性和信息服务的金融机构。(16)

国际资本市场（international capital market）：跨越国界的借贷市场。(1)

国际资本流动性（international capital mobility）：投资者在国际市场间转移资金的能力。(8)

国际货币基金组织（International Monetary Fund，IMF）：根据布雷顿森林协议设立的多国最后贷款人，它帮助那些国际收支逆差或顺差的成员国进行短期经济调整，以维持固定汇率制度。(22)

国际储备（international reserves）：中央银行拥有的以一种外币计价并用于国际交易的资产。(22)

国际交易货币（international transactions currency）：用来结算国际商业和金融交易的货币。(16)

内在价值（intrinsic value）：期权如果立即执行所实际得到的价值。(9)

投资银行（investment banks）：帮助企业筹集新资本或者建议最佳筹资方式（发行股票或结构性债务工具）的证券市场机构。(12)

投资机构（investment institutions）：筹集资金投资于贷款和证券的金融机构（互助基金和金融公司）。(12)

IS 曲线（*IS* curve）：在商品和服务市场上，在其他条件不变的情况下，真实利率与收入水平之间具有负相关关系。(24)

L

政策制定和执行过程中的时滞（lags in policymaking and implementation process）：在决定和实施货币政策过程中的延迟。(26)

大型开放经济（large open economy）：国内储蓄和投资变动足以影响国际资本市场真实利率水平的经济。例如，美国、日本和德国就是大型开放经济国家的例子。(6)

一价定律（law of one price）：这个理论表明，如果两个国家生产相同的产品，无论哪一国生产这种产品，套利机会将使这种产品价格在世

界各地相等。它假设商品是可以贸易的并且允许价格差异反映运输成本。(8)

法定货币（legal tender）：在商业和金融交易中被普遍接受的特定货币。(2)

最后贷款人（lender of last resort）：在银行业恐慌期间银行可以求助的最后信贷来源。(14)

负债（liabilities）：资金的来源和对借款者未来收入的求偿权。(3)

人寿保险公司（life insurance company）：出售保单来使居民免受被保险人伤残、退休或死亡带来经济损失影响的公司。(12)

流动性（liquidity）：将资产转换为现金、其他资产或商品和服务的便利程度。(1，3)

流动性偏好理论（liquidity preference theory）：约翰·梅纳德·凯恩斯提出的假说，它强调货币需求对利率变化的敏感性。(23)

流动性风险（liquidity risk）：存款者集体性决定提取的存款数额超过银行现有资金数额的可能性。(13)

LM 曲线（*LM* curve）：在真实货币余额市场上，在其他条件不变的情况下，真实利率与收入水平之间具有正相关关系。(24)

收佣基金（load fund）：对基金份额的买或卖收取佣金的互助基金。(12)

贷款（loan）：借款者从放款者处获得资金并同意偿还本金和利息的交易。(13)

可贷资金（loanable funds）：在放款者和借款者之间换手的资金总量。(6)

贷款承诺（loan commitment）：银行同意在某些特定时间段内为借款者提供特定额度的资金。(13)

贷款出售（loan sale）：银行同意把标的银行贷款的未来预期收益卖给第三方的金融合约。(13)

辛迪加贷款（loan syndication）：由一个牵头银行安排和管理而其他银行持有部分贷款的贷款协议。(16)

多头（long position）：期货合约的买方，其在规定的未来某个日期承担买入基础金融工具的权利和义务。(9)

长期总供给曲线（long-run aggregate supply curve，*LRAS*）：反映长期内企业产出与价格水平关系的图形，它垂直于充分就业产出水平处。(25)

长期债务（long-term debt）：到期日在10年或者10年以上的债务工具。(3)

M

*M*1（*M*1）：最狭义的货币总量指标，其衡量的是充当传统交易媒介

的货币，包括通货、旅行支票和支票账户存款。(2)

$M2$（$M2$）：货币总量指标，除了包括$M1$的构成资产外，它还包括短期投资账户，这些账户可以转换成限定货币，但不如$M1$中构成资产那么便利。它也包括货币市场存款账户、非机构货币市场基金份额和企业拥有的其他一些如隔夜回购协议和隔夜欧洲美元等非常具有流动性的资产。(2)

主银行（main bank）：在日本，主银行是一个财团的大银行，它拥有成员企业的一些股票，是财团内企业的主要信贷来源，并监管成员企业的业务活动。(14)

有管理的浮动汇率制（managed float regime）：中央银行时常干预外汇市场来影响汇价的汇率制度。(22)

市场风险（系统性风险）（market risk，systematic risk）：特定类型的所有资产共有的风险，例如经济条件的整体波动会使得股票收益集体上升或下跌。(5)

可销售证券（marketable securities）：银行持有的可以在二级市场交易的流动性资产。(13)

盯市（marking to market）：期货市场上，交易者头寸的每日结算制度。(9)

售购匹配交易（matched sale-purchase transactions，reverse repos）：美联储通过公开市场交易部公开市场出售时的常用协议，美联储在政府证券市场中将证券卖给交易商，交易商同意在近期将这笔证券卖回美联储。(20)

到期日（maturity）：债务工具到期前的时间长度，可以是短期（30天或隔夜）或者是长期（30年或更长）。(3)

交易媒介（medium of exchange）：经济学家用来描述货币的一个术语。(2)

成员银行（member banks）：美国联邦储备体系的成员银行。(19)

菜单成本（menu costs）：由于通货膨胀的原因，企业改变产品售价所带来的成本（重新印制价格清单、通知客户等）。(28)

错觉理论（misperception theory）：企业拥有不完全信息对总供给影响的理论。（参见新古典学派的观点）(25)

货币总量（monetary aggregates）：比通货更加广义的货币数量衡量指标，包括$M1$和$M2$。(2)

基础货币（monetary base）：银行持有的准备金总额和流通中通货总额。(17)

货币中性（monetary neutrality）：货币在长期内对产出没有影响的理论，因为在长期内，名义货币供给增加（减少）只引起价格水平上升（下降），并不改变均衡产出。(25)

货币政策（monetary policy）：管理货币供给及其与价格、利率和其他经济变量的关系。(1)

货币政策最终目标（monetary policy goals）：中央银行执行货币政策和监管政策所要达到的目标。(21)

货币理论（monetary theory）：探讨货币供给变化与经济活动和价格变动之间关系的研究领域。(1)

债务货币化（monetizing the debt）：联储购买财政部证券以弥补联邦预算赤字。(18)

货币（money）：在商品和服务支付或债务清偿时人们普遍接受的任何东西。货币充当交易媒介，是计量单位和价值储藏手段，并提供延期支付标准。(1，2)

货币传递渠道（money channel）：货币政策通过影响利率敏感性支出而影响产出的传递途径。(27)

货币需求函数（money demand function）：反映真实货币余额需求与其基本决定因素之间关系的函数。(23)

货币市场存款账户（money market deposit account ，MMDA）：联邦保险的银行存款账户，它提供的服务与货币市场互助基金账户相似。(15)

货币市场互助基金（money market mutual funds）：以短期高质量资产为支持向储蓄者发行份额的基金。(12)

货币市场（money markets）：对用作交易媒介的资产进行交易的金融市场，这些资产包括货币或期限在1年以内的短期金融工具。(3，24)

货币乘数（money multiplier）：表示基础货币的既定变化引起货币供给多大变化的数字。(17)

货币供给（money supply）：中央银行供给的交易媒介总量。(1)

货币供给过程（money supply process）：中央银行、银行体系和非银行公众的行为决定货币供给的方式。(17)

道德风险（moral hazard）：贷款一旦发放，放款者就难以监督借款者的活动。(11)

倍数存款收缩（multiple deposit contraction）：银行准备金减少降低银行体系中支票存款数量的过程。(17)

倍数存款扩张（multiple deposit expansion）：货币供给过程的组成部分，在该过程中资金被多次存入银行。银行充当中央银行和非银行公众的纽带，从中央银行那里增加持有准备金，并通过向非银行公众发放贷款的方式减少持有准备金。(17)

市政债券（municipal bonds）：州和地方政府的债务，它免收联邦、州和地方所得税。(7)

互助基金（mutual funds）：一种金融中介机构，它通过向个人储蓄

者出售份额筹集资金，并将这些资金投资于由股票、债券、抵押贷款和货币市场工具等构成的分散化资产组合。(12)

N

狭义银行业（narrow banking）：一项存款保险改革提议，按照该提议，仅对安全资产中的存款进行保险。(15)

国民银行（national banks）：在联邦注册的银行，它们受美国财政部货币监理署的监管。最初，国民银行被允许发行银行券作为通货。(14)

自然失业率（natural rate of unemployment）：指当经济处于充分就业产出水平时存在的失业率。(28)

可转让存单（negotiable certificate of deposit）：由银行出售给投资者并且可在二级市场交易的有固定到期日的大面额存款工具。(15)

可转让支付命令账户（negotiated order of withdrawal，NOW）：可在实际上支付利息的银行支票账户。(15)

净值（股权资本）（net worth，equity capital）：企业当期和预期未来的持有物（资产）与其债务（负债）之间的差额。(11)

货币中性（neutrality of money）：名义货币供给变化对产出和真实利率没有影响。(24)

新古典学派的观点（new classical view）：阐述短期总供给的理论，认为总供给与实际价格水平和预期价格水平之差正相关。(25)

新凯恩斯学派的观点（new Keynesian view）：对于在短期内存在价格黏性的经济解释，其基于许多真实世界市场的特征，包括长期合同刚性和商品市场卖方的不完全竞争。(25)

免佣基金（no load funds）：仅仅从管理费（通常是资产额的0.5%）中赚取收益，而不收取销售佣金。(12)

噪声交易者（noise traders）：相对缺乏信息的交易者，他们追求交易策略却又没有占优的信息，可能会反应过度。(10)

名义汇率（nominal exchange rate）：一国货币以另一国货币表示的价值。(8)

名义利率（nominal interest rate）：没有经购买力变化调整的利率。(4)

名义利率平价条件（nominal interest rate parity condition）：市场均衡条件，即本国资产与外国资产具有相同的风险、流动性和信息特征，其名义回报（以同一货币度量）也必须相等。(8)

非银行的银行（nonbank banks）：只吸收活期存款但不发放贷款的金融机构。(14)

非银行营业部（nonbank office）：银行持股公司设立的不吸收活期

存款而发放贷款的附属机构。(14)

非货币资产市场（nonmoney asset market)：开展价值储藏资产（包括股票、债券和住房）交易的市场。(24)

非交易性存款（nontransaction deposit)：对银行的求偿权，包括储蓄存款和定期存款。(13)

O

表外贷款（off-balance-sheet lending)：银行不一定将其贷款作为资产的银行放款业务，包括备用信用证、贷款承诺、贷款出售。(13)

官方储备资产（official reserve assets)：中央银行持有的可以用来进行国际收支结算以使国际收支平衡的资产。(22)

离岸市场（offshore markets)：没有监管且对银行征收低税率的国际金融中心，如加勒比（巴哈马和开曼群岛）、中国香港和新加坡。(16)

奥肯法则（Okun's law)：阿瑟·奥肯提出的在产出变化与失业率之间存在的统计关系。(28)

开放经济（open economy)：在国际资本市场借款和放款的经济。(6)

开放式互助基金（open-end mutual funds)：发行可赎回份额的互助基金，其赎回价格与基金资产的内在价值相关联。(12)

公开市场操作（open market operations)：联邦储备体系在金融市场购买和出售债券。公开市场操作是改变基础货币的最直接方式。(17，20)

公开市场购买（open market purchase)：美联储购买政府债券，意在增加基础货币。(17)

公开市场出售（open market sale)：美联储出售政府债券，意在减少基础货币。(17)

公开市场交易部（Open Market Trading Desk)：由纽约联邦储备银行的交易员构成的团队，为美联储的账户买卖证券。(20)

操作目标（operating targets)：联储直接控制且与货币政策中介目标密切相关的变量。操作目标包括联邦基金利率和非借入准备金。(21)

期权费（option premium)：期权合约卖方收取的费用。(9)

期权合约（options contract)：赋予交易者在将来指定时间内以指定的价格购买或出售某一特定资产（如股票、债券或者外汇）的权利（或选择权)。(3，9)

直接购买或出售（outright purchase or sale)：美联储向交易商买进或卖出证券。(20)

场外交易市场、OTC市场（over-the-counter markets，OTC market)：通过电话和电脑将经纪商和交易商组织起来的二级金融市场，它

没有集中竞价交易场所。(3，12)

P

支付体系(payments system)：经济中便利交易的机制。商业银行通过清偿和结算交易在该体系中发挥重要作用。(2)

支付体系因素(payments system factors)：在交易中能够影响货币需求的货币替代品。(23)

养老基金(pension fund)：将雇员和企业的缴纳金投资于金融资产并对雇员支付退休金的金融机构。(12)

菲利普斯曲线(Phillips curve)：A. W. 菲利普斯发现的一种关系，即高失业率与工资推动的通货膨胀率低相关，反之亦然。(28)

计划筹资(plan funding)：使养老基金资产增值足以支付退休受益金的方法。(12)

政治性经济周期模型(political business cycle model)：这一理论认为，政策制定者选举之前会迫使美联储降低利率，刺激信贷需求和经济活动。(19)

资产组合(portfolio)：资产的集合。(3)

利率期限结构的习惯偏好理论(preferred habitat theory of the term structure of interest rates)：该理论认为，投资者既关心金融工具的预期回报，又关心其到期日，他们将不同到期日的金融工具视为可替代的但又不是完全可替代的。(7)

现值(当期贴现价值)(*PV*，present discounted value)：用于评估信用市场工具的概念，指将信用市场工具的所有支付换算成当期美元，以便可以加总。(4)

价格控制(price controls)：对价格变化施加政府的官方限制。(28)

物价指数(price index)：体现一组商品相对于其基年价格变化的概括性统计数据。(2)

价格稳定(price stability)：货币政策最终目标之一，即保持货币购买力的稳定。(21)

一级信贷(primary credit)：稳健银行(通常指那些有充足资本且监管评级属于安全和稳健级别的银行)可以获得的贴现贷款。(20)

一级市场(primary markets)：在该金融市场上，为购买耐用品或新创企业筹集资金的私人借款者和为弥补财政赤字的政府，向最初购买者出售新发行的债务求偿权或股权求偿权。(3)

基准利率(prime rate)：在传统上，基准利率是对高质量借款者6个月期贷款收取的利率。(13)

本金(principal)：借入的资金数额。(3)

委托—代理问题(principal-agent problem)：当控制企业的管理者

（代理人）拥有企业股份较少，因而不会有与企业拥有者（委托人）同样的激励去实现企业价值最大化时，就产生了这种道德风险。(11)

委托—代理观点（principal-agent view）：中央银行的决策理论，该理论认为中央银行的官员是为追求个人福利最大化，而非公共大众利益最大化。(19)

委托人（principals）：企业或组织的拥有者（但并不直接管理企业）。(11)

私募股权基金（private equity firms）：通过筹集股权资本并收购其他企业股份以减少“搭便车”问题和道德风险的投资者。(11)

顺周期货币政策（procyclical monetary policy）：美联储扩大经济波动的行动。(21)

程序化交易（program trading）：利用计算机生成同时买卖多种股票的订单，使得机构的资产组合快速调整。(10)

财产和意外伤害保险公司（property and casualty insurance company）：通过出售保单来使居民和企业免受疾病、失窃、意外伤害或自然灾害等风险影响的企业。(12)

公共利益观点（public interest view）：中央银行的决策理论，该理论认为中央银行官员是为了追求公共福利而行事的。(19)

购买力（purchasing power）：货币用于购买商品和服务的能力。(2)

汇率决定的购买力平价理论（purchasing power parity (PPP) theory of exchange rate determination）：该理论认为，两国货币间名义汇率的变化可由两国通货膨胀率的差异来解释。它假设实际汇率是固定不变的。(8)

看跌期权（put option）：看跌期权的买方获得卖出基础资产的权利，卖方有义务买入相应的基础资产。(9)

Q

货币需求数量论（quantity theory of money demand）：欧文·费雪等经济学家提出的理论，该理论认为，真实货币余额需求的决定因素是真实交易量。(23)

配额（quotas）：常见贸易壁垒，它对进入本国的外国商品数量施加限制。(8)

R

资本利得率（rate of capital gains）：金融资产价格变化的百分率。(4)

理性预期（rational expectations）：假定在一个有效市场模型中，参与者将利用所有可得的信息估计预期价格水平或货币供给的变化，使得

市场价格等于预期未来收益的现值。(10)

真实经济周期观点（real business cycle view）：该理论认为，在假设具有完全信息和完全可变价格的情况下，总需求的变化对产出没有影响，即使在短期也是如此。短期产出的变化主要是由于临时性生产率冲击，比如原材料可得性的变化。(25)

实际汇率（real exchange rate）：一国货币购买力与另外一个国家货币购买力的比较。(8)

真实利率（real interest rate）：经由通货膨胀引发的购买力变化调整后的利率水平。(4)

真实利率平价条件（real interest rate parity condition）：以相同商品衡量的预期真实利率是相等的。(8)

真实货币余额（real money balances）：经购买力变化调整的货币余额。(23)

真实回报率（real rate of return）：反映投资者财务报表中记录的收益能够购买的额外商品和服务的数额。(4)

Q字条例（Regulation Q）：1933年《银行法案》中的一项条例，该条例设置了定期存款和储蓄存款的利率上限，并禁止对活期存款（当时支票存款的唯一形式）支付利息。(15)

法定准备金率（required reserve ratio）：美联储规定的银行必须持有的准备金占存款的比率。(17)

法定准备金（required reserves）：美联储强制要求存款类机构必须持有的最低数额准备金。(13，17)

准备金要求（reserve requirement）：要求银行以现金或在中央银行存款的形式持有其部分存款的要求。(20)

准备金（reserves）：由银行库存现金（银行手持现金）加上在联储存款构成的银行资产。(13)

限制性条款（restrictive covenants）：放款者或承保人对借款者或受保人的行为施加的限制。例如，放款者会限制借款者的冒险行为，要求借款者维持一定的净值水平，或要求借款者向放款者提供保有价值的担保品。(11，12)

资产收益率（return on assets，ROA）：衡量银行经营绩效的指标（税后净利润/银行资产）。(13)

资本收益率（return on equity，ROE）：衡量银行股东回报的指标（税后净利润/银行股权资本）。(13)

升值（revaluation）：提高一国货币相对于其他国家货币的官方价值，进而重新确定汇率。(22)

1994年《里格尔-尼尔跨州银行业和设立分支机构效率法案》(Riegle-Neal Interstate Banking and Branching Efficiency Act of 1994)：

该法案提供了银行跨州扩张的全国统一标准，取消了先前关于跨州设立银行分支机构的重大限制。(14)

风险规避型储蓄者（risk-averse savers）：愿将其储蓄回报波动最小化的储蓄者。(5)

风险差别费率（risk-based premium）：保险公司根据受保人索赔概率而收取保险费用。(12)

风险喜好型储蓄者（risk-loving savers）：实际上更愿意持有高风险资产来博取回报最大化的投资者。(5)

风险中立型储蓄者（risk-neutral savers）：只根据预期回报来选择资产的储蓄者。(5)

风险分担（risk sharing）：金融体系提供的服务，由此为借款者和储蓄者分散和转移风险。(1，3)

利率的风险结构（risk structure of interest rates）：同一到期日的信用市场工具之间因风险、流动性、信息成本和税收的差异引起利率和收益率的差异。(7)

规则策略（rules strategy）：中央银行遵循规定的且公开宣布的政策准则来行事。(28)

S

储蓄者（savers）：资金的供给者，他们向借款者提供资金以期在未来获得更多的偿付。(3)

储蓄机构（savings institution）：一种银行企业，包括储蓄和贷款协会以及互助储蓄银行。(12)

季节性信贷（seasonal credit）：为满足地区性、季节性、流动性要求的贴现贷款。(20)

二级信贷（secondary credit）：为那些不符合一级信贷资格的银行发放的贴现贷款，这些贷款不允许用来支持银行扩张。(20)

二级市场（secondary markets）：由一个投资者将已发行的求偿权出售给另一个投资者的金融市场。(3)

证券市场机构（securities market institutions）：降低匹配储蓄者和借款者成本的金融机构（投资银行、经纪商兼交易商以及有组织的交易所）。(12)

市场分割理论（segmented markets theory）：该理论认为，每一种金融工具的收益率是由各自分割市场上具体的需求和供给因素决定的。(7)

鞋底成本（shoe leather costs）：消费者和企业为应对通货膨胀而最小化通货持有量所产生的成本。(28)

空头（short position）：期货合约的卖方，他们有权利和义务在未来

指定日期交割基础金融工具。(9)

短期总供给曲线（short-run aggregate supply curve，*SRAS*）：反映总产出和价格水平之间关系的曲线。(25)

短期债务（short-term debt）：到期日少于1年的债务工具。(3)

简单存款乘数（simple deposit multiplier）：法定准备金率的倒数。(17)

简式贷款（simple loan）：借款者从放款者那里得到一笔被称为本金的资金，同意在指定日期（到期日）对放款者偿还本金，并加上一笔被称为利息的额外数额资金（作为使用资金的费用）。(4)

简单菲利普斯曲线（simple Phillips curve）：通货膨胀与失业率和自然失业率之差的统计关系。(28)

小型开放经济（small open economy）：其储蓄总量太小而不能影响世界真实利率水平的经济，它将世界真实利率水平当作给定的利率。(6)

特别提款权（special drawing rights，SDRs）：国际货币基金组织作为最后贷款人发行的可以代替黄金作为国际储备的票据。(22)

专家（specialist）：在交易大厅撮合买卖双方之间在一只或多只股票进行交易的经纪商兼交易商。(12)

专业化（specialization）：在生产体系中，生产者生产其相对最具生产能力的商品和服务。(2)

投机（speculation）：通过预期价格变化方向从交易者对商品和金融工具预期价格不同当中获利的做法。(10)

投机性攻击（speculative attack）：根据市场参与者对一个国家不能够或不愿意维持固定汇率的预期，卖出软通货或者买入硬通货，以迫使一国货币贬值或升值。(22)

投机者（speculator）：在期货交易中，通过预期价格变动而获取利润的投资者。(9)

即期市场交易（spot market transactions）：在外汇市场中，货币或银行存款立即得到兑换（结算期为2天）的交易。(8)

现货价格（spot price）：在期货合约中，基础资产在交割日的价格。(9)

现货交易（spot transactions）：买卖和交割在同一时间进行的交易。(9)

稳定化政策（主动性政策）（stabilization policies，activist policies）：通过变动政府购买、税收或名义货币供给使总需求曲线移动进而平滑短期产出波动的公共政策。(26)

延期支付标准（standard of deferred payment）：货币便利跨期信用交易的特征。(2)

标准化（standardization）：在金融衍生工具市场中，期货和期权合

约标准化要求包含精确的规格，例如商品的重量、质量和等级等。(9)

备用信用证（standby letter of credit，SLC）：银行在需要时放款给借款者以使后者还清到期商业票据的承诺。(13)

州银行（state banks）：在州政府注册的银行。(14)

统计性误差（statistical discrepancy）：国际收支平衡表中资本账户的调整，以反映统计误差和遗漏。(22)

冲销性外汇干预（sterilized foreign-exchange intervention）：通过抵消性的国内公开市场操作使基础货币总量不变的外汇干预交易。(22)

价值储藏（store of value）：货币功能之一，通过持有美元或其他资产来积累价值并在未来用其购买商品和服务。(2)

行权价格（执行价格）（strike price，exercise price）：在期权中买卖资产的价格。(9)

附属的美国银行（subsidiary U. S. bank）：外国银行的附属银行，其要服从美国国内银行监管规则，并且不必使用与其外国母银行相同的名称。(16)

供给冲击（supply shocks）：影响生产成本和总供给曲线的价格、原材料可得性或生产技术的变化。(25)

互换（swap）：在衍生工具交易中，两方或多方（交易对手）在未来时期交换现金流的协议。(9)

辛迪加（syndicate）：承销巨额证券发行的一组投资银行。(12)

T

T形账户（T-account）：反映交易发生后资产负债表项目变化的简单会计工具。(13)

中间目标（targets）：中央银行能够直接影响且有助于实现货币政策最终目标的变量。(21)

关税（tariffs）：由对进口商品征税构成的常见贸易壁垒。(8)

泰勒规则（Taylor rule）：经济学家约翰·泰勒提出的以联邦基金利率为中间目标的货币政策准则。(21)

期限升水（term premium）：投资者对到期日不那么令人满意的投资所要求的额外收益率。(7)

利率期限结构（term structure of interest rates）：到期日不同的相关金融工具在收益率上的差异。(7)

资产组合配置理论（theory of portfolio allocation）：预测储蓄者如何根据其财富、资产预期回报、风险等级、资产流动性和信息获取成本等因素来配置其资产的理论。(5)

总回报率（total rate of return）：信用市场工具的当期收益率和其资本利得或损失率之和。(4)

贸易余额（trade balance）：经常账户的组成部分，该余额等于商品出口和进口之差。(22)

交易成本（transactions costs）：交易或交换成本，如购买或者出售一项类似于债券或股票的金融求偿权所要缴纳的经纪人佣金。(2，11)

财政部税收和贷款账户（Treasury tax and loan accounts）：美国财政部在商业银行的存款账户。

U

承销（underwriting）：投资银行赚取收入的一种方式，在最简单的形式中，承销商向需要资本的发行企业保证一定的价格，以更高的价格出售发行并获取利润即价差。(12)

计量单位（unit of account）：货币的功能之一，为经济提供一种衡量商品和服务价值的方法。(2)

全能银行（universal banking）：没有地域限制，可以从事许多非银行业务的银行。(14)

非冲销性外汇干预（unsterilized foreign-exchange intervention）：中央银行允许基础货币量随本币买卖而发生变动的交易。(22)

V

库存现金（vault cash）：银行手头持有的现金。(13，17)

货币流通速度（velocity of money）：在经济中一单位货币用于购买商品和服务的年平均次数。(23)

风险投资公司（venture capital firm）：从投资者那里筹集股权资本并投资于新创企业或成长性企业的公司。(11)

W

财富（wealth）：资产价值的总和。(2)

需求的财富弹性（wealth elasticity of demand）：资产需求数量变动百分率与财富变动百分率的关系。(5)

世界银行（国际复兴开发银行）（World Bank，International Bank for Reconstruction and Development）：根据布雷顿森林体系设立的向发展中国家提供长期贷款以实现其经济发展的银行。(22)

世界真实利率（world real interest rate）：由国际资本市场决定的真实利率水平。(6)

收益率曲线（yield curve）：将不同无违约风险工具的到期收益率作为期限的函数图形。(7)

到期收益率（yield to maturity）：使资产收益的现值等于其当前价格的利率指标。(4)

索　引*

Accounting，会计
market-value，市值，355
shifts（*FE* line），（*FE* 线）移动，568
Accounts，账户
automatic transfer system（ATS），自动转账系统，345
balances，账户余额，564
capital，资本账户，514
current，经常账户，513
General Account，一般账户，426
gold，黄金账户，425
negotiable order of withdrawal，可转让支付命令账户，277
relationships，账户间的关系，515
reserve，准备金账户，282
SDR certificate，特别提款权账户，425
T-accounts，T 形账户，283

* 术语后的数字表示英文原书页码，即中译本边码。——译者注

Treasury tax and loan accounts，财政部税收和贷款账户，426
types of banking，银行账户种类，280－281
units of，记账单位，15
Adjustable-rate mortgages (ARMs)，可调整利率抵押贷款，295，348. See also *Mortgages*，也可参见抵押贷款
Adverse selection，逆向选择，231－234，236
financial intermediaries，金融中介逆向选择，239－240
insurance companies，保险公司逆向选择，258
Agency offices，办事处，368
Agenda: *Inside the Clinton White House*, *The*，《议程：克林顿白宫的内幕》，102
Agents，代理人，236
Aggregate demand，总需求
curves，总需求曲线，588－592
equilibrium，均衡，600－605
inflation，通货膨胀 660
IS curve，*IS* 曲线，558－559
New Keynesian model，新凯恩斯学派模型，621
Aggregate supply，总供给
curves，总供给曲线，593－600
equilibrium，均衡，600－605
Akerlof，George，乔治·阿克洛夫，231
Alesino，Alberto，艾尔伯托·阿莱西那，431
Allocation，配置. See also *Portfolio allocation*，也可参见资产组合配置
assets，资产配置，91
government，政府分配，12－13
All-or-none basis，足额执行，250
Alternative intermediate targets，其他中介目标，494－495
American Stock Exchange (AMEX)，美国证券交易所，253
Analysis，分析，215
credit-risk，信用风险分析，290－292
Fed watching，联邦观察，468－470
as tools，作为分析工具，3，8－10.
Annuities，年金，260
Anonymous trading，匿名交易，201－202
Anticompetitive bank regulations，反竞争性银行监管，342－347
Appreciation，升值，159

Arbitrage，套利，188
indexes，指数套利，196
pricing theory（APT），套利定价理论，95
Argentina，阿根廷，16，26－27
Artwork，艺术品，15
Asia，financial collapse of，亚洲金融崩溃，529
Asian Wall Street Journal，*The*，《亚洲华尔街日报》
Japan inflation-linked bonds，日本通货膨胀联结型债券，124
Assessment of risk，风险评估，132. See also *Risk*，也可参见风险
futures，期货，189－192
options，期权，192－196
Assets，资产，15
balance sheets，资产负债表，419－420
banks，银行资产，281－282
determinants of，决定因素
allocation，资产配置的决定因素，91
expected prices，预期价格的决定因素，211－212
duration，久期，306－307
expectations theory，预期理论，144－147
expected returns，预期回报，预期收益，87
Federal Reserve System，联邦储备体系的资产，388
goods and asset markets，商品和资产市场，557－565
liquidity，资产流动性，4，89－90
management of，资产管理，287
market equilibrium，资产市场均衡，568－569
risk，资产的风险，88－89
shift in markets，起因于资产市场的移动，590－591
Assumptions，goods and asset markets，商品市场和资产市场模型的假设条件，557－565
Asymmetric information，信息不对称，36
information costs，信息成本，228－229
Auctions，拍卖，39
Authority of Federal Reserve System，联邦储备体系的职权，443
Automated teller machines（ATMs），自动柜员机，20，323
Automatic transfer service（ATS），自动转账服务，346，551

Bailouts，S&Ls，救助，储蓄和贷款协会，349－351
Baker，George F.，乔治·F·贝克，316

Balance of payments，国际收支，511 - 516
Balance sheets，资产负债表，279
current account balances，经常账户余额，564
Federal Reserve System，联邦储备体系
assets，联储的资产，419 - 421
liabilities，联储的负债，421
monetary base，基础货币，419 - 421
monetary policy，货币政策，646 - 648
real money balances，真实货币余额，539，572 - 573
validity of channels，传递渠道的有效性，648 - 651
Ball，Lawrence，劳伦斯·鲍尔，667
Bankers' acceptances，银行承兑汇票，53 - 54，371
Bank for International Settlements (BIS)，国际清算银行，324，376
Bank Holding Companies (BHCs)，银行持股公司，311，322，467
Bank Holding Company Act of 1956，1956 年《银行持股公司法案》，322
Banking，银行业，278. See also *Banks*，也可参见银行
anticompetitive regulations，反竞争性银行监管，342 - 347
asset duration，银行资产的久期，306 - 307
behaviors，银行行为，403 - 406
China，中国银行业，333
collateral，担保品，292
crisis's，银行业危机，338. See also *Regulation*，也可参见监管
decline of，银行业的衰落，329 - 330
Europe，欧洲银行业，332 - 333
expansion of，银行业的扩张，296 - 301
fractional reserve banking，部分准备金银行业体系，396
Germany，德国银行业，331 - 332
globalization，银行业全球化，328 - 333，365. See also *International banks*，也可参见国际银行
government intervention in，银行业的政府干预，314 - 327
investment banking，投资银行，249 - 254
narrow，狭义银行业，353 - 355
origins of，银行业的起源，309
overview of industry，银行业概览，308 - 309
panics，银行业恐慌，316
profits，银行业利润，279 - 285
regulations，银行业监管，309 - 314

relationships，关系
with borrowers，与借款者的关系，290 - 296
with savers，与储蓄者的关系，285 - 289
restrictions，银行业的限制，321 - 327
Banking Act of 1933，1933 年《银行法案》，324，442
Banking Act of 1935，1935 年《银行法案》，442
Bank lending channel，银行放款传递渠道，643
Bank of Canada，加拿大银行，449
Bank of Credit and Commerce International (BCCI)，国际商业信贷银行，368
Bank of England，英格兰银行，449，630
Bank of Japan Law，《日本银行法》，449
Banks，银行
assets，银行资产，281 - 282
borrowings，银行借款，281
central banks，中央银行，18，671 - 676. See also *Central banks*，也可参见中央银行
charters，银行注册，310 - 311
commercial banks，商业银行，266 - 267
consequences of drops in lending，银行放款减少的后果，637 - 638
failures，银行破产，283，315，317 - 318
Federal Reserve System，联邦储备体系，438 - 440
liabilities，银行负债，279 - 281
main，主银行，330
member，成员银行，440
monitoring，银行监管，318 - 321
national，国民银行，309
net worth，银行净值，282
regulations，监管，48
reserves，银行准备金，388
restrictions，对银行的限制，323 - 325
runs，银行挤兑，312 - 314
savings institutions，储蓄机构，267
state，州银行，309
validity of lending，银行放款传递渠道的有效性，648 - 651
World Bank，世界银行，518
Banks for Cooperatives，合作社银行，268
Barings P. L. C.，巴林银行，203

Barter systems，物物交换体系，13，26
Barth，James R.，詹姆斯·R·巴斯，327
Basel capital standards (1988)，1988 年巴塞尔资本标准，355
Basis risk，基差风险，192
Baumol-Tobin model，鲍莫尔-托宾模型，543
Benefits，好处、受益金、福利，264. See also *Pension funds*，也可参见养老基金
of discount policies，贴现政策的好处，462
international banking，国际银行业的收益，331，332
Berger，Allen，艾伦·伯格，323
Bernanke，Ben，本·伯南克，452，481，517，608，616
Best efforts，代销，250
Big Mac index，巨无霸指数，182
Black，Fischer，费希尔·布莱克，195
Blinder，Alan R.，艾伦·R·布林德，497，616
Bloomberg News，彭博新闻社
liquidity and the monetary base，流动性和基础货币，434
Board of Governors，理事会，438，441
Boehne，Edward G.，爱德华·G·伯内，327
Bond markets，债券市场
analysis of，债券市场的分析，9
equilibrium，债券市场均衡，106
supply and demand，债券市场的供给和需求，102－107
votes，债券市场的选票，120
Bonds，债券
corporate，公司债券，56
coupon，附息债券，62，68－69
discount，贴现债券，61，67
effect of inflation on prices，通货膨胀对债券价格的影响，77
Euromarkets，欧洲市场，375
European markets，欧洲债券市场，142
growth of markets，债券市场的成长，45
holding periods，持有期间，73
indexed，指数化债券、联结型债券，79
interest rates，利率，63. See also *Interest rates*，也可参见利率
Liberty bonds，自由债券，456
medium quality (Baa)，中等质量（Baa），134
municipal bond interest，市政债券利息，88

mutual funds，互助基金. See *Mutual funds*，参见互助基金
perpetual，永续债券，68
predictive power of，债券的预测能力，152
prices，债券价格，70-75
ratings，债券评级，131，133
rock star，摇滚明星债券，44
segmented market theory，市场分割理论，142-144
shifts in demand，债券需求的变动，107-111
state，州债券，56
trading，交易，252-254
Treasury，政府债券，15
yield，债券收益率，70-75，132
Book-value，面值，355
Booms，暴涨、繁荣，218
Borrowers，借款者，32. See also *Debt*；*Interest rates*，也可参见债务；利率
effects of monetary policy on，货币政策对借款者的影响，64
information costs，信息成本，229-231
matching，匹配、撮合，36-37，40
monitoring，监督、监管，292
relationships with banking，借款者与银行的关系，290-296
types of，借款者的类型，3
Borrowings，banks，银行借款，281
Boyd，John H.，约翰·H·博伊德，330
Bracket creep，税级攀升，664
Brady，Nicholas，尼古拉斯·布雷迪，221
Branches，分支机构、分行. See also *Banks*，也可参见银行
foreign bank，外国银行分行，368
organization of overseas，海外组织，362-367
restrictions，设立分支机构的限制，315，321-325
Bretton Woods system，布雷顿森林体系
central bank intervention，中央银行干预，523-525
fixed exchange rates，固定汇率制度，518-523
United States abandonment of，美国放弃布雷顿森林体系，522
Brokered deposits，经纪转存款，348
Brokers，investment banking，投资银行经纪人，251-252
Brumbaugh，R. Dan Jr.，小丹·R·伯伦巴，327
Bubbles，泡沫，219

Budgets，federal budget deficit，预算，联邦预算赤字，427 - 432
Bundesbank (German central bank)，德意志联邦银行（德国中央银行），498
Burns，Arthur，阿瑟·伯恩斯，441
Bush，George H. W.，乔治·H·W·布什，445，447
Businesses，企业、商业、经济
  as borrowers/savers，作为借款者/储蓄者的企业，3
  cycles，经济周期，613
  real business cycle model，真实经济周期模型，614 - 616
  taxation，企业税收，115 - 116
Busts，暴跌，220
Buy-and-hold strategies，买入并持有策略，148

Calculations，计算
  barter economies，物物交换经济，13
  default risk premiums，计算违约风险升水，134
  interest paid，利息支付，37
  interest rates，利率，76 - 82
  price indexes，计算物价指数，30
  risk toleration，计算风险承受，90
  simple deposit multipliers，计算简单存款乘数，394 - 400
  yield to maturity，计算到期收益率，70
Call options，看涨期权，193
Call reports，基础季报，310
Calvo，Guillcrmo，吉列·卡尔沃，684
CAMELS ratings，骆驼评级，311，320
Campeau，Robert，罗伯特·康波，352
Canada，central bank of，加拿大的中央银行，449
Capital，资本、资本金
  banking requirements，银行资本金要求，318 - 321
  international banking，国际银行，376 - 377
  regulation reforms，监管改革，355 - 356
Capital account，资本账户，514
Capital adequacy，资本充足率，286 - 287
Capital asset pricing model (CAPM)，资本资产定价模型，95
Capital controls，资本管制，510 - 511
Capital gains，rate of，资本利得率，75
Capital inflow，资本流入，514

Capital markets，资本市场
globalization of，资本市场全球化，5
instruments，资本市场工具，54－57
maturity and money，资本市场和货币市场的期限，38－39
Captive insurance subsidiaries，专业自保公司，259
Carter，Jimmy，吉米·卡特，446，447
Cash，现金
bank assets，银行资产，281
electronic，电子现金．See *Electronic cash*，参见电子现金
markets，现货市场，39
vault，库存现金，387
Cashless societies，无现金社会，20
Cash value life insurance policies，人寿保险政策的现金值，260
Catte，Pietro，皮特罗·凯特，512
Central banks，中央银行，18
Bretton Woods，布雷顿森林，523－525
Bundesbank，德意志联邦银行，498
credibility，可信度，671－676
European Central Bank (ECB)，欧洲中央银行，467，526
European System of Central Banks (ESCB)，欧洲中央银行体系，500
Federal Reserve System，联邦储备体系
power sharing of，联邦储备体系的独立性，448－451
independence in，联邦储备体系的权势分享，437－443
intervention，中央银行干预，378
Certificates of deposit (CDs)，存单，54，280
determinants of portfolio choice，资产组合选择的决定因素，89
mutual funds，互助基金，255
negotiable CDs，可转让存单，344
Change in financial systems，金融体系的变化，42－44
Channels，传递渠道
balance sheet，资产负债表传递渠道，646
bank lending，银行放款传递渠道，643
monetary policy，货币政策传递渠道，642－652
money，货币传递渠道，642－643
systems，走廊系统，467
Charters，banks，银行注册，310－311
Checkable deposits，支票存款，279
Checks，支票，19

Churning，频密调整，215
Chinese banking，中国银行业，333，360
Clinton，William（Bill）Jefferson，威廉（·比尔）·杰斐逊·克林顿，445
Closed economies，封闭经济，120，585-586
Closed-end mutual funds，封闭式基金，255
Coinsurance，共同保险，259-260
Cold turkey reduction of inflation，“速冻火鸡”式降低通货膨胀，669 670
Collateral，担保品
banking，银行担保品，292
role of，担保品的作用，233-234
Colosio，Luis Donaldo，路易斯·唐纳多·科洛西奥，528
Commercial banks，商业银行，266-267
balance sheets，商业银行资产负债表，279
crisis's，商业银行危机，351-352
loans，商业银行贷款，57
regulations，商业银行监管，311
restrictions，限制商业银行，323-325
Commercial paper，商业票据，53
Commodities，实物、商品
money，实物货币，18. See also *Money*，也可参见货币
pricing，商品定价，495
Commodities Futures Trading Commission (CFTC)，商品期货交易委员会，46，48
Community Reinvestment Act，《社区再投资法案》，334
Competition in financial systems，金融体系的竞争，42-44
Competitive Equality Banking Act of 1987，1987 年《银行平等竞争法案》，322
Compliance，reserve requirements，满足准备金要求，465
Compounding，复利，64，80
Consol bonds，统一公债，68
Consolidation，banking，银行并购，322
Consumer price index (CPI)，消费者物价指数，657
Consumption taxes，消费税，143
Contraction，multiple deposits，倍数存款收缩，399-400
Contractionary monetary policies，紧缩性货币政策，509. See also *Monetary policies*，也可参见货币政策

Contracts，futures，期货合约，189. See also *Futures*，也可参见期货
Contractual savings，契约储蓄
insurance companies，保险公司，257－263
pension funds，养老基金，263－266
Controllability of intermediate targets，中介目标的可控制性，486
Convertible bonds，可转换债券，56
Corporate bonds，公司债券，56
Corporate restructuring firms，企业重组公司，240
Correspondent banking，代理行业务，281
Corridor systems，走廊系统，467
Cost of living adjustments (COLAs)，生活成本调整，595
Cost-push inflation，成本推动型通货膨胀，666－667
Costs，成本，代价
of acquiring information，获取信息的成本，90－91
bank runs，银行挤兑的成本，312－314
hedging，对冲成本，193－195
historical，历史成本，355
of inefficiency，无效率的成本，223－225
of inflation，通货膨胀的成本，663－666
of information，信息成本
adverse selection，逆向选择成本，231－234
changes in equilibrium，均衡中的信息成本变化，111
commercial banks，商业银行信息成本，267
disclosure，信息披露，233
expectations theory，预期理论，144－147
financial intermediaries，金融中介机构，239－242
interest rate structures，利率结构，136－138
matching savers/borrowers，匹配储蓄者与借款者，229
moral hazards，道德风险，234－239
reducing，降低信息成本，232－233
input，投入成本，598
international banking，国际银行业，331，332
labor，劳动成本，598
macroeconomic cost of information problems，信息问题的宏观经济成本，636－641
reducing inflation，降低通货膨胀的成本，668－671
transactions，交易成本，13
commercial banks，商业银行，267

international banking，国际银行业，370 - 371
Coupon bonds，附息债券，62，68 - 69
Credit，信用、信贷
controls，信用控制，640 - 641
derivatives，信用衍生品，199，300
market instruments，信用市场工具，60
rationing，信贷配给，232，292
supply and demand，信贷的供给和需求，649 - 651
types of，信用的类别，462
Credit crunches，信贷压缩，640 - 641
1990 - 1991 recession，1990—1991 年衰退期的信贷压缩，650
of 1966，1966 年的信贷压缩，344
Credit-risk analysis，信用风险分析，290 - 292
Credit-scoring systems，信用评分体系，291
Credit unions，信用社，267 - 268，312
Crises，危机
Argentina，阿根廷危机，16，26 - 27
banking，银行业危机，338. See also *Banking*；*Regulations*，也可参见银行业；监管
Barings P. L. C.，巴林银行集团危机，199
commercial banks，商业银行危机，351 - 352
deposit insurance，存款保险危机，6
financial collapse of，金融崩溃
Asia，亚洲金融危机，529
Mexico，墨西哥金融危机，528
Franklin National Bank crisis，富兰克林国民银行危机，341
Great Depression，大萧条 . See *Great Depression*，参见大萧条
Hunt brothers' silver speculation，亨特兄弟白银投机危机，341
Orange County，California，加利福尼亚州奥兰治县危机，198
Penn Central Railroad crisis，佩恩中央铁路危机，340
Soviet Union，苏联危机 . See *Soviet Union*，参见苏联
stock market crash of 1987，1987 年股票市场崩盘，340 - 342
U. S. deposit insurance crisis of the 1980s，20 世纪 80 年代美国存款保险危机，347 - 357
Crow，John，约翰·克罗，498
Crowding out，挤出，577
Currency，通货 . See also *Money*，参见货币
devaluation/revaluation，货币贬值/升值，520

emerging markets，新兴市场，530
Euro，欧元，182 - 183
Eurodollars，欧洲美元，373
international reserve，国际储备，518
international transaction，国际交易，373
Office of the Comptroller of the Currency (OCC)，货币监理署，309
outstanding，财政部发行的通货，425
pesos，比索，528
swaps，货币互换，196，370
Treasury currency in circulation，流通中的财政部通货，387
Currency-deposit ratio (*C/D*)，通货—存款比率，400
Currency premiums in foreign-exchange markets，外汇市场的货币升水，181 - 182
Current accounts，经常账户，513，564
Current output，当期产出，565
Current spot prices，现货价格，190
Curves，曲线
aggregate demand，总需求曲线，588 - 592
aggregate supply，总供给曲线，593 - 600
IS，*IS* 曲线，558 - 565
closed economies，封闭经济的 *IS* 曲线，585 - 586
large open economies，大型开放经济的 *IS* 曲线，586 - 587
shifts in，*IS* 曲线的移动，575 - 576
small open economies，小型开放经济的 *IS* 曲线，587
LM，*LM* 曲线，558
long-run aggregate supply，长期总供给曲线，598 - 600
Phillips，菲利普斯曲线，682
long-run Phillips curve，长期菲利普斯曲线，685
simple Phillips curve，简单菲利普斯曲线，681
yield，收益率曲线，143
changes in，收益率曲线的变动，150
intermediate targets，作为中介目标的收益率曲线，495
short-run aggregate supply (*SRAS*)，短期总供给曲线，593 - 598

Data lag，数据时滞，623
Day traders，日交易员，254
Dealers，交易商
investment banking，投资银行，251 - 252

primary，一级交易商，457
Debelle，Guy，盖伊·德贝尔，497
Debit cards，借记卡，20
Debt，负债、债务
financing，债务融资，237 - 239
floating-rate，浮动利率债务，294
interest rates，利率，60 - 70
matching borrowers/savers，匹配借款者与储蓄者，36 - 37
monetizing，债务货币化，428
moral hazard，道德风险，286
regulations，监管，47
Deductibles，insurance companies，免赔额，保险公司，259
Default risk，违约风险，130 - 135，144 - 147. See also *Risk*，也可参见风险
Default swaps，违约互换，199
Defensive transactions，防御性交易，458
Deferred payments，延期支付，16
Deficits，federal budget，联邦预算赤字，427 - 432
Defined contribution plans，固定缴纳金计划，264. See also *Pension funds*，也可参见养老基金
Definitive money，限定货币，17. See also *Money*，也可参见货币
Deflation，通货紧缩，5，124. See also *Inflation*，也可参见通货膨胀
Deleveraging，去杠杆化，251
Delivery of financial services，金融服务的提供，4
Demand，需求 . See also *M*1；*Supply and demand*，也可参见 *M*1；供给和需求
aggregate，总需求，
curves，总需求曲线，588 - 592
equilibrium，均衡，600 - 605
inflation，通货膨胀，660
IS curve，*IS* 曲线，558 - 559
New Keynesian model，新凯恩斯模型，621
bond shifts in，债券需求的变动，107 - 111
credit，信贷需求，649 - 651
curves，需求曲线，103 - 104
deposits，活期存款，309
excess，超额需求，569
money，货币需求，538

Friedman's money demand model，弗里德曼的货币需求模型，547 - 548
measurement of，货币需求的度量，550 - 551
quantity theory of，货币需求数量论，540
relationships，关系式，548 - 551
wealth elasticity of，需求的财富弹性，87
Demand-pull inflation，需求拉动型通货膨胀，667 - 668
Department of Veterans Affairs (VA)，退伍军人事务部，269
Depository institutions，存款类机构，266 - 268
Depository Institutions Deregulation and Monetary Control Act of 1980 (DIDMCA)，1980 年《存款类机构放松监管和货币控制法案》，345 - 346，440
Deposits，存款 . See also *Accounts*; *Banking*，也可参见账户；银行业
brokered，经纪转存款，348
currency-deposit ratio (*C*/*D*)，通货—存款比率，400
demand，活期存款，309
insurance，存款保险，377 - 378
crises，存款保险危机，6
pricing，存款保险定价，354
U. S. crisis of the 1980s，20 世纪 80 年代美国存款保险危机，347 - 357
multiple deposit contraction，倍数存款收缩，399 - 400
nontransaction deposits，非交易账户，280 - 281
simple deposit multipliers，简单存款乘数，394 - 400
Depreciation，贬值，159
Derivatives，衍生工具、衍生品
benefits of，衍生工具的好处，199 - 202
credit，信用衍生品，199，300
forward transactions，远期交易，186 - 187
house-price，房价衍生品，204
markets，衍生工具市场，39
Devaluations，exchange rates，汇率贬值，520
Digital cash，数字现金，20. See also *Electronic cash*，也可参见电子现金
Directives，FOMC，联邦公开市场委员会指令，457 - 458
Disclosure，披露，46
information costs，信息成本，231
Regulation Fair Disclosure (FD)，公平披露规则，233
Discount bonds，贴现债券，61，67
Discount loans，贴现贷款，281，391 - 394，403 - 406

Discount policies，贴现政策，461－464
Discount rates，贴现率，469－470
Discount windows，贴现窗口，461
Discretion strategies，相机抉择策略，675
Discrimination，credit-risk analysis，歧视，信用风险分析，291
Disintermediation，脱媒、非中介化，344
Districts，Federal Reserve，联邦储备区，438
Diversification，多样化、分散化，34
banking，银行业务多样化，290
portfolio allocation，资产组合配置多样化，91－94
Dividends，股息、红利，37，260
Domestic asset expected returns，国内资产的预期回报，170－172
Domestic expected inflation，国内预期通货膨胀，176
Domestic goods，国内货物，166－167
Domestic money supply，国内货币供给，508. See also *Money supply*，也可参见货币供给
Domestic real interest rates，本国真实利率，176
Dostsey，Michael，迈克尔·道斯特，151
Double coincidence of wants，需求的双重巧合，13
Dual banking system，双重银行体系，309
Duration of assets/liabilities，资产/负债的久期，306－307
Dynamic transactions，动态交易，458

Eastern Europe，东欧
financial systems，东欧金融体系，3
government allocation，政府分配，12－13
Eccles，Marriner，马里纳·埃克尔斯，445
Economic growth，经济增长，480
Economic indicators，经济指标，3
Economies of scale，规模经济，230
Economist，*The*，《经济学家》
Big Mac PPP，巨无霸购买力平价，182
Chinese banking，中国银行业，360
Community Reinvestment Act，《社区再投资法案》，334
Euro，欧元，532
European banking，欧洲银行业，630
excess savings，excess liquidity，储蓄过剩，流动性过剩，580
financial press and investor “mood”，金融压制和投资者“情绪”，98

"golden egg" investments，"金蛋"投资，226
house-price derivatives，房价衍生品，204
housing market，住房市场，654
monetary policy，货币政策，502
of European Central Bank，欧洲中央银行的货币政策，552
prepaid cards，预付卡，26
Sarbanes-Oxley Act，《萨班斯-奥克斯利法案》，244
Economy，financial systems and，金融体系和经济，3 - 7
Edge Act corporations，艾知法公司，367
Edwards，Franklin R.，富兰克林·R·爱德华兹，270
Efficiency of financial markets，金融市场的有效性，216 - 223
cost of inefficiency，金融市场无效率的成本，223 - 224
efficient market hypothesis，有效市场假说，210 - 216
rational expectations，理性预期，208 - 210
Efficient market hypothesis，有效市场假说，210 - 216
Elasticity，弹性，294
Electronic cash，电子货币，19 - 21
Electronic Communication Networks (ECNs)，电子通信网络，254
Electronic funds，电子资金，19 - 21
Electronic funds transfer systems，电子资金划转系统，20
Emerging market currency，新兴市场货币，530
E-money，电子货币，20
Employee Retirement Income Security Act of 1974 (ERISA)，1974年《雇员退休收入保障法案》，265，359
Employee stock ownership plans (ESOPs)，员工持股计划，264
Employment，就业
full employment output，充分就业产出，565 - 568
high employment，充分就业，479
monetary policies，货币政策. See *Monetary policies*，参见货币政策
Employment Act of 1946，1946年《就业法》，479
Engel，Charles，查尔斯·恩格尔，218
Equilibrium，均衡，105 - 107
aggregate demand，总需求，600 - 605
aggregate supply，总供给，600 - 605
asset markets，资产市场均衡，568 - 569
changes in，均衡的变化，107 - 120
federal funds markets，联邦基金市场均衡，469
foreign-exchange market，外汇市场均衡，170 - 172

IS-LM-FE model，*IS-LM-FE* 模型，575 - 579
long-run，长期均衡，602 - 604
short-run，短期均衡，601 - 602
strategies for changing，改变均衡的策略，673
Equity，股权、股票
matching borrowers/savers，匹配借款者与储蓄者，36 - 37
moral hazard in，道德风险，234 - 237
E-trading，电子交易，254
Euro，欧元，532
exchange rates，欧元汇率，182 - 183
Eurodollars，欧洲美元，54，373
Euroequities，欧洲股权市场，45
Euro Interbank Offered Rate（EURIBOR），欧洲银行间同业拆借利率，375
Euromarkets，欧洲市场，373 - 376
Europe，欧洲
banking integration，欧洲银行业一体化，332 - 333
bonds，欧洲债券，142
discount policies，贴现政策，463
fixed exchange rates，固定汇率，525 - 529
independence of central banks，中央银行的独立性，449
New Keynesian model，新凯恩斯学派模型，620
open market operations，公开市场操作，461
European Central Bank (ECB)，欧洲中央银行，450，467，526，630
European Community (EC)，欧共体，332
European Monetary Institute (EMI)，欧洲货币管理局，526
European Monetary System，欧洲货币体系，525
European Monetary Union，欧洲货币联盟，526
European System of Central Banks（ESCB），欧洲中央银行体系，450，500
Examination，banking，银行检查，310 - 311
Excess demand，超额需求，569
Excessive price fluctuations，价格过度波动，223 - 225
Excessive volatility，过度波动性，218
Excess reserves，超额准备金，388，403 - 406，488
Excess supply，超额供给，569
Exchange rate mechanism (ERM)，汇率机制，525
Exchange rates，汇率

devaluations，汇率贬值，520
Euro，欧元汇率，180 - 181
fluctuations，汇率波动，173 - 181
foreign exchange markets，外汇市场，508 - 511
international banking，国际银行业，369 - 370
international financial systems，国际金融体系，516 - 531
long-run，长期汇率，162 - 167
reading，解读汇率，164
revaluations，汇率升值，520
short-run，短期汇率，167 - 173
sterilized interventions，冲销性干预，512
trade，贸易，158 - 161
Exchanges，交易、交换、交易所
asset liquidity，资产流动性，4
investment banking，投资银行，253
medium of，交易媒介，14
money，货币的交易需求，12 - 17
Exemptions，taxation，免税，139 - 141
Exercise prices，执行价格，193
Expanded channels，传递渠道扩展，642 - 652
Expansions，monetary，货币扩张，643 - 647
Expectations，预期，144 - 147，208
Expected future exchange rates，预期未来汇率，179 - 181
Expected inflation，预期通货膨胀
changes in，预期通货膨胀的变化，573 - 574
market equilibrium，市场均衡，108 - 109
shifts in bond supply，债券供给的变化，114 - 120
Expected prices，预期价格，
changes in，预期价格的变化，599
determining，预期价格的决定，211 - 212
Expected profitability of capital，资本预期盈利能力，113
Expected real interest rates，预期真实利率，77
Expected returns，预期回报、预期回报率
changes in，预期回报的变化，108 - 109
comparing assets，比较资产的预期回报，168 - 170
determinants of portfolio choice，资产组合选择的决定因素，87
portfolio allocation motives，资产组合配置动机，545
Expiration dates of options，期权的到期日，193

Face value，面值，61，70－72
Fads，跟风者，219
Failures of banks，银行破产，283，316，317－318
Farm Credit System，农业信贷体系，55，268
Farmers Home Administration（FmHA），农民住房管理局，269
Federal budget deficit，联邦预算赤字，427－432
Federal deposit insurance，联邦存款保险，280，314，316－321
Federal Deposit Insurance Corporation（FDIC），联邦存款保险公司，48，314
Federal Deposit Insurance Corporation Improvement Act of 1991（FDICIA），1991 年《联邦存款保险公司改进法案》，319，354
Federal（Fed）funds，联邦基金，54
  markets，联邦基金市场，281，468－469
  rates，联邦基金利率，281，471－473
Federal Home Loan Mortgage Corporation（FHLMC），联邦住房贷款抵押公司，56，268
Federal Housing Administration（FHA），联邦住房管理局，271
Federal Intermediate Credit Banks，联邦中期信贷银行，268
Federal Land Banks，联邦土地银行，268
Federal National Mortgage Association（FNMA），联邦国民抵押贷款协会，56，268
Federal Open Market Committee（FOMC），联邦公开市场委员会，438，441－442，457. See also *Open market operations*，也可参见公开市场操作
  directives，联邦公开市场委员会指令，459－460
  statements，联邦公开市场委员会声明，460
Federal Reserve Act of 1913，1913 年《联邦储备法》，438
Federal Reserve floats，联储在途资金，422
Federal Reserve Notes，联邦储备钞票，17，387. See also *Currency*，也可参见通货
Federal Reserve System，联邦储备体系，7，48
  assets，联邦储备体系资产，386
  balance sheets，联邦储备体系资产负债表，417－418
  banks，联邦储备银行，438－440
  behaviors，联邦储备体系的行为，403－406
  central banks，中央银行
    independence of，中央银行的独立性，448－451

power sharing in，联邦储备体系的权势分享，437－443
creation of，联邦储备体系的创建，309，314
floats，联储在途资金，458
independence of，联邦储备体系的独立性，447
international financial systems，国际金融体系．See *International financial systems*，参见国际金融体系
liabilities，联储的负债，387－388，421
monetary base，基础货币．See also *Monetary base*，也可参见基础货币
balance sheets，联储的资产负债表，419－421
changes in，基础货币的变化，388－392
money multipliers，货币乘数，400－403
money supply，货币供给、货币供给量，386－394，406－411
operations，联储的运作，444－448
power and authority in，权势与职权，442－443
principal-agent view，委托—代理理论，446－447
public interest view，公共利益理论，445－446
repurchase agreements，回购协议，457
selection of chairman，主席的选举，446
simple deposit multipliers，简单存款乘数，394－400
targets，中间目标．See *Targets*，参见目标
Federal Savings and Loan Insurance Corporation（FSLIC），联邦储蓄和贷款保险公司，314
Fed watching，联储观察，452，459－460，468－470
Fee income，收费收入，297
Fiat money systems，信用货币体系，18－19. See also *Money*，也可参见货币
Fifty（50）year bonds，50年债券，72
Finance companies，金融公司，256－257
Financial account，金融账户，514－515
Financial distress，财务困境，647
Financial innovation，金融创新，43
Financial institutions，金融机构，2，6，32，248－249
depository institutions，存款类机构，266－268
finance companies，金融公司，256－257
government，政府金融机构，268－271
insurance companies，保险公司，257－263
investment institutions，投资机构，254－257

pension funds，养老基金，263 - 266
securities，证券市场机构，249 - 254
services，金融机构提供的服务，271 - 273
Financial Institutions Reform，Recovery，and Enforcement Act of 1989 (FIRREA)，1989 年《金融机构改革、恢复与加强法案》，350
Financial instruments，金融工具，3，53
Financial integration，changes in，金融一体化的变化，43
Financial intermediaries，金融中介机构，6，32
in financial systems，金融体系中的金融中介机构，40 - 42
information costs，金融中介机构的信息成本，239 - 242
information problems，信息问题，636 - 637
services，金融中介机构提供的服务，269
Financial markets，金融市场，2，5 - 6
efficiency，金融市场有效性，216 - 223
cost of inefficiency，金融市场无效率的成本，223 - 226
market hypothesis，有效市场假说，210 - 216
rational expectations，理性预期，208 - 210
exchange rates in，金融市场中的汇率，171
in financial systems，金融体系中的金融市场，36 - 40
lemons problems in，金融市场中的次品（柠檬）问题，232
modeling risk premiums，风险升水建模，95
stability，金融市场稳定性，482
Financial panics，金融恐慌，639 - 640
Financial press and investor "mood"，金融压制和投资者"情绪"，98
Financial regulation，金融监管 . See *Regulation*，参见监管
Financial services，金融服务，4
Financial stability，maintenance of，维护金融稳定性，48
Financial Supervisory Agency (FSA)，日本金融厅，358
Financial systems，金融体系，2，3 - 7
change in，金融体系的变化，42 - 44
competition in，金融体系的竞争，42 - 44
derivatives，衍生工具、衍生品，199 - 202
financial intermediaries in，金融体系中的金融中介，40 - 42
financial markets in，金融体系中的金融市场，36 - 40
IS-LM-FE model，*IS-LM-FE* 模型，557. See also *IS-LM-FE* model，也可参见 *IS-LM-FE* 模型
services，金融体系提供的服务，33 - 36
purpose of，金融体系提供服务的目的，31 - 33

Financial Times, *The*,《金融时报》
Fed watching，联储观察，452
Islamic banking，伊斯兰银行，380
predictive power of bonds，债券的预测能力，152
trading floor，future of，交易大厅的未来，274
Fischer，Stanley，斯坦利·费希尔，663
Fisher，Irving，欧文·费雪，539
Fisher hypothesis，费雪假说，77
Fixed exchange rates，固定汇率制度
Bretton Woods system，布雷顿森林体系，518-523
Europe，欧洲固定汇率制度，526-529
gold standard，金本位，516-518
international financial systems，国际金融体系，529
Fixed lombard rates，固定的伦巴第利率，467
Fixed-payment loans，定期偿还贷款，62-63，69
Flexible exchange rate systems，浮动汇率体系，524
Flight to quality，弃险投良，135
Floating-rate debt，浮动利率债务，294
Floats，浮动、在途资金
Federal Reserve System，联邦储备体系在途资金，458
managed float regimes，管理浮动汇率制，524
Flow of funds，资金流量，6
Fluctuations，波动
exchange rates，汇率波动，173-181
pricing，价格波动，212-214
Forecasting，预测
interest rates，利率预测，144
price changes，价格变动预测，216
risk，风险预测，141
using term structure to，用期限结构预测，148-151
Foreign Affairs，《外交事务》
U. S. savings，美国的储蓄，50
Foreign assets，外国资产，168-170
Foreign bank branches，外国银行分支机构，368
Foreign Exchange Law Reform of 1980，1980年《外汇法改革》，331
Foreign exchange markets，外汇市场，161-162
currency premiums in，外汇市场的货币升水，179-180
equilibrium，外汇市场均衡，170-172

exchange rate intervention，汇率干预，508 - 511
money supply intervention，货币供给干预，505 - 507
stability，外汇市场稳定，480 - 481
Foreign goods，外国商品，164 - 165
Foreign interest rates，外国利率，176 - 177
Formulas，公式，37. See also *Calculations*，也可参见计算
Forward transactions，远期交易，162，186 - 187
401 (k) plans，401 (k) 计划，265. See also *Pension funds*，也可参见养老基金
Fractional reserve banking，部分准备金银行业，396
Franklin National Bank crisis，富兰克林国民银行危机，341
Free Banking Period，自由银行时期，309，310
Free reserves，自由准备金，488
Free riders，"搭便车"者，233
Frictional unemployment，摩擦性失业，479，667
Friedman，Milton，米尔顿·弗里德曼，466，547 - 548，615
Friedman's money demand model，弗里德曼的货币需求模型，547 - 548
Full employment，充分就业，565 - 568，594
Full Employment and Balanced Growth Act of 1978，1978 年《充分就业与均衡增长法案》，444，479
Funds，资金. See also *Money*，也可参见货币
electronic，电子资金，18 - 21
Federal (Fed)，联邦基金，54
flow of，资金流量，6
transfers，资金划转，4
Future rates，predicting，预测未来利率，471 - 473. See also *Predictions*，也可参见预测
Futures，期货，187 - 192
interest rate management，利率管理，295 - 296

Gali，Jordi，乔迪·加利，684
Galli，Giampoalo，贾保罗·加利，510
Garn-St. Germain Act of 1982，1982 年《加恩-圣哲曼法案》，346
General Account，一般账户，426
General Accounting Office (GAO)，美国会计总署，271
General directives，一般指令，457
Gensaki market，日本债务回购市场，461
Germany，德国

banking，德国银行业，331－332
Bundesbank，德意志联邦银行，498
independence of central banks，德国中央银行的独立性，449
inflation，德国通货膨胀，665
Gertler，Mark，马克·格特勒，330，648，684
Ghoten，Toyoo，行天丰雄，524
Gilchrist，Simon，西蒙·吉尔克里斯特，648
Glass-Steagall Act，《格拉斯-斯蒂格尔法案》，324，325
Globalization，全球化
banking，银行业全球化，328－333，365. See also *International banks*，也可参见国际银行
changes in financial integration，金融一体化的变化，43
diversification of portfolios，资产组合多样化，96
expansion of banking，银行业的扩张，300－301
interest rate targets，利率目标，492－493
international capital markets，国际资本市场，5
regulation，监管，47－48
Goals，最终目标
monetary policies，货币政策最终目标. See *Monetary policies*，参见货币政策
using targets to meet，使用中间目标实现最终目标，482－483
Goldfield，Stephen，斯蒂芬·戈德菲尔德，551
Gold market，黄金市场，216，425
Gold standard，fixed exchange rates，金本位制，固定汇率制度，516－518
Goods，商品、货物
and asset markets，商品市场和资产市场，557－565
long-run trends，长期趋势，164－165
output determinants，产出的决定因素，567
and services，商品和服务，12－17
shifts in markets，商品市场的变化，591－592
Government allocation，trade，政府分配，交易，13－14
Government borrowing，shifts in bond supply，债券供给中政府借款的变化，115－116
Government budget constraints，政府预算约束，431－432
Government financial institutions，政府金融机构，268－271
Government intervention in banking，银行业的政府干预，314－327
Government National Mortgage Association (GNMA)，政府国民抵押贷

款协会，55，56，268
Governments as borrowers/savers，政府作为借款者和储蓄者，3
Gramm-Leach-Bliley Financial Services Modernization Act of 1999，1999年《格雷姆-里奇-比利雷金融服务现代化法案》，272，327
Gray，Edwin，埃德温·格雷，349
Great Depression，大萧条，46
global banking crisis and，全球性银行业危机和大萧条，641
lender of last resort，最后贷款人，339－340
money multipliers，货币乘数，408
Greenspan，Alan，艾伦·格林斯潘，342. See also *Federal Reserve System*，也可参见联邦储备体系
Gross domestic product (GDP)，国内生产总值，479
nominal GDP，名义 GDP，494
transaction motives，交易动机，540
Growth，增长、成长
economic，经济增长，479
international markets，国际市场的成长，45
money，货币增长，541
of money supplies，货币供给增长，9，23. See also *Money supply*，也可参见货币供给
Gulf War，*IS* curve，海湾战争，*IS* 曲线，567

Hamilton，Alexander，亚历山大·汉密尔顿，309，437
Harvey，Campbell R.，坎贝尔·R·哈维，149
Havrilesky，Thomas，托马斯·哈弗里莱斯基，447
Hedging，套期保值、对冲，190，191－192
High employment，充分就业，479
Highly leveraged transactions (HLTs)，高杠杆交易，351
Himmelberg，Charles P.，查尔斯·P·西麦尔伯格，236
Historical costs，历史成本，355
Holding money，货币持有量，545－548
Holding periods for bonds，债券的持有期，73
Homeownership，promotion of，提高住房所有权，47
Homer，Sidney，悉尼·霍默，396
Hoover，Herbert，赫伯特·胡佛，481
Hot tips，小道消息，215
House Concurrent Resolution，众议院共同决议案，133，444
Households，居民、家庭

as borrowers/savers，居民作为借款者和储蓄者，3
holdings，居民持有量，41
House-price derivatives，房价衍生品，206
Hubbard，R. Glenn，R · 格 伦 · 哈 伯 德，235，236，270，518，646，650
Humphrey-Hawkins Act，《汉弗莱-霍金斯法案》，445
Hunt brothers' silver speculation crisis，亨特兄弟白银投机危机，341
Hurricane Andrew，安德鲁飓风，359
Hurricane Katrina，卡特里娜飓风，606
Hyperinflation，恶性通货膨胀，16，479，665

Idiosyncratic (unsystematic) risk，异质性风险、非系统性风险，93
Impact lag，效应时滞，481，624
Implementation lag，执行时滞，624
Income，收入、所得，15
permanent，永久收入，548
portfolio allocation motives，资产组合配置动机，545
Indexes，指数、指数化、联结
arbitrage，指数套利，196
bonds，指数化债券，79
consumer price index (CPI)，消费者物价指数，657
funds，指数基金，255
price，物价指数，16，30，160
India，microlending in，印度的小额信贷，304
Indicators，指标 . See *Economic indicators*，参见经济指标
Inefficiency，costs of，无效率的成本，223 - 225
Infinite maturity，无限期限，68. See also *Maturity*，也可参见到期日
Inflation，通货膨胀，5，16
central banks credibility，中央银行的可信性，671 - 676
changes in，通货膨胀的变化，573 - 575
costs，通货膨胀的成本，663 - 666
effect on，影响
bond prices，通货膨胀对债券价格的影响，77
exchange rates，通货膨胀对汇率的影响，176
equilibrium，均衡，108 - 109
Fisher hypothesis，费雪假说，77
hyperinflation，恶性通货膨胀，479，665
Japan，日本，124

monetary policy，货币政策，666 - 668
price controls，价格控制，676
price level changes，物价水平变动，657 - 663
reducing，降低通货膨胀，668 - 671
selection of Federal Reserve chairman，联邦储备体系主席选举，446
shift in bond supply，债券供给的变化，114 - 120
targets，中间目标，481，497，499
Treasury Inflation Protection Services (TIPS)，财政部通货膨胀保值证券，79
unemployment，失业，682，686
Wall Street Journal，*The*，《华尔街日报》，678
Inflation-linked bonds，Japan，日本通货膨胀联结型债券，124
Information，信息
changes in market equilibrium，市场均衡的变化，111
costs，信息成本
acquiring，获取信息的成本，90 - 91
adverse selection，逆向选择，231 - 234
commercial banks，商业银行，267
disclosure，披露，233
expectations theory，预期理论，144 - 147
financial intermediaries，金融中介机构，239 - 242
interest rate structures，利率结构，136 - 138
matching savers and borrowers，匹配储蓄者和借款者，229 - 231
moral hazards，道德风险，234 - 239
rcducing，减少信息成本，232 233
derivatives，衍生工具、衍生品，198
financial intermediaries，金融中介机构，40 - 52
international banking，国际银行业，371 - 373
insider，内幕信息，251
lag，信息时滞，481
macroeconomic costs of，信息的宏观经济成本，636 - 641
portfolio allocation motives，资产组合配置动机，545 - 546
provision of (regulation)，信息的提供（监管），45 - 46
secondary markets，二级市场，37 - 40
as service of financial systems，信息作为金融体系的服务，35 - 36
Input costs，changes in，投入成本的变化，598
Insider information，内幕信息，251
Insider trading，内幕交易，46

Institutions，financial，金融机构. See *Financial institutions*，参见金融机构
Insurance，保险
deposit insurance，存款保险 . See *Deposit insurance*，参见存款保险
federal deposit，联邦存款保险，280，314，316 - 321
international banking，国际银行业的存款保险，377 - 378
regulations，保险监管，48
Insurance companies，保险公司，257 - 263
life insurance，人寿保险公司，260 - 261
property and casualty，财产和意外伤害保险公司，261 - 262
regulations，保险公司监管，262 - 263，357 - 357
Integration，一体化，43
Interest rates，利率，37，59 - 60
changes in，利率变化，107 - 120
comparing nominal and real，比较名义利率和真实利率，76 - 82
debt，债务利率，60 - 70
determinants of，利率的决定因素，102
effect of war on，战争对利率的影响，116
expected inflation，预期通货膨胀，118 - 20
historical data on，利率的历史数据，130
international capital markets，国际资本市场，120 - 126
IS-LM-FE model，*IS-LM-FE* 模型，557. See also *IS-LM-FE model*，也可参见 *IS-LM-FE* 模型
liquidity，流动性，135 - 138
money channel，货币传递渠道，642 - 643
mortgages，抵押贷款利率，80. See also *Mortgages*，也可参见抵押贷款
municipal bonds，市政债券利率，88
parity，利率平价，172 - 173
present value，现值，63 - 65
risk，利率风险
management of，利率风险管理，293 - 296
structure of，利率的风险结构，130 - 141
stability，利率稳定，480
swaps，利率互换，196
targets，中间目标，
1951 - 1970，1951—1970 年间的中间目标，488 - 489
1970 - 1979，1970—1979 年间的中间目标，489 - 490

1979－1982，1979—1982年间的中间目标，490－491
1982 and after，1982年之后的中间目标，491－492
2000，21世纪的中间目标，493－495
as targets，利率作为中间目标，483－485
taxation，征税，138－141
term structure of，利率的期限结构，141－151
total rate of return，总回报率，75－76
transaction motives，交易动机，543
yield to maturity，到期收益率，65－70
Interests，foreign financial services in，国外金融机构服务的利息，267
Intermediate-debt，中期债务，37
Intermediate targets，中介目标，482. See also *Targets*，也可参见目标
alternative，其他中介目标，494－495
selection of，中介目标的选择，485－487
International Bank for Reconstruction and Development，国际复兴开发银行（世界银行），518
International banking，国际银行业
coordination of，国际银行业的协调，378－379
Euromarkets，欧洲市场，373－376
exchange rates，汇率，369－370
leaders in，国际银行业中的领军银行，368－369
regulations，国际银行业监管，376－379
reserve requirements，准备金要求，467－468
services，国际银行业的服务，370－373
International Banking Act of 1978，1987年《国际银行业法》，368
International banking facilities (IBFs)，国际银行业务便利，367
International banks，organization of，国际银行的组织，365－369
International capital markets，国际资本市场，5
interest rates，国际资本市场的利率，120－126
International comparison of monetary policies，货币政策的国际比较，498－500
International financial systems，国际金融体系
Bretton Woods system，布雷顿森林体系，518－523
exchange rate regimes，汇率制度，516－531
fixed exchange rates，固定汇率制度，529
monetary policies，货币政策
balance of payments，国际收支，511－516
exchange rates，汇率，508－511

money supply，货币供给、货币供给量，505 - 508
International investments，国际投资，177
Internationalization，国际化．See *Globalization*，参见全球化
International markets，国际市场
discount policies，贴现政策，463
open market operations，公开市场操作，460 - 461
International Monetary Fund (IMF)，国际货币基金组织，518
International Organization of Securities Commissions (IOSCO)，国际证券委员会组织，376
International reserve currency，国际储备货币，518
International transaction currency，国际交易货币，373
Intervention，干预
central bank after Bretton Woods，后布雷顿森林体系的中央银行干预，523 - 525
foreign exchange markets，外汇市场干预
exchange rates，外汇市场干预与汇率，506 - 509
money supply，外汇市场干预与货币供给，503 - 505
Intrinsic value，内在价值，195
Investment banking，投资银行业，247 - 252
Investment Company Act of 1940，1940 年《投资公司法案》，256
Investment institutions，投资机构，254 - 257
Investments，投资
international，国际投资，175
IS curve，*IS* 曲线，558 - 559
national investment，国民投资
determinants of，国民投资的决定因素，560 - 561
strategies，投资策略，214 - 216
value investing，价值投资，222
IS curve，*IS* 曲线，558 - 565
closed economies，封闭经济的 *IS* 曲线，585 - 586
large open economies，大型开放经济的 *IS* 曲线，586 - 587
savings，储蓄，558 - 559
shifts in，*IS* 曲线的移动，575 - 576
small open economies，小型开放经济的 *IS* 曲线，587
IS-LM-FE model，*IS-LM-FE* 模型，557，575 - 579
Islamic banking，伊斯兰银行业，380
Issing，Otmar，奥特马尔·伊辛，552

Jackson，Andrew，安德鲁·杰克逊，309，438
James，Harold，哈罗德·詹姆斯，518
January effect，1月效应，217-218
Japan，日本
banking，日本银行，328-331
Bank of Japan Law，《日本银行法》，449
central bank credibility，中央银行的可信性，672
deflation，日本的通货紧缩，124
discount policies，日本贴现政策，463
financial crisis's，日本金融危机，358
independence of central banks，日本中央银行的独立性，449
inflation-linked bonds，日本通货膨胀联结型债券，124
monetary base，基础货币，507
open market operations，公开市场操作，461
stabilization policies，稳定化政策，624
Javanomics (compounding)，咖啡经济学（复利），80

Kahn，George A.，乔治·A·卡恩，498
Kashyap，Anil，埃尼尔·卡什亚普，649
Keating，Charles，查尔斯·基廷，349
Keiretsu，财团，328
Kenen，Peter B.，彼得·B·凯南，512
Keynes，John Maynard，约翰·梅纳德·凯恩斯，595-598
Keynes's liquidity preference theory，凯恩斯的流动性偏好理论，546-547
Korean War，朝鲜战争，429
Kroszner，Randall，兰道尔·克罗兹纳，323
Kuttner，Kenneth N.，肯尼思·N·库特纳，650

Labor，changes in costs，劳动成本变动，598
Large-denomination time deposits，大额定期存款，280
Large open economies，大型开放经济，123-125，586-587
Law of one price，一价定律，165-166
Legal tender，法币，18. See also *Money*，也可参见货币
Legislative lag，立法时滞，624
Lemons problems，次品（柠檬）问题，232
Lender of last resort，最后贷款人，316，329-342，462
Liabilities，负债，4，33，279

balance sheets，资产负债表，421
banking，银行业负债，306 - 307
banks，银行负债，279 - 281
Federal Reserve System，联储的负债，387 - 388
management of，负债管理，288
Liberty bonds，自由债券，456
Life insurance companies，人寿保险公司，257 - 261
Liquidity，流动性，4，35
changes in market equilibrium，市场均衡中的流动性变化，110 - 111
derivatives，衍生工具、衍生品，199 - 201
determinants of portfolio choice，资产组合选择的决定因素，89 - 90
exchanges，交换、交易，15
expectations theory，预期理论，144 - 147
financial intermediaries，金融中介机构，40 - 42
interest rates risk，利率风险，135 - 138
Keynes's liquidity preference theory，凯恩斯的流动性偏好理论，546 - 547
portfolio allocation motives，资产组合配置动机，545 - 546
premiums，流动性升水，136
reserve requirements，准备金要求，465 - 466
risk management of，流动性风险管理，287 - 289
secondary markets，二级市场，37 - 40，251 - 254
LM curve，*LM* 曲线，558，569 - 574
Load funds，贷款资金，253
Loanable funds，可贷资金
equilibrium，可贷资金市场的均衡，106
supply and demand in，可贷资金的供给和需求均衡，102 - 107
Loans，贷款. See also *Credit*；*Debt*；*Interest rates*，也可参见信贷；债务；利率
bank assets，银行资产，282
certificates，贷款凭证，316
commercial banks，商业银行贷款，57
commitments，贷款承诺，298
discount，贴现贷款，281，391，403 - 407
discount policies，贴现政策，461 - 464
Euromarkets，欧洲市场，375
fixed-payment，定期偿还贷款，69
guarantees，担保贷款，269 - 271

open market operations，公开市场操作，392 - 394
sales，贷款出售，298 - 299
student，学生贷款，271
syndication，辛迪加贷款，375
Local government bonds，地方政府债券，56
Lombard rates，伦巴第利率，499
London Interbank Offered Rate (LIBOR)，伦敦银行间同业拆借利率，295，375
Long positions，多头头寸，187
Long-run aggregate supply curve，长期总供给曲线，598 - 600
Long-run equilibrium，长期均衡，602 - 604
Long-run exchange rates，长期汇率，162 - 167
Long-run Phillips curve，长期菲利普斯曲线，685
Long-Term Capital Management (LTCM)，长期资本管理公司，270
Long-term debt，长期债务，37
Long-term relationships，banking，与银行业的长期关系，293
Lucas，Robert E.，Jr.，小罗伯特·E·卢卡斯，591
Luxury assets，奢侈资产，87

*M*1
aggregates，货币总量，22 - 23
intermediate targets，中介目标，482
international comparison of monetary policies，货币政策的国际比较，498
Keynes's liquidity preference theory，凯恩斯的流动性偏好理论，546 - 547
monetary aggregates as，货币总量 *M*1 作为中介目标，483 - 485
money demand measurements，货币需求的度量，550
real money balances，真实货币余额，544
velocity，货币流通速度，542
*M*2
aggregates，货币总量，23
central bank credibility，中央银行的可信性，672
money demand measurements，货币需求度量，550
money growth (1990s)，货币增长（20 世纪 90 年代），541
money supply process for，*M*2 的货币供给过程，417 - 418
*M*3
aggregates，货币总量，23

inflation，通货膨胀，499－500
Maastricht Treaty，《马斯特里赫特条约》，528
Macroeconomic costs of information problems，信息问题的宏观经济成本，636－641
Main banks，主银行，330
Maintenance，维护、维持
of financial stability，维护金融稳定，46
periods for reserve requirements，准备金要求的维持时期，465
Maisel，Sherman J.，舍曼·J·梅塞尔，444
Managed float regimes，有管理的浮动汇率制，524
Management，管理
assets，资产管理，287
of capital adequacy，资本充足率管理，286－287
insurance companies，保险公司管理，258－260
liabilities，负债管理，288
moral hazards，管理道德风险，286
risk，风险管理
interest rates，利率风险管理，293－296
international banking，国际银行业风险管理，369－370
liquidity，流动性风险管理，287－289
Mankiw，N. Gregory，格里高利·N·曼昆，667，684
Margin requirements，保证金要求，188，441
Marketable securities，可销售证券，282
Markets，市场
assets，资产市场，568－569
auctions，拍卖市场，39
bond，债券市场. See *Bond markets*，参见债券市场
cash，现货市场，39
changes in，市场的变化，107－120
derivative，衍生工具市场、衍生品市场，39
equilibrium，市场均衡，105－107
Euromarkets，欧洲市场，373－376
financial，金融市场. See *Financial markets*，参见金融市场
foreign-exchange，外汇市场，161－162，170－172
gold，黄金市场，216
international capital，国际资本市场，5
money，货币市场，38
over-the-counter，场外交易市场，39

secondary，二级市场，251. See also *Secondary markets*，也可参见二级市场
Market (systematic) risk，市场风险（系统性风险），93
Market-value accounting，市场价值记账法，355
Marking to market，盯市，188，189
Markowitz，Harry，哈里·马柯维茨，92
Martin，William McChesney，威廉·麦克切斯尼·马丁，429，441
Matched sale-purchase transactions，售购匹配交易，458
Maturity，到期日、期限，37
bonds，债券期限，62. See also *Bonds*，也可参见债券
expectations theory，预期理论，144－147
money and capital markets，货币市场和资本市场，38－39
preferred habitat theory，习惯偏好理论，147－148
yield to，到期收益率，65－70
McCarran-Ferguson Act of 1945，1945年《麦卡伦-弗格森法案》，358
*M*2＋CD aggregates，*M*2加上可转让存单的总和，499
McFadden Act of 1927，1927年《麦克法登法案》，315
Mean reversion，均值回归，218
Measurability of intermediate targets，中介目标的度量，486
Measurement，衡量、度量、测度
of asset/liability duration，资产/负债久期的度量，306－307
default risk，违约风险的度量，131
of information costs，信息成本的度量，136－137
of money supplies，货币供给的度量，7
money demand，货币需求的度量，550－551
money supply，货币供给的度量，21－25
reserve requirements，准备金要求的度量，465
of tax differences，税收差异的度量，138－139
yield to maturity，到期收益率的度量，65－70
Medium of exchange，交易媒介，14
Member banks，成员银行，440
Merchant banking，商人银行业务，250
Merton，Robert，罗伯特·莫顿，195，270
Methods of exchange，交换方式，14
Mexico，financial collapse of，墨西哥金融危机，528
Microlending (India)，小额贷款（印度），304
Miller，G. William，G·威廉·米勒，441
Ministry for Trade and Industry (MITI)，日本通商产业省，328

Ministry of Finance (MOF)，日本大藏省，328
Modeling risk premiums，风险升水建模，95
Models，模型
Baumol-Tobin model，鲍莫尔-托宾模型，543
Friedman's money demand model，弗里德曼的货币需求模型，547 -548
goods and asset market assumptions，商品市场和资产市场模型的假设条件，557 - 565
IS-LM-FE，*IS-LM-FE* 模型，555，575 - 579
New Classical，新古典学派模型，617 - 618
New Keyensian，新凯恩斯学派模型，618 - 621
real business cycle，真实经济周期模型，614 - 616
Monetary aggregates，货币总量，550
as targets，作为中间目标的货币总量，483 - 485
measurement of，货币总量的度量，22 - 24
Monetary base，基础货币、货币基础
changes in，基础货币的变化，422 - 427
determinants of，基础货币的决定因素，421 - 422
disturbances in，基础货币的变动，470 - 471
federal budget deficit，联邦预算赤字与基础货币，427 - 432
Federal Reserve System，联邦储备体系与基础货币，386 - 394，419 -421
government budget constraints，政府预算约束与基础货币，431 - 432
Japan，日本的基础货币，507
liquidity and，流动性和基础货币，434
Monetary control，货币控制，463，466
Monetary expansions，货币扩张，643 - 646
Monetary neutrality，货币中性，604
Monetary policies，货币政策，8，502
balance sheets，资产负债表传递渠道，646 - 647
discount policies，贴现政策，461 - 464
expanded channels，货币政策传递渠道的扩展，642 - 652
federal funds rates，联邦基金利率和货币政策，471 - 473
Fed watching，联储观察，468 - 470
goals，货币政策最终目标，478 - 488
inflation，通货膨胀和货币政策，666 - 668
international comparison of，货币政策的国际比较，498 - 500
international financial systems，国际金融体系

exchange rates，货币政策与汇率，508 - 511
money supply，货币供给、货币供给量，505 - 508
macroeconomic costs of information problems，信息问题的宏观经济成本，636 - 641
open market operations，公开市场操作，456 - 461
public policies，公共政策，650
record of，货币政策的记录，488 - 494
reserve requirements，准备金要求，464 - 473
responses to inflation，通货膨胀对货币政策的反应，659 - 660
targets，货币政策中间目标，482 - 488
Monetary theories，货币理论，8
Monetizing debt，债务货币化，428
Money，货币，7 - 8
demand，货币需求，538
Friedman's money demand model，弗里德曼的货币需求模型，547 -548
measurement of，货币需求的度量，550 - 551
quantity theory of，货币需求数量论，540
relationships，关系式，548 - 551
e-money，电子货币，20
exchange of，货币交换，12 - 17
growth of，货币增长，541
holding，持有货币量，545 - 548
markets，货币市场，38
maturity and capital markets，货币期限和资本市场，38 - 39
multipliers，货币乘数，400 - 403
neutrality of，货币中性，579，614
New Classical model，新古典学派模型，617 - 618
New Keynsian model，新凯恩斯学派模型，618 - 621
nominal return of money，货币的名义回报率，573
real balances，真实货币余额，539，572 - 573
tracking，追溯，613 - 614
trade，货币交易，14 - 16
velocity of，货币流通速度，539
Money center banks，货币中心银行，323
Money channel，货币传递渠道，642 - 643
Money demand，货币需求
function，货币需求函数，540，549 - 550

Money market deposit accounts（MMDAs），货币市场存款账户，281，346
Money market instruments，货币市场工具，53，255
Money markets，货币市场，558
Money multipliers，货币乘数，406－411
Money supply，货币供给、货币供给量
controlling，控制货币供给，46
Federal Reserve System，联邦储备体系与货币供给，386－394
foreign exchange markets，外汇市场与货币供给，505－507
growth of，货币供给的增长，23
international financial systems，国际金融体系，511－516
*M*1，*M*1 货币总量，481. See also *M*1，也可参见 *M*1
measurement of，*M*1 的度量，7，21－25
money multipliers，货币乘数，406－411
process for *M*2，*M*2 的货币供给过程，417－418
procyclical growth of，货币供给的顺周期增长，613
Monitoring，监督、监管
banks，银行监督，318－321
borrowers，监督借款者，292
Montenegro，黑山共和国，678
Moody's Investors Service，穆迪投资者服务公司，45，133
Moral hazard，道德风险
debt，债务与道德风险，286
financial intermediaries，金融中介机构与道德风险，240－242
information costs，道德风险与信息成本，234－239
management of，道德风险管理，286
Morck，Randall，兰德尔·莫克，237
Morgan，J. P.，J. P. 摩根，316，324，438
Morgan Stanley，摩根·士丹利，324
Morris，Charles S.，查理斯·S·莫里斯，218
Mortgages，抵押贷款，44，56
adjustable-rate mortgages（ARMs），可调整利率抵押贷款，295，348
usury ceilings，最高利率上限，346
Motives，动机
portfolio allocation，资产组合配置动机，547－550
transactions，交易动机，538－545
Multibank holding companies，多家银行持股公司，322
Multiple deposits，倍数存款

contraction，倍数存款收缩，399 - 400
expansions，倍数存款扩张，395
Multipliers，乘数，400 - 403
Municipal bonds，市政债券，88
Muth，John，约翰·穆思，210
Mutual life insurance companies，共同人寿保险公司，260
Mutual savings banks，互助储蓄银行，267

Narrow banking，狭义银行业，353 - 354
National Association of Insurance Commissioners (NAIC)，国家保险专员协会，359
National Association of Securities Dealers' Automated Quotation (NASDAQ)，全美证券交易商协会自动报价系统（纳斯达克），253
National Association of Securities Dealers (NASD)，全美证券交易商协会，253
National Banking Act of 1863，1863 年《国民银行法》，309，315
National banks，国民银行，309
National Credit Union Administration (NCUA)，全国信用社管理局，48，312
National Credit Union Share Insurance Fund (NCUSIF)，全国信用社股份保险基金，312
National investments，国民投资，560 - 561
National Monetary Commission，国家货币委员会，438
National saving，国民储蓄，559 - 561
Natural rate of unemployment，自然失业率，479，667
Necessity assets，必需资产，87
Negotiable bank CDs，可转让银行存单，54
Negotiable CDs，可转让存单，344
Negotiable order of withdrawal (NOW)，可转让支付命令，279，345
Net worth，净值，279
balance sheets，资产负债表传递渠道，646 - 66
banks，银行净值，282
consequences of fall in，净值下降的后果，639
information problems，信息问题，637
moral hazard，净值与道德风险，286
role of，净值的作用，233 - 234
Neutrality of money，货币中性，579，614
New classical model，新古典学派模型，617 - 618

New classical view of aggregate supply，总供给的新古典学派观点，593
New Keynesian economists，新凯恩斯学派经济学家，595－598
New Keynesian model，新凯恩斯学派模型，618－621
inflation reduction，降低通货膨胀，670－671
New York Clearing House，纽约清算所，438
New York Stock Exchange (NYSE)，纽约证券交易所，251
Nineteen eighties (1980s)，20 世纪 80 年代
exchange and interest rates during，20 世纪 80 年代的汇率和利率，180
U. S. deposit insurance crisis of the，20 世纪 80 年代的美国存款保险危机，347－357
Nixon，Richard M.，理查德·M·尼克松，447
Noise traders，噪音交易者，219
No-load mutual funds，免佣金互助基金，255
Nominal exchange rates，名义汇率，158－161
Nominal GDP，名义 GDP，494
Nominal interest rates，名义利率，76－82
Nominal return of money，名义货币回报率，573
Nonbank banks，非银行银行，322，400－403
Nonbank offices，非银行营业部，322
Nonborrowed reserves (NBRs)，非借入准备金，468
Nonfinancial businesses，非金融性企业，7
Nonmoney asset markets，非货币资产市场，558
Nontransaction deposits，非交易存款，280－281

Obstfeld，Maurice，莫里斯·奥伯斯菲尔德，512
Off-balance sheet activities，表外业务，297
Office of the Comptroller of the Currency (OCC)，货币监理署，48，309
Office of Thrift Supervision (OTS)，储蓄机构监督署，48，350
Official discount rates，官方贴现率，461. See also *Discount policies*，也可参见贴现政策
Official settlements，官方结算，515
Offshore markets，离岸市场. See *International banking*，参见国际银行
Okun，Arthur，阿瑟·奥肯，683
Okun's law，奥肯定律，682
One-bank holding companies，单一银行持股公司，322
Open economies，开放经济，121
IS curve，开放经济 *IS* 曲线，562－564

Open-end mutual funds，开放式互助基金，255
Open market operations，公开市场操作，389
discount loan comparisons，与贴现贷款比较，392－394
Fed watching，联储观察，469－470
international markets，国际市场，460－461
monetary policies，货币政策，456－461
Open market purchases，公开市场购买，389
Open Market Trading Desk，公开市场交易部，457，459
Operating targets，操作目标，482－483. See also *Targets*，也可参见中间目标
selection of，操作目标的选择，487－488
Options，期权，39，192－196
interest rate management，利率管理，295－296
Orange County，California，加州奥兰治县，202
Organization of Federal Reserve System，联邦储备体系的组织，443
Output，产出
changes and unemployment rates，产出变化与失业率，682
full employment，充分就业产出水平，565－568，594
movements，产出变化，613－614
New classical model，新古典学派模型，617－618
New Keynesian model，新凯恩斯学派模型，618－621
shifts，移动，603
Outright purchases and sales，直接购买和出售，457
Outstanding currency，已发行通货，425
Over-the-counter (OTC) markets，场外交易市场，39
investment banking，投资银行业务，253
Ownership of pension funds，养老基金的所有权，264

Palra，Darius，达里尤斯·帕利亚，236，650
Papadia，Francesco，佛朗西斯科·帕帕蒂亚，512
Parity of interest rates，利率平价，172－173
Parrish，Klara，克拉拉·帕里什，498
Passbook savings accounts，存折储蓄账户，280
Pattern of regulation，监管模式，338－339
Payments，timing of，偿付时间，60－63
Payments systems，支付体系，17－21
factors，支付体系因素，542－543
standard of deferred payments，延期支付的标准，16

Penn Central Railroad crisis，佩恩中央铁路危机，340
Pension Benefit Guaranty Corporation (PBGC)，养老基金受益金担保公司，265，359
Pension funds，养老基金，263 - 266
regulations，养老基金监管，359
Permanent income，永久性收入，548
Perpetual bonds，永续债券，68
Pesos，比索，528
Phillips，A. W.，A. W. 菲利普斯，682
Phillips curve，菲利普斯曲线，682
long-run Phillips curve，长期菲利普斯曲线，685
simple Phillips curve，简单菲利普斯曲线，683
Plain vanilla swaps，常规互换，197
Plan funding，pension plans，养老基金筹资计划，264 - 265
Policies，政策
advancement of objectives，推进其他政策目标，46 - 47
insurance companies，保险公司，260. See also *Insurance companies*，也可参见保险公司
monetary，货币，8. See also *Monetary policies*，也可参见货币政策
public policies，公共政策
monetary policy，货币政策，651
shifts in，公共政策的变化，625 - 628
stabilization of economic fluctuations，经济波动的稳定化政策，621 -625
Political business cycles，政治性经济周期，446
Political pressure，as response of monetary policies，政治压力作为货币政策的反应，493
Pooling risk，汇集风险，258 - 260
Portfolio allocation，资产组合配置
determinants of choice，资产组合配置选择的决定因素，85 - 91，400 -402
diversification，多样化、分散化，91 - 94，290
explanation of，资产组合配置的解释，94 - 97
motives，资产组合配置的动机，545 - 548
mutual funds，互助基金. See *Mutual funds*，参见互助基金
short-run exchange rates，短期汇率，168
velocity，流通速度，544
Precautionary portfolio allocation motives，预防性资产组合配置的动

机，547
Predictions，预言、预测. See also *Forecasting*，也可参见预测
bank/money channels，银行/货币传递渠道，643 - 646
changes in federal fund rates，联邦基金利率的变化，472 - 473
of intermediate targets，中介目标的预言，486
IS-LM-FE model，*IS-LM-FE* 模型，557
money supply growth，货币供给增长，409
price changes，物价变化，216
using bond market to make，利用债券市场进行预测，152
Preferred habitat theory，习惯偏好理论，147 - 148
Premiums，升水、溢价、溢酬、保费
currency，货币升水，179 - 180
default risk，违约风险升水，131
insurance companies，保险公司保费，257
liquidity，流动性升水，136
options，期权费，193
risk-based，风险差别费率，259
term，期限，148
Prepaid cards，预付卡，26
Present value，现值
effect of taxation，税收的影响，138
interest rates，利率，63 - 65
Price controls，inflation，价格控制，通货膨胀，676
Price effect，价格效应，461
Price indexes，物价指数，16，30，160
Price-level adjustments，价格水平调整
inflation，通货膨胀，657 - 663
long-run exchange rate trends，长期汇率趋势，163
restoring equilibrium，恢复均衡，577 - 578
Pricing，定价
anomalies，定价异常，217
anticipated movements，预期变动，191
assets，资产定价，209 - 210
bonds，债券定价，70 - 75
commodities，商品定价，493
consumer price index (CPI)，消费者物价指数，655
deposit insurance，存款保险，354
excessive price fluctuations，过度价格波动，223 - 224

expected price levels，预期价格水平，599
fluctuations，价格波动，212－214
futures，期货定价，188－189
law of one price，一价定律，165－166
options，期权定价，194－195
stability，物价稳定，479
sticky prices，黏性价格，595－598
strike prices，执行价格，193
Primary credit，一级信贷，462
Primary dealers，一级交易商，457
Principal，委托人，37，61
Principal-agent，委托—代理
problem，委托—代理问题，236
view，委托—代理理论，446－447
Principals，本金，236
Private deposit insurance，私人存款保险，354
Private equity firms，私募股权基金，241
Private financial intermediaries，私有金融中介机构，269
Private pension funds，私人养老基金，265
Procyclical growth of money supply，货币供给的顺周期增长，613
Procyclical monetary policy，顺周期货币政策，489
Productivity，生产率、生产力，163－164
Profits，banking，银行业利润，279－285
Program trading，程序化交易，222
Property and casualty insurance companies，财产和意外伤害保险公司，257，261－262
Public interest view，公共利益理论，445－446
Public pension funds，公共养老基金，265
Public policies，公共政策
monetary policy，货币政策，651
shifts in，公共政策变化，625－628
stabilization of economic fluctuations，经济波动的稳定化政策，621－625
Purchasing power，购买力，16，165
Purchasing power parity and Big Mac index，购买力平价和巨无霸指数，182
Put options，看跌期权，193

Quantity theory of money demand，货币需求数量论，540
Quotas，配额，165
Quotes，Web sites，行情、报价，网站，2

Rate of capital gain，资本利得率，75
Rates，率
  discount，贴现率，469－470
  exchange，汇率．See *Exchange rates*，参见汇率
  federal funds，联邦基金利率，281
  fixed lombard，固定的伦巴第利率，467
  interest，利率．See *Interest rates*，参见利率
  lombard，伦巴第利率，499
Ratings，评级
  bonds，债券评级，131，133
  reading，解读评级，133
Rationing credit，信贷配给，232
Reading，解读
  exchange rates，解读汇率，164
  options listings，解读金融期货行情表，193
  ratings，解读评级，133
  yield curves，解读收益率曲线，143
Reagan，Ronald，罗纳德·里根，445
Real business cycle model，真实经济周期模型，614－616
Real business cycle view，真实经济周期观点，604－605
Real estate，房地产、不动产，15
Real exchange rates，实际汇率，159－161
Real interest rates，真实利率水平，76－82
Real money balances，真实货币余额，539
  LM curves，*LM* 曲线，572－573
Real money supply，真实货币供给，649
Rebecchini，Salvatore，萨尔瓦多·瑞贝切尼，512
Recessions，衰退、经济衰退
  credit crunches，信贷压缩，650
  falling interest rates during，经济衰退期间利率下降，117－118
Recognition lag，认知时滞，624
Record of monetary policies，货币政策记录，488－494
Reduction，减少、降低
  of information costs，降低信息成本，232－233

of risk，降低风险，93. See also *Diversification*，也可参见多样化
Reevaluation of Federal Reserve target policies，联储目标政策的重估，494 - 498
Reform，options for regulations，监管改革的选择，352 - 356
Regimes，managed float，有管理的浮动汇率制，524
Regulation Fair Disclosure (FD)，公平披露监管，233
Regulation Q，Q字条例，343，351
Regulations，监管，45 - 48
anticompetitive bank，反竞争性银行监管，342 - 347
banking，银行业监管，309 - 314
insurance companies，保险公司监管，262 - 263，357 - 359
international banking，国际银行业监管，376 - 379
Japan，日本，328
lender of last resort，最后贷款人，329 - 342
mutual funds，互助基金，255 - 256
options for reform，监管改革的选择，352 - 356
pattern of，监管模式，338 - 339
pension funds，养老基金监管，265，359
U.S. deposit insurance crisis of the 1980s，20世纪80年代存款保险危机，347 - 357
Reinvestment risk，再投资风险，73
Reis，Ricardo，里卡多·雷斯，684
Relationships，关系、关系式
accounts，账户间的关系，515
money demand，货币需求关系式，548 - 551
Rental fees，租金，37
Repurchase agreements，回购协议，54，281
Federal Reserve System，联邦储备体系回购协议，457
Required reserves，法定准备金，282，388
Requirements，要求
capital，资本金要求
international banking，国际银行业资本金要求，376 - 377
regulation reforms，监管改革，355 - 356
margins，保证金要求，441
reserve，准备金. See *Reserve requirements*，参见准备金要求
Reserve accounts，准备金账户，282
Reserve requirements，准备金要求
changes in，准备金要求的变化，470 - 473

increases in，提高准备金要求，394
monetary policies，货币政策，464 - 468
Resolution Trust Corporation (RTC)，清债信托公司，350
Restrictions，限制、约束
banking，对银行业务的限制，292，321 - 327
banks，对银行的限制，323 - 325
Glass-Steagall Act，《格拉斯-斯蒂格尔法案》，324
insurance companies，保险公司，260
Retirement，退休，265. See also *Pension funds*，也可参见养老基金
Return on assets (ROA)，资产收益率，286
Returns，回报、回报率
changes in market equilibrium，市场均衡的变化，108 - 109
nominal return of money，货币名义回报率，573
portfolio allocation motives，资产组合配置动机，545
preferred habitat theory，习惯偏好理论，147 - 148
total rate of return，总回报率，75 - 76
Revaluations，exchange rates，汇率升值，520
Riegle-Neal Interstate Banking and Branching Efficiency Act of 1994，1994 年《里格尔-尼尔跨州银行业和设立分支机构效率法案》，323
Risk，风险，4
assessment，风险评价
futures，期货，189 - 192
options，期权，192 - 196
basis，基差风险，191
changes in market equilibrium，市场均衡的变化，109 - 110
credit-risk analysis，信用—风险分析，290 - 292
default，违约风险，130 - 135
determinants of portfolio choice，资产组合选择的决定因素，88 - 89
evaluation of，风险评估，318 - 321
forecasting，预测，141
idiosyncratic (unsystematic)，异质性风险（非系统性风险），93
interest rates，利率风险
management of，利率风险管理，291 - 294
structure of，利率风险结构，130 - 141
liquidity，流动性风险，287 - 289
management of，风险管理，369 - 370
market (systematic)，市场风险（系统性风险），93
pooling，风险汇集，258 - 260

portfolio allocation motives，资产组合配置动机，545－546
premiums，风险升水，95
reinvestment，再投资风险，73
sharing，风险分担，34－35
financial intermediaries，金融中介机构，40－42
secondary markets，二级市场，37－40，251－254
value-at-risk (VAR)，在险价值，300
Risk-averse savers，风险规避型储蓄者，89
Risk-based capital requirements，基于风险的资本金要求，320
Risk-based insurance premiums，基于风险的保费，259
Risk-loving savers，风险喜好型的储蓄者，89
Rock star bonds，摇滚明星债券，44
Rogoff，Kenneth，肯尼思・罗戈夫，674
Roll-over strategies，滚动购买持有策略，148
Rolnick，Arthur J.，阿瑟・J・罗尔尼克，310
Roman Catholic Church，罗马天主教会，396
Romer，Christina，克里斯蒂娜・罗默，616
Romer，David，大卫・罗默，541，616
Roosevelt，Franklin Delano，富兰克林・德拉诺・罗斯福，339
Rules strategies，规则策略，674
Runs，banks，银行挤兑，312－314
Russia，俄罗斯，358

Saccomani，Fabrizio，法布里齐奥・萨克玛尼，512
Sarbanes-Oxley Act，《萨班斯-奥克斯利法案》，244
Savastano，Miguel，麦格尔・萨瓦塔诺，497
Savers，储蓄者，32
information costs，信息成本，229－231
matching，匹配，36－37，40
mutual funds，互助基金. See *Mutual funds*，参见互助基金
portfolio allocation，资产组合配置，85. See also *Portfolio allocation*，也可参见资产组合配置
relationships with banking，储蓄者与银行的关系，285－289
risk-averse，风险规避型储蓄者，89
risk-loving，风险喜好型储蓄者，89
types of，储蓄者的类型，3
Savings，储蓄
household holdings，家庭持有的储蓄，41

IS curve，*IS* 曲线，558－559
national saving，国民储蓄，559－561
U. S. savings，美国的储蓄，50
Savings and loans（S&Ls），储蓄和贷款协会，347－348
bailout of，储蓄和贷款协会的援救，349－351
Savings Association Insurance Fund（SAIF），储蓄协会保险基金，350
Savings institutions，储蓄机构，267，311
Scalise，Joseph，约瑟夫·斯卡莱斯，323
Schlesinger，Arthur M.，阿瑟·M·施莱辛格，481
Scholes，Myron，迈伦·斯科尔斯，195，270
Schwartz，Anna J.，安娜·J·施瓦茨，615
Screening，insurance companies，甄别，保险公司，258
SDR certificate accounts，特别提款权凭证账户，425
Seasonal credit，季节性信贷，462
Secondary credit，二级信贷，462
Secondary loan participants，二级贷款参与，298
Secondary markets，二级市场，
liquidity，二级市场流动性，251－254
services of，二级市场的服务，37－40
Secondary reserves，二级准备金，282
Securities，证券
bank assets，银行资产，282
financial institutions，金融机构，249－254
mutual funds，互助基金，254－256. See also *Mutual funds*，也可参见互助基金
Securities Act of 1933，1933 年《证券法》，46
Securities and Exchange Acts of 1933 and 1934，1933 和 1934 年《证券交易法》，250
Securities and Exchange Commission（SEC），证券交易委员会，46，48
Securitization，证券化，44，329
Segmented markets theory，市场分割理论，142－144
Selection，选择
of Federal Reserve chairman，联储主席的选择，446
of money aggregates，货币总量的选择，23－24
Separate Trading of Registered Interest and Principal of Securities（STRIPS），证券登记利息和本金分离交易，63
September，11，2001，2001 年“9·11”事件，2，602
affect on stock prices，“9·11”事件对股价的影响，214

discount policies，贴现政策，463
Services，服务
automatic transfer service (ATS)，自动转账服务，551
exchanges，交易，12 - 17
financial，金融服务 . See *Financial services*，参见金融服务
financial institutions，金融机构，272 - 273
financial systems，金融体系，33 - 36
information as，信息服务，35 - 36
international banking，国际银行业的服务，370 - 373
private financial intermediaries，私有金融中介机构，269
secondary markets，二级市场服务，37 - 40
Settlement，结算，39
Sharing risk，风险分担，34 - 35
financial intermediaries，金融中介机构风险分担，40 - 42
secondary markets，二级市场风险分担，37 - 40，251 - 254
Sharma，Sunil，萨尼尔·沙玛，498
Sharpe，William，威廉·夏普，92
Shifts，变动、变化、移动
accounting，移动的解释，568
aggregate demand，总需求的变化，603
aggregate demand curve，总需求曲线的移动，590
IS curve，*IS* 曲线的移动，565，575 - 576
LM curves，*LM* 曲线的移动，572 - 574
long-run aggregate supply curve，长期总供给曲线的移动，599 - 600
originating in，起因于
asset markets，起因于资产市场的移动，590 - 591
goods markets，起因于商品市场的移动，591 - 592
public policies，公共政策，625 - 628
short-run aggregate supply curves，短期总供给曲线的移动，598
Shiller，Robert J.，罗伯特·J·希勒，216，217
Shleifer，Andrei，安德烈·施莱弗，237
Short positions，空头头寸，188
Short-run aggregate supply (SRAS) curve，短期总供给曲线，593 - 598
Short-run，短期
equilibrium，短期均衡，601 - 602
exchange rates，短期汇率，167 - 173
output movements，短期产出变动，613 - 614
Short-term，短期

commercial loans，短期商业贷款，61
debt，短期负债，37
Simple deposit multipliers，简单存款乘数，394 - 400
Simple loans，简式贷款，61，67
Simple Phillips curve，简单菲利普斯曲线，683
Small-denomination time deposits，小额定期存款，280
Small-firm effect，小公司效应，217
Small open economies，小型开放经济，121 - 123，564，587
Smart cards，智能卡，20
Smithsonian Conference，史密森会议，523
Sovereignties，default of，主权违约，377
Soviet Union，苏联，12 - 13. See also *Russia*，也可参见俄罗斯
Special Drawing Rights (SDRs)，特别提款权，523
Specialists，专家，221
Specialization，专业化，12
Speculative attacks，投机性攻击，520 - 522，527
Speculators，投机者，190
Spot pricing，即期定价，188
Spot transactions，即期交易，162，187
Spreads，价差，250
Stability，稳定、稳定性
bank insurance funds，银行保险基金的稳定性，316
financial markets，金融市场稳定，480
foreign exchange markets，外汇交易市场稳定，480 - 481
interest rates，利率稳定，480
maintenance of，维护稳定，46
pricing，价格稳定，479
Stabilization policies，稳定化政策，621 - 625
Standardization，标准化
derivatives，衍生工具的标准化，201 - 203
lack of，缺乏标准化，13
Standard of deferred payments，延期支付的标准，16
Standard & Poor's Corporation，标准普尔公司，45，135
Standby letters of credit，备用信用证，297 - 298
State banks，州银行，309
State bonds，州债券，56
Statements，FOMC，联邦公开市场委员会声明，460
Statistical discrepancy，统计误差，515

Stein, Jeremy，杰里米·斯坦，649
Sterilized foreign-exchange intervention，冲销性外汇干预，507
Sterilized intervention，冲销性干预，510，512
Sticky prices，黏性价格，595-598，684
Stock insurance companies，股票保险公司，260
Stock market crash of 1929，1929 年股市暴跌，339. See also *Great Depression*，也可参见大萧条
Stock market crash of 1987，1987 年股市暴跌，341-342
  futures trading，期货交易，196
  market efficiency and，市场有效性和 1987 年股市暴跌，219-222
Stocks，股票，15，56
  growth of markets，股票市场的成长，45
  mutual funds，互助基金 . See *Mutual funds*，参见互助基金
Stored-value cards，储值卡，20
Store of values，价值储藏，15-16
Strategies，investments，投资策略，214-216
Strike prices，确定价格，193
Structural unemployment，结构性失业，479，667
Structure，结构
  risk，风险结构，130-141. See also *Risk*，也可参见风险
  term structure of interest rates，利率的期限结构，141-151
Student Loan Market Association (SLMA)，学生贷款市场协会，268
Student loans，学生贷款，271
Subsidiaries，附属机构、子公司
  captive insurance，专业自保，259
  U. S. banks，附属的美国银行，368
Substitutability，可替代性，21
Superregional banks，超级地区性银行，323
Supervision，regulation reforms，监督，监管改革，354
Supply and demand，供给和需求 . See also *M*1，也可参见 *M*1
  aggregate supply curve，总供给曲线，593-605
  bond markets，债券市场供给和需求，102-107
  credit，信贷供给和需求，649-651
  curves，供给和需求曲线，104-105
  excess，超额供给和超额需求，569
  long-run aggregate supply curve，长期总供给曲线，598-600
  long-run exchange rates，长期汇率，162
  shifts in bonds markets，债券市场供给和需求的变化，111-116

shocks，供给冲击，598，660 - 663
Swaps，互换，196 - 199
credit derivatives，信用衍生品互换，199
currency，货币互换，198 - 199，370
interest rate，利率互换，187 - 198，295
management，管理互换，295
Sylla，Richard，理查德·希拉，396
Syndication，loans，辛迪加贷款，375
Systematic risk，系统性风险，93

T-accounts，T 形账户，283
Targets，中间目标
Federal Reserve policies，联储政策，494 - 498
future of，定标制的未来，496 - 498
inflation，通货膨胀目标，497
interest rates，利率目标
1951 - 1970，1951—1970 年间的中间目标，488 - 489
1970 - 1979，1970—1979 年间的中间目标，489 - 490
1979 - 1982，1979—1982 年间的中间目标，490 - 491
1982 and after，1982 年之后的中间目标，491 - 492
2000，21 世纪的中间目标，493 - 495
*M*3，*M*3 货币总量，499
monetary policies，货币政策，480 - 486
Taxation，征税
aggregate demand (tax cuts)，总需求（减税），591
businesses，企业税收，113 - 114
consumption taxes，消费税，141
exemption，免税，139 - 141
expectations theory，预期理论，144 - 147
interest rates，利率税，138 - 141
pension funds，养老基金，264 - 265
Treasury tax and loan accounts，财政部税收和贷款账户，426
U. S. Tax Reform Act of 1986，1986 年《美国税收改革法案》，262
Tax-exempt municipal bonds，免税的市政债券，88
Taylor，John B.，约翰·B·泰勒，495 - 496
Taylor rule，泰勒规则，495 - 496
T-bills，国库券，142 - 144
Tennessee Valley Authority (TVA)，田纳西河谷管理局，72

Term life insurance，定期人寿保险，260
Term premiums，期限升水，148
Term structure of interest rates，利率的期限结构，141－151
Terrorism，恐怖主义，2，602
  affect on stock prices，恐怖行动对股票价格的影响，212
  discount policies，贴现政策，463
Testing data，测试数据，8
Theories，理论
  arbitrage pricing theory (APT)，套利定价理论，95
  expectations theory，预期理论，144－147
  Fisher，费雪理论，540－544
  Keynes's liquidity preference theory，凯恩斯的流动性偏好理论，546－547
  monetary，货币理论，8
  portfolio allocation，资产组合配置理论，85. See also *Portfolio allocation*，也可参见资产组合配置
  preferred habitat theory，习惯偏好理论，147－148
  purchasing power parity theory，购买力平价理论，165
  segmented markets theory，市场分割理论，142－144
Thornton，John，约翰·桑顿，237
Thrifts，节俭，347－348
Time deposits，定期存款，280
Timing of debt payments，债务偿还时间，60－63
Tobin，James，詹姆斯·托宾，92，543
Toleration，calculation of risk，风险承受的计算，90
Tools，analysis，分析工具，3，8－10
Total rate of return，总回报率，75－76
Total return swaps，总收益互换，199
Tracking money，追溯货币，613－614
Trade，交易、贸易
  barriers，贸易壁垒，165
  exchange rates，汇率，158－161
  money，货币交易，12－16
Trading，交易，215
  bonds，债券交易，253－254
  program，程序化交易，222
Trading floor，future of，交易大厅的未来，274
Trading mechanisms，交易机制，221

Trading Room Automated Processing Systems (TRAPs)，交易室自动处理计算机系统，457
Transactions，交易
costs，交易成本，13，192，230
commercial banks，商业银行，267
international banking，国际银行业，370 - 371
defensive，预防性交易，458
dynamic，动态交易，458
forward，远期交易，162，186 - 187
hedging，对冲、套期保值，192
highly leveraged transactions (HLTs)，高杠杆交易，351
international transaction currency，国际交易货币，373
matched sale-purchase，售购匹配交易，458
money，交易货币，538 - 545. See *Money motives*，参见货币动机
payment systems，支付体系. See *Payments systems*，参见支付体系
spot market，即期市场、现货市场，162，187
Transfers，转账、转移、划转
automatic transfer service (ATS)，自动转账服务，551
risk，转移风险，34
Treasury bills，国库券，255
Treasury bonds，国债，15
Treasury currency in circulation，流通中的财政部通货，387
Treasury-Federal Reserve accord，《财政部—联邦储备体系协议》，429
Treasury-Federal Reserve System conflicts，财政部—联邦储备体系之间的冲突，444 - 445
Treasury Inflation Protection Services (TIPS)，财政部通货膨胀保值证券，79
Treasury Investment Growth Receipt (TIGR)，国债投资成长收据，63
Treasury tax and loan accounts，财政部税收和贷款账户，426
Trends，long-run exchange rates，长期汇率趋势，163
Truman，Harry S.，哈里·S·杜鲁门，429
Trump，Donald，唐纳德·川普，352
Tullock，Gordon，戈登·图洛克，446
Types，类型
of banking accounts，银行账户类型，280 - 281
of finance companies，金融公司的种类，256 - 257
of mutual funds，互助基金的类型，255

Underwriting，承销，249 - 250
Unemployment，失业，
  frictional，摩擦性失业，479，667
  inflation，失业与通货膨胀，682，686
  natural rate of，自然失业率，667
structural unemployment，结构性失业，667
Unexpected inflation，未预期到的通货膨胀，664 - 665
United States，美国
  abandonment of Bretton Woods system，放弃布雷顿森林体系，522
  central bank credibility，中央银行的可信性，672
  economic fluctuations in，美国的经济波动，605 - 607
  organization of foreign banks in，在美外国银行的组织，367 - 368
Unit of accounts，记账单位，15
Unsterilized intervention，非冲销性干预，508 - 509
Unsystematic risk，非系统性风险，93
U. S. banks，overseas organization of，美国银行的海外组织，366 - 367
U. S. Committee on Capital Markets Regulation，美国资本市场监管委员会，235
U. S. deposit insurance crisis of the 1980s，20 世纪 80 年代美国存款保险危机，347 - 357
U. S. government agency securities，美国政府机构债券，55
U. S. Tax Reform Act of 1986，1986 年《美国税收改革法案》，262
U. S. Treasury Bills，美国国库券，53
U. S. Treasury securities，美国财政部证券，55
Usury ceilings，最高利率上限，345

Value-at-risk (VAR)，在险价值，300
Values，store of，价值储藏，15 - 16
Vault cash，库存现金，387
Velocity，流通速度，
  changes over time，随着时间的推移而变动，541 - 544
  portfolio allocation，资产组合配置，544
  real money balances，真实货币余额，539
Venture capital firms，风险投资公司，240
Venture capital funds (VCs)，风险投资基金，271
Vishny，Robert，罗伯特·维希尼，236
Volatility，波动性
  excessive，过度波动性，218

international capital markets，国际资本市场，5
Volcker，Paul，保罗·沃尔克，445，446，524
Votes，bond markets，债券市场选票，120

Wall Street Journal，*The*，《华尔街日报》
bond prices，债券价格，74
inflation，通货膨胀，608，678
microlending (India)，小额贷款（印度），302
monetary policy，货币政策，474
Wars，effects on interest rates，战争，对利率的影响，116
Washington Post，*The*，《华盛顿邮报》
Federal Reserve System，联邦储备体系，412
javanomics (compounding)，咖啡经济学（复利），80
Wealth，财富，15
changes in market equilibrium，均衡市场的财富变化，108
determinants of portfolio choice，资产组合配置选择的决定因素，87
elasticity of demand，财富的需求弹性，87
portfolio allocation motives，资产组合配置的动机，545
Weber，Warren E.，沃伦·E·韦伯，310
Weighted aggregates，加权总财富，550
Whole life insurance，终身保险，260
Wilcox，David，戴维·威尔考克斯，649
Wilcox，James A.，詹姆斯·A·威尔考克斯，327
Wilson，Woodrow，伍德罗·威尔逊，317，438
Woodward，Bob，鲍勃·伍德沃德，102
World Bank，世界银行，518
World real interest rates，世界真实利率，121
World War Ⅰ Liberty bonds，第一次世界大战自由债券，456
World War Ⅱ，第二次世界大战，429
control of Federal Reserve System，联邦储备体系的控制，445
hyperinflation，恶性通货膨胀，665

Yield，收益率
bonds，债券收益率，70－75，132
curves，收益率曲线，143
changes in，收益率变化，150
intermediate targets，中介目标，495
to maturity，到期收益率，65－70

segmented market theory，市场分割理论，142 - 144
tax exemption differences effect on，免税差异对收益率的影响，139 - 141
TIPS，财政部通货膨胀保值证券，79

Zedillo，Ernesto，欧内斯特·齐狄洛，528

译后记

这本教材对金融体系的组织运作以及金融体系与经济的相互关系进行了经济学阐述。传统上，由于银行在金融体系中占据主体地位，并在传递货币政策中担当主渠道的角色，此类教材均采用“货币——银行——经济”的框架来展开分析。近些年来，在欧美等发达国家，金融市场在金融体系中的地位不断上升，其在货币政策传递中的角色也日渐重要，这本教材反映并凸显了这种重要变化，采用了“货币——金融体系——经济”这一新颖的分析框架，并在银行业和金融市场之间建立起联系，从而在一个统一模型内阐述金融体系在货币政策传递和宏观经济调控中的作用。这一新的框架符合当今经济和金融发展的实际，赋予了这本教材与时俱进的生命力。

此外，这本教材还有两个突出的特点：一是理论联系实际。作者哈伯德是美国哥伦比亚大学经济学和金融学教授、商学院院长，他是世界著名的经济学家，并在2001—2003年间担任美国总统经济顾问委员会主席。可能正是他在学界和政界的经历，使其十分注重将理论用于解释实践，以及运用实例来理解理论，进而引导读者学以致用，尝试运用理论工具来发现、分析、解释和解决实践问题。在这方面，作者视野广阔，选材得当，分析透彻，注重启发，一扫理论阐述的枯燥，使得内容丰富而生动。这是这本教材极其突出和富有价值的特点。二是水平把握得当。参与翻译的研究生反映，本书既不那么简单，又不像他们想象的那样难。我们在一些教学和培训中也使用本书译稿作为教材，收到了预期的效果，也得到了学员同样的评价。因此，对于经济学和金融学专业的本科生和硕士研究生而言，这本书不失为一部体系新颖、内容完整、水平得当和学以致用的好教材。

本书的翻译和校对颇费周折。起初，我们翻译的是本书第五版，初译完成后，该书的第六版出版了，本着对读者负责的态度，我们毫不犹豫地承接了第六版的翻译工作。研究生梁江波、陈曦、孙泽华、范继川、陈春林、张谦等参加了初译工作。我和赖溟溟副教授对初译稿进行了校改，对部分章节进行了补译或重译。马力、李维峰、黄立强、付建等参与了校对修改工作。

2009年10月—2010年3月间，由辽宁大学推荐、辽宁省教育厅选派，我赴英国牛津大学访学。在古朴幽静的牛津，我将工作之外的时间几乎都用在了本书校改上，完成了本书绝大部分校对工作。这得益于同行的其他7位访问学者在工作、生活等方面的鼎力支持和帮助，在半年时间里，我吃过他们每个人做过的饭，却没有为他们做过一顿饭。他们是郑学仿教授、朱元教授、宋丽娟教授、周润智教授、张志强教授、曹福存教授、宋少江教授。我们的专业不同，背景相异，但相处融洽，各展所长，互相支持，获益良多。这里，让我再一次感谢他们！

衷心感谢中国人民大学梁晶教授的支持和理解，感谢梁晶工作室张红耐心周到的服务。

曲昭光

2011年9月24日

图书在版编目（CIP）数据

货币，金融体系与经济：第6版/（美）哈伯德（Hubbard，R. G.）著；曲昭光，赖溟溟等译. —北京：中国人民大学出版社，2011.12
（金融学译丛）
ISBN 978-7-300-15049-9

Ⅰ.①货… Ⅱ.①哈… ②曲…③赖… Ⅲ.①货币和银行经济学-教材 Ⅳ.①F820

中国版本图书馆CIP数据核字（2011）第270889号

金融学译丛
货币、金融体系与经济（第六版）
[美] R·格伦·哈伯德 著
曲昭光 赖溟溟 等 译
曲昭光 赖溟溟 校
Huobi、Jinrong Tixi yu Jingji

出版发行	中国人民大学出版社		
社　　址	北京中关村大街31号	**邮政编码**	100080
电　　话	010－62511242（总编室）		010－62511398（质管部）
	010－82501766（邮购部）		010－62514148（门市部）
	010－62515195（发行公司）		010－62515275（盗版举报）
网　　址	http://www.crup.com.cn		
	http://www.ttrnet.com（人大教研网）		
经　　销	新华书店		
印　　刷	涿州市星河印刷有限公司		
规　　格	185 mm×260 mm　16开本	**版　　次**	2011年12月第1版
印　　张	60.75 插页3	**印　　次**	2011年12月第1次印刷
字　　数	1 114 000	**定　　价**	108.00元

PEARSON ALWAYS LEARNING

为了确保您及时有效地申请培生整体教学资源，请您务必完整填写如下表格，加盖学院的公章后传真给我们，我们将会在2—3个工作日内为您处理。

需要申请的资源（请在您需要的项目后划“√”）：

□ 教师手册、PPT、题库、试卷生成器等常规教辅资源

□ MyLab学科在线教学作业系统

□ CourseConnect整体教学方案解决平台

请填写所需教辅的开课信息：

采用教材			□中文版 □英文版 □双语版
作　者		出版社	
版　次		ISBN	
课程时间	始于　年　月　日	学生人数	
	止于　年　月　日	学生年级	□专科　□本科1/2年级 □研究生 □本科3/4年级

请填写您的个人信息：

学　校			
院系/专业			
姓　名		职　称	□助教 □讲师 □副教授 □教授
通信地址/邮编			
手　机	电　话		
传　真			
official email(必填) (eg:XXX@ruc.edu.cn)		email (eg:XXX@163.com)	
是否愿意接受我们定期的新书讯息通知：□是 □否			

系/院主任：（签字）

（系/院办公室章）

___年___月___日

100013　北京市东城区北三环东路36号环球贸易中心D座1208室

电话：(8610) 57355169

传真：(8610) 58257961

Please send this form to：Service.CN@pearson.com

Website：www.pearsonhighered.com/educator